S. 505 (Kap. 7) Paul…

S. 524 (Kap. 8 – Leben…

S. 574 (wie auch S…

S. 551 – Mystik / Ignorierung des Paulus

S. 584

Albert Schweitzer

Werke aus dem Nachlaß

Herausgegeben von
Richard Brüllmann, Erich Gräßer, Claus Günzler,
Bernard Kaempf, Ulrich Körtner, Ulrich Luz,
Johann Zürcher

Albert Schweitzer

Straßburger Vorlesungen

Herausgegeben von
Erich Gräßer und Johann Zürcher

Verlag C. H. Beck

Die Deutsche Bibliothek – CIP-Einheitsaufnahme

Schweitzer, Albert:
Werke aus dem Nachlass / Albert Schweitzer. Hrsg. von Richard Brüllmann ... – München : Beck.
ISBN 3-406-39130-3
NE: Brüllmann, Richard [Hrsg.]; Schweitzer, Albert: [Sammlung]

Strassburger Vorlesungen / Albert Schweitzer. Hrsg. von Erich Grässer und Johann Zürcher. – München : Beck, 1998
ISBN 3-406-41171-1
NE: Grässer, Erich [Hrsg.]; Schweitzer, Albert: [Sammlung]

ISBN 3 406 41171 1 für diese Ausgabe
ISBN 3 406 39130 3 für die Gesamtausgabe

Satz: Fotosatz Otto Gutfreund GmbH, Darmstadt
Druck- und Bindearbeiten: Kösel Kempten
Gedruckt auf säurefreiem, alterungsbeständigem Papier
(hergestellt aus chlorfrei gebleichtem Papier)
Printed in Germany

Inhalt

Abkürzungen

1. Literatur

Die meisten Titel sind im Text oder in den Anmerkungen vollständig angeführt.

Abkürzungen der Namen biblischer Bücher, von Apokryphen, Pseudepigraphen und von Schriften der Kirchenväter werden als bekannt vorausgesetzt.

AT	Altes Testament
Cod. Sin.	Codex Sinaiticus
BKV	Bibliothek der Kirchenväter, Kempten/München 1869ff., 1911ff.
BHTh	Beiträge zur historischen Theologie, Tübingen 1929ff.
DB	Martin Luther, Deutsche Bibel, in: WA, 1906ff.
Epiphanius, *haer.*	Epiphanius (Bischof von Konstantia [Salamis] auf Cypern, 315–403), Panarion sive arcula adversus octoginta haereses
Gebhardt/Harnack	Oscar v. Gebhardt/Adolf v. Harnack (Hrsg.), Patrum Apostolicorum Opera, Fasciculus III, Hermae Pastor Graece, Leipzig 1877
Harnack	Adolf v. Harnack, Lehrbuch der Dogmengeschichte I, Freiburg i. Br. ^{3}1894
Hennecke	Edgar Hennecke (Hrsg.), Neutestamentliche Apokryphen, Tübingen ^{2}1924
Kautzsch	Emil Kautzsch (Hrsg.), Apokryphen und Pseudepigraphen des AT, Tübingen/Freiburg i. Br. 1900
Lietzmann	Hans Lietzmann (Hrsg.), Die Didache, Berlin ^{5}1948
LXX	Septuaginta
Migne PG	J. P. Migne, Patrologiae cursus completus, Series Graeca, Paris 1859ff.
Migne PL	J. P. Migne, Patrologiae cursus completus, Series Latina, Paris 1841ff.
Nestle	Eberhard u. Erwin Nestle (Hrsg.), Novum testamentum Graece, Stuttgart ^{20}1950
Nestle–Aland	id., Stuttgart ^{27}1993
NT	Neues Testament

RE	Realenzyklopädie für protestantische Theologie und Kirche, Gotha 1854ff., ^{2}1877ff., ^{3}1896ff.
RGG	Religion in Geschichte und Gegenwart, Tübingen 1909–13
TU	Texte und Untersuchungen zur Geschichte der altchristlichen Literatur, Berlin 1882ff., 1897ff.
WA	Martin Luther, Werke. Kritische Gesamtausgabe (Weimarer Ausgabe), 1883 ff.
Weizsäcker	Karl Weizsäcker, Das NT übersetzt, Freiburg i. Br./Leipzig, $^{6/7}$1894, ^{9}1906
Werke	A. Schweitzer, Ausgewählte Werke in fünf Bänden, Berlin (Ost) 1971, 1973 = Gesammelte Werke in fünf Bänden, Zürich/München 1974
ZNW	Zeitschrift für die neutestamentliche Wissenschaft und die Kunde der älteren Kirche, Berlin/New York 1900ff., 1923 ff.
ZWTh	Zeitschrift für wissenschaftliche Theologie, Leipzig 1858 ff.

2. Sonstige Abkürzungen

a. a. O.	an angegebenem Ort
aut.	autograph
cf.	vergleiche
Dok.	J. Zürcher, Dokumentationsabschrift des theologischen und philosophischen Nachlasses von A. Schweitzer (im Archiv Günsbach, Elsaß)
Dok.-S.	Seite der Dok.
Doss.	Dossier(s), Signaturbezeichnung der betr. Manuskriptschachtel in der Zentralbibliothek Zürich (ZB)
ebd.	ebenda, an derselben Stelle
f.	folgende Seite
ff.	folgende Seiten
Masch.	Maschinenabschrift
Ms., Mss.	Original-Manuskript, Original-Manuskripte
Ms.-S.	Manuskript-Seite(n) des Original-Manuskripts
R	Randnotiz(en) in der Dok. nach Ms.
V	Vers
vgl.	vergleiche
Z.	Zeile

Zur Edition

Erklärungen der Herausgeber stehen immer in [ ], Ergänzungen dann, wenn es sich mindestens um ein ganzes Wort handelt. Nur bei der Dokumentation von Manuskriptschäden oder bei Ergänzungsunsicherheit werden auch ergänzte Silben oder Buchstaben in [ ] gesetzt.

Textlücken oder unleserliche Stellen sind durch Pünktchen in eckigen Klammern angedeutet: [. . .].

Runde Klammern () sind original.

Spitzklammern ⟨⟩ verwenden wir in Text Nr. 9 zur Kennzeichnung gestrichener Partien.

Orthographiefehler Schweitzers sind stillschweigend verbessert, ältere Schreibweisen einheitlich in heutige korrigiert (z. B. *c* in *k*. In den Manuskripten kommen beide Schreibweisen vor).

Zu den Manuskripten

Von Johann Zürcher

Im Jahre 1989 legte Frau Rhena Schweitzer-Miller den Herausgebern das Verzeichnis von neu aufgefundenen Manuskripten ihres Vaters Albert Schweitzer vor. Es handelte sich um 25 kleine wie auch große Manuskriptpakete. Neun derselben enthielten Vorlesungen Schweitzers (und Materialien dazu) aus den Jahren 1901–1912, von denen bisher fast nichts vorhanden war. Sämtliche Manuskripte befinden sich jetzt, wie alle andern Manuskripte Schweitzers (außer den Predigten), in Schachteln gelegt, in der Zentralbibliothek Zürich. Die Vorlagen des vorliegenden Bandes sind in *Dossier 40* enthalten. Gegenüber dem Gesamtinventarverzeichnis haben wir im *Quellenverzeichnis* (S. 22ff.) die Texte in z. T. veränderter Reihenfolge angeführt, entsprechend der chronologischen Anordnung im Hauptteil des Bandes, die sich, soweit als möglich, nach den Daten der jeweiligen Vorlesung richtet.

Nicht aus dem Fund stammt Nr. 8, die Schlußvorlesung des Kollegs «Geschichte der Leben-Jesu-Forschung», eine Maschinenabschrift aus dem Archiv Günsbach, die natürlich zu den Straßburger Vorlesungen gehört, auch wenn es sich hierbei wahrscheinlich nur um eine Vorlesungs-Nachschrift handelt. Im Fund stand an dieser Stelle ein gemeinverständlicher Vortrag mit dem Titel «Unsere Zeit und die Religion» aus dem Jahre 1906, der zusammen mit anderen Vorträgen in dem für solche Texte bestimmten Band erscheinen wird.

Zu Nr. 2 ist zu bemerken, daß das Bündel «Arbeiten über die Taufe» nicht nur zwei, sondern drei Texte enthielt, nämlich noch einen Vortrag über «Ursprung und Wesen der altchristlichen Taufe» (25. 5. 1902, Straßburg). Da dies keine akademische Vorlesung ist, gehört dieser Text ebenfalls zum genannten Vortragsband.

Im Quellenverzeichnis haben wir am Schluß der Anhangstexte ergänzend noch Skizzen und Vorarbeiten zum Kolleg über das Leben Jesu vom Sommer 1905, Doss. 34 A I-III, angeführt. Zusammen mit der Kollegsnachschrift aus dem Jahre 1908 (Günsbach) und einigen Skizzen zur Geschichte der Erforschung des Paulinismus aus dem Jahre 1906 (sac 21) sind das die einzigen Manuskripte, die aus Schweitzers Dozententätigkeit von 1901 bis 1912 bisher bekannt waren.

Die aufgefundenen Vorlesungen sind alle ziemlich druckfertig, was bei denen, die nicht für den Druck bestimmt sind, einigermaßen erstaunt, da *druckfertige* Vorlesungsmanuskripte im Nachlaß sonst nicht vorkommen, nur Skizzen, Materialsammlungen, Konzepte gibt es dazu. Die beiden großen Reihen der Gifford-Vorlesungen von 1934 und 1935 sind nicht druckfertig (nur, eine große Ausnahme, originale Presseauszüge liegen vor), auch die Hibbert-Vorlesung von 1934 ist nur z. T. ziemlich druckfertig, und der damals erschienene Presseauszug stammt von fremder Hand. Hingegen hat A. Schweitzer einige Vorträge und Aufsätze selber herausgegeben, und vereinzelte weitere solche noch ungedruckte Texte erscheinen im betreffenden Band.

Sind die vorliegenden Vorlesungs-Haupttexte also glücklicherweise sehr gut erfaßbar, so ist andererseits zu bedauern, daß sie nicht vollständig sind, d. h., die vorhandenen Kapitel sind je in sich abgeschlossen (mit Ausnahme von Nr. 9, bei dem die 1. Hälfte fehlt); aber weder ist jeder Vorlesungszyklus vollständig, noch sind alle Vorlesungen vertreten, die Schweitzer in jenen Jahren gehalten hat, was aus dem *Verzeichnis seiner Vorlesungen*, das Gustav Woytt 1975 herausgegeben hat (siehe S. 17), ersichtlich ist: Es fehlen die «Erklärung der Pastoralbriefe» (1904) und die Vorlesung über deren literarische Probleme (1910); von der «Erklärung der Apokalypse Johannis» (1903) liegt – neben drei schwarzen, in Stichworten gehaltenen Notizheften – nur die Einleitung vor, diese allerdings vollständig als umfangreiche «Geschichte der Eschatologie», und vom Kolleg «Geschichte der Leben-Jesu-Forschung von Reimarus bis zur Gegenwart» (1908) nur gerade die Schlußvorlesung; die vier letzten Vorlesungen aus dem Kolleg von 1911/12 (Nr. 11, Nachschriften) sind nicht numeriert, so daß wir nicht wissen, wie viele Vorlesungen vorangegangen sind.

In den neu aufgefundenen Vorlesungen findet sich auch nirgends der vollständige Titel des dreimal gehaltenen Kollegs «Taufe und Abendmahl im Neuen Testament und in den 4 [bzw. 2] ersten Jahrhunderten» (1903/04, 1906/07, 1909/10). Aber Nr. 2a behandelt die Taufe, Nr. 5 (undatiert) und Nr. 6 behandeln das Abendmahl und Nr. 2b beides. Diese vorhandenen Stücke sind doch wohl in irgendeiner Weise unter den Haupttitel des dreimal gehaltenen Kollegs zu subsumieren, doch muß offenbleiben, ob der Zusammenhang ein direkter oder nur ein indirekter ist. Nr. 5 kann Teil von Nr. 2b sein (Nr. 2b: Ms.-S. 1–61, Nr. 5: Ms.-S. 85–92). Nr. 6 kann, als spätere Fortsetzung, durchaus zum dreimal gehaltenen Kolleg gehören, jedoch nicht zu Nr. 2a, weil in den Ms.-Seitenzahlen von Nr. 2a (1–86) die Ms.-Seitenzahlen von Nr. 6 (1–26) schon belegt sind. Zu Nr. 2b (welche Vorlesung inhaltlich dem 1. Heft[1] entspricht) stellt sich noch eine weitere Frage: Wenn diese Vorlesung zum dreimal angekündigten Kolleg gehört (dann wohl als dessen 1. Teil) und im Sommer 1902 gelesen wurde, warum fehlt der Titel dann 1902 im Vorlesungsverzeichnis?

---

1 *Das Abendmahlsproblem*, Tübingen 1901, ²1929.

So bleiben einige Fragen der Chronologie und der Zusammengehörigkeit von vorliegenden Texten offen, und viele Vorlesungstexte fehlen. Dafür enthält der Fund von 1989 auch eine Vorlesung, die im Vorlesungsverzeichnis überhaupt nicht angeführt ist: die Antrittsvorlesung vom 1. 3. 1902. Wir stellen diese, obschon sie vielleicht erst *nach* Nr. 2a stattfand, als Nr. 1 an den Anfang. Als Antrittsvorlesung und thematisch ganz für sich stehend ist sie der geeignete Text, die ganze Vorlesungsreihe zu eröffnen.

Überraschend ist auch, daß wir mit einigen der aufgefundenen Vorlesungen Texte zu Gesicht bekommen, die z. T. sicher, z. T. vielleicht zu jenem 3. Heft gehören, von dem A. Schweitzer in *Aus meinem Leben und Denken*, Kap. IV, schreibt, es sei als 3. Studie ausgearbeitet und in Vorlesungen vorgetragen worden, aber ungedruckt geblieben, weil die Arbeit an der *Geschichte der Leben-Jesu-Forschung*[2] dazwischenkam. Sie enthielt die Arbeiten über *«Die Entwicklung des Abendmahls in der urchristlichen und altchristlichen Epoche»* und das Gegenstück dazu, *«Die Geschichte der Taufe im Neuen Testament und im Urchristentum»*. Die Überschrift der erstgenannten Arbeit wird am Schluß des Vorworts zum bereits erwähnten I. Heft noch durch folgende Angaben ergänzt: Die Arbeit zeige, «wie sich daraus [aus dem Abendmahl] die römische Messe und das griechische Mysterium mit gleicher Berechtigung und Notwendigkeit entwickelt haben». Diese über die altchristliche Epoche hinausreichende Behandlung des Themas besitzen wir nur in einer viel späteren Version, in Skizzen und Haupttextabschnitten des II. Teils von *Reich Gottes und Christentum* (1947–49), den wir im 1. Nachlaßband herausgegeben haben (Febr. 1995).

Zum 3. Heft nun gehört mit Sicherheit wenigstens einer der neuen Texte, nämlich Nr. 6. Diese Vorlesung trägt auf der 1. Seite das Datum «Commencé... le 4 mai 1903» und am Schluß das Datum «12 mai 03», und eben an diesem 12. Mai schrieb A. Schweitzer an Helene Bresslau: «Das erste Kapitel des dritten Heftes des Abendmahls ist fertig.»[3] Es muß sich also um dieses mit 1 numerierte Kapitel handeln, es ist auf der 1. Seite auch ausdrücklich als «3. Heft» bezeichnet. So besitzen wir von diesem bisher unbekannten 3. Heft wenigstens das, oder, wie wir sagen müssen, *ein* erstes Kapitel; denn die Bezeichnung «1.» Kapitel ist hier merkwürdig, ja seltsam: Da dieses 3. Heft das Abendmahl «in der urchristlichen und altchristlichen Epoche» behandelt, kann das 1. Kapitel nicht mit dem 19. Jahrhundert einsetzen (... «von Baur bis Harnack»). Denkbar ist, daß der betreffende Teil des 3. Heftes zwei Abteilungen aufwies, deren zweite mit oben genanntem «1.» Ka-

---

2 Werke Bd. 3.

3 *Albert Schweitzer – Helene Bresslau. Die Jahre vor Lambarene, Briefe 1902–1912*, hg. von Rhena Schweitzer-Miller und Gustav Woytt, München 1992, S. 36.

pitel einsetzte, das als Fortsetzung die Abendmahlforschung im 19. Jahrhundert schildert.

Ferner kann man annehmen, daß die erste «hypothetische» Abteilung jenes große, dreimal gehaltene Kolleg «Taufe und Abendmahl im Neuen Testament und in den 4 ersten Jahrhunderten» umfaßte, woraus jetzt Nr. 5 vorhanden ist; dann könnte auch Nr. 2b, als Anfang, dazugehört haben, doch ist dies sehr unsicher, weil wir bei 2b inhaltliche Entsprechungen mit Heft 1 festgestellt haben. Dafür aber kann man mit großer Wahrscheinlichkeit in Nr. 2a jenes von Schweitzer erwähnte «Gegenstück» im 3. Heft sehen, bloß ist diese Vorlesung nirgends ausdrücklich als zum 3. Heft gehörig bezeichnet, aber vielleicht nur, weil das Manuskript zur Einreichung als Habilitationsschrift (1901) bestimmt war: Auf einem Vorblatt schreibt Schweitzer: «Arbeit zur Habilitation eingereicht 1901». Hierbei fällt auf, daß A. Schweitzer demnach *zwei* theologische Habilitationsschriften eingereicht hat, denn auch das 2. Heft[4] diente ihm, wie er in *Aus meinem Leben und Denken*,[5] Kap. IV, mitteilt, der Habilitation als Privatdozent (1902).

Schließlich noch einige Bemerkungen zu Nr. 9 und 10. Beide Texte, 1909 geschrieben, sind offensichtlich Buchtexte: Nr. 9 (im Quellenverzeichnis unter 10h aufgeführt) gehört zweifellos zum Komplex der *Geschichte der Paulinischen Forschung* (Tübingen 1911, Skizzen hierzu gibt es bereits im Jahre 1906, vgl. Quellenverzeichnis Anh. 7b), und die 7 Abschnitte von Nr. 10 sind eine erste Fassung des Buches *Die Mystik des Apostels Paulus*.[6] Beide Texte sind aber sicher zum mindesten ihrem Inhalte nach in Vorlesungen vorgetragen worden, worauf die betr. Vorlesungstitel im Vorlesungsverzeichnis hindeuten: «Die wissenschaftliche Erforschung des Paulinismus von Semler bis auf die Gegenwart» (Wintersemester 1910/11) und «Die Mystik des Apostels Paulus» (Sommersemester 1911). Da von Nr. 9 leider die 1. Hälfte fehlt, fehlen dort auch Titel und sonstige Angaben, nur die Jahreszahl 1909 ist einmal erwähnt.

Bei Nr. 10 fehlt noch die definitive Kapiteleinteilung: Über einige Kapitelanfänge sind provisorisch mehrere Kapitelzahlen gesetzt, im Druck gemäß Vorlage wiedergegeben. Die Fassung war (nach einem Telegramm Schweitzers an Helene Bresslau) am 5. 1. 1910 zwar abgeschlossen,[7] aber in einem Brief vom 27. 3. desselben Jahres, wiederum an Helene Bresslau, lesen wir: «Jetzt wird das Manuskript [die Paulusarbeit] revidiert.»[8] Vermutlich sind die außer bei VIII deutlich nachträglich

---

4 *Das Messianitäts- und Leidensgeheimnis*, Tübingen 1901, ^{2}1929, ^{3}1956.
5 Werke Bd. 1, S. 52.
6 Werke Bd. 4.
7 In der genannten Briefausgabe, S. 268.
8 A. a. O., S. 282.

hinzugefügten Kapitelzahlen die Spur einer begonnenen (dann aber nicht weiter ausgeführten) Revisionsarbeit.

Auf Beigabe einer Anhangsauswahl aus den Skizzen, Notizen, Stellensammlungen und den 15 Kollegheften (vgl. S. 18) haben wir verzichtet. Die Übersicht über das Vorhandene, wovon ein Teil bereits fürs Archiv abgeschrieben ist, findet der Leser im Quellenverzeichnis. Die Kolleghefte sind auch schon Gegenstand einer kleinen Studie geworden, im Artikel von Werner Zager: *Albert Schweitzers Anleitung zu selbständiger exegetischer Arbeit,* 1994.[9]

In all diesen wissenschaftlichen Arbeiten für die theologischen Vorlesungen und Veröffentlichungen ist keine Spur zu finden von den vielen andern damaligen gleichzeitigen Tätigkeiten Schweitzers, von der Predigttätigkeit, dem Medizinstudium, den Konzertreisen, der Arbeit an der deutschen Fassung des Bach-Buches. Für jede dieser Tätigkeiten engagierte sich A. Schweitzer voll und ganz. Souverän konnte er seine unglaubliche Arbeitsfähigkeit jeweils dort einsetzen, wo der Augenblick es erforderte, konnte sich zugunsten der einen Tätigkeit von den andern Tätigkeiten gleichsam distanzieren, ohne sie aus den Augen zu verlieren. Ein Schlaglicht auf solches Sich-Distanzieren wirft eine Stelle aus einem Brief an Herm. von Lüpke vom 1. 11. 1907,[10] wo A. Schweitzer zur Vorlesung über die katholischen Briefe schreibt:

«Dienstag beginne ich die Vorlesungen. 2 Stunden in der Woche werde ich die der Gottesgelahrtheit sich widmenden Jünglinge in die Geheimnisse des 2. Petrusbriefes und der 3 Johannesbriefe einführen. Interessieren tut mich bloß der 1. Johannesbrief und Milieu und Zeit, in der die andern geschrieben sind.»

Bezeichnend ist auch die bekannte Schilderung der Arbeit an der deutschen, stark erweiterten Fassung des Bach-Buches (Leipzig 1908) im VII. Kapitel von *Aus meinem Leben und Denken:*[11] «Von da an [Sommer 1906] war ich mit solcher Freudigkeit bei der Arbeit, daß ich sie in zwei Jahren fertig hatte, obwohl das medizinische Studium, die Vorbereitung der Vorlesungen, die Predigttätigkeit und die Konzertreisen mir nicht erlaubten, mich anhaltend mit ihr zu beschäftigen. Oft mußte ich sie für Wochen beiseite legen.»

Worb, im Oktober 1995 Johann Zürcher

9 Siehe die folgenden Vorbemerkungen von E. Gräßer, S. 18, Anm. 8.
10 Archiv Günsbach.
11 Werke Bd. 1.

Vorbemerkungen zu Schweitzers theologischen Vorlesungen

Von Erich Gräßer

Nachdem Albert Schweitzer 1899 an der Philosophischen Fakultät der Universität Straßburg mit einer Arbeit über die Religionsphilosophie Kants zum Dr. phil. promoviert hatte,[1] bot ihm sein Lehrer Theobald Ziegler (1840–1918) an, sich als Privatdozent für Philosophie zu habilitieren. Zugleich legte er ihm jedoch nahe, das Vikariat an St. Nicolai zu Straßburg, das Schweitzer nach seinem 1. Theologischen Examen (1898) seit dem 1. Dezember 1899 innehatte, aufzugeben, da man im Lehrkörper der Philosophischen Fakultät ungern einen Prediger sähe. Schweitzer lehnte ab, da er auf das ihm außerordentlich wichtige Predigtamt nicht verzichten wollte,[2] und strebte nun ein Lehramt in der Theologischen Fakultät an. Nach der Promotion 1900[3] und der Habilitation 1902[4] wurde ihm die venia legendi für das Fach Neues Testament erteilt. Am 1. März 1902 hielt er seine öffentliche Antrittsvorlesung über «Die Bedeutung der Logosspekulation für die historische Darstellung des Lebens Jesu im 4. Evangelium mit besonderer Berücksichtigung des Ausdrucks ‹Menschensohn›», mit der wir diesen Band eröffnen. Von nun an hielt Schweitzer runde zehn Jahre lang, bis kurz vor seiner Ausreise nach Lambarene, Semester für Semester regelmäßig neutestamentliche Vorlesungen. Laut den Vorlesungsverzeichnissen der Straßburger Universität waren es die folgenden:[5]

---

1 A. Schweitzer, *Die Religionsphilosophie Kants von der Kritik der reinen Vernunft bis zur Religion innerhalb der Grenzen der bloßen Vernunft,* Freiburg i.Br. 1899.

2 Vgl. A. Schweitzer, *Aus meinem Leben und Denken,* Hamburg 1955, S. 24 (Werke Bd. 1, S. 44).

3 Thema der Arbeit: *Kritische Darstellung unterschiedlicher neuerer historischer Abendmahlsauffassungen.* Dissertation zur Erlangung des Grades eines Licentiaten der Theologie (= Kap. 1–8 des 1. Heftes), Freiburg i.Br. 1901.

4 Als Habilitationsschrift diente ihm die Arbeit über *Das Abendmahl im Zusammenhang mit dem Leben Jesu und der Geschichte des Urchristentums,* und zwar das 2. Heft: *Das Messianitäts- und Leidensgeheimnis. Eine Skizze des Lebens Jesu,* Tübingen 1901.

5 Das Verzeichnis der Straßburger Vorlesungen Schweitzers von 1902–1912 ist abgedruckt in: *A. Schweitzer, 1875–1965.* Exposition Bibliothèque Nationale et Universitaire de Strasbourg 1975, S. 120. Es handelt sich dabei um einen Katalog, den M. Lang für eine Ausstellung aus Anlaß des 100. Geburtstages von Albert Schweitzer zusammengestellt hatte. Die Ausstellung wurde von Frau Lang und Gustav Woytt organisiert. Der Katalog, der viele wertvolle Notizen enthält, hat leider wenig Beachtung gefunden.

1. März 1902: Habilitation als Privatdozent [Antrittsvorlesung]
WS 1902/03: Erklärung der Katholischen Briefe, 4stündig
SS 1903: Erklärung der Apokalypse des Johannes, 2stündig
WS 1903/04: Taufe und Abendmahl im NT und in den ersten 4 Jahrhunderten, 1stündig
SS 1904: Erklärung der Pastoralbriefe, 2stündig
WS 1904/05: Erklärung der Katholischen Briefe (einschließlich Hebräer), 4stündig
SS 1905: Die wissenschaftliche Forschung über das Leben Jesu seit Strauß, 2stündig
WS 1905/06: Erklärung der Apokalypse Johannis, 2stündig
SS 1906: Erklärung des Galaterbriefes, 1stündig
WS 1906/07: Taufe und Abendmahl im NT und in den 2 ersten Jahrhunderten, 1stündig
SS 1907: Katholische Briefe (1. Petrus und Jakobusbrief), 2stündig
WS 1907/08: Erklärung der Katholischen Briefe, 2. Teil (2. Petrus, Judas, 1. 2. 3. Johannes), 2stündig
SS 1908: Geschichte der Leben-Jesu-Forschung von Reimarus bis zur Gegenwart, 2stündig
WS 1908/09: Erklärung der Apokalypse Johannis, 1stündig
SS 1909: Erklärung des Galaterbriefes, 2stündig
WS 1909/10: Taufe und Abendmahl im NT und in den beiden ersten christlichen Jahrhunderten, 1stündig
SS 1910: Die literarischen und theologischen Probleme der Briefe an Timotheus und Titus, 2stündig
WS 1910/11: Die wissenschaftliche Erforschung des Paulinismus von Semler bis auf die Gegenwart, 1stündig
SS 1911: Die Mystik des Apostels Paulus, 2stündig
WS 1911/12: Die Ergebnisse der historisch-kritischen Theologie und der Naturwissenschaft für die Wertung der Religion, 1stündig

Abgesehen von einigen Skizzen, Notizen und Vorarbeiten war von diesen Vorlesungen bisher nichts vorhanden. Sie galten als verschollen. Am 22. August 1989 wurden mir jedoch von Rhena Schweitzer-Miller neun numerierte Pakete mit unveröffentlichten Manuskripten ihres Vaters übergeben, die sie im Nachlaßgepäck der Eltern in der Schweiz entdeckt hatte. Der Fund kann als sensationell gelten. Enthält er doch einen großen Teil der Manuskripte zu den oben genannten Vorlesungen, allerdings mit z. T. anderen Überschriften, Daten[6] und in zweiteiliger Form: Einige Vorlesungsmanuskripte, einschließlich der Antrittsvorlesung, sind voll ausgearbeitet.[7] Es sind die hier erstmals veröffentlichten, die

6 Vgl. dazu die Einleitung von J. Zürcher (s. o. S. 11ff.).
7 S. Faksimile S. 28f.

uns zeigen, mit welcher Gewissenhaftigkeit und wissenschaftlichen Akribie Schweitzer seine Kollegverpflichtungen neben allen anderen Tätigkeiten – Vikariat, Medizinstudium, Organistentätigkeit usw. – wahrgenommen hat. Die anderen Vorlesungen hat Schweitzer nicht vollständig ausgearbeitet, sondern nur stichwortartig in 15 schwarzen Kollegheften vorbereitet und dann wohl frei im Kolleg vorgetragen.[8] Im einzelnen handelt es sich dabei um folgendes (in der Reihenfolge ihrer Datierung von Schweitzers Hand. Siehe u. S. 24 unter Punkt 6.):

1. Publikum über Taufe und Abendmahl SS 1902
2. Colleg über die Pastoralbriefe SS 1902 [1904?]
3. Die johanneischen Briefe WS 1902/03

(4-6) 4. Colleg über die katholischen Briefe, Heft I, Heft II 1. Petrus, Heft III Der Jakobusbrief WS 1902/03

(7) 5. Erklärung des Judasbriefes [ungebundenes Heft, ohne Datum, gehört wohl zu den katholischen Briefen, 1902/03]

(8) 6. Cursorische Exegese des Hebräerbriefs im Rahmen der Vorlesung über katholische Briefe WS 1902/03

(9) 7. Die Apokalypse Johannis samt Einleitung in die Eschatologie und Apokalyptik. Lektürnotizen SS 1903

(10) 8. Exegese der Apokalypse Johannis, Heft II [wohl SS 1903. Die Jahreszahl 1909 auf S. 1 ist vermutlich Datum einer Wiederverwendung]

(11) 9. Colleg über Apokalypse, 3. Heft, SS 1903

(12) 10. II. Timotheus. Der Brief an Titus. Allgemeiner Schlußüberblick [ohne Datum (wohl SS 1904)]

(13, 14) 11. Colleg über den Galaterbrief, Heft I und II, SS 1906

(15) 12. «Die Mystik des Apostels Paulus» SS 1911. [Als Anlage sind beigefügt: Notizen zu den beiden Vorlesungen über Paulinische Mystik in der Universität Lund, 6. und 7. Dez. 1921]

Bei diesen Heften ist Schweitzer so verfahren, daß er jeweils auf der rechten Seite eine am neutestamentlichen Text entlanggehende Exegese in Stichworten vorlegt, während er auf der linken Seite biblisches oder religionsgeschichtliches Vergleichsmaterial, manchmal auch Sekundärliteratur notiert, von der er in aller Regel nur ganz spärlichen Gebrauch macht. Er war eben auch als neutestamentlicher Dozent der Selbstdenker, als den wir ihn aus seinen großen wissenschaftlichen Werken kennen. Schweitzer geht seine eigenen Wege, die nicht selten genau entgegengesetzt zur allgemeinen Forschungsrichtung verlaufen. Die

8 Die Kolleghefte haben jeweils das Format DIN A5, sind 72 Blatt stark und schwarz eingebunden. In manchen Heften sind zusätzliche Blätter eingelegt oder eingebunden. Vgl. dazu W. Zager, *Albert Schweitzers Anleitung zu selbständiger exegetischer Arbeit.* Kleine Lesefrüchte aus den Kollegheften Albert Schweitzers, ZNW 85 (1994), S. 286–289, bes. 286.

schwarzen Kolleghefte sind in ihrer vorliegenden Form schwierig zu publizieren. Sie bilden aber für den Schweitzer-Forscher eine unerschöpfliche Erkenntnisquelle und vermitteln uns einen tiefen Eindruck, wie der Privatdozent Schweitzer einige, meist kleinere Briefe des Neuen Testaments – die großen blieben den Ordinarien vorbehalten – verstand und beurteilte. Wir lernen in ihnen den *Exegeten* Albert Schweitzer kennen.

Anders die hier veröffentlichten und voll ausgearbeiteten Vorlesungsmanuskripte! Sie haben im Blick auf die Hauptthemen des Theologen Schweitzer – Eschatologie, Jesus, Paulus, Taufe und Abendmahl – einen entwicklungs- und forschungsgeschichtlichen Schwerpunkt. Erstmals gewinnen wir einen Eindruck davon, in welcher Weise Schweitzer seinen Studenten Probleme, Themen und Ergebnisse der neutestamentlichen Wissenschaft vorgetragen hat, nämlich allgemeinverständlich, unprätentiös, in klarer, deutlicher Sprache und zumeist als «Querdenker» hinsichtlich der herrschenden Lehrmeinungen. In den meisten Fällen vertritt er jedenfalls einen sehr ausgeprägten eigenen Standpunkt. Von den schwarzen Heften einmal abgesehen, begegnen wir dabei jedoch keinem «neuen» Schweitzer. Wohl aber lernen wir – was Fragestellung, Methode und Zielrichtung seiner neutestamentlichen Studien anbetrifft – den uns aus seinen Jesus- und Paulusbüchern bekannten Theologen Schweitzer sehr viel genauer kennen. Neu hinzugekommen ist allerdings – und das macht die eigentliche Bedeutung der hier veröffentlichten Texte aus – die zwar schon als 3. Heft seiner Untersuchungen zum «Abendmahl im Zusammenhang mit dem Leben Jesu und der Geschichte des Urchristentums» geplante, aber nie zur Ausführung gekommene Entwicklungsgeschichte der urchristlichen Gedanken bis in die alte Kirche hinein.[9] Ja, es werden die dogmengeschichtlichen Entwicklungslinien im Zusammenhang der Enteschatologisierung des Urchristentums bis in die eigene Gegenwart hinein ausgezogen.[10] Das erkenntnisleitende Interesse ist die Schweitzer schon von Studententagen an beschäftigende konsequente Eschatologie bei Jesus und Paulus. Dabei kristallisieren sich schon sehr früh zwei deutlich erkennbare Schwerpunkte heraus. Das ist einmal die «Mystik des Apostels Paulus» und damit zusammenhängend der Ursprung und das Wesen der altchristlichen Taufe. Letztere ist ein bereits durch die Arbeit zum 1. Theologischen Examen im Sommer 1897 vorgegebenes Thema, das Schweitzer nicht mehr losläßt. Das Thema der Examensarbeit lautete: «Schleiermachers Abendmahlslehre, verglichen mit den im Neuen Testament und in den reformatorischen Bekenntnisschriften niedergelegten Auffassun-

---

9 Vgl. oben S. 13f.

10 Vgl. dazu die Vorlesung «Das Abendmahl in der dogmengeschichtlichen Forschung von Baur bis Harnack» (s. u. S. 469ff.).

gen».[11] Durch fortgesetzte, das Thema vertiefende Studien gelten ihm schließlich Taufe und Abendmahl als «Zentralproblem in der Entstehung und Entwicklung des Urchristentums».[12] Während die großen dogmengeschichtlichen Werke seinerzeit die Entstehung des kirchlichen Glaubens «aus der Entwicklung der Christologie, der Soteriologie, der Gemeindeverfassung, des Kanons, der Tradition, des Symbols und des Kultus» erklären, ist Schweitzer der Überzeugung, daß Taufe und Abendmahl die «orientierenden Hauptkapitel» sind und bei richtiger Erfassung ihres eschatologischen Wesens den einzig gangbaren Weg darstellen, auf dem die Entwicklung des kirchlichen Glaubens möglich wurde und erklärbar ist.

Die Arbeit über «Die Mystik des Apostels Paulus», die Schweitzer umständehalber als Buch erst 1930 als sein wohl bestes theologisches Werk veröffentlichen konnte,[13] bildet im Zusammenhang damit ein Schweitzer ebenfalls von früh an beschäftigendes zentrales Thema, wie die folgenden Vorlesungen beweisen. Standen doch damals, als der junge Dozent in Straßburg lehrte, die Thesen im Raum, das Christentum sei zweimal gestiftet worden (einmal von Jesus, ein anderes Mal von Paulus), und der Völkerapostel habe die entscheidende Weichenstellung zur Hellenisierung des Christentums vorgenommen. Beides hält Schweitzer von Anfang an für falsch und bemüht sich um den (richtigen!) Nachweis, daß Paulus unter veränderten Bedingungen – durch die Auferstehung Jesu ist die angesagte Äonenwende bereits in Gang gekommen – die Verkündigung Jesu konsequent zu Ende denkt.

Ob das nun richtig oder falsch ist: Schweitzer legt jedenfalls mit dem allem einen faszinierenden Entwurf der Entwicklungsgeschichte des Christentums vor, die von den apokalyptisch-urchristlichen Gedanken bei Jesus und Paulus über eine zunehmende Enteschatologisierung schließlich zu der von den altkirchlichen Dogmen beherrschten Großkirche führt. Insofern tritt die Sammlung der hier erstmals veröffentlichten Straßburger Vorlesungen als gleichrangiges Werk neben die berühmten Klassiker «Geschichte der Leben-Jesu-Forschung» und «Die Mystik des Apostels Paulus».

Zum Schluß habe ich all denjenigen Dank zu sagen, ohne deren Hilfe dieser Band nicht hätte erscheinen können. An erster Stelle nenne ich Johann Zürcher, der mit gewohnter Präzision eine maschinengeschriebene Abschrift der handschriftlichen Vorlesungsmanuskripte anfertigte – eine verantwortungsvolle Aufgabe, der er sich mit ganzer Hingabe gewidmet hat.

---

11 Vgl. A. Schweitzer, *Aus meinem Leben und Denken,* Hamburg 1955, S. 16 (Werke Bd. 1, S. 34).

12 Vgl. die entsprechende Vorlesung im SS 1902 (s. u. S. 152ff.).

13 Vgl. dazu E. Gräßer, *Albert Schweitzer als Theologe,* BHTh 60 (1979), S. 176ff.

Mein Dank gilt aber auch Georg Siebeck vom Verlag J. C. B. Mohr (Paul Siebeck) in Tübingen. Rhena Schweitzer-Miller und ich waren zunächst der Meinung, daß der vorliegende Band in diesem Verlag erscheinen sollte, weil die theologischen Arbeiten Schweitzers von Anfang an dort betreut und verlegt worden sind. Als dann aber der Plan einer mehrbändigen Nachlaßausgabe im Verlag C. H. Beck in München mehr und mehr Gestalt annahm, hat Georg Siebeck um der Einheitlichkeit der Reihe willen auf den ihm bereits zugesagten Band verzichtet. Für diese Großzügigkeit sei ihm aufrichtig gedankt.

Ein ganz besonders herzlicher Dank gilt Frau Brigitte Waltraud Schmitz (Bonn) und ihrer Schwester Frau Martina Lichius (Bonn), die mit großem Einsatz und innerer Anteilnahme an Albert Schweitzers Werk die Erstellung einer Computer-Diskette (Druckvorlage) für dieses Buch übernahmen. Daß Frau Schmitz in bewährter Zuverlässigkeit auch die zahlreichen griechischen Zitate in das Layout übertrug, verdient besondere Anerkennung. Beate Alenfelder (Bonn) hat mit größter Sorgfalt die Fahnenkorrektur mitgelesen und das Bibelstellenregister angefertigt. Olaf Waßmuth (Bern) erstellte das Namen- und Sachregister. Dr. Hermut Löhr (Bonn) half bei den Zitatnachweisen. Allen schulden wir großen Dank.

Den Damen und Herren im C. H. Beck Verlag München, namentlich Herrn Dr. Ernst-Peter Wieckenberg, danke ich für die vertrauensvolle Zusammenarbeit. Dieser Dank gilt ganz besonders Frau Dr. Ruth Drost-Hüttl, ohne deren Engagement die technischen Probleme kaum hätten gelöst werden können.

Schließlich danken Herausgeber und Verlag der Wissenschaftlichen Albert-Schweitzer-Gesellschaft in Deutschland und der Arbeitsgemeinschaft Schweizer Pfarrer (ASP), die mit größeren finanziellen Beiträgen die Arbeit an diesem Nachlaßband unterstützt haben. Die weiteren Institutionen und Personen, die in dieser Weise Beihilfe leisteten, sind im 1. Vorwort des 1. Nachlaßbandes erwähnt.[14]

Bonn, im Oktober 1995 Erich Gräßer

14 *Reich Gottes und Christentum,* München 1995.

Quellenverzeichnis

Dossier 40: Straßburger Vorlesungen 1901–1912.
Zentralbibliothek Zürich. Dokumentationsabschrift: Archiv Günsbach (Elsaß). Die Ms.-Seitenzahlen sind in dieser Abschrift mitdokumentiert.

1. Aus Paket 13:
   Die Bedeutung der Logosspekulation für die historische Darstellung des Lebens Jesu im 4. Evangelium, mit besonderer Berücksichtigung des Ausdrucks Menschensohn, Antrittsvorlesung Straßburg 1. 3. 1902, *6 S.*, Folio, *aut.*
2. Paket 10:
   Vorblatt (DIN A 5): Arbeiten über Taufe und Abendmahl.
   a) Die Taufe im Neuen Testament, *S. 1–86*, Folio, *aut.* Das Vorbemerkungsblatt trägt das Datum: 31. 1. 1901.
   b) Publikum über Taufe und Abendmahl, Sommersemester 1902, *S. 1–61*, Folio, *aut.*
3. Aus Paket 13:
   Colleg über die katholischen Briefe, Winter 92/93 [zu korr.: 02/03], *S. 1–73*, Folio, *aut.* (Notiz auf S. 1: «Cette introduction a été préparée ... en sept. 1902 et rédigée ... du 10–24 oct.»)
4. Paket 8:
   Geschichte der Eschatologie. Einleitung zum Colleg über die Apokalypse. Sommersemester 1903, *S. 1–53 + a-h*, Folio, *aut.* Titelblatt: DIN A5.
5. Aus Paket 11:
   Der Übergang der historischen Feier in die Gemeindefeier. 1) Rekapitulation, o. D., *S. 85–92*, Folio, *aut.* (Aus der Fortsetzung zu Nr. 2b? Oder aus der Vorlesung über «Taufe und Abendmahl im Neuen Testament» von 1903/04, 1906/07 und 1909/10?)
6. Aus Paket 13:
   Das Abendmahl in der dogmengeschichtlichen Forschung von Baur bis Harnack, Abendmahl III. Heft, commencé lundi le 4 mai 1903, *S. 1–26*, Folio, *aut.* (Gehört vielleicht ebenfalls, als Fortsetzung, zur Vorlesung v. 1903/04; 1906/07 und 1909/10.)
7. Paket 9:
   Einleitung zur Exegese. Orientierung über den Paulinismus und die Bedeutung des Galaterbriefes. Skizzen und Notizen zum Colleg über den Galaterbrief, Colleg Sommer 1906, *S. 1–17 + 1 S.* Notizen, Folio, *aut.* Vorblatt: DIN A5.

8. Die hier folgende Schlußvorlesung des Kollegs «Geschichte der Leben-Jesu-Forschung» liegt nur in einer Maschinenabschrift vor, die sich im *Archiv Günsbach* befindet. *13 S.*, Folio, 29. 7. 1908.
9. Aus Paket 14: Ohne Titel, S. L–W (S. A–K fehlen), *12 S.*, Großfolio, *aut.* Einige Abschnitte gestrichen. Wahrscheinlich zu «Geschichte der Paulinischen Forschung» gehörend.

10) Aus Paket 14: Mystik des Apostels Paulus, 1909.
   a) I + IV: Die paulinische Lehre nach dem 1. Brief an die Thessalonicher, *S. 30–35* (S. 30: Rißlücken), Folio, *aut.*
   b) II: Jüdisch oder griechisch? *S. 1–23*, Folio, *aut.*
   c) II, III: Paulinismus und Lehre Jesu, *S. 11–18* (S. 11, Streifen mit losgelöstem Anklebeblatt), Folio, *aut.*
   d) V: Die eschatologische Spekulation. Ecrit à Saar-Union, oct. 1909, *S. 1–42*, Folio, *aut.*
   e) VI: Gesetz und Rechtfertigung aus Glauben, *S. 1–19*, Folio, *aut.*
   f) VII,I: Die Eschatologie der großen Briefe und ihr Verhalten zur jüdischen Eschatologie [Titelkorrektur:] zur Eschatologie Jesu und [der] jüdischen, *S. 1–20*, Folio, *aut.*
   g) VIII: Tod und Auferstehung Jesu. Leidensgemeinschaft und Todesgemeinschaft. Heiliger Geist, *S. 21–27*, Folio, *aut.*

11. Aus Paket 8:
   «Stenogramm der vier letzten Vorlesungen meines letzten Collegs an der Universität Straßburg, Winter 1910/1911: ‹Die Ergebnisse der historisch-kritischen Theologie und der Naturwissenschaft für die Wertung der Religion›. Von einem Hörer mir geschenkt. Albert Schweitzer.» Deckblatt mit obiger *aut.* Aufschrift und *51 S. Masch.*, Fol.

Anhang: Skizzen, Stellensammlung, Fragmente.
(Nur Nr. 8 abgedruckt, s. o. S. 17.)

1. Aus Paket 11:
   Die Abendmahlsstellen aus der altkirchlichen Literatur, o. D.:
   Titelblatt + Stellenverzeichnis, *2 S.*, Folio, *aut.*
   Stellen aus dem Neuen Testament (und der justinische Einsetzungsbericht), griech., *1* Folio-Doppelbogen, *aut.*
   Ignatianische Literatur. Die Didache. Griech., *1* Folio-Doppelbogen, *aut.*
   Die apostolischen Constitutionen, Buch VIII, Cap. 13, griech., *1 S.*, Folio (fremde Hs.).
   Abendmahlsstellen aus den apostol. Constitutionen (Kemptener-Übers.), *1 S.*, Folio, *aut.*
   Das Schmidtsche Fragment, *1* Folio-Doppelbogen, *aut.*
   Justin, griech., (aut.?), *1* Folio-Doppelbogen, Titel *aut.*
   Stellen zum Abendmahl bei Irenäus, *2 S.*, Folio, *aut.*

Abendmahlsstellen bei Cyprian, I, II, *2 S.*, Folio, *aut.*
Abendmahlsstellen bei Tertullian I, II, *2 S.*, Folio, *aut.*
Abendmahlsstellen des Clemens von Alexandrien I-IV, *4 S.*, Folio, *aut.*
Supplementsstellen zum Abendmahl: Altes Testament, *1 S.*, Folio, *aut.*

2. Aus Paket 12:
   Skizzen und Vorarbeiten zur Vorlesung über das Abendmahl und über die Taufe, Sommer 1902, *S. 1–6*, Großfolio, *aut.* Rückseiten: Gestrichener Text (Skizzen zur Antrittsvorlesung), *aut.*
   Das Abendmahl, *1 S.*, Großfolio + *2 S.* Folio, *aut.* + Rückseitentext.
   Notizen für das Abendmahl (Exzerpte), *13 S.*, Folio, *aut.*
3. Aus Paket 13:
   Skizzen und Vorarbeiten zum Colleg auf das Sommersemester 1903: Die Apokalypse Johannis, *S. 1–30*, Folio, *aut.*
4. Aus Paket 13:
   Skizzen und Vorarbeiten zum Colleg: Die Stellung der kathol. Briefe in der Geschichte der alten Literatur. Günsbach, Sept. 1902, *S. 1–45*, Folio, *aut.*
5. Aus Paket 14:
   Skizzen zur Mystik des Apostels Paulus, 1909.
   a) Skizzen zum Paulinismus. Eine dogmengeschichtliche Studie (Lektüre. Stellensammlung), *S. 1–23*, Folio, *aut.*
   b) Unpaginiert: Notizen, *7 S.*, Folio, *aut.* Text (z. T. nur Randentwurf), *19 S.*, Folio, *aut.*
   c) Unpaginierte Notizen zu Stellen. Rückseiten mit z. T. gestrichenem Text, *10* Bl., Folio, *aut.*
6. Pakete 3 und 19:
   16 Kolleghefte, 1902–1911.
   Stichwortartiger Haupttext auf rechter Seite, Notizen auf linker Seite. A 5, *aut.*:
   1. Publikum über Taufe und Abendmahl, Sommer 1902, *53* Doppels. + *4* Einlageblätter.
   2. Colleg über die Pastoralbriefe, Sommer 1902 [1904?], *68* Doppels.
   3. Die johanneischen Briefe (im Zusammenhang mit den katholischen Briefen), Winter 1902/03, *50* Doppels.
   4. Colleg über die katholischen Briefe, Heft I, Winter 1902/03, *57* Doppels.
   5. 1. Petrus, Heft II, o. D. 1902/03?, *67* Doppels. + *7* Einlagebogen.
   6. Der Jakobusbrief, Heft III, Winter 1902/03, *59* Doppels.
   7. Erklärung des Judasbriefes, *28* ungebundene Doppels., 2. Petrus, *44* Doppels., Allgemeiner Rückblick auf Judas u. 2. Petrus, *3* Doppels., o. D. [1902/03].

8. Cursorische Exegese des Hebräerbriefes im Rahmen der Vorlesung über die katholischen Briefe, Winter 1902/03, *55* Doppels.
9. Die Apokalypse Johannis samt Einleitung in die Eschatologie und Apokalyptik, 1. Colleg, Sommersemester 1903, *42* Doppels.
10. Exegese der Apokalypse Johannis, Heft II, [1903? und] 1909, *69* Doppels., S. *70–85* lose hineingelegt.
11. Colleg über Apokalypse, 3. Heft, Sommer 1903, *28* Doppels.
12. II. Timotheus. S. 59: Die theologische Gedankenwelt der Pastoralbriefe, o. D. [Sommer 1904?], *63* Doppels.
13. Colleg über den Galaterbrief, Sommersemester 1906, *55* Doppels. + 1 S. (+ 2 hineingelegte Doppelbogen).
14. Erklärung des Galaterbriefes, Heft II, Sommer 1906, *45* Doppels.
15. Notizen zum Colleg über Paulus, Die Mystik des Apostels Paulus, Sommersemester 1911, *83* Doppels.
    [Spätere Einlage:] Notizen zu den beiden Vorlesungen über Paulinische Mystik in der Universität Lund, 6. und 7. Dez. 1921.

Das 16. Heft enthält keine Texte und Notizen zu Vorlesungen, sondern Schüler- und Organisationsnotizen zum Religionsunterricht 1904–07.

7. a) *Dossier 34 A I-III:* Skizzen und Vorarbeiten zum [1. und] 2. Teil des Kollegs über das Leben Jesu. – Sommer 1905, *21, 19 und 14½ S.*, Fol. – *aut.* (+ 3½ S. fremde Hs. mit *aut.* Bemerkungen).
   b) *Sac 21:* Skizzen zur Geschichte der Erforschung des Paulinismus, Pfingstferien 1906, *28 S.*, Fol. – *aut.*
8. Vorlesungen A. Schweitzers an der protestantisch-theologischen Fakultät Straßburg (besorgt von M. und Th. Lang und G. Woytt), aus: *Albert Schweitzer 1875–1975*, Ausstellungskatalog der Bibliothèque Nationale et Universitaire, Straßburg 1975.

1. Die Bedeutung der Logosspekulation für die historische Darstellung des Lebens Jesu im 4. Evangelium mit besonderer Berücksichtigung des Ausdrucks «Menschensohn»

Antrittsvorlesung an der theologischen Fakultät zu Straßburg, 1.3. 1902

Zwischen dem synoptischen Problem und dem Problem des 4. Evangeliums besteht ein charakteristischer Unterschied. Bei dem ersteren handelt es sich um Anatomie. Es gilt, die Synoptiker in ihre quellenmäßigen Bestandteile zu zerlegen und darüber Aufschluß zu geben, wie die verschiedenen Partien ineinander gearbeitet sind. Beim 4. Evangelium hingegen haben wir es mit einem Wiederbelebungsversuch zu tun. Es ist in der Atmosphäre unserer Zeit gleichsam erstarrt, weil uns die Voraussetzungen und Bedingungen, aus denen es erwachsen und die ihm das Leben gaben, nicht mehr gegenwärtig sind. Wir müssen nun diese Voraussetzungen uns geschichtlich wieder vergegenwärtigen, denn nur so gelangen wir dazu, dem leblosen Körper künstliche Wärme zuzuführen und den Gliedern dieses wunderbaren Gebildes die Starre zu nehmen. Der Ausdruck kehrt in das Antlitz zurück, die Gestalt richtet sich langsam auf, sie lebt, sie bewegt sich: das ist das Ergebnis der wissenschaftlichen Wiederbelebungsversuche.[1]

Und doch – es ist die Überzeugung gerade der fortgeschrittensten Forscher[2] – das Leben ist noch nicht ganz in die Gestalt zurückgekehrt. Einzelne Glieder lahmen noch etwas, das Auge ist noch zuweilen getrübt, und die Sprache ist noch nicht ganz wiedergewonnen. Wohl verstehen wir die Grundgedanken des 4. Evangeliums, aber die Art der Ausführung desselben mutet uns in einzelnen Details noch rätselhaft an.

Der Grundgedanke besteht in der Erklärung der Messianität und Gottessohnschaft Jesu durch den Logosbegriff. Die Motive der Durchführung dieses Themas sind im allgemeinen apologetische und kirchliche. Im innersten Wesen apologetisch ist ja schon das Grundthema des 4. Evangeliums. Kommt es doch darauf an, der heidnischen Bildung und Religiosität gegenüber, durch die Erklärung der Messianität Jesu aus dem Logosbegriff, nachzuweisen, daß das Christentum nicht unver-

---

1 [Mit Bleistift gestrichener Satzschluß:] an denen gerade die Straßburger Fakultät einen so großen Anteil hat.

2 [R] Noch nicht ganz Leben.

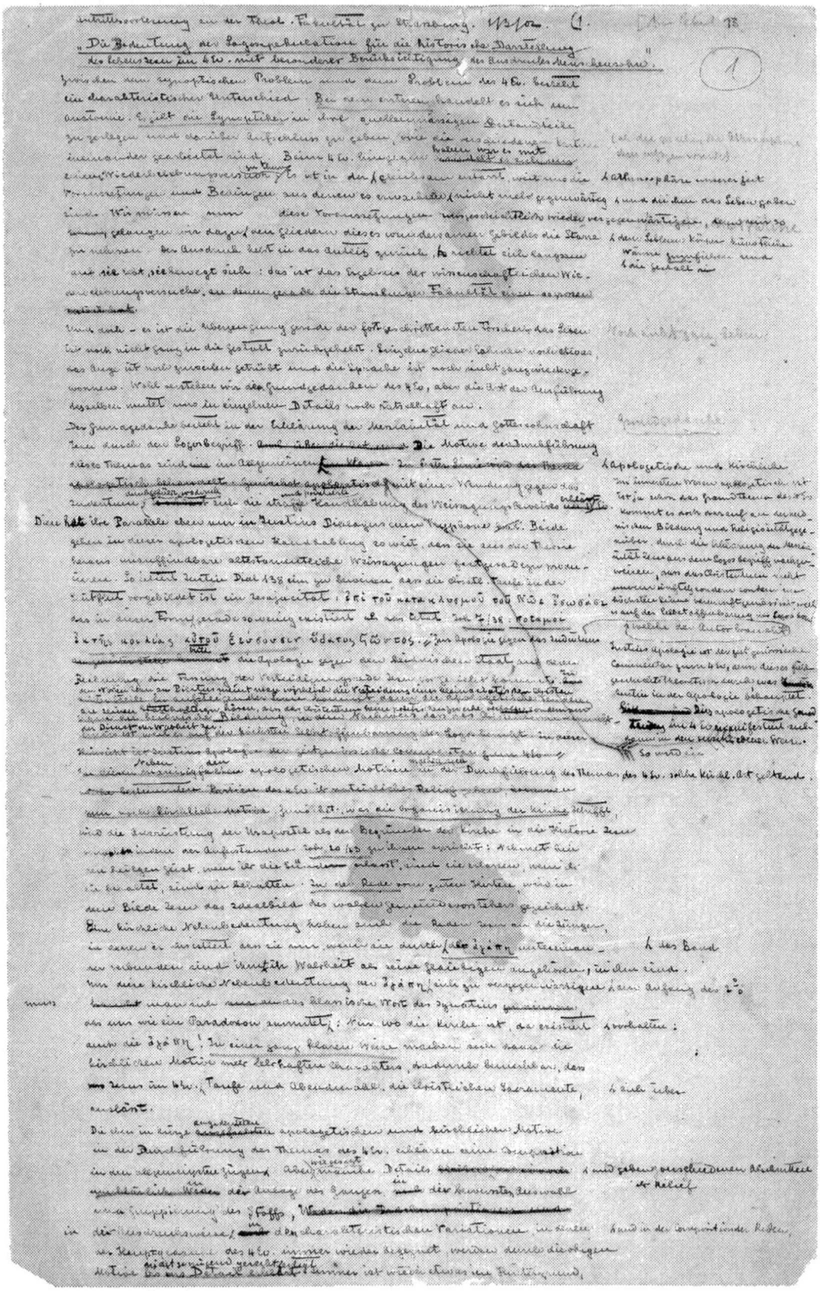

Erste Seite der Antrittsvorlesung, Doss. 40 Nr. 1 (Originalgröße 21/33 cm). Text: vgl. S. 27, 30 und 31.

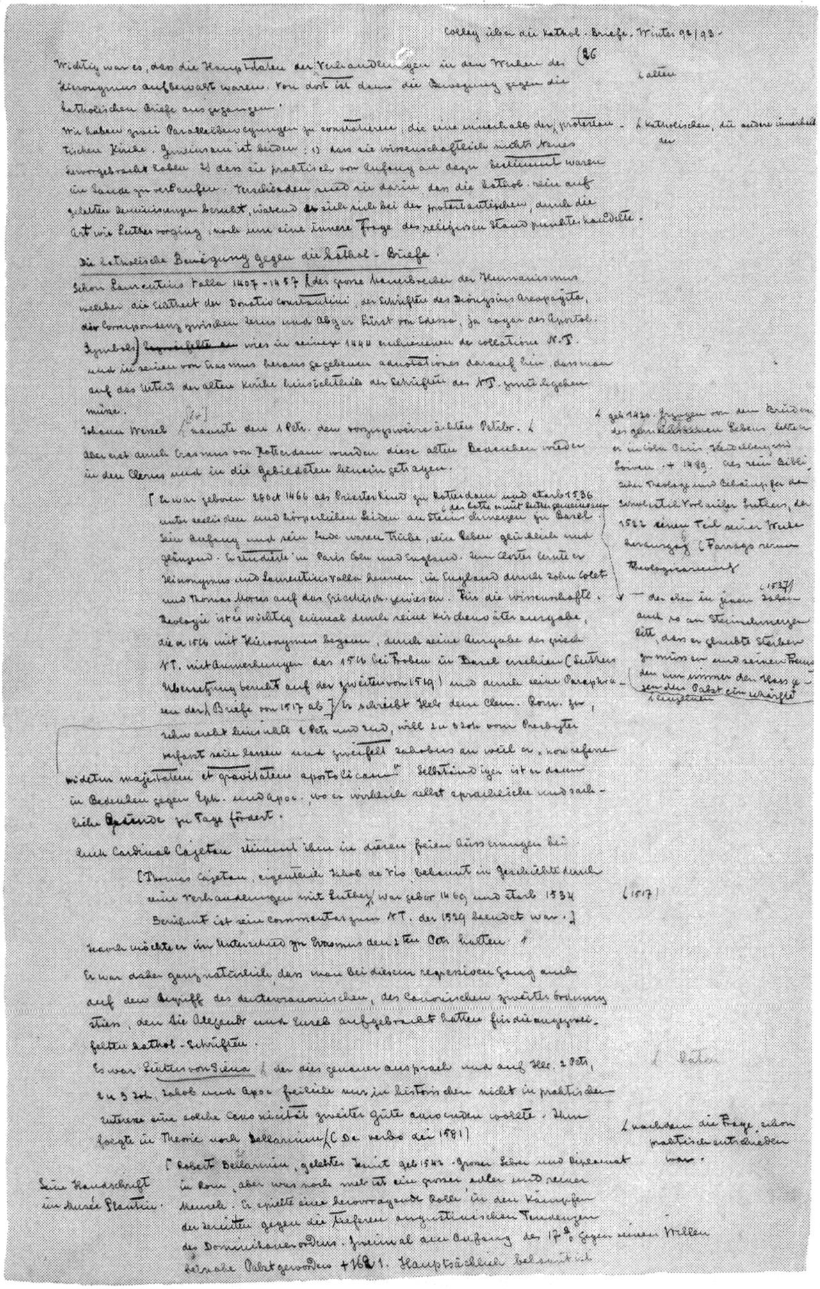

Ms.-S. 26 des Kollegs über die Katholischen Briefe, Doss. 40 Nr. 3 (Originalgröße: 21/33 cm). Text: vgl. S. 285 unten bis S. 287.

nünftig, sondern im höchsten Sinne vernunftgemäß ist, weil es auf der Selbstoffenbarung des Logos beruht. Justins *Apologie* ist der zeitgenössische Kommentar zum 4. Evangelium, denn dieses führt geschichtstheoretisch durch, was Justin in der *Apologie* behauptet. Die apologetische Grundtendenz im 4. Evangelium manifestiert sich dann in verschiedener Weise. So wird sie mit einer Wendung gegen das Judentum durchgeführt, wodurch sich die straffe und pointierte Handhabung des Weissagungsbeweises erklärt. Diese hat ihre Parallele eben nur in Justins *Dialogus cum Tryphone*. Beide gehen in dieser apologetischen Handhabung so weit, daß sie aus der Theorie heraus unauffindbare alttestamentliche Weissagungen fast geradezu produzieren. So zitiert Justin Dial. 138, um zu beweisen, daß die christliche Taufe in der Sintflut vorgebildet ist, ein Jesajazitat: ἐπὶ τοῦ κατακλυσμοῦ τοῦ Νῶε ἐσωσά σε,[3] das in dieser Form, welche der Autor braucht, gerade so wenig existiert als das Zitat Joh. 7,38: ποταμοὶ ἐκ τῆς κοιλίας αὐτοῦ ῥεύσουσιν ὕδατος ζῶντος [«aus dessen Leibe werden Ströme lebendigen Wassers fließen»].

Zur Apologie gegen das Judentum tritt die Apologie gegen den heidnischen Staat,[4] auf deren Rechnung die Fassung der Verteidigungsrede Jesu vor Gericht kommt. In den Worten Jesu an Pilatus meint man wirklich die Verteidigung eines kleinasiatischen Christen an seinen Statthalter zu hören, daß das Christentum keine politischen Zwecke verfolge, sondern nur ein Dienst der Wahrheit sei.

Neben den apologetischen Motiven machen sich in der Durchführung des Themas des 4. Evangeliums solche kirchlicher Art geltend. Zunächst, was die Organisierung der Kirche betrifft, wird die Ausrüstung der Urapostel als der Begründer der Kirche in die Historie Jesu verwoben, indem der Auferstandene Joh. 20,[22b.]23 zu ihnen spricht: «Nehmet hin den heiligen Geist; wem ihr die Sünden erlaßt, sind sie erlassen, wem ihr sie behaltet, sind sie behalten.» In der Rede vom guten Hirten wird in dem Bilde Jesu das Idealbild des wahren Gemeindevorstehers gezeichnet. Eine kirchliche Nebenbedeutung haben auch die Reden Jesu an die Jünger, in denen er insistiert, daß sie nur, wenn sie durch das Band der ἀγάπη untereinander verbunden sind, ihm in Wahrheit als seine Gläubigen angehören, in ihm sind. Um diese kirchliche Nebenbedeutung der ἀγάπη am Anfang des 2. Jahrhunderts sich zu vergegenwärtigen, muß man sich das klassische Wort des Ignatius, das uns wie ein Paradoxon anmutet, vorhalten: «Nur wo die Kirche ist, da existiert auch die ἀγάπη!»[5] In einer ganz klaren Weise machen sich dann die

---

3 [«Bei der Sintflut Noahs habe ich dich gerettet» (vgl. Jes. 54,8.9).]

4 [In einer gestrichenen Version des Abschnitts:]... Tendenz gegen die heidnische Bildung.

5 [Zitat so nicht nachweisbar. Vielleicht freie Formulierung in Anlehnung an Ignatius, *An*

kirchlichen Motive mehr lehrhaften Charakters dadurch bemerkbar, daß Jesus im 4. Evangelium sich über Taufe und Abendmahl, die christlichen Sakramente, ausläßt.

Die eben in Kürze angedeuteten apologetischen und kirchlichen Motive in der Durchführung des Themas des 4. Evangeliums erklären seine Komposition in den allgemeinsten Zügen und geben verschiedenen Abschnitten ihr Relief. Aber, wie gesagt, manche Details in der Anlage des Ganzen, in der bewußten Auswahl und Gruppierung des Stoffs, in der Ausdrucksweise und in der Komposition der Reden, in den charakteristischen Variationen, in denen der Hauptgedanke des 4. Evangeliums immer wieder begegnet, werden durch die obigen Motive nicht genügend gerechtfertigt. Immer ist wieder etwas im Hintergrund, das den Eindruck, wie soll ich sagen – des Zufälligen – macht. Ein Werk aber wie das 4. Evangelium, das aus einer einheitlichen Konzeption geschaffen ist, versteht man erst dann ganz, wenn man alle Details in einen notwendigen Zusammenhang mit der Durchführung der Hauptgedanken gebracht hat.

Gestatten Sie mir, den Stand der Frage in einem Bild auszusprechen. Um eine verzweigte Erzader zu verfolgen, hat man einen Stollen in den Berg getrieben. Nachdem nun das Geäder in den Hauptzügen bloßgelegt ist, stößt man auf eine harte Gesteinsmasse, so daß man nicht mehr geradeaus [vordringen] kann. Um noch einzelnen wichtigen Nebenadern nachzugehen, welche die Formation der Hauptader vervollständigen, muß man auf Grund gewisser Beobachtungen und Anhaltspunkte Nebenstollen, wo es geboten scheint, in den Berg eintreiben, ob man vielleicht zu einem Resultat kommt. Der noch nicht so lange veröffentlichte Versuch Baldenspergers, in dem Anfang des 4. Evangeliums die bewußte Stellungnahme gegen eine Johannessekte nachzuweisen,[6] bedeutet das Anlegen eines solchen Nebenstollens, um der an sich so einfachen und doch für uns, weil wir nicht mehr in jenen Zeitbedingungen drin stehen, so komplizierten Formation des 4. Evangeliums noch etwas näher zu rücken. In einer ähnlichen Absicht möchte auch ich einige charakteristische Züge in der Darstellung des 4. Evangeliums schärfer herausarbeiten und miteinander in Zusammenhang bringen, ob sich nicht daraus Anhaltspunkte ergeben, welche eine Seitenbohrung in eine bestimmte Richtung empfehlen.

Ich gehe von dem Gedanken aus, daß die Schriftsteller in der ersten Hälfte des 2. Jahrhunderts in ihrer Geschichtsbetrachtung viel kirchlicher denken, als wir uns vorzustellen vermögen. Instinktiv schaffen sie

---

die Smyrnäer 8,2: «Wo der Bischof erscheint, da soll auch die Gemeinde sein, wie da, wo Christus Jesus sich befindet, auch die allgemeine Kirche ist. Es ist nicht erlaubt, ohne den Bischof zu taufen oder die ἀγάπη (Liebesmahl) zu halten.»

6 [Wilhelm Baldensperger, *Der Prolog des vierten Evangeliums,* Freiburg i.Br. 1898.]

einen organischen Zusammenhang zwischen der Vergangenheit und dem jetzigen Zustande und legitimieren das Bestehende aus der Geschichte, mit einer robusten Souveränität, für die uns eben jeder Maßstab fehlt. Das ganze historische Rätsel der Entstehung der katholischen Kirche ist in dieser Tatsache begründet.

Dazu kommt nun, daß die Logosspekulation insbesondere für diese organische Verbindung des geschichtlich Aufeinanderfolgenden von einer weittragenden Bedeutung ist. Sie hat die historische Erscheinung Jesu nach hinten eingegliedert in den universellen Prozeß von der Weltschöpfung an. Aus dem einfachen Satze, daß Jesus der durch die Propheten geweissagte Messias war, hat sie die große Konzeption gemacht, daß der Logos, welcher bei der Weltschöpfung zeugend über den Wassern schwebte, in allen alttestamentlichen Offenbarungen sich kundgab, sich zuletzt in der Erscheinung Jesu der Welt voll offenbarte. Diejenige Spekulation nun, welche so zielbewußt die historische Erscheinung Jesu nach rückwärts bis in den Anfangszustand der Welt eingliedert, sollte sie nicht irgendwie zugleich den Drang spüren, dieselbe Erscheinung auch nach vorwärts mit den kirchlichen Institutionen und zugleich mit dem erwarteten Endzustand der Welt in einen solchen souveränen organischen Zusammenhang zu bringen? Ist es nicht denkbar, daß in der Geltendmachung dieses Zusammenhangs nach vorn ein bedeutendes Nebenmotiv der Geschichtsdarstellung des 4. Evangeliums gegeben sein könnte? Es empfiehlt sich daher, gerade den Ausführungen über die kirchlichen Institutionen, Taufe und Abendmahl, der Deutung der Eschatologie und der Vollziehung des Weltgerichts durch den Menschensohn im 4. Evangelium näher nachzugehen.

Schon der Umfang dieser Andeutungen über die Sakramente in der öffentlichen Wirksamkeit Jesu, denn nur in dieser kommen solche Anspielungen vor, zwingt zum Nachdenken. Die elf Kapitel, in welchen diese Periode dargestellt wird, nämlich Kap. 2–12, sind nun ganz durchzogen mit solchen Andeutungen. Im 2. Kapitel, bei der Hochzeit zu Kana, wird die christliche Taufe versinnbildlicht, die der Herr, wenn seine Stunde gekommen, spenden wird. Im 3. Kapitel handelt es sich um die Wiedergeburt aus Wasser und Geist. Das 6. Kapitel ist dem Abendmahl gewidmet. Aber noch mehr: Das 6. Kapitel beginnt mit einer Rede über das Lebensbrot. Nun zeigt sich aber auch im Fortgang des Gesprächs, daß das nicht irgendwelche bildliche Redeweise ist, sondern daß Jesus damit etwas ganz Bestimmtes meint: das Essen des Fleisches des Menschensohnes beim Abendmahl. Daraus folgt aber, daß auch die Partien, wo er von dem Lebenswasser redet, nicht unter die Kategorie der bildlichen Redeweise fallen, sondern daß damit ein klar bestimmtes Lebenswasser gemeint ist, nämlich das Taufwasser, durch welches die Wiedergeburt aus Wasser und Geist bewirkt wird. Daher gehören auch das 4. Kapitel mit der Rede vom Lebenswasser, das er spenden wird, und der charakteristische Ausspruch 7,38 von den Lebensbächen, die aus ihm[7] strömen werden, zu den Anspielungen auf die Sakramente.

Nun nehmen Sie Kap. 2, 3, 4, 6 [und] den markanten Ausspruch in Kap. 7: Also gut die Hälfte des Redestoffs in den elf Kapiteln, welche die öffentliche Wirksamkeit Jesu behandeln, geht auf die Sakramente. Dazu kommt nun als zweites die Art, wie diese Andeutungen in die historische Darstellung eingefügt sind. Es handelt sich nicht so sehr um eine schriftstellerische Manier, welche Jesu diese Aussprüche über die christlichen Sakramente in den Mund legt, sondern – und das ist das Charakteristische dabei – sie sind organisch in die Darstellung der Gottessohnschaft des Logosträgers verwoben. Die Worte über das Lebensbrot und über das Lebenswasser gehören zur näheren Bestimmung des Wesens des Logosträgers. Jesus redet von sich als dem Lebensbrot und dem Lebenswasser, welches im Abendmahl und in der Taufe wirksam ist. Er verlangt nicht nur, daß man an ihn glaube als an den Gottessohn, sondern zugleich als an den, der das Lebenswasser und das Lebensbrot aus sich beschafft. Darin liegt gerade das Geheimnisvoll-Unfaßbare seiner Verkündigung über sich selbst. Es ist der gewollte Anstoß. Bis zu diesem Anstoß führt er das Gespräch durch und läßt es darin kulminieren, denn erst dann hat er die entscheidende Glaubensforderung gestellt. Das tritt besonders im 6. Kapitel zutage, wo der Glaube an Jesus als das Lebensbrot näher expliziert wird als Glaube an die Notwendigkeit des Essens der σάρξ des Menschensohnes im Abendmahl.[8] Daraufhin fallen alle von ihm ab, nur Petrus bekennt, daß er der Heilige Gottes sei. Dieselbe Scheidung der Geister erfolgt im 7. Kapitel hinsichtlich des Glaubens an Jesus als das Lebenswasser. Es handelt sich um die merkwürdige Stelle, wo Jesus vor das Volk tritt und sagt: ἐάν τις διψᾷ ἐρχέσθω καὶ πινέτω. ὁ πιστεύων εἰς ἐμέ, καθὼς εἶπεν ἡ γραφή, ποταμοὶ ἐκ τῆς κοιλίας αὐτοῦ ῥεύσουσιν ὕδατος ζῶντος.[9] Bezieht man mit den alten Auslegern, an erster Stelle Chrysostomus, das Zitat auf Jesus und auf den schriftgemäßen Glauben an ihn,[10] so sagt Jesus darin: «Wen da dürstet, der komme und trinke, nämlich wenn er an mich glaubt als [an] den, von welchem die Schrift geweissagt hat: Ströme lebendigen Wassers werden aus seinem Leibe fließen.» Es ist das das künstliche Zitat, welches dann durch das Wunder beim Tode bekräftigt wird, auf welches der Autor so gewaltiges Gewicht legt, wo Wasser und Blut, das Taufwasser und das Abendmahlsblut, beim Lanzenstich aus der Seite

7 [Aus dem Leibe dessen, der an ihn glaubt. (Vgl. jedoch unten S. 124f.)]

8 [6,53.54.]

9 [7,37b.38: «Wenn jemand dürstet, komme er zu mir und trinke! Wer an mich glaubt, aus dessen Leibe werden, wie die Schrift sagt,» ... (Satzschluß: oben S. 30).]

10 [R] In [dem] Glauben an ihn [ist der] Glaube an [die] Sakramente schon enthalten.

Jesu fließen. Dieses Entscheidungswort im 7. Kapitel steht also in genauer Parallele zu dem Gespräch im 6. Kapitel. Dort verlangt Jesus den Glauben an ihn als das Lebensbrot, d. h. als den Beschaffer der Abendmahlsspeise und des Abendmahlstrankes, hier verlangt er den Glauben an ihn als [an] den, von welchem die Ströme des Lebenswassers ausgehen, als [an] den Beschaffer der christlichen Taufe. Dieser Glaube aber ist gewollt unfaßbar. Darum erfolgt die Scheidung der Geister. Nur die, welchen es von oben gegeben ist, können es erfassen.

Nun kommt als drittes die merkwürdige Art, wie dieser straffe Knoten geschürzt ist. Diese Schürzung besteht in einer Ineinanderschiebung von Gegenwart und Zukunft, durch welche wie zum Überfluß die Annahme vollends ausgeschlossen wird, als handelte es sich in diesen Abschnitten um eine bildliche Redeweise. Überall nämlich, wo diese Selbstbezeichnung Jesu als des Lebensbrots und des Lebenswassers vorkommt, wird die futuristische Bedeutung des Anspruchs unterstrichen. Lebensbrot und Lebenswasser ist der Logosträger, sofern er in der Zukunft Lebensbrot und Lebenswasser spenden und als solches sich der Welt darbieten wird. Diese Zukunft setzt an[11] bei seinem Tod!

Erst wo er seine Stunde für gekommen erachtet, vollzieht er bei der Hochzeit zu Kana die Verwandlung des Wassers, durch welche die christliche Taufe vorgebildet wird. Das Kommen der Stunde geht aber im 4. Evangelium immer auf die Todesstunde! Zu Nikodemus redet er im 3. Kapitel mit Beziehung auf die Taufe von dem Wiedergeborenwerden aus Wasser und Geist, das nötig sei, um zum Leben einzugehen, und setzt dann das Gespräch fort mit dem Wort, daß der Menschensohn erhöht werden muß, damit der Gläubige in ihm das ewige Leben habe – das Leben, von dem er vorher gesagt hat, es sei an die Wiedergeburt aus Wasser und Geist gebunden. In dem Gespräch mit der Samariterin sagt er bedeutungsvoll: das Wasser, welches ich geben werde, οὗ ἐγὼ δώσω![12]

Im 6. Kapitel kommt dieses bedeutungsvolle δώσω wieder. Ich bin das Brot des Lebens, sagt Jesus. Expliziert wird der Satz durch folgenden Ausspruch: ὁ ἄρτος δὲ ὃν ἐγὼ δώσω ὑπὲρ τῆς τοῦ κόσμου ζωῆς, ἡ σάρξ μού ἐστιν,[13] womit also der Kreuzestod gemeint ist, als Ereignis, auf das hin Jesus sich der Welt als Lebensbrot darbietet. Gerade so klar wie hier für das Lebensbrot wird in Kap. 7 für das Lebenswasser ausgedrückt, daß er es in Zukunft wird, durch seinen Tod. Die Ströme lebendigen Wassers werden aus seinem Leibe fließen (ῥεύσουσιν!), und wann diese Zukunft eintritt, das bezeichnet das Wunder beim Lanzenstich am Kreuz!

---

11 [ein (beginnt).]

12 [4,14.]

13 [6,51: «Das Brot, das ich geben werde für das Leben der Welt, ist mein Fleisch.»]

Vergegenwärtigen wir uns noch einmal das ganze Problem, in das man hineingedrängt wird, sobald man diese Andeutungen über Taufe und Abendmahl in der öffentlichen Lehrweise des Logoschristus im Zusammenhang verfolgt. Drei Beobachtungen sind festzustellen:

1. Bedeutungsvoll schon der Umfang, den diese Anspielungen einnehmen.
2. Es handelt sich nicht um Belehrung über Späteres, die Jesus nach schriftstellerischer Manier in den Mund gelegt wird, sondern es besteht ein organischer Zusammenhang zwischen der Logoschristologie und diesen Andeutungen. Der Logoschristus verlangt, daß man an ihn glaube als [an den] Gottessohn, sofern er zugleich Lebensbrot und Lebenswasser ist.
3. Diese Verbindung ist futurisch. Auf Grund seines Todes wird Jesus für die Welt das Lebenswasser und das Lebensbrot.

Mit andern Worten: Eines der Hauptmotive der Durchführung der Logoschristologie in der öffentlichen Verkündigung des 4. Evangeliums besteht darin, daß der Logoschristus während seiner öffentlichen Wirksamkeit bedeutungsvoll darauf hinweist, daß er auf Grund seines Todes in dem κόσμος weiter gegenwärtig sein, weiter wirken, weiter die ζωή schaffen und vermitteln wird, als Lebenswasser und Lebensbrot, in der christlichen Taufe und im Abendmahl!! Ein merkwürdiger realistischer Zug im 4. Evangelium! Er mutet uns fremd an, und man versteht ihn nur, wenn man bedenkt, welche Bedeutung den Mysterien in der Würdigung des 2. Jahrhunderts zukommt.

Durch die johanneische Predigt geht also, wie durch die synoptische, jener große futurische Zug, nach welchem die historische Erscheinung Jesu von der Erscheinungsweise redet, in der sie auf Grund ihres Todes in die Welt wiederkommt und auf sie einwirkt. In diesem Sinne redet Jesus bei den Synoptikern von seinem Kommen zum Gericht als Menschensohn. Im 4. Evangelium will die rein futurische Eschatologie [sich] in Wirklichkeit und Gegenwart umsetzen.[14] Es liegt daher nahe zu fragen, ob nicht gerade diese Aussprüche des Logoschristus von seinem zukünftigen Sein in der Welt als Lebenswasser und Lebensbrot die Eschatologie des 4. Evangeliums enthalten und ob nicht gerade die Verwendung des Ausdrucks Menschensohn im 4. Evangelium dieses merkwürdige Rätsel der antizipierten Sakramentslehre löst? Ist der Ausdruck Menschensohn doch in diese Sakramentslehre verwoben durch die Formel σὰρξ καὶ αἷμα *τοῦ υἱοῦ τοῦ ἀνθρώπου*,[15] welche nichts anderes darstellt als die johanneische Deutung des Abendmahlswortes Jesu: das

14 [Erste, z. T. gestrichene Fassung des Satzes:] Nun ist bekannt, daß das 4. Evangelium die rein futurische Eschatologie in Wirklichkeit und Gegenwart umsetzt [dann:] umsetzen will.

15 [Vgl. 6,53: «Fleisch und Blut des Menschensohnes».]

ist mein Leib, das ist mein Blut; und daß der vierte Evangelist diese Deutung durch die Verwendung des Ausdrucks «Menschensohn» vollzieht, daß er Jesum sagen läßt statt «das ist *mein Leib* und *mein Blut*», das ist Fleisch und Blut «des Menschensohnes», das ist eine souveräne historische Tat des griechischen Geistes.

Um die Tragweite dieser Tat zu ermessen, gehen wir dem Ausdruck Menschensohn in seiner johanneischen Bedeutung nach. Er kommt ein Dutzend Mal vor, und zwar, wie die Anspielungen auf die Sakramente, nur während der öffentlichen Wirksamkeit [Jesu]. Nach Kap. 12 redet Jesus nicht mehr weder vom Lebensbrot, noch vom Lebenswasser, noch vom Menschensohn.

Schon die erste Einführung des Ausdrucks am Ende des 1. Kapitels ist signifikativ. Nacheinander fallen in wirkungsvoller Steigerung alle Bezeichnungen, welche die Würde Jesu offenbaren. «Das ist Gottes Lamm, das ist der, welcher in heiligem Geist taufen wird», sagt der Täufer mit Hinweis auf ihn.[16] «Wir haben den Messias, das ist den Christus gesehen», sagt Andreas zu Simon.[17] «Rabbi, du bist der Sohn Gottes, du bist der König Israels», bekennt Nathanael.[18] Die Kette beschließt Jesus, indem er sich selbst als den Menschensohn bezeichnet [1,51]. Auf diesem Wort hört das Gespräch auf, die höchste und adäquateste Bezeichnung, das Wort, in dem Jesus selbst sein Wesen und seine Mission geheimnisvoll zusammenfaßt, ist gefallen. Und wie die erste Kenntlichmachung, so hört die öffentliche Wirksamkeit [Jesu] überhaupt mit diesem Worte auf. Im 12. Kapitel redet Jesus von der Verherrlichung des Menschensohnes und von seiner Erhöhung. Darauf sagen die Leute, daß Christus bei seinem Kommen in Ewigkeit bleiben werde. Wie könne man denn da von einer Erhöhung des Menschensohnes reden? τίς ἐστιν οὗτος ὁ υἱὸς τοῦ ἀνθρώπου; – was ist denn dieser für ein Menschensohn?[19] Das ist die letzte, die höchste Frage, die sie an ihn haben.[20] Er aber lüftet den Schleier des Geheimnisses nicht, sondern zieht sich fortan in die Verborgenheit mit den Jüngern zurück; καὶ ἀπελθὼν ἐκρύβη ἀπ' αὐτῶν.[21] In dieser Selbstbezeichnung «Menschensohn» liegt der ungelöste Anstoß – wie in der Selbstbezeichnung als Lebenswasser und Lebensbrot. Dazu kommt nun als zweites der Umstand hinzu, daß der 4. Evangelist sich klar bewußt ist, in diesem Ausdruck die Vorstellung des Kommens des Messias zum Weltgericht auf den Wolken des Himmels zu berühren. Es handelt sich für ihn nicht um die zwecklose Ver-

16 [Vgl. 1,29ff. 33.]
17 [1,41.]
18 [1,49.]
19 [12,34.]
20 [Gestrichener Einschub:] Sie befaßt allen Anstoß für den Glauben an ihn in sich.
21 [12,36: «und ging hinweg und verbarg sich vor ihnen».]

wendung einer überlieferten Bezeichnung Jesu, als einer Ausdrucksweise neben anderen, sondern um die bewußte Umbiegung der Vorstellung des Kommens des Menschensohns zum Gericht dahin, daß die irdische historische Erscheinung Jesu dieses Kommen des Menschensohns zum Gericht schon in sich beschließt und darstellt!

Gleich das erste Mal, wo Jesus den Ausdruck braucht, ist die Form eine bedeutungsvolle Variante zu den synoptischen Gerichtsworten und [dem synoptischen] Bekenntnis vor dem Hohenpriester. Ἀμὴν ἀμὴν λέγω ὑμῖν, heißt es am Schluß des ersten Kapitels, ὄψεσθε τὸν οὐρανὸν ἀνεῳγότα καὶ τοὺς ἀγγέλους τοῦ θεοῦ ἀναβαίνοντας καὶ καταβαίνοντας ἐπὶ τὸν υἱὸν τοῦ ἀνθρώπου.[22] Überall, wo der Menschensohn erwähnt wird, handelt es sich um das Gericht. «Glaubst du an den Menschensohn?», fragt Jesus den geheilten Blinden (9,35). «Wer ist es?», fragt der wieder. «Der mit dir spricht», erwidert Jesus. «Ich bin zum Gericht in die Welt gekommen» etc. Noch klarer in Hinsicht der Vorausziehung des Gerichts in die Gegenwart ist die Menschensohnstelle im 5. Kapitel (5,25). «Wahrlich, wahrlich, ich sage euch, es kommt die Stunde, und sie ist jetzt da, daß die Toten die Stimme des Gottessohns hören werden, und die Hörenden werden leben.» Der Vater hat dem Sohne die Macht gegeben, κρίσιν ποιεῖν, ὅτι υἱὸς ἀνθρώπου ἐστίν.[23] Also sofern er Menschensohn, als Mensch erschienen ist. Das ist die innerliche Deutung des Ausdrucks Menschensohn im 4. Evangelium. [Insofern also] vollzieht der fleischgewordene Logos das Gericht. Worin besteht aber das Gericht? [Darin,] daß er dem einen Leben vermittelt, dem andern nicht, daß er die einen anzieht,[24] die andern abstößt und so die Scheidung zwischen Unvergänglichem und Vergänglichem einleitet. So ist er, wie es in dem Gespräch mit Nikodemus heißt, nicht zum Gericht gekommen, sondern um das Leben zu bringen; aber gerade indem er es bringt, vollzieht er die κρίσις [das Gericht (3,19)].

Aber auch hier wieder diese merkwürdige Geltendmachung des Futurums. Die κρίσις τοῦ κόσμου [Weltgericht] ist zwar in ihm beschlossen, aber sie [es] setzt ein erst in dem Augenblick, wo der Menschensohn erhöht, von der Erde genommen und verklärt wird, gerade wie er zwar Lebensbrot und Lebenswasser an sich ist, aber sich als solches der Welt erst mitteilt auf Grund des Kreuzestodes. Erhöht muß der Menschensohn werden, damit, wer an ihn glaubt, in ihm das ewige Leben hat, sagt Jesus zu Nikodemus.[25] Die Stunde ist gekommen, daß der Menschensohn verklärt wird. Nun ist das Weltgericht, sagt Jesus

22 [1,51: «Wahrlich, wahrlich, ich sage euch: Ihr werdet den Himmel offen sehen und ‹die Engel Gottes auf- und niedersteigen› sehen auf den Sohn des Menschen».]
23 [5,27: «Gericht zu halten, weil er der Sohn des Menschen ist».]
24 [Ms.:] abzieht[?]
25 [3,14f.]

Kap. 12[,31 f.] im Hinblick auf den Kreuzestod und auf die Erhöhung des Menschensohnes, wo er die Seinen nach sich ziehen wird. Ja, erst als der Erhöhte wird er als Menschensohn offenbar. So heißt es Kap. 8,28: ὅταν ὑψώσητε τὸν υἱὸν τοῦ ἀνθρώπου, τότε γνώσεσθε ὅτι ἐγώ εἰμι [«Wenn ihr den Sohn des Menschen erhöht haben werdet, dann werdet ihr erkennen, daß ich es bin»].

Nun sind nur noch die drei Menschensohnstellen des 6. Kapitels übrig, wo der Ausdruck Menschensohn in die Ausführung über die Sakramente hineingezogen wird. Ehe wir aber diese Verbindung analysieren, lassen Sie mich die beiden Gedankenreihen, die in diesem Kapitel ihre Synthese erleben, nebeneinanderstellen, um die Kontaktpunkte hervorzuheben.

Das Hauptthema, daß Jesus der Logosträger und Gottessohn sei, wird im 4. Evangelium von Jesus in seiner öffentlichen Tätigkeit in zwei Thesen durchgeführt, welche sein Wesen und sein Wirken näher charakterisieren sollen. Er redet von sich einerseits als von dem Lebensbrot und Lebenswasser, andererseits als von dem Menschensohn. Als Lebensbrot und als Lebenswasser vermittelt er der Welt Leben. Als Menschensohn ist er zum Gericht gekommen, aber dieses Gericht besteht gerade darin, daß es denen Leben bringt, denen er es vermittelt. Also ist seine Wirkungsweise beidemal dieselbe: Als Lebensbrot und Lebenswasser vermittelt er Leben und vollzieht so das Gericht, zu dem er als Menschensohn in die Welt gekommen.

Aber sowohl in der Bezeichnung Lebensbrot und Lebenswasser als auch in der Bezeichnung Menschensohn liegt eine futurische Bestimmung auf seine Kreuzigung und Erhöhung. Lebensbrot und Lebenswasser wird er erst für die Welt sein, wenn er sich für sie dahingegeben hat, wenn das Wunder am Kreuz anzeigt, daß er wirklich der ist, von dem die Schrift weissagt: Ströme lebendigen Wassers werden aus seiner κοιλία fließen, und daß die Zeit, wo er nun als Lebensbrot und Lebenswasser wirkt, da ist. Aber in demselben Augenblick wird er auch als Menschensohn offenbar. Wenn sie sehen, in welchen sie gestochen haben, dann ist auch das Wort des Herrn erfüllt, das er sprach: «Wenn ihr den Menschensohn erhöht haben werdet, werdet ihr erkennen, daß ich es bin.»[26] *In demselben Augenblick wird also der Logosträger als Lebensbrot und Lebenswasser und als Menschensohn für die Welt offenbar.* Nun erst, gerade in dieser futurischen Begegnung der beiden Linien, in denen der Logoschristus sein Wesen und sein Wirken ausführt, wird die Tragweite der Verbindung beider klar, die in der Formel «Fleisch und Blut des Menschensohnes» im 6. Kapitel vollzogen ist. Wir sagten oben, daß diese Formel eine großartige Tat bedeutet.[27] Diese Tat besteht darin, daß die christlichen Sakramente in die Vorstellung von dem Kommen des

26 [8,28.]
27 [Siehe S. 36 oben.]

Menschensohnes zum Gericht eingegliedert werden.[28] Der Logosträger ist als Menschensohn zur κρίσις in der Welt erschienen. Diese κρίσις vollzieht er, sofern er der λόγος ist, der σὰρξ ἐγένετο [«das Wort, das Fleisch wurde»]. Das ist das Gericht, daß der λόγος als Σάρξ-Gewordener auf die Menschen als sarkische Wesen nun einwirkt, daß er ihnen mitteilbar wird und denen, die ihn annehmen, Leben vermittelt, während die, die ihn abweisen, der Vergänglichkeit verfallen sind! Dieses Gericht als Mitteilung des Lebens durch den Logos hört aber mit der irdischen Erscheinung Jesu nicht auf, sondern es setzt sich auf Grund seiner Kreuzigung und Erhöhung in alle kommenden Generationen fort durch die christlichen Sakramente. Diese sind jetzt die Träger des lebensspendenden Logos. In ihnen perpetuiert sich die Erscheinung Jesu als Lebenswasser und als Lebensbrot. Sie sind jetzt die fortgesetzte Menschwerdung des λόγος, als solche von der historischen Persönlichkeit Jesu bezeichnet. Darum nennt er Speise und Trank beim Abendmahl σὰρξ καὶ αἷμα τοῦ υἱοῦ τοῦ ἀνθρώπου [«Fleisch und Blut des Menschensohnes»], weil sie eben Träger des Logos sind und damit die Fleischwerdung des λόγος in der Erscheinung des Menschensohnes fortsetzen. Das ist der logische Grund, warum der 4. Evangelist σάρξ statt σῶμα [Leib] sagt. Er deutet das Wort Jesu durch die Vorstellung von der Fleischwerdung des λόγος zum Gericht, und darum ersetzt er auch das Pronomen *mein* durch «des Menschensohns».[29]

Nun wird klar, wie in der letzten Rede Jesu, Kap. 12[,20ff.] bei der Griechenanfrage, noch einmal alle Leitmotive der öffentlichen Verkündigung erklingen. Jesus sagt, daß die Stunde der Verklärung des Menschensohns gekommen sei mit der Todesstunde und daß zugleich das Weltgericht anbricht.[30] Das Weizenkorn muß in die Erde gesenkt werden,[31] damit es nicht allein bleibt, sondern sich vermehrt und den Menschen Frucht bringt. Das ist nichts anderes als eine andere Form des Gedankens in Kap. 6. Auch der Menschensohn, diese singuläre Form der Fleischwerdung des Logos, muß vernichtet werden,[32] damit die Fleischwerdung des Logos sich vermehre und ausbreite und [als] allge-

28 [Die beiden letzten Sätze ersetzen die folg. gestrichenen Sätze:] Als Menschensohn, sofern er sich für die Welt dahingibt, ist und wird er für die Welt Lebensbrot und Lebenswasser. Die christliche Taufe und das Abendmahl sind eingegliedert in die neue Vorstellung von der Eschatologie und von dem Kommen des Menschensohnes zum Gericht.

29 [Folgt ein (bis auf die drei letzten Wörter) gestrichener Satz:] Das Gericht des Menschensohnes vollzieht sich in der Taufe und im Abendmahl, sofern sie als Geistesvermittler das Leben, welches durch die Fleischwerdung des λόγος in die Welt gebracht worden ist, weiter wecken und weiter erhalten.

30 [Sehr undeutlich:] einbuht[? Kein i-Punkt auf der letzten Silbe.]

31 [Zuerst:] Das Weizenkorn in die Erde gesenkt wird.

32 [Zuerst:] muß sterben.

meine Speise mitteilbar werde in den Sakramenten, wie dies schon in der Brotvermehrung[33] vorgebildet ist. Wie jenes Wunderbrot, so setzt sich auch die σὰρξ καὶ αἷμα τοῦ υἱοῦ τοῦ ἀνθρώπου im Abendmahl fort. Denn wenn die singuläre Form des υἱὸς τοῦ ἀνθρώπου vernichtet wird, so stellt dies den wunderbaren Vorgang dar, daß er in der Folge als σὰρξ καὶ αἷμα τοῦ υἱοῦ τοῦ ἀνθρώπου Lebensspeise für alle wird. Durch diese Speise bleiben sie in ihm und er in ihnen. So zieht er durch seinen Kreuzestod alle, alle kommenden Generationen nach sich und vollzieht zugleich als Lebensspende das Gericht. Das ist die Art dieses Menschensohnes, welche die Hörer nicht verstehen, daß er erhöht werden muß und gerade dann μένει εἰς τὸν αἰῶνα[34] [«bleibt in Ewigkeit»].

Sie können es noch nicht verstehen. Aber den höheren Anstoß sollen sie im Herzen behalten. Verstehen werden sie es nach dem Tod, wenn der Logos von der historischen Persönlichkeit Jesu frei wird und nun als πνεῦμα sich in den Sakramenten wirksam erweist und Leben spendet. Darum schließt die Rede über das Abendmahl mit dem Hinweis auf die Zeit, wo das Rätsel [sich] erklärt:[35] τὸ πνεῦμά ἐστιν τὸ ζῳοποιοῦν.[36] Πνεῦμα aber wird erst sein, wenn der Zeitpunkt gekommen, von dem Jesus zugleich spricht, [der Zeitpunkt,] wo der Menschensohn aufsteigt, [dahin,] wo er vorher war. Mit nachdrücklicher Deutlichkeit wird im Anschluß an das Wort von den Lebensbächen in Kap. 7 gesagt, daß Jesus damit auf die Periode hindeutet, da Geist sein wird: οὔπω γὰρ ἦν πνεῦμα, ὅτι Ἰησοῦς οὐδέπω ἐδοξάσθη.[37] Darum geht auch die ganze Belehrung der Jünger nach der öffentlichen Periode in den sogenannten Abschiedsreden auf den Zeitpunkt, wo sie durch den Geist gewiesen werden, alle seine Worte zu verstehen, und nun begreifen – im Hinblick auf die Sakramente –, in welchem Sinne er redete von dem Lebenswasser und von dem Lebensbrot, das er der Welt spenden würde. Als Geistgelehrte[38] werden sie dann die Sakramente in Übung bringen, durch welche die Erscheinung des Menschensohns ewig in der Welt gegenwärtig ist. Das ist die Auffassung des 4. Evangelisten von der Entstehung der christlichen Sakramente.

Es handelt sich also um nichts Geringeres als um eine Umbiegung der eschatologischen Predigt Jesu vom Leben, vom Gericht und vom Menschensohn in einen Hinweis auf die christlichen Sakramente, sofern sie als Geistesvermittler das fortdauernde Gericht des Menschensohns gegenwärtig repräsentieren und vollziehen. So sind Christologie und Sa-

---

33 [6,1–14.]

34 [Vgl. 6,27: ... τὴν μένουσαν εἰς ζωὴν αἰώνιον («Speise, die ins ewige Leben bleibt»), 6,51 und 58: ... ζήσει εἰς τὸν αἰῶνα («der wird in Ewigkeit bleiben»).]

35 [Zuerst:] mit dem Hinweis, der das Rätsel erklärt...

36 [6,63: «der Geist ist es, der lebendig macht».]

37 [7,39: «denn den Geist gab es noch nicht, weil Jesus noch nicht verherrlicht war».]

38 [Geistbelehrte? (Vom Geist Belehrte?)]

kramentslehre durch die Logosspekulation in eine einheitliche realistisch-kirchliche Geschichtstheorie ineinandergeschoben. Die Erscheinung Jesu als des Logosträgers ist durch die Spekulation nicht nur nach hinten mit der Offenbarungs- und Schöpfungsperiode des Logos, sondern auch nach vorn[39] mit den kirchlichen Sakramenten und mit dem Weltgericht verbunden. Wir stehen staunend und fast ungläubig vor einer so kühnen Konzeption, aber wir dürfen nicht vergessen, daß für das 2. Jahrhundert und besonders für die Logosspekulation das, was uns kühn und unmöglich erscheint, natürlich und selbstverständlich war und daß wir, um das 4. Evangelium zu verstehen, uns in den geistigen Realismus der Sakramentsauffassung, wie er uns bei einem Ignatius und einem Justin begegnet und sich dann durch die ganze griechische Linie hinab fortsetzt, hineinleben müssen.

Diese Ausführungen beanspruchen nichts weiter zu bieten als den Entwurf und den Plan eines an einem bestimmten Punkte einzutreibenden Nebenstollens, durch den das Geäder des 4. Evangeliums vielleicht um einiges besser bloßgelegt werden könnte, indem gezeigt würde, wie die Ausführungen über das Lebensbrot und Lebenswasser, über die Taufe und über das Abendmahl und über den Menschensohn mit der Konzeption des 4. Evangeliums und seinem Hauptthema, der historischen Durchführung der Logoschristologie, organisch zusammenhängen. Ausgegangen ist dieser Entwurf von einem Nachempfinden der Logosspekulation, wie sie sich darstellen mußte für einen in der griechischen Kirche drinstehenden Denker, der die historische Persönlichkeit Jesu als den Bringer des Lebens und die auf ihn zurückgehenden Sakramente, die Taufe als die Wiedergeburt aus Wasser und Geist und das Abendmahl als φάρμακον ἀθανασίας,[40] aus einer einzigen spekulativen Idee, dem Logos, zu begreifen suchte. In einem Wort gesagt: Es handelt sich bei diesem Versuch um eine stärkere Geltendmachung des kirchlichen Charakters der Logosspekulation für die Erklärung des 4. Evangeliums.

Mercredi, [le] 26.02.02 Albert Schweitzer

---

39 [Zuerst (dann gestrichen):] nach vorn mit der Erlösertätigkeit und Richtertätigkeit ... [Dabei ist auch das Wort «vorn» irrtümlicherweise gestrichen worden.]

40 [Ignatius, *Ad Ephesos* 20,2: «Arznei der Unsterblichkeit».]

2. Aus «Arbeiten über Taufe [und Abendmahl]»

a) Die Taufe im Neuen Testament (Habilitationsschrift 1901)

An eine hohe theologische Fakultät zu Straßburg
Albert Schweitzer

[Vorbemerkung]

a) Die Taufe im Neuen Testament

[Literatur]

Erster Abschnitt

Kritik des historischen Versuchs, das Aufkommen und das Wesen der christlichen Taufe aus der Taufe Jesu zu erklären

I. Einleitendes
II. Usener, Harnack, Bornemann
III. Die urchristliche christologische Wertung der Taufe Jesu nach den Taufberichten
IV. Die Wertung der Taufe Jesu in den altchristlichen christologischen Stellen
V. Die christologische Wertung der Taufe Jesu bei den Gnostikern und bei den Adoptianern
VI. Der Zusammenhang der christlichen Taufe mit der Taufe Jesu nach den alten Zeugnissen
VII. Zusammenfassung und Problemstellung

Zweiter Abschnitt

Positive Darstellung. Die historische Erklärung der christlichen Taufe aus dem Tod und der Auferstehung Jesu Christi

VIII. Die Bedeutung der Johannestaufe
IX. Das Aufkommen der Johannestaufe in der christlichen Gemeinde
X. Die Verchristlichung der Taufe bei Paulus und in der Apostelgeschichte
XI. Der nachpaulinische Taufbegriff im Neuen Testament und in der altchristlichen Literatur bis zum Einsetzen der Logosspekulation
XII. Die Ansätze der Logosspekulation über die Taufe bei Justin

Vorbemerkung

Die vorliegende Abhandlung überschreitet die Grenzen des Neuen Testaments an drei Punkten:

1. In der Verfolgung der Frage nach der altchristlichen Wertung der Taufe Jesu werden auch die Gnostiker mit in den Bereich der Untersuchung gezogen.
2. Um die Verbindung zwischen Paulus und dem 4. Evangelium herzustellen, wird der Taufbegriff bei Hermas, Ignatius und Justin kurz skizziert.
3. Um die Tragweite des Taufbegriffs im 4. Evangelium voll ermessen zu können, werden Irenäus, Tertullian und Clemens Alexandrinus erwähnt.

Diese drei Überschreitungen der Grenzen des N. T. bedeuten also keine Erweiterung des Themas, sondern sie waren unvermeidlich bei dem Weg, den die Untersuchung einschlug.

Straßburg im Elsaß, 31. 1. 1901[1] Lic. Dr. Albert Schweitzer

---

1 [Von Tag und Monat dieser Datumsangabe ist nur die erste Zahl 3 deutlich lesbar.]

Die Taufe im Neuen Testament

Literatur:

Heinrich [Julius] Holtzmann, *Die Taufe im Neuen Testament*, [in:] Zeitschrift für wissenschaftliche Theologie, [22. Jg., Leipzig] 1879, S. 401–415.
[C. P.] Caspari, *Der Taufbegriff des Neuen Testaments*, [...] 1877.
J. H. Scholten, *Die Taufformel*, [a. d. Holländischen des Verfassers Max Gubalko übersetzt, Gotha] 1885.
Adolf Hilgenfeld, *Die urchristliche Taufe*, [in:] Zeitschrift für wissenschaftliche Theologie, [28. Jg., Leipzig] 1885, S. 448–462.
Hermann Usener, *Religionsgeschichtliche Untersuchungen*, Erster Teil: [Das Weihnachtsfest, Kap. I–III. Untertitel Kap. II:] *Christliche Epiphanie. Das alte Tauf- und Geburtsfest*, [Bonn] 1889, S. 18–213.
[Adolf] Harnack, [Rezension obengenannter Untersuchungen von H. Usener, in:] Theologische Literaturzeitung, [14. Jg., Leipzig] 1889, Sp. 199–211.
Johannes Bornemann, *Die Taufe Christi durch Johannes in der dogmatischen Beurteilung der christlichen Theologen der vier ersten Jahrhunderte*, [Leipzig] 1896.
Gustav Anrich, *Das antike Mysterienwesen in seinem Einfluss auf das Christentum*, [Göttingen] 1894, S. 115ff.

Erster Abschnitt: Kritik des historischen Versuchs, das Aufkommen und das Wesen der christlichen Taufe aus der Taufe Jesu zu erklären

I. Einleitendes

Die christliche Taufe ist, nach der Apostelgeschichte und den paulinischen Briefen zu schließen, schon in der allerersten Zeit allgemein in Gebrauch gewesen. Alle Auffassungen von der ursprünglichen Bedeutung dieses «Aufnahmeakts» hängen jedoch in der Luft, solange die Frage des Aufkommens desselben nicht gelöst ist.

Zur Erklärung des Aufkommens der christlichen Taufe stehen drei im Neuen Testament gebotene «Tatsachen» zur Verfügung:
1. Der Taufbefehl des Auferstandenen.
2. Die Taufe Jesu durch Johannes.
3. Die Johannestaufe allgemein.

Hiervon kommt die erste «Tatsache» für die historische Erklärung nicht in Betracht, denn der Taufbefehl des Auferstandenen (Mt. 28,19) ist anerkanntermaßen gerade so unhistorisch wie die Voraussetzung eines solchen Auftrags in dem unechten Markusschluß (Mk. 16,16). Es scheint nun am natürlichsten, die urchristliche Taufe aus der zweiten Tatsache, der Taufe Jesu durch Johannes, zu erklären. Einerseits hängt ja die christliche Taufe, der äußeren Handlung nach, unzweifelhaft mit der Johannestaufe zusammen. Andererseits enthält sie durch ihre Beziehung auf die Person Jesu ein absolut neues, über die Bedeutung des alten Ritus weit hinausgehendes Moment. *In der christlichen Taufe ist die Johannestaufe gleichsam in eine höhere Sphäre erhoben.* Das Alte und das Neue scheinen nun aber beieinander zu liegen in der Taufe Jesu durch Johannes, denn bei diesem Taufakt tritt, den Berichten zufolge, das Neue ein: die Begabung mit dem Geiste.

Da nun gerade die Geistempfängnis, nach der Apostelgeschichte, das eigentliche Merkmal der christlichen Taufe bildet, so liegt es am nächsten, das uns sonst absolut rätselhafte Aufkommen der christlichen Taufsitte *aus der Tatsache der Taufe Jesu zu erklären.*

Des Näheren nimmt dieser allgemein verbreitete Erklärungsversuch folgende Form an. Die urchristliche Taufe leitet sich durch den Begriff der «Vorbildlichkeit» von der Taufe Jesu ab. In jenem Akt wurde er nämlich den Aufgaben und Zielen des gewöhnlichen Menschenlebens entnommen und zum «Geweihten Gottes», zum Christus erhoben. Das war die urchristliche Anschauung von der Bedeutung jenes Ereignisses, die sich in der Aufnahme der Taufsitte in die christliche Gewöhnung ein Denkmal gesetzt hat. In demselben Akt wird nun auch der Einzelne in die Messiasgemeinde aufgenommen, zum Christen gemacht. Die Taufe ist also, wenn auch nicht durch ein sicher überliefertes Wort Christi, so doch durch sein eigenes Vorbild und durch den guten Sinn, welchen sie gerade vermöge ihrer Beziehung auf seine Taufe gewinnt, der Kirche ans Herz gelegt.

In der Taufsitte schuf also die Kirche dem Beispiel der Johannestaufe und ihren eigenen gesunden Instinkten folgend ein *kontinuierliches Analogon* zur Taufe Jesu. *Die christliche Taufe ist die entsprechende Wiederholung der Taufe Jesu.* So sehr sich dieser Erklärungsversuch durch seine Natürlichkeit zu empfehlen scheint, bedarf er doch einer eingehenden Untersuchung. Ist es denn etwas so Natürliches, daß man eine einzigartige historische Handlung wie die Taufe Jesu gleichsam an jedem Gläubigen wiederholt? Wie ist eine solche Wiederholung überhaupt denkbar? Die Hauptvoraussetzungen dieses Erklärungsversuchs kommen in den beiden folgenden Fragen zum Ausdruck:

1. War es wirklich die älteste urchristliche Anschauung von der Bedeutung der Taufe Jesu, daß er in jenem Akt Geistgesalbter, Christus, wurde?

2. Spricht sich in den ältesten Stellen über die christliche Taufe irgendwie das Bewußtsein aus, daß diese Handlung mit der Taufe Jesu vorbildlich in Beziehung steht?

Von der Beantwortung dieser beiden Fragen hängt die Berechtigung oder Nichtberechtigung des Lösungsversuchs ab, welcher die christliche Taufsitte aus der Taufe Jesu herleiten will.

II. Usener, Harnack, Bornemann

Die Taufe Jesu durch Johannes gehört zu den ältesten und bestbezeugten Stücken der evangelischen Überlieferung. Nach der ursprünglichen Fassung des Berichts in Mk. 1,9–11 kann man mit Sicherheit Schlüsse auf die eigentliche historische Bedeutung des Vorgangs ziehen. Alles, was sich ereignet, das Herabkommen des Geistes sowohl wie die übernatürliche Stimme, geht nur Jesum, nicht seine Umgebung an. Die historische christologische Bedeutung der Taufe, soweit wir nach dem ältesten Bericht zu urteilen vermögen, ist also die, daß Jesu in jenem Augenblick, da er aus dem Wasser emporsteigt, seine messianische Berufung offenbar wird und er die Kraft eines höheren Geistes über sich kommen spürt. Das ist die historische «christologische» Bedeutung der Taufe Jesu.[2]

Nun unternahm es *Usener* in seinen religionsgeschichtlichen Untersuchungen über das Weihnachts- und Epiphanienfest,[3] diese herkömmliche Ansicht in ihr Gegenteil zu verkehren. Die Taufe Jesu gehört nach ihm nicht zur ältesten, sondern zur jüngsten Überlieferung. Durch eine sehr geistreiche, aber ziemlich verworrene philologische Untersuchung der Nachrichten und Berichte über die Taufe Jesu sucht er darzutun, daß es sich in dieser Erzählung um eine sagenhafte Bildung handelt, deren Anfänge im Judenchristentum zu suchen sind. Aber erst bei den Gnostikern, so führt er weiter aus, gelangt die Taufe Jesu zu größerer Bedeutung, weil sie die geschichtliche Grundlage für ihre Spekulationen abgibt, wie und wann sich nämlich in Jesus Christus eine göttliche und menschliche Persönlichkeit vereinigten. Das geschah in der Taufe. Darum führen die ältesten Zeugnisse über das Epiphanienfest (Clemens Alexandrinus I,21, p. 146)[4] auf die Basilidianer. Diese begehen das Epi-

2 [Dazu notiert:] (Meine neue Auffassung: [hat das Bewußtsein dieser Berufung?] schon gehabt, wartet auf den Elias.)

3 [Siehe Literaturangaben oben S. 44.]

4 [Usener zitiert S. 18 den griech. Text (in der späteren Stromata-Ausgabe von Otto Stählin, *Clemens Alexandrinus,* Bd. II (Griech. christliche Schriftsteller, Bd. 52), Leipzig ³1960, S. 90, 146, Zeilen 21–24) und gibt folgende Übersetzung der Stelle: «Die Anhänger des Basileides aber begehen auch den Tag der Taufe des Heilands festlich und lassen demselben eine Nachtfeier mit Vorlesungen vorausgehen; sie geben als Zeit (der Taufe) das 15. Regierungsjahr des Tiberius und den 15. des Monats Tybi an, einige (derselben) nehmen ihrerseits den 11. desselben Monats an.»]

phanienfest als Gedächtnistag der Taufe Jesu, und zwar als Fest der Geburt Christi. Mit dem Feste übernahm die Großkirche auch die Erzählung von der Taufe Jesu von den Gnostikern. Bis 110 n. Chr. fehlte die Taufgeschichte in den Evangelien der Landschaften von Nord-Kleinasien, Syrien und Ägypten.[5] Die ältere Form des Taufberichtes findet sich in Lk. und dem 4. Evangelium.[6] Zuerst wurde sie wohl dem alten aramäisch geschriebenen Evangelium Matthäi beigefügt.[7]

Mit besonderer Rücksichtnahme auf die Anschauungen Useners veröffentlichte dann *Bornemann*[8] eine aus einer Preisarbeit erwachsene Untersuchung über die Taufe Christi durch Johannes.[9] In dieser Schrift vertritt er folgende Ansicht: Die Taufe Jesu durch Johannes gehört zu den ältesten, unantastbaren Überlieferungen, und zwar handelt es sich dabei um ein für die Christologie des Urchristentums höchst wichtiges Ereignis. Im Moment der Taufe wurde Jesus mit dem Geist gesalbt. Von da an war er nach der urchristlichen Christologie Geistgesalbter. Diese ursprüngliche und urchristliche Schätzung der Taufgeschichte ging dann aber für das Heidenchristentum verloren. Es wußte nichts Rechtes mehr damit anzufangen, da es, infolge der spekulativen Ausdeutung der übernatürlichen Geburt, der Taufe des Herrn keine Bedeutung mehr für ihn selbst, für sein messianisches Werden, beilegen konnte. Dies tritt besonders bei *Johannes* und *Justin* hervor. Besitzer des Geistes ist Jesus jetzt durch seine Geburt. In der Taufe wird er als solcher für die andern kenntlich gemacht. So wird, durch die steigende spekulativ[10]-christologische Wertung der Geburtsgeschichte, die Taufgeschichte gleichsam außer Kraft gesetzt.[11]

Noch einmal aber erhält sie in der Folgezeit ihre primäre Bedeutung wieder: *bei den Gnostikern*. Für diese wird sie wieder das christologische Hauptereignis, indem sie den Zeitpunkt angibt, wo das Geistwesen Christus mit Jesus sich vereinigte. Aber gerade der Umstand, daß die Gnostiker den alten Standpunkt vertreten, zeigt, daß es mit der fundamentalen Bedeutung der Taufe Jesu für die Lehre der Kirche zu Ende ist. «Gerade weil die alttestamentliche Grundlage der Taufgeschichte dem Heidenchristentum unklar war, weil die Taufgeschichte in kürzester Frist zu einem dunkeln Punkt geworden, konnten die Gnostiker hier ihre Welterklärung recht einsetzen lassen und ihr Licht aufstecken» ([Bornemann,] S. 41). «Der Gnostizismus hat die Taufgeschichte weder hervorgerufen noch ihr zuerst zur Bedeutung verholfen, sondern ihre Verwertung im Gnostizismus, scheinbar die äußerste, tatsächlich die

5 [Im Ms. undeutlich:] Egipten [oder:] Egypten.
6 [Lk. 3,21–22, Joh. 1,31–34.]
7 [Mt. 3,13–17.]
8 [R] (Früher Prof. in Basel, jetzt [1901] als Pfarrer in Frankfurt.)
9 [Siehe Literaturangaben oben S. 44.]
10 [Zuerst:] spekulative [ohne folg. Bindestrich.]
11 [Hier steht ein Pfeilverweis, jedoch ohne Angabe, worauf er hinweisen soll.]

äußerlichste, zeigt vielmehr das Ende ihrer christologischen Bedeutung» [S. 49].

In dieser Auffassung stimmt Bornemann [mit] *Ad. Harnack* zusammen, der in seiner eingehenden Kritik Useners[12] die Geschichte der christologischen Wertung des Taufberichts in ähnlicher Weise skizziert hatte. *Für die älteste Christenheit bedeutete nach Harnack die Taufe Jesu seine Messiasweihe.* Das Wachstum des Taufberichts kann man im Hebräer-, Matthäus- und Lukasevangelium verfolgen. Aber schon durch die Spekulation des Paulus über die Auferstehung einerseits, die Präexistenz andererseits wurde die grundlegende Bedeutung der Taufgeschichte aufgehoben. Mit dem 4. Evangelium beginnt die Reihe der Versuche, sich mit dem Bericht auseinanderzusetzen. Die Taufe Jesu ist wesentlich ein Zeichen für den Täufer. Den Gnostikern hingegen, welche «über die göttliche und menschliche Natur Christi spekuliert haben, zugleich aber als Dualisten und Asketen die Zeugung ... für etwas Sündhaftes hielten ..., mußte ein Vorgang höchst willkommen sein, der die Herabkunft des göttlichen Aeon auf einen Menschen oder einen Scheinmenschen deutlich zu verkündigen schien» ... «So erhielt in gnostischen Kreisen die alte grundlegende Geschichte von der Messiasweihe Jesu in dem Moment einen neuen Wert und einen neuen Inhalt, wo sie in der großen Kirche durch die Geburtsgeschichte und bald auch durch die Logoslehre in den Hintergrund gerückt wurde, wo man Glaubensregeln und Symbole zusammenstellte, die sich über die Taufe ausschwiegen. Aber daneben gab es auch noch in der großen Kirche Lehrer, welche in dem Vorgang bei der Taufe die entscheidende Ausrüstung Jesu erkannten» ([Harnack,] Sp. 210). Sie hielten sich bis zum Ende des 2. Jahrhunderts. In den adoptianischen Lehren wirken sie nach bis ins 3. Jahrhundert, da diese «in besonderer Weise an die Taufe anknüpften» [ebd.].

Wie steht es aber um die direkte Bezeugung dieser urchristlichen christologischen Wertung der Taufe Jesu? 1. Welche Schlüsse auf die urchristliche christologische Wertung der Taufe Jesu lassen die Weiterbildungen des Taufberichts über Mk. hinaus zu? 2. Was ergibt sich aus den ältesten grundlegenden christologischen Stellen, wo die Taufe erwähnt, beziehungsweise nicht erwähnt, gewertet, beziehungsweise nicht gewertet wird?

III. Die urchristliche christologische Wertung der Taufe Jesu nach den Taufberichten

Mit großem Nachdruck weist *Harnack* in seiner Kritik *Useners* darauf hin, daß man aus dem Vorhandensein des Taufberichts nicht direkt auf

12 [Siehe Literaturangabe oben S. 44.]

eine urchristlich-christologische Wertung dieses Ereignisses schließen dürfe, ebensowenig wie man aus der Konstatierung, daß die urchristliche Christologie mit der Taufgeschichte nichts zu tun hat, die Geschichtlichkeit des Taufberichts bezweifeln darf. Es handelt sich eben nicht um die Frage: welche Bedeutung kommt der Taufgeschichte *historisch* zu?, sondern: welche Bedeutung legte ihr das *Urchristentum* bei? Die Tatsache, daß der Taufbericht in der urchristlichen Geschichtsüberlieferung über Jesus mitgeführt wurde, beweist noch gar nichts dafür, wie und ob er überhaupt in der urchristlichen Christologie gewertet wurde.[13] Wenn also auch in[14] allen Evangelien und bei Justin der Taufbericht in der ursprünglichen markinischen Form festgehalten wäre, so wüßten wir doch nicht, welche Bedeutung diesem Bericht für die altchristliche Auffassung der messianischen Person Jesu zukam, unbeschadet unseres historischen Urteils, welches uns in diesem Bericht die Geburtsstunde des Messianitätsbewußtseins Jesu vermuten läßt. Das historische und das urchristliche Urteil decken sich eben nicht. Wie uns bei Mk. eine so getreue Schilderung des Vorgangs erhalten ist, daß wir daraus die Bedeutung der Taufe für den Durchbruch des messianischen Bewußtseins Jesu noch erkennen können, das ist eine Frage für sich, die literarischer Art ist. Hier handelt es sich aber um die älteste Interpretation des Ereignisses. In dieser Hinsicht liefert die fortschreitende Umbildung, welche der Taufbericht bei den Seitenreferenten erfahren hat, den absolut sicheren Beweis, daß die Urchristenheit ihm keine Bedeutung für Jesus beigelegt hat. Das treibende Prinzip in der Weiterbildung betätigt sich nämlich gerade darin, daß der Bericht dem Ereignis eine Bedeutung für die Umstehenden gibt. Dies ist die einzige, die Hauptbedeutung. Daß das Ereignis etwas Wichtiges, Entscheidendes für Jesus selbst war, macht sich in der Berichterstattung in keiner Weise bemerklich, sondern wird geradezu verneint. In diesem Prinzip begegnen sich alle über Mk. hinausgehenden Berichte. Sie berichten einzig und allein die Kenntlichmachung Jesu als des Geistesträgers für Johannes und für das Volk! Der Gedanke hingegen, daß Jesus *das jetzt erst wird, als was er geoffenbart wird, nämlich Geistesträger*, wird in keiner Weise herausgearbeitet.

Stellen wir die Berichte nebeneinander, indem wir zunächst diejenigen aus dem Ebioniten- und Nazaräerevangelium beiseite lassen, da sie möglichenfalls schon durch vulgär-gnostisierende Einflüsse hindurchgegangen sind:

In dem Bericht Mk. 1,9–11 geht das Ereignis Jesum allein an: Er hat das Gesicht von dem in Taubengestalt herabfahrenden Geiste, er hört die Stimme. Aber wenn es sich um Sehen und Hören handelt, so ist das

---

13 [R] Wichtig: an Jesus vollzogen!

14 [Ms.:] bei.

Nächstliegende, daß das Mitsehen und Mithören *selbstverständlich* ist. *Das Gegenteil behaupten, hieße ein Wunder statuieren.* So ist das Mitsehen und Mithören in der Verklärungsgeschichte[15] unbedingt angenommen. Auch der Taufbericht des Mk., das muß man sich klar machen, schloß für einen urchristlichen Hörer oder Leser das Mithören und Mitsehen gar nicht aus, sondern setzt es voraus, denn für seine Zeit berichtet er eben kein «inneres Erlebnis», sondern ein Wunder. Wie man den Markusbericht interpretierte, zeigen die Seitenreferenten. Sie führen das Naturgemäße aus und lassen die Umstehenden das wunderbare Ereignis miterleben. Es handelt sich dabei nicht um eine besondere theologische Reflexion über eine designatorische Bedeutung der Taufe Jesu, sondern um die Darstellung des *Selbstverständlichen.* Das zeigt sich besonders bei Matthäus. Nimmt man Mt. 3,13–17 wörtlich, so berichtet er allgemein, daß die Himmel sich geöffnet haben, daß Jesus allein die Taubenerscheinung gehabt, während er voraussetzt, daß die Umstehenden die Stimme vernommen haben (Mt. 3,16 und 17: «Und siehe, die Himmel taten sich[16] auf, und er sah den Geist Gottes herabkommen wie eine Taube über ihn. Und siehe, eine Stimme geschah vom Himmel: *Dieser* ist mein lieber Sohn, an dem ich Wohlgefallen habe.») Aus diesem krausen Gemisch schließen zu wollen, wie *Bornemann* tut, daß «auch bei Mt. der Vorgang nach der Taufe zunächst und zumeist den Herrn angeht» (S. 9), ist falsch. Von Reflexion ist keine Spur da, sondern der Schriftsteller setzt als natürlich voraus, daß die ganze Szene die Umstehenden anging, und das Schwanken, als ob sie zwar gehört, aber nicht gesehen hätten, kommt nur daher, daß er von Mk. geprägte Sätze in seinem Bericht mitführt.

Dasselbe ist bei Lukas der Fall. Beschreiben will er (Lk. 3,21.22) das große Wunderereignis bei der Taufe, welches die Umstehenden wahrnahmen. Darum berichtet er, daß die Himmel sich auftaten, der heilige Geist in leiblicher Gestalt als eine Taube auf Jesum herabstieg und eine Stimme aus dem Himmel geschah. Wenn er nun aber das «du» aus Mk. beibehält und die Stimme sagen läßt: «Du bist mein lieber Sohn» statt «*dieser* ist mein lieber Sohn» (Mt.), so will das nicht heißen, daß die Stimme nur von Jesus vernommen wird, sondern als natürlich ist vorausgesetzt, daß sie von allen gehört wird. Es kann sich also trotz des Wortlauts weder bei Mt. noch bei Lk. um das partielle Festhalten einer urchristlichen christologischen Bedeutung der Taufe [Jesu] handeln, als ob dieselbe eine Bedeutung für Jesus selbst gehabt hätte. Diese Berichte zeigen nur, daß die Zeit, welcher sie ihre Form verdanken, als absolut selbstverständlich voraussetzte, es habe sich um ein den Umstehenden offenbares Wunder gehandelt, ob dasselbe nun vom Standpunkte Jesu

15 [Mk. 9,2–9.]
16 [Einige alte Textzeugen fügen jedoch nach «sich» hinzu: «ihm» (αὐτῷ).]

aus (Mk.) oder vom «gemischten» Standpunkt aus (Mt. und Lk.) erzählt wird.

Daher besteht in diesem Punkte zwischen Mt. und Lk. einerseits, Justin und Johannes andererseits in der Vorstellung des Ereignisses kein Unterschied. Nur sind Johannes und Justin in der Darstellung der Taufe Jesu als eines für die andern wahrnehmbaren «Phänomens» vollständig konsequent. Sie erheben sie zur Theorie, während die andern sie als natürlich und selbstverständlich voraussetzen. Für den 4. Evangelisten hat sogar die Berichterstattung über das Phänomen selbst keine Bedeutung mehr. Es genügt, daß das Ergebnis festgehalten wird: Jesus ist durch das Phänomen bei der Taufe als Geistgesalbter offenbart worden, und zwar für den Täufer. Dessen ganze Täufertätigkeit hatte nach dem 4. Evangelium nur einen Sinn in Hinsicht *auf die Offenbarwerdung Jesu, welche an diesen Akt gebunden war.* An sich war die an andern vollzogene Taufhandlung gegenstandslos. Sie wird nicht als Taufe zur Buße in Vorbereitung auf das Gottesreich hin geschildert, sondern es ist ein unerklärlicher Ritus, den der Täufer an einer großen Zahl von Menschen vollzieht, bis er durch dieses gottgewiesene Verfahren den Rechten herausfindet. Die Pharisäer fragen ihn, warum er denn taufe. Statt sie auf die Buße zu verweisen, sagt er ihnen: «Ich taufe mit Wasser, aber mitten unter euch steht, den ihr nicht kennt» (Joh. 1,26). Diesen großen Unbekannten gilt es kenntlich zu machen: das ist des Täufers Aufgabe, *seine einzige Aufgabe beim 4. Evangelisten.* Aber noch kennt er ihn selbst nicht. Darum kann er sie nur allgemein hinweisen auf das, was kommen wird. «Um ihn Israel kenntlich zu machen, bin ich[17] mit Wasser taufend gekommen» (1,31). Denn Gott, der ihm das Wassertaufen aufgetragen hat, gab ihm dabei die Weisung: «Über welchen du siehst den Geist herabkommen und bleiben über ihm, der ist's, der im heiligen Geist taufen wird» (1,33). Nun hat er das wirklich erlebt, und zwar bei der Taufe Jesu, darum kann er ihn am Tag nach der Anfrage der Pharisäer kenntlich machen mit den Worten: «Siehe, das ist Gottes Lamm ...» (1,29), denn die Taufe Jesu und das von Gott verheißene Phänomen liegen dazwischen.

Dieselbe rein designatorische Wertung der Taufe findet sich auch bei *Justin.* Der Bericht findet sich im *Dialog mit Trypho,* Kap. 88. Als Jesus in den Jordan hinabstieg, fanden Lichterscheinungen statt (καὶ πῦρ ἀνήφθη ἐν τῷ Ἰορδάνῃ),[18] und «dem Bericht der Apostel dieses selben [unseres] Christus zufolge fiel der heilige Geist wie eine Taube auf ihn nieder, als er aus dem Wasser emporstieg».[19] Aber, so führt Justin weiter aus, die Taufe hatte für ihn selbst keine Bedeutung, sondern sie ist rein designatorisch. Sie geschieht um der Menschen willen, gerade so wie

17 [Ms.:] ist er [korr. nach 1,31.]
18 [J. P. Migne, PG 6, 685.]
19 [Vgl. BKV, Bd. 33, Kempten und München 1917, S. 146.]

der Einzug in Jerusalem ihn nicht zum Messias macht, sondern ihn nur als solchen offenbart. So soll auch dort am Jordan offenbar werden, daß er der Verheißene ist, denn die Stimme bei der Taufe, «du bist mein lieber Sohn» etc., ist im Alten Testament geweissagt,[20] gerade so wie das Einziehen auf dem Füllen der lastbaren Eselin.

Was geht also aus der so sich fortbildenden Darstellungsart der Taufberichte hervor? – Daß es sich in der altchristlichen Schätzung nicht um ein Ereignis in dem messianischen Werden Jesu handelt,[21] sondern daß die Taufgeschichte den Augenblick bedeutet, wo er beim Beginn seiner Tätigkeit, vor seinem Auftreten, dem Täufer und dem Volk als Geistgesalbter offenbar wird. Mt. und Lk. zeigen uns, wie man den Markusbericht verstand: als Phänomen für die Umgebung. Darin stimmen sie mit Johannes und Justin vollständig überein. Die Theorie von der ursprünglichen urchristlichen christologischen Bedeutung der Taufe Jesu, die dann für das Heidenchristentum zurückgetreten sein soll, läßt sich aus den Berichten nicht belegen, auch aus Mk. nicht. Denn nicht auf den Wortlaut seiner Darstellung, sondern auf ihre urchristliche Wertung und Interpretation kommt es hier an. Mk. hat uns auch die Offenbarung des Messiasgeheimnisses an die Zwölf in einer solchen Fassung berichtet, daß wir geschichtlich noch die fundamentale Deutung dieses Ereignisses für das Bekanntwerden der Messianität Jesu daraus ersehen können. Und doch spielt auch diese hier aufbewahrte historische Erkenntnis in der messianischen Theologie des Urchristentums keine Rolle. Ebenso ist es mit dem Mk.-Taufbericht. Über eine urchristliche christologische Schätzung der Taufe als der Geburtsstunde der Messianität Jesu sagt er uns gar nichts.

IV. Die Wertung der Taufe Jesu in den altchristlichen christologischen Stellen

In den altchristlichen kirchlichen Schriften von Paulus bis Justin wird die Taufe Jesu, abgesehen von den Taufberichten in den apokryphen Evangelien und zwei Stellen bei Ignatius, nirgends auch nur mit einem Worte erwähnt. Das ist schon äußerst befremdlich, wenn sie für das Urchristentum das große christologische Ereignis repräsentierte, durch welches Jesus Messias wurde. Man redet also bis auf Justin über Christologie, ohne der Taufe zu gedenken. Noch befremdlicher aber ist, daß die Taufe Jesu, an den beiden Stellen bei *Ignatius*, gar nicht als christologisches Ereignis herangezogen, sondern einfach als Tatsache aufgezählt wird. Die beiden Stellen lauten:

---

20 [BKV, a.a.O., S. 147f.; S. 148 der Hinweis auf Ps. 2,7.]

21 [R] Die Idee des messianischen psychologischen Werdens Jesu ist ganz modern – ganz deutsch wegen [dem] Begriff der Entwicklung.

1) Epistula ad Smyrnaeos I,1, in einer Zusammenfassung der Hauptpunkte des Lebens Jesu, die eine Art Glaubensregel bildet: βεβαπτισμένον ὑπὸ Ἰωάννου, ἵνα πληρωθῇ πᾶσα δικαιοσύνη ὑπ' αὐτοῦ.[22]

2) Epistula ad Ephesos XVIII,2: ὅς ἐγεννήθη καὶ ἐβαπτίσθη, ἵνα τῷ πάθει τὸ ὕδωρ καταρίσῃ.[23]

Das eine Mal wird die Taufe Jesu einfach aufgezählt, wie auch die Verurteilung durch Pilatus. Von einer christologischen Beurteilung ist keine Rede, sondern die alte äußerliche matthäische Erklärung genügt dem Ignatius vollkommen. Das andere Mal spekuliert er selbständig über die Bedeutung dieser Taufe und findet, daß sie in Hinsicht auf die christliche Taufe eine Reinigung des Wassers durch das Leiden Jesu bedeute.[24]

Auch in dieser zweiten Stelle klingt nicht die leiseste Erinnerung an eine christologische Bedeutung der Taufe Jesu nach. Läßt sich dieser Tatbestand vereinen mit der Annahme einer urchristlichen christologischen Wertung derselben?

Das sind die beiden einzigen Stellen, außer den Berichten, wo die Taufe Jesu in der älteren Literatur erwähnt wird. Gehen wir nun die hauptsächlichsten älteren christologischen Stellen durch, um zu sehen, ob diese christologische Bedeutung der Taufe Jesu vielleicht als selbstverständliche stillschweigend vorausgesetzt wird, oder ob vielleicht der Platz für sie offen gelassen ist.

Warum erwähnt *Paulus* die Taufe Jesu niemals? Dieser Umstand ist sehr auffallend, denn man mag über die «paulinische Theologie» im Allgemeinen und über die «paulinische Christologie» im Besonderen denken, wie man will, eines steht fest: er hat dabei immer das urchristliche Material verwertet. Die Christologie in Röm. 1,1–4 ist unbedingt «urchristlich» – *die Taufe aber wird vollständig ignoriert*! Bedenkt man, wie gerade die Taufe als christologisches Ereignis sich wie von selbst in die paulinische Theologie eingefügt hätte, so kommt man zum Schluß: Wenn Paulus die Taufe Jesu für seine Spekulation nicht verwertet, so spielte sie eben in der urchristlichen Christologie, die er voraussetzte, keine Rolle.

Ebenso steht es mit *Acta*. Nirgends wird die Taufe Jesu erwähnt. Wenn sie aber wirklich eine so große Rolle spielte, wie kann sie in der

---

22 [Theodor Zahn, *Ignatii et Polycarpi Epistulae Martyria Fragmenta*. Fasc. II, Leipzig 1876, S. 82. – Edgar Hennecke, *Neutestamentliche Apokryphen*, 2. Aufl., Tübingen 1924, S. 531: «Getauft von Johannes, auf daß erfüllt werde von ihm alle Gerechtigkeit» (vgl. Mt. 3,15).]

23 [Zahn, a.a.O., S. 22. (Migne, PG 5, 752, bietet eine andere Version des Satzes.) – Hennecke, a.a.O., S. 523: «er wurde geboren und getauft, auf daß er durch das Leiden das Wasser reinige».]

24 Wir kommen auf diese positive Wertung der Taufe Jesu später zurück.

Christologie der Pfingstrede fehlen? Sogar die designatorische Wertung wird nicht im entferntesten gestreift. «Jesus der Nazoräer ist ein Mann, ausgewiesen von Gott her bei euch *mit gewaltigen Taten und Wundern und Zeichen*, die Gott durch ihn getan hat in eurer Mitte» (Acta 2,22). Wird hier die Taufe Jesu durch Johannes stillschweigend ignoriert, so wird sie in Acta 10,37ff. ostentativ beiseite gesetzt, so daß nicht einmal der Platz für sie offen gelassen wird. Da diese Stelle gerade das Hauptargument *Bornemanns* für die ursprüngliche christologische Wertung der Taufe Jesu bildet, so müssen wir genauer darauf eingehen.

Acta 10,37f.:[25] ὑμεῖς οἴδατε τὸ γενόμενον ῥῆμα καθ' ὅλης τῆς Ἰουδαίας, ἀρξάμενο(ς)(ν) ἀπὸ τῆς Γαλιλαίας μετὰ τὸ βάπτισμα ὃ ἐκήρυξεν Ἰωάννης, Ἰησοῦν τὸν ἀπὸ Ναζαρέθ, ὡς ἔχρισεν αὐτὸν ὁ θεὸς πνεύματι ἁγίῳ καὶ δυνάμει, ὃς διῆλθεν εὐεργετῶν καὶ ἰώμενος πάντας τοὺς καταδυναστευομένους ὑπὸ τοῦ διαβόλου, ὅτι ὁ θεὸς ἦν μετ' αὐτοῦ [«ihr wißt ja, was in ganz Judäa geschehen ist, beginnend in Galiläa nach der Taufe, die Johannes verkündet hat: wie Gott Jesus von Nazareth gesalbt hat mit dem Heiligen Geist und mit Kraft, wie dieser umherzog, Gutes tat und alle heilte, die in der Gewalt des Teufels waren, denn Gott war mit ihm»].

Dazu bemerkt Bornemann S. 18: «Es kann an dieser Stelle eine richtige Auslegung die Salbung Christi[26] in nichts anderem finden als in der Taufgeschichte, die zwischen der Johannestaufe und dem ersten Auftreten Jesu liegt. Diese Salbung ist die Messiasweihe.[27] Und zu betonen ist, daß hier eben der Amtsname Χριστός deutlich an die Taufgeschichte angeschlossen wird. Stellt man dazu den Bericht desselben Lukas im Evangelium und die anderen Synoptiker, so ist klar, welche große christologische Bedeutung in der ersten Verkündigung die Taufgeschichte gehabt haben muß.»

Nun ist aber die Taufe Jesu durch Johannes in der Stelle *gar nicht erwähnt*, sondern es handelt sich nur um die *Täufertätigkeit Johannis*, um die Taufe, die er «verkündet» hat. Und zwar wird diese Täufertätigkeit in rein chronologischer Bedeutung angeführt. «Die Taufe, welche Johannes verkündet hat», bildet das Datum des Beginns des γενόμενον ῥῆμα [s. o. Acta 10,37]. Diese Stelle steht auf derselben Linie mit dem Anfang des Mk.-Berichts: Ἀρχὴ τοῦ εὐαγγελίου Ἰησοῦ Χριστοῦ ... ἐγένετο Ἰωάννης ὁ βαπτίζων etc. [«Anfang des Evangeliums von Jesus

---

25 [Der Text stimmt überein mit der NT-Ausgabe von Eberhard und Erwin Nestle (20. Aufl., Stuttgart 1950), außer in V. 37, Nestle: ἀρξάμενος. (A. S. setzt ς in ( ) und fügt (ν) bei.)]

26 Auch der Titel der Schrift Bornemanns ist hierin ungenau. Es handelt sich weder um «die Taufe *Christi*» noch um «die Salbung *Christi*», sondern um die Taufe oder Salbung *Jesu*.

27 Wo kommt in der ganzen urchristlichen Literatur ein Ausdruck vor, der den Begriff der «*Messiasweihe*», mit dem man so unentwegt operiert, irgendwie enthält?

Christus ... es geschah, daß Johannes der Täufer» etc., Mk. 1,1.4]. Jesus trat auf im Anschluß an die «Taufverkündigung» Johannis: mehr besagt die Stelle nicht. Bornemann interpretiert aber, als ob dastände: ἀρξάμενος(ν) ἀπὸ τῆς Γαλιλαίας μετὰ τὸ βάπτισμα [«beginnend in Galiäa nach der Taufe»], mit der Johannes ihn (Jesum) getauft hatte! So müßte dastehn, wenn die christologische Wertung der Taufe Jesu dem Schriftsteller auch nur einigermaßen geläufig wäre. Daß er aber gerade das erste Auftreten Jesu und die «Taufverkündigung des Johannes» rein chronologisch aneinander schließt und dabei an der Erwähnung der Taufe Jesu, die so nahe lag, vorübergeht, zeigt an, daß irgend eine Wertung dieses Ereignisses eben absolut nicht in seinem Gedankenkreis liegt. Also muß Bornemann, um hier die urchristlich-christologische Wertung der Taufe Jesu zu finden, gerade die Hauptsache, das nichterwähnte Ereignis selbst, indirekt hinzuerschließen, indem er dabei noch den lukanischen Taufbericht hinzunimmt, von dem er doch selbst sagt, daß er keine direkte Erinnerung an die ursprüngliche christologische Bedeutung der Taufe Jesu aufweist!

So verhält es sich mit der Hauptstelle, welche allein zu Gebote steht, um darzutun, «welche große christologische Bedeutung in der ersten Verkündigung die Taufgeschichte gehabt haben muß»,[28] und durch welche Bornemann die altchristliche Literatur zum Reden über die Taufe Jesu bringt. Überall, wo Jesus als Auserwählter oder Geistgesalbter Gottes angeführt wird, setzt man als selbstverständlich voraus, daß Jesus dies für das Urchristentum erst seit der Taufe und durch die Taufe ist. Diese Annahme liegt zwar verführerisch nahe – erstens einmal, weil wir dem Taufbericht historisch-psychologisch diese Bedeutung beizulegen geneigt sind, sodann weil uns bei gewissen Gnostikern und Adoptianern eine ähnliche Wertung des Taufberichts begegnet. Die alten Zeugnisse aber reden gegen diese Annahme. Sie setzen das uns vom historisch-psychologischen Standpunkte aus Selbstverständliche eben nicht voraus. Zwar kennen sie einerseits die Tatsache der Taufe Jesu, zwar setzen sie andererseits auch voraus, daß er Geistgesalbter Gottes war, aber sie bringen beide Tatsachen nicht miteinander in Verbindung! Daß Jesus Geistgesalbter ist, steht fest aus den Weissagungen, ist erwiesen durch Zeichen und Wunder, die von ihm ausgehen. Wann er es aber geworden und wie er es geworden, darüber spekuliert man nicht. Die Geistbegabung wird an keinen Akt geknüpft! Geistgesalbter ist er durch die dogmatisch feststehende davidische Abstammung als der, welcher zum Messias bestimmt ist. Aber daß der Geist erst in einem besonderen Akt seines Lebens auf ihn kommen wird, das ist eben nicht geweissagt. Weil er der Erwählte Gottes ist, darum ist er Träger des Geistes. Erwähl-

28 [Bornemann, S. 18.]

ter Gottes ist er aber nicht erst seit seinem 30. Jahr, sondern seit seiner irdischen und vorirdischen Existenz. Als man daher über die Art, wie er als Geistgesalbter unter den Menschen erschienen sei, nachzudenken anfing, da knüpfte man an die Zeugung und an die Geburt, *nicht an die Taufe* an. Aber der ältere Standpunkt spekulierte überhaupt nicht über den Moment des Eintretens der Geistbegabung. Das zeigt die Apostelgeschichte. Es ist wirklich so, obwohl es uns merkwürdig vorkommt: In den altchristlichen christologischen Stellen redet man von der Taufe Jesu gar nicht.

Darum geht es nicht an, überall, wo man Spuren einer alten Christologie findet, die christologische Bedeutung der Taufe Jesu hineinzuinterpretieren. Denn gerade da, wo wir die Erwähnung dieses Ereignisses am sichersten erwarten würden, fehlt es. Das ist der Fall bei *Hermas*. Wir haben hier schon eine reflektierte Christologie. Die Erlöserpersönlichkeit kommt zustande, indem Gott den heiligen Geist in einer Menschenerscheinung wohnen läßt. Aber die Taufe als der Zeitpunkt dieser Vereinigung wird nie erwähnt, sondern dieselbe ist *aktlos gedacht, und das ist gerade das Altertümliche in der Reflexion*. Es wird darüber reflektiert, daß Jesus Geistgesalbter *gewesen*, nicht wie er es geworden. In der christologischen Hauptstelle Similitudo V,6[,5] heißt es einfach: τὸ πνεῦμα τὸ ἅγιον τὸ προόν, τὸ κτίσαν πᾶσαν τὴν κτίσιν, κατῴκισεν ὁ θεὸς εἰς σάρκα ἣν ἠβούλετο.[29]

Natürlich, wenn man von einer angenommenen urchristlichen christologischen Bedeutung der Taufe Jesu ausgeht, muß man sich mit *Bornemann* sehr verwundern, «daß Hermas selbst eigentümlicherweise den Zeitpunkt nicht angibt, in dem der Geist seine Wohnung in Jesus [genommen]» (S. 33). Darum muß *Bornemann* dann über die befremdliche, oder besser gesagt absolut unbegreifliche Tatsache durch folgenden indirekten Schluß wie in Acta hinwegkommen: «Wenn man (aber) bedenkt, daß Jesus trotz der Annahme der Jungfrauengeburt zunächst ganz als bloßer Mensch gilt und daß die Erfüllung mit dem Geiste einen bestimmten Augenblick seines Lebens ausmachen muß: so erscheint die ganze Christologie des Hermas nur verständlich, wenn man eben die Taufgeschichte als die Geistesmitteilung auffaßt, in der ja auch nach der Überlieferung irgendwie der Geist auf Jesum herabkam» (S. 33). Die gewollte Hauptsache ist also wieder nicht geboten, sondern indirekt hinzuerschlossen. Historisch ist nur, daß Hermas für seine christologische Reflexion an eine alte Wertung der Taufgeschichte nicht anknüpft

---

29 [Oscar v. Gebhardt/Adolf Harnack, *Patrum Apostolicorum Opera*, Fasciculus III, *Hermae Pastor Graece*, Leipzig 1877, S. 156. – E. Hennecke, a.a.O., S. 361: «Den Heiligen Geist, vorweltlichen Seins, der die ganze Schöpfung geschaffen hat, ihn hat Gott in einem Fleischesleib, den er erwählte, Wohnung nehmen lassen.»]

und nicht anknüpfen kann, weil er eine solche, soweit unsere Kenntnis auf Zeugnissen beruht,[30] nicht vorfand.

Es kommen nun noch die zurückgebliebenen *Judenchristen* des *Justin* in Betracht, wie sie im *Dialog mit Trypho*, wo es sich um die Logoschristologie handelt, geschildert werden. Dial. Kap. 48 heißt es von ihnen:

Καὶ γάρ εἰσί τινες, [ὦ φίλοι, ἔλεγον,] ἀπὸ τοῦ ἡμετέρου γένους (13) ὁμολογοῦντες αὐτὸν Χριστὸν εἶναι, ἄνθρωπον δὲ ἐξ ἀνθρώπων γενόμενον ἀποφαινόμενοι · οἷς οὐ συντίθεμαι, . . .[31]
[«‹Es gibt nämlich, meine Freunde›, sagte ich, ‹unter eurem Volke Leute, welche zwar zugeben, daß Jesus der Christus ist, aber behaupten, er sei ein Mensch von Menschen gewesen. Ihre Ansicht teile ich nicht.›»]

Justin sagt von ihnen also nichts weiter aus, als daß sie die übernatürliche Geburt und damit selbstverständlich die Logoschristologie verwerfen. Von einer zentralen Wertung der Taufe bei ihnen weiß er nichts. Auch Trypho in seiner Antwort legt ihnen keine solche bei. Er sagt [Kap. 49]:

Ἐμοὶ μὲν δοκοῦσιν, εἶπεν, οἱ λέγοντες ἄνθρωπον γεγονέναι αὐτὸν, καὶ κατ' ἐκλογὴν κεχρῖσθαι, καὶ Χριστὸν γεγονέναι, πιθανώτερον[32] ὑμῶν λέγειν τῶν ταῦτα ἅπερ φῂς λεγόντων.[33]
[«Wer behauptet, er sei Mensch geworden, dann, weil die Wahl ihn traf, gesalbt und so zum Christus geworden, dessen Rede überzeugt, wie mir scheint, mehr, als wenn ihr so redet, wie du es tust.»]

Aber der Fortgang der Antwort des Trypho zeigt, daß um jene Zeit die Frage der Taufe Jesu in ein neues Stadium getreten ist; denn in dem Satze, wo er ausführt, warum er ihnen zustimmt, wird eine christologische Position gezeichnet, in der die Taufe des Messias durch den Elias eine «christologische» Bedeutung hat.

Καὶ γὰρ – so fährt Trypho fort – [πάντες] ἡμεῖς (gemeint [sind] die Juden)

τὸν Χριστὸν ἄνθρωπον ἐξ ἀνθρώπων προσδοκῶμεν γενήσεσθαι, καὶ τὸν Ἠλίαν χρῖσαι αὐτὸν ἐλθότα. Ἐὰν δὲ οὗτος φαίνηται ὢν ὁ Χριστὸς, ἄνθρωθον μὲν ἐξ ἀνθρώπων γενόμενον ἐκ παντὸς ἐπίστασθαι δεῖ· ἐκ δὲ τοῦ μηδὲ Ἠλίαν ἐληλυθέναι, οὐδὲ τοῦτον ἀποφαίνομαι εἶναι.[34]

30 [D. h. soweit unsere auf Zeugnissen beruhende Kenntnis reicht, . . .]
31 [Migne, PG 6, 580–582. – BKV, Bd. 33, Kempten und München 1917, S. 73.]
32 [Ms.:] πιθανιότερον.
33 [Migne, a.a.O., 581–582. – BKV, a.a.O., S. 73f.]
34 [Migne, a.a.O., 581–582. – BKV, a.a.O., S. 74.]

[«Wir alle erwarten nämlich in Christus einen Menschen von Menschen, den nach seiner Ankunft Elias salbt. Wenn er aber auch als Christus erscheint, muß man ihn auf jeden Fall als einen Menschen von Menschen erklären. Da jedoch Elias nicht erschienen ist, erkläre ich, daß auch Christus nicht da ist.»]

Es ist dies dieselbe christologische Ansicht, mit der Justin den Trypho im 8. Kapitel debütieren läßt, um sie der wahren, d. h. der Logoschristologie gegenüberzustellen, durch welche sie in allen Punkten überwunden werden soll. Es heißt da:

Χριστὸς δὲ, εἰ καὶ γεγένηται, καὶ ἐστί που, ἄγνωστός ἐστι, καὶ οὐδὲ αὐτὸς πω ἑαυτὸν ἐπίσταται, οὐδὲ ἔχει δύναμίν τινα μέχρις ἄν ἐλθὼν Ἠλίας χρίσῃ αὐτόν, καὶ φανερὸν πᾶσι ποιήσῃ.[35]
[«Vorausgesetzt, daß Christus irgendwo geboren ist und irgendwo lebt, so ist er doch so lange nicht erkennbar, erkennt auch sich selbst so lange nicht und hat so lange keine Macht, bis Elias erscheint, ihn salbt und aller Welt kundmacht.»]

Wessen Christologie vertritt denn hier Trypho? Durch eine komplizierte indirekte Schlußstelle sucht Bornemann darzutun, daß sich Tryphos Position mit der der Judenchristen, die Justin geduldet[36] haben will, absolut deckt. S. 26: «Die genannten Christen lehren also, Christus sei ein Mensch, von Menschen erzeugt, nur durch göttliche Erwählung dazu gekommen, Christus zu werden. Damit leugnen sie also seine wunderbare Geburt oder doch eine eigentliche Bedeutung derselben. Aber aus der Antwort des Juden, die keinen Widerspruch in diesem Punkte erfährt, läßt sich mehr schließen. Sie fassen den Namen Christus so, daß er nach göttlicher Erwählung gesalbt und so erst Christus geworden sei, also in einem bestimmten Augenblicke seines geschichtlichen Lebens. Nimmt man nun hinzu, daß Trypho die jüdische messianische Erwartung von der Salbung durch Elias dieser Stellung in der Christologie vollständig an die Seite setzt und daß man ferner keinen andern Zeitpunkt im Leben Jesu für diese Salbung finden kann; daß endlich von der apostolischen Zeit her Acta 10,38 die Bezeichnung als Salbung für die Taufgeschichte gebräuchlich gewesen ist:[37] so wird die Vermutung zur zwingenden Wahrscheinlichkeit, daß diese Christen in der Taufgeschichte die Salbung mit dem Gottesgeiste, d. h. die Erfüllung mit der göttlichen Kraft gesehen haben. Das ist wieder die judenchristliche Auffassung.» Dieser Nachweis trifft soweit zu, als ein in der

35 [Migne, a.a.O., 493–494. – BKV, a.a.O., S. 14.]
36 [Nicht geduldet(?) Vgl. S. 57 oben und den nächsten Abschnitt (S. 59).]
37 Hier kann man sehen, wie konsolidierte indirekte Schlüsse auftreten, wenn sie einige Seiten älter geworden sind! Wer will aus Acta 10,38 herauslesen, «daß die Bezeichnung als Salbung für die Taufgeschichte gebräuchlich gewesen ist»?

4. Potenz indirekter Schluß[38] zutreffen kann, d. h., es läßt sich nicht[39] im geringsten ermitteln, inwiefern die zurückgebliebenen Judenchristen als solche gekennzeichnet werden, die eine ursprüngliche christologische Wertung der Taufe vertreten, weil nun Trypho ihnen von seinem Standpunkt aus den Vorzug vor der Logoschristologie gibt.

Welchen Standpunkt aber vertritt Trypho mit seiner Wertung der Taufe? Den genuin jüdischen? Unmöglich, denn wo ist irgendwo in der messianischen Dogmatik von der Salbung des Messias durch den Elias die Rede, wodurch er gar noch sich selbst erst kenntlich gemacht wird? Es gibt weder im Judentum noch im Christentum eine messianische oder christologische Anschauung, die sich vollständig mit der des Trypho deckt, aber alle haben etwas mit ihr gemein. Mit einem Wort: Die Christologie des Trypho ist die, welche Justin bekämpfen und überwinden will, d. h., sie ist aus allen älteren und neueren Zügen der Christologien zusammengesetzt, welche der Logoschristologie entgegenstehen! Und zwar ist sie so zusammengesetzt und formuliert, daß sie von der Logoschristologie Schritt für Schritt überwunden werden kann. Sie ist zwar einem Juden in den Mund gelegt, weil Justin an das jüdisch-messianische Dogma vom verborgenen Werden und Wirken des Messias anknüpft, aber zugleich so gefaßt, *daß mit ihr zugleich alle Christologien, sei es die überholte altchristliche, seien es die gnostischen, seien es die judenchristlich-gnostischen, überwunden werden*, und zwar in dem entscheidenden Punkte, dem Weissagungsbeweis! Auf die Logoschristologie allein paßt der Weissagungsbeweis, sie allein versteht ihn zu handhaben. Bei allen andern geht er nicht restlos auf. Erst von hier aus, in Abzweckung auf die andern Christologien, versteht man die spezielle Handhabung des Weissagungsbeweises bei Justin. In seiner Deutung des Taufereignisses bekämpft er zwar den Juden, das ist aber die äußere Einkleidung; denn wenn er sich so sehr darüber verbreitet, daß die Taufe absolut keine Bedeutung für Jesus haben konnte, sondern nur der von Gott vorgesehenen Kenntlichmachung Jesu als des Logosträgers diente, so sind damit nicht die Juden gemeint, für die ja diese Kontroverse gar nicht in Frage kam, sondern die Gnostiker und die alt-adoptianischen Christologien, die gegen die Logoschristologie die Bedeutung der Taufe Jesu aufgriffen und ausspielten. Der Satz des Trypho, daß der Messias sich selbst nicht kenne und keine Macht besitze, bevor Elias komme und ihn salbe, wodurch er erst zum Christus werde,[40] ist nichts als eine Rückspiegelung der christologischen Wertung der Taufe bei den Gnostikern und in den alt-adoptianischen Christologien auf das altjüdische

38 [Zuerst:] ein indirekter Schluß in der 4. Potenz.
39 [Ms.:] gar nicht.
40 [Siehe Anm. 35.]

Dogma vom geheimen Werden und Wirken des Messias. Es[41] ist ebensowenig urchristlich wie jüdisch. Alt und überholt ist darin[42] nur der Widerstand gegen die Benutzung der Geburtsgeschichte in der Logoschristologie. Neu ist die «theologische» Ausnützung der Taufgeschichte. Diese bezeichnet nämlich die Verteidigungsstellung, auf welche sich die der Logoschristologie widerstrebenden alten oder gnostischen Christologien zurückziehen. Denn bei ihnen findet man, was man in der kirchlichen Literatur bis in die Zeit Justins vergeblich sucht: eine klar und direkt ausgesprochene christologische Wertung der Taufe Jesu.

V. Die christologische Wertung der Taufe Jesu bei den Gnostikern und bei den Adoptianern

Bedenkt man, daß die Taufe Jesu durch Johannes weder in der Apostelgeschichte, noch bei Paulus, noch in einer andern neutestamentlichen Epistel erwähnt wird, daß sie in der Christologie des Hermas vollständig außer Acht gelassen ist, daß in andern altchristlichen Schreiben keine Rede davon ist und endlich, daß sie bei Ignatius, wo sie herangezogen wird, in einer ganz nichtssagenden Weise als Ereignis aus dem Leben Jesu aufgezählt wird, so ist man ganz überrascht, bei den Gnostikern und Adoptianern im Allgemeinen, wenn auch nicht durchgängig, eine mehr oder weniger klar formulierte christologische Wertung der Taufe Jesu zu finden. Die Frage ist aber auch hier sehr verwickelt. Wir sind auf die Nachrichten der Kirchenväter angewiesen. Sehr bezeichnend ist es, daß Epiphanius, ebenso wie Origenes, wo es sich um die älteren Ebioniten und Judenchristen handelt, von einer Wertung der Taufe Jesu nichts sagen. Dagegen berichtet Epiphanius von einer solchen bei den gnostisierenden Ebioniten, die er Ebionäer nennt. Mit andern Worten: die christologische Wertung der Taufe Jesu tritt erst mit dem Aufkommen eines christologischen Problems in Sicht. Erst von hier aus versteht man die Weiterbildung des Taufberichts im Ebioniten- und im Nazaräerevangelium, verglichen mit der matthäischen Form. Es handelt sich nicht um eine einfache weitere Ausführung und Ausmalung des Vorgangs, sondern es macht sich dabei eine theologische Reflexion über die Bedeutung der Taufe für Jesus selbst geltend.

Nehmen wir den Bericht des *Ebionitenevangeliums* nach Epiphanius, *haer.* 30 [(Adolf) Hilgenfeld, *Novum Testamentum extra Canonem receptum,* Fasc. IV, Leipzig 1884, S. 33 (Ev. nach Matthäus III, 13–17)]:

III, 13–17. Τοῦ λαοῦ βαπτισθέντος ἦλθε καὶ Ἰησοῦς καὶ ἐβαπτίσθη

---

41 [Er? (Subjekt des vorangehenden Satzes ist «der Satz des Trypho».)]

42 [In der christolog. Wertung der Taufe bei den Gnostikern und in den altadoptian. Christologien.]

ὑπὸ τοῦ Ἰωάννου. καὶ ὡς ἀνῆλθεν ἀπὸ τοῦ ὕδατος, ἠνοίγησαν οἱ οὐρανοί, καὶ εἶδεν τὸ πνεῦμα τὸ ἅγιον ἐν εἴδει περιστερᾶς κατελθούσης καὶ εἰσελθούσης εἰς αὐτόν. καὶ φωνὴ ἐγένετο ἐκ τοῦ οὐρανοῦ λέγουσα ‚Σύ μου εἶ ὁ υἱὸς ὁ ἀγαπητός, ἐν σοὶ εὐδόκησα'. καὶ πάλιν ‚Ἐγὼ σήμερον γεγέννηκά σε'. [καὶ εὐθὺς περιέλαμψε τὸν τόπον φῶς μέγα. ὃ ἰδὼν ὁ Ἰωάννης λέγει αὐτῷ ‚Σὺ τίς εἶ; κύριε'; καὶ πάλιν φωνὴ ἐξ οὐρανοῦ πρὸς αὐτόν ‚Οὗτός ἐστιν ὁ υἱός μου ὁ ἀγαπητός, ἐφ' ὃν εὐδόκησα'.] καὶ τότε ὁ Ἰωάννης προσπεσὼν αὐτῷ ἔλεγε ‚Δέομαι, κύριε, σύ με βάπτισον'. ὁ δὲ ἐκώλυσεν αὐτὸν λέγων, ''Αφες, ὅτι οὕτως ἐστὶ πρέπον πληρωθῆναι πάντα'.[43]

Hiernach zerfällt die Taufgeschichte in zwei Akte: Zuerst die Begabung Jesu mit dem Geist und die Offenbarung der Messianität für *ihn selbst* («*Du* bist mein lieber Sohn, an *dir* habe ich Wohlgefallen. Heute habe ich *dich* gezeugt.»), sodann die Kenntlichmachung des Geistgesalbten an den Täufer und an das Volk (die Lichterscheinung und [die] Stimme: «Dieser ist mein lieber Sohn.»). Diese doppelte Taufstimme zeigt, daß wir es mit einer bewußten Korrektur und Zurechtlegung des matthäischen Berichts zu tun haben. Im ersten Akt fährt der Geist nicht nur herab, sondern er geht auch in Jesum ein (καὶ εἰσελθούσης εἰς αὐτόν). Um die Tragweite dieser Pointierung des «Herabkommens des Geistes» zu verstehen, muß man daneben halten, daß der 4. Evangelist, der die Ansicht, als ob es sich in der Taufe um ein christologisches Ereignis für Jesus handelt, bekämpft, das Herabkommen des Geistes auch expliziert, indem er es als ein *«Stehenbleiben»* über Jesus qualifiziert (Joh. 1,32ff.: τεθέαμαι τὸ πνεῦμα καταβαῖνον ὡς περιστερὰν ἐξ οὐρανοῦ, καὶ ἔμεινεν ἐπ' αὐτόν ... ἐφ' ὃν ἂν ἴδῃς τὸ πνεῦμα καταβαῖνον καὶ μένον ἐπ' αὐτόν, etc. [«ich sah, daß der Geist vom Himmel herabkam wie eine Taube und auf ihm blieb ... auf wen du den Geist herabkommen siehst und auf wem er bleibt» etc.]). Das Ebionitenevangelium und das 4. Evangelium befinden sich also beide in der Lage, daß sie bei der einfachen Wiedergabe des überlieferten Ereignisses nicht stehen bleiben können; sondern, weil die Kontroverse über die christologische

---

43 [In seiner Abschrift hat A. S. den von uns in [ ] gesetzten Satz (irrtümlich?) an den Schluß gestellt. – Übersetzung (nach Hennecke, a.a.O., S. 44f.): «Als das Volk getauft war, kam auch Jesus und ließ sich von Johannes taufen. Und wie er vom Wasser heraufstieg, taten sich die Himmel auf, und er sah den Heiligen Geist in Gestalt einer Taube herabkommen und in ihn eingehen. Und eine Stimme geschah vom Himmel, die sprach: Du bist mein geliebter Sohn; an dir habe ich Wohlgefallen gefunden. Und wiederum: Ich habe dich heute gezeugt. Und alsbald umstrahlte den Ort ein großes Licht. Als Johannes ihn sah, spricht er zu ihm: Wer bist du, Herr? Und wiederum (geschah) eine Stimme vom Himmel zu ihm: Dieser ist mein geliebter Sohn, auf den ich mein Wohlgefallen gerichtet habe. Und darauf fiel Johannes vor ihm nieder und sprach: Ich bitte dich, Herr, taufe mich! Der aber wehrte es ihm und sprach: Laß nur; denn so gehört es sich, daß alles erfüllt werde.»]

Bedeutung der Taufe und das Herabkommen des Geistes besteht, muß jeder in der Darstellung zugleich die Deutung des Herabkommens des Geistes geben, *ob es effektiv war oder bloß deklarativ*. Darum setzt das Ebionitenevangelium das εἰσῆλθεν [er ging hinein], das 4. Evangelium das ἔμεινεν [er blieb] hinzu.

Auch das *Nazaräerevangelium* (Hilgenfeld, [a.a.O.,] IV, S. 15) bietet eine ausdeutende Umschreibung der Taufstimme [III, 14–17]: «factum est autem, eum ascendisset dominus de aqua, descendit fons omnis spiritus sancti et requievit super eum et dixit illi: ‹Fili mi, in omnibus prophetis exspectabam te, ut venires, et requiescerem in te. Tu es enim requies mea, tu es filius meus primogenitus, qui regnas in sempiternum.›»[44]

Eine theologische Verwertung der Taufgeschichte findet sich auch bei den Alogern. Nach Epiphanius, *haer.* 51, legen sie einen besonderen Wert auf das Taufereignis:

φησίν. Ἐν τῷ Ἰορδάνῃ κατῆλθε τὸ πνεῦμα ἐπ' αὐτόν, καὶ φωνή· Οὗτός ἐστιν ὁ υἱὸς ὁ ἀγαπητός, ἐφ' ὃν ηὐδόκησα.[45]

[«... im Jordan kam der Gott auf ihn und (es geschah) eine Stimme: Dieser ist der geliebte Sohn, an dem ich Wohlgefallen habe.»]

Aber welches nun die bestimmte christologische Wertung der Taufe Jesu bei diesen Verteidigern des Alten war, das läßt sich nicht ausmachen. Von einer christologischen Wertung bei Theodot dem Gerber weiß Epiphanius, haer. 54, nichts. *Hippolyt* aber, der ihm in *philosophumena* 7,35 und 10,23 eine solche Wertung beilegt, rückt ihn dabei auf eine Stufe mit den Gnostikern und ist deswegen verdächtig. Er läßt ihn nämlich sagen [7,35]:

---

44 [Nach Hieronymus, Jes. Kommentar IV zu Jes. 11,2. Hennecke, a.a.O., S. 29: «Es geschah aber, als der Herr aus dem Wasser heraufgestiegen war, stieg die ganze Quelle des Heiligen Geistes auf ihn herab und ruhte auf ihm und sprach zu ihm: Mein Sohn, in allen Propheten erwartete ich dich, daß du kämest und ich in dir ruhte. Denn du bist meine Ruhe; du bist mein erstgeborener Sohn, der du herrschest in Ewigkeit.»]

Noch nicht soweit entwickelt ist die Version der Taufgeschichte, welche die Weissagung *Testamenta XII Patriarcharum* voraussetzt. Es heißt da Levi 18:

Οἱ οὐρανοὶ ἀνοιγήσονται, καὶ ἐκ τοῦ ναοῦ τῆς δόξης ἥξει ἐπ' αὐτὸν ἁγίασμα μετὰ φωνῆς πατρικῆς, ὡς ἀπὸ Ἀβραὰμ πατρὸς Ἰσαάκ. Καὶ δόξα ὑψίστου ἐπ' αὐτὸν ῥηθήσεται, καὶ πνεῦμα συνέσεως καὶ ἁγιασμοῦ καταπαύσει ἐπ' αὐτὸν ἐν τῷ ὕδατι. [Migne, PG 2, 1068.] Dazu noch Juda 24: [Καὶ] ἀνοιγήσονται ἐπ' αὐτὸν οἱ οὐρανοί, ἐκχέαι πνεῦμα, εὐλογίαν πατρὸς ἁγίου. [Migne, PG 2, 1084.] [Migne, a.a.O., 1083 f. – Emil Kautzsch, *Die Pseudepigraphen des AT*, Tübingen, Freiburg i.Br., Leipzig 1900, S. 470, Levi 18: «Die Himmel werden sich öffnen, und aus dem Tempel der Herrlichkeit wird über ihn Heiligkeit kommen mit väterlicher Stimme wie von Abraham, dem Vater Isaaks. Und die Herrlichkeit des Höchsten wird über ihn gesprochen werden, und der Geist des Verstandes und der Heiligung wird auf ihm ruhen in dem Wasser.» S. 477, Juda 24: «Und es werden sich über ihn die Himmel öffnen, auszugießen den Segen des Geistes vom heiligen Vater.»]

45 [Migne, PG 41, 899 f. (In der Ausgabe von Karl Holl, *Epiphanius*, Bd. 2, *Panarion Haer.*, 34–64, Leipzig 1922, S. 256, 51, Abschnitt 6,14, Zeilen 20–22.)]

[καὶ] τὸν μὲν Ἰησοῦν εἶναι ἄνθρωπον ἐκ παρθένου γεγενημένον κατὰ βουλὴν τοῦ πατρός, βιώσαντά τε κοινῶς πᾶσιν ἀνθρώποις καὶ εὐσεβέστατον γεγονότα· ὕστερον ⟨δ'⟩ ἐπὶ τοῦ βαπτίσματος ἐπὶ τῷ Ἰορδάνῃ κεχωρηκέναι ⟨αὐτὸν⟩ τὸν Χριστόν, ἄνωθεν κατεληλυθότα ἐν εἴδει περιστερᾶς. ὅθεν ⟨φησὶν⟩ οὐ πρότερον «τὰς δυνάμεις ἐν αὐτῷ ἐνηργηκέναι» ἢ ὅτε κατελθὸν ἀνεδείχθη ἐν αὐτῷ τὸ πνεῦμα, ὃ εἶναι τὸν Χριστὸν προσαγορεύει.[46]

Daß der «Christus von oben» bei der Taufe sich mit Jesus vereinigt habe, ist gnostische Lehre. Das zeigt, wie sehr die Kirchenväter die adoptianische Christologie mit der gnostischen in dieselbe Kategorie versetzen. Wenn nun Hippolyt aus Theodot dem Gerber einen Gnostiker macht, so ist sehr fraglich, ob nicht überhaupt die ganze christologische Wertung der Taufe auf dieses Konto kommt, besonders weil Epiphanius über diesen Zug schweigt. Über die Wertung der Taufe bei Theodot dem Wechsler, bei Artemas und Paul von Samosata sind wir nicht genau unterrichtet.

Die uns erhaltenen Notizen sind zu spärlich zu einem definitiven Urteil über die christologische Wertung der Taufe bei den Judenchristen, Alogern und Adoptianern. Jedoch legen sie den Schluß nahe, daß die Taufgeschichte nicht so im Vordergrund der adoptianischen Christologie gestanden hat, wie man anzunehmen geneigt ist. Direkte Zeugnisse über die Art der positiven Wertung der Taufe bei ihnen fehlen. Hippolyt aber, der die Bedeutung der Taufe Jesu so stark bei ihnen heraushebt, malt die adoptianische Christologie in gnostischen Farben, als hätte bei ihnen die Taufe Jesu im Mittelpunkt einer christologischen Spekulation gestanden. Nun ist aber die adoptianische Christologie nicht *spekulativ*, sondern *exegetisch-theologisierend*. Die römischen Monarchianer sind die ersten Exegeten. Ihre Wertung der Taufe ist eine exegetische, d. h. sie greifen zur Verteidigung der alten Christologie auf den Taufbericht zurück und führen ihn als eine Instanz gegen die neue Christologie an, welche Jesum durch seine Geburt sein läßt, was er der alten Überlieferung nach erst als Erhöhter geworden. Die Wertung der Taufgeschichte in der von gnostischen Gedanken unberührten adoptianischen Christo-

46 [Text wiedergegeben nach der Ausgabe von Miroslav Marcovich, *Hippolytus, Refutatio omnium Haeresium*, Berlin, New York 1986, S. 318; in Schweitzers Abschrift, deren Vorlage nicht genannt ist, fehlen die Wörter in Klammern, und statt ἢ ὅτε im letzten Satz steht bei ihm die Variante ἢ ὥστε. – BKV, Bd. 40, München 1922, S. 221 f.: Theodotos behauptet: «Jesus sei ein Mensch, aus der Jungfrau geboren nach dem Ratschluß des Vaters; er habe wie die übrigen Menschen gelebt und sei überaus gottesfürchtig gewesen; später bei der Taufe im Jordan sei Christus über ihn (von oben, ἄνωθεν) in Gestalt einer Taube herabgekommen; daher seien in ihm nicht eher die Kräfte tätig gewesen, als bis sich der Geist von oben in ihm zeigte; dieser Geist soll der Christus sein.»]

[R] Judenchristen und Gnostiker in Verteidigung gegen die Logoschristologie, beide auf [die] Taufe gedrängt.

logie ist vorwiegend defensiv. Es[47] ist eine Zwischenstation zwischen der eingestandenen übernatürlichen Geburt und dem eigentlichen christologischen Doppelfaktum, dem Tod und der Auferstehung. Diese Zwischenstation soll das Gewicht der übernatürlichen Geburt verringern und der spekulativen Ausdeutung der Geburtsgeschichte, [durch die[48]] die alte Christologie tatsächlich außer Kraft gesetzt wurde, entgegentreten. Die verteidigte Christologie ist alt, die exegetische Wertung der Taufgeschichte dagegen neu, denn sie ist ein Verteidigungsmittel, ein abschwächendes Gegenstück zur spekulativ-christologischen Wertung der Geburtsgeschichte. Inwieweit die Adoptianer auf die Wertung der Taufgeschichte durch die Gnostiker aufmerksam gemacht worden[49] [sind] und inwieweit sie in der Form sich dabei mit den Gnostikern berührten, läßt sich nicht ausmachen. Für Hippolyt waren sie einfach in diesem Punkt Gnostiker.

Und doch bestand in dieser Sache ein bedeutender Unterschied zwischen beiden, denn die Wertung der Taufe war bei denjenigen Gnostikern, wo sie sich vorfindet, rein spekulativ, d. h., die ganze Christologie war nach dieser Tatsache orientiert und ging von ihr aus, was bei den Adoptianern nicht konstatiert werden kann. Aber auch hier zeigt die Art der Verwertung der Taufgeschichte, daß die Gnostiker sich nicht im geringsten bewußt sind, eine *alte, von der Kirche inzwischen verlassene*, aber noch nicht ganz vergessene *Position* aufs *neue* zu okkupieren, denn die Benutzung der Taufgeschichte ist nicht *allen* gnostischen Systemen gemeinsam und nimmt nicht überall dieselbe Stellung ein. So ist z. B. die Wertung der Taufgeschichte bei *Saturninus* und in der älteren Form der basilidianischen Gnosis höchst zweifelhaft. *Karpokrates* weiß nichts von einer christologischen Wertung der Taufe. Eine hervorragende Rolle spielt sie dagegen bei *Kerinth* und in den *valentinianischen* Systemen. *Kerinth* führt aus, daß bis zur Taufe Jesus gewesen sei wie die andern Menschen, nur gerechter und weiser. Nach der Taufe aber sei der Geist in Taubengestalt auf ihn herabgekommen, um ihn vor dem Leiden wieder zu verlassen.[50] Ähnlich statuiert *Valentinus*, daß bei der Taufe der ἄνω Σωτῆρ [«obere Erlöser»] sich auf den Messias des Demiurgen herabgelassen habe.[51] Diese spekulative Ausdeutung des Taufereignisses *hängt nicht mit einer alten Überlieferung zusammen*, sondern sie ist nur aus der gnostischen «Geheimtradition» zu erklären. Für die Vereinigung der beiden «Persönlichkeiten» stand ihnen eben kein ande-

47 [Sie? (diese Wertung der Taufgeschichte).]

48 [Die eingefügten Wörter entsprechen der Länge einer durch abgerissene Seitenecke verursachten Lücke im Satz.]

49 [Zuerst:] aufmerksam geworden.

50 [Stelle nach Hippolyt, *Philos.* VII,33, bei Bornemann a.a.O. wiedergegeben, S. 42.]

51 [Stellen nach Tertullian, *Adv. Valent.*, Cap. 27, Epiphanius, *haer.* 31,22 u. a., bei Bornemann S. 45.]

res Ereignis zu Gebote als gerade die Taufe, denn die Verklärungsszene, die sich für Gnostiker eigentlich besser geeignet hätte, weil nur die intimen Jünger zugegen waren, lag schon mitten in dem Berufswirken Jesu.

Dabei hat sicher auch der Umstand eine Rolle gespielt, daß die Taufe Jesu durch Johannes in einer gewissen Hinsicht schon in frühester Zeit als Problem empfunden wurde. Davon liefert das Matthäusevangelium Zeugnis. Zwar fragte man nicht, welche christologische Bedeutung das Ereignis hatte, sondern wie Jesus, der *Größere*, dazu kam, sich von Johannes, dem *Geringeren*, taufen zu lassen. Auf diese elementare Frage des Taufanlasses für Jesus fand man aber keine befriedigende Antwort. Das war ein dunkler Punkt in der Tradition. Darum setzten die Gnostiker hier ein, um die «verdunkelte» kirchliche Überlieferung durch eine tiefere spekulative Erkenntnis zu korrigieren.

Behalten wir den speziellen Zweck dieser Untersuchung über die christologische Wertung der Taufe bei den Gnostikern und Adoptianern im Auge. Es kommt für unsere Untersuchung nur auf die spezielle Frage an, *ob dieselben auf eine alte christologische Wertung der Taufe Jesu im Urchristentum zurückgreifen, oder ob ihre Position neu ist.* Das erstere behauptet *Bornemann*, das zweite *Usener*. Die Entscheidung dieser Frage selbst hat auch wiederum nur den Zweck zu prüfen, ob man das Aufkommen der «christlichen» Taufe im Urchristentum mit Hilfe einer angenommenen alten christologischen Wertung der Taufe Jesu erklären darf oder nicht. Besteht ein Zusammenhang zwischen der «christlichen» Taufe und der «Taufe Jesu»?

Sofern die christologische Wertung der Taufe Jesu im Urchristentum die unbedingt notwendige Voraussetzung eines solchen Zusammenhangs ist, fällt dieser Lösungsversuch dahin, denn eine derartige Wertung der Taufe Jesu läßt sich für die ältere Zeit *nicht nachweisen*. Im Gegenteil. Zwar hat Bornemann mit Recht die Ursprünglichkeit des Taufberichts als eines der ältesten Überlieferung angehörenden Ereignisses gegen Usener verfochten, aber der letztere hat doch ganz richtig beobachtet, daß die christologische Wertung der Taufe Jesu erst bei den Gnostikern, oder allgemeiner gesagt, gegen die Mitte des 2. Jahrhunderts hin sich bemerkbar macht. Falsch sind bei beiden die Konsequenzen aus einer richtigen Beobachtung. Wenn Bornemann die *christologische Wertung* der Taufe für die ältere Zeit nachweisen will, so ist das gerade so gekünstelt, wie wenn Usener dartun will, daß unser *Taufbericht* der gnostisierenden Spekulation seinen Ursprung verdanke. So kommen beide, von richtigen geschichtlichen Beobachtungen ausgehend, die sich von Haus aus gar nicht widersprechen, zu entgegengesetzten und unhaltbaren Resultaten, weil sie die Frage nach der Überlieferung des Taufberichts und die Frage nach der christologischen Wertung des überlieferten Ereignisses ineinander denken. Hält man jedoch beide Fragen auseinander, so liegt die Sache folgendermaßen:

In der älteren Zeit wurde der Bericht über die Taufe Jesu als Ereignis in der evangelischen Überlieferung mitgeführt, ohne daß sich daran irgendwelche christologische Reflexion knüpfte. Man kannte eben nur eine christologische Tatsache, und diese fiel aus dem irdischen Leben Jesu heraus: *seine Auferstehung*. Auf dieser lag das ganze Schwergewicht. Solange sie im Vordergrund der Betrachtung stand und die Christologie beherrschte, blieb für eine andere, in den Verlauf der irdischen Wirksamkeit Jesu fallende christologische Tatsache kein Platz. Das Urchristentum dachte über die Taufe Jesu gerade so «unhistorisch», so «untheologisch» und so «unpsychologisch» wie über die Verklärungsszene und die Offenbarung des Messiasgeheimnisses an die Zwölf. Darum wird die Taufe Jesu überhaupt nicht erwähnt. Sie fehlt in Acta, bei Paulus, in den übrigen neutestamentlichen Episteln und in der altchristlichen Literatur überhaupt. Am bezeichnendsten ist die Nichterwähnung der Taufe Jesu bei Hermas, wo man sie als Komplement der Christologie unbedingt erwartete. Diese offenbare Nichtbeachtung der Taufe Jesu in der alten Literatur ist unvereinbar mit der Annahme ihrer ursprünglichen christologischen Wertung. Ignatius, der das Ereignis erwähnt, zeigt in der nichtssagenden Art, wie er es anführt, daß es für ihn nicht als christologische Tatsache in Betracht kommt. Auch in den Berichten treten keine an christologische Reflexion erinnernde Züge zutage. Aus der Darstellung des Mt. und des Lk. kann man ersehen, wie man die Schilderung des Hergangs bei Mk. interpretierte: man sah darin eben ein wunderbares Ereignis, an welchem auch die Umstehenden beteiligt waren und wodurch ihnen Jesus in seiner Würde und Macht zum ersten Mal kenntlich gemacht wurde. So führte die älteste Reflexion über die Taufe zur Annahme der designatorischen Bedeutung derselben. Diese Bedeutung haben Justin und Johannes in ihren Berichten systematisiert und antithetisch entwickelt, als die Taufgeschichte durch die Gnostiker und die Gegner der Logoschristologie in das christologische Problem hineingezogen wurde. Sie sind, was die Anschauung über die Taufe betrifft, die Verteidiger des Alten. Als nämlich die Christologie sich nicht mehr um die alleinige Tatsache der Auferstehung bewegte, sondern ihr Schwergewicht auch auf das Wirken Jesu und seine irdische Erscheinung zurückschob, da fand sie den instinktiv gesuchten zweiten Stützpunkt nicht etwa in der Taufe, sondern in der Geburt. Daß in so früher Zeit die Vorstellung von der Jungfrauengeburt kampflos aufkommen konnte, ist der beste Beweis gegen die Annahme der christologischen Wertung der Taufe Jesu im Urchristentum.[52] Die Stelle war leer. Wäre man sich bewußt gewesen, eine christologische Tatsache zu besitzen, die erklärte, wieso Jesus der mit dem Geist Gesalbte war, so hätte

52 [Dieser Satz ist durch Randstrich hervorgehoben.]

man keine solche Tatsache geschaffen. So aber griff man auf die Geburt zurück, als man sich durch die Reflexion genötigt sah, die anerkannte Tatsache, daß Jesus während seines irdischen Wirkens mit dem Geist ausgerüstet war, auf einen Akt zurückzuführen. Die Erklärung der Geistbegabung aus der Geburt lag in der Konsequenz alttestamentlicher Vorbilder, wo die Auserwählten Gottes auch nur durch übernatürliche Kraftwirkung ins Leben traten. Auf die Taufe aber wies im AT gar nichts hin, denn nur die Tatsache, daß der Auserwählte Geistgesalbter und Geistesträger sein sollte, war geweissagt, *aber nicht, daß diese Tatsache von einer Taufe ihren Ausgang nehmen sollte.* Erst als für das christologische Problem die spekulative Konsequenz aus der übernatürlichen Geburt gezogen wurde, und besonders als in der Logoschristologie die alte christologische Wertung der Auferstehung ganz in die Wertung des Eintretens in das irdische Dasein aufgehoben wurde – erst dann tritt die christologische Wertung der Taufe hervor. Es ist eine Verteidigungsposition, welche diejenigen sich zunutze machen, die die alte Christologie halten wollen. Es spricht sich darin die alte Tradition aus, daß man das «Leben Jesu» erst von seiner öffentlichen Tätigkeit an datierte. Dazu kam, daß die Taufe Jesu, sofern er, der Größere, sich dem Täufer unterstellt, von jeher, wie Mt. zeigt, als Problem empfunden wurde, welches in der Überlieferung keine befriedigende Erklärung fand. So kam es, daß die Herabkunft des Geistes in der Taufe Jesu in der verschiedensten Art gegen die «Geburtschristologie» geltend gemacht wurde. Gnostiker wie Kerinth[53] gingen von hier aus zum Angriff über, leugneten die übernatürliche Geburt und ließen die «Christologie» erst mit der Taufe beginnen. Die Adoptianer nutzten die Position mehr zur Verteidigung aus und verwerteten sie exegetisch statt spekulativ, da sie die Tatsache der übernatürlichen Geburt anerkannten. Der positiv christologischen Wertung der Taufe gegenüber präzisierten Justin und das 4. Evangelium die rein designatorische Bedeutung des Ereignisses. So stand Meinung gegen Meinung, von denen jede alt und neu zugleich war.

Erst *Irenäus* machte die gnostische Wertung der Taufe Jesu unschädlich, indem er sie einfach in den Rahmen der Logoschristologie stellte, sie dadurch abschwächte und sinnlos machte. *So schaffte er das Problem der Taufe aus der Welt.* Er sagt nämlich im Zusammenhang mit der Tauferzählung (*Adv. haer.*, III, Kap. 10,10): «Non enim Christus tunc descendit in Jesum; neque alius quidem Christus, alius vero Jesus, sed verbum dei qui est salvator omnium et dominator coeli et terrae, qui est Jesus (quemadmodum ante[54] ostendimus), qui et assumpsit carnem, et

53 [Kerinthos. Ms.:] Cerinth.
54 [Ms.:] antea.

unctus est a patre Spiritus, Jesus Christus factus est, sicut Isaias[55] ait»[56] (Jes. 11,1–4). Mit anderen Worten: Der Logos-Christus von Geburt wird in der Taufe mit dem Geiste gesalbt, was doch ein Nonsens ist! «Nam secundum id, quod verbum dei homo erat ex radice Jesse et filius Abrahae, secundum hoc requiescebat spiritus dei super eum et ungebatur ad evangelizandum humilibus.»[57] Dieser Satz bezeichnet tatsächlich das Ende der Kontroverse über die christologische Wertung der Taufe Jesu, weil er die beiden sich ausschließenden Thesen «Jesus Träger des Geistes durch die Geburt» und «Jesus Träger des Geistes durch die Taufe» einfach nebeneinandersetzt. Die Geschichte ist eben über die Alternative, welche noch Justin so stark empfunden [hat], hinausgeschritten. Sie kann sich jetzt den Logoschristus als Geistesempfänger denken. Das ist ja immer das Ende aller christologischen Kontroversen gewesen, daß die unausgetragenen Gegensätze sich bequemten, nachbarlich zusammenzuwohnen. Die unspekulativen Köpfe in der Art des Irenäus waren von jeher die großen Friedensstifter und Ketzerüberwinder, weil sie die spekulativen Ideen und Ketzereien, indem sie dieselben auf ihre Art nachsagten, unschädlich machten.

Hiermit ist, soweit dies in Kürze möglich ist, der Nachweis geführt, daß *die designierte Bedeutung der Taufe Jesu zuerst in naiver, dann in antithetischer Form die*[58] *urchristliche und die altchristliche Christologie kennzeichnet.* Man dachte unpsychologisch und fragte nicht: Was bedeutete das für Jesus? Deshalb sah man in diesem Ereignis nicht etwa die erfolgende Geistessalbung Jesu, sondern, wie ganz natürlich, da alle seine Erlebnisse nicht für ihn, sondern für die andern Bedeutung hatten, *die Kenntlichmachung Jesu als des Geistgesalbten vor seinem öffentlichen Auftreten.* In diesem Sinn war die Taufe das große Ereignis in seinem irdischen Wirken.

---

55 [Ms.:] Esaias.

56 [Kapitelzählung der Ausgabe von William W. Harvey, Canterbury 1857 = Migne, PG 7, Irenäus, *Adv. haer.*, Kap. 9,3, 871. – BKV, *Ausgewählte Schriften des hl. Irenäus*, Bd. 1, Kempten 1872, S. 374: «Denn es stieg nicht der Gesalbte (Christus) damals in Jesus herab, noch ist ein Anderer der Gesalbte, ein Anderer aber Jesus; sondern das ‹Wort› (der Logos oder Offenbarer) Gottes, welches ist der Welt-Heiland und ‹Herr des Himmels und der Erde›, d. h. Jesus (wie wir früher gezeigt haben)*, welches auch Fleisch annahm und gesalbt ward vom Vater mit dem Geiste, ist Jesus der Gesalbte geworden, wie auch Jesaias sagt...»]

* [Der Übersetzer verweist auf II, Kap. 24,2, wo von der Bedeutung des Namens Jesu die Rede war. Migne verweist auf III, Kap. 6, wonach nirgends in der Schrift ein Anderer als Herr und Gott bezeichnet werde außer der Eine.]

57 [Migne, a.a.O. – BKV, a.a.O., S. 375: «Denn sofern* das Wort Gottes Mensch war aus der Wurzel Jesse und Sohn Abrahams, insofern** ruhte der Geist Gottes auf ihm und wurde er gesalbt, Heil zu verkünden den Niedrigen.»]

* [Vorlage: «soferne».]

** [Vorlage: «insoferne».]

58 [Ms. (undeutlich):] das.

Von hier aus wird dann auch das Aufkommen des Ephiphanienfestes, das so im Dunkeln liegt, einigermaßen verständlich. Von den Gnostikern kann es nicht herrühren, sonst wäre es unerklärlich, wie es die Großkirche übernehmen konnte. Dieses Fest hängt im Gegenteil mit der *altchristlichen* Auffassung der Taufe zusammen. Es ist die Feier der Offenbarung und Kenntlichmachung Jesu als des Geistgesalbten, wie das Osterfest, als Feier der Auferstehung, das Fest der Offenbarung und Kenntlichmachung als des Messias in Herrlichkeit ist. So ist das Epiphanienfest eine Art Rückspiegelung des Osterfestes. Es bezeichnet das erste öffentliche Erscheinen des Geistgesalbten in der Welt und den Beginn seines irdischen Wirkens, wie Ostern den Beginn seiner himmlischen und messianischen Herrschaft bedeutet. Auf diese Weise wird das Epiphanienfest mit dem Osterfest durch den Gedanken der Kenntlichmachung und Offenbarung Jesu als des Messias zuammengehalten und kann sehr hoch hinaufreichen. Mit der gnostischen Wertung der Taufe Jesu wird dann auch das Epiphanienfest mehr in den Vordergrund gerückt und nimmt mehr den Charakter des höheren Geburtsfestes an. Darum wird es [nicht?] zufällig zuerst bei den Gnostikern ausdrücklich erwähnt, obwohl es tatsächlich wohl schon vorher aufgekommen war. Doch ist dies alles eine anhangsweise gebotene Vermutung, die in einer Frage, wo uns die Quellen ganz im Stich lassen, wohl erlaubt ist.

VI. Der Zusammenhang der christlichen Taufe mit der Taufe Jesu nach den alten Zeugnissen

Nehmen wir für einen Augenblick an, daß alles, was oben über die christologische Nichtwertung der Taufe Jesu im Urchristentum gesagt ist, nicht zutrifft; setzen wir den Fall, daß sich das Verneinte mit Sicherheit erweisen ließe und daß die ältere Christenheit in der Taufe Jesu wirklich seine höhere, messianische Geburtsstunde gesehen habe: dieses alles sogar zugegeben, wäre es doch geschichtlich absolut unmöglich, den Ursprung der christlichen Taufe irgendwie, in der gewohnten Weise, aus der Taufe Jesu herzuleiten. Nirgendwo ist nämlich die älteste Kirche, nach den uns erhaltenen Zeugnissen, sich bewußt, in der christlichen Taufe *ein Analogon zur Taufe Jesu geschaffen zu haben*, niemals klingt auch nur im entferntesten der uns so gewohnte Gedanke an, daß, wie in Jesus das höhere Leben mit dem Moment der Taufe in Wirksamkeit trat, so auch der Einzelne durch die Taufe wieder- und in die christliche Gemeinschaft hineingeboren wurde.[59] Diese Analogie müßte irgendwie in den alten Ausführungen über die Taufe hervortreten, wenn

59 [Dieser Satz ist durch Randstriche hervorgehoben.]

die eben erwähnte Hypothese über den Ursprung der christlichen Taufe zu Recht bestände. Die ältesten Zeugnisse und Ausführungen über die christliche Taufe bewegen sich aber in Gedanken, die dieser Analogie vollständig fremd sind, ihr widersprechen und sie außer Kraft setzen. *Bis auf Ignatius wird die Taufe Jesu, so viel uns die Zeugnisse berichten, mit der christlichen Taufe nicht in Verbindung gebracht*, und die Verbindung, die dann Ignatius, Justin und Tertullian statuieren, liegt auf einem ganz anderen Gebiet als dem der modern gedachten Analogie. Also, selbst die dazu erforderliche christologische Wertung der Taufe im Urchristentum zugegeben, hängt die auf der Analogie beruhende Hypothese über den Ursprung der christlichen Taufe in der Luft, *weil in den alten Zeugnissen diese Analogie mit keinem Wort berührt wird, sondern ihr alles widerspricht.*

Gehen wir zur näheren Begründung dieses Satzes die hauptsächlichsten altchristlichen Ausführungen über die Taufe kurz durch.

Röm. 6,3ff. setzt Paulus die christliche Taufe mit dem Tode und mit der Auferstehung Christi Jesu in Verbindung. Mit ihm ist man durch die «Taufe auf den Tod» begraben, damit, wie *Christus* erweckt wurde durch die Herrlichkeit seines Vaters, auch die Getauften in einem neuen Leben wandeln. Paulus knüpft hier an die christologische Tatsache der Auferstehung an, wodurch der Gekreuzigte Christus geworden ist. Daraus leitet er die Bedeutung der Taufe ab, sofern sie Trägerin des neuen Lebensprinzips ist. Und zwar will hier Paulus *das Wesen* der Taufe darstellen, nicht etwa einen beiläufigen Gedanken ausführen. Aber er denkt dabei nicht im entferntesten daran, an die Taufe Jesu anzuknüpfen, obwohl die moralische Verpflichtung, auf die er hinargumentiert, gerade so gut an der Taufe Jesu hätte entwickelt werden können, wenn Paulus auch nur eine Ahnung von einer urchristlichen Überlieferung gehabt hätte, welche die christliche Taufe mit der Taufe Jesu verband.

I Kor. 10,1ff. wird als Analogie der Taufe auf Jesum Christum «die Taufe auf Moses» angeführt. Sie besteht in dem Wandern unter der Heil und Schutz spendenden Gotteswolke und der Hindurchrettung durch das Meer. Das ist der alttestamentliche τύπος auf die Taufe.

Wie bei Paulus, so steht es in der ganzen älteren Literatur. Einerseits wird die Bedeutung der Taufe aus dem Tod und der Auferstehung Jesu Christi hergeleitet, sofern ihre übernatürliche Wirkung durch diese Tatsache bedingt ist. Andererseits geht man auf alttestamentliche Typen aus.

So heißt es *Eph. 5,25f.*: ὁ Χριστὸς ἠγάπησεν τὴν ἐκκλησίαν καὶ ἑαυτὸν παρέδωκεν ὑπὲρ αὐτῆς, ἵνα αὐτὴν ἁγιάσῃ καθαρίσας τῷ λουτρῷ τοῦ ὕδατος ἐν ῥήματι [«Christus hat die Kirche geliebt und sich für sie hingegeben, um sie in Wasser und durch das Wort rein und heilig zu machen»].

Man mag sich diese schwierige Stelle zurechtlegen, wie man will, man mag das λουτρὸν τοῦ ὕδατος ἐν ῥήματι[60] fassen, wie man will, der Grundgedanke steht fest: In der Taufe heiligt und reinigt Christus seine Kirche, und zwar übt er diese Wirkung in dieser Handlung aus auf Grund seines Sterbens und seiner Dahingabe. Christus wirkt in der Taufe fort und fort durch seinen Tod; *von der Taufe Jesu ist keine Rede.*

Derselbe Gedanke begegnet uns im *Titusbrief.* Nicht aus den Werken wird man gerecht, ἀλλὰ κατὰ τὸ αὐτοῦ ἔλεος ἔσωσεν ἡμᾶς[61] διὰ λουτροῦ παλιγγενεσίας καὶ ἀνακαινώσεως πνεύματος ἁγίου, οὗ ἐξέχεεν ἐφ' ἡμᾶς πλουσίως διὰ Ἰησοῦ [Χριστοῦ] τοῦ σωτῆρος ἡμῶν, ἵνα *δικαιωθέντες* τῇ ἐκείνου χάριτι κληρονόμοι γενηθῶμεν κατ' ἐλπίδα ζωῆς αἰωνίου [«sondern nach seinem Erbarmen durch das Bad der Wiedergeburt und Erneuerung kraft des Heiligen Geistes, den er über uns in reichem Maße ausgegossen hat durch Jesus Christus, unseren Retter, damit wir, durch seine Gnade gerechtfertigt, Erben würden gemäß der Hoffnung auf ewiges Leben»] (3,5–7).

Gott rettet also durch das Bad der Wiedergeburt, in welchem «die Erneuerung des heiligen Geistes statt hat, welchen er reichlich uns durch Jesus, den σωτήρ, mitteilt, damit wir, durch seine Gnade gerechtfertigt, Erben würden nach Hoffnung des ewigen Lebens». Mit andern Worten: In der Taufe wird das durch die Hingabe des Heilandes geschaffene Heil an die Gläubigen vermittelt und mitgeteilt.

I Petr. 3,19ff. wird die Bedeutung der Taufe in Anlehnung an den τύπος der Sündflut[62] erläutert und mit der Auferstehung Christi verbunden:

Χριστὸς ... καὶ τοῖς ἐν φυλακῇ πνεύμασιν [πορευθεὶς] ἐκήρυξεν, ἀπειθήσασίν ποτε ὅτε ἀπεξεδέχετο ἡ τοῦ θεοῦ μακροθυμία ἐν ἡμέραις Νῶε κατασκευαζομένης κιβωτοῦ, εἰς ἣν ὀλίγοι, τοῦτ' ἔστιν ὀκτὼ ψυχαί, διεσώθησαν δι' ὕδατος. ὃ καὶ ὑμᾶς ἀντίτυπον νῦν σῴζει βάπτισμα, οὐ σαρκὸς ἀπόθεσις ῥύπου ἀλλὰ συνειδήσεως ἀγαθῆς ἐπερώτημα εἰς θεόν, δι' ἀναστάσεως Ἰησοῦ Χριστοῦ etc. [«Christus ... ist hineingegangen und hat den Geistern im Gefängnis gepredigt, die einst ungehorsam waren, als die Langmut Gottes wartete in den Tagen Noahs, als die Arche gebaut wurde, in der wenige – nämlich acht Seelen – durchs Wasser hindurch gerettet wurden. Dieses Wasser rettet im Gegenbild jetzt auch euch, nämlich die Taufe, die nicht ein Abtun des Schmutzes vom Fleisch ist, sondern eine an Gott gerichtete Bitte um ein gutes Gewissen, durch die Auferstehung Jesu Christi» etc.].

---

60 [Zwingli-Bibel, Zürich 1935: «das Wasserbad in Verbindung mit dem Wort».]

61 (sc. ὁ σωτὴρ ἡμῶν θεὸς).

62 [Sintflut (ahd. sin-vluot = große, umfassende Flut). «Sündflut» ist volkstümliche Umdeutung.]

Wir werden diesem τύπος der Sündflut in ausgeführter Gestalt wieder bei Justin begegnen, wo das Vorbildliche noch auf das rettende Kreuzesholz ausgedehnt wird.

Gehen wir über zu *Hermas*. Die Taufe wird ausführlich behandelt Visio III,2–3 und Similitudo IX,16. Die Kirche erscheint unter dem Bild eines Turmes, der über dem Wasser erbaut wird. Deshalb die Frage: Διατί ὁ πύργος ἐπὶ ὑδάτων ᾠκοδόμηται, κυρία. Darauf die Antwort: ... ἄκουε. ὅτι ἡ ζωὴ ὑμῶν διὰ ὕδατος ἐσώθη καὶ σωθήσεται.[63] Diese Ausführung über die Taufe findet sich in Vis. III,2–3. In Simil. IX,16 wird sie noch dahin ergänzt, daß auch die Entschlafenen, aber zum Leben Prädestinierten, wie z. B. die alttestamentlichen Propheten, durch die Taufe hindurchmüssen, ehe sie der Kirche beigetan werden. Die Bausteine aus der Tiefe gehen durch das Wasser, ehe sie in den Turm eingefügt werden. [16,2:] 'Ανάγκην ... εἶχον δι' ὕδατος ἀναβῆναι, ἵνα ζωοποιηθῶσιν.[64] Auch sie haben die σφραγὶς τοῦ υἱοῦ τοῦ θεοῦ empfangen.[65] Diese σφραγὶς ist aber das Wasser. Sie wurde ihnen in der Unterwelt verkündigt durch Christus, und sie haben sie angenommen, da sie anders nicht zum Leben eingehen und der Kirche sich einfügen können.[66]

Auch hier ist also die Taufe ein auf übernatürliche Weise wirkender Vorgang. Von der Heranziehung der Taufe Jesu zur Erklärung ist keine Rede. Dagegen findet sich hier, wie in I Petr. 3,18ff., die Verbindung einer Ausführung über die Taufe mit dem descensus ad inferos und der Frage nach der Errettung der Entschlafenen. Diese Gedankenverbindung, so unerklärlich sie uns vorerst erscheint, ist doch ganz alt, wenn man bedenkt, daß Paulus I Kor. 15,29 voraussetzt, daß man sich für Entschlafene taufen läßt und diese Sitte nicht nur als zu Recht bestehend anerkennt, sondern daraus auch argumentiert![67] Hier kommt es zunächst nur darauf an, zu zeigen, daß eine Ausführung über die Taufe, die mit solchen Gedanken operiert, von einer Vorbildlichkeit der Taufe Jesu, aus welcher die christliche Taufe sich herleiten und erklären soll, absolut nichts wissen kann. Das eben ist für uns so merkwürdig, daß Hermas sich gar nicht genötigt sieht, auszuführen, inwiefern und warum die Taufe die σφραγὶς τοῦ υἱοῦ τοῦ θεοῦ ist.

Bei *Ignatius* wird endlich in der bekannten Stelle ad Eph. XVIII,2 die christliche Taufe mit der Taufe Jesu in Verbindung gesetzt: ἐβαπτίσθη,

---

63 [Vis. III,3,5. Gebhardt/Harnack, a.a.O., S. 36. – Hennecke, a.a.O., S. 238: «...Weshalb ist der Turm auf Wasser gebaut, hohe Frau (= die Kirche)?» (Antwort:) «... höre! Weil euer Leben durch Wasser gerettet ward und gerettet werden wird.» (Vgl. I Petr. 3,20.)]

64 [Gebhardt/Harnack, a.a.O., S. 230. – Hennecke, a.a.O., S. 377: «Es war notwendig für sie, durch Wasser emporzusteigen, damit sie Leben empfingen.»]

65 [«das Siegel des Sohnes Gottes» (16,3).]

66 [16,4.]

67 [Dieser Satz ist durch Randstrich hervorgehoben.]

ἵνα τῷ πάθει τὸ ὕδωρ καταρίσῃ.[68] Aber gerade in dieser Stelle ist die Vorbildlichkeit der Taufe Jesu, auf die alles ankommt, ausgeschlossen. Die christliche Taufe wird nicht direkt durch die Vorbildlichkeit mit der Taufe Jesu verbunden, sondern beide werden durch den Gedanken des «Leidens» zusammengehalten. «Er wurde getauft, damit er durch sein *Leiden* das Wasser reinigte.» Also auch hier ist wie in den andern Stellen die Wirkung der Taufe durch den Tod Jesu bedingt. Es handelt sich also gar nicht um eine Ausdeutung der Taufe Jesu mit Abzweckung auf die christliche Taufe.

Wie fern derartiges dem altchristlichen Gesichtskreis lag, kann man aus *Justin* ersehen. Für ihn gibt es zwischen der Taufe Jesu und der christlichen Taufe, die er ὕδωρ τῆς ζωῆς (*Dialog [mit Trypho]* XIV[,1] nennt,[69] keine direkte Verbindung. Dial. LXXXVIII redet er des langen und breiten über die Taufe Jesu, aber mit keiner Silbe streift er die Analogie mit der christlichen Taufe, sondern er insistiert nur auf der rein designatorischen Bedeutung jenes Ereignisses.[70] In der großen Ausführung über die christliche Taufe *I. Apologie* 61ff. teilt er mit, daß der Täufling außer auf den Namen Gottes «auch gebadet wird auf den Namen des Jesus Christus, *der unter Pontius Pilatus gekreuzigt worden*, und auf den Namen des heiligen Geistes» etc.[71] Die Taufe Jesu wird also nicht erwähnt, wohl aber die *Kreuzigung*! In der positiven Ausführung Justins über die Taufe gehen die mannigfachsten Gedanken und Analogien nebeneinander her. *Dialog [mit Trypho]* CXXXVIII gibt er die vulgären Gedanken wieder, die schon aus Paulus, I Petrus und Pastor Hermae bekannt sind. Die Stelle ist so bezeichnend, daß sie ganz wiedergegeben werden muß:

138. Γινώσκετε οὖν, ὦ ἄνδρες, ἔφην, ὅτι ἐν τῷ Ἠσαΐᾳ λέλεκται ὑπὸ τοῦ Θεοῦ πρὸς τὴν Ἱερουσαλὴμ, ὅτι «Ἐπὶ τοῦ κατακλυσμοῦ τοῦ Νῶε ἔσωσά σε.»[72] Τοῦτο δέ ἐστιν ὃ ἔλεγεν ὁ Θεὸς, ὅτι τὸ μυστήριον τῶν σωζομένων ἀνθρώπων ἐπὶ τοῦ κατακλυσμοῦ γέγονεν. Ὁ δίκαιος γὰρ Νῶε μετὰ τῶν ἄλλων ἀνθρώπων ἐπὶ τοῦ κατακλυσμοῦ, τουτέστι τῆς τε γυναικὸς τῆς αὐτοῦ, καὶ τῶν τριῶν τέκνων αὐτοῦ, καὶ τῶν γυναικῶν τῶν υἱῶν αὐτοῦ, οἵ τινες ἀριθμῷ ὄντες ὀκτώ, σύμβολον εἶχον τῆς ἀριθμῷ μὲν ὀγδόης ἡμέρας, ἐν ᾗ ἐφάνη ὁ Χριστὸς ἡμῶν ἀπὸ νεκρῶν

---

68 [Siehe S. 53, Anm. 23.]

69 [«Wasser des Lebens» (BKV, Bd. 33, Kempten und München 1917, S. 21).]

70 [BKV, a.a.O., S. 146f.]

71 [BKV, Bd. 12, Kempten u. München 1913, *Die beiden Apologien Justins des Märtyrers*, S. 76.]

72 [Verstümmelung von Jes. 54,8ff. BKV, Bd. 33, München 1917, S. 224, Anm. 5: «Dieses Zitat steht weder bei Isaias noch sonstwo in der Schrift. Thirlby vermutet, daß Justin die Worte Is. 54,8bf. καὶ ἐν ἐλέει αἰωνίῳ ἐλεήσω σε, εἶπεν ὁ ῥυσάμενός σε κύριος. ἀπὸ τοῦ ὕδατος τοῦ ἐπὶ Νῶε τοῦτό μοί ἐστιν also gelesen habe: ὁ ῥυσάμενός σε κύριος ἀπὸ τοῦ ὕδατος τοῦ ἐπὶ Νῶε.»]

ἀναστάς, δυνάμει δ' ἀεὶ πρώτης ὑπαρχούσης.[73] Ὁ γὰρ Χριστός, πρωτότοκος πάσης κτίσεως ὤν, καὶ ἀρχὴ πάλιν ἄλλου γένους γέγονεν τοῦ ἀναγεννηθέντος ὑπ' αὐτοῦ δι' ὕδατος καὶ πίστεως, καὶ ξύλου τοῦ τὸ μυστήριον τοῦ σταυροῦ ἔχοντος, ὃν τρόπον καὶ ὁ Νῶε ἐν ξύλῳ διεσώθη ἐποχούμενος τοῖς ὕδασι μετὰ τῶν ἰδίων. Ὅταν οὖν εἴπῃ ὁ προφήτης, «ἐπὶ Νῶε ἔσωσά σε», ὡς προέφην (94), τῷ ὁμοίως πιστῷ λαῷ πρὸς Θεὸν ὄντι (95) καὶ τὰ σύμβολα ταῦτα ἔχοντα λέγει. Καὶ γὰρ ῥάβδον ἔχων ὁ Μωυσῆς μετὰ χεῖρα (96), διὰ τῆς θαλάσσης διήγαγεν ὑμῶν τὸν λαόν.
Ὑμεῖς δὲ ὑπολαμβάνετε ὅτι τῷ γένει ὑμῶν μόνων ἔλεγεν ἢ τῇ γῇ. Ὅτι γὰρ (97) πᾶσα ἡ γῆ, ὡς ἡ γραφὴ λέγει, κατεκλύσθη, καὶ ὑψώθη τὸ ὕδωρ ἐπάνω πάντων ὀρέων πήχεις δεκαπέντε· ὥστε οὐ τῇ γῇ φαίνεται εἰρηκώς, ἀλλὰ τῷ λαῷ τῷ πειθομένῳ αὐτῷ, ᾧ καὶ ἀνάπαυσιν προητοίμασεν ἐν Ἰερουσαλὴμ (98), ὡς προαμοδέδεικται διὰ πάντων τῶν ἐπὶ τοῦ κατακλυσμοῦ συμβόλων, εἶπον δὲ, δι' ὕδατος, καὶ πίστεως, καὶ ξύλου οἱ προπαρασκευαζόμενοι, καὶ μετανοοῦντες ἐφ' οἷς ἥμαρτον, ἐκφεύξονται τὴν μέλλουσαν ἐπέρχεσθαι τοῦ Θεοῦ κρίσιν.[74]

[«1. ‹Ihr Männer›, fuhr ich fort, ‹wie ihr nun wisset, hat Gott bei Isaias zu Jerusalem gesprochen: ‹Bei der Sintflut Noes habe ich dich gerettet› (siehe oben Anm. 72). Der Sinn des göttlichen Wortes ist: Zur Zeit der Sintflut wurde geheimnisvoll auf die Erlösung der Menschen hingewiesen. Denn der gerechte Noe und die anderen Personen der Sintflut, nämlich Noes Weib, seine drei Söhne und die Weiber seiner Söhne versinnbildlichten, da sie acht an Zahl waren, den achten Tag, an welchem unser Christus von den Toten auferstanden und erschienen ist; seiner Bedeutung nach ist er allerdings immer der erste Tag. 2. Christus, obwohl der Erstgeborene aller Schöpfung (Kol. 1,15), ist doch auch der Anfang eines zweiten Geschlechtes geworden. Dieses nun hat er wiedergeboren durch Wasser, Glaube und Holz, das Geheimnis des Kreuzes, gleichwie Noe mit den Seinigen gerettet wurde, da er im Holze (der Arche) auf dem Wasser schwamm. Wenn also – wie gesagt – der Prophet erklärte: ‹Zur Zeit des Noe habe ich dich gerettet›, dann wendet er sich an das Volk, welches ebenfalls an Gott glaubt und die gleichen geheimnisvollen Mittel gebraucht. Mit dem Stabe in der Hand hat ja auch Moses euer Volk durch das Meer geführt. 3. Nach eurer Meinung hat Gott allerdings nur zu eurem Volke oder zu eurem Lande gesprochen. Da jedoch, wie die Schrift erzählt (Gen. 7,19f.), das ganze Land überschwemmt wurde und das Wasser fünfzehn Ellen hoch über allen Ber-

73 [R] Wer würde denken, daß im Hintergrunde der *Apologie* Justins solche Gedanken ständen! Ebenso beim IV. Ev[angelium] – alles mit Dunst verdeckt, sobald Logosspekulation – aber [ein] Windhauch, und die ganze schroffe Bergkette steht vor einem.

74 [Migne, PG 6, 793f. – BKV, Bd. 33, S. 224f.]

gen sich erhob, da hat Gott offenbar nicht zu dem Lande gesprochen, sondern zu dem Volke, das ihm gehorcht und dem er in Jerusalem eine Ruhestätte vorbereitet hat. Beweis hierfür sind all die geheimnisvollen Andeutungen bei der Sintflut gewesen. Durch Wasser, Glaube und Holz nämlich werden die, welche rechtzeitig vorsorgen und Reue über ihre Sünden erwecken, dem kommenden Gerichte Gottes entrinnen.»]

Durch das Wasser, durch den Glauben und durch das Holz ist also Christus der Schöpfer eines neuen Geschlechts geworden, wie er schon der πρωτότοκος τῆς πάσης κτίσεως ist. Hier haben wir also wieder dieselbe reale, wirkungskräftige Verbindung zwischen der christlichen Taufe und dem Tode Jesu, die allen älteren Zeugnissen zu Grunde liegt und die Ignatius in dem Satze zusammenfaßt, daß Christus durch sein Leiden das Wasser gereinigt hat,[75] mit dem er selbst in der Jordantaufe in Berührung getreten. Es handelt sich hier bei Justin nicht etwa um theologisierende Gedankengänge, sondern das ganze Material ist alt, altchristliches Gemeingut. Auch die Analogie der Taufe mit dem Durchzug durch das rote Meer, welche in I Kor. 10[76] vorausgesetzt ist, findet sich hier entwickelt. Aber diese Rettung durch das Wasser war bewirkt durch «das Holz», denn die Wasser teilten sich nicht von selbst, sondern erst als Mose den Stab über das Meer hielt. Das ist ein τύπος für das wunderbare *Wirken des Kreuzesholzes auf das Wasser bei der Taufe*. Aber nicht nur mit dem Tod, sondern auch mit der Auferstehung Christi wird die Taufe in Zusammenhang gebracht.[77] Acht war die Zahl derjenigen, die durch das Wasser hindurch zur neuen Menschheit nach der Sündflut gerettet wurden. Der achte Tag ist der Auferstehungstag desjenigen, der durch seine Auferstehung der Begründer des neuen Geschlechts ist, welches durch Wasser, Glaube und Holz zustande kommt. Das ist keine leere Zahlenspielerei, wenn man bedenkt, *daß der christliche Taufakt nach demselben Justin der Sonntag war*. Wo bleibt aber bei diesen Gedanken, die, wie gezeigt, altchristliches Gemeindegut sind, auch nur das geringste Plätzchen für die direkte Verbindung der urchristlichen Taufe mit der Taufe Jesu?

Man muß bis in die Zeit eines Irenäus und eines Tertullian herabgehen, um Ausdrücke zu finden, wo die christliche Taufe direkt mit der Taufe Jesu in Verbindung gebracht wird. *Irenäus adv. haer.*, III, 10, 10 [9, 3] heißt es in betreff der Taufe Jesu: «Spiritus ergo Dei descendit in eum, eius qui per prophetas promiserat uncturum se eum, ut de abundantia unctionis eius nos percipientes salvaremur.»[78] [In] *Adversus Judae-*

75 [Im Ms. irrtümlich «geheiligt» (vgl. S. 73 und 53, Anm. 23).]
76 [Siehe oben S. 69.]
77 [R] Tod- und Auferstehungstheologie – wie bei Paulus. Also noch bei [der] Taufe! Sonst kennt Justin diese doppelt orientierte Theologie nicht mehr.
78 [Migne, PG 7, *Adv. haer.*, III,9,3 (Schluß), 872; BKV, Bd. 1, 1872, S. 375 (bibliogr.

os [Kap.] 8 schreibt Tertullian: «Baptizato enim Christo, id est sanctificante aquas in suo baptismate» ... [79]

Hier ist endlich diese direkte Verbindung zu konstatieren. Was als das Primäre angenommen wurde, ist tatsächlich das Resultat einer langen Entwicklung. Also schon wegen dieses späten Erscheinens der direkten Verbindung *ist es unmöglich, die christliche Taufe direkt aus der Taufe Jesu herzuleiten.* Und nun gar die Art dieser direkten Verbindung, wo sie erscheint! Sie widerspricht derjenigen, welche der modern-historischen Theologie vorschwebt, vollständig, denn sie beruht [nicht] auf dem Begriff der Analogie oder dem der entsprechenden Wiederholung, sondern sie statuiert eine Realverbindung. In der christlichen Taufe benefizieren wir von der Geistausgießung bei der Taufe Jesu, sagt Irenäus. Seine Taufe bedeutet eine Heiligung der Wasser, sagt Tertullian! Also ist auch die hier erreichte direkte Verbindung nicht als Stütze für den modern-historischen Erklärungsversuch des Aufkommens der christlichen Taufe zu gebrauchen, sondern man muß einfach bei der Erkenntnis stehen bleiben, daß die ältesten Ausführungen über die Taufe es mit dem Tode und mit der Auferstehung Christi zu tun haben.

VII. Zusammenfassung und Problemstellung

Es war notwendig, einmal die hauptsächlichsten altchristlichen Ausführungen über die Taufe kurz nebeneinanderzustellen, ohne durch irgendwelche Theorie über die Entwicklung und das Wesen der christlichen Taufe und ihren Zusammenhang mit der Taufe Jesu voreingenommen zu sein. Nur so kann man sich klar werden, wie vollständig unbekannt die modern-historische Analogieverbindung, die wir als selbstverständlich in die Geschichte zurücktragen wollen, der alten Zeit ist.[80] Wie sehr das von der modern-historischen Theologie als selbstverständlich angenommene Verhältnis die klare Einsicht in die alten Zeugnisse beeinträchtigt, ersieht man aus der Studie *Bornemanns*. Es heißt da S. 16: «Achten wir [noch] auf eins. Gar bald hat man den Zusammenhang zwischen Christi Taufe und der christlichen Taufe gesehen; und man kann die ganze Entwicklung kurz so zusammenfassen, die ursprüngliche christologische Schätzung der Taufgeschichte verschwindet rasch, und statt dessen sieht man bald in der Taufgeschichte Vorbild oder

---

Angaben siehe oben Anm. 56): «Der Geist Gottes also stieg in ihn herab, desjenigen, der auch (schon) durch die Propheten verheißen hatte, ihn salben zu wollen, damit aus der Fülle *seiner* Salbung auch *wir* empfangen und Heil erlangen möchten.»]

79 [Migne, PL 2, 654. – BKV, Bd. 7, *Tertullians private und katechetische Schriften*, Kempten und München 1912, S. 322: «Nach der Taufe Christi nämlich, d. h. nachdem er das Wasser durch seine Taufe geheiligt hatte» ...]

[R] Siehe [Ms.-]S. 78 [hier S. 142].

80 [Diese beiden ersten Sätze sind durch Randstriche hervorgehoben.]

Stiftung der christlichen Taufe.» S. 59: «Folgende Punkte sind bis auf wenige Ausnahmen Allgemeingut der katholischen Auffassung und kehren überall wieder... Die Taufgeschichte steht unter dem Gesichtspunkt der Taufe Christi» etc. ... «Jesu Taufe steht in Parallele mit der christlichen Taufe. Sie ist ihr Vorbild» etc. Das alles soll bei Ignatius, Justin, Irenäus und Tertullian zutreffen, während doch diese Schriftsteller nach den alten Zeugnissen, man denke besonders an Justin, Dialog [mit Trypho, Kap.] 138, einen ganz anderen Weg gehen! Von der Vorbildlichkeit der Taufe Jesu für die christliche Taufe ist überhaupt keine Rede. In der alten Zeit hat man die Taufe mit dem Tod und der Auferstehung Jesu, nie mit seiner Taufe in Verbindung gesetzt. Dafür zeugen Paulus, Eph. 5,26, Tit. 3,5–7, Justin und vor allem Ignatius, weil er, wo er zuerst die Taufe «Christi» mit der christlichen Taufe in Beziehung bringt, den *Leidensgedanken* dazu benützt! Man hat vorbildliche Analoga in Menge verwandt, um das Wesen der christlichen Taufe zu erklären, aber niemals ist es jemandem eingefallen, die *Taufe Jesu* zu diesem Zwecke heranzuziehen! Hingegen benutzte man die Wolkensäule (Paulus, I Kor. 10[,1 ff.]) und den Durchgang durchs rote Meer (Paulus, I Kor. 10, Justin Dial. [Kap.] 138), die Sündflut (I Petr. 3,21 ff. und Justin Dial. [Kap.] 138), das Schweben des Geistes über den Wassern bei der Schöpfung,[81] den irdischen Zeugungsakt (Justin, I. Apol. 61 ff.); man stellte sie dar unter dem Bilde eines über dem Wasser gebauten Turmes (Pastor Hermae, Vis. 3,2–3 und Simil. 9,16); man redete von ihr im Zusammenhang mit dem descensus ad inferos (I Petr. 3,8 und Past. Hermae Simil. 9,16). So kann alles andere über die altchristliche Taufe dahingestellt bleiben, eines ist unbedingt sicher: die christliche Taufe hat für das altchristliche Bewußtsein mit der Taufe Jesu direkt nichts zu tun, und am wenigsten hängt sie damit vorbildlich zusammen. Das ist das einstimmige Urteil aller alten Zeugnisse.

Vergegenwärtigen wir uns den Gang der bisherigen Untersuchung. Zwei Wege, so sagten wir, bieten sich dar, um das Aufkommen und das Wesen der christlichen Taufe zu verstehen, wenn man auf die Benutzung des Taufbefehls verzichtet: Entweder man leitet sie von der Taufe Jesu durch Johannes ab, oder man erklärt sie direkt aus der Johannestaufe. In dem ersten der beiden Lösungsversuche stecken zwei Voraussetzungen: 1) daß in der ältesten Zeit die Taufe Jesu allgemein als der entscheidende Moment seiner messianischen Geistbegabung angesehen wurde, 2) daß die ältesten Ausführungen über die Taufe die vorausgesetzte Vorbildlichkeit der Taufe Jesu irgendwie zur Geltung bringen. Nun sind beide Voraussetzungen, wie die einfache Nebeneinanderstellung der Notizen und Berichte ergibt, historisch unhaltbar. Zur größeren Sicherheit ist

81 [Vgl. *I. Apologie*, Kap. 59 und 64.]

jede unabhängig von der andern für sich geprüft und widerlegt worden, während schon die Verneinung der einen von ihnen den in Frage kommenden Lösungsversuch unmöglich macht. *Also ist mit der Vorbildlichkeit der Taufe Jesu für das Aufkommen und das Wesen der christlichen Taufe geschichtlich nichts erklärt.* Der auf den ersten Anblick so ansprechende Lösungsversuch muß fallen gelassen werden, und es bleibt nur noch übrig, zu versuchen, ob das Aufkommen und das Wesen der christlichen Taufe direkt aus der Tauftätigkeit Johannes, ohne Zuhilfenahme der Taufe Jesu, erklärt werden können. Einen andern Weg gibt es nicht. Das ist das Resultat der bisherigen Untersuchung.

Diese Erkenntnis drängt zu einer allgemeinen Erwägung über die Verwendung der Analogie zur Erklärung geschichtlicher Tatsachen, wie sie gerade in der Geschichte des Urchristentums benutzt wird. Das Wesen der Analogie besteht in der Inbeziehungsetzung zweier Tatsachen, von denen aber jede unabhängig von dieser Inbeziehungsetzung für sich gegeben sein muß. Aus der Analogie läßt sich keine genetische Erklärung gewinnen. Man gelangt von ihr niemals, und wenn sie noch so natürlich scheint, zur Einsicht in den *Realgrund* einer Tatsache, denn zwischen der *Analogie* und der *Kausalität* besteht absolut keine Verbindung, da die Analogie, das Vorbildliche, immer erst aus den schon als existierend vorausgesetzten Tatsachen je nachträglich gewonnen wird. *Der Analogieschluß ist unwirklich, also erklärt er keine Geschichte; denn die Geschichte ist die Entstehung und der kausale Zusammenhang des Wirklichen.*[82] Wenn wir daher in der Theologie zur Abklärung des Aufkommens der Taufe und des Abendmahls mit der Vorstellung der «*entsprechenden Wiederholung*» operieren, so ist das eben nur ein anderer Ausdruck dafür, daß uns die geschichtliche Erklärung des Aufkommens dieser Handlungen ganz im Dunkeln liegt. So etwas Lebloses und Kraftloses wie die «entsprechende Wiederholung» existiert in der Geschichte überhaupt nicht, am wenigsten für solche Feiern wie die altchristliche Taufe und das altchristliche Abendmahl, die gleich von Anfang an in einer überragenden urwüchsigen Lebendigkeit vor uns stehen.

Das Problem ist für beide viel schwerer, als man bisher annahm. Es ist geradezu verhängnisvoll für unsere Erklärung des Urchristentums, daß man mit Hilfe der falschen geschichtlichen Verwendung der Analogie das Tauf- und Abendmahlsproblem «isoliert» zu lösen unternahm, sie aus der ganzen Wirrnis der urchristlichen Fragen heraushob, sie als Fragen für sich behandelte, die in der Vorstellung der entsprechenden Wiederholung ihre Lösung fanden, und sich dabei der Einsicht in die zentrale Stellung dieser Probleme für die Gedankenwelt des Urchristentums verdarb. So wurden diese beiden Fragen isoliert und für sich abge-

82 [R] Für Abendmahl zu verwenden.

tan, während doch das ganze Problem des Urchristentums eigentlich in diesen beiden Zeremonien hängt. Diese Verwendung der Analogie bietet nur Scheinlösungen, welche den Weg zur richtigen, geschichtlichen Lösung verdecken und versperren. Deshalb war es vor allem nötig, an Hand der altchristlichen Zeugnisse darzutun, daß die Erklärung der christlichen Taufe aus der Taufe Jesu geschichtlich nicht durchführbar ist und daß die alten Zeugnisse das Wesen und die Entstehung der christlichen Taufe nie aus einer Analogie derselben mit der Taufe Jesu ableiten. Die Analogie ist der Ausschlag eines gefällten Baumstumpfes, aber nicht das gesamte Laub des gewurzelten Baumes. So tritt die Analogie bei den geschichtlichen Erscheinungen erst zutage, wenn sie entwurzelt sind, wenn sie den Zusammenhang mit ihrer tatsächlichen historischen Entstehung verloren haben.

Mit dieser negativen Erkenntnis hängt aber eine sehr wichtige positive zusammen. Sie betrifft das Wesen der urchristlichen Taufe im Allgemeinen. Leitet man nämlich die christliche Taufe durch eine angenommene «urchristliche Reflexion» von der Taufe Jesu ab, so ist damit zugleich gegeben, daß am Anfang der *symbolische* Charakter der Handlung, welche durch das Beispiel Jesu zur Aufnahme empfohlen wurde, im Vordergrund stand. Man muß dann annehmen, daß die im Anfang *«sinnvolle kultische Handlung»* sich nach und nach zum *Sakrament*, d. h. zur von selbst übernatürlich wirkenden Zeremonie, zum opus operatum verdichtet hat. Nun wissen aber die geschichtlichen Zeugnisse von der ursprünglichen *sinnreichen Handlung* gar nichts, ebensowenig wie von der Vorbildlichkeit der Taufe [Jesu]. Niemals wird das *Sinnbildliche* der Handlung zur Erklärung der Taufe herangezogen. Das Untertauchen spielt in den altchristlichen Ausführungen über die Taufe ebensowenig eine Rolle als das Brechen des Brotes und das Ausgießen des Weins bei der Eucharistie, die beide ebenfalls in den altchristlichen Ausführungen über das Abendmahl vollständig, in einer für uns unbegreiflichen Weise, ignoriert werden. Wie für das altchristliche Abendmahl die Feier äußerlich nur in dem *gemeinschaftlichen Essen* an sich besteht, so handelt es sich bei der Taufe nicht um die Bedeutung des Untergetauchtwerdens, sondern nur um den *Kontakt mit dem Wasser.* Mag auch das dreimalige Untertauchen zum Verlauf der Handlung gehören, wie das Brechen des Brots und das Ausgießen des Weins in den «Segensbecher» bei der Eucharistie: in den alten Darlegungen des Wesens der Feier werden diese Züge nicht benützt und nicht ausgedeutet, während, wenn es nach uns ginge, die altchristliche Feier gerade auf der *Ausdeutung dieser Züge* beruhen würde. Die Taufe ist für die alte Zeit die Zeremonie, bei welcher der Täufling mit dem Wasser in einen wirkungskräftigen Kontakt tritt; *wie sich dieser Kontakt* vollzieht, ist für die Erklärung des Wesens der Feier vollständig indifferent. Das tritt in den Analogien klar zutage. Der Kontakt mit dem Wasser in der Taufe wird in Analogie gestellt zum Wandern unter der wunderbaren Wolke, mit dem Durchzug durch das Meer (I Kor. 10,1 ff.), mit dem Einhertreiben auf der großen Flut, durch die man hindurchgerettet wird (I Petr. 3,21 ff., Justin, Dial. 138). Bei Hermas werden die Bausteine durch das Wasser hin dem Turm, welcher die Kirche darstellt, eingefügt. Wie wenig die mit dem Täufling vorgenommene Handlung das Wesen der Feier bedingte, ersieht man aus der Schilderung des Justin. Sie besteht nach ihm darin, «daß man über dem im Wasser (Stehenden), der sich zur Wiedergeburt entschlossen und für seine Vergehungen Buße getan hat, den Namen des Allvaters und Herrn, Gottes, ausspricht, wobei, wer den Täufling zum Bade führt, nur eben diese eine Bezeichnung gebraucht» (I. Apol. Kap. 61).[83] Damit trifft auch zusammen, daß schon in der *Didache* der Gebrauch des dreimaligen Untertauchens, der zum ursprünglichen Vorgang gehört, als irrelevant dadurch gekennzeichnet wird, daß er durch einfache Benetzung ersetzt werden konnte,[84] wie auch das Brechen des Brots in den alten Abendmahlsausführungen nicht mehr erwähnt wird.

Es geht also der alten Zeit der Gedanke vollständig ab, daß die Taufe eine «sinnvolle», an dem Täufling vollzogene Handlung ist. Das Sinnvolle ist allein der Kontakt mit dem Wasser. Mit andern Worten: *die Taufe war von jeher und von Anfang an ein Sakrament, so magisch, als man es sich nur irgendwie vorstellen mag, denn der Effekt ist nur an die Handlung als solche, nicht an eine sinnvolle Bedeutung derselben geknüpft.* In diesem Punkte tritt der unhistorische Charakter der Herleitung der Taufe aus der Analogie und dem Sinnbildlichen am klarsten zutage. Röm. 6,1 ff. erklärt Paulus die Taufe als ein Begrabenwerden mit Christo Jesu und als ein Mitauferstehen. Diese Erklärung soll aus der Sinnbildlichkeit der Taufhandlung entspringen. Das Untergetauchtwerden bedeutet das Begrabenwerden, das Emportauchen das Auferstehen. Wo ist aber diese sinnreiche Symbolik im Texte auch nur angedeutet? Nirgends. Es heißt 6,4: συνετάφημεν οὖν αὐτῷ διὰ τοῦ βαπτίσματος εἰς τὸν θάνατον [«wir sind nun mit ihm begraben durch die Taufe in den Tod»]; es heißt aber nicht: *durch das Untertauchen*, wobei noch der dreimal erfolgende Akt für die Symbolik störend wäre. Das Untertauchen des Täuflings versinnbildlicht den Tod des Täuflings ebensowenig wie das Brechen des Brotes die Kreuzigung des Leibes Jesu und das (von uns zur Abendmahlshandlung hinzuerfundene) Eingießen des Weines in den Kelch das Vergießen seines Blutes bedeutet. Von dieser ganzen Symbolik weiß die

---

83 [BKV, Bd. 12, Kempten und München 1913, S. 76.]

84 [Abschnitt 7 (Hennecke, a.a.O., S. 563: «Betreffs der Taufe aber, taufet also: Nachdem ihr alles Obige mitgeteilt habt, taufet auf den Namen des Vaters und des Sohnes und des Heiligen Geistes in fließendem Wasser. Hast du aber kein fließendes Wasser, so taufe in anderem Wasser. Kannst du's nicht in kaltem, so in warmem. Hast du beides nicht, so gieße auf das Haupt dreimal Wasser auf den Namen des ...»).]

alte Kirche nichts, aber auch gar nichts. Mit Recht, denn es ist eine unnatürliche Zwangs- und Notsymbolik, die man eben nur verwendet, weil man nichts anderes hat. In Röm. 6,1ff. sagt Paulus einfach, daß man durch die Tatsache der Taufe auf Christum Jesum mit ihm begraben und auferstanden ist. Er setzt beides direkt und real in Verbindung, ohne anzudeuten, daß er den Weg über die Symbolik der sinnbildlichen Handlung wählt. Wie er dazu kommt, diesen Zusammenhang zu statuieren, ist für uns vorläufig rätselhaft.[85] Es kommt nur darauf an, daß der Sinnbildlichkeit der Taufhandlung dabei keine falsche Rolle zugewiesen wird, denn das wäre das einzige Exempel in der ganzen altchristlichen Literatur, daß die Sinnbildlichkeit der Taufhandlung zur Erklärung ihrer Bedeutung gewertet würde! Wie weit gerade Paulus entfernt ist, die Taufe als sinnbildliche Handlung zu erfassen, das zeigen die Analogien aus I Kor. 10 und vor allem I Kor. 15,29, wo er den urchristlichen Usus der[86] stellvertretenden Taufe für die schon Gestorbenen erwähnt. Hier geht freilich die ganze Theorie von der ursprünglich sinnbildlichen Bedeutung der Taufe für Paulus und seine Leser, und die gehören doch sicher in das Urchristentum, in die Brüche. Darum wird diese Stelle gewöhnlich traktiert, als handelte es sich um einen unbegreiflichen faux pas St. Pauli, über den man am besten hinwegsehe, weil er hier mit den rohen heidnischen Vorstellungen der Korinther paktiert, aus dem von der modernen Theologie so schön konstruierten Begriff der primär urchristlichen Taufe als einer sinnbildlichen Handlung herausfällt und für einen Augenblick in den Strudel des alten Mysterienglaubens hineingezogen wird. Sehr schön findet sich diese nachsichtsvolle Entrüstung bei *Wernle* (*Die Anfänge unserer Religion*, 1901)[87] ausgedrückt. S. 128 und 129 ist von der urchristlichen Taufe und dem Abendmahl die Rede. Im Allgemeinen liegt dabei die Sache säuberlich klar und einfach. «Für die Urgemeinde stellte sich eben der Gemeinschaft halber die Notwendigkeit eines besonderen christlichen Kultes ein. Seine zwei Hauptstücke, Taufe und Abendmahl, sind eben Gemeinschaftszeichen, das eine für die Aufnahme in die Gemeinschaft, das andere für ihre Zusammenkünfte bestimmt. Das muß auch bei Paulus fest im Auge behalten werden. In bezug auf Taufe und Abendmahl ist Paulus lediglich Mann der Tradition,[88] nicht Schöpfer» etc. ... «Bis dahin ist alles einfach. Die Gemeinschaft muß ihre Zeichen haben und ihre Erbauung, und diese Dinge müssen so geregelt werden, daß es der Gemeinschaft wirklich Nutzen bringt. Das läßt sich denken als Neuerung über Jesus hinaus und doch

---

85 [R] cf. Gal 4[,24ff.]: Hagar – Sinai. Wie unständlich [umständlich?].

86 [Ms.:] von der.

87 [Paul Wernle, Tübingen und Leipzig 1901. Der Abschnitt ist vollständiger wiedergegeben in der Abendmahlsschrift, 3. Heft, S. 489f., Ms.-S. 16.]

88 [R] Herrlich, wenn man bedenkt, daß es sich um ein paar Jahre handelt.

ohne Verstoß gegen den rein moralischen Charakter seines Evangeliums. Allein es kommt doch durch Paulus eine neue Wertung kultischer Handlungen auf, die sich nicht reimen läßt mit dem, was Jesus brachte. In Korinth haben sich Christen zum zweiten Mal taufen lassen für ihre verstorbenen Angehörigen, und Paulus beruft sich darauf bei seiner Verteidigung der Auferstehung. Das ist eine heidnische Auffassung der Taufe, die sie zum opus operatum und als solches zum Garanten der Seligkeit macht. Während Paulus hier den Aberglauben stillschweigend billigt, ruft er ihn beim Abendmahl selbst hervor» etc. «Fatal ist allein schon das eine, daß den kultischen Handlungen so großer und so bedeutender Wert zukommt.»

Worauf gründet sich aber unsere Kenntnis von der Taufe und dem Abendmahl als ursprünglich sinnbildliche Handlungen, als «Gemeinschaftszeichen», nach welcher hier über Paulus zu Gericht gesessen wird? Auf gar nichts, denn es ist unmöglich, auch nur ein Zeugnis für einen derartigen ursprünglichen Charakter der Feiern, sei es der Taufe, sei es des Abendmahls, aufzuweisen. Es handelt sich hier um eine zwinglisch-rationalistische Hypothese, die von der modernen Theologie zum geschichtlichen Dogma erhoben worden ist, von der man ausgeht und danach die alten Zeugnisse meistert, als hätten wir schon bei Paulus einen schweren Abfall ins Magische zu beklagen. Geht man hingegen von den alten Zeugnissen selbst aus, so ergibt sich der Satz: die Taufe war von Anfang an ein Sakrament mit geheimnisvoller realer übernatürlicher Wirkung und nicht ein sinnvolles kultisches Gemeinschaftszeichen. Was für einen übernatürlichen Charakter muß die urchristliche Taufe gehabt haben, daß die Sitte sich verbreitete, sich nicht für sich allein, sondern auch für die Gestorbenen taufen zu lassen [I Kor. 15,29]! Wie muß diese Sitte dem Urchristentum und den erleuchtetsten Vertretern desselben natürlich vorgekommen sein, daß ein Paulus sie nicht nur billigt, sondern als Argument für die Realität der Auferstehung anwendet! Statt diese Stelle nebensächlich zu behandeln, muß man gerade von ihr *ausgehen*, denn sie ist eines der ältesten Zeugnisse über die Taufe. Welches muß die urchristliche Auffassung der Taufe gewesen sein, daß eine solche Sitte sich einbürgerte? – Das ist die Frage, welche uns diese Stelle vorlegt. Man kann sie nicht umgehen, denn überall, in allen altchristlichen Zeugnissen, tritt uns derselbe magische Charakter der Handlung entgegen. Weil die Taufe eben eine magische Handlung ist, wird ihre Bedeutung niemals dargelegt, sondern man greift zu den dunklen und geheimnisvollen Analogien: dem Wandeln unter der Wunderwolke, dem Durchzug durchs rote Meer, der Rettung durch die Sündflut hindurch, der menschlichen Zeugung, dem zeugenden Schweben des Geistes über den Wassern etc. Das Magische läßt sich eben nicht erklären, sondern nur durch Analogien seinem Vollzug, nicht seinem Zustandekommen nach beschreiben. Aus dieser Unmöglichkeit einer reflektierten Anschauung über die Taufe sind die so merkwürdigen Stellen über diesen Gegenstand von Paulus bis auf Justin, Irenäus und Tertullian allein begreiflich. Gerade aus den Ausführungen des Pastor Hermae kann man ersehen, wie die populäre untheologische Anschauung in der Taufe von jeher ein großes Mysterium sah, das auf übernatürliche Weise die Seligkeit vermittelt. Denn bei Hermas handelt es sich um dieselbe Frage, die auch dem Usus I Kor. 15,29 zugrunde liegt: Wie können die ungetauft Gestorbenen[89] bei der Auferstehung die Seligkeit erlangen, wenn diese an die Taufe gebunden ist?

Wenn man sich bisher nicht entschließen konnte, den sakramentalen Charakter der Taufe und des Abendmahls im Urchristentum als von Anfang an bestehend anzuerkennen, wenn man in diesem Punkte die schwerwiegenden positiven Zeugnisse Pauli künstlich entkräftete, so lag das daran, daß man nur den kirchlich-katholischen Sakramentsbegriff im Auge hatte, der allerdings im Urchristentum deplaciert ist, weil er mit der Gedankenwelt des Urchristentums nicht im Zusammenhang steht. Man muß sich hier entschließen, dem eschatologischen Grundcharakter des urchristlichen Glaubens entsprechend einen ganz neuen, nämlich *den eschatologischen Sakramentsbegriff* anzunehmen. Taufe und Abendmahl sind geheimnisvolle Handlungen, deren übernatürliche Kraftwirkung sich auf den Zustand des Eingehens und das Los beim Anbrechen des Reiches Gottes und der damit verbundenen Auferstehung der Toten bezieht. Die Art dieser Wirkung bleibt vorläufig im Dunkeln. Aber soviel ist gewiß: nur dieser eschatologische Sakramentsbegriff erklärt, wie man bei der Taufe auf die Toten und die Totenauferstehung zu reden kommt und wie das Abendmahl, statt das Mahl der Sündenvergebung zu sein, das Mahl der Auferstehung und der Unsterblichkeit ist, das φάρμακον ἀθανασίας [Unsterblichkeitsmedizin], wie es Ignatius definiert.[90] Dabei spricht er nicht etwas Neues aus, sondern er gibt nur die populäre Anschauung wieder. Schon Paulus bringt I Kor. 11,23 ff. das Abendmahl in diese Verbindung mit der «Zukunft» des Herrn.[91] An dieser Mahlfeier teilhaben heißt den Tod des Herrn in der Erwartung seiner Zukunft verkünden, und Krankheit und Todesfall ist eine Strafe für die unheilige Mahlfeier!

Erst von hier aus versteht man dann auch, auf welche Weise die Taufe und das Abendmahl mit den griechischen Mysterien in Parallele traten und dann selbst «hellenisiert» wurden. Die Parallele ergab sich nicht zwischen der sinnbildlich reflektierten Handlung und[92] dem griechischen Mysterium. Auch ist es nicht das griechische Mysterium, das die

---

89 [Zuerst:] die Toten [in der neuen Fassung nicht gestrichen].
90 [*Ad Ephesos* 20,2 (s. S. 218).]
91 [Schluß von V. 26 («bis daß er kommt»).]
92 [Im Ms. hier wiederholt:] zwischen.

sinnbildliche, «gegen den rein moralischen Charakter des Evangeliums Jesu nicht verstoßende Handlung»[93] in den Strudel des Mysteriösen und Magischen hinabzog, sondern das eschatologische Mysterium, das eschatologische Sakrament trat mit dem griechischen Mysterium in Verbindung. An diesen urchristlichen-eschatologischen Mysterien setzte die griechische Religiosität ein, denn hier fand sie, was sie suchte: *das Mysterium des ewigen Lebens, der Unvergänglichkeit.* Dieses Inbeziehungtreten der Taufe und des Abendmahls mit den griechischen Mysterien ist nur erklärlich, weil sie eben Sakramente sind, welche auf geheimnisvolle Weise Auferstehung und ewiges Leben im anbrechenden Reich garantieren. Die griechischen Mysterien haben die Taufe und das Abendmahl nicht um neue Gedanken bereichert, sondern sie haben nur den Gedanken ergriffen, den sie dort fanden: Mysterien der Unsterblichkeit. Sie waren empfangend, nicht gebend und umbildend, wie man bisher annahm. Nur in der Formulierung des überkommenen Gedankens haben sie die christlichen Mysterien hellenisiert. Diesen geschichtlichen Gang muß man sich vorerst klar machen, damit man nicht in der Untersuchung über die Taufe den falschen Weg beschreitet, zuerst eine sinnbildliche Handlung anzunehmen, die mit den[94] griechischen Mysterien dann in Kontakt tritt und von ihnen den Gedanken und der Form nach bereichert, umgebildet und ins Mysteriös-Magische verschlechtert wird. Dieser Weg führt historisch zu gar keinem Resultat. Der richtige Weg ist durch die zwei Sätze, welche sich aus unserer bisherigen Untersuchung ergeben haben, bestimmt:

1) *Um das Aufkommen der christlichen Taufe zu erklären, darf man nicht von der Taufe Jesu ausgehen, sondern man muß sie aus der Johannestaufe allgemein abzuleiten suchen.*

2) *Die urchristliche Taufe war, wie das Abendmahl, weder eine sinnbildliche Handlung, noch ein urchristliches «Gemeinschaftszeichen», sondern ein eschatologisches Sakrament, d. h. eine übernatürlich wirkende Handlung, deren Bedeutung sich auf die Existenz und die Zugehörigkeit zum zukünftigen Reich bezog.*

Zweiter Abschnitt: Positive Darstellung. Die historische Erklärung der christlichen Taufe aus dem Tod und der Auferstehung Jesu Christi

VIII. Die Bedeutung der Johannestaufe

Der historische Ursprung der Taufe, «welche Johannes verkündete», liegt für uns vollkommen im Dunkeln. Es ist wohl möglich, daß jüdi-

---

93 [Das 2. Anführungszeichen ist gestrichen, vielleicht bestand die Absicht, beide zu streichen; aber der Satz ist, wenn auch nicht ganz wörtlich, Zitat aus Wernle (siehe oben S. 82 und 81, Anm. 87).]

94 [Ms.:] dem.

sche Waschungen oder essäische[95] Riten die Vorbilder zur Johannestaufe abgegeben haben. Vielleicht hat auch die Proselytentaufe mitgewirkt, wenn sie, was wir nicht sicher wissen, schon damals Usus war. Andererseits besteht aber wieder ein so großer Unterschied zwischen den wiederholten jüdischen und essäischen Waschungen und der Taufe Johannis, die als einmaliger Akt gedacht ist, daß der angenommene Zusammenhang wieder in Frage gestellt wird.

Ähnlich verhält es sich mit den prophetischen Stellen, wo von Waschungen und Reinigungen die Rede ist. Es kommen da hauptsächlich in Betracht: Jes. 1,16; 4,4, Mi. 7,19, Sach. 13,1, Jer. 4,14 und vor allem Ez. 36,25ff. Auch diese Stellen sind viel zu allgemein gehalten, als daß nun ein solcher Usus, wie ihn Johannes mit seiner Predigt verbindet, daraus direkt abgeleitet werden könnte. Der Täufer selbst hat sich nie geäußert, inwiefern die von ihm geübte Taufe von den Propheten geweissagt war, obwohl andererseits wieder anzunehmen ist, daß ihm diese Stellen irgendwie vorgeschwebt haben müssen. Aber auf welchem Wege sie sich für ihn zu einem so eigenartigen Usus verdichteten, darüber können wir nur Mutmaßungen anstellen.

Viel wichtiger aber als solche Untersuchungen über ihre historische Entstehung ist der Einblick in das Wesen der «Johannestaufe» selbst. Welches auch ihr historischer Zusammenhang mit jüdischen und essäischen Riten sei, in ihrem Wesen ist diese Waschung bei Johannes etwas Einzigartiges und *absolut Neues*, denn sie steht mit einem bestimmten, in der Zukunft erwarteten Ereignis in engster Beziehung, nämlich [mit] der Geistesausgießung, dem Gericht und dem Anbruch des Reiches Gottes. Die Buße, welche Johannes predigt, zeigt dieselbe Orientierung: sie ist eine Buße in Erwartung des Kommens des Reiches Gottes. Darum ist die Johannestaufe nicht eine Bußtaufe schlechthin, *sondern die Buße, welche sie besiegelt, und die Sündenvergebung, deren sie vergewissert, stehen im Zusammenhang mit der in nächster Bälde stattfindenden Geistesausgießung, dem erwarteten Gericht und dem Anbrechen des Reiches Gottes.*

Diese Beziehung des Aktes auf die nahe Endzeit macht das Wesen der Johannestaufe aus. Johannes selbst hat den von ihm Getauften die Art dieser Beziehung des Näheren erläutert. Er sagt nämlich Mk. 1,7 und 8: ἔρχεται ὁ ἰσχυρότερός μου ὀπίσω μου, οὗ οὐκ εἰμὶ ἱκανὸς κύψας λῦσαι τὸν ἱμάντα τῶν ὑποδημάτων αὐτοῦ. ἐγὼ ἐβάπτισα ὑμᾶς ὕδατι, αὐτὸς δὲ βαπτίσει ὑμᾶς ἐν πνεύματι ἁγίῳ [«nach mir kommt einer, der ist stärker als ich; ich bin es nicht wert, mich zu bücken, um ihm die Schuhe aufzuschnüren. Ich habe euch nur mit Wasser getauft, er aber wird euch mit dem Heiligen Geist taufen»].

95 [Oder: essenische.]

Diese Stelle will viel mehr besagen, als man gewöhnlich annimmt. Es handelt sich nicht nur um eine Gegenüberstellung zwischen[96] Johannes und dem geweissagten Geistestäufer, auch nicht nur um eine allgemeine Rede von dem großen Unterschied zwischen seiner, des Johannes, Taufe und der Taufe des verheißenen Kommen-Sollenden, sondern vor allem um den Zusammenhang zwischen der jetzt vollzogenen Wassertaufe und der im Gefolge davon zur gegebenen Zeit eintretenden Geistestaufe. Die Geistestaufe setzt die Wassertaufe nicht außer Kraft, wie das Vollkommene das Unvollkommene, sondern sie setzt sie voraus, sie macht sie in der Zukunft real und vollendet sie. Der Sinn der Stelle ist gar nicht: Ich bin der Wassertäufer, er ist der Geistestäufer, sondern Johannes wendet sich an die von ihm soeben Getauften und macht ihnen die Bedeutung des an ihnen vollzogenen Aktes klar. «Ich habe euch mit Wasser getauft (ἐβάπτισα), er wird euch im heiligen Geiste taufen» [Mk. 1,8]. Das heißt: Ihr, die ihr von mir jetzt mit Wasser getauft seid, werdet daraufhin bei der Geistausgießung, welche statt hat, wenn der Kommen-Sollende erscheint, in heiligem Geiste «getauft» werden. Die Taufe Johannis ist nicht etwa ein *Sinnbild* auf die Taufe des Kommen-Sollenden, sondern es besteht zwischen beiden ein ursächlicher innerer Zusammenhang. Um diesen Zusammenhang recht scharf herauszuheben, stellt Johannes die Geistbegabung als eine Art Taufe dar, welche in der Folge seiner Taufe an den Getauften von dem Kommen-Sollenden vollzogen werden wird. *Meine Wassertaufe garantiert euch, daß ihr beim Beginn der Endzeit mit dem Geiste begabt werdet:* das ist die Verkündigung des Täufers an die von ihm Getauften. Er ist gekommen, um jener Geistesausgießung vorzuarbeiten. Der göttliche Geist kann nicht ausgegossen werden über die Sünder und Unbußfertigen. Darum bereitet Johannes das Volk vor; er sammelt eine Schar Bußfertiger und versiegelt sie durch die Taufe auf die Geistesausgießung hin. Wer zu diesen Auserwählten gehören will, muß von ihm mit Wasser getauft sein.

Wenn man an dieser vorausweisenden Verknüpfung vorbeiging und nur den Kontrast zwischen dem Wassertäufer und dem Geisttäufer aus diesen Worten herauslas, so hat man sie eben nach der späteren Gegenüberstellung von Johannes- und Geistestaufe in Acta [11,16] interpretiert, wo allerdings die Johannestaufe bedeutungslos ist. Diese spätere Perspektive kündigt sich schon bei Mt. an. Bei ihm fehlt schon der charakteristische Hinweis, daß diese Worte von dem Täufer an die *Getauften* gerichtet sind. Statt ἐγὼ *ἐβάπτισα* ὑμᾶς ὕδατι [«ich habe euch mit Wasser getauft»] sagt er: ἐγὼ μὲν ὑμᾶς *βαπτίζω* ἐν ὕδατι εἰς μετάνοιαν [«ich taufe euch mit Wasser zur Umkehr»] Mt. 3,11). Statt einer Rede an die *Getauften* handelt es sich allgemein um eine *Täufer-*

96 [von.]

rede.[97] Bei Mk. charakterisiert der Täufer seine Taufe als eine Taufe *durch* Wasser (ὕδατι); Mt. hingegen redet von βαπτίζειν ἐν ὕδατι, was an sich ein voller Nonsens ist und nur durch die gewollte Gegenüberstellung eines βάπτισμα ἐν ὕδατι [«Taufe mit Wasser»] mit dem βάπτισμα ἐν πνεύματι ἁγίῳ [«Taufe mit Heiligem Geist»] (Mt. 3,11) verständlich wird. Um die Gegenüberstellung voll zu machen, bezeichnet hier der Täufer überdies seine Taufe noch als βάπτισμα εἰς μετάνοιαν [«Taufe zur Umkehr»], wie das eben der späteren Zeit geläufig war. In diesen Details zeigt sich der «christliche» Standpunkt, der den Täufer sagen läßt: Ich übe «die Taufe in Wasser» zur Buße, später jedoch wird der kommen, der im Geiste tauft. Das historische und in seiner Kürze so präzise Wort bei Mk. aber besagt: Ihr, die ihr von mir *durch* Wasser getauft seid, werdet bei der Ankunft des Kommen-Sollenden Geistesgetaufte werden. Erst wenn man diesen organischen Zusammenhang erfaßt, bekommt die Täufertätigkeit Johannis überhaupt einen Sinn. Er vollzieht einen Verheißungsakt,[98] welcher eine übernatürliche Bedeutung auf die Zukunft und das Gericht hin hat. Wer getauft ist, ist salviert. Darum sagt Johannes zu den Pharisäern und Sadduzäern, die herauskommen, sich von ihm taufen zu lassen: «Ihr Otterngezücht, wer hat euch gewiesen, dem kommenden Zorngericht zu entgehen?» (Mt. 3,7) Wenn man die übernatürlich-zukünftige Wirkung der Johannestaufe nicht in Anschlag bringt, kommt man zu gekünstelten und erzwungenen Übersetzungen dieses Wortes, wie sich eine solche z. B. bei Weizsäcker findet: «Ihr Otternbrut, wer hat euch darauf gebracht, ihr könntet dem kommenden Zorngericht entgehen?»[99] Der Fortgang der Rede, wo der Täufer sie ermahnt, nun auch auf die Taufe hin wirkliche Früchte der Besserung zu bringen, streitet gegen diese fast irreale Setzung des Falls, «sie *könnten* dem kommenden Zorngericht entgehen». Wer getauft ist, der ist eben der Rettung gewiß; darum fragt er sie unmutig, wie sie dazu kommen, den Weg der Rettung zu betreten. Durch die Johannestaufe erwarb sich der Bußfertige die Zugehörigkeit zum kommenden Reich. Diese effektive Bedeutung der Taufe auf die zukünftige Reichsherrlichkeit setzt Jesus als bekannt und angenommen voraus, wenn er bei der Zebedaidenanfrage die Todesleistung, welche er für seine messianische Herrlichkeit zu bringen hat, als *seine Taufe* bezeichnet (Mk. 10,38 und 39).[100] Damit stimmt, daß er schon vorher das Volk darauf hingewiesen hatte, seit dem Täufer sei man in die Zeit der Verge-

---

97 Der sekundäre Charakter dieser Darstellung des Mt. tritt am schärfsten hervor, wenn man beachtet, daß diese Ausführung dem Kontext zufolge nur an die Pharisäer und Sadduzäer ginge!

98 [R] Taufe [ein] prophetischer Akt.

99 [Carl Weizsäcker, *Das Neue Testament*, 6. u. 7. Aufl., Freiburg i.Br. und Leipzig 1894.]

100 [R] Jesus rekurriert auf Taufe Johannes = Eingang zum Reich.

waltigung des Gottesreiches eingetreten (Mt. 11,12). Denn die Taufe Johannis ist eine solche Vergewaltigung, sofern sie das Zukünftige in die Gegenwart schon hineinzieht. Aber gerade wegen dieser übernatürlichen «Gewalt» der Johannestaufe auf die Zukunft hin muß dieser Ritus auf eine übernatürlich-göttliche Veranstaltung zurückgehen.[101] Es handelte sich für die Zeitgenossen gar nicht so sehr um die zur Buße rufende Reichspredigt des Johannes, sondern vor allem um die Taufe, «die er verkündet». «Ist sie vom *Himmel* oder von den Menschen?» (Mk. 11,30), das war die Frage. Das heißt: ist sie eine himmlische Veranstaltung mit übernatürlicher Wirkung oder ein menschliches Tun? Für die reichsgläubige Anhängerschaft des Täufers war sie das erstere, für die indifferenten Behörden das letztere. Um die Tragweite der Stelle für das Wesen der Johannestaufe zu verstehen, muß man sich vergegenwärtigen, daß Jesus auf die Frage nach der ἐξουσία [«Vollmacht»] seines Handelns nicht mit der Gegenfrage nach der ἐξουσία antwortet, in welcher der Täufer aufgetreten ist, sondern daß sich die Frage auf die *Taufe als Akt* bezieht, weil diese Frage die Kontroverse betraf.

Es steht also gar nicht so schlecht um die Zeugnisse über die Johannestaufe, nur darf man sie nicht nach Acta interpretieren, als wäre die dort ausgesprochene effektive Bedeutungslosigkeit des βάπτισμα ἐν ὕδατι εἰς μετάνοιαν [«Taufe durch Wasser zur Umkehr»][102] der Geschichte entsprechend. Sie hatte eine übernatürliche Bedeutung auf die erwartete Geistesausgießung und das zukünftige Gericht hin und war daher mehr als ein die Sündenvergebung und Buße versinnbildlichender Akt: *Sie war das von Johannes verkündete eschatologische Sakrament.*

IX. Das Aufkommen der Johannestaufe in der christlichen Gemeinde

Solange man mit der durch Acta aufgedrängten Gegenüberstellung Johannestaufe – christliche Taufe operiert, ist das Aufkommen des Taufgebrauchs in der christlichen Gemeinde unerklärlich. Die Benutzung der Taufe Jesu, um dadurch die Johannestaufe in die christliche Sphäre zu erheben und ihr eine neue Bedeutung zu geben, ist historisch, wie oben nachgewiesen, unmöglich. Welches ist nun aber die höhere Einheit, welche die Johannestaufe und die christliche Taufe verbindet und das unvermittelte Hervorgehen der letzteren aus der ersteren erklärt? Sie ist gegeben in dem Begriff des eschatologischen Sakraments.

Die Fragestellung, wie *aus der «Johannestaufe» die «christliche Taufe» hervorgegangen* sei, ist falsch und unlösbar, weil sie auf einer späteren Differenzierung beruht. Hingegen heißt die historische Fragestellung:

101 [Dieser und der vorangehende Satz durch Randstrich hervorgehoben.]
102 [Vgl. Acta 13,24 und 19,4 (βάπτισμα μετανοίας); wahrscheinlich aber ist hier die Stelle Mt. 3,11 gemeint, die bereits oben S. 87 zitiert wurde.]

Wie fand der Ritus des Wassertaufens, der uns bei Johannes dem Täufer zum ersten Mal entgegentritt, in der ersten christlichen Gemeinschaft von selbst, ohne Befehl des Herrn und ohne weitere Diskussion, allgemein Aufnahme? Darauf lautet die Antwort: Die Wassertaufe fand in der reichsgläubigen Gemeinschaft, die sich nach Jesu Tod in dem Glauben an seine Messianität zusammenfand, Aufnahme *als eschatologisches Sakrament.* Sie wurde dabei nicht etwa in eine neue, höhere Sphäre gehoben oder in ihrer Bedeutung gesteigert, sondern sie blieb, was sie schon bei Johannes gewesen: *Bußakt und zugleich Versiegelung auf die Geistesempfängnis und auf die Sündenvergebung beim Gericht, das das Reich einleitete.*[103]

Um sich klar darüber zu werden, wie die urchristliche Gemeinde von der «Täufergemeinde» einen solchen Ritus historisch übernehmen konnte, muß man sich den Zusammenhang beider Bewegungen vergegenwärtigen. Obwohl nämlich alle Anzeichen und gerade die Taufe auf einen solchen Zusammenhang hinweisen, wird die Täuferbewegung für die Erklärung der Entstehung des Urchristentums unseres Erachtens nicht genug in Anschlag gebracht. Weil diese Bewegung von den Evangelien [nur] einleitungsweise erwähnt[104] wird, stellt man die Frage nicht prinzipiell genug, wie sich denn für die Zeitgenossen und besonders für Jerusalem, wo die erste Gemeinde entstand, die Täuferbewegung und die Bewegung im Gefolge der Tätigkeit Jesu zueinander verhielten. Sie griffen so ineinander über, daß sie sachlich zusammenfielen. Der Täufer repräsentierte die jüdische Bewegung der Reichserwartung. Jesus, indem er die Predigt des Täufers aufnahm, trug die Bewegung nach Galiläa (Mk. 1,14 und 15). Das war im Frühjahr, nach den Gleichnissen von der Aussaat und von der selbstwachsenden Saat zu urteilen, mit denen Jesus seine Predigt eröffnet. Zur Erntezeit findet die Aussendung der Jünger statt. Johannes lebt noch und tritt mit Jesus in Verbindung. Nach seinem Tode verschwindet auch Jesus von dem öffentlichen Schauplatz und begibt sich in die Einsamkeit und Verborgenheit auf heidnisches Gebiet. Wie sehr das Volk beide Persönlichkeiten zusammendachte und wie wenig es sie in ihrem Wirken unterschied, geht aus dem aufkommenden Gerücht hervor: Jesus sei der *auferstandene Täufer* (Mk. 8,28; 6,14). In die Öffentlichkeit tritt Jesus erst wieder beim Beschreiten des jüdischen Gebiets auf der Reise nach Jerusalem, *im Lande der Täuferbewegung.*[105] Zwischen seiner Predigt und der des Täufers ist kein Unterschied. Man nehme die jerusalemitischen Gleichnisse und die Pharisäerrede: Jesus führt nur aus, was der Täufer gesagt [hatte], daß das Gericht drohend nahe vor der Tür steht. Er verlangt nur den Glauben an die

---

103 [D. h. einleiten wird.]

104 [Ms.:] berichtet.

105 [R] Also genau ein Jahr nachdem die große Tätigkeit des Täufers begonnen, erscheint er in Judäa.

Nähe des Gerichts und des Reichs, nicht etwa an seine Person. Wofür er sich hielt, das wußte in Jerusalem niemand, bis es Judas dem Synedrium verriet. So setzte er für die von Johannes ergriffenen Kreise das Werk des getöteten Propheten fort. Auch ist es ganz unzutreffend, zu meinen, das Volk, welches den Anhang Jesu bildete, habe sich aus den ehrbaren galiläischen Festpilgern zusammengesetzt, während die Großstadtbevölkerung ihm indifferent und feindlich gegenüberstand. Diese Annahme wäre gerechtfertigt, wenn Judäa nicht wenige Monate vorher seine große reichserwartende Bewegung unter Johannes dem Täufer gehabt hätte, oder wenn diese Bewegung etwa mit dem Tod des Täufers erloschen wäre. Aber das war eben nicht der Fall. Die Täuferbewegung beschäftigte noch die Gemüter. Die Pharisäer wagten nicht, zu sagen, die Johannestaufe sei von Menschen gewesen, weil sie den Aufruhr des Volkes fürchteten. ἅπαντες γὰρ εἶχον τὸν Ἰωάννην ὄντως ὅτι προφήτης ἦν (Mk. 11,32) [«denn alle glaubten, daß Johannes wirklich ein Prophet war»]: die Anhängerschaft des Täufers war also allgemein. Man kann daraus ersehen, wie tiefgehend die Bewegung der Reichserwartung in Judäa gewesen war. Sie war weit davon entfernt einzuschlafen. Als Jesus, der neue, galiläische Prophet und Verkündiger der Reichsnähe, in Judäa erschien, loderte die Glut von neuem auf. Seine Sache war in Jerusalem nicht neu, sondern der Boden war vorbereitet. Er hatte die ganze jüdische reichsgläubige Bewegung hinter sich, denn er trat die Erbschaft des Täufers an. Daher sein großer Anhang und sein großer Erfolg in Jerusalem, der ihn so gefährlich erscheinen ließ. Die galiläische und die jüdische Bewegung der Reichserwartung gingen ineinander über. Man glaubte nicht an Johannes und nicht an Jesus, *sondern an das nahe Kommen des Reichs und des Gerichts*! Erst nach Jesu Tod kam die Frage nach seiner Messianität zum Glauben an die Reichsnähe hinzu.

Es war nun entscheidend, daß die erste reichsgläubige Gemeinde, die sich nach Jesu Tod zu seiner Messianität bekannte, *in Jerusalem, nicht in Galiläa sich bildete*. Man kann über die Gründe, warum die Jünger in Jerusalem blieben, verschiedener Ansicht sein. Dadurch wird aber an der Tatsache nichts geändert, daß *die erste Gemeinde aus der jüdisch-reichsgläubigen Bewegung hervorging und sich im Lande der Täuferbewegung bildete*. Die «Entstehung der ersten christlichen Gemeinde» bestand in nichts anderem, als daß jüdische Reichsgläubige das Bekenntnis zu der von den Jüngern verkündeten Messianität des gekreuzigten Jesus auf Grund seiner Auferstehung in ihren Glauben aufnahmen und so die Reichserwartung, die sie vorher schon gehabt, näher bestimmten. Daß die erste Gemeinde in Judäa entstand, zeigt am besten, wie Jesu Wirksamkeit da am gewaltigsten war, wo er die Täuferbewegung vorfand.[106]

106 [R] Das Material der ersten Gemeinde schon da.

Nun war aber in der jüdisch-reichsgläubigen Bewegung die Taufe als Bußakt und als Versiegelung auf die zukünftige Geistesbegabung und auf die Sündenvergebung beim Gericht allgemein verbreitet. Der Reichsgläubige war getauft, man wußte [es] in Judäa nicht anders. Von diesem Usus abzugehen, lag in dem Bekenntnis zu Jesu Messianität, das zum Glauben an die Reichsnähe hinzukam, kein Grund vor, um so weniger, als *er selbst getauft* war und zu Jerusalem öffentlich, in der Frage an die Pharisäer, die «Johannestaufe» als vom Himmel stammend bezeichnet hatte. Das war, wenn man so will, sein «Taufbefehl». Er ging also nicht auf die «christliche» Taufe, sondern auf die Johannestaufe. Die Wassertaufe Johannis fand im «Christentum» von selbst Aufnahme, obwohl Jesus bei seiner Reichspredigt nicht getauft hatte, *weil die erste Generation sich in Judäa, der Heimat der Täuferbewegung, bildete.* Darum wurde in der Gemeinde getauft, obwohl die Jünger ungetauft waren und unter Jesus diesen Ritus nicht geübt hatten. Wäre Galiläa die Heimat der christlichen Gemeinde gewesen, so wäre, so viel wir zu urteilen vermögen, die Taufe im Christentum nicht aufgekommen, weil dieser Usus nicht mit der galiläischen reichsgläubigen Bewegung zusammenhing.[107]

Diese Erklärung könnte vielleicht zu einfach erscheinen. Demgegenüber ist zu bemerken, daß die Lösung geschichtlicher Fragen oft überraschend einfach ist, wenn das Problem richtig gestellt ist. Die kompliziertesten «Lösungen» auf dem neutestamentlichen und urchristlichen Gebiet würden oft viel einfachere Gestalt annehmen, wenn man statt nach einer neuen Lösung zu fahnden, vorerst einmal die Stellung des Problems gründlich von vorne durchnähme.

Es handelt sich also, um es noch einmal zu sagen, gar nicht um das Aufkommen der «christlichen» Taufe, sondern jener der jüdisch-reichsgläubigen Bewegung durch Johannes anhaftende sakramentale Buß- und Versiegelungsakt wurde naturgemäß von der aus ihr hervorgegangenen und zu des Auferstandenen Messianität sich bekennenden Gemeinschaft beibehalten. Sie blieben ja, was sie vorher gewesen: Reichsgläubige, nur mit der näheren Bestimmung der Messianität des Auferstandenen. So verstanden wäre es ein schweres Problem, wenn die «Johannestaufe» in der ersten jerusalemitischen Gemeinde nicht in Aufnahme gekommen wäre, denn sie hätten sich ja dann darüber rechtfertigen müssen, warum sie die vom Himmel stammende Taufe nicht übten.

In zwei Punkten aber setzten die forttreibenden Kräfte ein, welche den übernommenen Usus zur «christlichen» Taufe umbildeten. Die eschatologische Erwartung war in der christlichen Gemeinde durch die Messianität Jesu, des Gekreuzigten und Auferstandenen, näher be-

107 [R] Mit seinem Tod [war man?] wieder in [der] Zeit der Reichserwartung.

stimmt. Diese Bestimmung machte sich auch in der Taufe geltend. Sie wurde zu einer Taufe auf Jesum Christum. Das zweite betrifft das Verhältnis der Wassertaufe und der eintretenden Geistbegabung. Der Täufer hatte die Geistbegabung zwar als mit der Wassertaufe organisch verbunden, aber erst in der Zukunft erfolgend, dargestellt. Diese Zukunft war aber in der Gemeinde nun, wie man aus den ekstatischen Erscheinungen schloß, Gegenwart geworden. Also waren in der Taufübung der christlichen Gemeinde Wassertaufe und Geistestaufe miteinander auch zeitlich verbunden. Die Wassertaufe war zugleich Geistestaufe. So differenzierte sich die «christliche» Taufe als Wasser-Geistestaufe von der «Johannestaufe»!

Das Problem nach dem «Aufkommen der christlichen Taufe» aus der Johannestaufe[108] zerlegt sich also in zwei Fragen, die, solange sie unentwirrt waren, die Lösung unmöglich machten:
1) Wie fand der Ritus der Wassertaufe, der von Johannes geübt war, in der ersten christlichen Gemeinschaft Aufnahme?
2) Wie entwickelte sich die von der christlichen Gemeinde übernommene «Johannestaufe» in der Folge zur «christlichen Taufe», und wie vollzog sich die Differenzierung beider in der christlichen Gemeinde?

Die erste Frage ist oben gelöst worden. Es bleibt nun noch übrig, an Hand der neutestamentlichen und altchristlichen Zeugnisse zu verfolgen, wie die beiden oben gekennzeichneten neuen Momente die geübte Wassertaufe zur «christlichen Taufe» umbilden.

X. Die Verchristlichung der Taufe bei Paulus und in der Apostelgeschichte

Paulus: I Kor. 15,29; I Kor. 1,13–17; I Kor. 6,1 ff.; I Kor. 10,2 ff.; Gal. 3,27 ff.; I Kor. 12,13; Röm. 6,3 ff.
Apostelgeschichte: Acta 2,38 ff.; 8,12 ff.; 8,38; 9,18; 10,44 ff.; 16,15; 16,33; 18,8; 18,24–19,7; 22,16.

Paulus setzt die Taufe als eschatologisches, auf den Auferstehungstag hinwirkendes Sakrament unbefangen voraus. Er sieht nichts der christlichen Erkenntnis Zuwiderstrebendes darin, daß man in Korinth sich nicht nur für sich selbst, sondern auch[109] für die Toten taufen läßt (I Kor. 15,29).[110] Das tat man, damit auch diese Toten bei der großen

108 [R] [Von fremder Hand (Bleistift):] Herauswachsen.
109 [Ms.:] auf.
110 Ob dies eine zweite Taufe war, wie Wernle meint [siehe o. S. 82], mag dahingestellt bleiben. Im Text steht nichts darüber, sondern es ist gerade so gut möglich, daß die Stellvertretung für die Toten bei der Taufe des betreffenden Gläubigen selbst geltend gemacht wurde.

Auferstehung als die Geheiligten und Versiegelten dastehen sollten, um das Reich zu ererben. So wunderbarlich war also die Handlung, daß sie auch stellvertretend vollzogen wirkte. Dabei war es auch ganz unwesentlich, wer sie vollzog. I Kor. 1,13–17 führt Paulus an, daß er nur wenige Mitglieder der korinthischen Gemeinde persönlich getauft habe, denn Christus habe ihn nicht gesandt, zu taufen, sondern zu predigen. Das will nicht heißen, wie man verschiedentlich annahm, daß Paulus der Taufe nur nebensächliche Bedeutung beilegte, sondern es bezeugt nur, daß nach seiner Auffassung der Taufe die Person, welche sie vollzog, vollständig indifferent war, da sie durch sich selbst wirkte.

Wie hoch er diese Wirkung anschlug, ersieht man am besten aus den Stellen, wo er sich gegen das falsche Pochen auf die Taufgnade wendet. «Wißt ihr nicht», sagt er I Kor. 6,9ff. zu den Korinthern, «daß Ungerechte das Reich Gottes nicht ererben?» Sie sollen sich nicht irren, sie, die einst zum Teil Ehebrecher, Diebe, Lästerer und Räuber waren, ἀλλὰ ἀπελούσασθε, ἀλλὰ ἡγιάσθητε, ἀλλὰ ἐδικαιώθητε etc. [«aber ihr seid abgewaschen, ihr seid geheiligt, ihr seid gerechtfertigt» etc.], bemerkt er dann ironisch [V. 11], weil er weiß, wie sie glauben, mit der Taufe sei nun alles ausgelöscht und sie seien nun unverlierbar auf die Zukunft gerettet, welchen Wandel sie auch in der Zwischenzeit führten. In I Kor. 10,2ff. kommt er wieder auf dieses falsche Vertrauen zurück. Gewiß, die Taufe ist ein Akt, in dem sich Gottes Macht an den Getauften ebenso wunderbar erweist als an denen, die durch das Meer hindurchgezogen und die unter der Wolke und im Meer *auf Moses* getauft wurden. Auch jene waren durch diese Meeres- und Wolkentaufe zur Rettung und zum Heil bestimmt und sollten das Land ererben, wie der Getauften das Reich wartet. Aber doch gingen sie inzwischen verloren und wurden in der Wüste dahingestreckt, weil Gott kein Wohlgefallen an ihnen hatte, da sie sich in der Zwischenzeit ihren schlechten Begierden ergaben. Deswegen sind sie warnende Vorbilder für das Geschlecht der Getauften, daß nicht auch diese, ehe das verheißene Ziel da ist, durch einen schlechten Wandel die Gnade, in der sie zuversichtsvoll standen, verscherzen. Wer da steht, mag wohl zusehen, daß er nicht falle [10,2–12]. *Diese paulinische Analogie beruht also ganz auf dem eschatologisch-zukünftigen Charakter der Taufe.*

Während hier die moralische Verpflichtung aus der Taufe mit Hilfe alttestamentlicher Typen gewonnen wird, leitet sie Paulus Gal. 3,27, I Kor. 12,13 und Röm. 6,3ff. aus dem Wesen der Taufe positiv und direkt ab. Er macht die geheimnisvolle Bedeutung des Aktes geltend, indem er sie durch die Beziehung auf Jesum Christum erklärt. Daß die Taufe auf den Namen Christi geschah, bedeutet an sich nichts inhaltlich Neues. Es sollte damit nur zum Ausdruck kommen, daß für die reichsgläubige Gemeinschaft der erwartete Messias mit dem Gekreuzigten und Auferstandenen[111] identisch war. Aber gerade dieses Datum benutzt nun Paulus, um der Taufe im moralisch-religiösen Interesse nicht nur in der Zukunft, sondern schon in der Gegenwart *reale* Wirkung zu geben. Mit der Auferstehung Christi hat ja der neue Zustand des Gottesreiches tatsächlich schon angefangen, wenn auch die Offenbarwerdung desselben noch aussteht. Das gilt nicht nur für Christus, sondern auch für die Getauften. Weil sie auf seinen Namen getauft sind, sind sie solidarisch mit ihm verbunden. «Wie viele eurer auf Christum getauft sind, die haben Christum angezogen» (Gal. 3,27). «*In einem Geiste sind wir alle zu einem Leib getauft worden*» (I. Kor. 12,13).[112] Auf Christum getauft sein heißt, auf seinen Tod und seine Auferstehung getauft sein. Man ist verwachsen mit ihm in der Ähnlichkeit seines Todes.[113] Unser alter Mensch ist mit ihm gekreuzigt, und durch die Solidarität mit ihm sind auch wir, die Getauften, schon jetzt in den Zustand des Auferstehungsdaseins gesetzt. In Röm. 6,2ff. begegnet uns also derselbe Gedankengang wie in Gal. 3,27 und I Kor. 12,13, nur daß er in ausgeführter Gestalt vorliegt. Dieser Gedankengang ist viel tiefer als der aus der vorausgesetzten Symbolik des Unter- und Auftauchens gewonnene, welcher doch im besten Fall eine etwas geschmacklose Spielerei Pauli bliebe. Von Symbolik ist hier aber keine Rede; es handelt sich auch nicht um genuin paulinische Gedanken, sondern um *eschatologische Mystik*, wie überhaupt der ganze sogenannte «Paulinismus» nur eschatologische Mystik ist. Danach erwarten die Gläubigen das Reich, nachdem in Jesu Tod und Auferstehung das Drama schon begonnen hat und der neue Zustand schon tatsächlich erreicht ist, wenn er auch noch nicht offenbar geworden. In Solidarität mit dem Messias, zu dem sie sich bekennen, befinden sich auch die Getauften schon in dem neuen Zustand. Als die auf seinen Namen Versiegelten bilden sie einen großen Auferstehungsleib mit ihm. In seinem Tod und in seiner Auferstehung sind auch sie schon durch Tod und Auferstehung hindurchgegangen. Gesetz und Sünde haben daher das Recht auf sie verloren. Auch die irdischen Zustände, die Nationalität, die soziale Stellung und das Geschlecht sind für sie schon aufgehoben. Da gibt es weder Jude noch Hellene, weder Sklave noch Freier, weder Mann noch Weib, sondern alle sind eins in Christo Jesu (Gal. 3,27ff.). Auch nach I Kor. 12,13ff. sind durch die Taufe alle Unterschiede aufgehoben, denn das neue Dasein hat tatsächlich schon begonnen. *Getauft sein heißt, der tiefsten Bedeutung nach, mit Christo gestorben und auferstanden sein und nun in dem zukünftigen Dasein schon jetzt wandeln.* Man lebt schon in der zukünftigen Welt, die durch Christi Auferstehung für die Getauften aktuell gewor-

---

111 [Undeutlich:] gekreuzigten und auferstandenen [Messias].
112 [R] (Ein Brot etc.!!)
113 [Röm. 6,5.]

den ist. Darum heißt Christ sein, nicht in der Sünde beharren, weil man das Gesetz nicht mehr als wirksam anerkennt, denn durch den Tod mit Christo ist man dem Gesetz und der Sünde zugleich abgestorben und lebt nun in dem neuen Dasein (Röm. 6,1–14). Das Gnadenreich Gottes ist schon angebrochen: οὐ γάρ ἐστε ὑπὸ νόμον ἀλλὰ ὑπὸ χάριν [«denn ihr seid nicht unter dem Gesetz, sondern unter der Gnade», 6,14].

In der Taufe geht also Paulus ganz von dem urchristlich-populären Standpunkt aus. Sie ist ein eschatologisches Sakrament. Aber durch die bewußte Geltendmachung des Todes und der Auferstehung[114] Christi für die Eschatologie macht er sie in real mystischer Weise schon zu einem innerlich gegenwärtigen Zustand für die, welche durch die Taufe als Erben der Herrlichkeit versiegelt und mit Jesu solidarisch sind, sofern sie auf seine Messianität getauft sind. Durch diese Mystik wird aber der eschatologische Charakter der Taufe betroffen. War sie in der populären Anschauung ein Bußakt, der zugleich Versiegelung auf die große Zukunft war, so wird jetzt diese Versiegelung schon für die Gegenwart wirksam. Beides, der Akt und seine zukünftige Wirkung, fallen zusammen, weil auch die Eschatologie mystisch schon Realität geworden ist. So bereitet sich hier auf dem Grunde der eschatologischen Mystik der in der Folge so wirksame Gedanke vor: das neue höhere Leben fängt mit der Taufe an. *Sie ist eine proleptische Auferstehung zum Reich.* Als die *Getauften* bringt[115] rechtschaffene *Früchte der Buße bis zum Gericht*: das ist die Moral, die der *Täufer* an die Taufe knüpft. *Paulus aber sagt: Als die Getauften wandelt ihr schon in dem zukünftigen Dasein, der Sünde und dem Gesetz enthoben. Handelt danach, sündigt nicht.*[116]

Diese folgenschwere Verschiebung beruht nicht etwa auf einem Nachdenken über die Taufe, sondern auf der Wandlung in der Eschatologie, auf der «Verchristlichung» derselben, sofern das Zukünftige auf Grund des Todes und der Auferstehung Jesu für die eschatologische Mystik aktuell wurde. Sobald nun diese Betrachtungsweise bei der Taufe, dem eschatologischen Sakrament, einsetzte, kam es in eine neue Bahn. Die «christliche» Taufe war nicht von dem Augenblick an da, wo man die Handlung auf Jesu Christi Namen vollzog, denn dabei blieb diese Taufe inhaltlich und ihrer Bedeutung nach dasselbe, was die Johannestaufe gewesen. «Christlich» wird die in der Gemeinde geübte Taufe erst in dem Augenblick, wo der Gedanke sich geltend macht, daß sie die *gegenwärtige* Erreichung *des neuen Lebenszustandes bedeutet,* wenn auch dabei *noch immer vorausgesetzt wird, daß dieses neue Leben sich erst in der*

---

114 [Ms.:] der Todes- und der Auferstehung[srealität?]
115 [D. h.: sollt ihr bringen.]
116 [R] [Neben den beiden letzten Sätzen: 2 Ausrufezeichen.]

Zukunft, nach dem irdischen Dasein, *ganz vollendet*. Kurz gesagt: Christlich wird die Taufe in dem Maße, als ihr eschatologischer *zukünftiger* Charakter zurücktritt. Bei Paulus befindet sie sich in Hinbewegung auf diesen Punkt, und zwar auf dem Wege der eschatologischen Mystik. Die Taufe auf Christum Jesum wird langsam zur christlichen Taufe. Aber das erfolgt nicht dadurch, daß sie um einen Gedanken bereichert wird. Inhaltlich bleibt sie dasselbe wie bei dem Täufer, nur daß sie gleichsam in sich *zusammengeschoben* wird, indem der Effekt, der erst in dem zukünftigen Äon real werden sollte, schon jetzt moralisch in Wirksamkeit tritt. Die Taufe Johannis war ein Bußakt mit sakramentalem Charakter auf die Geistesausgießung, die Sündenvergebung beim Gericht und die Aufnahme in das Gottesreich hin. Nun wird aber durch die eschatologische Mystik dies alles schon auf den Taufakt selbst gewissermaßen zusammengeschoben. Für den Getauften ist die Sünde und das Gesetz abgetan, er wandelt im neuen Leben, und zwar sofern die eschatologische Zukunft durch Jesu Tod und Auferstehung real geworden ist. Die «Johannestaufe» entwickelt sich also zur christlichen Taufe nicht durch irgend eine Reflexion, sondern *durch die Wirksamkeit der Tatsache der christlichen Eschatologie: des Todes und der Auferstehung Jesu*. Durch diese Zusammenschiebung wird der Begriff der Wiedergeburt in der Taufe erreicht, mit dem dann die «christliche» Taufe operiert. Dieser Begriff der «Wiedergeburt» ist also nicht der Ausgangspunkt, sondern der Endpunkt der Entwicklung. Paulus kennt ihn noch nicht; er ist in Hinbewegung darauf.

Nun gab es aber einen Punkt, wo die Zusammenschiebung sich viel sichtbarlicher vollzog als in dem Begriff des neuen Daseins, nämlich in der Beziehung zwischen *Taufe und Geistbegabung*. Bei Paulus tritt diese Beziehung nicht in der äußerlichen Weise hervor. Zwar ist auch für ihn die Taufe eine «Taufe im Geist» und eine «Tränkung mit Geist» (I Kor. 12,13). Aber bei ihm beruht diese Vorstellung mehr auf dem Gedanken der mystischen Solidarität mit dem Gestorbenen und Auferstandenen, dessen πνεῦμα [Geist] nun alles, was in ihm neue Kreatur ist, belebt. Über die äußerliche Verbindung der Taufe mit den ekstatischen Wirkungsweisen des Geistes hat er sich nicht direkt ausgesprochen. So viel wir annehmen können, vollzog sie sich für ihn auf dem Umweg über den mystischen Gedanken. Dagegen vertritt die Apostelgeschichte in populärer Weise die Zusammenschiebung des bei Johannes Auseinanderliegenden, der Wassertaufe und der Geistbegabung. Auf diesem mehr äußerlichen Wege hat das altchristliche populäre Bewußtsein wohl zuerst den Begriff der «christlichen» Taufe erreicht.

Auch hier handelt es sich nicht um eine Reflexion über die Taufe, sondern die *Tatsachen* bilden die Johannestaufe zur christlichen Taufe um. In der christlichen Gemeinde traten ekstatische und glossolalische Zustände zutage. Das war etwas Neues, in der reichsgläubigen Bewegung vor Jesu Tod nicht Bekanntes. Man sah darin die in Joel 3,1–5[117] geweissagte Geistesausgießung verwirklicht (cf. Acta 2,17ff.). Nun hatte der Täufer bei seiner Taufe auf diese Geistesausgießung hingewiesen und als mit der Wassertaufe organisch, wenn auch zeitlich zukünftig verbunden hingestellt. In der christlichen Gemeinde, die sich aus Getauften zusammensetzte, traten aber diese Erscheinungen auf. So verband man beides miteinander und gelangte zur Auffassung der «christlichen» Wassertaufe, die zugleich Geistestaufe war. Diese Theorie findet sich in Acta durchgeführt. Sie wird an folgenden Stellen proklamiert:

Acta 2,38ff.: «Tut Buße», sagt Petrus zur Pfingstversammlung, «und lasse sich ein jeder taufen auf den Namen Jesu Christi zur Vergebung der Sünden, und ihr werdet empfangen die Gabe des heiligen Geistes.»

Acta 9,17f.: Ananias spricht zu Paulus: «Bruder Saul, der Herr hat mich gesandt, der dir erschienen auf dem Wege, da du kamst, daß du wieder sehend würdest und erfüllt von heiligem Geist. Und alsbald fiel es ihm wie Schuppen von den Augen, und er ward sehend und stand auf und ließ sich taufen.» In der Taufe realisiert sich also das zweite Wort, daß er von heiligem Geist erfüllt werden wird.

Nach dieser allgemeinen Theorie ist dann auch der Vorgang bei der Taufe der Lydia und ihres Hauses (Acta 16,15), des Kerkermeisters zu Philippi und seiner Familie (Acta 16,33) und des Synagogenvorstehers Crispus zu Korinth (Acta 18,8) zu interpretieren, wenn auch das Herabkommen des Geistes nicht ausdrücklich erwähnt wird.

Es handelt sich, wie gesagt, um eine Geschichtstheorie des Verfassers von Acta, von der wir nicht bestimmen können, wie weit sie in dieser Form in die älteste Zeit hinaufreicht. In welcher Form die älteste Gemeinde die Wassertaufe und die ekstatischen Zustände in Verbindung gebracht hat und inwiefern sie dadurch zu dem Begriff der «christlichen Taufe» gelangt ist, läßt sich aus dieser Theorie nicht mehr ermitteln. Der Gedanke ist sicher alt, aber die Form, in der er geschichtstheoretisch ausgeführt wird, gehört dem Schriftsteller und seiner Zeit an.

Die Theorie über die Taufe erscheint nämlich hier in eine allgemeine Geschichtstheorie eingegliedert. Daß auch die Heiden zu taufen sind, sofern auch sie die Gabe des heiligen Geistes empfangen können, muß den Uraposteln erst zur Kenntnis gebracht werden dadurch, daß der Geist auf die Insassen des Hauses des Cornelius herniederfährt, ehe sie noch getauft sind (Acta 10,44ff.). Nun ist *geoffenbart, daß auch sie den Geist empfangen können und daher zu taufen sind.*

Noch in viel stärkerem Maße tritt aber der sekundäre Charakter der Geschichtstheorie von Acta über die Taufe darin zutage, daß die Geistbegabung der Taufe nicht ohne weiteres inhaerent ist, sondern in der

117 [Zwingli-Bibel: 2,28–32.]

Regel an die Handauflegung der Urapostel gebunden ist, wobei Paulus ebenfalls auf dieselbe Stufe mit den Zwölfen gestellt wird. Bei den von Philippus getauften Samaritern zeigen sich keine ekstatischen Erscheinungen, bis Petrus und Johannes von Jerusalem entsandt werden und ihnen die Hände auflegen (Acta 8,14ff.). Die Geistbegabung fällt also nicht mit der Taufe auf den Namen Jesu Christi zusammen (Acta 8,[16 und] 18). So ist hier die Theorie über die «christliche» Taufe mit der ganz sekundären Auffassung einer besonderen Amtsgewalt der Zwölfe verbunden. Dabei hat diese Tauftheorie noch ein großes Loch, das alsbald zutage tritt. Denn wenn nun anzunehmen ist, daß der alsbald nach der Samaritertaufe von Philippus getaufte Kämmerer aus Mohrenland (Acta 8,36ff.) den Geist nicht empfing, weil er den Uraposteln nicht unter die Hände kam, so ist er überhaupt nicht christlich getauft, sondern er hat nur die Wassertaufe empfangen. Damit wird aber die ganze Erzählung sinnlos, da vorausgesetzt wird, daß er die christliche Taufe voll und ganz empfangen hat. Es ist, als ob der Schriftsteller die Schwierigkeit selbst gefühlt hätte, er erwähnt nämlich, daß sogleich nach der Taufhandlung der Geist des Herrn sich bemerkbar machte, aber so, daß er den Taufenden auf wunderbare Weise örtlich entführte.

Am auffälligsten tritt jedoch der sekundäre Charakter der Taufe von Acta[118] da zutage, wo die gewollte Gegenüberstellung «christliche Taufe» – «Johannestaufe» wirklich erreicht und durchgeführt wird (Acta 19,1ff.). In Ephesus trifft Paulus etliche Jünger, die den heiligen Geist nicht empfangen haben und die nicht einmal wissen, εἰ πνεῦμα ἅγιον ἔστιν [«daß es heiligen Geist gibt»]. Darauf ergibt sich nun eine unmögliche Gegenüberstellung. Paulus fragt sie: εἰς τί οὖν ἐβαπτίσθητε; [«worauf seid ihr denn eigentlich getauft worden?»]. Sie antworteten: εἰς τὸ Ἰωάννου βάπτισμα [«auf die Johannestaufe», V. 3]. Nun ist aber diese Frage widersinnig, ebenso wie die Antwort, denn man wurde überhaupt nicht auf «etwas», am allerwenigsten auf «die Taufe Johannis» getauft.[119] Diese unmögliche Wendung erklärt sich nur daraus, daß die vollständige Gegenüberstellung der «Johannestaufe» mit der «christlichen Taufe» in allen Punkten erreicht werden soll. Dazu aber gehört, daß die Johannestaufe wie die christliche [Taufe] «auf etwas» geschieht. Nun ist aber dieses «etwas» nicht aufzuzeigen. Im Hintergrund schwebt zwar die Vorstellung, daß die «Johannestaufe» eine Taufe auf Johannes sei, wie die «christliche» Taufe eine Taufe auf Jesum Christum ist, aber ausgesprochen kann diese Vorstellung nicht werden, weil die Geschichte absolut keinen Anhaltspunkt dafür gibt. Die Johannestaufe ist eben eine Taufe auf «nichts», und so bleibt jede Gegenüberstellung mit der Taufe auf Jesus Christus in der Halbheit stecken.

---

118 [R] Auch Paulus [hat] dann nicht richtig getauft.

119 [Der Abschnitt ist bis hier durch Randstrich hervorgehoben.]

Darin zeigt sich nur, daß diese Gegenüberstellung historisch unmöglich ist, weil sie in der Geschichte der Entstehung der «christlichen» Taufe nicht fundiert ist, sondern durch sie dementiert wird. Zwischen der von Johannes und von der ersten Gemeinde geübten Wassertaufe bestand eben kein Unterschied, sondern sie waren in ihrem Wesen absolut identisch. Eine Gegenüberstellung des Wesens beider Taufen ist also eine antihistorische Tat, denn die «christliche» Taufe ist nicht etwa mit dem Augenblick gegeben, wo man auf den Namen Jesu Christi tauft, sondern dies ist nur eine nähere Bestimmung zur geübten «Johannestaufe», die nur besagt, daß die reichsgläubige Gemeinschaft den erwarteten Messias als identisch mit der Persönlichkeit des Gekreuzigten und Auferstandenen ansieht. Die christliche Taufe, sofern sie sich der Johannestaufe entgegensetzt, hat sich aus der Taufe auf Jesum Christum erst entwickelt durch die oben gekennzeichnete Zusammenschiebung, wodurch das, was in der Johannestaufe ursprünglich als zukünftig gesetzt war, nun auf Grund der eschatologisch-mystischen Tatsache des Todes und der Auferstehung Jesu Christi (Paulus) oder der Konstatierung der ekstatisch-pneumatischen Zustände in der christlichen Gemeinde (Acta) als schon gegenwärtig wirkend gesetzt wird.[120] Von hier aus wird dann mit dem Zurücktreten der Eschatologie die unhistorische Gegenüberstellung der christlichen Taufe und[121] der Johannestaufe erreicht. Aus einem eschatologischen Sakrament wird die christliche Taufe durch die Zusammenschiebung ein gegenwärtiges. Der Taufakt selbst wird gegenwärtig reich und wirkungsvoll. Die Johannestaufe aber wird durch ebendasselbe Schwinden des Begriffs des eschatologischen Sakraments arm und nichtssagend. Man läßt außer Acht, was sie als zukünftig garantierte, man versteht es nicht mehr, sondern man beurteilt sie nur nach der gegenwärtigen Bedeutung des Akts. So kommt die Vorstellung [von] der Johannestaufe als der wirkungslosen Wassertaufe, die nur Bußakt ist, auf, während ihre positive Bedeutung in dem vom Täufer ausgesprochenen Hinweis auf die kommende christliche Taufe bestehen soll. Der Begriff der christlichen Taufe ist also in der Geschichte durch die Spoliation[122] der Johannestaufe erreicht worden. Durch das Zurücktreten der Eschatologie wurde die Johannestaufe wehrlos auf den Strand gesetzt. Sie war ein beraubtes Wrack, dessen reiche Ladung von einem andern, wie die geschichtliche Fahrt erwies, nicht ausschließlich auf den eschatologischen Tiefgang berechneten Fahrzeug mitgeführt wurde.[123]

So ist es erklärlich, daß, in dem Maße, als sich der Begriff der christlichen Taufe konsolidiert, die Johannestaufe desto bedeutungsloser wird.

---

120 [Ms.:] werden.
121 [Ms.:] mit.
122 [Beraubung.]
123 [Ms.:] würde.

Die Stationen dieser zunehmenden Bedeutungslosigkeit finden sich bei Mt., in Acta und bei Justin und Johannes. Wir haben schon oben [S. 86f.] auf die große Wandlung, die zwischen der Taufrede Mk. 1,7–8 und Mt. 3,11–12 liegt, hingewiesen. Nach Mk. hat die Taufe «*durch* Wasser» die Bedeutung, daß die Getauften daraufhin beim Erscheinen des Kommen-Sollenden den Geist empfangen werden, von ihm «in heiligem Geist getauft werden». Bei Mt. handelt es sich schon um die Gegenüberstellung einer Taufe *in* Wasser und einer Taufe *im* Geist. Zwischen beiden besteht kein Zusammenhang. Die Taufe in Wasser wird als Bußtaufe schlechthin charakterisiert.

Während aber hier die Theorie der Entwertung der Johannestaufe noch nicht so stark hervortritt, weil die historischen Worte des Mk. noch beibehalten sind, erscheint sie in voll ausgeprägter Schärfe [in] Acta 19,1ff. Johannes hat nur die Bußtaufe getauft und dabei das Volk auf *den* hingewiesen, der nach ihm kommen sollte, damit sie glaubten. Daß diese Bußtaufe auf die Zukunft dieses Kommen-Sollenden und auf die dabei statthabende Ausgießung des Geistes selbst bedeutungsvoll war, das liegt nicht mehr im Horizont des Schriftstellers und seiner Zeit. Johannes ist eben nur Bußtäufer und zugleich Prophet auf Jesum hin. Acta 19,4: Ἰωάννης ἐβάπτισεν βάπτισμα μετανοίας τῷ λαῷ λέγων εἰς τὸν ἐρχόμενον μετ᾽ αὐτὸν ἵνα πιστεύσωσιν, τοῦτ᾽ ἔστιν εἰς τὸν Ἰησοῦν [«Johannes hat zur Buße getauft und hat den Leuten gesagt, sie sollten an den glauben, der nach ihm kommen werde, das heißt an Jesus»].

Ganz bedeutungslos, und in dieser Bedeutungslosigkeit rätselhaft, ist dann die Johannestaufe bei Justin und Johannes, wo der klare Begriff der christlichen Taufe erreicht wird. Sie ist nicht einmal mehr Bußtaufe, sie hat absolut keine Bedeutung für die, an welchen sie vollzogen wird, sondern sie dient einzig und allein der Kenntlichmachung Jesu als des Logosträgers. Die Taufrede des Täufers nimmt folgende, sinnlose Form an, Joh. 1,24ff.: Ich taufe *in* Wasser, mitten unter euch steht, den ihr nicht kennt, der nach mir kommt, dem ich nicht wert bin, die Schuhriemen zu lösen. Daß diese Taufe Bußtaufe ist, wird nicht einmal erwähnt. Darum können auch die Pharisäer die Frage an ihn richten, warum er überhaupt tauft, wenn er weder Christus noch Elias, noch der Prophet ist. Später gibt er dann als den einzigen Grund seines Wassertaufens an, daß er dadurch nach göttlicher Weisung den Geistesträger aus der Masse herausfinden soll und auch wirklich herausgefunden hat! [Joh. 1,29–34]

Diese Entleerung der Johannestaufe, in welchem Maße sie sich auch bemerkbar macht, zeigt an, daß die Entgegensetzung einer Johannestaufe und einer christlichen Taufe absolut ungeschichtlich ist. Darum ist es auch unmöglich, wenn auch nur eine Spur dieser Entgegensetzung in der Problemstellung zurückbleibt, das Aufkommen der «christlichen» Taufe zu erklären. Die Geschichte gibt uns keine Erklärung an die Hand, wie die erste

Gemeinde dazu gekommen sein sollte, einen so bedeutungslosen Ritus mit einem neuen reichen Gehalt zu füllen. Es bleibt dann eben nichts übrig, als diese Neufüllung auf dem künstlichen Wege der Benutzung der Taufe Jesu zu versuchen. Hingegen gibt man die unhistorische Entgegensetzung auf, so werden sowohl die Problemstellung als auch die Lösung klar und einfach. Die «christliche» Taufe ist nur die durch die urchristlichen Tatsachen des Todes und der Auferstehung Jesu Christi und der ekstatischen Erscheinungen motivierte zusammengeschobene Form der Johannestaufe. Es handelt sich nicht um das Aufkommen der christlichen Taufe, sondern darum, wie sich aus der in der ersten Gemeinde geübten Johannestaufe auf den Namen Jesu Christi die «christliche» Taufe langsam entwickelt hat. Paulus ist durch seine eschatologische Mystik in Hinbewegung auf einen «christlichen» Taufbegriff. Es gilt nun, diese Bewegung weiter zu verfolgen.

XI. Der nachpaulinische Taufbegriff im Neuen Testament und in der altchristlichen Literatur bis zum Einsetzen der Logosspekulation

Die Taufbegriffe, die uns in den außerpaulinischen Episteln begegnen, sind in ihrer äußeren Formulierung sehr verschieden voneinander. Sie tragen nach unserem Empfinden etwas Unfertiges an sich und machen den Eindruck, unbeholfene Ausdrücke für den einfachen Satz zu sein: die Taufe ist die Wiedergeburt aus dem Wasser und aus dem Geist. Dieses Schwanken wird aber verständlich, so wie man sich bewußt wird, daß sie diesen einfachen Satz noch nicht voraussetzen, weil sie ihn noch nicht erreicht haben, sondern in Hinbewegung darauf begriffen sind. Zwei Grundgedanken sind diesen Formeln durchgängig gemeinsam. Zunächst wirkt bei allen noch der ursprüngliche eschatologische Charakter der Taufe nach. Er kommt darin zum Ausdruck, daß die Taufe ihrer realen Wirkung nach in größerem oder in geringerem Maße als erst in der Zukunft sich ganz vollendend gedacht wird. An zweiter Stelle macht sich dann die innerliche Beziehung der Taufe auf Jesu Tod und Auferstehung geltend, die Paulus zuerst hervorhob und wodurch er den Weg betrat, die Taufe auf Jesum Christum auch ihrem inneren Wesen nach christlich zu bestimmen. Je mehr aber die eschatologische Mystik, deren sich Paulus hierbei bediente, in der nachpaulinischen Literatur zurücktritt, *desto undurchsichtiger wird die festgehaltene Beziehung* zwischen der Taufe und Jesu Tod und Auferstehung. Der Gedanke bewegt sich durch die eigene Schwerkraft auf der eingeschlagenen Bahn weiter, ohne daß die Impulsivkraft, welche ihn in Bewegung setzte, noch erkennbar ist. So haftet allen diesen nachpaulinischen Taufbegriffen eine gewisse Dunkelheit und Unklarheit an. Zwei verschiedenartige Grundgedanken, der eine im Ursprung und Wesen des Sakraments, der andere in seiner Übung in der christlichen Gemeinde begründet, suchen sich zu vereinigen und zu durchdringen zu dem einheitlichen Begriff «Wiedergeburt», in welchem erst der christliche Taufbegriff klar erreicht ist.

Gehen wir nun diese nachpaulinischen Taufbegriffe der Reihe nach durch.

1) *Kol. 2,11ff.:* ἐν ᾧ καὶ περιετμήθητε περιτομῇ ἀχειροποιήτῳ ἐν τῇ ἀπεκδύσει τοῦ σώματος τῆς σαρκός, ἐν τῇ περιτομῇ τοῦ Χριστοῦ, *συνταφέντες αὐτῷ ἐν τῷ βαπτίσματι*, ἐν ᾧ καὶ συνηγέρθητε διὰ τῆς *πίστεως τῆς ἐνεργείας τοῦ θεοῦ* τοῦ ἐγείραντος αὐτὸν ἐκ νεκρῶν· καὶ ὑμᾶς νεκροὺς ὄντας τοῖς παραπτώμασιν καὶ τῇ ἀκροβυστίᾳ τῆς σαρκὸς ὑμῶν, συνεζωοποίησεν ὑμᾶς σὺν αὐτῷ, χαρισάμενος ἡμῖν πάντα τὰ παραπτώματα [«in ihm wurdet ihr auch beschnitten mit einer Beschneidung, die nicht mit Händen geschieht, durch das Ausziehen des Fleischesleibes, bei der Christus-Beschneidung. *Mit ihm wurdet ihr begraben in der Taufe;* in ihm wurdet ihr auch mitauferweckt *durch den Glauben an die Kraft Gottes,* der ihn aus den Toten erweckte. Auch euch, die ihr in euren Sünden und in der Unbeschnittenheit eures Fleisches tot waret, euch hat er mit ihm zusammen lebendig gemacht, da er uns alle Übertretungen vergab»].

Klar ist zunächst, daß in dieser Stelle die große paulinische Ausführung Röm. 6,1 ff. nachwirkt. In der Taufe ist man mit Jesu Christo begraben und auferstanden, so daß nun die alten Gesetze und Zeremonien an dem Getauften ihr Recht verloren haben. Sieht man jedoch näher zu, so wird man gewahr, daß diese Verbindung zwischen Taufe einerseits, Tod und Auferstehung Jesu Christi andererseits hier schon als ein von sich aus feststehender Satz betrachtet wird. Die Art, inwiefern die Taufe ein mit Jesu Christo Begraben- und Auferstandensein bedeutet, wird nicht mehr angegeben. Die eschatologische Mystik, auf welcher sich diese Vorstellung bei Paulus erhob, ist verblaßt, und nur die Verbindung an sich ist geblieben. Zugleich werden nun Hilfslinien sichtbar, deren der paulinische Gedanke nicht bedurfte. Bei Paulus war die Taufe mystisch-real eine Auferstehung mit Jesu Christo, weil man durch die Taufe in seinen großen Auferstehungsleib eingegliedert wird. In Kol. hat die Vorstellung vom σῶμα Χριστοῦ [Leib Christi] die eschatologische Färbung schon soweit verloren, daß das Mitauferstehen durch einen besonderen Gedanken gestützt wird: man ist mit Christus auferweckt durch den Glauben an die Kraft Gottes, der ihn von den Toten auferweckt hat. Aber die Verschiebung des Gedankens geht noch weiter. Für Paulus war der Taufakt die proleptische Vorwegnahme des Sterbens und des Auferstehens für den Täufling. Nach der Taufe ist man tot. Der Kolosserbrief verbindet nun damit die ganz anders geartete Vorstellung eines Totseins, *das der Taufe vorhergeht.* Er redet (Kol. 2,13) von dem Totsein in den Übertretungen etc., das nun durch den Taufzustand aufgehoben wird. Dieser Gedanke hat aber mit der paulinischen

Vorstellung, daß die Taufe ein Sterben und Begrabensein mit Jesus Christus ist, nichts zu tun. Einmal handelt es sich um das Totsein als Zustand vor der Taufe, das andere Mal um Sterben und Begrabenwerden als Akt in der Taufe. Deshalb wird in Kol. der neue Zustand als Leben motiviert durch die Vergebung der παραπτώματα (συνεζωοποίησεν ὑμᾶς σὺν αὐτῷ, χαρισάμενος ἡμῖν πάντα τὰ παραπτώματα [Übers. siehe o.], V. 13), und von dieser Reflexion über die Neubelebung in der Taufe kommt man dann zu einer Wertung der Kreuzestatsache als Auslöschung einer Schuldschrift (V. 14), die mit der paulinischen Verbindung zwischen der Taufe und dem Tod Jesu Christi gar nichts mehr gemein hat.[124] Die von Paulus proklamierte Verbindung ist also aufrechterhalten, aber die *Durchführung* derselben ist verschieden. Sie ist unmotiviert, da nun ganz andere Vorstellungen über die Bedeutung von Kreuzestod und Auferstehung mit der Taufe verbunden werden.

Wie weit der paulinische Gedanke verallgemeinert ist, ersieht [man] aus dem Bild, das der Kolosserbrief demselben aufpfropft.[125] Nach Paulus ist die Taufe ein Anziehen Jesu Christi, hier ist sie eine *neue Beschneidung*. Die Taufe ist die Beschneidung Christi, d. h. eine nicht von Händen gemachte Beschneidung, welche in dem Ablegen des Fleischesleibes besteht (Kol. 2,11).

So ist man in Christo beschnitten, sofern man mit ihm begraben ist. Eine solche Vermengung von zwei verschiedenartigen Vorstellungen ist eben nur dadurch möglich, daß der paulinische Gedanke Gemeingut geworden ist, wobei es nur mehr auf die Behauptung, nicht mehr auf die Art der Behauptung ankommt.

Gerade diese Gegenüberstellung von Taufe und Beschneidung[126] zeigt, wie weit die Verchristlichung der Taufe schon vorangeschritten ist. Paulus kennt nur die Taufe auf Moses im Meer und unter der Wolke als Vorbilder auf die von der Gemeinde geübte Taufe, weil es sich beidemal um die Gewißheit einer in Aussicht gestellten Seligkeit handelt. In Kol. ist aber der Gedanke des «christlichen» Sakraments schon so mächtig, daß die Taufe als die vollendete Beschneidung erscheint. Damit ist auch gegeben, daß die Taufe auf die Gegenwart wirkt. Bei Paulus begann das neue Leben nur uneigentlich schon in der Taufe; hier aber wird es als voll gegenwärtig gedacht, sofern das συνζωοποιοῦν [zusammen lebendig machen mit] eben in der Sündenvergebung gefunden wird. In einem Umstand wirkt aber der eschatologische Grundton noch nach: darin nämlich, daß die Taufe *mit Tod und Auferstehung* zusammen in

---

124 [R] Bei Paulus [hat die] Taufe nichts mit Sündenvergebung [zu tun,] sondern mit Absterben.

125 [R] Die wilde Ehe und die Vernunftehe der Gedanken.

126 [R] Paulus [hat] nie Taufe und Beschneidung gegeneinander in Alte – Neue [gestellt,] sondern in [der] Taufe ist die Beschneidung aufgehoben.

Beziehung gesetzt wird und daß das Mitauferstehen in V. 12 durch den Glauben an die Kraft Gottes, der Jesum von den Toten auferweckt hat, motiviert wird. So zeigt sich, daß der Begriff des neuen Lebens in der Taufe aus dem Begriff der Auferstehung geflossen ist.

2) *Eph. 4,4–5:* ἓν σῶμα καὶ ἓν πνεῦμα, καθὼς καὶ ἐκλήθητε ἐν μιᾷ ἐλπίδι τῆς κλήσεως ὑμῶν· εἷς κύριος, μία πίστις, *ἓν βάπτισμα* etc. [«ein Leib und ein Geist, wie ihr auch in einer Hoffnung eurer Berufung berufen wurdet. Ein Herr, ein Glaube, *eine Taufe*»].

Eph. 5,25ff.: Οἱ ἄνδρες, ἀγαπᾶτε τὰς γυναῖκας, καθὼς καὶ ὁ Χριστὸς ἠγάπησεν τὴν ἐκκλησίαν καὶ ἑαυτὸν παρέδωκεν ὑπὲρ αὐτῆς, ἵνα αὐτὴν ἁγιάσῃ καθαρίσας *τῷ λουτρῷ τοῦ ὕδατος ἐν ῥήματι*, ἵνα παραστήσῃ αὐτὸς ἑαυτῷ ἔνδοξον τὴν ἐκκλησίαν, etc. [«ihr Männer, liebt eure Frauen, wie auch Christus die Kirche geliebt und sich für sie dahingegeben hat, daß er sie heilige, da er sie *durch das Wasserbad im Wort* gereinigt hat, daß er sich die Kirche herrlich bereite» etc.].

Hier ist die ursprüngliche paulinische Beziehung der Taufe auf den Tod und die Auferstehung Jesu schon viel mehr verwischt als in Kol., denn hier finden wir zum ersten Mal die Taufe *mit dem Tod Jesu allein und nicht zugleich mit seiner Auferstehung verbunden*! Das heißt aber nichts anderes, als daß die Verbindung vollständig rätselhaft ist. Es handelt sich auch gar nicht mehr um den Tod Jesu als Sterben und Begrabenwerden, *als Tatsache in der christlichen Eschatologie*, sondern um den Tod Jesu *als Dahingabe* für die Seinen. So ist zwar die Verbindung des Todes mit der Taufe aufrechterhalten, aber durch das Fehlen der Auferstehung vollständig unkenntlich und unverständlich gemacht. Die von Paulus aufgestellte Behauptung wird verstümmelt und in einen andern Gedankengang eingereiht. Durch den Tod hat Jesus die Taufe zu dem wunderkräftigen Wasserbad gemacht, in welchem die Kirche geheiligt und gereinigt wird. Es handelt sich um eine einfache Behauptung. Inwiefern durch diese Todesdahingabe dieses Wasserbad eine solche reinigende und heiligende Wirkung erhält, könnte der Schriftsteller selbst nicht ausführen. Er weiß nur, daß die in der christlichen Gemeinde geübte Taufe mit dem Tod Jesu zusammenhängt und führt diesen Gedanken in dem allgemeinen Begriff der Heiligung und Reinigung durch. Dieser Gedanke berührt sich sehr nahe mit dem ignatianischen Satz, daß Jesus durch sein Leiden das Wasser, mit dem er bei der Taufe in Berührung trat, für alle Zeiten geheiligt habe.[127] Eph. 5,26 ist eine Verbindung jenes ignatianischen Satzes, der die populäre Vorstellung des 2. Jahrhunderts wiedergibt.

So ist in der isolierten Beziehung des Todes Jesu auf die Taufe der eschatologisch-mystische Gedanke Pauli, von welchem die Hinbewe-

---

127 [Siehe Anm. 23 (S. 53).]

gung auf den christlichen Taufbegriff ausging, vollständig verwischt. Und dennoch wirkt in dieser Epheserstelle der ursprüngliche eschatologische Grundcharakter der in der christlichen Gemeinde geübten Taufe nach. Die heiligende Wirkung der Taufe geht auf die Darstellung der Kirche als Ganzes, welche Darstellung als zukünftig auf den Tag der Vollendung des σῶμα Χριστοῦ [Leib Christi] gedacht ist. Auf denselben Gedanken weist die Zusammenstellung, in welcher die Taufe [in] Eph. 4,4–5 erscheint. Sie wird erwähnt im Gefolge «des einen Leibes und des einen Geistes», in dem diejenigen zusammengefügt sind, welche in *einer Hoffnung der Berufung* berufen sind. Die Taufe wird also in Gedankengängen erwähnt, wo es sich um die in der Zukunft ausstehende Endvollendung der Kirche handelt. Wie sehr die Endvollendung des Ganzen wie des Einzelnen futurisch gedacht ist, ersieht man aus zwei Stellen, die unbedingt zur Behandlung der Taufe in Eph. herangezogen werden müssen. Es handelt sich um die Versiegelung durch den Geist auf den Tag der Erlösung. Die Christen sind *προηλπικότες* ἐν τῷ Χριστῷ [«die schon früher auf Christus gehofft haben»]. In ihm sind sie als Gläubige versiegelt τῷ πνεύματι τῆς ἐπαγγελίας τῷ ἁγίῳ, ὅς ἐστιν ἀρραβὼν τῆς κληρονομίας ἡμῶν, εἰς ἀπολύτρωσιν τῆς περιποιήσεως, εἰς ἔπαινον τῆς δόξης αὐτοῦ [«mit dem Heiligen Geist der Verheißung, der das Angeld unseres Erbes ist bis zur Erlösung, die uns (das Erbe) gewinnen läßt, zum Preise seiner Herrlichkeit» (Eph. 1,12[-14])]. Die zweite Stelle von der Versiegelung auf die Zukunft findet sich Eph. 4,30: «Betrübet nicht den heiligen Geist Gottes, in welchem ihr versiegelt wurdet auf den Tag der Erlösung.» Inwiefern diese Versiegelung auf die Zukunft mit der Heiligung durch das Wasserbad zusammenhängt, ob sie nicht einfach der positive Ausdruck für den Taufakt ist, wozu der Aorist Eph. 4,30 (ἐσφραγίσθητε) Anhaltspunkte böte, ist hier nicht auszumachen. Eines aber ist sicher: der Begriff der «Wiedergeburt» als solcher ist in Eph. noch nicht erreicht, sondern er ist zukünftig bedingt gedacht als eine Versiegelung auf einen eintretenden Vollendungszustand. Also ist auch die Taufe nicht «die Wiedergeburt», sondern nur die Versiegelung und Heiligung auf den zukünftigen Zustand, wie auch die Kirche durch das auf Jesu Tod sich gründende Wasserbad auf die zukünftige Darstellung in der Herrlichkeit geheiligt wird. In dieser Betrachtungsweise wirkt also der ursprüngliche eschatologische Charakter des Sakraments nach.

Große Schwierigkeit bereitet der Ausdruck: τῷ λουτρῷ τοῦ ὕδατος ἐν ῥήματι [«durch das Wasserbad im Wort» (Eph. 5,26)]. Was bedeutet das «ἐν ῥήματι»? Es ist undenkbar, daß damit irgendwie die Wirkungsweise der Taufe erklärt werden sollte, als ob sie nicht als Handlung, sondern irgendwie durch das Wort wirkte. An eine derartige Unterscheidung hat damals überhaupt niemand gedacht, denn nirgends findet sich eine Andeutung, daß man darüber spekuliert habe, auf welchem Wege denn die

Taufe wirke. Überdies wäre ἐν ῥήματι der unmöglichste Ausdruck, um anzugeben, wodurch denn die Taufe wirkt. Die Worte τῷ λουτρῷ τοῦ ὕδατος ἐν ῥήματι bilden einen Begriff und sollen einen die «christliche» Taufe kennzeichnenden Ausdruck abgeben. Das Wasserbad soll näher bestimmt werden. Nun ist aber der Ausdruck Wasserbad auf den Namen Jesu Christi, der sachlich gemeint ist, sprachlich unmöglich in dem Zusammenhang, weil ja von Christus in dem Satze die Rede ist. Man kann vom Standpunkt des Schriftstellers aus nicht sagen: «Christus hat sich selbst für die Kirche dahingegeben, daß er sie heilige, indem er sie reinigte durch das Wasserbad auf den Namen Jesu Christi.» Diese nähere Bestimmung, wodurch das Wasserbad als «christliches» Sakrament bezeichnet wird, wird offen gelassen; so kommt der Ausdruck «Wasserbad im Wort» zustande. Es ist ein Verlegenheitsausdruck für den in Bildung befindlichen Begriff der christlichen Taufe, welcher noch nicht erreicht ist. Ἐν ῥήματι will also besagen, daß es sich um das Wasserbad handelt, welches auf den Namen Jesu Christi vollzogen wird, sofern dasselbe erst die reinigende und heiligende Kraft seines Todes wirksam macht.

3) *Titus 3,5–7:* οὐκ ἐξ ἔργων τῶν ἐν δικαιοσύνῃ ἃ ἐποιήσαμεν ἡμεῖς, ἀλλὰ κατὰ τὸ αὐτοῦ ἔλεος ἔσωσεν ἡμᾶς διὰ *λουτροῦ παλιγγενεσίας καὶ ἀνακαινώσεως πνεύματος ἁγίου,*[128] οὗ ἐξέχεεν ἐφ᾽ ἡμᾶς πλουσίως διὰ Ἰησοῦ Χριστοῦ τοῦ σωτῆρος ἡμῶν, ἵνα δικαιωθέντες τῇ ἐκείνου χάριτι κληρονόμοι γενηθῶμεν κατ᾽ ἐλπίδα ζωῆς αἰωνίου [« . . . nicht weil wir Werke vollbracht hätten, die uns gerecht machen können, sondern aufgrund seines Erbarmens rettete er uns durch das Bad der Wiedergeburt und der Erneuerung im Heiligen Geist. Ihn hat er in reichem Maß über uns ausgegossen durch Jesus Christus, unsern Retter, damit wir durch seine Gnade gerecht gemacht werden und das ewige Leben erben, das wir erhoffen»].

Hier ist die Entwicklung noch um eine Stufe weiter. Man fängt an, das Gerüst abzutragen; der Bau wird in seinen Hauptlinien sichtbar, denn der Begriff der christlichen Taufe als der *Wiedergeburt*, auf dem dann die ganze spätere Entwicklung bei Justin und Johannes fußt, ist hier zum ersten Mal deutlich im Ausdruck erreicht. Die Taufe ist das λουτρὸν παλιγγενεσίας [Bad der Wiedergeburt]; das ist die letzte Station, bevor man bei dem Begriff ἀναγέννησις[129] [Wiedergeburt] ankommt. Durch dieses eine Wort «Wiedergeburt» ist [man] mit einem Schlage in eine neue Welt versetzt. Die alten eschatologischen Gedanken, die sich an die Taufe knüpften, sind durch diesen Ausdruck tatsächlich überwunden. Nun ist die Taufe keine *«Auferstehung»* mehr, wie sie es bei Paulus war, sondern eine *«Wiedergeburt»*. In der Gegenüberstellung dieser beiden Ausdrücke liegt eigentlich die ganze Geschichte der

---

128 [R] [Ausrufezeichen.]
129 [Ms.:] ἀγαγέννησις[?]

altchristlichen Taufe enthalten. Schon schwebt der Gedanke «Wiedergeburt aus Wasser und Geist» im Hintergrund, denn das Wasserbad der Wiedergeburt und die Erneuerung des hl. Geistes, d. h. die Erneuerung, welche von dem heiligen Geist gewirkt wird, sind eng miteinander verbunden und charakterisieren zusammen den Prozeß. Auch in dem Ausdruck «Erneuerung des hl. Geistes» zeigt sich der große Fortschritt. Bei Paulus sind die Getauften mit dem heiligen Geist getränkt, sofern sie alle in einem Geiste zu einem Leib zusammengetauft sind (I Kor. 12,13), nämlich dem großen Auferstehungsleib Christi, dessen Lebensgeist nun in ihnen als den Gliedern schon jetzt wirksam ist. Der Geist wirkt also in dem Getauften nicht von sich aus, individuell, sondern vom Auferstandenen aus, generell und kollektivistisch. Hingegen beruht die Wirkung des Geistes nach dem Begriff ἀνακαίνωσις πνεύματος ἁγίου [«Erneuerung durch den Heiligen Geist»] gar nicht mehr auf der Auferstehung Christi und der mystischen Gemeinschaft mit ihm, sondern *die Verbindung des Geistes mit der Taufhandlung ist direkt und selbständig.* Aber seit wann und wieso wirkt denn der neue Geist im Wasserbad? Sofern Gott ihn auf uns ausgegossen hat reichlich durch Jesum Christum, unsern Heiland. Es handelt sich um eine Tatsache. Man könnte zunächst an die Taufe Jesu denken und die damit verbundene Geistesempfängnis in dem Sinne, wie Irenäus später die christliche Taufe aus der damaligen Sättigung des Wassers mit Geist erklärt. Das ist aber für diese Stelle undenkbar; denn einmal ist die Taufe Jesu nicht erwähnt, und dann wäre dies nicht ein Ausgießen des Geistes durch Jesum Christum. Gemeint ist die Erlösungstat Jesu Christi überhaupt. Sofern er unser Erlöser ist, hat Gott durch ihn seinen Geist auf uns ausgegossen, daß er nun in der Taufe Erneuerung wirkt. Diese nähere Bestimmung durch den Relativsatz will also besagen, daß die «christliche» Taufe, in welcher der Geist wirkt, auf Jesu Erlösertätigkeit zurückgeht. So wird man in der Taufe durch seine Gnade gerechtfertigt. Aber in der Beschreibung dieser Rechtfertigung wirkt nun wieder der eschatologisch-futurische Charakter des Sakraments nach. Diese Wiedergeburt und Erneuerung des heiligen Geistes[130] ist eine Rechtfertigung, sofern die Getauften dadurch Erben des ewigen Lebens, κατ' ἐλπίδα [«gemäß der Hoffnung»], als eines zukünftigen Gutes, werden. Hier, in diesem κατ' ἐλπίδα, kehrt der Begriff der Taufe als «Auferstehung», der durch den Begriff der Taufe als παλιγγενεσία [Wiedergeburt] verdrängt worden war, wieder. Das κατ' ἐλπίδα ewige Leben ist eben die «Auferstehung» in der Taufe in paulinischem Sinn. Durch die Taufe erbt man etwas auf Hoffnung hin: das hängt noch mit dem alteschatologischen Begriff des Sakraments zusammen.

130 [R] [Nicht deutlich, zu welchem Satz gehörend:] seit dem Pfingstereignis.

Das Alte und das Neue stehen also in diesem Taufbegriff des Titusbriefes merkwürdig nebeneinander. Neu ist die vorangestellte Synthese, in der der Begriff der Taufe als Wiedergeburt erreicht wird. Aber in den beiden näheren Bestimmungssätzen treten dann die Thesen, aus welchen diese Synthese gewonnen ist, hervor, und diese beruhen auf alten Gedanken, daß nämlich die erlösende Dahingabe Jesu auf die Taufe eingewirkt habe (Erstarrung der bei Paulus vollzogenen Verbindung) und daß die Taufe eine Versicherung κατ' ἐλπίδα auf das ewige Leben sei (Erstarrung des ursprünglich eschatologischen Grundcharakters des Sakraments). Es ist also, wie wir zu Anfang gesagt [haben]: Im Titusbrief sehen wir den Bau im Augenblick, wo man sich anschickt, das Gerüst abzubrechen.

4) *Hebr. 6,2–8:* βαπτισμῶν[131] διδαχῆς, ἐπιθέσεώς τε χειρῶν, ἀναστάσεώς τε νεκρῶν καὶ κρίματος αἰωνίου. καὶ τοῦτο ποιήσομεν, ἐάνπερ ἐπιτρέπῃ ὁ θεός. Ἀδύνατον γὰρ τοὺς ἅπαξ φωτισθέντας γευσαμένους τε τῆς δωρεᾶς τῆς ἐπουρανίου καὶ μετόχους γενηθέντας πνεύματος ἁγίου καὶ καλὸν γευσαμένους θεοῦ ῥῆμα δυνάμεις τε μέλλοντος αἰῶνος, καὶ παραπεσόντας, πάλιν ἀνακαινίζειν εἰς μετάνοιαν, ἀνασταυροῦντας ἑαυτοῖς τὸν υἱὸν τοῦ θεοῦ καὶ παραδειγματίζοντας. γῆ γὰρ ἡ πιοῦσα τὸν ἐπ' αὐτῆς ἐρχόμενον πολλάκις ὑετὸν καὶ τίκτουσα βοτάνην εὔθετον ἐκείνοις δι' οὓς καὶ γεωργεῖται, μεταλαμβάνει εὐλογίας ἀπὸ τοῦ θεοῦ· ἐκφέρουσα δὲ ἀκάνθας καὶ τριβόλους ἀδόκιμος καὶ κατάρας ἐγγύς, ἧς τὸ τέλος εἰς καῦσιν [«... über die Taufen, die Handauflegung, die Auferstehung der Toten und das ewige Gericht; das wollen wir dann tun, wenn Gott es will. Denn es ist unmöglich, Menschen, die einmal erleuchtet worden sind, die von der himmlischen Gabe genossen und Anteil am Heiligen Geist empfangen haben, die das gute Wort Gottes und die Kräfte der zukünftigen Welt gekostet haben, dann aber abgefallen sind, erneut zur Umkehr zu bringen; denn sie schlagen jetzt den Sohn Gottes noch einmal ans Kreuz und machen ihn zum Gespött. Wenn ein Boden den häufig herabströmenden Regen trinkt und denen, für die er bebaut wird, nützliche Gewächse hervorbringt, empfängt er Segen von Gott; trägt er aber Dornen und Disteln, so ist er nutzlos und vom Fluch bedroht; sein Ende ist die Vernichtung durch Feuer»].

Hier steht der alteschatologische Charakter der Taufe im Vordergrund. Buße, Taufe, Handauflegung, Totenauferstehung und ewiges Gericht: das sind die Fundamentallehren des Christentums. Schon diese Zusammenstellung ist charakteristisch. Was die Handauflegung bedeutet und inwiefern sie sich berührt mit der in Acta erwähnten Handauflegung, ist nicht auszumachen. Des Näheren wird die Taufe beschrieben

---

131 [R] [Ausrufezeichen.]

als ein *Kosten* der himmlischen Gabe. Man ist Teilnehmer des heiligen Geistes geworden, und man hat das gute Gotteswort und die Kräfte *des kommenden Äon* gekostet. Also auch hier ist das κατ' ἐλπίδα klar ausgedrückt. Die Taufe ist ein Bußakt, bei dem man die Kräfte des kommenden Äon kostet und in dem heiligen Geist dieser Zukunft vergewissert wird. Darin besteht die Erneuerung in der Taufe. Von hier aus wird gegen eine zweite Buße argumentiert, denn diese bedeutet ja einen Fortschritt nach rückwärts, ein wieder von vorne Anfangen, als wäre diese Erneuerung zur Buße, wie sie sich in der Taufe vollzieht, etwas, das man wiederholen könnte, wenn man sie durch den späteren Fall unwirksam gemacht hat. Diejenigen, die durch eine zweite Buße die Taufgnade wieder zu erlangen denken, halten sich nicht vor, daß dies bedeutete, «sich selbst den Sohn Gottes wieder kreuzigen und ihn zum Gespött machen». Wie kommt plötzlich in die Ausführung über die Taufe und die zweite Buße zur Wiedererlangung der Taufgnade die Rede von dem Wiederkreuzigen des Sohnes Gottes? Man versteht diesen Zusammenhang nicht, wenn man sich nicht vergegenwärtigt, daß die Wirkung der christlichen Taufe auf dem[132] Tod Jesu beruht. Die Taufe also durch die zweite Buße als unwirksam erklären und durch die zweite Buße wieder in die Taufgnade zurückkehren zu wollen, verlangte nun auch eine zweite Inanspruchnahme der Kreuzigung Jesu Christi und der heiligenden Wirkung, die sie in der Taufe geheimnisvoll ausübt.[133] Das hieße also, ihn wieder kreuzigen, und zwar für sich selbst und ihn zum Gespött machen. Hier wird also, wie in den vorher behandelten Stellen, ein Zusammenhang der Taufe und ihrer Wirkung mit dem Tod Jesu vorausgesetzt, und gerade von diesem Zuammenhang aus wird gegen die zweite Buße argumentiert. Die zweite Buße steht nicht mit dem Tod Jesu Christi in wirkungskräftiger Verbindung, wie die erste Buße in der Taufe, und kann also die Gnade nicht wiederbringen, die man durch den Fall nach der Taufe verloren hat, es sei denn, daß man eine neue besondere Kreuzigung, die auf die zweite Buße wirkt, statuierte. Das geht aber nicht an.[134] Darum die positive Ausführung, daß es mit der Taufe ist wie mit dem Regen, den die Erde trinkt. Sie wird durch ihn fruchtbar gemacht auf die Zeit der Ernte. Bringt sie daraufhin gute Frucht, so erntet sie Segen, bringt sie aber schlechte, so erntet sie Fluch. In diesem Bild wirkt die ursprüngliche Beziehung der Taufe auf das kommende Gericht nach. So stark macht sich der Gerichtsgedanke geltend, daß der Verfasser dazu kommt, von einem Verbrennen der Erde zu reden. Wir

132 [Ms.:] den. [Erste, im übrigen gestrichene Fassung des Satzes:] durch den Tod Jesu zu Stand kommt.

133 [Dieser und der vorangehende Satz durch Randstrich hervorgehoben.]

134 Im *Pastor Hermae* wird die zweite Buße als möglich verkündet, *aber ausdrücklich auf eine neue Offenbarung zurückgeführt* [5. Vision, 4. Gebot, Abschnitt 3].

haben hier in späterer Ausführung das Wort des Täufers (Mt. 3,8): so bringet denn würdige Frucht der Buße.

Trotzdem nun aber die alte eschatologische Vorstellung so bedeutend nachwirkt, tritt in der Verwendung von Analogien die spätere Zeit zutage, sofern die Taufe hier als eine Erleuchtung bezeichnet wird (τοὺς ἅπαξ φωτισθέντας [»die einmal Erleuchteten»]). Man nähert sich der griechischen Mysteriensprache.

5) *I Petr. 3,18–22:* ὅτι καὶ Χριστὸς ἅπαξ περὶ ἁμαρτιῶν ἀπέθανεν, δίκαιος ὑπὲρ ἀδίκων, ἵνα ὑμᾶς προσαγάγῃ τῷ θεῷ, θανατωθεὶς μὲν σαρκὶ ζῳοποιηθεὶς δὲ πνεύματι· ἐν ᾧ καὶ τοῖς ἐν φυλακῇ πνεύμασιν πορευθεὶς ἐκήρυξεν, ἀπειθήσασίν ποτε ὅτε ἀπεξεδέχετο ἡ τοῦ θεοῦ μακροθυμία ἐν ἡμέραις Νῶε κατασκευαζομένης κιβωτοῦ, εἰς ἣν ὀλίγοι, τοῦτ᾽ ἔστιν ὀκτὼ ψυχαί, διεσώθησαν δι᾽ ὕδατος. *ὃ καὶ ὑμᾶς ἀντίτυπον νῦν σῴζει βάπτισμα,* οὐ σαρκὸς ἀπόθεσις ῥύπου *ἀλλὰ συνειδήσεως ἀγαθῆς ἐπερώτημα*[135] *εἰς θεόν,* δι᾽ ἀναστάσεως Ἰησοῦ Χριστοῦ, ὅς ἐστιν ἐν δεξιᾷ θεοῦ, πορευθεὶς εἰς οὐρανόν, ὑποταγέντων αὐτῷ ἀγγέλων καὶ ἐξουσιῶν καὶ δυνάμεων [«Denn auch Christus ist der Sünden wegen ein einziges Mal gestorben, er, der Gerechte, für die Ungerechten, um euch zu Gott hinzuführen; dem Fleisch nach wurde er getötet, dem Geist nach lebendig gemacht. So ist er hingegangen und hat den Geistern im Gefängnis gepredigt, die einst ungehorsam waren, als die Langmut Gottes wartete in den Tagen Noahs, als die Arche gebaut wurde, in der wenige – nämlich acht Seelen – durchs Wasser hindurch gerettet wurden. *Dieses Wasser rettet im Gegenbild jetzt auch euch, nämlich die Taufe,* die nicht ein Abtun des Schmutzes vom Fleisch ist, *sondern eine an Gott gerichtete Bitte um ein gutes Gewissen,* durch die Auferstehung Jesu Christi, der in den Himmel gegangen ist; dort ist er zur Rechten Gottes, und Engel, Gewalten und Mächte sind ihm unterworfen»].

Diese Ausführung berührt sich sehr nahe mit den populären und untheologischen Erörterungen über die Taufe bei Hermas und im justinischen Dialog. Mit Hermas hat sie die *Sorge* um die Seligkeit der vorchristlichen Abgeschiedenen gemein, mit Justin teilt sie die Benutzung der Errettung aus der Sündflut für die Erläuterung des Wesens der Taufe. In dem Begriff der *«Errettung»* ist schon gegeben, daß wir es mit der alten Vorstellung von der Taufe zu tun haben. Des Näheren wird die Taufe beschrieben als ein Bußakt mit Vergewisserung des Heils. Sie ist nicht eine bloße Waschung, sondern die wirkungskräftige Bitte eines durch die Buße guten Gewissens.[136] Die Rettung, welche die Taufe verleiht, wird also als *Bitte* zum Ausdruck gebracht.[137] So ist die Taufe

---

135 [R] [Zu den von A. S. hervorgehobenen Stellen: Ausrufezeichen.]

136 [Übliche Übersetzung: Bitte um ein gutes Gewissen.]

137 [R] Beispiel für die Kommentarwirtschaft: für ἐνηρώτημα [? ἐπερώτημα?] [wird] nie

selbst, da sie sich erst in der Zukunft ihrem positiven Charakter nach vollendet, eine Bitte an Gott (ἐπερώτημα εἰς θεόν). In diesem Wort kommt ihr ursprünglich eschatologischer Charakter zur Geltung, wie in dem κατ' ἐλπίδα, dem wir oben begegneten. Daß sie als ein ἐπερώτημα hingestellt wird, beeinträchtigt ihre reale übernatürliche Wirkung in keiner Weise, denn diese «Bitte», wenn sie auch auf die Zukunft geht, ist schon gegenwärtig wirkungsvoll durch die Beziehung, in welcher die Taufe mit dem Leiden und mit der Auferstehung Jesu Christi steht. In der Tatsache, daß die Auferstehung Jesu Christi mit der Taufe in Zusammenhang gebracht wird, zeigt sich, daß diese Ausführung noch nicht so weit von dem paulinischen Gedanken entfernt ist als die in Eph., Tit. und Hebr., wo nur mehr das Faktum des Todes als solches benutzt wird. Aber was nun die Durchführung der Verbindung angeht, sind wir auch hier weit von der eschatologischen Mystik entfernt. Die Taufe steht nicht mit dem großen Auferstehungsleib Christi in Verbindung, sondern sie wirkt dadurch, daß das ἐπερώτημα durch die Auferstehung Jesu Christi und durch seine Herrlichkeit und Macht gewährleistet wird. Die Ausdeutung des vorausgesetzten Faktums des Zusammenhangs zwischen der Taufe und [der] Auferstehung Jesu Christi ist also eine ganz andere, viel äußerlichere. Eine solche Errettung zu schaffen und zu gewährleisten, das war also die Bedeutung des Todes und der Auferstehung Jesu. Er starb für unsere Sünden, damit er, tot durch das Fleisch, lebendig aber durch den Geist, uns zu Gott führte. Auch hier ist die Ausdeutung ganz anders als bei Paulus. Wo Paulus vom Tode Jesu im Zusammenhang mit der Taufe redet, kommt der Tod nicht als juridischer Akt, sondern nur als *Sterben und Begrabensein* in Betracht. Hier aber steht der Gedanke im Hintergrund, daß Jesus Christus durch seinen Tod und [seine] Auferstehung eine neue wunderbare Errettung durch das Wasser geschaffen hat, daß diejenigen, die sich derselben anvertrauen, wie jene acht in der Arche, zum neuen Dasein hingebracht werden. Diesen Antityp der großen Flut, den er selbst geschaffen, verkündet nun Christus den Geistern in der Unterwelt, die einst ungehorsam waren, da die Langmut Gottes zuwartete zur Zeit der Verfertigung der Arche. Justin führt dann die Erklärung der Taufe durch die Errettung aus der Sündflut weiter dahin aus, daß die hölzerne Arche das durch Wasser sich als rettend erweisende Kreuzesholz, die Zahl acht den Auferstehungstag versinnbildlicht, und daß Jesus der Anfänger eines neuen Geschlechts wird, wie Noah.

---

auf die andern Taufstellen zurückgegriffen, um den allgemeinen Begriff, aus denen [dem] diese Anschauung hervorgegangen, festzustellen.

6) Zusammenfassung

In der ersten Gemeinde wurde die Taufe Johannis als eschatologisches Sakrament auf den Namen Jesu Christi vollzogen, um dadurch zum Ausdruck zu bringen, daß man sich zu ihm als dem erwarteten Messias bekannte. Paulus machte aus dieser *äußerlichen* Verbindung eine *innerliche* und *bahnte so die tatsächliche Verchristlichung der Taufe an.*[138] Mit Hilfe der eschatologischen Mystik ließ er den Tod und die Auferstehung Jesu Christi in dem Sakrament wirksam sein. So stand die Taufe nun im Zusammenhang mit dem Zentralereignis des Christentums. Diesen Zusammenhang hat sie nie mehr verloren. Er findet sich in den Taufbegriffen der nachpaulinischen Epistel. Auch durch das Zurücktreten der eschatologischen Mystik ist es unmöglich geworden, das Wesen der Taufe aus jenem historischen Ereignis zu erklären. Vollends, wenn man die Taufe mit dem Tod Jesu allein in Verbindung bringt, ist ein Gedankenzusammenschluß unmöglich. So suchen diese nachpaulinischen Taufbegriffe den vorausgesetzten Zusammenhang durch die verschiedenartigsten Gedanken über die Bedeutung des Todes Jesu herzustellen. Aber nie vermögen sie klar zu machen, wieso das Wesen der Taufe durch diese Verbindung begründet wird. Es sind eben sekundäre Versuche, eine von Paulus her feststehende Tatsache theologisch zu erklären. Darum bieten diese Taufbegriffe lauter exegetische Rätsel.[139]

Dazu kommt, daß mit dem Zurücktreten der Eschatologie das Wesen der Taufe selbst sich unter der Hand verändert. Zwar wirkt der eschatologische Grundcharakter auch in diesen theologischen Versuchen immer noch soweit nach, daß die Vollendung des Zustandes, welcher durch die Taufe beschaffen wird, als erst in der Zukunft erfolgend gedacht wird. War die Taufe bei Paulus eine Vorwegnahme des Todes und der Auferstehung, so ist sie jetzt ein Mitlebendigwerden mit Christo durch den Glauben an die Auferweckungskraft Gottes (Kol.), eine heiligende Reinigung der Kirche zu ihrer Darstellung in Herrlichkeit und eine Versiegelung durch den Geist auf den Tag der Erlösung (Eph.), ein Kosten der Kräfte des ἀιὼν μέλλων (Hebr.), eine durch die Auferstehung Christi wirkungskräftige Bitte des in der Buße gereinigten Herzens und eine Errettung durch Wasser in Gemäßheit der Errettung Noahs (1. Petr.), eine Rettung durch das Bad der Wiedergeburt und der Erneuerung des heiligen Geistes (Tit.). Man bewegt sich also auf den verschiedensten Wegen von dem Begriff der Auferstehung zu dem der Wiedergeburt hin. Aber wie die Taufe durch Jesu Tod das wirkungsvoll heiligende und errettende Wasserbad geworden, das vermag man nicht einleuchtend zu erklären.

---

138 [R] [Ausrufezeichen.]

139 [R] Das neue [Neue] nicht mehr auf Grund des Hereinziehens der Eschatologie in die Gegenwart.

Soweit hatten die paulinischen Impulse geführt. *Die Taufe, welche als eschatologisches Sakrament unabhängig von dem Christentum und vor demselben bestanden hatte, welche als solches von der ersten Gemeinde übernommen worden war – soll nun ihrer Wirkung nach auf Jesu Tod gegründet werden.* Über diesen Punkt aber führen die erhaltenen Impulse nicht hinaus. So steht es gegen die Mitte des 2. Jahrhunderts zu. Eine Theologie über die Taufe gibt es nicht. Man begnügt sich mit Behauptungen. Hermas definiert die Taufe als die Errettung. ἡ ζωὴ ὑμῶν διὰ ὕδατος ἐσώθη καὶ σωθήσεται (Vis. III,3).[140] Die Taufe ist die Versiegelung des Sohnes Gottes (σφραγὶς τοῦ υἱοῦ τοῦ θεοῦ (Simil. IX,16[,3]).[141] Auch ist sie die Sündenvergebung: ὅτε εἰς ὕδωρ κατέβημεν καὶ ἐλάβομεν ἄφεσιν ἁμαρτιῶν ἡμῶν τῶν προτέρων (Mand. IV,3[,1]).[142] Wieso aber die Taufe diese Wirkung hat und inwiefern sie dieselbe durch Jesu Tod erhalten hat, das zu erklären fühlt Hermas keine Verpflichtung. Ihn interessiert die Taufnotwendigkeit für die Auserwählten unter den Gestorbenen und die Möglichkeit der zweiten Buße.

Praktische Fragen stehen auch für den 2. Clemensbrief (6,9; 7,6; 8,6) im Vordergrund. Die Taufe vermittelt reale Gnade, aber es gilt, sie heilig und unbefleckt zu bewahren,[143] sonst tritt das Verderben ein.

Vollends in Erstaunen setzt uns die geistlose Erörterung über die Taufe im justinischen *Dialog [mit Trypho]* (Kap. 138). Das Ganze dreht sich um die Wirkung des Kreuzesholzes auf das Wasser der Taufe. Dabei wird der Zusammenhang nicht sachlich erörtert, sondern in den verschiedensten Typologien durchgeführt. Die ganze Erörterung kulminiert in dem Satz: δι' ὕδατος, καὶ πίστεως, καὶ ξύλου οἱ προπαρασκευαζόμενοι, καὶ μετανοοῦντες ἐφ' οἷς ἥμαρτον, ἐκφεύξονται τὴν μέλλουσαν ἐπέρχεσθαι τοῦ Θεοῦ κρίσιν.[144]

Wie weit man von einer theologischen Erklärung der «christlichen»

---

140 [Gebhardt/Harnack, S. 36. – E. Hennecke, S. 338: «euer Leben durch Wasser gerettet ward und gerettet werden wird».]

141 [A. a. O., S. 230, Hennecke, S. 377.]

142 [A. a. O., S. 82, Hennecke, S. 346: «da wir ins Wasser hinabstiegen und Vergebung der [früheren] Sünden empfingen».]

143 [R] ἄσπιλον τηρεῖν τὸ βάπτισμα [II Clem. 6,9: ἡμεῖς, ἐὰν μὴ τηρήσωμεν τὸ βάπτισμα ἁγνὸν καὶ ἀμίαντον ... (*Schriften des Urchristentums*, hg. v. Klaus Wengst, Darmstadt 1984, S. 246, Übers. S. 247). 8,6: τηρήσατε τὴν σάρκα ἁγνὴν καὶ τὴν σφραγῖδα ἄσπιλον ... (ebd. S. 248f. Siehe dort auch Anm. 56, S. 272). – Übers. bei Hennecke, S. 591 u. 592: «wenn wir nicht die Taufe rein und unbefleckt bewahren» ... «Bewahret das Fleisch rein und das Siegel unbefleckt» ...]

144 [Vgl. das Zitat des ganzen Kap. oben S. 73f. Übers.: Siehe S. 74f., letzter Satz.] Aus diesem Satz wird klar, wie die Taufe für das populäre Bewußtsein ihren eschatologischen Charakter bewahrt hatte. Die Taufe ist eine Errettung auf das zukünftige Gericht hin!

[R] [Zum ganzen letzten Abschnitt:] Alle [haben] gar nichts ausgeführt. [Vgl. den letzten Satz des nächsten Abschnitts.]

Taufe aus der Bedeutung des Todes Jesu entfernt war, ersieht man aus dem klassischen Satz des Ignatius (*Ad Eph.* XVIII,2): ἐβαπτίσθη (scil. Jesus), ἵνα τῷ πάθει τὸ ὕδωρ καθαρίσῃ [«er wurde getauft, auf daß er durch das Leiden das Wasser reinige»]. In einem Gedanken sind hier die Taufe Jesu, sein Leiden und die christliche Taufe in Zusammenhang gebracht. Aber wieso Jesus durch sein Leiden das Wasser, mit dem er bei seiner Taufe in Berührung trat, geheiligt hat, daß es in der christlichen Taufe wirksam ist, das erfährt man nicht.

Geht man von dieser hier konstatierten absoluten Unfähigkeit aus, das Wesen der «christlichen» Taufe durch den Tod Jesu zu erklären, so sieht man, daß der paulinische Impuls nicht bis zur vollen begrifflichen Verchristlichung der Taufe reicht. Zwar ist das übernommene Sakrament durch ihn auf eine neue Bahn gebracht worden, aber die Folgezeit ist unvermögend, diese Verbindung der Taufe mit Jesu Tod zu vertiefen und theologisch durchzuführen, weil eben die Voraussetzungen andere werden. Im Gegenteil, man kommt zuletzt bei einer ganz äußerlichen Verbindung an. Nun aber, im Augenblick, wo diese Bewegung ihre Impulskraft eingebüßt hat, wo die Verchristlichung der Taufe auf halbem Wege stehen bleibt, setzt, gegen die Mitte des 2. Jahrhunderts, eine zweite Bewegung ein und führt die Verchristlichung des Sakraments in der großartigsten Weise vollständig durch. *Dies geschieht durch die Logosspekulation.* Wie durch die eschatologische Mystik Pauli, so wird nun wieder *durch die rationalistische Mystik der Logosspekulation die Taufe in den großen Zusammenhang mit der Christologie und Soteriologie gebracht.* Dadurch wird sie ihrem Wesen nach theologisch begriffen, und was das Neue ist – ihrer *christlichen* Entstehung nach historisch erklärt. So führt die Logosspekulation zu Ende, was die eschatologische Mystik begonnen. Erst von jetzt ab ist die Taufe als «christliches» Sakrament durch ihre Entstehung gerechtfertigt.

XII. Die Ansätze der Logosspekulation über die Taufe bei Justin

Die justinischen Ausführungen über die Taufe zeigen eine merkwürdige Doppelheit. In Dial. [Kap.] 138[145] wird die Taufe in populärem Sinn behandelt. Dabei kommt der Tod Jesu für die Erklärung des Wesens der Taufe vor allem in Betracht. Die Taufe wird zur rettenden Flut durch das Kreuzesholz, wie die acht Seelen zur Zeit der großen Flut, durch die Arche, errettet wurden. Durch diese Errettung wird Christus der Anfang eines neuen Geschlechts, wie auch von Noah sich ein neues Menschengeschlecht herleitet. Mit diesem Gedanken der Taufe als Errettung zum neuen Dasein findet sich nun der andere verbunden, in dem die

---

145 [Siehe oben S. 73 f.]

Taufe als Wiedergeburt (ἀναγέννησις) in Betracht kommt. Dieser Gedanke wurzelt aber gar nicht in der Analogie der Taufe mit der großen Flut, denn dort handelt es sich um Gründung eines neuen Geschlechts durch *Errettung*, nicht durch *Wiedergeburt*. Hier sind also zwei ganz verschiedene Gedanken ineinander geschoben. Diese Doppelheit erscheint nur in dieser Ausführung des Dialogs, weil Justin sich hier an die populäre Typologie anlehnt, welche die Taufe mit der Sündflut in Analogie setzt. In den übrigen Stellen aber, sowohl im Dialog wie in der Apologie, führt er nicht den Gedanken der Errettung, sondern den der Wiedergeburt aus. Dabei – und das ist das Charakteristische – verwendet er aber nirgends den Gedanken des Todes Jesu, sondern wir haben eine Ausführung über die Taufe, welche allein von dem Wirken des Geistes im Wasser ausgeht.[146]

Justin führt also den Begriff der ἀναγέννησις aus, welcher noch einen Fortschritt über den der παλιγγενησία hinaus darstellt, welcher schon im Titusbrief erreicht war. Mit einem Schlag befinden wir uns ganz in der Terminologie des 4. Evangeliums. Die Taufe ist τὸ ὕδωρ τῆς ζωῆς (Dial. Kap. 14).[147] Sie wird genannt τὸ βάπτισμα τὸ τῆς ζωῆς (Dial. [Kap.] 19).[148] Im Anschluß an diesen Ausdruck ist von einer πηγῆ ζῶσα[149] die Rede, welche die Juden und Heiden verlassen haben, wie es Jes. 2,13 geweissagt ist. Verglichen mit der Taufe sind alle andern religiösen Waschungen unwirklich: Τίς ἐκείνου τοῦ βαπτίσματος χρεία ἁγίῳ πνεύματι βεβαπτισμένῳ; (Dial. Kap. 29).[150] *In allen diesen Stellen handelt es sich um die Erreichung des positiven christlichen Taufbegriffs im Gegensatz zu der jüdischen Beschneidung und den heidnischen Waschungen.* Im Gegensatz zu diesen ist die Taufe lebensvermittelnd und geschieht nicht nur durch Wasser, sondern durch den heiligen Geist. Die vollständige Ausführung der Taufe als ἀναγέννησις findet sich in der [I.] Apologie Kap. 61–65. Hier wird der Taufakt *in Analogie mit dem Zeugungsakt* entwickelt. Diese Analogie ist gefordert und allein berechtigt, sobald einmal der neue Begriff der «Wiedergeburt» für die Taufe erreicht ist. Die Stelle lautet folgendermaßen:

Ἐπειδὴ τὴν πρώτην (71) γένεσιν ἡμῶν ἀγνοοῦντες, κατ᾽ ἀνάγκην γεγενήμεθα ἐξ ὑγρᾶς σπορᾶς κατὰ μίξιν τὴν τῶν γονέων πρὸς ἀλλήλους, καὶ ἐν ἔθεσι φαύλοις καὶ πονηραῖς ἀναστροφαῖς γεγόναμεν,

---

146 [R] Der Gedanke des Todes Jesu liegt also in der Theorie von der Logosspekulation nicht; nicht verschwunden[?,] sondern «aufgehoben».

147 [Migne, PG 6, 504. (Das «Wasser des Lebens»).]

148 [Migne, a.a.O., 516. (Die «Taufe des Lebens». BKV, Bd. 33, Kempten u. München 1917, S. 28: die «Waschung, die das Leben gibt»).]

149 [«Lebendige Quelle».]

150 [Migne a.a.O., 537. BKV, Bd. 33, S. 42: «Welchen Nutzen habe ich von eurer Waschung, da ich durch den heiligen Geist gewaschen bin?» (Welches ist der Wert jener Waschung für einen durch den heiligen Geist Getauften?)]

ὅπως ὅπως μὴ ἀνάγκης τέκνα μηδὲ ἀγνοίας μένωμεν, ἀλλὰ προαιρέσεως καὶ ἐπιστήμης, ἀφέσεώς τε ἁμαρτιῶν ὑπὲρ ὧν προημάρτομεν τύχωμεν ἐν τῷ ὕδατι, ἐπονομάζεται τῷ ἑλομένῳ ἀναγεννηθῆναι, καὶ μετανοήσαντι ἐπὶ τοῖς ἡμαρτημένοις, τὸ τοῦ πατρὸς τῶν ὅλων καὶ δεσπότου θεοῦ ὄνομα· αὐτὸ τοῦτο μόνον ἐπιλέγοντες (72), τοῦτον λουσόμενον ἄγοντες ἐπὶ τὸ λουτρόν. Ὄνομα γὰρ τῷ ἀρρήτῳ θεῷ οὐδεὶς ἔχει εἰπεῖν· εἰ δέ τις τολμήσειεν εἶναι λέγειν, μέμηνε τήν ἄσωτον μανίαν. Καλεῖται δὲ τοῦτο τὸ λουτρὸν φωτισμὸς, ὡς φωτιζομένων τὴν διάνοιαν τῶν ταῦτα μανθανόντων. Καὶ ἐπ' ὀνόματος δὲ Ἰησοῦ Χριστοῦ τοῦ σταυρωθέντος ἐπὶ Ποντίου Πιλάτου, καὶ ἐπ' ὀνόματος πνεύματος ἁγίου, ὃ διὰ τῶν προφητῶν προεκήρυξε τὰ κατὰ τὸν Ἰησοῦν πάντα, ὁ φωτιζόμενος λούεται.[151]

«Da wir bei unserer ersten Entstehung ohne unser Wissen nach Naturzwang aus feuchtem Samen infolge gegenseitiger Begattung unserer Eltern gezeugt wurden und in schlechten Sitten und üblen Grundsätzen aufgewachsen sind, so wird, damit wir nicht Kinder der Notwendigkeit und der Unwissenheit bleiben, sondern Kinder der freien Wahl und der Einsicht, auch der Vergebung unserer früheren Sünden teilhaftig werden, im Wasser über dem, der nach der Wiedergeburt Verlangen trägt und seine Vergehen bereut hat, der Name Gottes, des Allvaters und Herrn, ausgesprochen, wobei der, welcher den Täufling zum Bade führt, nur eben diese Bezeichnung gebraucht. Denn einen Namen für den unnennbaren Gott vermag niemand anzugeben, und sollte jemand behaupten wollen, es gebe einen solchen, so wäre er mit unheilbarem Wahnsinn behaftet. Es heißt aber dieses Bad Erleuchtung, weil diejenigen, die das an sich erfahren, im Geiste erleuchtet werden. Aber auch im Namen Jesu Christi, des unter Pontius Pilatus Gekreuzigten, und im Namen des Heiligen Geistes, der durch die Propheten alles auf Jesus Bezügliche vorherverkündigt hat, wird der, welcher die Erleuchtung empfängt, abgewaschen.»

Die Taufe ist also der Neuzeugungsakt: darauf geht diese ganze Darstellung aus. Wie die irdische Zeugung aus der Samenfeuchtigkeit geschieht, so gehört auch das Wasser als Feuchtigkeit zur Neuzeugung. Dieselbe ist gedacht als ein Akt Gottes. Sie kommt zustande dadurch, *daß über dem im Wasser Stehenden die Vaterschaft Gottes angerufen wird. Das ist das erste Mal in der ganzen alten Literatur, daß das Wesen der Taufe aus dem äußeren Vorgang begreiflich gemacht wird.*[152] Dabei wird der Darstellung Gewalt angetan. Statt einfach zu sagen, daß bei der Taufe die trinitari-

---

151 [Migne, a.a.O., 421f. Schweitzers Text enthält jedoch (in der Mitte des Zitats) folg. Varianten:] αὐτὸ τοῦτο μόνον ἐπιλέγοντος τοῦ τὸν λουσόμενον ἄγοντος ἐπὶ τὸ λουτρόν. [Im nächsten Satz bei Migne: εἰ δή ...]

[BKV, Bd. 12, Kempten u. München 1913, S. 75f. (bis Schluß von Kap. 61).]

152 [Beide Sätze am Rand durch Doppelstrich hervorgehoben.]

sche Formel über dem Täufling ausgesprochen wird, reißt Justin in seiner Deutung des Vorgangs die Formel so auseinander, als ob das Aussprechen des Namens des Allvater-Gottes etwas Selbständiges, für sich Bedeutungsvolles wäre, wobei dann nachher auch noch der Name Jesu Christi und der heilige Geist genannt würden. Darum trennt er das erste Glied in so auffälliger Weise von den beiden andern und hebt den Vaternamen so bedeutungsvoll hervor. Die Taufe soll eben als der Akt der Neuzeugung unter Anrufung und Inanspruchnahme der Vaterschaft Gottes dargestellt werden. Sie wird also hier nicht als Taufe auf den Namen Jesu Christi, *sondern als Taufe auf den Namen des Allvaters erklärt*! Darin besteht die große Wandlung, welche in der Konsequenz des Begriffs der Neuzeugung liegt. Darum ist hier von keiner bedeutungsvollen Geltendmachung des Todes Jesu für die Taufe die Rede.

Nicht minder auffällig ist der Fortgang der Ausführung (Kap. 62–65). Es folgt nämlich eine Polemik gegen die Nachäffung der Taufe bei den Dämonen. Die christliche Taufe ist beim Propheten Jes. 1,16ff. geweissagt. Das haben die Dämonen mißverstanden und auf ihre schlechte Art in Szene gesetzt in ihren Besprengungen. Ihr Beginnen hier ist eben so sinnlos wie der Gebrauch, die Schuhe vor dem Betreten des Heiligtums auszuziehen in Nachahmung der Tatsache, daß Moses geboten wurde, vor dem brennenden Dornbusch seine Schuhe auszuziehen [Ex. 3,5]. Nun folgt ein Exkurs, der zunächst ganz unbegreiflich ist. Es wird (Kap. 63) dargetan, daß es sich in der Stimme aus dem Dornbusch um eine Manifestation des Logos handelte, nicht um eine Erscheinung des Allvaters. Der Logos sei es, der in den Theophanien bald in körperlicher, bald in unkörperlicher Weise erscheine. Was soll dieser Exkurs in der Ausführung über die Taufe? Zunächst soll er dartun, warum das Ausziehen der Sandalen vor dem Dornbusch richtig war und warum das Ausziehen der Schuhe vor den Heiligtümern der Götter eine wesenlose Nachäffung ist. In dem Dornbusch manifestierte sich der Logos. Darum ist das Ausziehen der Schuhe dort *sinnvoll*, vor den Heiligtümern der Götter aber *sinnlos*, weil sie mit dem Logos nichts zu tun haben. Das Ursprüngliche und Wirkliche ist also da, wo das Wirken des Logos zu finden ist. Nun war das Ausziehen der Schuhe nur eine Parallele, durch welche gezeigt werden sollte, daß die Dämonen auch sinnlos handelten in ihrer Nachäffung der geweissagten Taufe. Äußerlich betrachtet sind Taufe und Dämonenwaschungen auch gleich. Was macht aber, daß die eine das Wirkliche, die andere die sinnlose Nachäffung ist? Die Manifestation des Logos! Das ist der Schluß, den das herangezogene Beispiel nahelegen soll und durch den allein die scheinbar auseinanderstrebenden Sätze einen Zusammenhang gewinnen.

In demselben Gedanken bewegt sich das die Ausführung beschließende Beispiel [in] Kap. 64. Der Brauch, das Bild der Demetertochter Persephone an den Wasserquellen aufzustellen, beruht auch auf dem

Unverstand der Dämonen. Da Persephone eine Zeustochter sein soll, so bedeutet dieser Brauch nichts weiter als eine Nachbildung des Wortes Mosis, daß der Geist Gottes, der Logos, sein Erstgeborener, über den Wassern schwebte. Auch die Sage von der Athene als der aus des Zeus Gedanken entsprungenen Göttin geht auf die mißverstandene Vorstellung zurück, daß Gott die Welt durch den Vernunftgeist, der über den Wassern schwebte, erschaffen hat. Dieses Beispiel berührt sich sehr nahe mit der Taufe, denn es handelt sich um das Schweben des Logos über den Wassern bei dem Schöpfungsakt. Nun kommt aber die Taufe gerade nach der Darstellung Justins auch auf einen Schöpfungsakt Gottes über dem Wasser hinaus, da ja der Name Gottes als des Allvaters über dem im Wasser Stehenden angerufen wird, damit die Wiedergeburt sich vollziehe. Bedenkt man nun, daß die Schöpferkraft des Allvaters von jeher in dem Logos, als dem Erstgeborenen, wirksam ist und daß dieser Logos in dem letzten Beispiel als zeugendes Prinzip über den Wassern schwebt, so ergibt sich als die im Hintergrunde schwebende Vorstellung, daß auch in der Taufe der Logos als zeugendes Prinzip über dem Wasser schwebt und so durch ihn die Wiedergeburt erfolgt. Die Taufe ist das Wirkliche, weil der Logos in ihr sich zeugend betätigt infolge der angerufenen Vaterschaft Gottes. Alles andere ist nur wesenlose Dämonennachahmung, weil der Logos darin nicht wirksam ist.[153]

Aber diesen im Hintergrund schwebenden Gedanken hat Justin nicht klar ausgeführt, sondern nur in undeutlichen und unsicheren Strichen angedeutet. Kap. 61–65 der I. Apologie gehören wohl zu den schwierigsten Partien in der alten Literatur, weil überall ein Gedanke in Umrissen vorschwebt und doch niemals greifbar wird. Man bemerkt, daß diese Ausführungen auf dem Begriff der Taufe als der Wiedergeburt aus Wasser und Geist beruhen, aber dieser Begriff ist nicht klar erreicht. Man wird inne, daß hier die zwei positiven Gedanken der Taufe, die Geistbegabung und die Erneuerung des Daseins, ineinander übergehen und in organische Verbindung treten, aber proklamiert wird diese Verbindung nicht. Das neue Bild der Taufe, wie es sich aus der Logosspekulation ergibt, ist im Werden, aber es tritt noch nicht klar hervor. Der begrifflich klare Gedanke *kann* bei Justin noch nicht erreicht sein, *denn er hat die Logosspekulation noch nicht bis in ihre letzte Konsequenz als Geschichtstheorie durchgeführt.* Es fehlt ihr die Abrundung, durch die sie wieder in sich selbst zurückkehrt. Nicht ausgeführt ist nämlich, wie die Wirksamkeit der Sakramente, sofern sich der Logos in ihnen betätigt, *mit der historischen Erscheinung des Logos in der Gestalt Jesu zusammenhängt.*[154] Über den christlichen Ursprung der Taufe, sofern sie auf Jesum Christum zurückgeht, ist das richtige Wort noch nicht gefunden. Das geht aus der Weise

153 [Die beiden letzten Sätze sind durch Randstriche hervorgehoben.]
154 [Ms.:] zusammenhängen.

hervor, wie die drei Sätze über die Herleitung der Handlung in Kap. 61 unverbunden nebeneinander stehen: 1) Geweissagt ist die Taufe bei Jesaja. 2) Die Notwendigkeit der Wiedergeburt ist in einem Herrenwort ausgesprochen: καὶ γὰρ ὁ Χριστὸς εἶπεν: Ἂν μὴ ἀναγεννηθῆτε, οὐ μὴ εἰσέλθητε εἰς τὴν βασιλείαν τῶν οὐρανῶν,[155] wobei, da nicht an ein Zurückkehren in den Mutterleib gedacht werden kann, der Herr mit diesem Wort etwas Bestimmtes im Auge gehabt haben muß.[156] 3) Die Begründung des Taufbrauches stammt von den Aposteln: καὶ λόγον δὲ τοῦτο παρὰ τῶν ἀποστόλων ἐμάθομεν τοῦτον.[157] Aber diese drei Sätze sind nicht verbunden. Es ist nicht gesagt, warum die geweissagte christliche Taufe erst nach Jesu Tod in Kraft tritt. Ebensowenig ist ausgesprochen, inwiefern der Herr mit dem Wort von der Wiedergeburt auf die Taufe hingewiesen hat. Endlich ist nicht gesagt, inwiefern die Apostel in der Aufnahme des Taufbrauchs bestimmten Weisungen ihres Herrn folgen.

Es laufen also hier drei Fäden nebeneinander, die noch nicht zusammengesponnen sind, weil die Logosspekulation geschichtstheoretisch noch nicht zu Ende durchgeführt ist. Hingegen in der genialen geschichtlichen Ausführung der Logostheorie, wie sie im 4. Evangelium vorliegt, sind die Fäden zusammengesponnen. Dort ist, durch die geschichtliche Spekulation, die christliche Taufe als im Alten Testament geweissagt mit der geschichtlichen Erscheinung Jesu als des Logosträgers in ursächlichen Zusammenhang gebracht und aus den Ausführungen Jesu selbst begründet. Hat also Justin in der ganz uneschatologischen Vorstellung der ἀναγέννησις [Wiedergeburt] den reinen, von der vorchristlichen Vergangenheit losgelösten Begriff der christlichen Taufe erreicht, so legitimiert das 4. Evangelium diesen Begriff durch eine ausgeführte Geschichtstheorie des Logos. Es führt für die christliche Taufe das durch, was auf dem Standpunkt der nachpaulinisch-populären Verchristlichung der Taufe die Annahme eines Taufbefehls des Auferstandenen und die Gegenüberstellung der Wassergeistestaufe und der Johannes-Wassertaufe in Acta leisten sollten.

---

155 [Migne, a.a.O., 420. – BKV, Bd. 12, S. 75: «Christus sagte nämlich: ‹Wenn ihr nicht wiedergeboren werdet, werdet ihr in das Himmelreich nicht eingehen.›» (Der Übersetzer verweist auf Joh. 3,3; es sei dies die einzige Stelle, die Justin dem Johannesevangelium entnommen habe.)]

156 Unter diesen Umständen mag die Frage, ob das Zitat dieses Herrenworts die Kenntnis des 4. Evangeliums für Justin voraussetzt, auf sich beruhen. Justin stellt eine unentwickeltere Form der christlichen Logosspekulation dar als das 4. Evangelium, ob er es nun gekannt oder nicht gekannt hat oder ob beide literarisch voneinander ganz unabhängig sind, was das Wahrscheinlichste ist. Man muß hier genau zwischen der entwicklungsgeschichtlichen und der literarischen Frage scheiden. Es sind zwei Stämme auf derselben Wurzel, von denen der eine höher emporragt als der andere.

157 [Migne, a.a.O., 421. – BKV, Bd. 12, S. 75: «Und hierfür haben wir von den Aposteln folgende Begründung überkommen.» (Folgt das große Zitat oben S. 115f.)]

XIII. Die Logosspekulation über die Taufe im 4. Evangelium

Überblicken wir zunächst die Stellen, wo im 4. Ev. die Taufe irgendwie berührt wird. Dabei müssen auch diejenigen Stellen herangezogen werden, die abseits vom Gedanken an die Taufe zu liegen scheinen, denn die alte Literatur zeigt, in welch entfernten Analogien die Taufe dargestellt wird. Sie ist nicht nur ein Bad, sondern ebensogut ein Tränken. Zudem wendet Justin in Dial. [Kap.] 14 den einfachen Ausdruck ὕδωϱ τῆς ζωῆς [Wasser des Lebens] auf die Taufe an. Man kann also den Kreis der johanneischen Stellen, in welchen die Taufe berührt wird, nicht weit genug ziehen, um sicher zu sein, alle Anspielungen über die Taufe zusammenzuhaben, denn der Schriftsteller und seine Zeit fanden solche Anspielungen in Ausdrücken, wo nach unserem Empfinden die Taufe gar nicht berührt wird.

Joh. 1,25 ff. Die Taufe in Wasser, wobei der Täufer auf den hinweist, der βαπτίζων ἐν πνεύματι ἁγίῳ [«taufend mit heiligem Geist»] ist.

Joh. 2,1–12 Bei der Hochzeit zu Kana wirkt Jesu Wunderkraft auf das Wasser in den jüdischen Reinigungsgefäßen und verwandelt es in Wein.

Joh. 3,1 ff. Das Gespräch mit Nikodemus von der ἄνωθεν γέννησις [«Geburt von oben»], welche geschieht ἐξ ὕδατος καὶ πνεύματος [«aus Wasser und Geist»]. Über das Wesen des πνεῦμα.

Joh. 3,28–4,3 Die Jünger Jesu üben die Taufe und machen dem Täufer Konkurrenz. Jesus selbst aber tauft nicht.

Joh. 4,5 ff. Gespräch mit der Samariterin. Jesus redet vom ὕδωϱ τῆς ζωῆς [«Wasser des Lebens»], das er geben wird. Gott ist πνεῦμα.

Joh. 7,37 ff. Jesus ruft: ἐάν τις διψᾷ, ἐϱχέσθω πϱός με καὶ πινέτω. ὁ πιστεύων εἰς ἐμέ, καθὼς εἶπεν ἡ γϱαφή, ποταμοὶ ἐκ τῆς κοιλίας αὐτοῦ ῥεύσουσιν ὕδατος ζῶντος. τοῦτο δὲ εἶπεν πεϱὶ τοῦ πνεύματος οὗ ἔμελλον λαμβάνειν οἱ πιστεύσαντες εἰς αὐτόν· οὔπω γὰϱ ἦν πνεῦμα, ὅτι Ἰησοῦς οὐδέπω ἐδοξάσθη [«Wer Durst hat, komme zu mir, und es trinke, wer an mich glaubt. Wie die Schrift sagt: Aus seinem Inneren werden Ströme von lebendigem Wasser fließen. Damit meinte er den Geist, den alle empfangen sollten, die an ihn glauben; denn der Geist war noch nicht gegeben, weil Jesus noch nicht verherrlicht war»].

Joh. 13,4 ff. Die Fußwaschung.

Joh. 19,33 ff. Das ὕδωϱ καὶ αἷμα [«Wasser und Blut»], das aus der Wunde auf Golgatha wunderbar fließt. Die daran angeschlossene Beteuerung des Verfassers zeigt, daß es sich dabei für ihn um etwas in tiefstem Sinne Bedeutungsvolles handelt.

I. Joh. 5,6ff. Ἰησοῦς Χριστὸς, der kommend ist δι᾽ ὕδατος καὶ αἵματος [«durch Wasser und Blut»].

Diese scheinbar unzusammenhängenden Stellen werden sogleich durch einen höheren Gedankengang innerlich untereinander verbunden, wenn man die Anwendung der Logostheorie auf die Erklärung des Lebens Jesu und auf die Deutung der Sakramente konsequent durchdenkt. Der Fundamentalsatz lautet: *Die christlichen Sakramente, sofern der Logos darin wirkt, existieren erst nach Christi Tod, Auferstehung und Auffahrt und auf Grund derselben.*[158] Denn solange der Logos in dem υἱὸς τοῦ ἀνθρώπου σάρξ [«dem Menschensohn Fleisch»] angenommen hat, gibt es keine andere Wirkungsform des πνεῦμα [Geistes]. Zu Lebzeiten Jesu gibt es also keine wirkliche Taufe und kein wirkliches Abendmahl, sondern nur Vorbilder und Hinweise. Taufe und Abendmahl entstehen erst durch Jesu Tod und Scheiden von der Welt.

Das ist der innere zwingende Grund, warum der 4. Evangelist die historische Abendmahlsfeier nicht berichtet. Er kann es nicht, denn nach der Logostheorie über die Sakramente war dieses letzte Mahl kein wirkliches Abendmahl, da ja der Geist noch nicht in den Elementen wirken konnte, solange er in der Erscheinung Jesu «verkörpert» war. Das letzte Mahl Jesu als «Abendmahl» aufzufassen, ist vom Standpunkt des 4. Evangelisten eine historische Unmöglichkeit.

Nicht anders steht es mit der Taufe. Vor Jesu Ableben gibt es keine Taufe, denn es gibt kein πνεῦμα [Geist]. Solange der υἱὸς τοῦ ἀνθρώπου [Menschensohn] als Logosträger auf Erden ist, fließt das πνεῦμα wie in einem tiefliegenden Strombett, von welchem aus keine Bewässerung möglich ist. Erst nach seinem Tode wird das πνεῦμα in lebensspendenden Kanälen über das Land verbreitet.[159] Vorher aber gibt es nur wesenlose Wassertaufe. Diese Reflexion wird bis ins Detail durchgeführt. Die Johannestaufe ist für die, an welchen sie vollzogen wird, wie schon früher gezeigt wurde,[160] gänzlich bedeutungslos. Auf jüdischem Boden verweilend, «übt» auch Jesus die Taufe (3,22).[161] Wie aber das zu verstehen sei, zeigt 4,2: Seine Jünger taufen, er selbst persönlich tauft nicht. Das wäre ein schweres Mißverständnis. Denn da er der Logosträger ist, würde der Geist wirken, wenn er taufte. Nun ist dies aber unmöglich, da die «christliche» wirksame Taufe erst von seinem Weggang von der Erde datieren kann. Also konnte er nicht taufen. Der

---

158 [Am Rand durch Doppelstrich hervorgehoben.]
159 [Am Rand durch Doppelstrich hervorgehoben.]
160 [Siehe oben S. 100.]
161 [Ms. (irrtümlich):] 3,24.

Ritus, den seine Jünger vollziehen, ist um nichts höher als die Johannestaufe. Auch ihre Tauftätigkeit fällt unter den Begriff des jüdischen καθαρισμός [Reinigung] (3,25). Denn mit dem Streit zwischen den Johannesjüngern und «dem Juden» über den καθαρισμός ist nichts anderes gemeint als die Taufkonkurrenz, welche die Johannesjünger dann vor den Täufer bringen. Damals war also kein Unterschied zwischen der Taufe der Jesus- und [der] der Johannesjünger.

Gibt es nun zu Lebzeiten Jesu weder «Taufe» noch «Abendmahl», so kann das Aufkommen der Feier auch nicht durch einen *Befehl* Jesu erklärt werden. Die Annahme eines Taufbefehls ist für die Logosgeschichtstheorie ebenso unhistorisch als die Erklärung des Abendmahls aus dem Wiederholungsbefehl. Jesus kann ja den Jüngern nicht etwas auftragen oder zu wiederholen gebieten, das sie überhaupt nicht kennen und nicht kennen können, das noch nicht wirklich ist und es nicht sein kann. Das wäre eine unhistorische Vorstellung. Nicht um einen Befehl, sondern nur um eine *hinweisende geheimnisvolle Belehrung und Vorbereitung auf die christlichen Sakramente, die sie nach Jesu Tod erleben werden, handelt es sich.* Jesus weist sie auf den Augenblick hin, wo christliche Sakramente sein werden. Er flicht diese geheimnisvollen Wendungen in seine Reden ein, und in seinem Tun versinnbildlicht er, was kommen soll. Wohl können sie die Tragweite seiner Worte jetzt noch nicht verstehen und sollen es nicht. Aber es kommt die Zeit, wo, unter dem Eindruck neuer Erlebnisse, die Samenkörner, die er in ihr Herz gesenkt hat, aufgehen werden. Dann werden sie ihn ganz verstehen.

An die Stelle der *naiven Sakramentseinsetzung*[162] ist also notwendigerweise *die geheimnisvolle Sakramentsbelehrung auf die Zukunft* getreten, bei der jeder Umstand einen bedeutungsvollen Hinweis und fast jedes Wort eine zukünftig aufsprießende Erkenntnis birgt. Aber die Lösung kann Jesus mit klaren Worten noch nicht geben. *Darum werden die Gespräche bis zum Punkte getrieben, wo sie ganz unverständlich werden.* Dann, wenn das auffällige Wort gefallen und der «Anstoß» im höheren Sinn gegeben [ist], bricht der Faden ab, denn der Zweck ist erreicht: die Hörer sind aufmerksam gemacht, daß hier ein für sie noch nicht verständliches Geheimnis verborgen ist. Es liegt also im Wesen des Gesprächs, daß es ergebnislos verläuft, denn das ist das notwendig Beabsichtigte.

Gehen wir daraufhin die «Taufgespräche» durch. Zu[163] Nikodemus redet Jesus 3,1 ff. von der Notwendigkeit, von oben wiedergeboren zu werden. Das Zurückkehren in den Mutterleib kann nicht gemeint sein. Soviel merkt Nikodemus. Nun definiert Jesus diese Wiedergeburt weiter dahin,[164] daß sie ἐξ ὕδατος καὶ πνεύματος [«aus Wasser und Geist»]

162 [R] Wir die naiven.
163 [Ms.:] Dem.
164 [R] Ausschaltungen – Verengerungen – zuletzt der Kreis gezeigt, in dem sich der

geschieht. Man muß aus einem γεγεννημένος ἐκ τῆς σαρκός [«aus dem Fleisch Gewordenen»] ein γεγεννημένος ἐκ τῆς πνεύματος [«aus dem Geist Gewordener»] werden. Was für ein Akt gemeint ist, das kann dem Frager nicht gesagt werden, denn es existiert noch nicht. Er ist aber aufmerksam gemacht, daß er es erkenne, wenn es wirklich wird. Damit ist die Absicht des Gesprächs erreicht, besonders da in V. 8 noch darauf hingewiesen ist, daß die Wirkungsweise des πνεῦμα geheimnisvoll und unfaßbar wechselnd ist.

Ganz gegen den Sinn dieser Reden geht es, darin etwa ein Spiritualisieren des Verfassers entdecken zu wollen, als ließe er Jesum von dem Verhältnis der Wasser- und der Geistestaufe, von Sinnbild und Sache, reden, wobei die letztere das Wesentliche ist und höher steht als die erstere. Für den Schriftsteller und seine Zeit gibt es nur eine *Wassergeistestaufe*. An diese ist die Wiedergeburt aus dem Geiste in übernatürlicher Weise geknüpft, und außerhalb dieser Handlung gibt es überhaupt keine Wiedergeburt. Zwischen Wassertaufe und Geistestaufe auf dem Boden des Christentums unterscheiden zu wollen, ein Wesentliches sich vom Unwesentlichen abheben zu lassen, liegt ganz außer seinem Gesichtskreis. Das hieße für ihn, den Schriftsteller, nichts anderes als das Christentum negieren, denn es besteht ja gerade in der Wirkung der Leben vermittelnden Sakramente.

An die Schilderung der Taufe zu Lebzeiten Jesu, welche nur ein jüdischer καθαρισμός [Reinigung] ist, schließt sich das Gespräch mit der Samariterin (4,3 ff.). Jesus redet zu ihr vom *Lebenswasser* als der Gabe Gottes. Wer von diesem Wasser trinkt, den dürstet nimmer, sondern es wird in ihm eine Quelle Wassers, das zum ewigen Leben sprudelt. Beachtenswert ist aber hier die nachdrücklich hervorgehobene *Zukünftigkeit*: ὃς δ' ἂν πίῃ ἐκ τοῦ ὕδατος οὗ ἐγὼ *δώσω* αὐτῷ, [οὐ μὴ διψήσει εἰς τὸν αἰῶνα,] ἀλλὰ τὸ ὕδωρ ὃ *δώσω* αὐτῷ ... ([«wer von dem Wasser trinkt, das ich ihm *geben werde*, wird niemals mehr Durst haben; vielmehr wird das Wasser, das ich ihm *geben werde* ...»] V. 14). Was dieses Wunderwasser ist, kann er ihr nicht erklären, denn es existiert erst zukünftig und wird erst wirksam, wenn das πνεῦμα durch Jesu Hinscheiden von der Welt frei wird und sich nun im Wasser betätigt. Auch hier geht also der Zweck des Gesprächs auf den «Anstoß» im höheren Sinn aus.

In scharf pointierter Weise wird derselbe Gedanke 7,37 ff. ausgesprochen. An dem letzten, großen Tage des Festes tritt Jesus vor das Volk und schreit: «Wenn jemand dürstet, der komme und trinke.» Mit dem Zitat[165] kommt nun aber die große Schwierigkeit. Ganz abgesehen da-

Gedanke bewegen wird.

165 [Gemeint ist nicht V. 37, sondern *V. 38*: «Wer an mich glaubt, aus dessen Leibe werden, *wie die Schrift gesagt hat*, Ströme lebendigen Wassers fließen.» (Und *diesen* V.

von, daß es in dieser Form[166] unauffindbar ist, gelingt es nicht, einen Sinn herauszubekommen, wenn man es auf die trinkenden Menschen bezieht und V. 38 durch sprachliche Gewalttätigkeit zum selbständigen Satz erhebt. Was soll das heißen: «Wer an mich glaubt, wie die Schrift sagt, Ströme lebendigen Wassers werden aus seinem Leibe fließen?» Wie wird der Trinkende selbst wieder zur Quelle und für wen? Zuletzt läuft dann alles auf den abgelegenen Gedanken der Mitteilbarkeit der eigenen Befriedigung an andere hinaus, und man kommt zur unmöglichen Vorstellung eines Lebensquells, daraus ein Trunk aus dem Leibe der Trinkenden wieder neue Ströme hervorsprudeln läßt. Was ist aber mit solcher Erklärung gewonnen?[167] Sie steht – abgesehen davon, daß sie an sich keine Bedeutung hat – mit dem Erklärungszusatz V. 39, der das Zitat erläutern soll, in gar keiner Verbindung. V. 39 besagt, daß Jesus in diesem Wort von dem Geiste redete, den die an ihn Gläubigen empfangen sollten; οὔπω γὰρ ἦν πνεῦμα, ὅτι Ἰησοῦς οὐδέπω ἐδοξάσθη [«denn der Geist war noch nicht gegeben, weil Jesus noch nicht verherrlicht war»]. Um dieses fundamentale Wort zu verstehen, muß man einen ganz anderen Weg einschlagen.

Vor Jesu Verklärung gibt es kein πνεῦμα. *Ohne* πνεῦμα *aber gibt es auch kein Lebenswasser*, denn dieses beruht ja gerade in dem Wirken des πνεῦμα auf das Wasser. Daher ist auch das Lebenswasser vom Standort der Rede Jesu *zukünftig*, wie in dem Wort an die Samariterin, obwohl Jesus schon jetzt darauf aufmerksam macht. Durch seine Dahingabe beschafft er dieses Lebenswasser, in dem der freigewordene Geist wirkt. Von ihm, dem Sprechenden, werden die Ströme lebendigen Wassers ausgehen: ῥεύσουσιν [7,38]. Mit andern Worten: das Zitat geht nicht auf den[168] Gläubigen, sondern *auf Jesum als den zukünftigen Lebenswasserquell, der in der Schrift geweissagt ist.* An ihn als an einen solchen schriftgemäß beglaubigten zukünftigen Quell müssen diejenigen glauben, die dürsten.[169] Von Chrysostomus bis auf Gregorius Bar Hebräus war *diese* Deutung des Zitats – nicht auf den Gläubigen, sondern auf den schriftgemäßen Glauben – *die überall anerkannte*![170]

Damit schwindet auch die Schwierigkeit, V. 38 gegen die Sprache zu einem selbständigen Satze erheben zu müssen: V. 38 wird einfache nähere Bestimmung zu V. 37. «Wenn jemand dürstet», spricht Jesus, «der

---

38 zitiert A. S. ja im übernächsten Satz.)]

166 [In anderer Form, nämlich von Jerusalem geltend, in Sach. 14,8: «In jenen Tagen wird ein lebendiges Wasser von Jerusalem ausgehen» ...]

167 [R] Klarere Entwicklung der Gedanken mit dem Fortschritt des Evangeliums, also auf Leser berechnet.

168 [Undeutlich, ob aus «die» in «den» korrigiert oder umgekehrt; aber im übernächsten Satz steht an dieser Stelle «den».]

169 [R] [Notiz:] für Vortrag. Alte Exegese.

170 [Dieser Satz ist durch Randstrich hervorgehoben.]

komme und trinke, nämlich wer an mich glaubt in Gemäßheit des Schriftworts ‹Ströme lebendigen Wassers werden aus seinem Leibe fließen›.» Hier ist der «Anstoß» auf die Spitze getrieben; darum gibt der Schriftsteller seinem Publikum die Erklärung des Rätsels in die Hand. Jesus verlangt diesen Glauben an ihn im Hinblick auf den Zeitpunkt, wo das πνεῦμα und damit das Lebenswasser, d. h. die christliche Taufe, in der Folge seines Abscheidens existieren wird. Dieses Zitat drückt also nichts anderes aus als das δώσω [ich werde geben] im Gespräch mit der Samariterin. Es handelt sich um die geheimnisvolle und für die Hörer noch nicht faßbare Inaussichtstellung des Taufmysteriums.

Diese einfache Auslegung beruht auf dem Kanon: τὸ πνεῦμά ἐστιν τὸ ζῳοποιοῦν [«der Geist ist es, der lebendig macht», Joh. 6,63], d. h., der Geist ist es, der das ὕδωρ [Wasser] zum ὕδωρ τῆς ζωῆς [Lebenswasser] macht. 7,37ff. bedeutet für die Taufe absolut dasselbe, wie 6,60ff. für das Abendmahl besagt. Der «Anstoß» ist beidemal in der schärfsten Weise erreicht. Jesus behauptet, Wasser des Lebens zu spenden, und sagt, daß es zur ζωή [Leben] notwendig ist, seine σάρξ [Fleisch] und sein αἷμα [Blut] zu essen und zu trinken. Als nun der «Anstoß» seinen Höhepunkt erreicht hat, da verweist er sie im Geheimniswort auf den Weggang des Menschensohnes dahin, wo er früher war, wodurch der lebenspendende[171] Geist frei wird und nun im Abendmahlsbrot und im Abendmahlstrunk wirkt und die Elemente belebt, so daß sie, weil der Logos in ihnen wirkt, σὰρξ καὶ αἷμα τοῦ υἱοῦ ἀνθρώπου [«Fleisch und Blut des Menschensohnes»] sind, in welcher irdischen Erscheinung der Logos vorher gewirkt hat. Ἐὰν οὖν θεωρῆτε τὸν υἱὸν τοῦ ἀνθρώπου ἀναβαίνοντα ὅπου ἦν τὸ πρότερον; τὸ πνεῦμά ἐστιν τὸ ζῳοποιοῦν, ἡ σὰρξ [οὐκ] ὠφελεῖ ουδέν· τὰ ῥήματα ἃ ἐγὼ λελάληκα ὑμῖν πνεῦμά ἐστιν καὶ ζωή ἐστιν [«... wenn ihr den Menschensohn hinaufsteigen seht, dorthin, wo er vorher war? Der Geist ist es, der lebendig macht; das Fleisch nützt nichts: die Worte, die ich zu euch gesprochen habe, sind Geist und sind Leben», 6,62.63]. Das heißt: Auch die Erscheinung des Menschensohnes ist nichts ihrem natürlichen Wesen, ihrer σάρξ [Fleisch] nach, sondern Geistes- und Lebensworte kann Jesus nur reden, sofern der λόγος [Logos] in ihm wirkt. So ist es auch mit den Elementen im Abendmahl. Sie sind σὰρξ καὶ αἷμα τοῦ υἱοῦ τοῦ ἀνθρώπου [siehe oben], denn ihre Natürlichkeit ist aufgehoben und bedeutungslos,[172] weil der wirkende Logos an sie gebunden ist. Das aber stellt sich alles erst ein, wenn der υἱὸς τοῦ ἀνθρώπου verklärt ist und das freie πνεῦμα in den Sakramenten in seine neue Wirkungsweise tritt.

Auch für diese Stelle muß man sich vor allem falschen Spiritualisieren

---

171 [An anderer Stelle:] lebensspendend.

172 [D. h. bedeutungslos an sich, ihre Bedeutung besteht einzig in der Verbindung mit dem Logos.]

hüten, als ob es sich um eine Entgegensetzung zwischen den äußeren Sakramenten und der höheren, reinen Wirkung des Geistes handelte, wodurch die Hörer zu einer Vergeistigung der Sakramente geführt werden sollen. Der 4. Evangelist kennt nur ein Spiritualisieren: *die vorausgesetzte reale Wirkung der Sakramente aus dem Wesen und der Geschichte des Logos zu erklären.* Er begreift die Sakramente als «christlich» durch die *rationalistische, materialistische Mystik der Logosspekulation,*[173] wie Paulus sie verchristlichte durch die eschatologische Mystik.

Eine besondere Schwierigkeit bereitet die Form des Zitats 7,38: ποταμοὶ ἐκ τῆς κοιλίας αὐτοῦ ῥεύσουσιν ὕδατος ζῶντος [«aus seinem Innern werden Ströme lebendigen Wassers fließen»]. Von der κοιλία ist in keinem Zitat, das man heranziehen könnte, die Rede. Es handelt sich hier um ein für den Weissagungsbeweis präzisiertes Zitat, wie sie sich auch bei Justin finden.[174] Das gemeinte historische Ereignis ist gleichsam auf dem Zitat abgedrückt.[175] Nun ist es nicht schwer festzustellen, welches bedeutungsvolle Ereignis gemeint ist, da von dem Hervorfließen von *Lebensströmen* (Plural!) aus einem Leibe die Rede ist: *es handelt sich um den Lanzenstich am Kreuz, 19,33ff.* Bei dem Stich in die Seite floß Wasser und Blut heraus. Das ist ein bedeutungsvolles Wunder. Denn vom Kreuz auf Golgatha fließt nun der unversiegbare Strom des Lebenswassers, welches der Menschensohn verheißen hatte, und ebenso seines Blutes, das die Menschen trinken müssen, um zur ζωή [Leben] zu gelangen.[176] *Sein übriger Leib, der Logosträger war, wird verklärt und von der Erde hinweggenommen. Es bleibt nur jenes Wasser und Blut von dem Logosträgerleib auf Erden zurück, und in diesen, da sie schon früher den Logos trugen, wirkt derselbe fort, wenn er nach der Verklärung des Menschensohnes frei wird.* Diese Ströme des Lebensblutes und des Lebenswassers kommen *in den Sakramenten zum Vorschein,* in welchen, nach den geheimnisvollen Hinweisen des in der σάρξ [Fleisch] wandelnden Logos, das πνεῦμα [Geist] nach seinem Abscheiden sich betätigen wird.

Zum geheimnisvollen Hinweis in Worten tritt noch die tatsächliche Designierung der Situation hinzu, bei der die Geisteswirkung offenbar werden wird. Auch dieser Gedanke ist in einer grandiosen Weise durchgeführt. Das Brot im Abendmahl wird als Geistträger designiert bei der wunderbaren Speisung.[177] Diese ist eine Austeilung an die Gläubigen

---

173 [R] Aus der eschatologischen Mystik die materialistische Mystik.

174 Als Beispiel vergleiche man die Weissagung Jes. 54,8ff., die Justin [in] Dial. [Kap.] 138 zu einer Weissagung über die Taufe macht, indem er den Wortlaut ganz verändert. [Siehe oben S. 74.]

175 [D. h. wohl: dem Zitat aufgezwungen, aufoktroyiert.]

176 [R] Das Ineinander von singulärer und genereller Betrachtungsweise schon [bei] Ignatius: damit er durch sein Leiden das Wasser heiligte [reinigte, siehe oben S. 53, Anm. 23, und S. 73. Vgl. jedoch oben S. 76 Anm. 79 (Tertullian)].

177 [Joh. 6,1ff.; 6,26ff.]

unter Dankgebet, eine Dankesmahlfeier. Dieselbe ist an sich kein Abendmahl, aber die übernatürliche Vermehrung *des Brotes dabei soll den «Anstoß» geben.*[178] Wenn die Gläubigen an diesem Gebrauch der Dankesmahlfeier festhalten, dann werden sie nach der Verklärung des Menschensohnes die Überraschung erleben, daß der Logos in dem bei der Dankesmahlfeier ausgeteilten Brot wirkt und dasselbe zur Lebensspeise macht. Die Brotvermehrung steht auf der nämlichen Linie wie der humor miraculosus. Er dient zur Designation der Elemente, in denen der Logos nach der Verklärung wirkt.[179] Diese Designation mußte an die Stelle der «Einsetzung des Abendmahls» treten, welche von der Logostheorie aus unmöglich war.

Auch für die Taufe findet sich diese Designation durchgeführt. Die Jünger taufen die[180] Wassertaufe, die unter den Begriff des jüdischen καθαρισμός [Reinigung] fällt, wie die Johannestaufe und die zeremoniellen Waschungen. Aber die Verwandlung zu Kana ist da, um ihnen den «Anstoß» zu geben, was aus diesem καθαρισμός wird, wenn *die Stunde des Herrn da ist.* Hier begegnen wir wieder dem futurischen Hinweis auf die Verklärung, der sich in allen Geheimnisreden über die Sakramente findet. Der Gedanke der Erzählung ist bis in das Detail viel zu prägnant, als daß er in einer einfachen Gegenüberstellung des Alten und des Neuen aufgehen sollte. Es ist ja gar nicht gemeint, daß man bisher an der Hochzeit Wasser getrunken hat und nun plötzlich wunderbar Wein erhält, sondern es handelt sich um zwei verschiedene Weinarten, von denen die zweite aus Wasser entstanden ist.[181] Es war Wein bei der Hochzeit vorhanden. Nun versiegt derselbe, und man ist ohne Wein, bis man auf die Anordnung Jesu das Wasser, das dem jüdischen καθαρισμός dient, kostet und zur großen Überraschung findet, daß es Wein geworden ist,[182] und zwar besserer Wein, als man ihn vor dem Versiegen hatte. Es handelt sich um das Verhältnis des Daseins des Logos in der Taufe, wodurch das bisherige Reinigungswasser wunderbar umgewandelt wird, zur Gegenwart des Logos in der historischen Erscheinung Jesu. Die Gegenwart Jesu unter den Seinen wird unter dem Bilde der Hochzeitsfeier dargestellt. Solange er da ist, ist der Bräutigam unter ihnen. Dieses Bild stammt aus der Antwort auf die Fastenfrage (Mk. 2,19 und 20) und wird im 4. Evangelium von dem Täufer auf Jesus und seine Jünger angewendet: «Der die Braut hat, ist der Bräutigam; der Freund aber des Bräutigams, der dasteht und ihm zuhört, freut sich

---

178 [R] Also jedesmal ein Ereignis, das den Anstoß geben soll.
179 [R] Designation. – [Die beiden folg. Sätze sind durch Randstrich hervorgehoben.]
180 [mit der?]
181 [Hier ist eingefügt:] folgende [gehörte aber vermutlich zu einer nicht mehr sichtbaren, ausradierten Fassung des Satzes.]
182 [R] [Notiz:] Tertullian. Für Vortrag: das Versiegen des Weines.

hoch über die Stimme des Bräutigams» (Joh. 3,29ff). Solange nun Jesus mit seinen Jüngern ist, wirkt der Geist in seiner irdischen Gestalt. Aber es kommt der Augenblick, wo der Wein der Hochzeit versiegt, wo der Logos aufhört, in seiner bisherigen Art zu wirken, nämlich von dem Augenblick der Auferstehung Jesu [an], bis der Geist nach seiner Verklärung wieder frei wird. Die Hochzeit, wo sie durch ein Erlebnis darauf hingewiesen werden, findet statt *τῇ ἡμέρᾳ τῇ τρίτῃ* (2,1) [am dritten Tag].[183] Wenn nun die Mutter Jesu konstatiert: οἶνος οὐκ ἔστιν[184] ([«sie haben keinen Wein»] 2,3), so steht diese Konstatierung, ihrer Bedeutung nach, auf einer Stufe mit dem Wort οὔπω γὰρ ἦν πνεῦμα, ὅτι 'Ιησοῦς οὐδέπω ἐδοξάσθη ([«denn der Geist war noch nicht gegeben, weil Jesus noch nicht verherrlicht war»] 7,[39]).[185] Darum kann Jesus ihrem Wunsche nicht folgen und sogleich Wein schaffen, *denn seine Stunde ist noch nicht gekommen* (2,4). Seinen Anweisungen gilt es vertrauensvoll und blindlings zu gehorchen, dann wird die neue Wirkungsweise des Logos offenbar werden und neuer Wein wird sich finden. ὅ τι ἂν λέγῃ ὑμῖν, ποιήσατε ([«Was er euch sagt, das tut!»] 2,5).[186] Er verweist sie auf das Wasser in den Steinkrügen, das den jüdischen Waschungen dient, *das heißt auf die Wassertaufe.* Wenn sie diese in der Folge üben, werden sie zur gekommenen Stunde dieselbe Überraschung erleben wie der Speisemeister,[187] der von dem Reinigungswasser kostet. Der findet darin Ersatz für den ausgegangenen Wein, sie aber werden darin wieder die Gegenwart des Logos und seines Wirkens erfahren, *die mit dem Scheiden Jesu von der Erde für sie aufgehört hatte.* Hier steht also in wunderbar tiefsinniger Form der Gedanke vor uns, daß die christliche Taufe ein Ersatz ist für die Gegenwart des Logos in der historischen Erscheinung Jesu und daß sie einfach die fortgesetzte Übung der «jüdischen» Johannestaufe ist, die aber auf Grund des Todes, der Auferstehung und der Himmelfahrt Jesu wunderbar in eine unvergleichlich höhere Potenz erhoben wird, weil das πνεῦμα nach der Himmelfahrt frei wird und nun in den Sakramenten wirkt. Von dort an gibt es also eine «christliche» Taufe.

Durch diese Theorie über die Entstehung der christlichen Taufe ist nun der 4. Evangelist in den Stand gesetzt, eine *historische* Auslegung des Hinweises des Täufers zu geben, daß Jesus der in heiligem Geiste Taufende ist. Joh. 1,33: ἐφ' ὃν ἂν ἴδῃς τὸ πνεῦμα καταβαῖνον καὶ μένον ἐπ' αὐτόν, οὗτός ἐστιν ὁ βαπτίζων ἐν πμεύματι ἁγίῳ [«Auf wen du den Geist herabkommen siehst und auf wem er bleibt, der ist es, der mit dem Heiligen Geist tauft»].

---

183 [R] Eselhaft, Zeitbestimmung darin zu suchen: drei Tage nachher, [...]

184 [Nestle, 20. Aufl.: οἶνον οὐκ ἔχουσιν, obige Fassung als Variante.]

185 [R] Tertullian.

186 [R] das an die Jünger.

187 [R] Überraschung.

Dieses weissagende Wort des Täufers ist scheinbar nicht in Erfüllung gegangen, denn Jesus hat ja gar nicht getauft. Aber in höherer Weise hat es sich doch erfüllt, denn er hat durch seinen Hingang und seine Verklärung[188] die christliche Taufe, in welcher der Geist Leben wirkt, beschafft. Nun wird auch die tiefere Bedeutung des μένον ἐπ' αὐτόν [«bleibend auf ihm»] klar. Es handelt sich nicht nur um die Pointe gegen die Gnostiker, nach welchen der Geist bei der Taufe in Jesus «einging» (εἰσῆλθεν).[189] Das μένειν [bleiben] hebt nicht nur die rein designatorische Bedeutung der Taufe christologisch hervor, sondern diese designatorische Bedeutung geht gerade auf die Sakramentslehre. Das πνεῦμα, so zeigt die Offenbarung in jenem Augenblick an, ist, solange Jesus hier weilt, an seine Person gebunden, außerhalb derselben gibt es kein πνεῦμα. Erst wenn bei der Verklärung das πνεῦμα frei wird[190] und nun nach der Verheißung des υἱὸς τοῦ ἀνθρώπου [Menschensohn] seine Wirkung in der Welt in den von ihm bezeichneten Handlungen und Elementen fortsetzt, erst dann hört dieses μένειν ἐπ' αὐτόν auf, und die neue Wirksamkeit des πνεῦμα beginnt auf Grund der Erlösertätigkeit Jesu. So ist er der Beschaffer der Geistestaufe. In diesem Gedanken kommt also der ganze Prozeß der Verchristlichung der Taufe zur Ruhe, *sofern er auf der von Paulus in Szene gesetzten Verbindung der Handlung mit Jesu Tod und Auferstehung beruht.* Auch hier spricht also die Logosspekulation eine richtige geschichtliche Erkenntnis aus. Sie tut nichts als das Tatsächliche und das Wirkliche apriorisch als notwendig zu begreifen und darzustellen. Das ist überhaupt das Wesen jeder wahren Spekulation.

Die Ausgießung des Geistes am Pfingstfest ist der Moment, wo Jesus die Geistestaufe vollzieht.[191] *Nun gibt es aber nach der Logostheorie keine Geistestaufe, die nicht zugleich Wassertaufe ist.* Die Taufe und das Abendmahl sind nach Jesu Tod die einzigen Kanäle, durch welche der Geist die Welt tränkt und erhält, wie es zu Lebzeiten des υἱὸς τοῦ ἀνθρώπου [Menschensohn] außerhalb seiner Persönlichkeit keine Wirkungsweise des Geistes gab. Von diesem Grundsatz gibt es keine Ausnahme. Es heißt das 4. Evangelium modernisieren, wenn man bei ihm eine Wirkung des Geistes voraussetzt, die nach dem Tode Jesu nicht an die Sakramente gebunden wäre. Nun ist aber die Geistbegabung der Jünger an[192] Pfingsten für sich berichtet. Es ist eine Geistestaufe ohne Wasser-

---

188 [R] *Tod und Verklärung*, dies die neue Form, nicht mehr Tod und Auferstehung (wegen Zusammenhang mit Pfingsten).

189 [Siehe oben S. 61, Zitat nach Epiphanius, *haer.* 30, 2. Satz.]

190 [R] So nach Paulus nur [nun?] der allgemeine Gedanke: 1) Taufe mit Wasser [u.] Geist, 2) Tod Jesu; bei Joh. beide zusammen und 1) dem 2) untergeordnet.

191 [R] Probe auf den Satz[?] – zugleich Rechtfertigung des Benetzens statt des Untertauchens.

192 [Ms.:] am.

taufe. Und doch gehörte auch die letztere zu der Vorstellung von Jesus als dem βαπτίζων ἐν πνεύματι ἁγίῳ [«Taufenden mit heiligem Geist»]. Diese Unvollständigkeit aber ist in der Theorie des 4. Evangelisten unmöglich und daher nur scheinbar. Tatsächlich haben die Jünger von Jesus die vollständige christliche Wassertaufe empfangen. Er hat sie wirklich, nicht nur übertragen, in heiligem Geiste *getauft, nur daß die beiden Akte notwendig auseinanderliegen, der Zeit, nicht der inneren Verbindung nach.*

Den ersten Teil der Wassergeistestaufe vollzieht er nämlich in der *Fußwaschung*. Hier setzt sich die Logosgeschichtstheorie mit der Frage nach dem christlichen Getauftsein der Jünger auseinander, die dasteht, sobald der Begriff der christlichen Taufe historisch eingeführt ist.[193] Ohne christliche Taufe, ohne Wiedergeburt durch den Geist ist die Seligkeit unmöglich, auch für die, welche mit Jesus wandelten. Die Jünger müssen also christlich getauft sein. Wie könnten sie auch anders die christliche Taufe üben. Wie ist dies aber nun denkbar? Wie kann Jesus sie christlich getauft haben? Das ist ja tatsächlich unmöglich, denn solange er hier weilt, existiert keine christliche Taufe, denn es gibt kein πνεῦμα, und wenn er verklärt ist, gibt es zwar eine christliche Taufe, aber er kann sie nicht mehr taufen, da er ja nicht mehr auf Erden ist. So stehen sich absolute Notwendigkeit der christlichen Taufe und absolute Unmöglichkeit derselben gegenüber. Zur Lösung der Schwierigkeit wird die Handlung zeitlich[194] in ihre beiden zur organischen Einheit verbundenen Teile zerlegt. Der Begriff der Wiedergeburt stellt die Einheit der Entsündigung und Geistbegabung in der christlichen Taufe dar. Nun vollzieht Jesus die Entsündigung an den Jüngern durch die Taufe,[195] während er unter ihnen weilt, die Geistbegabung aber als Verklärter. «Beim letzten Mahle, als Jesus wußte, daß der Vater ihm alles in die Hände gegeben hatte, daß er von Gott ausgegangen war und im Begriff stand, zu Gott zurückzukehren, stand er auf und fing an, den Jüngern die Füße zu waschen.» (Joh. 13,3 ff.) Alsbald wird wieder der Anstoß konstatiert. Petrus fragt nach der Bedeutung dieser Fußwaschung. Jesus antwortet: «Was ich tue, das weißt du jetzt nicht, du wirst es aber nachher erfahren», V. 7: ὃ ἐγὼ ποιῶ σὺ οὐκ οἶδας ἄρτι, γνώσῃ δὲ μετὰ ταῦτα. Nun folgt die nähere Bestimmung, daß es sich um ein religiös bedeutungsvolles Waschen handelt. Ἐὰν μὴ νίψω σε, οὐκ ἔχεις μέρος μετ᾽ ἐμοῦ[196] [«Wenn ich dich nicht wasche, hast du keinen Anteil an mir», V. 8]. Dieser letzte Hinweis auf das *Teilhaben* an ihm zeigt, daß sich das «Nachhererfahren» nicht etwa in der angeknüpften moralischen Beleh-

193 Welche Schwierigkeiten diese Frage bereitete, ersieht man aus Tertullians *de baptismo*.
194 [Ms.:] zeitig.
195 [«Taufe» nach Ms. Es muß heißen: Fußwaschung.]
196 [Ms.:] (in ihm bleibend).

rung über das Dienen erschöpft. Teilhaben kann man an Christo nur, *wenn man durch den Besitz des Geistes in ihm gewurzelt ist.* Den Geist besitzen die Jünger aber noch nicht, sondern sie empfangen ihn erst später. Damit sie ihn aber empfangen können, müssen sie λελουμένοι [gewaschene, V. 10] sein. Es handelt sich nicht um eine Waschung, wie Petrus meint, sondern um das auf das ganze Wesen wirkende λουτρόν [Bad]. Ὁ λελουμένος[197], οὐκ ἔχει χρείαν νίψασθαι, ἀλλ' ἔστιν καθαρὸς ὅλος ([«wer vom Bad kommt, braucht sich nicht zu waschen, denn er ist ganz rein»] V. 10). So sind sie nun λελουμένοι [gebadete] und καθαροί [gereinigte], vorbereitet, den Geist zu empfangen, mit Ausnahme desjenigen, von dem Jesus weiß, daß er nicht rein ist, und der dann den Geist nicht empfängt, sondern dem Verderben anheimfällt.[198] Die Rede über das Dienen betrifft die Handlung nur ihrem moralischen Sinn nach, als Fußwaschung, nicht aber ihrem höheren Sinn nach als λουτρόν. Was Jesus gemeint hat, erfährt Petrus erst bei der Geistbegabung, wo sich die Taufe an ihnen vollendet.

Als Geistbegabte werden sie dann verstehen, was ihnen bisher dunkel war und gerade auf das Wirken des Geistes nach Jesu Verklärung Bezug hat. Alle Geheimnisse sind offenbar, aller Anstoß ist erklärt. ὁ [δὲ] παράκλητος, τὸ πνεῦμα τὸ ἅγιον, ὅ πέμψει ὁ πατὴρ ἐν τῷ ὀνόματί μου, ἐκεῖνος ὑμᾶς διδάξει πάντα καὶ ὑπομνήσει ὑμᾶς πάντα ἃ εἶπον ὑμῖν [ἐγώ] ([«der Tröster aber, der Heilige Geist, den der Vater in meinem Namen senden wird, der wird euch alles lehren und euch an alles erinnern, was ich euch gesagt habe»] Joh. 14,26).[199] Weil sie nun als Geistgetaufte alle seine Hinweise verstehen, wobei der Geist sie an alles, gerade an die «Anstöße», *erinnert*, sind sie über die Sakramente belehrt. Sie wissen, in welchen Handlungen das πνεῦμα wirkt und führen dieselben nun ein. Von ihnen geht die christliche Taufe und das Abendmahl aus. So ist die Vermittlung für die letzte Wirkungsperiode des Logos geschaffen, wo er als πνεῦμα sich in den christlichen Sakramenten betätigt und in ihnen neues Leben und Erlösung beschafft.

Von hier aus übersieht man nun mit einem Blick die Großartigkeit der Logosspekulation im 4. Evangelium und die Tiefe seiner Geschichtsdarstellung. Sobald man den leitenden Grundgedanken erfaßt hat, fügen sich alle Details wie von selbst zu einem einheitlichen Ganzen zusammen. Der leitende Grundgedanke des 4. Evangeliums ist aber nicht die Darstellung des Lebens Jesu als des Logoschristus – *das ist nur die Hälfte des Grundgedankens* –, sondern es handelt sich für den 4. Evangelisten darum, *die Geschichte des Lebens Jesu im organischen Zusammenhang mit der christlichen Taufe und dem christlichen Abendmahl darzustellen, so daß das*

---

197 [R] λελουμένος [gewaschen] geradezu auf Taufe (gegen das einfache Waschen).
198 [R] So vollzieht sich das Gericht an ihm.
199 [R] [Das Zitat durch dreifachen Randstrich hervorgehoben.]

Wesen der Sakramente auf Grund der Logosspekulation aus der Auffassung des Lebens Jesu klar wird. Für ihn kann das Leben Jesu nicht ohne die Sakramente und [können] die Sakramente nicht ohne das Leben Jesu begriffen werden, denn die geheimnisvolle Belehrung über die zukünftigen Sakramente bildet jedesmal den Höhepunkt der Verkündigung Jesu. Die Sakramente spielen hier, trotzdem sie nicht mit Namen genannt sein können, eine Rolle, die ihnen sonst außerhalb der Logosgeschichtstheorie niemals mehr zufällt. Ohne diesen Zusammenhang der Ausführung über die Sakramente mit der Darstellung des Lebens Jesu zu beachten, kann man den wahren Gedankengang des 4. Evangeliums überhaupt nicht begreifen. Denn nach der Logosgeschichtstheorie sind die Sakramente keine Anhängsel, *sondern die Bedeutung des Wirkens Jesu, als des Logosträgers, vollendet sich erst in der Wirklichkeit der Sakramente.*

Die Logosgeschichtstheorie steht im Gefolge des Zurücktretens der Eschatologie. Sie hat es mit dem Problem der kommenden Generationen zu tun. Jesus, als der Logosträger, ist das Prinzip der Erlösung. Aber nur in einer Generation stand er lebendig drin, die ζωή [Leben] vermittelnd und die κρίσις [Gericht] der Geister heraufführend. Aber damit sich dieser Prozeß in den folgenden Generationen fortsetzt, muß er auch in ihnen der Wirkung nach so lebendig und unmittelbar drin stehen wie unter den Zeitgenossen. Dies geschieht in den Sakramenten. In ihnen wirkt der Logos in der Welt. *Sie perpetuieren also die Erscheinung des Menschensohns, als des Logosträgers, für alle kommenden Generationen.* Darum redet bei Joh. der Menschensohn in geheimnisvoller Weise von der Art, *wie er nach seinem Tode da ist und sich fortsetzt.* Um in der Welt zu wirken, muß der Logos sich mit einer irdischen Erscheinung verbinden; nur so ist er den Menschen vermittelbar. Die Erscheinung des Logos in Menschengestalt ist nur eine vorübergehende Phase in seiner Erlöserwirksamkeit. Es ist die Belehrungsphase über die Erlösung.[200] Die Hauptbelehrung besteht eben darin, daß er die Menschheit hinweist auf die neue Wirkungsweise des Logos, wenn er auf Grund des Todes, der Auferstehung und der Verklärung des göttlichen υἱὸς τοῦ ἀνθρώπου [Menschensohn] sich in seiner neuen Wirkungsweise in der Welt heilbringend betätigen wird, nämlich in den christlichen Sakramenten. Darum spricht der λόγος aus dem Menschensohn heraus: ὑπάγω καὶ ἔρχομαι πρὸς ὑμᾶς ([«ich gehe fort und ich komme zu euch»], Joh. 14,28), οὐκ ἀφήσω ὑμᾶς ὀρφανούς, ἔρχομαι πρὸς ὑμᾶς ([«ich werde euch nicht als Waisen zurücklassen, sondern ich komme wieder zu euch»], Joh. 14,18). Er bezeichnet die Form, in der er wirksam sein wird: In der Taufe, sofern sie das Lebenswasser darstellt, das er der Welt geben wird; in der Eucharistie, sofern ihre Elemente σὰρξ καὶ αἷμα τοῦ

200 [D. h.: die Phase der Belehrung über die Erlösung.]

υἱοῦ τοῦ ἀνϑρώπου [«Fleisch und Blut des Menschensohnes»] sind. Denn sie vermitteln, durch das in ihnen gegenwärtige πνεῦμα [Geist], die ζωή [Leben], wie es der Menschensohn als Träger des Logos tat. Darum perpetuieren sie die Erscheinung des Menschensohnes εἰς τὸν αἰῶνα [«in Ewigkeit», 6,51].

In dieser Periode kommt der Logos als Erlösungsprinzip zur Ruhe. *Alle seine vorherigen Wirkungsweisen, auch die Erscheinung des Menschensohnes auf der Welt, zielten nur auf dieses letzte Erlöserdasein des Logos in der Welt hin.* Die früheren Manifestationsarten waren zeitlich begrenzt; *diese letzte, in den Sakramenten, welche das Reich des Geistes begründen, ist ewig. Sie bildet den Schluß*, auf den alle andern hinzielten. Die Enden der Kette fügen sich zusammen, der Kreis schließt sich, der Anfang kehrt wieder: nämlich das gestaltlose Sein, *das reine Geistsein.* Wieder, wie zu Anfang, schwebt das πνεῦμα [Geist] über dem Wasser: dort, vor der Schöpfung, über der Flut, aus der es die Welt schafft, jetzt, am Ende, über dem Taufwasser, in welchem es die Erneuerung und das Leben auf Gott hin wirkt und das Seiende zu seinem göttlichen Urgrund zurückführt. Diese letzte Periode geht auf die Erlöserrolle zurück, welche der Logos unternommen und in der Heilsgeschichte, sei es als offenbarender Logos in der prophetischen Epoche, sei es als fleischgewordener Logos in der Erscheinung des Menschensohnes durchgeführt hat. Der Logos, der zu Anfang zeugend über den Wassern schwebt, ist ein *kosmisches Prinzip*; der Logos, welcher am Ende zeugend sich mit dem Taufwasser verbindet und es zum Lebenswasser macht, ist ein *Erlösungsprinzip*. In dieser Wandlung des Logos, in der er am Ende zum Anfang zurückkehrt, hängt die Geschichte der Welt. Das 4. Evangelium schildert diese ganze Entwicklung. Die «Abschiedsreden» sind das Gegenstück des Prologs, denn sie reden von dem Wirken des Logos in der Welt am Ende, εἰς αἰῶνα [in Ewigkeit], während der Prolog von dem λόγος ἐν ἀρχῇ [«Wort im Anfang», 1,1] redet. Dazwischen liegt die Heilsgeschichte, d. h. die Periode, wo der λόγος Offenbarungsprinzip war. Sie führt von dem Sein des Logos ἐν ἀρχῇ zu dem εἰς αἰῶνα und begründet und verkündet die neue Wirkungsweise des Logos, in der sich die Weltgeschichte vollendet.

Aus der Verbindung des Logos mit der Persönlichkeit des υἱὸς τοῦ ἀνϑρώπου [Menschensohn] ergibt sich für die letzte Periode noch eine zweite Wirkungsweise des Logos, in welcher seine Beziehung zur Menschenwelt und die Tatsache, daß er zur Erlösung selbst Persönlichkeit und Mensch geworden, zum Ausdruck kommt und für die Folge festgehalten wird. Er wirkt nämlich nicht nur mehr über dem Wasser, sondern auch in dem σὰρξ καὶ αἷμα τοῦ υἱοῦ τοῦ ἀνϑρώπου [«Fleisch und Blut des Menschensohnes»], im Abendmahl, *in der Perpetuierung seiner Menschwerdung!*

So vollzieht [sich] der große Regenerationsprozeß, den die Erscheinung des Menschensohnes eingeleitet hat, in der Taufe und im Abendmahl. *Die Regeneration aber ist eine* κρίσις [Gericht]: Der Logos bewirkt die Scheidung zwischen Göttlichem und Ungöttlichem, dem von Oben und dem von Unten, den Erwählten und den Nichterwählten. Bisher war es zusammen, nun beginnt die Trennung. Mit Jesus hebt die κρίσις an, in den Sakramenten setzt sie sich in Ewigkeit fort, bis der Weltlauf vollendet[201] und durch diese κρίσις alles Geistige zum ewigen Ursprung, zum Leben zurückgeführt und das Nichtgeistige in die Vergänglichkeit und den Tod zurückgesunken ist. Nur den Erwählten vermitteln die Sakramente die ζωή, den Unerwählten vermitteln sie gerade durch die κρίσις das Verderben. Das ist in dem Beispiel des Judas angezeigt und vorgebildet. Er bekam die Füße gewaschen und war doch kein λελουμένος [Gewaschener] und kein καθαρός [Gereinigter], wie Jesus ausdrücklich hervorhebt. Statt daraufhin den Geist zu empfangen, ist er dem Verderben geweiht, denn er gehört nicht zu den Erwählten. In dem Augenblick, wo der Menschensohn, als Logosträger, ihm den Bissen reicht, fährt der Satan in ihn! Καὶ μετὰ τὸ ψωμίον τότε εἰσῆλθεν εἰς ἐκεῖνον ὁ σατανᾶς ([«und nach dem Bissen ging der Satan in jenen hinein»], 13,27). So vollzieht sich die κρίσις.[202]

Die endlose Gegenwart des zur Erlösung Mensch gewordenen Logos in der Welt durch die Sakramente: das ist der Gedanke, den das 4. Evangelium ausführt. Man kann nicht an die Menschwerdung des Logos in der Erscheinung des υἱὸς τοῦ ἀνθρώπου [Menschensohn] glauben, ohne zugleich auch an seine Perpetuierung in den Sakramenten zu glauben. Beides gehört untrennbar zusammen. Die historische Erscheinung des Menschensohns beansprucht den Glauben an sich und zugleich an die Art, wie sie in den Sakramenten fortwirkt. Man muß an ihn glauben als an das Brot des Lebens, als an den Spender des Lebenswassers, als an den, dessen Fleisch und Blut man ißt, denn er selbst zeugt von dieser Art seines Fortlebens und Fortwirkens in der Welt. *In dieser Zusammengehörigkeit liegt gerade der Anstoß.* Darum ist die Entscheidungsfrage des Glaubens an ihn gerade im Anschluß an die Rede vom Essen und Trinken der σάρξ [Fleisch] und des αἷμα τοῦ υἱοῦ τοῦ ἀνθρώπου [Blut des Menschensohnes] gestellt. Hier, an der so formulierten Frage scheiden sich die Geister. Ἐκ τούτου οὖν πολλοὶ τῶν μαθητῶν αὐτοῦ ἀπῆλθον εἰς τὰ ὀπίσω καὶ οὐκέτι μετ' αὐτοῦ περιεπάτουν ([«Von da an zogen sich viele seiner Jünger zurück und gingen nicht mehr mit ihm»], 6,66). Aber Petrus sagt: κύριε, πρὸς τίνα ἀπελευσόμεθα; ῥήματα ζωῆς αἰωνίου ἔχεις ([«Herr, wohin sollen wir gehen? Du hast Worte des ewigen Lebens»], 6,68). Dasselbe wird in Kap. 7,37ff. hinsichtlich der Taufe verlangt: Man soll an den υἱὸς τοῦ ἀνθρώπου [Menschensohn] glauben

201 [R] In [der] Fußwaschung Taufe und Abendmahl nebeneinander.
202 [R] 13,21! bei jener letzten [Abend-Mahlzeit?]

als an den, aus dessen κοιλία [Inneres] die Ströme des Lebenswassers ausgehen werden.

Der Glaube an Christus und der Glaube an die Sakramente hängen also in einer für uns unbegreiflichen inneren Weise zusammen. *Die Wirksamkeit des* υἱὸς τοῦ ἀνθρώπου geht auf die Beglaubigung der Sakramente aus. Seine Hinweise schlagen die Brücke von seiner jetzigen Seinsweise zu der zukünftigen. Nun aber, wenn diese Zukunft Gegenwart geworden ist, kann man die Brücke von der andern Seite her überschreiten. Nicht der υἱὸς τοῦ ἀνθρώπου beglaubigt die Sakramente, wie vom Standpunkt der Geschichte Jesu aus, sondern die Sakramente beglaubigen die Erscheinung des υἱὸς τοῦ ἀνθρώπου, *vom Standpunkt der Gemeinde aus. Sie geben die Gewißheit, daß der* υἱὸς τοῦ ἀνθρώπου *Träger des Logos war,*[203] weil diese Erscheinung ja gerade die Sakramente begründet und bezeugt. Diesen Weg vom Gemeindeglauben zum historischen Glauben führt uns I Joh. 5,5 ff.

Welches sind die Zeugnisse, auf die sich der Glaube an die Gottessohnschaft Jesu stützt? Zuerst die menschliche Überlieferung, die sich von der historischen Erscheinung bis in die Gegenwart fortsetzt. Aber diese μαρτυρία τῶν ἀνθρώπων [«Zeugnis der Menschen»] reicht nicht hin, um Glauben zu wirken. Neben dieser Tradition in Worten geht ein göttliches Zeugnis her, das sprachlos ist und innerlich wirkt: εἰ τὴν μαρτυρίαν τῶν ἀνθρώπων λαμβάνομεν, ἡ μαρτυρία τοῦ θεοῦ μείζων ἐστίν, ὅτι αὕτη ἐστὶν ἡ μαρτυρία τοῦ θεοῦ, ὅτι μεμαρτύρηκεν περὶ τοῦ υἱοῦ αὐτοῦ. ὁ πιστεύων εἰς τὸν υἱὸν τοῦ θεοῦ ἔχει τὴν μαρτυρίαν ἐν αὐτῷ ([«wenn wir von Menschen ein Zeugnis annehmen, so ist das Zeugnis Gottes gewichtiger; denn das ist das Zeugnis Gottes: Er hat Zeugnis abgelegt für seinen Sohn. Wer an den Sohn Gottes glaubt, trägt das Zeugnis in sich»], I Joh. 5,9–10).[204]

Welches ist nun diese unmittelbare, traditionslose μαρτυρία [Zeugnis] Gottes für die Gottessohnschaft Jesu? Die fortgesetzte Vermittlung des Lebens durch seinen Sohn, als einer in der Welt stehenden Größe, die man gegenwärtig besitzen kann. Καὶ αὕτη ἐστὶν ἡ μαρτυρία, ὅτι ζωὴν αἰώνιον ἔδωκεν ἡμῖν ὁ θεός, καὶ αὕτη ἡ ζωὴ ἐν τῷ υἱῷ αὐτοῦ ἐστιν. ὁ ἔχων τὸν υἱὸν ἔχει τὴν ζωήν· ὁ μὴ ἔχων τὸν υἱὸν τοῦ θεοῦ τὴν ζωὴν οὐκ ἔχει ([«Und das Zeugnis besteht darin, daß Gott uns das ewige Leben gegeben hat; und dieses Leben ist in seinem Sohn. Wer den Sohn hat, hat das Leben; wer den Sohn Gottes nicht hat, hat das Leben nicht»], I Joh. 5,11 und 12). Gemeint ist das *Teilhaben* an ihm, das Jesus in der Rede bei der Fußwaschung in Aussicht stellt und als notwendig erklärt. Nun beachte man den Unterschied der Tempora in den beiden obigen Sätzen. Gott *hat* uns das ewige Leben gegeben, durch seinen

---

203 [R] Wichtig für Theologie.
204 [R] [Undeutlich:] Gnostisches.

Sohn, als er ihn in die Welt sandte. Diese historische Vergangenheit ist aber zugleich Gegenwart und muß es sein. Wer den Sohn besitzt, hat das Leben. *Es handelt sich also um ein Kommen des Sohnes, das zugleich Vergangenheit und*[205] *Gegenwart ist*, bei dem die historische Tatsache der Menschwerdung des Logos sich in die Gegenwart fortsetzt und für alle Generationen sich wiederholt. Dies ist aber nur für den begreiflich, der weiß, daß das Kommen des Sohnes Gottes ein *Kommen durch Wasser und Blut* ist. Οὗτός ἐστιν ὁ ἐλθὼν δι' ὕδατος καὶ αἵματος, Ἰησοῦς Χριστός, οὐκ ἐν τῷ ὕδατι μόνον, ἀλλ' ἐν τῷ ὕδατι καὶ ἐν τῷ αἵματι· καὶ τὸ πνεῦμά ἐστιν τὸ μαρτυροῦν, ὅτι τὸ πνεῦμά ἐστιν ἡ ἀλήθεια ([»Dieser ist es, der durch Wasser und Blut gekommen ist: Jesus Christus. Er ist nicht nur im Wasser gekommen, sondern im Wasser und im Blut. Und der Geist ist es, der Zeugnis ablegt, denn der Geist ist die Wahrheit»], I Joh. 5,6). Das Wasser und das Blut, die beim Lanzenstich aus dem Leibe des υἱὸς τοῦ ἀνθρώπου flossen, die auf Erden blieben und nicht an der Verklärung seines Leibes teilhatten, die setzen die Erscheinung des υἱὸς τοῦ ἀνθρώπου hienieden fort.[206] Mit ihnen verbindet sich der Geist nach der Verklärung, wie sie schon bei der irdischen Erscheinung Jesu die Wohnung des Geistes waren. So setzt sich das σὰρξ ἐγένετο [«er wurde Fleisch»] fort εἰς τὸν αἰῶνα [»in Ewigkeit»], und der Sohn Gottes ist nicht nur jene Erscheinung Jesu, sondern jene bildet nur eine Phase in dem Kommen des Sohnes Gottes, denn der Glaube, ὅτι Ἰησοῦς ἐστιν ὁ υἱὸς τοῦ θεοῦ [«daß Jesus der Menschensohn ist»], besteht darin, daß man erkennt: οὗτός ἐστιν ὁ ἐλθὼν δι' ὕδατος καὶ αἵματος [«dieser ist es, der durch Wasser und Blut gekommen ist»]. So ist das Wort *Joh. 14,28 erfüllt:* ὑπάγω καὶ ἔρχομαι πρὸς ὑμᾶς [«ich gehe hin und komme wieder zu euch»].

Diese beiden Ströme, die aus der κοιλία τοῦ υἱοῦ τοῦ ἀνθρώπου [«aus dem Inneren des Menschensohnes»] entsprangen und die Erscheinung des υἱὸς τοῦ ἀνθρώπου auf Erden fortsetzen, fließen in dem Taufwasser und in dem Abendmahlsblut. In diesen Strömen verläuft die geheimnisvolle innerliche Traditionskette über die Gottessohnschaft Jesu. Denn der Logos, der sich als πνεῦμα mit diesem Wasser und Blut verbindet, der bezeugt nach rückwärts, daß die Erscheinung des Menschensohnes, von der die beiden Ströme ausgingen, *wirklich die Fleischwerdung des Logos darstellte.* Man braucht nur die beiden Ströme rückwärts zu verfolgen, wie sie die Vermittler des πνεῦμα sind, und man kommt beim Kreuze an, wo sie von der Erscheinung des Menschensohnes ausgehen. Also mußte auch jener Logosträger sein. Das ist die innerliche, wortlose Geheimtradition über die Gottessohnschaft Jesu in den christlichen Sakramenten. Es sind drei Zeugnisse, wie ja im Alten Testa-

205 [«zugleich» im Ms. hier wiederholt.]
206 [R] Sind also auch gleich = sein Kommen in die Welt.

ment geweissagt und bestimmt ist, daß alle Wahrheit durch das Zusammenstimmen dreier Zeugnisse dargetan werden muß. Ὅτι τρεῖς εἰσιν οἱ μαρτυροῦντες, τὸ πνεῦμα καὶ τὸ ὕδωρ καὶ τὸ αἷμα, καὶ οἱ τρεῖς εἰς τὸ ἕν εἰσιν [«Denn drei sind es, die Zeugnis ablegen: der Geist, das Wasser und das Blut; und diese drei sind eins»] (I Joh. 5,7 u.8). Durch den Geist werden die beiden Ströme als Träger des Logos erwiesen. Sie aber führen hinauf bis zum Kreuz. Dieses dreifache Zeugnis bildet aber nur ein einziges, nämlich die μαρτυρία [Zeugnis] Gottes, wie sie schon in der historischen Erscheinung Jesu vernehmbar war und dort vorausweisend das Kommen des υἱὸς τοῦ ἀνθρώπου [Menschensohn, Joh. 19,34.35; I Joh. 5,6] in den beiden Strömen bezeugte. Denn auch das Zeugnis Jesu war nicht sein eigenes, sondern das Zeugnis Gottes. Dieses Zeugnis über die Menschwerdung des Logos und über die Gottessohnschaft kehrt wieder in den drei Zeugen, denn zusammen bilden πνεῦμα [Geist], ὕδωρ [Wasser] und αἷμα [Blut] die Erscheinung des Sohnes Gottes, sofern er ἐλθὼν δι' ὕδατος καὶ αἵματος [«kommend durch Wasser und Blut»] ist. So ist also die Verbindung, welche das 4. Evangelium nach vorwärts darstellte, nach rückwärts ausgeführt. Der Gedanke, welcher der modernen Dogmatik stetig vorschwebt, ist in einer großartigen Weise realisiert: man glaubt *nicht* an Jesum Christum *auf Grund der historischen Tradition, sondern auf Grund der jedem gegenwärtigen Heilserfahrung*,[207] nur daß dieselbe im 4. Evangelium ausschließlich an die Sakramente gebunden ist. Wem diese Leben vermitteln, der vernimmt die innere μαρτυρία [Zeugnis]; ἔχει τὴν μαρτυρίαν ἐν αὐτῷ [«er hat das Zeugnis in sich», I Joh. 5,10]. Er glaubt dem Zeugnis des Geistes, daß Jesus Gottessohn ist. Wem sie aber kein Leben vermitteln, der kann nie in Wahrheit an die Gottessohnschaft Jesu glauben, denn er hat die μαρτυρία nicht ἐν αὐτῷ. Er gehört nicht zu den Auserwählten und kann daher nicht glauben, wenn er auch die Botschaft vernimmt.

Um die Lehre von der christlichen Taufe beim 4. Evangelisten zu verstehen, muß man also vom spekulativen Grundgedanken der Logosgeschichtstheorie ausgehen.[208] Man muß sich vor jeder *Isolierung* der Taufe hüten, denn das ist der aus unserer modernen Anschauung erwachsende Fehler, der uns für die altchristliche Tauflehre blind macht. Vor allem aber ist jedes falsche *Spiritualisieren* zu vermeiden, welches ebenfalls von der modernen Abgelebtheit und Abgelegenheit der Sakramente ausgeht, denn es ist für die alte Anschauung unhistorisch. Da waren die Sakramente noch lebendig und bildeten die Grundpfeiler der «christlichen» Weltanschauung. Nichts ist verfehlter, als im 4. Evangelium eine Auseinandersetzung über Sinnbild und Sache finden zu wollen, wo zuletzt das Sinnbild hinter der Sache ganz verschwindet. Der

207 [Durch Doppelstrich am Rand hervorgehoben.]
208 [Satz durch Randstrich hervorgehoben.]

Schriftsteller kennt weder Sinnbild noch Sache, sondern nur die reale Wirkung der Sakramente, die durch die Theorie der Heilswirkung des Logos erklärt wird. Weil es nun im Wesen der Logostheorie liegt, daß sie die christlichen Sakramente mit der irdischen Erscheinung des Logos in Zusammenhang bringt und aus demselben zu begreifen sucht, so hat das 4. Evangelium *die erste und zugleich die großartigste geschichtliche Ableitung und Begründung der christlichen Taufe geliefert.*[209] Hier ist zum ersten Mal die Taufe historisch als «*christlich*» gerechtfertigt und damit der Begriff der christlichen Taufe erst voll erreicht. Keine spätere geschichtliche Ableitung der christlichen Taufe reicht an diesen ersten genialen Versuch heran;[210] keiner trägt dem geschichtlichen Werden der altchristlichen Taufe so Rechnung wie dieser erste Versuch,[211] denn gerade im Gefolge der vollendeten Verchristlichung der Taufe durch die Logostheorie vollzieht sich dann jene verhängnisvolle direkte Verbindung der christlichen Taufe mit der Taufe Jesu, welche das Problem des Aufkommens der «christlichen» Taufe verdunkelt und bis in die modern-historische Theologie hinein nachwirkt.[212] Die Erklärung der christlichen Taufe als «entsprechende Wiederholung der Messiasweihe Jesu»[213] ist nichts anderes als die Formel, in welcher sich jene direkte ungeschichtliche Verbindung zwischen der Taufe Jesu und der modernen Taufe in die modern-historische Theologie hinübergerettet hat. Weil er diese direkte Beziehung noch nicht kennt, sondern die christliche Taufe aus dem Tod, der Auferstehung und der Verklärung Jesu begründet, ist der 4. Evangelist in seiner Erklärung der Entstehung der christlichen Taufe geschichtlicher als die modern-historische Theologie – trotzdem er spekulativ und unpsychologisch verfährt. Nach ihm kommt sogleich der große Abfall.

XIV. Die direkte Verbindung zwischen der christlichen Taufe und der Taufe Jesu. Irenäus, Tertullian, Clemens Alexandrinus

Die älteste Verbindung zwischen der Taufe Jesu und der christlichen Taufe geht über den Leidensgedanken. Sie findet sich, wie schon früher hervorgehoben, in dem Wort des Ignatius: Jesus wurde getauft, damit er durch sein Leiden das Wasser reinigte.[214] Auf welche Weise der Menschensohn das Wasser zum christlichen Taufwasser reinigt und heiligt, das hat die Logosgeschichtstheorie des 4. Evangeliums ausgeführt.[215] Durch den Tod und die Verklärung des Menschensohnes beginnt die

209 [Durch Doppelstrich am Rand hervorgehobene Sätze.]
210 [Durch Doppelstrich am Rand hervorgehobene Sätze.]
211 [Durch Doppelstrich am Rand hervorgehobene Sätze.]
212 [Durch Doppelstrich am Rand hervorgehobene Sätze.]
213 [Vgl. oben S. 45 und S. 48 (Taufe Jesu = seine Messiasweihe).]
214 [Siehe oben S. 53, Anm. 23.]
215 [R] Die Logos – Pneuma [...]

Erlösertätigkeit des λόγος [Logos] als πνεῦμα [Geist], welches in dem Taufwasser wirkt und es zum ὕδωρ τῆς ζωῆς macht [Lebenswasser]. *Also auch hier beruht die christliche Taufe auf der Tatsache des Todes und der Verklärung.*[216] Die direkte Verbindung der christlichen Taufe mit der Taufe Jesu liegt nicht im Bereich dieser Geschichtstheorie, denn auch sie müßte den Weg über den Leidensgedanken nehmen. Und doch liegt die direkte, unvermittelte Verbindung in der *Konsequenz* der Logoschristologie. Sobald nämlich das Verhältnis des Geistes und des Logos nicht mehr in dieser durch den Tod vermittelten Aufeinanderfolge allein vorstellig gemacht wird, sobald man sich das πνεῦμα und den Logos als zeitlich nebeneinander existierend und wirkend denkt, ist der Leidensgedanke aus der Vorstellung der Taufe als Wiedergeburt durch Wasser und Geist tatsächlich eliminiert, und nichts steht der direkten Verbindung zwischen der Taufe Jesu und der christlichen Taufe mehr im Wege. Sowie also die Schärfe der Gedanken der Logoschristologie des 4. Evangeliums irgendwie nachläßt, tritt die direkte Verbindung in Sicht. Dies bewahrheitet sich in höherem oder geringerem Maße an den Erben der Logoschristologie: Irenäus, Tertullian und Clemens Alexandrinus, welche in der durch die Logosspekulation heraufgeführten zweiten Periode der Verchristlichung der Taufe dieselbe Stelle einnehmen, welche den paulinischen Briefen für die erste, auf Pauli Spekulation über Tod und Auferstehung Christi beruhende zukommt.

Bei *Irenäus* ist, seiner unspekulativen Begabung entsprechend, alles im Fluß. Eine größere zusammenhängende Ausführung über die Taufe findet sich bei ihm nicht. Er hat seine verschiedenen Behauptungen nicht miteinander ins Gleichgewicht gebracht. Zunächst beruht auch nach ihm die Geistwirkung in der christlichen Taufe auf Jesu Erlösertätigkeit. Das Gericht wird immer durch denselben Logos vollzogen. Den Gläubigen ist er der «Quell des Wassers zum ewigen Leben»; zur Zeit Noahs hat er die Sündflut heraufgeführt. Durch seine Menschwerdung aber maiorem donationem paternae gratiae [per suum adventum] effudit in humanum genus (*Adv. haer.* IV,36, [Schluß von 4]).[217] Aber über das Verhältnis des Geistes zum Logos denkt er ganz populär. Auch während des Fleischseins des Logos wirkt der Geist. Er redet durch die Jünger Mt. 10,20 auf der Missionsreise.[218] Denselben Geist meint der Herr im Taufbefehl.[219] Es ist der durch die Propheten verheißene.[220] Er kam in

216 [R] [Undeutlich, welchen Satz betreffend:] beides verbunden (in anderer Verbindung der Todesgedanke [...] schon bei Paulus).

217 [Migne, PG 7, 1094. – BKV, *Ausgewählte Schriften des hl. Irenäus*, Bd. 2, Kempten 1873, S. 212: «durch seine Ankunft goß [er] ein größeres Geschenk der väterlichen Gnade aus in das Menschengeschlecht.»]

218 [*Adv. haer.* III,17,1.]

219 [Mt. 28,19. *Adv. haer.* III,17,1.]

220 [*Adv. haer.* III,17,1.]

der Taufe auf den Mensch gewordenen Gottessohn herab, *um sich zu gewöhnen, in den Menschen zu wohnen*! «Unde et in Filium Dei, filium hominis factum, descendit, cum ipso assuescens habitare in genere humano et requiescere in hominibus et habitare in plasmate Dei, voluntatem Patris operans in ipsis et renovans eos a vetustate in novitatem Christi» (*Adv. haer.* III,17,[Schluß von] 1).[221] Hier ist also eine direkte Verbindung der Taufe Jesu mit der christlichen Taufe in dem Sinn erreicht, daß in der Taufe Jesu die Verbindung des Geistes mit dem Menschengeschlecht wirkungsvoll anfängt und sich dann in der christlichen Taufe fortsetzt. So partizipieren die Menschen in der christlichen Taufe an der Taufe Jesu. Es handelt sich also um eine Realverbindung. In diesem Sinne ist dann die andere Stelle, wo die direkte Verbindung erreicht ist, zu verstehen: «Nam secundum id, quod Verbum Dei homo erat ex radice Jesse et filius Abrahae, secundum hoc requiescebat Spiritus Dei super eum, et ungebatur ad evangelizandum humilibus ... Spiritus ergo Dei descendit in eum, eius qui per prophetas promiserat uncturum se eum, *ut de abundantia unctionis eius nos percipientes salvaremur*» (*Adv. haer.* III,9,[Schluß von]3).[222]

Warum ist aber die Wirkung des Geistes an das Wasser gebunden? Dafür gibt Irenäus folgende Erklärung (*Adv. haer.* III,17,2): «Sicut enim de arido tritico massa una fieri non potest sine humore, neque unus panis: ita nec nos multi unum fieri in Christo Jesu poteramus sine aqua quae de coelo est. Et sicut arida terra, si non percipiat humorem, non fructificat: sic et nos,[223] lignum aridum exsistentes primum, nunquam fructificaremus vitam sine superna voluntaria pluvia. Corpora enim nostra per lavacrum illam, quae est ad incorruptionem, unitatem acceperunt; animae autem per Spiritum. Unde et utraque necessaria, quum [cum] utraque proficiunt in vitam Dei» etc.[224] In dem Gedanken des

221 [Migne, a.a.O., 929. – BKV, *Ausgewählte Schriften des hl. Irenäus,* Bd. 2, 1873, S. 20: «Und darum stieg er auch in den Sohn Gottes, der Menschensohn ward, herab, mit ihm sich gewöhnend zu wohnen im Menschengeschlechte und zu ruhen in den Menschen und zu hausen in dem Geschöpfe Gottes, den Willen des Vaters in ihnen wirkend und sie erneuernd von der Altheit zur Neuheit Christi.»]

222 [Migne, a.a.O., 871f. – BKV, Bd. 1, 1872, S. 375 (Übers. des 1. Teils des Zitats siehe oben S. 68 Anm. 57, des 2. Teils siehe oben S. 76 Anm. 78.]

223 [R] [Neben hervorhebendem Randstrich:] bei Irenäus nach [noch?] Errettung[?]...

224 [Migne, a.a.O., 930. – BKV, Bd. 2, 1873, S. 20f.: «Wie nämlich aus trockenem Weizen Ein Teig nicht werden kann ohne Feuchtigkeit, noch Ein Brot, so konnten auch wir Vielen nicht Eins werden in Christo Jesu ohne das Wasser, das vom Himmel ist. Und wie das trockene Erdreich, wenn es keine Feuchtigkeit empfängt, nicht Frucht trägt, so konnten auch wir, als ein zuvor dürres Holz, niemals das Leben als Frucht bringen ohne den Gnaden-Regen von oben. Denn unsere Leiber haben durch die Unversehrtheit verleihende Abwaschung Einheit erlangt; die Seelen aber durch den Geist. Darum ist beides (Wasser und Geist) notwendig, da beide zum Leben Gottes verhelfen» etc.]

lavacrum, welches die *incorruptio der Körper herstellt,* indem es sie zur Einheit verbindet, wirkt noch die alte paulinische Vorstellung von dem Auferstehungsleib Christi, dem man durch die Taufe eingegliedert ist, nach. Zum Beschluß sei noch der «kirchliche» Charakter des Taufbegriffs, der hier scharf hervortritt, erwähnt. Nur in der Kirche wirkt der Spiritus. Die außerhalb der Kirche Stehenden «non [neque] percipiunt de corpore Christi *procedentem nitidissimum fontem*» (*Adv. haer.* III,24,1).[225]

In seiner Schrift *Adversus Judaeos,* Kap. 8, gebraucht *Tertullian* folgenden Ausdruck: «Baptizato enim Christo, *id est sanctificante aquas in suo baptismate*» etc.[226] Danach sollte man urteilen, daß er die direkte Verbindung zwischen der Taufe Jesu und der christlichen Taufe ebenso vollständig oder noch vollständiger erreicht hat als Irenäus. Dies ist aber nicht der Fall, wie seine Schrift De baptismo zeigt. Er kann diese Verbindung noch nicht vollziehen, denn als scharfsinnig logischer Kopf hat er noch eine klare Vorstellung von der Geschichtstheorie über die Wirkungsepoche des Geistes im Rahmen der Logosspekulation. Er steht darin auf dem Standpunkt des 4. Evangelisten. Während der irdischen Laufbahn des Logoschristus gibt es keine Geistwirkungen außer ihm. Die Taufe Jesu bedeutet die translatio [Übertragung] aller Geisteswirkungen, welche bisher vom Logos ausgingen, auf ihn, für die Dauer seines Erdenwaltens. Alle andern Kanäle, und wenn sie vorher voll Wasser standen, vertrocknen urplötzlich. Die Johannesanfrage[227] ist ein Beweis dafür,[228] denn der Täufer kommt zu diesem Zweifel nur, weil er infolge der Taufe Jesu vom prophetischen Geiste ganz verlassen ist: «cum ipsum quod coeleste in Joanne fuerat, Spiritus prophetiae, post totius spiritus in dominum translationem usque adeo defecerit, ut quem praedicaverat, quem advenientem designaverat, postmodum, an ipse esset miserit sciscitandum» (*De bapt.* [Kap.] 10).[229] Gewiß eine der geistreichsten Erklärungen der Täuferanfrage!

Darum gibt es vor Jesu Tod nur die Wasserbußtaufe, welche Johannes übte und mit der die Jünger getauft waren. Wie hätte man können baptizare «in Spiritum sanctum, qui nondum a Patre descenderat?»

---

225 [Migne, a.a.O., 966. – BKV, a.a.O., S. 60: «weder ... noch kosten sie die von dem Leibe Christi *ausgehende hellklare Quelle*».]

226 [Siehe oben S. 76 Anm. 79.]

227 [Mt. 11,3.]

228 [Satz durch Randstrich hervorgehoben.]

229 [Migne, PL 1, 1320. (Das letzte Wort des Zitats lautet bei Migne: sciscitatum.) – BKV, Bd. 7, *Tertullians private und katechet. Schriften*, Kempten u. München 1912, S. 287: ... «da ja selbst das, was an Johannes himmlisch war, der Geist der Weissagung, späterhin, als der Geist in seiner Fülle auf den Herrn übertragen war, so sehr abnahm, daß er den, welchen er gepredigt, welchen er als den Kommenden bezeichnet hatte, nachmals selbst fragen ließ, ob er denn auch der sei».]

(Kap. 11).[230] *Die christliche Taufe ist der baptismus Christi, d. h. die Taufe, mit der er tauft!* Diese konnte aber damals noch nicht verliehen werden, «utpote nondum adimpleta gloria Domini, *nec instructa efficacia lavacri per passionem et resurrectionem:*[231] quia nec mors nostra dissolvi posset nisi Domini passione, nec vita restitui sine resurrectione ipsius»! (*De bapt.* [Kap.] 11).[232] Wie weit sind wir hier im Mittelpunkt der Abhandlung über die Taufe von einer direkten Verbindung zwischen der Taufe Jesu und der christlichen Taufe [entfernt]! Nicht um diese handelt es sich, sondern um den baptismus Christi, die Taufe, welche er durch Tod und Auferstehung beschafft. Damit, gerade durch das Nebeneinander von Tod und Auferstehung, steht man ganz auf altem Boden. Der Satz von der Heiligung des Wassers bei der Taufe Jesu (*Adv. Judaeos* [Kap.] 8) wird durch die Ausführungen in De baptismo als ganz nebensächlich erwiesen. Er steht nämlich in Zusammenhang mit der allgemeinen Frage, *warum denn gerade das Wasser zum Träger des Geistes in der Taufe bestimmt sei.* Darauf antwortet Tertullian zweierlei. Erstens: Das Wasser ist das erste und heiligste Element. Von Anfang an wird es erwiesen als sedes divini Spiritus.[233] Dieses Schweben des Geistes über den Wassern vor der Weltschöpfung ist eine figura baptismi.[234] Daher kommt dem Wasser als Element solche Kraft zu. «Omnes aquae de pristina originis praerogativa *sacramentum sanctificationis consequuntur, invocato deo.* Supervenit enim statim spiritus de coelis et aquis superest sanctificans eas de semetipso, et *ita sanctificatae vim sanctificandi combibunt*» (*De bapt.*, Kap. 4).[235] Dazu kommt als Zweites, daß auch in den Offenbarungen Christi das Wasser die Hauptrolle gespielt hat. Als Beispiele werden angeführt: der Durchgang durchs rote Meer; die Stäbe, welche Moses in das Bitterwasser legte, um es zu versüßen, als Symbol des «Stabes» Christus;[236] der Wasser spendende Fels, welcher Christus war, etc. In dieser reichen Aufzählung versteigt sich Tertullian zu der kühnen Be-

230 [Migne, a.a.O., 1321. – BKV, a.a.O., S. 288: Wie hätte man taufen können «auf den hl. Geist, der noch nicht vom Vater herabgestiegen war?»]

231 [Durch Doppelstrich am Rand hervorgehoben.]

232 [Migne, a.a.O., 1321. – BKV, a.a.O., S. 288: ... «weil die Herrlichkeit des Herrn noch nicht vollendet *und ⟨noch nicht⟩ mit der durch sein Leiden und seine Auferstehung wirkenden Abwaschung versehen war.* Denn unser Tod konnte nur getilgt werden durch das Leiden des Herrn und unser Leben nicht hergestellt werden ohne seine Auferstehung».]

233 [Kap. 3 (Migne, a.a.O., 1310).]

234 [Kap. 4 (Migne, a.a.O., 1311).]

235 [Kap. 4 (Migne, a.a.O., 1312). – BKV, a.a.O., S. 279: «Jedes Wasser erlangt vermöge der alten Prärogative seines Ursprungs *die geheimnisvolle Wirkung, zu heiligen durch die Anrufung Gottes.* Denn es kommt sofort der Geist vom Himmel darüber herab und ist über den Wassern, indem er sie aus sich selbst heiligt, und so *geheiligt saugen sie die Kraft des Heiligmachens ein.*»]

236 [Ms.:] Christi.

hauptung: «Numquam sine aqua Christus!»[237] Sein Wirken vollzieht sich immer im Zusammenhang mit dem Wasser. Darum floß am Kreuz, als er sein Erlöserwerk vollbracht hatte, das Wunderwasser aus seiner Seite (*De bapt.* [Kap.] 9).[238] So ist das Wasser als Sitz des Geistes und, als mit Christi Erscheinung immer verbunden, dasjenige Element, in dem sich die Heilswirkung des Todes und der Auferstehung Christi durch die Manifestation des Geistes betätigen soll. Beides begegnet sich. Zu allen diesen Hinweisen kommt noch der eine, daß auch bei der Taufe Jesu der Geist über das Wasser heruntergeschwebt ist. Dadurch ist angezeigt, daß dies sich auch in der Taufe, welche er durch seine passio beschafft, wiederholt. Bei der Handauflegung kommt der Geist herab. «Super baptismi aquas tamquam pristinam sedem recognoscens conquiescit, columbae figura delapsus in dominum» (*De bapt.* Kap. 8).[239] Die Taufe Jesu hat also eine designative Bedeutung auf die christliche Taufe hin, in demselben Sinn wie [das] Schweben des Geistes über den Wassern bei der Schöpfung, und so manche andere Hinweise, wo der Geist und das Wasser oder Christus und das Wasser vereinigt erscheinen. Statt auf einer direkten Verbindung zu beruhen, führt diese wundervolle klare Schrift Tertullians auf den Gedanken des Ignatius hinaus, daß der Herr sich taufen ließ, damit er durch sein Leiden das Wasser, mit dem er in Verbindung getreten war, heiligte. Ihrem Ursprung nach geht die christliche Taufe auf Christi Tod und Auferstehung zurück. Von einer Herleitung aus der Taufe Jesu ist keine Rede. Das zeigen die Bemerkungen über die Taufzeit. Hiernach ist *Ostern* der beste Tauftermin! «Diem baptismo solemniorem Pascha praestat, cum et *passio domini in qua tinguimur, adimpleta est*» [*De bapt.* Kap. 19].[240] Der Mann, der mit dem Wasserkrug auf der Schulter den Jüngern den Weg zum Passahsaal zeigte,[241] war ein Hinweis auf die Taufe. An zweiter Stelle kommt Pfingsten, «quo et domini resurrectio inter discipulos frequentata est et gratia spiritus sancti dedicata et *spes adventus domini subostensa*»! (*De bapt.* [Kap.] 19)[242] Auch hier stehen wir ganz auf altem Boden: Die Taufe steht

---

237 [Kap. 9 (Migne, a.a.O., 1319). – BKV, a.a.O., S. 285: «Jeden Augenblick erscheint das Wasser im Dienste Christi» (niemals Christus ohne das Wasser).]

238 [Migne, a.a.O., 1318–1319.]

239 [Migne, a.a.O., 1316. – BKV, a.a.O., S. 284: «⟨Daß der heilige Geist aber auf die gereinigten und gesegneten Leiber freudig vom Vater herabstieg und⟩ über dem Taufwasser, es gleichsam wieder als einen früheren Ruhesitz anerkennend, ruhte, das geschah damals, als er in Gestalt einer Taube auf den Herrn herabkam.»]

240 [Migne, a.a.O., 1331. – BKV, a.a.O., S. 297: «Den feierlichsten Tag für die Taufe bietet uns das Osterfest, *wo auch das Leiden des Herrn, auf welches wir getauft werden, sich erfüllt hat.*»]

241 [Mk. 14,13.]

242 [Migne, a.a.O., 1331. – BKV, a.a.O., S. 297f.: «⟨Pfingsten der Zeitraum,⟩ in welchem der auferstandene Herr häufig unter den Jüngern weilte, die Gnade des hl. Geistes mitgeteilt wurde und endlich *die Hoffnung auf die Wiederkunft des Herrn durch-*

in Zusammenhang mit dem Leidens-, Wiederkunfts- und Auferstehungsgedanken, sie ist eine Taufe auf die passio domini!

Die Bemerkung, daß Irenäus, der ältere, der direkten Verbindung der Taufe Jesu mit der christlichen Taufe viel näher steht als Tertullian, der jüngere, ist sehr interessant. Tertullian denkt eben konsequent in der Geschichtstheorie der Logosspekulation und kann daher den Leidensgedanken nicht entbehren, um die Wirkung des Geistes im Zusammenhang mit dem Logoschristus zu erklären, und darum fließt auch die Taufe aus der passio Christi. Irenäus denkt inkonsequent und braucht die passio Christi nicht, um das Wirken des Geistes zu erklären; darum bringt er naturgemäß die christliche Taufe in viel direkteren Zusammenhang mit der Taufe Jesu.

Vollständig erreicht ist die direkte Verbindung bei *Clemens Alexandrinus, (Paedagogus* I,6). In dieser Ausführung bietet er das vollkommene Gegenstück zu[243] *De baptismo* seines Zeitgenossen Tertullian. Sie verhält sich zu ihr[244] wie der Taufbegriff in Justins [I.] Apologie 61 ff. zu dem in dem Dialog mit Trypho [Kap.] 138.[245] Diese ganze Abhandlung über die Taufe ist nämlich nur die Durchführung des Gedankens der ἀναγέννησις [Wiedergeburt]. Es handelt sich um den Nachweis, daß die mit der ἀναγέννησις erreichte Gotteskindschaft die Vollendung schon in sich trägt und tatsächlich schon den Auferstehungszustand repräsentiert. Ἀναγεννηθέντες γοῦν εὐθέως τὸ τέλειον ἀπειλήφαμεν, οὗ ἔκενεν ἐσπεύδομεν, heißt es am Anfang des Kapitels.[246] Etwas weiter: ἐν δὲ τῇ ἀναστάσει τῶν πιστευόντων ἀπόκειται [τὸ] τέλος. τὸ δὲ οὐκ ἄλλου τινός ἐστι μεταλαβεῖν ἀλλ' ἢ τῆς προωμολογημένης ἐπαγγελίας τυχεῖν.[247] Dieser Satz nun, daß die Wiedergeburt in der Taufe schon die vollendete Gotteskindschaft in sich schließe, wird aus der direkten Verbindung der Taufe Jesu mit der christlichen Taufe bewiesen. Die für den

---

blickte» ...]

243 [Ms.:] zu dem.

244 [zu ihr: zur vorher genannten Schrift *De baptismo*.]

245 [Siehe oben S. 115 f. und S. 72 f. (Ms.-S. 59 und 2 f.).]

Auch in dem Verhältnis des Taufbegriffs in der Apologie und in dem Dialog handelt es sich um Entwicklungsphasen, bei denen die Zeit keine Rolle spielt, sondern wo alles auf die Konsequenz der Gedanken ankommt. Steht es wirklich fest, daß die Apologie bedeutend älter ist als der Dialog, so ändert dies doch nichts an der Tatsache, daß entwicklungsgeschichtlich die Apologie einen vorangeschritteneren Taufbegriff vertritt als die Ausführung in Kap. 138 des Dialogs.

246 [*Clemens Alexandrinus*, I. Bd., hrsg. von Otto Stählin, Leipzig 1905, S. 104 f. – *Ausgewählte Schriften des Titus Flavius Clemens, Kirchenlehrers von Alexandrien*, übers. von Lorenz Hopfenmüller, Kempten 1875, BKV, S. 241 f.: «Mit der Wiedergeburt erhalten wir sofort die Vollendung, die unser Ziel ist.»]

247 [Stählin, S. 107. – BKV (Hopfenmüller), S. 244 f.: «In der Auferstehung der Gläubigen (wendet man weiter ein) beruht die Vollendung. Diese aber ist nicht die Erlangung eines besonderen Gutes, sondern nichts weiter als die Erfüllung der (in der Taufe) empfangenen Verheißungen.»]

Taufbegriff so überaus wichtige Stelle lautet: αὐτίκα γοῦν βαπτιζομένῳ τῷ κυρίῳ ἀπ' οὐρανῶν ἐπήχησε φωνὴ μάρτυς ἠγαπημένου «υἱός μου εἶ σὺ ἀγαπητός, ἐγὼ σήμερον γεγέννηκά σε.» πυθώμεθα οὖν τῶν σοφῶν· σήμερον ἀναγεννηθεὶς ὁ Χριστὸς ἤδη τέλειός ἐστιν ἤ, ὅπερ ἀτοπώτατον, ἐλλιπής. εἰ δὲ τοῦτο, προσμαθεῖν τι αὐτῷ δεῖ. ἀλλὰ προσμαθεῖν μὲν αὐτὸν εἰκὸς οὐδὲ ἓν θεὸν ὄντα. οὐ γὰρ [ἀν] μείζων τις εἴη τοῦ λόγου οὐδὲ μὴν διδάσκαλος τοῦ μόνου διδασκάλου. μή τι οὖν ὁμολογήσουσιν ἄκοντες τὸν λόγον, τέλειον ἐκ τελείου φύντα τοῦ πατρόσ, κατὰ τὴν οικονομικην προδιατύπωσιν ἀναγεννηθῆναι τελείως; καὶ εἰ τέλειος ἦν, τί ἐβαπτίζετο ὁ τέλειος; ἔδει, φασί, πληρῶσαι τὸ ἐπάγγελμα τὸ ἀνθρώπινον. παγκάλως. φημὶ γάρ· ἅμα τοίνυν τῷ βαπτίζεσθαι αὐτὸν ὑπὸ Ἰωάννου γίνεται τέλειος; δῆλον ὅτι. οὐδὲν οὖν πρὸς αὐτοῦ προσέμαθεν; οὐ γάρ. τελειοῦται δὲ τῷ λουτρῷ μόνῳ καί τοῦ πνεύματος τῇ καθόδῳ ἁγιάζεται; οὕτως ἔχει.

Τὸ δὲ αὐτὸ συμβαίνει τοῦτο καὶ περὶ ἡμᾶς, ὧν γέγονεν ὑπογραφὴ ὁ κύριος· βαπτιζόμενοι φωτιζόμεθα, φωτιζόμενοι υἱοποιούμεθα, υἱοποιούμενοι τελειούμεθα, τελειούμενοι ἀπαθανατιζόμεθα.[248] Der Sinn dieser Stelle ist folgender: Wenn bei der Taufe, wo der Geist auf Jesum herabkommt, die Stimme des Herrn erschallt: «du bist mein lieber Sohn, heute habe ich dich gezeugt», so bezeichnet die Taufe für Jesus den Augenblick der *vollkommenen* Gotteskindschaft. Von einer Unvollkommenheit kann man ja bei ihm nicht reden, denn als der Logos ist er allwissend und vollkommen, so daß kein innerer Fortschritt mehr vor ihm liegt. Warum wurde aber Jesus als Vollkommener getauft, warum erlebt er die ἀναγέννησις [Wiedergeburt], die für ihn doch nur eine uneigentliche ist? Das geschieht wegen des typischen Charakters der Heilsökonomie, um die christliche Taufe vorzubilden, damit niemand nachher zweifeln kann, daß sie die vollständige und vollendete

---

248 [Stählin, S. 105. – BKV (Hopfenmüller), S. 242: «Gleich nach der Taufe erscholl auf den Herrn vom Himmel eine Stimme herab als Zeugnis für den Geliebten: ‹Du bist mein Sohn; heute habe ich dich gezeugt.› (Ps. 2,7, Luk. 3,22.) Fragen wir also diese gescheiten Leute: der heute gezeugte Christus – ist er vollkommen oder (es ist zu ungereimt) ist er unvollkommen? Wenn Dies, muß er noch Etwas lernen? Aber lernen kann er doch gar Nichts, da er Gott ist. Es gibt keinen größeren als den Logos; es gibt keinen Lehrer für den einzigen Lehrer. Werden sie also nicht wohl oder übel zugestehen müssen, daß der Logos vollkommen hervorging aus dem vollkommenen Vater und nach der typischen Heilsökonomie in vollendeter Weise wiedergeboren wurde? Aber wenn er vollkommen war, warum wurde er, der Vollkommene, getauft? Er mußte, antwortet man, die angenommene menschliche Lebensform vollständig verwirklichen. Ganz recht. Das geb' ich zu. Also sofort mit der Taufe durch Johannes wird er vollkommen! Offenbar. Er hatte also von ihm Nichts zu lernen? Durchaus nicht. Er wird also vollendet durch das bloße Bad und die Herabkunft des heiligen Geistes? Gewiß. Das Nämliche geschieht auch bei uns, deren Prototyp Christus ist. Mit der Taufe erhalten wir das Licht, mit dem Lichte die Kindschaft, mit der Kindschaft die Vollendung, mit der Vollendung die Unsterblichkeit.»]

Gotteskindschaft in der Wiedergeburt verleiht. Darum erscholl über dem getauften Logosträger, *wo die vollkommene Kindschaft von sich aus unzweifelhaft ist*, die Stimme des Vaters: «heute habe ich dich gezeugt». So ist gewiß, daß Christus «vollendet wird durch das bloße Bad und die Herabkunft des heiligen Geistes». Das nämliche aber geschieht auch bei uns, deren Prototyp Christus geworden ist. *«In der Taufe werden wir erleuchtet, erleuchtet werden wir zu Kindern gemacht, als Kinder werden wir vollendet, als die Vollendeten besitzen wir die Unsterblichkeit.»*[249]

Um zu verstehen, wie Clemens Alexandrinus zu dieser direkten Verbindung kommt, muß man bedenken, daß die Kirchenväter, welche die zentrale christologische Wertung der Taufe Jesu bei den Gnostikern bekämpften, aus diesem Kampf selbst eine gesteigerte Wertung der Taufe Jesu mitnahmen. Sie widerstehen den Gnostikern nicht mehr wie ein Justin, indem sie sich auf die rein *designatorische* Bedeutung der Taufe Jesu zurückziehen,[250] sondern sie nehmen die gnostischen Sätze irgendwie in ihre Christologie auf und machen sie durch die Voraussetzung derselben unschädlich. Statt der designatorischen vertreten sie eine *uneigentliche christologische Wertung der Taufe Jesu.* Sie können das, weil jetzt, durch die Verbindung der trinitarischen Formel mit der Logoschristologie, der Geist, den Christus empfängt, vom Logos verschieden ist. So widerstreben sich Geistbegabung bei der Taufe und Logoschristologie nicht, da es sich beidemal um etwas ganz anderes handelt. Mit würdiger Ruhe kann ein Irenäus, wie schon früher erwähnt,[251] den Satz aussprechen: Jesus empfing den Geist bei der Taufe, *weil er der menschgewordene Logos war.* Dieser Satz, so widersinnig er war, barg doch eine Erhöhung der Schätzung der Taufgeschichte in der kirchlichen Lehre. Clemens Alexandrinus, der den Gnostikern in manchem viel näher steht und auch viel freier spekuliert als ein Irenäus, geht nun noch weiter in der uneigentlichen Geltendmachung der Bedeutung der Taufe Jesu. *Er redet von der Taufe Jesu dem Wortlaut nach wie ein Gnostiker!* In der Taufe τελειοῦται (scil. Jesus) τῷ λουτρῷ μόνῳ καὶ τοῦ πνεύματος τῇ καθόδῳ ἁγιάζεται,[252] in ihr vollzieht sich seine ἀναγέννησις [Wiedergeburt], wie er auch das ἐγὼ σήμερον γεγέννηκά σε[253] in dem Zitat mitführt. Damit ist der Gedanke, daß die Taufe durch die Geistherabkunft die höhere Geburtsstunde Jesu ist, wenn auch nur dem Wortlaut nach, auf kirchlichem Boden erreicht, *durch den Einfluß der Gnostiker.* Für die Christologie hat dies nichts zu bedeuten, denn die Logoslehre macht diese

249 Es handelt sich also um einen ganz sophistischen Beweis.
250 [Singgemäß müßte hier stehen: zurückzögen.]
251 [Vgl. S. 68, mit Anm. 56.]
252 [«Er wird also vollendet durch das bloße Bad (und geheiligt) durch die Herabkunft des Geistes.» (Vgl. Anm. 248.)]
253 [«heute habe ich dich gezeugt».]

Auffassung der ἀναγέννησις [Wiedergeburt] Jesu in der Taufe von Anfang an unwirksam. Hingegen für die direkte Verbindung der Taufe Jesu mit der christlichen Taufe ist nun die Voraussetzung gegeben, *die man in der ältesten Christenheit finden wollte*, daß nämlich die Taufe die höhere messianische Geburtsstunde repräsentiere, *wodurch sie mit der christlichen Taufe, als der höheren Geburtsstunde des Gläubigen, in Analogieverbindung tritt*! So ist es ganz folgerichtig, daß gerade Irenäus und Clemens Alexandrinus, im Anschluß an ihre dem Wortlaut nach höhere christologische Wertung der *Taufe Jesu*, die christliche Taufe direkt damit in Verbindung bringen,[254] während Tertullian, der weniger gnostiziert, den alten Gedanken vertritt, daß die christliche Taufe mit der *Taufe Christi*, d. h. mit der Taufe, die er durch seine passio geschaffen hat, in Verbindung steht. Dabei ist Irenäus der weniger vorgeschrittene, verglichen mit Clemens von Alexandrien. Er kommt nur bis zu dem Gedanken, daß die Christen in der Taufe an der Geistwirkung bei der Taufe Jesu partizipieren. Das ist eine Realverbindung. Clemens Alexandrinus hingegen, weil er für die Taufe Jesu den Ausdruck ἀναγέννησις [Wiedergeburt] erreicht, der auch die christliche Taufe charakterisiert, verbindet beide analogisch durch den Begriff der Wiedergeburt. Hier tritt endlich die Analogieverbindung, welche die modern historische Theologie von Anfang an wirksam sein läßt, zutage!

Bei näherem Zusehen jedoch zeigt sich, daß sich die beiden Analogien, die des Clemens und die der modernen Theologie, doch nicht decken. Die eine befährt die Strecke in dieser Richtung, die andere in jener. Bei der modern-historischen bildet die Bedeutung der Taufe Jesu den Ausgangspunkt.

Von dieser aus soll dann das Aufkommen der christlichen Taufe erklärt werden, indem man die Urgemeinde die Taufe Jesu wegen ihrer Bedeutung als höherer Geburtsstunde «entsprechend» wiederholen läßt. So zuversichtlich ist aber die Analogieverbindung des Clemens Alexandrinus nicht. Er befährt die Strecke rückwärts. Er will das Aufkommen der christlichen Taufe gar nicht erklären, sondern er setzt sie voraus und benutzt die Analogie nur, um einen bestimmten Satz über das Wesen der Taufe durch einen künstlichen Nachweis aus dem Wesen der Taufe Jesu zu erklären und zu beweisen.[255] Die moderne Analogie sagt: die christliche Taufe ist *die entsprechende Wiederholung der Taufe Jesu*. Clemens Alexandrinus sagt: die Taufe Jesu war *der Prototyp der christlichen Taufe*. Sie existiert nur im Hinblick auf diese, um darzutun, daß die Wiedergeburt in der christlichen Taufe eine vollkommene und vollendete ist. An sich hat aber die Taufe Jesu nichts zu sagen, da er durch den Logos schon

254 [Dieser Satz und der Schluß des vorangehenden am Rand durch Doppelstrich hervorgehoben.]

255 [Satz durch Doppelstrich am Rand hervorgehoben.]

τέλειος [vollkommen] war. Die Analogie wird also hier nur exempli causa durchgeführt und ist so gekünstelt, daß man wohl sieht, welche Schwierigkeiten sie dem Autor bereitet hat.

Zur Tauflehre gehört sie aber auch von da an noch nicht. *Sie spielt in den späteren Darlegungen über die Taufe, bei Origenes, Athanasius, Gregor von Nazianz und Chrysostomus keine Rolle*, sondern, wo diese die direkte Verbindung erreichen, führen sie mehr die *Realverbindung des Irenäus aus, daß wir in der christlichen Taufe an der Taufe Jesu partizipieren, in seiner Taufe mitgetauft werden.* Die Ausführungen über die Taufe bei Athanasius spinnen diesen Gedanken in einer Reihe von Variationen aus.

XV. Abschluß

Wir haben in dieser Untersuchung nur die einsetzende und fortschreitende Verchristlichung der Taufe bis zu der erreichten direkten Verbindung mit der Taufe Jesu darstellen wollen. Um diese Wandlung scharf heraustreten zu lassen, haben wir alle Nebengedanken und Nebenfragen, die in den bisherigen Untersuchungen mit der Hauptfrage verbunden waren, unberücksichtigt gelassen. Dazu gehört das Aufkommen der trinitarischen Taufe an Stelle der Taufe auf den Namen Jesu, der Begriff der Taufe als Buß- und als Bekenntnisakt, die Taufe im Zusammenhang mit der christlichen Lehrunterweisung, die Taufe und die zweite Buße, die moralische Bedeutung der Taufe etc. Es sind dies mehr Fragen des kirchlichen Lebens und des gottesdienstlichen Usus', gleichsam die sichtbare Form des christlichen Taufbegriffs, hinter der sich die innere Verschiebung und Wandlung desselben geräuschlos und verdeckt vollzog. Auf dieses innere Werden aber kommt es gerade für die Einsicht in die Entstehung des «christlichen» Taufbegriffs an. Die übrigen Zusammenhänge verdunkeln oft die Entscheidungsfrage und führen eine Vermengung des Wesentlichen und des Anhaftenden herbei. Z. B. verbaut man sich die Einsicht in die Bedeutung der urchristlichen Taufe, wenn man sie von Anfang an unter mehreren Gesichtspunkten, als Bekenntnisakt, als Bußakt etc. betrachtet. Das war sie implicite auch, aber der entscheidende, positive Charakter, der alle Nebendeutungen trägt, wird dadurch nicht ans Tageslicht gezogen.

Fassen wir noch einmal den Grundgedanken dieser Ausführungen zusammen. *Es geht nicht an, die christliche Taufe historisch aus der Taufe Jesu zu erklären.* Die Voraussetzungen dafür fehlen ganz, denn weder hat man in der ältesten Zeit die Wertung der Taufe *als der höheren messianischen Geburtsstunde Jesu* hervorgehoben, noch hat man die Taufe Jesu im Zusammenhang mit den Ausführungen über die christliche Taufe auch nur erwähnt. Es handelt sich nicht um die Geschichte *«des Aufkommens der christlichen Taufe»*, sondern um die Geschichte *der Verchristlichung der in der christlichen Gemeinde auf den Namen Jesu als des erwarteten Messias geübten Johannestaufe*. Die christliche Taufe hat nicht zuerst in gasförmigem Zustand existiert und sich dann erst konsolidiert; *sie ist nicht zuerst ein Sinnbild gewesen und hat sich dann allmählich zum Sakrament verdichtet*, sondern sie war schon in ihrem vorchristlichen Zustand ein Sakrament. Sie wurde nämlich als *eschatologisches Sakrament* von dem Täufer geübt und gab als solches die Gewißheit der Geistesempfängnis und der Sündenvergebung für die nahe eschatologische Zukunft. Als das eschatologische Sakrament übernahm sie die erste reichsgläubige Gemeinde, welche sich in Jerusalem in der Erwartung des Kommens Jesu als des Messias zusammenfand. *Die Verchristlichung* des Sakraments vollzieht sich nun dadurch, daß in steigendem Maße das, was die «Johannestaufe» als zukünftig garantierte, bei der Übung des eschatologischen Sakraments in der christlichen Gemeinde als gegenwärtig erschien. In äußerlicher Weise wurde dies bekundet durch die Manifestation des Geistes in den ekstatischen Zuständen. So beruht das Aufkommen der «christlichen Taufe» auf der Entleerung der «Johannestaufe». Tatsächlich aber enthalten beide die nämlichen Gedanken, nur daß die «christliche» Taufe durch die Zusammenschiebung reicher, die «Johannestaufe» hingegen ärmer erscheint.

Realisiert wurde die Verchristlichung der Taufe zuerst durch die *eschatologische Mystik Pauli*, sodann durch die *rationalistische Mystik der Logosspekulation*. Durch die erstere wurde sie auf den Begriff der *proleptischen Auferstehung* gebracht. In der zweiten wurde die Vorstellung der Taufe als *Wiedergeburt* erreicht. Zu dem Begriff der proleptischen Auferstehung gelangte Paulus, indem er die Eschatologie mit der Tatsache des schon erfolgten Todes und der Auferstehung des Herrn zusammenbrachte, in dessen Auferstehungsleib man durch die Taufe eingegliedert wird. Mit dem zunehmenden Zurücktreten der Eschatologie blieb dann nur *die direkte Verbindung der «christlichen» Taufe mit dem Tod und der Auferstehung Jesu zurück*. Diesen Prozeß kann man an den nachpaulinischen Taufbegriffen, wie sie in Kol., Eph., Tit., Hebr. und I Petr. vorliegen, verfolgen. Die Taufe wird ohne klare Motivierung mit dem Tode Jesu in Zusammenhang gebracht, wobei bald der Auferstehung, welche bei Paulus doch den Zusammenhang allein aufrecht erhält, nicht mehr gedacht wird. Dadurch wird die Erklärung der Taufe aus Christi Tod zum Rätsel. Zugleich bewegt man sich von dem Begriff der *Auferstehung*, sofern er das Wesen der Taufe bezeichnet, zum Begriff der *Wiedergeburt* hin. Erreicht wird er klar bei Justin, der daneben aber noch ganz in dem volkstümlichen Taufbegriff denken kann, wie die Ausführungen über das Wasser und das Holz in *Dial.* [*mit Trypho*, Kap.] 138, zeigen.

Die zweite Phase in der Entwicklung beginnt mit der *Durchführung des Begriffs der Wiedergeburt durch die Logosspekulation*. Justin zeigt einen Ansatz dazu in I. Apologie [Kap.] 61–65. Das hier noch ganz unklare Bild wird mit vollendeter Meisterschaft im 4. Evangelium ausgeführt. Hier wird die Logosspekulation zur Geschichtstheorie, welche nicht nur die Erscheinung Jesu erklären will, sondern – erst so versteht man das 4. Evangelium ganz – *das Leben Jesu im organischen Zusammenhang mit den «christlichen» Sakramenten darzustellen sucht.* Vorausweisend erklärt und beglaubigt der Menschensohn die Sakramente, welche seine Erscheinung als Logosträger perpetuieren, wenn er von der Welt genommen und verklärt ist. So steht der Menschensohn durch die Sakramente lebendig drin in allen Generationen, die κρίσις [Gericht] heraufführend und *das Leben* vermittelnd, bis diese Neuschaffung der Welt vollendet und alles Göttliche in der Schöpfung zum Ursprung des Ewigen zurückgeführt ist.

Auch in dieser Auffassung der Taufe beruht ihr christlicher Charakter *auf den Tatsachen des Todes und der Verklärung Christi,* denn der Geist, welcher in Verbindung mit dem Wasser die christliche Taufe wirksam macht, existiert erst auf Grund des Todes und der Verklärung des υἱὸς τοῦ ἀνθρώπου [Menschensohn]. Darum kennt auch Tertullian, bei dem die logische Straffheit der Logosgeschichtstheorie erhalten ist, in seiner wunderbar schönen Schrift De baptismo *keine direkte Verbindung zwischen der Taufe Jesu und der christlichen Taufe.* Er steht ganz auf dem Standpunkt des populären Gedankens, welchen Ignatius dahin formuliert hatte, daß «Christus die Wasser, mit denen er bei der Taufe in Berührung gekommen war, *durch sein Leiden zur christlichen Taufe geheiligt habe*». Hingegen ist die direkte Verbindung bei *Irenäus* und noch mehr bei *Clemens Alexandrinus* erreicht, weil bei ihnen das Verhältnis des Geistes zur Existenz des Logoschristus nicht mehr durch seinen Tod und seine Verklärung ausschließlich bedingt ist und weil sie im Anschluß an die von ihnen bekämpften Gnostiker in Worten, wenn auch nicht der Sache nach, eine christologische Wertung der Taufe Jesu vertreten. In einem bestimmten Fall des Exemplifizierens kommt Clemens Alexandrinus [in] Paedagogus I,6 dazu, die Taufe Jesu als Prototyp der in jedem Getauften sich vollziehenden vollständigen Wiedergeburt zu fassen. Diese *Analogieverbindung* bleibt jedoch vereinzelt. Für die folgende Zeit aber wurde, besonders in der griechischen Tauflehre, die direkte *Realverbindung,* wie sie Irenäus vertritt und die auf dem Gedanken der Geistesmitteilung beruht, wirksam. In der christlichen Taufe partizipieren wir an der Taufe Jesu, so sagt Athanasius.[256]

Das ist die Evolution, die in allgemeinen Umrissen dargestellt werden mußte, damit das Aufkommen und das Wesen der christlichen Taufe historisch begreiflich werden. *Die direkte Verbindung der christlichen Taufe mit der Taufe Jesu ist nicht der Ausgangspunkt der christlichen Taufe, sondern*

256 [Erste Rede gegen die Arianer, Kap. 48: «Und auch wenn er (Jesus) getauft wird, sind wir es, die in ihm getauft werden» (Migne, PG 26, 113 A).]

erscheint erst am Ende einer langen Entwicklung. Auch da handelt es sich nicht um eine Analogieverbindung, im Sinne derjenigen, welche die *modern-historische Theologie* zur Erklärung des *«Aufkommens der christlichen Taufe»* verwenden will, sondern um eine *Realverbindung*, oder, wo die *Analogieverbindung*, wie bei Clemens Alexandrinus, ausnahmsweise erscheint, um eine der modern-historischen [Theologie] zuwiderlaufende [Verbindung]. *Also widersprechen die Tatsachen bis zur Mitte des 3. Jahrhunderts und darüber hinaus dem Versuch, die christliche Taufe aus der Taufe Jesu herzuleiten und zu erklären, in allen Punkten.* Die Verchristlichung der Taufe beruht auf der Tatsache des Todes und der Auferstehung Jesu, *die «christliche» Taufe leitet sich von dieser Doppeltatsache her: das ist die einzige geschichtliche Erklärung.* Wie könnte es auch anders sein? Das Christentum als solches beruht auf dieser Doppeltatsache. Solange daher eine urchristliche Institution nicht aus derselben erklärt ist, ist sie überhaupt nicht historisch erklärt, denn sie ist nicht in dem großen Ganzen der Entstehung des Christentums begriffen.

b) Publikum über Taufe und Abendmahl (Sommersemester 1902)

1. Vorlesung:
Taufe und Abendmahl als Zentralproblem in der Entstehung und Entwicklung des Urchristentums

Inhaltsverzeichnis

[Ab § 6 ist die Numerierung verzählt. Wir fügen jeweils die korrigierte Zahl in [ ] bei.]

§ 20) [22] Das Abendmahl bei Clemens Alexandrinus und Origenes
§ 21) [23] Das Abendmahl bei Cyprian
§ 21) [24] Der doppelte Ausgang des Abendmahls

Sommersemester 1902
Publikum[257] über Taufe und Abendmahl. Samstag, einstündig.

1. Vorlesung:
Taufe und Abendmahl als Zentralproblem in der Entstehung und Entwicklung des Urchristentums[258]

§ 1) Taufe und Abendmahl in den großen dogmengeschichtlichen Werken

Ich fasse den Hauptgedanken dieses ersten Kapitels in folgendem Satz[259] zusammen: Es war verhängnisvoll sowohl für die geschichtliche Erkenntnis des Urchristentums als auch für die der Taufe und des Abendmahls, daß noch kein zielbewußter Versuch gemacht worden ist, das Wesen und die Entwicklung des Urchristentums im organischen Zusammenhang mit dem Aufkommen und der Fortbildung der Taufe und des Abendmahls zu begreifen. Entweder stellte man den urchristlichen und altchristlichen Glauben dar und berührte Taufe und Abendmahl nur nebenbei, oder man schrieb Monographien über die Taufe und das Abendmahl, ohne sie in die große allgemeine Entwicklung der Gedanken hineinzustellen. Daß man aber mit der Taufe und mit dem Abendmahl im Zentrum der urchristlichen und altchristlichen Gedankenevolution steht, ist weder von den Dogmenhistorikern noch von den Monographienschreibern in ihrer Darstellung zur Geltung gekommen.

Die vier dogmenhistorischen Hauptwerke, welche als grundlegend für unsere Erkenntnisse gelten können, sind folgende:

1) Ferdinand Christian Baur (1792–1860, der Gründer der Tübingerschule): *Das Christentum und die christliche Kirche der drei ersten Jahrhunderte*, Tübingen 1853.

Vorlesungen über die christliche Dogmengeschichte,[260] nach seinem Tode herausgegeben [von Ferd. Friedr. Baur, Leipzig 1865], 3 Bde.

---

257 [«Publikum» hier im Sinne von «öffentlicher Vorlesung».]

258 [R] Die Bedeutung der Einsetzung der 7 Männer als Diener des Tischs für das Abendmahl [Acta 6,3].
Diakonen nur diesen Dienst (Parallele mit [zu] I Kor. 11).

259 [Gemeint ist offensichtlich der folg. erste Abschnitt.]

260 [Ms.:] Dogmengeschichtl. Vorlesungen.

2) Albrecht Ritschl (1822–1889, das Bonner und Göttinger Schulhaupt): *Die Entstehung der altkatholischen Kirche*, Bonn 1850.
3) Ernest Renan (1823–1892, der französische Dogmengeschichtler): *Histoire des origines du christianisme*, eine Serie von Monographien, Paris, zwischen 1863 und 1883.[261]
4) Adolf Harnack (1851[-1930], der Berliner Dogmengeschichtler, der alle Anregungen seiner drei Vorgänger in sich aufgenommen und zur reichsten Entfaltung gebracht hat): *[Lehrbuch der] Dogmengeschichte*, [Freiburg i.Br.] 1885/86.

Geht man diese grundlegenden Werke durch, so ist man überrascht, wie nebensächlich sie die Taufe und das Abendmahl behandeln. Baur erwähnt nur kurz, daß die Taufe in beiden christlichen Kreisen wohl als Ersatz für die Beschneidung aufgekommen und daß das Abendmahl das verchristlichte Passah sei. (Darauf hinweisen, daß alle die Dogmengeschichte immer von einem Grundproblem aus behandeln: *Baur*: Judaismus – Paulinismus. *Ritschl*: Gemeinsame Grundlagen von Judaismus und Paulinismus. *Harnack*: Christologie.)

Bei Ritschl kommt das Wort Taufe 10mal,[262] das Wort Abendmahl 3mal[263] vor. Die Taufe war das Symbol des Todes Jesu, und es wird in ihr die Sündenvergebung übertragen. Vom Abendmahl sagt er nichts weiter, als daß das heilige Mahl in der Regel durch den Gemeindevorsteher geleitet wird (S. 212ff., 377–379). Er unternimmt es also, die Entstehung der altkatholischen Kirche darzutun, ohne auf das Wesen und die Entwicklung der Sakramente einzugehen.

Renan will den Ursprung des Christentums darstellen,[264] aber von den Monographien, in denen er diese Schilderung gibt, handelt keine von den Sakramenten – als hätten diese keine entscheidende Rolle gespielt.

Nach Harnack (*Dogmengeschichte*, [Bd. I,] 3. Aufl., [Freiburg i.Br. 1894,] S. 154ff.) sind die Hauptstücke des Christentums bei seinem Eintritt in die Welt: 1) Der Glaube an Gott, 2) die Herrenworte, 3) die Taufe, 4) das Abendmahl, 5) die Eschatologie. Dennoch werden in der weiteren Durchführung Taufe und Abendmahl in eine suba[lter]ne[265] Stellung gedrängt. Sie werden hauptsächlich unter dem Kultus und der Gemeindeorganisation abgehandelt ([Bd. I,] 3. Aufl., S. 195–207), während sie in der Darstellung der Fundamente des urchristlichen Erlösungsglaubens keine bedeutende Rolle spielen.[266]

---

261 [Ms.:] «Les origines du christianisme» ... zwischen 1869–1882.
262 [Ms.:] in die 10 mal.
263 [Ms.:] in die 3 mal.
264 [R] Beispiel von [den] Emmausjüngern[?]
265 [Lücke infolge herausgerissenen Stücks des Seitenrandes.]
266 [R] (Christentum 2ter Ordnung.)

Mit einem Wort: Die Behandlung der Taufe und des Abendmahls in den großen dogmengeschichtlichen Werken ist eine rhapsodische. Sie erklären die Entstehung des kirchlichen Glaubens aus der Entwicklung der Christologie, der Soteriologie, der Gemeindeverfassung, des Kanons, der Tradition, des Symbols und des Kultus – aber die erwarteten orientierenden Hauptkapitel über Taufe und Abendmahl fehlen.

§ 2) Die großen durchgehenden Monographien über Taufe und Abendmahl

Unter den durchgehenden Monographien verstehe [ich] solche, welche die Sakramente von ihrem Aufkommen an durch die urchristliche und altchristliche Epoche bis zu ihrer endgültigen Fixierung hin verfolgen. Es ist bezeichnend, daß die 2. Hälfte des 19. Jahrhunderts kein solches Unternehmen von Belang aufzuweisen hat, sondern daß die durchgehenden Monographien in die 1. Hälfte des Jahrhunderts fallen. Man erkannte also entweder die Bedeutung der Aufgabe nicht, oder man wagte sich nicht an ihre Lösung.

Folgende[267] sind die drei bedeutendsten Monographien, eine für die Taufe, zwei für das Abendmahl:

1) Joh. Wilh. Friedrich Höfling (1802–1853, Vertreter des aufgeklärten und fortschrittlichen Luthertums zu Erlangen): *Das Sakrament der Taufe*, 2 Bde., [Erlangen] 1846–1848.[268]
2) Joh. Heinr. August Ebrard (1818–1888, der größte wissenschaftliche Vertreter des reformierten vermittelnden Abendmahlsbegriffs zu Zürich): *Das Dogma vom heiligen Abendmahl und seine Geschichte*, 2 Bde., [Frankfurt a. M.] 1845–1846.
3) Leopold Immanuel Rückert (1797–1871, Professor zu Jena): *Das Abendmahl. Sein Wesen und seine Geschichte in der alten Kirche*, [Leipzig] 1856. 1 Bd., bis Isidor von Sevilla (7. Jahrhundert), wohl die bedeutendste durchgehende Monographie.

Alle diese Monographien fallen also vor die Zeit, wo die großen dogmengeschichtlichen Auffassungen wirksam werden. Sie weisen eine stupende Gelehrsamkeit und Stellenkenntnis auf, und es steckt eine ungeheure Arbeit darin. Aber, man darf es kühnlich sagen, keiner, der sich hindurchgearbeitet hat, kann mit gutem Gewissen sagen, daß ihm das Aufkommen und die Entwicklung der Sakramente in der Alten Kirche auch nur um ein Haar klarer geworden wäre.

Sie zeigen einem, wie ein Stück Holz den Strom heruntergeschwommen kommt und in einen Strudel hineingezogen wird. Dort wird es

267 [Ms.:] Folgendes.
268 [R] Geschrieben, als man noch über Abendmahl kämpfte und praktische Zwecke damit verfolgte.

festgehalten und treibt in ziel- und planlosen Kreisen herum, bis es zuletzt in einer bestimmten Richtung wieder vom Strom fortgetragen wird. Aber warum treibt es in den Strudel, warum bewegt es sich in planlosen Kreisen, warum schlägt es zuletzt diese bestimmte Richtung ein? – das möchte man erfahren, um die Entwicklung und den Ausgang der alten Sakramente zu verstehen, und das gerade erklären die durchgehenden Monographien nicht. Zwei Hauptfehler hängen diesen durchgehenden Monographien an:

1) Sie isolieren das Abendmahl und die Taufe und setzen voraus, daß es sich um eine Art immanente Explikation handelt. Man hat gar nicht den Eindruck, als ob man durch den Urwald des Urchristentums und der altchristlichen Epoche sich einen Weg bahnte, um zuletzt zur Lichtung zu gelangen, wo man die weiteren Jahrhunderte überblickt und versteht, sondern man wandelt auf den künstlich verschlungenen Wegen eines umfriedeten Parkes und kommt zuletzt – man weiß nicht wie – beim Ausgangspförtchen an. Die Schwierigkeit dieser Abhandlungen besteht nämlich ja nicht darin, daß man in dem Problem der Sakramente alle Fragen der Entwicklung des Urchristentums und der altchristlichen Epoche zusammengedrängt erlebt, als schrien sie einem durcheinander von Nahem in die Ohren, sondern darin, daß das Problem mit künstlichen Gliederungen und den spitzfindigsten und unmöglichsten logischen Distinktionen bearbeitet und gequält[269] wird.

[2)] Das rührt vom zweiten Grundfehler her. Diese durchgehenden Monographien betrachten die Entwicklung der alten Sakramente vom Standpunkt der reformatorischen und nachreformatorischen Auseinandersetzung [aus]. Weil dort Symboliker und Metaboliker einander gegenüberstanden, so muß es auch in der alten Entwicklung sich um diese Gegenüberstellung gehandelt haben. Weil es sich dort fragte, ob die «Einsetzungsworte» ein Gleichnis oder einen übernatürlichen Vorgang anzeigen, so sollte es auch in der alten Zeit sich um dieselbe Frage gehandelt haben, wie auch für die Taufe magische und symbolische Auffassung sich nebeneinander geltend machten.

Aber damit nicht genug. In der reformatorischen Auseinandersetzung gab es eine Menge von Spielarten zwischen Symbolikern und Metabolikern. Zwischen Luther und Zwingli traten die Oberdeutschen, Bucer, Melanchthon und Calvin. Sie stehen alle auf veränderlich,[270] so daß man in ihren Ausführungen nie genau weiß, ob sich der Himmel zur blauen Helle des Symbols aufhellen oder ob sich die Wolken nicht[271] zu irgend einer Präsenz- oder Wandlungslehre verdichten werden. Gerade so soll es mit dem Mischungsverhältnis bei den alten Vertretern der Sakra-

269 [Zerquält?]
270 [R] (Historische unbewußte Naivität.)
271 [«nicht» ist wohl zu streichen.]

mentslehre stehen. Sie denken – sagt man – über die Taufe realistisch, aber doch so, daß sie von der symbolischen Bedeutung des Aktes ausgingen. Beim Abendmahl trägt jeder Symboliker den Metaboliker schon in sich, und in jedem Metaboliker scheint, wenn man ihn recht ins Licht hält, der Symboliker noch durch. Diesen günstigen Mischungsverhältnissen ist es zu danken, daß in der alten Entwicklung keine Explosion eintrat.[272] In der Reformationsepoche gerieten die verschiedenen Meinungen aneinander.[273] Hingegen in den alten Zeiten durchdrangen sich Symboliker und Metaboliker in derselben Person so vollkommen, daß der Unterschied mit andern wenigstens für ihr Bewußtsein aufgehoben wurde. So scheint die klassische Vorstellung, daß für die alte Zeit jedes Symbol die Sache eigentlich schon in sich befaßte, über die Schwierigkeiten hinwegzuhelfen (Renan – Harnack).[274]

Durch diese eine Idee, daß es die alte Abendmahlsentwicklung[275] mit denselben Gegensätzen zu tun haben muß wie die reformatorische Diskussion, wird das Problem aus seinen urchristlichen Wurzeln herausgerissen, denn die Alternative – ob symbolisch oder metabolisch –, um die sich die Entwicklung bewegen soll, klingt in keinen urchristlichen und altchristlichen Äußerungen über die Sakramente auch nur von ferne an. Niemals ist – so verwunderlich uns das erscheinen kann – die Frage aufgetaucht, ob man es in den Sakramenten mit symbolischen Handlungen oder mit übernatürlichen Vorgängen zu tun habe. Selbstverständlich [rechnete man mit] übernatürlichem Vorgang.[276] Also handelt es sich in diesen gelehrten Versuchen um nichts anderes als um eine künstliche Konstruktion. Was dabei zutage kommt, interessiert die Geschichte des Urchristentums überhaupt nicht, denn es hat nichts damit zu tun.

§ 3) Die Bedeutung der Sakramente für das Problem des urchristlichen und altchristlichen Glaubens

In den großen dogmengeschichtlichen Konzeptionen werden die Sakramente nur rhapsodisch behandelt. Die durchgehenden Sakramentsmonographien stehen in keiner lebendigen Fühlung mit einer umfassenden dogmengeschichtlichen Konzeption. Anders gesagt: Die Taufe und das Abendmahl gelten als eine Frage neben anderen, sowohl für die Dogmenhistoriker als für die Monographienverfasser. Auch hier zeigt sich wieder die *nachreformatorische Betrachtungsweise*, denn für uns sind die Sakramente eine Frage neben andern. Sieht man aber auf die Stellung,

---

272 [R] Schiedlich – friedlich auseinandergingen –.
273 [R] Aufeinanderschlugen. [D. h.: schlugen aufeinander.]
274 [R] Rückert skizzieren.
275 [Darüber:] Sakramentsentwicklung.
276 [Der Satz ist beigefügte Bleistiftnotiz:] Selbstverständlich = übernatürlicher Vorgang.

welche die Sakramente in dem Leben und Glauben der urchristlichen und altchristlichen Kirche einnahmen, so kann man sich der Erkenntnis nicht verschließen, daß sie das innerste Zentrum repräsentieren:

1) Das ganze Gemeinde- und Kultusleben beruht in der Alten Kirche auf der Taufe und dem Abendmahl. Durch die Taufe wurde man Christ, und das Abendmahl wurde in der ältesten Zeit alltäglich gefeiert. Das Abendmahl war die Form der christlichen Zusammenkunft überhaupt.[277]

2) Der urchristliche und altchristliche Erlösungsglaube ist an die Taufe und das Abendmahl gebunden. Auf die Frage, worin denn eigentlich die urchristliche und altchristliche Vorstellung von der Erlösung bestehe, antworten die Dogmengeschichtler viel und nichts. Sie führen an die neue Kräftigkeit des Gottesbewußtseins, den Glauben an Jesus als den Heiland, die Gewißheit der Sündenvergebung, die eschatologische Erwartung und die Hoffnung auf Auferstehung und Unsterblichkeit. Aber ein konkretes Bild gibt das alles zusammen nicht, denn es fehlt der Zusammenschluß dieser Gedanken zu einer einheitlichen, auch dem gewöhnlichen Bewußtsein geläufigen Vorstellung. Erreicht wird dieser Zusammenschluß erst in den Sakramenten. «Wer getauft ist und am Abendmahl teilnimmt, der steht in der Gnade, ist erlöst und der Auferstehung gewiß»[278] – das ist die kürzeste und einzig wahre Formulierung des ältesten Christenglaubens. Weil sie diese beiden Punkte nicht genug als Stützpunkte verwenden,[279] ist alles, was die Dogmenhistoriker über das «Heilsbewußtsein und den Heilsglauben» der alten Christen sagen, schwankend und flackernd, so daß man sich immer wieder kopfschüttelnd fragt: War denn der Glaube der ersten Christen wirklich etwas so Kompliziertes?

3) In dem Augenblick, wo die ältere Kirche zum ersten Mal deutlich in der Geschichte hervortritt, offenbart sie sich als Sakramentskirche. Als solche steht sie fertig da bei Ignatius, Tertullian und Cyprian. Was sich hier entfaltet, muß schon vorher als Anlage dagewesen sein. Um das Wesen der alten Kirche zu begreifen, muß man also auf die Sakramente zurückgehen. Dort liegen ihre Anfänge: in der ersten christlichen Taufe, im ersten Abendmahl ist sie eigentlich schon da.

4) Die Konsolidierung des altkirchlichen Glaubens und der alten Kirche vollzog sich in einer Reihe heftiger Kämpfe über Christologie, Symbol, Tradition, Kanon und Lehre überhaupt.[280] Aber über das Wesen und die Bedeutung der Sakramente waren sie alle einig, die Kirchlichen, die Zurückgebliebenen und die Häretiker. Keiner wirft dem andern eine

277 [R] Der urchristliche Gottesdienst war Abendmahl.
278 [Zitat?]
279 [R] Wie viel die Sprache zur Erfindung von Ideen beiträgt.
280 [R] Dies alles bei Ignatius: Kämpfe.

falsche Deutung oder Auffassung der Sakramente vor – und das in der Zeit, wo man sich sonst überall der Fälschung anklagt. Das einzige, was die Kirche den Häretikern vorwirft, ist das Recht, die Sakramente außerhalb der Kirche zu gebrauchen. Dieses Verbot[281] gründet sich aber nicht auf die Behauptung einer irrigen Auffassung oder Verwaltung derselben. Mochte alles andere sie trennen, der Glaube an die Sakramente hielt auch die entgegengesetztesten Richtungen zusammen. Während in allen andern Punkten die Entwicklung also ruck- und stoßweise vor sich ging, fand dieselbe bei den Sakramenten unmerklich und lautlos statt. Sie standen außerhalb der Diskussion, nicht weil sie belanglos und nebensächlich waren, sondern weil sie das innerste Gemeinsame des Christenglaubens überhaupt repräsentierten. Daß sie nicht strittig sein konnten, das ist der beste Beweis für die zentrale Stellung der Sakramente: alles kam in raschen Schwung, das Zentrum aber blieb unbeweglich.

Das Gemeinde- und Kultusleben der alten Kirche beruht auf der Taufe und dem Abendmahl; der urchristliche und altchristliche Erlösungsglaube haftet an den Sakramenten und kann ohne diese überhaupt nicht konkret ausgesprochen werden; die alte Kirche, sofern sie als Sakramentskirche in die Erscheinung tritt, wurzelt in der Taufe und im Abendmahl; in allen Kämpfen bleiben die Sakramente unberührt und stellen so das gemeinsame Wesen aller Parteien und Spaltungen, [das] Beharrende in allem Streit und Wechsel dar. Hält man sich diese vier Erkenntnisse vor, so erhellt [daraus], daß die innerste Geschichte des Urchristentums und der altchristlichen Epoche nur von den Sakramenten aus verstanden und dargestellt werden kann.

Die bisherigen Erklärer des alten Christenglaubens machen den Eindruck von Astronomen, welche die Umdrehungsgeschwindigkeit der Erde festgestellt, dabei aber nicht auf die Neigung der Achse geachtet haben, durch welche die Art der Evolution derselben von vornherein bestimmt ist.

§ 4) Die Erklärung der alten Sakramente durch die Theorie des Abfalls

Es[282] versteht sich von selbst, daß eine Betrachtungsweise, welche die alten Sakramente mehr oder weniger aus ihrem natürlichen Zusammen-

---

281 [Verbot des Gebrauchs der Sakramente außerhalb der Kirche.]

282 [R] [Entwurfs-Notizen:] Solange man [die] Sakramente nicht als Achse [betrachtet] – verhüllte Form, sie auszuscheiden, etc. Keine Lösung angezeigt durch Theorie [des] Abfalls. Darin Dogmenhistoriker und Monographienverfasser gleich. In dieser Erkenntnis alle gleich. Rückert – Harnack etc. – Zitat. Schilderung. Das böse [Böse?], Paulus. Taufe, Abendmahl. Absolution wegen übriger Verdienste um [das] Christentum, die in allen Lehrbüchern beglaubigt sind. Also nur Abendmahl und Taufe. Zwischenzeit bis Auftreten Pauli, also 23 Jahre! – von denen man nichts weiß.

hang herauslöst, keine befriedigende Lösung geben kann. Dies zeigt sich darin, daß alle die Dogmenhistoriker und die Verfasser von Monographien übereinstimmend die alten Sakramente aus der Theorie des Abfalls erklären. Am Anfang, sagen sie, waren Taufe und Abendmahl *symbolische Akte*; die Taufe galt als Symbol und Besiegelung der Buße, das Abendmahl als Symbol und Vergegenwärtigung des Erlösungstodes Jesu. Als aber diese geheimnisvoll symbolischen Handlungen in die Temperatur der griechisch-römischen Welt traten, da verdichteten sie sich aus ihrem bisherigen gasförmigen Zustand zu magisch wirkungskräftigen Sakramenten.[283] Man wandte die Begriffe, die man zur Hand hatte, auf diese geheimnisvoll symbolischen Handlungen an. Sie wurden in Analogie mit den Opfern und den Mysterien gestellt, dazu kam noch der massive antike Glaube, so daß sich die plötzliche Konsolidierung der ursprünglich symbolischen Handlungen zu Sakramenten von selbst erklärt.[284]

Rückert läßt sich in dem Schlußwort seines Werks, S. 517, über diesen Abfall also vernehmen: «Die Evangelien, die Stelle der Stiftungsurkunde vertretend, melden uns, was geschehen und was der Herr geredet: was er damit gewollt und was der Sinn von seiner Rede, lassen sie zu erforschen frei. Beachtung der Umstände, mehr als diese aber ein Blick ins heilige Herz des Stifters hält den Irrtum fern und gestattet mehr zu ahnen als zu wissen, was er gedacht ... Die Kirche hat die Gabe in Empfang genommen, für viele Tausende ist sie geworden, wozu er sie gab, aber die Mehrzahl hat, weil sie der Einfältigkeit mangelte, die Alles hat in ihm, mehr wissen und mehr haben wollen und darüber sich verirrt. Die ersten Schritte des Abweichens, es läßt sich nicht bergen,[285] sind von Paulus ausgegangen, von den möglichen Abwegen aber, welche das Denken zeigt, ist in der alten Kirche keiner unversucht geblieben.» Das ist das Fazit der bedeutendsten durchgehenden Abendmahlsmonographie!

Ähnlich führt Harnack in der 3. Auflage seiner Dogmengeschichte aus, daß die Gläubigen notwendig dazu kamen, dem Geheimnisvollen bei diesen Handlungen als solchen Wert beizulegen und so die Einschleppung fremder Ideen nicht nur zu erleichtern, sondern auch positiv vorzubereiten, da beim Vakuum des Geheimnisses schließlich weder die Phantasie noch die Reflexion verharren können ([Bd. I,] S. 198 und 199). So ist es mit der Taufe geschehen, so auch mit dem Abendmahl. Es mußte für das letztere von weittragender Bedeutung werden, daß durch die Anwendung des Opferbegriffs ein Reichtum von Vorstellungen an

283 [R] Widerspruch mit vorher: Wenn Fall, dann Kampf. Theorie vom Fall [ist] die schwache Seite der modernen Dogmengeschichte. (Kalthoff).

284 [Dazu Bleistiftnotiz:] Darüber [wird] nun der Klagegesang angestimmt, von A-Z.

285 [verbergen.]

die Handlung geknüpft wurde, die weder mit der Bestimmung der Mahlzeit, die Erinnerung an den Tod Christi lebendig zu erhalten, noch mit den geheimnisvollen Symbolen des Leibes und Blutes Christi etwas gemein hatten (S. 201).

Dieses Eindringen fremder Ideen vollzog sich in der Zeit, um mit Rückert zu reden, wo «der unbefangene begrifflose Glaube» für die Vorstellung vom Abendmahl maßgebend war [vgl. S. 497], oder, um mit Harnack zu reden, zur Zeit, «wo man noch wenig reflektierte» (S. 202), d. h. schon in der Morgendämmerung des christlichen Glaubens. Taufe und Abendmahl verfielen am ersten[286] der Hellenisierung.[287]

Nehmen wir an, daß eine solche akute Entstellung und Hellenisierung der Taufe und des Abendmahls im Prinzip möglich sei, obwohl fraglich bleibt, wie sich dieselbe so kampflos durchsetzen konnte.[288] Ein Umstand aber macht stutzig. Beruht wirklich die alte Sakramentsauffassung auf Entstellung, so ist der Fall, die Verschlechterung, schon bei Paulus eingetreten. Das sagt mit aller wünschenswerten Deutlichkeit und mit nachsichtigem Bedauern [Paul] Wernle von Basel in seinem Werk *Die Anfänge unserer Religion*, [Tübingen] 1901. In diesem neuesten Erzeugnis urchristlicher Geschichtsschreibung steht zu lesen: «Taufe und Abendmahl sind die Gemeinschaftszeichen der urchristlichen Gemeinde, das eine für die Aufnahme in die Gemeinschaft, das andere für ihre Zusammenkünfte bestimmt» (S. 128). «Bis dahin ist alles einfach. Die Gemeinschaft muß ihr Zeichen haben und ihre Erbauung, und diese Dinge müssen so geregelt werden, daß es der Gemeinschaft wirklich Nutzen bringt.[289] Das läßt sich denken als Neuerung über Jesus hinaus und doch ohne Verstoß gegen den rein moralischen Charakter seines Evangeliums. Allein es kommt doch durch Paulus eine neue Wertung kultischer Handlungen auf, die sich nicht reimen läßt mit dem, was Jesus brachte. In Korinth haben sich Christen zum zweiten Mal taufen lassen für ihre verstorbenen Angehörigen, und Paulus beruft sich darauf bei seiner Verteidigung der Auferstehung (I Kor. 15,29). Das ist eine heidnische Auffassung der Taufe, die sie zum opus operatum und als solches zum Garanten der Seligkeit macht. Während Paulus hier den Aberglauben stillschweigend billigt, ruft er ihn beim Abendmahl selbst hervor.[290] Seinen Griechen zuliebe setzt er es in Parallele mit den griechischen und jüdischen Opfermahlzeiten, stellt als erster die heilige Speise zu allen profanen in Gegensatz und fordert dazu auf, in der Krankheit und dem

286 [Darüber Bleistiftbemerkung:] und am gründlichsten.
287 [R] Also über die Hauptsache soll man nicht reflektiert haben?
288 [R] [Anfang einer neuen Fassung (Bleistift):] Die Möglichkeit einer solchen akuten Entstellung und Hellenisierung in Theorie zuzugeben, muß doch ein Umstand ...
289 [R] (Meint man nicht ein banales rationalistisches Geschichtswerk zu lesen?)
290 [R] Also schon Paulus heidnisch und magisch. Superstition.

Tod mancher Christen das Strafgericht für ihren profanen Genuß der heiligen Speise zu sehen. Das ist nun eine Akkomodation an griechische Superstition, die in ihrer Konsequenz zur Legitimierung der Religion zweiter Ordnung führt. Fatal ist allein schon das eine, daß den kultischen Handlungen so großer und besonderer Wert zukommt. Der Begriff des Christlichen wird hier in ganz verhängnisvoller Weise erweitert» (S. 129).

Also soweit wären wir! St. Paulus ist der Sünder! Er, der sonst so aufgeklärte Vertreter der Vergeistigung des Christentums, hat hier «seinen Griechen zuliebe» die Taufe und das Abendmahl in die Sphäre des Magischen, der Superstition und des Heidnischen herabgedrückt, um es ihnen mundgerecht zu machen, und kein Mensch hat ihn deswegen gescholten.

Nun kommt aber die Frage: Wenn schon bei Paulus die urchristliche Reinheit der Auffassung der Taufe und des Abendmahls als symbolische Handlungen bis zur Unkenntlichkeit getrübt ist,[291] so hat die Reinheit dieser Handlungen nur etwa in die 15 Jahre nach Jesu Tod gedauert. Wer garantiert uns aber dann, daß diese Normalauffassung von Taufe und Abendmahl, welche die Wissenschaft, als verstände das sich von selbst, an den Anfang verlegt, jemals im Urchristentum verbreitet gewesen ist? Auf welche Zeugnisse stützt man sich denn? Es gibt überhaupt keine. Für die Zeit zwischen Jesu Tod und Pauli missionierenden Auftreten, die allein noch für jene geläuterte Normalauffassung der Sakramente übrig bliebe, besitzen wir überhaupt keine Nachrichten. Und nun wagt man es,[292] diese Normalauffassung der Sakramente, obwohl wir keinen einzigen Buchstaben und auch keine indirekten Zeugnisse haben, daß sie jemals im Urchristentum zu Recht bestanden, an die Spitze der Entwicklung zu versetzen und den ersten Urchristen, St. Paulus, der uns über die urchristliche Schätzung und Wertung dieser Handlungen Kunde gibt, weil er von dieser Normalauffassung nichts weiß, nicht nur der Sondermeinung, sondern auch noch der heidnisch-magischen Verschlechterung zu zeihen! Niemand hat sich dieser Behauptung widersetzt, die Rückert anno 1856 aussprach und die Wernle anno 1902[293] in geistreicher Weise als Ergebnis der neuesten Wissenschaft wiederholt,[294] sondern man fand diesen Schlag ins Antlitz Pauli und diese Vergewaltigung der Geschichte des Urchristentums selbstverständlich.

Hingegen sagt die einfache Überlegung, daß, wenn wir keine Zeugnisse für eine urchristliche symbolische Auffassung der Taufe und des Abendmahls haben, wir die Geschichte auch nicht damit beginnen las-

---

291 [R] Gegen die Empirie zu laufen.
292 [R] die Leviten zu lesen.
293 [1901?]
294 [R] *reichen sich die Hände.*

sen dürfen. Statt alles als Abfall von einer solchen Normalauffassung, die wir nur aus unserer Deutung des Taufritus und der historischen Abendmahlsfeier Jesu im Kreise der Seinen theoretisch abgeleitet haben, begreifen zu wollen, müssen wir uns mit dem Gedanken vertraut machen, daß möglicherweise diese magisch-sakramentale Auffassung der heiligen Handlung nicht auf das Konto paulinischer Akkomodation kommt, sondern daß es eben die ursprüngliche urchristliche Vorstellung war. Mit andern Worten: Wir müssen die Möglichkeit in Betracht ziehen, daß Taufe und Abendmahl schon in dem Augenblick ihres Aufkommens in der ersten Gemeinde in irgend einer Weise «Sakramente» mit einer bestimmten Wirkung waren.[295] Die sich konsolidierende katholische Kirche hat sich die Sakramente als solche [nicht] aus den Fingern gesogen und verdankt sie auch nicht dem Sündenfall St. Pauli, sondern die Sakramente waren von Anfang ihrem Begriff nach da.

Das bedeutet aber eine totale Umwälzung von allem, was man bisher über die erste Geschichte der heiligen Handlungen gedacht und geschrieben hat.

§ 5) Die Stufen des Problems. Folgerungen für die geschichtliche Auffassung des Sakramentsproblems[296]

Die Hauptschuld an dieser Verkennung des Problems trägt die neutestamentliche Abendmahlsforschung.[297] Sie hat der Wissenschaft immer eingeredet, daß, wenn es ihr gelänge, die authentische Deutung der «Einsetzungsworte» zu finden, sie zugleich auch die Lösung des Abendmahlsproblems in der Hand habe. So hat die 2. Hälfte des 19. Jahrhunderts eine Reihe mehr oder minder geistreiche Versuche hervorgebracht, die alle auf eine Deutung der Einsetzungsworte hinausgehen, aber sich nicht fragen, ob man denn auch jenseits der Parkmauer des Neuen Testaments im freien Feld der Geschichte des Urchristentums damit um einen Schritt weiter kommt. Und weil sie eben der Wissenschaft eine fixe Idee einpflanzten, daß die Lösung des Abendmahlsproblems von der Deutung der Einsetzungsworte abhinge und jeder seine daraus erschlossene Normalfeier als die primäre Normalfeier einführte, so blieb eben nichts übrig, als, weil die alten Texte von Paulus an von einer solchen Feier nichts wissen, alles durch die Theorie des Abfalls zu erklären.

Sobald man das nicht mehr als[298] eine Lösung anerkennen will, muß man sich gewöhnen, das Problem als viel schwerer und umfassender

295 [R] Sakramentale Vorstellung.
296 [R] Die Sakramente im Zentrum des Problems.
297 [Darüber Bleistiftbemerkung:] Ein Garn geliefert, das sich auf dem dogmengeschichtlichen [Web]stuhl nicht weben läßt.
298 [Ms.:] für.

anzusehen als bisher und sich besonders von der Vorstellung losmachen, als könne man so mit gleichen Füßen von einer aus dem Neuen Testament erschlossenen Abendmahlsauffassung[299] in die urchristliche Geschichte hineinspringen. Ebenso muß man aufhören, die Behauptung, daß bei der Taufe und dem Abendmahl dem Eindringen fremdartiger griechischer Gedanken von der ältesten Zeit an Tür und Tor offen standen und daß sich diese beim ersten Morgengrauen einschlichen und sich da zu Hause gerierten,[300] als selbstverständlich anzusehen.

Das Problem hat drei Fragen:

1) Was war denn die Bedeutung der Feier Jesu mit seinen Jüngern?
2) Wie ersteht auf Grund dieser Feier im Urchristentum von Anfang an das Abendmahl?[301] Wie kommt die Taufe in der ersten Gemeinde auf?
3) Wie konnte es kommen, daß griechische Gedanken und Analogien sich an die Taufe und das Abendmahl ansetzten und es für das Zeitbewußtsein unmerklich fortbildeten?

Zu Frage 1): Bisher hat man sich immer nur mit den Einsetzungsworten beschäftigt. Es fragt sich, ob diese für die Bestimmung des Wesens jener letzten Mahlzeit allein in Geltung kommen, oder ob nicht jene Mahlzeit an sich von Hause aus schon eine Feier war? Also nicht die Einsetzungsworte [beinhalten] das Problem, sondern die Feier selbst.[302]

Zu Frage 2): Es ist sehr leicht zu sagen, das Aufkommen des Abendmahls erkläre sich aus dem Bedürfnis der religiösen Gemeinschaft, Gemeinschaftszeichen zu besitzen. Aber mit dieser vornehmen Erklärung im fadenscheinigen Habit ist eben nichts erklärt. Einmal steht davon nichts in den Texten. Sodann deutet in der Form, wie das Abendmahl in der alten Kirche gefeiert wurde, nichts darauf hin, daß diese Feier eine entsprechende Wiederholung jenes Aktes Jesu gewesen, denn es war weder eine Austeilungsfeier noch wurden die Einsetzungsworte [auch] nur erwähnt. Von dem Gedanken der Sündenvergebung, der doch nach der Auslegung der Einsetzungsworte in erster Linie stehen müßte, findet sich keine Spur. Hingegen ist das urchristliche Abendmahl eine bis zum Frohlocken, ja bis zur Entartung, wie I Kor. 11 zeigt, freudige Danksagungsmahlzeit, was wir am wenigsten aus der historischen Feier herauslesen würden, und die Gnadenwirkung dieser Mahlzeit besteht in

299 [R] [Unter anderen Satzfragmenten:]... nehmen reine urchristliche Form nicht an, weil sie eben mit dem [der?] aus Jesu Worten erschlossenen nicht stimmte.

300 [Ms. verschrieben:] gerienten.

301 [R] [Vielleicht noch zu Anm. 299 [R] gehörend:] Darum keine Lösung. Wechselwirkung.

302 [R] [Fortsetzung?] 2 Fragen: 1) Leben Jesu – Urchristentum. Überraschung[?] Eschatologische Erwartung auf Grund des Todes Jesu! [...] 2) Übergang von Eschatologie zu griechischer Religiosität. Rätsel. Gegensatz. Frage in Bild, Baum-Wurzeln. Organisierte Religion.

der Beziehung derselben zur Auferstehung und Unsterblichkeit! Wo liegt eine solche Andeutung in den historischen Berichten des letzten Mahles Jesu?[303]

Es ist also ganz falsch zu sagen, daß das Urchristentum das Abendmahl aus dem letzten Mahle Jesu übernommen hat, sondern das urchristliche Abendmahl ist trotz der Anlehnung an das letzte Mahl Jesu etwas Selbständiges, denn von den hervorstechendsten Zügen jenes letzten Mahles sind in der urchristlichen Feier welche verloren gegangen, andere gar nicht darin angelegte hinzugekommen. Die urchristliche Feier verhält sich zur historischen wie die Pflanze zum Samenkorn, und das Urchristentum ist das Erdreich, das sie zur schöpferischen Entfaltung gebracht [hat]. Aber gerade dieser selbständig-schöpferische Anteil des Urchristentums am Abendmahl ist[304] das Problem, welches durch die Theorie vom Abfall nicht im mindesten gelöst ist.

Noch eines darf man nicht außer Acht lassen. Der urchristliche Glaube war eschatologische Erwartung. Nun kulminiert aber der urchristliche Erlösungsglaube in den heiligen Handlungen. In welcher Art stehen nun aber diese mit der eschatologischen Erwartung in Zusammenhang? Und wie kommt dieselbe in ihnen zur Geltung?[305]

Zu Frage 3): Ist das urchristliche Abendmahl eine Schöpfung des genuinen Urchristentums, ohne daß griechisch-mysterienhafte Einflüsse daran mitgewirkt hätten, so entsteht dann aber die Frage, wie die Gleichsetzung mit den griechischen Mysterien habe stattfinden können, in viel schwierigerer Fassung als bisher. Mit allgemeinen Redensarten von der geöffneten Tür ist hier nichts getan, sondern es handelt sich darum, den Punkt aufzuzeigen, wo der griechische Geist in diesen genuin christlichen Handlungen sich selbst wiederfand und besonders, warum er dann die christlichen Mysterien höher schätzte als die griechischen. Durch welchen Gedanken waren die christlichen heiligen Handlungen in dieselbe Linie gerückt mit den griechischen Mysterien, so daß die Verschmelzung unvermerkt und unauffällig vor sich ging?

Mit der Taufe steht es ebenso. Es ist keine Lösung des Problems, wenn man sagt, daß die christliche Taufe eine entsprechende Wiederholung der Taufe Jesu gewesen sei, die dann von der Höhe der symbolischen Handlung in die Niederung des Magischen heruntergezerrt worden sei. Wo steht in den alten Zeugnissen auch nur die geringste Andeutung, daß [die] christliche Taufe als entsprechende Wiederholung der Taufe Jesu aufkam? Wo steht irgend etwas, daß dieselbe ursprünglich ein rein symbolischer Akt war?

---

303 [R] Ausführen: Auch die Zeit [ist] eine andere! Früher abends – jetzt morgens. Trauerfeier, Freudenfeier.

304 [Ms.:] das ist.

305 [Fragezeichen vom Hrsg. ergänzt.]

Auch hier darf man nichts durch die Theorie des Falls erklären, sondern man muß ebenfalls die drei großen Fragen innehalten:[306]

1) Was bedeutete die Taufe, welche der Täufer aufbrachte?
2) Wie setzte sich dieser Usus in der christlichen Gemeinde fort, und inwiefern wurde er durch die schöpferische Kraft des Urchristentums fortgebildet?
3) Inwiefern, durch welchen Gedanken, kam sie mit dem griechischen Mysterium in Berührung?

Es handelt sich also nur darum, daß man dieselben Stationen für die Geschichte der heiligen Handlungen innehält, die man überhaupt für die Geschichte des ältesten christlichen Glaubens als geltend anerkennt. Es fällt niemandem mehr ein, das Urchristentum aus fremden griechischen Einflüssen herleiten zu wollen, sondern man erkennt das Urchristentum als etwas Selbständiges an, das nun in der Folge von der griechischen Religiosität berührt und umgebildet wird. Darum darf [man] aber die Geschichte der heiligen Handlungen nicht mit einer akuten, in das 2. Jahrzehnt nach Jesu Tod fallenden Hellenisierung beginnen lassen – was nichts anderes bedeutete, als für den Hauptpunkt des alten Glaubens die ganze Vorstellung von der Geschichte des Urchristentums außer Kraft zu setzen –, sondern [man muß] auch für die heiligen Handlungen eine urchristliche Form festhalten,[307] welche aus der Wirkung Jesu hervorgegangen ist und die dann von griechischem Geist berührt wird.

Wie ist das Urchristentum aus der Wirksamkeit Jesu entstanden? Wie hat dieses Urchristentum hellenisiert werden können?[308] Das sind die beiden großen Fragen der alten Dogmengeschichte, die in ihrer innersten Bedeutung noch nicht gelöst sind. Denn noch niemand hat dieses Schöpferische im Urchristentum erklärt, daß es wie aus einem Gusse dasteht mit allen seinen Einrichtungen, gerade der Taufe und dem Abendmahl. Ebenso wenig hat jemand erklärt, wie das Urchristentum, das als eschatologischer Glaube der[309] griechischen Religiosität eine Torheit war, ihr von Natur widerstrebte, in diese griechische Religiosität einging. Wie ist es gekommen, daß überhaupt, nach dem Verblassen der Eschatologie, noch etwas vom Christentum übrig blieb? Wie ist es zu erklären, daß, als die eschatologische Flut sich verlief, nicht alles fruchtbare Erdreich von den Felsen geschwemmt war, sondern daß eine neue herrliche Vegetation, von griechischem Geist ausgesät, darauf aufging?

Es war ein Baum, dessen Wurzeln aus der Zeit der Vorläuferbewe-

---

306 [festhalten.]

307 [Ms.:] festzuhalten.

308 [R] Ja, es will scheinen, als ob gerade der Einfluß des griechischen Geistes auf Taufe und Abendmahl ein viel geringerer gewesen als bisher angenommen, denn die Gnostiker, *die die Hellenisierung des Christentums herbeiführten, haben sich ja in Taufe und Abendmahl nicht von der Großkirche unterschieden!? Doch, siehe Ignatius!*

309 [D. h.: für die griechische ...]

gung und dem Wirken Jesu sich über den Fels ausbreiteten und das Erdreich darauf festhielten und so die neue Vegetation ermöglichten: dieser Baum, das sind die heiligen Handlungen, die unentwegt in demselben Geist bestehen blieben, als alles in Bewegung war. Taufe und Abendmahl konstituieren die urchristliche Kirche, als Mysterienkirche ging das Christentum in die griechische Religiosität ein. Das Aufkommen und die Entwicklung dieser Handlungen verstehen, heißt den innersten Gang der Dogmengeschichte begreifen. Das war aber solange nicht möglich, als die Untersuchungen über Taufe und Abendmahl, statt das Wesen dieses merkwürdigen, mit seinen zwei Wurzeln das Erdreich auf dem Felsen zusammenhaltenden Baumes darzutun, eine zierliche, künstlich aufgestellte Topfpflanze vorwiesen und sie für jenen Baum ausgaben.[310]

Das Abendmahl
§ 6)[311] Die neutestamentlichen Abendmahlsmonographien

Will man die neutestamentlichen Abendmahlsmonographien untereinander vergleichen, so bekommt man einen wirren Knäuel. Die Verschiedenheit der geltend gemachten Gesichtspunkte und Voraussetzungen ist so groß, daß man bei einem Vergleich nicht weiß, wo anfangen und wo aufhören.

Um übersichtliche Ordnung zu schaffen, muß man nach einem immanenten Gesichtspunkt suchen, der einen Vergleich der verschiedenen Auffassungen überhaupt erst ermöglicht und zu Resultaten führt. Nach langen Studien über die Abendmahlsforschung im 19. Jahrhundert und nachdem ich das Verworrene in der bisherigen äußerlichen Nebeneinanderstellung und Auseinandersetzung fast bis zur Krankheit empfunden, kam ich langsam darauf, die verschiedenen Auffassungen danach zu klassieren, ob sie auf dem Darstellungsmoment oder dem Genußmoment beruhen. Anders gesagt: Worauf legen diese Abhandlungen den größten Wert, darauf, daß Jesus symbolisch gehandelt hat – das ist das Darstellungsmoment – oder daß die Jünger gegessen haben – das ist das Genußmoment.

Davon gibt es nun vier Fälle:

1) Entweder sie betonen das Darstellungsmoment ausschließlich, ohne Berücksichtigung des Genußmoments, d. h., sie sagen: «daß die Jünger die Abendmahlselemente, an denen Jesus mit dem Brechen und dem Ausgießen symbolisch gehandelt hat, [eingenommen haben,] ist vollständig belanglos». Das sind die Auffassungen mit einseitiger Herausarbeitung des Darstellungsmoments.

---

310 [Datum am Schluß des Abschnitts:] 24. 4. 1902.

311 [Zur Numerierung siehe Inhaltsverzeichnis, S. 152f.]

2) [Oder:] Sie betonen das Darstellungsmoment und das Genußmoment nebeneinander, so daß sie das Darstellungsmoment zu Grunde legen und das Genußmoment nebenbei betonen. Sie sagen also: Allerdings besteht die Hauptbedeutung der Elemente darin, daß Jesus damit symbolisch handelte, d. h. sie bedeutungsvoll brach und ausgoß; aber daß er ihnen nachher diese Elemente zum Essen [und Trinken], d. h. zur Aneignung darbot, das ist auf Grund des vorhergehenden Handelns auch bedeutungsvoll. – Das sind die doppelseitigen Abendmahlsauffassungen mit Zugrundelegung des Darstellungsmoments und abgeleiteter Geltendmachung des Genußmoments.

3) Es gibt Auffassungen, welche auf das symbolische Handeln Jesu absolut keinen Wert legen. Sie erkennen die ganze Symbolik, die mit dem Brechen und Ausgießen getrieben wird, gar nicht an, sondern die ganze Bedeutung des Akts beruht darauf, daß es eine Mahlzeit war, bei der Jesus seinen Jüngern eigenhändig Brot und Wein feierlichst darreicht. Das sind die Auffassungen mit einseitiger Herausarbeitung des Genußmoments.

4) Die vierte Möglichkeit besteht darin, allerdings das Wesen der Elemente aus dem Genuß abzuleiten, aber dennoch dem symbolischen Handeln Jesu nebenbei Geltung zuzugestehen. Das sind die doppelseitigen Auffassungen mit Zugrundelegung des Genußmoments und abgeleiteter Geltendmachung des Darstellungsmoments.

Betrachten wir nun die einzelnen Vertreter dieser Auffassungen.

1) Die Auffassungen mit einseitiger Herausarbeitung des Darstellungsmoments. Die Ansicht wird in voller Einseitigkeit von Zwingli und Jülicher vertreten ([Adolf] Jülicher, *Zur Geschichte der Abendmahlsfeier in der ältesten Kirche*, [Freiburg i.Br.] 1892. Theologische Abhandlungen. K. v. Weizsäcker gewidmet).

Nach Zwingli war das Abendmahl Jesu und seiner Jünger eine veranschaulichende Zeremonie. Durch das Brechen des Brotes und durch das Ausgießen des Weins versinnbildlichte der Herr seinen Tod vor ihren Augen. Ob sie nachher die Elemente genossen oder nicht, hatte keine Bedeutung für die Feier. Sie hätten das Brot ebensogut in der Tasche forttragen können. Darum ist auch die Feier der christlichen Gemeinde nichts anderes als die fortgesetzte Veranschaulichung des Todes Jesu, in entsprechender Wiederholung jenes symbolischen Handelns.

Jülicher hat diese einseitige Deutung wieder wissenschaftlich aufgebracht. Die Bedeutung liegt in dem Brechen des Brots und in dem Ausgießen des Weins. Damit weist Jesus auf seinen Tod. Der Wein *vertritt* das Bundesblut. Aber auf das Genießen reflektiert Jesus absolut nicht.

2) Die doppelseitigen Auffassungen mit Zugrundelegung des Darstellungsmoments und abgeleiteter Geltendmachung des Genußmoments. In diese Klasse gehören die Vertreter der allgemein verbreiteten Abend-

mahlsauffassung, [Wilh. Mart. Leberecht] de Wette (1780–1849, zuerst in Berlin, dann, 1819, wegen seiner Freiheitsliebe von der Reaktion seines Lehramts enthoben, später in Basel), [Leopold Immanuel] Rükkert, [Joh. Heinr. August] Ebrard, Theodor Keim in seinen Schriften über das Leben Jesu[312] ([geb.] 1825 in Zürich und 1878 gest. [in] Gießen), Karl [Heinr.] von Weizsäcker ([geb.] 1822, Nachfolger [F. Chr.] Baurs zu Tübingen, kürzlich [1899] gestorben) in seinem [Buch] *Das apostolische Zeitalter der christlichen Kirche*, [Freiburg i.Br.] 1886 [und 1889], Willibald Beyschlag ([geb.] 1823, gest. [1900 in] Halle) in seinem *Leben Jesu* [2 Teile, Halle] 1885 [und 1886], Heinr. [Julius] Holtzmann, *Bibl. Theol.* 1897,[313] Paul Lobstein, *La doctrine de la scène*, [Lausanne] 1899 [1889].

Bedeutungsvoll ist also für diese Auffassungen, 1) daß Jesus durch das Brechen und Ausgießen des Brots und des Weins seinen Heilstod versinnbildlicht, 2) [daß er] durch die daran angeschlossene Aufforderung zum Essen sie [die Jünger] anweist, diesen Heilstod in seiner Gnadenwirkung sich *anzueignen*. Lobstein hat in seiner Schrift, die durch ihre Klarheit und Einfachheit die klassische Vertreterin dieser mittleren Auffassung ist, den Sinn der doppelseitigen Handlung dahin formuliert: «Das ist mein Leib», sagt Jesus, indem er das Brot bricht, welches er seinen Jüngern austeilt; «dieser Kelch ist der neue Bund in meinem für euch vergossenen Blute. Wie ich euch nun einlade, von diesem Brot zu essen, so seid ihr auch berufen, euch die Frucht meines Todes anzueignen», nämlich die heilsamen Wirkungen dieser Selbsthingabe, dieses für euch gebrochenen Leibes [S. 46, 47].

Die letzte Kundgebung dieser mittleren Auffassung ist der Aufsatz von [Paul] Wilhelm Schmiedel: *Die neuesten Ansichten über den Ursprung des Abendmahls*, Protestantische Monatshefte III. Jg. 1899, Heft 4, [Zürich]. (Paul Wilhelm Schmiedel, [geb.] 1851 in Zürich, der am meisten im Geiste [H.J.] Holtzmanns arbeitende Theologe.) In dieser Schrift, welche den alten Standpunkt gegen die neuesten Aufstellungen eines Spitta und eines Eichhorn (von denen wir sogleich reden werden) verteidigt, wird das Genußmoment bedeutend weniger betont als bei Lobstein. Er sagt: «Das Bedeutsame ist in erster Linie im Brechen des Brots und Ausgießen des Weins aus dem Krug in den Becher zu sehen. Die Austeilung dieser Speisen zum Genuß schließt sich als etwas Zweites an. Um der Hauptsache willen wäre es nicht nötig gewesen:

---

312 [*Die menschliche Entwicklung Jesu Christi,* Akad. Antrittsrede, Zürich 1861. – *Der geschichtliche Christus. Eine Reihe von Vorträgen mit Quellenbeweis und Chronologie des Lebens Jesu,* 3. erweiterte Aufl. Zürich 1866. – *Geschichte Jesu von Nazara in ihrer Verkettung mit dem Gesamtleben seines Volkes,* Zürich 1867. – *Geschichte Jesu,* 3. Bearb., Zürich 1873, 1874, 1875.]

313 [H.J. Holtzmann, *Lehrbuch der neutestamentlichen Theologie* I II, Freiburg u. Leipzig 1897.]

aber da man einmal beim Mahle saß, war es naturgemäß.» [S. 147f.][314]

3) Die Auffassungen mit einseitiger Herausarbeitung des Genußmoments. Es hat schon vor Spitta – obwohl man darauf bisher gar nicht geachtet hatte, weil man eben eines brauchbaren Einteilungsprinzips für Abendmahlsauffassungen ermangelte – Gelehrte gegeben, welche die Hauptbedeutung des Abendmahls in seinem Mahlzeitcharakter sahen und daher [der] Symbolik des Brechens und Ausgießens keinerlei Bedeutung zugestehen wollten.

Der erste war David Friedrich Strauß in seinem 1835 [und 1836] erschienenen *Leben Jesu* [Tübingen]. (Das in seiner Art tieftragische Leben von Strauß ist bekannt. Geb. 1808, war er Repetent und Privatdozent zu Tübingen, als sein *Leben Jesu* erschien. Er wurde daraufhin sozusagen gezwungen, seine öffentliche Lehrtätigkeit aufzugeben, eine Berufung als Professor nach Zürich wurde 1839 rückgängig gemacht, und so lebte er in ärmlichen und zum Teil unglücklichen Verhältnissen, sich in Polemik gegen seine Gegner verzehrend, und doch durch das Unglück innerlich vertieft und geläutert, bis er am 8. Febr. 1874 durch den Tod zum Frieden berufen wurde.) In seinem *Leben Jesu* sagt nun Strauß, daß die ganze Leidenssymbolik im Abendmahl, das Brechen und Ausgießen, erst von der urchristlichen Gemeindefeier in die historische übertragen worden sei;[315] der historische Hergang aber sei folgender gewesen: Bei dem letzten Mahl, das Jesus mit den Jüngern hielt, redete er ihnen von dem bevorstehenden Passahmahl und will ihnen sagen, daß bis dahin das Reich Gottes eingetreten sein wird und sie den Passahwein im neuen Äon miteinander trinken werden. Das historische Wort beim Abendmahl ist das Schlußwort beim Becher: «ich werde von dem Gewächs des Weinstocks nicht mehr trinken, bis ich es neu trinken werde in dem Reiche Gottes» [Mk. 14,25]. Daraufhin hat dann die erste Christenheit dem Passah eine christliche Bedeutung gegeben und Brot und Wein mit Jesu Leib und Blut in Verbindung gebracht.

Auch nach Ernest Renan (*Vie de Jésus*, [Paris] 1863) haben das Brechen und Ausgießen gar keine Bedeutung beim Abendmahl gehabt, [es handelte sich] um einen mysteriösen Ritus des Brotbrechens, den Jesus auch sonst geübt und hier zum letzten Mal mit seinen Jüngern feiert.

Strauß und Renan sind die ersten in der wissenschaftlichen Theologie, welche die ganze geschichtliche Schwierigkeit des Abendmahlsproblems empfunden und – zwar in unklarer Art – den Gedanken ausgesprochen haben, daß die Lösung des Abendmahlsproblems nicht auf dem Wege der Exegese der sogenannten Einsetzungsformel gefun-

---

314 [R] Kurze Charakteristik.
315 [R] rückwirkende Kraft.

den werden könne.[316] Aber niemand achtete auf sie. In der ganzen Diskussion über Spitta hat kein Mensch darauf hingewiesen, daß Spitta in der ausschließlichen Betonung des Mahlzeitcharakters des historischen Abendmahls an Strauß und Renan seine Vorläufer gehabt hat.

Nur nebenbei erwähne ich die ebenfalls in diese Klasse gehörende Auffassung Wilhelm Brandts, welche er in seinem Werk *Die evangelische Geschichte und der Ursprung des Christentums*, [Leipzig] 1893, vorträgt. Danach besteht die Bedeutung des Abendmahls darin, daß Jesus die gemeinsame Mahlzeit zum Symbol der Gemeinschaft macht.

Die größte Bedeutung kommt in dieser Klasse der Abhandlung zu, die Friedrich Spitta in dem Band *Zur Geschichte und Literatur des Urchristentums* 1893 veröffentlicht hat.[317] Sie führt den Titel: *Die urchristliche Tradition über Ursprung und Sinn des Abendmahls*. Der Gedankengang dieser mit größtem Interesse von allen Gelehrten aufgenommenen Schrift – Harnack war ganz begeistert davon – ist folgender: Man darf das geheimnisvolle Gleichniswort «das ist mein Leib, das ist mein Blut» nicht durch das Brechen und Ausgießen deuten, als wären die Elemente Jesu Leib und Blut, weil sie seinen Tod abbildeten, *sondern sie sind sein Leib und Blut nur, weil Jesus sie seinen Jüngern zum Genuß darbietet*. Die Leidensvorstellung kommt für Jesus und die Jünger beim letzten Mahl gar nicht in Betracht, sondern sie leben in einer bestimmten *Anschauung*, von welcher aus sich für die Jünger Jesu Worte von selbst erklärten. Es ist die Anschauung vom großen messianischen Mahl der Endzeit, wo der Messias selbst die Speise und der Trank der Seinigen ist. Von einer solchen Vorstellung wußte man zwar bis jetzt nichts, aber durch die geistreiche und – man darf es wohl sagen – gekünstelte Exegese prophetischer und apokalyptischer Stellen, zu denen noch Belege aus der Sapientia[318] – und der rabbinischen Literatur – hinzukommen, sucht Spitta nachzuweisen,[319] daß diese Vorstellung vom Genuß des Messias beim Mahl der Endzeit in der Zeit Jesu wirklich vorausgesetzt werden darf und also die Jünger nach dieser ihnen geläufigen Vorstellung Jesu Worte von seinem Leib und Blut nicht etwa aus der Symbolik des Brechens und Ausgießens gedeutet haben. Indem Jesus ihnen also Brot und Wein als seinen Leib und sein Blut darreicht, hält er mit ihnen eine Art siegender Vorfeier des messianischen Endmahls ab. Daraus erklärt sich der freudige Zug des urchristlichen Abendmahls, wie er uns in den Abendmahlsgebeten der Didache entgegentritt. Das historische Abendmahl war ein Siegesmahl, kein Trauermahl.

---

316 [R] Verdienst Renans und Straußens.

317 [Göttingen, I: 1893 (II: 1896, III: 1901).]

318 [*Weisheit Salomos*, Spruchsammlung a. d. 1. Jh. v. Chr.]

319 [R] Dasselbe Problem bei Eichhorn! Essen und Trinken des Leibes und Blutes Jesu an sich, real, nicht durch Gleichnis zu erklären.

Diese künstlerisch geniale Konzeption des Abendmahls scheitert an zwei Einwänden:

a) Es läßt sich nicht einmal als entfernte Möglichkeit dartun, daß in der Zeit Jesu eine Vorstellung vom messianischen Endmahl verbreitet war, der zufolge der Messias selbst von den Gläubigen geistig verspeist wurde. Also fällt auch die Möglichkeit einer solchen Deutung der Abendmahlsworte.

b) Eine solche Auffassung – dieser Umstand trat merkwürdigerweise in der Diskussion über Spitta[320] ganz zurück – widerspricht dem Schlußwort der synoptischen Abendmahlsberichte. Dort sagt Jesus zu den Jüngern: «Ich werde hinfort nicht mehr trinken von dem Gewächs des Weinstocks, bis ich es neu trinke mit euch in meines Vaters Reich» [Mk. 14,25 und Par.].[321] Er verweist sie also auf das messianische Endmahl, wo er wieder ihr Tischgenosse sein und mit ihnen vom Gewächs des Weinstocks kosten wird. Hier also will er, beim Mahl der Endzeit, mitgenießender Tischgenosse sein, bei Spitta aber Speise und Trank. Da man beides zusammen nicht vereinigen kann, ist entweder Spittas Auffassung oder das überlieferte synoptische Schlußwort unhistorisch, wobei das erstere der Fall sein wird, da die historische Fundierung des synoptischen Schlußwortes doch nicht leicht zu erschüttern sein dürfte.

4) Die doppelseitigen Auffassungen mit Zugrundelegung des Genußmoments und abgeleiteter Geltendmachung des Darstellungsmoments. Auf einem eigentümlichen Weg gelangte Harnack dazu, den Mahlzeitcharakter des Abendmahls in den Vordergrund zu rücken. Es bestanden nämlich im Altertum, besonders in der nordafrikanischen Kirche, asketische Richtungen, welche den Gebrauch des Weins beim Abendmahl nicht gestattet haben wollten und auch behaupteten, daß das Abendmahl von Jesus mit Wasser, nicht mit Wein gefeiert worden sei. Indem nun Harnack den Spuren dieser Abendmahlsfeier mit Wasser in der alten Literatur nachging, fand er, daß sie viel höher hinaufreichten, als man bisher annahm. Ja – er hat es zwar später aufgegeben –, einen Augenblick suchte er es aus den justinischen Notizen über das Abendmahl begreiflich zu machen, daß Justin überall eine Feier des Abendmahls mit Wasser voraussetzte. War aber dies der Fall, so konnte von einer Symbolik der Elemente für jene alte Zeit keine Rede sein, sondern das Abendmahl war seinem Wesen nach eine Mahlzeit, und die bei der historischen Feier in Frage kommende Handlung ist das Essen und Trinken. Harnack sagt von der historischen Feier: «Die wichtigste Funktion des natürlichen Lebens hat der Herr geheiligt, indem er die Nahrung als seinen Leib und sein Blut bezeichnet hat. So hat er sich für die Seinen auf immer mitten hineingestellt in ihr natürliches Leben und sie angewie-

320 [R] Die ganze Zerfahrenheit der Abendmahlsfrage in der Diskussion über Spitta.

321 [R] Spitta: Ihr werdet mich hinfort nicht mehr essen – bis ihr mich essen werdet...

sen, die Erhaltung und das Wachstum dieses natürlichen Lebens zur Kraft des Wachstums des geistigen Lebens zu machen.»[322] Da nun aber diese Deutung (welche durch und durch modern ist) viel zu allgemein ist und den natürlichen Schluß nach sich zöge, daß nun jede Mahlzeit ein Abendmahl sei, beschränkt er diese allgemeine Bedeutung, indem er nebenbei geltend macht, daß die Elemente irgendwie den Gedanken des Todes Jesu enthalten.[323] Er sagt: «Der Herr hat ein Gedächtnismahl seines Todes eingesetzt, oder vielmehr, er hat die leibliche Nahrung als sein Fleisch und sein Blut, d. h. als die Nahrung der Seele, bezeichnet (durch die Sündenvergebung), wenn sie mit Danksagung in Erinnerung seines Todes genossen wird.»[324]

Hier liegt klar zutage, daß das alles moderne Gedanken sind, die an geschichtliches Wort Jesu herangetragen werden, es aber in keiner Weise erklären.

Überhaupt sind alle diese Auffassungen, welche den Mahlzeitcharakter zugrunde legen und daneben eine Bedeutung der Abendmahlsworte auf den Tod Jesu festhalten, durch und durch modern.

Erich Haupt (geb. 1841), der feinsinnige, fast mystische Hallenser Theologe, der in seinem Werk *Die eschatologische Predigt Jesu*[325] die Eschatologie Jesu in wunderbar schöner Weise unbewußt modernisiert hat, faßt in einem Hallenser Universitätsprogramm von 1894,[326] *Über die ursprüngliche Form und Bedeutung der Abendmahlsworte*, das Wesen der historischen Feier dahin zusammen, daß er Jesum im Abendmahl sagen läßt: «Meine Person ist Träger der Kräfte eines höheren Lebens, welches so angeeignet werden und so zu einem Bestandteil eurer Personen werden will, wie dies bei der irdischen Nahrung der Fall ist. Dies gilt aber ganz besonders von meinem bevorstehenden Tode; gerade die Dahingabe meiner Persönlichkeit wird euch die in ihr beschlossenen Lebens- und Heilkräfte in vollstem Maße erschließen und zugute kommen lassen.»[327]

Mehr vorübergehend erwähne ich Friedrich Schultzen und Richard Adolf Hoffmann.[328] Nach Schultzen (*Das Abendmahl im Neuen Testament*, [Göttingen] 1895) fiel das Abendmahl unter den Begriff des Opfermahls, wobei Jesus Brot und Wein so zu Symbolen seines Leibes und Blutes erhob, daß sie geradezu Repräsentanten und Vermittler derselben waren. Richard Adolf Hoffmann sagt in seiner Schrift *Die Abendmahls-*

---

322 [*Brot und Wasser: die eucharistischen Elemente bei Justin,* Leipzig 1891, S. 142.]
323 [R] Restriktion.
324 [Ebd. S. 139.]
[R] Innere Verwandtschaft zwischen Harnack und Renan.
325 [*Die eschatologischen Aussagen Jesu in den synoptischen Evangelien,* Berlin 1895.]
326 [Halle.]
327 [S. 22.]
328 [R] Damit schließe ich etc. Resultat? Skepsis – Eichhorn (der große Dialektiker).

gedanken Jesu Christi ([Königsberg] 1896), daß die Handlung geradezu eine doppelte war. Neben dem Essen und Trinken kam auch dem Brechen und Ausgießen eine Bedeutung zu. «Vergossen», sagt er, «wurde Jesu Blut für das ungläubige Volk, zu trinken gab er es den Seinen!»[329]

Und nun das Resultat aller dieser Forschungen? – Eine zunehmende Skepsis, den Hergang und die Bedeutung jenes historischen letzten Mahles Jesu mit seinen Jüngern zu begreifen. Je mehr man über die Frage nachgedacht und geschrieben hat, desto weiter ist die Lösung gerückt. Was noch vor 15 Jahren in der Abendmahlsfeier fast allgemein als ausgemachte historische Tatsache galt, das wagt man heute nur noch mit den äußersten Reserven und Kautelen zu behaupten, und die allgemeine Tendenz geht dahin, das Abendmahl zu den unlösbaren historischen Rätseln zu schlagen.

In[330] geistreich eleganter Weise predigt Albert Eichhorn (geb. 1856, Professor in Halle) diesen Skeptizismus. Nach unseren Berichten ist die Handlung, die beim Abendmahl in Frage kommt, gar nicht das symbolische Handeln, so daß das Brechen des Brotes auf das Zerbrechen des Leibes und das Trinken des Weines auf das Vergießen des Blutes hindeutet, sondern das sakramentale Essen und Trinken des Leibes und Blutes Christi.[331] Wie aber kam diese Vorstellung auf? Was hat Jesus am Abend vorgenommen, daß sich von früh an in der Gemeinde der Usus des sakramentalen Essens und Trinkens des Leibes und Blutes Christi ausbildete? Aus unsern Berichten läßt sich das nie erkennen. Er vertröstet uns darauf, daß vielleicht einmal, wenn wir die Geschichte des Gnostizismus genauer kennen (unter Gnostizismus ist dabei die große synkretistische Bewegung zu verstehen, die schon lange vor Jesus einsetzte), irgend ein supranaturales Essen und Trinken entdeckt werden wird, aus dem sich der urchristliche Abendmahlsgebrauch ableiten läßt.[332]

Das ist natürlich nur ein Einfall, denn für ein solches gnostisches supranaturales Essen und Trinken existieren keine Zeugnisse, und wenn einmal so etwas aufgewiesen würde, woher das Recht nehmen, daraus das Abendmahl abzuleiten und so die älteste und heiligste Institution des Christentums aus dem trüben Eimer der synkretistisch-gnostischen Bewegung, mit der sie von Haus aus nichts zu tun hat, herauszufischen? – Es bleibt also bei dem eingestandenen Skeptizismus.

---

329 [S. 86.]
[R] Wenn die Theologen nichts mehr wissen, werden sie geistreich.

330 [R] 3. Kolleg.

331 [R] Albert Eichhorn, *Das Abendmahl im Neuen Testament,* Hefte zur christlichen Welt, Leipzig 1898.

332 [R] Untersuchung: nicht Formel, sondern *Wirkung*, die man dem Abendmahl in [der] alten Kirche zuschreibt.

§ 7) Die Gründe des Skeptizismus

Wo liegen die innersten Gründe dieses Skeptizismus? Nicht, wie man gewöhnlich meint, in der Lückenhaftigkeit und Ungenauigkeit der Berichte. In den Berichten herrscht ja eigentlich Klarheit und Übereinstimmung. Wir wissen, daß beim letzten Mahle mit seinen Jüngern Jesus ihnen Brot und Wein unter Segensspruch dargereicht und dabei von seinem Leib und Blut geredet hat und daß auf Grund dieser Feier die Abendmahlsfeier der urchristlichen Kirche entstand.

Der Grund des notwendig resultierenden Skeptizismus liegt tiefer, nämlich in der Statuierung der Art des Zusammenhangs zwischen der historischen Feier Jesu und seiner Jünger und dem urchristlichen Abendmahl.[333] Alle Monographien setzen nämlich voraus, daß das urchristliche Abendmahl die entsprechende Wiederholung des historischen war und daß also beide in ihrem Wesen identisch sind. In dieser Voraussetzung aber, daß das urchristliche Abendmahl dasselbe sei, was das historische Mahl war, liegt der unauflösbare Grund des Skeptizismus, denn diese Voraussetzung widerspricht den tatsächlichen Verhältnissen. Zwischen der historischen Feier und der urchristlichen und altchristlichen, soweit wir sie aus Paulus, der Didache, Ignatius und Justin kennen (*Didache* Kap. IX und X, Ignatius *Ad Smyrnaeos* VII und VIII, *Ad Romanos* VII, *Ad Ephesos* XX, *Ad Philadelphenses* IV, Ad Trallianos VIII, Justin *I. Apologie* Kap. 65 und 66), besteht nämlich ein tiefer Antagonismus. In seiner prägnanten Form läßt sich dieser Antagonismus so aussprechen: Das historische Abendmahl war eine von Jesus in dem Rahmen einer gemeinsamen Mahlzeit vorgenommene Zeremonie; das urchristliche Abendmahl war nur eine gemeinsame Mahlzeit, bei der – und das ist das Charakteristische und Verwirrende – die entsprechende Wiederholung jener Zeremonie absolut fehlte! Eine Wiederholung der Einsetzungs-

---

333 [Hier beiliegendes Blatt mit späteren Notizen (1904):]

An dem skeptischen Resultat haben die unterdes erschienenen Werke nichts geändert. Zu nennen: Karl Gerold Goetz, *Die Abendmahlsfrage in ihrer geschichtlichen Entwicklung*, Leipzig 1904. Das Hauptinteresse des Verfassers geht auf die mittelalterlichen und reformatorischen Diskussionen. – Johannes Hoffmann, *Das Abendmahl im Urchristentum*, Berlin 1903, 267 S. Das Abendmahl ist für ihn ein eschatologisches Brudermahl mit sinnbildlicher Bedeutung. Er nimmt das Beste an allen Meinungen, zerreibt es zu Pulver und schmiedet sie neu. Ganz unbedeutend. Am besten noch: Axel Andersen (Gymnasiallehrer a. D. in Christiana), *Das Abendmahl in den zwei ersten Jahrhunderten nach Christus*, Gießen 1904, 95 Seiten in großer Schrift. Hat wenigstens das Problem als exegetisches erfaßt. – Popularisierend: *Das Abendmahl im Neuen Testament*, von Reinhold Seeberg, [Gr. Lichterfelde-Berlin] 1905, 40 S. (Bibl. Zeit- und Streitschriften). [2. Aufl.: 1907 (1. Serie, 2. Heft).]

Aus dem Theologischen Jahresbericht: [Berlin] 1900: nichts; [Berlin/Leipzig] 1901: nichts; Leipzig 1902: nichts; Rudolf Schäfer, *Das Herrenmahl nach Ursprung und Bedeutung*, [Gütersloh 1897] (schon 1896[?]). Passahmahl.

worte und das entsprechende Handeln mit den Elementen kennt die alte Kirche nicht. Mit diesem zeremoniellen Akt aber fallen alle Gedanken, die darin begründet sind. War im historischen Abendmahl der Tod Jesu in den Gleichnissen dominierender Gedanke der Feier und war die Verkündigung des Todes Jesu irgendwie darin inbegriffen, so fehlt dieser Zug in der altchristlichen Feier vollständig. Das historische Mahl war ein Abschiedsmahl, die urchristliche Feier ein freudiges Danksagungsmahl – und nur das. Schon der Titel εὐχαριστία[334] bekundet es. Und wieweit dieser freudige Charakter ging, ersehen wir aus Paulus (I Kor. 11), der gegen eine ausgelassen-schwelgerische Feier des Abendmahls ankämpfen muß. Die Didache in ihrer Anweisung für das Abendmahl schreibt nichts vor als Danksagungsgebete mit pathetischem Schwung für den Beginn und für den Schluß der Feier,[335] aber von dem Tode Jesu und seiner Heilsbedeutung und von Sündenvergebung findet sich darin kein Wort, sondern alles gipfelt in dem Gedanken des Dankes für die Unsterblichkeit. Mit andern Worten: Die historische Feier beruht als Zeremonie nur auf dem Darstellungsmoment, die urchristliche, als gemeinsame Mahlzeit, nur auf dem Genußmoment, und alle bisherigen Lösungsversuche scheitern an diesem unfaßbaren Antagonismus. Sie werden dazwischen zermalmt. Beruhen sie auf dem Darstellungsmoment, so erklären sie die historische, beruhen sie auf dem Genußmoment, so erklären sie die urchristliche [Feier], aber nie beide zusammen. Sind es doppelseitige Auffassungen, in denen also Genuß- und Darstellungsmoment nebeneinander vertreten sind, so erklären sie keine von beiden vollständig, sondern sie werden der historischen nur gerecht, soweit sie das Darstellungsmoment, der urchristlichen nur, soweit sie das Genußmoment enthalten. Nehmen wir Jülicher und Schmiedel, die das Darstellungsmoment zu Grunde legen. Damit können sie sich als hervorragende Exegeten dem historischen Bericht vortrefflich anpassen und alles, was Jesus vornimmt, bedeutungsvoll erklären und zeigen, in wie tiefsinniger Weise er auf sein Leiden und den Heilserfolg dieses Leidens hinweist. Aber sobald sie einen Schritt weiter gehen, verlieren sie den Boden unter den Füßen. Denn von ihrer Erklärung der historischen Feier aus müssen sie (immer unter der Voraussetzung, daß das urchristliche Abendmahl die entsprechende Wiederholung des historischen war) fordern und statuieren, daß das urchristliche Mahl eine symbolische Erinnerungsfeier für Jesu Tod war, «bei der man» (ich zitiere wörtlich Jülicher), «soweit es irgend ging, die Situation von ehedem reproduzieren wollte, nur daß man jetzt auf das zurückblickte, was damals angekündigt werden sollte».[336] Aber das urchristliche Mahl ist

334 [R] Titel: Danksagung! Danksagungsmahl. Für was?
335 [R] Abend*mahl* Gemeinschaft mit Christo – nicht mit Jesus.
336 [Jülicher, *Zur Geschichte der Abendmahlsfeier in der ältesten Kirche,* Freiburg 1892, S. 247.]

nun ja gar keine Erinnerungszeremonie, sondern ein Freudenmahl, bei dem von Jesu Tod keine Rede war. Dazu kommt noch, daß, wenn das urchristliche Mahl die entsprechende Wiederholung der Zeremonie Jesu beim historischen Abendmahl gewesen sein soll, notwendig angenommen werden muß, daß der Herr sie durch einen Wiederholungsbefehl autorisierte und aufforderte, was er in hoheitsvoller Weise getan, entsprechend zu seiner Erinnerung zu wiederholen. Bei Zugrundelegung des Darstellungsmoments kann also das urchristliche Mahl nur aus dem Wiederholungsbefehl erklärt werden. Aber nun kommt die exegetische Wissenschaft und verlangt den Verzicht auf die Geltendmachung eines solchen Wiederholungsbefehls, da er in den beiden ältesten Berichten fehlt – bei Mk. und Mt. – und bei Paulus exegetisch unsicher ist. Darum verzichtet Jülicher darauf und zerstört so die einzige schwankende Brücke, die ihn von der historischen zur urchristlichen Mahlzeit hätte führen können. D. h. also: die Darstellungen mit einseitiger Herausarbeitung des Genußmoments können wohl die historische Feier, aber weder die Art noch das Aufkommen der urchristlichen Feier erklären. Umgekehrt ergeht es Spitta, als Vertreter der Auffassungen mit einseitiger Betonung des Genußmoments. Seine Auffassung, daß das Abendmahl eine Vorwegnahme der geistigen Nießung des Messias beim eschatologischen Mahl bedeutet und der Leidensgedanke keine Rolle spielte, paßt ausgezeichnet auf die Mahlfeier freudig-jubelnden Charakters in der Didache, aber nicht auf die historische Feier, denn sie läßt sich absolut nicht exegetisch aus den Berichten rechtfertigen, weil sie eben den Leidensgedanken verwirft. Trotzdem also Spitta keinen Wiederholungsbefehl zur Erklärung der urchristlichen Feier braucht, weil sie nach ihm eben eine gemeinsame Mahlzeit freudigen Charakters war,[337] so kann er doch die Verbindung tatsächlich nicht ausführen, weil das historische Mahl eben eine gemeinsame Mahlzeit mit einer einzigartigen Zeremonie war. Auch er scheitert an dem Antagonismus beider Mahlzeiten und kann den Weg von der urchristlichen Mahlzeit nicht zur historischen finden, weil er die historische Abendmahlsfeier, welche[338] ihm die Abendmahlsgebete der Didache suggeriert haben, in den historischen Berichten exegetisch nicht nachweisen kann.

Am interessantesten ist es bei den Auffassungen, wo das Darstellungsmoment neben das zu Grunde gelegte Genußmoment tritt, indem sich nämlich stufenweise verfolgen läßt, wie mit jeder stärkeren Betonung [des Darstellungsmoments] die historische Feier besser und die urchristliche schlechter erklärt wird. *Harnack* stimmt Spittas Auffassung

---

337 [Beigefügt:] wie die historische [es müßte aber doch heißen: im Gegensatz zur historischen.]

338 [D. h.: wie sie ...]

im Grunde [zu], nur will er den Leidensgedanken auch geltend gemacht wissen: So vorteilhaft dies für die historische Feier ist, so nachteilig ist es für die urchristliche, denn nun muß Harnack (immer von dem Gedanken beherrscht, daß beide identisch sind) notwendig dazu kommen, zu behaupten, daß das urchristliche Mahl irgendwie nebenbei Erinnerungsmahl an Jesu Tod sei und als solches auf einer Stiftung, auf dem Wiederholungsbefehl beruhe, was den Tatsachen widerspricht. *Haupt*, der das Darstellungsmoment um einen Grad stärker betont, kommt dazu, zu behaupten, daß zwar die ganze urchristliche gemeinsame Mahlzeit Abendmahl war, aber daß es dabei doch einen Höhepunkt des Ganzen gab, das Abendmahl im engeren Sinn, wo die Stiftung Jesu und sein feierliches Handeln irgendwie wiederholt werden. Er muß also eine Zeremonie im Verlauf der gemeinsamen Mahlzeit als Höhepunkt derselben annehmen, wo der Todesgedanke zum Ausdruck kam. – Aber woher wissen wir etwas von dieser Differenzierung in der christlichen Feier?

Schultzen, der das Darstellungsmoment noch mehr betont, gibt der urchristlichen Mahlzeit geradezu einen Doppelcharakter. Er sagt: Wiederholt wurde erstens die gemeinsame Mahlzeit als Opfermahl, zweitens die Handlung des Veranstalters des Opfermahls, wobei die Jünger wiederholten, was der Meister getan.[339] Also je stärker man das Darstellungsmoment in einer Auffassung betont, je mehr tut man dem Wesen der urchristlichen Mahlzeit Gewalt an.

Es gilt also das Axiom und läßt sich für alle doppelseitigen Auffassungen notwendig durchführen: Die Auffassungen mit einseitiger Herausarbeitung des Darstellungsmoments erklären nur die historische, nicht die urchristliche, die Auffassungen mit einseitiger Herausarbeitung des Genußmoments erklären nur die urchristliche, nicht die historische Feier. Die doppelseitigen Auffassungen erklären die historische Feier nur in dem Maße, als sie die urchristliche nicht erklären und umgekehrt. Darum ist das Problem auf dem bisherigen Wege nicht lösbar, und jede neue wissenschaftliche Vertiefung der Frage führte nur dem Skeptizismus um einen Schritt näher.

In dem Verhältnis zwischen Darstellungsmoment und Genußmoment, welches sie statuiert, ist alles, was eine Abendmahlsauffassung geschichtlich zu leisten vermag, schon von vornherein bestimmt. Alles andere, die historischen und exegetischen Erwägungen und Einfälle, in welchen die betreffende Abendmahlsauffassung vorgeführt wird, ist nur Kostüm und Maske, welche für den, der hinter die Kulissen geblickt hat, absolut keine Bedeutung haben, oder nur insofern, als sie mehr oder weniger geistreich sind. Alle Aufstellungen von Zwingli bis auf

339 [Schultzen, *Das Abendmahl im Neuen Testament,* Göttingen 1895, S. 55.]

den heutigen Tag sind nichts als Kombinationen dieser beiden Momente und können das Problem nicht lösen, weil eben der Antagonismus dieser beiden Feiern, der historischen und der urchristlichen, durch keine Kombination lösbar ist. Und alle Deutungen der Einsetzungsworte, die man in Zukunft versuchen wird, bringen keinen Schritt weiter, und wenn die Einfälle noch so geistreich sind, weil sie eben nichts anderes bieten als travestierte Kombinationen von Darstellungs- und Genußmoment. Wenn sie einem alles mögliche klar gemacht haben und man fragt, wie es kommt, daß die beiden Feiern so verschieden sind, die doch, sofern die eine die Wiederholung der andern ist, identisch sein sollten, bleiben sie die Antwort schuldig.

Nachdem nun einmal ein Blick hinter die Kulissen getan worden ist, darf auch verschiedenes anderes ausgesprochen werden, was man sonst zu berühren nicht den Mut hätte und wodurch doch hervorgeht, wie wenig sachgemäß die bisherige Deutung des Abendmahls ist.

1) Man redet in fast allen Abhandlungen von dem bedeutungsvollen Eingießen des Weins in den Becher, das dem Brechen des Brots entsprechen soll. Jesus will, so sagt man, damit seinen Jüngern sagen: so wie dieser Wein vergossen wird, so wird alsbald auch mein Blut vergossen. Nun ist aber das Eingießen des Weins in den Becher kein «Vergießen» – man stelle sich das nur einmal vor –: also ist schon die ganze Symbolik hinfällig. Aber das Beste ist: der Akt selbst ist erfunden. Kein Wort steht davon in den Berichten, sondern es ist nur gesagt, daß Jesus den Kelch, der vor ihm stand, nahm und herumreichte; ein Eingießen aber wird gar nicht erwähnt. Aber nichtsdestoweniger redet man von Zwingli bis auf Jülicher und Schmiedel unentwegt von dem bedeutungsvollen Eingießen des Weins,[340] das selbst wieder ein Ausgießen ist, und niemandem ist es eingefallen, zu sagen, daß das alles Erfindung sei. Man hat dieses frei erfundene Analogon zum Brechen des Brots einfach als selbstverständlich hingenommen. So geht oft die Gevatterin Gedankenlosigkeit neben der gestrengen Frau Wissenschaft ganz gemütlich einher.

2) Das Brechen des Brots soll das Brechen des Leibes, d. h. den Tod symbolisieren. Man nimmt diese Erklärung an, weil man eben keine andere hat. Aber wahrscheinlicher wird sie darum um kein Haar. Seit wann bedeutet denn Brechen = Töten? Die vielgerühmte Durchsichtigkeit und Selbstverständlichkeit des symbolischen Handelns Jesu ist tatsächlich das Undurchsichtigste und Unselbstverständlichste im ganzen Neuen Testament.

3) Es ist auffallend und auch bisher nicht hervorgehoben worden, daß fast alle Erklärungen eine Einsetzungsformel voraussetzen und er-

340 [R] Eklatanter Fall. Jede sogenannte wissenschaftliche Errungenschaft [ist] nur die Eliminierung einer Gedankenlosigkeit.

klären, die sich im Neuen Testament nirgends so wörtlich findet, sondern die meisten stellen sich aus den verschiedenen Berichten eine Einsetzungsformel zusammen, die sie für die ursprüngliche angeben, weil sie auf die von ihnen geplante Deutung zugeschnitten ist, die sich aber nirgends findet.

Doch genug. Aus dieser Ausführung über die Gründe, warum die bisherige Abendmahlsforschung notwendig beim Skeptizismus anlangen mußte, ergeben sich zwei für den neuen Weg der Forschung grundlegende Sätze:[341]

1) Die Lösung des Abendmahlsproblems darf nicht durch irgendeine Deutung der sogenannten Einsetzungsworte versucht werden. Denn die Einsetzungsworte sind einmal ohne weiteres aus dem berichteten Vorgang nicht zu deuten und haben zweitens in der alten Gemeindefeier gar kein Rolle gespielt. Also ist das Abendmahl nicht durch die «Einsetzungsworte», wie man sie bisher verstand, aufgekommen. Die Deutung der Gleichnisse ist also für die Erklärung des Aufkommens der alten Abendmahlsfeier nebensächlich, ja es ist überhaupt fraglich, ob die Jünger die Gleichnisse überhaupt zu verstehen brauchten und verstanden haben. Jedenfalls liegt die Deutung derselben auf einem ganz anderen Gebiet als auf der Auslegung des Brechens und Ausgießens.

2) Das urchristliche Abendmahl geht auf das historische zurück, aber nicht so, daß es eine entsprechende Wiederholung desselben ist, sondern nur insofern, als die urchristliche Danksagungsmahlzeit durch das letzte Mahl Jesu und durch seine dabei gesprochenen letzten Worte hervorgerufen ist.[342] Das «Wie», welches man bisher einfach als «Wiederholung» bezeichnete, ist eben die gesuchte Größe.

§ 8) Die Abendmahlsberichte und die Authentie des Mk.-Berichts

Es gibt 5 Abendmahlsberichte: Mk. 14,22–26; Mt. 26,26–29; Lk. 22,14–39; I Kor. 11,23–34; Justin I. Apologie [Kap.] 66.

Die Textkritik hat für die Abendmahlsberichte nicht viel zu bedeuten. Verschiedenheit herrscht insofern, [als] in einzelnen Handschriften für das Danken vor dem Brechen und Herumreichen einmal εὐλογήσας, ein andermal εὐχαριστήσας gebraucht wird. Einen Augenblick meinte man, aus der Lesart des Codex D ([Codex Bezae Cantabrigensis,] aus dem 6. Jahrhundert, 1652 im Besitz von Theodor Beza, der ihn 1581 [der] Universität Cambridge schenkte) einen älteren Text herauslesen zu können. Dieser Codex ist in vielen Relationen sehr selbständig und

341 [R] *Ja wenn wir wüßten, für was Jesus gedankt hat.*

342 [R] Auf Grund des historischen Mahls hat die Urgemeinde die urchristliche Feier geschaffen.

bietet in dem Abendmahlsbericht des Lk. einen kürzeren Text;[343] aber dieser kürzere Text ist nicht ursprünglich, sondern das Produkt der Reflexion des Codex D, wie allgemein zugegeben wird. Ich will Sie mit der Sache nicht aufhalten, da ich sie in meinem ersten Heft genauer dargestellt habe.[344] Mit neuen Lesarten ist für die Lösung des Abendmahlsproblems nichts gewonnen, obwohl man noch nicht aufgehört hat, auf Grund vorgeblicher textkritischer Funde aus den zweifelhaftesten Codices das Netz nach einer Einsetzungsformel auszuwerfen, die nun alle Rätsel lösen soll. Noch jüngst hat Wernle aus Basel in einem Aufsatz einen solchen Versuch gemacht.

Für uns aber kommt es nicht auf die oder jene Form der Einsetzungsworte an, sondern auf das, was die Berichte vom Verlauf jener letzten Mahlzeit überhaupt erzählen.

Eichhorn hat gesagt: Auch wenn ein authentischer Bericht unter unsern Berichten wäre, nützte es uns nichts, denn wir hätten kein Mittel, ihn unter den andern herauszufinden.[345] Das ist sehr geistreich gesagt, mit heutzutage Mode gewordenem vornehmem Skeptizismus. Aber es gibt doch ein Mittel, zu unterscheiden, welche Berichte von der Vorstellung der urchristlichen Gemeindemahlzeit beeinflußt sind und welche nicht. In der urchristlichen Gemeindemahlzeit hatten das Essen und das Trinken dieselbe Bedeutung. Ein Bericht, auf den das urchristliche Medium eingewirkt hat, wird also auch für das historische Mahl diese Gleichheit der Akte statuieren, und derjenige Bericht, welcher diese Symmetrie der Akte am wenigsten oder gar nicht aufweist, der ist sicherlich nicht durch die Vorstellung der späteren Gemeindemahlzeit beeinflußt. Es ist also ein rein formales Prinzip.

Gehen wir nun die Berichte auf diese Gleichbildung der Akte [hin] durch.

Justin. «Die Apostel [haben] in den von ihnen herrührenden Erinnerungen, die man Evangelien nennt, überliefert,[346] daß Jesus ihnen befohlen habe: Da er das Brot nahm und dankte, sprach er: ‹Das tut zu meinem Gedächtnis. Das ist mein Leib.› Auch den Kelch nahm er gleicherweise und sprach, indem er dankte: ‹Das ist mein Blut›» [I. Apol. 66]. Es ist also die Gleichbildung durch Verarmung,[347] denn die ganze

343 [R] (Codex D streicht Lk. 22,19b und 20 und schließt mit dem Wort: das ist mein Leib.)

344 [*Das Abendmahlsproblem auf Grund der wissenschaftlichen Forschung des 19. Jahrhunderts und der historischen Berichte,* Tübingen 1901 (2. Aufl. 1929), S. 45 ff.]

345 [Zitat ohne Quellenangabe. Die Stelle auch nicht in: Albert Eichhorn, *Das Abendmahl im Neuen Testament,* Hefte zur christlichen Welt, Nr. 36, Leipzig 1898.]

346 [Ms.:] so [οὕτως] überliefert.

347 [R] Wollen Sie auch bemerken, daß der ganze Vorgang hier auf die beiden Worte «das ist mein Leib, das ist mein Blut» zusammengeschrumpft ist, gerade so wie in Joh. 6[, 53 ff.].

Handlung beschränkt sich darauf, daß Jesus unter Dankeswort sagt: Mein Leib, mein Blut; von dem Brechen, für euch gegeben und vergossen, ist keine Rede.

Paulus. Bei Paulus erstreckt sich die Symmetrie der Akte bis auf den Rhythmus der Sprache. [I Kor. 11,23–26:] «Unser Herr Jesus, in der Nacht, da er verraten war [wurde], nahm er das Brot, dankte, brach es und sprach: das ist mein Leib für euch, solches tut zu meinem Gedächtnis. Desgleichen auch den Kelch nach dem Essen, indem er sprach: Dieser Kelch ist der neue Bund in meinem Blut, solches tut, so oft ihr's trinket, zu meinem Gedächtnis. Denn so oft ihr» ... etc. (Gegen Textus receptus, der [beifügt:] nehmet, esset; trinket alle daraus [I Kor. 11,24].)

Lk.: aus [den älteren] Synoptikern und Paulus zusammengestellt. Darum doppelt, zuerst [der] Akt beim Passah. Lk. [22,]15[.16] und 18. Also [das] eschatologische Schlußwort doppelt. Lk. [22,]19 und 20 nach Paulus. (In Zukunft Lk. übergehen, Komplikation.)

Bei *Mt.* aber hört die Symmetrie auf, der zweite Akt [ist] viel länger und viel inhaltsreicher als der erste, besonders durch das eschatologische Schlußwort («das für viele vergossen wird»; «wahrlich,[348] ich sage euch») [Mt. 26,26–29].

Noch ausgeprägter [ist] die Ungleichheit der Akte bei *Mk.* Es fehlt die Aufforderung zum Essen und Trinken; nur λάβετε [nehmet (14,22)].

Also aus rein formellen Gründen können wir sagen, daß derjenige, welcher den Mk.-Bericht geschrieben hat, nicht aus der bewußten oder unbewußten Anlehnung an eine urchristliche Abendmahlsfeier[349] geschrieben hat, sonst hätte er nicht die beiden Akte verschieden dargestellt. Wäre er auch nur unbewußt beeinflußt gewesen, so wäre diese Verschiedenheit unmöglich, denn z. B. alle wissenschaftlichen Abendmahlsauffassungen des 19. Jahrhunderts setzen die Gleichheit beider Akte bei der historischen Feier als selbstverständlich voraus, weil sie, von unserer Austeilungsfeier ausgehend, sich die Sache gar nicht anders vorstellen können. Keiner hat auf diese totale Unsymmetrie der Akte bei Mk. als auf etwas Merkwürdiges hingewiesen.

Aber nun zeigt dieser Bericht noch eine ganz auffallende Eigentümlichkeit: Nicht nur fehlt das φάγετε [esset] und das πίετε [trinket], sondern Jesus sagt das Wort vom Kelch erst, nachdem alle aus dem Kelch getrunken haben! Er fordert sie also nicht auf, sein Blut zu trinken, sondern nachdem sie getrunken haben, sagt er: das ist mein Blut. Diese Eigenart des Mk. für das Kelchwort blieb bisher unbeachtet, sondern man deutete einfach Mk. nach den andern [Berichten], als ob Jesus seine Jünger aufforderte, sein Blut zu trinken. Die beiden einzigen,

348 [«Wahrlich» steht nur bei Mk.]

349 [Ms.:] Abendmahlsmahlzeit [– oder entstammt diese tautologische Formulierung irgend einer besonderen Absicht?]

die hier die Merkwürdigkeit gesehen haben, sind Luther und Bruno Bauer. *Luther* erwähnt einmal ganz nebensächlich, um, soviel ich mich erinnere, das Kelchrecht für alle zu begründen, daß nach Mk. Jesus zuerst allen zu trinken gibt und dann erst, nachdem sie getrunken, sagt: das ist mein Blut.[350] *Bruno Bauer*, das enfant terrible der protestantischen Wissenschaft ([geb. 1809], 1834 Privatdozent an der Berliner Universität, dann 1839 in derselben Eigenschaft in Bonn, 1842 der Vorlesungen enthoben), erklärt[351] in seiner *Kritik der evangelischen Geschichte [der Synoptiker]* ([3 Bde., Leipzig] 1841–42)[352] die ganze synoptische Überlieferung als Erfindung, um das Christentum, welches [er] aus dem römischen Griechentum [ableitet], [als] aus der stoischen und Alexandrinischen Philosophie, hauptsächlich in der Richtung der Gedanken eines Seneca, entstanden zu rechtfertigen. So [wurde er] der Begründer des historischen Skeptizismus. Auch heute noch[353] vertreten ([A.] Eichhorn, [W.] Wrede, [A.] Kalthoff etc.). Er starb in Rixdorf bei Berlin. Zuletzt [war er] Journalist und Politiker.[354] Mk., sagt Bruno Bauer, konstatiert ausdrücklich, daß Jesu Jünger sein Fleisch und Blut gegessen haben, Mt. hingegen hat nicht mehr den Mut, es zu behaupten, sondern mildert die Konstatation zur Aufforderung, [den Wein] als[355] sein Blut zu trinken. Hätte Bruno Bauer tiefer nachgedacht über die Bedeutung des Umstandes, daß Jesus erst nachdem alle getrunken hatten, sagt, «das ist mein Blut», so hätte er die Folgerung ziehen müssen, daß nach Mk. im 2. [Akt] Jesus den Jüngern den Wein nicht als sein Blut zu trinken zumutet!

Das ist das Wichtige. Folgt bei Mk., im authentischen Bericht, das Wort vom Blut erst auf das Trinken, so ist danach durch den ältesten Bericht die Vorstellung vernichtet, das Abendmahl habe darin bestanden, daß Jesus seine Jünger aufgefordert habe, seinen Leib und sein Blut zu essen und zu trinken, sondern die Situation ist die, daß er ihnen Speise und Trank eigenhändig darreicht und auf Grund dessen, daß sie essen und trinken, in einem Gleichniswort das Brot als seinen Leib [und]

---

350 [*Von der babylon. Gefangenschaft der Kirche*, Deutsch v. H. Beintker, München 1983, S. 18.]

351 [Der vorangehende Satz über Bauer ist unvollständig, wir haben das Prädikat «erklärt» umgestellt und zum Prädikat beider Sätze gemacht.]

352 [R] [Weitere Werke:] *Kritik der Evangelien [und Geschichte ihres Ursprungs,* 4 Bde., Berlin] 1850–52; *Kritik der paulinischen Briefe,* Berlin 1852; *[Christus und die Cäsaren.] Der Ursprung des Christentums aus dem römischen Griechentum,* [Berlin] 1877. [Vgl. Kap. XI in A. Schweitzers *Geschichte der Leben-Jesu-Forschung.*]

353 [Im Ms. undeutlich:] rauh [?]

354 [RGG (Tübingen 1909): «Er starb als Bankbeamter in Rixdorf.»]

355 [«als» im Ms. undeutlich. Zum Zitat vgl. *Kritik der Evangelien* ..., Bd. III, S. 209, und *Kritik der evangelischen Geschichte der Synoptiker und des Johannes,* Bd. III, Braunschweig 1842, S. 240, zum «letzten Mahl Jesu», beide Stellen fast gleichlautend. (Bauer konstatiert nur, daß es bei Mk. heißt: «... das ist mein Leib», «... das ist mein Blut».)]

den Wein als sein Blut bezeichnet.[356] In zweiter Linie ist für Mk. charakteristisch die enge Verbindung zwischen dem Wort über dem Kelch und dem eschatologischen Schlußwort und dem Aufbruch. In einem Atem sagt er: «das ist das Blut meines Bundes, das für viele vergossen wird. Wahrlich, ich sage euch, daß ich nicht mehr von dem Gewächs des Weinstocks trinken [werde], bis auf den Tag, da ich es neu trinken werde» (Mt.: mit euch) «in dem Reich Gottes». Und sogleich folgt der Aufbruch [14,26].[357]

Die Situation ist also die: Gegen Schluß der Mahlzeit, während sie essen, nimmt Jesus ein Brot, spricht ein Dankgebet, dessen Inhalt wir nicht kennen; jedenfalls ist es nicht der gewöhnliche Dankesspruch bei einer Mahlzeit, sondern er hat bestimmten Inhalt. Er reicht ihnen das Brot herum, wobei man sich von der Vorstellung der Austeilung an jeden einzelnen, wie sie uns durch unser Austeilungsabendmahl in Fleisch und Blut übergegangen ist, frei machen muß. Jesus liegt, die Nächstliegenden geben das Brot weiter, und die Bedeutung besteht darin, daß jeder ein Stück *von dem durch Jesus ihm* gebrochenen Brot ißt. Dabei sagt er das Gleichniswort «das ist mein Leib», ob während des Austeilens[358] oder nachdem sie gegessen haben, ist nicht auszumachen. Wahrscheinlich, dem zweiten Akt entsprechend, nach dem Genuß. (Ob er selbst gegessen [hat, ist] fraglich, doch wahrscheinlich.) Darauf nimmt er den Kelch, spricht wieder das rätselhafte Dankgebet und setzt ihn in Umlauf. Sie tranken alle daraus. Als der Kelch wieder zu Jesus zurückkommt (das ist die Bedeutung des πάντες [alle, 14,23] – ob er getrunken oder nicht getrunken [hat,] wissen wir nicht), sagt er: «das ist das Blut meines Bundes, das für Viele» (nicht für euch, wie Paulus sagt) «vergossen wird. Wahrlich» . . . etc. Das ist der psychologische Moment des Abendmahls. Stolz und sieghaft steht Jesus von seinem Sitze aufgerichtet, den Kelch, aus dem sie getrunken, in der Hand, und redet zu ihnen, daß er keinen irdischen Trunk mehr genießen wird bis daß er mit ihnen zu Tische liegen wird beim großen messianischen Mahl nach Anbruch des Himmelreichs. Auf dieses siegesstolze Wort brechen sie auf (reißt er sie gleichsam zum Saal hinaus). Nicht das Abendmahl, das die Maler gemalt haben, wo Jesus, seinen Kelch vor sich und ein Stück Brot in der Hand, mit einem Jammergesicht den Jüngern etwas zu sagen scheint und sie mit fragender Miene die Köpfe je zwei und drei zusammenstecken, ist das wahre Abendmahl, sondern Jesus mit sieghafter

---

356 [R] Auch [bei] Paulus nicht [die] Aufforderung zum Genuß.

357 [Dazu notiert:] Die Danksagung ist in unseren modernen Feiern weggefallen.
[R] Noch 2 Sachen des Aktes klarmachen: 1) Danksagung, 2) Austeilung, 3) Das Bedeutsame: daß er austeilt, 4) ὑπὲρ πολλῶν [für viele, Mk. 14,24], 5) Ausgießung. Das «*ist*» fällt aus: also das Zeitliche fällt weg.

358 [R] Im Verlaufe einer Mahlzeit.

Verklärung auf dem Angesicht vor ihnen stehend und das eschatologische Wort über dem Kelch redend – das ist das Abendmahl.

Das[359] Abendmahl hat also eine eschatologische Bedeutung, und der große Fehler der Abendmahlswissenschaft [war,] daß sie das eschatologische Schlußwort gar nicht beachtete, es nicht zu den Einsetzungsworten zählte, obwohl es den Höhepunkt der Feier bildet.[360] Es handelt sich um ein Dreifaches in der Zusammensetzung der historischen Feier:

1) Jesus teilt feierlich Speise und Trank aus. Was ist die Bedeutung dieses Austeilungsaktes? Der Zusammenhang mit [der] Speisungsgeschichte.[361]
2) Im Anschluß an diesen Austeilungsakt redet er von der Sühnebedeutung seines Todes in dem Gleichnis von seinem Leib und Blut.
3) Mit diesem Wort von der Sühnebedeutung ist der eschatologische Hinweis auf das messianische Mahl als die bevorstehende[362] Wiedervereinigung engstens verbunden.

Diese drei Punkte gilt es zu untersuchen, um die historische Feier zu verstehen.

§ 9) Das Abendmahl als Austeilungsfeier und seine Beziehung zum Speisungswunder

Im 4. Evangelium wird das Gespräch über das Fleisch und das Blut des Menschensohnes an den Bericht [von] der wunderbaren Speisung angeschlossen.[363] Man hat daraus geschlossen, daß der 4. Evangelist eine Erinnerung hat von einem Zusammenhang zwischen dem Abendmahl und jenem Ereignis am See Genezareth. So sagt z. B. Renan, daß die Sekte Jesu ihren Ritus hatte und daß diese gemeinsamen Mahlzeiten, in denen Jesus das Brot brach, schon in Galiläa geübt wurden und daß das Abendmahl nichts anderes war als die letzte Feier dieses Ritus.[364] Danach hätte also die Sekte Jesu, ähnlich wie uns über die Pharisäer berichtet wird, Liebesmahle gefeiert, aus denen das urchristliche Abendmahl hervorging.

Lassen wir diesen Gedanken von der älteren Johanneischen Tradition auf sich beruhen, ebenso die Vorstellung von den häufig gefeierten Liebesmahlen – historisch wissen wir nur von der Mahlzeit am See und von der Mahlzeit am Todesabend zu Jerusalem. Ziehen Sie vom Abendmahl

---

359 [R] 4. Kolleg.
360 [R] Spitta.
361 [Mk. 6,30ff. und Par.]
[R] Jesus läßt aus seiner Hand Speise und Trank zukommen.
362 [Ms.:] als bevorstehender.
363 [Joh. 6,1ff./22ff.]
364 [*Vie de Jésus,* 18e éd. Paris 1883, Kap. XVIII, S. 312ff.]

die Gleichnisworte ab, so haben Sie einen Vorgang, der mit dem am See identisch ist – denn beide Male handelt es sich um eine Austeilungshandlung Jesu.

Bis auf den Wortlaut ist die Korrelation zwischen der Austeilung Jesu bei der Speisungsgeschichte und beim Abendmahl in den Evangelien gewahrt. Mk. 6,41:

καὶ λαβὼν τοὺς πέντε ἄρτους καὶ τοὺς δύο ἰχθύας ἀναβλέψας εἰς τὸν οὐρανὸν εὐλόγησεν καὶ κατέκλασεν τοὺς ἄρτους καί ἐδιδου τοῖς μαθηταῖς... [«Da nahm er die fünf Brote und die zwei Fische, blickte zum Himmel auf, sprach das Dankgebet darüber, brach die Brote und gab sie den Jüngern»...]

Joh. 6, dessen Abendmahlsauffassung nur auf dem Genuß-, nicht auf dem Darstellungsmoment beruht, erwähnt das Brechen nicht in dem Speisungswunder, wie auch der justinische Abendmahlsbericht es nicht erwähnt. Hingegen die Synoptiker erwähnen es in [den] Speisungsgeschichten. [Die] Austeilung [ist] dieselbe. Ebensowenig als Jesus bei der Speisung jedem das Brot in die Hand gab, hat er es beim Abendmahl getan. Das Entscheidende war nur, daß sie[365] Speise bekamen, die von ihm herkam. Was bedeutet nun aber dieser merkwürdige Akt, wo Jesus persönlich den um ihn Versammelten Speise und Trank austeilt? Hier erklären sich Abendmahl und Speisungsgeschichte wechselseitig. Aus dem Abendmahl, wo die Austeilung im Rahmen einer Mahlzeit vor sich geht, also nicht der Sättigung dient, ergibt sich, daß es sich bei der Austeilung am See auch um ein Kultmahl, nicht um ein Sättigungsmahl gehandelt [hat]. Daß bei jenem Mahl so und so viel Tausende durch wunderbare Brotvermehrung gespeist und gesättigt worden sind, das ist der sekundäre Zug, die Entstellung jenes Kultmahls zum Wunder.[366] Historisch ist, daß Jesus die Menge, die ihn am einsamen Seestrand bei Bethsaida, an der Nordbucht des Sees Gennezareth, überraschte, am Abend, ehe er sie in die umliegenden Ortschaften entließ, lagern ließ und ihnen unter feierlichem Dank von der Speise, die seinen und der Jünger Vorrat ausmachte, austeilte, so daß jeder aus der Hand Jesu ein Stück zur Nießung bekam. Das war das Abendmahl am See Gennezareth. Um die Bedeutung dieses kultischen Mahles zu verstehen, muß man zwei Umstände zur Erklärung heranziehen:

1) Die Vorstellung vom messianischen Mahl.
2) Die eschatologischen Erwartungen Jesu und der um ihn versammelten Gläubigen.

Ich kenne keine Geschichte von der Vorstellung des messianischen Mah-

---

365 [Die um ihn Anwesenden.]

366 [R] Etwas wird nur in ein Wunder umgebildet, wenn man es später nicht mehr versteht.

les innerhalb der Entwicklung der jüdisch-messianischen Erwartungen.[367]

Die Grundstelle, von der diese Vorstellung ausgegangen ist, findet sich [in] *Jes. 25,6–8*: «Jahwe wird allen Völkern am Ende der Tage ein fettes Mahl auf dem heiligen Berge herrichten. Er wird die Hüllen wegtun, womit[368] alle Völker verhüllt sind, und die Decke, womit alle Heiden zugedeckt sind. Denn er wird verschlingen den Tod ewiglich. Und der Herr wird abwischen alle Tränen von ihren Augen und wird aufheben die Schmach seines Volkes in allen Landen.»[369]

Das ist der Ausgangspunkt der Vorstellung vom messianischen Mahl. Es tritt also ein in dem Moment, wo der Tod überwunden ist und die böse Welt vertilgt wird. Darum ist mit dem Einbrechen der messianischen Herrlichkeit die Vorstellung eines Mahles verbunden, bei dem sich die Auserwählten zur Unvergänglichkeit und zur ewigen Seligkeit zusammenfinden. Eine Studie, welche die Zwischenstufen von dieser Jesajastelle bis zur Zeit Jesu darlegte, existiert nicht. Diese Stelle aber ist selbst schon verhältnismäßig sehr spät, denn Jes. 24–27 gehört in die Zeit von 120–130 v. Chr.[370]

Vollständig falsch ist es, in moderner Art in den Reden Jesu, wo das messianische Mahl berührt wird, Bilder zu sehen. Für Jesus ist das messianische Mahl, gerade wie die Eschatologie, eine Realität!

Die Hauptstellen für [das] messianische Mahl bei Jesus sind:

Mt. 8,11 und 12: Die Seligkeit dargestellt als ein zu Tische Liegen mit Abraham und Isaak und Jakob (ἀνακλιθήσονται).[371] «Sie werden kommen von Morgen und Abend, aber [die] Kinder des Reichs [werden] ausgestoßen ...»

Hier also [der] Auferstehungsgedanke und [der] Gerichtsgedanke: Alle Generationen vereinigt. Die Erwählten gehen zum Mahl der Seligkeit ein, die andern [sind] verdammt. Denn der Gerichtsgedanke ist nie ohne [den] Auferstehungsgedanken. Das Gericht [ergeht] auf alle Generationen: Mt. 12,41f.: Die Leute von Ninive und die Königin von Mittag werden auferstehen gegen dieses Geschlecht und wider es zeugen.

---

367 [R] Spitta [macht] den ersten Versuch einer Zusammenstellung der Stellen, aber [er] entstellt ihn durch die Tendenz.

368 [Ms. nach der Lutherbibel:] damit [hier jedoch mißverständlich].

369 [R] [Der] universelle Zug auch bei Jesus.

370 [Jedenfalls nach Ende der Perserherrschaft, 332 v. Chr. A. Schweitzer in *Reich Gottes und Christentum* I, Tübingen 1967, S. 33, München 1995, S. 61: Jes. 24–27 in der Zeit nach 300 v. Chr. entstanden.]

[R] Hier die andern Stellen, und daß wir sonst über die eschatologischen Vorstellungen zur Zeit Jesu und des Täufers nichts wissen.

371 [R] [Sich] ärgern über die modernen Lutherverbesserungen: Revidierte krit. [Ausgabe der?] Bibelgesellschaft[?]: «im Himmelreich sitzen». Stumpfsinn, [sollte] polizeilich verboten [werden.] In solchen Momenten bedauert man, daß die Prügelstrafe abgeschafft ist! [Aber Luther (1522): «sitzen»! Vgl. auch Mk. 16,14!]

Mt. 11,20–24: Tyrus und Sidon, Sodom und Gomorrha[372] wird es erträglicher gehen als den Zeitgenossen Jesu am Tage des Gerichts. Das ist keine Phrase, sondern er will sagen: jene werden eher Gnaden finden für ihre Verstocktheit als ihr, denn unter euch sind Zeichen und Wunder geschehen, und ihr habt nicht Buße getan.

Mt. 22,1–14: Königliche Hochzeit.

Mt. 25,1–13: Gleichnis von den zehn Jungfrauen. Für uns [ist] hier alles Gleichnis, auch die Idee der Seligkeit als Erwählung zu einer Mahlzeit. Aber bei Jesus [ist] nur die Einkleidung des Gedankens Gleichnis, nicht der Gedanke selbst.

Auch in [der] Apokalypse [des Johannes ist die] Seligkeit als Mahlzeit [dargestellt], und zwar ganz realistisch:

Apk. 3,20: «Siehe, ich stehe vor der Tür.» Das Mahl mit ihm halten.

Apk. 7,14–17: [Die] Seligen, die ihre Kleider im Blute des Lammes gewaschen [haben, werden] nicht mehr hungern und dürsten, denn das Lamm wird sie weiden und Gott wird abwischen alle Tränen von ihren Augen. Also Beziehung auf Jesaja [25,8].[373]

Apk. 19,9:[374] Die Hochzeit des Lammes gekommen. «Selig sind, die zum Mahle des Lammes geladen sind.»

Die[375] Parusieerwartung zu Zeiten Jesu, ebenso wie zu den Zeiten der ersten Gemeinde, war die Erwartung des messianischen Mahles. Und je intensiver die Erwartung des Reiches, desto intensiver die Erwartung des Mahles, das gleichsam die positive Kehrseite zum Gericht bildet.[376]

Nun aber war die Zeit um die Aussendung für Jesus und seine Umgebung ein Höhepunkt eschatologischer Erwartung. Bei der Aussendung erwartete Jesus, daß der Anbruch des Reiches statthaben werde, ehe die Jünger mit ihrer Predigt der Reichsnähe, dem einzigen Inhalt ihrer Missionsverkündigung, zu Ende sein werden. «Wahrlich, ich sage euch», spricht er Mt. 10,23, «ihr werdet mit den Städten Israels nicht zu Ende sein, bis die Erscheinung des Menschensohnes statthaben wird.» Das Volk, das ihn umdrängt und ihm nach der Aussendung die Einsamkeit unmöglich macht, das sind Reichsgläubige, d. h. solche, die das unmittelbare Hereinbrechen des Reiches erwarten. Sie wissen nicht, daß er der Messias ist, d. h., daß er, den futurischen Charakter der Messianität Jesu vorausgesetzt, beim Anbruch des Reiches als der Menschensohn offenbart werden wird als der, mit dem sie, die Reichsgläubigen und Buße Tuenden, als Erwählte das messianische Mahl teilen werden.[377] Er aber

372 [Gomorrha: nach Mt. 10,15 und einer Variante von Mk. 6,11.]

373 [R] Johanneisch.
[R] Hier zum ersten Mal Taufe und Abendmahl zusammenf[allend?].

374 [Ms.:] 19,6.

375 [R] 5. Kolleg.

376 [R] Abendmahl ist Spezialfall der Speisungsgeschichte.

377 [R] Dieselbe Tischgemeinschaft [wird] sich im messianischen Reich wiederholen.

weiß es. Darum, als beim hereinbrechenden Abend die Jünger ihm zuredeten, das Volk zu entlassen, damit sie in den umliegenden Marktflecken speisen gingen, ließ er sie lagern und teilte ihnen Speise aus, er, der Messias, und gab ihnen in feierlichem Danksagungsmahl mit ihm die Anwartschaft auf das Mahl mit ihm in seiner Herrlichkeit.[378] Sie, die von ihm in seiner unerkannten Niedrigkeit Speise empfingen, sollen damit, obwohl sie es nicht wissen, der Teilnahme an seinem messianischen Mahle nach der Offenbarung seiner Menschensohnherrlichkeit vergewissert werden.

In diesem Sinne war das Abendmahl am See Gennezareth eine Vorfeier des messianischen Mahles und identisch mit der Austeilungsfeier[379] am Ende des letzten Mahles im Gemach vor den Toren Jerusalems. Dort wiederholt er mit den Jüngern, was er im Kreise der Gläubigen am See Gennezareth getan [hat,] und zwar gibt uns hier das eschatologische Schlußwort die untrügliche Sicherheit, daß diese Austeilungsfeier in diesem Zusammenhang mit dem messianischen Mahl steht.[380]

Es fragt sich nun, ob die Teilnehmer an diesen beiden Austeilungsfeiern die Bedeutung der Handlung verstanden. Für das Abendmahl am See Gennezareth [ist die Frage] wohl zu verneinen, denn sie besaßen eben das messianische Geheimnis Jesu nicht und wußten nicht, daß der, welcher ihnen Speise austeilte, es tat als solcher, der bald als Menschensohn geoffenbart werden sollte. Hingegen die Jünger verstanden es zu Jerusalem, denn sie wußten, im Besitz des Messiasgeheimnisses, wer der war, der ihnen austeilte.

Noch eine Frage: Was war es für eine Danksagung, die Jesus beidemal sprach, ehe er die Speise austeilte? War es ein einfacher Dankesspruch für die Gabe? So nahm man bisher an. Aber wenn man den eschatologischen Charakter des Mahles erkannt hat, wird auch jene Eucharistia und Eulogia unendlich reicher. Der Dank Jesu vor dem Herumreichen war ein *Dankeshymnus* eschatologischen Charakters:[381] der Dank für das Reich. Der Danksagungscharakter ist eschatologisch bedingt! Daß es so war, ersehen wir aus den Danksagungsgebeten des Urchristentums in der *Didache*:[382] denn gerade als Danksagungsmahlzeit sind das Abendmahl am See Gennezareth und zu Jerusalem und das Abendmahl des Urchristentums identisch. In den Danksagungs-(Eucharistie-)gebeten der *Didache* [Kap.] IX und X ist die Rede von dem ewigen Leben und

---

378 [R] Die Herstellung der Tischgemeinschaft zwischen ihm und ihnen. Was für den antiken Menschen die Tischgemeinschaft bedeutete.

379 [R] Die Hauptbedeutung liegt in der Austeilungsfeier.

380 [R] Wernle: meint, diese Deutung der Speisung [sei] Unsinn! Aber gerade im Abendmahl handelt es sich nicht um Sättigung. Also auch in [der] Speisung nicht.

381 [R] !! Cf. Mt. 11!

382 [R] Die Abendmahlsfeier der Didache ähnlicher mit der wunderbaren Speisung als mit der historischen Feier.

von der Auferstehung, *von dem Sammeln der Kirche von den vier Enden der Welt*, von dem Kommen der Gnade, von dem Vergehen der Welt. Das Ganze schließt mit dem Hosiannah und dem Maran-Attah-Ruf: Ach komm, Herr Jesu.[383]

Also hat auch die Eucharistie Jesu eschatologischen Charakter gehabt. Um was er dort gedankt [hat,] ist uns nicht erhalten, aber um was er betete, ist uns erhalten – und danach können wir bemessen, um was er dankte. Nämlich das Herrengebet ist nichts anderes als ein eschatologisches Flehen. Das Geheiligtwerden des Namens. Das Kommen des Reichs, das Geschehen des Willens [Gottes] auf Erden wie im Himmel – alles das ist eschatologisch. Auch die Bitte um Sündenvergebung, die Hindurchführung durch den πειρασμός [Prüfung, Versuchung] und die Erlösung aus dem Bösen, das alles[384] ist nicht etwa feinsinnig liturgisch zusammengefügt, sondern es hält zusammen durch den großen eschatologischen Gedanken.[385] Und *daß dieses Gebet in der alten Kirche als eschatologisches Gebet verstanden wurde, zeigt der Zusatz, den es schon in der Didache erhält*: «Dein ist das Reich und die Kraft und die Herrlichkeit in Ewigkeit. Amen.»[386] Damit respondierte die Gemeinde auf die eschatologische Bitte. Und in dieses eschatologische Gebet ist die Bitte um das tägliche Brot eingedrängt – ein Rätsel, das noch keine Exegese gelöst hat. Aber diese Verknüpfung zeigt, wie gerade mit der Mahlzeit die eschatologische Bitte und der eschatologische Dank verknüpft ist. So ist es ganz erklärlich, daß das Herrengebet Abendmahlsgebet war, bis in die Messe, bis in [die] Luther-Messe! Und die Geschichte des Herrengebets ist nur die Durchführung dieses Gedankens.[387]

Ich fasse zusammen: 1) Die Austeilung [durch] Jesus in dem Abendmahl am See und zu Jerusalem bedeutet aus seinem Messianitätsbewußtsein heraus die Verleihung der Anwartschaft auf das messianische Mahl.[388] 2) Beide Feiern waren eschatologische Danksagungsmahlzei-

---

383 [R] Die Bedeutung des σήμερον heute, [Mt. 6,11]! «Unser täglich Brot gib uns heute.» Nein, ursprünglich eine Bitte auf das Kommen des messianischen Mahles. Lk. ganz konsequent (11,3): τὸν ἄρτον [ἡμῶν] τὸν ἐπιούσιον δίδου ἡμῖν τὸ καθ' ἡμέραν. Das betende Subjekt ist die Gemeinschaft der Reichsgläubigen, mit welcher sich Jesus solidarisch weiß. Also nicht als Einzelgebet gedacht! Sondern: «unser»; auch Jesus *betet* in Solidarität *mit.* Dieses Gebet [haben sie] sicher oft zusammen gebetet, nicht nur [hat Jesus] es sie gelehrt. Ob nicht Bitte um [das] messianische Mahl? – Verwandle «Herrengebet» in «Danksagung», dann hat man das εὐχαριστήσατε [Didache X,1].

384 [R] Als [alles] nur andere Ausdrücke für die Realisierung des Reiches Gottes.

385 [R] Wenn [das] Brechen schon in [dem] Abendmahl am See Gennezareth, dann [hat es] keine neue Bedeutung in [dem] letzten Abendmahl.

386 [«das Reich und» fehlt jedoch in Didache X,5.]
[R] (Die Geschichte des Amen!!)

387 [R] I Chronik 29,11: Grundstelle für [die] Doxologie.

388 [R] *Die Versiegelung.*

ten, und die Eucharistia und die Eulogia, die Jesus sprach, bezog sich auf das Reich und das messianische Mahl; *der Herrendank* [ist] das Pendant zum Herrengebet von dem [um das?] Kommen des Reiches. So ist nun die gemeinsame Größe festgelegt, welche das Abendmahl am See, zu Jerusalem und im Urchristentum verbindet: die eschatologische Danksagungsmahlzeit.[389]

§ 10) Das Leidensgeheimnis in den Abendmahlsgleichnissen

Auch der Leidensgedanke Jesu war eschatologisch. Ich fasse mich hier sehr kurz, da Sie das Genauere in meiner *Skizze des Lebens Jesu*,[390] die sich um das Leidens- und Messianitätsgeheimnis dreht, finden.

Der Leidensgedanke ist Jesu nicht durch äußere Umstände, etwa durch die Feindschaft der Leiter des Volkes, aufgedrängt worden, so daß es nun hieß: siegen oder sterben; er kam auch nicht erst gegen das Ende des Lebens, sondern war, in allgemeiner Form, von Anfang an da, nämlich in dem Gedanken der Wehen des Messias. Dem Kommen des Reiches geht eine unsägliche Drangsal voran,[391] das letzte Austoben der widergöttlichen Gewalt gegen die Erwählten. Diese Drangsal erwartet Jesus mit den Gläubigen zu erleben, zur Bewährung. Darum, als er die Jünger aussendet, geht die ganze Aussendungsrede darin auf, daß er sie ermahnt, in den Drangsalen, denen sie ausgesetzt werden, nicht irre zu werden. Das Volk, das sich nach der Aussendung in der Erwartung des Reiches um ihn drängt, ermahnt er, auch das Leben dran[392] zu geben, wenn nötig, denn wer sein Leben verliert, der wird es behalten [Mk. 8,35]. Er beschwört sie, sich seiner nicht zu schämen, wenn er erniedrigt und verachtet wird in diesem ehebrecherischen und sündigen Geschlecht, denn wer sich seiner schämen wird, des wird sich auch der Menschensohn schämen, wenn er in der Herrlichkeit seines Vaters, umgeben von den Engeln des Himmels, kommen wird [Mk. 8,38].[393]

Aber eben, nach der Aussendung blieb dieser große πειρασμός aus und mit ihm auch das Reich, und nun nimmt der allgemeine Leidensge-

389 [R] Die feierliche Herstellung der Mahlgemeinschaft. Für die Herstellung der Mahlzeitgemeinschaft: cf. Mt. 25,34ff.: «Ich bin hungrig gewesen, und ihr habt mich gespeist, ich bin durstig gewesen, und ihr habt mich getränkt» etc. Darum gehören sie zu den Auserwählten, weil sie von sich aus die Mahlgemeinschaft mit ihm hergestellt haben, wenn auch nur auf dem indirekten Weg: indem sie nämlich die Armen gespeist und getränkt [haben]. Welche Bedeutung also die Idee des gemeinschaftlichen Mahles für [die] Endzeit [hat]!

390 [1. Aufl. Tübingen 1901, 3. Aufl. 1956.]

391 [Ms.:] bevor.

392 [Ms., offenbar verschrieben:] drangs[?]

393 [R] Mk. 8,34ff. gehört nicht nach Cäsarea [Mk. 8,27–30], sondern nach Bethsaida [Mk. 8,22–26].

danke, unter der Einwirkung des Bildes des leidenden Gottesknechts, individuelle Züge an. Jesus vollzieht den πειρασμός an sich selbst, er leidet für alle die, welche zum Reich vorherbestimmt sind. Also ist es Gottes Wille. Er, der vorherbestimmt ist, als Menschensohn geoffenbart zu werden, führt das Reich herbei durch sein Leiden und Sterben. Darum ist sein Leiden und Sterben eine Sühne. Es ist ganz falsch, in Mk. 10,45: λύτρον ἀντὶ πολλῶν und in 14,24: ἐκχυννόμενον ὑπὲρ πολλῶν Einflüsse der paulinischen Sühnetheorie zu finden und dabei den ganzen Leidensgedanken als ethisches Dienen zu sublimieren. Paulinisch ist in diesen Worten absolut nichts, weder die Form noch der Inhalt, denn Paulus sagt: ὑπὲρ *ὑμῶν*, nämlich «für euch, die Gläubigen», während Jesu Wort viel allgemeiner ist: ὑπὲρ πολλῶν, für eine unbestimmte Allgemeinheit, nämlich für alle, die zum Reiche ausersehen sind,[394] ob sie nun der gegenwärtigen oder der vergangenen Generation angehören. Für alle diese stirbt Jesus, er sühnt die Schuld, die auf der Welt liegt und das Kommen des Reichs zurückhält, er sühnt die Schuld, welche die Gläubigen insgesamt durch ihre Buße und Standhaftigkeit sühnen sollten, und führt so, indem er für sie stirbt, das Reich herauf.

Das ist in kurzen Zügen das eschatologische Leidensgeheimnis Jesu. Es ist zugleich das Geheimnis des Reiches Gottes, weil durch Jesu Tod das Reich heraufgeführt wird. Und dieses Geheimnis des Reiches Gottes als persönliches Leidensgeheimnis Jesu liegt in den Abendmahlsgleichnissen. D. h., diese Gleichnisse waren nicht bestimmt, von den Jüngern verstanden zu werden, um sie zu belehren, wie überhaupt das ganze Leidensgeheimnis Jesu nicht für sie bestimmt war, sondern diese Gleichnisworte waren geheimnisvolle Signale. Schon zu Beginn seiner Wirksamkeit hatte er das Geheimnis des Reiches Gottes in Gleichnissen dargestellt (Mk. 4). Der Gedanke Jesu war, daß durch die Buße, die durch seine Reichspredigt hervorgerufen wurde, das Reich Gottes in die Erscheinung gezogen würde,[395] wie er in der Würdigungsrede über Johannes den Täufer (Mt. 11) sagt. Diese Geheimnisgleichnisse von dem Sämann, von der selbstwachsenden Saat, von dem Senfkorn, von dem Sauerteig sind Signale. Von der Entwicklung ist keine Rede: sondern gerade in der unmittelbaren Nebeneinanderstellung besteht die Bedeutung der Gleichnisse. Wie aus wenigen Samenkörnern . . ., so eine überreiche Ernte. Wie bringt die Erde alles von selbst hervor? Wie [wird] das Senfkorn zum großen Baum? Wie [wird] aus [dem] bißchen Sauerteig der ganze Teig [zum] Sauterteig? Antwort: durch [die] Kraft Gottes. Das Unverhältnismäßige. So auch führt im Verlauf der Reichspredigt durch Buße die Kraft Gottes das überweltliche Erscheinen des Gottesreiches herbei. Das [ist] das Geheimnis.

394 [R] Nur für uns Moderne sind die Jünger Symbol der Gläubigen überhaupt.
395 [Ms.:] wurde.

In [dem] Leidensgeheimnis über[396] ... Durch [die] Sühne Jesu [wird] das Reich Gottes [herbeigeführt]. Dieses Geheimnis [ist] in den Einsetzungsworten [beschlossen]. Keine Deutung. Paulus führt sie an, ohne Deutung, Justin und Johannes erklären sie aus der Logostheorie. So [ist] nur das Negative sicher: Nicht auf [das] Brechen und Ausgießen kommt es an.[397] Nur allgemein zu beschreiben: Die Speise und der Trank, den er ihnen darreicht und wodurch er ihnen die Antwortschaft auf [Teilnahme am] messianischen Mahl gibt, sind sein Leib und sein Sühneblut, weil er durch seinen bevorstehenden Sühnetod[398] das messianische Mahl, an dem sie partizipieren [werden], heraufführt. Nur in diesen allgemeinsten Umrissen [ist] das Gleichnis klar.[399] Was es eigentlich bedeutet, den plastischen Gedanken, wußte nur Jesus – und er hat das Gleichnis mit ins Grab genommen. Also besteht die Lösung des Abendmahlsproblems in der Erkenntnis, daß wir zur Lösung der Abendmahlsgleichnisse[400] nicht kommen können und daß sie nur etwas Beigeordnetes sind, eine Reflexion Jesu auf Grund der Bedeutung der Austeilungsfeier im Zusammenhang mit dem Leidensgeheimnis. [Sie] betrifft nur die nähere Bestimmung desselben, nicht das Wesen selbst.

§ 11) Das eschatologische Schlußwort und seine Spuren in der urchristlichen Literatur

Aus der Analyse der Feier in der letzten Stunde habe ich die Behauptung aufgestellt, daß das eschatologische Schlußwort, wo er ihnen verheißt, in dem Reich seines Vaters, bei der Parusie, wieder beim Mahle mit ihnen vereinigt zu sein, den Höhepunkt der Feier bildete. Daß dieses Wort das bedeutungsvollste[401] am Mahle war, geht daraus hervor, daß es auf die altchristliche Geschichtsbildung elementar eingewirkt hat. Überall finden wir die Spuren dieser letzten Weissagung Jesu, indem nämlich in den Auferstehungsgeschichten der Auferstandene mit den Seinen beim Mahle vereinigt wird und sich ihnen beim Mahle zu erkennen gibt.

Die Hauptstellen sind:

Lk. 24,13 ff.[402] Der Gang nach Emmaus. Die Jünger wissen nicht, wer mit ihnen wandelt. Aber da es Abend war, nötigten sie ihn, mit ihnen

---

396 [Oder (undeutlich):] üben [? Der Satz ist unvollständig.]

397 [Oder: Nicht auf Brechen und Ausgießen beruht das Geheimnis.]

398 [R] Weil er stirbt, sagt [er,] das sei sein Fleisch und Blut.

399 [R] Aber wir brauchen nicht mehr anzunehmen, daß die Jünger sie [die Gleichnisworte] verstanden!

400 [R] Mit der Bedeutung der Austeilung [haben sie] gar nichts zu tun. Die Austeilung ist unabhängig davon. Beweis: [die] wunderbare Speisung.

401 [Das bedeutungsvollste Wort (Kleinschreibung nach Ms.).]

402 [R] Renans Deutung der Emmausgeschichte [*Les Apôtres,* Paris 1866, S. 20f.]: Ein Schriftgelehrter begegnet ihnen; ils se lièrent d'amitié. Bei Dämmerung essen. Und

einzukehren und zu Tische zu sitzen. Und nun heißt es 24,30: λαβὼν τὸν ἄρτον εὐλόγησεν καὶ κλάσας ἐπεδίδου αὐτοῖς [«er nahm das Brot, sprach das Dankgebet darüber, brach es und gab es ihnen»] – da wurden ihre Augen aufgetan, und sie erkennen ihn am Brotbrechen. Sie gehen nach Jerusalem und erzählen den andern, wie er ihnen offenbar geworden ἐν τῇ κλάσει τοῦ ἄρτου! Das ist die Erfüllung des Wortes von dem Vereinigtsein beim Mahl: Der Auferstandene offenbart sich beim Mahle. Freilich nur [eine] partielle Erfüllung, wie ja auch die Auferstehung nur partielle Erfüllung der Parusie ist.

Lk. 24,41 ff. Jesus erscheint den elfen.[403] (Sie glauben ihm nicht. Da ißt er vor ihnen und sie glauben. Hier [ist] das Motiv des Essens nicht mehr klar.)

Mk. 16,14: Ὕστερον ἀνακειμένοις αὐτοῖς τοῖς ἕνδεκα ἐφανερώθη, ... [«Später offenbarte er sich den Elfen selbst» ...]

Joh. 21: Früh am Morgen steht Jesus an dem Ufer. Sie kennen ihn nicht. Er fragt: Habt ihr nichts zu essen? Darauf folgt der wunderbare Fischzug. Am Lande angekommen, sehen die Jünger ein Feuer, Fische und Brot. Kommt und esset, sagt Jesus. Keiner wagte, ihn zu fragen: wer bist du?, denn sie wußten, daß es der Herr sei. Er nimmt das Brot und gibt es ihnen (*[es] fehlt das Brechen* wie in der johanneischen Speisung [Kap. 6]) und ebenso die Fische. Joh. 21,15: ὅτε οὖν ἠρίστησαν [«als sie gegessen hatten»]: also gemeinsame Mahlzeit.[404]

Acta 10,41: Die entscheidende Stelle. Petrus sagt in seiner Rede im Hause des Cornelius: «Gott hat Jesus am dritten Tage auferweckt und ihm verliehen, zu erscheinen, nicht allem Volk, sondern Zeugen, die von Gott zuvor verordnet waren, *uns, die wir mit ihm gegessen und getrunken haben nach seiner Auferstehung von den Toten*!» Das hätte das Interesse aller Auferstehungsberichte erklären sollen. Das Essen und Trinken als

---

wie sie ihn sehen das Brot brechen, steigen alle Erinnerungen in ihnen auf, wie er damals vor ihnen das Brot brach und redete von dem Wein, den er neu trinken werde. Pleins d'une douce ivresse ils oublient l'étranger – c'est Jésus qu'ils voient tenant le pain, puis le rompant et le leur offrant. Sie sehen nicht, daß er sich entfernt, um seinen Weg fortzusetzen. La conviction des deux disciples fut, qu'ils avaient vu Jésus. – [Dazu A. S.:] Warum [ging der Fremde] ohne Gruß fort? Renans Hypothese beruht also auf der vorausgesetzten schlechten Erziehung des Schriftgelehrten, und er hat nur eins vergessen zu sagen: ob nachher die Jünger auch für den Verschwundenen die Zeche bezahlt haben. Das falsche Prinzip: die Geschichten als vorausgesetzten Vorgang zu deuten, statt die Aufstellung selbst eines solchen Vorgangs aus inneren Motiven zu begreifen.

[Man wollte] die Tendenz jenes Schlußwortes irgendwie erfüllt sein lassen, wobei man sich mit partieller Erfüllung begnügte, wie auch die Auferstehung partielle Erfüllung der Parusie ist, während ursprünglich Auferstehung und Parusie identisch.

403 [R] Vorausgesetzt zu Tisch.

404 [R] *Die apokryphen Auferstehungsberichte*: inwiefern die Mahlzeit mitgewirkt hat.

Beweis der leibhaftigen Existenz [des Auferstandenen] erst sekundär, das Primäre: Essen und Trinken.

Sie sehen also, die ganze Auferstehungsvorstellung ist beherrscht durch die Nachwirkung des eschatologischen Schlußwortes, das vom Trinken auf das ganze Mahl ausgedehnt wird, daß nämlich der Herr sich den Seinen beim Mahle offenbaren werde. [Das] Schlußwort wird also auf das ganze Mahl ausgedehnt.

Das Schmidtsche Fragment. «Eine bisher unbekannte altchristliche Schrift in koptischer Sprache», [von Carl Schmidt. Titel des Berichts von Harnack in:] *Sitzungsberichte der [königl. preuß.] Akademie [der Wissenschaften*, Berlin] 1895 [,XXXI, 2. Halbband]. Große kirchliche Schrift, etwa Mitte 2. Jahrhundert. Vor[405] großen gnostischen Systemen. Gespräche des Auferstandenen mit den Jüngern über Parusie (die auf 120 Jahre hinausgerückt ist), Totenauferstehung, Gericht. *Das Interessante [ist], daß dieses Gespräch bei dem Mahle stattfindet, wo Jesus sich den Jüngern geoffenbart hat.* «Wir sprachen zu ihm: ‹O Herr, ist es nun wieder notwendig, daß wir das ποτήριον nehmen und trinken?› Er aber antwortete: ‹Ja, es ist notwendig, bis ich komme mit denen, die um meinetwillen getötet sind.›»[406]

Also der Gedanke ist der: Die Jünger haben Jesum bei den Danksagungsmahlzeiten erwartet. Nun ist er ihnen bei[407] der Auferstehung bei einer solchen Mahlzeit erschienen. Sie fragen ihn, ob sie diese Mahlzeiten noch weiter üben sollen, das ποτήριον nehmen: er sagt ihnen – die Beziehung auf das eschatologische Schlußwort beim Becher ist klar zutageliegend – ja, bis zur Parusie!

Sie sehen also, welche gestaltende Wirkung das eschatologische Schlußwort beim letzten Mahle auf die Darstellung der Auferstehungserscheinungen ausgeübt hat. Daraus können Sie schließen, welche Bedeutung ihm für die Parusieerwartung der ältesten Gemeinde zukam: Es ist nichts anderes, als daß man erwartete: *Jesus werde beim gemeinsamen Mahle den Seinen erscheinen und sich ihnen in seiner messianischen Herrlichkeit offenbaren.*[408]

Ich fasse zusammen: Was war das Abendmahl Jesu? Das Abendmahl war, wie das Abendmahl am See, eine Austeilungsfeier, ein Kultmahl mit eschatologischer Danksagung, wo Jesus, als der, welcher sich [als] Messias weiß, den Gläubigen Speise darreicht und sie so zu Teilnehmern an dem messianischen Mahle weiht. Beim letzten Mahl gab[409] er in den Abendmahlsgleichnissen den Gedanken aus, daß nur auf Grund seines

405 [Oder (undeutlich):] von[?]

406 [A.a.O., S. 711.]

407 [nach.]

408 [R] Das [ist] die älteste Deutung des eschatologischen Schlußworts.

409 [sprach.]

Todes dieses messianische Mahl herbeigeführt werde, und stellte den Jüngern die baldige Vereinigung mit ihnen beim messianischen Mahl in Aussicht.

Nun ist die gemeinsame Größe zwischen der urchristlichen und der historischen Abendmahlsfeier festgestellt:[410] es ist die eschatologische Danksagungsfeier.[411] Die Eulogia und die Eucharistia Jesu, das ist das, was die Jünger beim gemeinsamen Mahl aus sich heraus in (entsprechender Wiederholung) verrichten. Hingegen das ganze Abendmahlshandeln Jesu, die Austeilung mit den daraus erwachsenden Gleichnissen ist abgefallen.[412] Durch das eschatologische Schlußwort aber hat die Danksagungsfeier nach Jesu Tod eine neue Bedeutung bekommen: sie geht auf die Erwartung der Parusie des Herrn für seine Gläubigen. Der Begriff des urchristlichen Abendmahls liegt also klar zutage: es ist das Kultmahl der eschatologischen Danksagung in Erwartung der dabei offenbar werden sollenden Parusie des Herrn für seine Gläubigen.[413]

§ 12) Die Eucharistie vor dem Pfingstfest und die Parusieerwartung der Jünger Jesu

Auf die Frage, was denn Gott getan habe vor der Erschaffung der Welt, antwortete Luther, er sei in einem Birkenwäldchen gesessen und habe Ruten geschnitten für die Leute, die unnütze Fragen tun.[414] Zu diesen unnützen Fragen hat man nun in der Theologie auch die Frage gerechnet: Was denn die Jünger zwischen Ostern und Pfingsten getan haben.[415] Man gefällt sich darin, in den schreiendsten Farben ihre gänzliche Fassungslosigkeit und ihre Angst vor den Juden zu malen. Sie hielten sich in Jerusalem verkrochen, sagen die einen. Sie zerstreuten sich nach Galiläa und dachten: das Lied ist aus, wir gehen wieder an unser Gewerbe,

---

410 [R] Zunächst verbunden mit [der] historischen [Abendmahlsfeier] durch [das] eschatologische Schlußwort. [Das] Abendmahlshandeln konnte nicht verbinden, sondern nur hemmen.

411 [R] und zugleich das, was davon nicht «wiederholt» [wurde,] sondern *fortbestand* nach seinem [Jesu] Tode: dies ist der richtige historische Ausdruck ... und zugleich, was das Fortbestehende mit dem historischen Mahl verband.

412 [R] Mußte abfallen. Was blieb von dem Abendmahl, wenn das persönliche Handeln abfiel? Was konnte von dem Handeln Jesu verallgemeinert werden?

413 [R] In dem eschatologischen Schlußwort liegt der Wiederholungsbefehl, wenn auch ein anderer Wiederholungsbefehl, als man es sich für gewöhnlich vorstellt.

414 [Wortlaut ungesichert. Das Dictum geht wohl zurück auf ein Tischgespräch: *Tischreden*, Weimarer-Ausgabe IV, 611. Siehe hierzu Martin Werner, *Der protestantische Weg des Glaubens*, Bd. I, Bern/Tübingen 1955, S. 16 und 914 Anm. 16.]

415 [R] Wenn sie Angst hatten, warum blieben sie in Jerusalem? Und wenn [sie] auseinandergegangen, wieso fanden sie sich wieder zusammen? Die Birkenwäldchenfragen sollten häufiger sein in der Theologie.

sagen die andern, und das alles mit dem Brustton der Überzeugung, als ob damit alle Fragen gelöst wären. Aber eine Frage bleibt absolut ungelöst: Wie kommt es, daß die Jünger, die seit dem dritten Tage die Gewißheit hatten, daß der Herr auferstanden war, nicht auf diese Gewißheit mit der Predigt von Jesu Messianität hervortraten, sondern Wochen lang sich untätig verhielten? Die Antwort lautet: Sie feierten Abendmahl und erwarteten die Parusie des Herrn.[416] Ein Wort hielt sie in Jerusalem festgebannt, nämlich das Wort, das Jesus zu ihnen gleich nach dem Aufbruch vom Abendmahl [sagte,] Mk. 14,27f.: «Ihr werdet euch alle an mir ärgern, [wenn ich aber auferstanden bin, will ich vor euch hingehen nach Galiläa,]» ἀλλὰ μετὰ τὸ ἐγερθῆναί με προάξω ὑμᾶς εἰς τὴν Γαλιλαίαν. Auferstehung und Parusie fielen für Jesus zusammen und daß nachher die Zeit sich zwischen den Tag der Ostern und die Parusie wie ein Keil eindrängte, das war das Ereignis, das die Geschichte des Urchristentums und des Christentums überhaupt bestimmte. «Nach meiner Auferstehung werde ich wieder mit euch vereinigt sein beim Mahle» – hat er ihnen beim Abendmahl gesagt.[417] «Nach jener Vereinigung werde ich vor euch herziehen als Messias in Glorie nach Galiläa» – so vervollständigt er die Weissagung nach dem Aufbruch.[418]

Diese ursprüngliche Auferstehungsweissagung haben nun die Geschichte und die Wissenschaft bis zur Unkenntlichkeit malträtiert. Es[419] ist nämlich nicht in Erfüllung gegangen. Jesus ist nicht als Messias in Glorie vor seinen Jüngern nach Galiläa hergezogen. Nun mußte man eine Deutung finden und verfiel darauf, das Zitat so auszulegen, als sagte Jesus hier den Jüngern: Nach meiner Auferstehung versetze ich mich nach Galiläa, kommt dorthin, und ich werde euch in Galiläa erscheinen. Nun kann aber προάξω ὑμᾶς nie etwas anderes heißen als «vor euch, an eurer Spitze herziehen», wie es auch richtig Mk. 10,32 heißt: Ἦσαν δὲ ἐν τῇ ὁδῷ ἀναβαίνοντες εἰς Ἱεροσόλυμα, καὶ ἦν προάγων αὐτοὺς ὁ Ἰησοῦς,[420] καὶ ἐθαμβοῦντο, οἱ δὲ ἀκολουθοῦντες ἐφοβοῦντο [»Sie waren aber auf dem Wege und zogen hinauf nach Jerusalem, und Jesus ging ihnen voraus, und sie erstaunten, die ihm nachfolgten aber fürchteten sich»], und das nach der Auferstehung verheißene προάγειν [vorangehen] kann nur das Gegenstück zu diesem

416 [R] [Die] Parusieerwartung [hat] sie am Predigen gehindert.
2 Möglichkeiten: entweder Angst, oder ganz nahe Parusieerwartung [ließ Vorsichtsmaßnahmen] nicht mehr [als] der Mühe wert [erscheinen]. Jesus [war] auch der Wirksamkeit [Wirklichkeit?] ausgesetzt.

417 [R] *Das Lokale!* Jerusalem die Stadt Gottes!

418 [R] St. [C.] Weizsäcker [*Das Neue Testament,* Freiburg i.Br. und Leipzig, 6./7. Aufl. 1894]: «Aber nach meiner Auferstehung werde ich euch nach Galiläa vorausgehen.» [St. hier u. unten = Sankt: spaßig-kritische Titulierung.]

419 [D. h. sie, diese Weissagung.]

420 [R] St. [C.] Weizsäcker: «Jesus ging ihnen voran.»

προάγειν sein. Aber da man einmal mit der unerfüllt gebliebenen Weissagung fertig werden mußte, wurde man auch damit fertig, entgegen ihrem einfachen und klaren, aber durch die Geschichte verleugneten Sinn. Und so wird aus diesem Wort die Weissagung der galiläischen Auferstehungserscheinungen erschlossen. Mk. macht den Anfang. Er – oder besser die Tradition über die Auferstehungsgeschichte – legt es dem Engel in den Mund: «Saget den Jüngern, ὅτι προάγει ὑμᾶς εἰς τὴν Γαλιλαίαν· ἐκεῖ αὐτὸν ὄψεσθε, καθὼς εἶπεν ὑμῖν» [«daß er euch nach Galiläa vorangeht; dort werdet ihr ihn sehen, wie er zu euch sprach», Mk. 16,7].

Noch weiter geht Mt. Nicht nur, daß er die Weissagung in dieser Form korrigiert (καὶ ἰδοὺ προάγει ὑμᾶς εἰς τὴν Γαλιλαίαν, ἐκεῖ αὐτὸν ὄψεσθε, 28,7, vom Engel gesagt, 28,10 von Jesus wiederholt: ὑπάγετε ἀπαγγείλατε τοῖς ἀδελφοῖς μου ἵνα ἀπέλθωσιν εἰς τὴν Γαλιλαίαν, καὶ ἐκεῖ με ὄψονται, [«geht, verkündet meinen Brüdern, daß sie nach Galiläa gehen sollen, und dort werden sie mich sehen»]): Er erzählt auch tatsächlich die Erfüllung mit Übergehung der jerusalemitischen Erscheinungen und läßt die Jünger nach Galiläa gehen, an den Berg, wohin er sie bestellt hatte, [und] dort den Auferstandenen sehen und den Taufbefehl empfangen (Mt. 28,16–20).

Andererseits aber ist eines sicher: Die Erscheinungen des Auferstandenen haben in Jerusalem stattgefunden. Diese Tradition liegt den in dem späteren Mk.schluß verarbeiteten Stücken zu Grunde und wird im Lk.evangelium und in Acta einseitig vertreten,[421] wo nur Erscheinungen des Auferstandenen in Jerusalem erwähnt werden, und auch die Verklärung findet bei Jerusalem statt. Das 4. Evangelium ist halb und halb: Im 20. Kap. berichtet es die Auferstehungserscheinungen in Jerusalem, im 21. die Erscheinungen am See Gennezareth. Das ist also die berühmte Angelegenheit der zwei Traditionsreihen, der galiläischen und der jerusalemitischen über die Auferstehungserscheinungen Jesu, über welche beiden Traditionsreihen sich jeder, dem es in Gnaden beschieden wurde, [über] apostolisches Zeitalter zu lesen, 6 Stunden verbreitet. Für den aber, der es einmal eingesehen hat, daß das Engelswort, das die Auferstehungserscheinungen in Galiläa weissagt, nur die sinnwidrige Zwangserfüllung der Verheißung beim Aufbruch vom Abendmahl ist, daß Jesus als Auferstandener vor ihnen herziehen werde nach Galiläa – für den hat die Diskussion der zwiespältigen Überlieferung jedwedes Interesse verloren. Das Wort Jesu an die Jünger,[422] nicht das Engelswort ist das Ursprüngliche, denn es ist nicht in Erfüllung gegangen, und dieses Wort, von welchem man die galiläischen Erscheinungen ableiten

---

421 [R] *Paulus*! Die «einigen 4 Hundert Jünger».

422 [R] Die große Bedeutung der Legenden bildenden Worte Jesu (Auferstehung, eschatologisches Schlußwort, Wort im Garten Mk. 14,28!!).

wollte, *kennt in Wirklichkeit nur jerusalemitische Erscheinungen*, denn es stellt den Jüngern in Aussicht, daß Jesus, wie er in Erniedrigung vor ihnen von Galiläa nach Jerusalem zog, nun in Herrlichkeit als Messias in Macht, nachdem er sich ihnen beim Mahle geoffenbart haben wird, vor ihnen von Jerusalem nach Galiläa ziehen wird.[423]

Also wie gesagt: Das eschatologische Schlußwort beim Mahle und die Verheißung von dem μετὰ τὸ ἐγερθῆναι προάγειν εἰς Γαλιλαίαν [«nach dem Auferstehen vorangehen nach Galiläa»] bannen die Jünger an Jerusalem. Sie haben sich nicht nach Galiläa ins Privatleben zurückgezogen und sich erst in Jerusalem wieder als Festpilger zusammengefunden; die Zeit von Ostern bis[424] Pfingsten war für sie nicht eine Zeit der Unsicherheit, des Trauerns und des sich Verkriechens, sondern die Zeit heiligster und sieghaftester Parusieerwartung auf Grund der Ostergewißheit. Daß es eine Zwischenzeit wäre, wo sie predigen und wirken müßten, daran dachten sie nicht. Jesus hatte ihnen nur von seiner Parusie geredet, nur dahinzielende Aufträge gegeben; von einer Zeugnis- und Predigtwirksamkeit hatte er nichts gesagt. Darum schwiegen sie – nicht aus Furcht –, sondern aus sieghafter Erwartung.[425] Denn wer dachte an Wirken, wo der Herr täglich und stündlich zur Parusie erwartet wurde? Was taten also die Jünger von Ostern bis Pfingsten? Sie warteten täglich der Parusie des Herrn beim Mahle unter eschatologischer Danksagung – gemäß dem eschatologischen Schlußwort, das für sie nicht nur vom Becher, sondern damit auch vom ganzen Mahle galt![426]

Sie warteten des Herrn beim Danksagungsmahle in demselben Saal zu Jerusalem, an demselben Tisch, an dem er mit ihnen beim Abendmahl sich gelagert hatte. *Diese lokale Gebundenheit der primären Parusieerwartung scheint uns romanhaft – und doch ist es so.*

In welchem Haus hatte Jesus mit den Seinen das Abendmahl gefeiert?

Das Haus, wo Jesus mit seinen Jüngern das letzte Mahl hielt, lag in Jerusalem und gehörte der Mutter des Johannes Markus. Mk. 14,51–52, in dem Bericht von der Gefangennahme [Jesu], wird berichtet, daß ein Jüngling Jesu gefolgt war, der (da er vom Schlafe aufgestanden) nur ein weißes Obergewand über sich geworfen hatte. Diesen griffen die Knechte. Er aber ließ ihnen den Mantel in den Händen und floh.[427] Dieser Jüngling war Johannes Markus selbst, und diese kurze Notiz bei Mk. ist «das Monogramm des Malers in einer dunklen Ecke des Gemäldes» (Theodor Zahn, ZWL [?] 1889/589).

---

423 [Dazu notiert (Bleistift):] (Das weitere wissen wir nicht. Vielleicht Verklärungsberg.)

424 [Ms.:] nach.

425 [R] Ihr Meister hat in den letzten Wochen nicht mehr gepredigt. Die Jünger nicht Musterpfarrer.

426 [Im Ms. das Ausrufezeichen nach «Danksagung».]

427 [R] Die Zeit spricht gegen Passah, denn Passah [reicht] viel später in die Nacht, dann aber [kann man] nicht mehr aus [der] Stadt heraus.

In demselben Hause befinden sich die Jünger, Acta 12, in der Geschichte von der wunderbaren Errettung des Petrus aus dem Gefängnis. Der Engel führt ihn durch die Gefängnistore und durch die verschiedenen Gassen – und zuletzt steht Petrus vor dem Haus der Mutter des Johannes Markus, οὗ ἦσαν ἱκανοὶ συνηθροισμένοι καὶ προσευχόμενοι [»wo viele versammelt waren und beteten», V. 12].[428] Es klopft an die Tür des Vorsaals (V. 13: κρούσαντος δὲ αὐτοῦ τὴν θύραν τοῦ πυλῶνος). Es war also ein großer Saal, zu dem ein Vorsaal hinführte. Dort war die Versammlung der Urapostel. Wir erfahren noch Genaueres über diesen Saal. Mk. 14,15 und Lk. 22,12 wird der Saal, wo die Jünger das Mahl zurichten sollen, als ἀνάγαιον μέγα ἐστρωμένον bezeichnet, d. h. als ein großes, mit Polstern (für die Mahlzeit) hergerichtetes Obergemach, d. h. das obere Stockwerk, das unter dem Dach gelegene Gemach. Dieses Gemach hieß auch ὑπερῷον.[429] Acta 1,13, bei der Rückkehr nach Jerusalem von dem Verklärungsberge, begeben sich die Jünger alsbald εἰς τὸ ὑπερῷον (οὗ ἦσαν καταμένοντες [«in das Obergemach des Hauses, wo sie zu weilen pflegten»]). Also in jenem Obergemach hatten sie ihre Aufenthaltsstätte, und dort verharrten[430] sie allzumal mit den galiläischen Weibern und den Verwandten Jesu im Gebet (Acta 1,14: ἦσαν προσκαρτεροῦντες ὁμοθυμαδὸν τῇ προσευχῇ σὺν γυναιξὶν ... etc.).[431]

Das war der Versammlungsort – nicht nur der Jünger, sondern auch der galiläischen Gläubigen, die in Jerusalem geblieben waren und der Parusie des Herrn warteten. Daß es ein großes Gemach war, geht daraus hervor, daß die Zahl der sich dort Versammelnden nach Acta 1,15 120 betrug (Einleitung zur Apostelnachwahl). Also gab es schon eine christliche Gemeinde vor Pfingsten, und das erste gottesdienstliche Lokal war – der Saal des letzten Mahles Jesu mit seinen Jüngern, wo seine Worte noch lebendig nachhallten![432] In demselben Obergemach finden sich alle (πάντες) um 9 Uhr morgens am Tag der Pfingsten versammelt (an einem Sabbat oder an einem Sonntag – meine Hypothese, daß es ein Sonntag Morgen war und also der Todestag [Jesu] ein 15.[433] Nisan gewesen!!!).[434] In jenem Gemach vollzieht sich der Ausbruch der ekstati-

---

428 [R] Die Frage, ob nur die Zwölf beim Abendmahl gewesen?

429 [R] ἀνά – γαίον ὑπερῷον: über der Erde gelegen.

430 [Ms.:] beharrten.

431 [R] Inhalt des Gebets: Reichserwartung.

432 [R] Die Eselhaftigkeit der Kommentare: Die ersten Gläubigen hätten sich im Tempel aufgehalten, nicht in [einem] Privathaus: der hatte doch gar nichts mit ihrer Parusieerwartung zu tun!!

433 [Korrigiert aus einer unleserlichen Zahl 14? Vgl. *Das Messianitäts- und Leidensgeheimnis*, 1901/1956, S. 109: 14. Nisan.]

434 [R] κυριακὸν δεῖπνον/κυριακὴ ἡμέρα [«Herrenmahl/Tag des Herrn»]: beide hängen mit Parusie und Auferstehung zusammen.

schen Zustände, und die Leute werden auf den Tumult von der Straße aufmerksam. Petrus aber tritt von dem Obergemach auf das Dach und redet von dort oben zum Volk und erklärt ihnen, was es sei.

Das Resultat [ist] also dies: *Die christliche Gemeinde existiert seit dem Ostertag*!! Pfingsten ist nicht das Fest der Gründung der ersten Gemeinde, sondern seine Bedeutung [liegt] darin, daß durch die erste öffentliche Predigt eine große Menge [von] Gläubigen zu den 120 *hinzugetan* werden, wie auch der Text Acta 2,41 richtig sagt: προσετέθησαν. Die erste Gemeinde war allzeit von Ostern bis Pfingsten in dem großen Gemach, wo Jesus sein letztes Mahl gehalten, versammelt und wartete der Parusie des Herrn alltäglich beim eschatologischen Danksagungsmahl, daß er seinem Worte beim Schluß des Mahles gemäß zu ihnen träte und mit ihnen das Mahl nun im Reich Gottes feiere. Bei ihren gemeinsamen Mahlzeiten erflehten sie die Parusie. Darum wird ihr Zusammensein als ein προσκαρτεροῦν ὁμοθυμαδὸν τῇ προσευχῇ [«verharren einmütig im Gebet», Acta 1,14] bezeichnet.[435]

§ 13) Das Abendmahl in Acta Apostolorum,[436] [bei Plinius und bei Justin]

Mit der Ausdehnung der Gemeinde änderte sich für das Abendmahl nichts. Nur wird das Abendmahl lokal losgelöst vom Saal des letzten Mahls Jesu. Der Versammlungsort der Gemeinde als Ganzes wird der Tempel, die Eucharistie aber hin und her, gemeindeweise in den Häusern [gefeiert]. Das Charakteristische: Sie waren ἐπὶ τὸ αὐτό [beisammen] (2,44),[437] d. h., die erste Gemeinde existierte als fortwährende Versammlung. Acta 2,46f.: καθ᾽ ἡμέραν τε προσκαρτεροῦντες ὁμοθυμαδὸν ἐν τῷ ἱερῷ, κλῶντές τε κατ᾽ οἶκον (hausweise) ἄρτον, μετελάμβανον τροφῆς ἐν ἀγαλλιάσει καὶ ἀφελότητι (Schlichtheit) καρδίας, αἰνοῦντες τὸν θεὸν [«täglich waren sie einmütig im Tempel beieinander, brachen das Brot hin und her in den Häusern, hielten ihre Mahlzeiten voll Jubel und in Herzenseinfalt, Gott preisend»]. Die κλάσις τοῦ ἄρτου [Brotbrechen] war also kein symbolischer Akt (sonst müßte es heißen: im Brotbrechen und im Kelcheingießen), sondern

---

435 [R] *Herrentag: Tag seiner Ankunft.*
Ableitung von κυριακὸν δεῖπνον wie von κυριακὴ ἡμέρα: direkt[?] das vom Herrn gestiftete Mahl. – Der christliche Gottesdienst war eine Schöpfung des Christentums, nicht eine liturgische Zusammenstoppelung aus dem Judentum, denn es beruht einzig und allein auf dem Abendmahl! Alles andere ist wieder einmal, wie so vieles sonst in der Geschichte des Christentums, modern protestantisch gedacht. [Vgl. unten S. 206, Abschnitt 2.]

436 [Ms.:]... in Actorum[?]

437 [Darüber notiert:] Ignatius [hat] denselben Sprachgebrauch.

eine Mahlzeit,[438] wo, wir nehmen an zu Anfang (beim Austeilen des Brots) und zu Ende, Dankgebete emporstiegen und der eschatologische Jubel (die ἀγαλλίασις) dem Mahle seine freudvolle Bedeutung gab.[439]

Das Christentum der ersten Gemeinde bestand in der Erwartung der Parusie und im Abendmahl – beides war eins, denn das Abendmahl war eben Erwartung der Parusie. In diesem ältesten Christentum war das Abendmahl ein und alles: Lehre, Gottesdienst, Bekenntnis und Erlösung, denn diejenigen, welche an diesem heiligen Mahle teilnahmen, hatten damit zugleich die Gewißheit, zur Parusiegemeinde des Herrn zu gehören. So war das Abendmahl das eschatologische Sakrament.[440]

Daß es ein und alles war, geht aus der vielfachen Erwähnung in Acta hervor: [es] gehört zur Beschreibung des Christentums, [ist] das erste, was man feiert, Acta 2,42.46.47.

Acta 16,33ff.: Gleich nach der Bekehrung des Kerkermeisters zu Philippi und seines Hauses wäscht er ihnen (es ist mitten in der Nacht) die Striemen aus, führt sie ins Haus, und nun sitzen sie zu Tisch und feiern das Danksagungs-, d. h. das Abendmahl; [V. 34:] ἀναγαγών τε αὐτοὺς εἰς τὸν οἶκον παρέθηκεν τράπεζαν, καὶ *ἠγαλλιάσατο* πανοικεὶ πεπιστευκὼς τῷ θεῷ[«er führte sie in sein Haus, setzte ihnen zu essen vor und war voller *Jubel* mit seinem ganzen Haus, weil er zum Glauben an Gott gekommen war»]. (Cf. Acta 2,46: ἀγαλλίασις [ἐν ἀγαλλιάσει] für ἠγαλλιάσατο.)

Acta 20,7ff.: Paulus in Troas an einem Sonntag nach Ostern mit Genossen zusammen: Ἐν δὲ τῇ μιᾷ τῶν σαββάτων συνηγμένον ἡμῶν κλάσαι ἄρτον [«am ersten Tag der Woche waren wir versammelt, das Brot zu brechen»] etc. Paulus zieht das Gespräch bis in die Nacht hinaus.[441]

Acta 27,35: Sogar eines einzelnen Mahlzeit wird ein Abendmahl, durch die Danksagung. Paulus, auf dem Schiff nach dem Sturm, auf [der] Romreise, wo die Mannschaft tagelang nichts gegessen (es ist Abend!!), ermahnt sie, Speise zu nehmen εἴπας δὲ ταῦτα καὶ λαβὼν

---

438 [R] κυριακὴ ἡμέρα, Apk. 1,10: [das] dem κύριος geweihte Mahl!

439 [R] Selig, die zum Abendmahl [ihre] Kleider gewaschen im Blut des Lammes [Apk. 7,14].

440 [R] Die partielle Gütergemeinschaft... und die Verarmung der jerusalemischen Gemeinde [gehen] auf [das] Abendmahl [zurück]: [die Gläubigen] arbeiteten nicht, sondern [widmeten sich] nur [der] eschatologischen Erwartung. Was müssen [die] Urapostel durchgemacht haben, um zuletzt bei Paulus zu betteln! [I Kor. 16, II Kor. 8 und 9.]

441 [R] Auch [in] Troas [das] Abendmahl also Sonntag Morgen: also daß es auf den Auferstehungsmorgen gelegt wird, zeigt, daß es mit dem historischen Christus nichts zu tun hat.

[R] Kor. 16: Die Kollekte nach [dem] Abendmahl.

ἄρτον εὐχαρίστησεν τῷ θεῷ ἐνώπιον πάντων καὶ κλάσας ἤρξατο ἐσθίειν [«als er das gesagt hatte, nahm er Brot, dankte Gott vor aller Augen, brach es und begann zu essen»].

Wie sehr die Eucharistia ein und alles war, [geht auch] aus den Reden der abgefallenen Christen, die dem Plinius im Verhör Kunde über [das] Christentum gegeben [haben, hervor]:

Pliniusbriefe X, 96 und 97: «Affirmabant autem hanc fuisse summam vel culpae suae vel erroris, quod essent soliti, stato die ante lucem convenire, carmenque Christo quasi Deo dicere secum invicem, seque sacramento non in scelus aliquod obstringere» . . . etc. [«Sie behaupteten aber, ihre ganze Schuld – oder ihr ganzer Irrtum – habe darin bestanden, daß sie sich an einem bestimmten Tage vor Sonnenaufgang zu versammeln pflegten, Christus zu Ehren, wie einem Gotte, im Wechselgesang ein Lied anstimmten und sich eidlich nicht etwa zu einem Verbrechen verpflichteten» . . .][442] Das Sacramentum des Sonntag Morgens ist Abendmahl, nicht etwa liturgische Morgenandacht, denn das carmen Christo *quasi Deo* [waren] nicht Hymnen auf die Gottheit Christi, sondern die ἀγαλλίασις [Jubel] auf seine Parusie. Diese ἀγαλλίασις [wurde] von den einzelnen gesprochen[443] und die Gemeinde sprach[444] das Amen. Darum «invicem»: [die] Gemeinde respondierte auf [das] Vaterunser[445] mit [der] Doxologie. Aber nur weg mit der Vorstellung von [dem] urchristlichen Gottesdienst als durch reiche Wechselgesänge (am Ende gar noch mit Chor!) liturgisch eingerahmt und belebt. Das ist auch modern protestantisch. Wir kommen auf die Stelle noch zurück.

In geradezu klassischer Weise wertet aber noch ein *Justin* – und er ist doch schon weit fortgeschritten – die zentrale und primäre Bedeutung des Abendmahls, in dem schönen Satz (der zeigt, was für die alten Christen das Abendmahl war):

I. Apologie [Kap.] 14: «Seit Christus erschienen, leben wir als Tischgenossen zusammen, beten für unsere Feinde und suchen, die uns ungerechter Weise hassen, zu überreden, daß auch sie nach Christi schönen Weissagungen leben und dadurch zu der frohen Hoffnung gelangen, einmal dieselben Güter wie wir von dem Herrn über alles, Gott, zu empfangen.»[446]

---

442 [Lat. Text: Vgl. Ausgabe v. Helmut Kasten, 4. Aufl. München 1979, S. 642.]

443 [gesungen?]

444 [sang?]

445 [R] Das Vaterunser eine Form der ἀγαλλίασις beim Abendmahl: Die Gebete Jesu [sind] eschatologisch. – Nur als Abendmahlsgebet [ist] uns [das] Vaterunser erhalten, nicht sonst *Herrengebet*? [. . .] Die Frage nach [dem] Gebet zu Jesu[s?]: [O.] Pfleiderer – P. W. Schmid, *Gebet zu Gott – Invokation Jesu*, . . .

446 [Keine Angabe, nach welcher Übersetzung zitiert, vielleicht eigene Übersetzung. Vgl. BKV, Bd. 12, Kempten und München 1913, Neudr. 1932, S. 78 (Justin S. 24). J. P. Migne, PG 6, 347/348:

Nun [ist] der Zusammenschluß der vielfachen Ausdrücke über [das] Abendmahl in einem Begriff erst durchführbar:

Es ist *Eucharistia*, weil eschatologische Danksagung und Gebet ihm seinen Charakter verleihen.[447]

Es ist κλάσις τοῦ ἄρτου, weil die εὐχαριστία über dem Brechen des Brotes weihevoll gesprochen wurde (nicht wegen symbolischer Bedeutung des Brotes).

Es ist ἀγάπη als Verbrüderungsmahl der Heiligen, die berufen sind, am Tische des messianischen Mahles miteinander zu sitzen.

Es ist κυριακὸν δεῖπνον, Herrenmahl, nicht weil der Herr es gestiftet hat, sondern weil es ihm geweiht ist, weil er [als] der Heiland der Parusie darin gefeiert wird. Mit dem irdischen Jesus, der zu Tisch gesessen damals mit den Seinen, hat das Abendmahl nichts zu tun. Es bezieht sich nicht auf den historischen,[448] sondern auf den verklärten [Christus], den Christus der Parusie. Es irgendwie, sei es nur durch die Gleichnisrezitierung, auf den irdisch-historischen beziehen zu wollen, heißt das urchristliche Abendmahl sprengen. Das kam erst nachher – mit der Geltendmachung der Gleichnisse, und von jenem Augenblick an dreht sich die ganze Abendmahlsfrage (unbewußt für die Mitwirkenden) von Tertullian und Cyprian bis auf den heutigen Tag immer nur um die verborgene Frage: wer ist Subjekt im Abendmahl? Zugleich [wird] nun eingesehen, wie die Rezitierung der Einsetzungsworte, ja die Berufung auf [das] historische Mahl, mit der eschatologischen Danksagungsfeier gar nichts zu tun hatte, so daß Paulus, als er den Korinthern die Stiftung relativierte, ihnen wirklich eine für ihre bisherige Abendmahlsfeier gar nicht in Betracht kommende Historie erzählte.[449]

§ 14) Die freie Danksagung beim Abendmahl und der urchristliche Gottesdienst

Die Danksagung beim Abendmahl hatte eschatologischen Charakter. Dies wird zum Überfluß noch durch den dafür gebräuchlichen Ausdruck ἀγαλλίασις sichergestellt. Dieser Ausdruck bezieht sich nämlich ausschließlich auf die überschwengliche eschatologische Danksagung. Die Stellen für diesen Ausdruck sind folgende:

νῦν μετὰ τὴν ἐπιφάνειαν τοῦ Χριστοῦ, ὁμοδίαιτοι γινόμενοι, καὶ ὑπὲρ τῶν ἐχθρῶν εὐχόμενοι, καὶ τοὺς ἀδίκως μισοῦντας πειθειν πειρώμενοι, ὅπως οἱ κατὰ τὴς τοῦ Χριστοῦ (88) καλὰς ὑποθημοσύνας βιώσαντες, εὐέλπιδες ὦσι, οὺν ἡμῖν τῶν αὐτῶν παρὰ τοῦ πάντων δεσπόζοντος θεοῦ τυχεῖν.]

447 [Ms.:] verleiht. [«Gebet» ist erst nachträglich in den Satz eingefügt.]
[R] § 11 [14:] Die ἀγαλλίασις beim Abendmahl und der urchristliche Gottesdienst.

448 [R] Cf. I Kor. 10! [II Kor. 5,16?]

449 [I Kor. 11,23 ff.]

Acta 2,46: Sie brachen das Brot und nahmen Speise hin und her in den Häusern ἐν ἀγαλλιάσει καὶ ἀφελότητι καρδίας [«voll Jubel und in Herzenseinfalt»].

Acta 16,34: Das Mahl, das Paulus mit dem Kerkermeister zu Philippi feierte, wird als ἠγαλλιάσατο πανοικεὶ πεπιστευκὼς τῷ θεῷ [s. oben S. 202] bezeichnet.

I Petr. 1,6ff.: Die Christen sind durch Christi Tod durch den Glauben bewahrt auf das Heil, das geoffenbart wird ἐν καιρῷ ἐσχάτῳ. ἐν ᾧ ἀγαλλιᾶσθε ([«in der letzten Zeit. In ihr werdet ihr jubeln»] V. 6)... V. 8: In der Erwartung der ἀποκάλυψις [Offenbarung] Christi lieben sie ihn, οὐκ ἰδόντες..., εἰς ὃν ἄρτι μὴ ὁρῶντες πιστεύοντες δὲ ἀγαλλιᾶσθε χαρᾷ ἀνεκλαλήτῳ καὶ δεδοξασμένῃ,... [«ohne ihn gesehen zu haben..., an den glaubt ihr, ohne ihn jetzt zu schauen, in unaussprechlicher verklärter Freude aber werdet ihr jubeln,...»].

Damit, mit der ἀγαλλίασις εἰς Χριστόν, [ist] gemeint die eschatologische Agalliasis beim Abendmahl.[450]

I Petr. 4,13: Jetzt haben sie an Christi Leiden teil, ἵνα καὶ ἐν τῇ ἀποκαλύψει τῆς δόξης αὐτοῦ χαρῆτε ἀγαλλιώμενοι [«damit ihr euch bei der Offenbarung seiner Herrlichkeit voller Jubel freuen könnt»].

Also [die] ἀγαλλίασις geht immer auf die Parusie.

Apk. 19,1ff.: Die Schilderung des eintretenden messianischen Mahles nach [dem] Gericht. Die Responsorien der 140000 Erwählten mit Allelujah. Dann dringen brausende Allelujahrufe herauf, V. 7: Χαίρωμεν καὶ ἀγαλλιῶμεν, καὶ δώσομεν τὴν δόξαν αὐτῷ, ὅτι ἦλθεν ὁ γάμος τοῦ ἀρνίου,... [«wir wollen uns freuen und jubeln und ihm die Ehre erweisen, denn gekommen ist die Hochzeit des Lammes...»].

Juda 24: In der Schlußdoxologie: Gott, der euch bewahren kann ohne Fall καὶ στῆσαι κατενώπιον τῆς δόξης αὐτοῦ ἀμώμους ἐν ἀγαλλιάσει,... [«und stellen ohne Fehl in Jubel vor seiner Herrlichkeit...»].

Diese[451] eschatologische Danksagung beim Brotbrechen war nun in der älteren Zeit – und wir werden sehen, bis weit hinunter – etwas Freies, nämlich die Sache der Prophetie[452] und der Glossolaliebegabten.[453] Sie sprachen den verzückten Dank und die verzückte Bitte, und die Gemeinde antwortete mit Amen und mit Allelujah, oder mit einer Doxologie.

Dieser Brauch tritt klar bei Paulus hervor. I Kor. 14, in dem berühmten Kapitel, handelt Paulus von den pneumatischen Gaben, von der Prophetie, der Glossolalie usw. und sucht dabei die Glossolalie, welche

450 [R] Unsere Dogmengeschichten setzen erst bei in Sicht tretenden christologischen Streitigkeiten ein und bei [den] Gnostikern.

451 [R] 6. Kolleg.

452 [R] Didache: daß Propheten danken dürfen, soviel sie wollen [10,7].

453 [R] Röm. 8,30[26]ff.: der Geist vertritt uns mit unaussprechlichen Seufzern.

in Korinth den ersten Platz einnahm, unter die andern Gaben, besonders die Prophetie, herabzudrücken. Er kommt dabei auf den besonderen Fall, nämlich den Gebrauch der geistigen Gaben zum Sprechen der Eucharistie, der Danksagung bei der Agape. 14,16f.: ἐπεὶ ἐὰν εὐλογῇς [ἐν] πνεύματι, ὁ ἀναπληρῶν τὸν τόπον τοῦ ἰδιώτου πῶς ἐρεῖ τὸ ἀμὴν ἐπὶ τῇ σῇ εὐχαριστίᾳ; ἐπειδὴ τί λέγεις οὐκ οἶδεν. σὺ μὲν γὰρ καλῶς εὐχαριστεῖς, αλλ' ὁ ἕτερος οὐκ οἰκοδομεῖται [«Denn wenn du (nur) mit dem Geist lobpreist, wie wird (dann) derjenige, der die Stelle des Laien einnimmt, das Amen zu deiner Danksagung sprechen (können)? Er versteht ja nicht, was du sagst. Du nämlich dankst zwar gut, aber der andere wird nicht auferbaut»].

Dagegen will Paulus die Prophetie, d. h. die begeisterte Paraphrase und Auslegung der alttestamentlichen Stellen und die Ausmalung der Eschatologie höher gewertet wissen. 14,24: ἐὰν δὲ πάντες προφητεύωσιν, εἰσέλθῃ δέ τισ ἄπιστος ἢ ἰδιώτης, ἐλέγχεται ὑπὸ πάντων, [«wenn aber alle prophetisch reden, aber (auch) ein Ungläubiger oder Laie kommt, (dann) wird er von allen zurechtgewiesen»] etc. und [wird] bekehrt vor Gott niederfallen.

Diese Stelle ist entscheidend für den primären Gottesdienst.

1) Die Entfaltung der pneumatischen Gaben, besonders der Prophetie und der Glossolalie, geschah ganz im Rahmen der eschatologischen Danksagung, welche die Eucharistie einleitete. Die Danksagung wurde von den Einzelnen gesprochen, die Gemeinde respondierte mit Amen etc. Das war die ἀγαλλίασις, das carmen dicere Christo quasi Deo, wie es im Pliniusbrief heißt,[454] das ἀγαλλιᾶσθαι εἰς Χριστόν aus dem Anfang des Petrusbriefes. Hymnen auf die Parusie Jesu.[455]

2) Einen Gottesdienst außerhalb dieser das Mahl einleitenden Agalliasis gab es nicht. Jeder Gottesdienst war Abendmahl, und daß es so war, das zeigt die römische Messe bis auf den heutigen Tag.[456] Der christliche Gottesdienst war eine Schöpfung des Christentums, keine liturgische Zusammenstoppelung aus den Synagogenversammlungen und Gott weiß woher sonst, denn er beruht einzig und allein auf dem Abendmahl. Alles andere, was man über die Geschichte des urchristlichen Gottesdienstes sagt, ist, wie noch so vieles andere, modern-protestantischer Eintrag in urchristliche Verhältnisse.[457]

3) Weil diese dem Mahle vorangehende Danksagung der einzige Gottesdienst war, wurden in der ältesten Zeit auch die ἰδιῶται [Laien] und

454 [Ms.:] lautet.

455 [R] Rückschluß!

456 Ausführungen: die Bedeutung von συνέρχεσθε [«ihr versammelt euch» (z. B. I Kor. 11,17)].

457 *Für Sonntags-Morgen-Mahlzeit* [Dazu gehörend?:] auch bei Paulus besondere Bedeutung. Cf. I Kor. 16 [V. 2?].

die ἄπιστοι [Heiden] zugelassen an einem bestimmten Ort (τὸν τόπον τοῦ ἰδιώτον).[458] Sie durften mitrespondieren, aber nicht mitessen, und in ihrem Interesse verlangt nun Paulus, daß die Danksagung einen mehr gottesdienstlich-erbaulichen Charakter annehme, daß die Glossolalie nicht alles beherrsche wie in Korinth, sondern auch der erbaulichen Prophetie Platz mache. Paulus strebt also eine Ausbildung der Eucharistie und der ganzen Entfaltung pneumatischer Gaben bei der Danksagung zum Gottesdienst an und will – das ist das Neue – das verständig erbauliche Element in den Vordergrund gerückt haben.

Darum verordnet er: πάντα πρὸς οἰκοδομὴν γινέσθω [«alles geschehe zur Erbauung»] (Kor. 14,26).[459] Nicht jeder soll sich produzieren, sondern wenn möglich nicht über 2 oder 3 Glossolalien, und wenn kein Ausleger dafür da ist, so hat die Glossolalie überhaupt zu schweigen. Ebenso nicht mehr als 2 oder 3 Prophetien, und man soll nicht durcheinander reden, und vor allem die Frauenzimmer sollen den Mund halten und sich auch nicht durch Fragen hervortun, sondern, wenn sie etwas nicht verstehen, zu Hause ihren Mann fragen [V. 35]. Es ist also ein zielbewußter Versuch, die unordentlich-enthusiastische Danksagung bei der korinthischen Eucharistie zum ordentlich-geregelten Erbauungs- und Belehrungsgottesdienst umzubilden und der Konkurrenz, die zur Überproduktion und zur Unordnung führte, Einhalt zu tun.

Wie weit die Unordnung ging, ersieht man aus I Kor. 12,3 ff.: dort muß Paulus warnen, daß Geistreden nicht angezweifelt und geschmäht werden dürfen, weil keiner sagen kann: κύριος Ἰησοῦς, εἰ μὴ ἐν πνεύματι ἁγίῳ [«Herr ist Jesus, außer im heiligen Geist»].

Der große Fehler der bisherigen Herleitungen des christlichen Gottesdienstes [liegt] also darin[, daß man in der Erklärung vorging,] als ob es einen Gottesdienst, wo die pneumatischen Gaben produziert wurden, unabhängig vom Abendmahl gegeben hätte;[460] vielmehr:[461] alles leitete im Rahmen der eschatologischen Danksagung die Mahlfeier ein.

Paulus [hat] nicht nur Unordnungen bei dem Mahl, sondern auch bei der Danksagung zu bekämpfen, I Kor. 14 in [dem] großen Zusammenhang mit der Ausführung über [das] Abendmahl, die von I Kor. 8–15[462] geht.

I Kor. 10: Wer an Götzenopferfleisch teilhat, [soll] nicht zum Abendmahl [kommen]. [Vgl. 10,21.]

I Kor. 11: Die Weiber beim Gebet und die Unordnung beim Essen,

---

458 [I Kor. 14,23?]
[R] Also die Profanen beim Danksagungsakt.

459 [R] *I Kor. 8–16: Abendmahl.*

460 [Ms.:] gab.

461 [Ms.:] sondern [statt «vielmehr»].

462 [8 aus 10 korr.; 15: Vgl. Anm. 459: 16.]

daß jeder seine Mahlzeit mitbringt und diese [beim Essen vorwegnimmt,] προσλαμβάνει ἐν τὸ φάγειν. Überhaupt der profane Zug in ihrem Mahle.

I Kor. 12–14: Die Bedeutung der Geistesgaben im Allgemeinen, im Besonderen für die Danksagung und ihren erbaulichen Charakter.

I Kor. 15: Gegen diejenigen, welche die Auferstehung und Parusie, die in dem Mahle gefeiert wird, bezweifeln.

I Kor. 16: Die Jerusalemkollekte bei der Sonntagsagape.

Also Paulus: doppelte Abendmahlsreform:

1) auf Danksagung, 2) auf Charakter des Essens.

Glossolalie [ist ihm] nur nebensächlicher Zug in [der] Danksagung.

Ich kann nicht umhin, eine kurze Randbemerkung über Pfingsten [beizufügen]. Auch dort [war] die Glossolalie nicht zusammenhanglos sprunghaft, sondern [geschah] im Rahmen der Danksagung. Es war an einem Morgen, die Gemeinde [hat?] immer [das] Mahl gefeiert. Reden von Trunkenheit – [das Ereignis fiel] auf [das] Mahl 7 Wochen und 1 Tag [nach dem Auferstehungstag] – kein Fixtag, 50. Tag, wenn [der] Todesfreitag [der] 14. oder 15. Nisan[463] [war] (50 Tage zu rechnen *vom 16. ab*) – d. h., wir befinden uns [an einem] Sonntag Morgen! [Man hat] das Mahl gefeiert, das Auferstehungsabendmahl. Dabei tritt bei der Eucharistie die Glossolalie ein, worauf dann die Leute, weil sie aufmerksam geworden und erfahren, daß diese beim Mahle sitzen, sagen, sie seien trunken! – Diesem Gedanken, daß die Glossolalie beim Sonntagmorgen-Abendmahl eingetreten ist, weiter nachgehen.

Wir kommen nun zur reglementierten Danksagung in der *Didache*.

§ 15) Die fixierte Danksagung in der Didache und bei Justin

Das Bekanntwerden der Abendmahlsgebete[464] war der erste Schlag gegen die herkömmliche Auffassung des urchristlichen Abendmahls. Man war erstaunt, darin keine Beziehung auf die Einsetzungsworte zu finden, und der jubelnde Grundakkord war ein Rätsel – bis auf den heutigen Tag. Erst wenn man diese Gebete erkennt als den Niederschlag der urchristlichen freien Danksagung beim Abendmahl, wird auch der eschatologische Jubel, der gegen das Ende [der Gebete] besonders mit Macht durchbricht, verständlich. An [die] Stelle der freien enthusiastischen Gebete [treten] die fixierten, *vom Gemeindevorsteher gesprochenen* Gebete! Die Gebete [sind] gedacht als Wechselgespräch zwischen einem Sprecher und der Mahlgemeinschaft, die das Amen, oder besser, wenn wir nach dem Vaterunser urteilen, das Amen und die

463 [R] 14. Nisan.

464 [Erstausgabe der *Didache* nach ihrer Wiederentdeckung: 1883 (vgl. z. B. Edgar Hennecke, *Neutestamentliche Apokryphen*, 2. Aufl. Tübingen 1924, S. 155).]

(natürlich eschatologischen) Doxologien spricht. Der schon bei Paulus bezeugte Brauch[465] wird auch bei Justin vorausgesetzt. [In der] *I. Apologie* [Kap.] 65 beschreibt er das Abendmahl folgendermaßen:[466]

Nach einem Gebet erfolgt der Bruderkuß.[467] Hernach wird dem Vorsteher der Brüder (τῷ προεστῶτι τῶν ἀδελφῶν) Brot und ein Becher mit Wasser und damit vermischtem Wein gereicht. Dieser nimmt es, schickt dann Lob und Preis zum Allvater durch den Namen des Sohnes und des heiligen Geistes empor und spricht eine ausführliche Danksagung (Eucharistie) dafür aus, daß wir dieser Gaben von ihm gewürdigt worden sind. Ist er mit den Gebeten und der Danksagung zu Ende, so bekundet alles anwesende Volk seine Zustimmung, indem es Amen spricht. Dieses Amen bedeutet im Hebräischen soviel wie: «Es geschehe» etc.[468]

Die fixierten Dankgebete fangen mit dem Kelch, nicht mit dem Brot an. Das will nicht heißen, daß sie etwa für einen älteren Stiftungsbericht sprechen (den man etwa dem Lukas abzwacken könnte), sondern es zeigt dieser Umstand nur, wie wenig das Abendmahl eine entsprechende Wiederholung der historischen Feier war, sondern wie alles nur auf die Mahlzeit ankam, wobei die Reihenfolge gleichgültig war, ebenso [wie] das Mischen des Weines mit Wasser, ja sogar das Fehlen des Weines und die Feier mit Wasser allein wohl angängig war, ja der Trank sogar ganz fehlen konnte. Denn die Speise ist für die Danksagung da, und die letztere konstituiert die Feier. Übrigens erwähnt *Didache* in dem Dankgebet nach dem Genuß, gemeinsam für Speise und Trank, beide in der uns geläufigen Ordnung.

Gebet vor dem Mahl [*Didache* Kap. IX:]
1) *Für den Kelch*: Der Dank für den Weinstock des Knechtes David.[469] Nicht gemeint «Blut Jesu», sondern ein Weinstock, den uns Jesus kundgetan hat. Gemeint [ist die] zukünftige Größe, direkt auf die Weissagung Jesu gehend, [die Weissagung] von dem Neutrinken des Gewächses des Weinstocks in des Vaters Reich.

---

465 [Ms.:] Gebrauch.

466 [R] (Didache [Kap.] XIII: die Stellung der Propheten. Kap XIV: Sonntagsagape.)

467 [R] Wieso Bruderkuß zum Abendmahl?

468 [Undeutliche Bleistiftnotiz am Schluß des Abschnitts:] Umformung[?] des christlichen Amen! Abendmahl Zubereitung[?] zur eschatologischen Eucharistie.

469 [R] *Papias!!* Hier einfach das Wort des Papias vom Weinstock mit 1000 Beeren [an 1 Traube], das [er] als Herrenwort aus der *Apokalypse Baruch* [syrische, Kap. 29,5, entnimmt]. Papias [kommt?] aus [den] Abendmahlsgebeten darauf: [Das] Wort Jesu vom Wein, [den er] neu [trinken werde,] in des Vaters Reich. Also das ist eine Nachwirkung des Schlußworts. [Vgl. das bei Hennecke, a.a.O., S. 545 unter XXXVIII Nr. 12 mitgeteilte Fragment (dort: «10000 Beeren»): «Dies bezeugt auch Papias im vierten seiner Bücher.» Eusebius, *Kirchengeschichte,* III 39,1 (hg. von E. Schwartz, Kleine Ausgabe Leipzig 1908, S. 119). Irenäus, *Adv. haer.* V, Kap. 33, 3f.]

2) *Für das Brechen:*

a) [Wir] danken dir für die ζωή [Leben] und die γνῶσις [Erkenntnis], kundgetan (verheißen) durch Christum. σοὶ ἡ δόξα etc. [dem die Ehre].

b) Eschatologische Bitte. Wie in dem Brot die Körner zusammengeführt sind, so möge Gott seine Kirche zusammenführen von den Enden der Welt zu seinem Reich. Doxologie wie beim Vaterunser. Also der Einheitsgedanke eschatologisch.

Nur wer getauft ist auf den Namen des Herrn, darf Speise essen beim Abendmahl, denn daraufhin hat Jesus gesagt: Μὴ δῶτε τὸ ἅγιον τοῖς κυσίν [«Gebt das Heilige nicht den Hunden»; vgl. Mt. 7,6].

Nach dem Mahle [«nachdem ihr euch gesättigt habt» . . .]: Also noch keine Rezitierung der Einsetzungsworte.[470]

3) *Für Speise und Trank zusammen:*

a) «Wir danken dir, heiliger Vater» etc. Die «Unsterblichkeit». Doxologie.

b) Abendmahl [ist] Spendung pneumatischer Speise und [pneumatischen] Trankes *und ewigen Lebens*! (Nicht Sündenvergebung.) Doxologie.

c) «Gedenke, [Herr,] deiner Kirche», ῥύσασθαι αὐτὴν ἀπὸ πάντας πονηροῦ ([«sie zu erlösen von allem Bösen», vgl.] Mt. 6,13) – «führe sie . . . zusammen aus allen 4 Winden zu deinem Reiche»! Also eschatologische Vollendung. Doxologie.

d) «Es komme die Gnade und vergehe diese Welt. Hosiannah dem Sohn[471] Davids»! Und gedacht [ist] an den Augenblick des Gerichts, wo die Heiligen und Auserwählten zu einer [zur einen] Seite stehen und dem Herrn entgegengehen, die Unbußfertigen [zur andern und] verdammt werden. Wer ein Heiliger ist, trete hinzu, wer nicht, tue Buße. (Die Eselhaftigkeit, das Herzutreten nun [nur?] von der engeren Abendmahlsfeier zu verstehen!) Μαρὰν ἀθά[472] – ach komm, Herr Jesu. Der eschatologische Seufzerruf, mit dem Paulus den I Kor. (16,22) – nachdem er in den letzten Kapiteln sich immer an das Abendmahl angeschlossen hat – beschließt. (Wahrscheinlich, מָרָנָאתָא, aramäisch: unser Herr, komme doch.) Ebenso Apk. 22,20: «Siehe, ich komme bald. Amen, komm Herr Jesu!» In dieser gewaltigen Steigerung bis zum eschatologischen Hymnus an Christum läuft die Abendmahlsliturgie der *Didache* aus. Das war der Hymnus auf Christum als auf einen Gott, von dem Plinius berichtet![473]

---

470 [R] In [der] *Didache* Jesus vom Abendmahl weissagend [vom Neutrinken]: Vorstufe von [vom] 4. Evangelium.

471 [*Didache*: dem Gotte (θεῷ). («Sohn» im Ms. ist also ein Versehen.)]

472 [Didache: μαραναθά (*ein* Wort). Nestle, NT: μαράνα θά, obige Version nur als Variante. Vgl. auch unten S. 349, Anm. 523.]

473 [R] *Es gab keinen Wortgottesdienst!*

Aber neben dieser fixierten «Eucharistie» sollen auch noch die Propheten zu Wort kommen. Darum bemerkt die *Didache* ausdrücklich am Schluß dieser Gebete: τοῖς δὲ προφήταις ἐπιτρέπετε εὐχαριστεῖν ὅσα θέλουσιν! [«den Propheten jedoch gestattet, Dank zu sagen, soviel sie wollen»; X,7.] Sie halten noch denselben Rang für die Abendmahlsfeier wie I Kor. 14! Ihnen fällt die begeisterte Danksagung de officio zu.[474]

§ 16) Die Neuregelung[475] der Mahlfeier bei Paulus hinsichtlich der korinthischen Mißstände[476]

Die paulinische Reform der korinthischen Abendmahlsfeier ist also viel umfassender als man bisher annahm. Der Stoff der sechs letzten Kapitel des 1. Kor.briefes gruppiert sich, wie gesagt, um die Punkte, welche Paulus hinsichtlich der gemeldeten Unordnungen bei der Mahlfeier besprechen muß.[477]

Es sind in der Hauptsache drei Punkte:

Erstens: Es war gemeldet worden, korinthische Christen fänden nichts dabei, neben dem Abendmahl an den Götzenopfermahlzeiten teilzunehmen (Kap. 10[,14ff. und 8,1ff.]).

Zweitens: Bei dem Mahle selbst kam es zu Unordnungen, indem jeder den Teil der Speise, den er gebracht, vorwegnahm und so die einen üppig schwelgten bis zur Trunkenheit, die andern aber Mangel litten. Das Mahl trug einen ausgelassenen, fast profanen Charakter.

Drittens: Die Unordnung bei dem Sprechen der Eucharistie, wobei die Glossolalie sich vordrängte und der Feier einen einseitig enthusiastischen Charakter gab.

Die Reform des dritten Punktes wurde schon oben behandelt, indem sich zeigte, daß Paulus eine Umbildung jener enthusiastischen Danksagung in einen geordneten Gottesdienst erstrebte.

Wir behandeln zunächst:

Das Abendmahl und die Götzenopfermahle, I Kor. 10

Die Korinther hatten einen hohen Begriff von der Kraft des Sakraments. Wer getauft sei und an dem Abendmahl teilnehme, der sei gerettet[478] und versiegelt zum Heil, wenn die messianische Herrlichkeit anbreche. Pau-

---

474 [R] Später: die Relation der Einsetzung eingearbeitet in die Danksagung.

475 [Darüber:] Die Ausdehnung der... [Vermutlich neue Fassung der Überschrift: Die Ausdehnung der Neuregelung der Mahlfeier... etc.]

476 [R] Zwei: 1) Danksagung, 2) Mahlfeier als solche.

477 [R] Messe [kennt] bis auf den heutigen Tag keine Zitierung der Einsetzungsworte. [...]

478 [R] Ohne Christus keine Errettung.

lus findet diese Auffassung ganz in Ordnung. Auch für ihn heißt getauft sein und am Mahle teilhaben: zu den Auserwählten gehören. Und doch sagt er: irret euch nicht.[479] Die alttestamentlichen Typen des Abendmahls und der Taufe, das Durchziehen durch das rote Meer, das Mannaessen (πνευματικὸν βρῶμα [geistliche Speise; V. 3]) und das Trinken aus dem Fels (πνευματικὸν πόμα [geistlicher Trank; V. 4]) – der Fels war Christus selbst[480] – lehren, daß man durch diese Sakramente zu den Auserwählten gehören kann und doch die Seligkeit verfehlen. Denn jene, die durch das rote Meer getauft und die pneumatische Speise und den pneumatischen Trank in der Wüste[481] (beides ging auf Christum zurück) genossen haben, haben das verheißene Land nicht betreten, weil sie sich durch den Götzendienst versündigten![482]

Das ist ihnen [als Exempel widerfahren,] τυπικῶς συνέβαινεν [V. 11], uns zur Mahnung, daß nicht auch wir, wie jene das gelobte Land, die messianische Herrlichkeit, die uns durch Taufe und Abendmahl *verbürgt* ist, verscherzen, indem wir an Unreinigkeit und Götzendienst teilhaben. Uns zur Warnung ist jenes geschehen, εἰς οὓς τὰ τέλη τῶν αἰώνων κατήντηκεν! [uns, denen das Ende der Welt nahe bevorsteht, V. 11]. Also der Gedanke der bevorstehenden messianischen Umwälzung. Der Parallelismus [ist] vollständig durchgeführt, *bei futurischer Bedeutung des Sakraments*. Dem gelobten Land entspricht die messianische Herrlichkeit! Darum, wer steht, mag wohl zusehen, daß er nicht falle [V. 12]. Fliehet vor dem Götzendienst! Die Teilnahme an Götzenopfermahlzeiten ist unvereinbar mit dem Abendmahl! Durch die Götzenopfermahle tritt man mit den Dämonen, den Herrschern dieser Welt, in Gemeinschaft! Durch das Abendmahl wird die Gemeinschaft hergestellt mit dem zur Parusie erwarteten verklärten Christus. (Sie sehen, wie der Parallelismus nur dann da ist, wenn man die Beziehung des Abendmahls auf den eschatologischen Christus erkannt hat.) Man kann nicht am Kelch[483] und am Tisch des κύριος[484] und zugleich am Kelch und am Tisch der Dämonen teilhaben!

Bis dahin geht der Gedanke ganz in den populären Bahnen. Nun aber führt Paulus diese Gemeinschaft mit dem Christus mystisch aus, wie er die ganze urchristliche Eschatologie mystisch ausgeführt hat, durch den Gedanken, daß nicht erst in der Parusie die Gläubigen mit Christo vereint sein werden, sondern daß diese Vereinigung schon jetzt da ist, sofern durch den Tod und die Auferstehung Jesu die große Auferste-

479 [Mahnwort aus Gal. 6,7, hier zur Charakterisierung von I Kor. 10 verwendet.]
480 [R] Der Paulinismus als eschatologische Mystik.
481 [R] Abendmahl als Opfer schon I Kor. 10,20.
482 [R] Ein Gedanke, der ihm nicht angehört, sondern [geht] durch die ganze alte Literatur hindurch.
483 [R] Hier auch [der] Kelch zuerst, wie [in der] *Didache* [IX,1–3].
484 [R] [Das] erste Mal Opfer: I Kor. 10,20. [Vgl. Anm. 481.]

hungsepoche, der zukünftige Äon, schon jetzt für die Gläubigen angebrochen ist. Sie haben mystisch, als die Gläubigen, mit Christo Tod und Auferstehung schon erlebt in der Taufe (Röm. 6ff.) und bilden unter sich und mit dem verklärten Christus den großen mystischen Auferstehungsleib, der am Tage der Parusie offenbar werden wird. Und auf dieses σῶμα [Leib], das mystische Auferstehungs-σῶμα, in welchem die Gläubigen schon jetzt an dem Verklärten teil haben, bezieht Paulus das Wort Jesu von seinem σῶμα und seinem Blute beim Abendmahl. Die paulinische eschatologische Mystik hat es zuerst unternommen, die Abendmahlsgleichnisse Jesu für die urchristliche Feier fruchtbar zu machen,[485] indem Paulus den Gedanken der Gemeinschaft mit dem *Parusiechristus* im Abendmahl mystisch dahin ausführt, daß in diesem Mahle die Gemeinschaft mit jenem in den Tod gegebenen und zur Herrlichkeit auferstandenen σῶμα τοῦ Χριστοῦ [Leib Christi], die[486] durch die Taufe[487] als ein mit Jesu Christo Begrabenwerden und Auferstehen inauguriert wurde, jedesmal aufs neue hergestellt und bekräftigt wird! Das Abendmahl schafft Gemeinschaft mit dem Todes- und Auferstehungs-σῶμα Christi:[488] das ist die erste – unhistorische, wenn Sie wollen, aber großartig wahre – Deutung der Abendmahlsworte Jesu. In diesem Sinn sagt Paulus I Kor. 10,16ff.: Τὸ ποτήριον τῆς εὐλογίας ὃ εὐλογοῦμεν, οὐχὶ κοινωνία ἐστὶν τοῦ αἵματος τοῦ Χριστοῦ [Ms.: ἐστὶν nach Χριστοῦ]; τὸν ἄρτον ὃν κλῶμεν, οὐχὶ κοινωνία τοῦ σώματος τοῦ Χριστοῦ ἐστιν; [«Der Dankesbecher, über dem wir danken, ist (der) nicht Gemeinschaft mit dem Blut Christi? Das Brot, das wir brechen, ist (das) nicht Gemeinschaft mit dem Leib Christi?»]. Und daß er dieses σῶμα von dem mystischen Auferstehungs-σῶμα, in das alle Gläubigen eingegliedert sind, versteht, zeigt V. 17: ὅτι εἷς ἄρτος, ἓν σῶμα οἱ πολλοί ἐσμεν· οἱ γὰρ πάντες ἐκ τοῦ *ἑνὸς* ἄρτου μετέχομεν [«weil es ein Brot (ist), sind wir, die Vielen, ein Leib. Wir haben nämlich alle an dem *einen* Brot Anteil»].[489]

Das [ist] nicht etwa dieser lahme Gedanke, der in den reformatorischen Abendmahlsdebatten aufgeputzt wird, daß, weil die Teilnehmer an einem Brot teilhaben, nun auch Gemeinschaft zwischen ihnen ge-

---

485 [R] [Am oberen Seitenrand beginnend:] Paulus bezieht die Gleichnisse auf [die] ganze Feier. – Solidarität mit Jesus. (Predigt Jesu). Solidarität mit Christo! (Predigt des Urchristentums.)

Plnsm. [= Paulinismus] ist Überspannung der Eschatologie zur Wirklichkeit.

486 [«die» bezieht sich auf «Gemeinschaft».]

487 [R] Taufe (Röm. 6ff.) [hat] nichts zu tun mit der bisher gebräuchlichen possierlichen Symbolik des Unter- und Auftauchens.

488 [Dazu notiert:] identisch mit Taufe.

[R] Also Abendmahl und Taufe bedeuten dasselbe bei Paulus: Todes- und Auferstehungsgemeinschaft mit Christo!

489 [Über dem Zitatschluß:] von dem Brot eines einzigen...?

schaffen sei,[490] sondern zu Grunde liegt der mystische Gedanke der gemeinsamen κοινωνία [Gemeinschaft] des Auferstehungs-σῶμα [Leib] Christi.[491] Der Grundgedanke [ist] eschatologisch, wie noch in [der] *Didache*: die Körner zu einem Brote zusammengefügt, so auch die Kirche. Diese (mystische) Beziehung des Abendmahls auf das mystische σῶμα Christi ist die Tat des Apostels Paulus. Eigentlich [hat er] nur den urchristlichen Abendmahlsgedanken gemäß seiner Theologie, die auf diesem mystischen σῶμα-Begriff[492] beruht, verinnerlicht, aber doch damit etwas Neues angebahnt, das – hier das Entscheidende – das Zurücktreten der Eschatologie überdauern konnte.[493] Die Gemeinschaft mit dem Verklärten, überhaupt die ganze paulinische Mystik, [ist] nichts anderes als die unbewußte Vorbereitung[494] des Christentums, das Zurücktreten der Eschatologie überwinden zu können. Das [ist] die große Rolle des Paulinismus!

I Kor. Kap. 11. *Die Unordnungen bei der Mahlfeier.*[495]

Bei den Zusammenkünften zum Mahle herrschte Unordnung. Jeder nahm sein Teil vorweg, und das Mahl trug einen unordentlichen ausgelassenen Charakter. Demgegenüber bemerkt Paulus, sie sollten, wenn sie Angst hätten, nicht genug zu bekommen, zu Hause im voraus essen und trinken, 11,22: μὴ γὰρ οἰκίας οὐκ ἔχετε εἰς τὸ ἐσθίειν καὶ πίνειν; [«habt ihr denn etwa nicht Häuser, um zu essen und zu trinken?» . . .] «oder müßt ihr» mit eurer Schwelgerei «die, welche nichts haben, beschämen?»[496]

Also nicht etwa eine Trennung von Abendmahl und Agape oder was sonst noch die Exegeten aus dieser Stelle herausgelesen haben, ist hier vertreten, sondern nur die Trennung des Sättigungs- und Genußmahls von der Agape und Eucharistie – beides ist identisch;[497] damit das Mahl nicht entweiht werde, sollen sie, wenn sie die Freßgier nicht zähmen können, zu Hause zuerst essen.

Über dem festlich-eschatologischen Charakter des Mahles hatten die Korinther seine ernste Heiligkeit vergessen. Darum ruft ihnen Paulus die Worte bei der historischen Feier ins Gedächtnis zurück – die Worte,

---

490 [R] [Undeutlich, wohin gehörend:] Gewöhnlich wegen Erleichterung[?]

491 [R] Mystik = das Hereinziehen einer zukünftigen Seligkeit in die Gegenwart.

492 [Zuerst:] auf dieser mystischen Beziehung [«Beziehung» dann in ( ) gesetzt].

493 [R] Auch bei Paulus [hat das] Sonntagsabendmahl besondere Bedeutung.

494 [Im Sinne von Zubereitung, Instandsetzung.]

495 [R] 7. Kolleg.

496 [R] Kommt eigentlich wieder auf [das] Kultmahl, wie Jesus in den beiden Abendmahlen den Sättigungscharakter [hat] zurücktreten lassen.

497 [Agape und Eucharistie identisch.]

die sie sicher nur ungenau kannten, weil sie ja bei der Feier nirgends rezitiert wurden.[498]

Jesus sprach beim danksagenden Brechen über dem Brot: das ist mein Leib für euch. τοῦτο ποιεῖτε εἰς τὴν ἐμὴν ἀνάμνησιν [das tut zu meinem Gedächtnis]. Desgleichen den Kelch μετὰ τὸ δειπνῆσαι (also ganz am Schluß des Mahles): dieser Kelch ist der neue Bund in meinem Blute. τοῦτο ποιεῖτε, ὁσάκις ἐὰν πίνητε, εἰς τὴν ἐμὴν ἀνάμνησιν [das tut, so oft ihr trinket, zu meinem Gedächtnis].[499]

Das ist, wie der Fortgang zeigt, kein Wiederholungsbefehl, also nicht imperativisch zu fassen, sondern die Erläuterung der Bedeutung des Essens. Paulus läßt Jesum schon damals in Hinblick auf das christliche Mahl, das er voraussetzt, sagen: das tut ihr zu meinem Gedächtnis. Unterschiedslos gehen beide Mahlzeiten ineinander über, weil Paulus die historische vom Standpunkt der urchristlichen betrachtet. Das zeigt sich schon darin, daß [des] Paulus Reflexion V. 26 einfach als Fortsetzung der Einsetzungsworte erscheint, während doch Paulus redet. Das γὰρ[500] begründet die historische Feier aus der urchristlichen.[501] Das Abendmahl ist die ἀνάμνησις Χριστοῦ, durch das Essen selbst. Es ist Bekenntnisakt! Und zwar faßten bisher die Korinther die ἀνάμνησις (cf. [das] Schmidtsche Fragment[502]) rein eschatologisch: Gedächtnis der Wiederkunft, der Parusie! Dort [wird] das Abendmahl geradezu Anamnesis genannt. Paulus aber, um den hehren Ernst des Mahles hervorzukehren, zieht auch den Todesgedanken in die ἀνάμνησις herein: «So oft ihr dieses Brot esset und diesen Kelch trinket, verkündet ihr des Herrn Tod, bis daß er komme», d. h. *in Erwartung seiner Parusie.* In diesem Sinne ist, wer das Mahl unwürdig, leichtsinnig, feiert, ἔνοχος ... τοῦ σώματος καὶ τοῦ αἵματος τοῦ κυρίου [«schuldig am Leib und Blut des Herrn» V. 27,] am mystischen Leib.[503] Wie er nun das versteht, führt Paulus nicht näher aus. Dieser Mensch ißt sich – statt die Seligkeit, das Gericht, μὴ διακρίνων τὸ σῶμα [«wenn er den Leib (des Herrn)

498 [R] Den Korinthern [war] nur die Rückbeziehung auf das eschatologische Schlußwort bekannt. Er [erklärt?] ihnen die ganze Feier. Eschatologisches Schlußwort [war eine] Weissagung: dann [darum?] die spätere Vorstellung: Jesus [habe] das Gemeindemahl geweissagt, cf. Joh. 6[?]

499 [I Kor. 11,24–26.]

500 [ὁσάκις γὰρ ... «denn so oft» ..., Anf. V. 26.]

501 [R] Das Berechtigte am Wiederholungsbefehl: bei Paulus erläutert Jesus im Hinblick auf [die] Gemeindefeier [die] Bedeutung des Essens und Trinkens.

502 [Siehe oben S. 195.]

503 [R] Es wäre ihm auch schwer geworden, sich näher zu erklären, nur [um?] nicht auf [den?] historischen, sondern auf [den] Auferstehungsleib ... und Gemeinschaft. Nach Paulus redet Christus selbst in [der] Abendmahlseinsetzung von seinem Auferstehungsleib. Abgestoßen von [diesem] Leib ([werden] die [unwürdig am Abendmahl Teilnehmenden und dadurch] Kranken). Abendmahl vom Auferstehungsgedanken aus [erklärt, verstanden, gedeutet].

nicht (von der gewöhnlichen Speise) unterscheidet», V. 29]. Aber dieses Gericht [ist] etwas Zukünftiges. Offenbar aber [ist es] schon jetzt durch die vielen Kranken und Schwachen und Todesfälle! Eine Verwarnung des Herrn. Diese [hiervon Betroffenen] erleben nicht mehr unter den Lebenden die Parusie des Herrn, die alle zusammen beim[504] Abendmahl erwarten, sondern [sie] sind schon vorher gestorben! So werden – der Realismus ist ungeheuer packend – die Korinther in ihrem Abendmahl durch jene Unglücksfälle gezüchtigt, damit sie, verwarnt, nicht gerade durch das Abendmahl eine Schuld auf sich laden auf den Tag des Gerichts beim Weltende. V. 32: κρινόμενοι δὲ ὑπὸ τοῦ κυρίου παιδευόμεθα, ἵνα μὴ σὺν τῷ κόσμῳ κατακριθῶμεν [«Indem wir aber vom Herrn gerichtet werden, werden wir erzogen, damit wir nicht zusammen mit der Welt verurteilt werden»]! Hier wandelt [Paulus] wieder ganz in [der] Spur der populären Auffassung. Aber gerade nun hier [steht] die Frage:[505] [Das] ursprüngliche Abendmahl [hat] nur Sinn bei Erwartung und Gewißheit der Parusie, daß sie bei diesem Mahle [den] Herrn erwarten![506] Aber wenn nun das Sterben der Mahlteilnehmer die Regel wird: welche Bedeutung [hat das Mahl] dann? Das Mahl [wurde] nicht aufgehoben, sondern: Vergewisserung der Auferstehung [durch das] φάρμακον ἀθανασίας [Arznei der Unsterblichkeit]. Dies bei Ignatius.

§ 17)[507] Das Abendmahl als φάρμακον ἀθανασίας bei Ignatius

(Hauptstellen: Ad Smyrnaeos 7 und 8, ad Romanos 7, ad Ephesos 20, ad Philadelphenses 4, ad Trallianos 8.)[508]

Der Ausdruck φάρμακον ἀθανασίας [Arznei der Unsterblichkeit] hätte der Wegweiser für die Abendmahlsforschung sein und sie zur Frage veranlassen sollen: Wie kommt denn die altchristliche Epoche dazu, mit einer solchen Sicherheit das Abendmahl mit dem Auferstehungs- und Unsterblichkeitsgedanken statt mit dem Gedanken der Sündenvergebung, den wir in den historischen Gleichnissen finden, in Verbindung zu bringen und Auferstehung und Unsterblichkeit geradezu – und auf magisch-unerklärte Weise – als Effekt der Teilnahme an der

504 [Ms.:] in.
505 [Hier: Feststellung (statt «Frage»), die Frage folgt erst im nächsten Satz.]
506 [Ausrufezeichen im Ms. schon nach «Parusie».]
507 [Die folg. Kapitelüberschrift-Notizen (Bleistift) stehen am oberen Seitenrand:] *Kapitel*? Die σωτηρία (Eschatologie und Auferstehung) und die Hellenisierung des Christentums. – Abendmahl in [den] katholischen Briefen.
508 [Migne PG 5, 661 ff. Übers.: Hennecke a.a.O., S. 523 ff.]
[R] Das Abendmahl [hat] nur etwas mit Auferstehung und ἀθανασία [zu tun], wenn es vorher etwas mit Eschatologie [zu tun hatte.] Ignatius, das Stiefkind der modernen protestantischen Theologie.

Eucharistie hinzustellen? Solange man die Auffassung des Abendmahls als des urchristlichen eschatologischen Sakraments ignoriert, ist diese Wendung vollständig überraschend. Nimmt man sie aber einmal an, so ist das Abendmahl als φάρμακον ἀθανασίας nur die Form, welche das Abendmahl annimmt bei dem Verblassen der Eschatologie, d. h. in dem Augenblick, wo man mit dem Sterben der Christen vor der Parusie als dem normalen Fall zu rechnen beginnt.[509]

Für Paulus war, wie wir gesehen haben, das Sterben derjenigen, die an der Eucharistie teilnahmen, noch das Anormale. Ja, Paulus erklärt es geradezu als Strafe. Was für eine Verwirrung das Hinscheiden der Gläubigen in jenen ältesten Gemeinden anrichtete, ersehen wir aus I Thess. 4,13ff., einem der ergreifendsten Blätter aus der Geschichte des Urchristentums. Die Thessalonicher sind bestürzt wegen einigen Todesfällen in ihren Gemeinden, und sie fragen über das Schicksal dieser κεκοιμημένων[510] [Entschlafenen] bei Paulus an in Betreff der Parusie. Er tröstet sie: Die κεκοιμημένοι werden auch an der Parusie teilhaben und nicht hinter denen zurückstehen, die bis auf die Parusie aufbewahrt werden. Sie werden bei dem ersten Trompetenstoß der Parusie als die νεκροὶ ἐν Χριστῷ [die Toten in Christus, V. 16] ([diese sind] also die bevorzugte Klasse) zuerst auferstehen und den Herrn umgeben, und erst dann werden die Lebenden mit ihnen zu den Wolken, dem ankommenden Heiland entgegen (verwandelt, wie es in I Kor 15,51 und 52 heißt) entrafft[511] werden.

Nun war das Abendmahl gerade die Erwartung der Parusie, die ἀνάμνεσις.[512] Und als nun die Parusie sich verzögerte, als es zur Regel wurde, daß die Teilnehmer dieses Mahles, statt die Parusie zu erleben, ins Grab sanken, da setzte sich die Parusieerwartung in die mit ihr von Anfang an verbundene Auferstehungserwartung um.[513] War in der ersten Zeit, da das Abscheiden noch nicht in dem Gesichtskreis der Feiernden lag, der Abendmahlsgenuß die Versicherung des Teilnehmens am messianischen Mahl bei der Parusie gewesen, so wird nun für die Abgeschiedenen dieser Gedanke durch Vermittlung des Auferstehungsgedan-

509 [R] Vom Urchristentum [führt] nur eine Brücke zur Unsterblichkeit. Eschatologie. Diese enthält [den] Auferstehungsgedanken – und dann, als [die] Hülle sich auftat, [die] Eschatologie zurückging und [der] Auferstehungsgedanke auf griechischen Boden fiel, ging [er] als Unsterblichkeitsgedanke auf. Daher [gilt seither das] Christentum als Religion der Unsterblichkeit, der Keim, in welchem die Frucht eingeschlossen, [war] das Abendmahl. Hülse – Schale – Frucht (Kastanie). Parusie [ist] an sich Auferstehung, weil Verwandlung des natürlichen Zustandes in übernatürlichen.

510 [Variante. Haupttext Nestle-Aland, 27. Aufl. 1993: κοιμωμένων, V. 13.]

511 [entrückt.]

512 [Gedächtnis der Wiederkunft, der Parusie (siehe oben S. 215f.).]

513 [R] Populäre Hellenisierung.

kens aufrecht erhalten.[514] Diejenigen, welche getauft an dem Abendmahl teilhatten, haben damit die Gewißheit der Auferstehung zur Parusie erhalten! Sie sind durch den Genuß dieser Speise *versiegelt auf den Tag der Parusie*: diese heilige Speise teilt ihrem Körper die Kraft der *Auferstehung*[515] mit. So ist *aus dem Sakrament der Parusie das Sakrament der Auferstehung geworden*! Ignatius mit seinem Wort φάρμακον ἀθανασίας drückt den populären Glauben an das Abendmahl aus.

Die Hauptstelle [bei Ignatius] steht Eph. 20 [im letzten Satz]: ἕνα ἄρτον κλῶντες, ὅς ἐστιν φάρμακον ἀθανασίας, ἀντίδοτος τοῦ μὴ ἀποθανεῖν, ἀλλὰ ζῆν ἐν Ἰησοῦ Χριστῷ διὰ παντός [«ein Brot zu brechen, das Unsterblichkeitsarznei ist, Gegengift, daß man nicht stirbt, sondern lebt in Jesus Christus immerdar»].[516]

Nun verstehen Sie, wie ich Ihnen in der Einleitung sagte, daß die Sakramente, vor allem das Abendmahl, die Achse der urchristlichen und altchristlichen Gedankenevolution darstellte, daß es die Wurzel sei, *die über dem Felsgestein die Erde festhielt, so daß sie nicht mit fortgeschwemmt wurde, als die eschatologische Flut sich verlief*,[517] sondern unter der Befruchtung des griechischen Geistes das universelle Christentum hervorbrachte. Die unmerkliche, innere Hellenisierung des Christentums setzte gerade an dem Abendmahl als dem Sakrament der Auferstehung an. In diesem Mysterium, das die Auferstehung verbürgte, fand die griechische Religiosität, was sie sehnsuchtsvoll suchte, Gewißheit der Unvergänglichkeit. Diese nach unsern Begriffen krankhafte Sehnsucht nach Unvergänglichkeit, welche gleichsam die religiöse Frucht der sich ausgelebt habenden griechischen Welt darstellt, führte sie dem Christentum zu als der Religion, welche auf der Auferstehung Jesu beruhte und die Verwalterin des sicheren – weil auf einer geschichtlichen Tatsache beruhenden – Mysteriums der Unvergänglichkeit [zu sein beanspruchte]. Das Rätsel ist hiermit gelöst: Wie ist das Christentum als Religion der Eschatologie in das uneschatologische griechische Denken eingegangen? Wie ist das Christentum nicht mit der zurücktretenden Eschatologie zugrunde gegangen und kraftlos dahingesunken?[518] Weil

514 [R] Im Grunde dasselbe Problem wie bei Paulus: Herstellung eines logisch-organischen Zusammenhangs zwischen der Auferstehung Jesu und der unsrigen: daß die Auferstehung Jesu der zureichende Grund der unsrigen wird. Dafür hat die moderne Theologie gar kein Verständnis mehr. Jene Frage Harnacks: Taufe und Abendmahl aber zeigt, wie weit er von dem Richtigen entfernt war. Taufe und Abendmahl identisch. [Vgl. *ders.* I, 3. Aufl., S. 160.]

515 [Vom Hrsg. hervorgehoben, im Hinblick auf die originale Hervorhebung des folgenden Satzes.]

516 [Migne PG 5, 661. Vgl. auch Oscar Gebhardt/Adolf Harnack/Theodor Zahn, *Patrum Apostolorum Opera,* Fasciculus II, Leipzig 1876, S. 26, 27. Übers.: Hennecke a.a.O., S. 523.]

517 [R] Ausrufezeichen.

518 [R] [Die Fragen sind durch Doppelrandstrich hervorgehoben.]

die Sakramente die Träger der Entwicklung waren; weil das Abendmahl zum Sakrament der Auferstehung, und dann, vom griechischen Geist erfaßt, das Sakrament der ἀθανασία wurde. Die normale und populäre Hellenisierung des Christentums setzt ein bei dem Hauptstück des Christentums: dem Abendmahl. Und weil die bisherigen Dogmengeschichten diese Achse der Hellenisierung nicht festgelegt haben, sind sie im Grunde die klare Antwort auf die Frage nach der Möglichkeit und dem Verlauf der populären Hellenisierung des Christentums schuldig geblieben und haben – alle ohne Ausnahme – die Geschichte der Hellenisierung des Christentums mit der Hellenisierung der Christologie beginnen lassen. Aber der Prozeß der Hellenisierung des Christentums als Heilsvermittlerin haben sie weder erkannt noch geschildert, weil er nur zu erkennen ist, wenn man das Wesen der urchristlichen Sakramente eingesehen hat.[519]

So trägt das Abendmahl, wo es für uns in seiner verwandelten Gestalt als Vergewisserung der Auferstehung entgegentritt, schon griechische Züge: es ist φάρμακον ἀθανασίας. Ἀθανασία ist aber der griechisch-vergeistigte Begriff für Auferstehung, aber nicht vergeistigt im modernen Sinn als «geistige Auferstehung», sondern nur vergeistigt in Hinsicht auf das Zurücktreten der Eschatologie.[520] Denn auch die ἀθανασία ist als leibliche Auferstehung, als ἀφθαρσία [Unvergänglichkeit] gedacht.[521] Es wird uns Modernen schwer, uns in diesen idealen Realismus, den Plato dem griechischen Geist hinterlassen hatte, hineinzudenken.[522]

Nun sind wir also ohne Fährlichkeit und ohne in den großen Klagegesang der Urdepravation der Sakramente einstimmen zu müssen, aus dem verschlungenen Urwald des Urchristentums auf der großen Landstraße des griechischen Christentums angelangt. Diese griechische Auffassung hat die zweite Deutung der Abendmahlsgleichnisse unternommen. Bei Paulus wuchs diese Deutung aus der eschatologisch-mystischen Auffassung des σῶμα τοῦ Χριστοῦ [Leib Christi] hervor. Durch das Abendmahl wird die κοινωνία [Gemeinschaft] mit jenem in den Tod gegebenen, jetzt allumfassenden Auferstehungs-σῶμα hergestellt. Dieser Gedanke, daß das Abendmahl ein Leben in Christo sei, ging nicht verloren,[523] heißt es doch bei Ignatius in der Hauptstelle *Eph. 20*: [folgt das S. 218 bereits wiedergegebene Zitat]. Die Spekulation über die

519 [R] An dem Abendmahl hat das Christentum die erste Verzögerung der Parusie erlebt (Abendmahl am See Gennezareth), an dem Abendmahl nach Jesu Tod hat es das Verzögern und zuletzt das Ausbleiben der Eschatologie wiedererlebt und überwunden.

520 [R] Erst [der] Neuplatonismus [brachte eine] falsche Spiritualisierung.

521 [Ms.:] gedankt [zweifellos Verschreibung].

522 [R] Die Zwischenverwandlung in ideales Realbild.

523 [R] Paulus: Reale Zugehörigkeit. Griechisch: Reale Analogie.

Gleichnisse geht von dem Auferstehungsgedanken aus. Hier ist das VII. und VIII. Kapitel aus *Ad Smyrnaeos* entscheidend. Ignatius sagt dort: τὴν εὐχαριστίαν *σάρκα* εἶναι τοῦ σωτῆρος ἡμῶν Ἰησοῦ Χριστοῦ τὴν ὑπὲρ τῶν ἁμαρτιῶν ἡμῶν παθοῦσαν, ἣν τῇ χρηστότητι ὁ πατὴρ ἤγειρεν [«daß die Eucharistie das Fleisch unseres Erlösers Jesu Christi ist, das für unsere Sünden gelitten, das der Vater in seiner Güte auferweckt hat», 7,1]. Diese Speise ist eine δωρεά τοῦ θεοῦ, [Gabe Gottes] für die Menschen, ἵνα *καὶ* ἀναστῶσιν [auf daß sie *auch* auferstünden (ebd.)].

Ad Romanos VII schreibt Ignatius: ζῶν γὰρ γράφω ὑμῖν, ἐρῶν του ἀποθανεῖν ... οὐχ ἥδομαι τροφῇ φθορᾶς οὐδὲ ἡδοναῖς τοῦ βίου τούτου. ἄρτον θεοῦ θέλω, ὅ ἐστιν σὰρξ Ἰησοῦ Χριστοῦ, ... [«denn ich schreibe euch als einer, der lebt und sich in Liebe nach dem Tode sehnt... Ich habe keine Freude an vergänglicher Speise und an den Ergötzungen dieses Lebens. Gottes Brot will ich, das ist das Fleisch Jesu Christi», 7,2.3].

Die ganze Spekulation liegt in dem Ersetzen des Wortes σῶμα [Leib] durch σάρξ [Fleisch]! Das Gleichnis Jesu: «das ist mein Leib» wird gedeutet als: das ist mein Fleisch! Diese unbewußte Substituierung ist die Tat des griechischen Geistes.[524]

Das Raisonnement ist folgendes: Ausgangspunkt: Die genossene Abendmahlsspeise wirkt in dem Menschenkörper Unsterblichkeit. Sie teilt der menschlichen σάρξ die Unvergänglichkeitskraft der auferstanden σὰρξ Χριστοῦ mit.[525] Also sind die genossenen Elemente σὰρξ καὶ αἷμα, nicht σῶμα καὶ αἷμα, weil es ja gerade auf die Eigenschaft des σῶμα[526] Jesu Christi ankommt, sofern sie[527] der menschlichen σάρξ für den Tod das Vermögen der Athanasie und Auferstehung geben, das in der σάρξ Jesu Christi zum ersten Mal offenbar war.[528] Die Abendmahlselemente sind eine Mitteilung der σάρξ Χριστοῦ in ihren Eigenschaften. Das ist die realistisch-mystische Deutung der Abendmahlsgleichnisse, welche die eschatologisch-mystische Deutung [des] Paulus fortsetzt. Sie ist nichts anderes als ein *Rückschluß von der vorausgesetzten Wirkung* des Genusses auf die Athanasie auf die Deutung[529] jener geheimnisvollen Worte Jesu, als wollte er damit sagen:[530] Im Abendmahl teilten Brot und Wein seine σάρξ und sein αἷμα mit, sofern sie die Unsterblichkeit, die

524 [R] Hier [hat] der griechische Geist seinen intuitiven Unterschied [seine intuitive Unterscheidung] von Materie und Form angebracht.

525 [R] Bisher [hatte] nur *eine* [Hervorhebung durch den Hrsg.] σάρξ Auferstehungskraft: die Jesu!

526 [der σάρξ?]

527 [σάρξ und αἷμα.]

528 [R] (Eigentlich schon bei Paulus!)

529 [«auf die Athanasie» bezieht sich auf «Wirkung des Genusses», «auf die Deutung» bezieht sich auf «Rückschluß» ... (?)]

530 [D. h.: als hätte er damit sagen wollen: im Abendmahl teilen ...]

seiner σάρξ anhaftet, vermitteln. Die ganze Deutung beruht auf dem Gedanken der leiblichen Auferstehung. Das Abendmahl stellt den realen Zusammenhang zwischen der Auferstehung Jesu und der Auferstehung des Einzelnen her, es garantiert die Wiederholung der Auferstehung Jesu an dem Einzelnen, sofern in ihm die Infusion der σάρξ Jesu statthat, durch die die σάρξ des Einzelnen langsam wunderbar die Athanasie empfängt. Das Charakteristische aber – und daran sieht [man,] wie wenig der Gedanke des Abendmahls als entsprechende Wiederholung [der historischen Feier] der alten Zeit geläufig war – ist, daß das Abendmahl nicht eine Gabe Jesu ist, sondern eine δωρεὰ τοῦ θεοῦ [Gabe Gottes]. Wie er der Welt die σάρξ Jesu geschenkt [hat] in seiner historischen Erscheinung, gleichsam zur zuversichtlichen Demonstration der Unsterblichkeit und Auferstehung, so teilt er jedem Gläubigen für und für in der Eucharistie diese σάρξ mit, damit sie in seine irdische [σάρξ] übergehe und dieselbe zur Unsterblichkeit bereite.[531] Es ist also eine realistische Auffassung mit einseitiger Herausarbeitung des Genußmoments, wie das Genußmoment im urchristlichen Abendmahl von Anfang an dominiert hat.

Weitergebildet wurde nun diese populär-griechische christliche Deutung durch Justin und das 4. Evangelium, d. h. durch die Logostheorie. Freilich kampflos hat sich diese, wenn einmal die Voraussetzungen gegeben waren, an sich so logische und natürliche Spekulation über die Eigenschaft der Abendmahlselemente als σὰρξ καὶ αἷμα Χριστοῦ nicht durchgesetzt. Diese Hereinziehung der Gleichnisse in die Erklärung des Wesens der Abendmahlsfeier war etwas Neues und wurde als solches schon gekennzeichnet durch das Fehlen jeglicher Rezitierung der Einsetzungsworte und den Mangel [an] einer Austeilungsformel. Die «Irrlehrer» des[532] Ignatius lehnen sich gegen diese Hereinziehung auf. [In] *Ad Smyrn.* VII heißt es: Εὐχαριστίας καὶ προσευχῆς ἀπέχονται, διὰ τὸ μὴ ὁμολογεῖν τὴν εὐχαριστίαν σάρκα εἶναι τοῦ σωτῆρος ἡμῶν Ἰησοῦ Χριστοῦ,[533] ... οἱ οὖν ἀντιλέγοντες τῇ δωρεᾷ τοῦ θεοῦ συζητοῦντες ἀποθνήσκουσιν. συνέφερεν δὲ αὐτοῖς ἀγαπᾶν, ἵνα καὶ ἀναστῶσιν [«Von der Eucharistiefeier und dem Gebet bleiben sie fern, weil sie nicht bekennen, daß die Eucharistie das Fleisch unseres Erlösers Jesus Christus ist, ... Die nun der Gabe Gottes widersprechen, sterben an ihrem Streiten. Es wäre ihnen aber nützlich, Liebesmahl zu halten, damit auch sie auferstünden», 7,1].[534] Also das erste Mal,[535] wo wir in der alten

531 [R] Christentum 2. Ordnung.
532 [bei.]
533 [R] Bei Ignatius in [der] Bezeichnung der Eigenschaft der Elemente immer «Jesus Christus», nie Christus allein.
534 [R] Arme Ketzer, die das Wahre vertreten, aber wenn es nicht mehr an der Zeit ist...
535 [Ms.:] Mahl[?]

Kirche von einem Abendmahlsstreit hören,[536] handelt es sich nicht um eine abweichende Deutung der Abendmahlsgleichnisse, etwa auf eine Symbolik, die dem griechischen Geist fremd war, sondern um die Ablehnung der Hereinziehung jener Worte Jesu in die Erklärung des Wesens des Abendmahls, das ihnen als φάρμακον ἀθανασίας seiner Wirkung nach gerade so feststand wie dem Ignatius. Das war der Entscheidungskampf. Aber die Akten sind verloren, gerade wie die Akten gegen die Logoschristologie (in den Kämpfen der Aloger, die auch in jenen Gegenden Kleinasiens spielten). Der Fortschritt siegte, weil eben das griechische Denken eine organische Verbindung zwischen der Tatsache der Auferstehung Christi und der Gewißheit der individuellen Auferstehung (nicht mehr der generellen eschatologischen) brauchte. Darum kann Ignatius unfortgeschrittene Eucharistie außerhalb der Kirche, obwohl sie äußerlich gerade so gehandhabt wurde wie in der Kirche, nicht mehr anerkennen, sondern er sagt *Ad Smyrn.* VIII: ἐκείνη *βεβαία* εὐχαριστία ἡγείσθω, ἡ ὑπὸ τὸν ἐπίσκοπον οὖσα, ἢ ᾧ ἂν αὐτὸς ἐπιτρέψῃ [«jene Eucharistiefeier gelte als *zuverlässige,* die unter dem Bischof oder einem von ihm Beauftragten stattfindet», 8,1]. Βεβαία ἡγείσθω [«sie gelte als zuverlässig»]: nur bei *der* ist man sicher, daß sie die ἀθανασία vermittelt.[537]

§ 18) Justin

(*Apologie* I, [Kap.] 65 und 66, *Dialog [mit Tryphon*, Kap.] 41, 117, 70.)

Ich kann mich über Justin kurz fassen. In dem *Dialog mit Trypho*, der zwar zeitlich später fällt als die Apologie, aber doch, weil mehr populär gehalten, die ursprünglichere und ältere Form der christlichen Gedanken wiedergibt, stellt er [in] Kap. 117 die Eucharistie als das eine wahre Opfer hin. Diesen Satz wird die Zukunft erweisen, sagt er, wenn Gott

πάντας ἀναστήσῃ, καὶ τοὺς μὲν ἐν αἰωνίῳ καὶ ἀλύτῳ βασιλείᾳ ἀφθάρτους καὶ ἀθανάτους καὶ ἀλύπους καταστήσῃ, [τοὺς δὲ εἰς κόλασιν αἰώνιον πυρὸς παραπέμψῃ][538]

[«alle zum Leben erweckt, den einen im ewigen und unzerstörbaren Reiche Unvergänglichkeit, Unsterblichkeit und Leidensunfähigkeit verleiht»,] die andern aber ins ewige Feuer werfe.[539] Sehr interessant, weil alte Abendmahlsgebete durchschimmern, ist die Stelle *Dial.* [Kap.]

---

536 [R] Also auch hier schon der Glaube beim Abendmahl.

537 [Beigefügte Bleistiftnotiz:] Hier ein Kapitel: Das Abendmahl und die Kirche.
[R] [Auf der folg. Ms.-Seite:] bei Ignatius [ist die] katholische Kirche im Rohbau fertig.

538 [117, Schluß von 3, Migne PG 6, 748.]

539 [BKV, Bd. 33, S. 190.]

41. Christus hat uns das Abendmahl geboten, seines Leidens zu gedenken,

ἵνα ἅμα τε εὐχαριστῶμεν τῷ θεῷ ὑπέρ τε τοῦ τὸν κόσμον ἐκτικέναι σὺν πᾶσι τοῖς ἐν αὐτῷ διὰ τὸν ἄνθρώπον, καὶ ὑπὲρ τοῦ ἀπὸ τῆς κακίας ἐν ᾗ γεγόναμεν ἠλευθερωκέναι ἡμᾶς, καὶ τὰς ἀρχὰς καὶ τὰς ἐξουσίας καταλελυκέναι τελείαν κατάλυσιν διὰ τοῦ παθητοῦ γινομένου κατὰ τὴν βουλὴν αὐτοῦ.[540]

[«daß wir Gott Dank sagen sowohl dafür, daß er die Welt mit allem, was in ihr ist, um des Menschen willen erschaffen hat, wie dafür, daß er uns von der Sünde, in der wir lebten, befreit hat, als auch dafür, daß er die Mächte und Kräfte durch den, der nach seinem Willen leidensfähig geworden ist, vollständig niedergeschlagen hat», 41,1][541] (Hier Jesus mehr genannt in [der?] Danksagung.)

Natürlich ist in allen Prophetenstellen das Abendmahl geweissagt. Kap. 70,4 ist das Abendmahl zur Erinnerung τοῦ τε σωματοποιήσασθαι αὐτόν [daß er Fleisch geworden,] von Jesus verordnet. Dann weiter

Καὶ ὅτι βασιλεία τοῦτον αὐτὸν μετὰ δόξης ὀψόμεθα! – αὕτη ἡ προφητεία δηλοῖ

[«daß wir eben Jesus als einen König, von Herrlichkeit umgeben, sehen werden![542] – auch das offenbart diese Prophetie».[543]]

Ausgebildet und überlegt dargestellt findet sich seine Auffassung in *Apol.* I, Kap. 65 und 66. Zuerst berichtet [er] den Verlauf, wie schon früher erwähnt wurde. Diese durch Gebete geheiligte Speise wird εὐχαριστία genannt. Nur der Getaufte darf daran teilnehmen, «denn nicht wie gewöhnliches Brot oder gewöhnlichen Trank nehmen wir diese Speise,» ἀλλ' ὅν τρόπον διὰ λόγου θεοῦ (85) σαρκοποιηθεὶς Ἰησοῦς Χριστὸς ὁ Σωτὴρ ἡμῶν, καὶ σάρκα καὶ αἷμα ὑπὲρ σωτηρίας ἡμῶν ἔσχεν, οὕτως καὶ τὴν δι' εὐχῆς λόγου τοῦ παρ' αὐτοῦ (86) εὐχαριστηθεῖσαν τροφὴν, ἐξ ἧς αἷμα καὶ σάρκες κατὰ μεταβολὴν τρέφονται ἡμῶν, ἐκείνου τοῦ σαρκοποιηθέντος Ἰησοῦ καὶ σάρκα καὶ αἷμα ἐδιδάχθημεν εἶναι,[544] [«sondern wie Jesus Christus, unser Erlöser, als er durch Gottes Logos Fleisch wurde, Fleisch und Blut um unseres Heiles willen angenommen hat, so sind wir be-

540 [41,1. Migne PG 6, 564.]
[R] (Andere Form als in [der] *Didache*. Rekonstruktion der Justin verkannten [bekannten] Gebete.) Hier immer vorordnet. Histor. Mahl nicht wiederholt.

541 [41,1, BKV, Bd. 33, S. 61f.]

542 [Migne PG 6, 641, BKV, Bd. 33, S. 117. – Das Ausrufezeichen ist von A.S. ins griech. Zitat gesetzt.]

543 [BKV, Bd. 33, S. 117.]

544 [Kap. 66, Migne PG 6, 428f.]
[R] Anfang in Geschichte umsetzen. – Früher λόγος – πνεῦμα identisch.

lehrt worden, daß die durch ein Gebet um den Logos, der von ihm ausgeht, unter Danksagung geweihte Nahrung, mit der unser Fleisch und Blut durch Umwandlung genährt wird, Fleisch und Blut jenes fleischgewordenen Jesus sei»].[545]

Also wieder die geläufige Umdeutung des σῶμα in σάρξ, wie bei Ignatius. Nur [ist] die Logik des Gedankens schärfer herausgearbeitet. Das Abendmahl ist die perpetuierte Fleischwerdung Jesu Christi, durch Gott fortgesetzt, zur Mitteilung der Unsterblichkeit an jeden einzelnen. Die Kraft des Abendmahls beruht wie die historische Fleischwerdung auf dem Willen Gottes. Σὰρξ καὶ αἷμα ist das Abendmahl nur – nicht durch die Kraft der Einsetzungsworte oder etwas dergleichen, sondern – als εὐχαριστηθεῖσα τροφή [Danksagungsspeise].[546] Das «Einsetzungswort» [hat] nur designatorische Bedeutung, als Befehl Jesu, dieses Gebetsmahl zu halten. [Anschließend ans letzte Zitat aus Kap. 66:] Οἱ γὰρ ἀπόστολοι ἐν τοῖς γενομένοις ὑπ' αὐτῶν ἀπομνημονεύμασιν (87), ἃ καλεῖται Εὐαγγέλια, – die erste Beziehung auf geschriebenen Abendmahlsbericht – οὕτως παρέδωκαν ἐντετάλθαι αὐτοῖς τὸν Ἰησοῦν· λαβόντα ἄρτον, εὐχαριστήσαντα εἰπεῖν. Τοῦτο ποιεῖτε (die Danksagung!!) εἰς τὴν ἀνάμνησίν μου. Τουτέστι – [Ms.: τοῦτό ἐστι] τὸ σῶμά μου· καὶ τὸ ποτήριον ὁμοίως λαβόντα καὶ εὐχαριστήσαντα εἰπεῖν· Τοῦτό ἐστι αἷμά μου· καὶ μόνοις αὐτοῖς μεταδοῦναι [«Denn die Apostel haben in den von ihnen staunenden Denkwürdigkeiten, welche Evangelien heißen, überliefert, es sei ihnen folgende Anweisung gegeben worden: Jesus habe Brot genommen, Dank gesagt und gesprochen: ‹Das tut zu meinem Gedächtnis, das ist mein Leib›, und ebenso habe er den Becher genommen, Dank gesagt und gesprochen: ‹Dieses ist mein Blut›, und er habe nur ihnen davon mitgeteilt»].[547]

Sie sehen, wie schwer es eigentlich für Justin ist, aus der historischen Feier die urchristliche abzuleiten! Alle bedeutsamen Züge, der Leidenshinweis etc. fallen unter den Tisch, und es bleibt nur noch das Gerippe. Hingegen den Gedanken, auf den alles ankommt, daß das Abendmahl Unsterblichkeit vermittle, hat er historisch nicht begründet, wohl aber vorausgesetzt. Das[548] tat der 4. Evangelist. Sein Wort

545 [BKV, Bd. 12, S. 81.]

546 [Darüber mit Bleistift:] in der Unmöglichkeit, diesen Ausdruck zu übersetzen, liegt die ganze Schwierigkeit. [BKV, übersetzt: «unter Danksagung geweihte Nahrung» (siehe oben).]

[R] Anfang des Johanneskapitels: Man versetze sich in die Lage der damaligen Christen: Sakramente [sind] alles, und Jesus [hat] nichts darüber gesagt! Justin ein[?] *Befehl.*

547 [BKV, Bd. 12, a.a.O.]

[R] Griechentum. Die Religion auf der Logik der Tatsachen.

548 [«Das» bezieht sich natürlich auf «begründet» (die 3 letzten Wörter des vorangehenden Satzes sind nachträglich eingefügt).]

lautet: τὸ πνεῦμά ἐστιν τὸ ζωοποιοῦν [«der Geist ist es, der lebendig macht», Joh. 6,63].

§ 19) Das Abendmahl im Johannesevangelium[549]

In der Tinte, die über das 6. Kapitel Johannis, wo die Ausführungen über das Abendmahl sich finden, verschrieben worden ist, könnte man ein gutes Dutzend Theologen ersäufen, und was darüber geschrieben ist, reichte hin, jeden, der es lesen müßte, verrückt zu machen.

Zwei Fragen sind es, auf die es hier ankommt:

1) Wie kommt der 4. Evangelist dazu, seine Ausführungen über das Abendmahl an die Geschichte von der Brotvermehrung anzuschließen?

2) Warum bietet er keinen historischen Bericht über das Abendmahl, das Jesus in der letzten Nacht mit seinen Jüngern gefeiert hat? Eine auch nur einigermaßen befriedigende Erklärung hierfür ist noch nicht gefunden, denn es ist bloße Verlegenheitsphrase, wenn man sagt, der Evangelist habe es nicht für nötig gehalten, das von den andern Evangelisten Berichtete noch einmal zu wiederholen. Nicht besser steht es mit der Theorie, das Blatt, auf welchem das Abendmahl berichtet war, sei ausgefallen. Man will die Verse kenntlich machen, zwischen denen jener ausgefallene Bericht gestanden habe, man redet von dem johanneischen Abendmahlsbericht, als hätte man ihn vor Augen gehabt: das alles hilft nichts. Tatsache ist, daß Johannes das letzte Mahl Jesu mit seinen Jüngern darstellt, ohne eines an das Abendmahl erinnernden Vorgangs Erwähnung zu tun. Den Grund dieses merkwürdigen Verfahrens wissen wir nicht. Er muß in dem Wesen des johanneischen Abendmahlsberichts selbst liegen.[550]

Der Hauptfehler in der Exegese dieses 6. Kapitels ist das Modernisieren. Der Aufbau des ganzen Gesprächs ist klar. Jesus steigert seine Ansprüche in einem fort. «Ich bin das Brot», sagt er zu Anfang. Dann fährt er fort, den Ausdruck Brot durch σὰρξ καὶ αἷμα [Fleisch und Blut], nicht σῶμα καὶ αἷμα [Leib und Blut] zu ersetzen und sagt Joh. 6,53: ἐὰν μὴ φάγητε τὴν σάρκα τοῦ υἱοῦ τοῦ ἀνθρώπου καὶ πίητε αὐτοῦ τὸ αἷμα, οὐκ ἔχετε ζωὴν ἐν ἑαυτοῖς [«wenn ihr das Fleisch des Menschensohnes nicht eßt und sein Blut nicht trinkt, habt ihr das Leben nicht in euch»].!! In dieser Steigerung liegt ein gewollter Anstoß. Τοῦτο ὑμᾶς σκανδαλίζει; [das bereitet euch Anstoß?] fragt Jesus Joh. 6,61. Die Hebung des Anstoßes liegt in dem Hinweis auf das Scheiden des Menschensohnes von der Welt und zugleich auf das Faktum, daß die σάρξ

---

549 [R] 8. Kolleg. – An [dem] Johannesevangelium [ergab] sich die falsche dogmengeschichtliche Stellung: Man ging nun immer auf Christologie wie auf Sakramente aus.

550 [Vgl. unten S. 229 f.]

von sich aus keine Kraft hat,[551] sondern alles bewirkt wird durch den Geist: Joh. 6,62 und 63: ἐὰν οὖν θεωρῆτε τὸν υἱὸν τοῦ ἀνθρώπου ἀναβαίνοντα ὅπου ἦν τὸ πρότερον; τὸ πνεῦμά ἐστιν τὸ ζῳοποιοῦν, ἡ σὰρξ οὐκ ὠφελεῖ οὐδέν [«wenn ihr den Menschensohn hinaufsteigen seht, dorthin, wo er vorher war? Der Geist ist es, der lebendig macht; das Fleisch nützt nichts»].

Nun ist es ganz modern, diese Lösung als einen Hinweis auf die rein geistige Deutung und Bedeutung des Abendmahls verstehen zu wollen. Das ist darum nicht möglich, weil der Effekt des Abendmahls bei Johannes nicht modern geistig vorausgesetzt ist, sondern echt griechisch-realistisch, nämlich wie bei Ignatius und Justin die Verleihung der Kraft zur Auferstehung und Unsterblichkeit. Wer Fleisch und Blut des Menschensohns genießt, der ist – und er allein – der Auferstehung gewiß,[552]

6,27: ἐργάζεσθε [μὴ τὴν βρῶσιν τὴν ἀπολλυμένην, ἀλλὰ] τὴν βρῶσιν τὴν μένουσαν εἰς ζωὴν αἰώνιον, ἣν ὁ υἱὸς τοῦ ἀνθρώπου ὑμῖν δώσει[553] [«müht euch nicht ab für die Speise, die verdirbt, sondern für die Speise, die für das ewige Leben bleibt, die der Menschensohn euch geben wird»].

6,54: ὁ τρώγων μου τὴν σάρκα καὶ πίνων μου τὸ αἷμα ἔχει ζωὴν αἰώνιον, κἀγὼ ἀναστήσω αὐτὸν ἐν τῇ ἐσχάτῃ ἡμέρᾳ [«wer mein Fleisch ißt und mein Blut trinkt, hat das ewige Leben, und ich werde ihn auferwecken am letzten Tag»].

Von diesem realistischen Effekt muß man, wie überhaupt bei den alten Abendmahlsauffassungen, ausgehen. Dann aber ist das Schlußwort von der σάρξ, die an sich nichts nütze ist, und von dem πνεῦμα, das ζῳοποιοῦν ist, nicht eine Wendung alles bisher über das Abendmahl Gesagten ins Geistige, sondern eine Erklärung, inwiefern das Abendmahlsbrot und der Abendmahlswein σὰρξ καὶ αἷμα τοῦ υἱοῦ τοῦ ἀνθρώπου sind und inwiefern sie die ζωή, d. h. die Auferstehungskraft mitteilen. Das wirkt das πνεῦμα, sagt der 4. Evangelist.[554]

Was hat es nun mit diesem πνεῦμα für eine Bewandnis? Das πνεῦμα ist die Form, in welcher der Logos auf Erden gegenwärtig fortwirkt,[555] wenn die historische Erscheinung Jesu von der Erde weg verklärt ist. Solange Jesus, der fleischgewordene λόγος, auf Erden wandelt, gibt es kein πνεῦμα. Er – als der Logosträger – ist der Träger aller geistigen Wirkungen. Der λόγος fließt wie in einem engen tiefliegenden Rinnsal, von welchem aus keine Bewässerung durch Kanäle möglich ist. Er hat

551 [R] Johannes müßte also eine Ausnahme machen.

552 [R] Spiritualisierung unbekannt. ζῳοποιεῖν: lebendig machen, daß von den beiden … [?]

553 [Ms. (Variante):] διδώσιν ὑμῖν.

554 [R] Sie hatten die Theorie nicht geschichtlich durchgebildet und erklärt, warum erst von Jesus an das Pneuma sich so äußert.

555 [R] Abendmahl und Taufe.

alle geistigen Kräfte resorbiert.[556] Erst nach der Verklärung Jesu – und auf Grund seines Scheidens aus der Welt – gibt es πνεῦμα. Darum heißt es Joh. 7,39, der Zentralstelle für das Verhältnis von λόγος und πνεῦμα: «das sprach er von dem πνεῦμα, das die an ihn Gläubigen empfangen sollten. οὔπω γὰρ ἦν πνεῦμα, ὅτι ᾽ Ιησοῦς οὐδέπω ἐδοξάσθη [«denn das Pneuma gab es noch nicht, weil Jesus noch nicht verherrlicht war»]. Ebenso heißt es Joh. 6,63: τὸ πνεῦμά ἐστιν τὸ ζῳοποιοῦν [«der Geist ist es, der lebendig macht»], erst nachdem vorher von dem ἀναβαίνειν [Auffahren] des Menschensohns, ὅπου ἦν τὸ πρότερον [«wo er zuvor war»,] die Rede gewesen. Die Abschiedsreden vom 14. Kapitel an haben keinen anderen Gegenstand als die Inaussichtstellung dieses πνεῦμα als Fortsetzerin und Vollenderin des Werkes des Logosträgers. So ist also das πνεῦμα die Form, welche das Wirken des λόγος in der Welt annimmt nach und auf Grund des Todes und der Verklärung des Logosträgers.[557] Vor allem aber wirkt es in den Sakramenten: in der Taufe und im Abendmahl, denn es verbindet sich mit dem Wasser und den Abendmahlselementen. Diese sind nach Jesu Verklärung die alleinigen Träger der Heilswirkungen des πνεῦμα. Indem Jesus durch seinen Tod und durch seine Verklärung die Heilsperiode des πνεῦμα heraufführt, schafft er die Sakramente: das Lebenswasser, welches die Wiedergeburt aus Wasser und Geist bewirkt, und das Lebensbrot. Die Sakramente, an welchen die ganze Mitteilung der ζωή für alle Zukunft hängt, sind sein Werk. Sie bestehen, mit dem πνεῦμα, von seinem Tod und [seiner] Verklärung an und auf Grund derselben.[558] Sie zu schaffen und auf sie hinzuweisen, erschien der Logos in Menschengestalt auf der Erde. Sie repräsentieren den ganzen Ertrag seiner Heilstätigkeit. Daher besteht die Lehrtätigkeit Jesu im 4. Evangelium darin, *von sich, dem zukünftigen* πνεῦμα *und den Sakramenten zu reden.*[559]

Erst von hier aus versteht man, warum die Hinweise auf die Sakramente, die Rede vom Lebenswasser und vom Lebensbrot, einen so großen Platz innerhalb der 12 ersten Kapitel einnehmen (während dann von Kap. 14 ab die Rede der Ankunft des πνεῦμα gilt). Im 2. Kapitel wird erzählt von der Hochzeit zu Kana, wo Jesus, wenn seine Stunde gekommen, das Wasser, das jüdischen Waschungen diente, in herrlichen Wein verwandelte. So wird auch, wenn Jesu Stunde gekommen sein wird, durch das freigewordene πνεῦμα aus der Johannes-Wassertaufe die christliche Wassergeisttaufe werden, welche die Wiedergeburt aus

556 [R] Die Auffassung Tertullians: der Täufer [wurde] gleichsam vom prophetischen Geist verlassen, als das πνεῦμα auf den Logoschristus überging bei [der] Taufe. [Undeutlicher Bleistiftnachtrag:] Dann [daran?] gezweifelt...

557 [R] Kennt [die] allgemeine Wirkung des πνεῦμα nicht.

558 [R] Die ganze Mystik des Ignatius. Wirkung des πνεῦμα begrenzt.

559 [R] Gliederung seiner Dogmatik.

Wasser und Geist bewirkt. Diese Wiedergeburt aus Wasser und Geist bildet den Gegenstand des Gesprächs mit Nikodemus. In diesem Gespräch wird – wie dann im Abendmahlsgespräch – von dem Aufsteigen des Menschensohns zum Himmel und von dem Wirken des πνεῦμα geredet.

Im 4. Kapitel ist die Rede von dem Lebenswasser. Das Resultat dieses Lebenswassers ist das ewige Leben: τὸ ὕδωρ ὃ ἐγὼ δώσω αὐτῷ γενήσεται ἐν αὐτῷ πηγὴ ὕδατος ἁλλομένου εἰς ζωὴν αἰώνιον («das Wasser, das ich ihm geben werde, wird an ihm zur sprudelnden Quelle werden, deren Wasser ewiges Leben schenkt», 4,14). Daß das Taufwasser gemeint ist, ergibt sich aus dem Futurum: Er *wird* es geben. Es existiert noch nicht, ebensowenig wie seine σάρξ, die zum Essen bestimmt ist, weil es eben noch kein πνεῦμα gibt.

In derselben Weise wird im 6. Kapitel die an den Tod und die Verklärung Jesu geknüpfte Zukünftigkeit der Abendsmahls-σὰρξ herausgearbeitet, 6,51: ὁ ἄρτος δὲ, ὃν ἐγὼ δώσω ὑπὲρ τῆς τοῦ κόσμου ζωῆς, ἡ σάρξ μού ἐστιν [«das Brot, das ich geben werde, ist mein Fleisch»].

7,37f. kommt einmal das Futurische für das Lebenswasser: ἐάν τις διψᾷ, ἐρχέσθω καὶ πινέτω. ὁ πιστεύων εἰς ἐμέ, καθὼς εἶπεν ἡ γραφή, ποταμοὶ ἐκ τῆς κοιλίας αὐτοῦ ῥεύσουσιν ὕδατος ζῶντος[560] [«wer Durst hat, komme zu mir, und es trinke, wer an mich glaubt. Wie die Schrift sagt: Aus seinem Inneren werden Ströme von lebendigem Wasser fließen»]. Das Zitat geht auf Jesus. Er verlangt den schriftgemäßen Glauben an ihn als an den, aus dessen sterbendem Leib das Lebenswasser zum Trinken hervorgehen wird.[561]

Jesus redet also von sich und den zukünftigen Sakramenten und verlangt den Glauben an sich als den Spender der zukünftigen Sakramente. Er sagt, daß er das Lebenswasser geben wird, und behauptet, das Lebensbrot zu sein, sofern er nämlich sich den Gläubigen auf Grund seines Todes in der σάρξ [Fleisch] und dem αἷμα τοῦ υἱοῦ ἀνθρώπου [Blut des Menschensohnes] mitteilen wird. In dieser *Vermengung von Christologie und Sakramentslehre liegt der Anstoß dieser Reden,*[562] *da sie erst in der Zukunft durch die christlichen Sakramente ihre Erklärung finden werden.*

Der Gedanke, der hinter diesen Ausführungen liegt, ist also der: Nur von dem λόγος kann ζωή vermittelt werden. Der λόγος ist das lebensschaffende Prinzip, das schon bei der Weltschöpfung zeugend über den Wassern schwebte. In dem υἱὸς τοῦ ἀνθρώπου, der irdischen Erscheinung Jesu, hat sich der λόγος mit der menschlichen σάρξ verbunden

---

560 [R] Zitat umformiert. [Joh. 7,38, vgl. Schweitzers Habilitationsschrift *Die Taufe im Neuen Testament*, S. 123f.] – Alles gewunden.

561 [R] Irrtum der Dogmengeschichte: als ob es sich allein um christologische Probleme handelte, hat sich an der Exegese des 4. Evangeliums gerächt.

562 [R] [Ausrufezeichen.]

und ist ihr mitteilbar geworden eben in dem Logosträger. Aber dieser ist nur eine irdische vorübergehende Erscheinung. Wie nun soll den kommenden Generationen die ζωή mitgeteilt werden? Wie [soll] der als Logosträger lebensspendende υἱὸς τοῦ ἀνθρώπου mitten unter sie hineingestellt werden bis an das Ende des Weltlaufs? Darauf lautet die Antwort: durch die Sakramente, auf die er selbst hingewiesen hat. Sie perpetuieren die lebensspendende Gegenwart des Logosträgers, weil sie die Fortsetzung der Menschwerdung des λόγος sind, sofern nämlich der λόγος als Pneuma nun der menschlichen Natur mitteilbar ist, in sie eingeht und ihr, wie der σάρξ des υἱὸς τοῦ ἀνθρώπου, Unsterblichkeit und Auferstehungskraft verleiht, in dem Taufwasser und in den Abendmahlselementen, die Träger des πνεῦμα sind, wie die σάρξ Jesu Träger des Logos war. Es ist also die physische griechische Erlösungslehre, auf dem Gedanken der Unsterblichmachung der σάρξ beruhend, die hier in die Logostheorie eingegliedert ist. Die Fleischwerdung des λόγος ist nicht ein einmaliger Akt, sondern eine in den Sakramenten ewig fortgesetzte Tat Gottes. In der geschichtlichen Fleischwerdung in Jesu Person ist der λόγος den Menschen mitteilbar geworden nur als *Heilswahrheit*,[563] in den Sakramenten als *Heilskraft*.[564] In den Abendmahlselementen schafft Gott immer aufs neue σὰρξ καὶ αἷμα τοῦ υἱοῦ τοῦ ἀνθρώπου,[565] sofern nämlich diese Elemente, wie die σάρξ und das αἷμα der historischen Erscheinung Jesu, Träger des Logos in der Welt – und zwar jetzt als πνεῦμα – sind. Das Lebensbrot, wie es zuerst als σὰρξ καὶ αἷμα τοῦ υἱοῦ τοῦ ἀνθρώπου, des historischen Jesus, erschienen ist, vermehrt sich also ins Unendliche. Darum knüpft Jesus, um das Abendmahl kenntlich zu machen, an die Brotvermehrung an, denn jener Vorgang bildet ab, was dann im Abendmahl sich immerfort wiederholt.[566]

Damit sind wir nun bei der Frage des johanneischen Abendmahlsberichts angelangt. Sowie man nun die Theorie als Ganzes durchschaut hat, wird alles in der Berichterstattung klar. Warum berichtet der Evangelist nicht, daß Jesus in der letzten Nacht mit seinen Jüngern das Abendmahl gefeiert habe? Weil es nach seiner Theorie – und überhaupt nach der ganzen griechischen Auffassung – eine vollständige Unmöglichkeit ist, daß es zu Lebzeiten Jesu ein «Abendmahl als Sakrament» gab, denn das πνεῦμα, welches die Elemente ihrer Wirkung nach zur Fortsetzung der σὰρξ τοῦ υἱοῦ τοῦ ἀνθρώπου macht, existiert ja noch

563 [R] [Gemäß Verweiszeichen hier einzuschieben:] das Größere, das nach ihm kommt[?]

564 [Hervorhebung durch den Hrsg. (aus Gründen der Parallelität).]

565 [R, an Anm. 563 anschließend:] Der Logos sein eigener Prophet in Christo!

566 [R] (Also keine historische Erinnerung, sondern nur die Art des berichteten Wunders.)

nicht.[567] Also kann das, was Jesus mit seinen Jüngern in der letzten Nacht gefeiert hat, kein Abendmahl gewesen sein – das ist für den Evangelisten populäres Mißverständnis –, sondern nur eine Handlung, bei der Jesus auf das Abendmahl als zukünftig hingewiesen hat. Das Abendmahl und die christliche Taufe bestehen ja erst auf Grund des Todes und der Verklärung Jesu. Darum kann Jesus weder christlich getauft noch Abendmahl gefeiert haben. Das bringt der 4. Evangelist zum Ausdruck, indem er den Abendmahlsbericht beim letzten Mahl übergeht und ausdrücklich erwähnt, daß zwar die Jünger Jesu getauft haben, er selbst aber nicht taufte (Kap. 4,2: καίτοι γε Ἰησοῦς αὐτὸς οὐκ ἐβάπτιζεν ἀλλ᾽ οἱ μαθηταὶ αὐτοῦ),[568] denn wenn Jesus getauft hätte, da er Logosträger war, hätte sich das πνεῦμα mit dem Wasser verbunden. Aber die Handlung, das Taufen, die durch die neue Wirkungsweise des πνεῦμα nach seiner Verklärung mit neuem Inhalt erfüllt sein wird, läßt er sie üben und weist sie nur darauf hin, welche Überraschung sie mit dieser Handlung erleben werden, wenn seine Stunde gekommen sein wird, wenn nämlich aus dem einfachen Reinigungswasser durch das Wirken des Geistes plötzlich etwas ganz anderes wird.

Wie durch das Wunder in Kana die Taufe, so wird durch die Brotvermehrung das Abendmahl vorgebildet.[569] Joh. 6 ist absolut der johanneische Abendmahlsbericht. Für die griechische Auffassung war der Begriff der Einsetzung des Abendmahls in seinen geschichtlichen Zügen ganz verblaßt. Die näheren Begleitumstände waren indifferent geworden. Der justinische Bericht Apologie [Kap.] 66 erwähnt nicht, daß diese Einsetzung im Verlauf einer Mahlzeit stattgefunden hat, auch nicht, daß es in der Nacht vor dem Tode war, auch nicht, daß Jesus das Brot gebrochen und den Kelch herumgereicht habe, sondern er stellt das Abendmahl der Handlung nach so dar, als habe es darin bestanden, daß Jesus über dem gesegneten Brot und über gesegnetem Wein gesagt habe: das ist mein Leib, das ist mein Blut, und ihnen [den Jüngern] den Auftrag gegeben habe (ἐντετάλθαι), eine entsprechende Feier zu halten. Der 4. Evangelist führt diese geschichtliche Verarmung durch. Sein Gedanke ist, daß Jesus *nicht einmal, sondern des öfteren auf die künftige Bedeutung des gesegneten Brotes und des gesegneten Weines hingewiesen* und so diesen Gebrauch in Aufnahme gebracht habe. Aber für ihn war entscheidend das Segnen des Brotes, bei welchem eine wunderbare Vermehrung stattfand! Darum, da die Handlung beim Abendmahl und bei der wunderbaren Speisung dieselbe war, wählt er die wunderbare Speisung[570] und läßt

567 [R] *Titel des Buches: Christologie und Sakramentslehre im 4. Evangelium.*

568 [R] (So weit ist er schon, daß er sich Christentum gleich mit Taufe denkt, aber Jesus nicht: die Klammer [? das Zitat 4,2 in Klammer?] ist also die Hauptsache.)

569 [R] *Wunder Jesu Leuchtraketen auf zukünftige Wunder.*

570 [R] Vermehrung erschien ihm typischer, dogmatisch fruchtbar.

dort den Hinweis Jesu auf die zukünftige Bedeutung [der] εὐχαριστηθεῖσα τροφή (wie Justin sagt[571]) erfolgen. Bei der Schilderung der Handlung fehlt, wie bei Justin, das Brechen, die Handlung besteht einfach, der alten Gemeindefeier gleichgebildet, in dem Danksagen. Joh. 6,11: ἔλαβεν οὖν τοὺς ἄρτους ὁ Ἰησοῦς καὶ εὐχαριστήσας διέδωκεν τοῖς ἀνακειμένοις... [«da nahm Jesus die Brote, sprach das Dankgebet und gab sie den Lagernden...»].

So steht es also um das Ausfallen des johanneischen Abendmahlsberichts, und die[572] Ersetzung desselben [geschieht] durch einen Hinweis auf das Abendmahl als zukünftige Größe im Anschluß an die wunderbare Speisung. Die Lehre von den Sakramenten gehört für den 4. Evangelisten zur öffentlichen Verkündigung Jesu. Joh. 6 ist der johanneische Abendmahlsbericht. Daß er das Abendmahl identisch setzt mit der wunderbaren Speisung, beruht nicht etwa auf einer historischen Überlieferung von der tatsächlichen Identität beider Akte, sondern der Verfasser ist zu diesem Gedanken durch seine Theorie gekommen, daß das letzte Mahl Jesu ebenso wenig wie jedes andere, bei dem er über den Elementen den Segen sprach, wirklich christliches Abendmahl sein und [daß] daher jede andere berichtete Mahlzeitsegnung jener letzten, was die Bedeutung betraf, gleichwertig zur Seite treten konnte.[573]

Das Abendmahl als Mitteilung der σάρξ und des αἷμα τοῦ υἱοῦ ἀνθρώπου ist also für den 4. Evangelisten – gerade so gut wie für Ignatius und Justin – die organische Verbindung zwischen dem erlösenden in die Welt Kommen und Auferstehen Jesu Christi und der Mitteilung dieser Auferstehungskraft an den einzelnen. Das Abendmahl ist also das Zentrum des griechischen Christentums, und ohne dasselbe kann sich der Grieche die Vollziehung der Erlösung nicht denken. Der 4. Evangelist hat diesen Gedanken noch präzisiert durch die Vorstellung des[574] λόγος.[575] Warum ist die σάρξ Jesu der φθορά [Vergänglichkeit] enthoben? fragt er. Antwort: weil sich der λόγος derselben mitgeteilt hat. Wie wird die menschliche σάρξ der φθορά enthoben? Indem eine Mitteilung von πνεῦμα, der Art, wie der λόγος sich nach dem Heilswirken Jesu in der Welt betätigt, an die menschliche σάρξ stattfindet. Das geschieht nach Gottes Heilsplan (im Taufwasser) und im Abendmahl, wo die σάρξ und das αἷμα τοῦ υἱοῦ τοῦ ἀνθρώπου der Menschheit bis zum Weltende physisch Lebenskräfte zur Auferstehung und Unsterblichkeit mitteilt. Dieser ewige Prozeß der Unsterblichkeitsmitteilung in der Per-

---

571 [Vgl. oben Anm. 545 und 546.]

572 [Ms.:] der.

573 [R] *Heilstatsachen*! Aber als die Menschen sogar noch in der Theologie eine ehrliche Sprache redeten!

574 [vom.]

575 [R] Die Vorstellung nicht gemacht, sondern fertig gefunden und in [die] christliche Theologie hineingestellt.

petuierung der mitteilbaren Gegenwart des Logosträgers in der Welt ist nun aber weiter nichts als die johanneische *Umbildung der Vorstellung von der Parusie des Menschensohnes zum Gericht.* Diese Parusie hat statt im Abendmahl.

Wir sahen in der letzten Stunde [S. 220], daß die Deutung des Gleichnisses Jesu beim Abendmahl «τοῦτό ἐστιν τὸ σῶμά μου» [Mt. 26,26; Mk. 14,22] durch die Formel «σὰρξ 'Ιησοῦ Χριστοῦ» die Tat des griechischen Geistes ist, weil das Heil für das griechische Denken in dem Wesen und in der Mitteilbarkeit dieser σάρξ mit ihren Lebenskräften liegt. Nun aber hat der 4. Evangelist noch eine zweite Tat an dieser Formel vorgenommen. Er sagt nämlich: σὰρξ καὶ αἷμα τοῦ υἱοῦ τοῦ ἀνθρώπου statt Jesu Christi! Dafür aber bietet die ganze Überlieferung gar keinen Anhaltspunkt. Was bedeutet nun υἱὸς τοῦ ἀνθρώπου beim 4. Evangelisten?

Dieser Ausdruck kommt ein Dutzend Mal vor, und zwar nur in den Ausführungen der 12 ersten Kapitel, wo auch die Sakramente behandelt werden. Es ist die Selbstbezeichnung Jesu. Am Schluß des ersten Kapitels, wo alle Ausdrücke für die Würde Jesu nacheinander fallen: Gottes Lamm, Messias, Gottessohn, beschließt und krönt Jesus die Kette, indem er sich als den Menschensohn bezeichnet [1,51:] ἀμὴν ἀμὴν λέγω ὑμῖν, ὄψεσθε τὸν οὐρανὸν ἀνεῳγότα καὶ τοὺς ἀγγέλους τοῦ θεοῦ ἀναβαίνοντας καὶ καταβαίνοντας ἐπὶ τὸν υἱὸν τοῦ ἀνθρώπου [«Amen, amen, ich sage euch: Ihr werdet den Himmel geöffnet und die Engel Gottes auf- und niedersteigen sehen über dem Menschensohn»]. Überall, wo der Menschensohn erwähnt wird, handelt es sich um das Gericht. «Glaubst du an den Menschensohn?» frägt Jesus den geheilten Blinden, 9,35. «Wer ist es?» fragt der wieder. «Der mit dir spricht», erwidert Jesus. «Ich bin zum Gericht in die Welt gekommen» etc. [9,39]. Noch klarer ist die Menschensohnstelle im 5. Kapitel, das ja hauptsächlich von dem Gericht handelt. 5,25: «Wahrlich, wahrlich, ich sage euch, es kommt die Stunde und ist schon da, daß die Toten die Stimme des Gottessohnes hören werden, und die Hörenden werden leben.» ... Der Vater «hat dem Sohne die Macht gegeben, κρίσιν ποιεῖν, ὅτι υἱὸς ἀνθρώπου ἐστίν» [«Gericht zu halten, weil er der Sohn des Menschen ist», 5,27]. Hier liegt die innerliche Deutung des Ausdrucks Menschensohn im 4. Evangelium. Der Logos führt das Gericht über die Welt herauf, sofern er Menschensohn ist, d. h. sofern er als Lebensprinzip der menschlichen Natur mitteilsam wird. Darum bleibt die ganze Kontroverse über die Mission und die Person Jesu auf diesem Worte stehen. Joh. 12,31 sagt Jesus: νῦν κρίσις ἐστὶν τοῦ κόσμου τούτου [«jetzt ergeht ein Gericht über diese Welt» ...]. [12,32:] «Wenn ich erhöht sein werde von der Welt, will ich sie alle nach mir ziehen.» «Darauf antwortet das Volk: ἡμεῖς ἠκούσαμεν ἐκ τοῦ νόμου ὅτι ὁ χριστὸς μένει εἰς τὸν αἰῶνα, καὶ πῶς λέγεις σὺ ὅτι δεῖ ὑψωθῆναι τὸν υἱὸν τοῦ ἀνθρώπου;

τίς ἐστιν οὗτος ὁ υἱὸς τοῦ ἀνθρώπου;»[576] [«wir haben aus dem Gesetz gehört, daß der Messias bis in Ewigkeit bleiben wird. Wie kannst du sagen, der Menschensohn müsse erhöht werden? Wer ist dieser Menschensohn?» 12,34] – das ist der letzte Anstoß in der Lehre Jesu. Welches ist dieser Menschensohn, der da ewig bleibet, obwohl er von der Erde erhöht wird? Antwort: es ist der fleischgewordene λόγος, der in seiner σάρξ und in seinem αἷμα in der Welt bleibet, auch wenn er – gerade auf Grund, daß er – am Kreuz erhöht ist, nämlich in den Abendmahlselementen. In ihnen vermittelt er fort und fort Leben und setzt so die κρίσις [Gericht], die durch die Erscheinung Jesu in der Welt hervorgerufen worden ist, fort. Denn diese κρίσις besteht darin, daß der λόγος in der Person Jesu gerade so gut wie in den diese Erscheinung fortsetzenden Abendmahlselementen die Scheidung der Geister bewirkt und den einen, welche von Natur aus gläubig und empfänglich auf das πνεῦμα angelegt sind, Leben verleiht, und den andern, die von unten sind, nicht gläubig und nicht auf das πνεῦμα angelegt, keines zu verleihen vermag. Die Mitteilbarkeit der ζωή ist das große Gericht, das durch den Menschensohn heraufgeführt wird und sich in den Sakramenten – und besonders in den Abendmahlselementen – in alle Zeit fortsetzt, bis der große Weltprozeß zu Ende ist, bis nämlich alles Geistige, das in der Materie ist, die Unvergänglichkeit empfangen und durch die Mitteilung des πνεῦμα in den Logos, den Ursprung des Pneumatischen, zurückgeführt ist, und alles nicht Geistige, indem es für die Darbietung des Logos unempfänglich ist, der φθορά [Vergänglichkeit] anheimfällt. Das ist die großartige Deutung des Sakraments des Abendmahls als der fortgesetzten Parusie des Menschensohns zum Gericht. Wir stehen hier auf dem Höhepunkt der griechischen und der Sakramentslehre überhaupt. Niemals ist diese Tiefe des historisch-spekulativen Erfassens des Wesens des Abendmahls wieder erreicht oder nur versucht worden.[577] Und [hier] sagen, daß der Mann, durch den hier das griechische Genie des Christentums seine erhabenste Sprache redet, uns ein Unbekannter ist und bleiben wird. (Dieser Mensch war größer als Plato – denn spekulativ und geschichtlich zugleich.) – Und von hier aus geht es bergab. Die Sakramentslehre tritt aus ihrer zentralen Stellung heraus, die Christologie wird die Hauptsache und verliert den Zusammenhang mit der Sakramentslehre.[578]

576 [R] (Ausdruck, der alles in sich befaßt.)

577 [R] (Wie im innersten Grunde doch wahr: [das] Abendmahl [hat] von Anfang an mit Gericht und Parusie zu tun.)

578 [R] Bisher noch die Berge gesehen und [die] Eschatologie von Hintenrum[?] – jetzt nur noch [...] Eben [...]

§ 20) Das Abendmahl als Opfer[579]

Um die Weiterbildung des Abendmahls zu verstehen, muß man einen Nebenstamm, der aus der Hauptwurzel neben dem Hauptstamme und zugleich mit ihm emporsproß, in Betracht ziehen: nämlich den Begriff des Abendmahls als Opfer.[580]

Von Anfang an fiel es unter den Begriff des Opfers. Schon Paulus, I Kor. 10, stellt es in Analogie mit den Opfermahlzeiten. Wie in den Götzenopfermahlen die Gemeinschaft des Genießenden mit den Dämonen hergestellt wird, so im Abendmahl die Gemeinschaft mit dem verklärten Christus. So begegnet uns das Abendmahl in der Folge immer als das vollendete Analogon zu den griechischen Opfern. Auch hier wieder zeigt es sich, daß die Hauptsache beim alten Abendmahl eben das Dankgebet war. Weil die Speise feierlich Gott durch Gebet und Danksagung geweiht wurde, darum konnte das Abendmahl als Opfer aufgefaßt werden. Also nicht etwa in der Darbringung der Gaben auf den Tisch der Gemeinden oder in den Gebeten besteht das Opfer, und noch weniger hat es etwas zu tun mit dem Leib und Blut Christi und dem «Opfer» auf Golgatha, sondern die ganze Mahlfeier als solche ist das höhere christliche Opfer. Was Jesus vom «Opfer» gesagt hat, hat er in bezug auf das Abendmahl gemeint. So erscheint [in] *Didache* 14 das Abendmahl als Opfer, weil jeder, der mit seinem Bruder hadert, sich erst mit ihm versöhnen muß, ἵνα μὴ κοινωθῇ ἡ θυσία ὑμῶν [«damit euer Opfer nicht entweiht werde»].[581] Ebendaselbst steht auch, daß eben das Abendmahl das geweissagte reine Opfer ist, das die Heiden auf der ganzen Welt darbringen werden.[582] Ebenso redet Ignatius [in] *Ad Philadelphenses* 4 bei Gelegenheit des Abendmahls von dem ἓν θυσιαστήριον [von dem einen Opferaltar].[583] Das Abendmahl als Opfer fällt also unter den Begriff des Weissagungsbeweises, weil eben in den Institutionen des Christentums aus apologetischen Interessen ein vollkommenes und reines und allgemeines Opfer gefunden werden mußte. Darum tritt uns das Abendmahl gerade in dem justinischen *Dialog mit Trypho*, der klassischen Schrift des altchristlichen Weissagungsbeweises, mit voller Klarheit entgegen. Es handelt sich um *Dial.* Kap. 41, 70 und *117*. Eben das Zitat: «aller Orten unter den Heiden bringt man ihm reine und wohlgefällige Opfer dar»,[584] [ist] wie in [der] *Didache* vom Abendmahl verstan-

579 [R] 9. Kolleg.
580 [R] Als griechische Idee unverständlich, was dann aus dem Abendmahl? Tertullian der einzige Kommentar zu Justin.
581 [14,2 (Lietzmann a.a.O., S. 13; Hennecke a.a.O., S. 565).]
582 [14,3 (a.a.O.). «geweissagt»: Mal. 1,11.]
583 [Migne PG 5, 700; Hennecke a.a.O., S. 530.]
[R] (Das *Abendmahl das große Dankopfer* in der alten [...]zeit. εὐχαριστία.)
584 [41,2 und 117,4 (BKV, Bd. 33, S. 62, 190).]

den. Die Christen allein als das Volk Gottes können ihm diese Opfer bringen, sie sind gelehrt, diese Danksagungen zu verrichten, die Gott als Opfer anerkennt. Und daß sie das heilige Volk sind, welchem die Opfer zukommen, das wird sich ergeben bei der Auferstehung, wenn sie nämlich auf Grund dieser Opfer auferstehen.

Das ist das erste Kapitel in der Vorgeschichte des Opferbegriffs.[585] In seiner Anwendung auf das Abendmahl ist er noch ganz peripherisch, und es ist gar kein Abfall von einer reinen Auffassung des Abendmahls.[586] Aber nun in der Folgezeit knüpft die Wandlung der Abendmahlsvorstellung, die mit dem Zurücktreten der griechischen Idee von der Unsterblichkeitsverleihung[587] im Abendmahl gegeben ist, immer mehr an die Opfervorstellung an, und [dies] zugleich in dem Augenblick, wo man daran denkt, die Eigenschaft der Elemente als σὰρξ καὶ αἷμα Ἰησοῦ Χριστοῦ [Fleisch und Blut Jesu Christi] mit dem Opferbegriff in Zusammenhang zu bringen – was bisher (auch bei Justin) noch nicht geschehen war. [Es] bereitet sich etwas Neues vor.[588]

§ 21) Das Abendmahl bei Irenäus und Tertullian

Hier beginnt nun, wenn auch unmerklich noch, die Verrückung[589] des Abendmahls aus dem Zentrum. In dem altgriechischen Christentum ist nämlich die Vermittlung der Erlösung notwendig an das Abendmahl geknüpft, sofern sie in der Mitteilung der Auferstehungskraft besteht. In der Bekämpfung der Gnosis aber bahnt sich nun, bei Irenäus und Tertullian, eine neue Vorstellung von der Erlösung an,[590] welche die Station des Abendmahls nicht mehr berührt. Nämlich die Gnostiker wollen in der Tatsache der Erscheinung Christi als solcher, sofern diese[591] den ursprünglichen Weltzustand, der durch den Fall verlorenging,[592] wiederherstellt und das *Geistige* in der Welt zur himmlischen Rückkehr kräftigt, die Erlösung sehen. In der entsprechenden Aufnahme dieses Gedankens haben nun die Väter, Irenäus vor allem, den Gedanken der *Rekapitulation* ausgebildet, daß Christi Erscheinung gleichsam die Wiederaufnahme der Menschheitserschaffung in ihrer ursprünglichen Reinheit bedeute und darin das von ihm der Welt gebrachte Heil bestehe. Diese Vorstellung der Erlösung ist also nicht mehr

---

[R] Mal. 1,11 ff. und 2,3 ff.
585 [R] Opferbegriff sehr populär.
586 [R] Erst wichtig, wenn andere[r?] fällt.
587 [«-verleihung» undeutlich.]
588 [R] Irenäus *Adv. Haereses* IV 17 und 18, IV 33, V 2.
589 [R] Die Verrückung die Hauptsache. Alles andere Nebensache.
590 [R] Vergeistigte Erlösung. – Eine neue Trace gezogen.
591 [Ms. (statt «diese»):] sie.
592 [Ms.:] geschaffen ist.

wie die altgriechische als physische Mitteilung der Auferstehungskraft an das Abendmahl gebunden.[593]

Aber vorerst macht sich dieser Gedanke noch nicht in seiner vollen Konsequenz bemerklich, denn Irenäus und Tertullian denken doch noch, ganz physisch, die Erlösung als Auferstehungsgewißheit. Und darum kommen sie auf das Abendmahl zu sprechen in der Polemik gegen die Leugnung der leiblichen Auferstehung durch die Gnostiker. Die Gnostiker nämlich verneinten die leibliche Auferstehung – und das war gerade der Punkt, wo sie mit dem Empfinden der kirchlichen Frömmigkeit am schärfsten zusammenstießen.

Die Stellen, die hierfür charakteristisch sind, finden sich [bei] Irenäus, [*Adv. Haereses*] V,2 und in Tertullians Schrift *Von der Auferstehung des Fleisches.* Kein Grieche kann von der Auferstehung und dem ewigen Leben reden, ohne auf das Abendmahl zu sprechen zu kommen. In seiner Advokatenmanier sagt Tertullian (*De resurrectione* [*carnis*, Kap.] 34): «Der Mensch wird also in seiner Ganzheit gerettet werden, wie er in seiner Ganzheit durch die Übertretung verloren gegangen ist. Es müßte denn etwa sein, daß das Schaf im Evangelium ohne Leib verloren ging und ohne Leib zurückgebracht wurde.»[594] Christus ist der Erlöser des Fleisches! sagt er wörtlich.[595] Aber wieso kann der Leib diese Kraft empfangen? Antwort – die einzig mögliche für den griechischen Geist: durch das Abendmahl, wodurch ihm lebendig machender Geist zugeführt wird. *De resurrectione* [Kap.] 8: «Der Leib genießt das Fleisch und das Blut Christi, damit auch die Seele von Gott aus genährt werde.»[596] In der polemischen Behandlung der leiblichen Auferstehung (*Adv. Haer.* V,2,2) behandelt auch *Irenäus* den Gedanken der Ernährung zur Unsterblichkeit durch das Abendmahl in den verschiedensten Bildern. [*Adv. Haer.* V,2,3:] «Wenn nun sowohl über dem gemischten Kelch als über das bereitete Brot der λόγος (das verbum dei) kommt und die Eucharistie der Leib und das Blut Christi wird, aus diesen aber genährt und gemehrt wird unseres Fleisches Substanz: wie können sie das Fleisch für unempfänglich erklären der Gabe Gottes, welche ist ewiges Leben, da es doch von dem Leibe und dem Blute des Herrn genährt wird und *sein* Glied ist?»[597]

In zweiter Linie kommen Irenäus und Tertullian auf das Abendmahl zu sprechen in der Bekämpfung des Dualismus der Gnostiker. Wie kann man, sagen sie, die Erde denken als nicht Gottes Werk? In Betracht

593 [R] Auferstehungstatsache aus [dem] Zentrum gedrängt.

594 [BKV, Bd. 2, 1872, S. 289.]

595 [Vgl. Kap 37: «der Geist nützt nämlich dem hingestorbenen Fleische als Lebendigmacher», BKV, a.a.O., S. 297.]

596 [BKV, a.a.O., S. 241.]

597 [Zit. nach BKV, Bd. 2, 1873, S. 248.]

kommen Irenäus *Adv. Haer.* IV,33 und Tertullian *Adv. Marcionem* Kap. I,14, III,19, IV,20 [40]. «Christus», so sagt Tertullian [a.a.O., I,14], «hat das Wasser des Schöpfers» (also des nach Marcion bösen Gottes) «nicht verschmäht noch das Brot mißachtet, sondern sie im Gegenteil zur höchsten Ehre erhoben, indem er sie als Repräsentanten seines Leibes und Blutes darstellte.»[598] Diesen Gedanken bietet auch Irenäus, kombiniert ihn aber mit der Vorstellung vom Opfer. Hier [findet sich] die erste Zusammenlegung des Opferbegriffs mit der Eigenschaft der Elemente als σὰρξ καὶ αἷμα Ἰησοῦ Χριστοῦ. Zu Grunde liegt wieder der Weissagungsbeweis: das Abendmahl ist das von den Propheten verheißene Opfer, auf das auch Jesus hinweist, wenn er vom Opfer redet.[599] «Aber auch seinen Jüngern anempfehlend, die Erstlinge Gott darzubringen aus seinen Geschöpfen,[600] nicht als ob er ihrer bedürfte, sondern damit sie selber weder unfruchtbar noch undankbar seien, nahm er das von der Schöpfung stammende Brot und dankte, indem er sprach: ‹dies ist mein Leib›. Desgleichen bekannte er auch den aus dieser Schöpfung stammenden Kelch als sein Blut und lehrte die Darbringung des neuen Bundes, welche die Kirche, sie von den Aposteln empfangend, in der ganzen Welt Gott, der uns auch die Speisen verleiht, darbringt als Erstlinge seiner Gaben im neuen Bunde, wovon Maleachi geweissagt hat» ... etc.[601]

Hierbei ist zu bemerken, daß das Abendmahl als Opfer noch gar nicht mit dem Opfer auf Golgatha als seiner entsprechenden Vorbildung zusammengelegt wird, sondern mit der Menschwerdung Christi. Es ist das Dankesopfer für die irdischen Gaben Gottes und für die höchste derselben, die Leiblichkeit Christi. Abendmahl und Sündenvergebung haben bei Irenäus nichts miteinander gemein. Das 2. angebliche Irenäusfragment des Tübinger Kanzlers Pfaff (1686–1760) ist als Fälschung daran erkenntlich, daß er vom Abendmahl im Hinblick auf die Sündenvergebung redet.[602] (Er fälschte dieses Fragment, um damit für die Union in der Abendmahlsfrage zu wirken. Die Fälschungen [wurden] vor 2 Jahren literarisch endgültig [als solche] erwiesen durch Harnack. Ich [bin] schon früher, wegen [des] Abendmahls, darauf gekommen.)

---

598 [Vgl. Migne PL 2, 287, verkürzte Übersetzung des betr. Satzes.]

599 [R] (Justin, Dialog) [vgl. oben S. 234].

600 [R] Abendmahlsgebete.

601 [Irenäus, *Adv. haer.* IV,17,5 zit. nach BKV, 1873, Bd. 2, S. 127.]

602 [Migne PG 7, 1253f. (Fragment XXXVIII). A. Schweitzer nennt als Vorlage: *Adversus haereses,* hrsg. von William Wigan Harven, Canterbury 1857. Dort ist dieser Text als 2. Pfaffsches Fragment bezeichnet und mit XXXVI numeriert. – Der Fälschungsnachweis: Adolf Harnack, *Die Pfaffschen Irenäus-Fragmente als Fälschungen nachgewiesen,* in: *Texte und Untersuchungen zur Geschichte der altchristlichen Literatur,* hrsg. von O. v. Gebhardt und A. Harnack, Neue Folge, Bd. V, 3. Heft, Leipzig 1900. Das 2. Fragment: S. 34–36.]

Subjekt im Abendmahl ist also noch immer der Fleischgewordene und Auferstandene.

§ 22) Das Abendmahl bei Clemens Alexandrinus und Origenes

Die Hauptstelle, wo Clemens Alexandrinus über das Abendmahl spricht, findet sich in *Paedagogus* I,6. Es ist dies eines der wichtigsten Kapitel der alexandrinischen Theologie, da Clemens hier dem gnostischen Gedanken entgegentritt, als gäbe es verschiedene Arten von Gotteskindschaft, eine unvollkommene, die gewöhnliche christliche, und eine vollkommene, die höhere Erkenntnis der Gnostiker. Nein, sagt Clemens Alexandrinus, es gibt nur eine Gotteskindschaft – und diese ist vollkommen –, nämlich [die,] die in der Taufe geschaffen und in dem Abendmahl unterhalten wird, denn *eine höhere Mitteilung des Logos als [die] in der Taufe und im Abendmahl gibt es nicht*. Dabei blickt überall der altgriechische Begriff des Abendmahls durch. «Das Blut Jesu trinken heißt teilnehmen an der Unsterblichkeit des Herrn.»[603] «Man muß wissen, daß [das] Brot zur Vermischung in Wein gebröckelt den Wein aufzehrt, die wässerigen Bestandteile aber zurückläßt. So saugt auch das Fleisch des Herrn, das Himmelbrot, das Blut in sich ein *und ernährt die Himmlischen unter den Menschen zur Unsterblichkeit* und läßt nur jene fleischlichen Begierden zurück, daß sie verderben.»[604]

Aber diese populäre Auffassung vom Abendmahl spiritualisiert Clemens. Er kann sie nicht mehr festhalten, weil er die Vorbedingungen derselben, die populäre Auffassung von der Erlösung als Unsterblichkeitsgewißheit, in dem realistisch griechischen Sinn, und die populäre Christologie nicht mehr teilt. Für Clemens Alexandrinus – und darin steht er auf Seiten der Gnostiker – sind Erlösung und Unsterblichkeit etwas Geistiges. Also kann er auch das Abendmahl als φάρμακον ἀθανασίας [Arznei der Unsterblichkeit] nicht in dem alten Sinn aufrecht erhalten. Zugleich ist auch seine Christologie nicht mehr einfach die Verbindung des λόγος mit dem Fleisch, als ein Durchdringen desselben gedacht, sondern, wie Sie wissen, ist die Christologie des Clemens Alexandrinus und des Origenes – auch dies wieder eine Nachwirkung der Gnosis – viel komplizierter. Der λόγος verbindet sich zuerst mit einem Geistwesen, dem πνεῦμα, und das macht die Persönlichkeit Christi aus, die dann in einem Leib eingeschlossen wird. Darum kann er auch nicht die Abendmahlselemente in der Betrachtungsweise des altgriechischen Realismus als die Fortsetzung der Ensarkose des Logos

603 [Diesen Satz fanden wir in I,6 nicht, ist aber dem Sinn nach im anschl. Zitat enthalten.]

604 [BKV, 1875, S. 258.]

denken,[605] sondern er allegorisiert nun um diese populäre Auffassung herum, in der Richtung auf den Begriff hin: das Abendmahl [als] die rechte Seelenspeise durch die Mitteilung des Logos! Endlich einmal erscheint der Ausdruck Seelenspeise für das Abendmahl – er ist nichts anderes als eine Spiritualisierung des altgriechischen Begriffes. Mitteilung des Logos findet statt überall da, wo die Seele gekräftigt wird,[606] ob nun in der Predigt, in der Katechese oder im Abendmahl, das ist gleich. Denn alle geistigen Wirkungen beruhen auf demselben Ernährungsprozeß der Seele durch den Logos. Es ist immer ein und derselbe mystische Vorgang, ob die Ernährung nun in flüssiger oder fester Gestalt geschieht, ob, wie der Apostel sagt, er ihnen Milch zu trinken gibt[607] oder Christus ihnen sein Fleisch und Blut mitteilt, das ist ein und dasselbe. In teilweise direkt anstößiger Weise führt er [Clemens A.] das an dem Bild der Amme durch. Durch den Logos ist die Kirche Mutter geworden und hat nun Milch. Die Milch ist der nahrhafte Schaum des Fleisches und Blutes zur Nahrung der Leibesfrucht – also identisch mit Fleisch und Blut. (Medizinische Details.) «Die Kirche ruft ihre Kindlein zu sich und säugt sie mit himmlischer Milch, mit dem himmlischen[608] Logos. Ihre Milch ist dieses schöne Kind selbst, der Leib Christi, der mit dem Logos die neugeborene Menschheit nährt. Diese gebar der Herr selbst in leiblichen Wehen; er selbst umschlang sie mit Windeln, mit seinem kostbaren Blute. O heilige Geburt, o heilige Windeln! . . . Der Herr reicht das Fleisch dar, vergießt das Blut, und nichts fehlt den Kindern zum Wachstum. O wunderbares Geheimnis! Er befiehlt uns, abzulegen das alte Verderben des Fleisches sowie auch die alte Nahrung, indem wir von einer anderen, neuen Speise Christi kosten, ihn wo möglich in uns aufnehmen, in unser Inneres legen und den Heiland in der Brust bergen, damit wir die Begierden des Fleisches bändigen.»[609]

Also alles wird spiritualisiert in einer extravaganten Allegorese der altgriechischen Lehre auf den Begriff der Seelenspeise. Die Brücke bildet die Doppelseitigkeit des Wortes λόγος.

Auch für Origenes ist die natürliche Auffassung des Abendmahls geschwunden. Das Abendmahl – so zeigen die vielen Stellen in seinen Kommentaren – ist die geistige Gemeinschaft mit Christo, obwohl die alte griechisch-realistische Auffassung noch im Hintergrund schwebt. Subjekt aber bleibt der Verklärte, nicht der Gekreuzigte. Tatsächlich wissen Clemens und Origenes nichts über das Abendmahl zu sagen,

---

605 [R] sondern er spiritualisiert an der altgriech. Auffassung herum.

606 [R] [Der] erste Lutheraner.

607 [I Petr. 2,2 (Paedag. I,6, BKV a.a.O., S. 256).]

608 [Vorlage, BKV a.a.O., S. 255: «kindlichen» (= Orig.: τῷ βρεφώδει λόγῳ). (I. Kap. VI,42,2).]

609 [BKV a.a.O., S. 255.]

denn es fehlen ihnen alle Voraussetzungen, um ihm eine tatsächliche Wirkung zu vindizieren. Sie sublimieren den griechischen Gedanken, bis er die durchsichtige und kraftlose Fassung erhält: das Abendmahl ist eine Form der Mitteilung des Logos an die Seele.[610]

§ 23) Das Abendmahl bei Cyprian

In Cyprian tritt diejenige Wendung in der Theologie zutage, wo das Abendland und das Morgenland auf immer auseinandergehen.[611] In dieser abendländischen Theorie sind nun dem griechischen Abendmahlsbegriff alle Voraussetzungen entzogen. Das Wesen der Logoschristologie ist unverständlich geworden. Die Erlösung wird statt unter dem Gesichtspunkt der realen zukünftigen Auferstehung unter dem der Sündenvergebungsgewißheit betrachtet. Der Opfertod Jesu am Kreuz, nicht seine Auferstehung repräsentiert die Erlösungstatsache. Von dem griechischen Abendmahlsbegriff ist also nichts, gar nichts mehr übrig geblieben, und die Abendmahlsvorstellung, die an diese neue Vorstellung der Erlösung anknüpft, muß also etwas dem Wesen nach ganz Neues sein. Die Umformung vollzieht sich um den Nebengedanken des Abendmahls als Opfer. Bisher stand er mit dem Weissagungsbeweis und mit der Menschwerdung Jesu – gemäß der griechischen Idee – in Verbindung. Jetzt aber, durch das Aufkommen der Vorstellung vom Opfer am Kreuz als der Zentraltatsache der Erlösung erhält er eine neue Verbindung. Das Abendmahl, statt die Kontinuierung der Menschwerdung des Logos zu sein, wird die Kontinuierung des Opfertodes am Kreuz.[612] Damit ist nun der verhängnisvolle Punkt erreicht, wo der historische Christus Subjekt im Abendmahl wird.

Aus einer Mahlzeit wird das Abendmahl eine Zeremonie. Dies war auch durch die Wendung in dem äußeren Verlauf der Feier ermöglicht worden. Nämlich sobald man, schon in der griechischen Periode, mit dem Gedanken der Eigenschaft der genossenen Speise als σὰρξ καὶ αἷμα Ἰησοῦ Χριστοῦ Ernst machte, war im Prinzip das Ende des Abendmahls als Gemeinschaftsmahl gegeben, und die feierliche Austeilungsfeier tritt an die Stelle der Mahlfeier. Wie sich diese notwendige Umwälzung in dem äußeren Vollzug der Feier durchsetzt, läßt sich nicht mehr genau sagen. Angedeutet ist sie schon in dem *Pliniusbrief*, wo die Christen dem Statthalter erzählen, nach der feierlichen Mahlzeit in der Frühe des Sonntagmorgens versammelten sie sich zu einem gemeinsa-

610 [Am Schluß des Satzes, aber nicht am Anfang, steht ein Anführungszeichen: Zitat?]

611 [R] Nur weil eben auf der Peripherie, darum der ganze Unterschied nicht klar. – Diese Väter-Reformatoren gegen die griechischen verflachten Lehren.

612 [R] *Etwas Neues: Bis heute behandeln kathl. Dogmatiker Eucharistie und Meßopfer getrennt.*

men Mahl ohne religiösen Charakter.[613] Zu Ende gekommen ist diese Entwicklung in den *Apostolischen Konstitutionen* (jetzige Redaktion: Mitte des 4. Jahrhunderts. Das VIII. Buch ziemlich alt). Nach den großen Fürbittengebeten bringen die Diakonen dem Bischof die Gaben auf [den] Altar. Nach der Liturgie mit Responsorien und der großen Danksagung etc. erfolgt nach dem Hosiannah (hier auf die Gegenwart Christi in den Sakramenten, dort, in der *Didache,* auf die Gegenwart Christi zur Parusie bezogen) – die Communio so, daß der Episkopos und die Diakonen den Einzelnen austeilen und dabei jedem Einzelnen sagen: «Leib Christi» [und] «Blut Christi, Kelch des Lebens». [Der Empfänger] antwortet mit «Amen» (*Apost. Konst.* VIII,13).[614]

An diese Wendung des Abendmahls zur Zeremonie knüpft nun Cyprian an. Seine Ansicht findet sich niedergelegt in der *Epistula ad Caecilium* (Nr. 63). Es gab Leute, welche aus altasketischen Tendenzen das Abendmahl mit Wasser statt mit Wein feierten. Cyprian wendet sich gegen sie, indem er entwickelt, daß *das Wiederholte dem Ursprünglichen* in allen Stücken entsprechen müsse und also Wein dazu gehöre, weil der Herr das erste Abendmahlsopfer mit Wein dargebracht habe: «Denn wenn Jesus Christus, unser Herr und Gott, selber der höchste Priester Gottes des Vaters ist und sich selber zuerst dem Vater als Opfer dargebracht und befohlen hat, daß dieses zu seinem Andenken geschehe, so vertritt fürwahr nur jener Priester die Wahrheit, welcher das, was Christus getan hat, nachahmt, und bringt nur dann in der Kirche Gottes dem Vater ein wahres und vollkommenes Opfer dar, wenn er es so darzubringen beginnt, wie er sieht, daß Christus selber [es?] dargebracht hat.»[615] Hier steht also die katholische Theorie vom Meßopfer mit einem Schlage vollentwickelt da.

Was ist nun die Wirkung? Die Gewißheit der Sündenvergebung. Dies drückt Cyprian in wunderbar tiefen Worten, die Luther geschrieben haben könnte, aus.[616]

Aber auf die Frage, wie nun diese Wirkung durch den Einzelnen im Abendmahl persönlich angeeignet wird,[617] kann er keine Antwort geben, denn der Genuß kommt hier nicht mehr als solcher, sondern nur

---

613 [Vgl. oben S. 203.]

614 [BKV, Bd. 5, Kempten 1874, S. 287.]

615 [BKV, Bd. 1, Kempten 1869, S. 358f. Hierzu die Notiz Schweitzers (in der Stellensammlung Dok.-S. 32):] Die Ursachen des doppelten Ausgangs nicht etwa so zu [erklären,] weil einer sich die Vereinigung so, der andere so vorgestellt hat, sondern [der doppelte Ausgang ergab sich] wegen [der] Wandlung in der Theorie von der Erlösung.

616 [Vgl. z. B. BKV, a.a.O., S. 355, ein Abschnitt hierüber. Dazu A. Schweitzer:] «Über die Wirkung denkt [Cyprian] gar nicht mehr griechisch, sondern [die] Sündenvergebung [steht im Vordergrund].» [Stellensammlung Dok.-S. 31.]

617 [R] Logik fehlt, Behauptungen [sind] an [ihre] Stelle getreten.

als uneigentliches Symbol des Aneignens in Betracht! Er ist nebensächlich und tatsäch[lich auf]gehoben, während er in der griechischen Feier die Ha[uptsache war].

Das Abendmahl als Opfer ist eine Auffa[ssung mit einseitige]r [Hera]usarbeitung des Darstellungsmom[ents, wobei die Bedeut]ung des Genußmoments notwendig aufgehoben i[st, w]ährend die griechische Auffassung eine solche mit einseitiger Herausarbeitung des Genußmoments ist.[618]

§ 24) Der doppelte Ausgang des Abendmahls

Von dem Augenblicke an, wo in Cyprian die abendländische Auffassung von der Erlösung sich mit Benutzung des alten Opferbegriffs ihre Abendmahlsauffassung schafft, ist nichts Neues mehr geleistet worden. Der doppelte Ausgang ist da. Die beiden Straßen trennen sich. Was nachher kommt, ist nur Explizierung von in der Sache begründeten Erfordernissen. Warum tritt im Abendland die Kelchentziehung notwendig ein? Warum kommt die Messe als Leistung für sich ohne kommunizierende Gemeinde auf? Weil das Genußmoment mit dem Augenblick der Betonung des Opfers hinfällig wird.[619] Das Abendland hat es nicht mit der Auferstehung, sondern mit der Sündenvergebung zu tun.

Hingegen nimmt man die Geister, wo das griechische Denken nachwirkt, einen Athanasius, Gregor von Nyssa, Chrysostomus, Johannes Damascenus, so befindet man sich in einer ganz andern Welt: Variation[en?] von φάρμακον ἀθανασίας. *Gregor von Nyssa und Athanasius [sind] die realistischen Ausleger von Joh. 6.* Das kraftvolle Epigonentum der griechischen Theologie bei[620] Athanasius.

Durch Berührung zwischen beiden Wegen oft Schwankungen in [der] geradlinigen Entwicklung,[621] aber [das] Resultat war unabwendbar. Ambrosius – Augustin: lauter Verlegenheitsformeln.[622]

---

618 [Am unteren Rand von Ms.-S. 60 und am oberen von Ms.-S. 61 sind kleine Stücke herausgerissen, daher die obigen Textlücken.]

619 [R] Auch [in der] griech. Kirche [das] Opfer. In der Fürbitte liegt das Älteste. Pendant zu I Kor. 15,20[?], aber durch Isolierung depraviert.

620 [Ms.:] in.

621 [Ms.:] in geradliniger Entwicklung.

622 [Hier bricht der Text ab (zweite Seitenhälfte leer).]

3. Kolleg über die katholischen Briefe Winter 1902/03.[1] Straßburg

(Cette introduction a été préparée à Gunsbach en septembre 1902 et rédigée d'un trait à Paris, 80 Bd[?] Malesherbes, du 10–24 octobre.)

Vorbemerkungen[2]

1) In diesem Kolleg gedenke ich sämtliche katholische Briefe mit Einschluß der johanneischen Briefe zu behandeln. Also: I und II Petr., Jak., Jud., I, II u. III Joh. Dazu werde ich noch den Hebräerbrief heranziehen, zwar nicht so, daß ich ihn im Detail exegesiere, sondern indem ich nur die theologischen Hauptstellen behandle, die in die[3] Gedankenwelt der katholischen Briefe hineingehören. Wäre nicht die Frage nach der direkten oder indirekten paulinischen Autorschaft für den Hebräerbrief schon in der alten Kirche aufgetaucht, so würde er auch zu den katholischen Briefen geschlagen worden sein.

2) Ich werde die katholischen Briefe nicht nur in ihrer Beziehung zur paulinischen Literatur untersuchen, sondern auch ihre Verwandtschaft mit den apostolischen Vätern, der katholischen Literatur par excellence, in den Vordergrund stellen. Beide[4] sind auf dem nämlichen Boden erwachsen; beide gehen zeitlich ineinander über, da z. B. der 1. Clemensbrief so alt, wenn nicht älter ist als manche der katholischen Briefe. Erst aus der Verwandtschaft mit Gedankengängen aus I u. II Clem., aus Barnabas, aus den Ignatianen, aus Hermas, läßt sich die Tragweite bestimmter Gedanken ermessen, die uns in den katholischen Briefen begegnen. Der ganze Titel des Kollegs sollte also heißen: «Die katholischen Briefe im Rahmen der apostolischen Väter.»

3) Da mein Verfahren, im Kolleg jedem erwähnten Namen, sofern er für die Geschichte der Theologie Bedeutung hat, biographische Notizen beizufügen, Zustimmung gefunden hat, werde ich dasselbe auch in diesem Kolleg zur Anwendung bringen.

---

1 [Ms., auf jeder Seite wiederholt:] Winter 92/93. [Aber auf den beiden letzten Seiten ist 9 in 0 korrigiert. Schweitzer hat also versehentlich, aus Gewohnheit vor 1900, 0 statt 9 geschrieben.]

2 [R] Die 2 Aufgaben: 1) Forschung, 2) Zeichnung des Milieus.

3 [Ms.:] mit der...

4 [Die kathol. Briefe und die Literatur der apostol. Väter.]

§ 1) Die Bezeichnung der Briefe als «katholische» Briefe

Aus dem Nebel-Schleier, den die Vergangenheit über die ältesten literarischen Erzeugnisse des Christentums gebreitet hat, ragen deutlich drei Bergketten hervor. Am Anfang erscheint die synoptische Literatur, in der Mitte [erscheinen] die paulinischen Briefe, gegen den Niedergang die johanneischen Schriften.

Dieser Kette ist, wie der Jura den Alpen, ein Vorgebirge vorgelagert: die katholischen Briefe. Zwei Spitzen derselben (I Joh. und I Petr.) sind von Anfang an und dauernd sichtbar, während die andern, Jak., II Petr., Jud., II und III Joh. und Hebr., im Dunst bald auftauchen, bald verschwinden. Es handelt sich nun um die Frage, wie dieses Vorgebirge mit dem Hauptgebirge geologisch und geographisch zusammenhängt. Ist es eine Absenkung des Hauptgebirges, in welcher die paulinische Theologie in die Ebene des Gemeindeglaubens abfällt? Oder ist es selbständig[5] der ganzen Linie der Hauptkette vorgelagert? In dieser Alternative stellt sich das ganze Problem der katholischen Briefe dar.

Folgendes sind die Phasen des Sichtbarwerdens dieses Vorgebirges, aus denen man Schlüsse über den geographischen Zusammenhang ziehen kann:

1) Das Aufkommen der Bezeichnung «katholisch» für sie.
2) Ihre literarischen Beziehungen zu den übrigen neutestamentlichen Schriften und unter sich selbst.
3) Ihre literarischen Beziehungen zu den apostolischen Vätern.
4) Ihre Stellung in der Geschichte des Kanons.

Mit der ersten Frage, dem Aufkommen der Bezeichnung «katholische Briefe», haben wir es in diesem Paragraphen zu tun.

Die Bezeichnung «katholische Briefe» stammt, wie die Unterscheidung zwischen kanonischen Schriften ersten und zweiten Ranges, aus Alexandria und ist, wie jene für die Geschichte des Kanons so wichtige Unterscheidung, von Euseb übernommen worden.

In den lateinisch vorliegenden *Adumbrationen* nennt Clemens Alexandrinus den Judasbrief einen katholischen Brief.[6] Nach Euseb VI 14,1 hat er τὴν Ἰούδα ... καὶ τὰς λοιπὰς καθολικὰς ἐπιστολάς, τήν τε Βαρναβᾶ[7] ... erklärt.

5 [R] aus dem die johanneische Theologie emporwächst. [...]

6 [Text der Adumbrationen bei Theodor Zahn, *Forschungen zur Geschichte des neutestamentl. Kanons und der altchristl. Literatur*, III. Teil, Erlangen 1884, S. 83: «Judas, qui catholicam scripsit epistolam.» ...]

7 [*Kirchengeschichte* VI 14,1: «(ohne die bestrittenen Schriften wie) den Jud., *die übrigen kathol. Briefe* und den Barnabas (zu übergehen).» Vgl. unten S. 277, Anm. 174.]

(Titus Flavius Clemens war ein vielgereister heidnischer Philosoph, der erst im reiferen Alter zum Christentum übertrat. Durch seinen Lehrer Pantänus wurde er an die alexandrinische Katechetenschule berufen und als Vorsteher derselben in den Christenverfolgungen von 202/03[8] [verfolgt, worauf er nach Kleinasien übersiedelte]. Die drei Teile seines großen Werks sind betitelt: *Protreptikos* (Protrepticus ad gentes, die Auseinandersetzung mit [dem] Heidentum, wohl die ergreifendste Schilderung der Laster desselben); *Paidagogos*[9] (Paedagogus, die Einführung der philosophischen Ethik in die christliche Literatur); *Stromateis* (die Auseinandersetzung mit [der] Gnosis und Skizze einer Dogmatik). Das exegetische Werk führt den Titel «Hypotyposen». Es war ein kurzgefaßter Kommentar in Scholien zu ausgewählten Sprüchen. Neben Fragmenten, die uns Oekumenius[10] aufbewahrt hat, besitzen wir davon die Exegese zu den katholischen Briefen, die Cassiodor[11] hat ins Lateinische übersetzen lassen und die später dem Clemens wegen der darin enthaltenen Ketzereien abgesprochen wurden. In diesem Werk kommt die Bezeichnung «kathol. Brief» für Jud. vor.)

Bei Origenes kommt die Bezeichnung «katholische Briefe» vor im Johanneskommentar auf den 1. Petrusbrief, im Matthäuskommentar auf I Joh. und im Kommentar zum Römerbrief auf Jud.[12]

(Origenes war geb. 185 und kam als 18jähriger an die Katechumenenschule. 231 und 232 fanden in Alexandrien Synoden gegen ihn statt, weil er sich der Oberhoheit des Bischofs Demetrius entzogen hatte. Er starb 254, wahrscheinlich an den Folgen der decianischen Verfolgung in Tyrus.
Sein großes dogmatisches Werk ist betitelt *De principiis* (Περὶ ἀρχῶν). Seine umfassenden Scholien und Kommentare sind zum Teil in der nicht immer zuverlässigen Übersetzung des Rufin erhalten. Griechisch besitzen wir noch einige Bücher zu Mt. und Joh., wo eben die Bezeichnung «kathol. Briefe» signalisiert ist.)

Den alexandrinischen Sprachgebrauch hat dann Euseb, der Zeitgenosse Konstantins, übernommen. II 23 werden sieben Briefe (drei von Johannes, zwei von Petrus, einer von Jakobus, einer von Judas, als katholische Briefe bezeichnet,[13] welcher Gebrauch sich dann bis auf den heutigen Tag erhalten hat.

Verwickelt wird aber die Sache sogleich, wenn man den bei Clemens,

---

8 [Ms.:] 220.

9 [R] (Reihenfolge?) [Die beiden ersten Schriften sind im Ms. vertauscht. Der Randnotiz-Frage entsprechend haben wir die Reihenfolge richtiggestellt.]

10 [R]? Datum? [Der in Anm. 11 erwähnte Kommentar nennt auf S. LII als Datum die Zeit um 990, RGG IV jedoch (Tübingen 1913, Art. «Oekumenius»): ca. 600.]

11 [Im Ms. hier ein Fragezeichen. (Cassiodor hat um 570 die oben genannten *Adumbrationes* des Clem. v. Alex. ins Lat. übersetzen lassen, vgl. *Kommentar zum NT,* hrsg. v. Th. Zahn, Bd. XI, Leipzig 1915, S. LI.)]

12 [*Origenes Werke,* Akademie Verlag Berlin 1959ff.: Johanneskommentar: Bd. IV, S. 144,12; Matthäuskommentar: Bd. X, S. 640,9; Römerbrief-Kommentar. Fünftes u. sechstes Buch (Fontes Christiani: 2/3), Freiburg u. a. 1993, 64.]

13 [*Kirchengeschichte* II 23: am Schluß dieses Kapitels werden der Brief des Jakobus und der des Judas als zu den sieben sog. katholischen Briefen gehörend erwähnt.]

Origenes und Euseb üblichen Sprachgebrauch in Betracht zieht,[14] denn ihr Sprachgebrauch ist viel zu allgemein, als daß mit der Bezeichnung «katholisch» diese Briefe nun zum Unterschied von andern klar charakterisiert werden könnten.
Clemens Alexandrinus, *Strom.* IV 15,99[97] nennt das Schreiben des Apostelkonvents [Acta 15,23 ff.] ein katholisches; ebenso bezeichnet Origenes *Contra Celsum* I 63 den Barnabasbrief als einen katholischen [Brief]. Euseb IV 23,1 nennt auch die Briefe des korinthischen Dionysius katholische Briefe!

(Dionysius, um 170 Bischof von Korinth, also Zeitgenosse des Irenäus, schrieb acht Briefe an verschiedene Gemeinden, unter anderm an die Römer, Lacedaemonier, Nikomedier und Athener. Diese Briefe erlangten damals hohes Ansehen und sind uns in Bruchstücken bei Euseb erhalten.)

Ebenso findet sich bei Euseb V 18,5 eine Notiz des Apollonius, der Montanist Themison habe in Nachahmung des Apostels (μιμούμενος τὸν Ἀπόστολον), wobei fraglich ist, welchen, katholische Briefe[15] zur Belehrung der Christenheit geschrieben. Überhaupt hießen damals Synodalbeschlüsse sowohl «katholische Briefe» wie «enzyklische Schreiben».

Diesen weiteren Sprachgebrauch findet man dann noch bei Cassiodorus. In der *Institutio divinae scripturae* 8 nennt er unsere sieben katholischen Briefe so insbesondere, nachdem er alle andern kanonischen Briefe des Neuen Testaments so genannt [hatte].

Es[16] herrscht hier also eine Konfusion, indem eine allgemeine Bezeichnung auf einen engeren Kreis übertragen wird, und aus dem Aufkommen der Bezeichnung «kathol. Briefe» läßt sich für die Bedeutung derselben nichts gewinnen. Faßt man «katholisch» in der Bedeutung «kirchlich allgemein» im Gegensatz zu «gnostisch», so ist damit über den kanonisch-apostolischen Charakter der Briefe nichts gesagt. Faßt man «katholisch» als gleichbedeutend mit «kanonisch», so würde dies voraussetzen, daß alle diese Briefe von den Alexandrinern und Euseb als kanonisch anerkannt wurden, was wiederum nicht der Fall ist, da sie gerade einen Teil der katholischen Briefe als [nicht] kanonisch beanstanden.

Zu diesen beiden an sich möglichen, aber weder bei den Alexandrinern noch bei Euseb durchführbaren Deutungen, katholisch = kirchlich, katholisch = kanonisch, kommt nun eine dritte. Sie geht von dem allgemeinen Charakter der Adresse dieser Brief aus und definiert die katholischen Briefe als solche, die nicht an eine bestimmte Gemeinde, sondern

14 [D. h. wohl: nach seiner Bedeutung befragt.]
15 [Euseb: einen katholischen Brief.]
16 [R] Die Möglichkeiten.

an eine unbestimmte Mehrheit von Gemeinden, an die Kirche überhaupt, geschrieben sind. Der erste, der diese später fast allgemein anerkannte Deutung gab, war Leontius von Byzanz, um 610.

(Leontius von Byzanz, an der Wende des 6. und 7. Jahrhunderts, war unter den skytischen Mönchen anfänglich für, nachher gegen die Nestorianer. In der Dogmengeschichte spielt er eine große Rolle, weil er mit Hilfe aristotelischer Definitionen und Distinktionen eine monophysitische Deutung des Chalcedonense im Sinn Cyrills ermöglichte. «Der Aristotelismus des Leontius inauguriert die Scholastik», sagt sein Forscher Loofs, der seine Bedeutung wieder hervorgehoben hat, von ihm.)[17]

In seiner Schrift *De sectis* 2 schreibt nun Leontius von den katholischen Briefen, daß ihre Verfasser οὐ πρὸς ἓν ἔθνος ἐγράφησαν ..., ἀλλὰ καθόλου πρὸς πάντας. [18]

Diese Erklärung nahm um 990[19] Oekumenius in seinen Prolog zum Jakobusbrief auf und schrieb: καθολικαὶ λέγονται αὗται οἱονεὶ ἐγκύκλιοι.[20] Aber diese allgemein rezipierte Erklärung besagt auch wieder nichts, weil sie nicht auf [den] 2. und 3. Johannesbrief paßt,[21] die ganz den Charakter intimer persönlicher Schreiben tragen. Es ist eben die Erklärung der spätgriechischen Exegese.

Darum hat man es mit immer neuen Erklärungen versucht. Erwähnenswert ist die Deutung von Schleiermacher: καθολικαὶ = αἱ λοιπαὶ καθόλου,[22] d. h. die Briefe insgesamt, die nicht paulinisch sind. In allen diesen Erklärungen liegt ein Wahrheitsmoment, aber befriedigen kann keine. Beim Aufkommen dieser Bezeichnung ist es eben nicht logisch zugegangen, sondern die Alexandriner und Euseb haben eine Bezeichnung gesucht, durch die sie die andern Briefe als zusammenhängendes Ganzes von den paulinischen unterscheiden könnten[23] und dabei den allgemeinen Ausdruck «katholisch» auf sie angewandt. Eine tiefere Reflexion über Wesen und Eigenart dieser Briefe liegt dieser Bezeichnung nicht zugrunde. Für uns sind diese Briefe katholisch, weil wir in ihnen die allgemeine Grundzüge der Lehrentwicklung finden, die zum Dogma der altkatholischen Kirche des 2. Jahrhunderts führen.

---

17 [Friedrich Loofs, *Leontius von Byzanz* ..., 1. Buch, Leipzig 1887, S. 317: Leontius' Werke «lehren, wie man die aristotelische Philosophie bei der dogmatischen Verarbeitung der alten Formeln benutzt: sie zeigen uns die griechische Theologie am Ende ihrer Entwicklungszeit, – am Anfang ihrer scholastischen Periode».]

18 [Daß ihre Verfasser «nicht an *ein* Volk, sondern überhaupt an *alle* geschrieben haben». Migne, PG 86, 1204.]

19 [R]? Notizen. [Aber auch in den «Skizzen zum Kolleg über die kathol. Briefe» nennt A. S. für Oekumenius das Jahr 990 (Ms.-S. 2).]

20 [«Diese werden gleichsam ‹katholische Enzykliken› (allgemeine Rundschreiben) genannt». Migne, PG 119, 453.]

21 [R] Auch nicht [auf] I Petr.

22 [F. E. D. Schleiermacher, Vorlesungen über *Einleitung in das Neue Testament,* II. Teil, 4. Kap., §91 (Werke, Abt. 1, Bd. 8, Berlin 1845, S. 381).]

23 [R] Klar [ist] nur soviel: man wollte abgrenzen.

Noch ein kurzes Wort über die Reihenfolge und Stellung dieser Briefe in den ältesten Codices. Sie sind in allen drei ältesten Codices, ℵ (Sinaiticus), A (Alexandrinus) und B (Vaticanus) enthalten.[24]

ℵ ist wahrscheinlich einer der 50 Codices, die Euseb im Auftrag des Konstantin anfertigen ließ. Er enthält die ganze Bibel einschließlich Barnabas und Hermas. 1844 wurde er von C. Tischendorf in[25] dem Katharinenkloster des Mosesberges aufgespürt. 1861 durch die russische Regierung veröffentlicht. In Petersburg.
A, der Codex der Patriarchen von Alexandria, um 450 geschrieben. Von Cyrillus Lukaris 1628 entführt und König Karl dem I. in England geschenkt, befindet sich seit 1753 im britischen Museum. 1879 herausgegeben.
B, Vaticanus, bricht mit Hebr. 9,14 [ab], so daß die Pastoralbriefe, Philemon und Apokalypse fehlen.[26] Er stammt aus [dem] 4. Jahrhundert. 1867 von Tischendorf herausgegeben.

In diesen ältesten Codices variiert die Stellung der katholischen Briefe: In ℵ unmittelbar vor Apok., in A und B, dazu noch Cod. C ([Codex rescriptus des] Ephraem-Syrus) vor den Paulusbriefen. [Das] Abendland rezipiert die Ordnung von ℵ; modernen Ausgaben des NT [liegt] die [Ordnung] von A [und] B [zugrunde], also die Urapostel [d. h. die kathol. Briefe?] vor Paulus.[27]

Auch die Reihenfolge unter den Briefen selbst [ist] verschieden. Im Morgenland steht nach der Ordnung des Euseb Jakobus voran, im Abendland Petrus. Die Vulgata hat die Reihenfolge: Petr., Joh., Jak., Jud.

§ 2) Die literarischen Beziehungen der katholischen Briefe zu den neutestamentlichen Schriften und unter sich selbst

Für den *Jakobusbrief* sind zwei Beziehungen charakteristisch: einerseits zu den paulinischen Briefen (hauptsächlich dem Römerbrief), andererseits zum 1. Petrusbrief.

Die Hauptstelle für die Beziehung zur paulinischen Literatur findet sich Jak. 2,14ff., wo der Verfasser von der Glaubensgerechtigkeit handelt und behauptet, daß der Glaube an sich ohne Werke tot ist. Darin findet man eine Polemik gegen die paulinische Glaubensgerechtigkeit, wie sie Röm. 4,3ff. entwickelt wird, besonders, weil beide mit demsel-

24 [E. Nestle nennt für die kathol. Briefe auch einige noch ältere Codices (Nov. Test. Graece).]

25 [Ms.:] auf.

26 [Reihenfolge der NT-Schriften im Vaticanus: Evangelien, Acta, kath. Briefe, Paulusbriefe (ohne Philemonbrief), Hebr. (bis 9,14). Nach: R. Knopf/H. Lietzmann/H. Weinel, *Einführung in das NT*, 5. Aufl., Berlin 1949, S. 34f.]

27 [Die modernen Ausgaben folgen hierin ℵ, nicht A u. B. (Vielleicht ist der Satz entsprechend anders zu ergänzen.)]

ben Beispiel, dem Glauben des Abraham, operieren. Paulus sagt, daß Abraham durch den Glauben allein selig geworden [sei], Jakobus stützt sich darauf, daß Abraham eine Tat des Glaubens vollbrachte, indem er seinen Sohn auf den Altar brachte und so durch das Werk, das dem Glauben nachfolgte, gerechtfertigt wurde.

Während nun allgemein angenommen wird, Jakobus blicke auf Paulus zurück, wollen einzelne Gelehrte im Interesse der Echtheit des Jakobusbriefes das Verhältnis umkehren und Paulus sich mit Jakobus auseinandersetzen lassen, so daß also der Jak. älter ist als Röm. (?) So [Friedr.] Spitta in seinen Untersuchungen über die altchristliche Literatur, *Zur Geschichte und Literatur des Urchristentums*, II [Göttingen 1896], und Theodor Zahn, *Einleitung in das NT*, 2. Aufl., [Leipzig] 1900.

Ebenso kontrovers sind die mannigfachen Berührungen im Gedankengang und in der Darstellung zwischen Jak. und I Petr. Die kritische Schule behauptet, Jak. habe den 1. Petrusbrief vor Augen gehabt, die apologetisch gerichteten Geister hingegen sind der Ansicht, daß Jak. das Primäre und I Petr. das Sekundäre darstelle.

Für den *1. Petrusbrief* kommt neben dem Verhältnis zu Jak. noch die Abhängigkeit von Röm. in Frage. Nicht nur, daß die moralischen Ermahnungen des 1. Petrusbriefes mannigfache Verwandtschaft mit dem 12. und 14. Kapitel des Römerbriefes aufweisen: es findet sich in I Petr. 2,6–8 eine Stelle, nach welcher es möglich scheint, die direkte Benutzung von Röm. im 1. Petrusbrief darzutun. In dieser Stelle handelt es sich nämlich um das Wort von dem Stein, welchen die Bauleute verworfen haben, welches auch in den Ausführungen über die Prädestination Röm. 9,32 und 33 (am Schluß des Kapitels) zitiert wird. Und zwar hat das Zitat im 1. Petrusbrief die Eigentümlichkeit mit dem paulinischen gemein, daß es aus einer Verschmelzung aus Jes. 28,16 und Jes. 8,14 erwachsen ist und sich in der Form, wie das paulinische,[28] weder in LXX noch im Urtext findet.

Das Verhältnis des 1. und 2. Petrusbriefes zueinander bleibt fraglich. Die literarische Verwandtschaft in Gedanken und Phrasen ist nicht sehr eng, aber 3,1 beruft sich II Petr. auf I Petr. (Ταύτην ἤδη, ἀγαπητοί, δευτέραν ὑμῖν γράφω ἐπιστολήν, ... [«dieses ist, Geliebte, nunmehr der zweite Brief, den ich euch schreibe»]).

Für den *2. Petrusbrief* handelt es sich um die Beziehung zur paulinischen Literatur einerseits, zum Judasbrief andererseits. Hier kann die Bekanntschaft mit paulinischen Briefen nicht mehr fraglich sein, weil in der berühmten Stelle II Petr. 3,14ff. (in der Schlußermahnung) auf die Sammlung paulinischer Briefe Bezug genommen wird. Die Irrlehrer verdrehen die paulinischen Briefe, die an sich ja manches Dunkle enthal-

28 [D. h. wie die Form des paulin. Zitats.]

ten. II Petr. aber behauptet, daß in allen seinen Briefen Paulus die richtige Lehre vertrete, «wenn auch in ihnen manches Schwerverständliche ist, was die Unverständigen und Unbefestigten verdrehen, wie auch die übrigen Schriften, zu ihrem eigenen Verderben» [3,16].

Der Zusammenhang mit Jud. liegt vollständig klar zutage – das 2. Kapitel des 2. Petrusbriefes ist identisch[29]mit dem Judasbrief. Es handelt sich beidemal um die Schilderung der Irrlehre mit Anlehnung an die Geschichte des Untergangs von Sodom und Gomorrha, des Kampfes Michaels mit dem Satan und Bileams Weissagungen. Schon Luther war das Verhältnis klar, und er gründete darauf seine Verwerfung des Judasbriefes, indem er behauptete, er sei nur eine phantastisch aufgeputzte Entlehnung aus dem 2. Kap. des 2. Petrusbriefes. In diesem Urteil wird ihm heutzutage niemand mehr Recht geben, weil allgemein anerkannt ist, daß Jud. die primäre, II Petr. die sekundäre Fassung bietet. Judas hat nämlich den Engelfall aus der Apokalypse Henoch,[30] den Streit des Erzengels Michael mit dem Teufel nach Clemens Alexandrinus und Origenes aus der Assumptio Mosis[31] entlehnt. II Petr. hat diese apokryphen Züge verwischt und stellt alles allgemeiner, kürzer und farbloser dar, wodurch dann manches unverständlich wird.

Der *Hebräerbrief* zeigt im allgemeinen Gedankengang Berührungen mit dem 1. Petrusbrief (Gedanken der Bedeutung des Leidens in der Nachfolge Christi) und mit dem Jakobusbrief. Ob aber ein direktes literarisches Verhältnis besteht und welcher Art es ist, läßt sich aus diesen allgemeinen Berührungen nicht nachweisen.

Hingegen scheint die Kenntnis paulinischer Schriften sicher. Eine direkte Berührung mit dem Römerbrief wird [in] Hebr. 10,30 (wie in I Petr.) durch ein Zitat nahegelegt. Während nämlich sonst Hebr. genau nach LXX zitiert, Paulus hingegen frei nach dem Gedächtnis, wird hier das Wort «die Rache ist mein, ich will vergelten, spricht der Herr»[32] nicht nach LXX, sondern in der Form, die sich auch [in] Röm. 12,19 findet, zitiert.[33]

Die *johanneischen Briefe* stehen in klarem Zusammenhang mit der Gedankenwelt des 4. Evangeliums und sind ohne denselben unerklärlich.

29 [D. h. dem Inhalt nach.]

30 [Jud. 14 u. 15 zitiert Hen. 1,9.]

31 [*Die Assumptio Mosis* (E. Kautzsch, *Die Apokryphen und Pseudepigraphen des AT*, 2. Bd., S. 317ff., nur als Bruchstück überliefert, enthält gerade die in Jud. 9 zitierte Stelle nicht (eine Andeutung in 10,1 u. 2), daß aber daraus zit. wird, bezeugen Clem. v. Alex. in den *Adumbrationes in epist. Judae* (bei Th. Zahn, *Forschungen zur Geschichte des neutestamentl. Kanons* ..., III. Teil, Erlangen 1884, S. 84) und Origenes, *De principiis* III 2,1 (die Stelle zit. in D. G. Wohlenberg, *Der 1. u. 2. Petrusbrief und der Judasbrief*, 1. u. 2. Aufl., Leipzig 1915, S. 303).]

32 [Vgl. V Mose 32,35 (in der Luther-Übersetzung = Röm 12,19).]

33 [R] 2. Kolleg.

Hinsichtlich der literarischen Beziehungen machen sich aber zwischen dem 1. Johannesbrief und dem Evangelium, zwischen dem 1. Johannesbrief und den zwei kleinen [Johannesbriefen] gewisse sprachliche Differenzen geltend, die es fraglich machen, ob derselbe Autor das Evangelium und den 1. Brief, und den 1. Brief und den 2. und 3. verfaßt hat. Ganz eng zusammen gehören II und III Joh. Sie sind sicher von demselben Autor, wie die Parallelen II Joh. 1 = III Joh. 1, II Joh. 4 = III Joh. 3, II Joh. 12 = III Joh. 13 und 14 dartun. Derselbe bezeichnet sich als πρεσβύτερος, während der Autor des 1. [Johannesbriefes] sich nie so nennt, sondern wie der Verfasser des 4. Evangeliums von sich im Plural redet (in dem Schlußwort des 21. Kapitels, V. 24: καὶ οἴδαμεν ὅτι ἀληθὴς αὐτοῦ ἡ μαρτυρία ἐστίν [«und wir wissen, daß sein Zeugnis wahr ist»]). Keiner der Johannesbriefe erwähnt den andern in der Art, wie II Petr. 3,1 auf I Petr. Bezug nimmt.

Zusammenfassend läßt sich sagen, daß alle katholischen Briefe allgemein Bekanntschaft mit paulinischer Literatur zeigen, wie II Petr. 3,15 ff. ausdrücklich bezeugt. Jak. 2,14 ff., I Petr. 2,6–8 und Hebr. 10,38 erinnern in der Zitatform sogar an Paulus. Aber wie weit diese Abhängigkeit von Paulus geht, das läßt sich nicht durch äußere Wortanklänge, sondern nur durch eine Analyse des Gedankengangs entscheiden.

Zum Schluß sei noch bemerkt, daß auch die Herrenworte, wo sie anklingen, so undeutlich anklingen, daß man nicht entscheiden kann, in welcher Fassung sie den Autoren vorgelegen haben und ob sie unsere Evangelien gekannt haben oder nicht.

§ 3) Literarischer[34] Überblick über die Apostolischen Väter

Es handelt sich um folgende Schriften:

1. Clemensbrief, 2. Clemensbrief, Barnabasbrief, die Papiasfragmente, die sieben ignatianischen Briefe samt dem Brief des Polykarp an die Philipper, Pastor Hermae und die Didache. Den Diognetbrief kann man für diese Untersuchung außer acht lassen, weil es nicht feststeht, daß er dem 2. Jahrhundert angehört, sondern eher wahrscheinlich ist, daß wir es mit einem Elaborat aus dem 4. Jahrhundert zu tun haben.

Literarisch ist über diese Schriften in Kürze folgendes zu bemerken:

34 [Dieses (im Ms. abgekürzte) Wort steht nicht genau auf der Zeile, ist wohl nachträglich beigefügt worden, gehört zweifellos zur Überschrift, denn zur darunter stehenden gestrichenen Überschrift kann es kaum gehören, welche lautet:] Das Verhältnis der kathol. Briefe zu den Apostolischen Vätern. [Zu dieser 1. Überschriftfassung gehörend müßte es, vor «Verhältnis» eingefügt, mit klein l geschrieben sein.]

Der *1. Clemensbrief* ragt aus der Clemensliteratur (Homilien, Rekognitionen und Epitome) hervor wie der 1. Petrusbrief aus der petrinischen Literatur. An Umfang ist er etwa so groß wie das Johannesevangelium. Er ist in 65 kleine Kapitel eingeteilt.

Clemens war dritter oder vierter Bischof zu Rom unter der Regierung Domitians, vielleicht identisch mit dem aus Sueton bekannten Konsul Titus Flavius Clemens,[35] Vetter Domitians, der 95 wegen Hinneigung zum Judentum (gemeint ist das Christentum) hingerichtet wurde. Der Brief ist bekannt aus dem Schreiben des Dionysius von Korinth um 170 an die Römer, wo erwähnt wird, daß er als Gemeindeschreiben in Korinth verlesen wurde.[36] Lange galt er als verloren, bis er im Codex Alexandrinus, den Cyrillus Lukaris 1628 nach Europa brachte, wieder bekannt wurde. Der Brief behandelt in einer ziemlich weitschweifigen Weise Streitigkeiten, die zwischen den korinthischen Ältesten und den jüngeren Gemeindemitgliedern ausgebrochen waren, und kommt dabei auf alle möglichen Gebiete des christlichen Glaubens zu sprechen. Charakteristisch für den Stil ist die Aneinanderreihung von AT-Zitaten und -Beispielen,[37] wodurch I Clem. viel an den Hebräerbrief erinnert.

Der *2. Clemensbrief* ist etwa so groß wie I und II Petr. zusammen. Er zählt 20 kleine Kapitel. Die erste Hälfte war schon aus Codex Alexandrinus bekannt. Vollständig steht er aber erst im Codex Constantinopolitanus, der 1875[38] veröffentlicht wurde. Es ist eine Art Homilie aus der 1. Hälfte des 2. Jahrhunderts. (Eine Zeitlang wollte man darin ein Jugendwerk des Clemens Alexandrinus sehen.) Sie[39] handelt von dem sittlichen Verhalten im Hinblick auf die Parusie. Charakteristisch für die Schrift sind die vielen Zitate aus Herrensprüchen, von denen sechs sich nicht in unseren Evangelien finden, sondern dem Ägypterevangelium entlehnt sind.

Der *Barnabasbrief* ist etwa so groß wie der 1. Korintherbrief und zählt 21 mittelgroße Kapitel. Er stammt ebenso wie II Clem. aus der 1. Hälfte des 2. Jahrhunderts und will eine christliche Sittenlehre auf die Eschatologie hin geben. Dabei legt er das jüdische Zeremonialgesetz allegorisch aus und verficht den Gedanken, daß der Bund zwischen Gott und dem Volk Israel überhaupt nicht zustande gekommen sei, weil ja Moses die Bundestafeln zerschlagen habe. In der Allegorisierung des AT und in der Zitationsart berührt der Brief[40] sich viel mit Hebr. Mit der Didache ist er verwandt dadurch, daß die Ausführung über die beiden Wege,

---

35 [*Kaiserbiographien*, Kap. Domitian, Abschnitt 25.]
36 [Eusebius, *Kirchengeschichte* IV 23,11 (nach E. Hennecke, S. 483).]
37 [«Beispielen» im Ms. ohne Bindestrich.]
38 [Hennecke, a.a.O., S. 590: 1883.]
39 [Diese Schrift.]
40 [Ms.:] er.

welche sich am Anfang der[41] Didache findet, den Beschluß der Ausführungen des Barnabasbriefes (Kap. 18–21) bildet.

Papias, der ἀρχαῖος ἀνήρ,[42] wie ihn Euseb (III 39,1) nennt, war Bischof zu Hierapolis und soll 163 zu Pergamon den Märtyrertod erlitten haben. Um 138 schrieb er fünf Bücher *λογίων κυριακῶν ἐξηγήσεις*.[43] Papias war der Mann, welcher zur Zeit, als die geschriebene Tradition, die Evangelien, aufkamen, der ungeschriebenen nachging und Herrenworte, Aussprüche von Aposteln und Apostelschülern sammelte. So zitiert er einen Ausspruch über die Fruchtbarkeit der Rebe im tausendjährigen Reich, der sich in der Esraapokalypse findet, als Wort Jesu.[44] Seine Fragmente [sind erhalten] bei Eusebius und in den Werken der späteren griechischen Exegeten. Berühmt [sind] seine Notizen über die Entstehung unserer Evangelien (Euseb III 39),[45] sein Bericht über das Ende des Judas im Unterschied zu den Angaben von Mt. und Acta, der in den spätgriechischen Kommentaren zu Acta erhalten ist.[46]

Die sieben echten ignatianischen Briefe, d. h. die kürzere griechische Rezension derselben,[47] sind einer wie der andere[48] ungefähr so groß wie der 2. Thessalonicherbrief. Sie stammen aus dem Anfang des 2. Jahrhunderts. Damals – das Datum steht nicht fest, gewöhnlich [wird] anno 107, nach Harnack[49] 138 [angenommen] – wurde Ignatius, Bischof von Antiochien, nach Rom zum Martyrium geführt und schrieb auf der Reise sieben[50] Briefe, einen an Polykarp, einen an die Epheser, an die Magnesier, an die Trallianer, an die Römer, an die Philipper und an die Smyrnäer. Bekannt wurden diese Briefe in der längeren griechischen Version zuerst 1557,[51] dann 1644 durch die Publikation von Erzbischof

41 [Ms.:] von.

42 [«der alt-ehrwürdige Mann».]

43 [Auslegung (Erklärung) von Herrensprüchen (nur in Bruchstücken erhalten).]

44 [Nicht in der Esra-, sondern in der Baruchapokalypse 29,5 (vgl. die Vorlesung «Geschichte der Eschatologie», Ms.-S. 50, S. 442), nach Irenäus, *Adv. haer.* V. 33,3 von Papias in den «Erklärungen von Herrenworten» als solches zitiert.]

45 [Hennecke, a.a.O., S. 130.]

46 [Hennecke, a.a.O., S. 130.]
[R] (Genauer) [Hennecke, a.a.O., S. 130 nennt als Quelle des Papiasberichtes Apollinarius (v. Laodicea?).]

47 [Vgl. Hennecke, a.a.O., S. 518 (Einleitung).]

48 [Ms.:] einer in den andern[?]

49 [Siehe dessen *Geschichte der altchristlichen Literatur bis Eusebius*, II 1, *Die Chronologie der altchristl. Literatur bis Irenäus*, Leipzig 1897, S. 379 u. 406: Die Ignatiusbriefe seien verfaßt in der Zeit von 110–117, ev. von 117–125. (Entsprechend ist also des Ignatius Reise nach Rom zu datieren.)]

50 [Zuerst:] acht.

51 [Hennecke, a.a.O., S. 518, nennt als Erstausgabe der kleinasiat. Briefe die von J. Voss, Amsterdam 1646, als Erstausgabe des Römerbriefes die von Th. Ruinart, Paris 1680. (Harnack, a.a.O., I 1, S. 76: 1689.)]

Ussher[52] in der kürzeren Version. Im 16. und 17. Jahrhundert bezweifelte die protestantische Wissenschaft (Zenturiatoren[53] und Calvin) ihre Echtheit überhaupt. Die Ignatianen bekämpfen eine doketische Gnosis durch Anempfehlung der kirchlichen, durch den Episkopen, die Presbyter und die Diakonen repräsentierten Hierarchie. Sie zeigen daher im Aufbau und im Gedankengang eine merkwürdige Ähnlichkeit mit den Pastoralbriefen.

Mit den Ignatianen hängt der *Brief des Polykarp an die Philipper* zusammen, der an Umfang und Gedankeninhalt ihnen vollständig gleichsteht.[54]

Pastor Hermae war nach den Notizen im[55] Canon Muratori, dem berühmten römischen Verzeichnis der neutestamentlichen Schriften aus der Mitte des 2. Jahrhunderts, von Hermas, dem Bruder des Bischofs Pius zu Rom (140–155) verfaßt («nuperrime temporibus nostris»).[56] Galt als Schrift mit kanonischem Ansehen noch bei Irenäus. Jedoch sind Anzeichen da, daß Pastor Hermae älter ist, als die älteste Nachricht über ihn angibt, gewiß etwas, das in der altchristlichen Literatur sehr selten ist. Harnack in seiner Chronologie[57] (S. 257) läßt ihn daher von einem Verfasser sukzessive zwischen 110 und 140 entstanden sein. [Friedrich] Spitta (*Zur Geschichte und Literatur des Urchristentum* II)[58] sieht in Pastor Hermae wie im Jakobusbrief eine ursprünglich jüdische Schrift eines Diasporajuden zur Zeit des Claudius,[59] die dann christlich überarbeitet

52 [James Ussher: Oxford 1644, in lat. Version (nach Harnack I 1, S. 76).]

53 [Matthias Flacius, 1520–1575, Schüler Luthers, 1559–1574, Basel: «Magdeburger Centurien», kirchengeschichtliches Werk von Flacius und einem Mitarbeiterstab.]

54 [R] (Notizen über Polykarpbrief.) Siehe Skizzen [«zum Kolleg über die katholischen Briefe»] Ms.-S. 6: «Polykarp nach Irenäus ein Schüler des Apostels Johannes, starb in Smyrna entweder 155/156 oder 166 Märtyrertod. 155 in Rom. Verschiedenheit der Osterdaten. Brief Polykarps an die Philipper mit Ignatianen [zusammenhängend]. Sein Martyrium in [dem] Brief der Smyrnäer an die Gemeinde zu Philomelium erwähnt [Hennecke, a.a.O., S. 536]. Polykarp bei Euseb IV 14[,9]:

Πολύκαρπος ἐν τῇ δηλωθείσῃ πρὸς Φιλιππησίους αὐτοῦ γραφῇ, φερομένῃ εἰς δεῦρο, κέχρηται τισὶ [τισιν] μαρτυρίαις από τῆς Πέτρου πρώτης [προτέρας] ἐπιστολῆς. [«In seinem erwähnten, noch erhaltenen Briefe an die Philipper beruft sich Polykarp einigemale auf den ersten Brief Petri.» (BKV, *Des Eusebius Pamphili Kirchengeschichte*, Bd. II, München 1932, S. 174).] Der Schluß Eusebs zeigt richtig: Polykarp 1 [,3] = I Petr. 1,8.

55 [Ms.:] von.

56 [Die ganze Stelle: E. Preuschen, *Analecta*, Freiburg i.Br. und Leipzig 1893, S. 134, Zeile 74–76, übers. bei R. Knopf/H. Lietzmann/H. Weinel, *Einführung in das NT*, 5. Aufl., Berlin 1949, S. 154: «Den Hirten hat ganz kürzlich in unseren Zeiten in der Stadt Rom Hermas geschrieben, als auf dem Stuhle der Gemeinde der Stadt Rom der Bischof Pius, sein Bruder, saß» (gest. 155).]

57 Harnack, a.a.O., II 1, S. 266f.

58 [Göttingen 1896.]

59 [41–54 n. Chr.]

worden sei. Der griechische vollständige Text des Pastor Hermae wurde erst 1856 bekannt,[60] als ihn der als Fälscher berüchtigte Simonides von Konstantinopel nach Leipzig verkaufte. 1863[61] wurde dann die Sinaiticushandschrift veröffentlicht.[62]

Die *Didache* wurde 18[83] durch [den Metropoliten Philotheos Bryennios] dem Text nach veröffentlicht[63] [nach einer Handschrift aus dem Jahre 1056],[64] nachdem man den Titel der Schrift schon längst aus der alten Literatur kannte und die Schrift [selbst] zu den verlorenen [Schriften] zählte. Sie ist etwas größer als[65] der Galaterbrief und zählt 16 kleine Kapitel. Zuerst werden moralische Ermahnungen in Anlehnung an das Bild von den zwei Wegen und mit ausgiebiger Benutzung von Herrensprüchen entwickelt; dann folgen Anweisungen über die Taufe, das Abendmahl und das Verhalten der Lehrer, Evangelisten und Propheten. Die Schrift ist sehr alt und reicht sicher in die ersten Jahrzehnte des 2. Jahrhunderts hinauf.

Das sind also die allgemein kirchlichen Schriften, die um die Wende des 1. zum 2. Jahrhundert z. T. gleichzeitig mit den katholischen Briefen entstanden sind. Offengestanden fehlt uns jeglicher Maßstab zu einer genauen Datierung derselben. Nur von den ignatianischen [Briefen] und von Pastor Hermae wissen wir, daß sie in die ersten Jahrzehnte des 2. Jahrhunderts fallen. I Clem. fällt sicher in das vorletzte Jahrzehnt des 1. Jahrhunderts; II Clem., Barnabas und Didache sind absolut nicht genauer zu datieren.[66]

Es handelt sich nun um die rein literarischen Berührungen der katholischen Briefe mit den Apostolischen Vätern. Inwiefern sind die katholischen Briefe durch auffällige Berührungen und Anklänge oder durch direkte Erwähnung in den Apostolischen Vätern als vorhanden signalisiert? Die Frage ist sehr schwierig, weil eben die Gedankenwelt der Apostolischen Väter mit der der katholischen Briefe innerlich allgemein verwandt ist und daher notwendig Wendungen vorkommen, die so ähnlich sind, daß man geneigt wäre, eine literarische Bekanntschaft[67] zu statuieren, wo die Gemeinsamkeit des Gedankenbesitzes allein ausreicht. Es ist an sich sehr leicht zu sagen: diesen und diesen Gedanken

60 [Nach RGG (1909) ist der *vollständige* Text nur in Übersetzungen vorhanden (lat. und aethiop.).]

61 [Vgl. oben Ms.-S. 4 (S. 248): 1861 veröffentlicht durch die russ. Regierung, – 1862: faksimilierter Typendruck veröffentlicht durch C. Tischendorf. Von Pastor Hermae enthält der Cod. Sin. nur einen Teil (R. Knopf, a.a.O., S. 35).]

62 [R] (Genauer) [siehe Anm. 61.]

63 [R] [Zwei Fragezeichen. Vgl. Anm. 64.]

64 [Hennecke, a.a.O., S. 555f., R. Knopf, a.a.O., S. 155.]

65 [Ms.:] wie.

66 [R] (Domitian 81–96.)

67 [Hier vielleicht einzufügen: auch da.]

hat der und jener Apostolische Vater mit dem und dem katholischen Brief gemeinsam, also hat er ihn gekannt und benützt. Aber ob dieser Schluß gerechtfertigt ist, das ist die Frage. Diese äußerliche, Worte zählende literarische Methode führt zu nichts.

Lassen wir also die allgemeine Gedankenverwandtschaft auf sich beruhen und betrachten diejenigen Fälle, wo eine literarische Verwandtschaft offenkundig gegeben zu sein scheint.

§ 4) Die Signalisierung der katholischen Briefe bei den Apostolischen Vätern

Der *Jakobusbrief* zeigt in seiner moralisierenden Art viel Verwandtschaft mit Clemens Romanus [1. Clemensbrief] und [dem Hirten des] Hermas. Für die Bekanntschaft von Clem. Rom. mit Jakobus führt man Clem. Rom. 17[,2] und Jak. 2,23 an. (Clem. Rom. 17[,2]): 'Αβραὰμ ... φίλος προσηγορεύθη τοῦ θεοῦ («Abraham ..., Freund Gottes ward er genannt»)[68] = Jak. 2,23: ἐπίστευσεν δὲ 'Αβραὰμ ... καὶ φίλος θεοῦ εκλήθη.)

Für die Bekanntschaft von Pastor Hermae mit Jak. wird zitiert Past. Hermae Mandatum XII 4[,7 (Schluß)] und Jak. 4,7. (Mand. XII 4[,7]: μὴ φοβήθητε οὖν αὐτὸν ⟨sc. τὸν διάβολον⟩, καὶ φεύξεται ἀφ' ὑμῶν [«Fürchtet ihn ⟨den Teufel⟩ also nicht, so flieht er von euch!»][69] = Jak. 4[,7]: ἀντίστητε δὲ τῳ διαβόλῳ, καὶ φεύξεται ἀφ' ὑμῶν.) Ob man solche Anklänge als Signalisierung der Bekanntschaft der Autoren mit Jak. ansehen darf, mag dahingestellt bleiben.

Sehr wichtig ist nach der andern Seite, daß Hegesipp, soweit er bei Euseb erhalten ist, nirgends etwas von einem Jakobusbrief berichtet, obwohl er sich für die judenchristlich gefärbte Literatur allgemein und für die Tradition über Jakobus den Gerechten[70] ganz besonders interessiert. Auch negativ signalisiert er den Brief nicht, da er nirgends von einem dem Jakobus untergeschobenen Schreiben redet, obwohl er sonst auf untergeschobene Schreiben achtet.

(Hegesipp war wahrscheinlich – wenn es nicht ein indirekter Schluß Eusebs ist – jüdischer Abkunft und lebte unter drei Kaisern: Hadrian, Antoninus Pius und Mark Aurel.[71] Von seinem Leben wissen wir nur, daß er unter Anicet[72] eine Romreise über Korinth unternahm[73] und wahrscheinlich unter Commodus[74] starb. Nach Euseb

68 [Hennecke, a.a.O., S. 488.]
69 [Hennecke, a.a.O., S. 355.]
70 [Nach Eusebius, *Kirchengeschichte* II 23,7, wurde Jakobus, der Bruder Jesu (im Jahre 62 gesteinigt) so genannt.]
71 [R] (Daten) [Hadrian: 117–138, Antoninus Pius: 138–161, Mark Aurel: 161–180.]
72 [Bischof von Rom.]
73 [Um 160.]
74 [180–192.]

[Kirchengeschichte] IV 8,2 hat er fünf Bücher ὑπομνήματα [Erinnerungen] in langsamer Folge verfaßt, die uns leider bis auf ein halbes Dutzend bei Euseb erhaltenen Fragmenten[75] verlorengegangen sind. Im 5. Buch stand die Geschichte des Lebens und Endes Jacobi des Gerechten,[76] die Aufstellung seines Nachfolgers Symeon, die Vorladung der Verwandten Jesu unter Domitian, das Martyrium Symeons unter Trajan nebst Notizen gegen die Gnostiker und über die judenchristliche Literatur.)

Das Fazit lautet also: Der Jakobusbrief wird in den Apostolischen Vätern gar nicht signalisiert, und das Schweigen des Hegesipp hebt die Stellen bei Clem. Rom. und Past. Hermae, wo Jak. möglicherweise anklingen könnte, vollständig auf. Überhaupt – um es gleich vorwegzunehmen – wird Jak. deutlich erwähnt erst bei Origenes, während [der Kanon] Muratori ihn ignoriert und Irenäus, Tertullian und Clem. Alex. ihn gar nicht zu kennen scheinen.

Der *1. Petrusbrief* hat mit dem 1. Johannesbrief das vor dem Jakobusbrief und den andern katholischen Briefen voraus, daß einer der Apostolischen Väter, Papias, sein Vorhandensein ausdrücklich bezeugt. Durch dieses Zeugnis des Papias ragen von Anfang an I Petr. und I Joh. über den Dunstschleier, der über der ältesten christlichen Literatur liegt, heraus. Diese überaus wichtige Stelle über Papias findet sich [bei] Euseb, [Kirchengeschichte] III 39,17,[77] nach den berühmten Ausführungen über die Evangelien: κέχρηται δ' [ὁ]αὐτὸς (gemeint [ist] Papias) μαρτυρίαις ἀπὸ τῆς 'Ιωάννου προτέρας ἐπιστολῆς καὶ ἀπὸ τῆς Πέτρου ὁμοίως [«Papias berief sich auch auf Zeugnisse aus dem 1. Johannesbrief und dem 1. Petrusbrief»].[78] (Also nur erschlossene Bekanntschaft.)

Ein zweiter wichtiger Zeuge für den 1. Petrusbrief ist Polykarp. Euseb berichtet, IV 14[,9]: [folgt das o. in Anm. 54 wiedergegebene Zitat, mit der Bemerkung:] Richtig.[79]

Bekanntschaft [ist] überdies bezeugt dadurch, daß Polykarp den Passus I Petr. 1,8 ff. frei zitiert (ὃν οὐκ ἰδόντες ἀγαπᾶτε etc. [«den ihr nicht gesehen habt, liebt ihr»]).[80]

Ferner hat I Petr. in Anlage und Gedankengang große Verwandtschaft mit I Clem. Manche Berührungen, z. B. der Anklang von I Petr. 5,8

75 [R] Die Nachrichten über [die] alte Zeit bei Euseb, nach seinem eigenen Zeugnis (V [IV] 8), ganz auf Hegesipps 5 Bücher ὑρομνήματα [beruhend].

76 [R] Euseb. II 23: Nachrichten über Jak. den Gerechten. Von Hegesipp, aber nicht die Nachricht, daß Jak. den Brief verfaßt [habe].

77 [R] Euseb. III 39: de libris Papiae. [Überschrift aus dem Inhaltsverzeichnis zum lat. Text des Rufinus (*Die griechischen christlichen Schriftsteller der ersten drei Jahrhunderte*, 2. Bd., 1. Teil, Leipzig 1903, S. 185).]

78 [BKV, *Des Eusebius Pamphili Kirchengeschichte*, Bd. II, München 1932, S. 154.]

79 [R] Gedankengemeinschaft.

80 [Polykarp: Εἰς ὃν οὐκ ἰδόντες πιστεύετε ..., «an den, den ihr nicht gesehen habt, glaubt ihr doch ...» (Theodor Zahn, *Patrum Apostolorum Opera*, Fasciculus II, Leipzig 1876, S. 112).]

[R] 3. Kolleg.

(«Euer Widersacher, der Teufel»... etc.) in I Clem. Rom. 2,[81] von I Petr. 5,5 (Unterordnung der Jüngeren unter die Älteren) in[82] I Clem. Rom. 38[,1, auch 1,3], könnte eventuell auf literarische Bekanntschaft führen, obwohl die Anklänge so allgemein sind, daß sie keinen Schluß erlauben.

Wie schwierig die Sache ist, lassen Sie mich Ihnen an einem Beispiel zeigen. Der Spruch I Petr. 4,8: ἀγάπη καλύπτει πλῆθος ἁμαρτιῶν [«die Liebe deckt eine Menge von Sünden zu»] findet sich auch [in] Clem. 49[,5]; ebenso findet er sich [in] Jak. 5,20.[83] Nun ist aber dieser Spruch selbst ein Zitat aus Proverbia 10,12. Hat ihn also Clem. von I Petr., oder hat er ihn direkt aus den Proverbien, oder war es ein Spruch, der damals schon Gemeingut der christlichen Ethik war? Sie sehen an diesem Beispiel, wie vorsichtig man bei der Statuierung literarischer Abhängigkeit sein muß und [wie man] nicht gleich aus Anklängen [auf] die Bekanntschaft eines mit dem andern schließen darf. Das Äußerliche, fast Gedankenlose in der Art, wie die literarische Abhängigkeit bewiesen oder verneint wird, trägt viel zur Verdunkelung der Sache bei. Wenn es jemand unternähme, einmal eine Zusammenfassung aller Untersuchungen über literarische Abhängigkeitsverhältnisse in der neutestamentlichen und altchristlichen Literatur zu geben, würde erst die ganze Oberflächlichkeit und Sinnwidrigkeit des Verfahrens zutage treten. Mit den dabei oft angewandten Grundsätzen könnte es ein einigermaßen dialektisch beanlagter[84] Mensch getrost unternehmen, die Bekanntschaft der sokratischen Apologie bei Platon mit dem Römerbrief darzutun.[85]

Das Resultat der Signalisierung des Petrusbriefs in den Apostolischen Vätern ist also für I Petr. so günstig, wie es für Jak. ungünstig ist. Während Jakobus erst bei Origenes erwähnt wird und für die ältere Zeit durch das Schweigen Hegesipps geradezu desavouiert wird, bezeugen Papias und Polykarp einmütig das unbestrittene Vorhandensein des 1. Petrusbriefes, und wenn man auf literarische Anklänge bauen will, kann man sogar schon bei I Clem. eine Bekanntschaft mit I Petr. voraussetzen.

I Joh. teilt, wie schon erwähnt, mit I Petr. den Vorzug, schon bei Papias signalisiert zu sein. Sehr günstig ist ferner, daß I Joh. 4,3 ff. (πᾶν πνεῦμα ὃ μὴ ὁμολογεῖ ... [jeder Geist, der nicht bekennt,] daß Christus im Fleisch gekommen, sei vom Antichrist) ziemlich deutlich in Polykarp ad Philippenses 7[,1] wieder anklingt, obwohl man auch hier keinen

81 [Eine entsprechende Stelle gibt es im 1. Clem. nicht (vgl. das Stellenverzeichnis bei Zahn, a.a.O., Fasc. I, S. 146).]

82 [Ms.:] mit.

83 [In Jak. 5,20 ein anderes Satzsubjekt.]

84 [Diese ungebräuchliche Form statt «veranlagt» hat A. S. in seinen früheren Manuskripten öfter verwendet.]

85 [Von A. S. vermutlich ironisch gemeint.]

absolut sicheren Schluß ziehen kann, da die Bekämpfung des Doketismus der gemeinsame Gegenstand von I Joh., den Ignatianen und Polykarp ist. *Euseb, der IV 14[,9] die Bekanntschaft des Polykarp mit I Petr. erwähnt,*[86] *wenn er sie auch nur aus dem Briefe selbst erschlossen hat, tut dies nicht für den 1. Johannesbrief.*[87]

Die Berührungen mit Barnabas, mit Hermas, mit den Ignatianen [und] mit dem Dialog Justins vollends sind so allgemein, daß man daraus nur auf eine Gemeinsamkeit der Begriffswelt, nie aber auf literarische Bekanntschaft schließen darf. Genauer gesagt: Es handelt sich um Berührung mit der Gedankenwelt, welche uns in den Johanneischen Schriften in ihrer vollendeten Gestalt entgegentritt, nicht um literarische Beziehungen zum 1. Johannesbrief. Barnabas teilt mit der johanneischen Gedankenwelt die Typologie, z. B. findet sich bei ihm (12,5–7) die eherne Schlange in der Wüste als Vorbild der Erhöhung Jesu wie [im] Ev. Joh. 3,14. Hermas vertritt eine Präexistenzvorstellung in der Christologie, die an Joh. 1,1 erinnert. Justin, Dialog 123, gibt eine Ausführung über die Gotteskindschaft, die gleichsam die Entwicklung des Leitmotivs I Joh. 3,1 («Sehet, welch eine Liebe hat uns der Vater erzeiget, daß wir Gottes Kinder sollen heißen») ist. Aber das alles sind nur Anklänge, durch die Gemeinsamkeit der Gedankenwelt notwendig gegeben, die bei den Apostolischen Vätern in unvollendeter zerfließender Form, in der johanneischen Literatur in prägnanter vollendeter Fassung zutage liegen, so daß die Apostolischen Väter (Justin mit eingerechnet) sich ausnehmen wie Versuche auf die johanneische Literatur hin und also die johanneische Literatur, vom Standpunkt der Entwicklung und Vollendung aus, jünger ist als die Apostolischen Väter und Justin. Aber dieses entwicklungsgeschichtliche Verhältnis – das muß man sich bei der alten Literatur immer wieder vor Augen halten – sagt über die positiven Beziehungen und über das chronologische Verhältnis gar nichts aus, sondern niemand kann entscheiden, ob die johanneische Literatur, die vom Standpunkt der Entwicklung [aus] jünger ist als Justin, auch chronologisch nach Justin zu setzen [ist], ob sie zeitlich früher beginnt,[88] ob Joh. den Justin gekannt [hat] oder ob Justin den Johannes voraussetzt, oder ob sie nicht beide gleichzeitig, einer ohne Kenntnis vom andern, geschrieben haben, zwei Blumen vergleichbar, die beide als Knospen des Aufblühens harren, und von denen die eine früher und herrlicher aufblüht als die andere. Das πρῶτον ψεῦδος[89] gar vieler sonst hervorragender Untersuchungen über die neutestamentliche und alte Literatur besteht eben darin, daß – als verliefe die ganze altchristliche Literatur in

86 [Siehe oben Anm. 54.]
87 [R] [Undeutlich:] § 11.
88 [Ms.:] fällt.
89 [Die «erste Unwahrheit», der Anfangsfehler.]

einer Kette – die entwicklungsgeschichtliche Ordnung in eine chronologische umgesetzt wird, die im innersten Wesen unwahr und künstlich ist, statt daß man sich bescheidet und sich klar wird, daß man es mit Parallelerscheinungen zu tun hat und daß wir über die Frühlingswiese der altchristlichen Literatur wandeln, ohne erklären zu können, warum der eine Gedanke in dieser[90] literarischen Erscheinung als Blüte herrlich prangt, während er in der anderen noch als unvollkommene Knospe erscheint.

Nur von diesen allgemeinen Erwägungen aus kann man das Fazit der Signalisierung des 1. Johannesbriefes in den Apostolischen Vätern ziehen. Es lautet: Klar signalisiert wird I Joh. bei Papias (wie I Petr.). Es ist nach manchen Anklängen möglich, daß Polykarp den Brief gekannt und benutzt hat, wie er es nach Euseb mit dem I Petr. getan hat.[91] Die übrigen Anklänge in der Literatur der Apostolischen Väter beruhen nur auf der Allgemeinheit des Gedankenzusammenhangs mit der johanneischen Begriffswelt.[92]

Mit den *zwei kleinen Johanneischen Briefen* steht es viel schlechter. Sie sind zu klein und verschwinden so vollständig im Lichte des 1. Briefes, daß die Frage ihres erstmaligen Sichtbarwerdens am Himmel der altchristlichen Literatur überhaupt nicht zu entscheiden ist. So könnte man meinen, daß II Joh. 7 («Es sind viele Verführer in die Welt ausgegangen, die nicht bekennen, daß Jesus Christus im Fleisch kommt. Der ist ein Verführer und der Antichrist») bei Polykarp 7,1 anklingt, wenn diese Stelle aus II Joh. sich nicht so wörtlich mit der Stelle I Joh. 4,2 ff. berührte, so daß man eher sagen möchte: I Joh. klingt dort an, wie schon oben als möglich vorausgesetzt wurde.[93]

Es ergeht den kleinen Johannesbriefen wie dem Jakobusbrief. In den Apostolischen Vätern wird ihr Vorhandensein gar nicht irgendwie bezeugt, sondern wie erst *Origenes* den Jakobusbrief signalisiert, so ist *Irenäus* das erste Datum für das Vorhandensein der zwei kleinen Johannesbriefe.

Nicht besser ergeht es [dem] *2. Petrus-* und dem *Judasbrief*. Sie tauchen erst [spät auf], der Judasbrief bei Muratori,[94] der 2. Petrusbrief war vielleicht dem Clemens Alexandrinus bekannt (wenn er ihn, was nicht sicher ist, in den Adumbrationen behandelt hat). Klar erwähnt ihn zum ersten Mal *Origenes* mit dem Zusatz: ἀμφιβάλλεται γάϱ[95] (Euseb. VI

90 [D. h.: in der einen.]

91 [R] *Aber Euseb [hat] alles erst aus Zitaten erschlossen.*

92 [R] *(Hegesipp weiß nichts von einer johanneischen Schriftstellerei.)*

93 [Der Satz will offenbar besagen, daß es die Stelle *I Joh. 4,2ff.* ist, die bei Polykarp 7,1 anklingt, nicht II Joh. 7, so daß also die Polykarpstelle kein Beweis einer Signalisation des 2. Johannesbriefes ist.]

94 [Im Canon Muratori, dem «Muratorischen» Fragment.]

95 [«er wird bezweifelt».]

25,8).[96] Sonst weist II Petr. besondere Gedankengemeinschaft mit II Clem. auf.

Der *Hebräerbrief* ist günstiger daran wegen seiner auffallenden Verwandtschaft mit I Clem. Wirklich berühren sich beide Briefe nicht nur in der Sprache [und] im Gedankengang (z. B.: Christus als der Hohepriester), sondern auch in der Anlage, indem wir in I Clem. dieselbe Methode der Aneinanderreihung alttestamentlicher Beispiele finden wie im Hebräerbrief. An 47 Stellen will man Berührungen des 1. Clemensbriefes mit Hebr. gefunden haben. Hauptsächlich wird angeführt, daß der Abschnitt Hebr. 1,3–13 (der alttestamentliche Beweis der Erhabenheit Christi über die Engel) z. Teil wörtlich sich in I Clem. 36 wiederfindet. Z. B. Hebr. 1,3 ff.: ὃ ὢν ἀπαύγασμα τῆς δόξης ... [4] τοσούτῳ κρείττων γενόμενος τῶν ἀγγέλων ὅσῳ διαφορώτερον παρ' αὐτοὺς κεκληρονόμηκεν ὄνομα = I Clem. 36[,2]: ὃς ὢν ἀπαύγασμα τῆς μεγαλωσύνης αὐτοῦ, τοσούτῳ μείζων ἐστὶν ἀγγέλων, ὅσῳ διαφορώτερον ὄνομα κεκληρονόμηκεν [«der als der Abglanz Seiner Herrlichkeit um so viel größer ist als die Engel, als der Name, den er geerbt hat, sie überragt»].[97]

Andererseits aber muß man wieder sagen, daß überall, wo Gedankengänge des Hebräerbriefes in I Clem. anklingen, dieselben so natürlich aus dem Gedankenzusammenhang heraus geboren sind, so sehr als Eigentum des Verfassers erscheinen, daß man immer wieder stutzig wird, ob wir es wirklich mit Entlehnungen zu tun haben oder ob es nicht eben wieder Parallelerscheinungen sind, die sich durch Gemeinschaft der Gedankenwelt erklären, so daß Barnabas, Hebr. und I Clem. gewissermaßen drei Blüten auf einem Stengel sind.

Andererseits wieder muß man freilich zugeben, daß I Clem. mit einer solchen Virtuosität sich in andere Gedankengänge hineinleben kann und sie als die seinen poduziert[98] (wie er es z. B. mit der paulinischen Literatur tut), daß das Verhältnis zum Hebräerbrief doch auf Benutzung beruhen kann.

Ich möchte also die Frage offen lassen, ob wir es zwischen dem Hebräerbrief und I Clem. mit literarischer Abhängigkeit oder Parallelität zu tun haben, obwohl die literarische Abhängigkeit einen hohen Grad von Wahrscheinlichkeit für sich hat, und sagen, daß der 1. Clemensbrief den Hebräerbrief insofern signalisiert, als Hebr. notwendig wegen der vielen Berührungspunkte in die Zeitnähe des 1. Clemensbriefes fallen muß, also etwa [in] die zwei letzten Jahrzehnte des 1. Jahrhunderts, womit ihm ein relativ hohes Alter zugesichert ist. Pastor Hermae scheint den Hebräerbrief, mit dem er viele Gedankenverwandtschaften hat, zu kennen.

---

96 [R] [(Zum Abschnitt:) Fragezeichen.]
97 [Hennecke, a.a.O., S. 494.]
98 [Ms.:] produzieren.

Das Resultat der Signalisierung der katholischen Briefe bei den Apostolischen Vätern läßt sich also folgendermaßen zusammenfassen:

1) Zwischen den katholischen Briefen und den Apostolischen Vätern besteht eine Gemeinsamkeit des Gedankeninhalts, welche die vielen verwandten Stellen erklärt. Wo die Gedankenverwandtschaft aufhört und die literarische Benutzung beginnt, ist nicht mehr sicher auszumachen.

2) Ganz vorzüglich bezeugt sind durch *Papias* I Petr. und I Joh. Ausgemacht ist die Bekanntschaft des *Polykarpbriefes* mit I Petr., sehr wahrscheinlich für I Joh.

3) Sehr günstig für I Petr. und Hebr. ist I Clem., ob man nun die Beziehungen als literarische Abhängigkeit oder als Parallelerscheinung deutet. Jedenfalls werden durch I Clem. der 1. Petrusbrief und Hebr. als wenigstens in die Zeitnähe des 1. Clemensbriefes, d. h. Ende des 1. Jahrhunderts, gelegt, wobei ganz gut möglich ist, daß sie älter sind.

4) Sehr ungünstig steht es um den Jakobusbrief, dessen erstes sicheres Datum erst bei Origenes begegnet, ebenso um II Petr., um Jud., um II und III Joh., die, wie der Jakobusbrief, in der Literatur der Apostolischen Väter nicht klar signalisiert werden.

Deutlich ragen also hervor I Petr. und I Joh.; dunkel erscheint im Dunst Hebr., vollständig unsichtbar sind Jak., II Petr. und[99] II und III Joh. – die Sorgenkinder der Wissenschaft.

Zum Schluß noch ein Wort über die Tragweite dieser Signalisierung. Es handelt sich in dieser ganzen Untersuchung nur darum, zu sehen, welches die ersten positiven Daten für das Vorhandensein der einzelnen katholischen Briefe sind. Nur darf man aber nicht aus dem Schweigen der Apostolischen Väter über bestimmte Briefe den negativen Schluß ziehen, daß, weil sie nicht erwähnt werden, sie nicht existierten zu jener Zeit oder unbekannt waren. Dieser Schluß wäre nur erlaubt, wenn jeder Apostolische Vater es für seine Gewissenspflicht hielte, im Interesse der lieben Theologieprofessoren des 19. und 20. Jahrhunderts genau alle unter apostolischem Namen gehenden Schriften, die er kennt, aufzuzeichnen und nun seine Aufzeichnungen uns alle erhalten wären. Nun aber erwähnen sie die Schriften – da ja die Kanonfrage noch gar nicht aufgerollt ist – nur gelegentlich, und es besteht daher zu 90% [die] Möglichkeit,[100] daß sie eine Schrift kennen und nicht erwähnen;[101] ferner sind gerade die in dieser Sache wichtigsten Schriften von Papias und Hegesipp verloren, und wir wissen von ihnen nur, was den Euseb interessiert hat und was er seinen Lesern mitzuteilen für gut fand. Also muß man

99 [Ms.:] sind.

100 [Ms.:] es sind daher 90% Möglichkeit.

101 [R] Andererseits aber ist doch der Umfang der Literatur wieder so klein, daß es schwer begreiflich ist, daß ein Schreiben existiert hat und nicht irgendwie signalisiert wird.

sich der relativen Tragweite jener positiven Daten bewußt bleiben und das Resultat so formulieren: Es ist an sich möglich, ja wahrscheinlich, daß alle unsere katholischen Briefe um die Wende des 1. [zum] 2. Jahrhundert zum mindesten [geschrieben wurden],[102] aber besonders erwähnt finden sich direkt nur I Petr. und I Joh. bei Papias und bedingterweise bei Polykarp, indirekt literarisch bezeugt erscheint Hebr. bei I Clem., so daß diese einen Vorzug vor den andern haben. Ihre Bekanntschaft erklärt sich dann wiederum z. T. dadurch, daß sie an Inhalt die bedeutendsten sind.

§ 5) Die Diskussion über die katholischen Briefe in der Geschichte des Kanons

Ich gebe Ihnen zunächst eine kurze Orientierung über die Etappen in der Geschichte des Kanons, damit Sie die Stellung der Verhandlungen über die katholischen Brief besser verstehen.

Wie Sie wissen, sind die drei Hauptwerke über die Geschichte des Kanons:

1) Der allgemeine Teil der Holtzmannschen *Einleitung* von 1885,[103] wohl das Gründlichste, was darüber geschrieben ist.

2) Die auf drei Bände berechnete *Geschichte des [neutestamentlichen] Kanons* von Theodor Zahn, von der zwei Bände bereits erschienen sind. Bd. I (1888) behandelt das Neue Testament vor Origenes. Bd. II (1890 [und 1892]) [bringt Urkunden und Belege]. Der III. Bd. steht noch aus.[104] Jeder Band zählt an die 1000 Seiten. Diese umfassendste Arbeit über den Kanon, die von einer staunenswerten Gelehrsamkeit getragen ist, verfolgt die These darzutun, «daß schon für das Jahr 100 die Hauptstücke des Neuen Testaments als eine in allen Teilen der Kirche als verpflichtend anerkannte und lebendig wirkende Autorität»[105] angesehen waren.

3) Adolf Harnack: *Das Neue Testament um das Jahr 200*, [Freiburg i. Br.]

---

102 [Ms.:] liegen.

103 [Heinrich Julius Holtzmann, *Lehrbuch der historisch-kritischen Einleitung in das Neue Testament*, Freiburg i. Br. 1885.]

104 [Nie erschienen. Der Band sollte die Entwicklung ab Origenes bis zum Abschluß der Kanongeschichte darstellen. In die Lücke trat Zahns *Grundriß der Geschichte des neutestamentl. Kanons*, Leipzig 1901, 2. Aufl. 1904, und der Art. «Kanon des Neuen Testaments» in RE 3. Aufl., Bd. 9, S. 768–796 (Leipzig 1901).]

105 [In Bd. I, 1. Hälfte, S. 85, schreibt Zahn: «so liegt am Tage, daß um das Jahr 200 im ganzen Umfang der kathol. Kirche ein Kreis von Schriften der Apostel und Apostelschüler im gottesdienstlichen Gebrauch und in der kirchl. Anschauung auf die gleiche Linie mit den hl. Schriften des AT's gerückt war.» Sollte Schweitzers Zitat, obwohl in Anführungszeichen, seine freie Wiedergabe dieses Satzes sein? (Wobei er irrtümlicherweise die Jahreszahl 100 statt 200 nannte, wie auch in der anschließenden Titelwiedergabe der Schrift Harnacks, von uns korr.)]

1889, die geistreichste und packendste Darstellung der älteren Geschichte des Kanons.[106]

Die Geschichte des Kanons ist die Geschichte der Auswahl der kirchlichen Vorlesungsschriften aus dem Kreis der apostolischen und nachapostolischen Literatur. (Die frühere Bedeutung der Frage und die jetzige.)

Bei den Apostolischen Vätern sehen wir die beiden Hauptteile des späteren Kanons, 1) die Sammlung paulinischer Briefe und 2) geschriebene Evangelien, langsam auftauchen. Neben dem Alten Testament sind es wohl die paulinischen Briefe, die zuerst im Gottesdienst verlesen wurden und deshalb zuerst als Sammlung existierten.

Die Daten für diese Sammlung sind:

1) *II Petr. 3,14ff.[16]*, die schon erwähnte Stelle, wo der Autor von den πᾶσαι αἱ ἐπιστολαί des Paulus redet, also schon eine Sammlung kennt.

2) *I Clem. 47[,1]*, wo I Clem. die Korinther ermahnt, sich an τὴν ἐπιστολὴν τοῦ μακαρίου Παύλου τοῦ ἀποστόλου[107] zu halten, woraus hervorgeht, daß «der Brief» auch in Rom bekannt war. (Er redet nur von einem, weil vielleicht im[108] römischen Manuskript die Briefe direkt aneinander geschrieben waren. Eine Warnung, keine voreiligen Schlüsse zu ziehen, als ob z. B. Clemens den 2. Korintherbrief nicht kennte!)

3) *Ignatius ad Ephesos XII* erinnert die Epheser daran, daß Paulus ἐν πάσῃ ἐπιστολῇ μνημονεύει ὑμῶν ἐν Χριστῷ 'Ιησοῦ.[109] Also auch er kennt eine Sammlung. (Übrigens zeigt sich hier wieder, wie nachlässig man sich damals ausdrückte, da Paulus gar nicht in allen[110] Briefen der Epheser gedenkt.)

Das sind also die Daten, welche für eine sehr alte Zeit schon einen Gebrauch der paulinischen Briefsammlung (inklusive Pastoralbriefe) beim Gottesdienst sicherstellen.

Das Aufkommen der *Evangelien* als Vorleseschriften hängt mit dem Aussterben der mündlichen Überlieferung zusammen.

Hegesipp[111] kennt noch, dem Titel seines Buches nach (*λογίων κυριακῶν ἐξηγήσεις*) [Erklärung von Herrenworten] die Herrenworte als solche.

Papias, obwohl er als ἀρχαῖος ἀνήρ die mündliche Tradition bevorzugt und ihr mit Vorliebe nachgeht, gibt doch Kunde von zwei Evange-

---

106 [R] [(Bleistift:) Fragezeichen.]

107 [«an den Brief des seligen Apostels Paulus».]

108 [Ms.:] in.

109 [... «in dem ganzen Brief eurer gedenkt in Christo Jesu».]

110 [A. S. übersetzt ἐν πάσῃ also mit: in jedem (diese Übersetzung bei Hennecke, a.a.O., S. 422, in ( ) beigegeben, mit Fragezeichen).]

111 [Gemeint ist nicht Hegesipp, sondern *Papias*, vgl. oben Anm. 43. (Der Titel des Buches erwähnt bei Euseb. Kirchengeschichte III 39,1.)]

lien, Mt. und Mk., in der berühmten Stelle Euseb. III 39[,15 und 16]. Er führt das eine, Mt., auf Matthäus,[112] das andere, Mk., auf Petrus indirekt zurück. (Markus... οὐ μέντοι τάξει [hat die Worte und Taten des Herrn genau, allerdings «nicht ordnungsgemäß» aufgeschrieben], weil er den Herrn nicht selbst gehört.)

Der dritte[113] bedeutende Zeuge ist *Justin*, der in der Apologie I 66 u. 67 von dem Vorlesen der ἀπομνημονεύματα τῶν ἀποστόλων, [der «Denkwürdigkeiten der Apostel», die nach I 66 die Evangelien sind,] bei den sonntäglichen Zusammenkünften berichtet und die Herrenworte als geschriebene Autorität zitiert.[114]

Nehmen Sie nun noch die Johannesapokalypse hinzu, die als prophetische Schrift vielleicht schon sehr früh ihren Platz im Gottesdienst einnahm, so haben Sie um das Jahr 100 [200?], wenigstens in den entwickelteren Kirchen, in Kleinasien und in Rom, einen Zyklus von Vorlesungsschriften, in dem die Hauptschriften unseres Neuen Testaments schon vertreten waren und kraft ihres direkten oder indirekten apostolischen Ursprungs Autorität genossen.

Das Entscheidende aber war, daß der Kreis ein unbeschränkt weiter war. Alles, was irgendwie durch einen apostolischen Namen gedeckt war, alles, was irgendwie prophetischen Charakter trug, und[115] wenn es aus der Gegenwart stammte, war innerlich berechtigt, als Vorlesungsschrift aufgenommen zu werden. Man bekommt erst eine richtige Ahnung, wie der Gedanke der immer fortwirkenden Prophetie Schriften, die man entstehen sieht, Autorität beilegt, wenn man bemerkt, mit welchem Selbstbewußtsein der Autor von Pastor Hermae am Anfang des 2. Jahrhunderts schreibt und wie er sich bewußt ist, der ganzen Kirche eine Offenbarung zu bieten, deren sie bedarf, und die Gott bis auf jenen Tag verschoben hat. Noch Clemens von Alexandrien, an der Wende des 2. und 3. Jahrhunderts,[116] verteidigt die Autorität des angefochtenen Judasbriefes, daß er zwar kurz, aber voll von Worten sei, die die himmlische Gnade gesendet habe.[117]

---

112 [R] (Mt. [hat die Reden] in hebräischer Spruchsammlung [zusammengestellt, Euseb. III 39,16.])

113 [Der *zweite*, weil die beiden vorangehenden Hinweise den Papias (nicht auch Hegesipp) betreffen.]

114 [R] [Undeutlich, ob (nicht gestrichene) Vorfassung oder gültige Neufassung eines hier anschließenden, gestrichenen Haupttextsatzes:] Und wenn nun Euseb. bei Papias richtig gesehen hat, daß er schon den 1. Petrusbrief und I Joh. kennt, so ist ganz selbstverständlich, daß er sie nicht durch Privatlektüre, sondern als gebräuchliche Vorlesungsschriften kennt.

115 [Das Komma nach «trug» ist original, demnach wäre zur Verdeutlichung des Satzsinnes «und» durch «auch» zu ersetzen: auch wenn es... (Ohne Komma wäre gegenteilig das Stammen aus der Gegenwart als *Bedingung* besagter Berechtigung hingestellt.)]

116 [Ms.:] und des 3. Jahrhunderts.

117 [*Teppiche* III, Kap. II 11,2: Judas hat prophetisch gesagt, ...]

So waren Schriften wie der Barnabasbrief, die Petrusapokalypse, Evangelium der Hebräer, Evangelium der Ägypter, I Clem., Didache auf dem Range kirchlicher Vorlesungsschriften, und wie tief im christlichen Bewußtsein diese Berechtigung eingewurzelt war, ersieht man daraus, daß ein Teil von diesen Schriften, als sie schon lange nicht mehr als kirchliche Vorlesungsschriften galten, dennoch in den Handschriften mit abgeschrieben wurden und uns nun so gleichsam die vor ihnen verschlossene Tür des Kanons in der Hand haltend, erhalten wurden. So ist uns Pastor Hermae durch die Sinaiticushandschrift, II Clem. aus Codex Alexandrinus und Codex Constantinopolitanus, I Clem. im Codex Alexandrinus erhalten.[118]

Gewiß wäre die Kirche mit der fortschreitenden Entwicklung von selbst dazu gekommen, den Begriff des Apostolischen für die Zulassung als kirchliche Vorlesungsschrift genauer zu definieren und eine Grenze festzusetzen. Daß sie es aber gegen die Mitte des 2. Jahrhunderts schon tun mußte und daß nicht die einzelnen Provinzialkirchen, sondern die Gesamtkirche als solche die Begrenzung in Angriff nahm und mit einem staunenswerten Instinkt durchführte, das ist das Verdienst ihres großen Gegners und des genialen Vorläufers [Ferdinand Christian] Baurs: des Gnostikers Marcion.

Marcion kam nach Rom unter Bischof Pius (140–150)[119] und war, wie die Gnostiker, von dem Gedanken verfolgt, das absolut Neue im Christentum im Unterschied zu aller früheren religiösen Offenbarung zur Geltung zu bringen. Seine Auffassung beruht auf dem geschichtlich erfaßten Dualismus zwischen Gut und Bös. So unterscheidet er den Judengott, den Demiurgen, als den Veranstalter der jüdischen Religion, und den von Christus geoffenbarten Gott. Durch diese scharfe Scheidung zwischen Judentum und Christentum wird er nun zu einer Kritik des Begriffs apostolisch getrieben, da unter allen Aposteln nur einer, Paulus, diesen Kontrast, wenn auch in anderer Form und auf andern Prämissen beruhend als bei Marcion, enthält. So will er nur das Paulinische[120] als apostolisch im Geiste Jesu anerkennen und behauptet, daß die Urapostel Jesum mißverstanden und das Evangelium alsbald wieder mit jüdischen Elementen durchsetzt hätten. Wie Gal. 2 beweise, sei diese Differenz schon in den ersten Jahren des Christentums zutage getreten. Auch [F.Chr.] Baur geht von dieser Stelle aus. Indem Marcion[121] nun diesen engen, ungerechten und vollständig ungeschichtlichen Begriff des Apostolischen auf die kirchlichen Vorleseschriften anwendet, kommt er dazu, eine Reihe von denen, die bisher als apostolisch galten,

118 [R] 4. Kolleg.
119 [K. Heussi, *Kompendium der Kirchengeschichte*: ca. 150–154.]
120 [Ms.:] das paulinische [aber das zugehörige Substantiv fehlt].
121 [Ms.:] er.

von der Vorlesung auszuschließen und so zum ersten Mal einen Kanon aufzustellen. Dieser Kanon ist uns im 4. und 5. Buch des großen Werks Tertullians *Adversus Marcionem* aus dem Jahre 205 erhalten.[122] Er umfaßt Lk. (interpoliert) und die emendierten Paulusbriefe mit Ausschluß der Pastoralbriefe. Durch dieses Vorgehen war nun die Frage, was ist eigentlich apostolisch und was ist berechtigt, in der Kirche verlesen zu werden, gestellt, und die Kirche mußte als Gesamtheit eine praktische Lösung der Frage finden.

Theoretisch war die Lösung leicht. Man sagte: Apostolisch ist alles, was unter dem Namen der Apostel überliefert ist, und [man] schied daher zunächst alles aus, was keinen apostolischen Namen trug. So war das Schicksal von I Clem., Barnabas, II Clem., Hermas von vornherein entschieden, wenn sie auch nur langsam abtraten und sich in manchen Gegenden, die etwas von der allgemeinen Bewegung ablagen, noch ziemlich lange, bis ins 3. Jahrhundert hinein, als Vorleseschriften hielten. Die Bedeutung des Prophetischen für den kirchlichen Charakter, die beim[123] Autor von Pastor Hermae, dem Bruder des Bischofs Pius, unter dem Marcion nach Rom kam, noch so stark hervortritt, war also gänzlich unter den Tisch gefallen, besonders als das Prophetische sich im Montanismus auslebte.

Aber auch die Schriften, die unter apostolischem Namen überliefert waren, wurden nicht ohne weiteres aufgenommen. Zwar für die Evangelien, zu denen mittlerweile das 4. [Evangelium] hinzugetreten war, und für die Paulusbriefe, die schon vorher den Grundstock des Kanons ausgemacht hatten, einigte man sich allgemein und rasch. Aber eine Reihe von Schriften, welche sich mehr auf der Peripherie bewegten und nicht in dem Maße wie die obigen in allen kirchlichen Provinzen bekannt waren, hatten Mühe, in den Kanon hineinzukommen. Denn man war durch den Mißbrauch, den die gnostischen Kreise mit der apostolischen Autorität zur Deckung sekundärer Schriften trieben, vorsichtig geworden und wollte nur solche Schriften als apostolisch anerkennen, *die allgemein als solche verbreitet waren.* So wurde die apokalyptische Literatur, die sich mit der Autorität anderer Apostel deckte, von der Gesamtkirche mit sicherem Instinkt ausgeschieden. Aber auch für die andern Schriften, die nicht in allen kirchlichen Provinzen in Gebrauch waren, hielt es nun schwer, allgemein von der Gesamtkirche als solche anerkannt zu werden, und sie mußten schwer um ihre Existenz ringen. Das war das Schicksal der katholischen Briefe. Ihre Geschichte ist die Geschichte des Kanons, denn über die Evangelien und über die Paulusbriefe war man sich vor und nach Marcion in kirchlichen Kreisen in der

122 [R] [Gestrichenes Fragezeichen.]

123 [Ms.:] der in dem [«der» würde sich auf den «kirchlichen Charakter» beziehen, gemeint ist aber doch die Bedeutung des Prophetischen].

Hauptsache einig. Die Geschichte des Kanons dreht sich also von der Mitte des 2. Jahrhunderts ab ausschließlich um die katholischen Briefe. Und nicht einmal um alle, denn der 1. Petrus- und der 1. Johannesbrief waren durch das Zeugnis des Papias zu solch allgemeiner Anerkennung erhoben, daß auch sie nicht weiter angefochten werden. Aber Jak., II Petr., Jud., II und III Joh., Hebr. müssen über anderthalb Jahrhunderte ringen, bis sie aus der partiellen Geltung, die sie in der Mitte des 2. Jahrhunderts haben, zur allgemeinen, universal kirchlichen Geltung kommen. (Die Beanstandung von Apok. Joh. im Orient durch die Alexandriner hat andere Gründe.)

Sinn und Verstand hat die ganze Diskussion, die nun folgt, nicht. Denn einerseits hat die Kirche nicht klar begründen können, warum sie die Apostolizität dieser Schreiben nicht anerkennt und diejenige von I Petr. und I Joh. gelten läßt,[124] sondern das einzige, was sie ihnen vorwarf, ist, daß sie nicht so allgemein bekannt waren wie die andern. Andererseits haben die angefochtenen katholischen Briefe ihre Kanonisierung nicht dadurch herbeigeführt, daß sie ihre tatsächliche Apostolizität auswiesen, sondern nur durch ihr zähes Beharren. Es hat sich, wenn man einen Spruch des Herrn so anwenden darf, an ihnen das Wort erfüllt: Klopfet an, so wird euch aufgetan.[125] In dieser ganzen Debatte, darüber[126] muß man sich klar werden, ist über die Apostolizität oder Nichtapostolizität dieser Briefe überhaupt nichts Sachliches[127] vorgebracht worden. Ob die Kirche sie damals verworfen oder angenommen hat, ist für die Statuierung ihrer Apostolizität oder Nichtapostolizität vollständig, was unser Urteil betrifft, gleichgültig. Denn warum der 1. Petrusbrief apostolisch und der zweite es nicht sein soll, wenn es der erste ist, das haben die Diskussionen der alten Kirche in keiner Weise sachlich begründet, und auch der modernen Wissenschaft sollte es schwer werden, nun nachzuweisen, warum der 1. Brief echt und der zweite unecht sein soll. Ja, wir würden eher dem Gefühl der alten Kirche zuwiderhandeln und ein Schreiben wie den Judasbrief für apostolisch und den 1. Johannesbrief für nicht apostolisch erklären. Die ganze Frage dreht sich also nur darum, wie sich die kleinen katholischen Briefe von der partikularen Geltung, die sie besitzen, ehe die Frage eines allgemeinen Kirchenkanons in Bewegung kommt, zur allgemeinen kirchlichen [Geltung] durchsetzen, die sie besitzen müssen, wenn sie nachher noch irgendwo als kirchliche Vorlesungsschriften gelten wollen. Es ist nur der Bittgang, den sie in die Provinzen, wo sie noch nicht heimisch waren, antraten, und wo sie dann vor der Tür warten mußten, bis die

124 [R] Keinen Maßstab, keinen Beweis, drängen sich auf, s'imposer. Gewohnheitsrecht.
125 [Mt. 7,7.]
126 [Ms.:] das.
127 [Ms.:] Sachliches überhaupt nichts.

Alexandriner und Euseb mit der Prägung einer Mittelklasse zwischen kanonischen und nicht kanonischen Schriften sie ins Vorzimmer eintreten ließen.

Die Hauptetappen in dieser Diskussion sind:
1) der Muratorische Kanon
2) der Kanon bei Irenäus und Tertullian
3) der Kanon der Alexandriner
4) der Kanon des Eusebius.

1) *Der Muratorische Kanon.* [Ludovico Antonio] Muratori, gest. 1750, fand als Bibliothekar des ambrosianischen Kollegs zu Mailand in einem aus dem 8. oder 9. Jahrhundert stammenden, ehemals dem Kloster Bobbio gehörenden Sammelkodex ein Fragment von 85 Zeilen in barbarischem Latein, das auf ein griechisches Original zurückzugehen scheint. Das Fragment gibt ein Verzeichnis kirchlicher Vorlesungsschriften für die römische Gemeinde und rechtfertigt die Aufnahme oder die Abweisung der Schriften durch kurze literarische Notizen. Es setzt an mit einer Schlußbemerkung über Markus, behandelt dann Lukas, das 4. Evangelium, Paulus mit Rechtfertigung der Pastoralbriefe, wie sie als Privatschreiben zu solcher Wertung kommen, kommt dann auf die katholischen Briefe und schließt mit der Verwerfung verschiedener Briefe: eines nach Laodicäa, eines nach Alexandria (vielleicht unser Hebr.) und des Hermas, der der Privatlektüre empfohlen wird. In der Notiz über[128] Hermas findet sich der chronologische Anhaltspunkt für die Zeit des Fragments. Hermas wird verworfen[129] als kirchliche Vorlesungsschrift, weil er «nuperrime temporibus nostris sedente cathedra urbis [Romae] ecclesiae Pio» (also 140–150[155]) geschrieben sei.[130]

Muratori kennt vier Evangelien, Acta, 13 Paulusbriefe (also ohne Hebr., der vielleicht unter dem Brief nach Alexandrien verstanden ist),[131] Jud., I und II Joh.,[132] die Apok. Joh. und eine freilich nur bedingterweise anerkannte Apokalypse Petri.

Nicht erwähnt sind Jakob, I und II Petr., der 3. Johannesbrief und Hebr. Vielleicht figurieren diese Briefe auf[133] der Liste der verworfenen [Briefe], die dem[134] Fragment fehlt. (Es bricht ab mit: «nihil in totum

128 [Ms.:] des.
129 [R] (Der Alexandrinerbrief [verworfen] wegen marcionitischen Inhalts.)
130 [Vgl. oben Anm. 56.]
131 [Vgl. jedoch Anm. 129: Der Alexanderbrief wird verworfen wegen marcionitischen Inhalts («ad haeresem Marcionis», E. Preuschen, *Analecta*, Freiburg i.Br./Leipzig 1893, S. 133). Könnte solcher Vorwurf dem Hebräerbrief gelten? Die Identität von Hebr. mit dem «Alexanderbrief» ist wohl fraglich.]
132 [R] (2 Johannesbriefe!)
133 [Ms:] unter.
134 [Ms.:] auf dem.

recipimus».)[135] Oder sie waren ihm [dem Verfasser des Fragments] nicht bekannt, oder es ist Unordentlichkeit: z. B. daß er nur zwei Johannesbriefe erwähnt, während er doch entweder einen oder drei kennen mußte (oder waren in [der] römischen Gemeinde die johanneischen Briefe zu zwei [zweit?] geschrieben und der dritte unbekannt?), [ferner] daß er den 1. Petrusbrief nicht erwähnt, den er doch sicher nach dem Zeugnis des Papias kennen mußte. Also auch hier darf man aus dem Schweigen keine allzu großen Schlüsse ziehen.

[2)] *Irenäus*, in seinem im 3. Jahrzehnt vor Ende des 2. Jahrhunderts geschriebenen Werk *Gegen die Häretiker*, kennt als rezipiert vier Evangelien, 13 Paulusbriefe, I Petr., zwei Johannesbriefe wie Muratori, und Apok. [Joh.].[136] Es fehlen:[137] II Petr., III Joh., Jud. und Jak.; Hebr. wird als unpaulinisch erwähnt. Schon hier tritt das Charakteristische des abendländischen Kanons zutage: Apok. Joh. wird rezipiert, Hebr. als unpaulinisch verworfen, während der Orient umgekehrt für indirekte Autorschaft des Paulus für Hebr. und gegen die Apok. Joh. auftritt.

Ferner darf man auch hier wieder keine weitgehenden Schlüsse ziehen: Jud. wird bei Irenäus nicht erwähnt, aber Muratori kennt ihn; und da sich Irenäus auf die römischen Verhältnisse bezieht, hat er ihn auch gekannt. Er erwähnt nur zwei Johannesbriefe.[138] Das muß wie bei Muratori auf einer Eigentümlichkeit des römischen Manuskripts beruhen, nach dem I und II Joh. einen Brief bildeten, denn [in] III 16,8 zitiert Irenäus II Joh. 7 und 8 (die Stelle von denen, die nicht anerkennen, daß Jesus [der] ἐν σαρκὶ ἐρχόμενος, [der im Fleische Kommende] [ist] – die Stelle deckt sich mit I Joh. 4,2 ff. und [mit dem Brief] Polykarps [an die Philipper] 7,1) als zu 1. Johannesbrief gehörig! Wären uns des Irenäus Werke verloren, so würden alle Gelehrten sagen: Irenäus kannte nur den 1. Johannesbrief, weil Euseb [in Kirchengeschichte] V 6 berichtet: [folgt Zitat o. Anm. 138]. Sie sehen hieraus wieder, was man aus dem Schweigen erschließen kann.

Irenäus erwähnt den Jakobusbrief nicht, aber er klingt so in seinen Schriften an, daß er ihn wahrscheinlich gekannt hat.

Tertullian kennt vier Evangelien, 13 Paulusbriefe, I Joh., I Petr., Jud.

---

135 [Das ist nur ein Satzschluß, Preuschen, a.a.O., S. 135 (dort schließt das Fragment erst mit S. 137).]

136 [Adversus Haereses, gemäß Zitaten. Die Evangelien sind speziell erwähnt (III 1,1). Zitiert werden aber auch II Petr. (V 23,8) und Jak. (IV 16,2, V 1,1), jedoch nicht Philem.

137 [Ms.:] fehlt.

138 [R] (Skizze Ms.-S. 6:) Irenäus bei Euseb V 6,[8]: μέμνηται [δὲ] (ὁ Εἰρηναῖος) τῆς Ἰωάννου πρώτης ἐπιστολῆς ... ὁμοίως δὲ καὶ τῆς Πέτρου προτέρας. [BKV (Eusebius, Bd. II, 1932, S. 230): «Er erwähnt [zitiert] aber auch den ersten [inbegriffen den zweiten!] Brief des Johannes ... Ebenso gedenkt er des ersten Briefes des Petrus.»]

und Apok. [Joh.]. Hebr. wird dem Barnabas zugeschrieben.[139] Nicht erwähnt werden Jakobus und II Petr.

[3)] Die *Alexandriner* sind in der Konsolidierung des Kanons etwa um ein Menschenalter hinter Rom zurück. Die Linien sind bei ihnen noch viel dehnbarer. Sie führen zum ersten Mal die Unterscheidung zwischen γνήσια (anerkannten) und νόθα (verworfenen) Schriften so durch, daß sie dazwischen eine Klasse von ἀμφιβαλλόμενα oder μικτά (d. h. nur bedingterweise und nicht allgemein anerkannten) Schriften einführen. Das ist ein Modus vivendi, ein Waffenstillstand, in dem dann über den Frieden verhandelt wird. Zu den γνήσια gehören vier Evangelien, Acta, 13 Paulusbriefe, I Petr. und Apok. [Joh.] (obwohl gegen letztere wegen montanistischer Bewegung eine Abneigung besteht). Die νόθα sind die Schriften, die keinen apostolischen Namen führen. In die Klasse der ἀμφιβαλλόμενα werden die kleinen katholischen Briefe aufgenommen, Jak. und II Petr., die zum ersten Mal erwähnt werden, Jud. und II und III Joh. Das Steckenpferd der Alexandriner bildet Hebr., dessen indirekte paulinische Autorschaft durch wissenschaftliche Hypothesen dargetan wird. Das ist also die erste vollständige Aufzählung der neutestamentlichen Schriften.

[4)] *Euseb* in seinem berühmten und berüchtigten 25. Kapitel des 3. Buches hat er nichts anderes getan, als diesen von den Alexandrinern vorgeschlagenen Waffenstillstand zu akzeptieren und zu prolongieren, indem er der Mittelklasse einen Strich ins Positive gibt. Er nennt sie nicht mehr ἀμφιβαλλόμενα, sondern ἀντιλεγόμενα, γνώριμα δὲ τοῖς πολλοῖς [«Bestrittene, welche gleichwohl bei den meisten in Ansehen stehen» (25,3)]. Als Homologumena [anerkannte] führt er wie die Alexandriner vier Evangelien, Acta, 13 Paulusbriefe[140] und bedingterweise Apok. [Joh.] an. Zu den ἀντιλεγόμενα, γνώριμα δὲ τοῖς πολλοῖς rechnet er Jak., Jud., II Petr., II und III Joh. – zum Teil auch Hebr. Zu den νόθα gehören Hermas, Barnabas, Didache etc. Man merkt es ihm an, wie, wenn es auf ihn ankäme, er diese positiv gewerteten ἀντιλεγόμενα ruhig zu den erstklassigen Schriften schlagen würde, da er im Wesen derselben keine Differenz aufzeigen kann, aber die Zeit ist eben nicht so weit;[141] sie haben sich von ihrer partikularen Geltung zwar schon dazu emporgearbeitet, γνώριμα τοῖς πολλοῖς[142] zu sein, aber noch nicht γνώριμα τοῖς πᾶσιν.

---

139 [Tertullian, *De Pudicitia* Kap. 20: «Exstat enim et Barnabae titulus ad Hebraeos.»]

140 [Ohne Angabe der Zahl, jedoch auch I Joh. und I Petr.]

141 [R] 5. Kolleg.

142 [R] Was das γνώριμα τοῖς πολλοῖς bedeutet, kann man aus der syrischen Peschito [Peschitta, Peschitha (syrische Bibelübersetzung)] ersehen, die als kathol. Briefe *Jak.* (also hier in Ehren), I Joh. und I Petr. führt (und Hebr.). [Die] Peschito stammt aus [dem] 3. Jahrhundert. [Kennt] also [den] Judasbrief, der schon Mitte 2. Jh. in [dem] Muratorischen Fragment in Rom figuriert, nicht, stellt aber Jak. und Hebr., die damals in Rom noch gar nicht zählen, neben I Joh. und I Petr.

Das geschah dann im Laufe des 4. und 5. Jahrhunderts, ohne daß man genau sagen kann, wie, und ohne daß man ein Datum dafür angeben kann. Die Diskussion nach Euseb hat es gar nicht mehr mit den kleinen katholischen Briefen zu tun, sondern die ganzen Verhandlungen drehen sich darum, ob der Orient vom Abendland die Apok. Joh. in der Geltung, die sie im Abendland hat, annehmen will und ob das Abendland den Hebräerbrief mit der Rechtfertigung der[143] alexandrinischen Wissenschaft als indirekt paulinisch annehmen will.

Der Diplomat dieser Verhandlungen war der gelehrte Hieronymus (ca. 347–420), der durch seine Reisen und durch seine Wissenschaft sowohl im Orient wie im Okzident heimisch war. Darum mahnt er in der *Epistola ad Evagrium* und *ad Dardanum* zum Ausgleich.[144] Für Augustin *De Civitate Dei* 16,22 ist dann Hebr. wirklich ein paulinischer Brief,[145] und auf der Synode zu Karthago 397, can. 47, werden als kanonische Schriften statuiert: «Pauli Apostoli Epistolae tredecim, ejusdem ad Hebraeos una». In diesem angehängten ejusdem liegt der Kompromiß.

Aus diesem allgemeinen Überblick können Sie entnehmen,

1) daß die Geschichte des Kanons, welche die Geschichte der katholischen Briefe ist, so verläuft, daß I Petr. und I Joh. gleich von Anfang an, durch ihre günstige allgemeine Bezeugung bei Papias und Polykarp, hors de cause sind und mit den paulinischen Briefen rangieren;[146]

2) daß von den zweifelhaften katholischen Briefen Jud. und einer der kleinen Johannesbriefe (wenn nicht eine Eigentümlichkeit der Anordnung im Abendland vorliegt) zuerst klar hervortreten bei Muratori, während II Petr., Jak. und die uns geläufige Dreizahl der Johannesbriefe erst bei den Alexandrinern zutage treten, wo auch der schon vielleicht bei Muratori, sicher bei Irenäus und Tertullian vorausgesetzte Hebräerbrief mit indirekten paulinischen Ansprüchen auftritt;

3) daß es sich bei der ganzen, von der theologischen Wissenschaft oft überschätzten Diskussion gar nicht um sachliche, innerliche Gründe handelt,[147] durch die über die Apostolizität dieser Schriften entschieden würde, sondern um die im großen und ganzen ziemlich glatt verlaufene Ausbildung eines Gewohnheitsrechtes, durch das diese Schriften aus der partikularen, auf einen bestimmten Kreis oder auf eine bestimmte Provinz beschränkten Geltung zur allgemeinen kirchlichen Geltung als Vorlesungsschriften für die Gesamtheit erhoben werden.

---

143 [D. h. durch die alexandrinische Wissenschaft.]

144 [*Ad Dardanum*: BKV, Hieronymus, II. Briefband, München 1937, S. 339. – *Ad Evagrium*: ?]

145 [Augustin stellt nur fest: für die meisten, manche lehnen es ab.]

146 [A. S. schreibt:] rangschieren.

147 [«handelt» steht im Ms. nach «würde».]

§ 6) Die wichtigsten literarischen Notizen über die katholischen Briefe bei den Kirchenvätern

Ich gebe Ihnen nun noch einen Überblick über die interessantesten literarischen Notizen über die katholischen Briefe, die in der Diskussion über ihre Aufnahme in den Kanon in der alten Literatur sich verzeichnet finden.

I Petr.: Origenes zitiert im Johanneskommentar [VI 35] I Petr. 3,18–20.

Die Johannesbriefe:
Daß Irenäus [in Adv. haer.] III 16,8 II Joh. 7 und 8 irrtümlich als zu I Joh. gehörend zitiert, ist schon erwähnt worden.[148]

Zum ersten Mal werden in [der] alten Literatur die kleinen Johannesbriefe als solche ausdrücklich zitiert anno 256 auf [dem] Konzil zu Karthago in Sachen der Gültigkeit der Ketzertaufe unter Cyprian. Dort beruft sich der Bischof Aurelian auf II Joh. 10 und 11 gegen [die] Anerkennung der Ketzertaufe («Wenn jemand zu euch kommt und diese Lehre nicht hat, nehmt ihn nicht ins Haus auf und bietet ihm keinen Gruß, denn wer ihn grüßt, hat Teil an seinen bösen Werken»). Daraufhin entschied sich die Synode gegen die Ketzertaufe. (Wie Sie wissen, standen die kleinasiatische und die afrikanische Kirche in der Frage, ob die Ketzertaufe gültig sei, gegen Rom, indem sie als die strengeren die Frage verneinten, wogegen Rom sie bejahte. Als Cyprian diesen Beschluß des Konzils – nota bene[149] als für anders Denkende nicht verbindlich – an Papst Stephanus übermittelte,[150] schloß derselbe die Afrikaner aus der Kirchengemeinschaft aus. Die römische Praxis drang durch, und anno 348 gab die afrikanische Kirche im Kampf mit den Donatisten ihre Praxis auf. Rom hatte wieder einmal, durch seinen bewundernswerten Instinkt geleitet, gegen die andern Recht behalten – trotzdem jene im 2. Johannesbrief die Schrift für sich hatten.)[151]

Merkwürdig ist, daß man in der ältesten Zeit den Unterschied nicht macht, daß II und III Joh. von dem Presbyter Johannes (ὁ πρεσβύτερος, wie er sich in der Überschrift II Joh. 1 und III Joh. 1 nennt) verfaßt sein wollen, während der erste wie das Evangelium vom Apostelschüler herzurühren vorgibt.

---

148 [Siehe oben S. 270, Ms.-S. 18.]

149 [Ms.:] nb.

150 [*Cyprian* an Stephanus, Kap. 1, BKV, *Cyprian* Bd. I, München 1928, S. 332f. (72. Brief).]

151 [Die Schlußklammer steht im Ms. schon nach «behalten», gehört aber zweifellos an den Schluß; vermutlich hat A. S. die Satzergänzung erst nachträglich beigefügt, ohne die Klammer entsprechend zu verschieben.]

Irenäus zitiert gerade die oben erwähnte Stelle II Joh. 11 als Wort des Herrenschülers Johannes ([Adv. haer.] I 16,3). Nun unterscheidet schon Papias in dem berühmten Fragment Euseb [Kirchengeschichte] III 39[,5] zwei Johannes', einen Apostel und einen Presbyter Johannes.[152] (Wir kommen auf diese ganze Frage noch zu sprechen.) Euseb schwankt noch, ob er von dieser Hilfe Gebrauch machen soll. [Nach] Kirchengeschichte III 24,17 und 25,2 gehören das Evangelium und der 1. Brief dem Apostel [an] ([der] 2. und [der] 3. Brief und [die] Apok. [Joh.] andern[153]).[154] Schon Dionysius von Alexandrien hatte übrigens die Verschiedenheit der Überschrift erwähnt.[155] Aber erst mit Hieronymus (*Catal.* [Kap.] 9 und 18)[156] dringt die Ansicht allgemein durch, daß der Presbyter die Briefe geschrieben habe. So heißt es im *Decretum Damasi*:[157] «Alterius Johannis presbyteri epistolae duae».

Clemens Alexandrinus[158] hat den *2. Johannesbrief* sicher kommentiert, ob auch den dritten, ist ungewiß. Nach Euseb. VI 14,1 [hat] Clemens Alexandrinus schon alle katholischen Briefe kommentiert. Wir begegnen überall, bei Muratori, Irenäus und hier, der nicht klar vollzogenen Unterscheidung zwischen dem 2. und 3. Johannesbrief.

Der Jakobusbrief:
Muratori und Irenäus schweigen über den Brief. Aber wahrscheinlich hat ihn Irenäus doch gekannt, denn [in Adv. haer.] IV 16,2 bezeichnet er Abraham als «Freund Gottes», was aus Jak. 2,23 herzurühren scheint, wenn es Irenäus nicht aus I Clem. 17[,2], wo es ebenfalls vorkommt, hat.[159]

Heimisch scheint der [Brief] von Anfang her in der syrischen Kirche gewesen zu sein, wie sein Ehrenplatz in [der] Peschito es vermuten läßt. Vielleicht ist er in Antiochia entstanden.

Wie schon erwähnt,[160] wird der Jakobusbrief zum ersten Mal genannt

---

152 [R] [Fragezeichen, obwohl die Angabe stimmt.]

153 [Hier ein Fragezeichen, obwohl die Angabe des Eusebius richtig wiedergegeben ist.]

154 [R] Apok. und II und III [Joh.] zweifelhaft.

155 [Nach Eusebius VII 25,8.]

156 [*Catalogus scriptorum ecclesiae* Kap. 9 (nach *Meyers Kommentar zum NT*, 14. Abt., Göttingen 1880, S. 277): «scripsit Johannes et unam epistolam, quae ab universis ecclesiasticis et eruditis viris probatur; reliquae autem duae, quarum principium Senior ... Johannis Presbyteri asseruntur.» Kap. 18 (ebd.): dies sei eine «opinio, quam a plerisque retulimus traditam».]

157 [Orig. Fragezeichen, aber die Angabe stimmt. – Decretum Damasi = sog. Decretum Gelasianum. Vgl. E. v. Dobschütz, *Das Decretum Gelasianium de libris recipiendis et non recipiendis* ..., hrsg. und untersucht von E. Dobschütz (TU 38,4), Leipzig 1912, S. 6, Zeile 123/S. 28, Zeile 123.]

158 [R] [Fragezeichen (neben dem Abschnitt).]

159 [Vgl. oben S. 256, Ms.-S. 9.]

160 [S. 257.]

bei Origenes im Kommentar zu Joh. Tom. 19, und zwar bezieht sich die Erwähnung auf die Kraftstelle des Jakobus, auf den Glauben, der ohne Werke tot ist (Jak. 2,14ff.). Der interessanteste Passus bei Origenes lautet: ἐὰν δὲ λέγηται μὲν πίστις, χωρὶς δὲ ἔργων τυγχάνη, νεκρά ἐστιν ἡ τοιαύτη, ὡς ἐν τῇ φερομένῃ Ἰακώβου [ἐπιστολῇ] ἀνέγνωμεν.[161]

Hinsichtlich der Frage, welcher Jakobus, Jakobus der Gerechte, der Bruder des Herrn, oder der Zebedaide Jakobus, der Autor sei, gehen die Ansichten der Alten auseinander. In dem Kommentar zu Mt. 13,55, wo die Nazarener bei Anwesenheit Jesu sich fragen: Ist dieser nicht der Sohn des Zimmermanns, und sind seine Brüder und Schwestern nicht alle unter uns – berichtet Origenes, daß Judas einen Brief geschrieben habe, von Jakobus, daß er in Gal. 1,19 vorkomme,[162] *aber nicht, daß auch Jakobus einen Brief geschrieben habe.* (Ebenso Hegesipp!)[163] Dazu stimmt, daß in den durch Rufin ins Lateinische übersetzten und uns erhaltenen Schriften des Origenes der Apostel Jakobus als der Autor genannt wird.

Die lateinische Übersetzung führt ihn [den Brief] als Werk des Zebedaiden, des Apostels, an, «als den ersten von den Briefen der drei Apostel, welche Zeugen der Verklärung waren».[164]

In dem Kanonverzeichnis, welches die *Expositio symboli* des Rufin gibt (desselben, der Origenes übersetzt hat!), wird Jakobus, der Herrenbruder, als Autor angeführt (also gerade im Gegenteil zu Origenes). Das Verzeichnis schließt nämlich mit der Bemerkung: «Petri Apostoli duae (sc. epistolae), Jacobi fratris domini et Apostoli una, Judae una, Joannis tres.» Diese gegen Origenes gerichtete Auffassung ist dann durch Hieronymus herrschend geworden. Er schreibt in *De viribus illustribus*, Kap. 2: «Jacobus, qui appellatur frater domini, cognomente Justus, ... post passionem Domini statim ab Apostolis Hierosolymorum episcopus ordinatus[165] unam tantum scripsit epistolam, quae de septem catholicis est. Quae et ipsa ab alio quodam sub nomine eius edita asseritur: licet paullatim *tempore procedente obtinuerit auctoritatem.* Hic est de quo ... Paulus scribit ad Galatas: ‹alium autem Apostolorum vidi neminem nisi Jacobum, fratrem Domini› [Gal. 1,19]... Triginta annos Hierosolymorum[166] rexit ecclesiam, id est, usque ad septimum Neronis annum.»

---

161 [*Joh.-Kommentar*, Leipzig 1903, Bd. IV, S. 325. (Übers. v. Rolf Gögler, *Origenes, Das Evangelium nach Joh.*, Zürich u. Köln 1959, S. 301: «Wenn man Glaube sagt, dieser aber ohne Werke ist, so ist es ein toter Glaube, wie wir in dem Jakobus zugeschriebenen Briefe lesen», Jak. 2,17.)]

162 [*Die griech. Schriftsteller der ersten 3 Jahrhunderte*, Origenes, Bd. X, Leipzig 1903, S. 22.]

163 [In den Hegesipp-Exzerpten des Eusebius (Kirchengeschichte) erscheint Jakobus nirgends als Briefautor.]

164 [Vgl. dazu Th. Zahn, *Einleitung in das Neue Testament,* Bd. 1, 3. Aufl. Leipzig 1924, S. 75.]

165 [Textausgabe v. C. A. Bernoulli, Freiburg i.Br./Leipzig 1895, S. 7: ordinatur.]

166 [Textausgaben v. E. C. Richardson, Leipzig 1896, S. 8, u. Bernoulli, a.a.O., S. 8:

2. Petrus:
Obwohl in den erhaltenen Schriften des Clemens Alexandrinus II Petr. nicht erwähnt wird, so ist es doch wahrscheinlich, daß er diesen Brief in den Adumbrationen behandelt hat, wie er auch die *in [dem] Muratorischen [Fragment] zitierte Apokalypse Petri behandelt hat.*[167] Ja, es scheint als sehr wahrscheinlich, daß das ganze apokalyptische Stimmungsbild II Petr. 3,3–13 von dem Tag des Herrn und von der neuen Erde und dem neuen Himmel aus jener Apokalypse genommen ist.

Jud. war seines prophetischen Charakters wegen den Alexandrinern sehr sympathisch,[168] wie überhaupt in Alexandrien die Schätzung der lebendigen Prophetie sehr lange, länger als in Rom, anhielt. Das erkennt man aus der ehrfurchtsvollen Hochachtung, mit der Origenes von Pastor Hermae spricht. Dieses prophetischen Vorzugs wurde nun auch Jud. wegen seines apokalyptischen Inhalts teilhaftig.[169] Nach Clemens von Alexandrien spricht Judas prophetisch. Origenes äußert sich in der schon oben erwähnten Stelle aus dem Kommentar zu Mt. 13,55 (Jesu Brüder und Schwester): «'Ιούδας ἔγραψεν ἐπιστολὴν ὀλιγόστιχον μέν, πεπληρομένην δὲ τῶν τῆς οὐρανίου χάριτος ἐρρωμένων λόγων.»!![170]

In Περὶ ἀρχῶν, Kap. 2 (nach Rufin), bemerkt Origenes, daß die Bedeutung des Falles der Eva durch die Schlange aus der *Ascensio Mosis* stammt, «cuius libelli meminuit in epistula sua Apostolus Judas».[171] Nun erwähnt zwar Judas dieses Buch nicht, aber[172] der Passus über den

annis Hierosolymae... (Auch anderen kleinen Varianten zufolge zitiert A. S. offensichtlich nach einer andern Quelle.)

Übers.: «Jakobus, der der Bruder des Herrn genannt wird, mit dem Beinamen Gerechter, nach des Herrn Passion von den Jerusalemischen Aposteln sogleich zum Bischof ordiniert, schrieb nur *einen* Brief, der zu den katholischen Briefen gehört, welcher auch selbst, von einem gewissen andern unter dessen Namen verbreitet, hinzugefügt wurde. Man darf sagen, daß er allmählich, mit fortschreitender Zeit, Autorität gewann. Dieser [Jakobus] ist es, von dem Paulus an die Galater schreibt: ‹Einen andern von den Aposteln sah ich nicht, außer Jakobus, den Bruder des Herrn. Er leitete die Kirche der Jerusalemer 30 Jahre, d. h. bis zum 7. Jahr des Nero.›»]

167 [R] II Petr.: Skizzen Ms.-S. 3 und 19, und dann Hebräerbrief. [Betrifft zwei Abschnitte über II Petr. und Hebr. auf Ms.-S. 3 der «Skizzen und Vorarbeiten zum Kolleg» über die kathol. Briefe und Ms.-S. 19 ein Zitat von Clem. v. Alex. (im folg. Abschnitt wiedergegeben).]

168 [R] [...] Notizen im Zusammenhang gegeben.

169 [R] [Ausrufezeichen.]

170 [Übers. v. J. Vogt, Origenes, *Der Kommentar zum Evangelium nach Mt.*, 1. Teil, Stuttgart 1983, S. 82:... «Judas hat einen Brief geschrieben, der zwar nur wenige Zeilen umfaßt, aber voll ist von den starken Worten der himmlischen Gnade.»]

171 [Origenes, *De principiis*, III 2 (zu Beginn).]

172 [Ms. statt «aber»:] sondern.

Kampf des Erzengels Michael mit der Schlange stammt daraus Jud. 9ff.).[173]

Am interessantesten ist die Debatte über den *Hebräerbrief*, weil hier zum ersten Mal wissenschaftliche Hypothesen zur Rechtfertigung der Apostolizität und Kanonizität einer Schrift angewandt werden. Es waren, wie für den Judasbrief, die Alexandriner, die sich des Schreibens annahmen, es dem Abendland gegenüber, das den Hebräerbrief am liebsten auf dieselbe Linie mit I Clem. gestellt hätte, verfochten und sein Glück in der Kirche machten.

Schon Pantänus, der Lehrer des Clemens Alexandrinus, hat sich über den Hebräerbrief Gedanken gemacht und sich gefragt, warum Paulus, wo doch alles in dem Schreiben auf ihn hinzuweisen scheint (die Erwähnung des Timotheus und der Freunde aus Italien in den letzten Versen des Briefs, 13,22[23]f.), dem Brief seinen Namen nicht beigesetzt hat, und erklärt dies daraus, daß Paulus als Heidenapostel es nicht für angebracht hielt, ein Schreiben an Hebräer namentlich zu unterzeichnen. Diese Erklärung zitierte Clemens Alexandrinus in seinen Hypotyposen, und daraus hat sie Eusebius [in Kirchengeschichte] VI 14[,1] uns aufbewahrt:[174] ἐπεὶ ὁ κύριος, ἀπόστολος ὤν τοῦ παντοκράτορος, ἀπεστάλη πρὸς Ἑβραίους, διὰ μετριότητα ὁ Παῦλος, ὡς ἂν εἰς τὰ ἔθνη ἀπεσταλμένος, οὐκ ἐγγράφει ἑαυτὸν Ἑβραίων ἀπόστολον διά τε τὴν πρὸς τὸν κύριον τιμὴν διά τε τὸ ἐκ περιουσίας καὶ τοῖς Ἑβραίοις ἐπιστέλλειν, ἐθνῶν κήρυκα ὄντα καὶ ἀπόστολον.[175]

Der Gedanke ist also der: Apostel der Hebräer ist nur einer, der Herr selbst, weil er zu seinem Volk gesandt ist, und wenn daher Paulus als Heidenapostel ein Schreiben an die Hebräer richtet, darf er es nicht unterzeichnen, aus Ehrfurcht vor dem Herrn und in Berücksichtigung seiner eigentümlichen[176] Mission. In demselben Zusammenhang entwickelt dann Clemens seine Ansicht, daß Paulus seinen Namen weggelassen habe, um der Hebräer Vorurteile gegen ihn nicht zu wecken.

---

173 [Die *Ascensio Mosis* ist nur fragmentarisch erhalten, die betr. Stelle fehlt. (Der Erzengel Michael ist erwähnt in 10,2.)]

174 [R] Eusebius VI 14[,1]: Über die Hypotyposen des Clemens: «Die ganze Schrift in Diegesen behandelt: μηδὲ τὰς ἀντιλεγομένας παρελθών, τὴν Ἰούδα λέγω καὶ τὰς λοιπὰς καθολικὰς ἐπιστολὰς, τήν τε Βαρναβᾶ, καὶ την Πέτρου λεγομένην Ἀποκάλυψιν [ohne die bestrittenen Schriften wie den Brief des Judas, die übrigen katholischen Briefe, den Brief des Barnabas und die sog. Petrusapokalypse zu übergehen.» (BKV, Eusebius Bd. II, München 1932, S. 280. Vgl. oben Anm. 7.)]

175 [*Die griech. Schriftsteller der ersten drei Jahrhunderte, Eusebius,* 2. Bd., 2. Teil, Leipzig 1908, S. 550. – BKV, Eusebius Bd. II, München 1932, S. 280: «Da ferner... der Herr als Apostel des Allmächtigen an die Hebräer gesandt worden war, so betitelt sich Paulus, als zu den Heiden gesandt, aus Bescheidenheit nicht als Apostel der Hebräer. Er unterläßt es aus Ehrfurcht vor dem Herrn und weil er, der Lehrer und Apostel der Heiden, über seinen Beruf hinaus an die Hebräer schrieb.»]

176 [D. h. seiner eigenen, besonderen.]

Diese Erklärung findet sich ebenfalls [bei] Euseb VI 14[,1], vor der Ansicht des Presbyters (= Pantänus): καὶ τὴν πρὸς Ἑβραίους δὲ ἐπιστολὴν Παύλου μὲν εἶναί φησιν,[177] γεγράφθαι δὲ Ἑβραίοις Ἑβραϊκῇ φωνῇ. Λουκᾶν δὲ φιλοτίμως[178] αὐτὴν μεθερμηνεύσαντα ἐκδοῦναι τοῖς Ἕλλησιν, ὅθεν τὸν αὐτὸν χρῶτα[179] εὑρίσκεσθαι κατὰ τὴν ἑρμηνείαν ταύτης [τε] τῆς ἐπιστολῆς καὶ τῶν Πράξεων· μὴ προγεγράφθαι δὲ τὸ ‹Παῦλος ἀπόστολος› εἰκότως· ‹Ἑβραίοις γάρ› φησίν, ‹ἐπιστέλλων πρόληψιν[180] εἰληφόσιν κατ᾽ αὐτοῦ καὶ ὑποπτεύουσιν αὐτόν, συνετῶς πάνυ οὐκ ἐν ἀρχῇ ἀπέτρεψεν αὐτούς τὸ ὄνομα θείς›.[181]

Danach stammt die hebräische Urschrift von Paulus, die griechische Übersetzung von Lk., woraus sich die Stilähnlichkeit mit Acta erklärt. Aber Lk. unterließ es, den Namen des Paulus hinzuzusetzen, da er die Vorurteile der Hebräer gegen Paulus kannte und selbstverständlich[182] dem Brief dadurch die Tür nicht abschließen wollte.

Wie [183] Clemens die Hypothese seines Lehrers Pantänus, so stieß nun Origenes (185–254) seinerseits die Hypothese seines Lehrers Clemens um. Seine Ansicht ist erhalten bei Euseb, [Kirchengeschichte] VI 25[,1].[184] Die Stildifferenz zwischen dem Hebräerbrief und den paulinischen Briefen ist dem Origenes zu groß, als daß er sie durch die Übersetzungshypothese lösen zu können glaubt. Er will daher lieber annehmen, daß ein uns unbekannter Schüler Pauli im Namen des Apostels den Brief verfaßt habe. Er sieht ein, daß der Stil viel griechischer ist als sonst bei Paulus. ἀλλ᾽ ἐστὶν ἡ ἐπιστολὴ συνθέσει τῆς λέξεως Ἑλλη-

177 [Im Text von A. Schweitzer beigefügt:] (scil. Κλήμης).

178 [Über «φιλοτίμως» von A. Schweitzer notiert:] (studiosa) [BKV: «sorgfältig»].

179 [Über «χρῶτα» von A. Schweitzer notiert:] (Stil).

180 [Nach «πρόληψιν» von A. Schweitzer eingefügt:] (Vorurteil) [BKV: «gegen ihn voreingenommen», s. folg. Anm. 181].

181 [A. a. O., S. 550. – BKV, a.a.O., S. 280: «Den Hebräerbrief weist er Paulus zu, behauptet aber, er sei an die Hebräer in hebräischer Sprache geschrieben worden. Lukas habe den Brief sorgfältig übersetzt und dann an die Griechen weitergeleitet. Daher komme es, daß die Sprache dieses Briefes dieselbe Färbung zeige wie die der Apostelgeschichte. Daß dem Brief nicht die Worte ‹Paulus, der Apostel› vorgesetzt seien [sind], habe seinen guten Grund. ‹Denn›, so erklärt er, ‹da er an die Hebräer schrieb, die gegen ihn voreingenommen waren und ihn verdächtigten, so war es ganz begreiflich, daß er nicht schon am Anfang durch Nennung seines Namens abstieß.›»]

182 [Ms.:] selbstverständig.

183 [R] 6. Kolleg.

184 [R] ἔτι πρὸς τούτοις περὶ τῆς Πρὸς Ἑβραίους ἐπιστολῆς ἐν ταῖς εἰς αὐτὴν Ὁμιλίαις ταῦτα διαλαμβάνει ὅτι ὁ χαρακτὴρ etc. [A. a. O., S. 578. – BKV, a.a.O., S. 294: «In seinen Homilien zum Hebräerbrief äußert sich Origenes über denselben also: ... daß der Stil ⟨des sog. Hebräerbriefes nichts von jener Ungewandtheit im Ausdruck zeigt, welche der Apostel selber eingesteht, wenn er sich als ungeschickt in der Rede, d. i. im Ausdruck bezeichnet» (II Kor. 11,6) ...⟩ Fortsetzung Anm. 186.]

νικωτέρα, πᾶς ὁ ἐπιστάμενος κρίνειν φράσεων διαφορὰς ὁμολογῆσαι ἄν. ...

ἐγὼ δὲ ἀποφαινόμενος εἴποιμ' ἂν ὅτι τὰ μὲν νοήματα τοῦ ἀποστόλου ἐστίν, ἡ δὲ φράσις καὶ ἡ σύνθεσις ἀπομνημονεύσαντός τινος τὰ ἀποστολικὰ καὶ ὥσπερ σχολιογραφήσαντός τινος τὰ εἰρημένα ὑπὸ τοῦ διδασκάλου. εἴ τις οὖν ἐκκλησία ἔχει ταύτην τὴν ἐπιστολὴν ὡς Παύλου, αὕτη εὐδοκιμείτω καὶ ἐπὶ τούτῳ· οὐ γαρ εἰκῇ οἱ ἀρχαῖοι ἄνδρες ὡς Παύλου αὐτὴν παραδεδώκασιν. τίς δὲ ὁ γράψας τὴν ἐπιστολήν, τὸ μὲν ἀληθὲς θεὸς οἶδεν,[185] ἡ δὲ εἰς ἡμᾶς φθάσασα ἱστορία ὑπὸ τινῶν μὲν λεγόντων ὅτι Κλήμης, ὁ γενόμενος ἐπίσκοπος Ῥωμαίων, ἔγραψεν τὴν ἐπιστολήν, ὑπὸ τινῶν δὲ ὅτι Λουκᾶς, ὁ γράψας τὸ εὐαγγέλιον καὶ τὰς Πράξεις.[186]

So setzte sich im Morgenland immer mehr die Theorie von der indirekten paulinischen Abfassung des Briefes fest. Dionysius von Alexandrien zitiert Hebr. 10,34 als Wort Pauli (Euseb. VI 41[,6]). Dabei fehlt es nicht an Gegnern.[187] Aus einem Brief des Origenes an Julius Africanus[188] wird erwähnt, daß man daran Anstoß nahm, daß Hebr. [nach] 11,37, in dem großen Kapitel über die[189] Glaubenszeugen, allgemein behauptet wird, es wären welche durch die Säge hingerichtet worden von den Propheten, während es die Tradition bloß von Jesaja berichtet.[190]

Für Euseb ist die paulinische Autorschaft des Briefes so oder so ausgemacht, obwohl er die Bedenken nicht verschweigen will. Die Stelle findet sich bei Euseb III, 3[,5]: τοῦ δὲ Παύλου πρόδηλοι καὶ σαφεῖς αἱ δεκατέσσαρες (also schon 14 Paulusbriefe, Hebr. mitgezählt)· ὅτι γε μήν τινες ἠθετήκασι τὴν πρὸς Ἑβραίους, πρὸς τῆς Ῥωμαίων ἐκκλησίας ὡς μὴ Παύλου οὖσαν αὐτὴν ἀντιλέγεσθαι φήσαντες, οὐ

---

185 [Nach «οἶδεν» von A. Schweitzer eingefügt:] (Dieses Wort ist wahr bis auf den heutigen Tag.)

186 [25,11–14, a.a.O., S. 578f. – BKV, a.a.O. S. 294f.: ... «daß der Brief vielmehr in seiner sprachlichen Form ein besseres Griechisch aufweist, ... ⟨Später bemerkt Origenes noch:⟩ ‹Ich aber möchte offen erklären, daß die Gedanken vom Apostel stammen, Ausdruck und Stil dagegen einem Manne angehören, der die Worte des Apostels im Gedächtnis hatte und die Lehre des Meisters umschrieb. Wenn daher eine Gemeinde diesen Brief für paulinisch erklärt, so mag man ihr hierin zustimmen. Denn es hatte seinen Grund, wenn die Alten ihn als paulinisch überliefert haben. Wer indes tatsächlich den Brief geschrieben hat, weiß Gott (s. Anm. 185). Soviel wir aber erfahren haben, soll entweder Klemens, der römische Bischof, oder Lukas, der Verfasser des Evangeliums und der Apostelgeschichte, den Brief geschrieben haben.›»]

[R] Übersetzen! [Siehe oben.]

187 [Im Ms. hier kein Interpunktionszeichen.]

188 [R] Notizen [Skizzen zum Kolleg über die kathol. Briefe, Ms.-S. 10. Hinweis auf den Brief des Origenes (Ὠριγένης Ἀφρικανεῷ ἀγαπητῷ ἀδελφῷ, Abschnitt 13).]

189 [Ms., statt «über die»:] der.

190 [Das Martyrium des Propheten Jesaja», 5,1ff. (E. Kautzsch, *Die Pseudepigraphen des AT*, S. 127).]

δίκαιον ἀγνοεῖν· καὶ τὰ περὶ ταύτης δὲ τοῖς πρὸ ἡμῶν εἰρημένα κατὰ καιρόν παραθήσομαι.[191] (Eben im 6. Buch, wovon die Rede war!)[192]

Diese versprochene Auseinandersetzung kommt dann einige Kapitel weiter, [in] III 38. Das Hauptargument der paulinischen Abfassung des Hebräerbriefes findet Euseb in seiner Beobachtung der literarischen Benutzung von Hebr. im 1. Clemensbrief – die auch uns sehr wahrscheinlich scheint. Erinnern Sie sich, daß Euseb sehr scharf beobachtet hinsichtlich der indirekten literarischen Bezeugung und unter anderm rein aus literarischen Anklängen die Bekanntschaft des Polykarpbriefes mit I Petr. und I Joh. erschließt. So sagt er auch hinsichtlich des Hebräerbriefes:[193] «Clemens von Rom hat sehr viele Gedanken, sogar wörtlich, aus dem Brief an die Hebräer genommen, woraus es augenscheinlich wird, daß er nicht neu ist. Daher es sehr billig scheint, daß man ihn den übrigen Schriften Pauli beigezählt hat.»[194] (Echt negativer-theologischer Schluß. [Der] ausgeschlossene Dritte, enclusi medii.) Während so die Morgenländer durch wissenschaftliche Hypothesen dem Hebräerbrief den Weg bereiteten und ihm durch genealogische Studien den fehlenden Geburtsschein zu ersetzen suchten, verhielten sich die Abendländer vollständig ablehnend zu ihm.

Irenäus und Hippolyt wollten die paulinische Autorschaft des Briefes nicht anerkennen. Photius, *Bibliothek*, Cod. 232 (aus Stephan Gobarus): Ἱππόλυτος καὶ Εἰρηναῖος τὴν πρὸς Ἑβραίους ἐπιστολὴν Παύλου οὐκ ἐκείνου εἶναι φασίν.[195]

(Photius, gelehrter Patriarch von Konstantinopel aus dem 9. Jahrhundert, 857 [858? durch den Caesar Bardas an der Stelle des abgesetzten Ignatius von Konstantinopel zum Patriarchen] berufen. Er hatte viel zu erdulden im Streit zwischen der morgenländischen und [der] abendländischen Kirche um die orientalischen Patriarchate. Öfters abgesetzt und wieder eingesetzt,[196] gest. 891. Er war der Prügelknabe der Kirchenpolitik zwischen Rom und Konstantinopel und der Palastrevolutionen. Sehr wichtig ist seine Sammlung von Zitaten aus den älteren griechischen kirchlichen

---

191 [A. a. O., S. 190. – BKV, Eusebius Bd. II, S. 102: «Von Paulus aber sind sicher und bestimmt die 14 Briefe verfaßt. Es wäre indes nicht recht, außer acht zu lassen, daß manche behaupteten, der Brief an die Hebräer sei von der römischen Kirche nicht als paulinisch anerkannt worden, und denselben deshalb verwarfen. Wie übrigens früher über den Hebräerbrief geurteilt wurde, werde ich noch bei Gelegenheit mitteilen.»]

192 [R] und III 38: Von dem Brief des Clemens und anderen Schreiben, die ihm fälschlicherweise beigelegt werden.

193 [R] (Erwähnt zugleich, daß man ihn [den Hebräerbrief] Paulus, Lk. und Clem. hat zuschreiben wollen [Euseb. III 3,2].)

194 [Eusebius, Kirchengeschichte III 38,1. Wörtliche Zitate aus Hebr. in I Clem. 17,27.36.]

195 [Am Schluß von Codex 232 (der über ein Buch des Stephanus G. berichtet): «Hippolyt und Irenäus behaupten, daß der Hebräerbrief nicht von Paulus sein könne.»]

196 [R] (Bis ihn der Tod von der Theologie erlöste.)

Werken (*[Bibliotheca seu] Myriobiblion*), in der uns 280 Zitate und Auszüge aus [solchen] älteren Werken erhalten sind, die sonst für uns verloren wären; er wird darum öfters zitiert. Daneben hat er noch vier Bücher gegen die Manichäer und sehr wichtige Briefe [u. a.] geschrieben.)

Euseb bemerkt [in] V 26, daß Irenäus den Brief gekannt und zitiert habe, aber ohne ihn als paulinisch zu nennen.[197] Daraufhin fertigte [Christoph Matthäus] Pfaff, der gelehrte Kanzler der Tübinger Universität, ein falsches Irenäusfragment, das er in einer Bibliothek Turins gefunden zu haben vorgab, 1715, wo der Brief[198] wirklich angeführt wird. (Er hat eine ganze Reihe solcher Fragmente mit hervorragendem[199] Geschick angefertigt, z. B. über [das] Abendmahl. Ihre Unechtheit, obwohl man ihnen von Anfang an mit Mißtrauen begegnete, wurde erst vor zwei Jahren durch Harnack endgültig bewiesen.[200] Der Fall, daß Gelehrte aus Ehrgeiz solche Fälschungen begehen, kommt in der Geschichte häufiger vor als man ahnt.)

Gegen den Hebräerbrief war auch Gaius,[201] der römische Presbyter und vertraute Freund des Irenäus, der in seinem Kampf mit dem Montanismus das Daseinsrecht der Eschatologie überhaupt in der Kirche als erster verneint. Nach Eusebius VI 20[202] hat er in der uns verlorenen Schrift gegen Proklus und die kataphrygische Ketzerei nur 13 Paulusbriefe gezählt und ihm (dem Paulus) den Hebräerbrief abgesprochen.

Tertullian, gest. 220 [nach 222/223], schätzt als Montanist den Hebräerbrief sehr hoch, weil er im Hebräerbrief die Theorie von der nur einmaligen Buße findet. Aber er sieht den Barnabas als Autor an. Diese interessante Stelle findet sich in *De pudicitate* 20. Dort zitiert er I Kor. 9,6 («oder haben nur Barnabas und ich nicht die Vollmacht, nicht zu arbeiten?»), wobei 9,5 vorausgeht, daß Paulus von sich und Barnabas sagt, daß sie nicht wie Kephas und die andern mit ihrer Frau herumreisen.[203]

---

197 [R] (... zählt nämlich in V. 26 die Schriften Irenaei auf: Am Schluß, καὶ βιβλίον τι διαλέξεων διαφώρον ἐν ᾧ τῆς πρὸς Ἑβραίους ἐπιστολῆς καὶ τῆς λεγομένης Σολομῶνος Σοφίας μνημονεύει ῥήματά [ῥητά] τινα ἐξ αὐτῶν zitiert. [A. a. O., S. 498; BKV, a.a.O., S. 256: ... «und ein Buch verschiedener Reden, in welchen er den Brief an die Hebräer und die sog. Weisheit Salomons erwähnt und daraus einige Worte zitiert.»]

198 [Hier im Ms. ein Ausrufezeichen eingefügt. Siehe S. 237, Anm. 602.]

199 [Aber Pfaffs Griechisch der gefälschten «Irenäus»-Fragmente wird von Harnack als ungeschickt kritisiert.]

200 [Siehe S. 237, Anm. 602.]

201 [Ms.:] Cajus [in Anm. 202:] Gaius. – [Anschließend (am Rand) eingefügt ein fast unleserliches Wort (Bleistift):] Pater[?]

202 [R] (Kap. VI 20: Aufzählung von Schriftstellern: Beryll von Bostra, Hippolyt, Gaius: [der] letztere geißelt in [einer] Schrift gegen Proklus die Unverfrorenheit der Montanisten, neue Schriften zu erfinden, und dabei äußert, daß es für ihn nur 13 Paulusbriefe gebe und daß er den Hebräerbrief nicht dazu zähle.)

203 [Dort heißt es zwar: «haben wir nicht das Recht, eine Schwester als Ehefrau mitzu-

Darum sind dem Tertullian Paulus und Barnabas Vorbilder ehelicher Enthaltsamkeit. Und nun fährt er fort: «Exstat enim et Barnabae titulus ad Hebraeos; adeo satis auctoritatis viro, ut quem Paulus juxta se posuerit in abstinentiae tenore.»[204] Daraufhin führt er Hebr. 6,4–8 [an] (᾽Αδύνατον γὰρ τοὺς ἅπαξ φωτισθέντας etc... [6:] καὶ παραπεσόντας, πάλιν ἀνακαινίζειν εἰς μετάνοιαν...) als Waffe gegen die ihm als Montanisten verhaßte Theorie der zweiten Buße bei Pastor Hermae und schließt daran den Ausruf:[205] «Et utique receptior apud ecclesias epistola Barnabae illo (gemeint [ist] Hebr.) apocrypho pastore moechorum»,[206] etc. Also trotzdem er ihn als Bundesgenossen anruft, wagt er es doch nicht, ihn als paulinisch auszugeben, sondern setzt [207] als selbstverständlich voraus, daß er von Barnabas ist.

Noch Cyprian (gest. 252 [258]) schreibt in *De exhortatione martyrii* 11: «Apostolus Paulus... ad septem scribit ecclesias»! (Röm., Kor., Gal., Eph., Philipp., Kol., Thess. – also Hebr. ausgeschlossen.) Aber die Idee hatte doch ihren Weg gemacht, und es war Hieronymus, der dann für das Morgenland und für das Abendland das Vergleichsprotokoll hinsichtlich der gegenseitigen Anerkennung von Apok., Joh. und Hebr. als paulinischem Schreiben aufsetzte, unter das dann mit der Zeit die berufenen Vertreter ihre Unterschrift setzten.

Dieses Protokoll ist literarisch so interessant, daß es sich wohl verlohnt, es im Texte wiederzugeben. Es findet sich in der *Epistula ad Dardanum*:

«Illud nostris (den Abendländern) dicendum est, [hanc] epistulam, [quae inscribitur] ad Hebraeos, non solum ab ecclesiis orientalis [orientis], sed ab omnibus retro ecclesiasticis [ecclesiae] Graeci sermonis scriptoribus, quasi Pauli apostoli suscipi, licet plerique eam vel Barnabae, vel Clementis arbitrentur, et nihil interesse, cuius sit, cum ecclesiastici viri sit et quotidie [cotidie] ecclesiarum lectione celebratur. (Sehr richtig: der Gebrauch hat entschieden, also wozu die Anzweiflungen, die doch nichts ausrichten.) Quodsi autem [statt «autem»: eam] Latinorum con-

---

nehmen wie auch die andern Apostel?» (I Kor. 9,5) Aber er u. Barnabas beanspruchen dieses und andere Rechte nicht (9,12b).]

204 [BKV, Tertullian, Bd. II (Bd. 24 der Reihe), Kempten u. München 1915, S. 457f. (die Sätze stehen vor dem Zitat I Kor. 9,6): «Es ist nämlich ein an die Hebräer gerichtetes Schreiben des Barnabas vorhanden. Derselbe war ein von [vor] Gott hochgeehrter Mann, da ihn Paulus in Beobachtung der Enthaltsamkeit sich zur Seite stellte.» (Vorlage v. BKV hier wohl: a deo satis auctorati viri, nach Oehler, *Tertull.* Bd. I, Leipzig 1853, S. 839. Die von A. Schweitzer zitierte Fassung bei Oehler als Variante (nach D., Fulv. Ursinus): «... einem Manne hohen Ansehens». Weitere Variante: adeo satis auctoritati viri).]

205 [Steht vor dem Hebr.-Zitat.]

206 [BKV, a.a.O., S. 458: «Jedenfalls ist der Brief des Barnabas (gemeint ist Hebr.) bei den Kirchen mehr angenommen als jener apokryphe Pastor der Ehebrecher.»]

207 [Ms.:] setzt es.

suetudo non recipit inter scripturas canonicas, *nec Graecorum quidem ecclesiae* (der Ausdruck [ist] sehr interessant) Apocalypsin Joannis [Johannis] eadem libertate suscipiunt. Et tamen nos utraque [utramque] suscipimus nequaquam huius temporis consuetudinem, sed veterum scriptorum auctoritatem sequentes, qui plerumque utriusque abutuntur testimoniis, non ut interdum de apocryphis facere solent [...], sed quasi canonicis et ecclesiasticis.»[208]

Noch Augustin, gest. [430], erwähnt, obwohl er den Hebräerbrief anerkennt, daß er noch kontrovers ist. *De Civitate* 16,22: «Plures Apostoli Pauli dicunt (scl. epistulam ad Hebraeos), quidam vero negant.»[209]

Das Datum für die vollständige Anerkennung von Hebr. im Abendland bildet dann, wie schon erwähnt,[210] die Synode zu Karthago 397, Can. 47: «Sunt autem canonicae scripturae... Pauli Apostoli tredecim, ejusdem ad Hebraeos una.»

Erst Innozenz I (405) zählt in einem Briefe direkt 14 Paulinen![211]

Das sind die wichtigsten literarischen Notizen, welche die Verhandlungen bei der Kanonbildung zutage gefördert haben. Ich habe sie Ihnen etwas ausführlich angeführt, damit Sie ein klares Bild davon haben und ihre Tragweite abschätzen können, was unmöglich ist, wenn man sie nur einzeln, bei Gelegenheit, hört und nicht im ganzen Zusammenhang als Einheit erfaßt.

Ich gebe Ihnen anbei noch eine kleine Tabelle über die wichtigsten

---

208 [Brief 129,3. Varianten, Ergänzungen, Korrekturen in [ ] aus dem *Corpus Scriptorum ecclesiasticorum Latinorum*, Bd. 56, Wien/Leipzig 1918, S. 169. BKV, Hieronymus, Bd. III (2. Reihe Bd. XVIII), München 1937, S. 339: «Unseren Leuten muß ich sagen, daß der Brief an die Hebräer nicht nur von den Kirchen des Orients, sondern auch von allen alten kirchlichen Schriftstellern griechischer Zunge als paulinisch anerkannt wird, mögen ihn auch einige auf Barnabas oder Klemens zurückführen. Es kommt ja auch nicht darauf an, von wem er herrührt; es genügt, zu wissen, daß er von einem Manne der Kirche stammt, daß täglich in den Kirchen daraus vorgelesen wird. Wenn er nach der lateinischen Praxis auch nicht unter die kanonischen Schriften gezählt wird, so steht dem gegenüber, daß mit der gleichen Freiheit die griechischen Kirchen die Apokalypse des Johannes ablehnen [nicht annehmen]. Für mich sind beide Schriften kanonisch. In dieser Frage folge ich [folgen wir] nicht der augenblicklichen Strömung, sondern der Autorität der alten Schriftsteller, die zu einem großen Teile von beiden Schriften weitgehend Gebrauch machen und sie wie kanonische und kirchlich anerkannte Schriften behandeln. Ganz im Gegensatz hierzu machen sie von den apokryphen Schriften nur vereinzelt Gebrauch»...]

[R] [Fragezeichen zur letzten Zeile («sie pflegen von den apokryphen Schriften nur vereinzelt Gebrauch zu machen... behandeln die beiden Schriften wie kanonische und kirchliche».)]

209 [BKV, *Augustin*, Bd. II, Kempten u. München 1914, S. 471:... «den die meisten dem Apostel Paulus zuteilen, was manche ablehnen».]

210 [S. 272.]

211 [R] [Fragezeichen. (Innozenz I: PL 20, 1845, Sp. 502.)]

Daten aus der Geschichte der katholischen Briefe, damit [Sie] sich aus dem Wirrsal einigermaßen herausfinden:

I Petr.: Enge literarische Berührung mit Jakobus, wohl zugunsten von I Petr. Durch Zitat bezeugt nach Eusebius bei Papias (mit I Joh.), Euseb. III 39. Benutzt nach Eusebius im Polykarpbrief. Von Anfang an seit Muratori (Mitte des 2. Jahrhunderts!) mit I Joh.[212] zu [den] unangetasteten Hauptstücken des Kanons [gehörend].

I Joh.: Ebenfalls durch Zitat bezeugt bei Papias. Starke literarische Anklänge an I Joh. 4,2 ff. bei Polykarp 7. Seit Muratori zum unangetasteten Hauptbesitz der Kirche [gehörend].

II u. III Joh.: In alter Zeit nicht deutlich unter sich und vom ersten abgegrenzt. Irenäus zitiert (III 16,8) II Joh. 7 u. 8 irrtümlich als zu I Joh. gehörend und nennt zwei Johannesbriefe, ebenso wie Muratori. Clemens von Alexandrien [hat den] zweiten kommentiert, [ob auch den] dritten, [ist] fraglich. Ausdrücklich zitiert werden sie erst auf [dem] Konzil zu Karthago, 256 (II Joh. 10 u. 11). Den von Papias gesicherten Unterschied zwischen dem Apostel und dem Presbyter Johannes wenden auf die Briefe an Eusebius und Hieronymus.

II Petr.: Erstmalig angeführt bei [den] Alexandrinern. Literarisches Verhältnis mit Jud. zugunsten von Jud. [d. h. Jud. die primäre Fassung]. Keine literarische Bezeugung [bei den][213] Apostolischen Vätern. Für [das] 3. Kap. [besteht ein] Zusammenhang mit [der] Petrusapokalypse.

Jud. zitiert in [dem Kanon] Muratori. Wegen prophetischen Charakters warm verteidigt von Clemens Alexandrinus und Origenes. Nach Origenes vom Bruder des Herrn.

Jak.: Erstmalig genannt, mit II Petr., bei [den] Alexandrinern,[214] Origenes [erwähnt] Jak. 2,14 ff. [17] im Johanneskommentar.[215] Vielleicht literarisch belegt (aber sehr unsicher) bei I Clem. Hohes Ansehn in Syrien. [Die] Peschito allein [enthält] ihn vor und neben I Petr. und I Joh. Nach Origenes Werk des Zebedaiden, nach Rufin und Hieronymus des Herrenbruders.

Hebr.: Nach Eusebius durch Clemens Romanus [I Clem.] literarisch bezeugt, was sehr annehmbar ist. Gekannt von jeher, aber im Abendland nicht als Werk des Paulus anerkannt (Irenäus, Cajus [Gaius], Hippolyt). Bei Tertullian geschätzt als Werk des Barnabas. Benutzt von den Melchisedekianern.[216] Die literarisch-apologeti-

---

212 [Ms. irrtümlich:] I Petr.

213 [Ms.:] in.

214 [Vgl. oben S. 271, Ms.-S. 18, Punkt 3.]

215 [Siehe oben S. 275, Anm. 161.]

216 [Fragezeichen mit Bleistift beigefügt.]

schen Hypothesen der Alexandriner. *Pantänus*: Fehlen des Namens Pauli aus Ehrfurcht des Heidenapostels Paulus vor [dem] Judenapostel Jesus. *Clemens Alexandrinus*: Übersetzungshypothese.[217] Paulinisch-hebräisches Original. Übersetzt durch Lukas. *Origenes*: Abfassung durch [einen] Schüler Pauli im Auftrag des Meisters. Die Unionsbestrebungen des Hieronymus und der Austausch mit Apok. [Joh.]. Definitive Rezeption auf [der] Synode zu Karthago, 397.

§ 7) Die Anfechtung der katholischen [Briefe] in der Renaissance und in der Reformation[218]

Das Bewußtsein, daß ein Teil der katholischen Briefe längere Zeit als Kanonschriften kontrovers gewesen waren, hatte für das Volk und die Praxis weiter keine Folgen. Aber bei den Gelehrten blieb es noch lange Usus, dieser Bedenken Erwähnung zu tun, ohne daß sich jemand weiter darum kümmerte. Besonders gepflegt scheinen diese Reminiszenzen von den Vertretern der antiochenischen gelehrten Theologie worden[219] zu sein, denn Leontius von Byzanz, 485–543, wirft in seiner Schrift *Contra Nestorianos et Eutychianos* dem Theodor von Mopsuestia[220] vor, daß er sogar αὐτὴν [...] τοῦ μεγάλου Ἰακώβου τὴν ἐπιστολὴν καὶ τὰς ἑξῆς τῶν ἄλλων [...] καθολικάς[221] verwerfe, wobei aber sicher trotz des pleonastischen Ausdrucks I Petr. und I Joh. auszunehmen sind, da ihre Anzweiflung etwas ganz Einzigartiges, [ein] durch keinerlei Präzedenzen gerechtfertigtes Eingreifen wäre. Dann, nach der Niederwerfung der Antiochenischen Schule, war das wissenschaftliche, etwas historisch gerichtete Element aus der Kirche ausgewiesen, und es kam, bis zur Renaissance, wo der junge abendländische Geist durch den Kurs des Griechentums zum Frühlingstraum erweckt wurde, die Zeit des langen Schlummerns. Wichtig war es, daß die Hauptdaten der alten Verhandlungen in den Werken des Hieronymus aufbewahrt waren. Von dort ist dann die Bewegung gegen die katholischen Briefe ausgegangen.

Wir haben zwei Parallelbewegungen zu konstatieren: die eine innerhalb der katholischen, die andere innerhalb der protestantischen Kirche.

---

217 [Siehe oben S. 277f., Anm. 181.]

218 [R] 7. Kolleg.

219 [Ms.:] vertreten gewesen.

220 [R] Theodor von Mopsuestia seit 393 Bischof von Mopsuestia in Cilicien [Zilizien], gest. 428. Anhänger des Pelagianismus und des Nestorianismus, auf [dem] 5. ökumenischen Konzil zu Konstantinopel als Ketzer verdammt. Exegetische Antiochenische Schule.

221 [«den Brief des großen Jakobus und auch die katholischen (Briefe) der andern» (Buch III, I Petr. Migne, PG 86, 1865, 1365).]

Gemeinsam ist beiden: 1) daß sie wissenschaftlich *nichts Neues* hervorgebracht haben, 2) daß sie praktisch von Anfang an dazu bestimmt waren, im Sande zu verlaufen. Verschieden sind sie darin, daß die katholische rein auf gelehrten Reminiszenzen beruht, während es sich bei der protestantischen, durch die Art, wie Luther vorging, noch um eine innere Frage des religiösen Standpunktes handelt.

Die katholische Bewegung gegen die katholischen Briefe.

Schon Laurentius Valla, 1405–1457 (der große Mauerbrecher des Humanismus, welcher die Echtheit der Donatio Constantini, der Schriften des Dionysius Areopagita, der Korrespondenz zwischen Jesus und Abgar, Fürst von Edessa, ja sogar des Apostolischen Symbols bezweifelte)[222] wies in seinen von Erasmus herausgegebenen *Adnotationes*[223] darauf hin, daß man hinsichtlich der Schriften des Neuen Testamentes auf das Urteil der Alten Kirche zurückgehen müsse.

Johann Wessel,[224] geb. 1420. Erzogen von den Brüdern des gemeinsamen Lebens, lehrte er in Köln, Paris, Heidelberg und Loiven[?], gest. 1489. Als rein biblischer[225] Theologe und Bekämpfer der Scholastik Vorläufer Luthers, der 1522 einen Teil seiner Werke herausgab («Farrago rerum theologicarum»). [Er] nannte den 1. Petrusbrief den vorzugsweise echten Petrusbrief. Aber erst durch Erasmus von Rotterdam wurden diese alten Bedenken wieder in den Klerus und in die [Kreise der] Gebildeten hineingetragen.

([Erasmus von Rotterdam] war geboren [am] 28. Okt. 1466 als Priesterkind zu Rotterdam und starb 1536 unter seelischen und körperlichen Leiden an Steinschmerzen zu Basel – das [dieses Leiden] hatte er mit Luther gemeinsam, der eben in jenen Jahren, 1537, auch so an Steinschmerzen litt, daß er glaubte, sterben zu müssen und seinen Freunden nur immer den Haß gegen den Papst einschärfte. – Sein Anfang und sein Ende waren trübe, sein Leben glücklich und glänzend. Er studierte in Paris, Köln und England. Im Kloster lernte er Hieronymus und Laurentius Valla kennen, in England [wurde er] durch John Colet und Thomas Morus auf das Griechische gewiesen. Für die wissenschaftliche Theologie ist er[226] wichtig einmal durch seine Kirchenväterausgabe, die er 1516 mit Hieronymus begann, durch seine Ausgabe des griechischen NT mit Anmerkungen, das 1516 bei Froben in Basel erschien – Luthers Übersetzung beruht auf der 2. [Auflage] von 1519 – und durch seine Paraphrasen der einzelnen Briefe von 1517 ab.)

Erasmus schreibt Hebr. dem Clemens Romanus zu, schwankt hinsichtlich II Petr. und Jud., will II und III Joh. vom Presbyter verfaßt sein lassen und zweifelt Jakobus an, weil er «non referre videtur [...] maje-

---

222 [«bezweifelte» ist (wohl irrtümlicherweise) gestrichen.]
223 [*In novum testamentum Adnotationes*, Basel 1515.]
224 [Wessel Gansfort (oder Goesefort, Gosfort).]
225 [biblizistischer?]
226 [Ms.:] es.

statem [illam] et gravitatem apostolicam».[227] Selbständiger ist er dann in Bedenken gegen Eph. und Apok. [Joh.], wo er wirklich selbst sprachliche und sachliche Gründe zutage fördert.

Auch Kardinal Cajetan stimmt ihm in diesen freien Äußerungen zu.

(Thomas Cajetan, eigentlich Jakob de Vio, bekannt in [der] Geschichte durch seine Verhandlungen mit Luther, 1517, war geboren 1469 und starb 1534. Berühmt ist sein Kommentar zum NT, der 1529 beendet war.)

Jedoch möchte er im Unterschied zu Erasmus den 2. Petrusbrief [als echt] halten.

Es war daher ganz natürlich, daß man bei diesem regressiven Gang auch auf den Begriff des Deuterokanonischen, des Kanonischen zweiter Ordnung, stieß, den die Alexandriner und Euseb aufgebracht hatten für die angezweifelten katholischen Schriften.

Es war Sixtus von Siena,[228] der dies genauer aussprach und auf Hebr., II Petr., II und III Joh., Jak. und Apok. [Joh.,] freilich nur in historischem, nicht in praktischem Interesse, eine solche Kanonizität zweiter Güte anwenden wollte. Ihm folgte in Theorie noch Bellarmin, nachdem die Frage schon praktisch entschieden war (*De verbo dei*, 1581).

(Robert Bellarmin, gelehrter Jesuit, geb. 1542. Großer Lehrer und Diplomat in Rom, aber, was noch mehr ist, ein großer, edler und reiner Mensch.[229] Er spielte eine hervorragende Rolle in den Kämpfen der Jesuiten gegen die tieferen augustinischen Tendenzen des Dominikanerordens. Zweimal, am Anfang des 17. Jahrhunderts, [wäre er] gegen seinen Willen beinahe Papst geworden. Gest. 1621.[230] Hauptsächlich bekannt ist er durch seine 1581–92 erschienenen drei Bände *Disputationes de controversis christianae fidei adversus huius temporis haereticos* und durch seinen Katechismus.)

Aber das alles ging nicht tief: es war gelehrter Sport, Wichtigtun mit antiquarischen Dingen, aus dem bestenfalls eine unnötige Aufregung der öffentlichen Meinung hervorgehen konnte. Darum war es ein Zeichen gesunden Instinktes – und gar nicht der Borniertheit, wie man es gewöhnlich auslegt –, wenn das Tridentinum im Beschluß vom 8. April 1546 eine Unterscheidung innerhalb des Kanons ein für allemal untersagte. (Der Beschluß wurde auf dem Vaticanum [1869/70] erneuert.) Diese Unterscheidung war gut als ein «Übergangsstadium, als die katholischen Briefe zur Zeit der Alexandriner und des Euseb noch nicht

227 [Schluß der «Annotationes in epistolam Iacobi», in: *Novum Instrumentum*, 1516, Faks., Stuttgart/Bad Cannstatt 1986, S. 606.]

228 [R] Daten: [ital. Dominikaner, 1520–1569. *Bibliotheca sancta*, 1566. In Bd. I die Unterscheidung zw. protokanonisch, deuterokanonisch u. apokryph.]

229 [Vgl. jedoch Bellarmins sophistische Begründung und Bejahung der Todesstrafe für von der Kirche verurteilte Häretiker: «denn wenn sie länger lebten ... würden sie sich nur um so größere Verdammung (vor Gott) erwerben» ... («Primi Tomi quinta contraversia generalis. De membris ecclesiae militantis, tribus libris explicata», 1587, lib. III, cap. XXI, S. 500f.).]

230 [R] Seine Handschrift: im Musée Plantin[?]

allgemein anerkannt waren und man sie mit Wartegeld vertröstete, bis die Dinge sich wieder von selbst machten; aber die Dinge, nachdem einmal die Rezeption vollzogen [war,] lediglich im Interesse der Wissenschaft wieder auf jenen Zustand des Übergangs zurückzuschrauben, das ging gegen den gesunden Menschenverstand. Und darum hat der gesunde Menschenverstand, der überhaupt auf jenem Konzil triumphierte und es zu einer so überaus sympathischen Erscheinung macht – freilich ihm auch das tiefe Wesen der Reformation verschloß – jenen gelehrten Experimenten ein Ende gemacht und die wahre Geschichte über die Gelehrsamkeit gestellt, was immer ein großes Glück ist, wenn's passiert.

Bellarmin selbst hat, obwohl er als Gelehrter für die Unterscheidung [votierte,] doch mit dem Tridentinum später die Theorie verfochten, daß die Kirche «ex communi sensu et quasi gustu populi Christiani» Schriften für kanonisch erklären kann, über die zu einer bestimmten Zeit Meinungsverschiedenheiten bestanden (Lessing [?]).

Heutzutage sind jene alten Reminiszenzen für die katholischen Gelehrten die Seile, welche im Fluß der Wissenschaft den Raum abgrenzen, innerhalb dessen sie schwimmen dürfen, wenn sie nicht in die Strudel der Kritik geraten wollen. (Manche schwimmen aber nicht einmal, sondern waten nur, um ja keinen Augenblick den festen Boden zu verlieren.)

Die prostestantische Bewegung gegen die katholischen Briefe.

Schon Karlstadt in seiner Erstlingsschrift *Libellus de canonicis scripturis*, 1520, schlug vor, Jak., II Petr., II und III Joh., Jud. und Hebr. als catholica anonyma anzuführen und versetzte Apok. [Joh.] auf die Grenze des Apokryphischen.

(Karlstadt, mit seinem rechten Namen Andreas Bodenstein,[231] war geb. 1483. 1519 hatte er mit Eck die Leipziger Disputation, in die dann auch Luther hineingezogen wurde, über Augustin und Pelagius. 1522 wurde er in Wittenberg in die Schwärmerbewegung hineingezogen. Seit 1523, nach Entzweiung mit Luther über seine Abendmahlslehre, führte er ein unstetes Wanderleben, bis er 1534 Prediger und Prof. der Theologie zu Basel wurde und als solcher 1541 hochgeachtet starb. Seine Stärke liegt in geistreichen Flugschriften.)

Den Hauptstoß gegen die angezweifelten katholischen Briefe vollführte Luther in seiner ersten Ausgabe des[232] NT, 1522. Am Schluß der herrlichen Vorrede derselben bringt er eine kurze Erörterung, betitelt «Von dem Unterschied zwischen den Büchern des NT»,[233] in der er darauf ausgeht, die Mehrzahl der angefochtenen Briefe einfach in die

231 [Ms. (irrtüml.):] Bodenstadt.

232 [Ms.:] in der ersten Ausgabe seines ...

233 [Originaltitel 1522: «wilchs die rechten und Edlisten bücher des newen testaments sind.»]

zweite Klasse zu versetzen und wie in der Alten Kirche einen Hauptkanon, bestehend aus Ev. (vorzugsweise Joh.) und Paulusbriefe (vorzugsweise Röm., Gal. und Korinther) zu statuieren, an den sich noch I Petr. und I Joh. anschließen, die übrigen Schriften aber, obwohl sie im Kanon stehen, einer geringeren Schätzung für würdig zu achten.

Charakteristisch ist für dieses Vorgehen Luthers, daß er sich dabei auf die Verhandlungen der alten Kirche stützt, wie Erasmus, wie sechs Jahre später Cajetan, daß aber dies alles nur die Krücken sind für die inneren Gründe, aus denen er sie fast mit Leidenschaft verwirft. Hier ist nicht, wie bei Erasmus, die vornehme und sichere Gelehrtenruhe [maßgebend], sondern das πάθος tritt hinzu. Es wiederholt sich hier, was bei Marcion schon einmal da war und sich [dann auch] bei [F. Chr.] Baur und der modernen kritischen Schule wiederholt: die katholischen Briefe werden am Paulinismus gemessen, in dem man die normative Größe des Urchristentums erblickt, und daraufhin für zu leicht erfunden. Am schlimmsten kommt dabei der Jakobusbrief weg, wegen seiner Polemik gegen den leeren Glaubensbegriff, 2,14ff. Nicht nur in jener Vorrede, sondern auch in den Predigten über die Epistel Petri, 1523, in der Kirchenpostille, 1527/28, und in den Tischreden finden sich harte Äußerungen gegen ihn. «Jakobus ist eine stroherne Epistel, die keine rechte evangelische Art an sich hat.»[234] «Jakobus läuft stracks wider St. Paulus und alle andere Schrift und gibt den Werken die Gerechtigkeit;[235] die Epistel gedenkt des Leidens, der Auferstehung und des Geistes Christi nicht.» Der Verfasser «tut nicht mehr als zum Gesetz und dessen Werken treiben und wirft so unordentlich eines ins andere.»[236]

Luther hat als praesumptiven Autor Jakobus den Zebedaiden, gest. 44, im Auge, gegen Hieronymus, und weist nach, daß dies[237] unmöglich sei, weil der Brief lange nach St. Peter und Paulus verfaßt worden sei. Also: die Abhängigkeit von I Petr. und Röm. Es sei «irgend ein gut frommer Mann gewesen, der etliche Stücke[238] von der Apostel Jünger gefaßt und also aufs Papier geworfen hat», oder es sei «vielleicht *aus seiner Predigt*[239] von einem andern geschrieben».[240]

Jud. ist ihm verdächtig wegen der Zitate, «die in der Schrift nirgends stehen»[241] (gemeint [sind] die Zitate aus Henoch und der Assumptio

---

234 [Zweitletzter Satz der erwähnten Erörterung in der NT-Ausgabe v. 1522.]

235 [Luther: Rechtfertigung. (Der Satz wie die anschließend zitierten beiden Sätze in der Vorrede zum Jakobus- und Judasbrief, 1522.)]

236 [Die Zitate stehen trotz Anführungszeichen in der indirekten Rede, von uns in die direkte Rede versetzt, gemäß Original.]

237 [Des Zebedaiden Verfasserschaft.]

238 [Luther: Sprüche (Vorrede zum Jakobus- und Judasbrief).]

239 [R] Reizend naiv!

240 [Luther, a.a.O.: beschrieben.]

241 [A. a. O.]

Mosis). Das Verwandtschaftsverhältnis mit II Petr. deutet Luther so, daß Jud. aus II Petr. stamme[242] und mit Zutaten verunziert sei, während es in Wahrheit gerade umgekehrt ist.

Den *2. Petrusbrief* hingegen möchte er – und darin stimmt er mit Cajetan überein – gegen das Zeugnis der Alten Kirche [für echt] halten.

Den *Hebräerbrief* denkt er sich eher von Apollos als von Paulus geschrieben und stellt dadurch neben den schon aus der Alten Kirche bekannten Kandidaten Lukas, Clemens, Barnabas einen neuen auf.[243]

Nicht so innerlich genial ὡς ἐξουσίαν ἔχοντες sind [Johannes] *Oekolampad*, der Basler Reformator, 1482–1531 (sein Grab ist im Kreuzgang des Münsters zu Basel) in seinem Brief an die Waldenser, 1530, und [Martin] *Bucer* [od. Butzer], geb. 1491, gest. 1551 zu Cambridge (seine Gebeine sind verbrannt. Der große Elsässer fand selbst im Tode keine Ruhe) in seiner *Enarratio evangelica*.[244] Aber beide wollen die fünf katholischen Briefe (den 1. Petrusbrief und I Joh. anzugreifen wagt niemand) auf eine niederere Stufe stellen als die andern Schriften. Auch Calvin, 1509–1564, mußte sich zu Zugeständnissen bequemen, trotzdem er bei seiner zunehmend[245] starren Auffassung des Kanons und der Inspiration alle am liebsten en bloc unterschiedslos aufgenommen hätte. Zwar den Jakobusbrief nimmt er, ohne Luther persönlich zu nennen, gegen die Angriffe in Schutz. Aber er übergeht II und III Joh. mit Stillschweigen und wagt nicht, den 2. Petrusbrief als das Werk des Autors des 1. Petrusbriefes anzusehen, sondern meint, es gäbe einige probabiles coniecturae, aus denen sich entnehmen lasse, daß derselbe eher das Werk eines andern als des Petrus sei. Ebenso ist es ihm zweifelhaft, ob Paulus der Verfasser des Hebräerbriefes ist.[246]

Aber auch in der protestantischen Kirche, wie in der katholischen, kam man bald zur Überzeugung, daß diese Unterscheidung von proto- und deuterokanonischen Schriften, wenn man sie praktisch durchführen wollte, stracks gegen den gesunden Menschenverstand laufe.

Zuerst lenkte man in der reformierten Kirche zurück, wo man ja von Anfang an am vorsichtigsten gewesen war. Es war Theodor Beza, der gelehrte Nachfolger Calvins mit seinen großen Verdiensten um die Exegese, der in der Schweiz die Unterscheidung einfach aufhob, nicht lange, nachdem schon das Tridentinum damit vorangegangen war.

---

242 [A. a. O.]

243 [Im Vorwort zum Hebräerbrief (1522) heißt es nur: «Wer sie (die Epistel) aber geschrieben hab, ist unbewußt, will auch wol unbewußt bleyben noch eyn weyle, da liegt auch nichts an.» Vgl. jedoch unten S. 307, Anm. 312.]

244 [*In IV Evangelia enarrationes*, Basel 1536.]

245 [Ms.:] zunehmenden.

246 [Er schließt des Paulus Verfasserschaft sogar aus (*Der Brief an die Hebräer*, Einleitung, übers. v. K. Müller, Neukirchen o. J.).]

([Beza,] geb. 1519. [Seit] 1548 in Genf, zum Protestantismus [übergetreten?]. Vollendet [die französ.] Psalmenübersetzung in Versen, die [Clement] Marot [gest. 1544] begonnen [hatte], als er anfing, zu versimpeln[?]. Hellenist und Diplomat, gest. 1605 an Altersschwäche. Kritische Ausgaben des NT [lat. Übersetzung]. «Leben Calvins» [1564] und Streitschriften mit [gegen] Lutheraner. [Verteidigte Calvins Verurteilung des Mich. Servet.])

In der lutherischen Kirche dauerte es bedeutend länger. Zwar hatte Luther selbst, gewissermaßen über seine eigene Kühnheit erschreckt, in den folgenden Ausgaben seines Neuen Testamentes die betreffenden Stellen der Vorrede unterdrückt. Aber die Nachwirkungen waren doch so stark und der Unterschied der katholischen Briefe zur lutherischen Theologie doch so auffällig, daß die Versuche zur Unterscheidung im Kanon, zwar in ganz unschuldiger Form, noch längere Zeit das Unterscheidungsmerkmal zwischen der lutherischen Kirche einerseits, der[247] reformierten und [der] katholischen [Kirche] andererseits bilden. So vertritt Martin *Chemnitz*, Königsberg und Braunschweig, 1522–1586, in seinem *Examen concilii Tridentini* (1565–1573) wohl [als] der bedeutendste Theologe der lutherischen Scholastik den Standpunkt Luthers gegen die Beschlüsse des Tridentinums. Aber im Verlauf des 17. Jahrhunderts fiel auch in der lutherischen Kirche die ganze Unterscheidung wie eine taube Frucht vom Baum. Es ist [David] *Hollaz* (geb. 1648, gest. 1713), der gemäßigte Vertreter der lutherischen Orthodoxie, der die Unterscheidung klar fallen ließ. Sein Hauptwerk ist betitelt: *Examen theologicum acromatico universam theologiam* [Leipzig 1707].

Aber die Nachwehen jenes Vorgehens Luthers lassen sich noch in der heutigen [Zeit] verspüren, sofern die wissenschaftlichen Vertreter des strengen Luthertums eine freie Stellung zu diesen Briefen – so konservativ sie sonst auch sein mögen – bewahren, so z. B. [F. A.] Philippi in seiner *Kirchlichen Glaubenslehre*, 1854, S. 118ff.,[248] [K. F. A.] Kahnis in seiner *Lutherischen Dogmatik*, 2. Aufl. 1874, S. 255ff.[249]

Welches ist nun das Resultat und die Bedeutung dieser Repristination einer alten Diskussion?

Zunächst praktisch betrachtet war das Unternehmen von Anfang an aussichtslos, weil es in seinen weiteren Konsequenzen zur Aufhebung des Begriffs des Kanons überhaupt geführt hätte, wovor sie [die an dem Unternehmen Beteiligten] aber alle zurückgebebt wären.

Ebenso war es wissenschaftlich direkt bedeutungslos, denn es sind dabei neue sachliche Gründe überhaupt nicht zutage gefördert worden. Die Kritik Luthers hat mit der wissenschaftlichen Erkenntnis nichts zu tun. Er hat die katholischen Briefe verworfen, weil sie der Natur seiner

247 [Ms.:] den.
248 [Bd. 1, Stuttgart 1854.]
249 [Bd. 1, Leipzig 1874.]

Frömmigkeit zuwider waren und weil er damit nichts anzufangen wußte (wie die moderne Theologie noch heute!!!).

Und doch hat diese kraftvolle, von Selbstbewußtsein und Ungerechtigkeit strotzende Jugendtat des Protestantismus indirekt eine unermeßliche wissenschaftliche Bedeutung.[250] Die wissenschaftlichen Bedenken des Altertums waren die Krücken, an denen die Renaissance wieder hatte gehen lernen, und nun kam Luther und machte den ersten Versuch, die Krücken in der Hand zu tragen und aus dem christlichen Selbstbewußtsein [heraus] Kritik zu üben. Es weht Märzluft in der Vorrede[251] zum Neuen Testament! Und die Worte poltern herab wie die Lawine unter dem Föhn. Es war ungerecht, wie nur das Genie ungerecht sein kann. Aber was würde die Welt, wenn die großen Männer nicht ungerecht [wären] und sie aus dem Geleise hebten?

Aber es war nur ein Vorfrühling, und bis der Frühling kam, ging es lange – bis zum 19. Jahrhundert, als der dritte nach Marcion und Luther, Ferdinand Christian Baur mit der klaren inneren Kritik an die katholischen Briefe herantrat. Bis dahin umschlossen die altehrwürdigen Argumente der Tradition gegen die katholischen Briefe die innere Kritik schirmend und beschützend, weil die Zeit zu ihrer Entfaltung noch nicht gekommen war. Das langsame Sich-Auftun der braunen Knospenhülle: das ist die Geschichte der Kritik der katholischen Briefe bis zu Baur.

§ 8) Die Kritik der katholischen Briefe bis zu [F. Chr.] Baur[252]

Es liegt schon in dem Vorhergehenden, daß in der langen Zeit vom 16. bis zum 19. Jahrhundert in der Kritik der katholischen Briefe Neues nicht produziert worden ist, wenn man die Gedanken des Feuergeistes [J. S.] Semler, der seiner Zeit voraus war, ausnimmt. Zunächst kam die völlige Dürre von der Mitte des 16. bis zur Mitte des 17. Jahrhunderts, und dann auch, als Hugo Grotius, Richard Simon, [G. E.] Lessing und wie sie alle heißen, die Vertreter der theologischen Aufklärung, auftraten, taten sie doch eigentlich nichts mehr, als immer die alte Kritik aufzuwärmen, indem sie sie aber jetzt konsequent gegen die Inspiration und gegen den Begriff des Kanons – was Erasmus und Luther nicht gewagt hatten – zu Felde führten. So übt durch sie die alte Diskussion über die katholischen Briefe ihre zersetzende und aufklärende Wirkung aus, bis es zur modernen, zum ersten Mal von Lessing vertretenen[253]

250 [D. h. im Gegensatz zur im vorigen Abschnitt festgestellten *direkten* wissenschaftlichen Bedeutungslosigkeit: methodisch u. psychologisch bedeutend.]
251 [und in den einzelnen Vorreden (der Erstausgabe).]
252 [R] 8. Kolleg.
253 [In: *Neue Hypothese über die Evangelisten als bloß menschliche Geschichtsschreiber betrachtet,* 1778.]

und doch wieder im Grunde so gut katholischen Auffassung kommt, den Kanon nicht als etwas an sich Gegebenes, sondern als etwas von der Kirche durch intuitive Auswahl Geschaffenes nicht knechtisch, sondern frei zu respektieren.

So wichtig nun diese Entwicklung an sich war und so sicher es ist, daß wir ohne die katholischen Briefe niemals, auch heute noch nicht, zu der freien Auffassung des Kanons gekommen [wären] – denn aus welchen geschichtlichen Daten hätten wir die Berechtigung hergeleitet? –, so natürlich ist es andererseits, daß bei dieser allgemeinen Diskussion für die Wissenschaft von den katholischen Briefen[254] als solche wenig zutage gefördert wurde.

Interessant – um einige [Stellungnahmen] herauszugreifen – ist die Stellung von Hugo Grotius.

Geb. 1583. Holländischer Staatsmann (zur Zeit, als die Staatsmänner noch mehr konnten als Tischreden schwingen). In [dem] Streit zwischen den pelagianischen Arminianern und den praedestinatianischen Gomaristen[255] stand er auf Seite der Arminianer und wurde deshalb 1618 auf Betreiben des Prinzen von Oranien in den Kerker geworfen und zu lebenslänglichem Gefängnis verurteilt. 1621 gelang es ihm zu fliehen, er lebte dann in Paris und Hamburg, erlitt viele Enttäuschungen, trat 1634 in [den] Dienst der Königin Christine von Schweden und starb 1645. Er träumte immer von einem Ausgleich zwischen Katholizismus und Protestantismus und verfocht ihn auch schriftstellerisch, und nur der Tod, sagt man, habe ihn verhindert, wie seine königliche Herrin zum Katholizismus überzutreten.)

Sein Hauptwerk ist betitelt *Adnotationes ad vetus et novum testamentum*, 1641–47.[256] Er spricht darin die alten Bedenken [gegen] II und III Joh. und die paulinische Autorschaft von Hebr. aus. Bemerkenswert ist seine Hypothese, daß II Petr. und Jud. auf jerusalemitische Bischöfe zurückgehen. Des Näheren ist der 2. Petrusbrief von Bischof Simeon von Jerusalem geschrieben, so daß Kap. 1 und 2 einen ersten Brief für sich, Kap. 3 einen zweiten Brief bildete: II Petr. 3,1 (ταύτην ἤδη . . . δευτέραν ὑμῖν γράφω ἐπιστολήν) bezieht sich also auf die selbständigen beiden ersten Kapitel des 2. Petrusbriefes! (1. Brief = II Petr. 1 und 2, 2. Brief = II Petr. 3.) Sie sehen also, daß das Auseinanderschneiden der Briefe, wonach wie bei den Regenwürmern jedes Glied selbständiges Leben gewinnt, keine einzigartige moderne Erfindung ist.

Ebenso erneuert die traditionellen Bedenken Richard Simon in seiner *Histoire critique du texte du nouveau testament*, 1689, welches Werk die Fortsetzung zu seiner Ihnen aus der Geschichte der alttestamentlichen Wissenschaft bekannten *Histoire critique du vieux testament* (1678) bildete.

---

254 [Ms.:] der kathol. Briefe.

255 [Ms.:] Gormarristen [es handelt sich um die Anhänger des Franziskus Gomarus, 1563–1614].

256 [Titel im Ms.:] Adnotationes in NT, 1641–46.

(Richard Simon, Mitglied des Oratoires zu Paris, war geboren 1638 und starb 1712.)

Zusammengefaßt finden sich alle diese Versuche in der großen *Einleitung [in die göttlichen Schriften des Neuen Bundes]* von Johann David Michaelis. Wollen Sie sich jetzt gleich merken, daß es[257] vier Hauptknotenpunkte der protestantischen Wissenschaft [gibt], wo alles bis dahin Geleistete klar zusammengefaßt wird. Sie liegen ungefähr jedes Mal ein Menschenalter auseinander. Es sind: 1) Johann David Michaelis in seiner [erwähnten] *Einleitung* für die 1. Hälfte des 18. Jahrhunderts, von 1750 an in aufeinanderfolgenden Auflagen erschienen,[258] 2) Johann Gottfried Eichhorn in seiner 1804–1814 erschienenen[259] *Einleitung [ins Neue Testament]* für die 2. Hälfte des 18. Jahrhunderts, 3) Ferdinand Christian Baur in seinen Werken für die 1. Hälfte des 19. Jahrhunderts, 4) [Heinrich Julius] Holtzmann in seinem 1885 erschienenen *[Lehrbuch der historisch-kritischen] Einleitung [in das Neue Testament]*[260] und in seinem [1896/97] erschienenen *[Lehrbuch der neutestamentlichen] Theologie.*[261] Sie machen einem den Eindruck von vier übereinander angelegten Bassins, wo die gesammelten Wasser, wenn sie eine bestimmte Höhe erreicht haben, aus dem einen in das andere fließen. Wer diese Werke kennt, kennt auch die bisherige Theologie mit ihren Problemen und ihren Lösungsversuchen.

(Johann David Michaelis war aus einer der berühmtesten deutschen Gelehrtenfamilien, die durch das 17., 18. und 19. Jahrhundert hindurchgehen und in denen die Professuren gleichsam erblich sind, anno 1717 geboren und wurde 1745 als *besoldeter* Privatdozent – es herrschten damals also paradiesische Zustände – hauptsächlich für Philosophie nach Göttingen berufen unter deren berühmtem Kurator Freiherr von Münchhausen, wo er auch starb, 1791. Er war [ein] Genie, arbeitete als Philologe auf dem Gebiete des Alten und Neuen Testaments und kam dabei schrittweise von der Orthodoxie zum Rationalismus. Die Etappen dieser Wandlung finden sich eben in seiner seit 1750 mehrfach aufgelegten *Einleitung in die göttlichen Schriften des Neuen Bundes*, wo eben die überlieferte Kritik der katholischen Briefe eine große Rolle spielt. Bei ihm tauchen alle die Bedenken auf – aber ohne daß er eine Lösung dafür wüßte. Von dieser Einleitung sagt Eichhorn sehr schön: «Man liest darin, was bis auf Michaelis und zu seiner Zeit zur kritischen Geschichte des Neuen Testaments in Anregung kam, auch die Geschichte seiner inneren Meinungen darüber, sein eigenes Wanken, Wägen, Raten, Fehlen, bis er endlich auf die Punkte kam, die er glaubte festhalten zu können: – lauter prüfende Diskussionen, worin er sich so gut wie andere Schritt für Schritt streng kritisiert.»)[262]

---

257 [Ms.:] er.
258 [Ms.:] erscheinenden [Ort: Göttingen].
259 [Ms.:] erscheinenden [Ort: Leipzig, 2. Auflage 1820ff.].
260 [Freiburg i.Br., s. S. 263, Anm. 103.]
261 [Freiburg i.Br.]
262 [Eichhorn's Allgemeine Bibliothek der Biblischen Litteratur. Des dritten Bandes Fünftes Stück, Leipzig 1791, S. 878f.]

Ein neuer Anstoß, der aber nicht durchdrang, ging von Joh. Salomo Semler aus.

(Geb. 1725 zu Saalfeld. 1752 Prof. in Halle. Gest. 1791. Neben hauptsächlich lateinischen Schriften veröffentlichte er 1771–75 sein berühmtes vierbändiges Werk *Abhandlung von freier Untersuchung des Kanons*,[263] in welchem die Keime zu vielen neuen Gedanken lagen, die erst das 19. Jahrhundert dann entwickelt hat.)

Wichtig und gewissermaßen prophetisch sind seine Untersuchungen über die katholischen Briefe in zweifacher Hinsicht. Erstens hat er die literarischen Abhängigkeitsverhältnisse der katholischen Briefe wieder vorgenommen und selbständig geprüft und kam dabei zum Resultat, daß sie insgesamt die paulinischen Briefe voraussetzen. Dadurch werden aber nicht nur die kleinen katholischen Briefe (Jud., II Petr. und II und III Joh. und Jakobus) bedroht, sondern auch I Petr. und – mit der gesamten johanneischen Literatur – I Joh. werden mit in den Strudel gezogen, das erste Mal wieder seit Marcion. – Zweitens versucht er eine positive Erklärung der Eigentümlichkeit der katholischen Briefe, wonach sie einmal Paulus voraussetzen, andererseits wieder in gewissem Grade von ihm unabhängig sind. Er faßt sie auf als Ausgleichsversuche einer jüdisch-gesetzlichen (wegen ihres moralisierendes Inhaltes) und einer freien paulinischen Richtung und versetzt sie als solche tief in das 2. Jahrhundert. Er [ist] auch der erste, der [das] Dilemma zwischen Apok. [Joh.] [und der] johanneischen Literatur in klarer Weise stellte.

So war er ein Vorläufer Baurs und der modernen Position. Seine Gedanken waren zwar in der Form noch zu chaotisch und unentwickelt, als daß sie schon damals ihre vollständige Wirkung hätten ausüben können. Welche Anregungen sie aber geben konnten, das sieht man bei Eichhorn, dem feinsinnigen Vertreter der nun folgenden theologischen Epoche.

(Semler und Eichhorn sind zwei Gegensätze: Semler ist der tiefe Grübler, *Eichhorn* der geistreiche Enzyklopädist und klare Darsteller. Er war geboren 1752, Schüler und Nachfolger von Joh. David Michaelis und kam als solcher 1788 als ordentlicher Professor der Philosophie nach Göttingen. Anfänglich Orientalist, beschäftigte er sich hauptsächlich mit dem Alten Testament und schrieb 1781–83 [seine *Historisch-kritische] Einleitung in das Alte Testament*.[264] Daneben befaßte er sich als universeller Geist mit allgemeiner Geschichte: er schrieb eine *Geschichte der französischen Revolution, 1797*,[265] eine *Geschichte der Künste und Wissenschaften*,[266] eine Literaturge-

263 [Halle.]

264 [Leipzig 1780–83, 4. Auflage 1823.]

265 [Göttingen.]

266 [Nach RGG Bd. 2 (Tübingen 1910) war dies ein Plan: «Geschichte der Künste und Wissenschaften seit der Wiederherstellung derselben bis ans Ende des 18. Jahrhunderts», wozu er selber eine *Allgemeine Geschichte der Kultur und Literatur des neueren Europa* lieferte, Göttingen 1796–99.]

schichte[267] und eine *Weltgeschichte.*[268] 1804–14 erschien seine große [schon erwähnte], auch die Geschichte der Übersetzungen umfassende mehrbändige *Einleitung in das Neue Testament*, die durch die tiefe Fundierung der Kritik der Pastoralbriefe so überaus wichtig ist. Es gibt in der Theologie selten ein Werk, das so plastisch angelegt, so klar geschrieben [ist] und eine so reiche und übersichtliche Dokumentierung durch die Quellen enthält wie gerade dieses Werk. In jeder Hinsicht ist es ein Hochgenuß, diese klassische Einleitung zu lesen. Als Mensch war Eichhorn heiter und liebenswürdig. Allen Ehrungen war er so abhold, daß er an dem Fest des 50jährigen Dienstjubiläums, das ihm zu Ehren veranstaltet wurde, nicht teilnahm.[269] Sein Sohn Karl Friedrich war der berühmte Forscher in deutscher Rechts- und Staatsgeschichte.)

Des Näheren ist die Stellung Eichhorns folgende:

Unecht ist einmal *II Petr.*, weil er eine Kopie aus Jud. ist. Den *Judasbrief* für unecht zu halten, wäre er auch geneigt, wenn ihn nicht das sehr günstige Urteil der Alexandriner und seine frühere Bezeugung im Kanon Muratori stutzig machte. So spricht er ein non liquet aus. Der *Hebräerbrief* ist alexandrinischen Ursprungs und nicht von Paulus. Beim *Jakobusbrief* erkennt er die sprachlichen Bedenken voll an, hält ihn aber trotzdem für echt. Er glaubt in ihm einen Brief Jacobi des Gerechten an die Judenchristen zu Asien zu finden, den [dieser] nach Promulgierung des Aposteldekrets dorthin zur Beruhigung der Gemüter entsandt habe. Bei *I Petr.* bemerkt er die nahe Berührung mit Paulus, ist aber andererseits wieder überrascht von dem selbständigen Gedankengang des Schriftstellers. Er äußert sich darüber folgendermaßen: «Der Brief sieht keiner Kompilation zerstreuter paulinischer Stellen, sondern einer freien Komposition ähnlich, geschrieben von einem Verfasser, der paulinische Gedanken, Worte und Wendungen in sein Eigentum verwandelt hatte und in denselben sprach, ohne daß er sich bewußt war, er bediene sich eines fremden Eigentums.»[270] Das ist sicher eine der besten Charakteristiken des Briefes. Andererseits, sagt er, ist der Autor auch vertraut mit dem Jakobusbrief, wie man aus den literarischen Anklängen ersieht. Also ist es sehr wahrscheinlich, daß Mk., der einerseits Paulusschüler war, andererseits den Jakobusbrief von Antiochien aus kannte, das Schreiben verfaßt habe, in dem er eine aus Judenchristen und Heidenchristen gemischte Gemeinde voraussetzt.

Man sieht, wie sich die Anregungen Semlers hier zu einer Hypothese verdichten, die wirklich sich in ihren Gelenken gut bewegt und aller Prüfung wert ist.

---

267 [Ferner: *Repertorium für biblische und morgenländische Literatur*, Leipzig 1777–86, und *Allgemeine Bibliothek der biblischen Literatur*, Leipzig 1787–1801, 10 Bde.]

268 [Göttingen 1799–1800, und *Geschichte der drei letzten Jahrhunderte*, Göttingen 1803–04.]

269 [Im Ms. verschrieben:] daß er sich an dem Fest ... keinen Teil nahm.

270 [Bd. 3, 2. Hälfte, Leipzig 1814, S. 614.]

Schleiermacher[271] und die andern zeitgenössischen Theologen stehen in dieser Frage nicht auf der Höhe Eichhorns, wie überhaupt Eichhorn als Historiker dem Schleiermacher mit seiner eigensinnigen Versteifung auf den normativen historischen Charakter des 4. Evangeliums bei weitem überlegen ist, wenn er ihm als Denker auch nicht zu vergleichen ist.

Schleiermachers Position ist folgende: I Petr. und I Joh. sind echt – wie auch das 4. Evangelium. Die Synoptiker sind erst an der Wende des [1.] Jahrhunderts entstanden, und die kleineren katholischen Briefe sind alle verdächtig oder unecht.

Ziehen wir das Fazit: Die neutestamentliche Kritik hat seit der Renaissance immer wieder die katholischen Briefe angebohrt, weil ihr Ansehen durch die Nachrichten über die Diskussion im Altertum erschüttert war. Hat sie es in der Reformationszeit zu nichts Neuem gebracht, so hat sie doch in der historischen Kritik der Aufklärung bei Semler und in seiner Nachfolge bei Eichhorn Ansätze gezeitigt, aus denen nun in der großen Periode der deutschen historischen Theologie, die mit Baur anhebt, das Problem riesengroß hervorwächst und noch heute nicht im Entferntesten gelöst ist.

Die katholischen Briefe sind der Gegenstand der einzigen großen literarischen Auseinandersetzung in der Alten Kirche. Sie sind die Krücken, an denen die Kritik der Renaissance und der Aufklärung wieder gehen gelernt hat.[272] Sie sind die großen Fragezeichen der modernen geschichtlichen Theologie, die diese nie und nimmer zur Ruhe kommen lassen, auch wenn sie so und so oft schon geglaubt hat, das Problem des Urchristentums und des Entstehens der altkatholischen Kirche gelöst zu haben.

§ 9) Die Stellung des Problems durch [F. Chr.] Baur[273]

Ferdinand Christian Baur war geboren den 2. Juni 1792, wurde 1826 Professor zu Tübingen und starb 1860. Er stand unter dem Einfluß der Hegelschen Philosophie. Wie Sie wissen, ist diese Hegelsche Philosophie in ihrem innersten Wesen Geschichtsphilosophie, indem sie auf dem Gedanken beruht, daß alles, was sich realisiert, aus dem Gegeneinander und Zusammenwirken zweier Gegensätze resultiert. Das Hegelsche Schema, das allem Werden zu Grunde liegen soll, lautet: Thesis –

---

271 [R] Schleiermacher war ein Dialektiker, aber kein Kritiker. [An derselben Stelle folg. Bleistiftnotiz, aber ohne irgendeinen Hinweis, wohin gehörend u. wen betreffend:] Grämlicher Hanswurst.

272 [Dieser Satz bereits S. 292 oben, Ms.-S. 29.]

273 [Gestrichene 2. Überschrifthälfte:] und die Lösungsversuche der 2. Hälfte des 19. Jahrhunderts.

Antithesis – Synthesis. Jede Position, jede Tat, ruft ihr Gegenteil hervor, und beide vereinigen sich dann zu einer höheren Einheit, [zu] ihrer Synthese, die ihrerseits wieder als Position der Ausgangspunkt einer neuen Trias ist – und so weiter.

Nun wandte Baur dieses Schema der Logik der Geschichte auf das Entstehen des Christentums an und suchte hier nach Thesis, Antithesis und Synthesis. Dabei ging er von dem Gegensatz zwischen Gal. 2 und Acta 15 aus und sagte: In Gal. 2 finden wir einen klaffenden Gegensatz zwischen einer judenchristlich gebundenen Richtung und der heidenchristlich freien Richtung Pauli. Dieser Gegensatz, wo es sich um Gesetz, Beschneidung und Speiseordnung handelte, kam in Antiochia zum Ausbruch, als Petrus, von der jerusalemitischen Partei gedrängt, nicht mehr wagte, mit den Heidenchristen in Tischgemeinschaft zu leben, und als die jüdischen Eiferer die galatischen Gemeinden unter das Gesetz zwingen wollten. In Acta 15, der Schilderung des Apostelkonzils, hingegen sind diese Vorgänge so dargestellt, daß der Eindruck eines Kampfes vollständig verwischt ist und als ob schon Paulus und die Urapostel einen versöhnlichen Ausgleich gefunden hätten. In diesem Unterschied der Darstellung, so schließt Baur, liegt die Geschichte des Alten Christentums beschlossen, indem die Darstellung von Gal. 2 den Moment des in die Erscheinung Tretens des Gegensatzes bedeutet, die Darstellung von Acta 15 aber vom Standpunkt einer Zeit aus geschrieben ist, wo die beiden Gegensätze schon in eine höhere Einheit aufgehoben waren, die weder Judenchristentum noch Heidenchristentum war.

Also die Thesis lautet:	Gebundenes Judenchristentum,
die Antithesis:	Freies paulinisches Heidenchristentum,
die Synthese:	Die altkatholische Kirche, wie sie durch den Kampf gegen die Gnosis aus Vereinigung der beiden Parteien hervorgeht, wobei das gemäßigte Judenchristentum zuerst die Hand zum Bunde reicht.

Der Gang, auf welchem Baur zu dieser Konzeption kam, ging von den Studien über die Gnosis (1835)[274] und über die Pastoralbriefe (1835)[275] aus, wo er als erster die große Bedeutung dieser Bewegung für die Konsolidierung der katholischen Kirche erkannte, und von dort dann rückwärts auf die beiden großen Gegensätze, die durch die Gnosis zur Vereinigung gezwungen wurden. Von seinen Werken seien besonders genannt: *Die [christliche] Lehre von der Versöhnung*, [Tübingen] 1838, *[Die christliche Lehre von der] Dreieinigkeit und Menschwerdung Gottes*, [Tü-

274 [*Die christliche Gnosis oder christliche Religionsphilosophie in ihrer geschichtlichen Entwicklung*, Tübingen.]

275 [*Die Pastoralbriefe*, Stuttgart.]

bingen] 1841–1843, *Paulus, der Apostel Jesu Christi. [Sein Leben und Wirken, seine Briefe und seine Lehre. Ein Beitrag zu einer kritischen Geschichte des Urchristentums*, Stuttgart 1845,] (2. Aufl. [1866/]67, nach seinem Tod) und die *Vorlesungen über [die christliche] Dogmengeschichte*,[276] besonders der 1. Band, ein großartiges Werk. Man braucht nur die Inhaltsübersicht zu übergehen, um überwältigt zu sein von der Schärfe und Klarheit dieses Geistes. Die handlichste Zusammenfassung seiner Gedanken bietet er in der Schrift *Das Christentum und die christliche Kirche der drei ersten Jahrhunderte*, [Tübingen] 1853, die jeder Theologe gelesen haben muß. Sie finden sie in allen Bibliotheken der Pfarrer der älteren Generation.

Das[277] große Verdienst Baurs besteht darin, das Problem des Urchristentums gestellt zu haben. Mögen seine Forschungen heute in vielen Punkten überholt sein, mögen andere gelehrter gewesen sein als er: Er bleibt der größte unter allen bis auf den heutigen Tag, weil er den Gedanken vertritt, daß das Urchristentum nur dann historisch begreiflich ist, wenn es aus der Entfaltung eines einzigen großen Grundgedankens begriffen wird. Die Dokumente der urchristlichen Entwicklung findet Baur in den neutestamentlichen Schriften. Er ordnet sie folgendermaßen:

1) Vor die Zerstörung Jerusalems fallen nur die vier großen, allein gewiß echten Paulinen (Gal., I und II Kor. und Röm.) und die Apok. [Joh.].

2) Mit der Zerstörung Jerusalems verliert das Judenchristentum seinen Halt, und es beginnt der Ausgleich etwa zwischen den Jahren 70–140. Als Dokumente dieses Ausgleichs gehören in diese Zeit: Mt., Lk., Acta, Mk., Hebr., die deuteropaulinische Literatur (Phil., Eph., Kol.) und als Beschluß die katholischen Briefe insgesamt.

3) Nach 140 erscheinen noch, gleichsam als Nachgeburt, die Pastoralbriefe und die johanneische Literatur.

Damit hat Baur, und er selbst erkennt darin sein Verdienst und rühmt sich desselben schon in der Schrift über die Pastoralbriefe, die positive Kritik geschaffen. Darunter ist zu verstehen, daß die Wissenschaft sich nicht mehr damit begnügen darf, zu sagen, diese Schrift ist echt oder unecht, sondern daß sie ihr im Entwicklungsgang der altchristlichen Literatur ihre Stelle anweisen muß und die Bedingung aufzeigt, die ihr Entstehen veranlaßt hat, kurz: darlegt, daß sie notwendig, also wirklich war! Die von Baur angeregte Forschung – und keiner der zeitgenössischen oder der nachfolgenden Gelehrten hat sich seiner Fragestellung entziehen können – hat nun zu Baur folgende Stellung eingenommen:[278]

---

276 [Hrsg. v. Ferd. Friedr. Baur, Leipzig 1865.]

277 [R] 9. Kolleg.

278 [R] Der Schematismus trat in seinen Vorlesungen viel stärker zutage, wie wir [sie] zu hören erklärten [bekamen?], als in seinen Büchern.

1) In der Evangelienfrage hat sie ihn ganz und mit Recht verleugnet, indem sie zur Markushypothese, die durch Baur am Aufkommen verhindert worden war, zurückkehrte. Nach Baur ist das erste Evangelium Mt. (judenchristlich), das zweite Lk. (heidenchristlich), das dritte – die Versöhnung beider – Mk. Durch die einschneidenden Untersuchungen [Heinrich Julius] Holtzmanns ist aber in der Hauptsache die Markushypothese zum Siege gelangt, und nur wenige Baurische Veteranen wie der Jenenser [Adolf] Hilgenfeld (geb. 2. Juni 1823) halten das sinkende Banner der Matthäuspriorität bis in die heutige Zeit.

2) Auch in der Frage der paulinischen Literatur ist man durch die Unternehmungen [Otto] Pfleiderers, [Karl] Holstens und [H. J.] Holtzmanns von dem marcionitischen Radikalismus Baurs zurückgekommen. Man stimmt ihm zu in der Unechtheit der Pastoralbriefe, in der Zweifelhaftigkeit von Eph., II Thess, und teilweise [von] Kol., aber nicht in der[279] Unechtheit von I Thess., Philipper (Holsten bezweifelt auch Philipper) und Philemon.

3) Zustimmend verhält sich zu Baur die kritische Strömung in der modernen Theologie, sofern sie die johanneische Gedankenwelt als eine Sondererscheinung hinter die Literatur der Paulinen und der katholischen Briefe der Mitte des 2. Jahrhunderts rückt.

4) Aber die Frage der johanneischen Literatur ist nur eine Spezialfrage der Literatur der «katholischen» Periode des neutestamentlichen Schrifttums, und die Frage, in der man über Baur noch nicht hinausgekommen ist und wo der Kampf noch immer unentschieden hin- und herwogt, betrifft eben die katholischen Briefe, denn sie enthalten das Problem des Entstehens der katholischen Kirche, das heißt des Aufkommens einer Gedankenwelt, die weder *judenchristlich* noch *paulinisch* ist, sondern in unbegreiflicher Weise über den Gegensätzen steht, sofern sie dieselben einfach ignoriert. Es fragt sich nur: Ist diese Indifferenz gegen die im Galaterbrief bezeugte Kontroverse urapostolisch, d. h. vorpaulinisch, als Anfangsstadium, oder nachapostolisch, als Endstadium? Im ersten Fall sind die katholischen Briefe echt, von den Uraposteln verfaßt, im zweiten Fall sind sie unecht und können nicht von den Uraposteln stammen. Um diese durch die scharfe Problemstellung Baurs hervorgerufene Alternative dreht sich die Verhandlung über die katholischen Briefe in der modernen geschichtlichen Forschung.

---

279 [Ms.:] für die.

§ *10) Die Verhandlungen über die katholischen*[280] Briefe nach Baur

Um aus dem Gewirre der ineinander und übereinander greifenden Meinungen nach Baur, wo sich in der Theologie alles fieberhaft bewegt, wie wenn man in einen Ameisenhaufen hineingestochen hat, herauszukommen, muß man folgende Einteilung adaptieren:

1) Die Meinungen, welche eine Negation der Baurschen Position bedeuten, d. h. diejenigen, welche die katholische Literatur als urapostolisch vor die paulinische setzen.

2) Die Meinungen, welche eine Ermäßigung der Baurschen Position bedeuten, d. h. diejenigen, welche zwar wie Baur in den katholischen Briefen die Dokumente des Ausgleichs zwischen Judenchristen und Paulinern finden, diesen Ausgleich und damit die katholischen Briefe [jedoch] viel früher, nicht [in die Zeit] um die Jahrhundertwende, sondern noch z. T. in die Zeit Pauli setzen. (Der ganze Prozeß ist, wenn auch nicht in dieser Einteilung, in [H. J.] Holtzmanns Einleitung [unter] dem [Bild vom] 4. Bassin der Theologie dargestellt.[281])

3) Die kritischen Fortbildner der Theorie Baurs.

[Zu] 1) *Die antibaursche Verteidigung der katholischen Briefe.* Hierher gehören: August Neander, Heinrich [Georg August] Ewald, [Edmond Dehault] de Pressensé, [Johann Christian Konrad] von Hofmann, [Christian Karl Josias von] Bunsen, Bernhard Weiß.

a) August Neander, der Vertreter der gebildeten Gemütstheologie, ist hauptsächlich bekannt durch sein Werk: *Geschichte der Pflanzung und Leitung der christlichen Kirche durch die Apostel.* Die 1. Auflage erschien 1832–1833 [Hamburg], also vor der Baurschen Ära. In den folgenden Auflagen nahm er Stellung zu Baur und verteidigte den Jakobusbrief als vor Paulus gehörend; gleich darauf, nach der Auseinandersetzung, sei I Petr. geschrieben.[282]

b) In Frankreich Edmond de Pressensé (*Histoire des trois premiers siècles de l'Eglise Chrétienne*, [Paris] 1858 ff.) ungefähr ähnlich. Er unterscheidet zuerst eine petrinisch urapostolische, dann eine paulinische, dann eine johanneische Periode.

c) v. Hofmann: *Die heilige Schrift neuen Testaments [zusammenhängend untersucht*, Nördlingen] 1862 ff., ein großes Sammelwerk, in dem aber Mt., Mk., Acta und die johanneische Literatur fehlen. Sie erkennt den ganzen Unterschied zwischen Gal. 2 und Acta 15, auf dem sich Baurs

---

280 [Ms. (irrtümlich, denn der Abschnitt handelt von den kathol. Briefen):] Pastoralbriefe.

281 [Vgl. oben S. 294.]

282 [R]? Genauer. [Vgl. A. Neander, *Geschichte der Pflanzung*... Zweiter Band, 4. Aufl. Hamburg 1847, S. 564–580, 592–595.]

Konstruktion erbaut, nicht an (wie auch seine Schule nicht, die seine rein literarischen Hypothesen weitergeführt hat). Er vertritt die petrinische Authentie von I und II Petr.,[283] die paulinische Verfasserschaft des Hebräerbriefes, die Authentie der johanneischen Literatur.

d) Mit Leidenschaft gegen Baur tritt Heinrich Ewald [1803–]1875 auf in seiner Geschichte des apostolischen Zeitalters [*Das apostolische Zeitalter bis zur Zerstörung Jerusalems*] (3. Aufl. 1868), welche als 6. Band[284] die Fortsetzung seiner *Geschichte [des Volkes] Israel [bis auf Christus]* bildet. Ebenso in seinem 1870 in Göttingen erschienenen *Hebr.* und *Jak.* [*Das Sendschreiben an die Hebräer und Jakobus Rundschreiben*]. Nach ihm sind alle katholischen Briefe echt, auch die ganze johanneische Literatur.

e) Auch v. Bunsen in seinem bekannten *Bibelwerk*,[285] Bd. VIII, [Leipzig] 1866, S. 585ff., betrachtet die katholischen Briefe als die ältesten Erzeugnisse der urapostolischen Literatur und stellt sie vor die paulinischen Briefe.

f) Bernhard Weiß, [*Lehrbuch der*] *biblischen Theologie* [*des neuen Testaments*, Berlin 1868,] 4. Aufl. 1884, läßt Jakobus und Judas von Brüdern Jesu geschrieben sein, hält II Petr., I Petr., I, II und III Joh. für echt. Hebr. ist jerusalemitisch und urapostolisch.

Diese [Autoren] alle sind also viel konservativer als die Alte Kirche.

[Zu] 2) *Die Ermässigung der Baurschen Position.*

a) Eduard Reuß, der große Straßburger, jüngerer Zeitgenosse Baurs, stellt den Typus der Ermäßigungen seiner Positionen dar. Sein Hauptwerk ist betitelt *Geschichte der heiligen Schriften Neuen Testaments*, [Braunschweig] 1842. In den folgenden Auflagen [2. Aufl. 1853, 3. Aufl. 1860] nimmt er Stellung zu Baur, erkennt den großen Gegensatz zwischen Gal. 2 und Acta 15 an, ebenso die Bedeutung der unangenehmen Begegnung Pauli mit Petrus in Antiochien, meint aber, daß Baur die Tragweite und die Zeitdauer jenes Gegensatzes überschätze und daß schon in der ersten christlichen Generation zwischen Paulus und den Uraposteln ein gemeinchristliches Bewußtsein geherrscht [habe]. Das Christentum, sagt Reuß, hat von selbst die alttestamentlichen Schranken notwendig durchbrochen, und das Vorkommnis in Antiochia und in den galatischen Gemeinden war nur eine Episode, die man nicht in der Baurschen Art zu einer Geschichtskonstruktion erweitern darf. Der Ausgleich hat sich schon innerhalb des 1. Jahrhunderts, schon zur Zeit Pauli, vollzogen. I Petr., Jak., Jud. – auch Joh.[286] – sind echt als älteste Wahrzeichen jenes Aus-

283 [R] Genauer – etc.! [Vgl. a.a.O., 7. Teil (1875), 1. Abt., S. 229, 2. Abt., S. 128. 139.]

284 [Ms.:] als V., VI. und VII. Band. [Bd. 5: *Geschichte Christus (Christi?) und seiner Zeit*, 3. Aufl. Göttingen 1896; Bd. 7: *Geschichte der Ausgänge des Volkes Israel und des nachapostolischen Zeitalters*, 2. Aufl. Göttingen 1868.]

285 [*Vollständiges Bibelwerk für die Gemeinde*, 9 Bde., 1858ff.]

286 [D. h. wohl: I Joh.]

gleichs. II Petr. ist fraglich. In den späteren Auflagen gibt Reuß[287] zwar kritischen Bedenken mehr Raum, besonders für I Joh., ist aber von seiner Beurteilung Baurs, die zu dem[288] Sachlichsten und Besten gehört, was man vorbringen kann, im Grunde nicht abgegangen.

b) Sehr verwandt mit diesem Standpunkt ist die Meinung Daniel Schenkels. Er ist besonders bekannt durch sein *Charakterbild Jesu*, 2. Aufl. [Wiesbaden] 1864, und durch sein *Bibellexikon*, 1869–75,[289] zwei Werke, die zusammen mit Bunsens *Bibelwerk*[290] auf den Regalen der pfarrherrlichen Bibliotheken von den kampfesfrohen Zeiten der deutschen Theologie träumen. Auch Schenkel setzt an den Anfang ein mildes Urchristentum. Petrus war schon auf dem Apostelkonzil der Bundesgenosse Pauli gegen das überspannte Judenchristentum, das in Galatien und in Korinth gegen den Heidenapostel wühlte. I Petr. gehört also dem Zwölfapostel [Petrus] an, Apok. und Jak. vertreten den antipaulinischen Standpunkt, und II Petr. ist zur Versöhnung nachher gefälscht [worden] – zwar nicht die ehrbarste Art, eine Versöhnung zu feiern, was aber für eine theologische Hypothese nichts zu sagen hat, da diese [Hypothesen] bekanntlich jenseits von Gut und Böse sind.[291]

c) Auch die Auffassung des Urchristentums, die Karl [August] von Hase in seinem *Sendschreiben an Baur* 1855[292] entwickelt, beruht auf der Statuierung seines milden Urchristentums schon zur Zeit Pauli, dessen Akten eben in den katholischen Briefen niedergelegt sind. Daneben gab es ein exklusives Judenchristentum (Gal. und Kor.), das aber durch Paulus mit Hilfe der gemäßigten Partei verhältnismäßig schnell in seine Schranken zurückgewiesen wurde. (Das ist die deutsche *Unwirklichkeitstheologie*, die mit Zahlen und Formeln und Worten, aber nicht mit Dingen rechnet!)

d) Ähnlich [Karl] Holsten: *Die drei ursprünglichen, noch ungeschriebenen Evangelien*, [Karlsruhe/Leipzig] 1883. Danach ist der Judaismus, wie er von Paulus bekämpft wird, eine Art akuter Erscheinung. «Dagegen war Petrus dem Geiste der Gesetzesinnerlichkeit und Gleichgültigkeit gegen die äußere Gesetzesform, welche Jesus in ihm geweckt hatte, wenigstens anfänglich treu geblieben. Wenn ihm auch der Kreuzestod des Messias nur den Erlaß der Sühneschuld, dagegen dem Paulus auch das Geschenk der Gerechtigkeit vermittelt: Für beide ist jener Tod Ausdruck des göttlichen Heilswillens, für das petrinische Evangelium als Moment, für das paulinische als Prinzip.»[293]

---

287 [Ms.:] er.
288 [Ms.:] zu dem.
289 [5 Bde., Leipzig (Schenkel ist der Herausgeber).]
290 [Siehe Anm. 285.]
291 [Diese beigefügte Bemerkung ist natürlich ironisch gemeint.]
292 [Tübingen. Obertitel: Die Tübinger Schule.]
293 [A. a. O., S. 11, 25, 50, 52, 33 (nur teilweise wörtlich).]

[Zu] 3) *Die kritischen Weiterbildner der Ansicht Baurs.*

Auch [H. J.] Holtzmann stimmt mit den vorhergenannten [Autoren] darin überein, daß er die Hinunterführung des Gegensatzes Judenchristentum – Heidenchristentum bis hinab in das 2. Jahrhundert nicht für geschichtlich durchführbar ansieht, ferner auch darin, daß er Paulinismus und Heidenchristentum nicht in der Art bleibend identifiziert wie Baur; [aber es][294] sind doch die katholischen Briefe für ihn Deuteropaulinismus, d. h. Paulinismus, der sich zur Lehre der katholischen Kirche abschleift und vereinfacht. So stellt er in seiner *Theologie*[295] Bd. II, S. 308 ff. die katholischen Briefe unter dem Titel «Deuteropaulinismus» in der Fortsetzung von Epheser, Pastoralbriefe und Hebräer dar. Für Holtzmann ist eben mit dem Nachweis der literarischen Abhängigkeit von paulinischer Literatur, das übrigens schon [Wilhelm Martin Leberecht] de Wette ausführlich berücksichtigt hatte, alles gegeben. Sie gehören in spätere Zeit.[296] «Wie sie in der Geschichte des Kanons am spätesten hervortreten, so stehen sie auch dem Urchristentum und allen es bewegenden Fragen am fernsten.» (*Theologie* II, S. 308 zu I Petr. [2. Aufl. S. 349.].) Wie man «Jak. und I Petr. als zwei fossile Knochen aus der untersten Schicht des Urchristentums ausgraben» kann, sei ihm unverständlich, bemerkt er gegen [Albrecht Benjamin] Ritschl (S. 309, [2. Aufl., S. 349, Anm. 4]). I Petr. ist eine «populär eklektische Verarbeitung, welche die paulinische Gedankenwelt hier erfährt» [2. Aufl. S. 351]. Die Rechtfertigungslehre des Briefes und die Sühnetheologie derselben sind ohne die Einwirkung Pauli vollständig unbegreiflich. Der Brief lehrt weder die Rechtfertigung aus dem Glauben noch die Rechtfertigung aus dem Gesetz. Daraus erkennt man, «wie weit entfernt er den erregten Tagen der paulinischen Heidenmission steht» [S. 311, vgl. 2. Aufl., S. 352]. Von der geschichtlichen Verkündigung Jesu hat der Autor gar keine Ahnung mehr. «Ganz aus seinem Gesichtskreis entschwunden ist der ‹Menschensohn›, der ‹Gottessohn› und namentlich auch das ‹Reich Gottes›. Nicht mehr werden hier lebendige Menschen in ein auf Erden anbrechendes Reich Gottes eingeführt, sondern an ‹Seelen›, ja an ‹Geister› (3,19) ergeht eine geheimnisvolle Verkündigung.» (Alles im Abschnitt über I Petr. [S. 316, vgl. 2. Aufl., S. 357].)

I Joh. gehört auch ins 2. Jahrhundert. Ebenso der Judasbrief.[297] Zu II Petr. bemerkt er, *Theologie*, Bd. II, S. 325 (1. Aufl.): «Die Notiz (3,15 u. 16) wird erst verständlich, wenn damit der ganze Gegensatz des Paulinismus zum urapostolischen Christentum, soweit er noch in der

---

294 [Ms., nach Komma:] so.

295 [*Lehrbuch der neutestamentlichen Theologie*, 2 Bde., Freiburg i. Br. und Leipzig 1896, 1897, 2. Aufl. Tübingen 1911 (s. oben S. 294).]

296 [R] I Petr., S. 310–318 [1. Aufl.]

297 [R] Judasbrief, S. 318–321.

Erinnerung eines fortgeschrittenen Geschlechts nachleben mochte, auf verkehrte Auslegung der Paulusbriefe und die etwas dunkle Fassung derselben zurückgeführt wird»[298] (wozu ich in aller Bescheidenheit bemerken wollte: wo steht in jenem Briefe eine Andeutung, daß der Verfasser jene verkehrte Auslegung vom Gegensatz des Paulinismus zum urapostolischen Christentum meint? und nicht auf [eine] gnostische Theorie [bezieht], welche sich auf Paulus beruft?

Der Jakobusbrief.[299] Von den Problemen der urchristlichen Theologie ist in dem Briefe keine Rede mehr. Die ganze Gedankenwelt des Briefes weist nur die Verwandtschaft «mit jenem bekannten Moralismus auf, welche die spätere neutestamentliche und nachapostolische Literatur kennzeichnet» [S. 350, 2. Aufl., S. 390]. Hier – und das ist Holtzmanns Steckenpferd – weist er dann im Detail die Abhängigkeit des Jakobusbriefes,[300] bis zum Mißverständnis, von der paulinischen Literatur und I Petr. Schritt für Schritt nach. (Meine Erinnerungen ans Seminar.)

So wollen also die Weiterbildner Baurs die katholischen Briefe nicht mehr in dem Sinne als Versöhnungsurkunden aus dem 2. Jahrhundert ansehen, sondern als paulinische Triebe auf katholischem Boden.

Ich gebe Ihnen nun noch kurz zur Orientierung die Positionen der drei wichtigsten neuesterschienenen Einleitungswerke, Zahns und Jülichers Einleitung und Harnacks altchristliche Literaturgeschichte:

[1)] [Theodor] Zahn, *Einleitung [in das Neue Testament*, Leipzig 1897–99,] 2. Aufl. 1900.

(Th. Zahn ist geb. 1838 in der Rheinprovinz, kam 1878 nach Erlangen, 1888 nach Leipzig. Mit [Oskar] Gebhardt und [Adolf v.] Harnack gab er 1876–1878 die [Schriften der] Apostolischen Väter heraus.[301] Seine auf drei Bände angelegte *Geschichte des [neutestamentlichen] Kanons*[302] habe ich schon erwähnt. Wichtig sind seine Studien über Ignatius und Hermas.[303]

Zahn gehört unstreitig zu den gelehrtesten Theologen der heutigen Zeit. In dem stummen[304] Ringen um das Recht [der traditionellen Anschauungen über das Neue Testament] und die[305] altchristliche Literatur ist er mehrmals Sieger geblieben. Aber in seiner Einleitung[306] treten dann auch alle Schattenseiten seiner Methode zutage, die im Mangel an objektivem Urteil bestehen und in der Tendenz, nur immer seine Meinung durchzuführen und alles andere als zu widerlegende Irrtümer darzustellen. Er ist zu sehr Literarkritiker und zu wenig theologischer Denker, so daß seinen

---

298 [R] II Petr., S. 321–328.
299 [R] Jak., S. 328–350.
300 [Ms.:] von Jakob.
301 [*Patrum Apostolicorum opera*, Leipzig 1876ff., vgl. S. 257, Anm. 80.]
302 [Siehe S. 263, Anm. 104.]
303 [*Ignatius von Antiochien*, Gotha 1873. *Der Hirt des Hermas untersucht*, Gotha 1868.]
304 [Dieses Wort im Ms. sehr undeutlich.]
305 [Ms.:] in der [Die Satzergänzung ist dem Art. «Th. Zahn» aus RGG, Tübingen 1913, entnommen.]
306 [R] Die allgemeinen Artikel seiner Einleitung sind hervorragend.

Werken eine klare Auffassung der Gedankenverschiebung im Urchristentum nicht zu Grunde liegt. Seine Einleitung ist nicht geschrieben, um zu überzeugen, nicht um zum Denken anzuregen. Seine Hypothesen, um die ganze neutestamentliche Literatur im Urchristentum unterzubringen, wandeln alle auf schmalem Pfade am Rande des Abgrundes. Sowie man ihnen den Weg verlegt, riskieren sie, mit gebrochenen Gliedern unten anzukommen. Aber das tut der bewundernswerten Gelehrsamkeit Zahns, die jedermann anerkennt, keinen Abbruch.

Jak. ([Bd.] I, [S.] 52–109).[307] Er ist von Jakobus dem Gerechten verfaßt, der, nach dem, was wir über den Gebrauch der griechischen Sprache unter den Juden wissen, ganz gut imstande gewesen sein kann, griechisch zu schreiben und mit dem griechischen Alten Testament vertraut zu sein. Darum hat der Brief so jüdische Formen. Er [Jakobus] kam nach Antiochia zur Zeit, da Paulus und Barnabas dort Lehrer waren. Jak. 2,14ff. wurde von Paulus gelesen, und Röm. 4 ist seine indirekte Antwort darauf. Der Jakobusbrief wurde dann im[308] 1. Petrusbrief benutzt, der vom Apostel [Petrus] stammt.

I Petr. ([Bd.] II, [S.] 1–28). I Petr. stammt aus Rom (Babel, 5,13, = Rom). Er ist geschrieben [im Jahr] 64, als Petrus nach Rom kam und Paulus auf der Missionsreise in Spanien war. Damals trat Petrus in der Fürsorge der kleinasiatischen Gemeinden in die Fußstapfen Pauli, und um den richtigen Ton zu treffen, bediente er sich des Silvanus. Hier ruht die Echtheit des 1. Petrusbriefes auf vier Sätzen: Ankunft Petri in Rom [im Jahr] 64, Pauli Missionsreise [nach] Spanien, Petrus [wird] Vikar Pauli für Kleinasien und Petrus in Sorge um den richtigen Ton.[309] Diese vier Sätze sind Holzpfähle, die bis auf die letzte Fiber durchgesägt sind.

II Petr. und *Jud.* ([Bd.] II, [S.] 43–111). II Petr. ist vor I Petr. geschrieben (60–63 vor [der] Romreise), wahrscheinlich nach Antiochia gerichtet. II Petr. 3,1, «dies ist der zweite Brief», meint nicht den 2. Petrusbrief, sondern [einen] andern (natürlich verloren gegangenen)[310] Brief des Verfassers. Jedenfalls ist II Petr., weil er dieselbe Irrlehre wie der Judasbrief bekämpft, an dieselbe Gemeinde gerichtet. *Jud.* geht auf II Petr. zurück[311] und ist von Judas, dem jüngeren Bruder Jesu und Jacobi des Gerechten verfaßt, dessen zwei Enkel nach Hegesipp (Eusebius, [Kirchengeschichte] III 19 [und 20]) anno 95 unter Domitian vorgeladen wurden und dann bis in das Ende der Regierung Trajans (98–117) eine leitende Stellung in der jerusalemitischen Kirche annahmen, während noch der greise Simeon, der Vetter Jesu, als zweiter Bischof Jerusalems um dieselbe Zeit lebte.

---

307 [Im Folgenden sind immer die Seitenzahlen der 2. Aufl. angegeben.]

308 [Ms.:] von.

309 [Ms.:] in Sorge über den richtigen Ton trifft [?]

310 [R] (Briefe gehen verloren, wie in Romanen so und so viele Personen sterben müssen, damit die betreffenden sich bekommen können.)

311 [R] (Also überall umgekehrt wie Holtzmann.)

Hebr. ([Bd.] II, [S.] 111–159). Die Leser sind Judenchristen (die Abhängigkeit von [der] Baurschen Frage!), wohnen aber nicht in Jerusalem, sondern in Italien oder in Rom, weil Clemens Romanus und Hermas ihn kennen. (Woher weiß denn Zahn, daß es in Italien jemals einen Unterschied zwischen Judenchristen und Heidenchristen gegeben hat? Der Brief fällt noch in die erste christliche Generation, vor 90, weil von Clemens benutzt. Der Brief ist nicht von Paulus, nicht etwa, weil Paulus diese Gedanken nicht hätte entwickeln können (Sie sehen, wie unempfänglich Zahn für die Erfassung der Eigenart eines theologischen Gedankenkomplexes ist), sondern weil das Selbstzeugnis des Autors nicht dazu stimmt. Die Barnabasautorschaft ist nur eine alte Hypothese. Verfaßt ist der Brief nach Zahn von Apollos [Bd. II, 1. Aufl., S. 151 und 157]. (Eine Hypothese, die auch Luther vertreten hat.)[312]

Johannesbriefe ([Bd.] II, [S.] 567–588). I Joh., II und III Joh., Ev. Joh., Apok. Joh. sind alle von demselben Autor, dem Apostel. Den 1. Johannesbrief hat der Apostel so etwa um 80 verfaßt, um seinen Predigerberuf auch in schriftlicher Form zu betätigen und zugleich, um auch irreführenden Lehren entgegenzutreten. II und III Joh. sind von demselben in ganz persönlicher Angelegenheit verfaßt.

Meine Herren: Man darf die Echtheit der katholischen Briefe verteidigen.[313] Die Wissenschaft ist noch lange nicht so weit und wird nicht so weit kommen, daß die Unechtheit zur absoluten Evidenz erhoben wird, denn in der urchristlichen Literatur ist uns eben alles rätselhaft, und ich glaube, die Kurse der katholischen Briefe werden in Zukunft wieder steigen bis zu der Höhe, wo man die Frage der Echtheit offen läßt.[314] Aber niemals darf man sie verteidigen mit den Mitteln, mit denen sie Zahn verteidigt. Nicht durch abgenutzte literarische Hypothesen, sondern durch die Untersuchung des theologischen Gedankengangs, ob er[315] nicht früher angesetzt werden kann, als die Kritik es heute tut.

[2)] Gerade[316] entgegengesetzt ist [Adolf] Jülichers *Einleitung [in das Neue Testament]*, deren 1. Aufl. 1894 erschien (die 2. Aufl. erschien 1900, also mit der [2. Aufl. der Einleitung] von Zahn),[317] seither 3. und 4. [Aufl.]: ein Zeichen, wie sehr sie dem allgemeinen Empfinden des

312 [Zahn verweist hierfür auf Luthers Vorrede zum Hebräerbrief, 1522 (Erlanger Ausgabe Bd. 63, S. 154f.), die Kirchenpostille (Bd. 7, S. 181) und eine Predigt von 1537 (Bd. 18, S. 38, bei Zahn fälschlicherweise S. 181). Was die Vorrede zu Hebr. betrifft, so findet sich darin der Name Apollos nicht.]

313 [R] (Schwimmblasen unter die Arme binden.)

314 [R] al pari stehen.

315 [«er»: der theolog. Gedankengang oder: der jeweils untersuchte Brief?]

316 [R] 10. Kolleg.

317 [Das Druckexemplar von Jülichers Einleitung aus dem Jahre 1894 (Freiburg i. Br./ Leipzig) trägt merkwürdigerweise die gedruckte Angabe: «Erste und zweite Auflage». Demnach wäre die Ausgabe von 1900 bereits die 3. Aufl. (?)]

Standes der heutigen Theologie entspricht. Er [Jülicher] ist der Darsteller und Weiterführer der Holtzmannschen Gedanken, wie Zahn die Thesen von [J.Chr. K. v.] Hofmann, [Friedrich Karl Albert] Schwegler diejenige [F.Chr.] Baurs, [Friedrich] Loofs diejenigen [A. v.] Harnacks weiterführt.

Obwohl Jülicher mit [Paul] Schmiedel der direkteste Weiterführer der Gedanken Holtzmanns ist, ist er nie sein persönlicher Schüler gewesen. Schuld daran ist das Thomasstift. Als Jülicher als Student nach Straßburg kam, zeigte ihm Direktor Erichson sein Zimmer – die Zimmer[318] waren damals noch getüncht. Dann ging Jülicher aus, die Stadt zu besehen – und kam nie wieder. Dann kam ein Dienstmann und holte seinen Koffer: Jülicher war vor dem getünchten Zimmer geflohen und hatte Straßburg und Holtzmann im Stich gelassen.

Für die katholischen Briefe vertritt Jülicher die These Holtzmanns, daß sie sich verflüchtigender Paulinismus sind. Aber während in der abwägenden Darstellung Holtzmanns die These noch durch das Gewicht der zu Worte kommenden entgegengesetzten Meinungen belastet und niedergehalten wird, strebt sie bei Jülicher unbehindert vorwärts, so daß nun die Ecken und Kanten und die anfechtbaren Punkte besser zutage treten. Wir haben hier Holtzmanns Gedanken in einer muntern Sprache gefaßt und in leicht zu gebrauchende Schlagwörter geprägt. Schlagwörter aber sind immer etwas Gefährliches, weil sie bequem sind. Denken Sie nur, was alles sich hinter dem Wort «Deuteropaulinismus» oder hinter dem Schlagwort: «Vulgärkatholizismus» von Loofs oder hinter demjenigen Harnacks, «Christentum zweiter Ordnung», verbirgt – und oft zu Unrecht!

I Petr. weist nach Jülicher intime Bekanntschaft mit Paulus und Hebr. auf. Anzusetzen um 100.

Jakobus ist eine Art «Bußpredigt». Der [Brief] entstand zwischen 125 und 150, beruhend auf Paulus, Hebr., I Petr. und I Clem. Hier ein Schlagwort: «Der Moralismus des Autors ist eher hellenistisch als palästinensisch» [S. 144 (1. Aufl.)]. (Was soll das heißen?)

Der *Judasbrief* stammt aus [dem] 2. Jahrhundert und hat vielleicht einen ägyptischen Verfasser (wegen Benutzung von Henoch und [der] Assumptio Mosis).

II Petr. ist nicht vom Autor des ersten verfaßt. Er benutzt die Paulusbriefe mit Einschluß der[319] Pastoralbriefe (wegen 1,16: σεσοφισμένοι μῦθοι aus [den] Pastoralbriefen![320] Eselhaft, darauf etwas bauen zu wollen), I Clem., Petrusapokalypse. Der [Brief] ist palästinensischen oder ägyptischen Ursprungs.

---

318 [Ms.:] sie.

319 [Ms.:] von [korr. nach Jülicher, S. 151].

320 [Die μῦθοι aus II Thess. 4,4?]

I und II und III Joh.: vom Autor des 4. Evangeliums.

Hebr.: paulinisch, Nachtrieb der Alexandrinischen Theologie; der Autor [war] wahrscheinlich mit Paulus bekannt.

[3)] [A. v.] Harnacks Literaturgeschichte [*Geschichte der altchristlichen Literatur bis Eusebius*, Leipzig 1893–1904].[321]

Eine ganz besondere Stellung in der Beurteilung der katholischen Briefe nimmt Albrecht [Benjamin] Ritschl ein. Er hat zwar keine Einleitung geschrieben. Seine beiden Hauptwerke für die alte Literatur sind: *Die Entstehung der altkatholischen Kirche*, [Bonn] 1. Aufl. 1850 (in welcher Aufl. er einen gemilderten Baurschen Standpunkt vertritt, während er 1857 in der 2. Aufl. sich ganz von Tübingen lossagt), und [*Die christliche Lehre von der] Rechtfertigung und Versöhnung*, [Bonn] 1872, 2. Aufl. 1882. Hier sind besonders die Notizen des 2. Bandes (1. Aufl., S. 317ff.; 2. Aufl., S. 320ff.) wichtig. Sein Hauptwerk für die moderne Epoche ist seine *Geschichte des Pietismus*,[322] [3 Bde., Bonn 1880–86].

Bei Ritschl finden wir den theologischen Versuch – nicht den Versuch mit literarischen Hypothesen –, die katholischen Briefe höher hinaufzurücken.

Er hat die umfassende Frage gestellt: Ist denn das universelle Christentum, das in der alten Kirche zum Siege kommt, wirklich Paulinismus, oder ist es nicht so, daß der Paulinismus nur für Paulus existiert und niemals in irgendwelcher Form als solcher Gemeindebewußtsein gewesen ist? Und Ritschl weist in der alten Literatur nach, daß der Paulinismus plötzlich gleichsam spurlos verschwindet.[323]

Zum zweiten fragt sich Ritschl, ob es denn nicht eine bestimmte Gedankenreihe gibt, die von jeher Gemeingut zwischen Paulus, den Uraposteln und der Christenheit überhaupt war? In dem schweren dialektischen Ringen, das man mit ihm in seinen Werken erlebt, schwebt ihm immer das eine vor und treibt ihn vorwärts, wie nämlich Paulus im Zusammenhang mit dem urchristlichen Gemeindebewußtsein zu begreifen sei. Er sieht klar, daß die Frage nach Gesetzesfreiheit, Beschneidung etc. nur die Oberfläche berührt und daß sich die urchristliche Gedankenwelt nicht in den von Baur statuierten Gegensätzen bewegt, sondern daß man eben nach dem positiven Inhalt des christlichen Gemeindeglaubens forschen muß, wie sie gemeinsam über die Erlösung

321 [Eine Ausarbeitung dieses Abschnitts fehlt, das letzte Drittel der Ms.-Seite und die nächste Ms.-Seite 40 sind leer gelassen, vielleicht für diesen nachzutragenden Abschnitt. Die «Skizzen zum Kolleg über die kathol. Briefe» enthalten nur die Notiz:] Harnack noch nachschlagen. Literaturgeschichte [Ms.-S. 23]. [Auch in den entsprechenden Kollegheften findet sich kein hierher gehörender Text.]

322 [R] Genauer [War eine zusammenfassende Inhaltsangabe vorgesehen?].

323 [R] [Nicht ganz deutlich, ob zum Schluß dieses oder zum Beginn des folgenden Abschnitts gehörend:] Er war nicht der Cyrus.

dachten, ob in bezug auf die Vorstellung von Rechtfertigung und Versöhnung ein so tiefgreifender Unterschied bestanden haben könne.

Die Frage gestellt zu haben: Was ist das gemeinchristliche Bewußtsein, das hinter und über dem Paulinismus und der jerusalemischen Judenchristenpartei stand und deshalb den Ausgleich in der Frage der Gesetzesfreiheit ermöglichte –, das ist das große Verdienst des geistreichen Dialektikers Ritschl. Der Historiker Ritschl [jedoch] steht nicht auf der gleichen Höhe, denn 1) war Ritschl im Grunde genommen kein Historiker [und] 2) verfolgte er in seiner Darstellung praktische Zwecke; er wollte nämlich das, was er als Gemeingut des Urchristentums fand, in die moderne Zeit einsetzen und so die Gegensätze zwischen Orthodoxie und Liberalismus durch jene höhere Form des Christentums überwinden. So kam es, daß die Ansicht über Rechtfertigung und Versöhnung, die er als Gemeingut des Urchristentums aufstellt, nicht geschichtlich[324] ist, sondern eine aus modernen Bedürfnissen erwachsene Abstraktion. Er schliff alle Eigenart der Schriftstellen ab und überzog alles mit grauweißer Farbe, wo die Lehre Jesu, der Paulinismus und die Lehre der katholischen Briefe durcheinandergemengt waren. So entstellt er z. B. den Paulinismus ganz, indem er seine These, daß der Sühnetod nicht zur altchristlichen Lehre gehört,[325] mit Gewalt daran durchführt und nun Stellen wie Röm. 3,21 ff. und die andern mit sophistischen Kniffen umbiegt.

Darum kann auch die tatsächliche Lösung, die er für die katholischen Briefe bietet, nicht befriedigen, weil eben die altchristliche Theologie, durch die er sie rettet, zu sichtbarlich modernes Gepräge trägt. Jak. und I Petr. sind für ihn die Dokumente der ältesten, vor Paulus bestehenden und über Paulus stehenden Gemeindetheologie, und er rühmt sich, dieselben, wie er sich ausdrückt, «aus dem Exil des 2. Jahrhunderts erlöst» zu haben![326]

Wie man sich nun auch zu der positiven Lösung Ritschls stellen mag – und der Historiker wird sich ablehnend dazu verhalten –, eines ist sicher: der Dialektiker hat hier dem Historiker den Weg gewiesen, indem er ihm zeigte, daß, um die katholischen Briefe als echt oder als unecht hinstellen zu können, man zuerst die Frage beantworten muß: was war gemeinsamer Besitz der Urapostel und Pauli, unabhängig von der Gesetzeskontroverse; was war der Besitz, der sich zur altkatholischen Lehre herausgebildet hat? Was das ist, das haben weder Ritschl noch die andern gefunden, denn mit dem Wort «gemäßigtes Judenchristentum» ist ebensowenig gesagt wie mit «Deuteropaulinismus».

---

324 [Ms.:] nicht geschichtliches [? nichts Geschichtliches? Oder: nicht geschichtlicher Art?]

325 [R] Gemeinschaft mit Leibniz [siehe drittnächsten Abschnitt].

326 [R] [Das Zitat konnten die Hrsg. nicht nachweisen.]

Ritschl spielt in der Theologie die Rolle von Leibniz in der Philosophie. «Nihil est in intellectu, nisi ante fuerit in sensu», sagt die Lockesche Philosophie,[327] die im Materialismus und Sensualismus sich weiterbildete. Leibniz aber schrieb das große Fragezeichen an: «nisi intellectus ipse»,[328] das die höhere Einheit von Vorstellung und Empfinden, die von Anfang an gegeben ist, darstellt. So schreibt auch Ritschl das Fragezeichen an, indem er sagt: Das Urchristentum war weder paulinisch noch judenchristlich, sondern eine Art sensus communis, der[329] über beiden steht, zugleich aber beiden gemeinsam ist und sie verbindet. Die Historiker brauchen manchmal solche Dialektiker!

§ 11) Das Problem der katholischen Briefe aus ihrer Eigenart und auf Grund der bisherigen Untersuchungen

Das Problem, wie es durch die Geschichte der Alten Kirche und durch die Geschichte der wissenschaftlichen Forschung[330] aufgerollt wird, bewegt sich um folgende Punkte:

1) Die bei der Kanonisierung in der Alten Kirche geäußerten Bedenken gegen die 2. Klasse der katholischen Briefe bilden zwar immerhin ein Präjudiz gegen diese Briefe, aus dem man aber direkt nichts entnehmen kann. Denn Sachliches hat die alte Kritik gegen die Briefe nicht hervorgebracht, und von den zwei Briefen, die sie anstandslos annahm, ist z. B. der I Joh. durch die Kritik viel stärker gefährdet als Jak. und II Petr.!

2) Mit literarischen Hypothesen und Kombinationen von Situationen in der apostolischen Zeit, in der die Briefe entstanden sein sollen, ist für ihre Rettung absolut nichts getan. Denn erstens wissen wir von jener Zeit viel zu wenig, um derartige Hypothesen (cf. Zahn) irgendwie zur Evidenz zu erheben, zweitens, das muß man sich klar sein, behandeln die Briefe, auch Jak. 2,14ff. nicht, in keiner Weise die Fragen, welche im Galaterbrief und auf dem Apostelkonzil diskutiert werden.

3) Ebensowenig ist nun, auf Seiten der Kritik, mit chronologischen Datierungen irgend etwas getan. Vor Justin und Irenäus gibt es nur drei Schreiben, die wir ungefähr datieren können, weil äußere Anhaltspunkte da sind, I Clem. aus der Zeit Domitians, die Ignatianen und Pastor Hermae aus der Zeit des Bischofs Pius um 140, wenn die letztere

327 [«Nichts ist im Verstande, was nicht zuvor im Sinneswahrnehmen gewesen wäre».]

328 [«Außer der Verstand selbst», *Nouveaux Essais* II 1.2. (Vgl. W. Windelband, *Lehrbuch der Geschichte der Philosophie,* 7. Aufl. Tübingen 1916, S. 388.)]

329 [Ms.:] die [A. S. übersetzt «sensus» also z. B. mit «Wahrnehmung», «Empfindung», «Gesinnung», «Ansicht», jedenfalls mit einem Femininum].

330 [Ms. (zweifellos aus Versehen):] Kirche.

Angabe des Muratori wirklich genau ist. Aber sonst haben wir keine Mittel, um zu bestimmen, ob ein Schreiben in die 70er Jahre oder in die 140er Jahre gehört. Was soll die Rechnung mit Generationen? Oder die Angabe von Zahlen: z. B. Jak.[331] gehört in das Jahr 120? Warum nicht in das Jahr 80? Warum nicht in das Jahr 140?

In dieser alten Zeit fehlen uns alle[332] chronologischen Maßstäbe. Z. B. wenn wir es nicht aus I Kor. ganz sicher wüßten, wer würde es für möglich halten, daß in jener ältesten Zeit eine Profanation der Eucharistie stattgefunden habe, wie die, welche Paulus in Korinth bekämpfen muß! Wer würde es im Römerbrief ahnen, daß die leidenschaftlichen Kämpfe des Galaterbriefes noch keine 10 Jahre zurückliegen! Im allgemeinen nehmen wir im Urchristentum und in jener ältesten Zeit Menschenalter an, um gewisse Verschiebungen, die wir zu beobachten glauben, zu erklären, während in Wirklichkeit ein Jahrzehnt alles erklärt. Wie können wir jemals aus diesem Neben- und Übereinander von fortgeschrittener und zurückgebliebener Entwicklung herauskommen? Z. B.: Wer das fortschrittlerische Programm der zukünftigen griechischen Theologie in Justins Apologien[333] und die Proklamation der Logostheologie daselbst liest, würde es niemals für möglich halten, daß derselbe Mann den Dialog mit Trypho geschrieben hat, und zwar nach der Apologie, weil Justin in dem Dialog ein ganz populäres und unentwickeltes Christentum verteidigt.

Aber das Merkwürdigste ist, daß bis zur neuen Theologie unter Justin keine Bewegung in der christlichen Gedankenwelt aufzuzeigen ist, die erlaubte, von einer Entwicklung auch nur im Entferntesten zu reden. Der moralisierende Ton ist bei I Petr. derselbe wie bei Jak., bei Jak. derselbe wie bei I Clem., bei I Clem. derselbe wie bei II Clem., bei II Clem. derselbe wie bei Pastor Hermae. Die eschatologische Erwartung ist bei Pastor Hermae noch gerade so stark wie bei I Petr., II Petr., I Clem. und II Clem. und in den Ignatianen. Irrlehrer und Gnostiker, die mit der jüdischen Gesetzesfrage nichts zu tun haben, hat schon Paulus in I Kor. – denken Sie an die Auferstehungsleugner im 15. Kap. – und in Kol. zu bekämpfen gehabt. Wer kann sagen, ob die Irrlehrer von II Petr. und Jud. in das Jahr 70 oder in das Jahr 140 gehören? – Man muß sich einmal alle diese Tatsachen vergegenwärtigen, um zu wissen, wie wenig Positives eigentlich dahinter steht, wenn die NT-Gelehrten mit Zahlen für die altchristliche Literatur jonglieren wie der Abgeordnete Richter mit den Zahlen des deutschen Budjets. Dieses Gehabe erinnert manchmal an das jenes unterelsässischen Dorfweisen, der zur Zeit der Hopfenernte mit wichtiger Miene zu den Tagelöhnern sagte: «Diese Stange

331 [Im Ms. undeutlich, ob Jak. oder Joh. (I Joh.?).]

332 [Ms.:] jede.

333 [Ms. (irrtümlich):] Dialog.

noch nicht zupfen (abernten). Sie ist noch nicht ganz reif und muß noch eine Stunde stehen. Nehmt zuerst die andere.» Wie verfahren die ganze Chronologie ist, ersieht man daraus, daß man mit dem Diognetbrief zwischen der Wende des 1. und 2. Jahrhunderts und der des 4. und 5. Jahrhunderts herumrutscht.

4) Man muß sich klar sein, daß die Echtheitsfrage in zwei Fragen zerfällt, in eine allgemeinere und in eine speziellere. Die allgemeine lautet: Ist es denkbar, daß die katholischen Briefe bis in die erste christliche Generation, ihrem Inhalt nach, hinaufreichen? Auf dieser allgemeineren [Frage] baut sich dann erst die zweite auf:[334] Ist, den Fall vorausgesetzt, daß diese Schreiben bis in die erste Generation hinaufreichen können, unter diesen Umständen nachzuweisen, daß die Apostel, deren Namen sie tragen, sie verfaßt haben?[335] Die Apologeten werfen immer beide Fragen ineinander und beginnen mit der zweiten, ohne die erste allgemeine Vorfrage zu beachten (z. B. Zahn). In Wahrheit aber steht es so, daß nur die erste eine Frage der Wissenschaft ist, während die zweite, da sie sich auf Persönlichkeiten bezieht, von deren schriftstellerischer Tätigkeit und Leben überhaupt wir nichts wissen,[336] niemals irgendwie auszumachen und ganz dem persönlichen Empfinden anheimgestellt ist, da wir es hier nicht mit dem Gedankengang, sondern mit der literarischen Form und dem persönlichen Detail der Briefe zu tun haben.

5) Eine Hauptschwierigkeit besteht in der Abwägung der Tragweite der wahrgenommenen literarischen Abhängigkeit.

Zuerst einmal muß einen stutzig machen, daß die literarische Abhängigkeit von den einen nach dieser, von den andern nach jener Seite gedeutet wird, daß sie also irgendwie vieldeutig ist. Zum andern, daß, wo die einen literarische Abhängigkeit von der paulinischen Literatur in hohem Maße statuieren (die Kritik), die andern sie auf ein Minimum reduzieren oder ganz in Frage stellen (die Apologeten). Wäre die Abhängigkeit so in die Augen fallend und so zwingend, wie sie die Schule darstellt, welche die Pastoralbriefe als Deuteropaulinismus auffaßt, so wäre das Verfahren der Apologeten doch schwer zu begreifen.[337]

Damit stimmt, daß man sich bei den Abhandlungen über das literarische Verhältnis der katholischen Briefe zu den Paulinen des Eindrucks nicht erwehren kann, daß diese Studien oft weit über das Ziel hinausschießen und die literarische Abhängigkeit aus der Konkordanz beweisen. Ein Ausdruck, ein Wort kommt bei I Petr. vor, den [oder das] auch Paulus kennt, aber in ganz anderem Zusammenhang – gleich wird ge-

---

334 [R] Diese Bemerkungen nicht für wissenschaftliche Skepsis [zu betrachten (oder: als solche mißzuverstehen)].

335 [Die Teile dieses Satzes sind vom Hg. zum besseren Verständnis umgestellt worden.]

336 [R] Innehalten der Instanzen[?]

337 [In diesem Abschnitt wiederum einige Umstellungen von Satzteilen.] [R] 11. Kolleg.

sagt: das beweist die Abhängigkeit. Ich gebe Ihnen zwei Beispiele aus dem I Petr.: I Petr. 2,24: ὃς τὰς ἁμαρτίας ἡμῶν αὐτὸς ἀνήνεγκεν ἐν τῷ σώματι αὐτοῦ ἐπὶ τὸ ξύλον [«welcher unsere Sünden selbst mit seinem Leibe an das Holz getragen hat»], aus Jes. 53,4ff. Der Gedanke selbst [findet sich] nie bei Paulus, aber das Wort ξύλος [Holz] spielt in Gal. 3,13, ἐπικατάρατος πᾶς ὁ κρεμάμενος ἐπὶ ξύλου ([«verflucht ist jeder, der am Holze hängt»] Deut. 21,23), eine Rolle, weil durch diesen Fluch Christus das Gesetz vernichtet, und nun wird behauptet, das ἐπὶ τὸ ξύλον könne der Autor nur von Paulus haben! Als ob Jesus nicht wirklich am Kreuzesholz gestorben wäre und der Autor von I Petr. das erst aus dem Galaterbrief studieren müßte.

Oder es steht I Petr. 2,11: ἀγαπητοί, παρακαλῶ ὡς παροίκους καὶ παρεπιδήμους ἀπέχεσθαι τῶν σαρκικῶν ἐπιθυμιῶν, αἵτινες στρατεύονται κατὰ τῆς ψυχῆς [«Geliebte, ich ermahne euch als Fremdlinge und Beisassen, haltet euch fern von den fleischlichen Begierden, welche wider die Seele streiten»]. Da sagt man gleich: Solch ein Satz wäre unmöglich, wenn der Autor nicht den paulinischen Gegensatz von σάρξ [Fleisch] und πνεῦμα [Geist] im Auge hätte – als ob dieser Gegensatz nicht in jedem moralischen Denken gegeben wäre und als ob Christus nicht selbst das Wort gesprochen [hätte]: das Fleisch ist willig, aber der Geist ist schwach [Mt. 26,41].

Mit solcher Veräußerlichung stellt man überhaupt die paulinische Abhängigkeit in Frage. Sie beruht auf der falschen Voraussetzung,[338] daß Paulus alle Gedanken im Urchristentum gepachtet und es neben ihm keine selbständige Gedankenwelt gegeben habe. Gewiß haben diese literarischen Nachweise, wenn man von Detail zu Detail, von Wort zu Wort fortschreitet, etwas Verlockendes. Aber[339] wenn man dann das Ganze als Gedankengang überliest und den Paulinismus darin finden will, dann ist der Gesamteindruck absolut nicht so sehr der der paulinischen Abhängigkeit, denn die Gedankenwelt der katholischen Briefe ist eine ganz andere als die der Paulinen.

Damit kommen wir zum letzten. Schon Eichhorn hat für den I Petr. die Frage, um die es sich hier handelt, auf einen klassischen Ausdruck gebracht. Er sagt in seiner *Einleitung* zum I Petr.: [folgt die Wiederholung des Zitats oben S. 296, siehe Anm. 270]. Aber tatsächlich ist die Selbständigkeit der kathol. Briefe noch größer. Nie kommen die Fragen der paulinischen Theologie und die Kämpfe, die sie bewegten, zum Vorschein. Vergebens sucht man nach den Schlagworten der paulini-

---

338 [Zuerst:] auf dem falschen Schluß [«Schluß» ist dann gestrichen, und der Rest des Satzes, vom Wort «Voraussetzungen» an, ist in Bleistiftklammern gesetzt, jedoch ohne irgendwelche Korrektur oder Neufassung.]

339 [R] Detail – Ensemble.

schen Theologie. Auch sind die Gedanken derselben[340] keine Abwandlung oder Verflachung der paulinischen Gedanken, sondern sie sind tatsächlich ganz anders gerichtet. Und dann sind gerade die beiden Briefe, die tatsächlich die paulinische Literatur voraussetzen (Jak. 2,14ff. und II Petr. 3,14ff.) ganz frei von paulinischen Einflüssen. Jak. bekämpft Paulus, und II Petr. steht ihm ganz unabhängig gegenüber und hat es nur mit einer gnostischen Benützung des Paulinismus zu tun. Wie aber soll Jud. mit seinem apokalyptischen Inhalt deuteropaulinisch-paulinisch sein? Die drei Johannesbriefe gehören einer ganz selbständigen Bewegung an. Angesichts dieser Umstände ist die Bezeichnung der katholischen Briefe als deuteropaulinische Literatur anfechtbarer, als es auf den ersten Augenblick erscheint, und es ist sehr die Frage, ob man nicht dazu kommt, ihre Abhängigkeit von der paulinischen Literatur auf ein viel beschränkteres Maß zu reduzieren, als es bisher, in der mehr literarischen Verfolgung des Gedankens, geschah.

Meine persönliche Ansicht geht dahin, daß diese Briefe die sichtbaren Spuren tragen, daß ihre Autoren, sei es mit der paulinischen Predigt, sei es mit den paulinischen Briefen bekannt waren, aber daß wir nicht genau ermessen können, wie weit diese Spuren gehen, was Gemeinbesitz war und was paulinisches Eigentum ist. Und wenn z. B. für den I Petr. 5,12, bezeugt wird, daß Silvanus der Schreiber im Namen Petri ist, so ist doch das eine Erklärung, die viel für sich hat und gerade für die paulinischen Anklänge dieses Briefes viel besagt.

Andererseits weist aber gerade die innere Unabhängigkeit vom paulinischen System darauf hin, daß es neben Paulus einen selbständigen Gedankengang gegeben hat, der sich mit dem Paulinismus berührte, aber nicht aus ihm floß. Es ist vollständig falsch, das Urchristentum mit Ausnahme von Paulus als absolut untheologisch hinzustellen, als hätten die Geister erst gegen die dritte Generation hin unter dem Eindruck der paulinischen Gedanken, die sie nicht verstanden, angefangen, theologisch zu denken. Es ist keineswegs statthaft, an den Anfang der christlichen Entwicklung das Nichts zu setzen,[341] denn die Elemente zum spekulativ-theologischen Denken lagen in der Luft – anders wäre es ja nicht möglich, daß man die Spekulationen [des] Paulus verstanden hätte. Er hat doch immerhin auf der Basis eines allen gemeinsamen Grundgedankens operiert.

6) Am meisten tritt die Einseitigkeit und Befangenheit der gewöhnlichen Behandlung der katholischen Briefe in der vollständigen Vernachlässigung der außerkanonischen altchristlichen Literatur zur Erklärung derselben zutage. Daß die apologetische Richtung diese Verwandten nicht näher herbeizieht, sondern fernhält, ist begreiflich, weil sie die

340 [Der kathol. Briefe.]

341 [R] Das verfehlte Anfang = Null. Reformation!

katholischen Briefe mit aller Gewalt in die urchristliche Zeit hinaufrükken will. Aber das Verfahren der kritischen Richtung ist in dieser Hinsicht unverständlich. Einerseits versetzt sie die katholischen Briefe an die Jahrhundertwende und proklamiert die Vetternschaft mit der Literatur der Apostolischen Väter. Andererseits zieht sie die Konsequenzen nicht daraus, daß sie sagt: also muß man, um die Gedankenwelt der katholischen Briefe zu verstehen, diejenige der zeitgenössischen Apostolischen Väter sich immer gegenwärtig halten und zu allen Gedanken die Parallelen der Apostolischen Väter herbeiziehen, um[342] die nähere Form, die Wurzeln, den Umfang, die Verbreitung und die Tragweite des betreffenden Gedankens einigermaßen ermessen zu können. Wenn in der Einleitung die Stellen aufgezählt sind, wo Spuren literarischer Bekanntschaft oder literarischer Anklänge konstatiert oder bezweifelt werden, dann ist die Frage eben abgetan, und in der Exegese kommen dann die Apostolischen Väter für die Erklärung des Gedankengangs gar nicht mehr in Betracht. Hier, an den katholischen Briefen, zeigt sich[343] das Überlebte des bisherigen Kommentarbetriebs mit seiner chinesischen Mauer. Z. B. bietet die Exegese der katholischen Briefe im Handkommentar [Herrmann Freiherr] von Sodens[344] sozusagen keine Stelle aus der altchristlichen außerneutestamentlichen Literatur. Erklärt und gemessen werden die katholischen Briefe nur an der paulinischen Literatur und unter sich, als hätten ihre Verfasser, die man um die Jahrhundertwende ansetzt, Scheuklappen gehabt für die Gedanken, welche jene Zeit in andern Schriften produzierte, und als bekäme nicht jeder Gedanke der katholischen Briefe erst aus der Gemeinsamkeit des Gedankenbesitzes mit der Zeit der Apostolischen Väter sein volles Relief! Es ist vollständig unmöglich, den katholischen Briefen durch die Bezogenheit auf Paulus allein gerecht zu werden, sondern wer sie nicht untersucht in der doppelten Bezogenheit einerseits auf die Paulusbriefe, andererseits auf die Literatur der Apostolischen Väter, der hat [zwar] einen gut rezensierten Kommentar geschrieben, der hat sich weise über die Echtheit oder Unechtheit der katholischen Briefe geäußert – aber erklärt hat er sie in keiner Weise!

7) Damit kommen wir zum letzten Punkt der Beurteilung der bisherigen Verhandlungen. Die Frage, ob echt oder unecht, die überall in den Mittelpunkt gestellt wurde, hat das Verständnis der katholischen Briefe sehr aufgehalten. Man hat sie nicht erklärt, sondern man hat sie als echt oder als unecht erklärt. Aber was für eine Tiefe der Gedanken darin lebt, welcher Adel und welche Energie der Gedanken uns aus ihnen ent-

---

342 [Ms.:] und.

343 [Ms.:] zeigt sich, wenn irgendwie [«irgendwie» steht aber im Widerspruch zur Bestimmtheit des vorangehenden Beispiels].

344 [*Hand-Commentar zum Neuen Testament*, III 2, Freiburg i. Br. 1890, [2]1892, [3]1899.]

gegenschlägt, daß man aus der Lohe, die aus dem 1. und 2. Petrusbrief herausschlägt, erst elementar ermißt, warum diese Gedanken die Alte Welt verzehrt haben, warum das Christentum eine weltüberwindende Macht war – das bringen die Kommentare nicht zur Geltung und erfüllen damit den höchsten und einzigen Zweck der Wissenschaft nicht, die Urkunden der Vergangenheit uns in der Kraft und Bedeutung, die [sie] für ihre Zeit hatten, wieder zum Leben zu erwecken, sondern gleichen nur zu oft jener falsch verstandenen Botanik,[345] die Staubgefäße und Stempel zählt und die Anordnung der Blütenblätter beschreibt.

Einer meiner theologischen Freunde schrieb mir, als er erfuhr, daß ich die katholischen Briefe behandelte: «Ich beneide Sie nicht um Ihre Beschäftigung mit solch unvollständiger und dekadenter Literatur.» – Es läßt sich nicht leugnen, daß, wenn man in den katholischen Briefen immer nur die deuteropaulinische Literatur sieht, man zu einer solchen Entwertung derselben kommen muß, und die moralische Berechtigung der Apologeten, die ihnen die Verzeihung für die wildesten Rettungshypothesen erwirken kann, besteht eben darin, daß sie es fühlen, daß die katholischen Briefe mehr sind als Deuteropaulinismus und daß in denselben ein großer selbständiger Gedankengang lebt.

Die Sache liegt für einen, der die ganzen Verhandlungen durcherlebt hat, so, daß er durch die Gewaltmittel, welche die Apologeten anwenden, an der Echtheit der katholischen Briefe irre wird, durch die Zuversicht, mit welcher sie die Kritik als ausschließlich deuteropaulinisches Produkt proklamiert, zum Zweifel an ihrer Unechtheit angeregt wird und zuletzt dahin kommt, diese Frage als zweite zu klassieren und die katholischen Briefe einmal als Ding an sich, auf ihre Gedankenwelt hin, zu untersuchen und für die Frage der Echtheit, weil es nicht in unserer Macht steht, sie sicher zu bejahen oder[346] sicher zu verneinen, nur regulative Prinzipien aufzustellen.

Zu dieser positiven Arbeit gehört nun

1) die Untersuchung über das urapostolische Christentum in Acta,
2) die Untersuchung über den Grundgedanken des Paulinismus,
3) die Untersuchung über die Gedankenwelt der Apostolischen Väter.

§ 12) Das apostolische Urchristentum nach Acta

Es ist das Verhängnis der Abhandlungen über die älteste Form des christlichen Glaubens, zu sehr apologetischen Charakter zu tragen. Das ist der Fall bei Bernhard Weiß, *Der petrinische Lehrbegriff*, [Berlin] 1855

345 [R] (Im Herbarium gepreßt, ohne Geruch.)
346 [Ms.:] und.

(als ob überhaupt Petrus einen Lehrbegriff gehabt hätte). Ebenso wenig einschneidend ist die Arbeit eines Schülers [Willibald?] Beyschlags, [Ernst] Scharfe: *Die petrinische Strömung in der neutestamentlichen Literatur*, [Berlin] 1893. Hier werden zu viel äußerliche, sehr fragliche Merkzeichen angeführt. Hingegen besteht das richtige Verfahren darin, daß man auf den Nerv des Gedankengangs, der uns in den Reden von Acta entgegentritt, zurückgeht.[347]

Die in Frage kommenden Reden sind:

1) Die Pfingstrede, Acta 2,14–36
2) Die Rede Petri nach der Lahmenheilung, Acta 3,12–26
3) Die Verantwortung Petri und Johannis vor dem Synedrium, Acta 4,7–12
4) Die Stephanusrede, Acta 7
5) Die Rede des Petrus im Hause des Cornelius, Acta 10,34–43
6) Pauli Rede in der Synagoge zu Pisidien, Acta 13,16–41
7) Die Zusammenfassung des christlichen Glaubens an den Kerkermeister zu Philippi, Acta 16,31
8) Pauli Rede auf dem Areopag, Acta 17,22–31
9) Pauli Rede an die Ältesten, Acta 20,17–36
10) Pauli Erzählung von seiner Bekehrung an das Volk, Acta 22
11) Pauli Rechtfertigung vor dem Synedrium, Acta 23
12) Die Verteidigung vor Felix, Acta 23
13) Die Verteidigung vor Festus und vor Agrippa, Acta 25.

Diese Reden sind nun zunächst fast alle apologetisch, nicht thetische Darstellung des christlichen Glaubens. Im Vordergrund des Interesses steht der Nachweis, daß der Gekreuzigte nicht gerichtet, sondern als Messias verherrlicht ist. Aber gleich die Darstellung der Art der Messianität Jesu erweckt ein günstiges Vorurteil dafür, daß die älteste Theologie in Acta doch im Grunde rein erhalten ist, denn diese Messianität wird nicht etwa schon vom historischen Jesus ausgesagt, sondern sie ist futurisch, indem sie ihm erst auf Grund seines Leidens und seiner Auferstehung beigelegt ist – genau wie bei Paulus! Das wird bewiesen in der Pfingstrede durch Ps. 16,8–11[348] (Du wirst einen Heiligen die Verwesung nicht schmecken lassen),[349] durch Ps. 110,1 (Der Herr sprach zu meinem Herrn: Setze dich zu meiner Rechten ... etc.) und in der Verantwortung Petri Acta 4[,11] durch das Zitat vom verworfenen und erwählten Eckstein (Ps. 118,22, ein Bild, das den Ausgangspunkt der urchristlichen Spekulation bildet).[350] Aber dieses Ereignis hat nicht nur

347 [R] (Frage, ob echt: Wie ein Mann aus der Generation, die Paulus und Petrus erlebt hat, ihr Evangelium als Einheit sah!)

348 [Ms.:] 16,1–8.

349 [R] *Jes. 53* [V. 10?].

350 [R] 12. Kolleg.

für Jesum eine Bedeutung, sondern auch für die Gläubigen, die als die Erwählten mit seiner Persönlichkeit durch den Glauben solidarisch verbunden sind. Ihre σωτηρία[351] ist darin tatsächlich vollzogen. Diese σωτηρία besteht aus der Sündenvergebung und aus der Auferstehung zum Leben.

So schließt das große Joel-Zitat in [der] Pfingstrede gerade mit dem Satze Acta 2,21: καὶ ἔσται πᾶς ὃς ἐὰν[352] ἐπικαλέσηται τὸ ὄνομα κυρίου σωθήσεται [«und es wird sein: jeder, der den Namen des Herrn anrufen wird, der wird gerettet werden»]. Zum Kerkermeister zu Philippi sagt Paulus, Acta 16,31:[353] πίστευσον ἐπὶ τὸν κύριον Ἰησοῦν καὶ σωθήσῃ σὺ καὶ ὁ οἶκός σου [«glaube an den Herrn Jesus, und du wirst gerettet werden und dein Haus»]. Ebenso Petrus in Verantwortung vor [dem] Synedrium, Acta 4,12: καὶ οὐκ ἔστιν ἐν ἄλλῳ οὐδενὶ ἡ σωτηρία· οὐδὲ γὰρ ὄνομά ἐστιν ἕτερον ὑπὸ τὸν οὐρανὸν τὸ δεδομένον ἐν ἀνθρώποις ἐν ᾧ δεῖ σωθῆναι ἡμᾶς [«und es ist in keinem anderen Heil, ist auch kein anderer Name unter dem Himmel den Menschen gegeben, durch den wir gerettet werden könnten»]. Acta 15,11:[354] ἀλλὰ διὰ τῆς χάριτος τοῦ κυρίου Ἰησοῦ πιστεύομεν σωθῆναι καθ' ὃν τρόπον κἀκεῖνοι [«sondern wir glauben durch die Gnade des Herrn Jesu gerettet zu werden gleich wie auch jene»]. Diese σωτηρία ist einmal die durch Jesum geschaffene Sündenvergebung. Darum schließt die Pfingstrede mit der Aufforderung, sich taufen zu lassen auf die Sündenvergebung. Petrus, im Hause des Cornelius, sagt Acta 10[,43]: ἄφεσιν ἁμαρτιῶν λαβεῖν διὰ τοῦ ὀνόματος αὐτοῦ πάντα τὸν πιστεύοντα εἰς αὐτόν [«Vergebung der Sünden zu empfangen durch seinen Namen für jeden, der an ihn glaubt»]. In der Synagoge zu Pisidien sagt Paulus, Acta 13[,38]: ὅτι διὰ τούτου ὑμῖν ἄφεσις ἁμαρτιῶν καταγγέλλεται, ... [355] [«denn durch diesen wird uns Vergebung der Sünden verkündigt»]. Nach Pauli Erzählung von seiner Bekehrung sagt Ananias zu ihm, Acta 22[,16]: βάπτισαι καὶ ἀπόλουσαι τὰς ἁμαρτίας σου, ἐπικαλεσάμενος τὸ ὄνομα αὐτοῦ [«zu taufen und abzuwaschen deine Sünden, indem du seinen Namen anrufst»]. Nach Acta 26[,18 (Schluß)] befiehlt ihm die Stimme vor Damaskus, den Völkern zu predigen, daß sie τοῦ λαβεῖν αὐτοὺς ἄφεσιν ἁμαρτιῶν καὶ κλῆρον ἐν τοῖς ἡγιασμένοις πίστει τῇ εἰς ἐμέ [«durch den Glauben an mich Vergebung der Sünden und das Erbe mit den Heiligen erlangen»].

351 [R] (σωτηρία: *das Wort für Erlösung in [den] kathol. Briefen und [bei den] kathol. Vätern.*)
352 [Ms.:] ἄν.
353 [Ms.:] 16,3.
354 [Ms.:] 15,8.
355 [R] [Wohl zum (hier nicht mehr zitierten) letzten Satzteil von 13,38:] Paulus [im] Unrecht, wenn er ihnen imputiert Rechtfertigung [aus] des Gesetzes Werken!!!

Wenn also Christus Sündenvergebung verschaft hat, so setzt die Theologie von Acta ebensosehr den Sühnetod als solchen voraus, wie Paulus. Es heißt dem Urchristentum das Rückenmark herausschneiden, wenn man den Sühnetod hinwegzudeuten sucht, wie Ritschl, oder ihn zum Teil als eine Erfindung Pauli hinstellt, wie die moderne historische Theologie es tut. Der Sühnetod liegt in Jes. 53 und in Mk. 10,45. Mit dieser Sündenvergebung ist aber zugleich gegeben die Gewißheit der Auferstehung: das ist die Form, in der die σωτηρία in der Zukunft sich manifestiert. Jesus ist nach Acta 3,15[356] (Rede bei der Lahmenheilung): ἀρχηγὸς τῆς ζωῆς [«der Fürst des Lebens»]. So sehr ist die Auferstehungshoffnung der Zentralpunkt des Glaubens, daß Paulus vor dem Synedrum sagt, Acta 23[,6b]: περὶ ἐλπίδος καὶ ἀναστάσεως νεκρῶν ἐγὼ κρίνομαι [«wegen der Hoffnung und der Auferstehung der Toten stehe ich vor Gericht»]. Acta 24[,15,] in der Verteidigung vor Felix, heißt es: ἐλπίδα ἔχων εἰς[357] τὸν θεόν, ... ἀνάστασιν μέλλειν ἔσεσθαι δικαίων τε καὶ ἀδίκων [«Ich habe die Hoffnung zu Gott, ... daß es eine Auferstehung der Gerechten wie der Ungerechten geben wird»]. Am klarsten ist dieser Gedanke in der Rede Pauli auf dem Areopag formuliert, Acta 17[,30–32]: ὁ θεὸς τὰ νῦν ἀπαγγέλλει τοῖς ἀνθρώποις πάντας πανταχοῦ μετανοεῖν, καθότι ἔστησεν ἡμέραν ἐν ᾗ μέλλει κρίνειν τὴν οἰκουμένην ἐν δικαιοσύνῃ, ἐν ἀνδρὶ ᾧ ὥρισεν, πίστιν παρασχὼν πᾶσιν ἀναστήσας αὐτὸν ἐκ νεκρῶν [«jetzt aber läßt Gott den Menschen verkündigen, daß sie alle überall Buße tun sollen, wie er denn einen Tag festgesetzt hat, an dem er den Erdkreis mit Gerechtigkeit richten wird durch einen Mann, den er dafür bestimmte: und er hat ihn für jedermann dadurch beglaubigt, daß er ihn von den Toten auferweckt hat»].

Hier wird die Logik des Gedankengangs klar: Christus ist ἀρχηγὸς τῆς ζωῆς, sofern sein Tod und seine Auferstehung eine eschatologische Tatsache[358] bilden, daß Gott durch [diese] seine Auferstehung die große Auferstehung einleitet und nun in der *Zwischenzeit* den Menschen Gelegenheit gibt, durch den Glauben an diesen Auferstandenen auch selbst der großen Auferstehung teilhaftig zu werden, die durch ihn nun Wirklichkeit geworden ist. Der Gedanke ist erhaben, einfach und klar: *durch seinen Tod hat Jesus Sündenvergebung erwirkt auf das Gericht hin, deren diejenigen teilhaftig werden, die an ihn glauben. Durch seine Auferstehung hat er die große bevorstehende Auferstehung der Endzeit inauguriert, an der diejenigen als an der Auferstehung der Gerechten zum Leben teilhaben, die an seine Messianität und [an] seine Auferstehung glauben.*

---

356 [Ms.:] 3,14.
357 [Ms.:] πρὸς.
358 [R] Christi Auferstehung als eschatolog. Tatsache.

Das alles ist eine Gnadentat Gottes, die er der Menschheit sichtbarlich vorgestellt hat, damit sie in der kurzen Zeit,[359] bevor die Endvollendung und das Gericht kommen, sich die σωτηρία durch den Glauben und – wie wir gleich sehen werden – durch die Buße erwerben. Das alles gilt nur für die Zwischenzeit, da Jesus im Himmel zur Rechten des Vaters sitzt, bis er zum Gericht auf die Erde kommt. So hat ihn Paulus auf dem Weg nach Damaskus gesehen, so ruft Stephanus bei der Steinigung: Siehe, ich sehe den Himmel offen und den[360] Menschensohn sitzend zur Rechten Gottes ([Acta 7,56,] einzige Menschensohnstelle [in][361] Acta und [bei] Paulus). Ganz ausdrücklich ist dies gesagt in Petri Rede nach der Lahmenheilung, [Acta 3,19–21]: Man soll Buße tun in Erwartung der Parusie[362] und bis Gott ἀποστείλῃ τὸν προκεχειρισμένον ὑμῖν χριστὸν Ἰησοῦν, *ὃν δεῖ οὐρανὸν μὲν δέξασθαι ἄχρι χρόνων ἀποκαταστάσεως πάντων*! [«den für euch bestimmten Christus Jesus senden möge, den der Himmel aufnehmen muß bis zu den Zeiten der Wiederherstellung alles dessen . . .», V. 20b/21a]

In der Pfingstrede Acta 2[,34–35] wird Ps. 110,1 [zitiert]: Setze dich zu meiner Rechten, ἕως ἂν θῶ τοὺς ἐχθρούς σου ὑποπόδιον τῶν ποδῶν σου [«bis ich hinlege deine Feinde als Schemel für deine Füße»]. Also der ganze Nerv des Gedankengangs beruht in der Idee dieses stillen, vorbereitenden Zwischenaktes in der durch Jesu Auferstehung eingeleiteten Parusie!

Dieser Gedanke der durch Jesu Auferstehung geschaffenen *einzigartigen Vorzugszeit* findet sich dann besonders in I Petr., geht durch die ganze Literatur hindurch und erlebt seine letzte Form in der geoffenbarten zweiten Buße von Pastor Hermae.[363] Der Beweis, daß man in dieser einzigartigen Zeit drin steht, ist die Ausgießung des Geistes, die Manifestation der pneumatischen Phänomene, in welcher man die Erfüllung der in Joel 3[364] geweissagten Geistesausgießung sieht, wodurch man eben nach Joel unmittelbar vor dem großen Tag des Herrn steht. Die Ausgießung des Geistes zeigt die Stunde der Eschatologie an, in der man steht.

Aber als die geoffenbarte Zeit vor dem Einbruch des Gerichts ist es die Zeit der Buße. Darum gipfelt alle praktische Forderung in der Buße. Sie ist die Sittlichkeit, denn sie ist, wie die prophetische Buße und die von Jesus verkündete Buße auf das Reich Gottes hin, nicht nur negativ, sondern auch positiv. Buße wird gefordert in der Pfingstrede, in der Rede nach der Lahmenheilung (Acta 3[,19]). In der Rede an die Ältesten

359 [R] Theologie der Zwischenzeit.
360 [Ms.:] des [dann müßten zwei Wörter folgen: Menschen Sohn].
361 [Ms.:] bei.
362 [R] Diese Zwischenzeit der dehnbare Begriff. Ps. 110,1.
363 [R] Vorzugszeit I Petr. – Pastor Hermae.
364 [Zählung der Lutherbibel. Andere Zählung: 2,28–32.]

zu Ephesus, Acta 20[,21,] faßt Paulus seine Predigt zusammen: διαμαρτυρόμενος Ἰουδαίοις τε καὶ Ἕλλησιν τὴν εἰς θεὸν μετάνοιαν καὶ πίστιν εἰς τὸν κύριον ἡμῶν Ἰησοῦν [«indem ich vor Juden und Griechen für die Umkehr zu Gott und für den Glauben an unseren Herrn Jesus Christus Zeugnis ablegte»].

Acta 26[,20b,] vor Festus und Agrippa, sagt er: ἀπήγγελλον μετανοεῖν καὶ ἐπιστρέφειν ἐπὶ τὸν θεόν, ἄξια τῆς μετανοίας ἔργα πράσσοντας[365] [«ich habe... verkündigt, daß sie Buße tun und sich zu Gott bekehren sollen, indem sie Werke vollbringen, die der Buße gemäß sind»].

Die Buße als neue Sittlichkeit: das ist der Gedanke, den die urchristliche Welt aus Jesu Predigt direkt übernommen hat. Den andern [Gedanken, das] «Reich Gottes», hat sie in der Form der eschatologischen Erwartung. Das geht durch die ganze alte Literatur, I Petr., II Petr., I Clem., II Clem., die Ignatianen, bis Pastor Hermae, hindurch, wo der Begriff der Buße noch einmal neu auflebt, wie überhaupt Pastor Hermae der Rückschlag der altchristlichen Gedankenwelle ist. In diesem Gedanken der Buße als neuer Sittlichkeit liegt aber auch der Grund für das Moralisieren, das man als[366] eine Inferiorität der katholischen Literatur ansah, während es im Gegenteil dasjenige ist, was sie aus der Predigt Jesu ohne weiteres übernommen und unentwegt beibehalten hat.

Es[367] ist also ganz falsch, wenn einer es dem andern mit wichtiger Miene nachredet, daß es im Urchristentum eben noch keinen geschlossenen und ausgebildeten christlichen Gedankenkreis gab. Absolut gab es einen solchen: Er beruht auf der Eschatologie, auf dem Sühnetod und der Auferstehung Jesu und auf der Ausgießung des Geistes als eschatologischen Tatsachen, und auf dem Begriff der Buße. Wer jetzt Buße tut und an Jesum als den Auferstandenen und zum Gericht erwarteten Messias glaubt, der empfängt Vergebung der Sünden und ist mit dem Auferstandenen der Auferstehung gewiß. Das ist der Grundriß des urchristlichen Glaubens, der sich in der Lehre von Acta, aber dann unverändert in der Lehre der katholischen Briefe und [der] altchristlichen Väter findet, der gemeinsame Besitz des ältesten Christentums.

Danach mag man bemessen, ob es vor Paulus keine ausgebildete christliche Gedankenwelt gegeben und ob jeder Schriftsteller, der ein wenig theologisch dachte,[368] alles von Paulus bezogen hat, der[369] das christliche System geschaffen habe. Vollständig auf dem Holzweg ist

365 [R] (Hier die vulgäre Predigt Pauli.)
366 [Ms.:] für.
367 [R] *Zusammenfassung.*
368 [Ms.:] denkt [aber hier sind doch wohl die urchristlichen Schriftsteller vor und neben Paulus gemeint.]
369 [Ms.:] alles von Paulus habe, der er...

Friedrich Nietzsche, wenn er sagt, IV 68ff.:[370] «Paulus ist der erste Christ, der Erfinder der Christlichkeit. Bis dahin gab es nur einige jüdische Sektierer.» Nein, der Grundriß der apostolischen Lehre, wie sie sich in Acta in der Hauptsache rein erhalten hat, weil sie bis in die Mitte des 2. Jahrhunderts, solange die Eschatologie noch wirksam war, sich eigentlich gar nicht verschoben hat, findet sich auch in dem paulinischen System. Es ist [bei Paulus] nichts als eine durch die Gesetzesfrage bedingte besondere Pointierung und Zu-Endeführung der altchristlichen Theologie.[371] Dadurch ist nun aber die ganze apostolische Theologie in eine ganz falsche Perspektive gerückt, so daß sie durch den Paulinismus ganz verdeckt wird, als wäre er der einzige Theologe gewesen, der[372] das Christentum vom Judentum befreit hat. Er stellt die Sache so dar, als hätten die Verteidiger des jüdischen Gesetzes die Rechtfertigung aus dem Gesetz gelehrt, was gar nicht der Fall ist, sondern sie verlangten nur die Beobachtung des Gesetzes, weil es eben nicht abrogiert war, von allen, die das Erbe des auserwählten Volkes teilen wollten, und waren damit der Form nach vollständig im Recht.[373] Aber dieselben Menschen lehrten als Christen die Rechtfertigung aus dem Glauben durch die von Christo beschaffte Sündenvergebung, denn das war ja gerade die Gerechtigkeit, die dem Menschen in der einzigartigen Zwischenzeit angeboten wurde. Daß der Mensch gerecht würde durch den Glauben, und [durch] den Glauben allein, das hat nicht etwa erst Paulus erfunden, wie man es gewöhnlich darstellt, sondern darin stimmten ihm alle bei, Petrus, Jakobus der Gerechte und die andern insgesamt.[374] Aber indem nun die Frage, ob auch nicht-jüdische Christen das Gesetz halten müßten, durch die Heidenmission [des][375] Paulus akut wird, muß Paulus, um die Heidenchristen von der gesetzlichen Verpflichtung zu befreien, eben die äußersten Konsequenzen aus der Beibehaltung des Gesetzes im Christentum ziehen und ihnen[376] sagen: Wenn ihr den Heiden das Gesetz auferlegt, imputiert ihr ihnen eben zwei rechtfertigende Prinzipien,[377] [nämlich] das Gesetz und den Glauben. Damit war er[378] logisch im Recht, sachlich aber im Unrecht, indem keiner auch von den rabiatesten Judenchristen jemals [auch nur] im Traum daran gedacht hatte, das

370 [Nietzsche, *Morgenröte* I 68.]

371 [R] Verschoben im innersten Grund nur durch [die] Eschatologie. Absterben mancher Teile. – Falsche Perspektive.

372 [Ms.:] der erst [«erst» hat wohl folg. Sinn: als hätte erst Paulus an dieser Befreiung gewirkt.]

373 [R] (Jesus: Buße neben [dem] Gesetz, aber höher als [das] Gesetz.)

374 [R] (Der Paulinismus als Urchristentum.)

375 [oder: für.]

376 [ihnen: den jüdischen Christen.]

377 [R] Doppelte Rechtfertigung.

378 [Ms.:] er von.

Gesetz noch als rechtfertigend anzusehen, sondern *nur beobachtet wollten sie es haben.* Und Paulus stand ja praktisch wie sie [da]: er hielt sich an das Gesetz und fand es in Ordnung, daß die Judenchristen sich daran hielten! Und er führt nun im Galaterbrief und in den andern [Briefen] seinen Gedanken dahin durch, daß durch die im Tod und in der Auferstehung Jesu geschaffene neue Situation zur Erwerbung der Gerechtigkeit auch die Verbindlichkeit des Gesetzes, als zum Alten gehörend, aufgehoben sei. Das ist neu, hat sich aber bald eingebürgert 1) durch die praktische Tatsache, daß Heidenchristen da waren, die nicht das Gesetz hielten und doch miterbende Brüder waren, [und] 2) durch den Umstand, daß die Konklusion Pauli wirklich in der Konsequenz der apostolischen Theologie mit ihrer Wertung des Todes und der Auferstehung [Jesu] lag. Weil man absolut in der eschatologischen Endzeit drin stand und die Gerechtigkeit durch den Glauben durch Christum beschafft war, darum war auch wirklich das Gesetz aus den Angeln gehoben: das war das Argument, welches einleuchtete und den Sieg davon trug. Aber noch mehr wirkte die Praxis: daß auch bei den Heiden sich die ekstatischen, aus der allgemeinen Geistesausgießung fließenden Erscheinungen zeigen[379] und sie dadurch, obwohl nicht Beobachter des Gesetzes, durch den Geist als Mitauserwählte bezeichnet werden, das gibt den Ausschlag. *Nicht durch eine Erinnerung an die Lehre Jesu, die ihn über die Form des Gesetzes hinausgehoben haben soll, wird Petrus des Apostels Pauli Bundesgenosse – das ist alles Erfindung der modernen Theologie –, sondern in Acta 15,8*[380] *argumentiert er mit der Geistesausgießung auf Heiden*: καὶ ὁ καρδιογνώστης θεὸς ἐμαρτύρησεν αὐτοῖς δοὺς τὸ πνεῦμα τὸ ἅγιον καθὼς καὶ ἡμῖν [«und Gott, der die Herzen kennt, hat für sie Zeugnis abgelegt, indem er ihnen den hl. Geist gab wie auch uns»]. Das hat ihn überzeugt.[381] Zur Gesetzesfreiheit für die Heiden ist er gekommen durch die eschatologische Erfahrung und durch die eschatologische Logik. Und weil eben diese Erfahrung und Logik in dem ganzen altchristlichen Gedankenkreis lag,[382] ist eben die Gesetzesfreiheit mit einem Schlag nach einigen erbitterten Kämpfen in Kleinasien auf der ganzen Linie siegreich durchgebrochen und in kurzer Zeit vollständig autorisiert gewesen. Das Urchristentum war damals einem Baum vergleichbar, dessen Rinde durch ein schnelles Ausdehnen Sprünge bekam, die schnell wieder sich schlossen. Baurs Fehler war nun, daß er meinte, die Sprünge gingen bis auf das Kernholz und es habe im Urchristentum einen Paulinismus und ein Judenchristentum, *jedes mit einem besonderen Lehrbegriff,*

379 [Die unvermittelt auftretende Präsensform weicht nach einigen Sätzen wieder der Vergangenheitsform.]

380 [Ms.:] 15,11 [aber anschließend, vor dem Zitat, ist dann 15,8 angegeben.]

381 [R] Als ob es zur Abrogierung des Gesetzes einer neuen Lehrnorm bedurft hätte!

382 [R] Darum so schnell beendet.

gegeben. Der Fehler seiner Gegner ist, daß sie die Fragestellung von ihm akzeptierten, aber die Sprünge künstlich verkleistern wollten, statt durch eine Untersuchung der Elemente des urchristlichen Glaubens[383] zu zeigen, daß die Sprünge nicht ins Holz gingen, sondern daß die Gesetzesfrage, wie sie aufgerollt wurde, den Kern der christlichen Lehre nicht treffen konnte, aber durch [des] Paulus Argumentierung so gewendet wurde, als zöge sie für seine Gegner die Rechtfertigung aus den Werken als Konsequenz nach sich.[384]

So war Paulus eines der großen Genies, die durch ihre Ungerechtigkeit die Welt vorwärts bringen! Und was wäre das Christentum geworden ohne seine Ungerechtigkeit, wenn er ihm nicht mit rauher Hand die alte Haut des jüdischen Gesetzes, in der kein Blut mehr floß, abgestreift hätte?

Auf einem andern Wege ist es absolut unmöglich, Baur tatsächlich zu widerlegen.

§ 13) Der Paulinismus als apostolisches Urchristentum

Zunächst ein Wort über das Aufkommen des wissenschaftlichen Studiums des Paulinismus.

Für die Reformationszeit war der Paulinismus das Christentum überhaupt. Sie beurteilte ihn nicht [nach seinen] historischen Voraussetzungen, nach dem Judentum und der Eschatologie, sondern nach dem *Dogma* der Glaubensgerechtigkeit, welche sie der katholischen Werkgerechtigkeit entgegenstellte.

Derjenige, welcher zuerst den Paulinismus als historische Erscheinung systematisch in Angriff nahm, ist [Leonhard] Usteri.

(Leonhard Usteri ist geboren zu Zürich 1799 und war Schüler Schleiermachers. 1823 (also als 24jähriger!) kündigte er als Privatdozent zu Zürich eine Paulinische Vorlesung an. Dieselbe sollte «vorwiegend auf die Darstellung des inneren geistigen Zusammenhangs der ganzen theologischen Ansicht Pauli und [das] Verhältnis zu dem Lehrbegriff des Joh. und des Petrus gerichtet» sein. 1824 veröffentlichte er dann eine *Entwicklung des paulinischen Lehrbegriffs [mit Hinsicht auf die übrigen Schriften des Neuen Testaments]*,[385] die mehrere Auflagen erlebte. Er war ein kritisch-nüchterner Geist, aber mit einem idealen Gemüt. Leider starb er schon 1833.)

Die Hauptvertreter der paulinischen Wissenschaft in der Folgezeit sind Holsten, Pfleiderer, Sebatier und Holtzmann.[386]

---

383 [R] Aus [der] Tatsache der mit [dem] Tod Jesu angebrochenen Parusie.

384 [R] ([Die] Bedeutung für [die] kathol. Briefe, daß dieser Gegensatz hinter ihnen liegt.)

385 [Zürich 1824. Weitere Schriften: *Commentatio critica in qua evangelium Joannis genuinum esse ... ostenditur*, Zürich 1823; *Kommentar über den Brief Pauli an die Galater*, Zürich 1833.]

386 [R] 13. Kolleg.

(Karl Johann Holsten wurde 1825 im Mecklenburgischen geboren, war dann 18 Jahre Gymnasiallehrer, kam 1870 als Professor nach Bern, 1876 nach Heidelberg und starb [1897]. Seine Hauptschrift führt den Titel: *Das Evangelium des Paulus.*[387]

Otto Pfleiderer war geboren 1839 zu Stetten [im Württembergischen] und kam 1875 als Nachfolger [August Detlev Christian] Twestens nach Berlin. Er ist bekannt durch seine systematischen Werke, durch seine Geschichte des Urchristentums [*Das Urchristentum*, Berlin 1887, 2. Aufl. 1902]. Das in Frage kommende Werk ist betitelt: *Der Paulinismus*, [Leipzig 1873,] 2. Aufl. 1890.

Louis Auguste Sabatier, der mild freisinnige Dekan der Pariser Fakultät, ist geboren 1839,[388] war 1868–70 Professor an der Straßburger Universität, von 1877 an an der Pariser Fakultät und starb [1901]. Sein großes Verdienst besteht darin, die deutsche Theologie in Frankreich popularisiert zu haben, und wenn heute die deutsche Theologie an der Pariser Fakultät mit großem Verständnis befolgt wird, so ist es sein Verdienst. Das Werk über Paulus führt den Titel: *L'apôtre Paul*, [Paris 1870,] 2. Aufl. 1881.

In großartiger Weise zusammengefaßt und fortgeführt sind dann alle diese Studien bei Heinrich [Julius] Holtzmann, besonders im 2. Bande seines [*Lehrbuchs der] neutestamentlichen Theologie*, [Freiburg i. Br./Leipzig] 1897.)[389]

Die modernste Darstellung des Paulinismus findet sich in dem Werk des jungen Basler Professors [Paul] Wernle: *Die Anfänge unserer Religion.*[390]

Die Studien über den Paulinismus sind eine Glanzleistung der historischen Theologie. Den Plan des paulinischen Systems nach moderner Auffassung erkennt man am besten aus den Kapitelüberschriften Holtzmanns. Da folgen sich: Die paulinische Anthropologie, das Gesetz, Sünde und Verderben, die Christologie, die Versöhnung, die Gottesgerechtigkeit, Ethisches und Mysteriöses, die Eschatologie. Nach dieser modernen Auffassung verläuft der Paulinismus in zwei nebeneinander hergehenden Linien, einer juridischen mit dem Sühnetod [Jesu] im Zentrum (repräsentiert durch Stellen wie Gal. 3,13, Röm. 3,21ff., *II Kor. 5,21*: τὸν μὴ γνόντα ἁμαρτίαν ὑπὲρ ἡμῶν ἁμαρτίαν ἐποίησεν, ἵνα ἡμεῖς γενώμεθα δικαιοσύνη θεοῦ ἐν αὐτῷ.) und einer mehr ethisch-innerlich gerichteten, auf dem Gedanken der Lebensgemeinschaft mit dem Auferstandenen gegründeten,[391] wie sie in Röm. 8 vertreten ist. Gegen die hiermit charakterisierte Auffassung sind aber vom Stand-

---

387 [I: Berlin 1880, II: Berlin 1898.]

388 [Der 1. Satz ist im Ms. teilweise gestrichen und lautet:] Durch die Studien Pfleiderers angeregt und in steter Korrespondenz mit ihm (wie er mir selber schilderte), unternahm L. A. Sabatier seine paulin. Studien.

389 [Vgl. S. 294 und 304.]

[R] Paulus [hat] nichts in die urchristliche Theologie gebracht, was nicht schon darin angelegt war.

390 [Tübingen 1901. Vgl. S. 81f. und 489f.]

391 [Im Ms. steht hier:] gerichtet [Diese Wiederholung des Wortes floß A. S. zweifellos irrtümlich in die Feder, das geht auch aus dem Dativ «dem Gedanken» hervor; es muß also ein passender Ausdruck gewählt werden].

punkt der Geschichte des Urchristentums folgende Einwendungen zu erheben:

1) Diese Auffassung stellt den Paulinismus als ein viel zu kompliziertes Gefüge dar. Man fragt sich, wenn man ein Werk wie z. B. Pfleiderers *Paulinismus* durchgelesen hat, wie es möglich gewesen ist, daß ein Mann ein so kompliziertes Ganzes konzipiert habe und noch mehr, daß die andern ihn überhaupt verstanden haben und ihren Glauben darin wiederfanden. Wie konnte er sich auf Grund eines solchen Systems, in dem die Antinomie zwischen griechischem und jüdischem Denken immer wieder durchbrechen soll, mit Petrus verständigen? Wie konnte Paulus es wagen, an Gemeinden, die er nicht gegründet hatte, wie z. B. die römische, zu schreiben und ihnen, die mit seinen Gedanken gar nicht vertraut waren, sein System vorzutragen? Wieso wurde dieses System, wenn es so unpopulär und untheologisierend gedacht ist, nicht vom Standpunkt des einfachen apostolischen Glaubens angefochten?

Die modernen Darstellungen ziehen dann auch von selbst diese Konsequenz, indem sie sich das geflügelte Wort zu eigen machen: «Niemand hat Paulus verstanden, und derjenige, der ihn verstanden hat, Marcion, hat ihn mißverstanden.»[392] Aber nur fragt sich dann, wie es zu diesem totalen Unverstandensein stimme, daß Paulus nicht nur in seiner Zeit ungeheuer gewirkt hat,[393] dadurch, daß er für die Heidenchristengemeinden die Freiheit vom Gesetz durchsetzte, sondern daß auch alle späteren schriftstellerischen Darstellungen des christlichen Glaubens von ihm abhängig sind?

2) Diese modernen Auffassungen lösen den paulinischen Lehrbegriff ganz aus der urchristlichen Gemeindetheologie heraus und stellen ihn dar als eine rein *persönliche Schöpfung*. Die protestantische Wissenschaft ist also gerade zu dem Gegenteil ihres Ausgangspunktes gelangt. Für Luther war der Paulinismus identisch mit dem Urchristentum, für die Moderne fällt der paulinische Lehrbegriff ganz aus dem Gemeindeglauben heraus. Klassisch hat dieses Urteil Holtzmann in seiner Schlußwürdigung des Paulinismus [im *Lehrbuch der neutestamentlichen] Theologie* Bd. II, S. 205,[394] formuliert: Der ganze paulinische Lehrbegriff, sagt er, ist «nur unter diesem Gesichtspunkt verständlich und durchsichtig, daß er eine Generalisierung dessen bedeutet, was sein Urheber an sich erfahren ... [hat ...] Das ist die Größe und das ist die Schwäche der Sache. Denn was dieser ganz singulär angelegte Geist unter Einwirkungen und Umgebungen, wie sie nur ein einziges Mal Bestand gehabt haben, erlebt, empfunden und gedacht hat, das konnte gerade ebenso niemals

---

392 [Franz Overbeck an A. v. Harnack. (Vgl. A. Schweitzer, *Die Mystik des Apostels Paulus*, Tübingen 1930, 2. Aufl. 1954, Kap. II, S. 39, Anm. 1.)]

393 [Ms.:] habe.

394 [1. Auflage.]

wieder ein Mensch erleben, empfinden und denken. In späteren Zeiten, unter ganz anders wirkenden Gestirnen, selbstverständlich nicht. Aber auch die eigenen Zeit- und Gesinnungsgenossen konnten ihn weder kapieren noch kopieren, selbst wenn sie es gewollt hätten. Dies der tiefliegende Grund für die einsame Größe, als welche er unter seinem Geschlecht und den Epigonen dasteht, für das meteorartige Vorüberschweben der Gedankenwelt, die er erzeugt hat.»

Aber gerade hier tritt der ganze Widerspruch in der modernen-geschichtlichen Konstruktion des Urchristentums zutage: Auf der einen Seite soll der Paulinismus eine ganz eigenartige persönliche Schöpfung sein, die gar nicht aus den Wurzeln des Urchristentums hervorgeschlagen ist, auf der andern Seite wiederum wird alles, was die altchristliche Epoche in den katholischen Briefen, in den Ignatianen, in dem 1. Clemensbrief produziert hat, als Deuteropaulinismus charakterisiert. Wie reimt sich das?

Ferner: Worin soll denn das Einzigartige des Erlebnisses Pauli bestanden haben? Daß er durch die Erscheinung des Verklärten zum Glauben an Jesu Messianität und an die durch ihn geschaffene Gnadenzeit vor der Endvollendung gebracht wurde? Die Urapostel haben dasselbe erlebt! Daß er aus einem Gesetzeseiferer zum Christ wurde? Bei Jakobus findet sich dasselbe.[395] Während der 17 Jahre, die er wirkte, ehe er seine Gedanken schriftlich in Gegensatz zu den Verteidigern der fortdauernden Verbindlichkeit des Gesetzes entwickelte, hat er ein Evangelium gepredigt, das von niemandem beanstandet wurde. Worin soll also die einzigartige persönliche Fassung des Christentums bei Paulus bestanden haben?

3) Daß der Fehler der modernen Darstellung, wie es die Überschrift dieses Kapitels andeutet, in dem Herauslösen des Paulinismus aus dem Urchristentum besteht, zeigt sich darin, daß diese Darstellungen eine Reihe von wichtigen Punkten des Paulinismus nicht in das Ganze verarbeiten können, sondern anhangsweise unterbringen müssen. Es sind dies die Lehre von der Kirche, von der Taufe und vom Abendmahl einerseits, die Eschatologie andererseits. In der Lehre von der Kirche, von der Taufe und vom Abendmahl werfen ihm seine Darsteller vor, daß er von der ursprünglichen Reinheit der urapostolischen Begriffe schon abgefallen sei und magischen Anschauungen huldige, weil er z. B. I Kor 15,29 vollständig damit einverstanden ist, daß man sich für die Toten taufen lasse.[396] Die Eschatologie wird zur Erklärung des inneren Gedankenzusammenhangs seines Systems gar nicht nutzbar gemacht, es wird gar nicht gezeigt, wie die Begriffe von Tod und Auferstehung Jesu, von Sünde und Sündenvergebung, Gesetz und neuer Sittlichkeit im

395 [R] [Fragezeichen (Bleistift).]
396 [Vgl. S. 81 f.]

Paulinismus[397] durch die Eschatologie ihren bestimmten Charakter erst bekommen, daß die Eschatologie das elastische Fasergewebe ist, das alles zusammenhält und in die Gedankenwelt des Urchristentums einspannt, sondern man tut so, als ob der Paulinismus die Erfindung eines Kopfes wäre, der auf ganz besondere Weise auf Grund einer ihm eigentümlichen Psychologie über die Tatsache des Todes und der Auferstehung Jesu spekuliert[398] und so sein System zustande gebracht habe. Darum wird dann alles so lose und nur künstlich aneinander geknüpft in diesem Paulinismus, und weil er nicht durch den eschatologischen Gedankengang beherrscht ist, steht er außerhalb des Urchristentums, das Eschatologie ist, und daher außerhalb der Geschichte.

Die drei elementaren Bedenken gegen die modern-historische Darstellung des Paulinismus sind also:

1) Der künstliche komplizierte Charakter des Systems, der sein allgemeines Verständnis unmöglich machte.

2) Der ihm beigelegte rein persönliche Charakter, der ihn zu einer ganz singulären Erscheinung macht, deren Wirksamwerden ein Rätsel bildet.

3) Der uneschatologische Grundcharakter des geschilderten Systems.

Diese drei Bedenken hängen unter sich zusammen und rechtfertigen, bis sie durch irgend eine Darstellung widerlegt sind (was noch lange dauern kann, da sie[399] diese Bedenken nicht einmal als Schwierigkeiten empfinden), das Urteil, daß die moderne historische Theologie den Paulinismus nicht als Urchristentum begreiflich gemacht hat.

Es handelt sich also darum, den Paulinismus als Urchristentum und als Eschatologie zu begreifen. Das Urchristentum beruht auf der Vorstellung von der wunderbaren Gnadenzeit, die durch Jesu Tod und Auferstehung, als eschatologische Tatsachen beurteilt, geschaffen ist, wo man, zwischen der Auferstehung Jesu und der großen allgemeinen Endauferstehung mitten drin stehend, gleichsam schon mit einem Fuß in der Zukunft[400] steht[401] und nur durch den Glauben an der Sündenvergebung, die er gebracht [hat], teilzuhaben braucht, um mit ihm durch die Auferstehung als ein Gerechter mit in die kommende neue Welt, mit ihm, dem Herrn jener Herrlichkeit, hinüber gerettet zu werden. Der Gemeindeglaube war also nicht bloß eschatologische Erwartung, sondern *«eschatologischer Glaube an Jesum als den Gekreuzigten und Auferstandenen»*,[402] wenn man sich so ausdrücken kann.[403]

---

397 [R] Als ein *Nachtrag*! bei Holtzmann.[?]
398 [R] [Ausrufezeichen.]
399 [sie: die modernen Theologen.]
400 [Im Ms. hier «drin» wiederholt.]
401 [R] schon die Zusicherung hat. Versiegelung.
402 [Wohl kein direktes Zitat, sondern einfach Hervorhebung.]
403 [R] [Vielleicht zum folg. Abschnitt gehörend:] (Allgemeines über Eschatologie.)

Der Paulinismus ist nun nichts anderes als die großartige mystische Ausführung dieses Grundgedankens: er ist eschatologische Mystik. Er drückt den Gedanken, daß man durch Jesu Tod und Auferstehung in die Zwischenzeit der Parusie eingetreten ist, wo die Totenauferstehung durch Christum schon begonnen hat, nur noch konsequenter aus und beruft sich darauf, um die Zukunft, die den Gläubigen gewiß ist, mystisch schon als gegenwärtigen Besitz zu erfassen. Der Gläubige ist, obwohl die Parusie und die damit verbundene Totenauferstehung und Verwandlung der sie lebend erlebenden Gläubigen noch nicht eingetreten ist, durch die Gemeinschaft mit Christo, der durch Tod und Auferstehung zur Verklärung hindurchgedrungen ist – der Gläubige ist eine den Bedingungen des αἰὼν οὗτος [«des gegenwärtigen (bösen) Zeitalters»] und seinen Umständen, Sünde, Geschlecht, Nationalität, Gesetz und Tod, enthobene und schon in den neuen Zustand des αἰὼν μέλλων [«der zukünftigen Weltzeit»] erhobene neue Persönlichkeit, sofern er als erwählter gläubiger Reichsgenosse Jesu Christi an dessen Tod und Auferstehung mystisch teilhat. Nicht nur das σῶμα Χριστοῦ als Leib des irdischen Jesus ist durch die Auferstehung zur Unvergänglichkeit erneuert, sondern jenes σῶμα umfaßt die kreatürliche Existenz überhaupt, sofern sie in der Gemeinschaft mit Christo berufen ist, an seiner Herrlichkeit teilzuhaben. Sie ist tatsächlich durch die Vernichtung und Verherrlichung, die er erlebt [hat], mit ihm schon zur Herrlichkeit eingegangen, wenn auch äußerlich diese Erde noch nicht verwandelt und die Parusie noch nicht erschienen ist.[404] Darum sagt Paulus, daß, wer an Jesum Christum glaubt, mit ihm gestorben, mit ihm auferstanden, in ihm eine neue Kreatur ist.[405] Das ist keine Symbolik, sondern mystische Realität. Darum beschreibt er die Taufe, den Anfangsakt des Christentums, als den Moment, wo man durch das Mitgestorben-, Mitbegrabenund Mitauferstandensein in das σῶμα Χριστοῦ eingegliedert wird, daß man hinfort in einem neuen Dasein wandle, das über die Sünde, über den Tod, über das Gesetz, über Geschlecht, über Nationalität erhaben ist (Röm. 6,1 ff.), wo [es] weder Jude noch Grieche, weder Sklave noch Freier, weder Mann noch Weib gibt, sofern man «Christum angezogen» hat (Gal. 3,27 ff.). Ist aber jemand in Christo, so ist er eine neue Kreatur [II Kor. 5,17].

Daß aber das Leben Christi schon jetzt in ihnen ist und sie die Unvergänglichkeit in sich tragen, das bezeugt der Geistesbesitz unter ihnen. Auch hier ruht also das Neue der Argumentierung auf der Tatsache, daß Joel 3[406] eingetreten ist. Der Geist gewährleistet ihnen, daß ihnen durch

404 [R] Die beiden urchristlichen Lehren: von der Eschatologie – vom Geist. – [Beides:] Von der Erlösung.

405 [Vgl. II Kor. 5,17.]

406 [Siehe Anm. 364.]

Christi Tod die Gerechtigkeit beigelegt worden ist, die vor Gott gilt, nicht durch die Werke, sondern durch den Glauben, und die sie am Tage des Gerichts als ihr Besitztum ausweisen. Darum die sittliche Verpflichtung, jetzt, noch in der Welt, als schon in dem neuen Dasein zu wandeln. Darum die Freiheit vom Gesetz,[407] weil es für den Zustand nach dem Tod nicht mehr gilt, da es auf die Sünde und die σάϱξ berechnet ist, die im Tode in dem neuen Zustand aufgehoben sind. Diese Freiheit vom Gesetz ist nur eine mystische Konsequenz *neben andern*: daß die Nationalität, das Geschlecht, daß die menschliche Rangordnung, wenn sie äußerlich [auch] noch bestehen, tatsächlich doch schon aufgehoben sind,[408] das ist gerade so fortgeschritten wie die Behauptung von der Gesetzesfreiheit, nur tritt es nicht so in den Vordergrund, weil es durch keine praktische Frage Bedeutung erhält – und [weil] es sich wohl darum handelte, ob man den Heiden das Gesetz auferlegen, nicht aber, ob man die Nationalität und die Rangunterschiede ganz aufheben wollte, und die Ehe ebenso, wobei ja Paulus für letzteres war, im Prinzip, sie aber duldete, um Schlimmeres zu verhüten.

Geht man so auf den Grundgedanken des Paulinismus zurück, so erkennt man, daß er für seine Zeit und für seine Leser etwas ganz Einfaches und Überzeugendes [gewesen] sein mußte, weil die Grundidee desselben allgemein christlicher Besitz war. Paulus hat das, was allgemeiner Glaube war, nur auf den höchsten mystischen Ausdruck gebracht,[409] um die Gesetzesfreiheit als in der Konsequenz jenes Glaubens [stehend] zu zeigen. Vor jenem Kampf, im 1. Thessalonicherbrief,[410] erscheint die paulinische Eschatologie noch nicht in jener ausgesprochenen mystischen Form wie dann in Röm., Korinther und Gal. Auch die Einfachsten[411] unter den Zeitgenossen hatten vom Paulinismus nicht unsere moderne Empfindung des Erdachten, des Gekünstelten und des Auseinanderstrebenden, weil sie ihn eben als Eschatologie erfaßten. Und solange diese Eschatologie im Denken gegenwärtig war, hat man den Paulinismus verstanden, und in dem Maße, [als] die Eschatologie aus dem Bewußtsein zurücktrat, wurde der Gedankenzusammenhang des Paulinismus unfaßbar, und dann fing man an,[412] ihn mißzuverstehen, indem man ihn zu verstehen wähnte, von Marcion[413] bis in die moderne Theologie. Das geistreiche Wort: «Niemand hat den Paulinismus verstanden, und der einzige, der ihn verstanden [hat], Marcion,

407 [R] (Läßt für Juden das Gesetz gelten, aber für Heiden [hätte es] dann [den] Anschein [erweckt,] als ob aus [dem] Gesetz die Gerechtigkeit ...)

408 [R] Verbindung des πνεῦμα mit ihrer Persönlichkeit.

409 [R] Tod als eschatologische Tatsache, die mystisch schon in den Gläubigen wirkt.

410 [R] I Thess. – Phil.

411 [Ms.:] und Idiotesten.

412 [Ms.:] fing man ihn an ...

413 [R] Marcion mußte ihn dann vom Dualismus [her] verstehen.

hat ihn mißverstanden»,[414] ist also richtig mit einer kleinen Korrektur, wenn man nämlich sagt: «Niemand außer den Zeitgenossen hat den Paulus verstanden, und der einzige, der ihn nachher verstanden hat, Marcion, hat ihn mißverstanden, und die moderne Theologie auch.»

Uns erscheint der Paulinismus wie eine Blütenrispe, wo eine Reihe von Blüten,[415] wie etwa der Glyzinie,[416] lose und frei miteinander zu einer Einheit verbunden sind. Dem Urchristentum aber erschien der Paulinismus wie eine gedrungene Blume, wo alle Blüten aneinander auf einem Blumenboden stehen,[417] weil für es[418] alle paulinischen Gedanken durch den eschatologischen Glauben zusammengehalten wurden.

Dadurch[419] wird aber das Verhältnis des Paulinismus zur vorhergehenden und zur nachfolgenden christlichen Gedankenwelt vollständig verändert. Paulus war nicht der selbständige Erfinder eines neuen Christentums, sondern er hat die großen Ideen, die im Urchristentum schlummerten, zum Leben erweckt. Der warme Hauch seiner Mystik sprengte die Knospen. Die Kämpfe des Galaterbriefes sind der Märzsturm, unter dem[420] sie aufbrachen, und dann in dem Korinther- und dem Römerbrief prangen sie in der vollendeten Blütenpracht und hauchen einen berauschenden Duft aus.

Aber es ist in dem Reich des Geistes wie in dem der Natur: die Blütenperiode ist vorübergehend. Das Abblühen des Paulinismus begann, sobald die Gegenwärtigkeit der Parusie nicht mehr so erlebt werden konnte, wie als Paulus schrieb und man zwar noch mit Gewißheit die Parusie erwartete, aber nicht mehr so lebendig in derselben drin stand[421] wie bei Paulus. Dann aber kommt wieder ganz von selbst die nüchterne unmystische Form des christlichen Glaubens. Die nachpaulinische Theologie ist nicht in dem Maße von Paulus abhängig, daß sie ihre Gedanken von ihm hat, als hätte er etwas Neues persönlich geschaffen, sie ist auch nicht eine Verarmung und Verkümmerung derselben,[422] sondern die Gedanken nehmen wieder die einfache Form an, die sie vor Paulus hatten. Und so steht nun der Baum bis in die Mitte des 2. Jahrhunderts im einfachen Laubschmuck, hinter dem aber langsam die Gedanken reifen, die dann, in den[423] Boden des griechischen Geistes eingesenkt und zum ersten Mal dort zur Entwicklung gebracht, seither auf dem Boden jeder Kultur sich immer wieder von neuem reproduzieren.

414 [Vgl. S. 327, Ms.-S. 52, Anm. 392.]
415 [R] jede auf einem Stil.
416 [Wistaria, kleinasiat. Kletterstrauch mit blauen Blütentrauben.]
417 [R] [Ausrufezeichen.]
418 [Ms.:] sie.
419 [R] Darum ist das Verhältnis . . .
420 [Ms.:] denen [aber der Satz bleibt noch im Bild vom *Sturm* und den Knospen.]
421 [R] in der Parusie als Gegenwart drin stand. Sterbegewißheit.
422 [D. h. der Theologie des Paulus.]
423 [Ms.:] dem.

Die Theologie der Apostolischen Väter[424]

Ich gebe Ihnen die theologischen Grundgedanken der Apostolischen Väter so, daß ich jeden einzelnen kurz analysiere, damit Sie eine plastische Anschauung von jedem bekommen, was die Hauptsache in der Wissenschaft ist. Den Text der Apostolischen Väter samt den Fragmenten des Papias und samt der Didache finden Sie in der Editio minor, *Patrum Apostolicorum [Opera,]* von [Oskar v.] Gebhardt, [Adolf] Harnack [und Theodor] Zahn, [Leipzig] bei Hinrichs, 2. Mark.[425] Das Büchlein sollte auf jedem Studentenbücherbrett die Fortsetzung des Neuen Testaments bilden. Übersetzt sind diese Werke bei der Kemptener Ausgabe der Kirchenväter.[426]

Die literarischen Notizen habe ich Ihnen schon oben bei der Signalisierung der katholischen Briefe durch die Apostolischen Väter gegeben.[427]

§ 14) 1. Clemens

Der Autor war der dritte oder vierte Bischof von Rom unter Domitian (81–96) und schrieb seine Epistel im Auftrag der römischen Gemeinde. Diese Epistel wurde durch 3 Gesandte nach Korinth gebracht und sollte dort eine στάσις, eine Erhebung der νέοι [Jüngeren] gegen die πρεσβύτεροι [Presbyter, Ältesten] beilegen. Über den Charakter dieses Aufstandes erfahren wir nichts Näheres.

1. Clemens ist eine der Schriften, welche früher als Aussöhnungsdokument zwischen Paulinismus und Judentum angeführt wurden. (Z. B. [Friedrich Karl Albert] Schwegler, *[Das] nachapostolische Zeitalter in den Hauptmomenten seiner Entwicklung*, [Tübingen 1846,] Bd. II, S. 128: «I Clem. hält die richtige Mitte der Kapitulation zwischen Judenchristentum und Paulinismus» (aber von beiden ist in [dem] Brief nie [auch] nur mit einer entfernten Andeutung die Rede). Unter den modernen Urteilen führe ich an Eduard Reuß, *Geschichte der heiligen Schriften Neuen*

---

424 [Diese Überschrift ist abgeändert in: § 14) *Die Theologie des 1. Clemensbriefes.*] [Die Paragraphzahl umfaßte ursprünglich den ganzen Schlußabschnitt, später erfolgte die Aufteilung in weitere Paragraphen, nur I Clem. behielt die arab. Zahl 1), ist aber jetzt § 14. Wir wählen die frühere Überschrift und lassen die Einleitung bei § 13, als vorausschauenden Schluß.]

[R] 14. Kolleg.

425 [Wir vergleichen die Texte mit der großen Ausgabe, Leipzig 1876 (die Stelle aus der Didache mit der Ausgabe v. H. Lietzmann, 5. Aufl., Berlin 1948).]

426 [Die Übersetzungen geben wir nach Edgar Hennecke, *Neutestamentliche Apokryphen*, 2. Aufl., Tübingen 1924.]

427 [§ 3), S. 251 ff., § 4), S. 256 ff., § 6), S. 273 ff.]

Testaments,[428] Bd. I, S. 224: «Die Theologie des Briefes ist abgefärbter Paulinismus, von dem eigentlich nur noch die Redensarten übrig sind.»[429] In der neuen Auflage der Realenzyklopädie äußert sich der bekannte Abt [Gerhard] Uhlhorn folgendermaßen: Der Brief stellt dar «eine Abschwächung und oberflächliche Aneignung der apostolischen Gedanken, indem man auf diese Weise einen gewissen mittleren Durchschnitt der verschiedenen Lehrformen erreicht».[430]

Diese wenig schmeichelhaften Urteile sind zum großen Teil durch die Anlage des Briefes hervorgerufen.[431] Er fließt auseinander wie ein Tintenklex auf einem Löschblatt. Die Ermahnungen zur Unterordnung der Jüngeren unter die Älteren bilden das Leitmotiv, das am Anfang und am Schluß auftritt und in der Mitte oft anklingt, an das sich nun aber allgemein christliche Gedanken in bunter Reihe anschließen. Dazu kommt, daß der Autor jeden Gedanken durch die ganze Reihe alttestamentlicher Beispiele[432] bis auf Christum und auf die Apostel durchführt,[433] wie Hebr., aber mit dem Unterschied, daß er jede Geschichte, auf die er anspielt, von Kain und Abel bis auf den göttlich belohnten Landesverrat der Rahab ausführlich erzählt. In derselben Weise reiht er auch die beweisenden Zitate aneinander, und es kommt ihm nicht darauf an, einen halben Psalm oder ein halbes Kapitel [aus] Deuterojesaja zu zitieren. Ferner kommt dazu die rhetorische Manier, mit ausgeführten Beispielen aus der Natur und dem Menschenleben zu hantieren. So wird das Prinzip der Ordnung aus der ewigen Ordnung in der Natur demonstriert (Kap. 20); die Aufeinanderfolge von Tag und Nacht, Saat und Ernte, ist das Gegenbild der Auferstehung (Kap. 24). Kap. 25 wird die Geschichte vom Vogel Phönix aus Arabien, der immer wieder aus seiner Asche entsteht, des langen und breiten zum Beleg der Auferstehung angeführt. Kap. 37 wird das Bild der organisierten Armee verwandt, um die Organisation der Kirche zu demonstrieren, wo die Episkopen und Diakonen als Offiziere sich für die andern aufopfern, während die andern in Bescheidenheit sich unterordnen sollen. Diese Ausführung gipfelt in Kap. 42 in[434] der berühmten Rechtfertigung der Hierarchie: Jesus Christus ist von Gott gesandt, die Apostel [sind es] von Christus, und die Episkopen und Diakonen sind von ihnen eingesetzt. Damit ist also der Gedanke der katholischen organisierten Kirche schon vollständig entwickelt, besonders da dieses neutestamentliche Priestertum

428 [Siehe S. 302, Ms.-S. 36, Abschnitt a).]

429 [3. Aufl. 1860: S. 226.]

430 [*Realenzykl. für prot. Theologie u. Kirche*, IV, Leipzig 1898, S. 170 (Art. «Clem. v. Rom»).]

431 [R] Die äußere Form dem Brief nicht günstig.

432 [R] Beispiele Kap. 4ff. [...]

433 [D. h. anführt.]

434 [Ms.:] mit.

schon bewußt und klar mit dem alttestamentlichen in Parallele gestellt wird.

Das [ist] der Charakter und [der] Hauptgedanke des Briefes.[435] Aber die auseinanderfließende Darstellung gestattet einen Blick in die theologische Gedankenwelt des Verfassers überhaupt. Er kennt Paulus und führt ihn an. Kap. 46 redet er in dem Bilde vom σῶμα Χριστοῦ [Leib Christi], dessen μέλη [Glieder] wir sind (I Kor. 12,12 ff.), um sie zur Eintracht zu ermahnen, ohne jedoch zu zitieren. Im Kap. 47 vermahnt er sie, den Brief des Apostels Paulus wieder vorzunehmen (᾿Αναλάβετε τὴν ἐπιστολὴν τοῦ μακαρίου Παύλου τοῦ ἀποστόλου), wo auch über Streitigkeiten in Korinth, [die] zwischen einer Partei des Kephas, des Apollos und einer Partei des Paulus stattgefunden hätten, [geschrieben sei]. (Interessant, daß er zitiert, als ob es bloß einen Korintherbrief gäbe. Cf. Irenäus, der II Joh. zitiert, als ob es bloß einen Johannesbrief gäbe![436] Nachlässigkeit oder Eigenart der Manuskripte?)

Hier haben wir also das Beispiel eines Mannes, der die paulinische Literatur kennt (sicher Röm. und I und II Kor.), der aber sonst in den Ausdrücken und im Gedankengang selbständig ist. Die Schlagworte [des] Paulus kommen nicht vor, sondern wir haben das nüchterne urchristliche Schema wie in den katholischen Briefen. Auch hier steht der alte Gedanke einer durch Jesu Tod geschaffenen außerordentlichen Gnadenzeit zur Buße im Vordergrund.[437] Der Hauptsatz findet sich [in] Kap. 7: «Laßt uns auf das Blut Christi blicken und erkennen, wie wertvoll es seinem Vater ist, ὅτι διὰ τὴν ἡμετέραν σωτηρίαν ἐκχυθὲν *παντὶ τῷ κόσμῳ μετανοίας χάριν ἐπήνεγκεν*»!![438] Diese allgemeine Buße ist nur die Vollendung der Buße, die Noah, Jonas und die Propheten gepredigt haben. Unter diesen Begriff der Buße faßt aber der Autor überhaupt alles, die πίστις (Treue, Glaube), die ὑπακοή (Gehorsam), das sittliche Verhalten, die Liebe, wie die nachfolgenden Beispiele zeigen. Das ist kein abgeblaßter Paulinismus, sondern diese ganze moralisierende Entwicklung im Anschluß an den Begriff der Buße gehört eben zur ursprünglichen, urchristlichen Auffassung.

So lehrt der Autor die Heiligung durch die Werke der Buße, aber nicht die Rechtfertigung aus den Werken, sondern nur durch den Glauben. Sehr schön ist dies gesagt [in] Kap. 32: «Wir, die wir durch Gottes Willen in Christo Jesu berufen sind, werden nicht durch uns selbst gerechtfertigt, noch durch unsere Weisheit oder Verstand oder Frömmigkeit oder durch die Werke, die wir in Lauterkeit des Herzens getan

---

435 [R] In der Sprache[?]

436 [Siehe oben S. 270, Ms.-S. 18,2: als ob I u. II Joh. zusammen nur *ein* Brief wären.]

437 [R] Alles durcheinander, auf [an] Wäscheleine aufgehängt.

438 [«weil es, um unseres Heiles willen vergossen, der ganzen Welt die Gnade der Buße brachte» (Hennecke, S. 485).]

haben, sondern durch den Glauben, durch den Gott der Allmächtige alle (zu ergänzen: Erwählten) von Ewigkeit her gerechtfertigt hat.» [In] Kap. 48 redet er von der πύλη der δικαιοσύνη [Tor der Gerechtigkeit], die in Christo aufgetan ist.

Dieser Begriff der Erwählung von Anfang an kehrt oft wieder. «Unser Vater hat uns zu seinem μέρος ἐκλογῆς [auserwählten Teile] gemacht» [Kap. 29,1].[439] Sie sehen, wie der prädestinatianische Gedanke mit der Eschatologie gegeben ist. Denn zu dieser ἐκλογή [Erwählung] gehören nicht nur die Menschen dieser Generation – obwohl hier alle durch Christus[440] den Vorrang der Buße haben – sondern auch solche von den vergangenen [Generationen], welche ihre Berufung durch Buße und Liebe voll gemacht haben. So heißt es Kap. 50: «Alle Geschlechter von Adam bis auf den heutigen Tag sind vorübergegangen. Aber die, welche in der Liebe vollendet sind, gehören nach der Gnade Gottes zum Chor der Frommen. οἵ φανερωθήσονται ἐν τῇ ἐπισκοπῇ τῆς βασιλείας τοῦ Χριστοῦ.»[441] (Also die Art, wie I Petr. es mit den vergangenen Generationen zu tun hat, [ist] keine Marotte von ihm, sondern einer der hauptsächlichsten spekulativ-eschatologischen Gedanken des Urchristentums. Auch Jesus teilt diese Vorstellung: Die Königin von Mittag und die Leute von Ninive werden am Gericht gegen dieses Geschlecht auftreten und wider es zeugen [Mt. 12,41.42]. Besonders dieser Gedanke [begegnet] dann in Pastor Hermae.) Auch die jetzt in der Gnade Lebenden müssen durch Ausharren ihre Erwählung bekräftigen. So heißt es [in] Kap. 35,4: ἡμεῖς οὖν ἀγωνισώμεθα εὑρεθῆναι ἐν τῷ ἀριθμῷ τῶν ὑπομενόντων [αὐτόν], ὅπως μεταλάβωμεν τῶν ἐπηγγελμένων δωρεῶν.[442]

Alles steht also in der Zukunft. Von einem gegenwärtigen Reich Gottes[443] weiß auch dieser Autor nichts. (Es kommt einmal eine Zeit, wo man sich wundert, wie man es versucht haben kann, das Urchristentum mit dem Begriff des gegenwärtigen Reiches Gottes zu erklären.) Die Verkündigung der Apostel, die Jesus eingesetzt hat, lautet: τὴν βασιλείαν τοῦ θεοῦ μέλλειν ἔρχεσθαι.[444] (Kap. 42) (Mt. 10[,23]!!!)

Aber vor dieser βασιλεία [Königsherrschaft (Gottes)] steht das Gericht. Man muß sich der schlechten Werke enthalten, ἵνα τῷ ἐλέει αὐτοῦ

439 [R] Lebt nicht von Brocken, die von Pauli Tisch fallen.

440 [Ms.:] Christum.

441 [«und werden am Tage der Erscheinung des Christusreiches sichtbar werden» (Hennecke, S. 498).]

442 [«wir also wollen uns bemühen, in der Zahl derer gefunden zu werden, die auf ihn harren, damit wir der versprochenen Geschenke teilhaftig werden» (Hennecke, S. 493).]

443 [Vgl. die sekundäre Tradition in Lk. 17,21.]

444 [(«Die Apostel zogen ... hinaus,) um die frohe Botschaft von der Nähe des Gottesreiches zu verkündigen» (Hennecke, S. 495).]

(scil. θεοῦ) σκεπασθῶμεν ἀπὸ τῶν μελλόντων κριμάτων[445] (Kap. 28). Nur die Bewährten werden durch das Gericht zur Auferstehung in Herrlichkeit eingehen, die der Menschheit jetzt durch die Auferstehung Jesu Christi vorgehalten wird. So heißt es in Kap. 24–26[27], in demselben Zusammenhang, wo die Geschichte mit dem Vogel Phönix angeführt wird: «Laßt uns bemerken, Geliebte, wie der Herr uns sorgsam zeigt τὴν μέλλουσαν ἀνάστασιν ἔσεσθαι, ἧς τὴν ἀπαρχὴν ἐποιήσατο τὸν κύριον Ἰησοῦν ἐκ νεκρῶν ἀναστήσας...[446] Wir halten dafür, daß es groß und staunenswert sei, εἰ ὁ δημιουργὸς τῶν ἁπάντων ἀνάστασιν ποιήσεται τῶν ὁσίως αὐτῷ δουλευσάντων ἐν πεποιθήσει πίστεως ἀγαθῆς,[447]... Ταύτῃ οὖν τῇ ἐλπίδι προσδεδέσθωσαν αἱ ψυχαὶ ἡμῶν τῷ πιστῷ ἐν ταῖς ἐπαγγελίαις καὶ τῷ δικαίῳ ἐν τοῖς κρίμασιν.[448]

Das sind die theologischen Hauptstellen des 1. Clemensbriefes. Sie sehen hier in der Zeit Domitians einen Bischof, der, obwohl er paulinische Briefe kennt, in dem einfachen Schema des urchristlichen Glaubens, aus dem der Paulinismus seinerseits hervorgegangen ist, denkt. Vielleicht hier und da (z. B. Kap. 46, wenn er vom σῶμα Χριστοῦ und den μέλη spricht mit deutlichem Bezug auf I Kor.,[449] den er, weil er ihn [in] Kap. 47 zitiert, gerade durchgelesen hat) wendet er einen geprägten Ausdruck an, den er nicht hätte, wenn er Paulus nicht kennte, aber sein Gedankengang ist davon ganz unberührt geblieben. Wer den 1. Clemensbrief begreifen will als ein Operieren mit oberflächlich angeeigneten paulinischen Gedanken, befindet sich in demselben Fall wie jemand, der, aus einem Konzert kommend, auf der Straße eine einfache Volksmelodie hört, die ihn an Motive aus einer Symphonie erinnert, sich einreden wollte, die Volksmelodie wäre aus den Motiven jener Symphonie nachträglich zusammengesetzt worden, während oft gerade umgekehrt die großen Symphonien ihre Themen aus Motiven der Volksmelodie gewinnen. So ist Paulus der Symphoniker, und I Clem. singt die einfache Volksmelodie.

Von den andern interessanten theologischen Punkten des 1. Clemensbriefes werden wir handeln, wenn uns dieselben in den katholischen Briefen begegnen. Es sind:

445 [«damit wir durch sein Erbarmen vor dem nahenden Gerichte geschützt werden» (Hennecke, S. 491).]

446 [«die zukünftige Auferstehung, zu deren Erstling er den Herrn Jesus Christus gemacht hat, als er ihn von den Toten auferweckte»... (Kap. 24,1, Hennecke, S. 490).]

447 [«daß der Schöpfer des Alls jene, die ihm heilig und in der Zuversicht guten Glaubens gedient haben, auferwecken wird»... (Kap. 26,1, Hennecke, S. 491).]

448 [«in dieser Hoffnung also mögen sich unsere Seelen an den klammern, der in seinen Verheißungen zuverlässig und in seinen Urteilen gerecht ist» (Kap. 27,1, Hennecke, S. 491).]

449 [Vgl. oben S. 335, Ms.-S. 57.]

1) der Gedanke Christi als des moralischen Vorbilds (I Petr.),
2) Christus als der Hohepriester (Hebr.),
3) die Zitationsweise, nach welcher der Geist Christi und Christus selbst in den alttestamentlichen Prophezeiungen zu uns reden.

§ 15) Der 2. Clemensbrief

Der 2. Clemensbrief ist gerade das Gegenteil vom ersten. So auseinanderfließend der erste ist, so gedrungen ist der zweite (20 Kapitel, 10 mittlere Seiten). Einen bestimmten Zweck verfolgt er nicht, sondern er ist eine kurze Dogmatik, ohne bestimmte Adresse. Zwar kommt mehrmals, besonders gegen Schluß, die Ermahnung, sich den Presbytern unterzuordnen, die zeigt, daß die Kirchenverfassung gerade so weit fortgeschritten ist als bei I Clem. und den Ignatianen. In Kap. 17[,5] heißt es z. B.: Οὐαὶ ἦμῖν [wehe uns,] werden dann die Ungläubigen bei der Parusie Jesu sagen, ὅτι σὺ ἦς, ... καὶ οὐκ ἐπειθόμεθα τοῖς πρεσβυτέροις τοῖς ἀναγγέλλουσιν ἡμῖν περὶ τῆς σωτηρίας ἡμῶν.[450] Aber dieser Gedanke steht nicht im Vordergrund.

Der Allgemeingedanke des Briefes findet sich am Anfang, [Kap. 1,1]. Sie kennen die berühmten Einleitungsworte, die immer in der Geschichte der Christologie angeführt werden: Ἀδελφοί, οὕτως δεῖ ἡμᾶς φρονεῖν περὶ Ἰησοῦ Χριστοῦ, ὡς περὶ θεοῦ, ὡς περὶ κριτοῦ ζώντων καὶ νεκρῶν· καὶ οὐ δεῖ ἡμᾶς μικρὰ φρονεῖν περὶ τῆς σωτηρίας ἡμῶν.[451]

Immer soll man daran denken, daß wir durch Christum erwählt sind, καὶ ὅσα ὑπέμεινεν Ἰησοῦς Χριστὸς παθεῖν ἕνεκα ἡμῶν. 3. τίνα οὖν ἡμεῖς αὐτῷ δώσομεν ἀντιμισθίαν.[452] Und nun stellt er die ganze christliche Sittlichkeit unter den Begriff des dankbaren Gehorsams gegen Jesum und gegen seine Worte und entwickelt wie [die] Didache eine christliche Ethik in Anlehnung an die Herrenworte, deren er viele frei zitiert, darunter eine Anzahl (etwa ein halbes Dutzend), die sich nicht in unseren Evangelien finden.[453] Diese Freiheit ist ein Zeichen des Alters des Briefes.

---

450 [«daß du es bist... und wir folgten nicht den Presbytern, die uns über unser Heil Kunde brachten» (Hennecke, S. 595).]

451 [«Brüder, wir sollen über Jesus Christus denken wie über Gott, wie über einen Richter der Lebendigen und der Toten, und nicht gering dürfen wir denken über unser Heil» (Hennecke, S. 590).]

452 [«und was alles Jesus Christus um unsertwillen zu leiden ertragen (auf sich genommen) hat. Welchen Entgelt sollen wir ihm dann zahlen?» (Hennecke, S. 590; die Übersetzungsvariante nach Klaus Wengst, *Schriften des Urchristentums*, 2. Teil, Darmstadt 1984, S. 239).]

453 [Vgl. oben S. 252, Ms.-S. 7.]

Aber in der Durchführung dieser Ethik zeigt sich, wie sehr der Autor nur im Rahmen der Eschatologie denken kann. Auch für ihn ist die Sittlichkeit Buße. Die ἀντιμυθία [der Entgelt, der Gegenlohn] ist, τὸ μετανοῆσαι ἐξ εἰλικρινοῦς καρδίας (Kap. 9,8).[454] Kap. 16[,4]: Καλὸν οὖν ἐλεημοσύνη ὡς μετάνοια ἁμαρτίας.[455] Kap. 8[,1]:[456], Ὡς οὖν ἐσμὲν ἐπὶ γῆς, μετανήσωμεν.[457] In dem Fleische, wo wir gesündigt haben, müssen wir Buße tun, ἵνα σωθῶμεν ὑπὸ τοῦ κυρίου ἕως ἔχομεν καιρὸν μετανοίας.[458] Kap. 13 beginnt mit den Worten: Ἀδελφοὶ οὖν, ἤδη ποτὲ μετανοήσωμεν, νήψωμεν ἐπὶ τὸ ἀγαθόν.[459] Kap. 17 fängt an: Μετανοήσωμεν οὖν ἐξ ὅλης καρδίας, ἵνα μή τις ἡμῶν παραπόληται.[460] Kap. 16[,1]: Ὥστε, ἀδελφοί, ἀφορμὴν λαβόντες οὐ μικρὰν εἰς τὸ μετανοῆσαι ...[461] Unter dem Einfluß der Eschatologie ist diese Ethik ganz asketisch. Dieses Leben ist die παροικία τοῦ κόσμου[462] (Kap. 5[,1]). In demselben Kap. heißt es: Καὶ γινώσκετε, ἀδελφοί, ὅτι ἡ ἐπιδημία ἡ ἐν τῷ κόσμῳ τούτῳ τῆς σαρκὸς ταύτης μικρά ἐστιν καὶ ὀλιγοχρόνιος, ἡ δὲ ἐπαγγελία τοῦ Χριστοῦ μεγάλη καὶ θαυμαστή ἐστιν, καὶ ἀνάπαυσις τῆς μελλούσης βασιλείας καὶ ζωῆς αἰωνίου.[463]

In dem Begriff der ἐπιδημία [Aufenthalt] und παροικία [Pilgrimschaft] berührt sich II Clem. mit I Petr., der auch die Seinen als παρεπίδημοι [Fremdlinge] bezeichnet (1,1) und sie ermahnt ὡς παροίκους καὶ παρεπιδήμους [als Pilger und Fremdlinge] (2,11). Der Gedanke der Ruhe[464] ist einer der Grundgedanken des Hebräerbriefes. Das Leben hienieden ist ein Kampf um die unvergängliche Krone ([II Clem.] Kap. 7), ein Ringen, um die Taufe, durch die man zum Reich Gottes errettet wird, rein und unbefleckt zu erhalten: ἡμεῖς ἐὰν μὴ τηρήσωμεν

454 [«daß wir Buße tun aus lauterem Herzen» (Hennecke, S. 592).]

455 [«Schön ist Almosengeben wie Sündenreue» (Hennecke, S. 594).]

456 [Ms.:] So schreibt er ... [Da die beiden vorangehenden Zitate nachträglich eingeschoben sind, passen diese drei Wörter nicht mehr, daher weggelassen.]

457 [«Da wir nun auf Erden sind, lasset uns Buße tun» (Hennecke, S. 592).]

458 [«Damit wir von dem Herrn gerettet werden, solange wir Zeit zur Buße haben» (8,2, Hennecke, S. 592).]

[R] In Klammern[?]: Errettung – Grundbegriff der altchristlichen Erlösungslehre.

459 [«Darum, Brüder, lasset uns doch endlich Buße tun, lasset uns nüchtern sein zum guten Werk» (Hennecke, S. 593).]

460 [«Lasset uns also von ganzem Herzen Buße tun, damit keiner von uns nebenaus verloren geht» (Hennecke, S. 594).]

461 [«Also, Brüder ... nachdem wir einen nicht geringen Antrieb zur Buße empfangen haben» (Hennecke, S. 594).]

462 [«Pilgrimschaft dieser Welt» (Hennecke, S. 59).]

463 [«Und wisset, Brüder, daß der Aufenthalt dieses Fleisches in dieser Welt gering ist und von kurzer Dauer, die Verheißung des Christus aber groß und wunderbar und die Ruhe des künftigen Reiches und des ewigen Lebens (bedeutet)» (5,5, Hennecke, S. 591).]

464 [Z. B. Kap. 5,5 (s. Anm. 463); 6,7.]

τὸ βάπτισμα ἁγνὸν καὶ ἀμίαντον, ποίᾳ πεποιθήσει εἰσελευσόμεθα εἰς τὸ βασίλειον τοῦ θεοῦ;[465] (Kap. 6[,9]).

Darum ist das ethische Prinzip: τὰ κοσμικὰ ταῦτα ὡς ἀλλότρια ἡγεῖσθαι[466] (Kap. 5,6).

Kap. 6[,6]: οἰόμεθα ὅτι βέλτιόν ἐστιν τὰ ἐνθάδε μισθῆσαι, ὅτι μικρὰ καὶ ὀλιγοχρόνια καὶ φθαρτά, ἐκεῖνα δὲ ἀγαπῆσαι, τὰ ἀγαθὰ τὰ ἄφθαρτα.[467]

Welch erschütternder Ernst liegt in den einfachen Worten dieser primitiven Ethik – ein Ernst, wie er dann wieder im deutschen Mittelalter und den Liedern der Reformation wiederkehrt. («Valet will ich dir geben, du arge, falsche Welt».) Wann kommt die Stunde des Reiches Gottes? Darauf antwortet der 2. Clemensbrief mit zwei apokryphen Herrenworten: Wenn die Menschen soweit fortgeschritten sind, daß sie über allen geschlechtlichen Unterschieden stehen und weder Mann noch Weib sind[468] (Kap. 12). Damit ist der Höhepunkt der asketischen Ethik des 2. Clemensbriefes erreicht.

Damit ist gegeben, daß die Eschatologie und das Gericht überall im Vordergrund stehen. So heißt es in Kap. 12[,1]: Ἐκδεχώμεθα οὖν καθ' ὥραν τὴν βασιλείαν τοῦ θεοῦ ἐν ἀγάπῃ καὶ δικαιοσύνῃ, ἐπειδὴ οὐκ οἴδαμεν τὴν ἡμέραν τῆς ἐπιφανείας τοῦ θεοῦ.[469]

Kap. 16[,3]: γινώσκετε δέ, ὅτι ἔρχεται ἤδη ἡ ἡμέρα τῆς κρίσεως ὡς κλίβανος καιόμενος[470] etc. (Gleich der Anfang: an Christum glauben ὡς περὶ κριτοῦ ζώντων καὶ νεκρῶν)[471] Aber die Theologie des Verfassers ist [nicht] nur eschatologische Erwartung, sondern eschatologischer Glaube.[472] Das Werk Christi an uns wird in Kap. 1 ausführlich beschrieben. Wir sind durch ihn berufen; er hat uns das Licht geschenkt (τὸ φῶς γὰρ ἡμῖν ἐχαρίσατο [1,4]). Er hat uns durch seinen Tod aus unserem eiteln Wandel erkauft. Er hat uns berufen οὐκ ὄντας καὶ ἠθέλησεν ἐκ μὴ ὄντος εἶναι ἡμᾶς.[473] Diesen Gedanken der Berufung führt der

---

465 [«Mit welcher Zuversicht sollen wir, wenn wir nicht die Taufe rein und unbefleckt bewahren, eingehen in das Königreich Gottes?» (Hennecke, S. 591.)]

466 [«Die Dinge dieser Welt für fremd zu achten» (Hennecke, S. 591).]

467 [«Wir meinen, daß es besser ist, das, was von hier ist, zu hassen, weil es gering und von kurzer Dauer und vergänglich ist, und jenes zu lieben, die Güter, die unvergänglich sind» (Hennecke, S. 591).]

468 [Aus dem Ägypterevangelium (s. oben S. 252, Ms.-S. 7).]

469 [«Erwarten wir darum stündlich das Reich Gottes in Liebe und Gerechtigkeit, da wir den Tag der Erscheinung Gottes nicht kennen» (Hennecke, S. 593).]

470 [«Erkennt aber, daß schon der Tag des Gerichts kommt wie ein brennender Ofen» (Hennecke, S. 594).]

[R] [Undeutlich, ob dieses oder das folg. Zitat betreffend:] [Fragezeichen.]

471 [«wie über (an) einen Richter der Lebendigen und der Toten» (Kap. 1,1, Hennecke, S. 590, vgl. oben Anm. 451).]

472 [R] Spekulative Durchbildung der Eschatologie.

473 [«die wir nicht waren, und wollte, daß wir aus dem Nichtsein zum Dasein kämen» (1,8, Hennecke, S. 590).]

2. Clemensbrief in einer tiefsinnigen Spekulation über die präexistente Kirche als den Inbegriff aller Auserwählten und ihr Verhältnis zu Christo aus. (Bedenken Sie, daß auch schon im Epheserbrief solche Spekulationen über die Kirche und Christus sich finden. Das Wachstum der Kirche ist das Wachstum des σῶμα Χριστοῦ [des Leibes Christi]. Diese Kirche ist nicht ein empirischer, sondern ein mystischer Begriff, denn sie umfaßt alles Geistige zwischen Erde und Himmel, auch die Geisterwelt, und dehnt sich aus, bis sie die Größe und Vollkommenheit erlangt hat, auf die sie von Anfang an angelegt ist. Dieser Prozeß beginnt mit dem Augenblick, da Christus, die Kirche liebend wie ein Mann seine Frau, sich selbst für sie hingibt, daß er sie heilige τῷ λουτρῷ τοῦ ὕδατος ἐν ῥήματι, ἵνα παραστήσῃ αὐτὸς ἑαυτῷ ἔνδοξον τὴν ἐκκλησίαν [«nachdem er sie durch das Wasserbad in Verbindung mit dem Wort gereinigt hat, damit er selbst auf solche Weise die Kirche in herrlicher Gestalt vor sich hinstellte»] etc., Eph. 5,25 ff. [26.27], in der Ermahnung über die Ehe.)[474] Dieser spekulative Gedanke – der Gemeingut des Urchristentums war – findet sich auch in II Clem., aber in ganz selbständiger Form in Kap. 2, [Kap.] 9[?] und [Kap.] 14.

Die Kirche ist ewig, vor der Welt her, und geistig. «Brüder», heißt es in Kap. 14, «wenn wir den Willen unseres Vaters, Gottes, tun, ἐσόμεθα ἐκ τῆς ἐκκλησίας τῆς πρώτης, τῆς πνευματικῆς, τῆς πρὸ ἡλίου καὶ σελήνης ἐκτισμένης[475] ... Diese ἐκκλησία [Kirche] ist das σῶμα Χριστοῦ: οὐκ οἴομαι δὲ ὑμᾶς ἀγνοεῖν, ὅτι ἐκκλησία ζῶσα σῶμά ἐστι Χριστοῦ.[476] Wenn es in der Schrift heißt, «Gott schuf sie, ein Mann und ein Weib», so bezieht sich das auf die Kirche und Christus. Christus ist der Mann, das Weib ist die Kirche [Kap. 14,2]. Durch die irdische Erscheinung Christi ist die Kirche unter der Menschheit fruchtbar geworden, ist das Nichtvolk zum Volk Gottes geworden. Jetzt ist erfüllt das Jesaja-Wort (54,1): «Juble, du Unfruchtbare... στεῖρα γὰρ ἦν ἡ ἐκκλησία ἡμῶν πρὸ τοῦ δοθῆναι αὐτῇ τέκνα» (Kap. 2[,1]).[477] Und zwar geschah dies durch die Menschwerdung Christi: Auch er war zuerst Geist von Ewigkeit her:[478] εἰ Χριστὸς ὁ κύριος ὁ σώσας ἡμᾶς, ὢν μὲν τὸ πρῶτον πνεῦμα, ἐγένετο σὰρξ καὶ οὕτως ἡμᾶς ἐκάλεσεν etc.[479]

474 [R] *15. Kolleg.*

475 [«werden wir von der ersten Kirche, der geistlichen, sein, die vor Sonne und Mond geschaffen ist» (14,1, Hennecke, S. 495).]

476 [«Nicht glaube ich, seid ihr in Unkenntnis, daß die lebendige Kirche der Leib des Christus ist» (14,2, ebd.).]

477 [«Denn unfruchtbar war unsere Kirche, bevor ihr Kinder gegeben wurden» (Hennecke, S. 590).]

478 [R] Hier schon die Anzeichen einer Theologie, die mit dem In-die-Welt-Kommen Jesu spekuliert. Phil. 2 entdeckt erst nur das Moralische daran.

479 [«Wenn Christus, der Herr, der uns erlöst hat, wenn er auch zuerst Geist war, Fleisch wurde und uns so berief», etc. (Hennecke, S. 592).]

(Kap. 9[,5]). So ist, war, auch die Kirche von oben[, von Anfang an]: ἄνωθεν ([vgl.] 4. Evangelium)[480] ἦν γὰρ πνευματικὴ ὡς καὶ ὁ Ἰησοῦς ἡμῶν, ἐφανερώθη δὲ ἐπ' ἐσχάτων τῶν ἡμερῶν ἵνα ἡμᾶς σώσῃ.[481] Sie erschien auf Erden in der σάρξ Χριστοῦ.[482] So ist die Kirche das σῶμα Χριστοῦ.[483] Durch dieses Realwerden der Kirche im Fleische Christi als der Gemeinschaft der ewig Erwählten ist nun gerade in der Endzeit, in der man steht, die Rettung geschaffen, daß man im Fleische schon die Gewißheit der Auferstehung hat. Darum tritt der Autor, wie Ignatius, für die leibliche Auferstehung ein und zeigt in der Bekämpfung der rein geistigen Auffassung der σωτηρία [Rettung] und der ζωή [des Lebens], daß er schon in der Zeit einer darauf gerichteten Gnosis drinsteht. Kap. 9: Niemand sage, daß dieses Fleisch nicht gerichtet wird noch aufersteht. Worin seid ihr durch Christum gerettet worden? im Fleische![484] Also werdet ihr auch im Fleische gerichtet! Darum haltet das Fleisch rein als den Tempel Gottes, weil Christus im Fleische wohnte.[485] Der Geist Christi, den der Gläubige besitzt, gewährleistet diese ἀφθαρσία [«Unvergänglichkeit»]. Kap. 14,[5]: Τοσαύτην δύναται ἡ σὰρξ αὕτη μεταλαβεῖν ζωὴν καὶ ἀφθαρσίαν κολληθέντος αὐτῇ τοῦ πνεύματος τοῦ ἁγίου, οὔτε ἐξειπεῖν τις δύναται οὔτε λαλῆσαι, ἃ ἡτοίμασεν ὁ κύριος τοῖς ἐκλεκτοῖς αὐτοῦ.[486]

Der Autor ist mit den Paulusbriefen bekannt: Kap. 7 redet er im Bilde vom Wettkampf (wenn dieses Bild nicht Allgemeingut war); Kap. 11[,7] zitiert er (ohne ihn zu nennen) I Kor. 2,9 (ἃς οὖς ἤκουσεν οὐδὲ ὀφθαλμὸς εἶδεν, οὐδὲ ἐπὶ καρδίαν ἀνθρώπου ἀνέβη).[487] Aber bei Paulus ist das Wort ja selbst ein Zitat aus Jes. 64,3: so auch hier – besonders da II Clem. ganz frei zitiert – [und es ist] fraglich [d. h. möglich] und wahrscheinlich, daß II Clem. es direkt aus Jes. hat. Jedenfalls kann von schriftstellerischer Abhängigkeit keine Rede sein, sondern der Autor des 2. Clemensbriefes ist ein ganz selbständiger spekulativer Denker, der auf das gewöhnliche eschatologische Christentum zurückgeht, noch ganz in der Eschatologie

480 [Joh. 3,3.7; 19,11.]

481 [«Von Anfang; denn sie war geistlicher Weise, wie auch unser Jesus (geistlich war), aber offenbar wurde am Ende der Tage, damit er uns rette» (14,2, Hennecke, S. 594).]
[R] (Hier vollständig neuer Gedankengang.)

482 [«Fleisch Christi».]

483 [«Leib Christi».]

484 [R] (Tertullian operiert mit dem Beispiel des verlorenen Schafes. [*Von der Auferstehung des Fleisches,* Kap. 34].)

485 [Nicht ganz wörtlich, z. T. etwas zusammenfassend übersetzt nach 9,1–5.]

486 [«Solch unsterbliches Leben vermag dieses Fleisch in Empfang zu nehmen, wenn der Heilige Geist sich ihm fest verbindet, und es ist nicht auszusagen noch zu beschreiben, was der Herr seinen Auserwählten bereitet hat» (Hennecke, S. 594).]

487 [«was kein Ohr gehört und kein Auge gesehen und in keines Menschen Herz emporgestiegen.»]

drin steht, aber auf diesem eschatologischen Hintergrund schon mit kühnen Strichen eine Spekulation entwirft, die dann in ausgeführter Gestalt in der johanneischen Theologie erscheint. Wir sind hier schon auf der griechischen Bahn, fern von Paulus, denn die σωτηρία [Erlösung] als Auferstehung wird nicht mehr so sehr aus dem Tod und der Auferstehung Jesu als eschatologische Tatsachen hergeleitet, sondern aus seinem In-die-Welt-Kommen. Das πνεῦμα σάρξ ἐγένετο[488] und vollzieht die Errettung so, daß es in der Folge der σάρξ überhaupt, wenn sie durch den Glauben an Christum das πνεῦμα Christi empfängt, die ἀφθαρσία [Unsterblichkeit] und die ζωή [Leben] zusichert. Man braucht nur in dem oben zitierten Satz aus Kap. 9,5[489] an die Stelle des Ausdrucks Χριστός den Begriff λόγος einzusetzen, um den Hauptsatz der johanneischen Theologie zu haben.[490]

Am meisten berührt sich II Clem. mit II Petr., weil auch II Petr. im Gegensatz gegen solche schreibt, welche mit Anzweiflung der Parusie die Auferstehung anzweifeln und nun das Fleisch als ἀδιάφορον[491] betrachten und es entweihen. Lautet doch auch das Motiv des 2. Petrusbriefes, daß wir berufen sind, θείας κοινωνοί φύσεως [«göttlicher Natur teilhaftig»] zu werden, ἀποφυγόντες τῆς ἐν τῷ κόσμῳ ἐν ἐπιθυμίᾳ φθορᾶς,[492] II Petr. 1,4. Nur daß die spekulative Entwicklung dieses Gedankens bei II Petr. noch nicht so voran ist, während die bekämpfte Richtung die gleiche ist.

Mit dem Jakobusbrief hat II Clem. den wunderschönen Gedanken von dem Lohn, der für die Errettung [Zurechtweisung] einer verirrten Seele zuteil [gegeben] wird, gemein. Bei Jakobus 5,19f. heißt es im Schlußvers: «Brüder, wenn jemand unter euch sich von der Wahrheit verirrt und jemand ihn zurechtweist, der wisse, daß, wer den Sünder vom verkehrten Weg bringt, der wird seine Seele vom Tode erlösen und bedecken die Menge der Sünden.» II Clem. 15[,1]: μισθὸς γὰρ οὐκ ἔστι μικρὸς πλανωμένην ψυχὴν καὶ ἀπολλυμένην ἀποστρέψαι εἰς τὸ σωθῆναι.[493] Dieser Gedanke kommt noch [bei] Ignatius *Ad Ephesos* X und bei *Pastor Hermae* [Simil X4, Hennecke S. 384] vor.

488 [«Das Pneuma (der Geist) ward Fleisch».]

489 [Siehe Anm. 479.]

490 [Joh. 1,14: «Das Wort ward Fleisch.»]

491 [Etwas Gleichgültiges.]

492 [«nachdem ihr dem in der Welt durch die Begierden herrschenden Verderben entflohen seid.»]

493 [«Denn es ist keine kleine Bezahlung, eine irrende und verlorene Seele zum Heile zu kehren» (Hennecke, S. 594).]

§ 16) Der Barnabasbrief

Auch der Barnabasbrief (23 mittlere Seiten, 21 Kapitel, bedeutend länger als II Clem.) ist viel besser als sein Ruf. Er will ein theologisches System bieten.[494] Dasselbe ist einfach. Es besteht nach Kap. 1[,6] aus drei Sätzen: τρία οὖν δόγματά ἐστιν κυρίου. 1) ζωῆς ἐλπίς, ἀρχὴ καὶ τέλος πίστεως ἡμῶν· 2) καὶ δικαιοσύνη, κρίσεως ἀρχὴ καὶ τέλος 3) ἀγάπη εὐφροσύνης καὶ ἀγαλλιάσεως, ἔργων δικαιοσύνης μαρτυρία.[495] Das Fundament dieser auf den Begriffen Hoffnung des Lebens, Gerechtigkeit und Werke der Liebe beruhenden Dogmatik bildet das Bewußtsein des Geistbesitzes.[496] οὗ (scl. θεοῦ) τὸ ἔμφυτον, τῆς δωρεᾶς πνευματικῆς χάριν εἰλήφατε [1,2].[497] So wohnt in ihnen μεγάλη πίστις καὶ ἀγάπη ἐγκατοικεῖ ἐν ὑμῖν ἐλπίδι ζωῆς αὐτοῦ [1,4].[498] Durch den Geist hat Gott ihnen nicht nur bei den Propheten das Kommende verheißen, sondern καὶ τῶν μελλόντων δοὺς ἀπαρχὰς ἡμῖν γεύσεως.[499] Dieser Gedanke, daß man schon hier durch den Geist die Kräfte des αἰὼν μέλλων [«des künftigen Äons»] kostet, findet sich auch bei Hebr. 6,1 ff. [4.5].

Durch seinen Tod hat Jesus uns die Sündenvergebung und die innere Erneuerung geschaffen. Kap. 6[,11]: ἀνακαινίσας ἡμᾶς ἐν τῇ ἀφέσει τῶν ἁμαρτιῶν, ἐποίησεν ἡμᾶς ἄλλον τύπον.[500] Kap. 7[,2]: ὁ υἱὸς τοῦ θεοῦ, ὢν κύριος καὶ μέλλων κρίνειν ζῶντας καὶ νεκρούς, ἔπαθεν, ἵνα ἡ πληγὴ αὐτοῦ ζωοποιήσῃ ἡμᾶς.[501] Kap. 16[,8]: «Indem wir die Vergebung der Sünden empfingen und auf seinen Namen hofften, ἐγε-

---

494 [R] Zwei Ideen durcheinander. Ethik – Aufhebung des Alten Bundes.

495 [«Ein Dreifaches also ist es, was der Herr gewiesen: 1) Hoffnung des Lebens als Anfang und Ende unseres Glaubens, 2) Gerechtigkeit als Anfang und Ende des Gerichts, 3) Liebe in fröhlichen und fruchtbaren Werken als Erweis der Gerechtigkeit» (Hennecke, S. 505).]

496 [R] Geist. [Darunter aus Kap. 10,11 (s. unten S. 347 und Anm. 514): «Da seht ihr, welch trefflicher Gesetzgeber Moses gewesen ist.» (Hennecke, S. 512)]

497 [«Dessen (Gottes) Einpflanzung, die Gnade der Geistesgabe, habt ihr erhalten.» (Vgl. Hennecke, S. 504.)]

498 [«großer Glaube und (große) Liebe auf Grund der Hoffnung seines Lebens» (Hennecke, S. 504).]

499 [«Auch vom Künftigen hat er uns einen Vorgeschmack vergönnt», 1,7. (Der 1. Teil des Satzes lautet nicht genau so wie oben übersetzt, sondern: «Es hat uns nämlich unser Gebieter durch die Propheten über Vergangenes und Gegenwärtiges Aufschlüsse gegeben und» ... Hennecke, S. 505.)]

500 [«Indem er uns durch die Vergebung der Sünden erneuert hat, hat er gemacht, daß wir ein anderes Gepräge haben.» (Hennecke, S. 508)]

501 [... «der Sohn Gottes, obwohl er Herr ist und dereinst Lebende und Tote zu richten haben wird, hat gelitten, damit seine Verwundung uns am Leben erhalte» ... (Hennecke, S. 509).]

νόμεθα καινοί, πάλιν ἐξ ἀρχῆς κτιζόμενοι»![502] Durch Christus wohnt Gott in uns. Er hat uns μετάνοιαν διδοὺς ἡμῖν εἰσάγει εἰς τὸν ἄφθαρτον ναόν.[503] Sie sehen, wie der primitive Gedanke der Buße, die durch Jesum geschaffen ist, hier noch friedlich zusammenwohnt mit den schon johanneischen Anschauungen von der Wiedergeburt.

Aber noch steht der Barnabasbrief ganz in der Eschatologie. Er [Barnabas] hat das klare Bewußtsein, daß man an den ἔσχαται ἡμέραι [«den letzten Tagen»] angekommen ist und daß sich in seiner Zeit die Drangsal erfüllt, welche vor dem Eintreten des Reiches geweissagt ist. Ἡμερῶν οὖν οὐσῶν πονηρῶν,[504] so beginnt das 2. Kapitel, τὸ τέλειον σκάνδαλον ἤγγικεν,[505] weswegen der Herr die Tage verkürzt für die, welche seine Erben werden sollen, Kap. 4[,3]: προσέχωμεν ἐν ταῖς ἐσχάταις ἡμέραις· οὐδὲν γὰρ ὠφελήσει ἡμᾶς ὁ πᾶς χρόνος τῆς πίστεως ἡμῶν, ἐὰν μὴ νῦν ἐν τῷ ἀνόμῳ καιρῷ καὶ τοῖς μέλλουσιν σκανδάλοις, ὡς πρέπει υἱοῖς θεοῦ, ἀντιστῶμεν. ἵνα οὖν μὴ σχῇ παρείσδυσιν ὁ μέλας (Kap. 4[,9]).[506]

Das Weltgericht steht vor der Tür (Kap. 4[,3]).[507] Aus diesem tiefen Ernst heraus schreibt der Verfasser, um zu trösten und um der Christenheit zu zeigen, daß sie das einzig wahre Bundesvolk ist. Er läßt sie einen Blick in das Alte Testament tun, damit sie daraus ersehen, daß alle Verheißungen ihnen allein gehören. Darum hüllt er alles, was er zu sagen hat, in die allegorische Schriftauslegung ein. Die Logik seiner Beweise beruht darin, daß Gott selbst und Christus im Alten Testament reden. Für uns streift die allegorische Auslegung oft die Grenze des Ungeheuerlichen; aber wir dürfen nicht vergessen, daß, was uns gekünstelt erscheint und den Eindruck macht, durch mühsamen Scharfsinn aus der Schrift gewonnen zu sein, durch das kraftvolle souveräne christliche Selbstbewußtsein produziert ist. So berührt sich der Barnabasbrief sehr eng mit dem Hebräerbrief, nur daß er noch viel lockerer und ausführlicher gearbeitet ist, und mit dem justinischen Dialog cum Tryphone. Aber das muß man sich immer wieder vorhalten: er ist weder

---

502 [«sind wir neue Menschen geworden, noch einmal frisch geschaffen» (Hennecke, S. 516).]

503 [«Verliehen (er verleiht uns) Sinnesänderung, führt uns in seinen unvergänglichen Tempel ein», 16,9 (Hennecke, S. 516).]

504 [«Da es nun böse Tage sind» ... 2,1. (Hennecke, S. 505).]

505 [«das vollendete Ärgernis ist nahe herbeigekommen,» 4,3 (Hennecke, S. 406).]

506 [«Haben wir acht in den letzten Tagen! Denn die ganze Zeit unseres Glaubens wird uns nichts nützen, wenn wir jetzt in der gottlosen Zeit und in den künftigen Ärgernissen nicht, wie es Kinder Gottes geziemt, Widerstand leisten. (10:) Damit der Schwarze sich nicht einschleichen kann ...,» (Hennecke, S. 506.) (Bei Gebhardt/Harnack gehört der letzte Teil des Zitats noch zu 9, Hennecke und auch K. Wengst beginnen damit Abschnitt 10).]

507 [Siehe Anm. 505.]

gegen das Judenchristentum noch auch[508] [gegen] das zeitgenössische Judentum gerichtet, sondern alles soll nur dazu dienen, die Herrlichkeit des Christentums stärker und heller hervortreten zu lassen.

Der Grundgedanke beruht auf der Erzählung, daß Moses die Bundestafeln, die er nach dem 40tägigen Aufenthalt vom Sinai brachte, am Fels zerschlug, als er das Volk beim Götzendienst traf (Kap. 4[,7.8] und 14[,2.3]).[509] Tatsächlich hat Barnabas richtig gesehen, denn nirgends, wegen der Schiebereien in den Quellen, steht, daß Moses nachher dem Volk neue Bundestafeln gebracht [hat].[510] Also schließt er e silentio, daß der Bund tatsächlich nie zustande gekommen [ist]. Darum ist auch die Auffassung des Gesetzes, als bezöge es sich auf das Judentum, falsch. Tatsächlich hat das Judentum das Gesetz in allen Teilen mißverstanden, weil es dasselbe realistisch deutete. Es ist aber geistig gemeint, und erst die Christen sind imstande, dasselbe in seiner Wahrheit zu erfassen und aus jener symbolischen Hülle den καινὸς νόμος τοῦ κυρίου ἡμῶν Ἰησοῦ Χριστοῦ[511] [«das neue Gesetz unseres Herrn Jesus Christus»] herauszulesen.

So wendet sich Barnabas zuerst gegen die Opfer (Kap. 2) und gegen das Fasten (Kap. 3) und zeigt mit Zitaten aus Deutero- und Tritojesaja[512] (das hauptsächlichst in [der] alten Literatur zitierte Buch), daß das gottgewirkte Herz das schönste und wahrste Opfer und Wohltun das beste Fasten sei. In Kap. 7 wird dann die Geschichte von den Böcken am Versöhnungstag aus Lev. 16,7ff. auf Christi Leiden gedeutet. Im 8. Kap. kommt die Vorstellung von dem ῥαντισμός [Besprengung], wie in Hebr. Dabei findet sich wieder ein in die Johanneische Theologie passendes Wort: ὅτι ἡ βασιλεία Ἰησοῦ ἐπὶ ξύλου![513] In Kap. 10 kommt wirklich die Glanzleistung der Allegorie. Die Speisegebote und -verbote von Lev. 11 und Dtn. 14, wo von Molchen, Tieren mit gespaltenem und mit ungespaltenem Huf etc. die Rede ist, werden alle moralisch gedeutet, so, daß jedesmal eine Klasse verbotener Tiere als Symbol einer bestimmten Menschenklasse gefaßt und das Verbot zu essen dahin gefaßt wird, daß man nichts mit ihnen zu tun haben soll. Hier fühlt aber

508 [Ms.:] durch [das kann nur eine Verschreibung sein].

509 [R] Ex. 32[,19] und 34[,1].

510 [Dieser Satz ist gestrichen – vielleicht, weil in Ex. 34,28 und 29 doch das Bringen der neuen Tafeln erwähnt wird? Auf die Wiedergabe des gestrichenen Satzes kann der Fortsetzung wegen nicht verzichtet werden. Oder sollte der ganze Abschnitt in ( ) stehen? Vor «Tatsächlich» steht eine Anfangsklammer, aber eine Abschlußklammer fehlt.]

511 [Barnabas 2,6.]

512 [R] Alles vorgebildet in Deutero- und Tritojesaja [Jes. 40ff.].

513 [«Weil die Königsherrschaft Jesu auf dem Holze (Kreuz) beruht», 8,5 (Hennecke, S. 510).]

Barnabas wirklich seinen Triumph: βλέπετε πῶς ἐνομοθέτησεν ὁ Μωϋσῆς καλῶς![514] ruft er aus.

In Kap. 11 wird aus einer Reihe von Zitaten nachgewiesen, εἰ ἐμέλησεν τῷ κυρίῳ προφανερῶσαι περὶ τοῦ ὕδατος καὶ περὶ τοῦ σταυροῦ[515] (Cf. [Justin,] Dial. 138[,2,] wo eben auch das Taufwasser und das Kreuz miteinander verbunden werden). Sehr interessant ist diese Stelle für die Erklärung von Hebr. 6, daß eine zweite Buße nach der Taufe hieße, Jesum zum zweitenmal kreuzigen (ἀνασταυροῦντας ἑαυτοῖς τὸν υἱὸν τοῦ θεοῦ [Hebr. 6,6]). Auch Moses ist ein τύπος des Kreuzes, als er auf dem Berge die Arme ausstreckte und so seinem Volk den Sieg brachte (Ex. 17[,11 ff.]), ebenso als er die eherne Schlange erhöhte ([Num. 21,8.9,] Barn. Kap. 12[,6]). Dieses letztere Beispiel ist dann vollständig in die johanneische Theologie übergegangen und findet sich im Munde Jesu Ev. Joh. 3,14. Kap. 15 zeigt, daß der wahre Sabbath erst mit dem Christentum angebrochen [ist]. Die 6 Tage bedeuten die 6000 Jahre der Weltzeit, weil ja Gott in Ps. 90,4 sich selbst bezeugt, daß ein Tag für ihn gleich tausend Jahre ist. Und er ruhte am 7. Tage, das ist zu verstehen von dem tausendjährigen Reich seines Sohnes: τοῦτο λέγει· ὅταν ἐλθὼν ὁ υἱὸς αὐτοῦ καταργήσει τὸν καιρὸν τοῦ ἀνόμου καὶ κρινεῖ τοὺς ἀσεβεῖς καὶ ἀλλάξει τὸν ἥλιον καὶ τὴν σελήνην καὶ τοὺς ἀστέρας, τότε καλῶς καταπαύσεται ἐν τῇ ἡμέρᾳ τῇ ἑβδόμῃ.[516]

Aber der 8. Tag, den man feiert, der Auferstehungstag Christi, der ist das Wahrzeichen der vollständigen Erneuerung; dieser Tag ist der wahre Sabbat: Οὐ τὰ νῦν σάββατα ἐμοὶ δεκτά, ἀλλά ὃ πεποίηκα, ἐν ᾧ καταπαύσας τὰ πάντα ἀρχὴν ἡμέρας ὀγδόης ποιήσω, ὅ ἐστιν ἄλλου κόσμου ἀρχήν.[517]

Sie sehen, wie das eschatologische Schema hier durchdringt.

Im 16. Kap. wird bewiesen, daß der irdische Tempel auch ein Mißverständnis sei, da ja nicht einmal die Himmel Gott fassen können. Der ναὸς τοῦ θεοῦ [Tempel Gottes] ist das durch Christus umgewandelte Menschenherz, das früher ἦν οἶκος δαιμονίων, διὰ τὸ ποιεῖν ὅσα ἦν ἐναντία τῷ θεῷ.[518] Aber in der wiedergeborenen Kreatur wohnt

514 [«Da seht ihr, welch trefflicher Gesetzgeber Moses gewesen ist.» 10,11 (Hennecke, S. 512).]

515 [«ob der Herr es sich hat angelegen sein lassen, vom (Tauf-)Wasser und vom Kreuze zum voraus Kunde zu geben!» 11,1 (Hennecke, S. 512).]

516 [«Das heißt: wenn sein Sohn gekommen sein wird, und [er] der Frist des Ungerechten ein Ende gemacht, die Gottlosen gerichtet und Sonne, Mond und Sterne umgewandelt haben wird, dann wird er in Ehren ruhen am siebenten Tage.» 15,5 (Hennecke, S. 515).]

517 [«Nicht die jetzigen Sabbate sind mir angenehm, sondern der, den ich bestimmt habe und an dem ich alles zur Ruhe bringen werde, um dann den achten Tag, d.h. eine andere Welt, anfangen zu lassen.» 15,8 (Hennecke, S. 515).]

518 [«eine Behausung von Dämonen war, weil wir taten, was Gott zuwider war.» 16,7 (Hennecke, S. 516).]

Gott: διὸ ἐν τῷ κατοικητηρίῳ ἡμῶν ἀληθῶς ὁ θεὸς κατοικεῖ ἐν ἡμῖν.[519]

Das sind die Hauptgedanken des Barnabasbriefes. Unter manchem Abstrusen ist doch im Detail viel Schönes und Sinniges. Den Beschluß des Werkes bildet die Ausführung der beiden Wege, Kap. 18,1: Μεταβῶμεν δὲ καὶ ἐπὶ ἑτέραν γνῶσιν καὶ διδαχήν. Ὁδοὶ δύο εἰσὶν [διδαχῆς καὶ ἐξουσίας, ἥ τε τοῦ φωτὸς καὶ ἡ τοῦ σκότους.][520] ... des Lebens und des Todes. Diese Abhandlung berührt sich ziemlich nahe mit der gleichartig angelegten Didache, am Anfang.[521]

§ 17) Die Didache

Die Didache (16 Kapitel, sieben mittlere Seiten) ist für die Theologie weniger bedeutend, so wichtig sie andererseits für unsere Kenntnis der ältesten kirchlichen Zustände ist. Eine einfach gehaltene ethische Ermahnung über die zwei Wege, wo die Worte Jesu in sinniger Weise anklingen, leitet die Schrift ein. Es folgen dann Verordnungen über die Taufe (Kap. 7), über das Fasten (Kap. 8) und über das Abendmahl (Kap. 9, 10 und 14). Die letzten Kapitel beschäftigen sich mit dem Verhalten gegen die Evangelisten und Propheten. Daß eine solche Schrift den Namen «Lehre der Apostel» führen konnte,[522] zeigt, wie unentwikkelt in manchen Teilen der Kirche die Lehre blieb. Den Stand derselben kann man für die Didache am besten aus den Abendmahlsgebeten ablesen (Kap. 9 und 10). Es handelt sich immer um die eschatologische Bitte: «Wie dieses Brot zerstreut war über den Bergen und zusammengeführt eins wurde, so werde deine Kirche von den Enden der Erde zusammengeführt zu deinem Reich» ... [9,4]. «Vor allem danken wir dir, daß du mächtig bist. Dir sei Preis in Ewigkeit. Gedenke, Herr, deiner Kirche, sie zu entreißen allem Bösen (Barnabasbrief!!) und sie zu vollenden in deiner Liebe, und führe sie von den vier Winden zusammen, die geheiligte, zu deinem Reich, das du ihr bereitet hast. Denn dein ist die Kraft und die Herrlichkeit in Ewigkeit. Es komme die Gnade, es vergehe diese Welt. Hosianna dem Gott Davids. Wer heilig

---

519 [«So wohnt denn wirklich in unserem Innern Gott in uns.» 16,8 (Hennecke, S. 516).]

520 [«Gehen wir nun aber noch zu einer andern Art der Erkenntnis und Lehre über! Es gibt zweierlei Wege (Arten) der Lehre und einwirkenden Gewalt, den Weg des Lichtes und den der Finsternis.» (Hennecke, S. 516.)]

521 [Ms.:] ... mit der gleichartig angelegten am Anfang der Didache. [Beschreibung der beiden Wege des Lebens und des Todes am Anfang.]
[R] 16. Kolleg.

522 [R] [1. Fassung des Satzbeginns:] Schon daß man dieser Schrift den Namen: Lehre der zwölf Apostel geben konnte!

ist, der komme. Wer es nicht ist – der tue Buße! μαρὰν ἀθὰ. ἀμὴν![523] [10,4–6] Hier beruht also die ganze Dogmatik auf dem Begriff der Eschatologie, der Drangsal und der Buße!

§ 18) Die Ignatianischen Briefe

Ignatius wird gewöhnlich so dargestellt, als ob er von den abgegriffenen Münzen des Paulinismus lebte.[524] Nun kennt Ignatius zwar die paulinische Literatur, denn in dem Briefe an die Epheser Kap. 12 führt er den Paulus an und sagt etwas plerophorisch, *daß Paulus in allen seinen Briefen*[525] *der Epheser gedenke.* Auch in manchen Ausdrücken erkennt man die Spur der Bekanntschaft des Paulus. Aber im Gedankengang ist Ignatius weit davon entfernt, ein Nachredner Pauli zu sein, sondern sein Gedankengang ist selbständig und vollständig von dem paulinischen verschieden, so verschieden die Zeit und die Probleme sind.

Seine theologische Welt berührt sich eng mit der des 2. Clemens.[526] Er hat dieselben Gegner, nämlich eine Gnosis, welche den urchristlich-eschatologischen Gedanken der leiblichen Auferstehung aufgibt und behauptet, das Fleisch könne nicht an der Vollendung teilhaben. Aber diese Gnosis – und das ist der Unterschied [zu] der bei II Clem. vorausgesetzten Richtung – dehnt konsequenterweise ihre Anschauung auch auf die Person Christi aus und behauptet, daß dort der göttliche Geist nicht in einem realen fleischlichen Körper erschienen sei, sondern in einem Scheinleib.

Der Kampf gegen die Gnosis bildet das Gerippe aller sieben Briefe, die sich im Ganzen dem Plan und der Anlage nach sehr ähneln.[527] Der theologisch interessanteste [Brief] ist der [an die] Epheser, am wenigsten Theologie enthalten der Römerbrief und der Brief an Polykarp.

Er bekämpfte die doketische Gnosis auf zwei Arten: 1) indem er die tatsächliche Realität der Tatsachen – in dem Mischmasch-Deutsch der modernen Theologie würde man sagen: der Heilstatsachen – der Existenz Jesu Christi hervorhebt, 2) indem er zur Unterordnung unter die Kirche, sofern sie einzig und allein durch den Episkopat und die Presbyter und die Diakonen repräsentiert ist, auffordert, so daß seine Schriften die zweite Staffel bilden in der Entwicklung, die I Clem. schon vertritt.

---

523 [«Unser Herr kommt. Amen.» (Aramäisch.) Auch: μαραναθά (Lietzmann, Berlin, 5. Aufl. 1948, K. Wengst, Darmstadt 1984, *ein* Wort auch bei Hennecke, nach Didache); oder μαράνα θά: «Unser Herr, komm!»]

524 [R] Ignatius und Paulus.

525 [πάντοτε, d. h.: allemal, immer.]

526 [R] Ignatius und II Clem.

527 [R] Dieselben Irrlehrer auch [in] I Joh.!

Das sind die beiden Motive, die in jedem Brief durcheinandergearbeitet sind.

Zunächst also die Tatsachen des Lebens Jesu. Es finden sich mehrere Aufzählungen, die von der Geburt bis zur Auferstehung gehen. Interessant ist, daß Ignatius dabei die Jungfrauengeburt theologisch in den Vordergrund stellt, was weder in den Clementinen noch bei Barnabas der Fall ist. Es sind[528] embryonale Formen des Credo: *Ad Trallianos 9*: *«Christus, der aus dem Geschlechte Davids ist, aus Maria, der wahrhaftig geboren wurde, aß und trank, wahrhaftig unter Pilatus verfolgt wurde, wahrhaftig gekreuzigt wurde und starb, βλεπόντων τῶν ἐπουρανίων καὶ ἐπιγείων καὶ ὑποχθονίων.»*[529]

Für das zweite Motiv zitiere ich Ihnen folgende Stellen. *Ad Trall. 3,1*: *«Alle sollen die Diakonen in Ehren halten, wie auch den Episkopen, da er der τύπος des Vaters (sc. Gottes) ist, die πρεσβύτεροι* [die Presbyter, die Ältesten] *aber als das Synedrium Gottes und als die Verbindung (σύνδεσμον) mit den Aposteln. χωρὶς τούτων ἐκκλησία οὐ καλεῖται.»*[530] *Ad Ephesios 4,1*: *«Was ihr auch tun möget, müßt ihr euch nach der Meinung des ἐπίσκοπος richten. So müßt ihr mit dem Episkopen verbunden sein, wie die Saiten mit der Zither.»* [*Ad Eph. 5,1*]: *«Ich preise euch glücklich, daß ihr so in eurem Bischof eingefügt seid, wie die Kirche Jesu Christo eingefügt ist und Jesus Christus dem Vater, damit alles in der Einheit zusammenstimmend sei.»*

Aber sobald man weitergeht, bemerkt man, daß dieser Gedanke der Unterordnung unter den Bischof, ohne welche man nicht zur Kirche gehört, für Ignatius nicht aus dem empirischen Begriff der katholischen Kirche gewonnen ist,[531] auch nicht als eine Ermahnung der kirchlichen Disziplin gedacht ist, sondern zum Dogma gehört, aus der Theologie des Ignatius hervorgewachsen ist und ohne sie nicht verstanden werden kann. Alles beruht, wie in II Clem., auf dem Begriff der Kirche als präexistenter geistiger Größe, die durch die Fleischwerdung Christi unter der Kreatur real geworden ist. Zunächst, um den Rahmen zu zeichnen, lebt auch Ignatius ganz in der Eschatologie. *Ἔσχατοι καιροί* [«die letzten Zeiten sind da»], ruft er in *Eph. 11[,1]* aus. *Laßt uns die Langmut Gottes fürchten, daß sie uns nicht zum Gerichte werde. «Daß wir doch nur in Christo Jesu erfunden werden εἰς τὸ ἀληθινὸν ζῆν* [zu wahrhaftigem Leben]. *» Ad Magnesios 5,1: «Da nun die Dinge beim Ende angekommen sind und zweierlei zugleich vorliegt, der Tod und das Leben, und jeder an seine Statt*

528 [Ms.:] ist [vielleicht, weil zuerst nur an ein Beispiel gedacht war?]

529 [«während die himmlischen und irdischen und unterweltlichen (Mächte) zuschauten» (Hennecke, S. 527).]

[R] Eine andere Aufzählung [in] *Ad Eph.* 18,2, Taufe: ἐγεννήθη καὶ ἐβαπτίσθη, ἵνα τῷ πάθει τὸ ὕδωρ καθαρίσῃ [«er wurde geboren und getauft, auf daß er durch das Leiden das Wasser reinige» (Hennecke, S. 523).]

530 [«Getrennt von diesen gibt es keine Kirche» (Hennecke, S. 526).]

531 [R] Nicht der empirische, sondern [der] spekulative Begriff der Kirche.

gehen wird – so liegen zwei Münzen vor: eine von Gott, eine von der Welt.» Die eine wird angenommen, die andere verworfen.[532]

Zu der Eschatologie gehört die Spekulation über die Engel. (Denken Sie an den Kolosser- und [den] Hebräerbrief.)[533] Die Kräfte über der Erde, auf der Erde und unter der Erde haben beim Tode Jesu zugeschaut.[534] Viel entgeht uns in unserem Wissen von den Engeln (ad Trall. 4).[535] *Ad Smyrnaeos 6[,1]: Μηδεὶς πλανάσθω· καὶ τὰ ἐπουράνια καὶ ἡ δόξα τῶν ἀγγέλων καὶ οἱ* ἄρχοντες ὁρατοί τε καὶ ἀόρατοι, ἐὰν μὴ πιστεύσωσιν εἰς τὸ αἷμα Χριστοῦ, *κἀκείνοις κρίσις ἐστίν.*[536]

Erst wenn man bedenkt, daß ein so fortgeschrittener Theologe wie Ignatius sich noch mit Angelologie befaßt, gewinnt man den Maßstab für die Stellen über die Engel in II Petr., Jud. und Hebr. Sie gehörten zur christlichen Dogmatik, und die Gnostiker blieben darin auf dem gemeinsamen Boden mit dem Urchristentum, daß sie die Engellehre in den Vordergrund rückten. Man muß die feinen Nuancen betrachten, mit denen[537] Ignatius sie bekämpft, wenn er in bezug auf die Lehre von den Engeln sagt: πολλὰ γὰρ ἡμῖν λείπει *(Ad Trall. 5,2)*.[538]

Ganz urchristlich ist auch das Bewußtsein, daß alles, was man über christliche Lehre sagen kann, nicht auf dem Denken, sondern auf einer direkten Offenbarung beruht.[539] Im *20. Kap.* des [Briefes an die] *Epheser* verheißt Ignatius[540] den Ephesern ein zweites Schreiben über die *οἰκονομία εἰς τὸν καινὸν ἄνθρωπον Ἰησοῦν Χριστόν, ἐν τῇ αὐτοῦ πίστει καὶ ἐν τῇ αὐτοῦ ἀγάπῃ, ἐν πάθει αὐτοῦ καὶ ἀναστάσει· μάλιστα ἐὰν ὁ κύριός μοι ἀποκαλύψῃ τι.*[541] Wie schade, daß er diese kleine Dogmatik nicht geschrieben hat. So müssen wir seine Gedanken aus der polemischen Darstellung heraus zur Einheit zusammenfügen. Der ethische

---

532 [R] (Sehr schön: die Stunde der Abrechnung kommt, also muß man sich mit der richtigen Münze versehen.)

533 [Hebr. 1 und 2; der Hinweis auf Kol. bezieht sich wohl auf 1,15 u. 16?]

534 [Siehe oben Anm. 529.]

535 [Der Satz findet sich in *Trall.* 4 nicht, er ist auch nicht ganz deutlich. Am Schluß von *Trall.* 5,2f. schreibt Ignatius, daß er wohl viel verstehe von den himmlischen Dingen und der Rangordnung der Engel; aber «uns fehlt noch viel, daß wir Gott nicht verfehlen». Dachte A. S. an diesen Satz?]
[R] Die Engellästerer in Jud. [8] und II Petr. [10.]

536 [«Lasse niemand sich irren! Selbst die himmlischen Mächte und die Herrlichkeit der Engel und die sichtbaren und unsichtbaren Fürstentümer, auch über sie kommt das Gericht, wenn sie nicht glauben an das Blut Christi» (Hennecke, S. 532).]
[R] (Blut!, nicht Tod und Auferstehung.)

537 [Ms.:] der.

538 [«uns fehlt noch viel.» (Vgl. Anm. 535.)]

539 [R] 3) Inspiration. Dies [ist] Voraussetzung für schöpferische Religion.

540 [Ms.:] er.

541 [«den Heilsratschluß (Gottes) auf den neuen Menschen Jesus Christus hin, im Glauben an ihn und in der Liebe zu ihm, in seinem Leiden und seiner Auferstehung, zumal so mir der Herr etwas offenbaren wird» (Hennecke, S. 523).]

Grundbegriff ist auch bei Ignatius noch die *Buße*! Durch die Buße gelangt man zur Kirche: *Ad Philadelphenos 3[,2]: καὶ ὅσοι ἂν μετανοήσαντες ἔλθωσιν ἐπὶ τὴν ἑνότητα τῆς ἐκκλησίας, καὶ οὗτοι θεοῦ ἔσονται*[542] (cf. *Didache* [10,6]: *εἴ δέ τις οὐκ ἔστιν, μετανοείτω!*)[543] *Ad Smyrnaeos 9[,1]*: *Εὔλογόν ἐστιν λοιπὸν ἀνανῆψαι καί, ὡς ἔτι καιρὸν ἔχομεν, εἰς θεὸν μετανοεῖν.*[544] Aber die Ethik tritt überhaupt bei Ignatius zurück. Er kennt, wenn man dies so modern ausdrücken kann, keine Ethik, sondern nur Religion, alles kommt darauf an, daß man in der ἐκκλησία [Kirche], der durch Christum real gewordenen Gemeinschaft der Heiligen, drin steht.

In dieser Gemeinschaft standen schon die Propheten, dadurch, daß sie auf Christum hofften. *Ad Philad. 5[,2]: Auch die Propheten sind dadurch gerettet worden, daß sie an das Evangelium glaubten, ἐν ἑνότητι Ἰησοῦ Χριστοῦ ὄντες, ἀξιαγάπητοι καὶ ἀξιοθαύμαστοι ἅγιοι, ὑπὸ Ἰησοῦ Χριστοῦ μεμαρτυρημένοι καὶ συνηριθμημένοι ἐν τῷ εὐαγγελίῳ τῆς κοινῆς ἐλπίδος*[545] (cf. I Petr.).

Die Kirche ist die Einheit von σάρξ und πνεῦμα, die die Persönlichkeit Jesu ausmacht, sie ist gleichsam – oder tatsächlich, denn Ignatius denkt real – die Fortsetzung seines Leibes. *Christus ist für uns im Fleische gestorben, damit er durch seine Auferstehung [ein Panier]*[546] *zu seinen Heiligen und Gläubigen emporhebe, sei es unter den Juden, sei es unter den Heiden, ἐν ἑνὶ σώματι τῆς ἐκκλησίας αὐτοῦ.*[547] *Sein Tod ist ein Mysterion δι' οὗ μυστηρίου ἐλάβομεν τὸ πιστεύειν.*[548]

In den ἐκκλησίαι [Kirchen] *glaubt Ignatius die ἕνωσις σαρκὸς καὶ πνεύματος Ἰησοῦ Χριστοῦ*[549] *(Ad Magnesios 1[,2]) zu finden. Von denen, die in der Kirche drin stehen, gilt: ἃ δὲ καὶ κατὰ σάρκα πράσσετε, ταῦτα πνευματικά ἐστιν· ἐν Ἰησοῦ γὰρ Χριστῷ πάντα πράσσετε.*[550] *Ad Ephesios 15[,3]: πάντα οὖν ποιῶμεν, ὡς αὐτοῦ ἐν ἡμῖν κατοικοῦντος,*

---

542 [«Und alle, die reuig zur Einheit der Kirche kommen, auch die werden Gottes sein» (Hennecke, S. 530).]

543 [«wenn er es nicht ist (sc. heilig), tue er Buße!» (Hennecke, S. 564, K. Wengst, S. 82/83.)]

544 [«vernünftig ist es, endlich zur Einsicht zu kommen und uns, solange wir noch Zeit haben, zu Gott zu bekehren» (Hennecke, S. 533).]

545 [«in der Einheit Jesu Christi (seiend), liebe- und bewunderungswürdige Heilige, von Jesus Christus bezeugt und eingerechnet in das Evangelium der gemeinsamen Hoffnung» (Hennecke, S. 530).]

546 [Ergänzt nach Hennecke, S. 532. (Übersetzung von σύσσημον, dasselbe Wort in Jes. 5,26, Septuaginta.)]

547 *Ad Smyrnaeos 1*[,2; «in dem einen Leibe seiner Kirche» (Hennecke, S. 532).]

548 *Ad Magnesios 9*[,2: «ob wir auch durch dieses Geheimnis den Glauben empfangen haben» (Hennecke, S. 525).]

549 [Hennecke, S. 524: «die *Einheit* mit Fleisch und Geist Jesu Christi» (die Ignatius den Kirchen wünscht).]

550 [«Doch selbst das Fleischliche, das ihr tut, das ist geistlich, denn ihr tut alles in Jesus Christus.» *Ad Ephesios 8,2* (Hennecke, S. 521).]

ἵνα ὦμεν αὐτοῦ ναοὶ, καὶ αὐτὸς ᾖ ἐν ἡμῖν θεὸς[551] *ἡμῶν.*[552] Dabei erfährt der Gedanke des ναὸς τοῦ θεοῦ [Tempel Gottes], den II Clem. auf den einzelnen als Geistiges in der σάρξ [Fleisch] wandelndes Wesen anwandte, folgende allgemeine Abwandlung. *Ad Ephesios 9[,1]: ὥς ὄντες λίθοι ναοῦ πατρός, ἡτοιμασμένοι εἰς οἰκοδομὴν θεοῦ πατρός, ἀναφερόμενοι εἰς τὰ ὕψη διὰ τῆς μηχανῆς Ἰησοῦ Χριστοῦ, ὅς ἐστιν σταυρὸς, σχοινίῳ*[553] *χρώμενοι τῷ πνεύματι τῷ ἁγίῳ· ἡ δὲ πίστις ὑμῶν ἀναγωγεὺς ὑμῶν, ἡ δὲ ἀγάπη ὁδὸς ἡ ἀναφέρουσα εἰς θεόν*[554] (Weitere Phantasien über dieses Bild finden sich dann im Pastor Hermae.)

Hier tut sich also die rein griechische Theologie auf, die nicht mehr eschatologische Mystik ist, wie bei Paulus, weil die Eschatologie nicht mehr so elementar wirkt, sondern die mehr auf der Tatsache des In-die-Welt-Tretens Jesu als eines die σάρξ mit dem πνεῦμα vereinigenden Wesens beruht. Sobald das In-die-Welt-Treten als theologische Tatsache angeführt wird, bewegt man sich im Gedankenkreis der griechischen Theologie (vgl. II Clem.!). So heißt es [in] *Ad Magnesios 11: θέλω ... ὑμᾶς ... πεπληροφορῆσθαι ἐν τῇ γεννήσει καὶ τῷ πάθει καὶ τῇ ἀναστάσει τῇ γενομένῃ ἐν καιρῷ*[555] *τῆς ἡγεμονίας Ποντίου Πιλάτου!*[556] (wobei fälschlich die γέννησις [Geburt] auch unter Pontius Pilatus verlegt wird).[557]

Aber diese Theologie datiert vor der Zeit, ehe[558] der alte Begriff der Kirche als Gemeinschaft der Heiligen durch die gnostischen Kämpfe aufgelöst ist. Darum fällt für Ignatius, wie überhaupt für alle alten Schriftsteller, der ideale und der reale Begriff der Kirche nicht auseinander, sondern er zieht seine Folgerungen für den realen Begriff der Kirche aus seiner dogmatischen Anschauung über die ideale Kirche als Leib Christi, als Einheit von σάρξ und πνεῦμα, d. h. als der Menschheit, die noch in der σάρξ seiend als die [Gemeinschaft der] Erwählten schon pneumatisch handelt und so über die φθορά [Vergänglichkeit] erhaben

---

551 [R] (Gleichsetzung: Christus – θεός.)

552 [«So laßt uns nun alles tun, als wohne er in uns, auf daß wir seine Tempel seien, und er in uns, unser Gott» (Hennecke, S. 523).]

553 [R] (σχοίνιον!! [Bindemittel])

554 [«Steine seid ihr für den Tempel des Vaters, zubereitet zum Hausbau Gott Vaters (vgl. Anm. 552), hinaufgezogen in die Höhe durch den Hebebaum Jesu Christi, d. h. das Kreuz, während euch der Heilige Geist als Seil (Bindemittel) dient. Euer Glaube ist euer Geleiter, die Liebe der Weg, der zu Gott emporführt» (Hennecke, S. 522).]

555 [R] (Aus [der] paulinischen Zweiheit ist eine Dreiheit geworden.)

556 [«Ich möchte für euch ... daß ihr ..., mit voller Überzeugung glaubet an die Geburt und das Leiden und die Auferstehung, die da geschehen ist zur Zeit der Landpflegerschaft des Pontius Pilatus» (Hennecke, S. 525).]

557 [Bleistiftnotiz:] Interessant für Auffassung des Lebens Jesu!! (für [die] älteste): Tod – Auferstehung – dann In-die-Welt-Treten.

558 [D. h.: aus der Zeit, bevor ...]

ist.[559] Jetzt versteht [man] erst die Tragweite des Gedankens, wenn Ignatius verlangt, man müsse so mit dem Bischof als dem sichtbaren Repräsentanten der Kirche verbunden sein, wie Christus mit seinem Vater. So heißt es in *Ad Magn. 13[,2]: Ὑποτάγητε τῷ ἐπισκόπῳ καὶ ἀλλήλοις, ὡς ὁ Χριστὸς τῷ πατρὶ κατὰ σάρκα, καὶ οἱ ἀπόστολοι τῷ Χριστῷ καὶ τῷ πατρὶ καὶ τῷ πνεύματι· ἵνα ἕνωσις ᾖ σαρκική τε καὶ πνευματική.*[560]

Aber alle diese allgemeinen Ermahnungen gravitieren um eine kirchliche Institution: das Abendmahl ist für Ignatius – und für seine ganze Zeit – das *φάρμακον αθανασίας*, d. h. die Mysterienspeise, welche unserem Leibe die Kraft der Auferstehung verleiht.[561] *Ad Ephes. 20[,2]: ἕνα ἄρτον κλῶντες, ὅς ἐστιν φάρμακον ἀθανασίας, ἀντίδοτος τοῦ μὴ ἀποθανεῖν, ἀλλὰ ζῆν ἐν Ἰησοῦ Χριστῷ διὰ πάντος.*[562]

Das Abendmahl ist das *ἄρτος τοῦ θεοῦ* [Brot Gottes].[563] Es ist die *σὰρξ Χριστοῦ* [Fleisch Christi],[564] weil es dieselbe Verbindung zwischen Fleisch und πνεῦμα [Geist] darstellt wie der Leib Χριστοῦ. Und gerade weil es diese Einheit an sich trägt, hat es nun die Eigenschaft, denen, die es genießen, mit der irdischen Materie die Auferstehungskraft mitzuteilen, die Christi Leib auswies dadurch, daß er auferstanden ist. So wird der Leib derer, die dieses Mahl genießen, zum Auferstehungsleib umgewandelt. So ist *Χριστός* der Arzt. *Ad Ephes. 7,[2]: Εἷς ἰατρός ἐστιν σαρκικός τε καὶ πνευματικὸς, ...*[565] Da nun aber die Kirche als der Leib Christi die Einheit von σάρξ und πνεῦμα darstellt, so hat das Abendmahl diese Eigenschaft nur, wenn es von der Kirche veranstaltet wird, d. h. unter der Leitung des Episkopos steht.[566] Darum geben die Häretiker – welche zudem nicht an die leibliche Auferstehung glauben – den Ihrigen, wenn sie die Agape feiern, «*θανάσιμον φάρμακον*» ([«tödliches Gift»], Ad Trall. 6[,2]).

Das System des Ignatius läßt sich kurz so darstellen: Ziel aller σωτηρία [Erlösung] ist die *ἀθανασία* [Unsterblichkeit]. Die ἀθανασία besteht nur, wo Einheit von σάρξ und πνεῦμα ist. Dieser Besitz der Einheit von σάρξ und πνεῦμα wird dem Einzelnen durch drei ineinan-

---

559 [R] (Er kennt die reale, aber nicht die *empirische* Kirche.) Kontinuität. Wir gar nichts mehr.

560 [«Seid untertan dem Bischof und einander, wie Jesus Christus dem Vater nach dem Fleische und die Apostel Christus und dem Vater und dem Geist, auf daß Einheit sei, fleischliche wie geistliche» (Hennecke, S. 525).]

561 [R] 17. Kolleg.

562 [«Ein Brot brechend, das ist das Gnadenmittel der Unsterblichkeit, das Gegengift wider den Tod, allzeit zu leben in Jesus Christus» (Hennecke, S. 523).]

563 [Das Ms. nennt hierfür *Ad Ephes.* 20, wo sich aber der Ausdruck nicht findet; jedoch in *Ad Romanos* 7,3: ἄρτος θεοῦ.]

564 [Ebd.]

565 [«Es gibt nur einen Arzt, der ist fleischlich und geistlich zugleich,» ... (Hennecke, S. 521).]

566 [R] Dionysius Areopagita.

dergreifende[567] Ringe übermittelt: Als erster stellt *Jesus Christus*, sofern er als präexistentes πνεῦμα Fleisch an sich genommen hat, diese Einheit dar und erweist sie durch seine leibliche Auferstehung, als zweiter die *Kirche* als die ewige Gemeinschaft der Prädestinierten, die eine ebenfalls präexistente geistige Größe ist, der die Propheten und die Gerechten der Vorzeit, sofern sie auf Jesum schon ausblickten, angehörten, die aber eben durch die Fleischwerdung Christi [...] Realität gewonnen hat und daher sichtbar ist[568] in dem Episkopat, der mit den Aposteln und durch sie mit Christus, der historischen Einheit von σάρξ und πνεῦμα, zusammenhängt. Der dritte Ring ist das *Abendmahl*, sofern hier das Wesen der Kirche sich vollständig darstellt und die Kirche dem einzelnen die geistige Kraft zur Auferstehung an irdischer Speise real übermittelt.[569] Das System des Ignatius *ist also die Spekulation des griechischen Geistes über den Begriff der Kirche als der durch Christum sichtbar gewordenen Gemeinschaft der Erwählten.* Er ist weit entfernt, ein unselbständiger Kopf zu sein, der etwa unverstandene paulinische Formeln wiederholt, sondern er ist ein *Denker.* Während das paulinische System von dem Gedanken ausgeht, der in der Energie der ersten eschatologischen Erwartung nahelag, daß wir tatsächlich schon mystisch auferstanden sind,[570] geht Ignatius von der Frage aus, inwiefern wir der Auferstehung als der zukünftigen Erscheinung gewiß sind.[571]

An diesen Hauptgedanken schließen sich einige Nebengedanken an, die als Parallelen zu Gedanken der katholischen Briefe ihre besondere Bedeutung haben. Zu erwähnen ist besonders der Gedanke der Leidensgemeinschaft Christi, der sich mit I Petr. berührt, und die Stellung zu den Häretikern, die in I, II und III Joh. eine so große Rolle spielt. [Des] Ignatius Stellung ist die, daß er den Häretikern Hochmut und Lieblosigkeit vorwirft; aus diesem Grunde trennen sie sich von der Kirche, aber in ihrer endgültigen Verwerfung ist er noch nicht so weit fortgeschritten wie der Autor der Johannesbriefe.[572]

§ 19) Pastor Hermae

Nach [Adolf] Hilgenfeld und [Friedrich Karl Albert] Schwegler soll Hermas ein judenchristliches Buch sein – aber es kommt darin nicht die

567 [R] (ineinandergezogene).
568 [R] weil Jesus Christus sichtbar war!
569 [R] (Zueignung der σωτηρία.)
570 [R] Paulus: das Erleben der Auferstehung an sich. Diese Zeit hat es mit der logisch-historischen Gewißheit der Auferstehung zu tun. Paulus – Ignatius.
571 [R] Ignatius – Sühne!
572 [R] Ignatius und der Sühnegedanke: *[Ad] Ephes.* 8. Noch Ignatius [beruht?] auf ἀποκάλυψις. Hier überhaupt die Biegsamkeit der Vorstellungen zurückzuführen.

leiseste Andeutung eines Parteistandpunktes vor. Der berühmte Abt [Gerhard] Uhlhorn von Lokkum,[573] der dem Hermas in der neuen Realenzyklopädie fast ganze vier Seiten widmet, weiß folgendes über ihn: «*Was wir bei Hermas finden[,] ist das damals in Rom geltende dogmatisch noch sehr wenig ausgebildete*[574] *Vulgärchristentum.*»[575] Mit dieser nichtssagenden Phrase hat er alles gesagt. Eine Analyse des Gedankengangs versucht er nicht einmal, und wenn man seinen Artikel gelesen hat, weiß man über Hermas so viel als vorher, von einigen gelehrt literarischen Bemerkungen abgesehen. Aber daß Hermas ein tiefsinniges Buch ist, das weiß man nicht.

[Friedrich] Spitta hat in seinem 3. Bande *Zur Geschichte und Literatur des Urchristentums*, [Göttingen] 1896, unter dem Titel «Studien zum Hirten des Hermas» darzutun versucht, daß Hermas, wie Jak., das Werk eines Diasporajuden sei, das dann christlich überarbeitet worden sei. [A.] Harnack läßt es sukzessive zwischen 110 und 140 entstanden sein.

Wenn je ein Buch in seiner dogmengeschichtlichen Bedeutung durch die falschen Theorien der modernen Theologie über die altchristliche Gedankenwelt mißverstanden worden ist, so gilt dies von Hermas.[576] Wie kam Irenäus dazu, es so hochzuschätzen![577] Es wird gewöhnlich geschildert als ein langweiliger apokalyptischer Roman – und doch ist es das interessanteste Zeugnis der sich auf die Logosspekulation hinbewegenden und doch noch ganz in der Eschatologie drinstehenden Theologie.[578] Der Form nach ist Hermas der Ezechiel in der christlichen Literatur. Dem Inhalt nach enthält er die Gedanken aller unserer katholischen Briefe: den *Moralismus* des Jakobusbriefes, die *Parusieverzögerung* des 2. Petrusbriefes und des Judasbriefes, die pneumatische *Gotteskindschaft* und den *Gegensatz gegen die Gnosis* [hat er gemeinsam] mit Joh., die *Kirche als κυρία* [gemeinsam] mit II und III Joh., *Jesum als den Hohepriester* und die *Frage der zweiten Buße* [gemeinsam] mit Hebr., die *religiöse Wertung des Leidens* [gemeinsam] mit I Petr. Auf dem Gedanken beruhend, daß man noch in der Zeit der Geistbegabung und Prophetie drinsteht, ist er der Ausläufer des Urchristentums in das beginnende 2. Jahrhundert.[579]

---

573 [R] [Einzufügende Angabe:] 3 Bände: *Die christliche Liebestätigkeit in der alten Kirche*, Stuttgart 1882, *[Die christliche Liebestätigkeit seit der Reformation]* 3 Bde., [Stuttgart] 1890 [^{2}1895].

574 [Im *RE*-Artikel: «ausgeprägte».]

575 [*RE*, Bd. 7, Leipzig 1899, S. 718.]

576 [R] Unterschätzung.

577 [Irenäus: siehe oben S. 254.]

578 [R] Tatsächliche [Bedeutung?]

579 [Bleistiftnotiz:] Ignatius: Offenbarungs[schrift?] [Ein Urteil des Ignatius über die Schrift des Hermas kann nicht gemeint sein, da sie ja wohl erst nach dem Tode des Ign. entstanden ist.]

Der Gedankengang ist folgender:

[Vision 1:]

Cap. 1 Einleitung: Hermas empfindet brüderliche Liebe zu einem Weib in Rom.
[1. Gesicht:] Auf einer Wanderung nach Cumae schlummert er ein und wird im Geiste in eine wilde Gegend versetzt. Vom Himmel herab erscheint ihm eine Frau [dieselbe, die er in Rom sah] und belehrt ihn, daß seine Zuneigung, die er für rein brüderlich hielt, Sünde sei, weil ihr Leidenschaft anhafte. Er solle Buße tun. Nach diesem Prolog schließt sich der Himmel und Hermas bleibt allein zurück in Verzweiflung, eine Schuld zu haben. (Denken Sie an *II Clem.*, wo auch die absolut reine Zuneigung das letzte Ziel ist: wenn die Menschen so sind, dann erscheint das Reich Gottes.)[580]
[2. Gesicht:] Nun kommt das 2. Gesicht.[581] Während er verzweifelt daliegt, tritt eine alte Frau zu ihm, ein *Buch* in der Hand. Sie spricht ihm Mut zu und verkündigt ihm, *daß Gott, der Himmel und Erde über den Wassern erschaffen hat und «in seiner Weisheit und Fürsorge seine heilige Kirche gegründet hat, die er auch gesegnet hat»*[582] (τῇ ἰδίᾳ σοφίᾳ καὶ προνοίᾳ κτίσας τὴν ἁγίαν ἐκκλησίαν αὐτοῦ, ἣν καὶ ηὐλόγησεν), *nun für seine Auserwählten das Ende der Dinge heraufführt, wenn sie seine Gebote halten.* Zwei Gedanken stehen also neben einander: 1) die spekulative Idee der Präexistenz der Kirche, 2) die Erwartung der Eschatologie.[583]

Vision 2:

Am andern Tage [im nächsten Jahr] wird er im Geiste wieder an denselben Ort entführt, und die πρεσβυτέρα [Greisin] erscheint ihm wieder. Nun nimmt er Abschrift aus dem Buche und erfährt dabei, daß Gott eine Bußfrist festgesetzt habe für alle Erwählten bis auf den nahen Tag des Reiches. Er soll sie darauf aufmerksam machen und sie ermahnen, in der kommenden ϑλίψις [Drangsal] ihr Leben nicht zu verleugnen (*μακάριοι ὅσοι οὐκ ἀρνήσονται τὴν ζωὴν αὐτῶν*).[584] Für sich selbst erfährt er, daß auf seiner Familie schwere Schuld laste, daß er dafür geprüft werde und dafür genug tun müsse! – Also der alte Gedanke der Wehen und des πειρασμός [Prüfung] vor dem Kommen des Reiches,

580 [Vgl. oben S. 340, Anm. 468.]
581 [A. S. schreibt irrtümlich:] erste Vision.
582 [3,4; vgl. Hennecke, S. 334.]
583 [D. h. der letzten Dinge.]
584 [2,7: «Selig ... alle, die ihr Leben nicht verleugnen» (Hennecke, S. 335).]

der auch bei[585] Ignatius und Barnabas wirksam ist, verbunden mit der lebendigen Vorstellung von der Sühne, wie auch bei Ignatius![586] Sühnetod Jesu als etwas Natürliches für [das] Urchristentum.

«Für wen hältst du diese alte Frau?» fragt ein Jüngling aus ihrer Begleitung den Hermas. «Für die Sibylle», antwortet er. «Falsch geraten», sagt dieser, «sie ist es nicht.» «Wer ist es denn», fragt Hermas wieder. «Die Kirche», lautet die Antwort. «Warum aber», fragt er weiter, «erscheint sie als eine alte Frau?» «*῞Οτι,» φησίν, «πάντων πρώτη ἐκτίσθη· διὰ τοῦτο πρεσβυτέρα, καὶ διὰ ταύτην ὁ κόσμος κατηρτίσθη.*»[587] Von der Verwaschenheit der modernen Dogmatik herkommend, steht man ergriffen still vor der großartigen Konzeption, daß alles, was ist, nur geschaffen ist, damit die ewige Gemeinschaft auserwählter Geistwesen in Raum und Zeit real werde, und dann versteht man erst das große Werk *περὶ ἀρχῶν* des Origenes, aus dem nicht ein Mensch, sondern der Genius jener Zeit zu uns redet. Man versteht dann auch, wieso eine neutestamentliche Wissenschaft, die den empirischen Begriff der ἐκκλησία an den Anfang setzt und tut, als ob Paulus nur Lokalgemeinden gekannt hätte[588] und mit ἐκκλησία allgemein die Muttergemeinde in Jerusalem meinte, die Anfänge der Dogmenbildung nicht erklären kann, denn eben der spekulative Begriff der Kirche ist die Grundlage der ganzen ältesten Theologie. (Erwähnt sei noch, daß in dieser 2. Vision Hermas für den Spruch «*ἐγγὺς κύριος τοῖς ἐπιστρεφομένοις*»[589] *das apokryphe Buch Ἐλδὰδ καὶ Μωδάτ, τοῖς προφητεύσασιν ἐν τῇ ἐρήμῳ τῷ λαῷ*[590] *zitiert.*)

Vision 3:

Die 3. Vision ist sehr lang. In der Nacht erscheint ihm die πρεσβυτέρα und bestellt ihn auf den Visionsacker, um die fünfte Stunde. »Auf welches Stück Acker?» fragt Hermas. «Wo es dir[591] gefällt», antwortet die πρεσβυτέρα. Wir werden noch mehreren Zügen solcher umständlich-naiver Einkleidung begegnen. Z. B. gleich bei dieser Zusammenkunft will Hermas, als ihn die κυρία zum Sitzen einlädt, zu ihrer Rechten Platz nehmen. Sie aber weist ihn mit der Hand zur Linken, «denn», sagt sie, *«der Platz zur Rechten gehört denen, die schon Gott gefallen und um seines*

585 [Ms.:] in.
586 [Siehe oben Anm. 572.]
587 [4,1: «Weil sie», sagt er, «vor allen Dingen zuerst geschaffen worden ist. Deshalb ist sie alt, und um ihretwillen ist die Welt geschaffen worden.» (Hennecke, S. 336)]
588 [R] Gegen Neutestamentler! immer auf dem Sand!
589 [«Nahe ist der Herr denen, die sich bekehren» (Hennecke, S. 336).]
590 [«Eldat und Modat, die in der Wüste dem Volke geweissagt haben» (ebd.).]
591 [Ms.:] Ihnen [diese Höflichkeitsform ist A. S. wohl gewohnheitsmäßig aus der Vorstellung, sich an eine Hörerschaft zu wenden, in die Feder geflossen.]

Namens willen gelitten haben; dir aber fehlt noch viel, daß du mit ihnen sitzest.» Nun folgt der große, am Schluß des Buches wieder aufgenommene Gedanke von der Kirche als dem großen, im Bau begriffenen Turm. Hermas sieht einen Turm[592] über den Wassern erbaut werden. Die Steine werden von sechs Jünglingen und unzähligen Männern ἐκ τοῦ βύθου[593] und aus der Erde hervorgeholt. Zum Turm aber werden die Blöcke durch das Wasser gewälzt. Die einen fügen sich ein, die andern nicht. Auf seine Fragen erfährt Hermas, daß der Turm die ihrer Vollendung entgegengehende Kirche ist; daß sie über Wassern gebaut wird, das bedeutet die Taufe, *ὅτι ἡ ζωὴ ὑμῶν διὰ ὕδατος ἐσώθη καὶ σωθήσεται.*[594] *Die sechs Jünglinge sind die sechs erstgeschaffenen Engel; die andern Männer sind das Heer der Engel.* Man sieht, welch einen Platz die Engelspekulation auch noch zur Zeit des Höhepunktes der Gnosis in der Kirche einnahm! Sie gehörte zum Dogma.

Die sich dem Bau wohl einfügenden Steine sind die ἐπίσκοποι καὶ διδάσκαλοι καὶ διάκονοι.[595] Diejenigen, welche noch liegen gelassen werden, sind die, *welche der Buße noch bedürfen.* Darum wird der Bau des Turmes in die Länge gezogen, damit die Zeit zur Buße noch da ist. Wird der Turm fertig, dann ist es zu spät. Hier wirkt also das Motiv der Parusieverzögerung ein, wie in II Petr.![596]

Vision 4:

Die 4. Vision handelt unter dem Bild eines Tieres von der kommenden *θλῖψις.*

Vision 5:

Hier erscheint zum ersten Mal der *ποιμήν* [Hirt], *der Engel der Buße,* daß er mit ihm lebe die übrigen Tage seines Lebens und ihm die ἐντολαί (mandata [Weisungen, Gebote]) übergebe. Diese ἐντολαί sind eine ausgeführte christliche Ethik. Also auch hier: Buße = Ethik.[597] *Zwölf Mandata = zwölf Tugenden.* Ich führe Ihnen die Worte über die ἀλήθεια [Wahrheit] an, wegen der johanneischen Anklänge: *'Αλήθειαν ἀγάπα, καὶ πᾶσα ἀλήθεια ἐκ τοῦ στόματός σου ἐκπορευέσθω, ἵνα τὸ*

---

592 [R] (πύργος [2,4] auch bei Barnabas [16,5, als Vokabel].)

593 [2,4: «aus der Wassertiefe» (Hennecke, S. 337).]

594 [3,5: «weil euer Leben durch Wasser gerettet ward und gerettet werden wird» (Hennecke, S. 338). Nach «gerettet ward» ist eingeschoben:] Sündflut [Sintflut], I Petr. 3,18 [gemeint ist aber wohl Vers 20, so auch bei Hennecke.]

595 [5,1: «die Bischöfe, Lehrer und Diakone» (Hennecke, S. 338). Zuvor sind noch genannt: Die Apostel. Sie sind im Zitat weggelassen.]

596 [R] [Das] erste theologische Motiv: Parusieverzögerung.

597 [R] Also Ethik = Buße.

πνεῦμα, ὃ ὁ θεὸς κατῴκισεν ἐν τῇ σαρκὶ ταύτῃ, ἀληθὲς εὑρεθῇ παρὰ πᾶσιν ἀνθρώποις, καὶ οὕτως δοξασθήσεται ὁ κύριος ὁ ἐν σοὶ κατοικῶν.[598]

Dies ist der große theologische Zentralgedanke, der dann in den similitudines [Gleichnissen] weitergeführt wird.

In der Ausführung über die *ἁγνεία* [Reinheit, Keuschheit] kommt dann die Stelle, die das Verdammungsurteil des Montanisten Tertullian über die laue Anschauung des Pastor Hermae von der Buße begründet. Es handelt sich um die Frage, ob ein Mann ein ehebrüchiges Weib bei sich behalten dürfe. Nein, lautet die Antwort; aber wenn sie Buße tut und wieder zu ihm zurückkehren will, dann muß er sie wieder aufnehmen,[599] sonst begeht er ein Verbrechen. Hier wird also die Theorie von der zweiten Buße auch auf die Ehe ausgedehnt. Gleich darauf kommt die klassische Stelle über die zweite Buße:[600] *Ἤκουσα, φημί, κύριε, παρά τινων διδασκάλων, ὅτι ἑτέρα μετάνοια οὐκ ἔστιν εἰ μὴ ἐκείνη, ὅτε εἰς ὕδωρ κατέβημεν καὶ ἐλάβομεν ἄφεσιν ἁμαρτιῶν ἡμῶν τῶν προτέρων.*[601]

Der ποιμήν stimmt im Prinzip zu. *Καλῶς ἤκουσας. οὕτω γὰρ ἔχει* [Du hast ganz recht gehört. So verhält es sich.] Aber, sagt er weiter, der Herr milden Herzens hat die Schwachheit der Menschen und die List des Teufels, der die δοῦλοι τοῦ θεοῦ [Knechte Gottes] ins Verderben locken will, vorausgesehen und daher aus Barmherzigkeit diese jetzt verkündigte Buße verordnet:[602] *ἔθηκεν τὴν μετάνοιαν ταύτην, καὶ ἐμοὶ ἡ ἐξουσία τῆς μετανοίας ταύτης ἐδόθη.*[603] Zum Schluß wird sogar noch die zweite Ehe, obwohl sie nicht hochgestellt wird, zugelassen.

Aus den ἐντολαί greife ich folgende Sätze noch heraus. Es handelt sich um die μακροθυμία [Standhaftigkeit] und die *διψυχία* [den Zweifel].[604] «ἡ πίστις», heißt es, ἄνωθέν ἐστι παρὰ τοῦ κυρίου, καὶ ἔχει δύναμιν μεγάλην· ἡ δὲ διψυχία ἐπίγειον πνεῦμά ἐστι παρὰ τοῦ διαβόλου, δύναμιν μὴ ἔχουσα.[605]

---

598 [3. Gebot 1,1: «Liebe die Wahrheit, und nichts als Wahrheit gehe von deinem Munde aus, damit der Geist, den Gott in diesem (deinem) Fleisch hat wohnen lassen, wahrhaftig erfunden werde bei allen Menschen: so wird der Herr verherrlicht werden, der in dir wohnt» (Hennecke, S. 345).]

599 [R] [Das] kraftvoll chaotische Nebeneinander.

600 [R] Man versteht die älteste Theologie nicht, wenn man nicht die Buße als Geschenk betrachtet.

601 [4. Gebot 3,1: «Herr, ich habe von einigen Lehrern gehört, daß es keine andere Buße gebe als jene, da wir ins Wasser hinabstiegen und Vergebung unserer früheren Sünden empfingen» (Hennecke, S. 346).]

602 [R] Jak. – 18. Kolleg.

603 [3,5: «(Der Herr) setzte diese Buße fest, und mir ward die Vollstreckung dieser Buße übertragen» (Hennecke, S. 347).]

604 [R] ἀνὴρ δίψυχος [ein zwiespältiger Mann], Jak. 1,8.

605 [9. Gebot, 11: «Der Glaube ist von oben her, von dem Herrn, und hat große Macht;

Die λύπη [Traurigkeit] ist die Schwester der διψυχία. Die λύπη ... λυπεῖ τὸ πνεῦμα τὸ ἅγιον καὶ ἐκτρίβει αὐτό ... *τὸ γὰρ πνεῦμα τοῦ θεοῦ τὸ δοθὲν εἰς τὴν σάρκα ταύτην λύπην οὐχ ὑποφέρει οὐδὲ στενοχωρίαν.*[606] Die λύπη beschwert das Gebet und οὐκ ἀφίησι τὴν ἔντευξιν ἀναβῆναι καθαρὰν ἐπὶ τὸ θυσιαστήριον.[607] Das vorletzte Gebot handelt von den falschen Propheten – hier sind wir wieder ganz in den katholischen Briefen – das letzte [Gebot] über die Leidenschaften. Diese zwölf εντολαί soll er verkünden. In denselben schimmern oft Herrenworte durch. Aber es sind selbständige prophetische Fortbildungen derselben, bei denen das Herrenwort oft nur wie ein fernes Motiv anklingt. Den Beschluß bildet der Gedanke, daß, wenn es [einem] mit der Buße Ernst ist, dieser sich vor dem Teufel nicht zu fürchten braucht. Die Stelle, die an Jak. 4,7 anklingt: Ἐγὼ δὲ ὑμῖν λέγω, ὁ ἄγγελος τῆς μετανοίας· μὴ φοβήθητε τὸν διάβολον.[608]

Jetzt folgen die zehn similitudines, d. h. ausgeführte *Gleichnisse*,[609] die einen Einblick in die göttlichen Geheimnisse gewähren.

Similitudo 1:

Die erste handelt von der Stadt (πολιτεία), deren Gesetzen man sich unterwerfen muß.[610]

Simil. 2:

Das Bild des ἄμπελος [Weinstocks], der an der πτελέα [Ulme] hinaufklettert. Wie der Weinstock allein keine Frucht bringt, sondern durch seine Schwere auf den Boden gezogen würde, so bedarf der Reiche des Armen. Er bringt dem Armen die Gabe dar, der Arme tut die ἔντευξις [das Gebet] für den Reichen. (Ganz katholisch!) Jakobus!

---

der Zweifel aber ist ein irdischer vom Teufel her, und hat keine Macht» (Hennecke, S. 351).]

606 [10. Gebot, 2,2: «Traurigkeit ... betrübt den Heiligen Geist und drängt ihn hinaus ... [6:] Denn der Geist Gottes, der in dies dein Fleisch gegeben ward, verträgt weder Traurigkeit noch Enge» (Hennecke, S. 352).]

607 [3,3: «Läßt das Gebet nicht rein auf den Altar hinaufsteigen» (Hennecke, S. 352).] [R] (I Petr. 3,7: ... [damit eure Gebete nicht gehindert werden].)

608 [12. Gebot, 6,1: «Ich aber sage dir, ich, der Engel der Buße: Fürchte den Teufel nicht!» (Hennecke, S. 355)]

609 [Dazu notiert: (Eine Reihe schöner Gleichnisse).]

610 [Dazu notiert:] (I Petr. [1,1/2,11:] παρεπίδημοι [Fremdlinge] – einer andern civitas angehörend).]

Simil. 3:

Im Winter sind alle Bäume gleich; erst im Frühjahr zeigt es sich, welche sprießen und welche abgestorben sind. So sind auch jetzt Gerechte und Ungerechte einander gleich und werden erst bei der Parusie offenbar. (Cf. die Mt.-Fortbildung des Gleichnisses von der selbstwachsenden Saat [vom Unkraut unter dem Weizen, Mt. 13,36–43]. Das Motiv ist dasselbe.) *ὁ γὰρ αἰὼν οὗτος τοῖς δικαίοις χειμών ἐστι, καὶ οὐ φαίνονται μετὰ τῶν ἁμαρτωλῶν κατοικοῦντες.*[611]

Simil. 4:

Die 4. Parabel ist die Fortsetzung dieser [3.] Parabel. Einige Bäume sprießen, einige nicht. (Zu weit ausgeführt.)

Simil. 5:

Die 5. Parabel ist theologisch sehr wichtig. Sie geht aus von dem Fasten und stellt den geistigen Begriff des Fastens auf,[612] der in dem positiven Wohltun besteht. Darauf erzählt ihm der ποιμήν ein Gleichnis, das aus dem Gleichnis von den Arbeitern[613] im Weinberg [Mt. 20] und dem Gleichnis von der königlichen Hochzeit [Mt. 22] zusammengearbeitet ist – zugleich aber den Keim der Lehre von den überschüssigen verdienstlichen Werken enthält. Ein Herr zog fort und gab einem Knecht ein Stück seines Weinberges zu bebauen. Der [Knecht] tut aber nicht nur seine Pflicht, sondern bearbeitet auch noch den Rest, den man ihm nicht aufgetragen. Der Herr kommt zurück, ruft seinen Sohn und seine Freunde und macht den Knecht dafür zum *συνκληρονόμος τῷ υἱῷ* [zum Miterben mit dem Sohn]. Die Lösung ist folgende: Der δοῦλος [Knecht] ist Jesus, die Freunde Gottes sind die zuerst erschaffenen Engel, der υἱός [Sohn] ist der heilige Geist. *Die Wanderung des Herrn ist die Zeit bis zur eschatologischen Vollendung*[614] (ἡ δὲ ἀποδημία τοῦ δεσπότου, ὁ χρόνος ὁ περισσεύων εἰς τὴν παρουσίαν αὐτοῦ),[615] Engel waren über Gottes Volk gesetzt. Jesus hat sie (gemeint [ist das] Volk) von Sünden gereinigt, indem er sich sehr abmühte[616] . . . (τὰς ἁμαρτίας αὐτῶν ἐκα-

611 [2: «Denn diese Welt ist für die Gerechten Winterszeit. Und so werden sie nicht sichtbar, weil sie unter den Sündern wohnen» (Hennecke, S. 358).]

612 [R] (Tritojesaja [Jes. 58].)

613 [Hier in die Einzahl korr., mit einzufügender, aber undeutlicher Notiz am Rand.]

614 [R] Gnosis – Christologie.

615 [5,3 (Hennecke, S. 360).]
[R] Origenes Christologie! auch mit vorweltlichem Wesen.

616 [R] (Adoptianische Christologie.)

ϑάρισε πολλὰ κοπιάσας ...).[617] τὸ κτίσαν πᾶσαν τὴν κτίσιν, κατῴκισεν ὁ ϑεὸς εἰς σάρκα ἣν τὸ πνεῦμα τὸ ἅγιον τὸ προόν, ἠβούλετο.[618] Diese σάρξ hat dem πνεῦμα gedient und wurde deshalb mit in die Sohnschaft aufgenommen.[619] So wird auch jegliches Fleisch, in dem der heilige Geist wohnt, in die Herrlichkeit aufgenommen, wenn ihm das πνεῦμα das Zeugnis der Reinheit gibt. Darum muß man sich hüten vor dem Gedanken, τὴν σάρκα σοῦ ταύτην φϑαρτὴν εἶναι, καὶ παραχρήσῃ αὐτῇ ἐν μιασμῷ τινί.[620] (II Petr., Jud., II Clem., Ignatius!) Als Christologie an einem Gleichnis Jesu entwickelt. (Das ethische Moment in dem Kampf gegen den Spiritualismus der Gnostiker.)

Darum hat ihnen[621] der adoptierte Sohn von dem Überfluß der ἐδέσματα [der Speisung],[622] die ihm Gott bei dem großen Mahl sandte, zukommen lassen: es sind die ἐντολαί.[623] Und nun kündigt der Herr Vergebung der vorhergehenden Sünden an. Durch Buße erworben.

Simil. 6:

Der ποιμήν weidet seine Herde, *ἐν τούτοις οὖν μετάνοια ζωῆς οὐκ ἔστιν.*[624] Von ihm nimmt sie ein anderer mitleidloser [Hirte]: *ὁ ἄγγελος τῆς τιμωρίας.*[625] Darauf sagt der Engel der Buße: ὅταν οὖν ϑλιβῶσι πάσῃ ϑλίψει, τότε ἐμοὶ παραδίδονται εἰς ἀγαϑὴν παιδείαν καὶ ἰσχυροποιοῦνται ἐν τῇ πίστει.[626] Bei diesem βάσανος [Peinigung] hat die Stunde die Kraft (δύναμιν ἔχει) von 30 Tagen.

Simil. 7:

Hermas erfährt, daß er selbst an diesen ποιμένα τὸν τιμωρητήν [Hirten, den Strafengel,] ausgeliefert werden wird, nicht wegen ihm, sondern wegen seinem Hause. Er wird als κεφαλὴ τοῦ οἴκου [Haupt des Hauses] geprüft, damit die andern zur Buße kommen können und sich heiligen.

617 [16,2 (Hennecke, S. 361).]

618 [6,5 «Den Heiligen Geist vorweltlichen Seins, der die ganze Schöpfung geschaffen hat, ihn hat Gott in einem Fleischesleib, den er erwählte, Wohnung nehmen lassen» (Hennecke, S. 361). – Im Ms. ἐβούλετο statt ἠβούλετο.]

619 [R] Gegen Unterscheidung adoptianisch – pneumatisch.

620 [7,2: «dieses Fleisch sei vergänglich, und es zu mißbrauchen und irgendwie zu beflekken» (Hennecke, S. 361). – Dazu notiert:] Also [die] Christologie [wird an] einem Gleichnis Jesu entwickelt.

621 [Dem Volk.]

622 [5,3.]

623 [R] ἐντολή also Gnadengeschenk.

624 [2,3: «Sie haben keine Buße zum Leben» (Hennecke, S. 362).]

625 [3,2: «(Dieser ist) der Engel der Strafe» (ebd.).]

626 [3,6: «wenn sie nun mit allerlei Drangsal verdrängt werden, dann werden sie mir in guter Zucht gegeben und im Glauben ... festgemacht» (Hennecke, S. 363).]

Darauf bittet Hermas den Bußengel, daß er mit ihm sei. Dieser sagt ihm: *ἔσομαι μετὰ σοῦ· ἐρωτήσω δὲ καὶ τὸν ἄγγελον τὸν τιμωρητὴν ἵνα σε ἐλαφροτέρως θλίψῃ.*[627]

Simil. 8:

Diese Similitudo bewegt sich in demselben Gedanken. Aus einem Baum bekommen alle, *οἱ κεκλημένοι τῷ ὀνόματι κυρίου* [«die mit dem Namen des Herrn genannt werden»], Zweiglein,[628] die bei den einen dürr bleiben, bei den andern grünen, bei noch[629] andern blühen. Die letzteren kommen zum Turm. Die andern werden begossen, ob sich an ihnen Leben zeige. Es kommt das Warten. Der Baum ist der νόμος [das Gesetz] Gottes [3,2]. *Der Engel Michael gibt ihnen den Nomos ins Herz* [3,3]. Die durch Leiden Geheiligten kommen zum Turm, die andern bleiben in der Behandlung des Bußengels. Nach einiger Zeit zeigt sich bei Vielen Leben. *Auch bei den Gnostikern ist noch Hoffnung auf Buße.* (Man erkennt schon hier die milde Stellung Roms.) Darum soll Buße verkündet werden. Der langmütige Gott *θέλει τὴν κλῆσιν τὴν γενομένην διὰ τοῦ υἱοῦ αὐτοῦ σώζεσθαι.*[630]

Simil. 9:

Die ganze Similitudo ist beherrscht von der Idee des Turmbaus. Von zwölf Bergen werden die Steine gebracht zum Turmbau.[631] Der Turm ist auf einem Felsen, zu dem ein Tor führt. Durch dieses Tor gehen die Steine. Zuerst zehn Steine aus dem *βύθος* [Wassertiefe], dann εἴκοσιν πέντε [25], dann τριάκοντα πέντε [35], dann τεσσαράκοντα [40]. Zuletzt kommen sie von allen Bergen. Manche werden leuchtend und dem Turm eingefügt, manche bleiben schwarz und werden verworfen.

Der Tag geht zu Ende und der Turm ist nicht fertig. Nach einigen Tagen kommt der Herr des Turmes und beschaut ihn. Der Bußengel bekommt die verworfenen Steine zugewiesen. Die Erklärung lautet: Fels und Tor sind der υἱὸς τοῦ θεοῦ, [der Sohn Gottes]. *Der Fels ist alt, weil der υἱός vor Beginn der Welt schon war; die Tür ist neu, weil er ἐπ' ἐσχάτων τῶν ἡμερῶν τῆς συντελείας φανερὸς ἐγένετο*[632] und jeder

---

627 [6: «Ich werde mit dir sein; auch werde ich den Strafengel bitten, daß er dir die Drangsal leichter mache» (Hennecke, S. 364).]

628 [R] (Aarons Stab!) [4. Mose 17,8 (nach anderer Zählung: 17,23).]

629 [Ms.:] den.

630 [11,1: «will die Berufung, die durch seinen Sohn geschehen ist, zur Rettung führen» (Hennecke, S. 369).]

631 [R] Cf. Didache 10[,5]!

632 [12,3: «in den letzten Tagen der Endzeit offenbar geworden ist» (Hennecke, S. 375).]

durch ihn zum Reich Gottes eingehen kann.[633] [Keiner wird in das Reich Gottes eingehen,] *εἰ μὴ λάβοι τὸ ὄνομα τοῦ υἱοῦ αὐτοῦ.*[634] *Der πύργος ist die Kirche.* Die Bauenden sind die Engel. Der Turm wird gefügt zu *einem* Stein [13,5], weil alle, die im Besitz der πνεύματα [heilige Geister] sind, sich zu einem πνεῦμα und zu einem σῶμα zusammenfinden. Der Grund der Verzögerung ist folgender: *διὰ τοῦτο γὰρ καὶ τῆς οἰκοδομῆς ἀνοχὴ ἐγένετο, ἵνα ἐὰν μετανοήσωσιν οὗτοι, εἰσέλθωσιν εἰς τὴν οἰκοδομὴν τοῦ πύργου.*[635] Die ersten zehn: die πρώτη γενέα [die erste Generation], die 25 die zweite, die 35 die Propheten, die 45 [40] die Apostel und die Lehrer der Verkündigung des Gottessohnes. Οὗτοι ... πρῶτοι ταῦτα *τὰ πνεύματα ἐφόρεσαν,* καὶ ὅλως ἀπ' ἀλλήλων οὐκ ἀπέστησαν, οὔτε τὰ πνεύματα ἀπὸ τῶν ἀνθρώπων, οὔτε οἱ ἄνθρωποι ἀπὸ τῶν πνευμάτων, ἀλλὰ παρέμειναν τὰ πνεύματα αὐτοῖς μέχρι τῆς κοιμήσεως αὐτῶν.[636]

Aber auch sie müssen durch das Wasser, damit sie die νέκρωσιν ἀπέθεντο τῆς προτέρας ζωῆς αὐτῶν ἔλαβον οὖν καὶ οὗτοι οἱ κεκοιμημένοι τὴν σφραγῖδα τοῦ υἱοῦ τοῦ θεοῦ.[637] Die entschlafenen Apostel und Lehrer haben ihnen die σφραγίς [das Siegel (16,5)] verkündet![638] Die zwölf Berge werden erklärt in der Art der verschiedenen Deutung der Reiser. Dabei werden die Reichen geschildert in Anlehnung an das Gleichnis vom Säemann, wo der Acker mit Disteln überwachsen ist [Mt. 13,7]. *οἱ τοιοῦτοι οὖν δυσκόλως εἰσελεύσονται εἰς τὴν βασιλείαν τοῦ θεοῦ.*[639]

Simil. 10:

Schlußwort in demselben Ton wie im Jakobusbrief: Er soll den andern helfen.

πᾶς γὰρ ὁ δυνάμενος σῶσαι ἕνα τῶν ἀδελφῶν τοῦ κυρίου τῶν ἐλαχίστων τὸν ἐν τῷ καθημερινῷ βίῳ θλιβόμενόν τε ὑπ' ἀνάγκης καὶ κακοχούμενον, μεγάλην ἕξει χάριν παρὰ τῷ κυρίῳ εἰ σώσει αὐτόν. *ἐὰν δὲ δυνάμενος σῶσαι οὐ σώσει, οὐαὶ τῷ ἀνθρώπῳ*

---

633 [R] Ignatius.

634 [12,4: «wenn er nicht den Namen seines Sohnes empfängt» (Hennecke, S. 375).]

635 [14,2: «Deshalb ist ja auch eine Pause im Bauen eingetreten, damit diese Buße tun und so in den Bau des Turmes eingehen könnten» (Hennecke, S. 376).]

636 [15,6: «Diese ... waren die ersten, *die diese Geister getragen haben,* und niemals haben sie sich von einander entfernt, weder die Geister von den Menschen noch die Menschen von den Geistern, sondern die Geister blieben bei ihnen, bis sie entschliefen» (Hennecke, S. 377).]

637 [16,2: ... «Sterblichkeit ihres früheren Lebens abstreiften.» (Schweitzers Satzkonstruktion gibt die Stelle etwas verkürzt wieder.) «So empfingen nun auch diese, die schon entschlafen waren, das Siegel des Sohnes Gottes» (Hennecke, S. 377).]

638 [R] Seitenstück zu I Petr.

639 [20,2: «Solche werden schwerlich in das Reich Gottes kommen» (Hennecke, S. 378).]

ἐκείνῳ.[640] «Jeder, der in der Lage ist, einen der geringsten Brüder des Herrn, der im täglichen Leben Beschwernis und Mühsal zu tragen hat, aus der Bedrängnis zu retten, hat große Gnade beim Herrn. *Wer helfen kann und nicht hilft – wehe diesem Menschen!*»[641]

Rückblick auf Hermas. (Das Zurücktreten des Spekulativen: [es ist] aber vorhanden!!)

Hermas ist ein prophetisches Buch aus der 1. Hälfte des 2. Jahrhunderts.[642] Die Verkündigung, die er bringt, besteht darin, daß die große Gnadenzeit zur Buße, die am Anfang der christlichen Aera [gegeben] war, aus großer Barmherzigkeit Gottes am Ende derselben noch einmal wiederkehrt und eine zweite Buße geschaffen ist. Wir haben es also mit einer Repristination der urchristlichen Theologie durch die Prophetie zu tun. Hermas ist eine prophetische Spekulation über die Bedeutung der Verzögerung der Parusie! (Das Motiv des Judas- und 2. Petrusbriefes.)

§ 20) Allgemeine Schlußzusammenfassung

Dieser Überblick über die Theologie der Apostolischen [Väter] war nötig, um sich über die Frage klar zu werden, ob denn alle christliche

---

640 [4,3. Aus dem griech. Schluß des Hermas-Hirten, mitgeteilt von J. Dräseke, in: ZWTh 30, H. 2 (1887), S. 172ff., 184.]
[R] [2 Ausrufezeichen.]

641 [Lat. Version aus Gebhardt/Harnack, 1877, S. 270: «qui igitur huiusmodi animam eripit de necessitate, magnum gaudium sibi adquirit. is enim qui huiusmodi vexatur incommodo, pari tormento cruciatur atque torquet se qui in vincula est. multi enim propter huiusmodi calamitates, cum eas sufferre non possunt, mortem sibi adducunt. qui novit igitur calamitatem huiusmodi hominis et non eripit eum, magnum peccatum admittit et reus fit sanguinis eius.»

4,3: «Wer also eines solchen Menschen Seele aus der Not reißt, der erwirkt sich hohe Freude! Denn der, welcher in dieser Weise Not leidet, wird mit derselben Folter gemartert und martert sich ab wie der, welcher im Gefängnis liegt. Tun sich doch viele wegen solcher Nöte, da sie sie nicht ertragen können, ein Leids an. Wer also die Notlage eines solchen Menschen kennt und ihn nicht herausreißt, der begeht eine große Sünde und lädt Blutschuld auf sich» (Hennecke, S. 384).

Merkwürdig ist, daß A. S. hier nicht *diesen lat.* Text seiner Vorlage wiedergibt. Der Schluß des Buches ist nur in zwei lateinischen Übersetzungen überliefert, und der 1887 von Dräseke mitgeteilte griechische Text ist eine Fälschung des Simonides (19. Jh.), wie A. Harnack in der Theolog. Literaturzeitung desselben Jahres (S. 147–151) nachweist. Schweitzers griechisches Zitat ist Teil dieses gefälschten Textes. G. Uhlhorn verweist in dem von A. S. zitierten Enzyklopädieartikel (s. Anm. 575) auf diesen Sachverhalt – ein kurzer Satz nur –, offenbar hat ihn A. S. übersehen. Anders ist nicht zu erklären, warum er auf Dräsekes Veröffentlichung griff und diesen Text als echt ansah. Daß ihm einige Ausdrücke besonders auffielen (vgl. die Ausrufezeichen neben dem Zitat und die Hervorhebung der vom Fälscher nach Mt. 26,24 ergänzten Stelle) ist verständlich.]

642 [R] Der letzte Versuch einer eschatologischen Theologie. Presbyter Cajus, Montanismus. [Die] großen Fragen über die Buße (Cyprian).

Theologie, wie das gewöhnliche Urteil lautet, nichts anderes ist als ein unvollkommenes Bauen mit den Blöcken des auseinandergeborstenen paulinischen Lehrbegriffs. Nun hat aber die Analyse gezeigt, daß die altchristliche Theologie, wenn sie auch die Spuren der literarischen Bekanntschaft mit dem Paulinismus aufweist, doch innerlich vollständig selbständig ist. Sie ist nicht aus dem Paulinismus abgeleitet, sondern sie stellt eine Parallelerscheinung zu demselben dar.[643] Wie der Paulinismus aus dem eschatologischen Gemeindeglauben seiner Zeit hervorgegangen ist, so die Theologie der Apostolischen Väter aus dem eschatologischen Gemeindeglauben ihrer Zeit. Die Grundbegriffe ihrer Theologie sind eschatologisch. Es sind:

1) Die Idee einer durch den Sühnetod Jesu geschaffenen Gnadenzeit zur Buße.
2) Die Vorstellung der Ethik als Buße in Erwartung des kommenden Gerichts. Der Grund des Moralismus.
3) Die ethisch-eschatologische Beurteilung der Drangsal und des gnostischen Abfalls als Ereignisse, die im Verlauf der vormessianischen Drangsal stehen. (Verfolgungen [gehören] zum Dogma.)
4) Die Rolle der Engelsmächte in dem großen, durch den Tod Jesu eingeleiteten Enddrama.[644]
5) Die Vorstellung von der Kirche, der Gemeinschaft der erwählten[645] Heiligen, als einer präexistenten Größe, die am Ende der Tage in die Erscheinung tritt und alle Gerechten aus allen Generationen bis auf das erste Menschengeschlecht umfaßt.
6) Das eschatologische Festhalten an der Vorstellung von der leiblichen Auferstehung.

Um diesen [letzteren] Satz des alten Gemeindeglaubens aufrecht zu erhalten, begibt sich die altchristliche Theologie auf das Gebiet der Spekulation über Geist und Fleisch bei Christo, dem Auferstehungsmenschen, und bei seinen Gläubigen. Die Auferstehungskraft wird durch das Innewohnen des πνεῦμα erklärt und als geschichtlich realisiert nachgewiesen an dem Beispiel der Auferstehung Christi. Das sind die Anfänge der griechischen Theologie, wie sie von Justin in der Logoslehre übernommen wurde und Athanasius ihnen vollendeten Ausdruck verlieh. In ihren Anfängen bei den Apostolischen Vätern wächst sie ganz natürlich aus dem eschatologischen Gemeindeglauben hervor; sie beruht auf der fundamentalen eschatologischen Tatsache der Geistbegabung, mit der schon das Urchristentum operiert hat.[646] Sie will den eschatologischen

---

643 [R] Bild von [dem] Fluß mit Grundströmung und Blatt, das in kleine Strudel hineingezogen darüber forttreibt – im Zickzack.

644 [Die Sätze 4 und 5 waren ursprünglich vertauscht.]

645 [Ms.:] Erwählten.

646 [Undeutlich, ob Punkt oder Doppelpunkt.]

Satz [von] der leiblichen Auferstehung spekulativ begründen und sicherstellen. Bis in die Mitte des 2. Jahrhunderts umschließt die Eschatologie diese werdende Theologie wie die Kelchblätter die aufbrechende Blume umschließen, so daß man sagen kann: es hat vom Urchristentum bis in die Mitte des 2. Jahrhunderts keine Wandlung im christlichen Glauben gegeben,[647] sondern nur eine durch den Gegensatz gegen die Gnosis bedingte spekulative Vertiefung desselben, die die Übernahme der Logosspekulation vorbereitete und dann nach derselben selbständig wurde und die Eschatologie langsam abstreifte. Wie wenig sich das Urchristentum bis zur Mitte des 2. Jahrhunderts verändert hat, zeigt am besten die Repristination der urchristlichen Theologie durch die letzte prophetisch-kirchliche Schrift, den Pastor Hermae. –

Und nun, nachdem gezeigt ist, welche Probleme die christliche Theologie bis zur Mitte des 2. Jahrhunderts beschäftigten, von welchen Gedanken sie lebte, welches ihre innerlich unabhängige Stellung zu Paulus ist, gehen wir zu den katholischen Briefen über,[648] wo es sich um dieselben Probleme und Fragen handelt, welche aus denselben Bedürfnissen heraus geschrieben sind und welchen die moderne Theologie dasselbe Unrecht angetan hat wie den Apostolischen Vätern: sie als deuteropaulinische Literatur zu charakterisieren.

Abgeschlossen mit dem Schluß des 18. Kollegs 26. 11. 1902.

---

647 [R] [Randstrich zur Hervorhebung des Satzes.]

648 [D. h., es sollte nun wohl die eigentliche *inhaltliche* Darstellung der Briefe folgen, nachdem in § 1–11 die *literaturgeschichtliche* Darstellung derselben und eine Geschichte ihrer Beurteilung geboten worden war. Die inhaltliche Darstellung von I Petr., Jak. und Jud. liegt (stichwortartig) in drei schwarzen Kollegheften vor (Nr. 5–7).]

4. Geschichte der Eschatologie
Sommersemester 1903

Inhaltsverzeichnis

Kolleg über die Apokalypse
Geschichte der Eschatologie
Sommersemester 1903

Einleitung zum Kolleg über die Apokalypse

Schon an sich erfordert die Apokalypse Johannis eine längere Einleitung, denn dieses Buch spielt ja in der Geschichte der Kanonisierung und der Exegese eine große Rolle, und ohne die Geschichte der Apokalypse zu kennen, ist es unmöglich, ihr gerecht zu werden.

Aber diese Einleitung in die Schicksale des Buches selbst genügt nicht. Die Apokalypse ist ein kompliziertes literarisches Produkt. Die Gedanken und Bilder, die uns darin begegnen, sind nicht das Eigentum des Autors, sondern sie waren vor ihm da, und er hat sie der apokalyptischen Vorstellungswelt seiner Zeit entnommen. Wie aber ist die Vorstellungswelt, aus der unser Autor seine Schrift zusammenbaut, entstanden? Zum Verständnis der Apokalypse gehört also die Geschichte der Eschatologie und Apokalyptik von ihren Anfängen bis gegen das 2. christliche Jahrhundert hin. Darum möchte ich dem exegetischen Kolleg ein Einleitungskolleg vorausschicken, das uns etwa bis Pfingsten beschäftigen wird, über die Geschichte der Apokalyptik von ihren Anfängen bei den ältesten Propheten, durch alle Zeiten hindurch, bis zur Epoche, wo sie, im Abblühen begriffen, als letzte und schon etwas welke Blüte die Apokalypse Johannis hervorbringt: d. h. [wir wollen] die Apokalypse Johannis aus dem großen Werdeprozeß der Apokalyptik überhaupt verstehen. Dafür werden wir dann in den phantastischen und untheologischen mittleren Partien der Apokalypse um so schneller vorgehen und die apokalyptischen Pferde und Drachen in etwas schnellere Gangart bringen, um dennoch rechtzeitig am Ende anzukommen.

Ich halte eine Geschichte der Eschatologie und der Apokalyptik für um so notwendiger, als ein zusammenfassendes Werk darüber meines Wissens nicht existiert.[1] Auch im Kolleg erfährt sie keine einheitliche Behandlung. Es ist eins von den unglücklichen Fächern, die immer in das Gebiet «des Kollegen» gehören. Der Alttestamentler kommt in seiner Theologie nicht so weit, denn er behandelt nur die echten Stücke, und für die Eschatologie, wie sie in der Apokalyptik Johannis nachwirkt, sind die unechten am wichtigsten. In der neutestamentlichen

1 [Durch Verweiszeichen wird hier folg. Einfügung verlangt:] die gesteigerte Bedeutung des Fachs. [Diese Einfügung paßt nicht zum Satz, findet sich jedoch 4 Sätze später im Text.]

Zeitgeschichte kommt sie nur nebenbei in Betracht, die neutestamentliche Theologie setzt sie voraus, und ebenso tut es die Dogmengeschichte – und das Resultat ist, daß gerade das Fach, dessen steigende Bedeutung immer mehr erkannt wird, überall [nur] nebenbei behandelt wird. So halte ich es für meine Pflicht, da die Geschichte der Apokalyptik noch nicht als selbständiges Kolleg auf dem Vorlesungsverzeichnis existiert, sie einleitungsweise in das exegetische Kolleg über die Johannesapokalypse einzuschmuggeln. (Kurz die Werke erwähnen.)[2]

§ 1) Die Eschatologie der Propheten vor dem Exil

Die ganze Eschatologie liegt keimartig schon in dem altisraelitischen Gottesbegriff, wie er uns im Deboralied (Jud. [Richter] 5) entgegentritt. Jahwe ist der Schlachtengott, der von Seir ausgeht, über die Gefilde von Edom schreitet, daß die Erde erzittert und die Berge beben (5,4 und 5), um seinem Volke beizustehen gegen seine Feinde. Von ihrer Straße her kämpfen die Sterne gegen Sisera (5,20). Das ist die lebendige Vorstellung des Tages Jahwes, welche die Propheten des 8. Jahrhunderts vorfanden, und aus ihr heraus hat Amos zwischen 760 und 750 die Eschatologie geschaffen – denn Amos hat sie geschaffen. Er ist der große Geschichtsdramatiker, von dessen Gedanken 10 Jahrhunderte gelebt haben, durch den die jüdische und nachher die christliche Religion Weltreligion geworden, Weltreligion, weil sie durch die Eschatologie mit dem Weltgeschehen in einen lebendigen Zusammenhang gestellt worden sind.[3]

Das erste ist, daß Amos die Vorstellung vom Tag Jahwes hineinstellt in die Geschichte. In dem Kampf der großen Weltmächte, der ihn umtost, fühlt er das Kommen jenes Tages, darum verkündet er im ersten und zweiten Kapitel den umliegenden Völkern – Syrien, Gaza, Tyrus, Edom, Ammon, Moab – das Gericht (Am. 1 und 2). Und dadurch wird nun aus dem primitiv-altisraelitischen Dogma vom Tag Jahwes die Eschatologie, die mit der Geschichte wächst, sich erweitert und vertieft.

Aber wodurch stellt er nun diese Verbindung zwischen dem Tag Jahwes und der Geschichte her? Durch ethische Gedanken: das ist das zweite. Er hat nicht bloß die Vorstellung vom Tag Jahwes durch die

---

2 [Im Ms. folgen hier keine Literaturangaben. Einige Werke werden angeführt in den «Skizzen und Vorarbeiten zum Colleg auf das Sommersemester 1903: Die Apokalypse Johannis», Ms.-S. 16, 17 und 30 (s. S. 24, Quellenverzeichnis Anh. Nr. 3):]

Adolf Hilgenfeld, *Die jüdische Apokalyptik in ihrer geschichtlichen Entwicklung,* [Jena 1857]; W[ilhelm] Baldensperger, *Das Selbstbewußtsein Jesu im Lichte der messianischen Hoffnungen seiner Zeit,* [Straßburg] 2. Aufl. 1892; Heinrich [Julius] Holtzmann, *[Lehrbuch der] neutestamentliche[n] Theologie* I, [Freiburg i.Br. und Leipzig 1897, S. 68ff.:] Messianische Dogmatik; [Ernest] Renan, *L'Antéchrist,* [Paris 1873;] [Friedr.] Spitta [ohne Titelnennung].

3 [R] Der Begriff Weltgeschichte zum ersten Mal bei [den] alten Propheten gebildet.

Geschichte lebendig gemacht, sondern er hat sie *mit Ethik geladen*. Das Gericht kommt über die Völker, weil sie sich sittlich versündigt haben, nicht – und das wäre die alte Vorstellung – weil sie Feinde Israels sind. Und darum ist der Tag Jahwes auch für Israel nicht der Siegestag, sondern der Sichtungstag. «Wehe denen», heißt es [in] 5,18, «die den יוֹם [Tag] herbeiwünschen. Was erwartet ihr von dem יוֹם: הוּא־חֹשֶׁךְ וְלֹא־אוֹר er ist Finsternis und nicht Licht.»

Mit diesem Begriff der Sichtung hängt das dritte zusammen: die eschatologische Drangsal, eine Vorstellung, die nun der Eschatologie und Apokalyptik angehört bis zuletzt und immer stärker ausgebildet wird. Vor dem Endzustand wird Gott eine Drangsal heraufführen, zur Bewährung für das, was übrig gelassen wird; und ob sich die Leute verkriechen wollten in der Scheol [Unterwelt], in den Himmel hinauf, auf der Spitze des Karmel oder in den Tiefen des Meeres: er wird sie zu finden wissen (9,2f.). Nicht zerstören will er das Haus Jakobs in allem, was über es kommen soll. Er gibt seine Befehle und schüttelt Israel unter allen Völkern, wie man mit einem Sieb richtet (9,8f.).

Welches nun der gedachte Endzustand ist, ob Amos eine Wiederaufrichtung der Hütte Davids prophezeit, das ist nicht sicher auszumachen, weil zweifelhaft ist, ob Amos 9,11ff. echt ist. «Wie ein Hirte aus dem Rachen des Löwen zwei Beine und ein Ohrläppchen entreißt» ..., sagt einmal Amos (3,12), um auszudrücken, daß nur ein kleiner Rest Israels gerettet werden wird. Heutzutage gilt es von den Prophetenbüchern: man muß froh sein, aus dem Rachen der Kritik zwei Beine und ein Ohrläppchen, einige blutende und zuckende Kapitelchen zu retten.

Gründer der Eschatologie und Apokalyptik ist Amos viertens dadurch, daß er schon die ganze Dekoration der späteren Apokalyptik entwirft und ihre Bühneneffekte vorausnimmt. Die Dekorationen, das sind die Wunder und Zeichen am Himmel. «An jenem Tage», heißt es 8,9, «werde ich die Sonne am Mittag untergehen lassen und die Erde wird sich am lichten Tag verfinstern» – darin wirkt die Erinnerung an die Sonnenfinsternis von 763 nach. Die Bühneneffekte, das sind die Visionen, mit denen er umgeht und welche ihm die Ereignisse versinnbildlichen. So sieht er Kap. 7 den Herrn, wie er Heuschrecken formt, den großen Abgrund durch Feuer verzehren läßt und die Mauern mit dem Senkblei mißt. Diese Szenerie und Bühnentechnik ist bei den späteren Apokalyptikern nun zwar viel ausgebildeter als bei Amos, aber er hat sie geschaffen; darum ist es fraglich, ob man diesen strengen Artunterschied zwischen den alten Propheten und den Apokalyptikern aufrecht erhalten kann, wie man es oft tut. Um nur ein Beispiel zu nennen: IV Esra, der seine Apokalypse um 70 nach Chr. auf Grund der Zerstörung Jerusalems schreibt, wird unter die Apokalyptiker gerechnet – aber seinem Wesen nach ist er nicht ein reproduzierender, sondern ein schöpfender Geist wie die alten Propheten.

Wie dem aber auch sei – und damit kommen wir zum fünften Punkt –, Amos hat den gemeinsamen Rechtstitel für Propheten und Apokalyptiker beigebracht, denn er hat das Prinzip, auf welchem alle eschatologischen Gemälde und Apokalypsen beruhen, zum ersten Mal klar formuliert. «Der Herr tut nichts, ohne sein Geheimnis den Propheten, seinen Dienern, anvertraut zu haben» (Am. 3,7). Also: es geschieht nichts, ohne daß es zuvor von den Propheten offenbart und kundgetan würde. Das ist das Fundamentaldogma, die apriorische unbewiesene Annahme, auf der alle Apokalyptik beruht, denn was ist die Eschatologie und Apokalyptik anderes als die Vorausspiegelung der Ereignisse in dem Denken religiöser Persönlichkeiten?

Fassen wir noch einmal die fünf Punkte zusammen, durch welche Amos der Schöpfer der Eschatologie geworden ist:

1) Er hat die Vorstellung vom Tag Jahwes in die Geschichte hineingestellt.
2) Er hat sie mit Ethik geladen.
3) Er hat den Begriff der eschatologischen Drangsal formuliert.
4) Er hat den ganzen Wunder- und Visionenapparat der Eschatologie schon gekannt.
5) Er hat das apokalyptische Dogma aufgestellt, daß alle zukünftigen Ereignisse zuerst als Offenbarungen bekannt werden – das sei die Ordnung Gottes.

Hier ist also schon die ganze Eschatologie vorgezeichnet, wie ein Stickereimuster, und es fehlt bloß noch, daß man die Nebenlinien zieht und das Ganze in Farben stickt.

Noch nicht entwickelt ist:

1) die messianische Idee;
2) der Universalismus; daß auch die anderen Völker teilnehmen an der Herrlichkeit Israels, ist noch unbekannt;
3) Jerusalem spielt in der eschatologischen Vorstellung noch gar keine Rolle;
4) das Ganze ist generell, nicht individualistisch gehalten, und es fehlt der Begriff der Totenauferstehung, durch welchen der Einzelne teilnimmt an einer Zukunft, die er nicht mehr erlebt.

Bereichert worden ist die Eschatologie immer nur durch geschichtliche Ereignisse, die sich zu neuen eschatologischen Vorstellungen verdichteten. Bis zum Exil ist nun aber die politische Lage im allgemeinen immer dieselbe geblieben, die auch Amos schon kannte. Es liegt daher auf der Hand, daß die vorexilischen Propheten die Eschatologie, die sie von Amos überkamen, nicht in umfassender Weise fortgebildet haben.

Hosea (738–734)[4] war Lyriker, und daher kann er seine Gedanken gar

---

4 [Etwa 745–735 (RGG 3, Tübingen 1912, Sp. 142f.); ca. 750–725 (Artur Weiser, *Einleitung ins AT*, 2. neubearbeitete Aufl., Göttingen 1949, S. 174ff.).]

nicht in das Drama des Amos einspannen, sondern sie ranken alle empor an der Geschichte des ungetreuen und doch zuletzt durch liebevolles Verzeihen auf die rechte Bahn zurückgeführten Weibes. An [die] Stelle der Sichtung tritt die Vorstellung, daß Jahwe das Volk in die Wüste zurückführen will, damit sie[5] sich dort ihm wieder ergeben (2,14–16). Dann will er mit ihnen wieder einen Bund schließen (2,19ff.), und zwar soll es einen allgemeinen Friedensbund geben, denn «mit den Tieren des Feldes und den Vögeln unter dem Himmel und dem Gewürm auf Erden» will er ihn schließen «und Bogen und Schwerter und Krieg aus dem Lande austilgen und sie sicher wohnen lassen» in einem üppig fruchtbaren Land [2,18.22].

Jesaja, der etwa [um] 740 einsetzt, hat die Eschatologie bereichert, weil ein Gedanke bei ihm eine klarere Form annimmt: die Herrschaft des Davidssprosses, und ein neuer auftaucht: die Bedeutung Jerusalems! Ich kann natürlich auf die Echtheitsfragen nicht eingehen. Als unbestritten echt lege ich für die jesajanische Eschatologie zu Grunde:

Kap. 1–10 mit Ausnahme von 2,2–4 und 9,1–6.[6]

Einzelne alte Weissagungen in der Sammlung der Reden gegen die fremden Völker Kap. 13–23, besonders das wichtige Stück *14,24–27*;[7] *17,12–14*; Kap. *20 und 22*.

Als größeres zusammenhängendes echtes Stück kommt dann wieder in Betracht *Kap. 28–31*. [Kap.] 36–37 enthalten den Bericht über die erfolglose und plötzlich aufgehobene Belagerung Jerusalems durch Sanherib anno 701. Mit Kap. 40 beginnt dann Deuterojesaja.

Der Grundriß ist also, wie gesagt, derselbe wie bei Amos, nur daß die Linien stärker hervortreten. Die Farben der Drangsal, die das Volk durchmachen muß in den Kriegs- und Vernichtungsstürmen, die Jahwe über es bringt, sind noch düsterer als bei Amos, aber auch die Herrlichkeit der Entronnenen wird leuchtender gemalt, schon mit einem Zug ins Übernatürliche. 29,17ff. heißt es: «Ist es denn nicht nur noch eine kurze kleine Weile, daß sich der Libanon in einen Fruchtgarten verwandeln und der Fruchtgarten für Wald gelten wird? An jenem Tage werden die Tauben geschriebene Worte vernehmen und die Augen der Blinden aus Dunkel und Finsternis heraus sehen können. Die Dulder werden sich aufs neue Jahwes freuen und die Ärmsten der Menschen über den Heiligen Israels jubeln. Denn Gewalttätige wird es nicht mehr geben»[8] etc. Bemerken Sie, wie diese Worte in der Antwort Jesu auf die Anfrage des Täufers [nachklingen] (Mt. 11,2–6).

---

5 [Das Weib, d.h. das Volk, die Bewohner Israels.]

6 [Ms.:] Kap. 1–12 mit Ausnahme von ... Kap. 11 und 12. [9,1–6 wohl nach Zählung der Lutherbibel; sonst: 9,2–7.]

7 [R] *Jesajas Eschatologie.*

8 [R] Durch [die ganze] Apokalyptik bis Jesus.

Aber jenem Endzustand – und das ist das Neue[9] – muß vorausgehen eine große Katastrophe, in der die Heiligkeit und *Unverletzlichkeit Jerusalems offenbar* wird. Besonders klar tritt dieser Gedanke hervor in 4,26 und 14,24–27. Jerusalem ist Jahwes heilige Stadt; in sein Land führt er den Assyrer, wenn er lang genug Gottesgeißel gewesen, und dann, an einem Berge, will er ihn vernichten, und die Reste Zions und Jerusalems werden heilig genannt werden. Das war Jesajas Gedanke von Anfang an, aber sanktioniert wurde er durch die wunderbare Errettung Jerusalems vor Sanherib 701.[10] Von da an datiert nun die Rolle Jerusalems in der Eschatologie, bis man zuletzt bei der Vorstellung von dem himmlischen Jerusalem anlangt, das sich am Ende der Tage auf die Erde herniedersenkt.

Hinsichtlich der Rolle des Davidssprosses ist man wieder durch die Echtheitsfrage gehemmt. Neben der immer noch dunkeln Stelle über den «Immanuel» 7,14ff. kommen in Betracht 9,1–6[2–7] («Ein Kind ist uns geboren» etc. [9,6f.]) und 11,1ff: «Und aus dem Stumpf Isais wird ein Reis ausschlagen und aus seiner Wurzel ein Zweig hervorbrechen. Der Geist Jahwes wird sich auf ihn niederlassen, der Geist der Weisheit und des Verstandes, der Geist des Rates und der Kraft, der Geist der Erkenntnis und der Furcht Jahwes.» Hier ist also die Urwurzel der Lehre vom Messias, dem Geistgesalbten, obwohl hier alles noch rein ethisch gemeint ist. Ob diese Stellen echt oder unecht sind – niemand vermag es zu sagen. Um ganz ehrlich zu sein, muß ich bekennen, daß ich die Gründe der Unechtheit sehr gut zu würdigen weiß, doch aber immer wieder schwankend werde und den Weg der Echtheit offen gehalten lassen möchte, denn diese Abschnitte liegen in der natürlichen Verlängerung der Gedanken Jesajas, und wenn er sie nicht verfaßt [hat] – wer hat sich denn dann – und zu welcher Zeit – so natürlich in seine Gedanken einleben können?

Doch das nur nebenbei, denn die ganze Messianitätsfrage tritt für die Eschatologie in ein ganz neues Stadium in dem Augenblick, wo die Kontinuität des Davidsgeschlechts[11] unterbrochen wird und der letzte Prätendent aus der Familie nach dem Exil, Serubabel, verschwindet; mit ihm geht dann die alte vorexilische Messianitätsvorstellung zugrunde, [die Vorstellung] von dem natürlichen, mit Gottes Kräften ausgerüsteten Davidssproß, und der Messias, mit dem es die Eschatologie der Zukunft zu schaffen hat, ist eine übernatürlich ins Dasein gerufene und

9 [R] *Jerusalem.*

10 [R] Nota aus Guthe [Hermann, *Das Zukunftsbild des Jesaja*, Leipzig 1885, S. 4, 16ff.]: Vielleicht die Errettung Jerusalems erst bei einem auf 691 fallenden Zug Sanheribs nach Jerusalem, cf. Herodot 11,141. Beide Züge (701 hat zur Unterwerfung Hiskias geführt, Jerusalem blieb darauf verschont) sind dann in der späteren jüdischen Tradition untereinander gemengt worden.

11 [Ms.:] der Davidsrace[?]

übernatürlich in der Welt erscheinende Person: der Menschensohn und der Davidssohn werden zusammengelegt. Darum ist die Messiasvorstellung des Jesaja indifferent: Mag er ihn [den Messias] noch so sehr als einen mit göttlichen Geistkräften ausgerüsteten einzigartigen Helden denken – seinem Ursprung nach ist [er] ein natürlicher Davidssproß. Aber irgendwie hat Jesaja die Umrisse für das übernatürliche Bild schon entworfen, wie seine Ansicht von der Heiligkeit Jerusalems ein Vorläufer der apokalyptisch-eschatologischen Vorstellung von dem himmlischen Jerusalem ist. Nicht vergessen darf werden, welchen Einfluß die gewaltige Schilderung der *Berufungsvision in Kap. 6* auf die apokalyptische Literatur ausgeübt hat: von Ezechiel an wird sie immer wieder kopiert – und man darf wohl sagen: karikiert.

Was Jesaja, trotzdem er sich in der von Amos vorgeschriebenen Bahn bewegt, für ein schöpferischer Kopf gewesen ist, ersieht man erst, wenn man ihn mit den andern vorexilischen Propheten zusammenhält.

Micha aus der Zeit vor 722 – es gehören dahin Kap. 1–3 – hat nur den Untergang Jerusalems geweissagt, aber nichts zum allgemein eschatologischen Weltbild beigebracht. Kap. 4 und 5 sind spätexilisch: wir werden ihnen noch einmal begegnen, denn sie enthalten eine wunderbare, kraft- und poesiegetränkte eschatologische Schilderung. Kap. 6–7,6 sind aus der Zeit Manasses,[12] von einem unbekannten Propheten, und enthalten auch nichts für die Eschatologie.

Nahum ist verfaßt zwischen 670 und 606 und behandelt Jahwes Krieg mit Ninive. Ein geschlossenes eschatologisches Zukunftsbild begegnet uns darin nicht, und auch ethisch-prophetische Gedanken sucht man vergebens darin.

Ganz anders verhält es sich mit Zephanja, der um 630 unter dem gewaltigen Eindruck der Skythenzüge [seine Schrift] verfaßt [hat].[13] Er steht ganz in der Amosdramatik drin. Es handelt sich hauptsächlich um das 1. Kapitel, denn über Kap. 2 und 3 ist man sehr im Unklaren, welche Stücke echt und welche unecht sind; hier stehen sich [Karl] Budde und [Julius] Wellhausen oft diametral gegenüber. Diese Kriegsstürme, welche die letzten Zuckungen des Assyrerreichs begleiten, sind für Zephanja das Zeichen, daß der große Tag des Herrn *nahe ist* (1,7 und 1,14); *wie bei Amos ist es nicht ein Jubeltag*, sondern ein Schreckenstag auch für das Volk des Herrn, denn er wird die schuldigen Einwohner des Landes vernichten. Ein bescheidenes und kleines Volk wird übrigbleiben, um sich der Herrlichkeit Jahwes zu freuen.

Eine Bereicherung der Eschatologie liegt also in keiner Weise vor. Ob der einzige Zug, der neu wäre, daß auch die Heiden dann Jahwe vereh-

12 [696–642.]

13 [Ms.:] verfaßt ist.

ren werden (3,9f.),[14] authentisch ist, kann man nicht entscheiden, weil die Echtheitsfrage für Kap. 3 noch so verworren ist.

Hingegen lebt die Erinnerung an die Skythenstürme fort und ist bestimmt, noch eine große Rolle in der Apokalyptik zu spielen, denn von daher stammt die Vorstellung vom letzten Ansturm des Gog aus Magog, die uns im Propheten Ezechiel in Kap. 38 und 39 schon in ausgebildeter Gestalt begegnet.

Vollständig unfruchtbar für die Eschatologie ist Habakuk, um 605, der sich mit der Schlacht bei Karchemisch[15] beschäftigt, ohne darin ein eschatologisches Ereignis erblicken zu können. Er ist ein Prophet, der eben in der Geschichte stecken bleibt, wie Nahum und Micha.

Um so fruchtbarer ist aber Jeremia, der wie Ezechiel in den letzten Kämpfen Jerusalems und zugleich im Exil drinsteht. Aber seinem Wesen nach gehört Jeremia in die vorexilische Zeit, während Ezechiel ganz in dem[16] Exil denkt und lebt – so groß ist der Unterschied, obwohl beide eine Zeitlang miteinander prophezeit haben.

Das Dogma von der Unverletzlichkeit Jerusalems wird hier, weil eben die Kontinuität in der Geschichte durch die unabwendbare Katastrophe unterbrochen wird, ins Übernatürliche umgebildet, oder wenigstens wird dieser Prozeß eingeleitet. Jerusalem muß vernichtet werden: das ist für Jeremia ausgemacht.[17] Aber dann, nach der 70jährigen Gefangenschaft, die er in Kap. 25 weissagt, beginnt ein neues Kapitel: Die Rückkehr des Volkes und die Sammlung der Zerstreuten. Dieser Gedanke gehört von nun an zum eisernen Bestand der Eschatologie, bis ins 2. Jahrhundert nach Christo, sowohl in der jüdischen wie in der christlichen Eschatologie. Besonders beschäftigen sich mit der Ausmalung dieser Rückkehr die Propheten des Exils, Deuterojesaja an der Spitze. Bei Jeremia ist das Bild noch einfach gehalten, obwohl der Zug, daß die Natur den Rückkehrenden dienstbar sein wird, auch schon bei ihm anklingt, so viel man aus Kap. 30 und 31, die mit deuterojesajanischen Farben etwas retouchiert scheinen, erschließen kann.

Die Rückkehr schließt die Gründung des neuen Jerusalems in sich – aber mit dem neuen Jerusalem gibt sich dann Ezechiel viel mehr ab als Jeremia. Der letztere lebt eben noch ganz in dem alten davidischen Reiche, darum gehört für ihn die Vorstellung von dem צֶמַח, dem Davidssproß, der dann zur Herrschaft kommen wird, als Hauptstück zur Eschatologie, wie dies hauptsächlich aus Kap. 23 hervorgeht, wo es im 5. Vers heißt: «Fürwahr, es wird die Zeit kommen – ist der Spruch Jahwes –, da will ich [dem] David einen rechten Sproß erwecken, der

14 [R] Universalismus.
15 [Auch: Karkemisch, Karchemis, am oberen Euphrat, 605.]
16 [Undeutlich:] denn [oder: deren? offensichtlich verschrieben.]
17 [R] Allgemeine Bedeutung des Exils: Aufhebung der Kontinuität.

soll als König herrschen und weise handeln und Recht und Gerechtigkeit im Lande üben» ... etc. Dieser Sproß ist also noch ganz ein natürlicher Mensch.

Eine besondere Bedeutung hat dann die Vorstellung in der Eschatologie erreicht, mit der Jeremia seine Reden gegen die fremden Völker – Kap. 45–51 (sie sind z. T. unecht) – einleitet: Jahwe (cf. Kap. 25) reicht ihnen den Zornbecher, z. B. in der Apokalypse Johannis sind daraus die 7 Zornesschalen von Kap. 15 geworden, welche die Engel über die Erde ausgießen, und jede bedeutet eine Plage.

Nicht vergessen werden darf auch die Idee des neuen Bundes aus Kap. 31,31 ff.,[18] die gleichsam ein Zurückgreifen auf Hosea darstellt, der sie zuerst entwickelt. In die Eschatologie ist sie zwar niemals streng eingegliedert worden, denn die Eschatologie operiert mit dem Begriff des Reiches, nicht des Bundes, aber neben der Eschatologie hat sie immer stark gewirkt.

Das[19] ist also die Eschatologie im Augenblick, wo Jerusalem fällt: eine vorausblickende Geschichtsphilosophie in Form der Anschauung, geschaffen von Amos und nur unbedeutend bereichert durch Jesaja, Zephanja und Jeremia. Man kann sagen, daß die Eschatologie auf der Stelle getreten hat von Amos bis zum Exil, und erst dann gehts geradeaus frei weg.

§ 2) Die eschatologische Vorstellung im Exil

Der große Unterschied in den Quellen für die Eschatologie dieser Epoche besteht darin, daß wir mit Ausnahme von Ezechiel es mit anonymen Prophetenstücken zu tun haben, denn auch Jes. 40–60, die berühmten Kapitel, die man unter dem Titel Deutero- und Tritojesaja zusammenfaßt, sind [eine] Sammlung anonymer Prophetenstücke aus dem Exil, die so zusammengearbeitet sind, daß eine reinliche Scheidung – denken Sie z. B. an die עֶבֶד יְהוָה-Stücke – nicht mehr möglich ist. Wir schwelgen also in den fälschlich als unecht bezeichneten Stücken, denn sie sind ja gar nicht als Pseudepigraphen verfaßt, wie etwa Daniel, sie wollen die Zeit gar nicht verleugnen, in der sie geschrieben [wurden], sondern rein durch literarische Schicksale sind sie mit den Werken der vorexilischen Propheten zusammengearbeitet worden.[20]

---

18 [R] Überall geht [die] Bundesidee neben [der] Eschatologie her, obwohl Parallelbildung.

19 [R] Zusammenfassung.

20 [R] Nicht schlechter ... Wagner in Partien Beethovens eingefügt. Wie wenn einer [das?] Parsivalpraeludium hinter die 9. Symphonie Beethovens abgeschrieben [hätte].

Es kommen hier in Betracht, um nur die hauptsächlichsten Abschnitte zu nennen:

Ezechiel	Jes. 24–27	Jes. 34 und 35
Jes. 40–66	Jes. 23	Jer. 50 und 51
Jes. 13 und 14	Jes. 32	Micha 4 und 5

Ezechiel (593–572) steht, wie schon gesagt, auf der Schwelle von der vorexilischen zur exilischen Epoche: Er ist ein Epigone des Amos und des Hosea. Charakteristisch für seine Art ist die Steigerung des Gemacht-Visionären, das bei Amos nur Zutat war, hier aber viel weiteren Umfang annimmt, denn ein Drittel[21] des Buches, Kap. 1–3, Kap. 37 und Kap. 40–47, sind in Visionen gehalten, und zwar ist die Berufungsvision Kap. 1 mit den breit geschilderten Tieren und Rädern eine übertriebene Kopie von Jes. 6. Ganz apokalyptisch ist dann auch das Essen der Buchrolle Kap. 3, worauf dann die Prophezeiungen über Israel erfolgen. Besonderes Interesse bieten dieselben nicht; es ist einerseits trockene Moral, die aus, mit und nach den Ereignissen[22] kommt. (Wie Sie wissen, gehört Ezechiel zur ersten Gefangenenkolonie von 597, und dort, vom Fluß Kebar aus, verkündigt er, gleichzeitig mit Jeremia, den Sturz Jerusalems.) Dann steht er noch zu sehr in der Realität drin, um [andererseits] diese jauchzenden Töne und leuchtenden Farben zu finden, mit denen Deuterojesaja am Ende des Exils die Heimkehr als ein übernatürliches Weltereignis ausmalt.

Seine Vorstellung ist die: Wenn das Volk Jahwes geläutert ist (Kap. 36), dann wird er es sammeln, und zwar existiert jetzt wieder das 12-Stämmevolk (Jesaja und Jeremia gaben sich nur mit Juda ab). Durch Ezechiel (Kap. 37) ist also die ideale Größe des 12-Stämmevolkes in die Eschatologie eingeführt worden,[23] und obwohl nach dem Exil nur das jüdische Volk existierte und das andere tatsächlich von den Heiden absorbiert war – in der Eschatologie lebt das ideale 12-Stämmevolk. In der Apokalypse Johannis [Kap.]7 sind die erwählten 144000 aus allen Stämmen Israels.

Die Wiederaufrichtung Israels wird dargestellt in dem Bilde des Knochenfeldes, Kap. 37, wo sich plötzlich auf Gottes Wort hin die Gebeine wieder beleben und mit Fleisch überziehen. Dieses Bild, das bei großen und kleinen Malern hat herhalten müssen zur Darstellung der Auferstehung, hat damit absolut nichts zu tun,[24] denn Ezechiel und Deutero-

21 [Ein Viertel.]

22 [Zuerst:] die nach den Ereignissen ... [dann:] die aus den, mit und nach den Ereignissen ... [Merkwürdig ist hier die Unterscheidung zwischen «aus» und «mit» den Ereignissen, jedenfalls ist undeutlich, was damit gemeint ist. – Die Moral, die *nach* den Ereignissen kommt: wohl die Konsequenzen, die aus ihnen gezogen werden müssen.]

23 [R] Erste Folge der geschichtlichen Auflösung.

24 [R] Ez. 37 [hat] nichts mit Auferstehung zu tun.

jesaja denken noch ganz generell, nicht individuell. Die messianische Herrlichkeit existiert für das Volk, aber was aus denen wird, die vorher sterben, das empfinden sie noch gar nicht als Problem – so unverständlich uns das scheinen mag.

In der Schilderung des Knechtes Davids, der in Zukunft über das Volk herrschen wird, hat sich nichts verändert – es ist dasselbe wie bei Jeremia. Ez. 34,24: «Ich, Jahwe, will ihr Gott sein, und mein Knecht David wird Fürst in ihrer Mitte sein» – darin liegt alles enthalten. In demselben Zusammenhang kommt dann das Bild vom Hirten und der Herde vor, das später so große Fortbildung erfahren [hat] und in dem auch Jesus denkt. Auf dem heiligen Berge Zion werden sie wohnen und wird der große reine Jahwedienst seinen Ort haben, den die Heiden staunend ansehen werden; der Universalismus, demzufolge auch die Heiden am Jahwedienst sich beteiligen, hat bei ihm noch keinen Platz; am Ende des Exils denkt man viel universalistischer. Die Reden gegen fremde Völker Kap. 25–32 sind eine Nachahmung von Amos und Jesaja. Charakteristisch – und ein Zeichen, wie er ganz in den realen Verhältnissen drin steht – ist die Rede gegen Edom, Kap. 35. Diese haßerfüllten Worte gegen Edom, das bei der Eroberung Jerusalems ja eine so traurige Rolle gespielt hat, sind das Signalelement aller exilischen Eschatologie. Mag diese Eschatologie sonst noch so sehr in die Wolken emporstreben – in den Invektiven über Edom wird die Leine[25] sichtbar, welche den Fesselballon an der Erde festhält. In der Periode nach dem Exil verschwindet das.

Aber dieses einfache, im alten natürlichen Stil gehaltene Bild ist nun teilweise in einem neuen Stil übermalt, so daß sich da gleichsam ein neues, zweites Bild darüber legt. Um das, worauf es ankommt, klar zu machen, möchte ich zwei Begriffe einführen: *empirische und phantastische Eschatologie*. Bei Jeremia haben[26] wir rein empirische Eschatologie, denn sie hängt ganz in den geschichtlichen Ereignissen. Bei Ezechiel aber – und Ezechiel ist ein durch und durch nüchterner[27] Mensch – kündigt sich schon die phantastische Eschatologie an, phantastisch, weil sie nicht mehr mit gegenwärtigen oder aus der Zukunft zu erschließenden Tatsachen operiert, sondern mit Luftspiegelung vergangener Ereignisse. Bei Ezechiel finden wir zum ersten Male vergangene Ereignisse noch einmal groß in die Zukunft projeziert. Bei Jesaja war es Dogma, daß Jahwe Assur an seinem heiligen Berge, in seinem Lande vernichten werde, wenn die Zeit der Sichtung Israels vollendet [ist]. Das hat nun für Ezechiel gar keine Bedeutung, denn Jerusalem ist zerstört.[28] Aber nun kom-

25 [Zuerst:] Schnur.
26 [Ms.:] heiben [?]
27 [Diese Charakterisierung steht in einem gewissen Widerspruch zum nächsten Satz.]
28 [Satzergänzung, mit Bleistift:] und [die] Herrlichkeit bricht aus bei [der] Rückführung.

biniert er die Vorstellung Jesajas mit der Erinnerung an die Skythenstürme aus der Mitte des 7. Jahrhunderts und verunziert nun seine in sich abgeschlossene Eschatologie in *Kap. 38 und 39*, einer Art Anhang, [dadurch,] daß, wenn Israel wieder in Frieden und Sicherheit wohnen werde – also das eben, was Jesaja durch jene Vernichtung Assurs erreichen will –, dann noch einmal und ganz unmotiviert, denn mit Kap. 37 ist der Endzustand für Israel erreicht, die Völker des Nordens unter «Gog und Magog» losbrechen werden gegen Zion und dort vernichtet werden,[29] indem Gott sich dadurch an ihnen als der Heilige erweist. Es handelt sich also gar nicht mehr um eine Sichtung.[30] Der ganze Aufruhr wird dazu noch mit Naturwundern, Erdbeben und Bergeinsturz ausstaffiert, – und das Ganze, um alte, aber durch die Geschichte außer Kraft gesetzte eschatologische Vorstellungen anhangsweise unterzubringen.[31] Hier läßt sich schon die allgemeine Regel aufstellen: je unmotivierter, desto phantastischer.

Hier haben wir also zum ersten Mal einen Riß in der Eschatologie und zugleich – wie soll ich sagen? – das ewige Gewinde, indem nämlich bei der messianischen Ruhe der Endzustand nicht erreicht ist, sondern nachher noch einmal eine Revolution kommt, die dann noch zu einem andern Zustand führt, bis dann zuletzt die Eschatologie dazu kommt, das messianische Reich nur als etwas Vorübergehendes aufzufassen und es als das tausendjährige Reich vom definitiven Endzustand zu unterscheiden. Das bescheidene Haus, in dem die alten Propheten zu Hause waren, wird zur Pförtnerwohnung für das herrliche neue Haus, das herrlich dahinter hervorschaut!

Das ist also bei Ezechiel vorbereitet – eine Folge der veränderten Verhältnisse im Exil.

Nun findet sich noch ein zweiter Anhang zu seiner Eschatologie:[32] Kap. 40–48, die aus dem Jahre 573 v. Chr. stammenden Visionen über das neue Jerusalem. Jerusalem ist zerstört – also muß es neu erstehen: so wird hier die Eschatologie bereichert durch die Vorstellung von dem neuen Jerusalem. Aber diese [Vorstellung vom] neuen Jerusalem, dessen Urbild er hier schaut, hat gar nichts Empirisches mehr. Alles ist mit der Elle ausgemessen, die Topographie des alten Jerusalem und die Geographie Palästinas ist vollständig vergessen. 13 Jahre nach der Zerstörung Jerusalems sind diese Visionen geschrieben: man sollte es nicht meinen, daß der Prophet so den Boden unter den Füssen verlieren und mit einem fingierten, mit der Elle ausgemessenen, im Mittelpunkt der 12 Stämme

---

29 [Ms.:] werden werden.

30 [Dieser Satz steht im Ms. nach «ist der Endzustand für Israel erreicht».]

31 [R] 2. Gang der Eschatologie [bezieht sich wohl auf den übernächsten Abschnitt über das «neue Jerusalem»].

32 [R] Ez. 40–48 *das neue Jerusalem.*

gelegenen Jerusalem operieren konnte! Die Eschatologie verliert hier zum ersten Mal alle Maßstäbe, denn das Jerusalem, das Ezechiel erwartet, ist keine empirische Stadt mehr, sondern eine übernatürliche Schöpfung – und damit ist der Boden der alten Eschatologie verlassen, denn für Jesaja war das Jerusalem nach dem Gottesgericht eine empirische Größe.

Wie überhaupt in diesen Nachträgen das einfache überlieferte eschatologische Bild verdunkelt ist, ersieht man am besten aus der Stellung des davidischen Fürsten in diesen Nachtragskapiteln: es ist nicht mehr der kraftvolle Friedensherrscher, *sondern eine Puppe.* Wie er den Tempel betritt und Opfer stiftet, das interessiert den Ezechiel – es ist ein Priesterfürst, aber kein König. Wieder aufgerichtet wird in Wirklichkeit[33] die Theokratie und nicht das davidische Königtum; tatsächlich ist Ezechiel mit dem davidischen Messias fertig – denn er ist eine überflüssige Figur bei ihm. Und recht hat er gehabt, jener Prophet mit dem Priesterinstinkt: Nach dem Exil ist der davidische Messiasbegriff in den Staub gefallen, und als Israel wieder einen König bekam, da war es ein Priesterfürst, der aus den makkabäischen Aufständen hervorgegangen war – und erst als diese abgewirtschaftet hatten, kam in dem *Psalter Salomos,* in den 60er Jahren vor Christo, der den Bankrott der Hasmonäer registriert, der davidische Messiasbegriff wieder zu Ehren. Also geschichtlichen Instinkt kann man dem Ezechiel nicht absprechen.[34]

Ezechiels Eschatologie ist also *das alte Kleid* mit dem neuen Lappen. Was er in den Kapiteln 1–37 entwickelt, ist die alte Prophetenerwartung des davidischen Reiches in Frieden. Aber dazu kommen nun in Kap. 38 und 40–48 zwei Nachträge: die Vernichtung des letzten Ansturms der heidnischen Weltmächte und die Vision des neuen Jerusalems, wo er ganz die Bahn der phantastischen Eschatologie betritt, denn die Kontinuität in der Geschichte ist unterbrochen – und damit beginnt der unheilvolle Riß in der Eschatologie, wo sie zwischen Himmel und Erde hin und her gezerrt wird.

Deuterojesaja. Wie Ezechiel am Eingang, so steht Deuterojesaja am Ende des Exils. Man hat die letzten Kapitel von Deuterojesaja zusammengefaßt unter der Bezeichnung Tritojesaja, aber eigentlich könnte man noch einen Quarto- und Quintojesaja unterscheiden, denn Kap. 40–66 sind aus verschiedenen, aber alle auf den gleichen Ton gestimmten und alle aus dem Exil stammenden Stücken zusammengesetzt. Besonders heben sich heraus die עֶבֶד יְהוָה-Stücke: 42,1–4 / 49,1–6 /

33 [«in Wirklichkeit» ist nachträglich eingefügt, aber wohl versehentlich nach «aufgerichtet» statt nach «wird».]

34 [Nachgetragene Satzergänzung (mit Bleistift):] und das Beste daran [ist], daß sie [alle damaligen Mitträger der Eschatologie Ezechiels?] keine Ahnung von ihrem geschichtlichen Instinkt haben.

50,4–9 / 52,13–53,12, wo das Schicksal Israels dargestellt wird unter dem Bild des leidenden Gottesknechtes; dann bilden [Kap.] 56,10ff. [9ff.?] und Kap. 57–59 eine Einheit, wegen ihrer einfachen, schwunglosen Form, die merkwürdig kontrastiert mit der verzückten Sprache der übrigen Stücke. Dann wieder schließen sich enger zusammen [Kap.] 60–66, das rauschende Finale des Ganzen. Wir hätten also im Ganzen 4 Hauptgruppen:

1) Kap. 40–48, etwa zwischen 546 und 539, zur Zeit der wachsenden Erfolge des Cyrus, verfaßt
2) Kap. 49–53, עֶבֶד יְהוָה-Stücke
3) Kap. 56–59, die nüchterne exilische Eschatologie
4) Kap. 60–66, Tritojesaja.

Aber alle diese Unterscheidungen bedeuten eigentlich nichts, denn gewirkt hat Jes. 40–66 auf die Eschatologie als ein Ganzes – und gewirkt wie kein anderes Buch: die späteren Apokalypsen zehren davon, und die Sprache und die Anschauungswelt Jesu ist an Deuterojesaja gebildet. Durch Deuterojesaja ist die jüdische Apokalyptik universalistisch geworden, wie durch das 4. Evangelium das Christentum Kulturreligion – die Religion der griechischen Kultur – wird. Und beide haben das gemein, daß sie große Namenlose sind.

Ezechiel stand noch ganz in der alten Eschatologie drin, wo die Züchtigung Israels und die Aufrichtung der Davidsherrschaft im Vordergrund stehen. Deuterojesaja ist ganz nach den neuen Ereignissen orientiert. Darum fällt der Gedanke der Sichtung und Prüfung zu Boden. Zwar in nüchternen Stücken findet sich noch die prophetisch-historische Betrachtungsweise wie bei Ezechiel, daß das Volk um seiner Sünden willen geschlagen und unter die Heiden zerstreut ist, cf. Kap. 43,25[35] und Kap. 48 und 59,1ff. (die Verschuldung des Volkes hält die Errettung zurück) – aber darüber erhebt sich nun, ganz von der vorexilischen Geschichte losgelöst, die Betrachtungsweise der עֶבֶד יְהוָה-Stücke, wonach die Züchtigung und Zerstreuung des Volkes, des Knechtes Gottes, ein kosmischer Akt ist, der mit der Schuld des Volkes nichts zu tun hat, sondern dazu bestimmt [ist,] die Herrlichkeit Jahwes und den Glauben an ihn in die Heidenvölker hineinzutragen. Hier also [ist] zum ersten Mal der Gedanke der kosmischen, übersittlichen Bedeutung der Drangsal der Auserwählten [ausgesprochen], während die alten Propheten nur die Strafbedeutung kennen. So kompliziert sich hier der Begriff der vormessianischen Drangsal.

Ferner: *der Begriff des davidischen Herrschers fällt ganz unter den Tisch.* Wohl gemerkt, die Idee des davidischen Messias ist im Exil nicht untergegangen – das zeigen die großen Hoffnungen, welche die nachexili-

35 [Ms. (verzählt):] 42,25.

schen Propheten auf Serubabel aus dem Hause Davids setzten, der die erste Rückkehrkarawane führte – aber in der Komposition des Zukunftsbildes von Deuterojesaja spielt er eben keine Rolle. Tatsächlich ist seine Rolle auf einen ganz andern [Herrscher] übergegangen: auf Cyrus. Dieser ist das Werkzeug Jahwes, durch welches er Babel zerstört. In Kap. 40–48 hört man die sich häufenden Siegesbotschaften des Helden über die Feinde Jahwes wiederhallen. Wer hat's getan? Jahwe zieht vor ihm her[36] und zerbricht die Riegel vor ihm[37] (45,2), denn Cyrus ist sein Gesalbter (45,1: «So spricht Jahwe zu seinem Gesalbten, zu Cyrus, dessen Rechte ich ergriffen habe» ...). «Er wird meine Stadt aufbauen und meine Gefangenen loslassen», heißt es [in Kap.] 45,13. Sie sehen also, wie Deuterojesaja, ganz im Unterschied zu[38] Ezechiel, in neuen Ereignissen drin steht und nun ein einheitliches, einfaches und doch großartiges Bild entwirft.

Zwar spielt das neue Jerusalem auch schon ins Übernatürliche: Gott wird es mit Edelsteinen schmücken; das wird beschrieben 54,10[11]ff. Aber alles konzentriert sich um die Idee der Rückkehr, darin also [wird] den Ereignissen Rechnung getragen. (Später: *Didache* [9,4]: Führe sie [deine Kirche] zusammen ... etc.) Und weil er diesen Gedanken in den Mittelpunkt stellt, ist Deuterojesaja schon wieder viel mehr Geschichtsprophet als Ezechiel. Dabei wird diese Rückkehr in übernatürlichen Farben gemalt. Auf kahlen Höhen brechen Flüsse hervor und die Wüste wird zu einem Wasserteich (41,18), die Berge und Hügel werden vor euch in Jubel ausbrechen und alle Bäume des Feldes in die Hände klatschen (55,12).[39] Hier tritt nun die Umschaffung der Natur, die sich schon bei den Geschichtspropheten findet, viel stärker hervor; *der Begriff der neuen Weltschöpfung und des Weltendes ist im Werden.* Schon im 51. Kap. ist davon die Rede, daß der Himmel wie ein Rauch zerstieben und die Erde wie ein Gewand zerfallen wird [V. 6], dann handelt besonders [Kap.] 65 von der Neuschaffung des Himmels und der Erde [V. 17ff.]. Aber genau besehen ist es bei Deuterojesaja noch nicht die Idee der großen Endkatastrophe, jener Revolution, in der alles Vergängliche untergeht,[40] wie die spätere Apokalyptik ihn verstanden hat, *sondern nur die höchste Steigerung der Umwandlung der Natur in den paradiesischen Friedens- und Herrlichkeitszustand.* Aber typisch ist es doch: Nehmen Sie Ezechiel, das neue Jerusalem, Deuterojesaja, den neuen Himmel und die neue

36 [Im Ms. wird hier Kap. 42,13 genannt, an welcher Stelle es aber nur heißt: «der Herr zieht aus wie ein Held» – «vor ihm» («vor dir») trifft zu für die nächstgenannte Stelle 45,2. Die Frage «Wer hat's getan» und die Antwort «ich, der Herr» ... steht in 41,4.]

37 [R] (Wie die Ereignisse von Napoleons Rückkehr von Elba in der Pariser Presse.)

38 [Ms.:] von.

39 [R] Kosmische Eschatologie bei Deuterojesaja.

40 [R] Aber später hat man ihn so verstanden. II Petr. 3.

Erde: langsam steigt aus dem Dunst das Bild einer neuen Welt auf, die nur durch eine große Revolution zu realisieren ist.[41]

Wie weit aber Deuterojesaja von dieser späteren metaphysischen Anschauung noch entfernt ist und in den empirischen Gedanken der alten Propheten drin steht, erkennt man daran, daß ihm der Begriff des «Ewigen» Reiches und der Unsterblichkeit noch unerschwinglich ist, denn gerade in jenem Kap. 65 führt er aus, daß in jener neuen Welt, wenn einer mit 100 Jahren stirbt, man sagen wird: er ist jung gestorben [V. 20]..., und jeder wird die Frucht des Weinbergs genießen, den er pflanzt [V. 21].[42]

Im Grunde beruht also die Eschatologie des Deuterojesaja auf folgenden Ideen:

Niederwerfung der heidnischen Weltmacht durch Cyrus, den Gesandten Jahwes, Heimkehr unter Verwandlung der Natur und Neuaufrichtung eines herrlichen Jerusalems durch Cyrus. Dieses neue Jerusalem [ist vorgestellt als] der Mittelpunkt der Verehrung Gottes für alle Völker. Hier also bricht zum ersten Male der Universalismus in der Eschatologie machtvoll durch: *die Heiden nehmen teil an [der] Jahweverehrung. Sie sind nicht mehr, wie für Jesaja, eine Zuchtrute, die er nachher zerbricht, wenn sie ihren Dienst getan [haben]*, sondern wissend und freudig stehen sie in seinem Dienst, wie Cyrus. *Die Eunuchen und die Fremden, die den Sabbat halten und Gott verehren wollen, werden ihm genehme Opfer darbringen, wird in Kap. 56 ausgeführt*, «denn mein Haus wird ein Bethaus für alle Völker heissen» (56,7): ein Wort, das Jesus zitiert hat [Mt. 21,13]. Jerusalem, der Mittelpunkt der Welt, die Völker und Könige ihm dienend und Jahwe verehrend[43] – das ist die große Konzeption des wunderbaren 60. Kapitels.

Anhangsweise noch einige Nebengedanken, die für die spätere Eschatologie wichtig geworden sind; denn die Wirkung Deuterojesajas für die spätere Eschatologie ist wirklich unberechenbar, und Worte dieser Kapitel bilden den Ansatzpunkt für große Gedankenformationen:

So begegnet [in *Kap.] 65,15* zum ersten Mal das Wort «meine Auserwählten», die Keimzelle für die Prädestinationsgedanken der späteren Eschatologie. Ebenso findet sich bei Deuterojesaja zum ersten Mal die Vorstellung des Triumphgesangs, mit dem man die kommende Herrlichkeit feiern wird. So findet sich [in] Kap. 47 der Triumphgesang auf den Fall Babels als der gefallenen Frau, eine Partie, die [in] Apokalypse Johannis 17 wiederkehrt. Ebenso *[Kap.] 54,1*: «Juble, du Unfruchtbare... und jauchze, die nicht gekreißt hat.» Ganz ergreifend ist dann

---

41 [R] Das [ist] wichtig, was aus den Ideen hervorgeht.

42 [R] [Satz durch Randstrich hervorgehoben.]
[R] *Die Religion des Welterlebens* – der Weltgeschichte.

43 [R] Deuterojesaja-Universalismus.

das Jubelmotiv in Kap. 65,10: «Freuet euch in Jerusalem und jubelt über sie, ihr, die ihr sie lieb habt; frohlocket mit ihr, ihr alle, die ihr über sie trauert.» Dieser eschatologische Jubel spielt dann besonders in der christlichen Eschatologie, bis in die apostolischen Väter hinein, eine große Rolle.[44]

Gestreift wird auch schon der Gedanke des allgemeinen Priestertums. [Kap.] 61,6 heißt es: «Ihr aber sollt Priester Jahwes genannt werden, Diener *unseres Gottes* wird man euch heißen.»[45]

Daneben her geht die Idee des Bundes, 54,10: «mein Friedensbund». Besonders wichtig aber sind die Vorstellungen vom *messianischen Mahle*, die in dem Zusammenhang [von] Kap. 55 *mit der Bundesidee verknüpft* sind[46] und dort nur als ein Ausfluß der Umformung der Natur erscheinen, 55,1ff.: *Statt gekaufter Speise werden sie*, wenn sie auf Jahwe hören, herrlich essen. (Beachten Sie, daß auch bei Jesus im Abendmahl Mahl- und Bundesidee nebeneinander sind.) [In Kap.] 65, 13ff. heißt es: «Fürwahr, meine Knechte werden essen, ihr aber sollt hungern. Fürwahr, meine Knechte werden trinken, ihr aber sollt dürsten. Fürwahr, meine Knechte werden sich freuen, ihr aber sollt euch schämen müssen. Fürwahr, meine Knechte werden vor Fröhlichkeit jubeln, ihr aber sollt vor Herzweh aufschreien und vor Zerknirschung heulen.» Darin ist also die Idee des messianischen Mahles schon ganz enthalten.

Sehr bedeutungsvoll ist ferner geworden der Schluß von Tritojesaja, [Kap.] 66,15ff., denn darin wird die Vernichtung alles Jahwe widerstehenden Wesens durch Feuer angekündigt.[47] «Denn mit Feuer richtet Jahwe», heißt es 66,16, und das Buch schließt mit den Worten: «Und sie werden hinausgehen und die Leichname der Männer ansehen, die von mir abtrünnig geworden sind, denn ihr Wurm wird nicht sterben und ihr Feuer nicht verlöschen, und sie werden ein Abscheu sein für alles Fleisch» [V. 24].

So ist Deuterojesaja die große Ideenschatzkammer, aus der die spätere Apokalyptik dann immer Neues hervorgeholt hat.

Die kleineren Prophetenstücke aus dem Exil – das Exil muß sehr reich gewesen sein an Propheten – bewegen sich alle in demselben Gedankenkreis, ohne aber an die lebendig-geschlossene Konzeption heranzureichen, die uns in den größeren Stücken von Jes. 40–66 entgegentritt. Jeder hat nur ein Motiv davon und führt es aus – es sind Strophengesänge an die Weinenden, wunderbar poetische Stücke. Es ist ein ergebnisloses Bemühen, sie nach der Zeit der Entstehung, ob am Anfang oder am Ende des Exils, zu gruppieren.

---

44 [R] Mt. 11[?]

45 [Beigefügte Notiz:] Hebräer.

46 [R] *[Das] messianische Mahl und [die] Bundesidee.*

47 [R] *Vernichtung durch Feuer.*

Es kommen in Betracht:

a) *Micha 4 und 5*; dieses Stück enthält zwei Grundgedanken: 1) Der ewige Friedenszustand, wo die Heiden zum heiligen Berge Gottes strömen werden, um anzubeten (Kap. 4). 2) Der Davidide («Und du, Bethlehem-Ephratha ... [aus dir soll mir hervorgehen, der Herrscher in Israel werden soll]» etc., 5,1[2]),[48] der schon mit übernatürlichen Farben gemalt ist und der – und darin ist der Autor unselbständig, wie Ezechiel –, wenn Assur noch einmal in Jerusalems Paläste eindringen will, den Feind niederwerfen wird.

b) *Jes. 24–27*, wahrscheinlich ganz aus dem Ende des Exils, wenn nicht nachexilisch. Hier haben wir das große Poem über das Weltgericht. Gott wird die Erde erschüttern und alles wird erzittern; «der Mond wird sich schämen und die Sonne zu Schanden werden» [24,23], und mit Strafen «wird der [Herr] heimsuchen das Heer der Höhe in der Höhe» (also zum ersten Mal das Engelsgericht) «und die Könige der Erde auf der Erde» (24,21). Das Volk Jahwes aber «geht in die Kammer, schließt die Tore hinter sich und verbirgt sich einen Augenblick, bis der Grimm vorübergeht» [26,20] und Jahwe die Missetaten der Erdbewohner heimgesucht [26,21] und den Leviathan, den flüchtigen Drachen, erschlagen [hat, 27,1]. Dann wird die große Posaune geblasen[49] – denken Sie, welche Rolle dann später der Posaunenstoß in der Apokalyptik spielt. 27,13: «An jenem Tage wird die große Posaune geblasen werden, daß alle, die sich in Assyrien verloren haben und die nach Aegypten verstoßen wurden, heimkommen und Jahwe auf dem heiligen Berge zu Jerusalem anbeten.»

Hier, in diesem Stück, nimmt dann die Idee des messianischen Mahles in der universalistischen Form schon ganz greifbare Gestalt an. 25,6ff., in der Stelle, von welcher Spitta für seine Abendmahlsforschung[50] ausgegangen ist, heißt es: «Und Jahwe der Heerscharen wird für alle Völker auf diesem Berge bereiten ein Mahl von Fettspeisen, ein Mahl von Hefenweinen, von Fettspeisen, die mit Mark bereitet sind, von Hefenweinen, die gereinigt sind. Vernichten wird er auf diesem Berge die Hülle, die alle Völker verhüllt, und die Decke, die über alle Nationen gedeckt ist. Vernichten wird er den Tod für immer, und der Herr Jahwe wird die Tränen von allen Angesichtern wegwischen (cf. Apok. [Joh. 7,17!]) und die Schmach seines Volkes überall auf Erden verschwinden lassen ... Laßt uns jubeln und fröhlich sein über seine Hilfe!»

Das sind die bedeutendsten [Stücke]. Weniger groß empfunden sind dann *Jes. 23*, daß Tyrus tributpflichtig sein wird denen, die vor Jahwe

---

48 [5,1 nach der Zählung der Lutherbibel.]

49 [R] *Posaune*! Paulus! [I Kor. 15,52.]

50 [Friedrich Spitta, *Die urchristliche Tradition über Ursprung und Sinn des Abendmahls*, in: ders., *Zur Geschichte und Literatur des Urchristentums* I, Göttingen 1893.]

wohnen,[51] *Jes. 34 und 35*, ein Lied über den Sturz Edoms und die Rückkehr des Volkes Gottes in der wunderbar verwandelten Natur – also eine selbständige Parallelbildung zu Jes. 40–48, *Jes. 13 und 14*, der Sturz Babels und das Gericht über die Völker durch die Meder;[52] der König von Babel steigt hinab in die Scheol – eine wunderbare Schilderung[53] – er, der Mann, der die Welt erzittern machte [14,16] und Israels Herrschaft über die Welt.[54] Unter demselben Eindruck der unaufhaltsam vorwärts drängenden Macht des Cyrus ist Jer. 50 und 51 geschrieben, eine Schilderung des Endes Babels, die poetisch wunderbar belebt ist. Daneben finden sich ganz nüchterne Prophetenstücke. So handelt der Prophet Obadja, [dessen Gesicht][55] wahrscheinlich vor der Rückkehr des Serubabel geschrieben ist, nur von dem Ende Edoms, wegen seiner Rolle bei der Zerstörung Jerusalems und dem neuen zukünftigen Jerusalem. (Vielleicht [ist] Obadja nach der Rückkehr, gegen 532,[56] [zu datieren,] auf Grund eines älteren Orakels, 1–9.[57])

Ich fasse zusammen: Das Exil war die fruchtbarste Periode der Prophetie, gewissermaßen ihre Romantik. Es hat eine Reihe Apokalypsen mit wunderbar schönen poetischen Gedanken hervorgebracht, besonders gegen das Ende zu, als die alte Generation ins Grab gesunken und nur die junge da war, deren Blick nicht mehr rückwärts, sondern vorwärts gerichtet war. Eine Reihe [von Prophetenstücken] sind in Jes. 40–48[58] zusammen und ineinandergearbeitet worden, andere sind uns dadurch erhalten, daß sie als Füllstücke in Jesaja, Jeremia und Micha eingeschoben wurden. Charakteristisch ist der von ihnen vertretenen Eschatologie der rückhaltlose Universalismus – weil Cyrus als ein Instrument Jahwes betrachtet wird – und die übernatürliche dramatische Belebung der Natur. Die Romantik in der Eschatologie.

51 [23,18.]
52 [R] Jes. 23 und 33[?]
53 [14,9.]
54 [R] Hoffentlich verstand die Polizei in Babel nicht hebräisch.
55 [Ms.:] der.
56 [Ms.:] 432.
57 [Vgl. Jer. 49,7–22.]
58 [Ms.: 40–46.]

§3) Die nachexilische Eschatologie bis zu Daniel[59]

Es kommen hier in Betracht:

Haggai, der vom 2. Jahr des Darius, also von 520 ab, zum Tempelbau durch Prophezeiungen ermutigte. Mit ihm war

Sacharja, der von demselben Jahr an bis 518 prophezeite, [wirksam];[60] aber nur die ersten acht Kapitel stammen aus jener Zeit. Beide [Propheten] wirken[61] also 18 Jahre nach der Heimkehr, die 538 stattfand. Aus den ersten 18 Jahren besitzen wir also nichts.

Maleachi, das anonyme Prophetenstück ist etwa zwischen 500 und 450 geschrieben.

Joel, um 400, wegen der Anspielungen auf [den] 2. Tempel, nicht, wie man früher aus seinen Berührungen mit Amos geschlossen hat, ein Vorläufer, sondern ein literarischer Epigone des Gründers der Eschatologie.

Aus der Zeit Alexanders des Großen ist uns ein größeres Prophetenstück erhalten, das an den Propheten Sacharja angefügt wurde, nämlich *Sacharja 9–14*, und daher als Deuterosacharja bezeichnet wird. Es werden darin, und das ist das Kennzeichen, daß es in jene Zeit gehört, die Söhne Javans, die Jonier, erwähnt (9,13).

Nehmen wir zunächst Haggai und Sacharja 1–8 (Protosacharja) zusammen. Haggai ist kurz und nüchtern, wohl das getreuste Abbild der eschatologischen Erwartung jener ersten Rückkehrkarawane. Er beschäftigt sich mit dem Tempel und dem Davididen – also die einfache Form der Ezechieleschatologie –, und zwar, das ist das Neue, identifiziert er den erwarteten Friedensherrscher mit einer historischen, aus Davids Familie stammenden Persönlichkeit: mit *Serubabel*, dem Führer der ersten Rückkehrkarawane[62] (cf. Esra 2 [,2]). Die Macht der heidnischen Reiche soll zerstört werden, und die Herrlichkeit Serubabels und des neuen Tempels [soll] anbrechen. «Fasse Mut, Serubabel, fasse Mut, Josua» (der Hauptpriester, der uns noch in Sacharja begegnen wird), heißt es im 2. Kapitel [V. 4]... «Nur noch eine kleine Zeit währt es, so erschüttere ich den Himmel und die Erde, das Meer und das Trockene» (also wie Deuterojesaja), «ich bringe alle Völker in Erregung, daß die Kleinodien aller Völker herbeikommen sollen, und ich erfülle das Haus mit Herrlichkeit, spricht Jahwe der Heerscharen»... [V. 6ff.]. «An

---

59 [R] [Undeutlich, wie die Notiz zu verstehen ist:] Eigentlich kein Unterschied [zwischen?] Gesetz und Eschatologie. Universalismus. (Nachwirkungen bei Daniel).

60 [Ms.:] neben ihm [im mündlichen Vortrag ist dieses Duplikat des vorangehenden «mit ihm» zweifellos vermieden, korrigiert worden.]

61 [Ms.:] fallen.

62 [Fragezeichen (nachträglich beigefügt).]

jenem Tage, ist der Spruch Jahwes, nehme ich dich, Serubabel, Sohn Sealthiels, meinen Knecht, und setze dich einem Siegelringe gleich – denn dich habe ich auserwählt.» [V. 23][63]

In denselben Gedanken bewegt sich Sacharja. Kap. 4,6 heißt es, daß Serubabel wird, was er sein wird, «nicht durch Macht, noch durch Gewalt, sondern allein durch meinen Geist». Er wird den Tempel bauen. 6,12: «So spricht Jahwe der Heerscharen: Fürwahr, ein Mann mit [dem] Namen ‹Sproß› (צֶמַח),[64] unter dem wird es sprossen, und er wird den Tempel Jahwes bauen.» Dann wird in [Kap.] 7 und 8 geschildert, wie die Völker und Nationen zu diesem neuen Zion herbeiströmen werden, um Jahwe in Jerusalem zu verehren und anzubeten [8,21 f.]. Der Universalismus aus der Zeit des Exils ist also vollkommen gewahrt.

Während aber für die exilischen Propheten diese große Welt- und Völkerumwälzung, aus der die neue Herrlichkeit Israels hervorgehen soll, mit den Cyrussiegen beginnt und bei der Rückkehr zum Ausbruch kommen soll, liegt das alles nun als natürliche vergangene Ereignisse schon hinter Haggai und Sacharja,[65] und sie müssen die große Weltumwälzung einfach aus der Luft greifen, ohne weitere historische Anhaltspunkte. Die alten Propheten, Amos und Jesaja, operierten mit geschichtlich fundierten Postulaten, die nachexilischen mit ungeschichtlichen. Nun tritt aber diese Umwälzung nicht ein. Serubabel stirbt, und da tritt ein, was eintreten mußte, was schon bei Ezechiel und Deuterojesaja vorbereitet ist: das davidische Königsideal verschwindet für längere Zeit aus der Eschatologie, d. h. der Gedanke der alten Propheten, daß aus Davids Geschlecht ein *natürlicher* König entstehen werde, den Gott dann mit außerordentlicher Macht ausrüsten werde, geht mit dem Tode Serubabels zugrunde, und wenn später im Psalter Salomos der Davidide wieder in die Eschatologie zurückkehrt, ist er etwas ganz anderes: eine von Ursprung an *übernatürliche Persönlichkeit,* bei der es auf Genealogie gar nicht mehr ankommt, weil sie überhaupt keine irdische Genealogie hat. Mit Serubabels Tod löst sich das Messiasbild vollständig von der Erde los, und er wird nicht geboren, sondern kommt auf den Wolken des Himmels – ein Gedanke, den dann zum ersten Mal Daniel klar ausgesprochen hat.

Ja, später verstand man gar nicht mehr, daß man einst den Messias mit einer irdischen Persönlichkeit identifiziert hatte, und deshalb wurde das 3. Kapitel Sacharja, wo gerade der Moment beschrieben wird, in dem Gott trotz der Anklage des Satans Serubabel mit messianischer Herrlichkeit krönt, überarbeitet, als ob es sich nur um die Krönung des

63 [R] Serubabelprophezeiungen.
64 [Ms.: צֶמַע] [? So auch bereits auf S. 377.]
65 [R] ist schon verbraucht.

Oberpriesters Josua handelte, der – und das ist auch für [die] nachexilische Zeit charakteristisch – bei Haggai und Sacharja überall neben Serubabel genannt wird.[66] Schon in dieser Nebeneinanderstellung von Priester und König ist eigentlich ausgedrückt, daß für den Davididen in den nachexilischen Anschauungen eben kein Platz mehr war, wie schon der Opferfürst in Ezechiel 40–48 eine ganz traurige Figur ist. Das ist das Ende der natürlichen altprophetischen Messiaserwartung. Die Eschatologie häutet sich. *Die Vorstellungen [gehen] zugrunde, die Ideen bleiben.*[67]

Als Form ist Sacharja besonders interessant: Nahm schon bei Ezechiel die Beschreibung in Visionen (die bei Amos, wenn auch nebensächlich, schon vorhanden ist) etwa ein Drittel[68] des Ganzen ein, so ist Sacharja schon fast ganz in Visionsform gehalten, so, daß der Prophet die Vision sieht und ihm dann nachher erklärt wird, was es bedeutet. Die Form der Apokalypse ist also im Anzug; sie bewegt sich von Amos zu Ezechiel, von Ezechiel zu Sacharja und tritt dann fertig hervor bei Daniel, der ganz in Visionen gehalten ist. Sacharja selbst ist schon sehr reich an apokalyptischen Bildern: er kennt das fahle Pferd (1,8), die Hörner der Zerstörung (1,18 und 19), die fliegende Rolle der Verdammnis (5,1 ff.) und die vier Wagen der Winde, die den Zorn Gottes über die Erde tragen (Kap. 6).

Wie die beiden vorhergehenden, so steht auch die anonyme, «Maleachi» benannte Prophetenschrift, obwohl sie etwa ein Menschenalter später [zu datieren ist],[69] ganz in[70] den kleinen, engen Verhältnissen drin. Der Haß gegen Edom ist noch nicht erloschen, und er[71] muß sich ereifern gegen die Lieferung schlechter Opferlämmer und gegen Mischehen und [muß] die ordentliche Zehnteneinlieferung einschärfen [Kap. 1; 2; 3,10]. Aber dann im 3. Kapitel macht er den Satz[72] in die Wolken – und zwar ist bei ihm zum ersten Mal der Satz durch kein historisches Ereignis vermittelt und nicht einmal durch eine Persönlichkeit, wie Serubabel, begünstigt. Darum muß er alles von oben anknüpfen. «Der Tag Jahwes[73] kommt brennend heiß» [3,19 (4,1)],[74] «und gar plötzlich wird der Herr, den ihr herbeiwünscht, in seinem Tempel eintreffen und der Engel des Bundes, nach dem ihr begehrt» [3,1] – also eine Eschatologie ohne Messias –, und an [die] Stelle des Messias tritt der prophetische

66 [R] Die alttestamentlichen Theologien laufen wie Fischleiber aus.

67 [Dieser Satz ist mit Bleistift nachgetragen. Beigefügt:] Das Königliche – das Menschliche.

68 [Vgl. Anm. 21.]

69 [Ms.:] fällt.

70 [«in» undeutlich, zu lesen wie:] zu[?]

71 [er: der Verfasser.]

72 [Sprung.]

73 [R] Tag Jahwes!

74 [3,19 nach der Zählung der Lutherbibel.]

Vorläufer Elias.[75] «Fürwahr», heißt es *in 3,23 und 24 [4,5 und 6],* «ich werde euch den Propheten Elias senden, bevor der große furchtbare Tag Jahwes hereinbricht,[76] daß er die Väter mit den Söhnen und die Söhne mit den Vätern aussöhne, damit ich nicht, wenn ich komme, den Bannfluch an dem Lande vollstrecken muß.» Der Elia ist also die Konsequenz aus dem Hinfälligwerden des davidischen Messias; er ist der *Vorläufer Gottes, nicht der Vorläufer des Messias,* das wird er erst später, in der jüdischen Messiasdogmatik, nachdem der davidische Messias wieder, als übernatürliche Persönlichkeit, in die messianische Dogmatik zurückgekehrt ist.

Hat so Maleachi die Eschatologie durch den Gedanken des Vorläufers bereichert, so hat dann *Joel,* der ungefähr ein Menschenalter später schreibt, die Vorstellung von der allgemeinen *Geistesausgießung* hinzugefügt.

Die Geisteserfüllung des ganzen Volkes für die Endzeit ist nicht neu: sie ist implicite schon enthalten in dem großen Friedensgeist,[77] der in der messianischen Zukunft über das ganze Volk kommen soll.[78] So setzt auch die große Vorstellung von dem neuen Bund, wo alle Gottesgelehrte sein werden, Geisteserfüllung voraus (Jer. 31,31 ff.). Aber bei Joel wird nun daraus, weil er eben die ursprüngliche Bedeutung nicht mehr versteht, ein eschatologisches Wunder (Joel 3,1 ff./2,28 ff.)[79] als Ausgießung des Weissagungsgeistes, in welchem Greise und Jünglinge Gesichte sehen werden. Und dieses Wunder wird nun zusammengestellt mit den Himmels- und Erdwundern, Sonnenfinsternissen etc., die die Nähe des Tages [Jahwes] ankündigen. Joels Konzeption ist eine rein literarische.[80] Das zeigt sich schon daran, daß die große Beschreibung des Tages Jahwes ausgeht von der Schilderung eines Heuschreckenschwarmes; der große völkergeschichtliche Hintergrund ist ganz verschwunden. Joel[81] *operiert mit der Rückführung,* als ob sie noch nicht geschehen [wäre]. Also das Deuterojesajamotiv erstarrt zu einer konventionellen Vorstellung und bleibt nun in dieser Form der künftigen Eschatologie erhalten und wird mit der Gerichtsvorstellung kombiniert. Darum heißt es in Kap. [3,6/] 4,1 ff.:[82] «Wenn Gott das Geschick Judas und Jerusalems wandeln wird, dann wird er alle Nationen versammeln

75 [R] *Eliasfigur.*

76 [R] Retardierendes Vorspiel geschaffen.

77 [Vgl. Jes. 54,10; Ez. 37,26 f.]

78 [R] *Wurzeln der Geistesausgießung.*

79 [3,1 ff. nach der Zählung der Lutherbibel. Die andere Zählung ist im Ms. ebenfalls angegeben, aber gestrichen.]

80 [Ms.:] Joel ist eben eine rein literarische Konzeption.

81 [Ms.:] Er.

82 [3,6 nach der Zählung der Lutherbibel. Eine weitere Zählung, die 3,1–5 als 2,28–33 zählt, fährt hier mit 3,1 fort (also nur 3 statt 4 Kapitel).]

und Gericht über sie halten im Tal Josaphat», wegen dem, was sie seinem Volk angetan haben, und «wer dann den Namen des Herrn anruft, der wird gerettet werden» [3,5/2,32].[83] Sie sehen, wie der schrankenlose Universalismus aus dem Exil noch nachwirkt. Dann aber kommt schon das Symbolische: «Eine Quelle wird aus dem Hause des Herrn hervorgehen und das Tal Sittim bewässern» (3,18/[3,23/4,18]).[84]

Joel steht also schon ganz außerhalb der Geschichte. Er vertritt die gemachte, konventionelle Eschatologie, die aber mit schriftstellerischem Geschick zugeschnitten ist und so ungeheuer gewirkt hat. Bedenken Sie, daß die ganze erste urchristliche Generation (nehmen Sie die Pfingstrede)[85] in dieser Joeleschatologie mit ihrer Geistesausgießung lebt. Aber produktiv ist Joel darum doch nicht; wie sollten auch die öden kleinen Ereignisse nach dem Exil wirklich zur eschatologischen Produktion angeregt haben.

Wie sehr eben die Eschatologie den Zusammenhang mit der Geschichte verloren hat, geht daraus hervor, daß sie uns nicht einmal die wichtigen Ereignisse erhalten hat. Wir wissen, daß um 350 viele Juden wegen eines Aufstandes gegen die Perser nach Hyrkanien[86] weggeführt wurden – in den Prophetenstücken keine Erinnerung daran. Auch der Zug Alexanders des Großen – Judäa unterwarf sich 332 – ist fast spurlos in der Apokalyptik vorübergegangen. Wie schon gesagt, stammt wahrscheinlich Sach. 9–14 (Deuterosacharja) wegen 9,13, wo die Söhne Javans = Joniens erwähnt werden, aus jener Zeit.

Hier haben wir ganz das unsichere Hin- und Herfahren, das Operieren mit vergangenen Ereignissen als zukünftigen[87] und die versteckten historischen Anspielungen. Z. B. begegnet [in Sach.] Kap. 10 die vergangene Geschichte Israels als in der Zukunft geschaut. Das ganze Bild hat keine Kohärenz. Alles geht durcheinander, weil nichts motiviert ist, und doch ist es ungeheuer wirksam geworden. So 9,9: der Einzug des Friedenskönigs auf dem Eselsfüllen, die Geschichte von den Hirten [10,3 ff.; 11], [von] dem Zerbrechen der Hirtenstäbe [11,10 u. 14] und den 30 Silberlingen [11,13], Kap. 12: die Zornesschale[88] und die Vernichtung der anstürmenden Völker. 12,10: «Über das Haus Davids[89] aber und die Bewohner Jerusalems gieße ich einen Geist der Gnade und des Flehens aus, und sie werden auf den hinblicken, ‹den sie durchbohrten›.» Ungeheuer wirkungsvoll war dieses Buch gerade für Jesus, denn

---

83 [3,5 nach der Zählung d. Lutherbibel.]
84 [3,18 nach der Zählung d. Lutherbibel.]
85 [Acta 2,14 ff.]
86 [Gegend im Süden u. Südosten d. Kaspischen Meeres. Deportation unter Artaxerxes Ochus.]
87 [R] [...] – nur machtlose Reproduktion. Merkwürdig. Hatte eben nichts mehr zu tun.
88 [«Taumelschale», 12,2?]
89 [R] Konvention: [es] gibt gar kein Haus Davids mehr.

in Gethsemane zitiert er 13,7: «Ich werde den Hirten schlagen und die Schafe werden sich zerstreuen» [Mt. 26,31].[90]

Deuterosacharja ist also ein literarisches Produkt aus der Zeit Alexanders des Großen. Wirksam aber sind gerade diese unhistorischen, literarisch reproduzierenden Apokalypsen geworden, weil sie eben, aus allen Zeitlagen zusammengedichtet, in alle passen. Tatsächlich sind es aber in dem Jahrhundert nach dem Exil nicht mehr die Prophetendichtungen, sondern die Psalmdichtungen, in welche die Gedanken der Zeit gefaßt werden (cf. Ps. 137, «An den Wasserflüssen Babylons», und Ps. 141–143). Hier tritt dann eben das Individualistische stärker hervor, während die kraftvolle Auffassung des Volkes als eine Einheit verschwindet und so die alte Eschatologie unmöglich wird.

Nur noch auf einen Punkt ist hinzuweisen: die Eschatologie und das Gesetz. Bei den alten Propheten handelt es sich um die Eschatologie und die Ethik, bei den exilischen und nachexilischen um die Eschatologie und das Gesetz, denn die alte Prophetenethik lebt eben nur noch soweit, als sie im Gesetz kodifiziert ist. Den Übergang bildet Ezechiel, der eschatologisch und gesetzlich zugleich interessiert ist. Aber schon in Deuterojesaja finden sich solche Züge. Jes. 56 heißt es, daß die Eunuchen und die Fremden, die den Sabbat halten und Gott verehren wollen, ihm genehme Opfer darbringen werden. Haggai und Sacharja machen dem Volk begreiflich, daß die Herrlichkeit ausbleibt, weil man nicht am Tempel baut, Mischehen eingeht, schlechte Opferlämmer darbringt und den Sabbat lax beobachtet. In Maleachi 3,22/4,4,[91] gerade ehe die Sendung des Elia[92] angekündigt wird, heißt es ausdrücklich: «Gedenket an das Gesetz meines Knechtes Mose, dem ich am Horeb Satzungen und Rechte für ganz Israel anbefohlen habe.» Aber gleich darauf wird die Rolle des Elia dahin definiert, daß er «die Väter mit den Söhnen und die Söhne mit den Vätern versöhne». Tatsächlich, und das ist auch wieder etwas ganz Merkwürdiges, ist die Verbindung zwischen Eschatologie und Gesetz nirgends aufdringlich, *sondern gerade in dem Zusammenhang mit der Eschatologie erhält sich eben der alte ethische Begriff des Prophetengesetzes, bis dann Jesus direkt gerade in der Eschatologie auf jene alte Ethik zurückgreift.* Eschatologie und Gesetz sind auch in der pharisäischen Epoche nie koordiniert, sondern es bleibt immer die Erinnerung, daß das Gesetz ein Durchgangsstadium [ist] und daß die zukünftige Gerechtigkeit höher liegt als das Gesetz, etwas Übernatürliches ist.[93] Jes. 60,21: «Und dein Volk wird aus lauter Gerechten bestehen, für immer werden sie das Land in Besitz nehmen» . . .

90 [R] Die Zeit Jesu lebt von Joel, Deuterojesaja und Maleachi!
91 [3,22 nach d. Zählung d. Lutherbibel, (3,22 im Ms. irrtümlich in 4,22 korr.).]
92 [Ms.:] Mose.
93 [R] Alles in der Luft.

Zusammenfassung:[94] Was hat also die nachexilische Zeit bis zu Alexander dem Großen an Eschatologie produziert? Nichts, aber sie hat die alten Vorstellungen ineinander gearbeitet und einzelnen Gedanken (denken Sie an Elia, Geistesausgießung in Joel, Einzug des Friedenskönigs in Deuterosacharja) die Form gegeben, in der sie nachher wirksam wurden. Ausgeprägt hat sie in Sacharja schon die Apokalypsenform und die Verbindung [von] Gesetz und Eschatologie vollzogen. Festgehalten hat sie aus dem Exil den Universalismus. Aber die Kraftlosigkeit zeigt sich eben darin, daß sich die Eschatologie außerhalb der historischen Ereignisse bewegt – denn sie waren eben nichts Neues, sondern immer das Alte. Darum waren sie[95] nur reproduktiv.

§ 4) Die neue Fassung der Eschatologie bei Daniel

Mit Daniel beginnt eine neue produktive Epoche in der Eschatologie, weil eben die geschichtlichen Ereignisse neu sind und sich nicht [wie] vorher das Alte unter neuem Namen ewig wiederholt. Es sind daher einige geschichtliche Notizen vonnöten.[96]

538 fand die erste Rückkehr statt. Um 520 ermunterten Haggai und Sacharja das Volk zum Tempelbau durch [die] Aussicht auf die Nähe des Reiches. 444 erfolgte die Veröffentlichung des von Esra aus dem Exil mitgebrachten Gesetzbuches. An Stelle der nebelhaft verschwimmenden eschatologischen Hoffnung hatte nun das Volk etwas Greifbares, an dem es sich als Nation aufrecht erhielt und konsolidierte. Ohne das Gesetz wäre in den nun folgenden Zeiten die eschatologische Hoffnung untergegangen und das Volk absorbiert worden. Von 444 an wissen wir etwa 300 Jahre sozusagen gar nichts. Judäa vegetierte als persische Provinz. Um 350 muß ein Aufstand ausgebrochen sein, der eine eingreifende Deportation zur Folge hatte.[97] 332 unterwerfen sie sich [Judäa] Alexander dem Großen. Nach Alexanders Tod brechen die großen Kämpfe zwischen Ägypten und Syrien aus, und wie in der alten Zeit ist das Volk Gottes der Spielball zwischen Nord und Süd.[98] Um 300 kommt es auf ungefähr ein Menschenalter unter glückliche ägyptische Herrschaft. Dann kommen wieder ein halbes Jahrhundert Kämpfe, und um die Wende des 3. zum 2. Jahrhundert kommt es definitiv unter seleuzidische Herrschaft. Apokalypsen sind keine hervorgebracht [worden]

---

94 [R] Fazit der nachexilischen Eschatologie.

95 [Die historischen Ereignisse? Eher: die eschatolog. Gedanken; oder: die verschiedenen Autoren.]

96 [R] Daniel. Die aufeinanderfolgenden Weltreiche: Konzession an [die] Geschichte. [Sich] ablösende Weltreiche.

97 [Vgl. oben Anm. 86.]

98 [R] Ahnte nicht, welchen Feind geweckt.

in jener Zeit, sondern mehr und mehr wird der Psalm der Ausdruck des religiösen Empfindens. Aber nun kommt das Neue, die syrische Religionsnot. Dieselbe beginnt unter Antiochus Epiphanes, der von 175–164 regierte. Epiphanes wird er genannt, weil er sich auf den Münzen selbst als Θεὸς Ἐπιφανής, «der Gott, der in die Erscheinung tritt», bezeichnet. Und dieser Mann mit dem Gefühl des Gottesgnadentums in der höchsten Potenz war Panhellenist, und als einer der ersten wohl in der Geschichte versteigt er sich zu dem Raffinement, ein besiegtes und aus Schwachheit loyales Volk nicht nur auszusaugen, sondern ihm gegen seinen Willen eine fremde Kultur und Religion aufzudrängen,[99] um es zu absorbieren. Er ist also der Ur-Urgroßvater der russischen Politik in den Ostseeprovinzen, wo der Panslawismus auf denselben Wegen wandelt, nur mit dem Unterschied, daß es dem ersten Erfinder vorbeigelang.[100] Schon bei seinem Regierungsantritt tut er die einleitenden Schritte. Der Hohepriester Onias III., das Haupt der Chassidim,[101] der streng-gesetzlichen Partei, muß seinem Bruder Jason, dem Haupt der griechisch Gesinnten, weichen. Da im Anschluß daran eine Revolution entsteht, vollzieht er [Antiochus Epiphanes] 169 ein Blutgericht an Jerusalem und plündert den Tempel.

168 kommen dann die Edikte gegen die jüdische Religion. Die Sabbatfeier und die Beschneidung werden verboten und der Besitz des Gesetzbuches mit dem Tode bestraft. Dann läßt er die Mauern Jerusalems niederreißen und legt eine syrische Besatzung in die Burg und erzwingt mit Gewalt heidnische Opfer in allen Städten Judas.[102]

Im Dezember desselben Jahres (168) wird der Tempel dem olympischen Zeus geweiht und ihm auf dem Brandopferaltar ein Altar errichtet. Im Jahre 167 – das sind alles Daten, die jedermann wissen muß – bricht dann zu El-Medije, östlich von Lydda, damals genannt Medein,[103] der Aufstand los unter der Führung des Priesters Mattathias. Bald ist das offene Land von den griechischen Altären gesäubert, wobei die Aufständischen schonungslos gegen die abtrünnigen Juden vorgehen, da stirbt Mattathias, 166. Sein Sohn Judas der Makkabäer, das heißt der «Hämmerer», kämpft mit Glück gegen die syrischen Feldherren und besetzt Jerusalem anno 165. Im Dezember desselben Jahres wird der wieder gereinigte Tempel geweiht, und im folgenden Jahr stirbt Antiochius Epiphanes. Aus dieser Zeit, entweder aus dem Dezember 165 oder

---

99 [R] [Fragmentar. Notizen:] *Fortschreitende Verengung.* Früher Sprache, Gott, Sitten etc.... Heute zunehmend Borniertheit. [Das] erste Mal gewaltsam Kultur. – In diesem Kampf erwachte [die?] Eschatologie. Als die Waffen klirrten... Der Priester – Der Prophet.

100 [Sinn des Satzschlusses undeutlich (sprachl. Korr. daher nicht möglich).]

101 [Ms.:] Chasidim.

102 [R] *Der alte Kampf um das Reich Gottes.*

103 [Martin Noth, *Geschichte Israels*, Göttingen 1950, S. 316: Modein, heute El-midje.]

aus dem Januar 164 stammt das Buch Daniel. Unter dem Schwerterklirren des Volkes, das von den Priestern geführt für seine Religion kämpfte, erwachte der altprophetische Geist wieder. Aber da er sich in der neuen Zeit noch nicht zurechtfand, erwachte er in der *Vergangenheit: Daniel ist ein Pseudepigraph.* Das ist das Erste:

1) Die alten Propheten redeten und schrieben unter ihrem Namen. Die exilischen sind uns anonym überliefert (ob sie anonym verfaßt sind, mag dahingestellt bleiben). Daniel ist pseudonym, und alle späteren großen Apokalypsen, Henoch, Baruch, IV. Esra sind ebenfalls pseudonym. Ein Daniel kommt vor [in] Ezechiel 14,14 und 20 und 28,3. Ez. 14,14 und 20 werden Noah, Daniel und Hiob als Vorbilder der Gerechtigkeit zitiert, und 28,3 wird Daniel als ein Weiser der Vorzeit namhaft gemacht. Eine Daniellegende existiert also schon, wie [auch] eine Hioblegende, zur Zeit des Exils, und der Autor des Danielbuches hat sie also nur zu seinen besonderen Zwecken in die Zeit des Exils zurückgetragen,[104] wobei er eine totale Unkenntnis der alten Geschichte verrät. Er nimmt nämlich an, der junge Daniel mit seinen Genossen sei im 3. Jahre Jojakims, also 606, ins Exil geführt worden (Dan. 1,1 ff.), statt 597 oder 586. Dann (Kap. 6)[105] macht er Darius, den Meder, zu Belsazars Nachfolger, und diesem wiederum folgt Cyrus.[106]

2) Weil er nicht aus der historischen Gegenwart reden will, bleibt ihm nur die Form der Apokalypse, d. h. er knüpft seine Prophetenrede statt an historische Ereignisse an Visionen. Visionen fanden sich schon bei Amos und Jesaja, sie nehmen dann überhand bei Ezechiel, der halb Prophetenbuch, halb Apokalypse ist, noch stärker machen sie sich bei Sacharja bemerklich, der fast ganz Apokalypse ist, und in Daniel wird nun die reine Form der Apokalypse erreicht, die nun für alle Zukunft normativ wird.

3) Mit der Zurückverlegung in die Vergangenheit hängt es zusammen, daß nun auch die gegenwärtigen Zustände in die Vergangenheit zurückgetragen werden müssen, in die Vergangenheit, aus der dann die Zukunft wieder über die Gegenwart hinaus offenbar wird. Sie sehen, wie kompliziert der Prozeß sich gestaltet.[107] In dieser Zurücktragung der gegenwärtigen Zustände in das Exil beruht der naive poetische Reiz der 6 ersten Kapitel. Aus des Königs Küche sollen Daniel und seine Gefährten unreine, kräftige Speise essen, damit sie ein schönes Aussehen bekommen. Heimlich bitten sie, sich von Pflanzenkost ernähren zu dürfen, und siehe, nach 10 Tagen haben sie ein blühenderes Aussehen als die anderen. Der König Nebukadnezar läßt ein goldenes Standbild machen

---

104 [D. h., er hat sie als fiktiven Rahmen für seine Schrift benützt.]
105 [5,31–6,28 (= 6,1–29 nach der Zählung der Lutherbibel).]
106 [R] 4. Kolleg.
107 [R] So wird die syrische Religionsnot in das Exil eingezeichnet.

und gibt Befehl, daß alle es anbeten müssen. Die drei Jünglinge weigern sich, kommen in den Feuerofen, werden aber von Gott gerettet (Kap. 3). Nebukadnezar erhebt sich über Gott und wird durch 7jährigen Wahnsinn gestraft und zur Anbetung des allein wahren Gottes geführt (Kap. 4). Belsazar, der die Tempelgefäße beim Gelage entweiht, wird in derselben Nacht getötet, weil er sich wider den höchsten Gott versündigt (Kap. 5), und Darius, der Meder, regiert. Unter ihm kommt ein Erlaß, daß es verboten ist, 30[108] Tage lang jemand anderes anzubeten als ihn. Daniel wird beim dreimaligen Gebet, nach Jerusalem gewandt, überrascht, in die Löwengrube geworfen und kommt lebendig wieder heraus, worauf Darius den Dienst des einen Gottes zur Staatsreligion erhebt. Wie Sie sehen, sind hier zwei Motive ineinandergearbeitet: a) die Bedrängnis des jüdischen Kultes unter Antiochus Epiphanes, b) das Verhalten des Nebukadnezar und des Darius, die zum Glauben an den höchsten Gott kommen, dies wiederum eine Erinnerung an Cyrus, der in der exilischen Prophetie als Werkzeug und Diener des Gottes Israels gilt.[109]

4) Mit der Zurücktragung der Prophetie in die Vergangenheit hängt aber noch ein weiteres zusammen. Amos und die alten Propheten prophezeiten für eine unmittelbar bevorstehende Zukunft, ebenso die exilischen und nachexilischen Propheten. Daniel aber erfährt, daß seine Gesichte alle auf die Endzeit gehen, und es wird ihm ausdrücklich gesagt: «Du aber halte das Geschaute geheim, denn es bezieht sich auf in ferner Zukunft liegende Tage» (8,26). Dasselbe finden wir dann bei Henoch, Baruch und IV Esra. Aber nun muß jene leere Zeit von den Tagen, aus denen die Prophetie stammen soll, bis zur[110] Gegenwart, welche an die Endzeit grenzt, ausgefüllt werden, und zwar mit den tatsächlichen historischen Ereignissen, als Prophetie in Visionen eingekleidet, damit man daran ersehen kann, wie weit man ist, und daß die Apokalypse die Wahrheit redet. Und so kommt Daniel zu der Aufstellung der vier Weltreiche. Diese Auffassung findet sich schon in der Deutung des Traumes des Königs Nebukadnezar (Kap. 2). Er sah eine Statue, den Kopf von Gold, die Brust von Silber, den Unterleib von Erz, und die Beine von Eisen laufen in Füße von Ton und Eisen aus. Ein Stein vom Berg zerschmettert die Statue, und die Trümmer werden vom Wind entführt, der Stein aber erfüllt die Erde. Das sind das babylonisch-assyrische, das medische, das persische und das griechische Weltreich, das in Diadochien auseinanderfällt, die so unvereinbar miteinander sind wie Ton und Eisen. In diesen Zeiten aber – also die Diadochie leitet zu der Endzeit über – wird Gott diese Königreiche zerstören und eines

---

108 [Ms.:] 35 [vgl. Kap. 6,7(8) u. 12(13).]
109 [R] Apokalyptik reagiert nicht mehr auf Geschichte, [sondern?] einfache Ereignisse.
110 [Ms.:] an die.

stiften, das nie in die Gewalt eines anderen Volkes kommen wird. Im 7. Kapitel kehrt derselbe Gedanke in der Vision von den vier Tieren wieder, die nacheinander erstehen. Aber die Konstruktion wird nun weiter geführt[111] in die Diadochenzeit, indem das letzte Tier 10 Hörner hat und zwischen ihnen noch ein anderes hervorwächst, das Menschenaugen hat und dessen Mund Hochfahrendes redet. *Das ist Antiochus Epiphanes.* Dann erscheint die Endzeit, und der Menschensohn kommt auf den Wolken an.

Ein drittes Mal noch wird die Konstruktion wiederholt in Kap. 11, wo besonders die Diadochengeschichte und die Kämpfe zwischen Ptolemäern und Seleuziden ganz durchsichtig wieder behandelt werden bis zu dem Augenblick, wo Antiochus den Tempel entweiht und (Kap. 11,31) das verwüstende Scheusal, «βδέλυγμα ἐρημώσεως» חַשִׁקּוּץ מְשׁוֹמֵם aufstellt. Dieser Augenblick [ist] für die ganze spätere Eschatologie in den Apokalypsen festgehalten. Er gehört von nun an zur Signalisierung der Endzeit.[112] Nun [ist] gefunden, was so lange gesucht [wurde] und was bei [den] vor- und nachexilischen Propheten fehlt. (Mk. 13,14 und *Mt. 24,15*: Ὅταν οὖν ἴδητε τὸ βδέλυγμα τῆς ἐρημώσεως τὸ ῥηθὲν διὰ Δανιὴλ τοῦ προφήτου ἑστὸς ἐν τόπῳ ἁγίῳ ...) In diesem Augenblick beginnt dann der große Aufruhr, der das Ende einleitet.

Dreimal hat also Daniel durch Parallelvisionen[113] denselben Gedanken ausgeführt. Historisch kann dies durch eine Annahme der sukzessiven Entstehung der Partien des Buches erklärt werden. Aber tatsächlich haben wir hier schon die ganze Verwirrung der späteren Apokalypsen, wo man – denken Sie an die Johannesapokalypse – vor lauter Parallelvisionen nicht vom Flecke kommt. Nur ist Daniel in seiner Einkleidung der Geschichte in Visionen noch einigermaßen geschmackvoll, während die späteren sich in plumper Geschmacklosigkeit überbieten.

[114]Mag aber die Form sein, wie sie wolle, die Konzeption der aufeinander folgenden Weltreiche, so natürlich sie uns erscheinen mag, bedeutet eine Tat in der Geschichte, besonders wenn man bedenkt, daß ihr Schöpfer mitten in der Unordnung der Diadochenreiche drinsteht und aus dieser Unordnung heraus die große religiöse Geschichtskonstruktion wagt. Von einer ungeheuren Tragweite ist sie aber für die Umsetzung des alten Begriffs des davidischen Weltreiches in die Vorstellung der βασιλεία τῶν οὐρανῶν oder τοῦ θεοῦ [des «Reichs der Himmel» oder «Gottes»], denn sie bildet den Unterbau dafür. In diesem

---

111 [R] Ohne Messias.

112 [«wenn ihr nun den ‹Greuel der Verwüstung›, von dem durch den Propheten Daniel geredet worden ist, an heiliger Stätte stehen seht».]

113 [R] Die Parallelbilder.

114 [Gestrichener Abschnittbeginn:] Er [der Verfasser] ist auch noch vorsichtig, indem er nämlich ein Mittel in der Hand behält, um die Endzeit in die Länge zu ziehen.

Augenblick erst, in Ablösung der großen Weltreiche, erreicht jene alte Vorstellung ihre volle Universalität, und zugleich wird sie definitiv von jeder Verquickung mit historischen Reichen losgelöst.[115] (Bisher [wurde] archaistisch alle neue Bedrängnis in die alte hineingezeichnet.)

5)[116] Parallel mit dieser Ausfüllung der leeren Zwischenzeit mit der tatsächlichen, in Visionen aufgelösten Geschichte geht nun die Ausmessung der Zwischenzeit durch chronologische Zahlen. Auch hier ist Daniel der Vater eines Gedankens, der dann die spätere Eschatologie beherrscht und sich in den wildesten Zahlenspielen auswirkt. Diese eschatologische Chronologie findet sich im 9. und 10. Kapitel. Den Ausgangspunkt bilden die 70 Jahre, welche nach *Jer. 25* [V. 11 u. 12] zwischen der Zerstörung Jerusalems und der Neuaufrichtung des davidischen Reiches liegen sollen,[117] während die Geschichte nur 48 (von 586–538) kennt. Nun sucht aber Daniel diese Jeremiachronologie zu rechtfertigen, indem er sie nicht bis auf das Ende des Exils, wo sich [jene Neuaufrichtung] ja doch nicht erfüllte, sondern bis auf die Endzeit, die mit dem Frevel des Antiochus Epiphanes anfängt, rechnet. Da dies nun mehrere Jahrhunderte sind, muß er die Jahre in Jahrwochen deuten und erhält so 70 mal 7 = 490 Jahre; so falsch ist die Rechnung nicht, denn von 586 bis 165 sind es 421 Jahre, und es bleiben einige Jahre ([fast] 70) für die Enddrangsal.[118] 9,24 heißt es: «70 Wochen sind über dein Volk und über deine heilige Stadt verhängt, um den Frevel zu Ende zu führen und das Maß der Sünde voll zu machen, um die Missetat zu sühnen und ewige Gerechtigkeit herbeizuführen, die prophetischen Offenbarungen zu besiegeln und ein Hochheiliges wieder zu wecken.»[119] Exil 7 Wochen (richtig 49 statt 48 Jahre), Bau und Vegetieren von Jerusalem 62 Wochen (434 [Jahre], tatsächlich 366), dann [wird ein] Gesalbter aus dem Weg geräumt werden (Hohepriester Onias III., der 171 ermordet wird). Die Bedrängnis von der Entweihung des Heiligtums bis zu seiner Wiederinstandsetzung soll dauern 2300 Abende und Morgen (8,14), also mehrere Jahre (tatsächlich nur 3, also die Hälfte der Summe Daniels).[120] Er hat

---

115 [R] Aus Tag Gottes wird Reich Gottes.

116 [Der Abschnitt ist irrtümlich nochmals mit 4) numeriert, entsprechend die restlichen Abschnitte mit 5)–7). Wir haben in 5)–8) korrigiert.]

117 [R] Eschatologie Jesu: Daniel mit eingefügten alten Prophetenstücken.

118 [R] Natürlich, von historischer Chronologie hat er ebensowenig [eine] Ahnung wie von der Geschichte.

[R] Wir [kennen] geschichtlich zwischen [der] babylonischen und [der] griechischen nur eine Weltmacht: die persische; aber für [die] Juden kommt die medische hinzu. Nicht klar, wie man die 10 Hörner [7,7] heraus bekommt [d. h. identifizieren kann].

119 [Vgl. das letzte Wort in den Übersetzungen: zu salben.]

120 [R] Oder sind gemeint 1150 Tage [und 1150 Abende]? = 3 mal 370 = 3 Jahre [ca.].

also geschrieben vor dem Dez. 165. In [Kap.] 7,25: die Auslieferung an den Lästerer bis zum Gericht [V. 26,] von [der] Schändung des Tempels [an,] auf 1+2+1/2 Zeiten [berechnet]: also 3 1/2 Jahrwochen = 25 Jahre! Das ist also der erste Versuch einer ausgeführten eschatologischen Chronologie.

6) Es wird Ihnen vielleicht erwünscht sein, eine vollständige Darlegung der Anfänge der Menschensohnfrage zu erhalten. Schon bei Maleachi habe ich Sie darauf aufmerksam gemacht, daß der davidische König tatsächlich aus der Eschatologie verschwunden ist und wir ein direktes Gottesreich haben, wo der Messias durch eine Engel- (Malak) oder Elisafigur entsprechend besetzt wird.[121] Auch die Danieleschatologie ist absolut nicht auf einen Messias angelegt. [In] 9,25 und 26, die beiden einzigen Stellen, wo der Ausdruck (Gesalbter) vorkommt, ist nicht der messianische König, sondern korrekt nachexilisch der Hohepriester gemeint, der aus dem Wege geräumt wird. Also kennt Daniel eigentlich keinen Messias.

An die Stelle des Messias treten Engelwesen; der Schutzengel des Volkes Israel, Michael, rückt gewissermaßen an seine Stelle. Er kämpft gegen den Engel Persiens (Kap. 10,13) und gegen den Engel Griechenlands [10,20 u. 21], wie ihm der offenbarende Engel – denn nicht der Messias ist gemeint – verkündigt. Auch [in] 8,15 ist mit dem, der das Aussehen eines Mannes hat, Gabriel gemeint. Sie sehen also, wie der leere Raum durch [eine] Engellehre ausgefüllt wird. 12,1: In der Bedrängnis der Endzeit «wird sich Michael, der große Engelfürst, für das Volk erheben». Die Ereignisse der Endzeit vollziehen sich ohne den «Messias». Überall liegt die reine Theokratie dem eschatologischen Aufbau zu Grunde, weil sie eben aus der nachexilischen Geschichte heraus allein gefordert wird. In den drei Stellen, wo von dem zukünftigen Reich geredet wird, ist es Gott allein, der es aufrichtet. (2,44ff. ist vom Messias keine Rede. 7,27 wird die Herrschaft über die Reiche der Welt dem Volke als solchem verliehen. Auch in Kap. 12 wird die Eschatologie ohne Messias ausgeführt.) Also ist der «Messias» (den Namen kennt er ja nicht) bei Daniel bestenfalls eine überflüssige Figur, denn das Gericht wird ja durch Gott vollzogen. So sind Dan. 7, 13 u. 14 zu verstehen. Das Gericht ist von Gott vollzogen, der Frevler vernichtet, Gott sitzt auf seinem Thron, der «Alte der Tage», da kommt einer, der einem Menschen gleicht (Kap. 2,4 bis Kap. 7 sind aramäisch geschrieben): כְּבַר אֱנָשׁ. Das heißt nichts anderes als Menschengestalt. Darin liegt an sich gar nichts Messianisches, denn auch Ezechiel wird in seinen Visionen [als] Menschensohn, בֶּן־אָדָם, angeredet, was man eigentlich am besten mit «Menschenkind» übersetzen würde. Diese Stelle spottet aller

121 [R] Auch Maleachi ohne Messias.

Deutung, denn daß wir es mit dem Davididen oder Messias zu tun haben, davon ist keine Rede. Nun kann Menschensohn einfach Mensch heißen. So wird Daniel selbst [in] 8,17 בֶּן־אָדָם genannt («Merk auf,[122] du Menschensohn»[123]). Aber was soll da ein gewöhnlicher Mensch? Das כְּבַר [in 7,13], «wie eines Menschen Sohn», zeigt an, daß er keiner ist, nur die Gestalt hat. Nun wird aber 8,15 der Engel Gabriel beschrieben als einer, der das Aussehen eines Mannes hat: כְּמַרְאֵה־גָבֶר, so stand einer vor mir [«wie ein Mann»]. Hier also dasselbe כְּ [«wie»]. Mit andern Worten: «Der Menschensohn», dem [in] 7,13 die Herrschaft über die im Endfrieden daliegende Welt anvertraut wird, ist weder ein Mensch noch ein Messias, sondern ein *Engelwesen*, und zwar wahrscheinlich der Schutzengel des Volkes Israel, Michael, der in der Enddrangsal für es kämpft. An andern Stellen handelt es sich gerade um die Herrschaft des Volkes als solchem!

Damit ist die Alternative, ob der Menschensohn [in] 7,13 ein Prinzip oder eine Person ist, entschieden. Er ist nicht etwa die symbolische Darstellung des Gottesreiches im Gegensatz zu den 4 Tierreichen, er ist auch nicht ein Menschenwesen, sondern ein Engelwesen mit Menschenform.[124] Also kennt Daniel auch keinen Messias, sondern auch er zieht die Konsequenz aus dem Untergang der Davididen, und die heißt: *Theokratie*. Der Menschensohn ist der Engel des Volkes Israel, der die Engel der andern überwindet ([die Engel] der Perser und Griechen) und nun von Gott zum Weltherrscher eingesetzt wird. Ich weiß, daß diese meine Ansicht in vieler Hinsicht neu ist; aber wenn man gesehen [hat], wie bei Maleachi schon eine Eschatologie ohne Messias aufgebaut wird und Daniel einen Messias auch nicht kennt, sondern Schutzengel der Völker, so ist eben das Hin- und Herfahren zwischen einem Symbol und einer Messiasperson unmöglich, wie es gewöhnlich stattfindet, sondern die Stelle fügt sich dem Ganzen nur ein, wenn bei Daniel anstelle des Messias der Engel getreten ist. Er hat eben die letzte Konsequenz der Einführung der Theokratie in die Eschatologie gezogen.

Nun haben wir zwei messianische Persönlichkeiten: 1) den alten natürlichen davidischen König, 2) das übernatürliche Engelwesen. In der folgenden Eschatologie aber ist weder der eine noch das[125] andere, sondern eine Synthese beider wirksam,[126] nämlich der messianische König als übernatürliche, den Engelwesen übergeordnete Persönlichkeit. *Diese Synthese haben vollzogen der Verfasser des Henoch und Jesus.* Das gehört

122 [Ms.:] Hör auf.

123 [Lutherbibel: «Menschenkind», im Unterschied zu 7,13: «wie eines Menschen Sohn».]

124 [R] *Flickarbeit.* [Bezieht sich vermutlich auf das unten erwähnte «Hin- und Herfahren zwischen einem Symbol und einer Messiasperson»(?)]

125 [Ms.:] der.

126 [R] Davidssproß – Menschensohn.

aber also schon in das zweite Kapitel der Geschichte des Menschensohns. Also ist, wie ich Ihnen schon früher andeutete, eigentlich für die folgende Eschatologie gleichgültig, was Daniel mit seinem Menschensohn gemeint hat. Wichtig ist nur, was sie[127] aus dem Menschensohn gemacht hat.

7) Von Bedeutung für die Zukunft ist ferner die Umformung der Idee der Drangsal. Bei Amos und den älteren Propheten ist es eine historische Vorstellung: es sind die Kriegsleiden, welche Gott als Strafe und zur Sichtung seines Volkes heraufführt. Aber schon in den עֶבֶד־יְהוָה-Stücken, also in der zweiten Generation des Exils, kompliziert sich diese Vorstellung, indem nämlich neben die rein moralische Wertung des Strafleidens eine andere tritt, nämlich *das Leiden des Gerechten zur Bewährung*, die sozusagen dogmatische Vorstellung, daß das Heilige und Gerechte in der Welt auf eine bestimmte Zeit der bösen Macht ausgeliefert wird. Und die syrische Religionsnot ist gleichsam das Exempel zur Theorie. So findet sich bei Daniel diese dogmatische Vorstellung der eschatologischen Drangsal, wonach sie nicht mehr irgendwie verschuldet ist, sondern kommt, weil sie kommen muß. Die Heiligen werden auf 3½ Zeiten[128] seiner, des hochfahrenden Bösen Gewalt überliefert sein, und dann wird ihm die Macht entrissen werden. Krieg, Verhängnis und Verwüstung dauern bis ans Ende. Eigentlich ist die Schilderung der eschatologischen Not bei ihm, im Vergleich [mit dem], was man in der Folge erleben wird, einfach und geschichtlich gehalten.[129] Aber gerade dieser geschichtliche Zug, daß die Enddrangsal eingeleitet wird mit der Entweihung des Heiligtums und mit Gotteslästerung, ist in die ganze folgende Eschatologie übergegangen und kehrt immer wieder.

8) Bedeutungsvoll ist endlich, daß bei Daniel das Individuelle klar hervorbricht. Vorher wird das Volk als Ganzes betrachtet – auch Daniel kennt das noch, aber daneben zeigt sich in seiner Eschatologie der individuelle Zug. Er tritt zutage 1. in der Prädestination, 2. in der Totenauferstehung, und zwar sind beide eng verbunden.[130] 12,1 heißt es: «In jener Zeit werden von deinem Volke alle die gerettet werden, die sich im Buche aufgeschrieben finden.» Das ist der Ursprung des Buches des Lebens und der im Himmel aufgeschriebenen Namen. Ferner: «Und viele von denen, die im Erdenstaube schlafen, werden erwachen, die einen zu ewigem Leben, die andern zur Schmach und zu ewigem Abscheu» [12,2]. Auch hier begegnet die Vorstellung erstmalig, daß das Gericht sich nicht nur auf die Lebenden, sondern auch auf die Toten

---

127 [sie: die Eschatologie, oder: die Geschichte der Menschensohnvorstellung.]

128 [7,25.]

129 [R] Eschatologie und Gesetz – [das] Gesetz tritt sehr zurück.

130 [R] Rückblick: Der neue Aufriß der Eschatologie. Schöpferisch, die alten Züge nachher eingezeichnet: das [ist] die Entwicklung.

bezieht. Diese Vorstellung hat Jesus adaptiert,[131] wenn er die Leute von Tyrus und Sidon, von Sodom und Gomorrha und die Königin von Mittag beim Gericht gegen das Volk, welches seine Predigt gehört [hat], zeugen läßt.[132] Das «zu richten die Lebendigen und die Toten» aus dem apostolischen Glaubensbekenntnis stammt aus Daniel. Ihm selbst wird die Auferstehung geweissagt, 12,13: «Du aber gehe hin, dem Ende entgegen, du sollst ruhen und auferstehen, um dein Los zu empfangen am Ende der Tage.»

§5) Das Buch Henoch und die Eschatologie bis zur Eroberung Jerusalems durch Pompejus

Es ist von vornherein wahrscheinlich, daß eine so aufgeregte Zeit wie die der syrischen Religionsnot und der makkabäischen Kämpfe nicht eine, sondern eine ganze Reihe Apokalypsen produziert hat. Diese Vermutung wird bestätigt durch das Buch Henoch, denn es stammt aus jener Zeit und ist kein einheitliches Werk, sondern eine Zusammenarbeitung von verschiedenen selbständigen Apokalypsen, die sich über die Zeit vom Anfang der Erhebung in der syrischen Religionsnot bis in die letzten Zeiten der Hasmonäerherrschaft und Hasmonäerdecadence erstrecken. Es enthält also die Apokalypsen der Zeit zwischen Antiochus Epiphanes und Pompejus, wie Deuterojesaja die Apokalypsen des Exils enthält.

Charakteristisch aber ist für diese neue Zeit das Pseudepigraphische: Alles wird unter den Namen des *Henoch* gestellt. Henoch, der 7. Patriarch, wurde nach einem Leben von 365 Jahren nicht mehr gesehen, d. h. zu Gott entrückt. Die 365 Jahre und die Entrückung zeigen, daß wir es mit einem babylonischen Sonnenmythus zu tun haben.

Henoch war eines der bekanntesten apokalyptischen Bücher. Die Jubiläen, [die] Testamente der 12 Patriarchen, die Baruch- [und] die Esraapokalypse setzen es voraus; Jesus zeigt in seiner Eschatologie und in einer Reihe von Wendungen und Ausdrücken (cf. Hen. 5,7: «die Auserwählten ererben das Land» [Mt. 5,5]; «in die Finsternis werfen» [Mt.

131 [= «angepaßt»: ergibt keinen rechten Sinn, gemeint ist wohl: übernommen.]

132 [Vgl. Mt. 11,22: «Es wird Tyrus und Sidon erträglicher gehen am Gerichtstag als euch»; 11,24: «Es wird dem Land der Sodomer erträglicher gehen am Tage des Gerichts als dir». Mt. 12,41: «Die Leute von Ninive werden auftreten beim Gericht mit diesem Geschlecht und werden es verdammen, denn sie taten Buße nach der Predigt des Jona. Und siehe, hier ist mehr als Jona»; 12,42: «Die Königin vom Süden wird auftreten beim Gericht mit diesem Geschlecht und es verdammen; denn sie kam vom Ende der Erde, Salomos Weisheit zu hören. Und siehe, hier ist mehr als Salomo.» – Schweitzers Hinweis geschah offenbar aus dem Gedächtnis, daher ungenau.]

22,13/25,30] aus Kap. 108 [14]), besonders in der Verwendung des Ausdrucks «Menschensohn», nahe Bekanntschaft mit Henoch. [In] Judas 14 und 15 wird das Buch ausdrücklich zitiert, und die Vorstellung von dem Fall der Engel in Jud. [6] und II Petr. [2,4] geht auf Henoch zurück. Auch Barnabas setzt Henoch voraus. Ja noch ein Tertullian trat leidenschaftlich für seine Kanonizität ein [De cultu fem. I, 2.3]. Aber das alles konnte den Untergang nicht aufhalten. Mit dem Zurücktreten des Eschatologischen in der christlichen Vorstellung fiel es in Vergessenheit und Mißkredit, wurde nicht mehr abgeschrieben und ging so verloren. Ursprünglich hebräisch in Palästina geschrieben, dann ins Griechische übersetzt, besitzen wir es nur in einer äthiopischen Übersetzung, und zwar kennt man es erst seit dem Ende des 18. Jahrhunderts. 1773 brachte der britische Afrikareisende John Bruce drei Exemplare nach Europa. Die erste gute Ausgabe veranstaltete [A.] Dillmann 1851.[133]

Es ist hier nicht der Ort, die verwickelte Komposition dieser größten Apokalypse – sie zählt 108 Kapitel – auseinanderzulegen. Das hat für ihre geschichtliche Bedeutung und Benutzung auch weiter keine Wichtigkeit. Es sind auch Abschnitte darin verarbeitet, die mit der Person des Henoch gar nichts zu tun haben, sondern einer «Noahschrift» entstammen und statt mit dem Engelfall mit der Sündflut operieren.

In der Hauptsache heben sich 4 größere Abschnitte voneinander ab:

1) 1–36. Das Buch über den Fall und die vorläufige Fesselung der Engel auf das große Endgericht hin. Auch von Sternen, die den Weltschöpfungstag verbummelten und zu spät aufgingen, ist die Rede, denn auch sie werden auf das Gericht behalten.
2) 37–71. Die drei großen Bildreden über das Endgericht.[134]
3) 72–82. Das astronomische Buch über den Umlauf der Gestirne: wertloser astronomischer Krimskrams.
4) 83–108. Eschatologisches vermischt.

Vollständig wertlos ist das astronomische Buch [Kap.] 72–82. Es ist eine Art Schulbuch über Geographisches und Astronomisches und handelt vom Sonnen- und Mondjahr, von den Mondphasen und ihrer Erklärung und dergleichen. Interessant ist nur die Idee, daß «in den Tagen der Sünder» die Jahre werden verkürzt werden und die ganze Naturordnung sich verkehren wird (Kap. 80) und viele Oberste der Sterne abtrünnig werden [80,6]. Das wird von nun an stehender Zug in den Apokalypsen. So heißt es z. B. [in] Mk. 13,20, in der synoptischen Apokalypse, daß in der Drangsal Gott, um der Erwählten willen, die Tage verkürzt, aber dann das Gericht heraufführt.

---

133 [Vgl. Emil Kautzsch (Hrsg.), *Die Apokryphen und Pseudepigraphen des Alten Testaments*, Bd. II, Tübingen 1900, S. 219.]
[R] Das Buch [ist] kompliziert, als Eschatologie einfach. [Vgl. unten S. 407.]

134 [R] *wertlos – wertvoll.* – Geschichte zeichnet sich ab – Gang [der Geschichte.]

Was das Buch [Kap.] 1–36 über den Fall der Engel und die Hereinziehung dieser Tatsache in die Eschatologie betrifft, so ist das an sich nicht neu, denn schon in der großen Musterschilderung des Endgerichts Jes. 24–27 heißt es, daß Gott heimsuchen wird mit Strafen das Heer der Höhe in der Höhe und die Könige der Erde auf der Erde, Jes. 24,21. Neu aber ist die Verbindung mit der Geschichte der Engelehen (Gen. 6) und die weitere Ausmalung ihrer Pein bei Gelegenheit der großen Reisen des Henoch im Inneren der Erde. Es dringen jetzt eben die mythologischen Stoffe in die Eschatologie ein. Das sind also zwei selbständige Apokalypsen aus der Hasmonäerzeit, die aber nicht genau datiert werden können, weil sie nicht mit geschichtlichem Material operieren.[135]

Interessant in geschichtlicher Hinsicht sind zwei kleine Apokalypsen, die aus dem letzten Teil, also Kap. 83–108, sich abheben. Die älteste ist die 10-Wochenapokalypse, die aus Kap. 91 u. 93 besteht und in der alle Ereignisse von Henoch bis zum Ende der Welt in 10 Wochenperioden eingeteilt werden. Die syrische Religionsnot bildet als 7. Woche den Übergang zum Gericht. In der achten hebt das Schwert der Gerechtigkeit an, in der neunten und zehnten findet das große Gericht statt, auch an den Engeln. Dann wird der erste Himmel verschwinden und vergehen, und ein neuer wird erscheinen. Von einem Messias ist in dieser Eschatologie keine Rede, Gott schafft alles selber. Da von dem weiteren Gang der syrischen Religionsnot [und] dem Auftreten der Makkabäer noch keine Anspielungen sich finden, so müßte sie [in die Zeit] vor 167 fallen, also um 3 Jahre älter sein als die Danielapokalypse.

Ganz von Daniel abhängig – eine Karikatur von ihm – ist jedoch eine andere Apokalypse, die sich in diesem letzten Teil findet und etwa von Kap. 85 bis 90 geht. Hier muß Henoch auch den leeren Raum zwischen sich und der Endzeit ausfüllen und tut es, indem er in durchsichtiger Vision die ganze Weltgeschichte von Adam und Eva an in dem Schicksal einer Herde darstellt und dabei das Platteste leistet, was man sich denken kann. Der brave Normalmensch ist das Schaf, die bösen sind Wölfe oder andere Raubtiere. So bedrücken die Wölfe die Schafe, bis sie ihre Jungen ins Wasser werfen (gemeint ist der Mord der ägyptischen Kindlein). Am besten wird der Aufstieg Mosis auf den Sinai geschildert: «Und jenes Schaf bestieg den Gipfel des hohen Berges, und der Herr der Schafe schickte es darauf wieder zu ihnen» [89,29]. Das ist das Beckmessertum in der Apokalyptik, und ich habe den Stadtschreiber von Jericho im Verdacht, dieses Opus verfaßt zu haben. Die durchsichtigen geschichtlichen Anspielungen führen etwa bis in den Anfang des Johannes Hyrkan (135–105), also stammt sie aus dem Jahre 130 ca. In die Regierung dieses Johannes Hyrkan fällt nun die große Peripetie in der hasmonäischen

135 [R] 5. Kolleg.

Geschichte. Ausgegangen waren die Hasmonäer, also die Nachkommen des Mattathias, von den Chassidim, den Frommen. Durch sie waren sie zur Herrschaft gelangt, schwenkten aber dann gegen Ende des Jahrhunderts um, verweltlichten und schlossen einen Bund mit dem vornehmen Priesteradel. Das geschah in der letzten Periode des Johannes Hyrkan und bildet den Ausgangspunkt der pharisäischen Partei. Nun macht sich die Unzufriedenheit der frommen Kreise gegen die Hasmonäer in steigendem Maße bemerklich, bis zuletzt im Psalter Salomos die Einnahme Jerusalems durch Pompejus als ein Gottesgericht über sie gefeiert wird.

Nun setzen die eschatologischen Mahnreden aus dem 4. Teil und die Bilderreden (Kap. 36–71) diese Animosität der frommen Kreise gegen die Hamonäer, ja schon heftige Kämpfe voraus, [so] daß sie, sei es in den letzten Jahren des Johannes Hyrkan (135–105), sei es unter Alexander Jannäus (104–78), dem grausamen Verfolger der Pharisäer, verfaßt sein müssen. Sie fallen also jedenfalls [in die Zeit] um die Wende des 2. zum 1. Jahrhundert.

Besonders wichtig sind die Bilderreden – es sind deren drei, d. h. drei längere ausgeführte Visionen – für die Vorstellung vom Gericht und vom Menschensohn. Nebenbei sei noch erwähnt, daß man lange Zeit diese Bilderreden, gerade wegen dem Menschensohn, als ein christliches Produkt ansah und[136] die Menschensohnstellen als interpoliert ausscheiden wollte. Das geht nun nicht an; es sind alles Verlegenheitskünste. Die Bilderreden sind echt.

So kompliziert das Buch Henoch infolge seiner literarischen Zusammenarbeitung ist, so einfach ist die Eschatologie; es ist eben nur eine Fortbildung der Danieleschatologie. Im Vordergrund steht das Gericht. Alles ist geradezu Gerichtseschatologie. Die ausgeführte Eschatologie der Bilderreden ist ungefähr folgende: Alles ist präexistent: Henoch sieht im Himmel die Wohnungen der Gerechten und Heiligen [39,7; 41,2], und der Menschensohn ist geschaffen vor den Sternen und vor der Sonne [48,3],[137] nur wird er verborgen gehalten [40,5?; 48,6]. In der Endzeit aber werden die erwählten Heiligen sichtbar werden, wenn seine Herrschaft anbricht [50,1?]. Jetzt verklagen die Satane noch die Gerechten vor Gott, und die Erzengel müssen ihnen wehren [40,7]. Dann kommen aber die Tage, wo die Sünder den Herrn des Geistes verleugnen [45,1f.; 46,7] und das Blut der Gerechten zum Himmel steigt [47,1]. *Dann wird der Menschensohn erscheinen und sich auf den Thron setzen* [45,3; 51,3; 69,27] – nach andern Stellen ist es der Betagte, der das Gericht abhält.[138] Da werden die Bücher der Lebendigen aufgeschlagen

136 [Ms.:] oder.

137 [R] Präexistenz des Menschensohnes.

138 [R] Früher Reichseschatologie, jetzt nur Gerichtseschatologie. – Aufriß der Eschatologie der Bilderreden.

[47,3]. Die Scheol wird ihre Toten wiedergeben [51,1], und alle werden sie gerichtet werden: Menschen-Könige und Engel.[139] Und die Könige der Erde werden in das tiefe Tal mit loderndem Feuer geworfen werden [54,2].

Jetzt kommt die ezechielische Unterbrechung der Eschatologie: Unter der Aufreizung der Strafengel werden die Könige der Meder und Parther aufgereizt werden, daß sie wie Löwen von ihren Lagern und wie hungrige Wölfe unter die Herde hervorbrechen. Aber vor der heiligen Stadt werden sie untereinander ein Morden beginnen. Und die Scheol wird ihren Rachen aufsperren und sie verschlingen [56,5–8]. Hier zeigt sich am deutlichsten, daß der Messias aus der Eschatologie verschwunden ist, denn seine Rolle war es ja gewesen, diesen letzten Ansturm zu vernichten.[140]

Dann kehrt auf fliegenden Wagen die Diaspora heim. Mit der Rede seines Mundes wird der Menschensohn alle Sünder töten, die Gemeinde der Auserwählten aber wird vor ihm stehen. Sie werden mit jenem Menschensohn essen, sich niederlegen und erheben bis in alle Ewigkeit, und mit dem Kleide der Herrlichkeit werden sie angetan sein [57; 62,2.8.14.15]. Denselben Aufriß setzen die eschatologischen Mahnreden im 4. Abschnitt voraus. Und dort, gerade in den letzten Kapiteln, vergißt man das Abstruse und fühlt nur noch den tiefen sittlichen Ernst aus der Rede, die sich zu prophetischer Größe erhebt, doppelt ergreifend, weil es die Motive sind, die dann Jesus in seinen Reden weiter spinnt. In dem Gedanken der Prädestination findet man den Trost in der Trübsal. 104[,1.2]: «Ich schwöre euch, ihr Gerechten, daß die Engel im Himmel vor der Herrlichkeit des Großen euer zum Guten gedenken; eure Namen sind vor der Herrlichkeit des Großen aufgeschrieben. Seid guter Hoffnung! Denn zuerst wart ihr der Schande [durch Unglück] und Not preisgegeben, aber nun werdet ihr wie die Lichter des Himmels leuchten und scheinen, und die Pforte des Himmels wird euch aufgetan sein.» Welche Schönheit – und zugleich welche Menge von Motiven aus Jesusreden!

§ 6) Die Apokalyptik aus der Zeit des Pompejus. Der Psalter Salomos

Am Eingang der hasmonäischen Zeit steht Daniel; in die Mitte und [in die Zeit] gegen das Ende zu fallen die im Henochbuch zusammengearbeiteten Apokalypsen,[141] am Ausgang steht der Psalter Salomos. Ein

---

139 [«Die Könige und die Mächtigen der Erde»; Engel: 18,14; 19,1; 67,4.]

140 [G. Beer in der Übersetzung bei E. Kautzsch, a.a.O., betrachtet den Menschensohn als den Messias, vgl. dort z. B. 39,6 (Anm.), 46,2 (Anm.), 61,7.]

141 [R] Bei Henoch: der Menschensohn tritt immer mehr in Aktivität.

kurzer Blick auf die Geschichte ist nötig, um alles zu verstehen. Die Söhne des Johannes Hyrkan (135–105) hatten den Königstitel angenommen: zuerst Aristobul, «Philhellen» (Griechenfreund) genannt, und dann, nachdem dieser nach einem Jahr gestorben, Alexander Jannäus (104–78). Unter diesen beiden ist das kleine Juda, das vorher nur eine Stadtgemeinde gewesen war, wieder ein Staat geworden, und zwar hat es ungefähr wieder die Grenzen aus der Zeit Davids erhalten: Samaria und Idumäa gehören dazu, und der Tempel auf Garizim wurde durch Johannes Hyrkan zerstört. Dieses politische Moment ist sehr wichtig zur Erklärung der Rückkehr des Davididen in die Eschatologie.

Die Witwe des Alexander Jannäus regierte von 79–70, unter hellem[142] Parteikampf zwischen Pharisäern und Sadduzäern. Nach ihrem Tode stritten sich ihre beiden Söhne Hyrkan und Aristobul um die Herrschaft. Hyrkan war als der ältere zur Nachfolge berechtigt, wurde aber, da er eine apathische Natur war, durch seinen Bruder Aristobul ganz in den Schatten gestellt. Nun hatte Pompejus anno 66 den Mithridates besiegt und schickte sich anno 63 an, aus Syrien aufzubrechen. Vertreter des Volks, Hyrkan und Aristobul begaben sich zu ihm nach Damaskus. Er entschied sich für Hyrkan und warf den Aristobul ins Gefängnis, da er eine etwas kecke Sprache vor ihm führte. In demselben Jahr 63 zog er nach Jerusalem. Die Stadt ergab sich von selbst, aber Aristobuls Anhänger hatten sich auf der Burg verschanzt und verteidigten dieselbe drei Monate lang. Es war am großen Versöhnungstag, als sie eingenommen wurde. Die Priester standen am Altar und ließen sich im Opfern nicht irre machen. Auf den Stufen des Altars wurden sie niedergehauen und mit ihnen 12000 Menschen. Darauf folgten noch große Hinrichtungen unter den Angehörigen der herrschenden sadduzäischen Partei. Pompejus trat ins Allerheiligste ein, doch ließ er die Tempelschätze unberührt. In seinem Triumphzug in Rom anno 61 aber ging Aristobul mit seiner Familie inmitten zahlreicher jüdischer Gefangener, die nachher, freigelassen, den Grund der jüdischen Gemeinde in Rom bilden, die für die Ausbreitung des Christentums nachher so wichtig wird. Sie sehen, wie die Geschichtsketten sich ineinander fügen.

Damit war die Freiheit des jüdischen Volks nach 80jährigem Bestand zu Grabe getragen. Der größte Teil des Gebiets wurde zur neugegründeten Provinz Syrien geschlagen. Hyrkan führte die Scheinherrschaft über das kleine, ihm belassene Gebiet, und neben ihm stand Antipater, von dem dann die herodianische Königsherrschaft ausging.

In diese Zeit, d. h. in die Tage nach der Eroberung Jerusalems, fällt der Psalter Salomos. Auch dieses Buch war lange verschollen, bis es 1626 durch den Jesuiten «de la Cerda» wieder veröffentlicht wurde.[143] Es

142 [D. h. beständigem.]
143 [Siehe E. Kautzsch, a.a.O., S. 127.]

sind 18 Lieder, die von sich aus mit Eschatologie gar nichts zu tun haben, sondern den Triumphgesang der pharisäischen Partei über die Vernichtung der mit den hellenistischen Hasmonäern verbündeten Sadduzäer ertönen lassen. Wir haben also [im Psalter Salomos] keine Apokalypse, sondern ein politisches Poem. Das Original war hebräisch, die uns erhaltene Übersetzung ist griechisch.

Es wird [darin] die Verworfenheit der Heuchler im hohen Rat und ihrer[144] Geldgier besungen und dann gezeigt, daß einer kommen und das Gericht Gottes an ihnen vollziehen mußte – und dieser eine ist Pompejus. Sein Name wird nicht genannt, denn Salomo redet. Aber durchsichtig wird alles beschrieben, und das Gericht, das er vollzogen, wird als göttlich verherrlicht – der altprophetische Unpatriotismus ist wieder da. «Sie ebneten rauhe Wege vor seinem Einzug», heißt es 8[,17f.], «sie öffneten die Tore Jerusalems und bekränzten ihre Mauern. Er zog ein wie ein Vater in seiner Kinder Haus mit Frieden.» In Ps. 2 wird geschildert, wie er das gerechte Gericht vollzogen habe, aber sich vermaß, das Heiligtum zu betreten [2,2] – und darum sein Ende. «Er hatte nicht bedacht, daß er ein Mensch war, und hatte das Ende nicht bedacht» (2,28) – das Lied weiß also von der Schlacht bei Pharsalus und dem Ende des Imperators.[145]

Aber dieses Gericht ist nur ein Vorspiel, denn kommen muß das große Gericht, und aus jenem[146] wird hervorgehen das Reich Davids. Darum handeln die letzten Psalmen vom davidischen Messias. Eines haben also die Hasmonäer der Eschatologie wiedergebracht: das Bewußtsein, ein politisches Volk zu sein, und damit die Erinnerung an das Reich Davids. So wird gerade Salomo zum Verfasser des Pseudepigraphen gemacht, und der davidische Messias kehrt nach einer Verbannung von 5 1/2 Jahrhunderten[147] (590–60) in die Eschatologie zurück, weil das Königtum das Hohepriestertum ablöst. Im Psalter Salomos bezeichnet מָשִׁיחַ nicht wie in Daniel den Hohepriester, sondern den Messias. Und dieser Messias muß kommen, die Hasmonäer in übernatürlicher Weise ablösend, wegen der Gerechten. Freilich, dieser Davidide ist nicht mehr eine natürliche, sondern eine übernatürliche Persönlichkeit, und das Reich ist ein übernatürliches, denn die *Auferstandenen werden darinnen wohnen*, 3,12: «aber die den Herrn fürchten, werden auferstehen zum ewigen Leben, und ihr Leben im Licht wird nimmermehr versiegen.»[148] Hier ist also die Verbindung von Eschatologiehoffnung und Auferstehungsglauben, welche [beide] uns dann bei Jesus wiederbegegnen und ihn mit den Pharisäern zusammenketten, schon vollzogen.

144 [Ms.:] ihre.
145 [48 v. Chr.]
146 [diesem?]
147 [Ms.:] 4 1/2 J.
148 [Dazu notiert:] (ob für [das] messianische Reich [geltend]?)

In diesem Glauben sehnen sich die Gerechten nach dem Gericht; denn sie werden in demselben errettet werden und zur Herrlichkeit eingehen. So verlangt es die Gerechtigkeit Gottes. «Des Feuers Flamme und der Zorn über die Gottlosen wird ihn[149] nicht erreichen, wenn er ausgeht über die Gottlosen vom Antlitze des Herrn, zu vernichten der Gottlosen ganzes Wesen. Denn die Frommen *tragen Gottes Zeichen an sich, das sie rettet*» (15,4–6). Die andern aber tragen das Zeichen des Verderbens, darum gehen sie am Gerichtstage des Herrn für ewig zugrunde (15,9.12).[150] Diese Stelle ist von großer Tragweite für die Eschatologie Johannes des Täufers und die Predigt der Taufe.

Der Messias wird im 17. und 18. Kapitel besungen. Es heißt da (Salomo spricht): «Sieh darein, o Herr, und laß ihnen erstehen ihren König, den Sohn Davids, zu der Zeit, die du erkoren, Gott, daß er über deinem Knecht Israel regiere» [17,21]. Mit Gottes Kraft gegürtet wird er Jerusalem von fremden Herrschern und Heiden befreien [17,22] (hier der politische Beigeschmack dieser pharisäischen Eschatologie). «Er vernichte[151] die gottlosen Heiden mit dem Hauch[152] seines Mundes» ([17,24,] Zitat aus Jes. 11,4, [vgl.] II Thess. 2,8).

«Dann wird er ein heiliges Volk zusammenbringen, das er mit Gerechtigkeit regiert» (17,26). «Und er verteilt sie nach ihren Stämmen über das Land, und weder Beisasse noch Fremder darf künftig unter ihnen wohnen» [17,28].[153] Sie sehen, wie der Universalismus der exilischen Eschatologie unter den Kämpfen gegen Antiochus und gegen die hellenisierten Hasmonäer verdunstet ist. Wie weit sind wir von Deuterojesaja! Aber es mußte so kommen. Aber dennoch wird dann gesagt, «daß die Völker vom Ende der Erde kommen werden, seine [des Herrn] Herrlichkeit zu sehen» (17,31).

Der Messias aber «ist rein von Sünde, daß er herrschen kann über ein großes Volk» (17,36). Also die erste Fassung des Dogmas von der Sündlosigkeit des Messias!

«Selig, wer in jenen Tagen leben wird» (17,44).[154]

«Gott, reinige Israel auf den Tag der heilsamen Gnade, auf den Tag der Auswahl, wenn sein Gesalbter zur Herrschaft kommt» (18,5).[155]

Weiter ist die Rede vom Heil Israels, das er [der Herr?] «dem kommenden Geschlechte schafft unter der Zuchtrute des Gesalbten des Herrn in der Furcht seines Gottes, in geistgewirkter Weisheit, Gerechtigkeit und Stärke» (18,7), «daß er leite einen jeglichen *in Werken der*

---

149 [den, der Gott aufrichtig preist (15,2).]
150 [R] Zeichen an sich tragen (Kennzeichnung!)
151 [Ms.:] vernichtet.
152 [Bei Kautzsch: «Worte».]
153 [R] Gegen Universalismus.
154 [R] Das bevorzugte Geschlecht.
155 [R] Die Synthese von Psalm und Apokalypse.

Gerechtigkeit in[156] *Gottesfurcht und sie allesamt darstelle vor dem Antlitze des Herrn»* (18,8).[157] (Hier zum ersten Mal dieser merkwürdige Ausdruck der Darstellung[158] in der eschatologischen Vollendung, der dann im Paulinismus so oft wiederkehrt, cf. Eph. 5,[25.]27: Christus hat sich für die Kirche dahingegeben, ἵνα παραστήσῃ αὐτὸς ἑαυτῷ ἔνδοξον τὴν ἐκκλησίαν [«damit er selbst die Kirche... vor sich hinstellte»]. Cf. auch II Kor. 4,14: Gott wird die Auferweckten mit Christo darstellen.)

Dann wird sein «ein *gut Geschlecht* voll Gottesfurcht in den Tagen der Gnade»! [18,9.]

Das ist die pharisäische Apokalypse in Psalmenform. Sie ist tief und ernst, mit einer sittlichen Energie ohnegleichen, das schönste Denkmal, das sich der Pharisäismus in seiner Blütezeit gesetzt hat. *Das Moralische dominiert noch das Gesetzliche*; noch ist die Kasuistik nicht alles.[159] Nur manchmal kommt das gedrückt Pietistische hervor, z.B. heißt es in Ps. 13,8: «Der Gerechte wird insgeheim gezüchtigt (von Gott), damit sich der Gottlose nicht über den Gerechten freue.»

Bewundernswert ist der einfache Aufriß dieser Apokalypse: Sie erwartet ein Gericht und darauf, nach Vernichtung der Gottlosen, die Aufrichtung des messianischen Reiches unter dem «Davididen». Der messianische König tritt also wieder in Wirksamkeit, obwohl zuletzt doch wieder die Theokratie die einzig dominierende Form der Zukunft ist: «Der Herr ist unser König immer und ewig» (17,46). Dieser Zwiespalt, der daher rührt, daß die Eschatologie eben Jahrhunderte und noch bei Daniel ohne messianische Vorstellung existiert hat, geht durch die ganze Eschatologie durch bis Paulus, wenn er I Kor. 15,28 das messianische Reich dennoch nur als etwas Vorübergehendes auffaßt und sagt, daß am letzten Ende der Dinge der Sohn zurücktreten wird hinter dem, der ihm alles untertan gemacht hat, ἵνα ᾖ ὁ θεὸς τὰ πάντα ἐν πᾶσιν [«damit ist Gott alles in allem»]. Der Messias und das messianische Reich sind der nachdanielischen Eschatologie eben doch nur aufgesetzt.[160]

§ 7) Die Eschatologie Johannes des Täufers

Zwischen dem Psalter Salomos und dem Auftreten des Täufers liegen etwa zwei Menschenalter, in denen zwar die eschatologische Stimmung und Erwartung anhielt, die aber selbst unproduktiv waren. Wie konnte es auch anders sein? Es trat ja keine neue geschichtliche Tatsa-

156 [Bei Kautzsch: «durch».]

157 [R] *Die aktive Rolle des Messias!* Zugleich wieder aktive Persönlichkeit. Das Großartige dieser pharisäischen Apokalyptik.

158 [R] Darstellung vor [dem] Antlitz des Herrn.

159 [R] das Kleine: [das] Kasuistische.

160 [Letztes Wort (undeutlich):] aufgenietet.

che ein, die der Eschatologie eine andere Wendung hätte geben können. Seit 40 v. Chr. herrschte Herodes der Große, welcher durch seine Heirat mit Mariamne, der Enkelin Hyrkans II., und durch die Ermordung aller übrigen Glieder der herrschenden Familie die legitime Hasmonäerherrschaft zu sich überleitete. Von der pharisäisch-eschatologisch erregten Partei wurde er gehaßt als Römling – denn, das darf man jetzt nie vergessen: die Pharisäer sind die Träger der eschatologischen Hoffnung; die Sadduzäer verachten diese Erwartungen. Empörung über Empörung brach aus; Herodes erstickte alles im Blut, ohne jedoch jemals die jüdische Religion als solche anzugreifen. Darum behielt die Eschatologie ihre Form, nur nahm sie an Intensität zu, bis sie zuletzt in der Täuferbewegung in Judäa und in der Bewegung Jesu von Nazareth in Galiläa ausbrach, und aus diesem vulkanartigen Hervorbrechen der eschatologischen Erwartung geht dann das Christentum hervor.[161]

Nun muß man, um jene Zeit zu verstehen, mit einigen in der modernen Wissenschaft beinahe zum Dogma erhobenen Vorurteilen aufräumen. Das erste heißt die rabbinische Eschatologie. Man lebt in der idée fixe, daß man, um die Eschatologie des Täufers und Jesu zu verstehen, die rabbinische Eschatologie kennen müsse, und sucht nun im Talmud nach eschatologischen Rabbinengesprächen, um sich daraus ein Bild zusammenzustellen. Nein, die verkümmerte rabbinische Eschatologie fällt in die Zeit nach Jesu, wie ja alle diese Traktate nachchristlich sind. Aber vom Psalter Salomos bis Johannes war die Eschatologie lebendiges Volksgut, und darum ist die Eschatologie des Täufers die direkte Fortsetzung des Psalters Salomos. Zwischenglieder gab es nicht. Jedermann kannte ihn, denn er wurde ja in der Synagoge vorgesungen.

Nur eines ist an jener Idee einer rabbinischen Eschatologie richtig: daß nämlich die eschatologische Vorstellung in den Kreis des Schriftstudiums hineingezogen wird. In diesen zwei Menschenaltern werden die alten Propheten in der Eschatologie wieder wirksam. Das ist mit dem Zurückkehren der davidischen Herrschaft in die eschatologische Vorstellung notwendig gegeben. Sie sehen, wie eins mit dem andern zusammenhängt. Man könnte geradezu von einer Restauration der altprophetischen Eschatologie im Rahmen der danielischen Apokalyptik reden, denn nun werden, und das tritt ja tatsächlich schon im Psalter Salomos hervor,[162] ganze Stücke der altprophetischen Eschatologie in den danielischen Aufriß, der davon ganz unabhängig ist, eingezeichnet. Das ist bei Johannes und ebenso bei Jesus der Fall. Und, um den Gedanken gleich zu Ende zu führen, in dieser Rückwirkung der prophetischen

161 [R] Eschatologie tritt aus dem Gesetz heraus.
162 [R] [Dieser Satz und die beiden vorangehenden Sätze sind mit Randstrich bezeichnet, dazu die (spätere) Notiz:] dies anders fassen, mit Fragezeichen (1908).

Eschatologie tritt dann auch an die Stelle des Gesetzes, als eschatologische Ethik, die altprophetische Ethik mit ihren einfachen sittlichen Grundgedanken, die sich um den Begriff der Buße gruppieren. Und damit wird eben, in Jesus, eine Eschatologie vorbereitet, die das Gesetz und das Jüdische ausscheidet [und] dann darauf angewiesen ist, den Zusammenhang mit der allgemeinen ethischen Religiosität zu suchen: so geht dann die Eschatologie zugrunde, und die christliche Religion tritt hervor. Zum Verständnis des folgenden sind diese kurzen vorausweisenden Andeutungen nötig gewesen.

Noch ein zweites Vorurteil ist abzuweisen, nämlich [das,] als ob man damals die Eschatologie als etwas Kompliziertes empfunden hätte. Nein. Die Eschatologie des Daniel ist einfach, die der Bilderreden Henochs ebenfalls und die des Psalters Salomos nicht minder. Daß sich auf der Peripherie Astronomisches, Mythologisches und Engelspekulationen[163] herumbewegten, das ergibt sich aus den Apokalypsen, welche im Henochbuch zusammengearbeitet sind, und aus Vorstellungen, welche dann in der folgenden Eschatologie noch klarer hervortreten. Das hindert aber nicht, daß die Eschatologie aus der Zeit des Herodes und Augustus ihrem Aufbau nach ungeheuer einfach ist, gerade weil die Intensität, mit der sie auftritt, so ungeheuer ist. Kein Gedanke ist kompliziert, solange er in Aktion ist. Die eigentliche Kompliziertheit kommt erst später, mit der zunehmenden Erstarrung: das sind dann die Lavagebiete.[164]

Nun also die Eschatologie des Täufers – wir stehen am Ende der 20er Jahre des 1. Jahrhunderts nach Christi Geburt. (*Mk. 1,1–9, Mt. 3,1–11, Lk. 3,1–18.*) Sie ist überraschend einfach: Verkündigung des nahen Gerichts und zugleich des nahen Reiches. Eschatologische Schilderung: gar keine, sondern eschatologische Bußpredigt:[165] das Prophetische und das Ethische kehren zusammen in die Eschatologie zurück. Johannes ist der erste seit Haggai und Sacharja, der von Eschatologie mit der Autorität seiner Person redet und nicht bloß schreibt, und zwar aus der Gegenwart heraus, nicht aus der Vergangenheit unter erborgtem Namen.

Ferner aber ist wichtig, daß sich hier die Eschatologie schon loszulösen beginnt von dem Pharisäismus und dem Gesetz.[166] Der Pharisäismus war damals schon erstarrt in der Gesetzeskasuistik, trotz der großen sittlichen Kraft, die sich in dieser engen Gesetzlichkeit auslebte. Und eben mit dem Zurückkehren der prophetischen Ethik in die Eschatologie – wir haben also den Effekt einer Restauration – löst sich die Eschatologie unvermerkt vom Gesetz ab. Sie ist sich selbst eines prinzipiellen

---

163 [im Ms. undeutlich, verschrieben:] Engelspekultanien [?].
164 [R] 6. Kolleg.
165 [R] [Das] prophetische Selbstbewußtsein.
166 [R] Die Voraussetzung, daß [das] Volk alle Schriften kennt.

Gegensatzes nicht bewußt, sondern es tritt nur neben die Gesetzespredigt – denn Gesetzesbeobachtung wird vorausgesetzt – die Bußpredigt in ethischem Sinn. Mit andern Worten: die Propheten erstehen wieder auf und entreißen den Pharisäern die Eschatologie. So kommt der Gegensatz von selbst, obwohl sie, bis zu Jesu Tod und darüber hinaus, alle auf demselben Boden stehen. Der Pharisäismus war eben gealtert und konnte die Evolution nicht mehr mitmachen. Der Grundgedanke der eschatologischen Predigt ist also die Vermahnung zur Buße mit ausdrücklicher Ablehnung des äußerlich pharisäischen Heiligkeitsideals und der pharisäischen Zuversicht. Darum wird die Sicherheit der Abrahamssöhne erschüttert – Gott kann auch aus Steinen dem Abraham Kinder erwecken [Mt. 3,9]. Das Gericht ist nahe.

Mit der eschatologischen Predigt ist die *Taufe* verbunden.[167] Ihr Ursprung und ihre Bedeutung sind dunkel. Verstehen kann man sie nur, wenn man sie in den eschatologischen Zusammenhang hineinstellt. Das hat man aber bisher nicht getan. Man hat einfach vorausgesetzt, daß die Johannestaufe eine symbolische Handlung war, die äußerlich die innere Umwandlung bekundete. Was soll aber das in der Gerichtspredigt? Nein, die Johannestaufe war keine symbolische Handlung, sondern ein realistisches eschatologisches Sakrament. Die Mission, die der Täufer für sich in Anspruch nimmt, besteht darin, die, welche Buße getan haben, zu kennzeichnen auf das nahe Gericht hin. Nicht er vergibt ihnen die Sünden, sondern seine Taufe ist eine Taufe zur Vergebung der Sünden, weil die damit Gezeichneten sicher sind, beim Gericht freigesprochen zu werden. Das versteht man eben nur, wenn man bedenkt, wie einer der Hauptgedanken des Psalters Salomos dahin geht, *daß die Frommen Gottes Zeichen an sich tragen, das sie durch das Gericht hindurchrettet.*[168] Nun, Johannes ist gekommen, dieses Zeichen den Menschen aufzudrücken. Darum ist er aufgebracht, als auch die Pharisäer und Sadduzäer sich zur Taufe drängen, und fährt sie an: «Ihr Otterngezüchte, wer hat euch gelehrt, dem kommenden Zorn zu entfliehen?» [Mt. 3,7]. Und Jesus selbst erklärt in seiner jerusalemitischen Rede über den Täufer, daß die Taufe des Johannes eine himmlische Veranstaltung war, indem er die Alternative stellt: war sie vom Himmel oder von Menschen? (Mk. 11,27–33.) Auch die verchristlichte Johannestaufe ist niemals eine symbolische Handlung gewesen, sondern von Anfang an eine Errettung, ein Siegel, ein Unterpfand. Nicht war sie eine Bekenntnishandlung des Täuflings, sondern eine Gnadenhandlung an ihm auf das zukünftige Gericht.

Der steigende Einfluß der altprophetischen Eschatologie macht sich[169]

---

167 [R] Taufe = Zeichnung [Kennzeichnung].
168 [R] [Ausrufezeichen. – Vgl. oben S. 411 (Ps. Sal. 15,4–6).]
169 [Ms.:] sie.

nun bei Johannes darin bemerklich, daß er der Eliaspersönlichkeit aus Maleachi[170] eine Stelle anweist. Vollständig falsch ist es, zu meinen, er habe sich selbst als diesen Elias [auf]gefaßt. Nie hat er das ausgesprochen, und nie ist im Volk irgendwie der Gedanke aufgetaucht, er könne es sein, denn Johannes war ein natürlicher Mensch und tat keine Wunder, der Elias aber sollte ein Auferstandener sein, und also sollten Wunderkräfte von ihm ausgehen. Darum sieht das Volk in Jesus den Elias, bis in die Tage von Cäsarea Philippi. Und als der König Herodes nach der Enthauptung des Täufers von den Erfolgen und den Zeichen Jesu hörte, da sagte er: Johannes der Täufer ist auferstanden von den Toten,[171] und darum wirken die Kräfte in ihm. Andere aber sagten, Jesus sei der Elias (Mk. 6,14 u. 15).[172] Jesus ist der erste, der den Täufer als den Elias bezeichnet hat. Als er nämlich bei dem Abstieg von dem Verklärungsberg [zu] den drei Intimen von der Totenauferstehung redet, da entgegnen ihm diese, daß nach der Lehre der Pharisäer und Schriftgelehrten zuerst, ehe jene eintrete, Elias kommen müsse, und er sagt ihnen darauf: «Er war schon da, wenn ihr es fassen könnt, aber sie haben ihn nicht erkannt, sondern ihn vergewaltigt. Da merkten die Jünger, daß er auf den [von dem] Täufer redete» (Mk. 9,9–13).[173]

Daraus geht hervor, daß die Eliasfigur schon durch die pharisäische Schriftgelehrsamkeit wieder in die neue Eschatologie eingetragen worden ist, und Johannes wollte dieser Elias gar nicht sein, sondern er predigte dessen Kommen.[174] Nämlich der Stärkere, der nach ihm kommen wird [Mt. 3,11], dessen Schuhriemen aufzulösen er nicht wert ist [Lk. 3,16], und der mit dem heiligen Geist tauft, der ist nicht der Messias – dazu hat ihn erst die christliche Dogmatik und die evangelische Geschichtserzählung in Rückschluß aus der Erscheinung Jesu gemacht – sondern eben der Elias. Seit wann tauft denn der Messias? Mit dem Messias kann sich der Täufer in gar keinen Vergleich stellen, aber der unverhältnismäßig Größere als er, und der doch ihm gleicht, das ist eben der Elias, welcher unter die Menschen kommen, durch Wunder und Zeichen seine übernatürliche Persönlichkeit bekunden wird und alles zurechtbringen soll. Und weil dieser nach Maleachi vor dem Einbrechen des Gerichts kommen soll,[175] weil aber ferner nach Joel ebenfalls vor dem Gericht die Geistesausgießung unter Zeichen und Wundern

---

170 [Siehe oben S. 391 f.]

171 [Nach Mk. 6,14 sagte man dies, und Herodes wiederholt dann die Aussage in V. 16.]

172 [R] [Randstrich neben dem Abschnitt mit der Bemerkung:] kürzer.
[R] 3. große produktive Periode.

173 [Das Zitat schließt sich mehr an Mt. 17,9–13 an, der letzte Satz steht nur in Mt. 17,13. Die Bemerkung «wenn ihr es fassen könnt» stammt aus Mt. 19,12.]

174 [R] [Mit Bleistift: Fragezeichen.]

175 [Mal. 4,5.]

statthaben soll,[176] kombiniert der Täufer beide Vorstellungen und kommt so zu dem Gedanken, daß Elias[177] mit dem heiligen Geist tauft. Seine eigene Wassertaufe aber hat die Bedeutung, daß sie die Anwartschaft gibt auf jene Geistestaufe. Er trifft die Auslese unter den Buße Tuenden auf jene Zeit hin und sagt ihnen bei der Taufe, was das für eine Bedeutung auf die Zeit jenes Vorläufers habe: «Ich habe euch mit Wasser getauft, er aber wird euch mit dem heiligen Geiste taufen» (Mk. 1,8). Damit will er sich nicht selbst Spott auf die Ware bieten und sagen, seine Taufe sei nur eine schlechte Wassertaufe, so eine Art Kleid zum Ausprobieren, sondern er macht sie auf den inneren Zusammenhang zwischen seiner Taufe und der kommenden Geistesausgießung in den Tagen des Vorläufers aufmerksam. Seine ganze Eschatologie ist also *nur Vordergrundseschatologie,*[178] *auf die Ereignisse [gerichtet], die vor dem Gericht sich auf Erden abspielen.* Das Kommen des Menschensohnes auf den Wolken und alles, was darauf folgt, bleibt im Dunkel. Er beleuchtet nur die ethisch gefärbten[179] Dekorationen an der Eschatologie. Und als er Jesum auf seine Zeichen und Wunder hin fragen ließ: «Bist du der da kommen soll?»[180] da meint er nicht: bist du der Messias – denn der Menschensohn wandelt doch nicht lehrend und zurechtweisend unter den Menschen, sondern der Elias.

Mit einem Wort: In dem Täufer kommen in die einfache pharisäische Eschatologie zurück 1) die prophetische, übergesetzliche Ethik [und] 2) die lebendige Persönlichkeit. Das Leben an Stelle der Ausmalung.

§ 8) Die Eschatologie Jesu von Nazareth[181]

Es ist merkwürdig, mit welchen Punkten man bei der Darstellung der Lehre Jesu eingesetzt hat. Gewöhnlich tat man es, indem man vom «Selbstbewußtsein» Jesu ausging. Nun ist schon das Selbstbewußtsein eines gewöhnlichen Menschen etwas, das nie adäquat erfaßt und beschrieben werden kann. Nun aber erst das Selbstbewußtsein eines Menschen wie Jesus! Mit diesem Schwersten und Unerforschlichsten hat man angefangen und den Rest seiner Lehre von diesem Punkte abgeleitet! Oder man fing mit seiner Lehre von Gott oder mit seiner Lehre von der Sünde an,[182] als hätte er sich darüber jemals im Zusammenhang

---

176 [Joel 2,31 (=3,4).]
177 [Ms.:] des Elias, der mit ...
178 [R] [Ausrufezeichen.]
179 [Zuerst (gestrichen):] interessierten.
180 [Mt. 11,3.]
181 [R] Ein Stück in der Geschichte der Eschatologie. Hätte damit anfangen sollen.
182 [R] Lehre von Gott und was weiß ich noch, statt einfach mit dem Nächstliegenden: seiner Predigt.

ausgesprochen. Dabei hat man den natürlichsten Anfang vergessen: seine eschatologische Predigt. Wie hat ihn das Volk als Prediger verstanden? Denn von sich und seiner Person hat er ja zum Volk nie geredet.

Hier wieder ist es auffällig, wie einfach seine Eschatologie ist. Den Grundstock bildet Daniel, von dem die Begriffe Gottesreich und Menschensohn herstammen. Aber Daniel wirkt nicht direkt, sondern in der Form, wie ihn Henoch gestaltet hat. Die Bilderreden Henochs vom Gericht und die eschatologischen Schlußermahnungen klingen bei Jesus überall durch, worauf ich schon bei der Analyse des Henoch aufmerksam machte. *Der Menschensohn ist bei ihm zusammengedacht*[183] *mit dem Messias,* er wirkt bei dem Gericht mit und kommt nicht erst, wenn alles fertig ist, wie bei Daniel.

Drittens aber ist für ihn der Menschensohn identisch mit dem davidischen König, wobei allerdings alles Genealogische unter den Tisch fällt, denn der Menschensohn ist eine mit übernatürlichen Kräften erscheinende Persönlichkeit. Jesus hat also die Synthese zwischen Henoch und dem Psalter Salomos[184] vollzogen.

Jesus war für seine Zeitgenossen ein Prediger der Nähe der Eschatologie,[185] und hinsichtlich der Verkündigung bestand kein Unterschied zwischen ihm und dem Täufer, denn er beginnt in Galiläa damit, daß er predigt: «Die Zeit ist erfüllt, und das Reich Gottes ist nahe herbeigekommen. Tut Buße und glaubet an diese gute Botschaft» (Mk. 1,15). Diese eschatologische Erwartung ist aufs engste verbunden mit dem Glauben an die Totenauferstehung; darum vertritt er den Sadduzäern gegenüber dieses Dogma, mit dem ausdrücklichen Hinweis, daß die Auferstandenen sein werden wie die Engel im Himmel (Mk. 12,18–27), wodurch ihre ganze Dialektik, die immer mit den natürlichen Verhältnissen operiert, hinfällig wird. Das muß also festgehalten werden: Reich Gottes und Himmelreich sind für Jesus nicht etwa gegenwärtige, sondern rein zukünftige Größen, welche sich erst nach der allgemeinen Totenauferstehung realisieren und in welchen alles natürliche Dasein ins Übernatürliche verwandelt ist, weil eben dieser [bisherige natürliche] Weltlauf vorüber ist.

Das zukünftige Reich tritt erst ein im Anschluß an das Gericht. Hier ist nun gar kein Unterschied zwischen Jesus einerseits, Henoch und Psalter Salomos andererseits. Mit Henoch stimmt sogar das Schwanken überein, daß bald Gott, bald der Menschensohn als Richter gedacht ist.

---

183 [R] Ob er das selber zusammengelegt hat?

184 [Vgl. o. S. 410.]

185 [1950 erklärt A. Schweitzer in *Reich Gottes und Christentum* ausdrücklich, er verwende das Wort «Eschatologie» oft als Abkürzung für die letzten Ereignisse und den Anbruch des Gottesreiches. In diesem Sinn ist das Wort offensichtlich schon hier verwendet.]

Die Hauptstelle findet sich Mt. 25,31ff., am Schluß des Gleichnisses[186] von den anvertrauten Pfunden: «Wenn aber der Menschensohn kommen wird in seiner Herrlichkeit und alle Engel mit ihm» (Sie sehen, welche Rolle die Angelologie auch bei Jesus spielt: hier steht also der Messias als der Menschensohn über den Engeln), «dann wird er sich auf den Thron seiner Herrlichkeit setzen, und alle Völker» – d. h. alle Völker, die jemals auf der Welt existiert haben, Tote und Lebendige – «werden vor ihn gebracht werden», die Leute von Sodom und Gomorrha, von Ninive, Tyrus und Sidon[187] gerade so gut wie die Galiläer, denen er gepredigt [hat],[188] und er wird die Scheidung vollziehen. Zu den einen «wird der König sagen: Kommet her, ihr Gesegneten meines Vaters, und ererbet das Reich, das euch bereitet ist von Anbeginn der Welt» – Sie sehen, wie das Präexistente und Prädestinatianische mitwirken. – Die andern aber werden zur ewigen Strafe eingehen. In den jerusalemitischen Tagen hat Jesus[189] nur durchsichtige Gleichnisse auf das Gericht gesprochen.

Auch das messianische Mahl ist in seiner Eschatologie enthalten. Nicht nur, daß er Gleichnisse redet, die sich darauf beziehen, wie z. B. das Gleichnis von der königlichen Hochzeit (Mt. 22,1ff.) und das Gleichnis von den zehn Jungfrauen (Mt. 25,1–13), sondern er verkündet auch, «daß viele von Aufgang und Niedergang[190] kommen werden und mit Abraham, Isaak und Jakob zu Tische liegen ἐν τῇ βασιλείᾳ τῶν οὐρανῶν [«im Reich der Himmel»]. Die Söhne des Königreichs aber werden hinausgetrieben werden in die äußerste Finsternis, wo ist Heulen und Zähneklappern» (Mt. 8,11 u. 12). Beim letzten Mahle aber verweist er die Jünger auf das messianische Mahl, wo er wieder mit ihnen vereinigt sein wird, indem er sagt: «Ich werde von nun an nicht mehr von dem Gewächs des Weinstocks trinken bis an den Tag, wo ich es neu trinke in meines Vaters Reich» (Mk. 14,25). Das messianische Mahl ist also für Jesus nicht eine Redeformel, sondern eine Realität, ein Teil seiner eschatologischen Verkündigung.

Auch über die Zeit, wann es[191] einbrechen soll, hat er sich geäußert. Zu den Jüngern, als er sie aussendet, in fliegender Hast den Städten Israels zu verkünden, daß der Tag da ist – denn das ist die sogenannte Missionsreise – sagt er, daß sie mit den Städten Israels nicht zu Ende kommen werden, bis der Menschensohn erscheinen wird (Mt. 10,23). Mit diesem Ausspruch stimmt auch die Deutung der Gleichnisse von

186 [Ms.:] der Gleichnisse.

187 [Vgl. Mt. 11,22.24; 12,41.]

188 [R] Die jüdische Theologie krankte damals an der historischen Betrachtungsweise wie heute die protestantische.

189 [Ms.:] er.

190 [Von Osten und Westen.]

191 [Das erwartete Geschehen; Drangsal, Gericht, künftiges Reich.]

der wachsenden Saat,[192] denn sie enthalten die Chronologie seiner Eschatologie. Zur Erntezeit schickt der Herr die Schnitter aus. Daher sandte Jesus gerade zur Erntezeit seine Jünger aus mit der Nachricht, daß nun alles sich erfüllen werde. Es kam dann die erste eschatologische Verzögerung: die Jünger kehrten zurück, und der Menschensohn war nicht erschienen. Später hat er kein Datum mehr angegeben, nur immer in Gleichnissen darauf hingewiesen, daß der Tag kommt wie der Dieb in der Nacht, wenn man ihn am wenigsten erwartet.[193] Er muß das Ereignis [als] nach seinem Tode in nächster Nähe [kommend] erwartet haben, denn den Richtern verheißt er, daß sie sehen werden den Menschensohn sitzend zur Rechten der Kraft und kommend mit den Wolken des Himmels (Mk. 14,62). Auch Mk. 9,1 wird gesagt, daß diese Generation noch die kommenden Dinge erleben wird: «Wahrlich, ich sage euch, es stehen welche hier, die den Tod nicht schmecken werden, bis daß sie sehen das Reich Gottes kommend in Kraft.»

Die Erfordernis zum Eintritt in das kommende Reich ist sittliche Umkehr und sittliche Besserung. Jesus führt darin die Predigt des Täufers fort, und der ganze Strom der altprophetischen Ethik ergießt sich nun in seine Eschatologie. Ja noch mehr: diese ganze Ethik wird dort auf einen noch viel höheren und reineren Ausdruck gebracht. Aber nie darf man vergessen, daß Jesus [nicht][194] die Ethik predigt, die im Reiche Gottes gilt – denn das Reich Gottes ist übernatürlich, die Menschen sind [in ihm] im[195] Engeldasein, und das Böse existiert nicht mehr –, sondern er predigt die Interimsethik, die neben das Gesetz tritt, welches in ungebrochener und unangefochtener Geltung vorausgesetzt wird (cf. Mt. 5,18) und die Vorbereitung auf das Reich Gottes enthält. Darum die Futura in den Seligpreisungen: «sie werden das Land ererben», «sie werden getröstet werden», «sie werden satt werden», «sie werden Barmherzigkeit erlangen», «sie werden Gott schauen» etc. [Mt. 5,3 ff.].

Aber nun führt Jesus zugleich einen Gedanken fort, der schon in den eschatologischen Ermahnungsreden des Henoch hervortrat: Gleichbedeutend mit sittlichem Verhalten ist *Leiden und Verfolgung um der Hoffnung auf die Zukunft willen.* Leiden und Verfolgung sind das Wahrzeichen der für das Reich Gottes Bestimmten. Darum handeln die beiden letzten Seligpreisungen von denen, die um der Gerechtigkeit willen verfolgt werden. Ihrer ist das Gottesreich; sie sollen sich freuen und jubeln (χαίρετε καὶ ἀγαλλιᾶσθε – also den eschatologischen Jubel schon jetzt anstimmen), denn ihr großer Lohn ist schon im Himmel bereit gehalten (Mt. 5,11.12).

192 [Das heißt wohl das Gleichnis vom Unkraut unter dem Weizen (Mt. 13,24ff.) und seine Deutung (Mt. 13,36ff.).]

193 [Mt. 24,43f., vgl. I Thess. 5,2.4; Apk. Joh. 3,3; 16,15.]

194 [Im Ms. statt «nicht» irrtümlicherweise zweimal «die».]

195 [Ms.:] in.

Darin ist schon ein prädestinatianischer Gedanke enthalten, der in der ganzen nachexilischen Apokalyptik immer stärker sich geltend gemacht [hat]. Bei Jesus tritt er vollständig, schroff hervor: «Viele sind berufen – aber wenige sind auserwählt» (Mt. 22,14), denn jene ganze grauenhafte Wendung[196] des Gleichnisses von dem königlichen Gästemahl hat nur den Zweck, die Prädestination hervorzuheben. Der Unglaube, welchen die eschatologische Predigt findet, ist nur die Manifestation der Verstokkung, welche auf der Prädestination beruht. Darum wird das Kommen des Reiches Gottes in Gleichnissen geschildert «τοῖς ἔξω» «[denen,] die draußen stehen», «damit sie sehend nicht merken und hörend nicht verstehen, damit sie sich nicht etwa bekehren und ihnen verziehen werde» (Mk. 4,[11.]12). Also die ganze Härte der Prädestinationslehre liegt schon in der Verkündigung Jesu, und die Wurzeln der christlichen Prädestinationslehre gehen aus der Eschatologie hervor, denn die Eschatologie ist prädestinatianisch.

Das ist die eschatologische Predigt Jesu an das Volk. Seine Persönlichkeit gehört also gar nicht zur Verkündigung, weder am Anfang noch [am] Ende. Er redet ihnen vom Kommen des Menschensohnes, und dieser ist eine dritte Persönlichkeit. Niemand ahnt, daß zwischen ihm und diesem Menschensohn irgendwelche Verbindung besteht.[197] Die Jünger erfahren [es] als ein Geheimnis zu Cäsarea Philippi, Judas verrät es den Hohepriestern, und darauf wird er wegen Gotteslästerung verurteilt. Jesus hat nicht als Messias gepredigt und hat sich selbst, solange er auf Erden war, nicht als Messias angesehen. Einen Messias gab es erst von dem Gericht an, und derselbe war nicht eine irdische, sondern eine überirdische Persönlichkeit.[198] Darum mußte Jesus erst in den überirdischen Zustand erhoben werden, ehe er Messias war. Mit andern Worten: Sein Messianitätsgeheimnis war futurisch. Er predigte das Kommen des Reiches als der, welcher von sich wußte, daß er dann als Menschensohn der Welt offenbar würde. Das war das Selbstbewußtsein Jesu.

Seine eschatologische Predigt aber wird davon nicht berührt, denn dort redet er vom Menschensohn als von einer fremden Größe. Aber innerlich werden dadurch Verbindungsfäden geknüpft.

Jesus predigt die Fortsetzung der Eschatologie des Johannes: dieser[199] ging bis auf den Elias und die Geistesausgießung. Jesus aber setzt bei der vormessianischen Drangsal ein.[200] Sie spielt eine große Rolle in seiner Verkündigung: in dem Gedanken der Drangsal gipfeln die Seligpreisungen. Und die Aussendungsrede an die Jünger [Mt. 10,5–25], was ist sie

---

196 [Mt. 22,12f.]
197 [R] Nicht reich an Vorstellungen, sondern reich durch Persönlichkeit.
198 [R] Einer, der als Messias geboren wird[, das] ist Unsinn.
199 [Oder: diese; Ms.:] jener.
200 [R] Drangsal bei Jesus.

denn anderes als eine Vorbereitung auf die Drangsal? Er schildert ihnen, wie sie vor Gerichte und Könige werden geschleppt werden, wie Brüder gegen Brüder, Kinder gegen Eltern sich erheben werden und wie sie von allen werden gehaßt werden. «Wer aber bis an das Ende beharrt, der wird gerettet werden» (Mt. 10,17–22). Diese Drangsal muß kommen.[201] Er selbst führt sie herauf: das ist das Schwert, das er bringt, und das Feuer, das er entzündet [Mt. 10,34 und Lk. 12,49]. Alles Böse, das dann die Menschen in diesem letzten Ansturm der widergöttlichen Weltmacht verüben, ist von Anfang an vorausbestimmt: Es muß ja Ärgernis kommen, aber wehe dem Menschen, durch welchen das Ärgernis kommt [Mt. 18,8]. Mt. 18,7: «Wehe der Welt der Ärgernisse halber», «Οὐαὶ τῷ κόσμῳ ἀπὸ τῶν σκανδάλων.» Darum hält [er] dem Volk die große Rede über die kommende Verfolgung, Mk. 8,34 ff.:[202] Da darf man nicht auf sein Leben achten, denn «wer sein Leben retten will, der wird es verlieren, und wer es verliert [um meinetwillen], der wird es gewinnen. Was nützte es dem Menschen, so er die ganze Welt gewönne und nähme Schaden an seiner Seele? Oder was kann der Mensch geben, daß er seine Seele löse?» Darum hat er schon zu den Jüngern gesagt: «Fürchtet euch nicht vor denen, die den Leib töten, die Seele aber nicht mögen[203] töten, fürchtet euch vielmehr vor dem, der Leib und Seele verderben kann in die Hölle» [Mt. 10,28].

Er selbst wird mit ihnen drangsaliert werden. Auf [ihn] konzentriert sich der Ansturm der widergöttlichen Macht, als ahnte sie, wer er ist. Darum sagt er den Jüngern, daß sie werden verfolgt werden um seines Namens willen,[204] und das Volk beschwört er, sich seiner nicht zu schämen und ihn nicht zu verleugnen. «Denn wer sich meiner und meiner Worte schämt in diesem bösen und ehebrecherischen Geschlecht, dessen wird sich auch der Menschensohn schämen, wenn er kommt in der Herrlichkeit seines Vaters mit den heiligen Engeln» (Mk. 8,38). In dieser Rede behauptet er eine Solidarität mit dem kommenden Menschensohn; daß die Solidarität eine Identität ist, das ist sein Geheimnis. Die Verbindung beruht ja auf seinem Selbstbewußtsein, aber das Volk weiß nur, daß man in allem Kommenden bei ihm aushalten muß, um gerettet zu werden. Wer ihn bekennt, den wird er auch bekennen. Darum hielten sie ihn für den Elias. Im Herrengebet aber lehrt er sie bitten, daß Gott ihnen den πειρασμός, denn das ist die eschatologische Drangsal, nicht etwa irgend eine psychologische Versuchung, ersparen möge [Mt.

201 [R] Ohne Anfangstatsache: nicht auf Geschichte gegründet, sondern die Drangsal muß kommen von sich, weil es Zeit ist. Also ganz losgelöst von Geschichte. Darum auch gar nicht geschichtlich beschrieben [letztes Wort undeutlich].

202 [Im Ms. irrtümlich:] Mt. 8,34 ff. [In Mt. ist es 16,24 ff.]

203 [können.]

204 [Mt. 5,11; 10,22; Lk. 21,12.]

6,13]. Hier greift nun die Persönlichkeit Jesu in die Eschatologie ein, und die Umgestaltung beginnt. Ich habe schon früher bemerkt, daß die ethische Intensität der Eschatologie in der Zeit vom Psalter Salomos bis auf Jesus sich immerfort verstärkte.[205] Die Eschatologie läuft gewissermaßen durch ihre eigene Schwerkraft, so daß sie gar keine historischen Anfangstatsachen braucht. Ja, nun bildet Jesus den Schwerpunkt in dieser Entwicklung. Die eschatologische Anfangstatsache ist für ihn die Bußbewegung, die vom Täufer ausgeht und sich unter ihm fortsetzt. Diese Bewegung, so klein sie an sich ist, nötigt das Reich Gottes auf Erden herab. Das ist die Bedeutung der Anfangsgleichnisse Mk. 4, vom Sauerteig [Mt. 13,33],[206] von der selbstwachsenden Saat [Mk. 4,26–29], wo auch auf etwas ganz Kleines unerklärlicherweise etwas Großes eintritt. Ganz klar hat er dann den Gedanken in der Würdigungsrede über den Täufer ausgesprochen, wenn er sagt, daß von den Tagen Johannis des Täufers das Reich Gottes vergewaltigt wird (βιάζεται) und daß die Gewalttätigen es rauben und an sich reißen (βιασταὶ ἁρπάζουσιν αὐτήν), Mt. 11,12.

Im Augenblick der Aussendung glaubt er die Gewalttat soweit fortgeschritten, daß es einbrechen muß – und es kam doch nicht. Die Jünger kehrten zu ihm zurück. Und da begann er in der Schrift zu forschen, was denn noch ausstand, weil[207] es nicht kommen konnte – und er fiel auf Jes. 53: das Leiden des unbekannten Gerechten, der dann verherrlicht wird vor allem Volk, das stand noch aus. So kam ihm der Gedanke, daß, wenn das Reich Gottes kommen sollte, er selbst, der zukünftige Menschensohn, durch Todesleiden zu jener Herrlichkeit eingehen müsse. Der Leidensgedanke ist also nicht durch die Empirie, durch die Erfahrung einer Verfolgung in die Eschatologie hereingekommen, sondern durch die Dogmatik.[208] Er liegt einfach in der Konsequenz der Rückeinströmung der altprophetischen Gedanken in die Danieleschatologie. Und so wird der Menschensohn, nachdem er in Henoch zur messianischen Person geworden, im Psalter Salomos mit dem Davididen identifiziert, nun mit dem leidenden Gottesknecht aus Jes. 53 kombiniert.[209]

Man muß hier eben beachten, wie Jes. 40–66 ein dramatisches Ganzes bildet und wie alle Züge auf Jesu als den in anerkannter Niedrigkeit wandelnden zukünftigen Menschensohn passen: am Anfang das Leiden

---

205 [Siehe S. 413 f.]

206 [Das Gleichnis vom Sauerteig fehlt in Mk. 4, wahrscheinlich verwechselte A. S. in dieser Aufzählung der Gleichnisse von Mk. 4 dieses Gleichnis mit dem vom *Senfkorn* (Mk. 4,31.32).]

207 [Sinngemäß müßte hier «daß» statt «weil» stehen.]

208 [R] Der Leidensgedanke nicht empirisch, sondern dogmatischer Eintrag aus Schriftstudium. *Leiden für*: absorbiert durch sein Leiden. Fehlen das [des?] Mitleids[?]

209 [Ausrufezeichen.]

des Verkannten und dann reine überraschende Verherrlichung, darauf das Gericht, die Welterneuerung und die Vernichtung der Gottlosen. Darum erkennt nun Jesus sein Leiden als den Ausgangspunkt des Einbrechens der messianischen Herrlichkeit und als den notwendigen Durchgang zu seiner Menschensohnerscheinung. Indem er also etwa 3 Wochen vor dem Passahfeste[210] von Cäsarea Philippi nach Jerusalem aufbricht, will er also dort, indem er sich in die Hände der sadduzäischen Partei gibt, durch sein Leiden und durch seinen Tod die eschatologische Anfangstatsache produzieren.

Darum sagt er seinen Richtern zur Bestätigung seiner Messianität nur eines: daß sie ihn als[211] den Menschensohn auf den Wolken des Himmels werden kommen sehen [Mt. 26,64].

Aber das Leiden des Gottesknechtes in Jes. 53 war stellvertretendes Leiden für andere. So hat nun auch Jesus den Gedanken, daß durch sein Leiden die allgemeine eschatologische Drangsal absorbiert wird, in welcher auch die prädestinierten Gerechten für ihre Sünden sich bewähren müssen. Sein[212] Leiden tritt an die Stelle der allgemeinen eschatologischen Drangsal. Er leidet, damit es[213] den andern erlassen bleibe. So nennt er seinen Tod «eine Sühne für *viele*», Mk. 10,45 und 14,24.[214] Die unbestimmten πολλοί [Viele] sind nicht etwa nur die Jünger oder die *Gläubigen*, sondern alle zum Reich Prädestinierten, denn sein Leiden ist der Inauguralakt der Herrlichkeit, die sie erwartet. Darum fehlt nun in der jerusalemitischen eschatologischen Verkündigung jeder Hinweis auf Leiden und Verfolgung, der in der Bergpredigt und in der Aussendungsrede eine so große Rolle spielt: sie sind eben durch ihn salviert. Für ihn fragt es sich nur, ob nicht die drei Intimen, Petrus, Jakobus und Johannes, den πειρασμός mit ihm teilen werden. Darum nimmt er sie mit sich in Gethsemane und heißt sie beten, daß sie nicht in die Versuchung (πειρασμός) müssen [Mt. 26,41].

Eine[215] eschatologische Tatsache wird also ausgeschieden: die allgemeine eschatologische Enddrangsal. Dafür aber wird nun eine andere [eschatologische Tatsache] in das Zentrum hereingezogen: die Auferstehung. Jesus weissagt den Jüngern, daß er nach seinem Leiden und Tod auferstehen werde,[216] worauf dann seine Menschsohnherrlichkeit offenbar werden wird. Aber nun muß man sich klar werden, daß für jene

---

210 [Ms.:] Osterfeste.

211 [«ihn als» ist nachträglich eingefügt (entspricht Jesu Antwort auf die Hohepriesterfrage, ob er der Christus, der Sohn Gottes, sei: Du sagst es (im selben Vers).]

212 [Ms.:] Sie.

213 [es: das Leiden in der Drangsal.]

214 [R] 1) Das Ethische, 2) das Unpolitische, 3) Persönlichkeit, 4) eigene Anfangstatsache, 5) Ausscheidung der Drangsal.

215 [R] 7. Vorlesung.

216 [Mt. 16,21; 17,9.23; 20,19.]

Zeit die Auferstehung nicht als ein singuläres Ereignis vorstellbar war, sondern die Einzelauferstehung nur im Rahmen der großen eschatologischen Totenauferstehung gedacht werden konnte. Vor jener die Endzeit einleitenden allgemeinen Auferstehung gab es eben keine Auferstehung. Darum können die drei Intimen bei dem Abstieg vom Verklärungsberg nur das eine an der Auferstehung, die ihnen Jesus verkündigt, nicht begreifen: daß nämlich die Totenauferstehung statthaben soll, und der Elias ist noch nicht erschienen.[217] Mk. 9,10: τί ἐστιν τὸ ἐκ νεκρῶν ἀναστῆναι. 11:... ὅτι λέγουσιν οἱ Φαρισαῖοι καὶ οἱ γραμματεῖς ὅτι Ἠλίαν δεῖ ἐλθεῖν πρῶτον; Und Jesus beruhigt sie, indem er ihnen sagt, daß der Täufer der Elias war. Also: das Leiden und Sterben und die Auferstehung Jesu sind für ihn und seine Jünger, da er es ihnen weissagt, nicht etwa singuläre, von der Eschatologie losgelöste Tatsachen, die ihre ethische Erklärung in sich selbst tragen (das ist der unhistorische Fehler, den die kritisch-historische Theologie begangen hat), sondern es sind Tatsachen der Eschatologie, eschatologische Anfangstatsachen:[218] Mit dem Leiden und Sterben vollzieht Jesus die eschatologische Drangsal an sich, mit seiner Auferstehung inauguriert er die große allgemeine Totenauferstehung der Endzeit. Dann erscheint er als Menschensohn auf den Wolken des Himmels, und das eschatologische Drama wird zu Ende gespielt, bis er zuletzt, wie es in den Bilderreden Henochs vorgesehen ist, mit den Erwählten beim messianischen Mahl vereinigt sein wird.

Fassen wir das Wichtigste an der Eschatologie Jesu zusammen:[219]

1) Sie erbaut sich auf Daniel, Henoch und dem Psalter Salomos.
2) Der Einfluß und die Eintragung der altprophetischen Eschatologie ist noch weiter vorgeschritten, denn das Ethische dominiert alles.
3) Die Person Jesu spielt in seiner eschatologischen Verkündigung keine messianische Rolle. Nur er weiß, daß er als identisch sich erweisen wird mit dem erwarteten Menschensohn, und in den letzten Wochen wissen noch seine Jünger um sein Geheimnis.
4) Die Intensität dieser eschatologischen Erwartung ist eine solche, daß sie keiner historischen Anfangstatsache[220] mehr bedarf, sondern sich dieselbe selbst schafft: Durch die tiefgehende Bußbewegung, welche der Täufer und er im Volke entfachen, soll das Erscheinen des Reiches Gottes herbeigenötigt werden.
5) Durch die Verzögerung der Eschatologie wird dann die allgemeine aktive Rolle unter Zugrundelegung von Jes. 53 auf ihn allein übertragen. An [die] Stelle der allgemeinen eschatologischen Enddrangsal tritt sein persönliches Sühneleiden und sein Sühnetod. Damit wird

217 [R] Auferstehung Teil des Gerichts.
218 [R] Schreibt die Eschatologie in die Wirklichkeit hinein.
219 [R] Elemente der Eschatologie Jesu.
220 [Zuerst:] Anfangstatsachen.

die Enddrangsal aus der Eschatologie ausgeschieden, und die zwei eschatologischen Anfangstatsachen, die nun den Gang des Dramas einleiten, sind:

a) Das Leiden und der Tod Jesu anstelle der eschatologischen Drangsal.
b) Die Auferstehung Jesu als der Inauguralakt der eschatologischen Totenauferstehung.

Das Grundfaktum der Eschatologie Jesu ist also dies, daß seine Eschatologie sich von den äußerlichen geschichtlichen Ereignissen frei macht, und an [die] Stelle derselben tritt als Triebkraft die Aktivität einer Persönlichkeit. Das ist nun der Wendepunkt in der Geschichte der Eschatologie. In der Folge haben wir zwei Eschatologien:

1) eine, die zusammengeht mit den geschichtlichen Ereignissen;
2) eine, welche auf der Aktivität Jesu beruht. Das ist der innere Unterschied [zwischen] der jüdischen und der christlichen Eschatologie.

§ 9) Die Eschatologie in Acta und bei Paulus

Wir haben also jetzt eine Eschatologie, die auf Tatsachen beruht, nämlich dem Tod und der Auferstehung Jesu. Wie die Jünger zu dem Glauben an die[221] leibliche Auferstehung gekommen sind, das gehört nicht hierher. Tatsache ist, daß sie davon überzeugt waren und, gerade weil die Eschatologie in den Leiden und der Auferstehung Jesu für sie schon begonnen hatte, das Ende der Dinge erwarteten. Das Präludium war gespielt, und der Vorhang sollte gleich in die Höhe gehen. Man lebte in der Zwischenzeit, in der großen *Zwischenzeit zwischen der Auferstehung Jesu und der großen Auferstehung,* welche jene erste nach sich zog. Aber zu dieser Doppeltatsache war noch eine neue gekommen: die Geistesausgießung. Die mannigfachen ekstatischen Phänomene, Glossolalie, Prophetie und andere, die zum ersten Mal einige Wochen nach dem Tod Jesu am Pfingstfest zum Ausbruch kamen, wurden als Erfüllung der von Joel für die Tage der Endzeit geweissagten Geistesausgießung[222] angesehen. Sie war ein Beweis für die immanente Nähe der Endzeit. So ist also diese Eschatologie von den geschichtlich-politischen Ereignissen vollständig frei und gründet sich auf zwei Tatsachen, von denen die erste aus dem Leben Jesu genommen ist, nämlich sein Leiden und seine Auferstehung, die zweite aus dem Leben der ersten Gläubigen genommen, nämlich die Manifestationen des Geistes.

So ist diese ganze Theologie *Zwischenzeitstheologie,* und von großer Tragweite war, daß der Begriff der Zwischenzeit sich als dehnbar erwies

---

221 [Ms.:] Glauben der ...

222 [Siehe oben S. 392.]

und die Theologie den Spalt, der sich durch das Auseinanderrücken der Auferstehung Jesu in der Vergangenheit und der allgemeinen Auferstehung[223] in der Zukunft auftat, immer mehr füllte, [daß sie] immer mehr Theologie der Auferstehungsgewißheit wurde und so zuletzt aus der eschatologischen Zwischenzeitstheologie die griechische Theologie der ἀθανασία [Unvergänglichkeit] hervorging.

Damit ist schon gegeben, daß die eschatologische Schilderung ganz zurücktritt hinter der eschatologischen Begründung. Aber tatsächlich haben sich die ersten Christen die kommenden Ereignisse nicht anders vorgestellt als ihre jüdischen Zeitgenossen. Es gab nicht eine christliche Eschatologie und eine jüdische, sondern nur eine eschatologische Erwartung auf Grund der Auferstehung Jesu von Nazareth, des prädestinierten Messias, und eine Eschatologie, die dieses Faktum nicht anerkannte. Die klarste Darlegung jener ersten Eschatologie findet sich in den Petrus- und Paulusreden von Acta. Mag die Fassung jünger sein, der theologische Gedankeninhalt dieser Reden ist alt, weil sie den futurischen Charakter der Messianität Jesu noch voll wahren. In seinem irdischen Leben war Jesus ein Mensch, von Gott her ausgewiesen durch Zeichen und Wunder. Messias aber ist er geworden dadurch, daß Gott ihn als den ersten von den Toten auferweckt hat, um ihn zum κύριος [Herrn] zu erheben. Nun aber muß er im Himmel bleiben, bis die große Zeit da ist: ὃν δεῖ οὐρανὸν μὲν δέξασθαι ἄχρι χρόνων ἀποκαταστάσεως πάντων [«ihn muß der Himmel aufnehmen bis zu den Zeiten der Wiederherstellung von allem»], heißt es in der Rede nach der Lahmenheilung Acta 3,21. Stephanus aber sieht im Augenblick seiner Steinigung den Himmel offen und den Menschensohn zur Rechten Gottes stehen [Acta 7,55]. Daß man aber in der Zwischenzeit drin steht, ist erwiesen durch die Geistesausgießung.[224] Darum ist die Pfingstrede Petri eine Predigt über die Joelstelle und ihre gegenwärtige Erfüllung. Diese Zwischenzeit muß [man] aber benützen, um sich der Errettung zu vergewissern. Dies geschieht durch Buße und Taufe auf den Namen Jesu Christi, wo die Solidarität mit ihm hergestellt wird und der einzelne an dessen[225] Sühneleiden für die πολλοί [Vielen] Anteil bekommt, so daß er der Sündenvergebung für die vor der Taufe begangenen Sünden im Hinblick auf das Gericht sicher ist. Darum wird [in] Acta 4, in der Rede vor dem Synedrium, durch Petrus erklärt, daß kein anderer Name unter dem Himmel den Menschen gegeben sei, ἐν ᾧ δεῖ σωθῆναι ἡμᾶς, in welchem wir errettet werden sollen [4,12], als der Name Jesu. Darum gilt es, sich jetzt schon der Solidarität mit ihm zu versichern. Im übrigen aber handelt es sich um dieselbe eschatologische Erwartung wie

223 [Im Ms. hier wiederholt:] Jesu.
224 [Joel 3,1–5 = 2,28–32; Acta 2,16.]
225 [Ms.:] seinem.

im jüdischen Volk. Diese Identität hebt Paulus [in] Acta 24 in seiner Verteidigung vor Felix hervor. Er betont, daß er dieselbe Hoffnung wie jene zu Gott habe, daß nämlich die große Totenauferstehung bevorstehe: ἐλπίδα ἔχων πρὸς τὸν θεόν, ἣν καὶ αὐτοὶ οὗτοι προσδέχονται, ἀνάστασιν μέλλειν ἔσεσθαι δικαίων τε καὶ ἀδίκων ([»ich habe die Hoffnung auf Gott, die auch diese hier haben: daß es eine Auferstehung der Gerechten und Ungerechten geben wird«], 24,15).[226]

Damit kommen wir nun zur Eschatologie Pauli in seinen Briefen. Auch hier hat man durchgängig denselben Fehler begangen wie in der Darstellung der Lehre Jesu. Man ist ausgegangen von der paulinischen Vorstellung von der Sünde oder gar von einer paulinischen Psychologie, aber die Eschatologie Pauli hat man immer als eine Art Anhang betrachtet. Statt dessen hätte man sich klar werden sollen, daß man von der eschatologischen Verkündigung Pauli ausgehen muß, um von dort aus den ganzen Zusammenhang seiner Gedankenwelt zu verstehen. Aber man hat getan, als hätte Paulus über Sünde, Gesetz, Tod und Auferstehung Jesu als isolierte Tatsachen spekuliert[227] statt als Tatsachen, die ihre Bedeutung, sei es Wertung, sei es Entwertung, und ihren inneren Zusammenhang erst dadurch empfangen, daß sie in dem eschatologischen Weltverlauf drinnen stehen. Darum ist der Paulinismus der modernhistorischen Forschung ein kompliziertes, schwankendes Gewebe, dem jede innere Kraft fehlt, vielleicht die unhistorischste Fiktion in der Rekonstruktion antiker Gedankengebilde, welche die Wissenschaft überhaupt aufzuweisen hat. Er ist eben eine Leinwand, die sich zusammenrollt, sobald man sie aus ihrem Rahmen herausschneidet – und der Rahmen ist die Eschatologie.

Nehmen wir zunächst den 1. Thessalonicherbrief – den ersten Brief Pauli –, wo uns die Eschatologie am einfachsten und unmittelbarsten, weil noch mit keinen theologischen Spekulationen über das Gesetz verquickt, entgegentritt. Christ sein heißt (1,9 und 10): δουλεύειν θεῷ ζῶντι καὶ ἀληθινῷ καὶ ἀναμένειν τὸν υἱὸν αὐτοῦ ἐκ τῶν οὐρανῶν, ὃν ἤγειρεν ἐκ τῶν νεκρῶν, Ἰησοῦν τὸν ῥυόμενον ἡμᾶς ἐκ τῆς ὀργῆς τῆς ἐρχομένης [«zu dienen dem lebendigen und wahrhaften Gott und seinen Sohn vom Himmel her zu erwarten, den er erweckte von den Toten, Jesus, welcher uns von dem kommenden Zorn rettet»].

Wenn aber jener Tag kommt, dann ist die Thessalonichergemeinde Pauli ἐλπίς [Hoffnung] und χαρά [Freude] und στέφανος καυχήσεως [Ruhmeskranz]... ἔμπροσθεν τοῦ κυρίου ἡμῶν Ἰησοῦ ἐν τῇ αὐτοῦ παρουσίᾳ ([«vor unserem Herrn Jesus bei seiner Parusie»], 2,19). Überhaupt kehrt die Idee der Parusie als Abschluß jedes Hauptgedankens des Briefes des öfteren wieder.

226 [R] [Ausrufezeichen.]
227 [R] Schwimmt auf Strom, der immer rascher dem Katarakt zutreibt.

Die Parusie wird so nahe gedacht, daß die Thessalonicher sich Gedanken über einige inzwischen unter ihnen eingetretene Todesfälle machen und sich fragen, wie diese an der Parusie teilnehmen werden. Hier nun erfahren wir, wie Paulus sich diesen Akt denkt, I Thess. 4,13 ff.; [16f.]: αὐτὸς ὁ κύριος ἐν κελεύσματι ([«Denn er selbst, der Herr, wird mit Befehlsruf»] sowie der Ruf ergeht, wahrscheinlich vom Kommandoruf beim Rudern), ἐν φωνῇ ἀρχαγγέλου καὶ ἐν σάλπιγγι θεοῦ («wenn die Stimme des Erzengels und die Posaune Gottes ergeht»), καταβήσεται ἀπ' οὐρανοῦ, καὶ οἱ νεκροὶ ἐν Χριστῷ ἀναστήσονται πρῶτον, 17) ἔπειτα ἡμεῖς οἱ ζῶντες οἱ περιλειπόμενοι ἅμα σὺν αὐτοῖς ἁρπαγησόμεθα ἐν νεφέλαις εἰς ἀπάντησιν τοῦ κυρίου εἰς ἀέρα [«vom Himmel herabkommen, und die Toten in Christo werden auferstehen zuerst, dann wir, die Lebenden, die Übriggebliebenen, werden mit ihnen zusammen auf Wolken dem Herrn entgegen in die Luft entrückt werden»].

Das Interessante an dieser Schilderung ist, daß die Auferstehung derer, die durch Solidarität mit Jesus verbunden sind, als ein besonderer Akt, als Vorakt der großen Totenauferstehung zum Gericht aufgefaßt wird, also in diesen zeitlichen Vorsprung der Auferstehung Jesu mit hineingezogen wird. Dies ist die erste Umbildung der Eschatologie in ihrem Verlauf. Jesus weiß davon noch nichts, sondern er kennt nur die koinzidierende allgemeine Totenauferstehung, wo die einen zum Leben, die andern zum Verderben erstehen, wenn sie zum Gericht erscheinen.

Hinsichtlich der Zeit und Stunde äußert sich Paulus wie Jesus in den jerusalemitischen Tagen. Das «wann» weiß niemand, nur soviel ist gewiß, ὅτι ἡμέρα κυρίου ὡς κλέπτης ἐν νυκτὶ οὕτως ἔρχεται [«daß der Tag des Herrn kommen wird wie ein Dieb in der Nacht», 5,2]. Sein Schlußwunsch geht dahin, daß ihr Leib und Geist untadelig bewahrt werden auf die Parusie unseres Herrn Jesu Christi (I Thess. 5,23).

Eine weitere Ausführung über den eschatologischen Verlauf findet sich [in] I Kor. 15, wieder im Anschluß an die Äußerungen über die Totenauferstehung. Ein Geheimnis spricht er aus. Nicht alle werden sie entschlafen bis zur Parusie, aber alle werden sie in das übernatürliche Dasein verwandelt werden im Augenblick, wenn die letzte Posaune erschallt. Die Toten werden auferstehen unvergänglich, und wir werden verwandelt werden [15,52]. Und zwar findet auch hier die zeitliche Trennung statt. Die Totenauferstehung ist in drei Akte zerlegt. Christus, die ἀπαρχὴ τῶν κεκοιμημένων [«Erstling der Entschlafenen», 15,20], ist schon auferstanden, dann, im Momente der Parusie, erfolgt die Auferstehung der οἱ τοῦ Χριστοῦ, also der mit ihm Verbundenen [15,23], und dann das τέλος [das Ende, 15,24]. Das τέλος aber ist der große eschatologische Endkampf, in welchem er als Weltrichter die widergöttlichen Mächte vernichtet. Dabei denkt Paulus – und hier zeigt sich, wie diese Eschatologie von geschichtlichen Ereignissen frei ist – nicht so sehr an die Vernichtung von irdischen Mächten, sondern an die

Überwindung der Engelgewalten. Die Engelspekulation spielt bei ihm eine ungeheure Rolle. Die Herrschaft Jesu verläuft darin, daß er vernichtet πᾶσαν ἀρχὴν καὶ πᾶσαν ἐξουσίαν καὶ δύναμιν [«jede Gewalt und jede Macht und Kraft», 15,24], und dann erst kommt der Augenblick, wo er das Reich dem Vater zurückgibt, damit Gott sei alles in allem (15,24–28). So löst also die reine Theokratie bei Paulus das messianische Reich ab, und das messianische Reich selbst verläuft im siegreichen Kampf gegen die Engelwesen.

Damit stimmt die dritte große Stelle über die Eschatologie überein: Röm. 8,18ff. Die ganze Schöpfung sehnt sich mit den Menschen, die das Pfand des Geistes empfangen haben, nach der ἀποκάλυψις τῶν υἱῶν τοῦ θεοῦ, [«dem Offenbarwerden der Söhne Gottes», 8,19], denn auch die Natur will der φθορά [dem Verderben, 8,21] entgehen und in der δόξα [Herrlichkeit (der Kinder Gottes)] verherrlicht werden. Darin liegt also der Gedanke des neuen Himmels und der neuen Erde. Was wollen aber, verglichen mit dieser Hoffnung, die παθήματα τοῦ νῦν καιροῦ [«die Leiden der jetzigen Zeit», 8,18] besagen? Hier kommt der Gedanke des πειρασμός. Keine θλῖψις [Trübsal], keine στενοχορία [Drangsal], kein διωγμός [Verfolgung], kein κίνδυνος [Gefahr], keine μάχαιρα [Schwert] [8,35] kann sie trennen von der Liebe Gottes [8,39].[228] Und wer will sie verklagen [8,33]? – Hier kommt die Vorstellung von den verklagenden Engeln in Henoch.[229] Aber sie können nichts ausrichten. Röm. 8,38.39: πέπεισμαι γὰρ ὅτι οὔτε θάνατος οὔτε ζωὴ οὔτε ἄγγελοι οὔτε ἀρχαὶ οὔτε ἐνεστῶτα οὔτε μέλλοντα οὐτε δυνάμεις οὔτε ὕψωμα οὔτε βάθος οὔτε τις κτίσις ἑτέρα δυνήσεται ἡμᾶς χωρίσαι ἀπὸ τῆς ἀγάπης τοῦ θεοῦ τῆς ἐν Χριστῷ Ἰησοῦ τῷ κυρίῳ ἡμῶν [«denn ich bin gewiß, daß weder Tod noch Leben, weder Engel noch Fürstentümer noch Gewalten, weder Gegenwärtiges noch Zukünftiges, weder Hohes noch Tiefes noch irgend eine andere Kreatur uns mag scheiden von der Liebe Gottes, die in Christus Jesus ist, unserem Herrn»].

Man kann also sagen, daß in der paulinischen Eschatologie sich vollendet, was bei Daniel vorbereitet wird: an die Stelle der Geschichte tritt die Engelspekulation; d. h.: die Eschatologie wird auf spekulative, nicht auf historische Basis gestellt, und wie das Reich Davids etwas Übernatürliches geworden [ist], so sind auch die geschichtlichen Ereignisse, aus denen es hervorgeht, ganz übernatürlich.

Diese drei Hauptstellen über die paulinische Eschatologie mögen genügen, um ihren Aufriß zu zeigen. Wie steht nun aber, um dies noch

228 [R] *Nebengedanken.*

229 [Die anklagenden *Satane* von Kap. 40,7, denen die Erzengel wehren müssen? (Vgl. oben S. 407.)]
[R] Wisset ihr nicht, daß ihr [wir] über Engel richten werdet [werden]? [I Kor. 6,3]

zum Schluß zu sagen, die paulinische Eschatologie mit der berühmten paulinischen Theologie in Verbindung? Die paulinische Theologie ist nicht etwas neben der Eschatologie, sondern sie ist eschatologische Mystik. Sie erinnern sich, wie ich Sie darauf aufmerksam gemacht habe, daß die Totenauferstehung Jesu die Auferstehung derer, die in Solidarität mit ihm verbunden sind, nach sich zieht, so daß sie vor den andern bei seiner Parusie auferstehen.[230] Nun braucht man aber nur das eschatologische Faktum seines Todes und seiner Auferstehung auf den höchsten Ausdruck zu bringen, so lautet es, daß in ihm die Auferstehung schon geschehen ist, und seine Gläubigen sind, weil man durch ihn schon in der großen Auferstehungszeit drin steht, mystisch mit ihm gestorben und auferstanden und wandeln schon in dem neuen überirdischen Dasein, sind schon eine neue Kreatur, καινὴ κτίσις [II Kor. 5,17], d. h., sie gehören schon der neuen Schöpfung an, wenn auch die δόξα [Herrlichkeit] noch aussteht. Die paulinische Theologie beruht auf dem Gedanken der proleptischen Auferstehung – und alles andere ist nur Konsequenz dieses Gedankens. Darum sagt Paulus Röm. 6[,3]: wer auf Christus getauft ist, der ist auf seinen Tod getauft, d. h., er ist mystisch mit ihm gestorben und auferstanden und wandelt nun in einem neuen Dasein. Da gilt nicht mehr Sünde und Gesetz, denn Sünde und Gesetz gelten nicht mehr für den Auferstandenen, da gilt nicht mehr beschnitten oder unbeschnitten, [weder] Mann noch Weib, Grieche oder Jude, Sklave noch Freier, sondern alle sind sie gleich als mit Christo Auferstandene,[231] deren übernatürliche Bestimmung durch den Besitz des Geistes angezeigt wird und deren übernatürliche Herrlichkeit jeden Augenblick offenbar werden kann. So ist der Paulinismus nicht etwas Kompliziertes, wie man ihn gewöhnlich darstellt, sondern etwas überraschend Einfaches: eschatologische Mystik.

§ 10) Die christliche und [die] jüdische Eschatologie um das Jahr 70

Zunächst möchte ich noch die Apokalyptik einiger jüdischer Schriften unterbringen, die gegen die christliche Zeitrechnung zu liegen und für die Apokalyptik nur nebensächliche Bedeutung haben. Ich führe sie der Vollständigkeit halber an.[232]

Das Buch der Jubiläen, etwa um 100 v. Chr., ist ein haggadischer, d. h. legendenhaft ausführender Kommentar zur Genesis und geht bis zur

---

230 [Vgl. S. 429 (I Thess. 4,16).]

231 [Vgl. Röm. 6,6.7.14; 8,2; I Kor. 7,19; Kol. 3,11; *Gal. 3,28*; Röm. 10,12; I Kor. 7,21.22.]

232 [R] Im 2. Thessalonicherbrief eine andere Eschatologie eingearbeitet, welche den neuen Verhältnissen Rechnung trägt. [Vgl. unten S. 438 f.]

Einsetzung des Passah. Es wird beherrscht durch die aus der Weiterführung von P[233] gewonnene Einteilung in Jubeljahre à 7 mal 7 = 49 Jahre und durch die Engellehre. Die Eschatologie tritt hervor in den Reden beim Tod Abrahams. «Alle Geschlechter, die erstehen werden von jetzt an bis zum Tage des großen Gerichts, werden schnell altern» [Kap. 23,11].[234] Dann kommen die großen Kriege, die Beschmutzung des Allerheiligsten und die Bedrückung durch Heiden. Hierauf folgt die Endzeit und das Gericht, und daran schließt sich – die Totenauferstehung vorausgesetzt[235] – die Herrschaft Israels und das Glück des Volkes.

Mit denselben Farben malt die *Assumptio Mosis*[236] aus dem Beginn der christlichen Zeitrechnung. Wir besitzen davon nur die erste Hälfte: die letzten Ermahnungen und Verheißungen Mosis an das Volk. Geweissagt wird die Drangsal unter Antiochus Epiphanes. Dann aber geht Gott aus von seinem Thron mit Grimm und Zorn, um Gericht zu halten, Naturwunder werden sich ereignen, Gott aber wird die Heiden züchtigen und Israel wird erhöht werden.

Auf die *Sibyllinischen Orakel*, von denen einige [sich] auf die Endzeit beziehende,[237] besonders im 3. Buch, bis in diese Periode zurückreichen können, komme ich nachher noch zu sprechen.

Eines aber ist klar: weder die jüdische noch die christliche Apokalyptik ist in ihrer Ausmalung produktiv. Es fehlen eben die großen geschichtlichen Ereignisse, die gestaltend auf die Eschatologie einwirken. Die ganze Schilderung ist eben *Danielreminiszenz*. Aber nun, in den 40er, 50er und 60er Jahren schlagen die Wogen der Geschichte wieder in die Eschatologie hinein. Das Drama aus der Zeit des Antiochus wiederholt sich in gigantischen Proportionen, und die gewaltigen Zuckungen, die damals durch die Erde und durch das Römerreich gehen, weisen alle auf das nahe Ende der Dinge hin. Deshalb wird die Eschatologie nun wieder hineingezogen in die Zeitgeschichte. Sie bereichert und belebt sich an ihnen[238] und wird nun, weil sie zugleich mit der Gegenwart mit danielischen und altprophetischen Reminiszenzen operiert, ungeheuer kompliziert, so daß es unmöglich ist, sich in diesem Gewirre von Gegenwart und Vergangenheit zurechtzufinden und die Gegenwart zu verstehen, die immer in der Form vergangener Ereignisse beschrieben wird. Es ist eben schon viel von dem Gegenwärtigen in der Vergangenheit verbraucht, und so etwas «Ganzes» wie die Danielapokalypse entsteht eben doch nicht mehr.

---

233 [Priesterkodex, alttestamentl. Quellenschrift, 5. Jh. v. Chr.]

234 [E. Kautzsch, a.a.O., Bd. II, S. 79.]

235 [23,31: «Und ihre Gebeine werden in der Erde ruhen, und ihr Geist wird viel Freude haben» (S. 80).]

236 [*Die Himmelfahrt Moses*, bei Kautzsch, a.a.O., Bd. II, S. 317ff.]

237 [Ms.:] bezogenen.

238 [D. h. an den zeitgeschichtl. Ereignissen.]

Ich gebe Ihnen nun in Kürze eine Darstellung der Ereignisse, welche die letzte große Bewegung in der Eschatologie heraufgeführt haben und deren Kenntnis zum Verständnis dieser Apokalyptik absolut notwendig ist. Es handelt sich dabei um die «synoptische Apokalypse» Mk. 13, Mt. 24 und Lk. 21[,5–36],[239] die als Ganzes in den synoptischen Zusammenhang eingefügt worden ist und von Jesus unmöglich so gesprochen sein kann, ferner um die Johannesapokalypse (um von Fragmenten einer Petrusapokalypse vorläufig abzusehen), sodann um II Thess. und um die jüdischen Apokalypsen Baruch und IV Esra und Teile des 3. Buches der Sibyllinen.[240] Quellen zu dieser Geschichte sind die Werke des alexandrinisch-jüdischen Philosophen Philo, ein Zeit- und Altersgenosse Jesu,[241] und der jüdische Renegat Josephus, geb. 37 oder 38 n. Chr., der, zuerst Anführer der jüdischen Empörung in Galiläa, sich später ergab, [sich] mit den Flaviern befreundete und im römischen Lager die Eroberung Jerusalems miterlebte. Später schrieb er in behaglicher Muße sein *Bellum judaicum* und die *«Antiquitäten»*, d. h. eine Geschichte Israels zur Zeit der Römer.

Die klassische Darstellung dieser Epoche hat [Emil] Schürer in dem 1. Band seiner *Geschichte des jüdischen Volkes im Zeitalter Jesu Christi*[242] gegeben. Tragisch und dramatisch ist sie mit wunderbarer Kraft geschrieben in [Ernest] Renans *Antéchrist.*[243]

Von 6. n. Chr. [an] – also nach der Absetzung des Archelaus – verwalteten römische Prokuratoren das Land. Pontius Pilatus von 26–36. Mit ihm beginnt die religiöse Venation[244] des Volks. Während man bisher aus Rücksicht auf das Volk die Truppen ohne die Feldzeichen mit den Kaiserbildern – welche ja mit der jüdischen Anschauung nicht harmonisierten – in Jerusalem einziehen ließ, tat es Pontius Pilatus mit Absicht und erregte einen Sturm. 5 Tage lang bestürmte ihn das Volk mit Bitten, den Greuel zu beseitigen, und [er] ließ sich durch keine Drohung abbringen, bis er zuletzt nachgab. Niedermetzelungen ganzer Versammlungen waren an der Tagesordnung. Tiberius mißbilligte ihn, denn er war dafür, die Eigenheiten der Juden zu schonen.

Aber mit der Regierung Caligulas, 37–41 n. Chr., kam der große Skandal. Er haßte die Juden, weil sie seine Göttlichkeit nicht anerkannten. Im Jahre 38 n. Chr. brach in Alexandria ein Aufstand des Pöbels gegen die Juden los, der vom Kaiser und seinem charakterlosen Statthalter begünstigt wurde. Der jüdische König Agrippa wurde vom Pö-

239 [Und Lk. 12,35–40/17,26–37.]
240 [Ms.:] Sibyllen.
241 [Um 25 v. Chr. bis 50 n. Chr.]
242 [Leipzig 1890.]
243 [Paris 1873.]
244 [Von lat. «venatio» = Jagd, Tierhetze.]

bel, da er in Alexandria zum Besuch weilte, verhöhnt, Kaiserstatuen wurden in allen Synagogen aufgestellt, die Juden wurden für vogelfrei erklärt, ein Plündern und Morden begann in den Straßen, die Ältesten wurden im Theater zu Tode gegeißelt und die jüdischen Frauen zum Genuß von Schweinefleisch gezwungen. Zwar wurde Flaccus, der Statthalter, abberufen, und sein Nachfolger stellte die Ordnung wieder her, aber die Bedrückung war nicht zu Ende. Anno 40 ging eine jüdische Gesandtschaft unter Führung des Philo zu Caligula. Eine Gesandtschaft der Alexandriner unter Führung des Literaten Apio erschien zur gleichen Zeit. Wie sie empfangen wurden, beschreibt Philo in seiner «Legatio ad Gajum». Zuerst wurden sie lange gar nicht empfangen. Sie reisten dem Kaiser nach Puteoli nach, dann wieder nach Rom, und als er einst seine neuen Bauten in den Gärten des Maecenas besichtigte, durften sie ihm treppauf treppab nachlaufen, und manchmal, zwischen Bemerkungen zu den Baumeistern, warf er ihnen einige höhnische Worte zu unter dem Beifall des Hofes und der anwesenden alexandrinischen Gesandtschaft. Der wahnsinnige Caesar spielte mit ihnen wie ein Raubtier, und zuletzt ließ er sie stehen, indem er ihnen sagte, sie seien eigentlich mehr dumm als bösartig, da sie nicht an seine Gottheit glaubten.

In derselben Zeit zog eine ähnliche Gefahr über Jerusalem herauf. Anno 39 befahl der Kaiser dem Statthalter von Syrien, Petronius, eine Kaiserstatue anfertigen zu lassen und sie mit Waffengewalt – mit Aufbietung des ganzen syrischen Heeres – im Tempel aufzustellen. Da Petronius das Unsinnige des Unternehmens einsah, zog er die Sache hin, so gut er konnte. In Scharen strömte das Volk nach Ptolemais, wo er sein Hauptquartier hatte, um unter Klagen und Jammern ihn zu bitten, die Schändung des Tempels abzuwenden. So zog er die Sache hin bis zum Herbst 40. Als Agrippa I., der in Rom weilte, vom Kaiser erfuhr, um was es sich handelte, fiel er in Ohnmacht. Aber merkwürdigerweise hatte sein Bittgesuch an den Kaiser den Erfolg, daß Caligula die Einstellung des Unternehmens anordnete. Er nahm sich nämlich vor, auf einer geplanten Orientreise selbst eine Statue nach Jerusalem zu schicken. Über die Hartnäckigkeit des Petronius aber war er so erbittert, daß er ihm den Befehl zum Selbstmord sandte. Aber unterdessen war Caligula im Januar (24.) 41 ermordet worden, und Petronius erfuhr die Nachricht vom Tode des Caligula einen Monat früher, ehe die Boten mit dem Selbstmordbefehl (welche durch widrige Winde aufgehalten worden waren) eintrafen, und verzichtete dann natürlich auf das Vergnügen.

Es war also die Reproduktion der Situation unter Antiochus Epiphanes, und sie hatte bei der tiefen Erregung des ganzen Volkes eine ungeheure Steigerung der apokalyptischen Gedanken zur Folge. Alles drängte ja auf das Ende hin, und der Greuel der Verwüstung, welcher das Ende anzeigen sollte, war ja da.

Und dann arbeiteten die römischen Prokuratoren auf das Ende hin. Einer war schlimmer als der andere. Von der Stimmung [im] Volk gibt das Unternehmen des Theudas[245] in der Mitte der 40er Jahre, dann die Gründung der Sikarier, der Dolchverschworenen, besonders aber der Zug der ägyptischen Propheten Kunde (Acta 21,38), [deren Anführer][246] mit einer Schar von Tausenden von Anhängern auf den Ölberg ziehen wollte und verhieß, daß dann auf sein Wort die Mauern Jerusalems einstürzen würden. Es war unter der Verwaltung des Felix (52–60). Natürlich wurde er mit seinem Anhang niedergehauen. Dabei kam es in Jerusalem selbst zu Straßenkämpfen zwischen den verschiedenen Priesterparteien. Das alles führte zu der Revolution vom Jahre 66, wo in Jerusalem die römischen Kohorten nach Herzenslust plünderten und mordeten; darauf dann die Kämpfe zwischen der Friedenspartei und der Kriegspartei, wo die Revolution in Jerusalem siegte, und zuletzt die Belagerung und Eroberung mit all ihren Greueln.

Alles andere stimmte zu diesen Kämpfen. Von Krieg und Kriegsgeschrei hallte die ganze Erde wider: im Osten waren die gewaltigen Partherzüge, dann in Rom am Ende der 60er Jahre die Kämpfe zwischen Galba, Otho und Vitellius, wo die Heere des ganzen Reiches bereit standen aufeinanderzustürzen, dazu Pest und Hungersnot allenthalben. In Rom gab es im Herbst 65 30000 Todesfälle an der Pest. Und zu diesem Aufruhr in der Menschenwelt stimmte der Aufruhr, der sich in der Natur vorbereitete und mit dem großen Vesuvausbruch von 79 sein Ende erreichte. Schon in den 30er und 40er Jahren hatten sich die Erdbeben in Kleinasien und Italien gemehrt, aber seit dem Ende der 50er Jahre folgte ein Erdbeben auf das andere. Manche Städte erhoben sich überhaupt nicht mehr aus den Trümmern – und hier liegt der Grund des Niedergangs der kleinasiatischen Städte. Das Tal des Lykus mit Laodicäa und Kolossä wurde ganz vernichtet, anno 60, und dieses Ereignis rief überall Grauen hervor. Im Februar 63 wurde Pompeji fast ganz durch Erdbeben zerstört – der Vesuv schlief noch, aber er sollte bald erwachen.

Meine Herren, das war Weltendstimmung: Frevlerische Entweihung des heiligen Landes, Massenhinschlachtungen, Empörungen, Bruderkriege, die großen Kriege an der Ostgrenze, in Rom wahnsinnige Caesaren oder Imperatoren – Bürgerkriege,[247] Hungersnot und Pest und Erdbeben allenthalben. Man wundert sich noch nachträglich, daß das Weltende damals nicht gekommen ist.

---

245 [Vgl. Acta 5,36.]
[R] [Einzuschiebende Notiz:] [wollte] sich als Propheten legitimieren dadurch, daß auf sein Wort die Wasser des Jordans [sich] spalten sollten. – Das sind die Pseudopropheten. Antimessiasse gab es nicht. Bar Kochba war der erste.

246 [Ms.:] welcher.

247 [Ms.:] Imperatorenbürgerkriege.

Wir[248] haben also zwei Zentren für die Produktion von Apokalypsen:

1) Die Zeit des Caligula.
2) Die Zeit zwischen dem Tode Neros (68) und der Zerstörung Jerusalems [70].

Also Caligula- und Neroapokalypsen, wobei man von vornherein die Möglichkeit offen lassen muß, daß Caligulaapokalypsen später mit Neros Zügen bereichert worden sind, und Neroapokalypsen Spuren der Ereignisse unter Caligula aufweisen.

Als Caligulaapokalypsen sind vor allem zu nennen: 1) die synoptische Apokalypse, 2) die Apokalypse aus II Thess.

Die synoptische Apokalypse, Mk. 13, Mt. 24 und Lk. 21.
Sie ist als Schriftapokalypse gedacht, wie die Bemerkung zeigt: *ὁ ἀναγινώσκων* νοείτω ([«*wer das liest*, der merke auf»], Mk. 13,14), während Jesus in der mündlichen apokalyptischen Verkündigung sagt: ὁ ἔχων[249] ὦτα ἀκούειν ἀκουέτω ([«wer Ohren hat zu hören, der höre»], Mk. 4,9). Der Zweck der Apokalypse besteht darin, den Auserwählten kund zu tun, wann sie sich aus dem Getümmel der Kriege der Endzeit in die Berge flüchten sollen. Nun berichtet Eusebius III,5,3, daß κατά τινα χρησμὸν[250] die Christen während des jüdischen Krieges über den Jordan sich nach Pella geflüchtet haben. Fraglich bleibt, ob es diese oder eine andere Apokalypse ist,[251] weil die unsere von Bergen redet nach Ezechiel 7,16 [Mk. 13,14 u. Par.].

Jedenfalls aber nehmen wir in dieser Jesus in den Mund gelegten Apokalypse das alte Interesse wahr: den Zeitpunkt der Endzeit auszurechnen. Darum knüpft sie an das Wort der Zerstörung des Tempels an mit der Frage: εἰπὸν ἡμῖν, πότε ταῦτα ἔσται καὶ τί τὸ σημεῖον ὅταν μέλλῃ ταῦτα συντελεῖσθαι πάντα; [«sage uns, wann wird das sein? Und was ist das Zeichen, wann sich das alles vollenden wird?», Mk. 13,4]. Als den Anfangspunkt der Wehen werden falsche Messiasse (zu denen uns jede historische Nachricht fehlt), Krieg und Kriegsgeschrei, Erhebungen der Völker gegeneinander, Erdbeben und Hungersnöte angeführt (Mk. 13,5–8). Aber das ist nur der Anfang der Wehen, noch nicht das τέλος [Ende]. Dann wird mit wörtlicher Entlehnung aus der Aussendungsrede [Mt. 10,17–22] ihnen selbst Verfolgung geweissagt, in der nur der ὑπομείνας εἰς τέλος ... σωθήσεται, [«nur der gerettet wird, der ausharrt bis ans Ende»] (Mk. 13,9–13). Aber auch dies ist noch nicht das τέλος, denn allen Völkern muß zuerst das Evange-

248 [R] 8. Vorlesung.

249 [Nestle: ὃς ἔχει.]

250 [«infolge göttlicher Weisung» (E. Schürer, *Geschichte des jüdischen Volkes im Zeitalter Jesu Christi*, Bd. II. Leipzig 1890, S. 519, nach Eusebius' *Kirchengeschichte*, a.a.O. Pella: eine der Städte der Dekapolis.]

251 [der die Christen die Aufforderung, nach Pella zu flüchten, entnahmen.]

lium, d. h. die Nähe des Reichs verkündigt werden: d. h., der Autor rechnet schon mit einer christlichen Mission und benutzt dieselbe, um das bisherige Ausbleiben der Eschatologie dogmatisch zu motivieren [Mk. 13,10].

Gekommen aber ist der Zeitpunkt, wenn sie den Greuel der Verwüstung aus Dan. 9[,27]/11[,31] und 12[,11] sehen ἑστηκότα ὅπου οὐ δεῖ [«der steht, wo er nicht sollte», Mk. 13,14], dann ist es der Augenblick zur Flucht, denn dann kommt die θλῖψις, οἵα οὐ γέγονεν τοιαύτη ἀπ' ἀρχῆς κτίσεως [«eine Drangsal, wie keine solche gewesen ist vom Anfang der Schöpfung an», Mk. 13,19]. Dann aber wird Gott aus Erbarmen die Tage verkürzen,[252] denn sonst würde niemand gerettet werden (Mk. 13,20). Dann erstehen Pseudomessiasse und Pseudopropheten und tun Zeichen und Wunder, um die Auserwählten zu verführen [V. 22]. Nach der θλῖψις [Trübsal] aber werden sich Sonne und Mond verdunkeln, und die Sterne [werden] vom Himmel fallen [V. 24f.], καὶ τότε ὄψονται τὸν υἱὸν τοῦ ἀνθρώπου ἐρχόμενον ἐν νεφέλαις μετὰ δυνάμεως πολλῆς καὶ δόξης [«und dann werden sie sehen den Menschensohn in den Wolken kommend mit großer Gewalt und Herrlichkeit», V. 26], und dann wird er die Engel aussenden und die Erwählten sammeln von den vier Winden, vom Ende der Erde bis zum Ende des Himmels [V. 27].

Wie man an den sprossenden Trieben merkt, daß der Sommer naht [Lk. 21,30], so an den Ereignissen, daß die Endzeit da ist. Wann es aber geschieht, das wissen weder die Engel noch der Sohn, nur der Vater [Mk. 13,32], aber es geschieht noch innerhalb dieser Generation: οὐ μὴ παρέλθῃ ἡ γενεὰ αὕτη μέχρις οὗ ταῦτα πάντα γένηται [«Dieses Geschlecht wird nicht vergehen, bis dies alles geschehen sein wird», Mk. 13,30].

Wegen dem βδέλυγμα τῆς ἐρημώσεως [«Greuel der Verwüstung», Mk. 13,14] und der Versicherung, daß alles noch in der Generation Jesu vor sich gehen soll, ist am besten die Zeit des Endes der 30er[253] Jahre als Abfassungszeit anzunehmen. Die Apokalypse ist geschrieben, als man unter dem Drucke des Caligula stand, und zwar glaubt der Apokalyptiker, daß es wirklich dahin kommen wird, daß er das Standbild im Tempel aufstellt und daß dann die Ereignisse ihren Verlauf nehmen. Freilich hat es den Anschein, daß[254] sie[255] nachher mit Zügen aus dem jüdischen Krieg überarbeitet worden ist. Sie[256] werden eben kontinuierlich gebrauchsfähig erhalten. So bietet sie Lukas in einer Form, wel-

---

252 [R] (Verkürzung der Tage aus Henoch [vgl. oben S. 405].)
253 [Zuerst:] die Zeit der 40er Jahre.
254 [Ms.:] als ob.
255 [Die synopt. Apokalypse.]
256 [Die apokalypt. Texte.]

che die Belagerung und Eroberung Jerusalems voraussetzt, denn er deutet das βδέλυγμα τῆς ἐρημώσεως, indem er es durch folgende Wendung ersetzt, Lk. 21,20: Ὅταν δὲ ἴδητε κυκλουμένην ὑπὸ στρατοπέδων Ἰερουσαλήμ, τότε γνῶτε ὅτι ἤγγικεν ἡ *ἐρήμωσις* αὐτῆς [«wenn ihr aber Jerusalem von Heeren umringt sehet, dann erkennt, daß seine *Verwüstung* genaht ist»]. Er hat also ἐρήμωσις als Verödung gefaßt. Daß er die Zerstörung Jerusalems kennt,[257] geht daraus hervor, daß er von der Gefangenführung der Juden unter die Völker redet und sagt: καὶ Ἰερουσαλὴμ ἔσται πατουμένη ὑπὸ ἐθνῶν, ἄχρι οὗ πληρωθῶσιν καιροὶ ἐθνῶν [«und Jerusalem wird von den Völkern zertreten werden, bis sich die Zeiten der Heiden erfüllen»], (Lk. 21,24b). Die Apokalypse ist also auf die Zerstörung Jerusalems eingestellt. Wer hat es getan? Lukas? Oder fand er sie in einer solchen Form vor? Jedenfalls aber ist die Urkonzeption dieser synoptischen Apokalypse aus der Caligulazeit, etwa 6–10 Jahre nach dem Tod Jesu.

In derselben Lage befinden wir uns für die Eschatologie des *II. Thessalonicherbriefes*. Von allen übrigen Echtheits- oder Unechtheitsfragen, sofern sie durch Sprache und Stil bedingt sind, abgesehen: die Eschatologie des zweiten [Thessalonicherbriefes] unterscheidet sich von der des ersten gerade dadurch, daß sie auf historische Ereignisse reflektiert. Die Tendenz ist dieselbe wie in der synoptischen Apokalypse, nämlich den Augenblick auszurechnen, wo die Ereignisse der Endzeit beginnen. Und hier ist es wieder die Erwartung, daß Caligula sein Beginnen eben durchsetzt. Also die Urkonzeption fällt auch auf 39 oder 40. Die Sprache ist hier ganz klar. Es ist unmöglich, daß die Eschatologie eintrete, wenn nicht zuvor ἔλθῃ ἡ ἀποστασία ... καὶ ἀποκαλυφθῇ ὁ ἄνθρωπος τῆς ἀνομίας, [ὁ υἱὸς τῆς ἀπωλείας] [«kommt der Abfall und erscheint der Mensch der Sünde, das Kind des Verderbens», 2,3], ὁ ἀντικείμενος καὶ ὑπεραιρόμενος επὶ πάντα λεγόμενον θεὸν ἢ σέβασμα («der sich erhebt über alles, was Gott heißt oder Heiligtum»), ὥστε αὐτὸν εἰς τὸν ναὸν τοῦ θεοῦ καθίσαι ἀποδεικνύντα ἑαυτὸν ὅτι ἐστὶν θεός [«so daß er sich in den Tempel Gottes setzt, indem er von sich vorgibt, er sei Gott», V. 4]. Das geht also über Daniel hinaus, denn dort handelt es sich gar nicht um den Gedanken, daß Epiphanes sich selbst in seinem Bilde in den Tempel stellen will. Dann wird aber ein τὸ κατέχον erwähnt (V. 6) oder ein ὁ κατέχων (V. 7), also etwas oder einer, der zurückhält und der aus dem Wege geschafft werden muß, ehe der vollendete Greuel eintrete. Wer ist das? Petronius? Vielleicht ursprünglich. Aber hier nun gerade scheint eine spätere Überarbeitung einzusetzen, denn jetzt kommt der Gedanken, daß der Parusie Jesu die Parusie κατ' ἐνέργειαν τοῦ σατανᾶ [«auf Grund der Wirksamkeit des Satans», V. 9] vorausgehen werde,

257 [R] Die Apokalypsen hatten verschiedene Visiere wie die modernen Gewehre.

wenn der κατέχων aus dem Wege geräumt sei, und das weist nun viel stärker auf Nero als auf Caligula, denn ἀποκάλυψις [Offenbarung] und παρουσία [Parusie] wollen doch bedeuten, aus der Verborgenheit plötzlich mit übernatürlicher Kraft erscheinen. Das setzt aber die Legende vom Nero redivivus voraus.

Hier der Grund dieser Vorstellung: Nero war auf die Villa eines seiner Freigelassenen, Phaon, vor die Tore Roms geflohen, als die Meuterei der Prätorianer, die Galba ausriefen, ausbrach. Das war am 8. Juni 68. Nachdem er noch die Nacht hindurch über sein Schicksal Komödie gespielt und Verse deklamiert [hatte], gab er sich am[258] 9. [Juni] den Tod, als eine Kavallerieabteilung auf das Haus zutrabte. Nur drei Frauen und zwei oder drei Männer waren zugegen, nämlich seine zwei Ammen und seine Geliebte Acte. Sie begruben ihn heimlich in einem weißen Linnen. (Diese Nachrichten sind aus Sueton und Dio Cassius.[259]) Das Volk aber glaubte nicht an seinen Tod. Er hatte den Pöbel bezaubert durch seine antiaristokratische Gesinnung. Schon zu seinen Lebzeiten, als seine Umgebung seinen Sturz kommen sah, hatten sie den Gedanken, daß er, in Rom entthront, ein großes Reich im Orient gründen würde. So erzählen Sueton und Tacitus.[260] So behauptete das Volk, er hätte sich zu den Parthern begeben und würde bald wieder, an der Spitze der orientalischen Reiterheere, zurückkehren, um Rache zu nehmen. Seine Anhänger waren fest davon überzeugt. Edikte mit seiner Unterschrift zirkulierten. Nachdem schon vorher ein falscher Nero unter den Parthern erschienen war, erschien unter Domitian gegen 88 noch einer und hatte großen Erfolg, bis zuletzt der Betrug offenbar wurde.

Der Autor des 4. Buches der Sibyllinen, der gegen 80 schrieb, glaubt ganz sicher, daß Nero bei den Parthern ist.[261]

Die παρουσία und die ἀποκάλυψις des ἄνθρωπος τῆς ἀνομίας [«Mensch der Gesetzlosigkeit»], die noch aussteht, ist nun in II Thess. nichts anderes als die erwartete Rückkehr des Nero, der vor allem gegen die Christen wüten wird. Was dann aber der κατέχων ist, das weiß niemand, vielleicht erklärt er sich einfach aus der literarischen Verschmelzung der Caligula- und der Nerozeit. Gott schickt dies herauf εἰς τὸ πιστεῦσαι αὐτοὺς τῷ ψεύδει, ἵνα κριθῶσιν ἅπαντες οἱ μὴ πιστεύσαντες τῇ ἀληθείᾳ ἀλλὰ εὐδοκήσαντες τῇ ἀδικίᾳ ([«daß sie der Lüge glauben, damit sie alle dem Gericht verfallen, die sie der Wahrheit nicht geglaubt, sondern an der Ungerechtigkeit Gefallen gefunden haben»], 2,11f.). Erst wenn diese Parusie stattgefunden haben wird, dann wird

258 [Ms.:] den.

259 [Sueton, *Kaiserbiographien*, Kap. über Nero Claudius Caesar, 50. Dio Cassius, *Geschichte Roms*, Buch 63,27, spricht nur von 3 Begleitern.]

260 [Sueton, a.a.O., Abschnitt 40, Tacitus: Annalen XIII–XVI.]

261 [R] Nero redivivus.

die Parusie Jesu statthaben, der ihn[262] ἀνελεῖ τῷ πνεύματι τοῦ στόματος αὐτοῦ [«töten wird durch den Hauch seines Mundes» (2,8)].

Wir haben also auch in dieser Apokalypse II Thess. 2 eine *Verschmelzung von Caligula- und Neroeschatologie,* und Paulus kann diese Apokalyptik nicht vertreten haben, weil er vorher gestorben [ist]. So viel ist klar: diese eschatologische Ausrechnung soll die eschatologischen Angaben des 1. Thessalonicherbriefes, wonach die Eschatologie ohne Zeichen plötzlich hereinbrechen wird (cf. 5,1 ff.), wenn man es am wenigsten erwartet, berichtigen und die paulinische Eschatologie mit der Geschichtseschatologie des Endes der 60er Jahre in Einklang bringen und die Parusieverzögerung schon von Paulus geweissagt sein lassen. Ob nun der Autor den Rest des Briefes frei konzipiert oder einen kleinen Paulusbrief umgearbeitet hat, das bleibt fraglich. Sicher ist aber, daß irgend eine Gnosis die eschatologische Frage in Fluß gebracht und eben auf die Eschatologie des 1. Thessalonicherbriefes hingewiesen und gefragt hat, warum denn das noch nicht eingetreten sei. II Thess. ist ein antignostisches Schreiben.

Die *Apokalypse Johannis* werden wir dann also gesondert behandeln. Nun die jüdischen Apokalypsen.

Die Apokalypse Baruch (ursprünglich hebräisch).

Unter dem Namen des Baruch, des Freundes und Gehülfen Jeremiae, ging eine reiche pseudepigraphische Literatur. Erhalten sind uns eine syrische und eine griechische Baruchapokalypse. Wenn man aber Baruch zitiert, meint man immer die syrische, denn die griechische ist ein elendes Machwerk kindischen Charakters mit Offenbarungen über die sieben[263] Himmel und wie sie möbliert sind. Als Probe: Im ersten Himmel sind die, die am Turm zu Babel gebaut haben[264], und der Drache, der aus dem Meere trinkt, daß es eine Elle sinkt,[265] etc.

Die syrische Baruchapokalypse ist wie Henoch aus verschiedenen Apokalypsen zusammengearbeitet. So findet sich z. B. eine ganz trostlose visionenreiche [Apokalypse], in der die Geschichte von Adam bis zur Endzeit in der Vermischung von hellem und dunklem Wasser – das helle die Guten, das dunkle die Bösen symbolisierend – dargestellt wird (Kap. 53 ff.). Ebenso kommt [in] Kap. 35 ff. eine Vision über die vier Weltreiche. Aber wichtiger als diese Reminiszenzen und Nachbildungen ist die Zeitlage des Buches selbst. Der Verfasser schreibt unter dem Eindruck der stattgehabten Zerstörung Jerusalems. Auf den Trümmern des durch Nebukadnezar zerstörten Jerusalems weissagt Baruch den

---

262 [«ihn»: den Gesetzesfeind.]
263 [fünf.]
264 [E. Kautzsch, a.a.O., Bd. II, S. 449.]
265 [Im Hades, vom dritten Himmel aus sichtbar, a.a.O., Bd. II, S. 450.]

Wiederaufbau und die nochmalige Zerstörung Jerusalems in den Tagen, die der Endzeit vorangehen [32,3]. Denn dieses Jerusalem ist nicht das wahre, sondern das Jerusalem, das bei ihm, dem Herrn, bereitet ist «seit der Zeit, wo er den Entschluß gefaßt hat, das Paradies zu schaffen» [4,3].[266] Dieses himmlische Jerusalem haben Adam, bevor er sündigte, dann Abraham und Mose gesehen. Mit dem Paradies ist es jetzt bereit gehalten [4,5].[267] Wir haben also hier dieselbe präexistente ideale Vorstellung vom himmlischen Jerusalem wie im Hebräerbrief.

Aber durch die Sünde Adams ist der Tod über die Menschen gekommen; hier also die Theorie der allgemeinen ererbten Sündhaftigkeit, die sich dann noch viel tiefer in IV Esra entwickelt findet. Paulus hat seine Vorstellung von der Erbsünde aus der jüdischen Theologie mitgebracht.

Wir stehen also zwischen dem zerstörten irdischen und dem erwarteten himmlischen Jerusalem. Aber bis der Messias kommt und die Toten auferstehen, kommt die große Drangsalszeit, die in zwölf Abschnitten verläuft [27,1 ff.]. Die Farben [der Schilderung] sind aus dem jüdischen Krieg und den begleitenden historischen Ereignissen genommen.[268]

«Siehe, Tage kommen, da wird, wenn die Zeit der Welt reif sein und die Ernte der Aussaat des Bösen und des Guten kommen wird,[269] der Allmächtige über die Erde und ihre Bewohner und über ihre Regenten Geistesverwirrung und herzlähmenden Schreck herbeiführen» [70,2]. Es werden die Verwirrungskriege kommen. «Und jeder, der sich aus dem Kriege rettet, soll durch ein Erdbeben sterben, und [der], der sich aus dem Erdbeben rettet, wird im Feuer verbrennen, und der, der sich aus dem Feuer rettet, wird durch Hunger zu Grunde gehen; und alle, die sich retten ..., die werden den Händen meines Knechtes, des Messias, überantwortet werden» [70,8.9].

Darum die Verherrlichung des Leidens wie bei Jesus: «Habt eure Lust an dem Leiden, das ihr jetzt leidet ... Bereitet euch vor auf das, was euch zugedacht ist, und macht euch geschickt für den Lohn, der für euch hinterlegt[270] ist» [52,6.7]. Der Lohn aber ist das engelgleiche Dasein der Verwandelten nach der Auferstehung. «Das Aussehen ihrer Angesichter wird sich verwandeln in ihre leuchtende Schönheit, so daß sie annehmen und empfangen können die unsterbliche Welt, die ihnen alsdann verheißen ist ... (bis) zum Glanz der Engel, ... denn in den Höhen jener Welt werden sie wohnen und den Engeln gleichen» [51,3.5.9]. Denken Sie, wie Jesus die Frage der Sadduzäer hinsichtlich der Auferstehung beant-

---

266 [A. a. O., Bd. II, S. 413.]
267 [A.a.O., S. 413 f.]
268 [R] Die Theologie zwischen den beiden Jerusalem.
269 [R] Siehe Paulus.
270 [Kautzsch, a.a.O., Bd. II, S. 431: hingelegt.]

wortet [Mt. 22,29–32]. «Vor ihnen werden ausgebreitet werden[271] die weiten Räume des Paradieses» (also: das himmlische Jerusalem und das Paradies sind zusammengedacht)... «denn sie wurden errettet aus dieser Welt der Drangsal und warfen von sich die drückende Last ihrer Trübsale.[272] Um was also haben die Menschen ihr Leben verloren, und was haben die, die auf der Erde waren, alsdann eingetauscht für ihre Seele...?» [51,11.14.15]. – Also ganz mit Jesuworten parallele Wendungen.

An der Schilderung der zukünftigen Herrlichkeit wird noch einmal die Gemeinsamkeit der jüdischen und der christlichen Apokalyptik klar. Er [Baruch] schildert nämlich die üppige Fruchtbarkeit der neuen paradiesischen Erde. «Auch wird die Erde ihre Frucht 10 000fältig geben; und an einem Weinstock werden 1000 Ranken sein, und eine Ranke[273] wird 1000 Trauben tragen, und eine Traube wird 1000 Beeren tragen, und eine Beere wird ein Kor[274] Wein bringen» [29,5] – das hat Papias, der alte Traditionssammler aus der Mitte des 2. Jahrhunderts, nach Irenäus [Adv. haer.] V. 33,3 in seinen *λογίων κυριακῶν ἐξηγήσεις*[275] als einen Herrenspruch zitiert!

Das messianische Mahl aber wird als neue Mannaspeise gedacht: «Und zu jener Zeit werden wieder die Mannavorräte von oben herabfallen, und sie werden davon in jenem Jahre[276] essen, weil sie das Ende der Zeiten erlebt haben» [29,8]. Ob nicht Joh. 6 irgendwie die bewußte Umdeutung dieser Stelle enthält?

Es geht also durch diese Eschatologie nach der Zerstörung Jerusalems ein tief ernster und tief sittlicher Zug. Das tritt nun in IV Esra noch viel großartiger zutage.

IV Esra

IV Esra, d. h. die apokalyptischen Offenbarungen, die dem Esra bei der Promulgierung des Gesetzes in den Mund gelegt werden, ist von jeher bekannt gewesen, weil es im lateinischen Text in die Vulgata aufgenommen worden ist. Luther hielt von dem Buch nicht viel und wollte IV. Esra, «den Träumer, in die Elbe werfen».[277] Das Original war hebräisch.

---

271 [Ms.:] liegen jetzt ausgebreitet.

272 [R] Vertrocknet in der rabbinischen Eschatologie.

273 [Ms.:] Rebe.

274 [Nach Paul Rießler, *Altjüdisches Schrifttum außerhalb der Bibel*, Augsburg 1928, S. 73: 40 Liter.]

275 [*Erklärungen von Herrenworten,* verfaßt um 120/160.]

276 [Kautzsch, a.a.O., Bd. II, S. 423: in jenen Jahren.]

277 [H. Gunkel erwähnt dies in seiner Einleitung bei Kautzsch, a.a.O., Bd. II, S. 349. Luthers Bemerkung betrifft jedoch nicht das IV., sondern das III. Buch Esra, siehe M. Luthers *Tischreden*, 1. Bd., Weimar 1912, S. 208, Nr. 475: «Das dritte Buch Esrae werfe ich in die Elbe. Im vierten Buch, darinne was dem Esra geträumet hat, sind

Das Buch zerfällt in sieben ausgeführte Visionen, wobei aber die Visionen selbst mehr nebensächlich sind, weil die Hauptsache in den Dialogen zwischen Esra und dem Engel ausgesprochen wird. Die Zeit ist bestimmbar, weil er über den Fall Jerusalems klagt: also ist die Abfassung nach 70 anzunehmen. In der fünften Vision werden wir aber noch tiefer hinab geführt, denn sie[278] enthält eine Geschichtsvision von einem Adler mit zwölf befiederten Flügeln, drei Häuptern und einer Anzahl Gegenflügel, woraus hervorgeht, da das Ganze sehr durchsichtig ist, daß er[279] den Tod des Titus schon erlebt hat und unter Domitian (81–96) lebt, etwa in den 90er Jahren. Ein Löwe ersteht nämlich und verkündet ihm das Gericht. Der Löwe ist Christus [11,37; 12,32].

«Der Äon eilt mit Macht zu Ende» – dieses Wort aus der ersten Vision [4,26] ist das Leitmotiv der ganzen Schrift. Die Zeit ist da, wo die Geschlechter voll sind, und nicht einmal um der Sünden der Menschen willen kann die Tenne der Gerechten aufgehalten werden, denn wie eine Schwangere, wenn ihre Zeit da ist, gebären muß, so gleichen jetzt die Wohnungen der Seelen im Hades dem Mutterschoße: sie wollen schnell zurückgeben, was sie besitzen [4,38–42].

Die Zeichen des Endes aber sind der Aufruhr in der Natur und in den Völkern und die Wunder [5,1–13; 6,20–24; 9,3.4.]. Wenn aber die Zeichen da sind, dann wird die unsichtbare Stadt erscheinen und das verborgene Land sich zeigen. Dann kommt der Menschensohn. Aus des Meeres Tiefe, weil er unsichtbar war mit seinen Gefährten bis zur Stunde dieses seines Tages, fährt er auf, der Sturm führt ihn zu den Wolken des Himmels empor, aus seinem Munde fährt ein feuriger Strom, der seine Widersacher tötet, und er wird die Völker strafen [13,1–11]. Aber das ist noch nicht das Ende,[280] denn wie bei Paulus ist dieses Reich des Messias mit seinen Getreuen nur vorübergehend. Es dauert 400 Jahre lang. «Nach diesen Jahren wird mein Sohn, der Christus, sterben samt allen, die Menschenodem haben. Dann wird sich die Welt zum Schweigen der Urzeit wandeln, sieben Tage lang, wie im Uranfang, so daß niemand überbleibt. Nach sieben Tagen aber wird der Äon, der jetzt schläft, erwachen und die Vergänglichkeit selber vergehen. Die Erde gibt wieder, die darinnen ruhen und der Staub läßt los, die darinnen schlafen, die Kammern erstatten die Seelen zurück, die ihnen anvertraut sind» [7,28–32]. Dann «erscheint der Höchste auf dem Richterthron». Es «kommt das Ende», für die Guten das Paradies, für

---

schöne und auch gute Pösslin» ... Ebenso S. 337, Nr. 692; 2. Bd., 1913, S. 106, Nr. 1467 (dort heißt es vom IV. Buch sogar: «Quartus Hestrae ist auch fein; quadrat plane in nostra tempora», paßt vortrefflich in unsere Zeit).]

278 [Ms.:] er.

279 [der Verfasser.]

280 [R] Plan der Eschatologie.

die Bösen die Gehenna[281] [7,33–36]. Aber schon in dem Zwischenzustande bis dorthin ist das Schicksal der Seelen nicht dasselbe gewesen, denn die einen erduldeten siebenfältige Pein [7,81–87], die anderen siebenfältige Freude[282] [7,92–99]. Dies ist dann für die katholische Kirchenlehre von großer Tragweite geworden, wie auch die Lehre Esras vom Schatz der guten Werke.[283] Sie sehen also, wie die jüdische theologisierende Eschatologie auf die christliche Eschatologie nicht allein, sondern auch auf die Dogmatik eingewirkt hat.

Theologisierend aber ist die Eschatologie von IV Esra im höchsten Grade. Denn die Dialoge mit dem Engel drehen sich um eine Reihe von Problemen. Im Zentrum steht das Problem der Sünde. Die Sünde ist gekommen durch die Verschuldung Adams. Er [Esra] hält eine Wehklage über die Sünde Adams. «Ach Adam, was hast du getan! Als du sündigtest, kam dein Fall nicht nur auf dich, sondern auch auf uns, deine Nachkommen. Denn was hilft es uns, daß uns die Ewigkeit versprochen ist, wenn wir Werke des Todes getan haben?» [7,118.119]. – Noch mehr erinnert an Paulus das Verhältnis von Gesetz und Sünde: «Wir, die das Gesetz empfangen, müssen wegen unserer Sünden verloren gehen samt unserem Herzen, in das[284] es getan ist; das Gesetz aber geht nicht verloren, sondern bleibt in seiner Herrlichkeit» [9,36.37]. Man meint Röm. 7 zu lesen.

Daneben beschäftigt ihn das Problem der Theodizee, welches durch die Zerstörung Jerusalems nahegelegt ist. Warum muß das Volk Gottes, das heilig zu wandeln sucht, unter den triumphierenden Völkern zertreten werden? Warum kann man zu den ewigen Freuden nur durch die Mühseligkeiten dieses Lebens gelangen? In diesem Zusammenhang bringt er ein Bild, das an Jesu Gleichnis von dem steilen Weg und der engen Pforte [Mt. 7,14] erinnert, Kap. 7[,6–9]: «Es gibt eine erbaute Stadt, die ist in einer Ebene gelegen und alles Guten voll; der Eingang aber [dazu] ist eng und führt an Abgründen hin, wo rechts Feuer und links tiefes Wasser droht; und nur einen einzigen Pfad gibt es zwischen beiden, zwischen Feuer und Wasser, und dieser Pfad ist so schmal, daß er nur *eines* Menschen Fußspur fassen kann. Wenn nun jene Stadt jemandem zum Erbteil gegeben wird, wie wird der Erbe sein Erbteil in Besitz nehmen können, wenn er nicht vorher den gefährlichen Weg dahin durchschritten hat?» Wie ist die Vergeltungslehre, die man bejahen

281 [Hinweis bei Kautzsch II 371 (zu 7,36): Vgl. Apk. Joh. 9,2.]

282 [Ms. irrtümlich:] Qual.

283 [Angedeutet in 8,36, aber in paulinischem Sinn: Gottes Güte wird dadurch offenbar, daß er sich derer erbarmt, die keinen Schatz von guten Werken haben. Jedoch im «Gerechtigkeit verschaffenden» Sinn in Baruch 14,12,13: Weil die Gerechten bei Gott einen Schatz von [guten] Werken haben, empfangen sie die ihnen von Gott verheißene Welt.]

284 [A. S. korrigiert:] unseren Herzen, in die ...

muß, mit der Güte Gottes vereinbar, wenn sie ja sich auf solche bezieht, die schon ohne ihre Schuld der Sünde verfallen sind?[285]

Wie ist es mit der Güte Gottes vereinbar, daß viele geschaffen, wenige aber auserwählt sind? [8,3].[286] Wie können sich diese Geretteten der Seligkeit freuen, wenn sie an das Schicksal der Sünder denken? [8,4–36; 9,14–22]. – Auf alle diese Fragen keine Antwort.[287] Wie kann ein irdischer Mensch Gottes Wege verstehen?[288] Die Zukunft wird alles erklären.

Sie sehen hier in dem Zusammenbruch Jerusalems, trotz der festgehaltenen eschatologischen Erwartung, den Zusammenbruch der pharisäisch-jüdischen Gesetzestheologie. Etwas über 100 Jahre sind seit dem Psalter Salomos verflossen. Aber welcher Weg ist zurückgelegt! Vorbei die naive Zuversicht der «Gerechten» – die tiefen religiösen und sittlichen Probleme liegen offen da. Und IV Esra ist keine isolierte Erscheinung: da ist der Pharisäer Paulus, da ist der Verfasser der Apokalypse Baruch,[289] die auf denselben Bahnen wandeln. Alle[290] Tiefe dieser neuen jüdischen Theologie wird durch Paulus dem Christentum zugeführt, aber für die jüdische Theologie selbst verlief sie ergebnislos, denn diese Männer waren keine Persönlichkeiten: statt zu den Zeitgenossen als Zeitgenossen redeten sie zu ihnen aus grauer Vorzeit. Sie waren keine kraftvollen Persönlichkeiten, sondern sie waren wirklich schon tot, und deshalb konnte von ihnen, trotz aller ihrer Größe und aller ihrer Tiefe kein neues Leben ausgehen. Die Zukunft gehörte der Eschatologie der Persönlichkeiten, der christlichen Eschatologie.

Nun noch ein kurzes Wort über die *Sibyllinischen Orakel* und *ihre Eschatologie*. Die Sibylle als alte Prophetin der Vorzeit begegnet schon bei Heraklit. Darauf gründen sich die geschichtlichen Weissagungen, die als sibyllinische Sprüche ausgegeben wurden. 83 v. Chr. verbrannten die sibyllinischen Orakel in Versen mit dem Kapitol. Aber sie waren leicht zu ersetzen. Schon seit der Mitte des 2. Jahrhunderts hatte sich nun auch das Judentum an der Fabrikation von Sibyllinen beteiligt, um den Monotheismus als alt darzutun. Die Sibylle wurde als Noahs Enkelin aufgeführt. Später wurden die Sibyllinen noch christlich interpoliert, was bei der Zusammenhanglosigkeit dieser Verse nicht schwer war. Die Kirchenväter haben sich mit Vorliebe auf eine Sammlung christlich

---

285 [R] Theologische Probleme [in] IV Esra.

286 [Mt. 22,14. Vgl. auch IV Esra 7,47: die zukünftige Welt bringt Wenigen Erquickung, Vielen aber Pein.]

287 [Antwortversuche: 8,37–41.46–62; 9,17–22.]

288 [7,19: «Du bist doch kein Richter über Gott und kein Weiser über den Höchsten?»]

289 [R] Der Grund, warum beide [Werke] dem Baruch und [dem] Esra in den Mund gelegt werden, ist klar – Zusammenhang mit der zweiten Zerstörung Jerusalems.

290 [Ms.:] Aber alle... [«Aber» gestrichen, weil auch der nächste Satzteil mit diesem Wort beginnt.]

überarbeiteter Sibyllinen berufen. Sie kannten 15 Bücher; uns sind alle bis auf drei erhalten, in summa 4000 Hexameter. Sie sind der Form nach recht schlecht, und wenn die Heiden daran Anstoß nahmen, erklärten die Christen, daß die Sibylle in richtigen Versen gesprochen habe, aber so schnell, daß die nachschreibenden Stenographen nicht immer richtig hätten folgen können.

Interessant sind das III. und IV. Buch.

Das III. Buch stammt etwa aus dem Jahre 140 v. Christi Geburt und ist christlich nicht überarbeitet.[291] Es gibt die Geschichte der Welt von der Sündflut[292] bis zum Ende mit reicher Benutzung der griechischen Mythologie. Z. B. wird der Turmbau zu Babel in Zusammenhang mit dem Titanenkampf gebracht. Am Ende kommt der große Aufruhr, wo das Feuer die Natur verzehrt[293] und das Reich errichtet wird. Die geschichtlichen Ereignisse weisen bis auf die Zeit des Antiochus Epiphanes.

Ebenso ist das IV. Buch frei von christlicher Redaktion. Auch hier wird die Weltgeschichte und die Ablösung der aufeinander folgenden Weltreiche zum voraus abgebildet. Die spätest erwähnte Tatsache aber ist der Ausbruch des Vesuv im[294] Jahre 79 n. Chr. Diese Sibylle stammt also aus der Zeit nach Nero, und aus ihr[295] ersieht man, welche Rolle der Nero redivivus im Denken jener Zeit spielte. Es heißt: «Und dann wird von Italien der große König, wie ein Entlaufener, flüchten, verschwunden, verschollen, über den Strom des Euphrat, welcher einst Blutschuld schrecklichen Mordes an der Mutter wagen wird ... Nach dem Westen wird alsdann der sich erhebende Streit des Krieges kommen, und der Flüchtling von Rom, die mächtige Lanze erhebend, wird den Euphrat überschreiten mit vielen Tausenden»[296] (119–121[, 137]).

Angedeutet: Das Ende der jüdischen Eschatologie. Ohne Persönlichkeiten, ohne Geschichte. Fertig, unproduktiv.

[Die] christliche [Eschatologie war] langlebiger. Verbindung mit Theologie. Kapitel: Eschatologie und Gnosis. Kirche. Eschatologie: Sendschreiben, katholische Briefe, Apostolische Väter, *Pastor Hermae*, um 140; noch eine richtige Apokalypse. Prophetisches Bewußtsein, aus theologischen Motiven.

---

291 [Aber «wenigstens z. T. Kompilation oder höchstens Überarbeitung älterer Vorlagen» (Kautzsch, Bd. II, S. 180). Trotz des Brandes von 83 v. Chr. ist offenbar manches, sei es original, sei es in irgendwelchen Überarbeitungen andernorts erhalten geblieben.]

[R] Dies irae (Requiem): «Teste David cum Sibylla» [«wie David und die Sibyll künden».]

292 [Bei Kautzsch: Sintflut (z. B. II., S. 187, III. Buch Z. 109).]

293 [II., S. 198, Z. 690, S. 200, Z. 809.]

294 [Ms.:] aus dem.

295 [Ms.:] Sie stammt aus der Zeit nach Nero, und in dieser Sibylle ...

296 [Bei Kautzsch lautet der letzte Satzteil: den Euphrat überschreitend mit ...]

§ 11) Die Schicksale der Apokalypse im Kanon und in der Exegese

Der erste, welcher einen wirklich klaren Überblick über die Geschichte der Apokalypse im Kanon und in der Exegese gab, war [Heinrich Julius] Holtzmann in seinem Kommentar zum Evangelium Johannes und zur Apokalyse von 1891.[297] Fünf Jahre nachher erschien dann in der Meyerschen Sammlung anno 1896 [Wilhelm] Boussets Spezialkommentar zu der Apokalypse.[298] Früher hatte [Friedrich] Düsterdieck die Apokalypse in dieser Sammlung bearbeitet[299] nach dem dieser Sammlung zu Grunde liegenden Prinzip, alle theologischen Meinungen nebeneinander zu stellen. Dann wurde Bousset beauftragt, der Puppe einen neuen Kopf aufzuleimen. Statt dessen machte er alles von Grund auf neu und schuf ein Werk, das als der Typus des modernen Kommentars gelten kann. Die Darstellung der Schicksale der Apokalypse im Kanon und in der Exegese auf 200 Seiten ist[300] eine Meisterleistung ersten Ranges, denn der Verfasser hat alle Kommentare, die je über die Apokalypse geschrieben worden sind, eingesehen und bringt ihre Gedanken und nicht nur ihre Titel. Durch Holtzmann und Bousset sind alle andern Kommentare ausrangiert worden, und durch Bousset insbesondere sind alle hervorragenden Monographien, die von Völter (1882), Vischer (1886) und Spitta (1889)[301] ausführlich aufgenommen worden, und seither sind keine grundlegenden neuen Ansichten über die Apokalypse mehr aufgetreten.

Es handelt sich also zunächst um die Schicksale der Apokalypse im Kanon. Die Bezeugung der Apokalypse ist eine sehr günstige, denn sie stützt sich auf die drei Namen: Justin, Irenäus und Melito. Ob Papias die Apokalypse gekannt hat, können wir nicht mehr kontrollieren, da uns sein Werk verloren ist. Andreas von Caesarea führt ihn in seinem Kommentar als Zeugen für die Apokalypse an.[302]

Mit unmißverständlicher Klarheit beruft sich Justin im *Dialog mit Trypho* auf die Apokalypse als auf ein apostolisches Werk.

---

297 [Holtzmann, im *Hand-Kommentar zum Neuen Testament,* Freiburg i. Br.: *Evangelium des Johannes* (4,1), 1890; *Briefe und Offenbarung des Johannes* (IV), 1891.]

298 [Bousset: *Die Offenbarung Johannis*, in: H. A. W. Meyers *Krit.-exeget. Kommentar über das Neue Testament,* 16. Abt., Göttingen [5]1896.]

299 [Düsterdieck: 1.–4. Aufl. des von Bousset neu bearb. Werks, im *Krit.-exeget. Handbuch über die Offenbarung Johannis,* 4. Aufl. Göttingen 1888.]

300 [Ms.:] sind.

301 [Dan. Völter, *Die Entstehung der Apokalypse*, Freiburg i.Br. 1882. – Eberhard Vischer, *Die Offenbarung Johannis, eine jüd. Apokalypse in christl. Bearbeitung*, in: *Texte und Untersuchungen zur Geschichte der altchristl. Literatur,* II,3, Leipzig 1886. – Friedrich Spitta, *Die Offenbarung des Johannes*, Halle 1889.]

302 [Am Schluß des Prologs (J. P. Migne, PG 106).]

Dialog 81,41: καὶ ἐπειδὴ[303] καὶ παρ' ἡμῖν ἀνήρ τις, ᾧ ὄνομα Ἰωάννης, εἷς τῶν ἀποστόλων τοῦ Χριστοῦ, ἐν ἀποκαλύψει etc.[304]

Der Bischof Melito von Sardes schrieb ein Werk über die Apokalypse, von dem uns aber nur der rätselhafte Titel τὰ περὶ τοῦ διαβόλου καὶ τῆς ἀποκαλύψεως Ἰωάννου[305] (Eusebius, [*Kirchengeschichte*] IV 26,2) erhalten ist.

Irenäus hält die Apokalypse für das Werk des Apostels Johannes, wie er auch das Evangelium und die Briefe auf denselben zurückführt. Er zitiert die Apokalypse häufig und beschäftigt sich mit der geheimnisvollen Zahl aus Apk. 13,18, liest aber nicht 666, sondern 616.[306]

So ist die Apokalypse von der 2. Hälfte des 2. Jahrhunderts an in der Kirche bezeugt, und aus der vorher liegenden Zeit besitzen wir keine Zeugnisse, daß sie jemals kontrovers gewesen ist. Sie findet sich im Canon Muratori, jenem von Muratori aufgefundenen Fragment, welches das älteste uns erhaltene Verzeichnis des römischen Canons enthält und wahrscheinlich aus der Mitte des 2. Jahrhunderts stammt. Die Gemeinden von Lugdunum und Vienna zitieren in ihrem Schreiben an die kleinasiatischen Gemeinden von 177, in welchem sie ihr Martyrium schildern, die Apokalypse als zu erfüllende Schrift,[307] und Tertullian erwähnt und benutzt sie häufig. So hat sie also ihren gesicherten Platz in der Kirche.

Nun erheben sich aber, gerade in der zweiten Hälfte des 2. Jahrhunderts, die Zweifel gegen die Authentie der Apokalypse. Aber welcher Art sind diese Zweifel? Sie beruhen nicht auf einer alten Tradition, sondern auf theologischen Gründen, welche sich aus den theologischen Kämpfen jener Zeit ergeben. Das darf man nicht außer Augen lassen. Es ist mit der Apokalypse ganz anders als mit den kleinen katholischen Briefen, II Petr., Juda und Joh., die als kontrovers, weil nicht genügend bezeugt, auftauchen: die Apokalypse wird erst kontrovers in einer allgemeinen theologischen Kontroverse, in die sie hineingezogen wird. Es handelt sich um den großen Kampf um die Stellung der eschatologischen Hoffnungen in der christlichen Theologie, ein Kampf, welcher

---

303 [Wir zitieren nach J. P. Migne, PG 6, 669 (Kap. 81,9); Ms.: ἔπειτα. A. S. zitiert also nach einer andern Ausgabe, gibt auch eine andere Numerierung: 81,15.]

304 [BKV, Bd. 33, München 1917, S. 135, Kap. 81,4: «Ferner hat einer, der bei uns war, Johannes hieß und zu den Aposteln gehörte, in einer Offenbarung prophezeit» ... etc.]

305 [«Die Angelegenheiten betreffs des Teufels und der Offenbarung des Johannes.» – Nach Heinr. Kraft (in seiner Neuausgabe der *Kirchengeschichte* des Eusebius, übers. v. Ph. Haeuser, München 1967, S. 225) unterscheiden Rufinus u. Hieronymus in dieser Titelangabe 2 verschiedene Titel.]

306 [So einige alte Textzeugen, z. B. der Codex C, Ephraem, a. d. 5. Jh. Irenäus jedoch *verteidigt die Zahl 666* gegen 616 (*Adv. haer.*, V. 30,1).]

307 [Nach Eusebius, *Kirchengeschichte*, V. 1,58.]

um die Mitte des 2. Jahrhunderts auf den verschiedensten Punkten und unter den verschiedensten Namen zugleich ausbrach. Hier beginnen nun die Abenteuer der Apokalypse.

Um die Eschatologie handelte es sich eigentlich zwischen der Kirche und der Gnosis. Die Gnostiker sind Parusieleugner, die an [die] Stelle der eschatologischen Theologie der Kirche ein spekulatives System setzen. Darum verwerfen sie die Apokalypse. Sie fehlt im *Kanon des Marcion*, wie Tertullian bezeugt,[308] dem ersten Kanon überhaupt, der dann die kirchlichen Kanonverzeichnisse hervorgerufen hat.

Viel komplizierter und überhaupt nicht aufzuhellen ist aber der Kampf in Kleinasien, denn da ist das weiße Blatt in der Geschichte der altchristlichen Kirche, auf welchem nur die Überschrift steht: die Kämpfe der Aloger. Irenäus, der von diesen Kämpfen ein klares Bild hätte geben können, schweigt darüber, und Epiphanius [v. Salamis] in seinem Werk gegen die Häretiker[309] ist sehr verworren, weil er zusammenschreibt. (In Frage kommen besonders Kap. 51 und 33.) So viel ist klar: 1) Die Apokalypse wurde kontrovers in den Kämpfen gegen den Montanismus, jenem gewaltsamen Wiederaufleben der alteschatologischen Erwartung und der alten Prophetie am Anfang der zweiten Hälfte des 2. Jahrhunderts. 2) Apokalypse und Evangelium [des] Johannes wurden zusammen kontrovers, weil die Montanisten sich für die Verheißung des Parakleten auf das Evangelium, für die Fortwirkung der Prophetie auf die Apokalypse beriefen. Die Aloger sind also gewissermaßen eine kirchliche Partei, welche, um sich des Montanismus zu erwehren, das Evangelium und die Apokalypse preisgibt. Der Name «Aloger», den[310] ihnen Epiphanius auflegt, ist irreführend, denn sie sind nicht die Bekämpfer der christlich-kirchlichen Logostheologie, sondern der montanistischen Lehre vom Geist.

Die Aloger entwickeln nach Epiphanius folgende Gründe:

1) In der Zeit des Apostels Johannes habe es keine Gemeinde in Thyatia[311] gegeben, also habe er auch kein Sendschreiben an sie richten können.
2) Sie nehmen Anstoß an dem ganzen Apparat der Apokalypse und spotten über die Engel, Posaunen und Zornschalen nicht minder als über die apokalyptischen Reiterscharen.
3) Sie machen den Cerinth[312] zum Verfasser der Apokalypse. Darin zeigt sich das Unfundierte der ganzen Kritik, denn Cerinth hat ja als

---

308 [Tertullian, *Adversus Marcionem*, IV 5,2, verwirft die Apk. Joh.]
309 [Epiphanius, Πανάριον (= «Arzneikasten»), gewöhnlich als «Haereses» zit.]
310 [Ms.:] denen.
311 [Apk. Joh. 2,18ff.]
312 [Kerinthos.]

Gnostiker mit der Eschatologie gar nichts zu tun und erschien als Fälscher nur angezeigt als häretischer Antipode des Apostels.

Nun wird das Ansehen der Apokalypse erschüttert überall, wo im Kampf gegen den Montanismus die Eschatologie überhaupt bekämpft wird. Der erste, welcher diese Ernüchterung der alten Theologie zum Dogma erhebt und die uneschatologische Theologie proklamiert, ist der römische Presbyter Cajus, in der ersten Hälfte des 3. Jahrhunderts, der in einem Dialog den Montanisten Prochus beschimpft. Cajus wurde von Hippolyt bekämpft, und aus den Fragmenten dieser Gegenschrift[313] ist uns die Stellung des Cajus zur Apokalypse einigermaßen klar. Er knüpfte an die Aloger an und wies Punkt für Punkt nach, daß sie sich mit den Anschauungen der übrigen neutestamentlichen Schriften nicht deckt, besonders nicht mit der synoptischen Apokalypse Mt. 24, da in dieser das Ende ohne die vielen Vorzeichen der Johannesapokalypse eintritt. Er empfindet also, wie die Aloger, die Apokalypse als phantastisch und behauptet, daß Cerinth sie dem Apostel untergeschoben habe.

Auch in Ägypten wurde die Apokalypse in den Kampf gegen die Eschatologie hereingezogen. Zwar bekämpfen Clemens und Origenes sie noch nicht, sie helfen sich mit spiritualisierender Auslegung, aber der Bischof Dionysius von Alexandria, 232[?]-265, nimmt die Kritik der Aloger und des Cajus in der folgenden Generation wieder auf, als er im Kampf gegen eine neu auflebende chiliastische Bewegung lag, die durch Nepos, den Bischof von Arsinoe, repräsentiert wurde. Die betreffende Schrift, das 2. Buch seines Werkes *Περί εὐαγγελιῶν*, ist zum Teil bei Eusebius erhalten.[314] Es erhellt daraus, daß er seine Vorgänger in der Kritik der Apokalypse kennt und ihren Gründen im allgemeinen beistimmt. Nur ist ihm die Cerinthhypothese zu plump; ferner muß er das Evangelium unter allen Umständen als authentisch retten. Darum stellt er den Satz auf, daß der Verfasser des Evangeliums nicht zugleich der Verfasser der Apokalypse sein könne und umgekehrt, und begründet dies durch einen eingehenden Vergleich der Sprache, des Stils und der Gedanken in dem Evangelium und in der Apokalypse. Damit hat er eine kritische Tat ersten Ranges vollführt. Er behauptet, daß ein anderer Johannes, vielleicht Johannnes Markus,[315] die Apokalypse verfaßt habe,

---

313 [Hippolyt, *Hippolytus and his «Heads against Caius»*, hrsg. v. J. Gwynn, in: Hermathena VI, Dublin 1888, S. 397ff., deutsch bei A. Harnack, *Die Gwynnschen Kajus- und Hippolyt-Fragmente*, in: *Texte und Untersuchungen zur Geschichte der christl. Literatur*, Leipzig 1890, S. 121–133, und Th. Zahn, *Geschichte des neutestamentlichen Kanons* II 2, Erlangen u. Leipzig 1892, S. 973–991: *Hippolyt gegen Kajus*. (Angabe bei Otto Bardenhewer, *Geschichte der altkirchlichen Literatur*, Bd. II, Freiburg i. Br. 1903, S. 516f.).]

314 [*Über die Verheißungen*, bei Eusebius, *Kirchengeschichte* VII, Kap. 24 und 25.]

315 [Acta 12,12.]

nicht der Zebedaide.[316] Wichtig aber ist, daß er eine Tradition von einem kleinasiatischen Presbyter Johannes und dem davon zu unterscheidenden Zebedaiden Apostel Johannes, die seiner Konstruktion so natürlich entgegengekommen wäre, nicht benutzt, sie also nicht [kennt]. Dieses Werk war für den Orient durchschlagend. Die Apokalypse wird langsam über die Grenze des Kanons hinausgeschoben. Schon Eusebius (314–340)[317] findet die Lage vor, daß die Apokalypse im Abendland sehr hochgehalten wird, im Orient jedoch für ihre Anerkennung zu kämpfen hat. Er selbst nimmt die Kritik des Dionysius wieder auf und kombiniert sie mit seiner Unterscheidung eines Presbyters und eines Apostels Johannes, die er aus dem Vergleich von Papias und Irenäus erschlossen [hat]. Eigentlich aber verwirft er sie.[318] Im 4. Jahrhundert setzt sich der Widerspruch gegen die Apokalypse fort bei Cyrill von Jerusalem in seinen Katechesen, Gregor von Nazianz und Chrysostomus. Sie fehlt im Kanon des VIII Buches der Apostolischen Konstitutionen. Hieronymus, der vom Morgenland beeinflußt ist, schwankt. Im *Brief an Dardanus* stellt er als charakteristisch für den morgenländischen Kanon die Verwerfung der Apokalypse, für den abendländischen die Verwerfung des Hebräerbriefes fest,[319] der hingegen im Morgenland sehr hochgehalten wurde. Damit war der Ausgleich angezeigt. Die ganze Diskussion hatte überhaupt damals gar keinen Sinn mehr, denn der Streit um die Eschatologie war längst zu Ende, und auch diejenigen unter den Orientalen, welche die Apokalypse nicht in ihrem Kanon lasen, zitieren sie dennoch. So kam es langsam zum unausgesprochenen Ausgleich, daß diejenigen Kirchenprovinzen, welche mit Rom in Verbindung standen, nach und nach die Polemik gegen die Apokalypse fallen ließen, während die syrisch-palästinensische Kirchenprovinz, welche außerhalb der großen kirchlichen Bewegung stand, bei der Ablehnung verharrte. Der Sinn der ganzen Geschichte der Apokalypse im Kanon ist dieser, daß sie nicht von Anfang [an] kontrovers gewesen [ist], sondern es erst wurde im Kampf gegen den Chiliasmus.

Viel interessanter ist eigentlich die Geschichte ihrer Auslegung. Schon Irenäus hat sich mit der Exegese der Apokalypse befaßt, indem er sich mit den Tieren und der geheimnisvollen Zahl in Apk. 13,18 abgibt und dabei wahrscheinlich kleinasiatischen Traditionen folgt.[320] Wir kommen darauf in der Exegese jenes Kapitels zu sprechen.[321] Hippolyt, sein Schü-

316 [Mt. 10,2.]

317 [Diese Jahreszahlen betreffen des Eusebius Bischofszeit in Cäsarea.]

318 [D. h. die Apokalypse.]

319 [Ms.:] auf. [Die Stelle bei Hieronymus: Abschnitt 3 (BKV, II. Briefband, München 1937, S. 339).]

320 [Siehe S. 448 (u. Anm. 306).]

321 [Die Vorlesung «Erklärung der Apokalypse des Johannes» vom Sommer 1903 liegt in den 15 Kollegheften stichwortartig vor (Nr. 9–11, siehe Quellenverz., S. 25).]

ler, hat einen Kommentar zur Apokalypse geschrieben, der aber verloren ist. Einzelheiten seiner Auslegung sind uns aber in seinen andern Werken erhalten. Origenes kam nicht dazu, einen Kommentar zur Apokalypse zu schreiben, trotzdem er es in dem Kommentar zu Mt. 24 in Aussicht stellt.[322]

In der lateinischen Kirche schrieb als erster der Bischof Victorin von Pettau, der 303 als Märtyrer starb, einen Kommentar über die Apokalypse. Früher kannte man denselben nur in der Überarbeitung des Hieronymus, der alles Chiliastische in jenem Kommentar, wie er in der Vorrede selbst gesteht,[323] getilgt hat. Nun aber ist der echte unüberarbeitete Kommentar entdeckt.[324]

Victorin ist der erste, welcher die Apokalypse als Ganzes behandelt, und der erste, welcher den Anstoß empfand,[325] daß alles, was unter den 7 Siegeln, den 7 Trompeten und den 7 Schalen behandelt wird, keine auch nur einigermaßen fortlaufende Handlung darstellt. Darum vertritt Victorin die Anschauung, daß die Apokalypse dasselbe unter andern Visionen rekapituliere und daß die 7 Schalenreihen der Reihe der 7 Siegel parallel seien.

Ist dies tatsächlich schon moderne Exegese, so steht Victorin auch darin der heutigen Exegese nahe, daß er die Apokalypse unter Domitian geschrieben sein läßt und das Tier auf Nero deutet, nach der ihm geläufigen Tradition vom Antichrist und dem Nero redivivus. Er selbst erwartet diese Parusie des Nero redivivus noch für die Zukunft, also ganz realistisch, und meint, daß er als König der Juden auftreten und ein großes christenfeindliches Reich im Orient gründen wird. Mit Victorin verwandt sind die eschatologischen Zukunftgemälde des Lactantius.[326]

Mit dieser historisch-realistischen Betrachtung brach nun aber der Donatist Ticonius (303[? – ca. 390]) in einem Kommentar [zur Apokalypse], der zwar verloren gegangen, eigentlich aber dennoch erhalten ist,[327] weil er von späteren Kommentatoren ausgeschrieben [wurde] und grundlegend ist für die Anschauung, die Augustin in De Civitate Dei vorträgt.

Ticonius behält die Theorie von der Rekapitulation bei, deutet aber

---

322 [In der lat. Übersetzung der *Commentariorum series* 49, *Griechische christliche Schriftsteller*, Bd. XI, Neuausgabe Berlin 1976, S. 105, Zeile 8.]

323 [Der Prolog des Hieronymus sowie der originale Text des Victorin und die Überarbeitung des Hieronymus (synoptisch nebeneinander) gedruckt in: *Corpus scriptorum ecclesiasticorum latinorum*, Bd. 49, Wien u. Leipzig 1916.]

324 [S. Anm. 323.]

325 [D. h.: daran Anstoß nahm.]

326 [Lactantius, *Divinae institutiones*, *Göttliche Unterweisungen*, 66/67 (BKV, Bd. 36, Kempten u. München 1919, S. 213–217.]

327 [In Betracht kommende Quellen aufgezählt in *Real-Encyklopädie für Theologie und Kirche*, Bd. 20, Leipzig 1907, S. 853 f.]

alles in der Apokalypse auf gegenwärtige Zustände und auf den Kampf zwischen der wahren Kirche, d. h. der donatistischen, und den gegen sie verbündeten Tiermächten, der falschen Bischofskirche und der mit ihr verbündeten Staatsgewalt. Ausdrücklich verbietet er, die 10 Hörner[328] auf irgendwelche historische Persönlichkeit zu deuten; mit aller realistischen Eschatologie hat er gebrochen. Alles wird umgedeutet auf die Geschichte der wahren Kirche in der Welt. Die tausendjährige Herrschaft der Heiligen[329] ist nicht zukünftig, sondern sie hat mit der Geburt Jesu begonnen und liegt zwischen der Zeit seiner ersten Ankunft und seiner Wiederkunft.[330] Mit andern Worten: wir haben bei Ticonius die kirchengeschichtliche Deutung der Eschatologie der Apokalypse.

Augustin ist von ihm abhängig in der Deutung von Apk. 20 und 21, die er im 20. Buch [von] De Civitate [Dei] vorträgt. Er weist die Nerodeutung zurück und will nicht einmal die 1000 Jahre wörtlich verstanden wissen und deutet das Tier auf die impia civitas.

Auch Hieronymus wandelt auf spiritualisierenden Bahnen, wie seine Überarbeitung des Kommentars des Victorinus zeigt, ohne jedoch den des Ticonius zu kennen. Ob er selbst einen Kommentar geschrieben hat, ist fraglich. Von dem griechischen Kommentar des Andreas, Bischof von Cäsarea, aus der zweiten Hälfte des 5. Jahrhunderts – er zieht schon die Hunnenstürme in die Exegese hinein – rede ich nicht, weil er eigentlich nicht interessant ist: er verfährt ziel- und planlos nach der origenistischen Methode des dreifachen Schriftsinns.

Im Abendland aber blieb die Auslegung des Ticonius-Augustin maßgebend. Alle Kommentare bis zur Zeit Karls des Großen und dann weiter in die Scholastik hinein bis ins 12. Jahrhundert sind direkt oder indirekt von ihm abhängig. Es gab deren Dutzende und Dutzende – erst durch Boussets Studien wird einem eigentlich klar, wie viele Kommentare zur Apokalypse es vom 5.–12. Jahrhundert gegeben hat, denn die Apokalypse ist das meistkommentierte Buch. Freilich, das meiste ist historische Kompilation. An Namen nenne ich Cassiodor,[331] die pseudoaugustinischen Homilien,[332] Primasius [von Hadrumetum],[333] Beda [Venerabilis],[334] Alcuin,[335] Walafried Strabo,[336] Anselm von Laon,[337] Ri-

328 [Apk. 12,3; 17,3.7.12.]
329 [Apk. 20,4.6.]
330 [R] Die neue Bedeutung findet die Apokalypse jetzt in geschichtlichen Ereignissen.
331 [Migne, PL 70.]
332 [(Zur Apokalypse:) Migne, PL 35.]
333 [Migne, PL 68.]
334 [Migne, PL 93.]
335 [Migne, PL 100.]
336 [Migne, PL 114.]
337 [Migne, PL 162.]

chard von St. Victor[338] und Albertus Magnus.[339] Das ist ungefähr die Traditionskette. Es ist alles trostlos trockene Exegese.

Aber nun, um die Wende des 12. [zum] 13. Jahrhundert erwacht in der abendländischen Kirche eschatologische Stimmung, die Siegel der Apokalypse springen auf, und man versteht dieses Buch zwar nicht im historischen, aber im lebendigen Sinn. Es kam ein Mensch mit prophetischem Geist über die Apokalypse und hat sie zu neuem Leben erweckt: Joachim von Floris. Sein Werk erschien 1202.[340]

Man darf sich kein falsches Bild von diesem Werk machen: es ist gründlich gelehrt, setzt sich mit Augustin und Hieronymus auseinander und rekurriert auf den griechischen Text. Die eigentliche Tat des Joachim besteht darin, daß er, wie Ticonius für seine Zeit, nun seinerseits alle Ereignisse der vergangenen zwölf Jahrhunderte, Sarazenen, Kreuzzüge, die Vernichtung des Heeres Barbarossas, den Investiturstreit etc. in der Apokalypse findet und daraus auf die nahe Endzeit schließt. Dabei kommt ihm eine chronologische Berechnung zu Hilfe, die auf dem Parallelismus des Alten und Neuen Testaments beruht. Nach Mt. 1, der Genealogie Jesu, zählt das Alte Testament 42 Generationen. So muß auch die neutestamentliche Zeit 42 Generationen = 1260 Jahre haben. Alles entspricht sich: dem Propheten Elia ist der hl. Benedikt, der Gründer des abendländischen Mönchtums, parallel. Nun ist die Zeit des Alten Testaments die Zeit des Vaters, die des Neuen Testaments die Zeit des Sohnes, also muß, da die [Zahl der] 42 Geschlechter wieder bald voll ist, in Bälde eine neue, dritte Zeit anbrechen, die des hl. Geistes. Aus der geistigen Erfassung des Alten und des Neuen Testaments wird eine neue geistige Offenbarung hervorgehen. Jene Zeit wird die Zeit der Mönche sein, das Zeitalter der vita contemplativa. Ein neuer Mönchsorden, der die wahre Kirche repräsentiert, wird erscheinen, dann folgt die Zeit der Sabbatruhe, und darauf das Ende.

Der neue Orden kam wirklich: Es waren die Franziskaner, gegründet 1209! Damit hatte sich eine Prophezeiung Joachims erfüllt. Die rigorose Partei des Ordens, die in ihrer weltfeindlich-eschatologischen Stimmung zu dem Papsttum in Gegensatz trat, nahm die Schriften Joachims als neue Offenbarung für sich in Anspruch und bezeichnete sie als Evangelium aeternum. 1254 erschien das Buch des Franziskanermönchs Gérard:[341] *Liber introductorius in evangelium aeternum, seu in libros Abbatis Joachim* (Abt Joachim selbst hatte seine Bücher nie als Evangelium

338 [Migne, PL 196.]

339 [Migne, Opera Lugdun. 1651, Bd. 12.]

340 [*Expositio in Apocalypsin*, Venedig 1527. Joachim von Floris schrieb das Werk nach 1195, vgl. Bousset, *Die Offenbarung Johannis,* in: H. A. W. Meyers *Krit.-exeget. Kommentar über das Neue Testament,* 16. Abt., Göttingen ^{5}1896, S. 83. 1202 ist das Todesjahr Joachims.]

341 [Gérard de Borgo San Donnino (gest. um 1276).]

aeternum bezeichnet); um 1300 schrieb Johann de Oliva seine *Postilla super apocalypsin*, in der[342] er die Ideen des Joachim weiter fortbildet. Der Vorläufer des Antichrists ist das verweltlichte Papsttum. Als Antichristus magnus wird Kaiser Friedrich II. redivivus mit einem Pseudopapst erscheinen. In diesen Bahnen bewegen sich dann die Auslegungen zur Apokalypse bis in die Zeit der Reformation. Wyclif in seiner Schrift über die letzten Zeiten der Kirche[343] steht ganz unter ihrem Einfluß. So beruht die Deutung der Apokalypse (nachdem Victorin von Pettau zum letzten Mal noch eine Erinnerung an die historischen Umstände der Apokalypse geltend gemacht hatte[344]) bis ins 16. Jahrhundert auf den Gedanken des Ticonius und des Abtes Joachim. Alles andere ist unbedeutend.

In der Renaissance und der Reformation wurden die Bedenken der alten Kirche gegen die Apokalypse wieder bekannt: Erasmus, [A. B. v.] Karlstadt und Luther stellten sie[345] auf eine niedere Stufe. In seiner Vorrede zum neuen Testament von 1522 sagt Luther: «Mir mangelt an diesem Buche nicht einerlei, daß ich's weder apostolisch noch prophetisch halte; auf's erste und allermeist, daß die Apostel nicht mit Gesichten umgehen, sondern mit klaren, dürren Worten weissagen; ist auch so kein Prophet im Alten Testament, geschweige denn im Neuen, der, statt klärlich zu reden, sogar durch und durch mit Gesichten [und Bildern] handelt... Ich kann allerdings nicht spüren, das Buch sei vom heiligen Geist gestellt;... mein Geist kann sich nicht in dasselbe schikken, und ist mir Ursach genug, daß ich sein nicht hoch achte.»[346] Ebenso tief stellten sie Zwingli und Calvin; ohne einen offenen Widerspruch gegen sie zu erheben, unterließen sie doch, sie zu kommentieren. Später, in der Vorrede zum Neuen Testament[347] von 1530, milderte Luther seine Anschauung und gab seine Deutung der Apokalypse,[348] die abhängig ist von dem Kommentar des Nikolaus von Lyra von 1329, in welchem eine von Anfang bis zu Ende laufende weltgeschichtliche Deutung vorgetragen wird.[349] Die sieben Posaunen sind nach Luther die Ketzer, die Heuschrecken z. B. die Arianer. Das Tier, welches von seiner Wunde wieder auflebt, ist das alte römische Reich, das durch das

342 [Ms.:] indem.

343 [Wyclif, Schrift *Über die letzten Zeiten der Kirche*, vgl. Bousset, a.a.O., S. 81.]

344 [Victorinus episcopus Petarionensis († 304), *Scholia in Apocalypsin beati Johannis*, Migne PL 5, 317–345.]

345 [Ms.:] es.

346 [WA, Deutsche Bibel, Bd. VII, 1931, S. 404.]

347 [Ms.:] des NT.

348 [WA, DB VII, S. 406–421 (linke Seiten).]

349 [*Postillae, perpetuae in Vetus et Novum Testamentum*, erste Ausgabe Rom 1471/72. (Darin die Apk. nach Hieronymus als nicht kanonisch behandelt, s. RE 12, Leipzig 1902, S. 29.]

Papsttum in dem römischen Reich deutscher Nation wieder auflebt, Gog und Magog sind die Türken. Die folgenden reformatorischen Kommentare zur Apokalypse – es gibt deren Dutzende im 16. Jahrhundert – führen nur den lutherischen Grundriß mit mehr oder weniger Kenntnis der alten Kommentare und mit mehr oder weniger Polemik gegen den Papst als Antichrist aus. Dafür entschädigten sich die katholischen Ausleger, z. B. [F. R. Robert] Bellarmin,[350] indem sie den Antichrist auf die Reformatoren und ihren Anhang deuteten und im übrigen die alten Kommentare exzerpierten.

Und doch finden sich schon im 16. Jahrhundert die Ansätze zu einer historisch-wissenschaftlichen Auslegung des Buches, freilich ganz verschlungen in die weltgeschichtliche: die historischen Ereignisse, aus denen die Apokalypse hervorgegangen [ist], bilden nur eine Etappe der Weltgeschichte. Auf protestantischer Seite ist es Theodor Bibliander in seiner *Enarratio* zur Apokalypse von 1547.[351] Er deutet das Tier und seine Wunden auf das Römerreich und Neros Tod und zieht den jüdischen Krieg zur Erklärung heran. Auf katholischer Seite tut dies in noch viel umfassenderer Weise Ludovicus ab Alcasar in seiner *Vestigatio arcani sensus in apocalypsi*, Antwerpen 1614. Er bringt den größten Teil der Ereignisse der Apokalypse in der Zeit des jüdischen Krieges und Neros unter und sagt also, daß die Apokalypse auf eine in ihrer Entstehungszeit determinierte Vergangenheit geht. Damit beginnt aber die wissenschaftliche Auslegung dieses Buches.

Merkwürdigerweise haben dann die Jesuiten die Forschung über die Apokalypse in einer Reihe von Werken vorwärts gebracht. Der berühmteste Kommentar ist der des Jesuiten Juan de Mariana.[352] Er zählt als die sieben Häupter die römischen Imperatoren von Caligula bis Nerva, die Todeswunde des Tieres deutet er auf Neros Selbstmord und *seine Heilung auf den Nero redivivus*! Damit sind wir im 17. Jahrhundert glücklich wieder auf den Stand der historischen Einsichten aus der vorhieronymianischen Zeit gekommen, wie wir sie bei Victorin von Pettau finden. Aber bis man die Konsequenzen zog, dauerte es noch lange.

Im Folgenden lassen wir nun alle reichs- und kirchengeschichtlichen Ausdeutungen der Apokalypse beiseite. Wenn man Zeit hätte, könnte man ein exegetisches Raritätenkabinett daraus zusammenstellen. Diese auf Phantasterei beruhenden Deutungen reichen bis in unsere Zeit. Zu nennen wären im 19. Jahrhundert vor allem der Franzose de Rougemont

---

350 [Im dritten der 5 Bücher *Über den römischen Pontifex*. Gesamtausgaben Köln 1617, Paris 1870–74, Neapel 1872 (Nach RE 2, Leipzig 1897, S. 551.).]

351 [*Enarratio* (oder Explicatio), Frankfurt a. d. Oder 1549, aus Biblianders Schrift *Relatio Fidelis*, Basel 1545, S. 20b–50a. (Nach: Emil Egli, *Analecta Reformatoria*, Bd. II, Zürich 1901, S. 66.)]

352 [Juan de Mariana, *In Apocalypsin Joannis Apostoli Scholia*, in: *Scholia in Vetus et Novum Testamentum*, Madrid 1619, Paris 1620.]

(1866),[353] der die Parusie auf das Jahr 2000 ansagt, dann der große Reaktionär Hengstenberg (1849),[354] der in dem Jahr 1848, durch das Wort Demagog veranlaßt, die Zeit des Gog und Magog anbrechen ließ. Zu nennen sind ferner hier [Karl August] Auberlen, der schwäbische Theosoph mit seiner reichsgeschichtlichen Deutung (*Der Prophet Daniel und die Offenbarung Johannis*, 1854).[355] Damit kommen wir zu Bewegungen, die mehr in die Kirchengeschichte als in die Geschichte der Exegese gehören.

Nachdem nun aber einmal der historische Ausgangspunkt wieder gefunden war, in dem der Jesuit Juan de Mariana den Nero und den Nero redivivus in der Apokalypse wieder entdeckt hatte, war der Fortschritt der historischen Auffassung nicht mehr aufzuhalten. Hugo Grotius, der berühmte niederländische Gelehrte und Staatsmann, ist in seinen *Adnotationes ad Novum Testamentum*, Paris 1644, dem Alcasarschen Kommentar [nahe]. Neu ist bei ihm nur die Ahnung der kommenden literarkritischen Methode, indem er das Durcheinander so erklärt, daß er eine Zusammenarbeitung von Visionen annimmt, die der Apostel von den Tagen des Claudius bis in die Zeit des Vespasian[356] gehabt hat.

Dann folgen als tastende Versuche: Abauzit (1773),[357] Herder (1799) [1779], der als Dichter den poetischen Charakter des Buches herausarbeitete.[358] Voran ging es dann erst wieder unter [Johann Salomo] Semler, dem theologischen Bahnbrecher auf allen Gebieten am Ende des 18. Jahrhunderts, der dem unseligen bisherigen historischen Wirrwarr, wonach die Apokalypse *zugleich gegen die Juden und*[359] *gegen die Römer* gerichtet war, ein Ende machte, indem er zum ersten Mal den Satz aufstellte, daß sie vom jüdischen-judenchristlichen Standpunkt aus zu verstehen sei und aus einer Zeit stamme, wo die Christen hinsichtlich der äußeren Ereignisse noch im jüdischen Volke drin standen.[360] Er hat hier, wie sonst öfters, einen Gedanken des Tübinger [Ferdinand Christian] Baur vorausgenommen, der nun die ganze historische Forschung in das ruhige Fahrwasser lenkte, in welchem sich dann, gegen die Mitte des 19. Jahrhunderts zu, die Kommentare von [Friedrich] Bleek,[361]

---

353 [Fréderic[?] de Rougemont, *La révélation de St. Jean*, Paris(?) 1866.]

354 [Ernst Wilhelm Hengstenberg, *Offenbarung des hl. Johannes*, Berlin 1849–1851.]

355 [Basel.]

356 [Darüber:] Nerva.

357 [Firmin Abauzit, *Essai sur l'Apocalypse* und *Discours historique sur l'Apocalypse*, in: *Œuvres diverses*, London 1770, I, S. 247–326 und S. 327–342. (Die Angabe d. Jahres 1773 ist demnach ein Versehen.)]

358 [Johann Gottfried Herder, *Johannes' Offenbarung*, 1779, in J. G. Müllers Ausgabe: Bd. 12, Stuttgart u. Tübingen 1829.]

359 [Im Ms. «zugleich» hier wiederholt.]

360 [J. J. Wettstein, *Libelli ad crisin atque interpretationem N. T.*, hrsg. von J. J. Semler, 1766; vgl. Bousset, a.a.O., S. 104.]

361 [Fr. Bleek, *Vorlesungen über die Apokalypse*, hrsg. v. Th. Hoßbach, Berlin 1862.]

[Heinrich Georg August] Ewald[362] und [Friedrich] Lücke[363] bewegen. Nun kamen, wie zur Probe aufs Exempel, zwei Bestätigungen der[364] Prinzipien, von denen diese Forschung geleitet wurde, sofern sie den Gedanken vertrat, daß die Apokalypse in antirömischem Geist von jüdischem Standpunkt aus geschrieben war. Die erste Bestätigung – für das antirömische Verständnis – bestand in der Entdeckung der Deutung der Zahl 666 in Apk. 13 auf Nero, welche, nachdem andere schon vorher drum herum laboriert hatten, [Franz Ferdinand] Benary, [Ferdinand] Hitzig und [Eduard] Reuß unabhängig voneinander und fast gleichzeitig, 1836 und 1837, in derselben Weise bestimmten. Das war der Punkt, wo Reuß verwundbar war, und er hat, wie man mir erzählt, im Kolleg immer wieder darauf insistiert, daß er als der erste von allen die Sache entdeckt hat. Um die Tragweite der Entdeckung richtig abzuschätzen, muß man sich gegenwärtig halten, daß die Deutung des Tieres auf Nero und den Nero redivivus schon in alter Zeit (Victorinus von Pettau) und dann wieder seit der jesuitischen Forschung des 17. Jahrhunderts bekannt war, aber die Zahl hatte bisher noch niemand berechnen können. Schon Irenäus hatte nichts mehr darüber gewußt und führte Deutungen wie Euanthas, Lateinos, Teitan an,[365] gab aber die Sache auf und verwarf alle Ausrechnungen eines bestimmten Namens. Dabei ist es dann geblieben bis auf Reuß und seine Konkurrenten, und sie erst haben mit der Nerodeutung der Zahl die übrige Exegese bestätigt.

Die zweite – sich auf das jüdische [Verständnis] beziehende – Bestätigung brachte die Erforschung der Apokalyptik, welche durch [Adolf] Hilgenfelds schon früher erwähntes Werk *Die jüdische Apokalyptik [in ihrer geschichtlichen Entwicklung]*, 1857,[366] eröffnet wurde und in steigendem Maße die Apokalypse Johannes als eines der Endglieder der jüdischen Apokalyptik erkennen ließ. «*Zeitgeschichtliche Deutung auf dem Fundament der jüdischen Apokalyptik*» – in diesem Satz liegt die Lösung des historischen Problems der Apokalypse, und so ist die Lösung eigentlich um die Mitte des 19. Jahrhunderts schon gefunden.

Nun lag aber in und neben dem historischen Problem noch ein zweites verborgen: das literarische, welches sich auf die schriftstellerische Komposition der Apokalypse bezieht. Dieses Problem ist nun das Problem der zweiten Hälfte des 19. Jahrhunderts. Bisher hatte man sich mit der Rekapitulationshypothese von dem identischen Parallelismus der 7 Siegel, der 7 Trompeten und der 7 Zornesschalen über die Schwierigkei-

362 [*Commentarius in Apocalypsin Joannis*, Leipzig 1828.]
363 [Gottfr. Chr. Lücke, *Versuch einer vollständigen Einleitung in die Offenbarung des Johannes* . . ., 2. Aufl. Bonn 1848.]
364 [Ms.:] auf die.
365 [Irenäus, *Adv. haer.*, V. 30,3.]
366 [Jena.]

ten der Komposition hinweggeholfen, ja, zuweilen noch eine wunderbar harmonische Anlage herausgefunden. Hugo Grotius, der die Kompositionsschwierigkeit fühlte, hatte sich mit der Annahme von zeitlich in der Zeit von Claudius bis zu Vespasian zerstreuten Visionen geholfen. Aber nun schlummerte die Literarkritik, bis plötzlich in den 80er- und 90er-Jahren des 19. Jahrhunderts Völter, Vischer und Spitta[367] mit literarischen Teilungs- und Überarbeitungshypothesen hervortraten, welche in der Theologenwelt eine große Bewegung hervorriefen.

[Dan.] Völter, ein Schüler [Karl Heinrich] Weizsäckers, nahm [in seinem Werk] *Die Entstehung der Apokalypse* (1882) eine Urapokalypse aus dem Jahre 65 oder 66 an, zu der später, im Jahr 68 oder 69, ein Nachtrag kam, auf welchen in der Zeit Hadrians noch eine Zusatzredaktion gefolgt sei. [Eberhard] Vischer, ein Schüler [Adolf] Harnacks, veröffentlichte 1886 in den *Texten und Untersuchungen [zur Geschichte der altchristlichen Literatur]* eine Studie über die Apokalypse, in welcher er behauptet, die Apokalypse wäre ursprünglich eine rein jüdische Schrift gewesen und habe später christliche Zusätze erfahren (z. B. die Sendschreiben). Um Vischer herum bewegen sich dann eine ganze Reihe von andern Versuchen: Es war, als hätte man in einen Ameisenhaufen gestochen, und die Verbesserungsvorschläge hagelten nur so. Z. B. faßte der Pariser, jetzt verstorbene Professor Auguste Sabatier [1839–1901] die Apokalypse als eine christliche Schrift auf, in die jüdische Stücke hineingearbeitet waren.[368]

Eine bis ins einzelne durchgeführte Quellentheorie stellte dann [Friedrich] Spitta auf (*Die Offenbarung des Johannes*, 1889). Er nimmt die Zusammenarbeitung dreier Quellen an. [Es?][369] stehen zur Verfügung eine christliche Quelle, eine jüdische Apokalypse aus der Caligulazeit und eine dritte jüdische Apokalypse aus der Pompejuszeit, alles von einem christlichen Redaktor so vorsichtig zusammengenäht, daß sozusagen kein Buchstabe verlorengegangen [ist]. Das Nebeneinander der 7 Siegel, 7 Trompeten und 7 Schalen erklärt sich aus der Zusammenarbeitung der Quellen. Die Deutung auf Nero lehnt Spitta ab; er nimmt die von Irenäus gebotene Zahl 616, die er auf Γαίος Καῖσαρ deutet, statt 666.[370]

---

367 [Siehe Anm. 301.]

368 [A. Sabatier, *Les origines littéraires et la composition de l'Apocalypse de Saint-Jean*, Paris 1888.]

369 [Infolge eines Lochs im Papier fehlt ein kurzes Wort (2–3 Buchstaben).]

370 [R] [Bleistiftnotizen (dazugehörend? fortsetzend?):] Jeder [Kommentator?] [hat] etwas für sich, viel gegen sich – die Grundidee, Rest nur Ausführung. Kommen[?] auf Grundidee. Es kommt für jeden, der solche Hypothesen macht, der Augenblick, wo er von seiner eigenen Idee gepeitscht und gejagt wird, durch dick und dünn, über Hecken und Gräben, und die Logik geht in Fetzen. Das ist nicht anders möglich. Nicht [die] Ausführung, sondern [die] Idee. – Kritik des Gewissens vergewaltigt. Wohl oder übel ein Dämon[?] mit einer ganzen Bande [. . .]

5. Der Übergang der historischen Feier in die Gemeindefeier

1. Abschnitt: Rekapitulation[1] (ohne Datum)

Es handelt sich jetzt um den Zusammenschluß der kritischen Resultate aus der textvergleichenden Untersuchung und der aus den[2] Studien über das Leben Jesu neu gewonnenen Auffassung des mit der Eschatologie verbundenen Leidensgedankens. Darin soll die Erklärung der Beziehung zwischen der Gemeindefeier und der historischen Feier liegen. Vergegenwärtigen wir uns noch einmal, welches diese Beziehung, der textvergleichenden Untersuchung zufolge, war.[3] Für beide wurde das Darstellungsmoment in der Gleichnishandlung Jesu als nicht zum Wesen der Feier gehörig erkannt, da es in der urchristlichen Feier vollständig fehlt. Das Wesen der beiden Feiern bestand also in dem Mahlzeitcharakter derselben. Bei dieser Zugrundelegung des Genußmoments darf man aber nicht wieder unversehens die Gleichnisse für die Erklärung des Wesens der Feier heranziehen, indem man die Wertung des Genußmoments in die Aufforderung verlegt. Jesus hat seinen Jüngern nicht in irgend einer Weise zugemutet, seinen Leib und sein Blut zu essen und zu trinken. In dieser Verlegung des Genusses in die Aufforderung liegt das Moderne; dadurch wird die historische Lösung des Problems unmöglich.

An [die] Stelle dieses historisch-modernen Lösungsversuchs tritt der historisch-eschatologische. Das Gemeinschaftsmahl mit eschatologischem Charakter ist die sich gleichbleibende Größe, welche die Beziehung zwischen der historischen und der urchristlichen Feier herstellt. Zu diesem ersten Grundresultat der textvergleichenden Untersuchung tritt ein zweites. Der eschatologische Charakter, welcher dem historischen-

1 [Überschriften: Bleistift. Der folgende (undatierte) Text jedoch ist mit Tinte geschriebene Reinschrift. – Bleistiftnotiz neben der 2. Überschrift (vermutlich Stichwort für den Vortrag):] Das Problem liegt nun so.

2 [Ms.:] dem [1. Fassung des Satzes (gestrichen, ist aber deutlicher):] . . . der kritischen Resultate aus dem Vergleich der die Feier betreffenden Texte mit der aus den Studien über das Leben Jesu neu gewonnenen Auffassung . . .

3 [1. Fassung des Satzes (nicht gestrichen):] Vergegenwärtigen wir uns noch einmal, in welche Beziehung Gemeindefeier und historische Feier durch die kritische Untersuchung der Texte zueinander getreten waren.

und dem urchristlichen Mahl gemeinsam ist, erklärt sich nicht aus der allgemeinen eschatologischen Zeitstimmung, sondern er muß aus der historischen Feier in die urchristliche[4] übergegangen sein. Der eschatologische Charakter der historischen Feier hat die urchristliche Feier mit ihrer Beziehung auf die historische hervorgerufen. Dies ist die kritische Fassung des Wiederholungsproblems.

Als drittes Grundresultat kommt die Einsicht in die Authentie des Markusberichtes hinzu. Die charakteristische Eigenart dieses Berichts beruht auf zwei Tatsachen: 1) Die beiden Akte[5] sind differenziert. Die Bedeutung des ersten Gleichnisses beruht auf dem vorhergegangenen Brechen [des Brotes], ohne daß dabei auf den nachfolgenden Genuß reflektiert wird. Beim zweiten bezieht sich das Gleichnis Jesu auf den schon vollzogenen Genuß. In keinem Falle findet sich also bei Mk. eine Beziehung des nachfolgenden Genusses auf die Bedeutung, welche den Elementen durch die Gleichnisrede Jesu beigelegt worden ist. 2) Der Genuß erhält seine Bedeutung durch die enge Verbindung zwischen dem Wort über dem Becher und dem eschatologischen Schlußwort.

Durch das Zusammenwirken dieser drei Grundresultate erhält das Problem folgende Fassung: Wie ist es denkbar, daß die Worte, die Jesus beim letzten Mahle mit den Jüngern in Verbindung mit dem Brotbrechen, dem herumgereichten Kelch und dem folgenden Aufbruch gesprochen hat, in der Gemeinde eine religiös-eschatologische Wertung der gemeinsamen Danksagungsmahlzeit hervorriefen, derzufolge nicht nur das Trinken, sondern auch das bei der historischen Feier nicht gewertete Essen eine Bedeutung auf seinen Tod in Erwartung seiner messianischen Ankunft[6] erhielten, während die Handlung des Brechens ihre bei dem historischen Vorgang wohl auf der Symbolik beruhende Bedeutung verlor und bald in der Bezugnahme auf die historische Feier nicht mehr erwähnt wurde?

Die Lösung des Problems hängt davon ab, daß die Verbindung erkannt wird, die zwischen der Wertung des Todes und der Erwartung des nahen Kommens[7] des Reiches in der Jesu und seinen Jüngern während der jerusalemitischen Tage gemeinsamen religiösen Vorstellungswelt bestand.

Diese Beziehung zwischen dem Leidensentschluß und der eschatologischen Erwartung ist nun durch die vorhergehende Untersuchung festgestellt. Es läßt sich also erklären, welche Bedeutung der historischen Feier für die Teilnahme zukam.

---

4 [Ms. (versehentlich):] überchristliche.
5 [D. h.: Akte der Gleichnishandlung.]
6 [Gestrichen:] «Wiederkunft».
7 [Ms.:] [von] nahem Kommen.

Der Verlauf und die Bedeutung der historischen Feier

Die doppelte Gleichnisrede Jesu bei der historischen Feier gibt dem Mahle nicht erst seine Bedeutung, sondern sie tritt zu der Bedeutung des Mahles hinzu und spricht dieselbe im Gleichnis aus. Während bisher die Bedeutung des Mahles für die Teilnehmer von der Deutung der Gleichnisse abhing, fließt jetzt die Deutung der Gleichnisse [aus][8] der Bedeutung der Mahlfeier. In dieser Umkehrung dieses Verhältnisses gipfelt die ganze bisherige Untersuchung! Es bedeutet dies das Ende der immer wieder unternommenen Neuerklärungen der Gleichnisse, als ob darauf sich das Wesen der Feier gründete.

Der historischen Feier liegt als allgemeine Größe die Mahlfeier der an die bevorstehende Nähe des Reiches gläubigen Gemeinschaft zu Grunde. Sie steht in dieser Hinsicht auf derselben Stufe wie vorher die Mahlfeier am Nordstrande des Sees Genezareth [Mk. 6,35–44] und nachher die urchristliche Gemeindefeier. Diese gemeinsame Größe verbindet alle die Feiern und setzt sie dem Wesen nach gleich. Es handelt sich um gläubige gemeinsame Erwartung des kommenden Reichs. Dabei erhält jede ihre ausgeprägte Eigenart durch die Stellung, die Jesus dabei einnimmt. Am See Genezareth feiert er[9] dieses Mahl, ohne daß die Volksmenge ahnt, in welcher Beziehung er zum kommenden Reich steht. In Jerusalem feiert er es mit der intimen Gemeinschaft, die um sein Messianitätsgeheimnis weiß, da er ihnen mitgeteilt hat, daß er nach dem Tod, den er kraft der göttlichen Fügung jetzt auf sich nehme, als Menschensohn[10] offenbart werden wird. Bei der urchristlichen Feier erwartet die reichsgläubige Gemeinschaft seine Parusie![11] Zur Voraussetzung der Feier gehört also in erster Linie die Reichserwartung. Sie bestimmt das Wesen der Feier. Die Stellung zur «Messianität» Jesu kommt als ein Zweites hinzu. Ob eine Kenntnis derselben vorhanden oder nicht vorhanden ist und in welcher Form dieselbe zum Ausdruck kommt, das bestimmt die Form der Feier.

In der historischen Feier wiederholt sich also für die Teilnehmer die Feier am See Genezareth. Wir haben gezeigt, daß es im Leben Jesu zwei Höhepunkte der eschatologischen Erwartung gibt. Der erste fällt in die Tage nach der Aussendung, der zweite in die jerusalemitische Zeit. In jeder dieser Perioden hat Jesus einer Mahlzeit derer, die sich in der Erwartung des Reiches um ihn scharten, eine feierliche Bedeutung gegeben. Diese Bedeutung beruhte in dem vorgreifend übernatürlichen

---

8 [Undeutlich (gestrichen):] auch [zuerst:] hängt jetzt ... [von] der Bedeutung der Mahlfeier ab.

9 [Ms.:] es.

10 [Gestrichen:] Messias.

11 [Ms.:] Parousie [griech.-franz. Schreibweise für u].

Charakter, welchen die betreffende Mahlzeit durch die Beziehung auf das messianische Mahl erhielt. In der Mahlgemeinschaft der Reichsgläubigen stellte sich die Mahlgemeinschaft der Genossen des Reiches dar, in der sie beim messianischen Mahl vereinigt werden sollten. Diese feierliche Beziehung auf das Mahl der Vollendung stellte sich nun der Mahlgemeinschaft nicht von selbst dar; auch haftete sie nicht jeder gemeinsamen Mahlzeit der Reichsgläubigen als solcher an, sondern wir wissen nur von zwei Mahlzeiten zu Lebzeiten Jesu, die diesen feierlichen Charakter trugen! Es sind eben die Feier am See Genezareth und die historische Feier.

Wodurch erhalten gerade diese beiden gemeinschaftlichen Mahlzeiten den Charakter der auf das Mahl der Endzeit bezogenen Feier? Durch das Handeln Jesu. Dieses Handeln Jesu besteht im Austeilen der Speise an die Gläubigen, nachdem er das Dankes- und Segenswort darüber gesprochen! Die Bedeutung dieser Austeilung besteht darin, daß Jesus in der Würde seines messianischen Selbstbewußtseins handelt. Als derjenige, welcher einst im künftigen Äon als Messias den Genossen beim messianischen Mahle Speise spendet, teilt er jetzt der reichserwartenden Mahlgemeinschaft Speise aus!

Von dieser Erkenntnis aus stellt sich nun ein Zusammenhang zwischen zwei kritisch-literarischen Untersuchungen ein, die selbständig jede für sich unternommen wurden und in dieser Selbständigkeit nicht zum Abschluß gebracht werden konnten. Es handelt sich um die Differenzierung der beiden Akte bei der historischen Feier und um die Aufstellung des literarischen Zusammenhangs zwischen der Dankens- und Austeilungshandlung Jesu in der «Speisungsgeschichte» und in dem Bericht der historischen Feier.

Das Ergebnis in der Untersuchung über die Differenzierung der beiden Akte war folgendes: dem Markustext zufolge kann sich die Bedeutung des Gleichnisses nicht auf einen damit zusammenhängenden Genuß beziehen. Derselbe ist im ersten Gleichnis nicht ausdrücklich erwähnt und geht im zweiten dem Gleichnis voran. Da sich nun das Gleichnis immer auf die vorhergehende Handlung beziehen muß, so erhielte das erste Gleichnis seine Bedeutung aus dem von Jesus vorgenommenen Brechen, das zweite aus dem von den Jüngern vollzogenen Trinken. Diese Differenzierung läßt sich nach der negativen Seite hin vollständig durchführen, sofern sie anzeigt, daß es nicht in Jesu Absicht gelegen haben kann, seinen Jüngern zuzumuten, dieses Brot und diesen Wein als seinen Leib und sein Blut zu essen und zu trinken.

Der positiven Bedeutung nach ließ sich diese Differenzierung jedoch nicht vollkommen durchführen. Wir nehmen an, daß das gebrochene Brot und der genossene Wein den Tod Jesu versinnbildlichen sollen, weil uns aus der Stellung der Handlung zum Gleichnis eben nichts anderes übrig bleibt. Damit wird aber nicht klarer, inwiefern gebrochenes Brot den Kreuzestod, oder sagen wir nur den Tod allgemein, und Weingenuß das Vergießen des Blutes oder Zugutekommen des vergossenen Blutes bedeuten soll, besonders da dasselbe einer unbestimmten Mehrheit und nicht nur den Genießenden selbst zugute kommen soll. Auch bei der Differenzierung der Akte bleibt die Deutung der Gleichnisse auf dem Niveau der Zwangserklärung.

Der vollendeten positiven Ausdeutung der Differenzierung der beiden Akte stellte sich eine Schwierigkeit entgegen,[12] daß auch im Markustext die Austeilung und [die] Aneignung erwähnt werden. Die eigentümliche Überladung, welche dadurch in die Darstellung des ersten Aktes kommt, die Doppelheit des Gleichnisses, welche sich notwendig damit einstellte, ließ es als möglich erscheinen, daß diese Erwähnung der Austeilung und der Aneignung auf literarischem Wege zu erklären sei, nämlich durch den Einfluß der Speisungsberichte. Dort ist die Austeilung notwendig erwähnt, weil Jesus den Jüngern am Anfang des Mahls die Speise übergibt, daß sie dieselbe dem gelagerten Volk überbringen. Dort stört sie auch nicht, weil sie dem Genuß nicht eine unnatürliche Beziehung auf das im Gleichnis gewertete Genußobjekt gibt. Diese Frage konnte aber damals nicht entschieden werden; es wurde zwar ein literarischer Zusammenhang zwischen dem Handeln Jesu bei der Speisungsgeschichte und dem Handeln im ersten Akt der historischen Feier konstatiert. Inwieweit nun dieser literarische Zusammenhang geschichtlich begründet war, blieb unentschieden, da in beiden Fällen das Gleichnis, dem ersten Akt der historischen Feier gleich, unerklärlich blieb.

Nun ist aber infolge der Skizze[13] über das Leben Jesu dieser literarische Tatbestand in zweifacher Hinsicht historisch näher erklärt. Es ist erwiesen, daß die beiden Feiern ihrem Wesen nach gleich sind, sofern sie als Mahlfeiern der reichserwartenden Gemeinschaft [gelten können]. Ferner ist damit gegeben, daß die historische Feier in der letzten Nacht ihrem Wesen nach unabhängig ist von der Erklärung der dabei gesprochenen Gleichnisse, sondern daß[14] der Danksagungsakt Jesu und die durch ihn stattfindende Austeilung der Elemente der Mahlzeit eine Beziehung auf das messianische Mahl gibt, worin der Charakter der Feier beruht. Damit ist nun aber über den positiven Charakter der Differenzierung zur Erklärung der Gleichnisse entschieden. Sie beruhen weder im Brechen noch im Genießen, weder im Ausgießen noch im Trinken, sondern in dem messianischen Charakter der Handlung Jesu, daß er als der zukünftige Messias denen, die um sein Geheimnis wissen, in der Stunde vor dem Tode, welcher das messianische Reich heraufführt, Speise und Trank austeilt!

---

12 [Der Text dieser Ms.-Seite ist bis hier gestrichen.]
13 [Der Skizze zufolge.]
14 [Daß vielmehr.]

Wir kommen auf die Bedeutung der Gleichnisse noch zu sprechen. Bleiben wir zunächst bei der Beziehung der historischen Feier zur Mahlfeier am Seestrand. Es handelt sich um die nähere Bestimmung des Handelns Jesu, welches das Wesen der Feier bedingt. In der Untersuchung der Berichte ist mit Nachdruck darauf hingewiesen worden, daß das feierliche Handeln Jesu im Verlauf der Mahlzeit, wohl gegen Ende, stattgefunden hat. Während sie essen von dem, was vor ihnen liegt, nimmt Jesus gegen Ende das Brot und teilt es ihnen aus. Ebenso läßt er jetzt zum Schluß den Kelch herumgehen. Das Charakteristische besteht darin, daß sie jetzt genießen, was er ihnen austeilt! Solange man von dem Gedanken des Passahmahls fasziniert ist, bei welchem Jesus als Hausvater weihevoll austeilt, kann man nicht erkennen, daß der feierliche Akt sich von der übrigen Mahlzeit gerade dadurch abhebt, daß Jesus unter Segensspruch Speise und Trank herumgehen läßt! Das Wesen der Akte besteht also darin, daß die Jünger die letzte Mahlzeit beschließen, indem sie von Jesu Speise und Trank empfangen. Das ist das Wesen der Handlung Jesu, aus dem natürlichen Verlauf der Feier erklärt, wenn man bedenkt, daß unsere Berichte beginnen mit «καὶ ἐσθιόντων αὐτῶν» [«und während sie aßen», Mk. 14,22]!

Nun zeigt es sich, daß das Charakteristische bei der Mahlfeier am See auch darin besteht, daß die Menge von Jesus Speise empfängt, die er austeilt, nachdem er darüber im Aufblick zu Gott Dankes- und Segensworte gesprochen hat! Historisch an dem Bericht ist, daß Jesus in feierlicher Weise durch die Jünger der gelagerten Volksmenge die Speise austeilte, die ihm gehörte: einige Brote und wenige Fische, und daß diese Austeilung den Charakter der Mahlfeier bedingt hat! Das Wunderhafte in dem Bericht besteht nun darin, [daß] diese feierliche Austeilung die gelagerte Menge gesättigt haben soll! Dazu war sie nicht bestimmt, ebensowenig wie die Austeilung des Brotes und des Weines bestimmt war, den Jüngern die Mahlzeit der letzten Nacht zu ersetzen! Die feierliche Austeilung hat jedesmal stattgefunden im Zusammenhang mit einer gemeinsamen Mahlzeit der Reichsgläubigen.[15] Beidemal hat Jesus von seiner Speise den andern in feierlicher Weise mitgeteilt; am See Genezareth ließ er unter das gelagerte Volk verteilen, was ihm und seinen Jüngern gehörte, beim Mahl der letzten Nacht teilt er den Jüngern das Brot, das er bricht, aus und läßt den Kelch herumgehen.

Nun erklärt sich auch das Entstehen der Berichte von der wunderbaren Speisung. Das Handeln Jesu war damals dem Volk wie den Jüngern ein unerklärliches, weihevolles Geschehnis. Das εἰ θέλετε δέξασθαι [«wenn ihr es annehmen wollt»], das er kurze Zeit vorher im Hinblick auf die Bezeichnung des Täufers als des Vorläufers gebraucht hatte,[16]

---

15 [Gestrichen:] Messiasgläubigen.
16 [Mt. 11,14.]

wiederholte sich hier: Wie dort Jesus in seinem messianischen Selbstbewußtsein zu dem Volke redet, so handelt er hier beim Mahle aus demselben messianischen Selbstbewußtsein heraus! Alle Berichte über das Zusammensein Jesu mit den Jüngern in den folgenden Tagen stimmen darin überein, daß sie nicht verstanden, was es mit den Broten für eine Bewandtnis hatte, die er unter die Menge verteilen ließ; und er erklärt es ihnen nicht – bis sie im Abendmahl es wieder erleben und diesmal den Schlüssel des geheimnisvollen Handelns Jesu haben, weil sie wissen, daß er als solcher handelt, der [der] Menschensohn sein wird, und [weil] Jesus ihnen dies noch im Gleichnis ausspricht.[17] Auch am See hatte Jesus die Austeilung auf Grund seines messianischen Selbstbewußtseins vollzogen. Auch dort hatte er ihnen Speise ausgeteilt in der Erwartung, daß in Bälde an [die] Stelle des irdischen Mahls das Mahl im Reiche Gottes eintreten werde, wie er dies von dem Weingenuß beim Mahl in der letzten Nacht sagt.[18]

Bei dem Mahle am See weiß aber niemand, daß er im messianischen Bewußtsein handelt. Zwar erwarten sie das Reich in Bälde, aber sie wissen nicht, daß derjenige, der ihnen unter Danksagung von seiner Speise austeilt, derjenige ist, welcher die Genossen des Reiches beim messianischen Mahl versammeln wird! Das Handeln Jesu blieb also ein Rätsel, und die ganze Mahlfeier war ein ungelöstes Geheimnis, bei dem nur die Tatsache feststand, daß Jesus dem gelagerten Volk durch die Jünger Speise, die ihm gehörte, austeilen ließ. Das Wunderbare an dieser Feier erhielt sich nun in der Geschichte darin, daß die Sättigung der Scharen mit diesem Austeilungsakt in Verbindung gebracht wurde, wodurch das Wunder entstand. Die Tatsache, daß diese Austeilung während der gemeinsamen Mahlzeit der gelagerten Menge stattfand, tritt zurück, während die Massen in Wirklichkeit gerade so gut auf die Wanderung Proviant mitgenommen hatten als Jesus und die Seinen. Oder will man auf diese natürliche Vermutung nicht eingehen, so kann man annehmen, daß Jesus auf die Zumutung der Jünger hin, das Volk jetzt fortzuschieben, damit sie in den umliegenden Ortschaften Mahlzeit hielten, das Volk lagern ließ und für die Reichsgläubigen die weihevolle Austeilung der Speise durch den zukünftigen Menschensohn treten ließ. So verschieden die Vermutungen auch sind, die in Anbetracht der Überlieferung des historischen Vorgangs auch angestellt werden können, durch den Zusammenhang jener Mahlfeier am See mit der Mahlfeier des letzten Abends ergibt sich, daß die Bedeutung derselben in der Austeilung durch Jesus bestand, ob dieselbe[19] nun im Verlauf des Gemein-

17 [Mt. 26,29.]

18 [R] In der paulinischen Relation [Mitteilung] ausgefallen, daß Jesus es bei [der] Mahlzeit tat [I Kor. 11,23–25.]

19 [Die Mahlfeier.]

schaftsmahls eintrat oder an die Stelle desselben trat. Im letzteren Falle hätte Jesus ausdrücken wollen, daß sie des irdischen Mahles nicht mehr bedürften, da sie durch ihn [um] den künftigen Messias zur Vorfeier des künftigen messianischen Mahles versammelt waren. Durch das Nichteintreten des Reichs im Gefolge jener Feier behielt sie[20] ihren rätselhaften Charakter; dabei vollzog sich unter dem Eindruck des geheimnisvollen Handelns Jesu die Zusammenlegung der Sättigung mit der Austeilung der Speise im Gefolge des Danksagungsaktes Jesu. So bildete sich der Bericht von der «Wunderbaren Speisung» notwendig dahin um, daß die Teilnehmer von Jesus nicht nur in feierlicher Weise gespeist, sondern auch in übernatürlicher Weise gesättigt worden seien.

Die Gleichnisse bei der Mahlfeier des letzten Abends

Was Jesus über Brot und Wein gesagt am letzten Abend, sind Gleichnisse – aber es sind Gleichnisse vom Geheimnis des Reiches Gottes im Geheimnis des Leidensentschlusses. Das will heißen, daß diese letzte Kundgebung des Leidensgeheimnisses in Gleichnisform ebensowenig darauf berechnet war, von den Jüngern anders begriffen zu werden als in der Tatsache, daß auf Jesu Tod hin das Reich anbrechen werde.

Solange man die Gleichnisse auf den Tod Jesu isoliert, bleiben sie unerklärlich. Da muß das Brechen und Ausgießen den Tod und das Essen und Trinken das Aneignen und das Zugutekommen versinnbildlichen. Nun verlangt aber gerade die enge Verbindung des Wortes über dem Kelch mit dem eschatologischen Schlußwort, daß auch in den Gleichnissen die Beziehung des Todes auf die Realisierung des Reiches enthalten sei. Sie können also nicht auf einer Versinnbildlichung des Todes durch eine äußere Handlung beruhen. Das Gleichnis stellte sich für Jesus ein durch den Charakter der letzten Mahlzeit selbst und durch [die] Beziehung, welche sie auf das messianische Mahl dadurch erhielt, daß er im Verlauf des Mahles gegen Ende ihnen Speise und Trank unter Segensspruch darreicht. Der Äon, wo jenes gefeiert wird, wird aber durch seinen Tod heraufgeführt. Die Gleichnisse beruhen also auf dem messianischen Selbstbewußtsein Jesu im Leidensgeheimnis. Er nennt dieses letzte Brot und diesen letzten Wein, die er gespendet, seinen Leib und [sein] Blut, weil er im Gefolge dieser Mahlzeit den Todesgang antreten wird, durch den für die Jünger an die Stelle dieses irdischen Mahls[21] das messianische Mahl treten wird. Der Gedanke des Gleichnisses beruht also nicht auf einem symbolischen Akt, der in Hinsicht auf das Gleichnis von Jesus vorgenommen wird. Das Brechen und Austeilen des Brots, das Herumreichen des Bechers und der Genuß von seiten

20 [Die Feier.]
21 [«Mahls» ist gestrichen.]

der Jünger haben eine selbständige Bedeutung, sofern in dem messianischen Selbstbewußtsein Jesu diese Austeilung bedeuten will, daß die Mahlgenossen teilhaben werden am messianischen Mahl. Die Gleichnisse drücken nur für die Intimen, die um sein Leidens- und Messianitätsgeheimnis wissen, aus,[22] daß der Übergang vom letzten irdischen Mahl zum messianischen Mahl auf der Todeshingabe Jesu beruht.

Das Gleichnis, soweit es berechnet war, von ihnen erfaßt zu werden, mußte sich ihnen also aus dem Leidensgeheimnis, soweit sie es erfaßt hatten, erklären. Von dem letzteren hatten sie, wie ihr Verhalten auf dem Weg nach Jerusalem zeigt, den Zusammenhang der Tatsachen begriffen, daß durch Jesu Tod die messianische Herrlichkeit heraufgeführt werde. Das Gleichnis beim letzten Mahl bedeutet für sie eben denselben Zusammenhang der Tatsachen, daß nämlich durch Jesu Tod das messianische Mahl heraufgeführt werde. Diesen Zusammenhang der Tatsachen drückt Jesu selbst in dem eschatologischen Schlußwort[23] aus. Dasselbe begründet die Gleichnisse und gibt deren Gedanken wieder. Die zuletzt dargereichte Speise bedeutet den Leib und das Blut Jesu, weil er mit ihnen nicht mehr zum irdischen Mahl vereint sein wird, sondern durch seinen Tod das himmlische[24] Reich herbeiführt und sie deshalb jetzt auf die bevorstehende Wiedervereinigung bei jenem Mahle hinweist. Die Gleichnisse blieben ihnen ein Geheimnis; das eschatologische Schlußwort aber haben sie erfaßt.[25] Dieses gerade gab dem Mahle seine Bedeutung, daß nun jede folgende Mahlvereinigung der Reichserwartenden, die an die Messianität Jesu glaubten, ihre religiöse Wertung gerade in der Erwartung des Kommens Jesu in der messianischen Herrlichkeit und der Vollendung des Reiches erhielt. Das eschatologische Schlußwort, nicht die Gleichnisse, die das Leidensgeheimnis ausdrückten, waren für die Teilnehmer das Hauptwort an der Feier. Die Verkündigung des Leidensgeheimnisses in den Gleichnissen beim letzten Mahl hatte denselben Effekt wie die zweite und dritte Leidensweissagung:[26] die Steigerung der Reichserwartung. Diese sprach sich aber gerade in dem letzten Wort Jesu aus. Wie sehr dasselbe im Vordergrund stand, zeigt sich in der Bedeutung, die es in der Weiterbildung der evangelischen Geschichtserzählung bekam.

---

22 [«aus» steht nach «Intimen», gestrichen.]
23 [Mt. 26, 29.]
24 [Undeutlich, ob «himmlische» gestrichen oder ungestrichen ist.]
25 [R] [Am Schluß des Textes:] Die lose Verbindung nicht notwendig verstanden!
26 [R] Abendmahl gewirkt wie die Leidensverkündigung.

6. Abendmahl[1]

3. Heft

1.[2] Das Abendmahl in der dogmengeschichtlichen Forschung von Baur bis Harnack. Die Dogmengeschichten und die durchgehenden Monographien. (Geschrieben 4.–12. 5. 1903)

Es verlohnt sich wohl, die Geschichte des Abendmahlsproblems in der Dogmengeschichte kurz zu skizzieren. Eines ist klar: Gelöst hat die dogmengeschichtliche Forschung das Abendmahlsproblem keineswegs, denn es ist ihr tatsächlich unmöglich, kurz und einfach zu sagen, was das alte Abendmahl eigentlich gewesen ist. Darin, in dem allgemeinen Resultat, stehen sich Baur, [A.] Ritschl, Renan und Harnack gleich. Gelöst haben sie das Problem schon darum nicht, weil sie die Frage, wie aus dem historischen letzten Mahl Jesu die urchristliche Feier entstanden ist, nicht beantwortet haben. Aber auch zugegeben, dies sei Sache der «Geschichten des Urchristentums» oder der «Apostolischen Zeitalter», die es ihrerseits auch nicht vermocht haben, zugegeben ferner, die Dogmengeschichte habe die urchristliche Feier als eine gegebene Größe zu übernehmen und zu rekognostizieren, um dann ihre weitere Entwicklung im dogmengeschichtlichen Prozeß zu verfolgen: so hat sie auch diese beiden Aufgaben nicht zu lösen vermocht. Statt einer Definition bieten sie eine verworrene Beschreibung von einer Feier, deren Wesen nicht klar formuliert war und bei der Historisches, Symbolisches, Mysteriöses und Magisches durcheinander gingen. Ebensowenig wissen sie

---

1 Commencé lundi le 4 mai 1903.

2 [Der Text besteht nur aus diesem einen Kapitel, die Numerierung beweist aber, daß noch mindestens ein weiteres Kapitel vorhanden war. In *Aus meinem Leben und Denken*, Kap. IV, schreibt A. Schweitzer zum 3. Heft: «Die als dritte in Aussicht genommene Studie über *die Entwicklung des Abendmahls in der urchristlichen und altchristlichen Epoche* wurde zwar ausgearbeitet und in Vorlesungen vorgetragen, wie auch ihr Gegenstück, *die Geschichte der Taufe im Neuen Testament und im Urchristentum.* Beide Arbeiten blieben ungedruckt, weil die Geschichte der Leben-Jesu-Forschung ... dazwischenkam und mich verhinderte, sie druckfertig zu machen.»

Von der Arbeit über das Abendmahl, 3. Heft, können wir also nun wenigstens den ersten Teil vorlegen (nebst dem sehr wahrscheinlich dazugehörenden Abschnitt «Der Übergang der historischen Feier in die Gemeindefeier», siehe Kap. 5 sowie 2a über «die Taufe im NT»).]

zu erklären, wie aus dem gasförmigen der konsolidierte Zustand erreicht wurde, denn solange man nicht die Vorstellung überwunden hat, als ob in der alten Zeit jeder Kirchenlehrer seine, von ihm geschaffene Auffassung vom Abendmahl hatte, und solange nicht der innere Gang der Entfaltung des Problems klargelegt ist, kann in keiner Weise von einer historischen Lösung die Rede sein. Trotz der bewundernden Hochachtung für alle geleistete Arbeit, wie sie von Harnack zusammengefaßt und weitergeführt worden ist, kann man nicht umhin, sich einzugestehen, daß das Abendmahlsproblem auch als dogmengeschichtliches Problem sich in einem zurückgebliebenen Zustand befindet und mit dem Voranschreiten der übrigen dogmengeschichtlichen Erkenntnis keinen Schritt gehalten hat.

Woran liegt das? An den Quellen? Wenn man bedenkt, daß wir Paulus, die Didache, Ignatius und Justin haben, so ist es nicht angängig, zu sagen, daß wir in dieser Frage von den Quellen verlassen sind. Aber gerade diese Aussagen über die alte Feier miteinander zu verbinden und ein einheitliches Bild daraus zu gewinnen, das will nicht gelingen. Ist das aber die Schuld der Quellen oder nicht vielmehr der Forschung, welche nicht darauf ausgegangen ist, die Verbindungsfäden aufzudekken? Dies ist nun wirklich der Fall: das Abendmahlsproblem hat in den Dogmengeschichten immer nur eine rhapsodische Behandlung erfahren, und auch die Monographien haben es nicht in den Zusammenhang mit den großen dogmengeschichtlichen Problemen gestellt. Es blieb tatsächlich ein Problem für sich. Niemals, weder in Monographien noch in Dogmengeschichten, ist der Versuch gemacht worden, das Abendmahl als ein Zentrum der altchristlichen Gedankenevolution zu begreifen, sondern man behandelte es mehr oder weniger nebenher, als eine kultische Feier. Aber daß in dieser kultischen Feier, mit ihrer anerkannten Bedeutung, sich vielleicht die älteste Vorstellung von der Erlösung abbildet und die ganze weitere Fortbildung der[3] Erlösungsvorstellung eben an dem Abendmahl sichtbar wird: diese Eventualität ist in der bisherigen Behandlungsweise nicht offen gelassen. Die Maschen des dogmengeschichtlichen Netzes sind mit Absicht so weit gehalten, daß das Abendmahlsproblem immer im gegebenen Augenblick durchrutscht, damit es nicht als ein beschwerender Stein die Hebung unmöglich mache. Niemals ist es so behandelt worden, daß mit Absicht und Bewußtsein seine volle Schwierigkeit und Tragweite hervorgehoben wurden, sondern immer erscheint es an einer Stelle und so abgegrenzt, daß es das Ensemble nicht stören kann. Mit einem Wort: es existiert eigentlich noch kein Zusammenhang zwischen dem Abendmahlsproblem und der modernen dogmengeschichtlichen Forschung.

---

3 [Ms.:] von der.

Das wird schon durch die Monographien dargetan[4], denn sie liegen alle vor der großen dogmengeschichtlichen Bewegung. Döllingers *Lehre von der Eucharistie in den drei ersten Jahrhunderten* erschien 1826[5]. Ebrard veröffentlichte seine zwei Bände *Das Dogma vom heiligen Abendmahl und seine Geschichte* anno 1845–46[6]. Kahnis' *Lehre vom Abendmahl* stammt von anno 1851[7], und das Werk über das Abendmahl von [Leopold] Immanuel Rückert erschien 1856.[8] Diese Arbeiten fallen also vor die Zeit, wo die großen dogmengeschichtlichen Auffassungen wirksam werden. Trotz der Arbeit und Gelehrsamkeit, die drin stecken, trotzdem Rückerts Werk geradezu eine klassische Leistung ist, kann man mit gutem Gewissen sagen, daß die Entwicklung des Abendmahls in der alten Kirche durch sie kaum klarer geworden ist[9]. Sie zeigen, wie ein Stück Holz von irgend woher[10] den Strom heruntergeschwommen kommt und in einen Strudel hineingezogen wird. Dort wird es festgehalten und treibt in ziel- und planlosen Kreisen herum, bis es zuletzt in einer bestimmten Richtung wieder vom Strom fortgetragen wird. Aber warum es sich so lange in diesen planlosen Kreisen bewegt und dann gerade diese Richtung einschlägt, warum die Entfaltung des Abendmahlsbegriffs so verworren ist und warum sie zum Meßopfer führt, das erklären sie nicht, denn sie bleiben bei der reinen Geschichtsdeskription stehen und sind froh, wenn sie jedesmal einen künstlichen Übergang von einer Auffassung zur andern gefunden haben. Ebrard und Kahnis können überhaupt nicht als rein historische Untersuchungen gelten, da sich bei Ebrard zu sehr das reformierte, bei Kahnis zu sehr das lutherische Interesse kennbar macht.[11] Es bleibt also als einzige wissenschaftliche dogmengeschichtliche Abendmahlsmonographie nur das Werk von Rückert. Aber er hat seine Arbeit eigentlich wieder[12] wertlos gemacht, indem auch er die allgemeine Dogmengeschichte gar nicht berücksichtigt und tut, als hätten wir es mit einer organischen Selbstentfaltung des Abendmahlsbegriffs zu tun. An den Anfang setzt er den unbefangenen, begrifflosen Glauben, der etwa bis zu Ignatius geht. Von dort aus konstatiert er zwei Linien: eine symbolische, die mit Tertullian beginnt und über die Alexandriner zu Augustin hingeht, und eine metabolische, die mit Justin beginnt, dann zwei Jahrhunderte unterbrochen ist und sich erst in Gregor von Nyssa, Cyrill von Alexandria und Chrysostomus

---

4 [R (zum Abschnitt:)] Beweis Monographien.
5 [Ign. J. J. Döllinger, Mainz 1826.]
6 [Joh. Heinr. Ebrard, Frankfurt a. M. 1845–46.]
7 [Carl Friedr. Aug. Kahnis, *Die Lehre vom Abendmahl*, Leipzig 1851.]
8 [*Das Abendmahl, sein Wesen und seine Geschichte in der alten Kirche*, Leipzig 1856.]
9 [R] Löst [sich] in Einzelgefechte ohne leitenden Gedanken auf.
10 [Ms.:] von irgendwie.
11 [R (zum Satz:)] [Fragezeichen.]
12 [«wieder» steht im Ms. nach «hat».]

fortsetzt. Den Beschluß bildet Irenäus, der als Vertreter des «Abendmahlsdualismus» in der alten Kirche beide Richtungen in sich vereint. Schon diese Anordnung mit ihrem unruhigen Vor- und Zurückgreifen[13] zeigt, wie unhistorisch diese Auffassung ist, trotz ihrer Wissenschaftlichkeit. Der Verfasser berücksichtigt tatsächlich nur das Problem der Verbindung der Elemente mit dem Fleisch und Blut Christi – das zudem damals gar nicht kontrovers war –, aber die Bedeutung der Feier für die Vorstellung von der Erlösung und ihre Stellung in dem Glaubenskreis jener Zeit empfindet er noch gar nicht als Abendmahlsproblem. Er schreibt nicht wie ein Dogmengeschichtler, sondern wie ein wissenschaftlicher Epigone der reformatorischen Abendmahlskontroverse. Und diese bald ein halbes Jahrhundert alte Monographie ist tatsächlich die modernste, denn seither hat es niemand mehr gewagt, den Gang von der historischen Feier bis zum Abendmahl des Augustin anzutreten,[14] und es gibt keine Abendmahlsmonographie, die auch nur einigermaßen in der modernen Dogmengeschichte drin stände. Alle Abendmahlsforschung der 2. Hälfte des 19. Jahrhunderts bewegt sich klüglich auf den reizend verschlungenen Pfaden innerhalb der Parkmauern des Neuen Testaments; manchmal blickt einer über die Mauern hinaus auf die Didache, aber niemand denkt daran, die Pforte zu öffnen, in den Urwald des Urchristentums hinauszutreten und einmal den Weg zu suchen, der vom Neuen Testament zu Ignatius, Justin, Irenäus und Tertullian führt.

Der isolierten Behandlung des Problems in den Monographien entspricht die rhapsodische in den Dogmengeschichten.[15] Das Problem wird immer nur mehr oder weniger gestreift. Baur kann die Bedeutung des Problems schon darum nicht erfassen, weil er in der Lokalmethode drin steht und daher das Abendmahl als einen Abschnitt neben andern in seiner Dogmengeschichte behandelt. Auch bei ihm ist es merkwürdig, wie wenig er an dem Abendmahl eigentlich als Problem empfindet. In seiner 1853 erschienenen *Kirchengeschichte der drei ersten Jahrhunderte,*[16] die alle seine Gedanken in der kürzesten Form enthält, besteht das historische Abendmahlsproblem für ihn eigentlich nur in der fortschreitenden Differenzierung zwischen Abendmahl und Passahfeier; die johanneische These von Christo als dem wahren Passahlamm, die sich auf einem von Paulus hingeworfenen Gedanken erbaut, bezeichnet den entscheidenden Wendepunkt, und der Passahstreit führt die Differenzierung zu Ende. Durch das drei Jahre darauf entscheidende Werk von Rückert empfing Baur neue Gedanken und neue Anregung, und so steht

13 [R] Känguruhsätze.

14 [R] Ignatius bei Rückert.

15 [R] In der Dogmengeschichte den Weg zu gehen – aber halten sich nicht auf mit [dem] Abendmahlsproblem, um nicht [die] Richtung zu verlieren.

16 [Ferdinand Christian Baur, Tübingen 1853, Bd. 1 der *Gesch. d. christl. Kirche.*]

der Abschnitt über das Abendmahl in den *Vorlesungen über die christliche Dogmengeschichte*, welche sein Sohn 1865 herausgab[17], auf einer erstaunlichen Höhe. Es ist die Form, in welcher er die Entwicklung der Abendmahlslehre anno 1865, seinem Todesjahr, zum letzten Mal im dogmengeschichtlichen Kolleg vortrug. Die Lehre von den Sakramenten kommt gleichsam als eine Art Nachtrag am Schluß des ersten Bandes (S. 663–695). Baur kann also seine Dogmengeschichte entwickeln ohne das Abendmahl. Trotzdem gehören diese Seiten in ihrer einfachen klaren Art zu dem Besten, was je über das Abendmahl geschrieben worden ist. An der schwankenden Klassifikation von Rückert ist ihm aufgegangen, wie wenig die Abendmahlsforschung den Tatsachen gerecht geworden ist. Vor Justin gibt Baur alles preis[18], denn erst bei diesem Apologeten erhalten wir sichere Kunde. Schon hier sind die ideale[19] und die reale Auffassung widerspruchsvoll ineinander verschlungen. Tertullian ist der erste klare Symboliker, und bei den Alexandrinern geht dann das Symbolische in das Mystische über, ohne daß Baur jedoch die Tragweite der Verbindung der Logoslehre mit dem Abendmahl, wie sie bei Clemens Alexandrinus vollständig klar zutage liegt, wirklich erfaßte. Zum Schluß sucht er dann noch das Aufkommen der Opferidee zu erklären. Durch den Verzicht, vor Justin klar zu sehen, gibt er es also im Prinzip auf, das Abendmahl, wie er es noch 1853 versucht hatte, in seine dogmengeschichtliche Konstruktion von dem Gegensatz und dem Ausgleich zwischen Judenchristentum und Heidenchristentum hinein zu spannen, und so steht das Abendmahl außerhalb seiner Dogmengeschichte.

Als [Albrecht Benjamin] Ritschl (1822–89) in seiner ersten Auflage der *Entstehung der altkatholischen Kirche* anno 1850[20] den ersten Streich wider die Tübinger tat, ohne sich jedoch schon des vollen prinzipiellen Gegensatzes bewußt zu sein, da teilte er eines mit ihnen: das Nichtverstehen der Tragweite des Abendmahlsproblems. Er sagt davon weiter fast nichts, als daß das heilige Mahl in der Regel durch den Gemeindevorsteher geleitet wurde (S. 377–379). In der zweiten Ausgabe (1857) entdeckte er, in der Kritik von Schweglers *Nachapostolischem Zeitalter* (1845/46),[21] den schwachen Punkt der Tübinger Konstruktion, daß sie nämlich alle Differenzen zwischen Juden- und Heidenchristentum aufzeigt, aber nicht, was beide von Anfang an *Gemeinsames* besitzen. So sagt er sehr klar S. 18:

---

17 [Hrsg. v. Ferd. Friedr. Baur, Leipzig 1865, Bd. 1.]
18 [R] (Also nicht in Judenchristentum – Heidenchristentum eingespannt. Aufgegeben.)
19 [Ms.:] Ideale.
20 [Bonn 1850.]
21 [F. C. A. Schwegler, *Das nachapostolische Zeitalter in den Hauptmomenten seiner Entwicklung*, 2 Bde. Tübingen 1846.]

«Die Methode..., die allmähliche Versöhnung beider ursprünglich entgegengesetzten Richtungen darzustellen, setzt nun aber auch einen beiden innewohnenden Trieb zur Versöhnung, also einen Punkt der Übereinstimmung voraus, ohne dessen Nachweisung die historische Möglichkeit des bezeichneten Entwicklungsganges von vornherein in Frage gestellt werden muß.»

Das war der Augenblick, wo die Tragweite des Abendmahls und der Sakramente überhaupt für die Dogmengeschichte erkannt werden mußte, denn das Gemeinsamste von Anfang an,[22] das nie diskutierte Gemeinsame, waren die Sakramente. Und diese einfachste Beobachtung, daß das Abendmahl nie zwischen Juden- und Heidenchristen kontrovers war,[23] also einen sichtbaren Teil des gesuchten gemeinsamen Besitzstandes repräsentiert, hat Ritschl nicht in die Debatte hineingeworfen und verläßt so den Boden der Empirie.[24] Er versucht die Entwicklung der christlichen Grundanschauung darzustellen, indem er einen fiktiven Hauptnenner der verschiedenen im Neuen Testament vertretenen Theologien sucht, ohne irgendwie auf die Vorstellung von der Erlösung, wie sie in der Abendmahlsfeier zutage tritt, einzugehen. Diese Feier berührt er nur ganz nebenbei, z. B. bei Gelegenheit der essenischen Opfermahle (S. 180ff.) und bei der Erwähnung der Ebioniten (204ff.). Aus der Sitte der Brechung der Brote konnte man allenfalls auf essenische Einflüsse schließen, obwohl das Beispiel Jesu beim letzten Mahl den Usus viel natürlicher erklärt. Später wendet er sich gegen Baur und zeigt, daß der Passahstreit nicht mit der Ausscheidung des Jüdischen aus dem Christentum zusammenhänge (S. 269ff.). Das Motiv der Verwerfung der kleinasiatischen Observanz war nach Ritschl überhaupt nur der Trieb nach Uniformität des Kultus und der kirchlichen Sitte, aber indem er Baurs Anschauung mit Recht zurückweist,[25] sieht er nicht, daß der Trieb nach Uniformität, besonders in jener Zeit, den Ausbruch und die Hartnäckigkeit des Passahstreites in keiner Weise erklärt.[26] Schon die gelegentliche Art, mit der Ritschl in dieser grundlegenden Schrift auf das Abendmahl zu sprechen kommt, zeigt, daß er es tatsächlich nicht als «dogmengeschichtliches» Problem empfunden [hat]. Er schreibt eine *Entstehung der altkatholischen Kirche*, indem er die «Entwicklung der christlichen Grundanschauung» und die «Entwicklung der Gemeinde- und Kirchenverfassung» verfolgt (S. 23). Daß aber zu diesen zwei «Hauptteilen» noch ein dritter gehört, der erklärt, wieso die altkatholische Kirche bei ihrer Festigung ihrem Wesen nach Sakramentskirche ist, hat er übersehen.[27] Schon der Titel seines Werks hätte ihn darauf bringen müssen.

---

22 [«von Anfang an» ist mit Bleistift am Rand beigefügt.]
23 [R] In Theorie recht, in Praxis unrecht.
24 [R] Die Entstehung der kathol. Kirche... hängt in der Luft.
25 [R] Also das einzige Mal... Baur.
26 [R] Auf [das] Deskriptive zurückgeworfen – damit aber steuerlos umhergetrieben.
27 [R] [Hat] nicht [an die] Logosvorstellung angeknüpft.

Auch in dem ersten Bande der *Rechtfertigung und Versöhnung* (2. Aufl. 1882)[28] war er nahe daran, auf die Bedeutung des Abendmahls in der Dogmengeschichte gestoßen zu werden. Er beginnt nämlich die geschichtliche Darstellung mit der Schilderung der Lehre von der Erlösung in der griechischen Kirche (S. 3–21) und definiert dieselbe als Unvergänglichkeit (ἀφθαρσία). Auch sieht er, daß diese Unvergänglichkeit bei Clemens Alexandrinus durch die Logosvorstellung mit dem Abendmahl verbunden gedacht wird, indem das Christentum bei Clemens «nach dem Vorbilde eines Mysterienkultes» gelegentlich zu verstehen sei, «denn das Blut Jesu trinken ist die Teilnahme an der ἀφθαρσία» (S. 5). Ja, er geht noch weiter und nimmt an,

«daß diese Methode der Auffassung des Christentums... vorher vielleicht schon in der ältesten Epoche der Gemeinde zu Korinth, danach bei den Gnostikern anklingt» (S. 6),[29]

aber dann macht er wieder alles zunichte, indem er sagt, daß «Clemens diese Gedankenreihe nur *gelegentlich* gebildet» habe (S. 6).[30] Wie Baur erkennt er also die Tragweite dieser ausgeprägten Logosvorstellung in der Abendmahlslehre nicht und fühlt sich nicht versucht, einmal der Bedeutung der Abendmahlslehre für die Vorstellung von der Erlösung in der alten Kirche nachzugehen.

So wurde also von Ritschl der richtige Augenblick verpaßt, das Abendmahlsproblem als dogmengeschichtliches Problem, d. h. als das Problem[31] der Dogmengeschichte in dem Sinn, daß allgemein der dogmengeschichtliche Gang überhaupt darunter verdunkelt ist, zu entdekken, und später bot sich die Gelegenheit nicht mehr so günstig. Denn in den letzten Jahrzehnten arbeitet die Dogmengeschichte mit einer Synthese von Ritschl und Baur, und die Frage nach dem gemeinschaftlichen Gedankenbesitz der Juden- und Heidenchristen in der ältesten Zeit stellt sich nicht mehr mit derselben Vehemenz, wie sie Ritschl im[32] Gegensatz zu Baur empfunden [hat], sondern er hat [...] mit seiner Scheinentdekkung «einer christlichen Grundanschauung», die ohne Rücksicht auf die Sakramente gewonnen wird, das Problem zugeschüttet, und da von jener Frage allein die Bedeutung des Abendmahls und der Sakramente überhaupt als Ausgangspunkt der Dogmengeschichte erkenntlich wird, so hat Ritschl, indem er mit seiner Lösung das klar erkannte Problem vorschnell aus der Welt schaffte, ehe es zu viele Fragen stellte, der Dogmengeschichte eine Tür zugeschlossen.

---

28 [A. Ritschl, *Die christl. Lehre von der Rechtfertigung u. Versöhnung*, Bonn.]

29 [R] Harnack aufge[...], als ob NT-Theologie Ausgangspunkt der Dogmengeschichte.

30 [R] Überhaupt bei [der] Abendmahlsbeschreibung, als ob [die?] alten [Alten?] in dieser Sache mit Augenblickseinfällen operiert [hätten].

31 [Zuerst:] ja als das Problem... [dann nicht eindeutig korrigiert:] d. h. als ein das Problem... [oder:] d. h. als ein Problem...

32 [Ms.:] in.

Noch verwunderlicher ist es, daß Renan an dem Problem vorüberging. Daß Baur und Ritschl als Protestanten der Begriff der Sakramentskirche nicht im Blute lag, ist begreiflich. Daher gehen sie auch in der alten Kirche eigentlich nur auf die Vorstellung von der Erlösung aus, wie sie im geschriebenen und gepredigten Wort sich darstellt. Renan, als Katholik, hätte den Instinkt für die Sakramentskirche haben müssen, aber das Studium der protestantischen Wissenschaft hat ihm denselben teilweise genommen. Im innersten Grunde – und darin zeigt sich eben der Instinkt – war ihm die wissenschaftlich-protestantische Auffassung von der ältesten Feier als einer symbolischen Handlung antipathisch. Darum sucht er das Abendmahl von einem «mysteriösen Ritus» aus zu begreifen, den Jesus schon früher, nicht erst in der letzten Nacht, im Kreise seiner Jünger geübt [habe]. Diesen Gedanken sucht er nun in der *Histoire des Origines du Christianisme*[33] in die Dogmengeschichte hineinzuspinnen. In den *Apôtres* (1866)[34] schildert er, wie die Jünger und die ersten Christen ihre Mahlzeiten gemeinsam nahmen und dabei fortfuhren, den mystischen Sinn, den Jesus vorgeschrieben hatte (avait prêscrit), damit zu verbinden (S. 76). Im *St. Paul* (1869)[35] sucht er dann weiter zu kommen, indem er zeigt, wie für jene Zeit das Symbolische das Reale bis zu einem gewissen Punkte immer mit einschließt, eine Erklärung, die dann von der Dogmengeschichte mit Freuden akzeptiert und weiter gebildet worden ist, weil sie über die erste Verlegenheit in der alten Abendmahlsfrage hinweghilft. So sagt also auch Renan bei Gelegenheit der Regelung der Agapenfeier durch Paulus:

«Ce repas devenait de plus en plus la partie essentielle du culte chrétien. De plus en plus aussi se répandait l'idée que c'était Jesus lui-même, qu'on y mangeait. Cela sans doute était métaphorique; mais la métaphore, dans la langage chrétien de ce temps, n'était pas nettement distincte de la réalité. En tout cas, ce sacrement était par excellence un sacrement d'union et d'amour» (*St. Paul*, S. 403).

Aber da er nun die Tragweite des griechischen Sakramentsbegriffs nicht erfaßt, so tritt in den folgenden Bänden das Abendmahl ganz in den Hintergrund. Band V, VI und VII *(Les Évangiles, L'Église Chrétienne* und *Marc Aurel)*,[36] die von der Jahrhundertwende bis zum Jahr 180 gehen, lassen gar nicht vermuten, welche Bedeutung das Abendmahl während dieser Zeit in der Kirche gewinnt. In dieser Hinsicht steht Renan tief unter Baur, der ihm in seiner Dogmengeschichte 1860 schon weit voran ist. Kaum daß in *Marc Aurel* die Frage der Passahstreitigkeiten einigermaßen aufgerollt wird. Bei Baur war es die Entjudung des Abendmahls, bei Ritschl das Streben nach Uniformität, welches den

---

33 [Ernest Renan, *Histoire des Origines du Christianisme,* Paris 1863–84, 8 Bde.]

34 [Ders., *Les Apôtres*, Paris 1866.]

35 [Ders., *Saint Paul*, Paris 1869.]

36 [Bände der *Histoire des Origines du Christianisme*, 1877, 1879, 1882.]

Streit heraufbeschwor. Bei Renan ist es das Decorum. «Quoi de plus choquant en effet que de voir telle Eglise plongée dans le deuil, exténuée par le jeûne, tandis que telle autre nageait déjà dans les joies de la résurrection» (*Marc Aurel*, S. 195, cf. auch *L'Église Chrétienne*, S. 445 ff.). Die innere Geschichte des Abendmahls läßt er ganz liegen, und für die äußere gibt er nur Daten und Behauptungen ohne Erklärungen. Das Abendmahl soll zuerst allabendlich, dann nur am Sonntag Abend gefeiert worden sein; später wurde die «mystische Mahlzeit» auf den Morgen verlegt (*Les Apôtres*, S. 82). In der «Verlegung» auf den Sonntag Morgen zieht er nicht einmal den etwaigen dogmatischen Zusammenhang mit der Auferstehung Jesu in Betracht (cf. *St. Paul*, S. 261–270). Also gerade Renan, der als Katholik für die altkirchliche Sakramentslehre am meisten hätte leisten sollen, läßt sie in einem Werk, das die «origines du Christianisme» beschreiben will, vollständig unberücksichtigt.

Eine ganz andere Stellung als bei Renan nimmt das Abendmahl in Harnacks Dogmengeschichte ein (3. Aufl. 1894, Bd. I),[37] denn bei ihm macht sich das Bestreben geltend, die Bedeutung und die Schwierigkeiten des Abendmahlsproblems hervortreten zu lassen. Das ist seit Baurs Dogmengeschichte der erste Fortschritt in der dogmengeschichtlichen Forschung über das Abendmahl. Aber die Anlage seiner Dogmengeschichte ist dann wieder dazu angetan, die Bedeutung des Problems in den Hintergrund treten zu lassen, denn es fehlt ein prinzipieller Abschnitt über die Stellung des Abendmahls in dem Entwicklungsgang der altchristlichen Vorstellung von der Erlösung, und so ermangeln die Abschnitte, wo dann das Abendmahl berührt wird, der inneren Geschlossenheit. In diesem Falle empfindet man das Aufgeben der Lokalmethode als einen Nachteil.

Tatsache ist, daß Harnack, wie Ritschl, das Grundproblem der Dogmengeschichte stellt, ohne das Abendmahl in dasselbe hineinzuziehen, denn auch er macht nicht darauf aufmerksam, daß das Juden- und Heidenchristen von Anfang an elementar Gemeinsame eben die Sakramente waren. In gewisser Hinsicht freilich bereitet er den Platz für die Sakramente in der Dogmengeschichte, indem er – und dies ist eine der großen Taten seines Werks – definitiv mit dem Gedanken aufräumt, als ob eine «biblische Theologie die Voraussetzung der Dogmengeschichte sei» (S. 51) und darauf hinweist, daß die Brücke, die von der Lehre Jesu zur katholischen Glaubenslehre führt, mehrere Pfeiler hat. So heißt es S. 50 und 51:

> «Die Voraussetzungen der Dogmengeschichte sind in gewissen Grundgedanken, besser Motiven des Evangeliums (in dem Kerygma von Jesus Christus und in der evangelischen Ethik und Zukunftspredigt), in dem jeder Deutung fähigen, in Hinblick auf Christus und die evangelische Kirche zu interpretierenden Alten Testament und in dem griechischen Geiste gegeben.»

---

37 [Adolf Harnack, *Lehrbuch der Dogmengeschichte*, 3. Aufl., Freiburg i.Br. 1894.]

Die Sakramente fehlen;[38] es müßte denn sein, daß sie entweder in dem Kerygma von Jesus Christus oder in der Zukunftspredigt eingeschlossen sind, was aber, wie der Fortgang zeigt, nicht der Fall ist. Und doch hätten sie gerade an dieser Stelle namhaft gemacht werden müssen, denn einmal ist es ja noch überhaupt nicht gelungen, den Übergang von der historischen Mahlzeit zur urchristlichen Eucharistie zu finden, in welcher sich ganz neue, in der «Stiftung» nicht enthaltene Ideen manifestierten, so daß man mit der Möglichkeit rechnen muß, daß es[39] unter der Einwirkung einer selbständigen Zeitidee aus der historischen Feier entstanden ist, zum andern gehört die Taufe, von Anfang an ein Hauptbestandteil des christlichen Glaubens, weder zum Kerygma von Jesus Christus noch zur evangelischen Ethik noch zur Zukunftspredigt, da sie nicht von Jesus geübt, sondern auf unerklärliche Weise aus der Johannestaufe hervorgegangen ist. Es fehlt also ein Pfeiler, den man etwa als «die sakramentale Vorstellung» zu bezeichnen hätte und auf dem sich gerade die jüdische, die christliche und die griechische Anschauung begegnen. Freilich werden in der Folge Taufe und Abendmahl unter den fünf Hauptstücken des Christentums aufgezählt.

«Die Hauptstücke des Christentums waren 1) der Glaube an Gott ... und an den Sohn ..., 2) die Disziplin nach Maßgabe der Herrenworte, 3) die Taufe, 4) das gemeinsame, im Abendmahl kulminierende Gebetsopfer und die heilige Speise, 5) die sichere Hoffnung auf das nahe herrliche Reich Christi» (S. 154–156).

Behandelt aber werden die Sakramente in der Folge allein unter dem Titel «Der Kultus, die heiligen Handlungen und die Organisation der Gemeinden» (S. 195–203), statt zunächst zur Gewinnung der alten Vorstellung von der Erlösung benutzt zu werden, denn in der alten Kirche gehören die Sakramente in erster Linie zum Dogma und erst in zweiter zum Kultus. Rein äußerlich betrachtet stellt sich bei Harnack die Sache also so, daß er in der Theorie den Platz für die Sakramente frei macht und ihre Bedeutung viel mehr betont, als es je vor ihm geschehen ist, in der praktischen Durchführung aber zieht er sie nicht so in den Mittelpunkt der Dogmengeschichte, wie es ihre Stellung in der alten Kirche erforderte. Damit ist gegeben, daß sie eigentlich außerhalb seiner dogmengeschichtlichen «Konstruktion» stehen, wenn dieses in der geschichtlichen Forschung mit Unrecht etwas in Mißkredit gekommene Wort für den genialen Aufriß der Harnackschen Dogmengeschichte passieren darf.

Nach Harnack vollzieht sich die Hellenisierung des Christentums in der Hauptsache so (cf. das Epimetrum S. 123 ff.), daß sich schon im

38 [Hier der gestrichene Satz:] also erklärt auch der Harnack'sche Ansatz der Dogmengeschichte eigentlich nicht, wie die hellenisierte Kirche als Sakramentskirche sich darstellt.

39 [«es»: das Abendmahl.]

apostolischen Zeitalter eine doppelte Auffassung vom religiösen Heilsgut angebahnt hat. Neben der Erwartung des Anteils an dem zukünftigen herrlichen Reich Christi werden mehr und mehr die gegenwärtigen Vorbedingungen dazu, nämlich die Sündenvergebung, die Gerechtigkeit, der Glaube, die Erkenntnis usw. definitiv gewertet und können nun selbst als das Heilsgut gelten. Schon bei Paulus bildet der griechische Geist eine Art Unterströmung, und in dem Maße, [als] nun das Ausströmen des enthusiastisch-apokalyptischen Elements stattfindet, rückt auch der Schwerpunkt des christlichen Glaubens von der Hoffnung auf die zukünftige Ankunft Christi ab und muß dann notwendig auf die erste fallen, kraft welcher das Heil für die Menschen und die Menschen für das Heil bereits bereitet sind. Es findet also eine duale Entwicklung der Auffassung vom Christentum statt.[40] Die Theologie und die Hellenisierung des Christentums setzen nicht bei der eschatologischen, sondern bei der andern Auffassung ein, und so ist die christliche Dogmatik nicht der eschatologischen, sondern der spirituellen Betrachtungsweise entstammt. Durchgeführt aber hat Harnack diese Theorie von der Hellenisierung aus der eschatologischen Form heraus nur an der Christologie, und zwar durch die Aufzeigung einer adoptianischen, ursprünglich eschatologisch bestimmten, und einer pneumatischen Christologie, die sich eigentlich ausschließen, aber durch die Lehre von der Geistbegabung und der Präexistenz sich in mancherlei Übergangsformen ineinanderschieben, wobei die pneumatische, als dem hellenischen Geist allein entsprechende, von Anfang an zum Sieg prädestiniert ist.

Nicht so klar hat er diese dualistische Entwicklung vom Eschatologischen zum Hellenischen an der Vorstellung von der Erlösung durchgeführt, denn er läßt die beiden Auffassungen vom Heilsgut, die eschatologische und die uneschatologische, von Anfang an ineinander ruhen und auf das engste verflochten sein, ja sich in solcher Verflochtenheit in der Predigt Jesu selbst schon darstellen (S. 124).[41] So wagt er nicht mehr in dem Maße wie bei der Christologie, das rein Eschatologische an den Anfangspunkt der Entwicklung zu stellen, sondern setzt gleich die Spiritualisierung in latentem Zustand voraus.

Vollends aber bleibt die dogmengeschichtliche Konstruktion unausgeführt beim Abendmahl, denn Harnack zieht nicht einmal in der Theorie die Möglichkeit in Betracht, daß diese Feier einst eschatologischen Charakter hatte und mit der eschatologischen «Heilserwartung» in Verbindung stand.[42] Er stellt diese Erwägung für die Sakramente überhaupt

40 [R] Für [diesen] Harnackschen Dualismus siehe Ritschl-Exzerpte 32. [Diese Exzerpte (wohl aus der in Anm. 28 genannten Schrift) liegen nicht vor.]

41 [R] herausgehoben.

42 [R] Ganz, zur Hälfte, gar nicht [vgl. S. 483, Ms.-S. 10].

nicht an, und für das Abendmahl insbesondere gibt er keine klare Darlegung, worin seine primitive Bedeutung bei dem Aufkommen in der Gemeinde bestanden habe, und läßt so den Ausgangspunkt der Umbildung im Dunkeln. Nirgends wird vorausgesetzt, daß es ursprünglich irgendwie die eschatologische Erwartung zum Ausdruck brachte, sondern es erscheint von Anfang an als allein mit den spirituellen Heilsgütern, vor allem der Sündenvergebung, verbunden. «Die heiligen Handlungen und Weihen, die mit dem Kultus verbunden sind, haben ihren Wert darin, daß geistige Güter mitgeteilt werden» (S. 138). Es wird als Ausgangspunkt der Entwicklung eine Art begriffslose, undogmatische Form der Sakramente postuliert.[43]

«Weder gab es eine ‹Lehre› von der Taufe und dem Abendmahl, noch wurde ein innerer Zusammenhang zwischen diesen heiligen Handlungen vorausgesetzt. Zusammengestellt als vom Herrn gestiftete Handlungen wurden sie hie und da» (S. 198, Anm. 1).

Das Abendmahl als Mahlzeit war Ausdruck der brüderlichen Einheit der Gemeinde. Das Wichtigste dabei war, daß diese Feier immer mehr[44] der Mittelpunkt wurde nicht nur für den Kultus der Gemeinde, sondern für ihr Leben als Gemeinde überhaupt. Die Gebete, die die Feier einschloß, boten sich als Vehikel dar, um in Dank und Bitte alles vor Gott zu bringen, was die Gemeinde bewegte, und die Aufbringung der Elemente für die heilige Handlung erweiterte sich *naturgemäß* zur Darbringung von Gaben für den armen Mitbruder, der sie auf diese Weise aus der Hand Gottes selbst empfing. «In allen diesen Beziehungen stellt sich aber die heilige Handlung als ein *Gemeindeopfer* dar und zwar als ein Opfer des Dankes (εὐχαριστία), wie sie denn auch genannt worden ist» (S. 200). Das war nichts schlechthin Fremdes, mag es auch zweifelhaft erscheinen, ob in der Idee ihres Stifters die Mahlzeit als Opfermahlzeit gedacht worden ist. Jedenfalls aber war damit gegeben, daß die ganze Fülle von Ideen, die sich im Alten Testament an das Opfer knüpften, nun in die Abendmahlsvorstellung eingeführt wurden (S. 201).

Mit diesen Ausführungen hat nun Harnack die Abendmahlsvorstellung erreicht, an welcher er die Hellenisierung einsetzen lassen kann, so, daß nun der Dualismus, welcher das Durchgangsstadium zur Hellenisierung bildet, in Erscheinung tritt. Es ist die Opferidee. Er führt dies folgendermaßen aus:

«Von weittragendster Bedeutung mußte es werden, daß an die Handlung auf diese Weise (scl. durch die Opferidee) ein Reichtum von Vorstellungen geknüpft wurde, die weder mit der Bestimmung der Mahlzeit, die Erinnerung an den Tod Christi lebendig zu erhalten, noch mit den geheimnisvollen Symbolen des Leibes und Blutes Christi irgend etwas gemein hatten. Die Folge war, daß die *eine* Handlung einen

43 [R] Nicht als Loslösung[?] vom Jüdischen, sondern als Hellenisierung.

44 [R] Immer mehr! Renan: de plus en plus [vgl. oben S. 476].

doppelten Wert erhielt. Einmal erschien sie als eine προσφορά [Darbringung] und θυσία [Opfer] der Gemeinde, als das reine Opfer, welches die über die Welt zerstreute Christenheit dem großen König darbringt, indem sie zu ihm ihre Gebete emporsendet, und dabei das, was er gegeben, wiederum vor sein Angesicht stellt, um es unter Lob und Dank[45] von ihm zurückzuempfangen; aber hierbei fanden die geheimnisvollen Worte, daß Brot und Wein der gebrochene Leib und das zur Vergebung der Sünden vergossene Blut Christi seien, noch keine Berücksichtigung. Diese Worte mußten an und für sich zu besonderen Erwägungen auffordern. Sie veranlaßten es, in der Handlung, genauer in den geheiligten Elementen, eine geheimnisvolle Mitteilung Gottes anzuerkennen, eine Gabe zum Heile – und dies ist das Zweite. Bei der rein geistigen Auffassung von göttlichen Heilsgaben konnten aber die durch die heiligen Handlungen vermittelten Güter nur als geistige (Glaube, Erkenntnis resp. *als das ewige Leben*)[46] gedacht und die geheiligten Elemente[47] nur als die geheimnisvollen Vehikel derselben anerkannt werden. Eine Reflexion über den Unterschied von Symbol und Vehikel gab es noch nicht; vielmehr galt das Symbol als Vehikel und umgekehrt... Man reflektierte noch wenig; aber unzweifelhaft bewegte sich die Vorstellung hier auf dem Gebiete, welches begrenzt war einerseits durch die Absicht, den überlieferten wunderbaren Worten der Einsetzung gerecht zu werden, andererseits durch die Grundüberzeugung, daß Geistliches nur durch die Mittel des Geistes zu erreichen sei.[48] So hafteten an dem Abendmahl die Ideen des Opfers und einer von Gott gewährten heiligen Gabe; beide wurden getrennt gehalten; denn von jener Auffassung, nach welcher der im Brote sich darstellende Leib Christi das von der Gemeinde dargebrachte Opfer sei, findet sich noch keine Spur. Aber man fühlt sich hier fast aufgefordert, die spätere Entwicklung der Vorstellung unter Berücksichtigung der antiken, hellenischen Opfervorstellungen aus den Prämissen zu konstruieren» (S. 201–204).

In dem Augenblick nun, wo dieser fremde Opferbegriff von dem Abendmahl Besitz ergreift, ist die vollständige Hellenisierung desselben Tatsache. Irenäus und Tertullian leben noch in dem alten [Opferbegriff], Cyprian vertritt den neuen (S. 424ff.). Auch das Abendmahl als Gnadenmittel wird immer mehr unter dem Gesichtspunkt der antiken Mysterien betrachtet. Die ursprüngliche einfache Bedeutung tritt immer mehr zurück.

«Mag man auf die Einfältigen oder auf die antignostischen Väter oder auf Origenes sehen, mag man ferner das Abendmahl als Opfer oder als Sakrament in's Auge fassen, überall gewahrt man, daß die heilige Handlung ihrer ursprünglichen Bestimmung fast vollständig entrückt und von dem antiken Geist mit Beschlag belegt worden ist. Vielleicht an keinem anderen Punkte ist die Gräzisierung des Evangeliums so deutlich wie an diesem» (S. 437 und 438).[49]

---

45 [R] (Also keine Ahnung, daß es eschatologischer Dank!!!)

46 [R] Also keine Ahnung vom Realismus des φάρμακον ἀθανασίας [Unsterblichkeitsmedizin].

47 [Bleistiftnotiz am oberen Seitenrand:] Zitate klein drucken.

48 [R] Warum nicht entdeckt, daß derselbe Dualismus griechisch-eschatologisch im Sakrament – Weil [der] Übergang kampflos. Darum so lange verborgen.

49 [R] Opfer – symbolische Handlung: spaltet sich, jedes für sich gräzisiert. Opfer durch antiken Opferbegriff – symbolische Handlung durch Mysterien. Aber kein Übergang

Wie hat sich also nach Harnack die Hellenisierung des Abendmahls vollzogen? Indem ein gewisser Dualismus auch an dieser Feier, wie an allen christlichen Vorstellungen, zutage tritt. Aber dieser Dualismus ist nun nicht eine Manifestation jenes großen allgemeinen Dualismus, welcher darin besteht, daß in ursprünglich eschatologischen Gedanken gewisse Vorstellungen sich von der Eschatologie selbständig machen und so in die Strömung des griechischen Geistes geraten.[50] Das gerade ist charakteristisch, daß Harnack die allgemeine doppelte Auffassung vom[51] Heilsgut, die dem Hellenisierungsprozeß zugrunde liegen soll, gar nicht auf das Abendmahl und die Sakramente überhaupt anwendet, sondern, ohne im mindesten darauf auszugehen, ob sie nicht auch ursprünglich mit der eschatologischen Auffassung vom Heilsgut in Verbindung standen, voraussetzt, daß sie von Anfang an «geistige Güter» mitgeteilt haben. Die Hellenisierung ist also tatsächlich gleich von Anfang an vorweggenommen, und der Dualismus, der nachher in die Erscheinung tritt und an welchem sich die Hellenisierung sichtbarlich vollzieht, ist gewissermaßen lokal, indem nun zwei Bedeutungen der Feier, die anfangs zur Einheit geschlossen waren, als auseinanderstrebend bemerkbar werden: das Abendmahl als Gebetshandlung, als Gabe an Gott, als Opfer, und das Abendmahl als Speise, als Leib und Blut Christi, als Gabe von Gott, als *Sakrament.* Indem nun beide Begriffe auseinandergehen, öffnen sie sich zugleich den griechischen Einflüssen, und die Hellenisierung [wird][52] nun so durchgeführt, daß der alte einfache Begriff des Gebetsopfers durch einen neuen, der griechischen Welt entstammenden umgebildet und der von Anfang an etwas mystische Begriff des Abendmahls als symbolische Gabe durch die griechischen Mysterien weitergebildet wird. Damit ist zwar die Hellenisierung des Abendmahls beschrieben, aber als Spezialfall, weil sie nicht auf jene primäre doppelte Auffassung vom Heilsgut zurückgeführt ist und ihren eigenen Mechanismus hat. Das heißt aber nichts anderes, als daß das Abendmahl außerhalb des allgemeinen Aufrisses der Harnackschen Dogmengeschichte steht und auch von ihm noch, obwohl er seine allgemeine Bedeutung sehr hervorhebt, in gewisser Hinsicht als ein Problem für sich behandelt [wird].

Und das hat nun nicht nur eine Bedeutung für die Lösung des Abendmahlsproblems an sich, sondern auch für die Dogmengeschichte als solche. Gerade Harnack hat es in seinem Werke ausgedrückt, daß das

---

von [der] Eschatologie zur Hellenisierung, gleich anfangs aus [dem] Spiel gelassen. Malgré les efforts, ohne Zwischenglieder von Baur[?] erreicht, ἀφθαρσία als hellenistisches Heilsgut.

50 [R] Anderer Dualismus als in [der] Christologie, nicht Parallele.

51 [Ms.:] von.

52 [Bleistiftnotiz (vom Haupttext überschrieben):] *Problem isoliert,* befriedigt vom Augenblick an, wo griech. ἀφθαρσία [Unvergänglichkeit] klar in Sicht, Abendmahl [...].

Problem der alten Dogmengeschichte das Problem der Hellenisierung eines ursprünglich eschatologischen Glaubens ist. Von dem Hellenisierungsprozeß aber werden insbesondere – auch das ist ein Ergebnis der Harnackschen Dogmengeschichte – drei eng miteinander verbundene und durcheinandergehende Größen betroffen: die Christologie, die Soteriologie und die Sakramente. Aber statt nun an jeder Größe die Hellenisierung in derselben Weise und in steter Berücksichtigung ihres inneren, unentwirrbaren Zusammenhangs durchzuführen,[53] hat er sie nebeneinander gestellt und eine gewisse abgestufte Hellenisierung an ihnen entwickelt. Voll und ganz hat er den Weg von der Eschatologie[54] zur definitiv hellenistischen Form nur für die Christologie durchmessen, obwohl er auch schon hier die Entfernung von vornherein durch die Annahme einer Art Konkomitanz[55] vermindert hat, welche in einer die geistigen Güter und Größen als solche wertenden Unterströmung gerade für die Christologie schon bei Paulus sich bemerkbar macht. Für die beiden andern Vorstellungen hat er aber die Wanderung eigentlich erst in der Mitte oder gegen Ende des Weges angetreten. In der Mitte für die Vorstellung von der Erlösung, da er sie erst klar entwickelt von dem Augenblick an, wo der griechische Begriff der ἀφθαρσία [Unvergänglichkeit] einsetzt[56] und er erst von da an die Verbindung zwischen Soteriologie und Christologie und Soteriologie und Sakramentslehre begrifflich ausgedrückt findet. Hingegen was vorher liegt, bleibt fließend und unbestimmt, da eben die Vorstellung von der Erlösung als rein eschatologische Erwartung zwar betont wird, aber so, daß zum Ausgangspunkt der Hellenisierung die doppelte Auffassung vom Heilsgut schon in die älteste Zeit zurückgetragen wird. So wird der Versuch nicht gemacht, die rein eschatologische Erwartung an sich mit der Christologie und den Sakramenten zu verbinden und dann von der eschatologischen Glaubenslehre zur griechischen zu gelangen, sondern die Verbindung der drei Größen setzt erst in der vollen griechischen Periode ein, und daher ruht[57] dieses schwankende Nebeneinander auf den 200 ersten Seiten, bevor der Gnostizismus läuternd und konsolidierend einsetzt. Man hat den Eindruck, daß hier die alte Erlösungsvorstellung beschrieben, aber nicht erklärt ist, denn wenn der Ausgangspunkt auch uns so verworren und kompliziert erscheint, so muß man damals in dieser Kompliziertheit eine Einheit erfaßt haben, deren Geheimnis

---

53 [R] Nicht gelöst, weil aus dem Zusammenhang herausgelöst.

54 [R] Später zu kritisieren: Man dachte nicht, man phantasierte bloß in der Eschatologie, S. 125: daß man in der Eschatologie nicht denkt, «sondern man lebt und phantasiert in ihr, und solches Leben ist noch bis über die Mitte des 2. Jahrhunderts kräftig und mächtig gewesen.» [Siehe Zitat unten S. 486.]

55 [Ms.:] Concomitanz [concomitance, gleichzeitiges Bestehen].

56 [Vgl. Anm. 52.]

57 [«ruht» im Ms. sehr undeutlich. Sollte es vielleicht heißen: «und darauf beruht» ...?]

uns entgeht. Und solange eben dieser Eindruck des komplizierten Nebeneinanders besteht, ist der Anfang des christlichen Dogmas doch nur beschrieben, aber nicht erklärt.

Auch[58] im Problem des Abendmahls und der Sakramente überhaupt sind nur die letzten Schritte auf dem Weg von der eschatologischen zur griechischen Form getan, da Harnack nicht von einer ursprünglich mit der eschatologischen Erlösungsvorstellung zusammenhängenden Bedeutung derselben[59] ausgeht und auch nicht die allgemeine doppelte Auffassung vom Heilsgut, welche die Basis seiner Vorstellung von der Hellenisierung bildet, auf sie anwendet.

So wird gerade, wenn man von dem Abendmahlsproblem ausgeht, klar, daß seine eigene Dogmengeschichte die von ihm gestellte Aufgabe vollständig nur für die Christologie gelöst hat, dagegen für die Vorstellung von der Erlösung und für die Sakramente nur unvollständig. Es ist also gewissermaßen eine Dogmengeschichte mit besonderer Berücksichtigung der Christologie.[60] Das bringt Harnack auch selbst zum Ausdruck. So heißt es S. 126 und 127:

> «Der Ursprung einer Reihe der wichtigsten christlichen Gebräuche und Ideen ist uns dunkel und wird aller Wahrscheinlichkeit [nach] niemals aufgehellt werden... Welches ist die ursprüngliche Auffasung von der Taufe gewesen?... In welcher Weise haben sich neben dem Lehrbegriff des Paulus Anschauungen über den Heilswert des Todes Christi ausgebildet?... Wann sind Taufe und Abendmahl zusammengestellt worden?... Auf alle diese Fragen und viele gleich wichtige gibt es keine sichere Antwort. Das größte Problem aber bietet die Christologie, und zwar nicht in ihren einzelnen lehrhaft ausgeprägten Zügen..., sondern in ihrem tiefsten Grunde, wie sie von Paulus als das Prinzip eines neuen Lebens verkündigt worden ist» etc.

Mag also noch so viel im Dunkel bleiben, das Wirken der Person Jesu Christi in den verschiedensten historisch gewordenen christologischen Vorstellungen, das ist das Hauptmotiv der Dogmengeschichte.[61] Nun aber werden die Verbindungslinien von der Christologie aus zu der Soteriologie und der Sakramentslehre erst in der griechischen Periode, mit der Einführung der Logosvorstellung, sichtbar. Also setzt die von der Christologie aus geschriebene Dogmengeschichte voll erst hier ein, während vorher vieles in unbestimmter Kompliziertheit bleibt. Aber es fragt sich eben, ob nicht manches klarer wird, wenn man eine Dogmengeschichte von der Vorstellung von der Erlösung oder von den Sakramenten aus schreibt, da diese mit der Christologie das Problem der

---

58 [Im Ms. statt «Auch»:] Endlich.

59 [«derselben»: der Sakramente.]

60 [R] [Zu einem gestrichenen Zitat aus S. 127 (Harnack) über die Kraftwirkung der Person Jesu, die die Gemüter bezwungen, so daß sie sich ihr zu eigen gaben und an ihr und in ihr ihren Gott gefunden haben:] Für [das] Christentum [war] von Anfang an die sakramentale Vorstellung da: nicht allein [die] Person Jesu.

61 [R] Esoterische Dogmengeschichte [vgl. folg. Seite unten], aber unerklärt geblieben. Rückblick – hinausgedrängt – also nicht Geleit[?] *Hier die Erklärung*.

Hellenisierung ausmachen. Und gerade der letztere Versuch steht noch aus. Baur hat das allgemeine dogmengeschichtliche Problem gestellt, indem er den Versuch machte, die Dogmengeschichte nicht als eine wechselnde Aufeinanderfolge von Dogmen, sondern als Entwicklung von der jüdisch bedingten zur hellenischen Form des Glaubens zu begreifen. In der Geschichte der altkatholischen Kirche und in den historischen Partien von *Rechtfertigung und Versöhnung* schrieb dann Ritschl die Dogmengeschichte von der Vorstellung der Erlösung aus, ohne die Verbindung mit der Christologie und [den] Sakramenten klar in Berücksichtigung zu ziehen. Dann kam die Erkenntnis, daß es sich in der Dogmengeschichte nicht um den Weg vom Jüdischen zum Hellenischen, sondern vom Eschatologischen zum Hellenischen handle, da das Jüdische im Christentum nur durch die Eschatologie vertreten ist und das «Nationale» mit allem, was damit verbunden ist, darin keine Rolle spielt. Auf dieser Umformung des Begriffs Judenchristentum baut sich die Dogmengeschichte Harnacks auf, welche von der Christologie aus geschrieben ist, wobei jedoch der Zusammenhang zwischen ihr und der Soteriologie und den Sakramenten mit zunehmender Hellenisierung zunehmend hervortritt. So bleibt nun noch der dritte Versuch: die Dogmengeschichte von den Sakramenten aus zu schreiben, ober besser gesagt: er ist absolut gefordert. Denn es ist unmöglich, eine «Monographie» über das Abendmahl zu schreiben, ohne in die Dogmengeschichte einzugreifen, sonst hätte die neue dogmengeschichtliche Auffassung eine solche schon längst hervorgerufen. Das Recht liegt auf der Hand, wenn man bedenkt, wie unvermittelt Taufe und Abendmahl gleich von Anfang an im Christentum auftreten und welche Rolle sie spielen, indem ihr dominierender Rang die entstehende katholische Kirche zur Sakramentskirche gemacht hat. Daher wäre eine Untersuchung über das Abendmahl und die Sakramente, bei welcher die Fäden zur Soteriologie und Christologie mitgesponnen werden, mit gewisserem Recht als jede andere befugt, sich als Untersuchung über die Entstehung der altkatholischen Kirche zu betiteln. Dabei käme es dann besonders darauf an, den Versuch zu machen, für die Sakramente den Weg von der Verbindung mit der eschatologischen Erlösungsvorstellung bis [zur] Hellenisierung ganz zu gehen und die Fäden zwischen Christologie, Soteriologie und Sakramentsauffassung auch vor der griechischen Periode hervortreten zu lassen, denn da diese drei Begriffe nur in ihrer Verbindung den christlichen Erlösungsglauben ausmachen, müssen sie von Anfang an verbunden gewesen sein. In der Pfingstrede handelt es sich um die Person Jesu, um die Taufe und um die Sündenvergebung, und nicht um die Person Jesu allein. Der Harnacksche Gedanke, daß die innere Triebkraft der Dogmengeschichte die Person Jesu war, die hinter dem Evangelium und in ihm stand (cf. S. 127), ist doch mehr esoterischen Charakters. Aber er kann eben keine organische Verbindung der drei Gedanken für die Urzeit annehmen, wenn man in derselben nur eschatologische Gedanken voraussetzen darf, weil es für ihn feststeht,

«daß die christliche Dogmatik nicht der eschatologischen, sondern der spirituellen Betrachtungsweise entstammt ist. In jener Zeit gibt es nur sichere Hoffnungen und Verbindungen dieser Hoffnungen durch den ‹Geist›, durch das Wort der Propheten und durch apokalyptische Schriften. Man denkt nicht in ihr, sondern man lebt und phantasiert in ihr, und solches Leben ist noch bis über die Mitte des 2. Jahrhunderts kräftig und mächtig gewesen» (S. 125).

Aber hat man in der Eschatologie nur «gelebt und phantasiert» und nicht «gedacht»? Das ist der schwache Punkt. Warum nicht «gedacht», das heißt Christologie, Soteriologie und Sakramentslehre zu einer eschatologischen Glaubenslehre verbunden? Pauli Dogmatik gründet sich doch auf die Tatsache der «Geistbegabung» der Endzeit, bevor die eschatologische Totenauferstehung kommt, die durch Christi Auferstehung eingeleitet ist. Ist das nicht eine eschatologische Glaubenslehre?

Aber wie dem tatsächlich auch sei: es mußte in [der] Theorie die Aufgabe gestellt werden, von einer eschatologischen Glaubenslehre, wo Christologie, Soteriologie und Sakramente untereinander ohne Zuhilfenahme einer spirituellen Betrachtungsweise verbunden sind, zur griechischen Glaubenslehre, wo dieselben drei Größen durch die Logoslehre verbunden sind, zu gelangen. Erst so ist das Problem der Hellenisierung des Christentums in seiner ganzen Schwierigkeit gestellt – ohne Rücksicht darauf, wie weit es mit den vorhandenen Mitteln lösbar ist. Die christliche Dogmatik ist aus der eschatologischen in die spirituelle Betrachtungsweise *übergegangen*, wobei das Wie näher zu erklären ist: so lautet das Problem in seiner natürlichen Fassung. Mit dem Satze aber: «Die christliche Dogmatik ist nicht der eschatologischen, sondern der spirituellen Betrachtungsweise entstammt», ist es schon für eine bestimmte Lösung zurechtgemacht und vereinfacht.

So hängen also das Abendmahlsproblem und das Sakramentsproblem überhaupt viel enger mit der Dogmengeschichte als Ganzes zusammen, als man anzunehmen gewohnt ist. Wenn es bis heute eingestandenermaßen noch nicht gelöst ist, so liegt [dies] nicht so sehr an den zur Verfügung stehenden Quellen, sondern daran, daß es nicht genug in den lebendigen, wechselseitigen Zusammenhang mit der allgemeinen Dogmengeschichte gestellt wurde. Die alten Monographien isolieren es und behandeln es als Problem für sich. Neue gibt es keine. In den Dogmengeschichten wird es rhapsodisch behandelt. Baur dachte daran, von einer besonderen Auffassung der Passahstreitigkeiten ausgehend, es in den fortschreitenden Differenzierungsprozeß zwischen Judenchristentum und Heidenchristentum einzuspannen, gab aber diesen Versuch stillschweigend auf, als er aus der Stoffülle in Rückerts *Abendmahl*[62]

62 [Siehe Anm. 8.]

ersah, daß es sich so doch nur ganz äußerlich in seine dogmengeschichtliche Konstruktion einfügte. Mit Ritschl wurde der Augenblick verpaßt, das Abendmahl und die Sakramente überhaupt als den elementar gemeinsamen Besitz von Juden- und Heidenchristentum zu erkennen und so in den Mittelpunkt der Dogmengeschichte zu stellen, und so ist dieses Problem, trotzdem Harnack aus den Quellen seine Bedeutung erkannte, dennoch mit Notwendigkeit immer mehr aus dem großen dogmengeschichtlichen Zusammenhang herausgedrängt worden. Damit wird es aber tatsächlich unlösbar, denn es erklärt weder die Dogmengeschichte, noch wird es von ihr erklärt. So wird es beiseite geschoben, und die Dogmengeschichte macht es durch eine ad-hoc-Lösung unschädlich. Daß diese absolute Unfähigkeit, dem Abendmahl und den Sakramenten überhaupt geschichtlich gerecht zu werden, darauf beruht, daß sie es aus der allgemeinen Entwicklung herauslöst, [ist] durch zwei Tatsachen klar bekundet:

1) durch die Aufstellung der «Theorie vom Fall»,

2) durch die Ignorierung des Ignatius.

Die Theorie vom Fall ist so alt wie die rein wissenschaftliche Abendmahlsforschung und hat sich in jugendlicher Frische bis auf den heutigen Tag erhalten. Übereinstimmend nehmen[63] nämlich die Verfasser der durchgehenden Monographien und die Dogmenhistoriker [an], daß das Abendmahl und die Taufe, die darin seine Geschichte teilt, von Haus aus irgendwie symbolische Handlungen waren. Da sie nun aber in der ältesten Dogmengeschichte uns schon mit sakramentaler Bedeutung entgegentreten, so bleibt nichts anderes übrig, als anzunehmen, daß diese geheimnisvoll symbolischen Handlungen sich, als sie in die Temperatur der griechisch-römischen Welt kamen, aus ihrem bisherigen reinen gasförmigen Zustand zu magisch wirkungskräftigen Sakramenten verdichteten. Es findet also eine Art akuter Hellenisierung und Verschlechterung jener Handlungen statt, da man die hellenischen Opfer- und Mysterienbegriffe auf sie überträgt und sie so in das Gebiet magischer Vorstellungen hineinzieht. Und das Charakteristische ist nun, daß die Kirche diese rapide und verhängnisvollste Hellenisierung als etwas Selbstverständliches akzeptiert und sogar ein Paulus an der schon von ihm gekannten Konsolidierung der symbolischen Handlungen zu Sakramenten nichts auszusetzen findet, ja sie begünstigt. Das ist die «Theorie vom Fall».

Klar entwickelt hat sie zuerst Rückert in seinem Werk über das *Abendmahl*, denn im Schlußwort präsentiert er sie als das Fazit seiner ganzen Untersuchung. Er sagt nämlich S. 517:

«Die Evangelien, die Stelle der Stiftungsurkunde vertretend, melden uns, was geschehen und was der Herr geredet: was er damit gewollt und was der Sinn seiner

---

63 [Ms.:] gehen.

Rede, lassen sie zu erforschen frei. Beachtung der Umstände, mehr als diese aber ein Blick ins heilige Herz des Stifters hält vom Irrtum fern und gestattet, mehr zu ahnen als zu wissen, was er gedacht... Die Kirche hat die Gabe in Empfang genommen, für viele Tausende ist sie geworden, wozu er sie gab, aber die Mehrzahl hat, weil sie der Einfältigkeit ermangelte, die Alles hat in ihm, mehr wissen und mehr haben wollen, und darüber sich verirrt. Die ersten Schritte des Abweichens, es läßt sich nicht leugnen, sind von Paulus ausgegangen; von den möglichen Abwegen aber, welche das Denken zeigt, ist in der alten Kirche keiner unversucht geblieben.»

Die geschichtliche Entfaltung des Abendmahls ist also sein Verfall.

Ähnlich redet Baur in der *Geschichte der christlichen Kirche* von einem dogmatischen Sakramentsbegriff, der in diese Handlung hineingetragen wurde[64] und aus ihnen eine Ursache und Quelle der größten Streitigkeiten und Spaltungen gemacht hat (S. 519).[65] «En l'an 57», schreibt Renan, «l'eucharistie est déjà une institution pleine d'abus et, par conséquent, vieille» (*Les Apôtres*, S. 57).[66]

Auch Harnack vertritt die Theorie vom Fall: er erhebt sie sogar zum Axiom. Die Taufe war ursprünglich ein symbolischer Akt, symbolisch in dem weiten antiken Sinn. Da nun aber der behauptete spezifische Erfolg recht unsicher blieb, kam es, daß die Gläubigen veranlaßt waren, dem Geheimnisvollen als solchem hier Wert beizulegen (S. 198).[67]

«Damit ist aber allezeit ein Zustand geschaffen, der die Einschleppung neuer fremder Ideen nicht nur erleichtert, sondern positiv vorbereitet; denn bei dem Vakuum des Geheimnisses kann schließlich weder die Phantasie noch die Reflexion verharren. Die Namen für die Taufe, σφραγίς [Siegel] und φωτισμός [Erleuchtung], die in jener Zeit (gemeint ist die Zeit der Didache) aufgekommen sind, sind insofern lehrreich, als sie beide keine direkte Bezeichnung der vorausgesetzten Wirkung der Taufe, der Sündenvergebung, sind und dazu eine hellenistische Auffassung bekunden» (S. 199).

Beim Abendmahl ist es hauptsächlich die Opferidee, welche den fremden Gedanken Tür und Tor öffnet.

«Für die Folgezeit», führt er aus, «ist es aber von höchster Bedeutung geworden, 1) daß überhaupt die Idee des Opfers den ganzen Kultus beherrscht, 2) daß sie bei der Feier des Herrenmahls in besonderer Weise hervortrat und somit dieser Handlung eine neue Bedeutung verlieh...; denn hiermit waren ebensoviele Anlässe gegeben, der Opferidee überhaupt die weiteste Anwendung zu schaffen und dabei der ursprünglichen, semitisch-alttestamentlichen Opfervorstellung samt ihrer geistigen Umdeutung die griechische samt Umdeutung unterzuschieben. Man darf wohl behaupten, daß die Veränderungen, welche die christliche Religion im Katholizismus erlitten hat, an keinem Punkte so greifbar und weitreichend sind als bei dem Opfer und speziell bei der solennen Handlung, die mit der Opferidee in so enge Verbindung gesetzt wurde, dem Herrenmahl» (S. 197).

So wurde das Abendmahl ganz denaturiert.

---

64 [Undeutlich:] wird.

65 [Bd. 1, Tübingen ³1863.]

66 [Siehe Anm. 34. – Der zit. Satz ist in dem Werk jedoch nicht zu finden.]

67 [*Lehrbuch der Dogmengeschichte*, Bd. I (s. o. Anm. 37).]

«Von weittragendster Bedeutung mußte es werden», heißt es S. 201, «daß an die Handlung auf diese Weise (gemeint ist der Opferbegriff) ein Reichtum von Vorstellungen geknüpft wurde, die weder mit der Bestimmung der Mahlzeit, die Erinnerung an den Tod Christi lebendig zu erhalten, noch mit den geheimnisvollen Symbolen des Leibes und Blutes Christi irgend etwas gemein hatten.»

Es findet eine Invasion superstitiöser Vorstellungen statt.

«In der Praxis aber nahm man in steigendem Maße eine reale Mitteilung des Himmlischen in der heiligen Speise an und gab sich superstitiösen Anschauungen hin... Der Gedanke der Sündenvergebung trat ganz zurück» (S. 435).

Das Fazit der ganzen Entwicklung ist bei Harnack ebenso pessimistisch wie bei Rückert.

«Mag man auf die Einfältigen oder auf die antignostischen Väter oder auf Origenes sehen, mag man ferner das Abendmahl als Opfer oder als Sakrament in's Auge fassen, überall gewahrt man, daß die heilige Handlung ihrer ursprünglichen Bestimmung fast vollständig entrückt und von dem antiken Geist mit Beschlag belegt worden ist. Vielleicht an keinem anderen Punkte ist die Gräzisierung des Evangeliums so deutlich wie an diesem» (S. 437 und 438).[68]

Verhängnisvoll für diese ganze Theorie aber ist – und das hat schon Rückert gesehen –, daß man konsequenterweise den Fall von der symbolischen Handlung zum Sakrament in superstitiösem Sinn schon bei Paulus konstatieren muß. Mit nachsichtigem Bedauern für den ehrwürdigen Apostel hat Wernle in seinem Werk *Die Anfänge unserer Religion* (1901)[69] die Theorie in rücksichtsloser Konsequenz ausgesprochen. Lassen wir ihm das Wort.

«Für die Urgemeinde stellt sich eben der Gemeinschaft halber die Notwendigkeit eines besonderen christlichen Kultus ein. Seine zwei Hauptstücke, Taufe und Abendmahl, sind eben Gemeinschaftszeichen, das eine für die Aufnahme in die Gemeinschaft, das andere für ihre Zusammenkünfte bestimmt. Das muß auch bei Paulus fest im Auge behalten werden. In Bezug auf Taufe und Abendmahl ist Paulus lediglich Mann der Tradition, nicht Schöpfer... Bis dahin ist alles einfach. Die Gemeinschaft muß ihr Zeichen haben und ihre Erbauung, und diese Dinge müssen so geregelt werden, daß es der Gemeinschaft wirklich Nutzen bringt. Das läßt sich denken als Neuerung über Jesus hinaus und doch ohne Vorstoß gegen den rein moralischen Charakter seines Evangeliums. Allein es kommt doch durch Paulus eine neue Wertung kultischer Handlungen auf, die sich nicht reimen läßt mit dem, was Jesus brachte. In Korinth haben sich Christen zum zweiten Mal taufen lassen für ihre verstorbenen Angehörigen (gemeint ist I Kor. 15,29), und Paulus beruft sich darauf bei seiner Verteidigung der Auferstehung. Das ist eine heidnische Auffassung der Taufe, die sie zum opus operatum und als solches zum Garanten der Seligkeit macht. Während Paulus hier den Aberglauben stillschweigend billigt, ruft er ihn beim Abendmahl selbst hervor. Seinen Griechen zuliebe setzt er es in Parallele mit den griechischen und jüdischen Opfermahlzeiten, stellt als erster die heilige Speise zu allen profanen in Gegensatz und fordert dazu auf, in der Krankheit und dem Tod mancher Christen das Strafgericht für ihren

68 [Diese Sätze bereits oben S. 481 zitiert.]
69 [Paul Wernle, Tübingen u. Leipzig.]

profanen Genuß der heiligen Speise zu sehen (gemeint ist I Kor. 11,23–34). Das ist nun eine Akkomodation an griechische Superstition, die in ihrer Konsequenz zur Legitimierung der Religion zweiter Ordnung führt. Fatal ist allein schon das eine, daß den kultischen Handlungen so großer und besonderer Wert zukommt. Der Begriff des Christen wird hier in ganz verhängnisvoller Weise erweitert» (S. 128–129).

Soweit wären wir also: St. Paulus ist der Sünder. Er, der sonst so aufgeklärte Vertreter der Vergeistigung des Christentums, hat hier «seinen Griechen zuliebe» die Taufe und das Abendmahl in die Sphäre des Magischen, des Superstitiösen und des Heidnischen eingetaucht, um es ihnen mundgerecht zu machen. Er selbst hat nichts dabei empfunden, und kein Mensch hat ihn deswegen gescholten.

Aber gerade in dieser berechtigten Konsequenz richtet sich die Theorie vom Fall selbst. Die eigentliche Schuld daran tragen eigentlich die neutestamentlichen Abendmahlsmonographien des 19. Jahrhunderts. Sie stellen die Urbedeutung der Feier auf, indem sie von der Deutung der Einsetzungsworte ausgehen, wobei jeder [Verfasser] seine so erschlossene Normalfeier als die primäre christliche Normalfeier einführt. Ob man damit aber auf dem freien Feld der Geschichte des Urchristentums [und][70] der Dogmengeschichte auch nur einen Schritt weiter kommt, danach fragen sie nicht. Damit spinnen sie aber ein Garn, das, wenn es in die Dogmengeschichte verwebt wird, beim ersten Zug reißt. Der Neutestamentler übergibt dem Dogmengeschichtler das Abendmahl als symbolische Feier, der Dogmengeschichtler aber rekognosziert bis hoch hinauf die sakramentale Bedeutung der Feier. Die Zeit und die Dokumente fehlen, um eine klare Entwicklung [zu] zeichnen, also bleibt nur die Annahme des «Falls». Das scheint so natürlich, daß es noch niemand bezweifelt hat.

Nun aber eine Frage. Wenn schon bei Paulus die urchristliche Reinheit dieser Handlungen bis zur Unkenntlichkeit getrübt ist, so hat die Reinheit also nur etwa 1½ Jahrzehnt höchstenfalls gedauert nach Jesu Tod. Wer garantiert uns aber dann, daß diese Normalfassung von Taufe und Abendmahl als symbolische Handlungen, welche die Wissenschaft, als verstände es sich von selbst, in den Anfang verlegt, jemals im Urchristentum verbreitet gewesen ist? Auf welche Zeugnisse stützt man sich denn? Es gibt ja überhaupt keine, denn Paulus ist der erste, der uns von der Taufe und vom Abendmahl, wie sie in der Gemeinde geübt und gewertet wurden, berichtet.[71] Für die Zeit zwischen dem historischen Mahl und dem 1. Korintherbrief, die allein noch für jene geläuterte Normalauffassung der Sakramente übrig bliebe, besitzen wir überhaupt keine Nachrichten, sondern man hat eben nur die aus der Stiftung herausdestillierte symbolische Feier hineinplaziert, weil der Raum leer war.

70 [Oder: in (undeutliche Abkürzung).]
71 [R] Wo bleibt da der kritische Geist?

Und nun unternimmt[72] man es, diese Normalauffassung, obwohl wir keinen einzigen Buchstaben und auch keine indirekten Zeugnisse haben, daß sie jemals im Urchristentum zu Recht bestanden hat, an die Spitze der Entwicklung zu setzen und den ersten Urchristen, der uns über die urchristliche Schätzung und Wertung dieser Handlungen Kunde gibt, Paulus, weil er von dieser Normalfassung nichts weiß, der heidnisch-magischen Verschlechterung zu zeihen.

Diese beiden Stellen, die Wernle anführt, rollen wie Felsblöcke in den Garten, wo der symbolische urchristliche Sakramentsbegriff säuberlich am Spalier gezogen wird. Der reine Sakramentsbegriff, auf dem die Theorie des Falles beruht, ist eine Fiktion. Es hat kein Fall stattgefunden, sondern die geschichtliche Untersuchung muß eben von dem Begriff der Taufe und des Abendmahls ausgehen, den Paulus voraussetzt, und diesen als den urchristlichen statuieren. In diesem liegt aber von Haus aus etwas «Sakramentales», denn sonst ist es unbegreiflich, wie man zu dem Gedanken kommt, sich für andere, schon Gestorbene taufen zu lassen, und wie Paulus Todesfälle und Krankheit in der Gemeinde als Strafe für unheilige Abendmahlsfeier auffassen kann. Es muß eben das Sakramentale irgendwie in der ältesten Auffassung von Taufe und Abendmahl schon angelegt gewesen sein. Das Magische beruht auf der urchristlichen Auffassung als solcher und ist nicht erst durch griechische Mysterienvorstellungen an[73] sie getragen.

Bei der Zuversicht, mit welcher die «Theorie vom Fall» gewöhnlich vorgetragen wird, ist es doppelt bezeichnend, daß Anrichs einschneidende Untersuchung über *Das antike Mysterienwesen und sein Einfluß auf das Christentum* (1894)[74] die Theorie zwar im allgemeinen Prinzip festhält, aber doch so vorsichtig formuliert, daß man sich des Eindrucks nicht erwehren kann, als redeten die Tatsachen keine besonders beredte Sprache. Die Gnostiker haben die überlieferten heiligen Handlungen unter neue Gesichtspunkte gestellt, und unter größeren oder geringeren Umbildungen zu mysteriösen Riten umgeformt (S. 84). So stellt das gnostische Hauptmysterium in der *Pistis Sophia* eine direkte Umwandlung der christlichen Sakramente dar (S. 101). Hingegen sind für den Einfluß der Mysterien auf die kirchliche Auffassung der heiligen Handlungen von Anfang an einige Restriktionen zu machen.

«Es liegt in der Natur der Sache, daß bei der schroff ablehnenden Stellung der ersten Christen gegenüber dem gesamten heidnischen Religionswesen solche Einflüsse sich... nur unbewußt und deshalb nur langsam und allmählich geltend machen konnten. Es ist daher von vornherein wahrscheinlich, daß es geraume Zeit dauern wird, bis sich Einflüsse dieser Art zu konkreten Bildungen verdichten» (S. 110)...

---

72 [Gestrichen:] wagt.

73 [Zuerst (nicht gestrichen):] daran getragen.

74 [Gustav Adolf Anrich, Göttingen 1893/1894.]

«Die erste Zeit des Christentums, in der das bevorstehende Weltende, das Gericht und das künftige Reich der Herrlichkeit die religiöse Phantasie beschäftigte und das gegenwärtige Heil als Begabung mit dem Gottesgeiste von dem einzelnen unmittelbar erlebt wurde, konnte im allgemeinen solchen Einflüssen nicht besonders günstig sein» (S. 110).

«Die bei Paulus und im 4. Evangelium begegnenden Anschauungen über Taufe und Abendmahl auf Einwirkungen griechischer Denkweise zurückzuführen, liegt kein Grund vor» (S. 111).

Zurückgewiesen wird die Ableitung des Abendmahls aus den Eleusinien bei Percy Gardner (*The origin of the Lord's Supper*, 1893),[75] ebenso wie der von O. Pfleiderer (*Das Urchristentum*, 1887,[76] S. 259ff.) vermutete Zusammenhang der mystischen Anschauung des Paulus über die Taufe mit den Eleusinien. Ja sogar das johanneische «Wiedergeboren werden aus Wasser und Geist» geht nach Anrich wahrscheinlich auf jüdische Vorstellungen zurück (S. 111).

«Es ist sehr im Auge zu behalten», heißt es weiter, «daß es individuelle Gedankengänge sind, die bei Paulus und Johannes vorliegen. Eben darum haben sie auf die allgemeine Entwicklung ihrer eigenen Zeit nicht bestimmend eingewirkt, sind vielmehr dann von viel nachhaltigerer Wirkung geworden, als die sie enthaltenden Schriften Bestandteile des Kanons und die Theologie Schrifttheologie geworden waren» (S. 112).

«Anfang und Mitte des zweiten Jahrhunderts werden im ganzen durch eine moralistische Auffassung des Christentums gezeichnet» (S. 112) . . . [77]

«Einem derartigen moralistischen Standpunkte ist die Vorstellung, daß die Vermittlung des Heils irgendwie an zeremonielle Akte gebunden sei, seinem Wesen nach fremd; er bietet also für Einflüsse von seiten des Mysterienwesens keinerlei Anknüpfungspunkte, wie er überhaupt die Mystik als religiöse Stimmung ausschließt» (S. 113).[78]

Das Mystische ist als Nebenströmung vorhanden bei Justin und Ignatius und tritt erst bei Irenäus klar hervor (S. 113f.). Erst mit dem Augenblick, wo der Gedanke der zukünftigen Unsterblichkeit sich in den eines naturhaften Vergottungsprozesses umbildet, werden Taufe und Abendmahl in viel direkterer Beziehung zu diesem Heilsgut gesetzt. So werden, eben zur Zeit, als die Vergottungsidee im Neuplatonismus das Aufkommen der Theurgie zur Folge hatte, jetzt auf christlichem Boden die Kulthandlungen der Taufe und des Abendmahls zu Vermittlern der Vergottung und rücken damit auch bestimmter in die Sphäre des Mysteriums (S. 114). Für die Entwicklung der Taufe zieht Anrich vor allem die Parallelen aus der jüdischen Proselytentaufe heran, welche die Auffassung der christlichen Taufe unbewußt beeinflußt haben (S. 118). Sogar aus den superstitiösen Anschauungen über die Taufe, die uns bei

75 [London 1893.]
76 [Otto Pfleiderer, *Das Urchristentum, seine Schriften und Lehren . . .*, Berlin 1887.]
77 [R] Ja, aber das Magische!
78 [R] Retardierendes Moment.

Pastor Hermae begegnen, darf man es nicht unternehmen, einen Beweis zu führen, daß hier Einwirkungen von seiten des Mysterienwesens vorliegen müssen (S. 119). Entscheidend geradezu ist, daß die im 2. Jahrhundert auftauchenden Bezeichnungen der Taufe als σφραγίς [Siegel] und φωτισμός [Erleuchtung], die man so gerne für den Einfluß der Mysterien geltend macht, gar nicht aus der Mysterienterminologie entnommen sind. Ob der Ausdruck σφραγίς jemals Bestandteil der Mysterienterminologie war, ist nämlich sehr fraglich, und der Ausdruck φωτισμός begegnet in der Mysteriensprache nie und nirgends. So ist es das Natürlichste, beide Bezeichnungen aus rein christlichen Gedanken abzuleiten (S. 120–126). Erst die Alexandriner haben die heiligen Handlungen so recht als Mysterien empfunden (S. 142 ff.). So mögen auch die Anfänge der Terminologie der Mysterien in den Beginn des 3. Jahrhunderts zurückreichen, zu voller Verwirklichung ist dieselbe jedoch erst im 4. und 5. Jahrhundert gelangt (S. 155).

Es ist in jeder Hinsicht charakteristisch, daß gerade das Werk, welches die Tatsachen zur «Theorie des Falls» liefern sollte, sich in steten Beschränkungen und Restriktionen bewegt und den bestimmenden Einfluß der hellenischen Mysterienauffassung erst im 3. Jahrhundert wirksam sein läßt. Also sprechen die Tatsachen gar nicht für die Theorie des Falls in der ältesten Zeit, ja, manche, die man gewöhnt ist, als Hauptstützen der Theorie anzusehen, wie z. B. die Ausdrücke σφραγίς und φωτισμός, werden gründlich dementiert. Es ist jedenfalls bezeichnend, daß diese scharfsinnige Untersuchung Anrichs nicht allgemein eine vorsichtigere Fassung der Theorie hervorgerufen, ja den Glauben an diese Theorie erschüttert hat.[79] Aber da zeigt sich eben, daß diese Theorie nicht so sehr aus den Tatsachen empirisch sich aufgebaut hat – es ist z. B. merkwürdig, wie ihre Vertreter wenig Tatsachen anführen, sondern sich mit Vorliebe in Allgemeinheiten bewegen. Vielmehr ist die Theorie vom Fall in gewisser Hinsicht eine dogmengeschichtliche Notwendigkeit, sofern sie in der Behandlung des Problems in der Dogmengeschichte begründet ist. Wie wir gesehen haben, werden das Abendmahl und die Sakramente überhaupt aus dem allgemeinen Zusammenhang herausgedrängt und dadurch historisch unverständlich. Die Theorie des Falls ist nur ein anderer Ausdruck für diese Tatsache, indem man diese Handlungen nämlich nicht an der allgemeinen Entwicklung partizipieren läßt, sondern schon eine tief eingreifende und unkontrollierbare Vorhellenisierung im Dunkel des Urchristentums statuiert.

In derselben Weise bekundet die geringe Beachtung des Ignatius, daß das Abendmahlsproblem aus der großen dogmengeschichtlichen Entwicklung herausgedrängt ist.[80] Schon ein einfacher Blick in die Ignatia-

---

79 [Ms.:] haben.

80 [R] [Vermutlich zu S. 496 unten und S. 497] Das liegt an Unechtheitsfragen – von jeher

nen zeigt seine Bedeutung gerade in dieser Frage. Sind diese Briefe schon an und für sich wichtig als die klaren Dokumente der Konsolidierung der Verfassung der altkatholischen Kirche, so sind sie doppelt bedeutungsvoll wegen der zahlreichen Stellen, wo der Autor auf das Abendmahl im Zusammenhang mit der Vorstellung von der Kirche zu sprechen kommt:

1) Von ihm erfahren wir zuerst in knappen Worten, welche dogmatische Bedeutung diese Feier in kirchlichen Kreisen gegen die Mitte des 2. Jahrhunderts hin hat. Und nun kommt die große Überraschung: statt der Sündenvergebung, die man nach der historischen Feier mit dieser Handlung in der ältesten Zeit verbunden dachte (ohne jedoch nur ein einziges Zeugnis dafür zu besitzen), statuiert er als den Effekt des Abendmahls Athanasie, sofern es die Auferstehung des Fleisches garantiert, und nennt es in ganz magisch realistischer Weise φάρμακον ἀθανασίας. *Ad Eph.* 20,2: ἕνα ἄρτον κλῶντες, ὅς ἐστιν φάρμακον ἀθανασίας, ἀντίδοτος τοῦ μὴ ἀποθανεῖν, ἀλλὰ ζῆν ἐν Ἰησοῦ Χριστῷ διὰ παντός [«Brot brechend, das Unsterblichkeitszeichen ist, Gegengift, daß man nicht stirbt, sondern lebt in Jesus Christus immerdar»].

2) In klaren Umrissen tritt der Opferbegriff in seiner Anwendung auf das Abendmahl hervor (*ad. Magn.* 7, *ad Trall.* 7).

3) Zugleich finden sich Ansätze zur Logoschristologie. Z. B. *ad Magn.* 8,2: ὁ φανερώσας ἑαυτὸν διὰ Ἰησοῦ Χριστοῦ τοῦ υἱοῦ αὐτοῦ, ὅς ἐστιν αὐτοῦ λόγος ἀπὸ σιγῆς προελθών [«der sich geoffenbart hat durch seinen Sohn Jesus Christus, der sein aus dem Schweigen hervorgegangenes Wort ist»] etc. Also muß auch die Deutung der Elemente als σάρξ καὶ αἷμα Ἰησοῦ Χριστοῦ [Fleisch und Blut Jesu Christi] irgendwie mit der Logoslehre zusammenhängen, und wir befinden uns etwa zwei Menschenalter vor den Alexandrinern.[81]

4) Ignatius redet von einer ἕνωσις σαρκική τε πνευματική [fleischliche und geistliche Einigung] untereinander und mit Jesu Christo, welche das Leben garantiert und dadurch gewährleistet wird, daß man in der durch die Bischöfe sichtbar gemachten Kirche drin steht (z. B. *ad Magn.* 1,2: ἐν οἷς περιφέρω δεσμοῖς ᾄδω τὰς ἐκκλησίας, ἐν αἷς ἕνωσιν εὔχομαι σαρκὸς καὶ πνεύματος Ἰησοῦ Χριστοῦ [«ich preise (in den Fesseln, die ich herumtrage), die Gemeinden und wünsche in ihnen die Einigung des Fleisches und des Geistes Jesu Christi»]. 13,2: Ὑποτάγητε τῷ ἐπισκόπῳ καὶ ἀλλήλοις... ἵνα ἕνωσις ᾖ σαρκική τε καὶ πνευματική [«Seid dem Bischof und untereinander untertan..., auf daß Einigung sei, fleischliche wie auch geistige»]). Also ist schon die Kirche an sich

protest[antische?] Abneigung – [Ignatius] Vater des katholischen Gedankens. Wie langsam zur Anerkennung der Ignatianen sich [die] Protestanten verstanden, etc.

81 [R] Hier also Zusammenschluß von Christologie, Soteriologie und [Sakramenten].

für ihn in erster Linie ein mystischer und erst in zweiter [Linie] ein empirischer Begriff. Das Abendmahl ist nur die höchste Manifestation der allgemeinen mystischen ἕνωσις [Einheit] mit den Gläubigen und Jesu Christo, aus welcher das Leben als Auferstehungsgewißheit hervorgeht.

5) Bei Ignatius begegnet uns zum ersten Mal in der Dogmengeschichte überhaupt ein dogmatischer Kampf über das Abendmahl, und zwar handelt es sich in erster Linie um die Wirkung des Genusses. Die Gnostiker erkennen die kirchliche Vorstellung von der Erlösung als der Gewißheit der leiblichen Auferstehung nicht an. Da nun im Abendmahl alles auf die Mitteilung der Auferstehungskräfte des Auferstehungsleibes Jesu Christi in den Elementen hinausläuft zur Durchdringung der physischen Natur der Genießenden,[82] müssen sie die kirchliche Feier ablehnen. Darum feiern sie die Agape unter sich. Aber das ist nach Ignatius kein wirkungskräftiges Sakrament, da es außerhalb der Kirche steht, in welcher, durch die ἕνωσις σαρκική τε καὶ πνευματική [fleischliche und geistliche Einigung], die Kraftmitteilung zur Auferstehung allein stattfindet, und so können die Gnostiker nur Todesarznei ausgeben: θανάσιμον φάρμακον δεδόντες (*ad Trall.* 6,2, cf. auch *ad Philadelph.* 3 u. 4). Aber besser wäre es ihnen, «anzuerkennen, daß die Eucharistie das Fleisch unseres Erlösers Jesu Christi ist, *welches* (nicht *welcher*!) um unserer Sünden willen gelitten hat und welches τῇ χρηστότητι [durch die Güte] der Vater auferweckt hat... Besser wäre es ihnen, auch ἀγαπᾶν, d. h. an der kirchlichen Agape teilzunehmen, damit sie auch auferstehen» [*Ad Smyrn.* 7,1].[83] Denn nur diejenige Agape darf als sicher gelten (ἐκείνη βεβαία εὐχαριστία ἡγείσθω [«jene Eucharistiefeier gelte als zuverlässig»,] «die unter dem Episkopen oder dem, welchen er damit beauftragt hat, steht» (*Ad Smyrn.* 8,1).

6) So besitzt also Ignatius eine thetisch und antithetisch ausgebildete Abendmahlslehre, welche mit der Vorstellung von der Erlösung, von der Christologie und von der von Jesu Christo ausgegangenen Kirche als dem Primär-Mysterium im engsten systematischen Zusammenhang steht. Hier, im Kampf mit der Gnosis, wird die Kirche plötzlich als Sakramentskirche sichtbar. Das Abendmahl steht bei Ignatius so im Mittelpunkt der Gedanken und Auseinandersetzungen, daß es fast in jedem Brief aus[84] der Auseinandersetzung wie von selbst herbeigezogen wird. Zugleich findet sich bei ihm dieses merkwürdige Neben- und Ineinander von Moralismus und Mystizismus, welches uns diese alte Zeit so unbegreiflich macht. Mag die Strecke hinter ihm noch so im

---

82 [R] Nicht nach Verbindung, sondern Effekt.

83 [R] Ausführung über das Abendmahl jedesmal den Höhepunkt.

84 [«aus» ist undeutlich korrigiert in:] durch [?, dann wäre aber der folg. Artikel «der» in «die» zu korrigieren.]

Dunkel liegen, eines ist klar: Ignatius ist das Einfahrtssignal in die altkatholische Sakramentslehre und Sakramentskirche. In dem Prozeß der Hellenisierung des Christentums im allgemeinen und der Sakramente im besonderen ist er der Hauptzeuge, der vernommen werden muß, denn er hat ja gegen die Mitte des 2. Jahrhunderts zu vom Standpunkt einer kirchlichen Sakramentslehre [aus] gegen die gnostische Hellenisierung der Sakramente protestiert. Und zwar hat er protestiert von der behaupteten Wirkung aus, indem er die Auferstehungshoffnung festhalten und begründen will als Effekt des Genusses. Das ist der feste Punkt in der Geschichte des Abendmahls. Wieso kommt es, daß die kirchliche Abendmahlslehre in dem Augenblick, wo sie sich mit der gnostischen auseinandersetzt, als einzigen Effekt des Genusses die physisch-realistisch motivierte Auferstehungsgewißheit behauptet und verteidigt? Es kann diese Bedeutung nicht ad hoc geschaffen sein; andererseits ist es rätselhaft, wie die nach unserer Meinung in der historischen Feier allein begründete Beziehung auf die Sündenvergebung bei Ignatius und vor Ignatius niemals irgendwie auftaucht. Man muß also die Auferstehungshoffnung in ihrem Zusammenhang von Ignatius rückwärts hinauf bis Paulus verfolgen und versuchen, diese für uns so unmotivierte Bedeutung irgendwie zu begreifen. Mit anderen Worten: Ignatius ist das große Fragezeichen in der Abendmahlslehre.

Nun sollte man meinen, eine von diesen Erwägungen, die sich bei der Lektüre der Ignatianen von selbst aufdrängen, hätte die Abendmahlsforschung in der Dogmengeschichte stutzig gemacht. Aber nein; man hat das Einfahrtssignal in die alte Sakramentslehre achtungslos überfahren; man hat den Hauptzeugen in der Frage der Hellenisierung des Abendmahls nicht reden lassen, ihn, der als unparteiischer [Hauptzeuge] hätte vernommen werden müssen, weil er gegen die Hellenisierung des Abendmahls durch die Gnostiker mit dogmatischen Gründen protestiert hat; man hat den einzigen festen Punkt in der alten Abendmahlsgeschichte übersehen und das große Fragezeichen unbemerkt gelassen. Ignatius ist ausgeschaltet und zur Seite geschoben worden.

Das Bestreben, Ignatius beiseite zu schieben, liegt der protestantischen Forschung im Blute, von Anfang an.[85] Seit der Mitte des 17. Jahrhunderts hat sie ihn vor der Tür warten lassen, und auch jetzt, wo er in der Gestalt der kürzeren griechischen Redaktion zur Anerkennung gelangt ist, wird er noch immer etwas nebenbei behandelt. Es ist eben der protestantische Instinkt, der in ihm den klaren Vertreter der altkatholischen Sakramentskirche ahnt und sich andererseits dagegen sträubt, anzuerkennen, daß in der ersten Hälfte des 2. Jahrhunderts alles schon so zum Katholischen ausgebildet gewesen ist. Darum hat er sich seine

85 [R] Nicht aus Empirie, sondern [aus] Theorie Nichtbeachtung des Ignatius.

Anerkennung schrittweise erkämpfen müssen und wurde gewöhnlich damit unschädlich gemacht, daß er unter die eigentlich doch unbedeutenden Menschen zu rechnen sei und keinen Anspruch darauf machen könne, ein selbständiger Kopf zu sein.

Mit überlegenem Wohlwollen behandelt ihn daher Rückert (cf. S. 301–305),[86] der die Echtheits- und Zeitfrage ganz dahingestellt sein läßt:

«Ignatius verdankt die Aufmerksamkeit, welche ihm von den Bearbeitern der Abendmahlslehre geschenkt zu werden pflegt, weit weniger der Wichtigkeit dessen, was er sagt, als der Stelle, die er unter den alten Kirchenlehrern einnimmt» (S. 301). Was er sagt, ist ganz unbedeutend. «Der Stellen, in denen er des Abendmahls gedenkt, ist eine sehr geringe Zahl» [S. 302]. Bei ihm tritt eben der unbefangene, begriffslose Glaube zutage, und man weiß nie, ob er seine Aussagen eigentlich oder uneigentlich meine. Jedenfalls ist er ganz abhängig von Joh. 6. Er verlangt, daß die Feier unter die ausschließlich bischöflichen Werke gerechnet wird, gibt aber keinen Grund dafür an [S. 302]. «Was Paulus unddie Evangelien ihm dargeboten haben, hat er angenommen, weiter nachgesonnen hat er nicht» (S. 303). Wenn man ihn fragen würde, wieso die Elemente Fleisch und Blut Christi und als solche «Träger von Kräften des ewigen Lebens» sind, würde er möglicherweise antworten, «er habe darüber noch nie nachgedacht, sondern nur in einfältigem, dankbarem Glauben hingenommen, was der Herr gegeben habe» (S. [303,] 304). Er hat eben noch keinen klaren Begriff und redet gar zu bildlich (S. 305).

Baur hält die Ignatianen für unecht,[87] und zwar sieht er sie für eine Schöpfung etwa aus der Mitte des 2. Jahrhunderts an, die dazu bestimmt war, die ausgebildete Episkopalverfassung zu legitimieren. Sie gelten ihm also nur als Urkunden für die Entwicklungsgeschichte des Episkopats, und alles andere darin ist nur Beiwerk (cf. *Kirchengeschichte,* S. 277ff.).[88] Im übrigen ist er ein guter Pauliner. Aber daß wir hier unendlich wichtige dogmengeschichtliche Dokumente haben, das ahnt Baur nicht, sagt er doch in den dogmengeschichtlichen Vorlesungen,[89] «daß die Ignatianen für die Geschichte der kirchlichen Verfassung weit wichtiger sind als für die Dogmengeschichte» (S. 252). In der Darstellung des Abendmahls schaltet er ihn ganz aus und beginnt erst mit Justin, weil bei der unklaren mystischen Ausdrucksweise des Ignatius schwer zu sagen sei, was er eigentlich gemeint habe (S. 678).

Nicht besser steht es bei Ritschl. Er erkennt nur die drei von Cureton veröffentlichten syrischen Briefe an (*Entstehung der altkatholischen Kirche,* 2. Aufl.,[90] S. 403).

86 [Siehe Anm. 8.]
87 [Vorlesungen (s. Anm. 17), Bd. I 1, S. 252.]
88 [*Geschichte der christl. Kirche,* Bd. 1, Tübingen ^{3}1863, S. 277: «Übereinstimmung mit dem Bischof ist die angelegentlichste Ermahnung des falschen Ignatius».]
89 [Siehe Anm. 17.]
90 [Bonn 1857, S. 403f. (Anm.).]

«Der Mann, welcher die drei echten Briefe des Ignatius interpoliert und denselben vier andere hinzugefügt hat, bezweckt unstreitig die Hebung des vom Presbyteramte völlig gesonderten Episkopats» (S. 453).

Dogmengeschichtliche Urkunden sind diese etwas vor Irenäus entstandenen Fälschungen keineswegs. Sogar der Fälscher nimmt in seiner Zeit eine isolierte Stellung ein, und seine Grundsätze sind schwerlich als Gemeingut der Kirchenlehre gegen das Ende des 2. Jahrhunderts anzusehen (S. 461). Vom Abendmahl bei Ignatius redet Ritschl überhaupt sozusagen nicht. In dem geschichtlichen Teil von *Rechtfertigung und Versöhnung*[91] kommt der Name des Ignatius überhaupt nicht vor.

Auch Renan (cf. *Les Evangiles* S. 485 ff.)[92] hält die Ignatianen größtenteils für unecht, weil es ihm unmöglich scheint, die in ihnen vertretene Entwicklung des Episkopats für den Anfang des 2. Jahrhunderts anzunehmen (cf. Introduction 317(t)[?]).

«Les épîtres authentiques d'Ignace paraissent à peu près perdues; celles que nous possédons sous son nom sont apocryphes» (S. 488).

Also auch bei ihm ist von einer dogmengeschichtlichen Wertung der Briefe keine Rede, und für die Abendmahlsfrage werden sie erst recht nicht benutzt.

Trotzdem nun inzwischen die Anerkennung der Echtheit der Ignatianen durchgedrungen ist, ist man in der Dogmen- und Sakramentsgeschichte doch noch nicht dazu gelangt, das Geschlossene und Überraschende der Anschauung des Ignatius anzuerkennen oder nur als Problem zu empfinden. Man entledigt sich seiner noch immer, indem man ihn als einen unbedeutenden und unselbständigen Kopf darstellt. Harnack hat ihm in seiner Dogmengeschichte noch ein besonderes Kapitel gewidmet, aber[93] er zieht ihn – und darin besteht der große Fortschritt – reichlich heran zum «Werk Jesu» ([S.] 192 ff.) und zum Abendmahl ([S.] 200 ff.). Er erkennt an, daß sich bei Ignatius Ansätze zu der Anschauung finden, daß in der Tatsache des Eintretens Jesu in die Welt und der Fleischwerdung des Geistwesens das Heil gegeben und verbürgt ist.

«Diese mystische Auffassung, die später zu so weiter Verbreitung gelangt ist, hat an Ignatius einen Vertreter, wenn man diesem pathetischen Bekenner überhaupt klar erfaßte Lehren beilegen darf; ... er scheint, indem er paradoxe kultische Formeln bildet und Reminiszenzen apostolischer Sprüche verwertet, das ganze von Jesus gebrachte Heil auf Leiden und Auferstehung begründen zu wollen ... Jedenfalls haben wir in den ignatianischen Briefen den ersten Versuch in der nachapostolischen Literatur, die kerygmatischen Sätze über Jesus mit den Gütern, die Jesus gebracht hat, auf's engste zu verbinden; aber nur der Wille des Schriftstellers ist hier deutlich,

---

91 [Siehe Anm. 28.]
92 [1877. Siehe Anm. 36 und 33.]
93 [Dieses «aber» widerspricht dem Satzsinn und ist hier wohl zu streichen.]

alles übrige ist verworren, und, was am empfindlichsten ist, die Heilsgüter selbst haben bei dem Versuch, sie als Frucht des Leidens und der Auferstehung zu fassen, ihre Bestimmtheit und Deutlichkeit eingebüßt» (S. 192).

Hinsichtlich des Abendmahls ist Ignatius von Joh. 6 abhängig. An mehreren Stellen scheint er sich zwar streng realistisch auszudrücken. Allein viele Stellen zeigen, daß er von einer solchen Auffassung weit entfernt ist, vielmehr johanneisch denkt. Er nennt zwar das Dankopfer das Fleisch Christi, aber der Begriff «Fleisch Christi» ist ihm selbst ein spiritueller (S. 203). Harnack sieht also gerade wie Rückert ein Menschenalter vor ihm in Ignatius doch nur einen etwas phantasie- und phrasenbegabten Vertreter des noch unentwickelten und begriffslosen Glaubens und hat für die eigentümliche Geschlossenheit, in welcher die zahlreichen ignatianischen Abendmahlsstellen[94] mit dem mystischen Kirchenbegriff, der Erlösungslehre und der Christologie stehen,[95] noch kein Empfinden, sonst könnte er ihn nicht in den Anmerkungen abmachen.[96] Er bleibt für ihn eben doch nur der unklare Epigone der paulinischen und johanneischen Theologie.

Wie tief eingewurzelt diese Ansicht von dem Epigonentum des Ignatius in der modernen Theologie ist, zeigt sich bei Anrich. In dieser Untersuchung[97] waren alle Bedingungen gegeben, um die Bedeutung des Ignatius hervortreten zu lassen, weil er eben der erste und einzige ist, der den Kampf gegen die hellenistische Spiritualisierung und Verflüchtigung des Abendmahls geführt hat, und zwar so, daß er selbst schon ganz in mysterienhaften Anschauungen drinsteht. Hier widersetzt sich also, am Anfang des 2. Jahrhunderts, eine vom Mysterienwesen schon irgendwie berührte Sakramentsauffassung einer mit ihr verglichen weitergehenden Hellenisierung. An diesem merkwürdigen Faktum des Einflusses des antiken Mysterienwesens auf das Christentum ist aber Anrich vorbeigegangen. Damit ist ihm auch die Bedeutung des Ignatius für diesen Prozeß verschlossen. Nicht nur, daß er ihm kein zusammenhängendes Kapitel widmet und ihn nur ganz wenig heranzieht: wo er es tut, hat er zudem noch das Bestreben, das Gewicht von ihm auf Spätere[98] zu verschieben. So heißt es S. 181:

«Das Abendmahl finden wir zuerst bei Ignatius als φάρμακον τῆς ἀθανασίας [Medizin der Unsterblichkeit] ... bezeichnet, und dieser Gesichtspunkt tritt in der weiteren Entwicklung noch stärker und ausschließlicher ... als der leitende hervor. Auch hier ist es Irenäus, der ihm die für die Folgezeit bestimmende Wendung gegeben, indem er die Auferstehung des Leibes mit dem Genuß des Abendmahls in causative Verbindung setzt.»

94 [«Abendmahlsstellen» ist eingeschoben und ersetzt das Wort «Stellen», das, obwohl nicht gestrichen, zweifellos zu streichen ist.]

95 [Zusammengehören?]

96 [Abhandeln, oder: abwerten?]

97 [Siehe oben S. 491 Anm. 74.]

98 [Ms.:] spätere [Autoren?]

Warum aber erst Irenäus? Schon bei Ignatius findet sich ja diese kausative Verbindung, und alles, was er über den Effekt des Genusses sagt, setzt sie ja voraus. Auf S. 186 wird der «naturhafte Zusammenhang» zwischen dem Genuß der Abendmahlsspeise und dem ewigen Leben für Ignatius abgeschwächt mit dem Hinweis, daß er nicht notwendig in diesem physischen Sinn verstanden zu werden braucht, sondern sich auch von johanneischen Gedanken aus erklären läßt. Aber bei Ignatius[99] wird diese «naturhafte Fassung» konstatiert und, da sie nach des Autors Meinung in die dem Philosophen eigene Auffassung des Christentums nicht hineinpaßt,[100] als eine Anlehnung an den Gemeindeglauben erklärt (S. 186). Warum aber wird diese «naturhafte» Auffassung bei Ignatius nicht anerkannt? Stärker als durch den Ausdruck «Arzneimittel» kann er doch die physische Auffassung nicht ausdrücken.

Auch hier, wie in der «Theorie vom Fall», instrumentiert Wernle[101] mit Pauken und Trompeten. Man kann auch nicht verlangen, daß es dem Ignatius besser ergeht als dem Paulus. Von einer dogmengeschichtlichen Würdigung ist keine Rede. Ignatius existiert nur als Advokat der Episkopatsprärogative. Als solcher wird er beurteilt.

«Nie hat ein Mensch extravaganter von der kirchlichen Wichtigkeit des Bischofs geredet als Ignatius: Wo der Hirt ist, da folgt als Schafe!... Getrennt von Bischof, Presbyter und Diakonen gibt es keine Kirche... Praktische Folge dieser Verherrlichung ist der alle Briefe gleichmäßig durchziehende Befehl: Tut nichts ohne den Bischof... Diejenige Eucharistie soll als gesetzmäßig gelten, die unter dem Bischof sich vollzieht oder unter dem, dem er es erlaubt... Ein Fleisch Christi, ein Kelch, ein Altar, wie ein Bischof samt Presbyterium und Diakonen.» «So redet der erste Pfaff» (S. 362f.).

So viel Sätze, so viel Parodien, denn nicht der erste Pfaff, sondern der bewußte Vertreter des mystischen Begriffs der Kirche redet. Wernle beachtet gar nicht, daß diese «Verherrlichung» dogmatisch bedingt ist, nicht durch Herrschaftsgelüste, und daß Ignatius von dieser Stellung der Bischöfe redet im Zusammenhang mit der Garantierung der mystischen Heilsvermittlung in der Kirche und in den Sakramenten. Die Bischöfe sind nur die Telegraphenstangen, welche den Weg, den die Leitung nimmt, anzeigen, damit die andern sicher wissen, wo sie den Anschluß zu suchen haben, um die von Gott und Christo ausgehenden Lebenskräfte zu empfangen. Nicht der Lehrrichter, sondern der Mysterienverwalter redet. Aber wie weit Wernle davon entfernt ist, die Wurzeln und die Tragweite der Gedanken des Ignatius zu verstehen, zeigt er in dem Schlußkapitel über «die Erlösung». Er macht der alten Kirche den Vorwurf, daß sie, die

---

99 [Im Ms. irrtümlich:] Justin.
100 [Ms.:] hineinpassen.
101 [Paul Wernle, *Die Anfänge unserer Religion*, Tübingen und Leipzig 1901.]

«zwei festen Realitäten unserer Erlösung, Jesus und seine lebendigen Jünger», beiseite setzend, «die Gewißheit des neuen Lebens an Scheinobjekte, Blut und Sakramente, geknüpft hat» (S. 407). «Daher kommt es, daß die Christen statt der Person Jesu sein Blut, d. h. dessen theologische Deutung, statt der Gemeinschaft christlicher Personen die Sakramente zu den Garanten ihrer Erlösung erhoben haben» (S. 408).

Damit ist also die ganze Wendung ins Sakramentale als Abfall und die Sakramentskirche, wie sie bei Ignatius dasteht, als eine Verirrung gekennzeichnet.

Es war notwendig, die Benutzung und Wertung des Ignatius in einem halben Jahrhundert dogmengeschichtlicher Forschung etwas ausführlicher darzulegen, um die Tatsache herauszuarbeiten, daß Ignatius für die Geschichte der Sakramente fast unbeachtet und jedenfalls unerklärt geblieben ist. Wie kommt es aber, daß man ihn nur als Verfechter der Episkopalautorität und nicht auch [als] Hauptzeugen für die Sakramentslehre anerkennt? Auch hier, wie in der Theorie vom Fall, setzt sich die Forschung über die Empirie hinweg. Die Empirie zeigt, daß alle seine Ausführungen durchwoben sind mit Ausführungen über das Abendmahl. Aber da das Abendmahlsproblem in der modernen Forschung aus der großen dogmengeschichtlichen Entwicklung herausgedrängt ist, wird der Standpunkt des Ignatius historisch unbegreiflich, und darum bleibt nur das eine übrig: ihn als einen etwas verworrenen Kopf unschädlich zu machen, wie man die paulinischen Stellen über Taufe und Abendmahl, mit denen man auch nichts anzufangen weiß, unschädlich macht. Die Theorie vom Fall und die Nichtbeachtung des Ignatius sind also zwei Parallelerscheinungen.[102]

Die Ratlosigkeit der Forschung dem Ignatius und überhaupt der alten Zeit gegenüber rührt daher, daß sie gewohnt ist, die Geschichte des Abendmahls von der Frage aus zu schreiben, inwiefern die Elemente Fleisch und Blut Christi sind oder repräsentieren. Damit kommt man aber keinen Schritt weiter, denn von Ignatius bis zu Augustin haben wir das unerklärliche Hin- und Herflackern zwischen dem Symbolischen und dem Realistischen, ohne daß diese Männer dies als ein Problem empfinden oder sich einer Differenz untereinander bewußt werden. Hingegen zeigt Ignatius an, von wo aus die wirkliche Geschichte des Abendmahls zu schreiben ist: nämlich vom Effekt [aus], denn der Effekt ist das eigentliche Problem und ist zuerst zwischen der Kirche und der Gnosis kontrovers geworden. Wir leiten die Bedeutung der Elemente aus einer Exegese der «Einsetzung» her. Ganz anders die alte Kirche: bei ihr steht der verlangte Effekt als das Gegebene da, und die Fassung der Eigenschaft der Elemente als Leib und Blut Christi ist ein Rückschluß aus dem postulierten Effekt. Darum das Schwanken. Wir müssen hier eben alles Protestantische ablegen, um uns in der alten Kirche zu bewegen. Bei

102 [R]... Alle Beobachtungen hängen eigentlich zusammen.

den reformatorischen Auffassungen wird der Effekt nach der angenommenen Verbindung der Elemente mit Fleisch und Blut Christi normiert, die alte Kirche [aber] vertritt eine umgekehrte Logik, weil für sie der Effekt von sich aus feststeht: es ist nämlich die Garantie der Auferstehung. Wie ist das Abendland zu dieser in der historischen Feier nicht angelegten Bedeutung gekommen? Das ist die Hauptfrage, nach welcher die ganze Darstellung orientiert werden muß. Damit ist aber eine merkwürdige Anknüpfung schon gegeben: Setzt nicht auch Paulus in I Kor. 11 den unwürdigen Genuß mit Schwäche und Tod in Verbindung, wenn er darauf hinweist, daß die Krankheits- und Todesfälle als Strafe für [die][103] unordentlichen Agapenfeiern aufzufassen sind?[104]

Aber noch weiter als diese äußerliche Anknüpfung führt der Gedanke, daß die körperliche Auferstehungshoffnung an sich der Überrest, gleichsam die individuelle Form einer eschatologischen Erlösungsvorstellung ist. Die leibliche Auferstehung ist gleichsam das Grunddogma, welches von einer in sich zusammengebrochenen urchristlichen eschatologischen Dogmatik stehen blieb und um welches nun der Bau der griechischen Dogmatik aufgeführt wird.[105] Nun findet sich diese Auferstehungsgarantie bei Ignatius mit dem Abendmahl verbunden. Für diese Tatsache gibt es aber dann keine andere Erklärung, als daß das urchristliche Abendmahl mit der eschatologischen Erwartung in Verbindung stand und die Teilnahme an der zukünftigen Herrlichkeit irgendwie garantierte. Auch darin liegt ein bedeutungsvoller Hinweis.

Ferner aber ist das Abendmahl bei Ignatius schon ganz Sakrament. Das ist also nicht auf Einflüsse des Mysterienwesens zurückzuführen, denn er widersteht ja bewußt der Hellenisierung der Sakramente, und bei Paulus findet sich für das zweite Jahrzehnt der Christenheit ein sakramentaler Charakter der Taufe vorausgesetzt (I Kor. 15,29), der auch nicht auf Einschleppung fremder Ideen beruhen kann. Also muß der Sakramentsbegriff schon irgendwie in der ältesten Taufe und im ältesten Abendmahl wenigstens der Anlage nach vorhanden gewesen sein, sonst bleibt eben nichts anderes übrig, als Paulus und Ignatius über Bord zu werfen. Das Sakramentale als solches ist also nicht hellenistische Einschleppung, sondern muß irgendwie schon in der ältesten Zeit nachgewiesen und erklärt werden. Da nun diese Handlungen im Anfang nur mit der eschatologischen Auffassung des Christentums in Verbindung [standen,] so kann es sich bei der zu finierenden[106] Sakramentsvorstellung auch nur um ein «eschatologisches Sakrament» handeln. Die heiligen Handlungen als Symbole sind für die älteste Zeit eine leere Fiktion, denn es gelingt nicht,

103 [Zuerst:] von der.
104 [Fragezeichen fehlt.]
105 [R] Bild von [der] Topfpflanze. Zentrale Stellung.
106 [Definierenden?]

sie irgendwie mit der eschatologischen Religiosität zu verbinden, ferner sind sie nirgends quellenmäßig nachweisbar, und es gibt dann keinen geschichtlichen Übergang von der symbolischen Handlung zum magischen Sakrament, wie es uns in I Kor. 15,29 entgegentritt. Also ist der aufzusuchende Begriff «das eschatologische Sakrament», d. h. die Bedeutung der Handlung [besteht in diesem], sofern sie die Teilnahme an der messianischen Zukunft irgendwie repräsentiert und garantiert. Erst von diesem Begriff aus führt dann der Weg in die Geschichte der Sakramente hinab, ohne daß man in die «Theorie des Falls» hinabstürzt.

Das sind also die Fingerzeige des Ignatius für die Geschichte des Abendmahls: 1) Die Geschichte ist von dem Effekt, nicht von der Eigenschaft der Elemente aus zu schreiben, 2) das urchristliche Abendmahl, da es am Anfang des 2. Jahrhunderts die Auferstehung garantiert, muß in der ältesten Zeit in der eschatologischen Erlösungsvorstellung drin gestanden haben. 3) Da das Sakramentale nicht Import ist, so muß man nicht auf die «symbolische Handlung», sondern auf das «eschatologische Sakrament» zurückgehen, um den Ausgangspunkt der geschichtlichen Entwicklung zu finden.

Eine Abendmahlsdarstellung, welche diese drei Direktiven beachtet, ist vor der «Theorie des Falls» und vor der «Ignorierung des Ignatius» sicher, denn sie hat die falschen Prämissen, welche zu diesen beiden verhängnisvollen Schritten führt, von Anfang an bewußt ausgeschieden. In demselben Maße aber hat sie zugleich das Abendmahls- und das Sakramentsproblem überhaupt mitten in die Dogmengeschichte hineingestellt und es dadurch erklärbar gemacht und zugleich erklärt. Es gibt keine Abendmahlsmonographie in dem gewöhnlichen Sinne: das ist das Resultat dieser prinzipiellen Darlegung der bisherigen dogmengeschichtlichen Abendmahlsforschung, denn sonst wäre sie schon lange geschrieben. Es gibt nur eine Darstellung der Hellenisierung des Christentums von dem Abendmahl und den Sakramenten überhaupt aus. Und diese Darstellung ist zugleich eine «Geschichte der Entstehung der altkatholischen Kirche», denn die altkatholische Kirche ist Sakraments- und Mysterienkirche in dem Augenblick, wo sie in die Erscheinung tritt. Also ist sie es auch ihrer ältesten Anlage nach, und die Geschichte des Abendmahls beschreibt nur die Achsendrehung der Evolution.[107]

Mardi, [le] 12 mai 1903.
3 ½ [heures] du matin.

---

107 [«der Evolution» ist mit Bleistift beigefügt.]

→ Rechtfertigung allein als Auslegung des Paulus (Gemeinden verfolgen offenbar auch andere Arten des Evangeliums – Botschaft)

7. Einleitung zur Exegese
Orientierung über den Paulinismus und den Galaterbrief [und den 1. Thessalonicherbrief]. (Sommersemester 1906)

(gehört zu den „echten" Paulusbriefen)

Skizzen und Notizen zum Kolleg über den Galaterbrief

Zur Orientierung über den Paulinismus und die Bedeutung des Galaterbriefes[1]

Der ganze Paulinismus ist eigentlich ein Rätsel. Wir nehmen an, daß das Urchristentum aus der Lehre Jesu hervorgegangen ist.[2] Nun berufen sich die ersten gewissen Schreiben, die wir vom Urchristentum besitzen, gerade die paulinischen Briefe, gar nicht auf die Lehre Jesu.[3] Anklänge an diesen oder jenen Spruch kann man wohl finden. Aber das ist gerade das Charakteristische, daß es nur Motive sind, die er[4] in Paraphrasen wiederkehren läßt, nicht Zitate eines noch so primitiven Lehrgebäudes, das Jesus errichtet hat. Wenn er dasselbe sagt wie Jesus, fühlt er gar nicht das Bedürfnis, es mit des Meisters Worten zu sagen, auch da, wo sich die klassischen Zitate aus der Bergpredigt aufdrängen würden. Ist es nicht merkwürdig, daß für Paulus die Gleichnisse Jesu gar nicht existieren, wo wir doch als das einzig Selbstverständliche annehmen würden, daß er seine religiösen Ideen dort herausgezogen hätte? Aus dem Paulinismus würden wir nie die Lehre Jesu erschließen können.

Man darf dieses merkwürdige Phänomen, das man beim ersten Male in seiner Komplexität gar nicht erfaßt, nicht damit erklären, daß Paulus nicht Schüler Jesu war und folglich die Kenntnis seiner normativen Aussprüche bei ihm nicht vorausgesezt werden darf. Unsere Evangelien beweisen, daß eine Überlieferung über die Aussprüche des Herrn bestand und getreulich gehütet wurde. Aber das Charakteristische ist, daß Paulus gegen diese ganz indifferent ist. Nicht einmal die Abendmahlsworte will er der Überlieferung verdanken, sondern behauptet,

---

1 [Die Überschrift trägt die Numerierung röm. I, sonst weist die Skizze keine weiteren Kapitelzahlen auf. II war vielleicht für das (nicht vorhandene) Exegese-Kolleg vorbehalten.]

2 [R] Jesus und Paulus.

3 [R] Daß auch Einsetzungsworte des Abendmahls nicht in der Eucharistie-Liturgie und dann nicht in der Messe figurieren. Elementare Konstatation [Konstatierung]!

4 [Paulus.]

sie vom Herrn empfangen zu haben. «'Εγὼ γὰρ παρέλαβον ἀπὸ τοῦ κυρίου, ὃ καὶ παρέδωκα ὑμῖν» [«denn ich habe vom Herrn her empfangen, was ich euch auch überliefert habe»]: damit leitet er I Kor. 11,23 die Wiedergabe der sogenannten Einsetzungsworte ein und bereitet damit den Exegeten unendliches Kopfzerbrechen,[5] sofern nicht klar wird, ob er das «Empfangen vom Herrn» als durch die Überlieferung der Apostel vermittelt denkt oder ob er für sich in Anspruch nimmt, die historischen Abendmahlsworte direkt, auf Grund einer übernatürlichen Offenbarung, vom κύριος als dem verklärten Herrn empfangen zu haben.

Es ist dies eine der Stellen, die jeder Auslegung spotten, weil Paulus seinen Ausdruck mit Absicht in der Zweideutigkeit hält, aus dem Prinzip, die Offenbarung über die Überlieferung zu stellen, oder besser gesagt, die Überlieferung in der Offenbarung aufzuheben.

Damit ist einer der Faktoren erkannt, der das Urchristentum, wie es uns im Paulinismus entgegentritt, [als] zur Lehre Jesu indifferent erscheinen läßt, daß es dasteht als etwas, das so nicht unmittelbar daraus hervorgegangen ist und der Lehre Jesu in gewisser Weise inadäquat ist. Es ist etwas Neues mit hineingekommen.[6] Das paulinische Urchristentum als Religion erbaut sich nicht auf der Lehre Jesu, sondern auf der Offenbarung, welche ihrerseits auf der Gegenwärtigkeit des allgemeinen Geistesbesitzes gegründet ist. Dieser Geistbesitz steht durch äußere Phänomene empirisch fest, für Paulus so gut wie für jeden einzelnen.[7]

Jesus aber ist Autorität nicht durch seine historischen Aussprüche, sondern als der geistige Christus, welcher Träger und Ausgangspunkt der pneumatischen Offenbarung ist, sofern diese auf dem πνεῦμα Χριστοῦ [Geist Christi] beruht, welches in jedem gegenwärtig ist und sich in ihm als das neue Prinzip des Erkennens und Lebens wirksam erweist.

Dieser Χριστὸς κατὰ πνεῦμα [Christus nach dem Geist], das verklärte himmlische Wesen als Träger der Offenbarung, setzt alles, was man auf die Autorität des historischen Jesus bauen könnte, außer Kraft, so daß der Jesus von Nazareth nach dem Fleisch zuletzt eine indifferente Persönlichkeit wird, deren Lehrautorität gegen die Offenbarung des Verklärten niemals ins Feld geführt werden darf. Paulus geht sogar so weit, die historische Persönlichkeit gewissermaßen selbst aufzuheben, außer Kurs zu setzen. «Wenn wir auch Christus nach dem Fleische kannten,» sagt er II Kor. 5,16, «so kennen wir ihn jetzt nicht mehr.»[8]

---

5 [R] *Wo finden juridische und ethische Erlösungslehre ihre höhere Einheit?* In welcher Erlösungslehrstellung [-vorstellung]? Besser mystisch, statt ethisch.

6 [Ms.:] mitteneingekommen[?]

7 [R] [Z. T. fragmentarische Notizen:] Entscheidung ... Geist. Jesus nach dem Fleisch ... Stellung zu Jesus: Tod und Auferstehung. In eine ganz andere Welt. «Naiv»-spekulativ auf Grund von Tatsachen. – Urapostel verstanden! Daß überhaupt jemand Paulus verstanden. (Niemand [hat] Paulus verstanden.) [...]

8 [R] Urchristentum aber [ist] überhaupt nicht «Lehre Jesu». (Sobald man dieses [(d. h.

Diese Emanzipation des paulinischen Christentums von dem, was wir als die historische Stiftung Jesu bezeichnen würden, ist eine Gewalttat ohnegleichen.[9] Man vermag es kaum zu fassen, daß kaum 20 oder 30 Jahre nach dem Tode Jesu ein religiöses Gebilde entsteht, wo er im Mittelpunkt steht, und das doch so ganz verschieden ist von der Religion, die normal aus seiner Lehre hätte herauswachsen sollen. Und wenn wir 20 oder 30 Jahre sagen, datieren wir die paulinische Lehre von dem Augenblick an, wo sie uns schriftlich fixiert entgegentritt. Es ist aber anzunehmen, daß die Gedanken Pauli gleich von Anfang an sich zu diesem Lehrgebäude zusammenfügten. Wenn wir dann, dieser Erwägung Raum gebend, die Zeit noch kürzer fassen und uns vergegenwärtigen, daß das Neue wenige Jahre nach Jesu Tod schon dasteht, mit seiner Lehre zusammenhängend und doch aus ihr nicht hervorgewachsen, wird alles nur desto rätselhafter.

Wenn die Briefe Pauli selbst nicht diese bestimmten Zeitangaben enthielten, würde kein Mensch auf den Gedanken kommen, sie so nahe an die Existenz Jesu zu rücken, sondern man würde mindestens zwei oder drei Generationen in Anspruch nehmen, um diesen Wandel und diese Entwicklung zu erklären.

Darum ist es auch gar nicht verwunderlich, daß der Versuch auftauchte, die paulinischen Briefe als eine Fiktion zu erklären und anzunehmen, daß diese Gedankenwelt in jener Zeit, kurz nach Jesu Tod, gar nicht existiert habe, sondern ein Produkt des christlichen Geistes in der späteren hellenistisch-christlichen Welt sei, daß man durch Briefe, welche man auf den Namen des Paulus ausstellte, zurückdatierte, um den Gedanken selbst mehr Autorität zu geben. Danach hätte also der schriftstellernde Apostel Paulus so gar nicht existiert und wäre nur eine Persönlichkeit, die man zum Träger späterer Ideen gemacht hat.

Wir werden uns mit diesen Aufstellungen gerade im Galaterbrief noch viel zu befassen haben, und ich werde Ihnen am geeigneten Ort in einem größeren Exkurs einen Überblick über die hauptsächlichsten Aufstellungen dieser Art geben. Den Anfang machte schon Bruno Bauer in den 50er Jahren (*Kritik der paulinischen Briefe*, I, [Berlin] 1850).[10] In den 80er Jahren erwog der Holländer [Abraham Dirk] Loman diese Möglichkeit in einer Reihe von Artikeln,[11] und zwar mit dem Erfolg, daß sich fast die ganze holländische moderne Theologenschule für ihn aussprach. Und zwar bildet gerade unser Galaterbrief den Mittelpunkt

---

diese Tatsache) nicht] voraussetzt, findet man die Verbindung zwischen Paulus und dem Urchristentum nicht.)

9 [R] [Ausrufezeichen.]

10 [Siehe A. Schweitzer, *Geschichte der paulinischen Forschung*, Tübingen 1911, S. 94ff.]

11 [*Quaestiones Paulinae*, a.a.O., S. 98, und *Geschichte der Leben-Jesu-Forschung*, Tübingen 6. Aufl. 1951, Anf. von Kap. XXII, S. 447.]

der Untersuchungen. Der Professor der Theologie zu Bern, Rudolf Steck, schrieb eine umfangreiche Abhandlung *Der Galaterbrief nach seiner Echtheit untersucht*... (Berlin 1888), in der er nicht nur die Unechtheit dieses Schreibens nachwies, sondern zugleich dartat, daß es das erste Glied in der Produktion der pseudopaulinischen Literatur war.[12]

Dies nur, um zu sagen, wie gewaltig die apriorische Schwierigkeit ist, den Paulinismus in dieser Zeitnähe mit der Predigt Jesu zu verstehen.

Es sind zwei Welten. Die religiöse Gedankenwelt Jesu ist naiv, wenn Sie dieses Wort richtig, als Gegensatz zu spekulativ, begreifen wollen. Die Offenbarung, welche die neue religiöse Gedankenwelt bei Paulus schafft, ist nicht naiv, sondern spekulativ. Das Spekulative, in der Philosophie wie in der Religion, besteht darin, daß man nicht unbefangen vom Endlichen zum Unendlichen, vom Zeitlichen zum Ewigen aufsteigt, oder umgekehrt, vom Unendlichen zum Endlichen, vom Ewigen zum Zeitlichen herabsteigt, sondern beide miteinander durch ein geschichtliches Geschehen in Zusammenhang bringen muß,[13] ein geschichtliches Geschehen, das aus der Endlichkeit in die Unendlichkeit, aus der Zeitlosigkeit in die Zeitlichkeit[14] hineinragt und beide Welten ineinander begreift und in einer schaut. In diesem Sinne besteht zwischen Paulus und Hegel gar keine Differenz,[15] oder doch nur die eine, daß Hegel das allgemeine geschichtliche Prinzip der sich in ein Neues aufhebenden Gegensätze, das dem Geschehen in der Natur und in der Menschheitsgeschichte zu Grunde liegt, zum Prinzip der Spekulation erhebt und so das Unendliche als ein Werdendes im Endlichen begreift, während Paulus zwei gegensätzliche und doch innerlich verbundene Tatsachen in der Existenz eines Wesens, das der irdischen und der überirdischen Welt zugleich angehörte,[16] zum Ausgangspunkt nimmt, indem er seine religiöse Weltanschauung auf den Tod und die Auferstehung Jesu, auch die letztere als phänomenale Tatsache gefaßt, basiert. Was also von der einen Seite betrachtet der Inhalt der Offenbarungen des verklärten pneumatischen Christus ist, erscheint von der andern Seite als eine Spekulation über Tod und Auferstehung des historischen Jesus. Und der Inhalt ist beidemale identisch. Denn die Offenbarung selbst ist schöpferisch und spekulativ. Der verklärte Christus offenbart dem Paulus, was der Tod und die Auferstehung des historischen Jesus in dem

---

12 [*Geschichte der paulin. Forschung*, S. 98; *Geschichte der Leben-Jesu-Forschung*, 1951, Anf. v. Kap. XXII (S. 447).]

13 [R] Spekulativ und mystisch schließen sich aus. Spekulativ: durch ein geschichtliches Geschehen.

14 [Die Vertauschung der beiden letzten Begriffe hebt die zuvor beachtete Parallelität der Satzglieder aus – Absicht?]

15 [R] Paulus und Hegel.

16 [R] Auch das Endliche und [das] Ewige [sind] zusammen in der gegenwärtigen Generation für Paulus.

Weltgeschehen bedeuten und weist ihn an, die Konsequenzen daraus zu ziehen.[17] Das ist der Paulinismus! Sie sehen noch einmal, und jetzt schon klarer, wie und warum die Lehrautorität und Lehrüberlieferung des historischen Jesus, die wir eigentlich zum Ausgangspunkt der christlichen Religion setzen möchten und für unsere eigene Religiosität tatsächlich setzen insoweit, als wir die Bahnen der paulinischen Spekulation nicht wandeln, für Paulus tatsächlich nicht existieren und nicht existieren können. Die Religion Pauli beruht also nicht auf der Lehre Jesu,[18] sondern auf der spekulativen Deutung historischer Tatsachen.

So weit entfernt sich seine Auffassung von der Lehre Jesu, daß er in dem entscheidenden Punkte über sie hinausgeht und ihr direkt widerspricht, indem er die Bedeutung des Gesetzes aufhebt.

In einer früheren Periode der Theologie hat man gemeint, diese Schroffheit des Gegensatzes vermeiden zu können und Jesus selbst die Auflösung des Gesetzes vorbereiten zu lassen,[19] so daß Paulus nur den Gedanken des Meisters zur rechten Zeit in [die] Tat umsetzt, wenn er dann die Geltung des Gesetzes bestreitet. Damit umging man zugleich die Schwierigkeit, die darin bestand, zu erklären, wieso nun Paulus mit der Gesetzesabrogation bei den Uraposteln durchdrang. Man nahm an, daß die Geltung des Gesetzes auch bei ihnen durch gesetzesfreie Andeutungen Jesu schon ins Wanken gebracht worden war. Nun hat sich aber immer mehr herausgestellt, daß die Geltung des Gesetzes für Jesus niemals in Frage stand und daß seine Jünger durch keine Andeutung seinerseits auf eine Anschauungsweise vorbereitet waren,[20] für welche Messianitätserwartung und Gesetz nicht mehr wie von selbst zusammengehörten.[21] Jesus hat den Seinen die Buße als Sittlichkeit der letzten Tage gepredigt und sie damit zu etwas aufgefordert, was der Zeit halber zur Gesetzesübung hinzutreten mußte, damit sie zum Reiche Gottes geschickt würden.

Wenn nun aber Paulus das Gesetz nicht etwa für indifferent erklärt, sondern als etwas, das um der Ehre Christi willen, um der Realität der von ihm erworbenen Güter willen, an denen, die nicht darin aufgewachsen sind und zur christlichen Gemeinde neu hinzutreten, unter keinen Umständen in Kraft treten dürfe, stellt er damit ein Prinzip auf, gegen das das bejahende Stillschweigen der Lehre Jesu in dieser Sache lebhaft protestierte, gegen welches die Urapostel auf Grund der Autorität und Lehrüberlieferung von Jesus[22] protestieren mußten und

17 [R] Offenbarung und Spekulation.
18 [R] In Gegensatz dazu! Gemeint, [es?] sei mit Gesetz gebrochen!
19 [R] Jesus und das Gesetz.
20 [R] Daß Jesus die Aufhebung des Gesetzes für das messianische Reich voraussieht.
21 [R] Die Verhandlungen über Mt. 5,18.
22 [Ms.:] von Jesus her.

es auch taten, wie sich gerade aus der Replik Pauli im Galaterbrief ergibt.

Und nun erleben wir im Galaterbrief das grandiose Schauspiel, wie die befreiende Idee, auf ihre eigene innere Kraft vertrauend, sich gegen die leibhaftigen Schüler Jesu und damit gegen die Lehrautorität Jesu selbst aufbäumt und mit einer elementaren Vehemenz gegen sie anstürzt. Es ist der Kampf der spekulativen christlichen Offenbarung gegen die Lehrüberlieferung von Jesus.

Es ist keine Menschenleidenschaft mehr, die in den gewaltigen, sich überstürzenden und nie zu Ende geführten Sätzen des Galaterbriefes redet: es ist die Leidenschaft der Idee, die zum Leben erwacht und für die es keine Schranken mehr gibt. Darum ist der Galaterbrief etwas, womit sich in der Weltliteratur schlechthin nichts vergleichen läßt. So rast und tobt der Geist nirgends wie in den Worten, welche der müde Teppichwirker zu Ephesus des Abends nach der Arbeit einem andern unter Seufzen und Tränen diktierte. Es gibt eben keine solche Befreiungstat mehr.

Man bedenke, was es hieß, gegen das innerste Bollwerk der jüdischen Religion, die zugleich die Religion der Messiasgläubigen, d. h. der Christen war, Sturm zu laufen, ohne jegliche Deckung durch eine Autorität, ja gerade wider die Autorität Jesu! Man ermesse, was das heißt, daran, daß dies die einzige Eroberung ist, welche wider die jüdische Religion, bis auf den heutigen Tag, gemacht worden ist. Die griechische Philosophie, die Renaissance, der Rationalismus, der moderne Geist sind am Judentum abgeprallt. Sie haben ihm keine Zugeständnisse entrissen, kein einziges. Aber der Teppichwirker zu Ephesus hat es bei pharisäisch erzogenen Menschen (bei Jakobus, dem Gerechten, dem Bruder des Herrn, wissen wir ausdrücklich, daß er ein Pharisäer war, auch als Christ) durchgesetzt, daß sie in ihrer religiösen Gemeinschaft Leute anerkannten, die aller Hoffnungen Israels teilhaftig werden konnten,[23] ohne das Gesetz auf sich nehmen zu müssen. Darum war Paulus der von den Juden bestgehaßte Mensch auf der ganzen Welt.

Dies der Tatbestand.[24] Nun kompliziert sich die Sache aber aufs äußerste. Es stellt sich zunächst die Frage, wie Paulus zu diesem gesetzesfreien Standpunkt gekommen ist, und gerade er allein.[25] Die Frage wird noch verwickelter, wenn man den Standpunkt selbst analysiert. Es handelt sich nämlich gar nicht um eine Art adiaphoristischen Streites, daß Paulus sagt, das Gesetz sei für die, welche sich zu Christo bekennen,

---

23 [R] [Ausrufezeichen.]

24 [R] Der status quo.

25 [R] 1) Wieso [ist] Paulus dazu gekommen, dies als etwas Selbstverständliches [anzusehen, zu behaupten]!? 2) Wieso [ist er damit] durchgedrungen? 3) Spurlos verschwand?

nicht mehr als bindend, sondern als etwas Indifferentes zu betrachten, sondern er bezeichnet das Aufnötigen des Gesetzes direkt als ein Aufheben und Außerkraftsetzen des Erlösungswerkes Jesu an jenen Menschen.[26]

Dieser Standpunkt ist aber nun selbst wieder mitten entzweigeteilt durch eine großartige Inkonsequenz, sofern er die Beobachtung des Gesetzes für die, welche durch Geburt und Abstammung einmal unter dem Gesetz stehen, nicht antasten will und selber ein Gesetzesbeobachter ist[27] und sich dessen rühmt. Er nimmt gesetzliche Gelübde auf sich und macht die Festreisen.[28] Nur in der durch die Abendmahlsgemeinschaft mit den Heiden geforderten Tischgemeinschaft verletzt er das Gesetz und verlangt diese Gesetzesverletzung auch von den Uraposteln. Aber diese eine nur! Alle Unklarheiten der Ausführungen Pauli über das Gesetz, die zwischen einem negativen und einem positiven Pole immer einherpendeln,[29] sind nur Konsequenzen dieses innerlich in sich geteilten Standpunkts. Die Erklärungen müssen daher darauf verzichten, diese Widersprüche heben zu wollen.

Noch eigenartiger erscheint die Position,[30] wenn man beachtet, daß die Außerkraftsetzung des Gesetzes, wodurch der Unterschied zwischen Juden und Heiden aufgehoben ist, nur eine Behauptung neben andern ist, die aus derselben Wurzel hervorsprießen und sämtlich auf denselben Grundsatz zurückgehen: «Ist jemand in Christo, so ist er eine neue Kreatur; das Alte ist vergangen, siehe, es ist alles neu geworden» (II Kor. 5,17). Darum existieren auch andere Unterschiede als die zwischen Juden und Heiden, wenn sie auch äußerlich noch bestehen, tatsächlich nicht mehr, wegen der Neuheit des Zustandes, in den man durch die Gemeinschaft mit Christo eingetreten ist. «So viele eurer auf Christentum getauft sind», sagt Paulus [in] Gal. 3,27 und 28, «die haben Christum angezogen. Es ist hier weder Jude noch Hellene, weder Sklave noch Freier, weder Mann noch Weib. Alle seid ihr einer in Christo Jesu.» Πάντες γὰρ ὑμεῖς *εἷς* ἐστὲ ἐν Χριστῷ Ἰησοῦ. Beachten Sie, daß hier nicht das Neutrum ἕν steht, wie man es nach den Übersetzungen oft annehmen könnte, wonach dieser Satz dann nur besagen wollte, daß sie in Christo eine Einheit bilden. Er sagt noch viel mehr aus: daß nämlich die Einzelpersönlichkeiten, die sich zu jener Einheit zusammenfinden, jede mit der andern homogen sind, sofern alle zufälligen Unterschiede des Geschlechts, der Rassenabstammung und der sozialen Stellung, in die einer hineingebo-

26 [R] Für uns: wie zu ergründen? Psychologie: äußerlich! Der innerliche [innere] Gedankenzusammenhang. – Entwicklung!

27 [Einer, der das Gesetz beachtet, einhält.]

28 [R] [Wir] stehen vor einer rätselhaften Tat des menschlichen Geistes!

29 [R] Französische Revolution!

30 [R] Theorie des status quo.

ren wird, von dem Moment an, wo der einzelne mit Christo in Berührung tritt, nur noch zum Schein, tatsächlich aber nicht mehr existieren.

Auf dieser allgemeinen Basis muß man die Gesetzesabrogation des Paulus erfassen, *nicht als ein Gedanke für sich, wo er ein bloßer Einfall bliebe.* Das Gesetz darf den Neuen nicht auferlegt werden, weil man dadurch einen Unterschied hervortreten lassen will gerade in dem Momente, wo sie in die Gemeinschaft mit Christo eingepflanzt werden, wo doch dieser Unterschied von jenem Momente an gar nicht mehr existiert, weil er durch die Neuheit des Zustandes, in den sie eintreten, aufgehoben ist. Die Auferlegung des Gesetzes für solche, die nicht darunter standen – Sie sehen hier die unerbittliche Logik – bedeutet also nichts weniger als eine Leugnung der absoluten Neuheit des Zustandes, in den sie eingetreten sind, sofern nun (und durch die Zeremonie der περιτομή [Beschneidung] sichtbarlich) nachträglich einer der aufgehobenen und innerlich außer Kraft gesetzten Unterschiede als zum Heile notwendig an ihnen kenntlich gemacht wird.

Zugleich aber wird nun wieder klar, warum Paulus nicht für die Abrogation des Gesetzes überhaupt eintritt, sondern nur die Auferlegung desselben auf die Neuen beanstandet. Für die, welche von jeher darunter standen und damit gezeichnet sind, ist es etwas Äußerliches, wie das Geschlecht und die soziale Stellung, das, auch wenn es äußerlich nicht aufgehoben ist, innerlich dennoch nicht mehr besteht, ebensowenig wie das Geschlecht und die gesellschaftliche Stellung, weil es mit der neuen Kreatur nichts mehr zu tun hat, wobei es dann gleichgültig ist, wie lang es noch äußerlich zur Schau getragen wird. Nur daß das eine anerkannt wird, daß es mit dem neuen Zustand nichts zu tun hat[, ist wichtig].

Der Grundgedanke Pauli ist also der: Von dem Augenblick an, wo einer in die Gemeinschaft Jesu eintritt, darf an seinen äußerlichen Zuständen nichts mehr geändert werden, damit nicht der Schein erweckt werde, als hätte das Äußere irgendeine Beziehung zum inneren Zustande der Neuheit, der durch die Gemeinschaft mit Jesus da ist. Die Doppelstellung zum Gesetz, wo er es auf der einen Seite duldet als etwas Selbstverständliches, auf der andern es mit Vehemenz als etwas der Erlösung durch Christum Widersprechendes verwirft, ist nur eine Konsequenz jenes allgemeinen Prinzips, daß von jenem Augenblick an, wo der äußere Mensch durch die Gründung des inneren Menschen auf Christum gewissermaßen auf Abbruch verkauft wird, keine baulichen Veränderungen und Reparaturen mehr mit ihm vorgenommen werden sollen, weil dies sinnlos ist und nur den Anschein erwecken könnte, als ob er eigentlich nicht auf Abbruch verkauft wäre. In diesem Falle wären wir ja bei dem καυχᾶσθαι ἐν τῇ σαρκί, dem Rühmen des Fleisches (Gal. 6,13) angelangt, das Paulus so perhorresziert, weil es dem καυχᾶ-

Grundgedanke bei P.: Wo Gemeinschaft mit J. angetreten wird, darf a. d. äußeren "Form" der Menschen (äußerer Zustand) nichts mehr geändert werden

σθαι ἐν κυρίῳ [sich Rühmen des Herrn,] (I Kor. 1,31),[31] dem καυχᾶσθαι ἐν ταῖς ἀσθενείαις [der Schwachheiten,] (II Kor. 12,9), dem καυχᾶσθαι ἐν τῷ σταυρῷ [des Kreuzes,] (Gal. 6,14) direkt entgegengesetzt ist und das letztere verneint. Man könnte die ganze paulinische Theologie in den Antithesen darstellen, die sich ergeben, wenn man alle Sätze, in denen die Worte καυχᾶσθαι, καύχησις, καύχημα [sich rühmen, das Rühmen] vorkommt, sich gegenüberstellte.

Dieses Prinzip gilt für alle äußeren Zustände, die mit dem sarkischen Charakter des Menschen zusammenhängen.[32] Paulus wendet es auf alle möglichen Fälle an, wie man eine Formel in einer Rechnung verwendet.

Daß einer auf den Gedanken kommen könnte, sein Geschlecht zu verändern, um der Seligkeit gewiß zu werden, liegt auch für Paulus außerhalb des Bereiches der nächsten Möglichkeit. An der Tatsache, daß einer als Mann, der andere als Weib berufen ist, läßt sich eben nicht rütteln, und die rabiatesten falschen Brüder aus Jerusalem haben nicht daran gerüttelt.[33] Aber es könnte einer aus dem Zustande der ἀκροβυστία [Unbeschnittenheit] in den der περιτομή treten wollen oder umgekehrt den Zustand der περιτομή, weil er eben die Unnötigkeit des Gesetzes zur σωτηρία ἐν Χριστῷ [zur Erlösung in Christo] erkennt, irgendwie rückgängig machen wollen. Auf beide Eventualitäten antwortet Paulus I Kor. 7[,17–20]: ἕκαστον ὡς κέκληκεν ὁ θεός, οὕτως περιπατείτω. καὶ οὕτως ἐν ταῖς ἐκκλησίαις πάσαις διατάσσομαι ... ἡ περιτομὴ οὐδέν ἐστιν, καὶ ἡ ἀκροβυστία (ihr Gegenteil) οὐδέν ἐστιν, ἀλλὰ τήρησις ἐντολῶν θεοῦ. ἕκαστος ἐν τῇ κλήσει ᾗ ἐκλήθη, ἐν ταύτῃ μενέτω [»wie Gott einen jeden berufen hat, so soll er wandeln. Und so ordne ich an in allen Gemeinden ... Die Beschneidung bedeutet nichts, und die Unbeschnittenheit bedeutet nichts, sondern das Festhalten an den Geboten Gottes. Jeder soll in der Berufung, in der er berufen wurde – in dieser soll er bleiben«]. Er zieht also auch die negative Konsequenz. Dasselbe (es handelt sich immer noch um I Kor. 7) bezieht sich auf den Gegensatz: Sklave oder Freier [I Kor. 7,21]: δοῦλος ἐκλήθης, μή σοι μελέτω· ἀλλ' εἰ καὶ δύνασαι ἐλεύθερος γενέσθαι, μᾶλλον χρῆσαι. [«Bist du als Sklave berufen, so mache dir keine Sorge,] (und wenn du auch frei werden kannst, so bleibe um so lieber dabei». Nach Weizsäcker.)[34] Nach dieser ganz pointierten Übersetzung sollte einer nicht einmal die Gelegenheit benutzen, aus dem Sklavenstand in den Freienstand zu kommen! Darum hat ja Paulus dem Philemon seinen Sklaven Onesimus als Sklaven zurückgeschickt und es nicht gewagt, ihn

---

31 [Ms.:] II Kor. 5,17.

32 [R] Zuständlichkeit des Fleisches.

33 [R] Gesetz = ein Zustand des Fleisches! Ebenso [die] soziale Stellung, antik gedacht.

34 [Karl Weizsäcker, *Das Neue Testament übersetzt*, 6./7. Aufl., Freiburg i.Br. und Leipzig 1894.]

bei sich zu behalten (Philemonbrief).[35] [I Kor. 7,22:] ὁ γὰρ ἐν κυρίῳ κληθεὶς δοῦλος ἀπελεύθερος κυρίου ἐστίν, ὁμοίως ὁ ἐλεύθερος κληθεὶς δοῦλός ἐστιν Χριστοῦ[36] [«Denn wer im Herrn als Sklave berufen worden ist, der ist ein Freigelassener des Herrn; desgleichen, wer als Freier berufen worden ist, der ist ein Sklave Christi»].

Wie Sie in der Musik den kontrapunktischen Meister erkennen an der Art, wie er mit den Themen und ihren Umkehrungen zugleich frei schaltet, so hier. Jeder Satz wird zugleich in seiner Umkehrung ausgesprochen, und beide zusammen in diesem kontrapunktischen Verhältnis sind die Wahrheit. Aber erst in diesem Verhältnis.[37]

Dasselbe Prinzip wird auf den Zustand des Ehelichseins oder des Ehelosseins angewandt. Man soll aus keinem dieser beiden Zustände in den andern treten, als ob dies etwas mit dem Sein in Christo zu tun hätte (Ebenfalls I Kor. 7).[38]

Ich führe dies alles an, um zu sagen, daß es sich in der Gesetzesfrage, wie sie zwischen Paulus und den Uraposteln verhandelt wurde, nicht um eine theologische Diskussion handelt, bei der auf der einen Seite die Weitherzigkeit, auf der andern die Engherzigkeit das Wort führt, sondern daß wir es mit der Anwendung eines spekulativen Grundprinzips der paulinischen Theologie auf ein bestimmtes Gebiet zu tun haben, und zwar eines Prinzips, das gegensätzlich in sich selbst gespalten ist, sofern es zugleich in der Thesis und [der] Antithesis gilt. Das paulinische Axiom lautet nicht: es ist gleich, ob jemand das Gesetz hält oder nicht, ob er ein Knecht ist oder Freier, ob er beweibt oder unbeweibt ist; sondern es lautet: er soll das bleiben und muß das bleiben, was er im Augenblick der Berufung war, und verlangt also von dem einen das Gegenteil wie von dem andern.[39]

Lassen Sie mich die Anthithese zu Ende führen, damit alles klar wird. Mit derselben Leidenschaftlichkeit, mit der Paulus die Judaisten bekämpft, die den andern das Gesetz aufnötigen wollen, hätte er seine Heidenchristen bekämpft, wenn sie an die Judenchristen das Ansinnen gestellt hätten, auf das Gesetz zu verzichten, um ihnen gleich zu sein,[40] und hätte er die Vermittlung zurückgewiesen, daß jeder es damit halten

---

35 [R] Predigt über [den] Philemonbrief!

36 [R] Umschaltung.

37 [R] War für ihn selbstverständlich. Die Wahrung des gegenwärtigen Zustandes. – Die Frage hätte aktuell werden können ebensogut bei Sklave – Freier... Aufhebung der ehelichen Gemeinschaft [nicht erfordert]... Ganze Stellung Pauli zur Ehe [wird] nur daraus erkannt.

38 [R] (Bedeutet viel für Paulus bei seiner enkratistischen [asketischen] Tendenz!)

39 [R] [Ausrufezeichen; dann:] 1) Paulus und [das] Urchristentum! 2) Paulus und [die] Lehrautorität Jesu! 3) Die Gesetzesfrage.

40 [R] Es war eine lebenskräftige Idee auf neuen Boden verpflanzt. Zieht alle Naturkräfte an sich.

könne, wie er es vor Gott und seinem Gewissen zu verantworten gedenke. Gerade die letztere Unmöglichkeit ist charakteristisch. Von Weitherzigkeit ist gar keine Rede. Paulus will eben jeden zwingen, in dem äußerlichen Zustande, in dem er berufen [worden] ist, auch äußerlich zu verharren, bis das Vergängliche und damit diese Verschiedenheit der Zustände aufgehoben ist.[41]

Dies [ist] das Tatsächliche. Wir rekapitulieren. Der Paulinismus gründet die Lehre des Christentums, die christliche Erkenntnis, nicht auf die Lehrautorität des historischen Jesus, sondern auf die Offenbarung des Verklärten, die fortlaufende und allgemeine Offenbarung des Verklärten im πνεῦμα [Geist], und ordnet die Offenbarung[42] der Lehrüberlieferung über, unbekümmert, ob er stillschweigend[43] Voraussetzungen derselben[44] außer Kraft setzt oder nicht. Ihrem Inhalt nach ist diese Offenbarung eine geoffenbarte Spekulation über Tod und Auferstehung Jesu. Das Ergebnis der Spekulation ist, daß durch den Tod und die Auferstehung Jesu ein absolut Neues geschaffen ist und zwar so, daß, wer in die Gemeinschaft mit dem Gestorbenen und Auferstandenen tritt, tatsächlich in diesen neuen Zustand erhoben wird, wobei seine sarkische (wir würden sagen: phänomenale) Erscheinung in allen ihren geschlechtlichen, sozialen und rassenmäßigen Bestimmtheiten[45] so indifferent wird, daß von jenem Augenblick an nichts mehr an dieser ihrer äußeren Bestimmtheit geändert werden soll. Unter diese positive Fassung der Indifferenz fällt das Gesetz. Auf diesem spekulativen Boden hat Paulus den Kampf, der ihm im Galaterbrief aufgenötigt wird, aufgenommen und durchgekämpft.

Damit sind nur Tatsachen konstatiert. Die Dinge selbst aber sind noch nicht erklärt.

Es erheben sich hier drei Fragen:

Einmal: Wie kam Paulus zu dieser Spekulation, die solche Konsequenzen involvierte?

Sodann: Wie konnten ihm die Urapostel in dieser Spekulation folgen? Wie konnte ihn im Urchristentum überhaupt ein Mensch verstehen? Und man verstand ihn, die Tatsache steht fest, denn er gründete viele Gemeinden; und die Urapostel konnten ihm in seiner Spekulation sicher einigermaßen folgen, denn sie ließen sich von ihm überzeugen und gaben in der Frage nach.

Sogleich aber erhebt sich nun die dritte Frage: Wie konnte der Pauli-

---

41 [R] *2. Vorlesung.*

42 [R] [Weiter unten stehend, aber doch wohl hierher gehörend:] als etwas ihr [der Lehrüberlieferung] später zeitlich Folgendes, das über Dinge unter veränderten Verhältnissen bestimmt.

43 [Ms.:] stillschweigende.

44 [Der Lehrüberlieferung.]

45 [Ms.:] Racenbestimmtheiten.

nismus als Ganzes, als spekulatives System in der folgenden Generation spurlos verschwinden, so, daß in den Pastoralbriefen, die aus paulinischen Kreisen hervorgegangen [sind,] und in den ignatianischen Briefen, die ein mit der paulinischen Literatur vertrauter Bischof gegen die Mitte des 2. Jahrhunderts hin schrieb, [zwar] noch einige paulinische Phrasen und Schlagwörter anzutreffen sind, von den paulinischen Gedankengängen aber rein nichts mehr darin existiert?

Zur ersten Frage.[46] Wie kam Paulus zu seiner Spekulation? Man hat gemeint, man könnte den Paulinismus einzig aus der Einzigartigkeit der Vision, durch welche er bekehrt wurde, ableiten. Aber worin soll diese Einzigartigkeit bestehen? Er ist der Existenz des Verklärten als des zur Parusie zu erwartenden Herrn gewiß geworden, nicht anders, als es die andern Jünger durch ihre Visionen zu Jerusalem in den Tagen nach der Grablegung Jesu geworden waren. Eine Originalität der Spekulation über Tod und Auferstehung ist mit diesem Erlebnis an sich gar nicht gegeben.

Nun hat man gemeint, hellenische Ideen hätten den eigenartigen Gedankenbau auf den Tatsachen des Todes und der Auferstehung Jesu aufgeführt. Jahrzehnte lang stritt man über den Anteil des Hellenismus am Paulinismus. Nun findet sich aber im Paulinismus gar nichts spezifisch Hellenisches. Man lese einmal die Schriften des hellenisierenden Judentums vor und nach Jesus durch, die Weisheitsliteratur, man studiere die Spekulationen des Zeitgenossen Jesu, Philos von Alexandrien, der den Logosbegriff in die jüdische Theologie einführt, und man wird gestehen, daß von Jüdisch-Hellenischem oder gar von rein Hellenischem in dem paulinischen Denken nichts zu finden ist. Wir haben auch den direkten negativen Beweis. Wäre etwas von hellenischem Denken in dem paulinischen Christentum gewesen, so hätten die Urapostel dies als neu empfunden und die Lehre des Paulus als solche wegen ihrer Fremdartigkeit beanstandet.[47] Nun wissen wir aber, daß sie nur die eine Konsequenz derselben, die Freiheit der Heiden vom Gesetz, als eine ganz jüdische Frage betreffend anfangs nicht mitmachen wollten, im übrigen aber keinen Unterschied zwischen der Verkündigung des Evangeliums durch Paulus und ihrer Verkündigung fanden.

Man hat neuerdings mehr an gnostische Ideen denken wollen, so, daß Paulus sein Evangelium allgemein orientalisch-gnostisierenden Gedanken angepaßt hätte. Nun hat aber der Gnostizismus, wie wir ihn bei Paulus treffen, mit dem, der um die Mitte des 2. Jahrhunderts zum Durchbruch kommt, gar nichts zu tun. Und wieder muß man sagen, daß, wenn die Urapostel etwas fremdartig Gnostizierendes in Paulus

---

46 [R] Die Entstehung der paulinischen Spekulation.

47 [R] Ungeheuer wichtig: Was hat die Urgemeinde beanstandet? Was ergibt sich aus [der] Polemik der Briefe?

entdeckt hätten, sie nicht nur eine rein formale äußerliche Konsequenz seiner Lehre, sondern seine ganze evangelische Verkündigung als solche beanstandet hätten.[48]

Nicht durchzuführen sind also folgende Erklärungen der Eigenart des Paulinismus:[49] 1) daß sein System aus einer ganz einzigartigen Erfahrung bei seiner Bekehrungsvision hervorgewachsen ist; 2) daß es mit jüdisch-alexandrinischen Elementen erbaut ist; 3) daß es mit rein hellenischen Gedanken etwas zu tun hat; 4) daß es irgendwie mit der allgemeinen orientalischen Gnosis zusammenhängt. Dann aber bleibt nur übrig anzunehmen, daß das Einzigartige und Fremdartige daran, weil es von Juden nicht beanstandet, sondern verstanden wurde und auf sie Eindruck machte, rein jüdische Spekulation war, also eine in ihren Elementen rein jüdische Spekulation, die die Bedeutung des Gesetzes zuletzt aufhob.

Dann suchen wir aber vergebens nach jüdischen Analogien und Voraussetzungen, die uns die jüdische Spekulation des Paulus erklären könnten.[50] Das jüdische Denken war unspekulativ. Was von wirklicher Spekulation darin ist, ist Import. Die mythologische Spekulation stammt aus Babel, und die Ansätze zu religionsphilosophischer Spekulation hat das Griechentum geliefert.[51] Wie gebunden das spekulative jüdische Denken war, ersieht man gerade aus Philo. Was ist bei ihm aus der großen griechischen Logoslehre geworden? Ein Haufen von Absurditäten, die er in Traktaten über einzelne Stellen des Alten Testaments, besonders über die Schöpfungsgeschichte, vorträgt, und zwar so, daß er sich den Zwang auferlegt, jede einzelne Tatsache der Logosspekulation auf[52] irgend einen exegetischen Befund zurückzuführen, als ob sie dadurch erst existierte, oder exegetische Befunde eigens zu konstruieren, oft auf die künstlichste Weise, um den griechischen Gedanken daran anzubringen, wie die Schwalbe ihr Nest auf einem Vorsprung des Gemäuers anklebt, und dann noch zu tun, als hätte er die Gedanken aus der Exegese erschlossen. Der Philonismus, nach der Seite der Darstellung betrachtet, ist eine Verballhornisierung der griechischen Logosspekulation.

---

48 [R] Die Tendenz des Gnostizismus: uneschatologische Geschichtsphilosophie.

49 [R] [Neben dieser Aufzählung: zwei Ausrufezeichen.]

50 [R] Spekulation und Judentum.

51 [R] barocke! *Bei Paulus* IV Esra; ethische Tiefe. Paulus [der] einzige spekulative jüdische Denker – und Spinoza. Also [der] Paulinismus neu, aus sich selbst. Sogar[?] viel Arbeit für ein so selbstverständliches Resultat [...] I Thess. [...] Ob in Auseinandersetzung entwickelt? Von Anfang an. Barockstil. Raisonnement. *Dialektik*. Bild von Architektur. Urgegebenes hat einfache Architekturen.

Niemand hat Paulus je verstanden. Marcion. Zeitgenosse. Warum vergangen: weil Zeit [zeitliche?] Voraussetzung fehlte. Jüdische Spekulation zeitlich bedingt, durch griechische abgelöst. Dies der beste Beweis für das Nichthellenische der paulinischen Theologie, denn [der] Hellenismus fand nichts daran.

52 [Ms.:] aus.

Wenn es eine jüdische Spekulation gibt, so ist es eine rein exegetische Barockspekulation, die die einzelnen Stellen mit einem System von Brükkenbögen überbaut. Aber von einer schöpferischen Spekulation der Ideen ist keine Rede.[53] Wo wir Ideen antreffen, sind sie Import, wie bei Philo. Was dieser von dem Seinigen hinzugetan hat, ist gerade so barock wie die sonstige rabbinische Spekulation der *Haggada*, jenen phantastisch-erbaulichen Auslegungen des Alten Testaments, die wir zum Beispiel im *Buch der Jubiläen*, der kleinen Genesis, jener ausgeschmückten[54] Reproduktion von Genesis 1 bis Exodus 12, erhalten haben[55] und wie sie dann in der langweiligsten und widerwärtigsten Form in den *Midraschim* vorliegt.[56] Der Fall liegt nun so. Da fremde Einflüsse in der Spekulation des Paulus nicht nachweisbar sind, müssen seine Aufstellungen ihrem Grund nach auf jüdischen Gedanken beruhen. Nun gibt es aber keine jüdische Spekulation, oder besser gesagt, keinen rein jüdisch-spekulativen Denker vor Paulus. Also haben wir zur Erklärung des Paulinismus, da wir weder hellenische noch jüdische Denker und Schriftsteller heranziehen können, rein keine literarischen Voraussetzungen.[57] Paulus kann nur aus sich selbst erklärt werden.[58] Dieser Fall steht in der Geschichte der Literatur wohl fast einzig in seiner Art da. Er ist rein jüdisch und doch innerhalb der jüdischen Literatur ein absolutes und sonst unerklärliches Novum.

Das einzige jüdische Buch, um das hier anmerkungsweise zu sagen, das nicht auf seine Gedankengänge, aber auf die Stimmung, aus der sie erwachsen sind, einiges Licht wirft[59] und das man zur Erklärung heranziehen kann, ist mindestens zwanzig bis dreißig Jahre nach seinem Tod geschrieben. Es ist die Apokalypse Esra, genannt vierter Esra. Es heißt vierter Esra, weil im jüdischen Kanon Nehemia als zweites Buch Esra gezählt wird und eine griechische Übersetzung des Esrabuches, mit Legenden bereichert, als dritter Esra galt. Man erhält in ihr[60] einen Einblick in den tieferen Geist eines Schriftgelehrtentums zur Zeit nach Jesus. Zur paulinischen Auffassung von der Sünde und zu andern Problemen finden sich erklärende Gedanken in IV. Esra.[61]

53 [R] [Drei Ausrufezeichen.]

54 [ausschmückenden.]

55 [D. h., die uns erhalten sind.]

56 [R] Es gibt eine jüdische Spekulation erst auf Grund der Eschatologie.

57 [Im Ms. folgt hier der (entbehrliche, weil nur wortwiederholende) Satzschluß:]..., aus denen wir ihn erklären können.

58 [R] Was mündlich zur [zu seiner?] Zeit Paulus vorlag. Nicht schriftlich fixierte Bewegung der Ideen! IV Esra! Spekulation beruht rein auf urchristlichen Ideen.

59 [R] [Undeutlich, wohin gehörend:] Der falsche Darwinismus in der Theologie.

60 [Der Apokalypse Esra.]

61 [Beigefügte Bleistiftnotiz:] IV Esra: nichts Eschatologisches; Messias ganz im Hintergrund.

[R] Also auf mündliche Strömung [zurückgehend?], die weiter nicht literarisch ausgeprägt [ist].

Aber nicht zu der Spekulation selbst.[62] Nun ist das scheinbar ein sehr mageres Ergebnis der ganzen Forschung, daß Paulus nur aus sich selbst erklärt werden könne. Aber es ist tatsächlich so. Wir können über den Paulinismus niemals mehr wissen, als wir aus dem Ineinanderfügen seiner Gedanken, wie wir sie in den einzelnen Briefen finden, erfahren.

Darf ich der negativen Erkenntnis eine praktische Anwendung auf Ihre Studien geben? Sie studieren den Paulinismus in der richtigen Art, nicht wenn Sie ihn ausschließlich in den Lehrbüchern über den Paulinismus studieren, als hätten diese den Schlüssel zum System gefunden, sondern im Gegenteil, wenn Sie das, was Kommentare, Lehrbücher und Theologien geben können, als schwache Hilfen zum wahren Studium betrachten, das in der immer wiederholten Lektüre jedes einzelnen Briefes und der vergleichenden Lektüre aller besteht, bis Ihnen die Grundgedanken Pauli in ihren parallelen und charakteristischen Ausprägungen[63] lebendig vor der Seele stehen und in das Vielgestaltige der Ideen Zusammenhang und Einheit kommt.

Wenn nicht alles täuscht, ist unsere moderne Theologie in ihrem Verstehen des Paulinismus an einem Ende angelangt, wo es nicht mehr weitergeht. Sie[64] stellen das Gedankengebäude des Paulus als etwas ungeheuer Kompliziertes dar, wobei man dann aber die Frage nicht unterdrücken kann, wie denn, wenn der Paulinismus das ist, als was wir ihn darstellen, ihn die Gemeinden haben verstehen können. Die Theologie hat zwar, um aus dieser Schwierigkeit herauszukommen, den Satz aufgestellt, daß niemand den Paulus je verstanden habe und daß der Einzige der alten Kirche, Marcion, der auf ihn zurückgreift bei der Bildung seines gnostischen Systems, ihn mißverstanden habe.[65] Das ist aber ein ganz unbewiesener Satz. Es wäre vielleicht besser, wenn die allerjüngste moderne Theologie, statt den nun von ihr endlich erkannten Paulinismus mit falschen Schlagwörtern auszustaffieren,[66] um ihn wirksam zu machen, wie es z. B. [Paul] Wernle in seinem Buch *Die Anfänge unserer Religion*[67] tut, sich fragte, ob wir ihn denn verstanden haben oder ob wir nicht selber unter unseren Satz «Niemand hat Paulus je verstanden» fallen.

Ich persönlich bin ganz skeptisch geworden und glaube, daß wir ihn historisch nicht eher begriffen haben werden, als bis wir ihn vom Stand-

62 [Dieser Satz gehörte wohl eher an den Schluß des vorangehenden Abschnitts, eröffnet hier aber tatsächlich den neuen.]

63 [R] Die Artikulation der Gedanken ...

64 [Die Theologen; oder sie (die Theologie) stellt ...]

65 [R] [Franz] Overbeck. [Siehe A. Schweitzer, *Die Mystik des Apostels Paulus*, Tübingen 1930/1954, S. 39, Anm. 1 (Gesammelte Werke 4, 1974, S. 72, Anm. 22).]

66 [R] Die neugermanische Sucht der Schlagworte. Wort-Bandwürmer.

67 [Tübingen 1901.]

punkt der einfachen urchristlichen Theologie erkannt haben[68] und in dieser merkwürdigen Vielgestaltigkeit spekulativer Ideen die einfachen Grundgedanken des ältesten Christentums gefunden und ihn so begriffen haben, wie ihn seine Zeitgenossen verstehen mußten und verstanden haben. Denn sie haben ihn verstanden, sonst hätte er ja keine Gemeinde gegründet.

Die Missionspredigt Pauli muß ganz einfach gewesen sein und sich in nichts von der der andern christlichen Sendlinge unterschieden haben. Denn er wurde ja nirgends wegen seiner Predigt beanstandet.

Wie finden wir aber dieses einfache Gerüst in seinen Briefen? Wie verstehen wir seine Theologie so, daß sie uns nur als die Verlängerung einfacher urchristlicher Gedanken erscheint? Man muß bei Paulus klar zwischen der Provenienz des Gedankens und seiner dialektischen Darstellung unterscheiden.[69] Es ist bei ihm wie bei Philo. Die Darstellungsform seiner Gedanken ist die armselige rabbinisch-exegetische Spekulation. Den tiefsten Gedanken fühlt er sich gedrungen so darzustellen, sonst existiert er für ihn nicht. Z. B. im 3. Kapitel des Galaterbriefes soll der Gedanke ausgeführt werden, daß das Gesetz seit dem Tode Christi seine Macht verloren hat. Die dialektische Begründung ist folgende: Jesus war sündlos; also konnte er kein Verfluchter sein. Nun ist er aber am Kreuz gestorben. Es heißt aber in der Schrift ausdrücklich, Dtn. 21,23: «Verflucht vor Gott, wer an dem Holze hängt.» Nun steht andererseits fest, daß Jesus als der Verklärte vor Gott kein Verfluchter war. Also erfüllte sich der in diesem Falle ausgesprochene Fluch des Gesetzes tatsächlich an dieser einen Person nicht. Indem es den Fluch über jeden ausspricht, der gehängt ist, nun aber einer gekommen ist, über den es die Macht nicht hat, seinen Fluch zu realisieren, hat es sich außer Kraft gesetzt.[70] Es hat sich an jenem[71] gewissermaßen die Zähne ausgebissen.

In demselben Galaterbrief sieht er in Hagar die Personifizierung des falschen Israel,[72] das auf das Sinaigebot und den Sinaibund seine Rettung setzt, weil Hagar mit [dem Sohn] Ismael in [der Wüste] Paran beim Sinai in Arabia wohnte.[73] Das ist alles Darstellung. Aber die Grunderkenntnisse des Paulinismus sind nicht aus solchen exegetisch-spekulativen Künsteleien erwachsen, sondern diese sind nur die barocke Fassade, die

---

68 [R] [Das] Schlimme für [die] Dogmengeschichte: Niemand weiß, was eigentlich Urchristentum ist. [Man] operiert damit.

69 [R] Dialektik Pauli . . . 1) Gebäude: Fassade. Die Provenienz des Gedankens – Dialektische Darstellung. Philo. 2) I Thess. – Philipper.

70 [Ms.:] hat es sich ausgewirkt. [Das ist hier mißverständlich, deshalb sinngemäß ersetzt.]

71 [An jenem Gekommenen, über den es keine Macht hat, Jesus.]

72 [Gal. 4,21 ff.]

73 [I Mose 21,14: Wüste Beerseba; I Mose 21,21: Wüste Paran.]

er an den eigentlichen Bau angebaut hat. Welches aber die Struktur des eigentlichen Baus ist, welches die Prinzipien der kühnen Bogenführung, das kann man aus dieser angebauten Fassade nicht erschließen.[74] Paulus hat die Gedanken seiner Spekulation ebensowenig aus seiner barock-spekulativen Exegese gewonnen, als es Philo tat, sondern der ganze Bau, der sich anscheinend so kompliziert darstellt, ist wie ein gotisches Kirchenschiff aus einer Grundformel erwachsen.[75]

Ich lege darauf so großes Gewicht, weil in der Exegese darüber noch wenig Klarheit herrscht und die Kommentare immer noch so tun, als hätte Paulus wie ein moderner Theologe seine Gedanken aus irgendeiner verdrehten Exegese herausgesponnen, statt erkennen zu lassen, daß er sie[76] im Gegenteil hineingespannt und hineingeschraubt hat.

Die einfache Grundformel, aus der die ganze Gotik des Paulinismus erwächst, muß also in der urchristlichen «Gemeindetheologie», wie man sagt, zu suchen sein, das heißt: es muß ein Gedanke sein, der allen geläufig und verständlich war, so daß Paulus nur gewisse Linien zu Ende zog und gewisse Voraussetzungen bis in ihre letzten Konsequenzen verfolgte.[77]

Wir müßten also die einfache Predigt des Paulus kennen, wie er sie als Missionar übte. Ja, wenn wir die kennten, es wäre uns aus allem geholfen. Nun kennen wir sie leider nicht, aber etwas, was uns einigermaßen einen Ersatz dafür bietet: Einen Brief, der vor der großen Diskussion geschrieben ist, die den Apostel zwang, seine Gedanken polemisch auszuprägen und sie in phantastisch-spekulative Paradoxien zu kleiden, den *1. Thessalonicherbrief*, der auf der zweiten Missionsreise, wahrscheinlich von Athen aus, geschrieben ist, da Paulus auf dem Wege nach Korinth war.

Hier redet Paulus zu einer neugegründeten Gemeinde, die kaum einige Wochen alt ist. Der Inhalt wird also so ziemlich mit seiner Missionspredigt, wo uns seine Gedanken in der einfachsten Form begegnen müßten, identisch sein.

Und nun der Inhalt? Es ist einfach eine Mahnung auf die Parusie des Herrn! Jeder Gedanke gipfelte in dieser Vorstellung. Lesen Sie sich einmal den Brief durch und unterstreichen Sie sich die betreffenden Verse! Jedes Kapitel schließt mit einem solchen Ausblick; der Gedanke der Parusie erscheint bei jedem Gedankeneinschnitt. Ich zitiere die Verse:

---

74 [R] Paulus: Genese und Dialektik der Gedanken. [Neben den letzten beiden Sätzen: zwei Ausrufezeichen.]

75 [R] Herausspinnen – hineinspannen.

76 [Ms.:] ihn [aber zuvor war von den Gedanken (pl.) die Rede.]

77 [R] Zu Anfang über *Einleitung*.

1,10: «Und *zu warten* seines Sohnes vom Himmel, welchen er auferweckt hat von den Toten, Jesum, der uns von dem zukünftigen Zorn erlöst.»

2,19: «Wer ist unsere Hoffnung oder Freude oder Krone des Ruhms? Seid nicht auch ihr es vor unserm Herrn Jesu Christo *bei seiner Parusie*?»

3,13: «Daß eure Herzen gestärkt [werden und] unsträflich seien in der Heiligkeit vor Gott und unserm Vater auf die *Zukunft* unseres Herrn Jesu (Christi) samt allen seinen Heiligen.»

Das 4. Kapitel gipfelte in der Schilderung der Parusie. Es war nämlich in der jungen Gemeinde, da etliche der Gläubigen starben, die Befürchtung laut geworden, daß diese, weil nun tot, bei der Parusie nicht figurieren würden mit den Erwählten des Herrn, die sich um ihn scharen würden, sondern erst bei der allgemeinen Totenauferstehung herauskommen[?] könnten.[78] Nun erklärt ihnen aber Paulus, daß diese durch ihr Sterben nicht benachteiligt würden, sondern als solche, die «in Christo gestorben» [sind,] eine separate Auferstehung vor der allgemeinen Totenauferstehung haben würden, und zwar so, daß sie beim Trompetenstoß, der die Ankunft Christi ankündigt, erwachen werden und mit den lebendigen Gläubigen werden in die Wolken entrückt werden, um dort den Hofstaat des Weltrichters zu bilden, und [sie] werden nicht mehr von seiner Seite gerückt werden.

Im 5. Kapitel [finden sich] auch nur Ermahnungen für die Parusie.[79]

5,23: «Er aber, der Gott des Friedens, heilige euch durch und durch, und euer Geist ganz samt der Seele und [dem] Leib müsse behalten werden unsträflich auf die Parusie unseres Herrn Jesu Christi.»[80]

Meine Herren, das ist der einfache Paulinismus. Also elementare und intensive eschatologische Erwartung. Keine Spekulation über Tod und Auferstehung Jesu! Der Paulinismus, wie wir ihn dann in den Hauptbriefen kennen lernen werden, ist nur eine Gärungserscheinung des Paulinismus.[81] Und ehe man ihn durch Zurückgehen auf die einfache Form und rein aus dieser einfachen Form erklärt hat, hat man ihn empirisch und historisch nicht erklärt,[82] man mag[83] noch so viel Schlagworte hin-

78 [R] Dies für mich besonders interessant, weil für mich Ausgangspunkt der ganzen selbständigen [letztes Wort undeutlich] Geschichte: Empirisch! Zurückgehen auf primitive Form! Was nicht darauf zurückzuführen ist, ist unerklärlich. Phantastischer Hauptgedanke, ob er [die] Parusie lebend oder tot erlebt, wieder einfache Form. *Philipper.*

79 [D. h. auf die Parusie hin.]

80 [R] In der Idee der besonderen Stellung derer, die Christo angehören, [daß sie] zur Totenauferstehung [gelangen, ist] nicht eine singuläre Tatsache [postuliert] etc.

81 [R] [Ausrufezeichen.]

82 [R] Das Argument, das er [Paulus] den andern Aposteln gegenüber anwendet, muß in der Talachse [Tatsache?] der urchristlichen Vorstellungen liegen.

83 [Ms. (wohl verschrieben):] man man nun.

einwerfen und mit Psychologie operieren, als verstände man den Paulinismus in jedem Detail.

Ich habe eine besondere Freude, Ihnen dies vorzutragen, weil der [1.] Thessalonicherbrief für mich das Datum bezeichnet, wo ich zum ersten Mal mich in der Theologie selbständig fühlte. Als ich ihn einmal las, es sind schon manche Jahre her, und die Stellen von der Parusie unterstrichen hatte, kam mir nämlich plötzlich der Gedanke, daß dieser Brief etwas so ganz anderes sei, als was ich bisher in Kommentaren und Lehrbüchern als Paulinismus dargestellt gefunden hatte, und zugleich die Überzeugung, daß man ihn erst dann verstanden hat, wenn man ihn irgendwie als die naturgemäße logische Zuspitzung dieser Grundgedanken begriffen hat, gewissermaßen als eine geniale Zusammen- und Ineinanderschiebung derselben unter dem Drucke eines Problems, das er damit überwinden will.[84]

Anders gesagt:[85] das Material und die Architektur der paulinischen Spekulation sind beide eschatologisch. Das heißt, der Paulinismus, wie er uns in dem Fundamentalsatze «Ist jemand in Christo, so ist er eine neue Kreatur» entgegentritt, ist seinem Wesen nach *nur eine Überspannung des allgemeinen eschatologischen Satzes, wonach in der nahe bevorstehenden Zukunft alles neu wird*, bei der übernatürlichen Neuschaffung der Welt und der Menschheit in den Zustand der Seligkeit, nun so, daß Paulus sagt, daß die Gläubigen schon jetzt in diesem Zustand sind.[86] Die Erneuerung bei Paulus ist nicht eine sittliche, sondern eine physische[87] Größe; sie sind physisch schon so erneuert, wie sie aus der Erneuerung bei der Auferstehung oder bei der Verwandlung hervorgehen werden.[88] Die ethische Erneuerung ist nur eine Betätigung dieser physischen, nicht sichtbaren, doch nicht minder realen physischen Erneuerung, eine sittliche Erneuerung, die Paulus auf Grund der andern von ihnen verlangt.[89]

Er datiert also die eschatologische Zukunft für die gläubigen Individuen real in die Gegenwart. Ich nenne das eschatologische Mystik.[90]

Diese Vorausdatierung aber auf Grund des Todes und der Auferstehung Jesu Christi und der mystischen Gemeinschaft der Gläubigen mit ihm: Das ist also die Spekulation.[91]

---

84 [R] Fand aber den Punkt nicht.

85 [R] Für einige Minuten muß ich *Ihre ganze Aufmerksamkeit in Anspruch* nehmen.

86 [R] Sehen, was von diesem Bau in den andern Briefen übrig bleibt.

87 [Gestrichen:] metaphysische.

88 [R] Das andere zusammenstellen: *Der neue Zustand*!

89 [R] Das ist der zureichende Grund, daß nichts mehr geändert werden darf! [Vgl. oben S. 511, Ms.-S. 8f.]

90 [R] [Zwei Ausrufezeichen.]

91 [Auf neuer Zeile, am unteren Seitenrand eingezwängt, stehen noch die auf eine Fortsetzung weisenden Worte:] Sie sehen gleich...

[Notizen (Dazugehörend?):]

1) Die Beantwortung der drei Fragen![92]
2) Das Objektive. Das Ethische, das bleibt. Predigt! Unter welchen Reaktionen es eintrat; nachher unabhängig davon.
3) Die historische überhistorische Betrachtung ... Losreißung!

---

92 [Vgl. oben S. 514f.]

8. Schlußvorlesung des Kollegs Geschichte der Leben-Jesu-Forschung von Reimarus bis zur Gegenwart[1] (29. 7. 1908)

Sie haben sich durch die Art meiner kritischen Untersuchung abgestoßen gefühlt. Sie finden das wohl zu streng, zu gefühllos gegen die Theologie. Ich aber habe das Bewußtsein, ungerecht gewesen zu sein. Aber die Ungerechtigkeit ist eben notwendig in diesem Fall, denn zuletzt ist diese Ungerechtigkeit doch wieder Gerechtigkeit in höherem Sinne, nämlich wenn die Gerechtigkeit darauf ausgehen soll, zu sehen, ob ein Resultat unbeirrt von Gefühlen verfolgt worden sei; das kann man in der Leben-Jesu-Forschung nicht sagen. Das berechtigte Gefühl hat sie immer wieder auf Abwege gebracht. Es war die Angst vor einem negativen Resultat. Aber der Wert liegt nicht darin, ob die Größen, die bei der Rechnung herauskommen, Minus oder Plus sind – wenn sie nur wahr sind –, ebensowenig wie der Mathematik daran liegt, ob man mit Plus- oder Minus-Größen rechnet, sondern nur an dem, was herauskommt. Das ist das Große, einen Gedanken zu Ende zu denken. Die Theologie ist gezwungen worden durchzudenken, und das Resultat ist Minus geworden. Die gerne von negativer Theologie reden, haben es hier nicht schwer.

Ob [William] Wrede mit der literarischen oder ich mit der eschatologischen Kritik gesiegt – das Resultat ist negativ. Der Jesus, den die moderne Theologie zeichnen wollte, existiert nicht; er war [nicht] der, den man in seinen Gedanken in unsere Zeit hineinstellen kann, daß er zu ihr rede, als wäre es die seine; er, der das Reich Gottes gegründet hat, der sich als Messias des Reiches Gottes erwies, hält nicht stand. Dieser Jesus hat nicht existiert.

Das, was als nächste Frage in Sicht tritt, obwohl dann nicht gesagt ist, daß es die Hauptfrage ist, ist folgendes: *Ist Jesus in dem Sinne noch Autorität in der christlichen Religion wie bisher*? Antwort: *Nein.* Er ist es schon lange nicht mehr gewesen; denn Autorität in dem Sinne, wie man ihn postuliert, daß die Gleichung gilt: Jesus = christliche Religion,[2] ist er nicht gewesen. Seine Anschauungen von Gott und Welt sind nicht die

---

1 [Maschinenschrift-Text aus dem Archiv Günsbach. Aufschrift von Ali Silver:] Copie des Cahiers de Werner Picht. [Es scheint sich um eine Abschrift des Originaltextes zu handeln, doch enthält sie einige Undeutlichkeiten.]

2 [In der Vorlage nur ein einfacher Bindestrich; dieser würde aber eine Gegenüberstellung, nicht eine Gleichung signalisieren.]

unsrigen. Seine ethische Begründung ist nicht die unsrige. Das fühlte man und hat darüber hinweggeschaut, um diese Frage nicht herbeizuziehen, und *nun ist durch den Ausgang der Leben-Jesu-Forschung diese Frage herbeigezwungen worden.* Es ist nachgewiesen, daß Jesus, historisch, in einer ganz andern Welt steht als die, in der wir leben, und daß die Welt, die für ihn die Zukunft war, nicht eingetreten ist; denn unsere Welt ist eine andere, und Jesus ist nicht Autorität, weil er sich geirrt hat, weil etwas von dem, was er voraussagte, nicht eingetroffen ist.

Hier ist der Ort, des [Hermann Samuel] Reimarus zu gedenken. Dieses Ergebnis arbeitet sich immer heraus: Der Rechtsgrund, auf dem das Christentum steht, Jesus als Autorität, hält nicht, ist unwahr; denn das Christentum verschleiert das eine, daß es mit seiner Entstehung an ein sich überweltlich verwirklichendes Gottesreich glaubt, und dieses ist nicht eingetroffen, und etwas Neues kam. Diesen Riß verschleiert es, und darum ist es unwahr. Die Theologie hat nicht darauf gehört, sie ist befangen. Damals war Christus Autorität für den Rationalismus. Dieser hatte die gewisse Zuversicht, daß seine Erkenntnis identisch mit der Jesu sei. *Rationalistische Religion gleich Lehre Jesu.*

Auf den Rationalismus folgt die historische Theologie. Diese hat die Schwierigkeit schon tiefer empfunden. Das Maß[3] war ihr vorgezeichnet: einen historischen Jesus zu entdecken, der in die moderne Zeit hineinpaßt, der das ausgesprochen hat, was wir unserer Zeit als Religion bieten wollen. Man wollte eine gekünstelte Perspektive machen und glaubte, diese halten zu können. Sie können sich von der Zeit, wo ich meine Studien machte, keinen Begriff machen, mit welcher Sicherheit man darauf baute: der historische Jesus ist der, den wir zeichnen. Ihr ganzer Glaube ging auf die historische Forschung, und ich habe das miterlebt, dieses langsame Irrewerden. Nun ist der Riß gekommen, die Zerstörung ist fertig. Jesus ist nicht mehr für eine Reihe von Ideen, die den Bestand unserer Religion ausmachen, Autorität. Die ganze Künstelei, die einen Gedanken, den unsere Zeit gedacht hat, zu biegen und zu drehen und auf irgendeine Weise Jesu in den Mund zu legen versucht und dadurch seine Autorität zurückempfangen will[, ist als solche offenbar]. Dies Unnatürliche empfinden Sie erst, wenn Sie unsere Dogmatiker und Ethiker lesen. Diese Unnatur hat ihm und uns geschadet, weil wir nicht seine Worte und Lehren vortragen, sondern [das,] was wir an seine Stelle setzten. Wir wurden unnatürlich, weil wir einen Gedanken, den wir gedacht hatten, einen Gedanken des allgemeinen Geistes, den uns die Zeit gab, nicht wagten auszusprechen, sondern unter seine Autorität stellen mußten, *als ob nicht der Gedanke selbst Autorität ist, wenn er wahr ist.* So ist die Zerstörung des unnatürlichen Zustandes eine Erlösung für Jesus und die Religion.

---

3 [Ziel?]

In jeder Religion ist ein Doppeltes: die Autorität der ganzen Größe der Erkenntnisse, die sie zustande gebracht hat,[4] und dann das, was der allgemeine Geist im Wandel der Zeit hinzubringt durch die [Menschen], die tief genug sind, auf den Grund der Dinge zu schauen. Und beides ist in jeder geistigen Erkenntnis nebeneinander, und das Auffällige ist gerade, daß dies uns in unserer Religion so ad oculos demonstriert wurde durch Jesus und Paulus; denn man muß sagen: Paulus ist in gewisser Weise selbständig gegen Jesus. Was er hinzubringt, wo er sich loslöst von der Autorität des historischen Jesus, deckt er diese Erkenntnis durch den Begriff der *Offenbarung des Geistes*. Und man kann sagen: In den beiden, in der alten Lehre [von] der Autorität Jesu und in der Offenbarung – in unserem Sinne – einer geistigen Erkenntnis, die sich den Menschen aufzwingt, also *in der Autorität der Vergangenheit des Stifters und fortlaufenden Offenbarung liegt eigentlich die ganze Geschichte der Religion.*

Paulus hat noch den Mut, diese Gedanken zu denken. Die griechische Theologie hat ihn aufrecht gehalten. Sie wußte: alles, was sie wußte, war noch nicht von Christus angesprochen. Sie schuf deshalb das 4. Evangelium und geht hier weiter als das, was Christus ihr mitgeteilt hat. Das ist der große Gedanke der johanneischen Abschiedsrede. Dieser Gedanke des Nebeneinanders von Jesus und *Autorität des Geistes* erstarb im Abendlande. Er wurde hineingezwängt in den Begriff der Tradition, verändert und gepreßt; und in dem Maße, als der Begriff der Tradition den schöpferischen Inhalt verlor, schied auch die Lehre von der Fortoffenbarung des Geistes aus der abendländischen Kirche aus. Und *damit zerriß das Band zwischen dem historischen Jesus als Offenbarer und der neuen Erkenntnis.* Die Renaissance schuf eine Erkenntnis, auch religiös, faßte aber das Band nicht. Dann kam der Rationalismus, der, statt auf die Offenbarung der Vernunft zu bauen, wie er es von Jesus aus getan hat, weil er abendländischer Rationalismus war, alles, was er sagt, in den Mund Jesu zurücklegt und jene Auslegung der Worte Jesu schafft, wo der alte Wortlaut stehen bleibt und das Wort mit einem neuen Geist erfüllt wird. Das interessante Phänomen ist, daß er das, was er sagt, mit dem Evangelium identisch setzt und die Synoptiker mißachtet, daß er aus der Theologie des Römerbriefes vorträgt, was unserer Zeit helfen kann: die Anerkennung der Lehre des Geistes,[5] wie wir sie als moderne Menschen verstehen, die Anerkennung von Tatsachen in unserer religiösen Anschauung, die nicht durch irgendwelche Autorität Jesu legitimiert sind, sondern durch sich selbst als vom Geiste hervorgebracht legitimiert sind – also eine Selbständigkeit der religiösen Erkenntnis auch Jesu gegenüber.

---

4 [Vorlage:] haben.
5 [D. h. der Lehre von der Autorität des Geistes.]

Unser ganzes religiöses Denken ist so unlebendig geworden, weil man keinen Gedanken mehr zu denken wagte, den man nicht Jesu in den Mund legen konnte. Darum sind alle die großen Probleme, die unsere Zeit religiös bewegen, beiseite geschoben worden. In den berühmten Dogmatiken werden die großen Fragen nie wirklich im Mittelpunkt stehen. Immer kommt es darauf hinaus, etwas Modernes aufzustellen, das noch zur Not durch die Autorität und Worte Jesu gedeckt werden kann. Nun sind die Probleme, die uns bewegen, andere. Wer wagt noch, zu sagen: der Gott, den ein moderner Mensch predigt, ist identisch mit dem Gotte Jesu, hat dasselbe Verhältnis zur Welt, wie Jesus es von seinem Gotte voraussetzt? Wir sind doch alle in eine andere Bahn gewiesen worden. Das, was ihm selbstverständlich ist, das Wirken der Kraft in der sichtbaren Welt, ist für uns ein unlösbares Problem. Wir bringen Gott und Geist nicht mehr zusammen mit der Welt der Erscheinungen. Das tritt in den elementarsten Fragen zutage. Das einzige Problem: Der Gott, den wir predigen, ist nicht mehr der Gott Jesu, er hat nicht mehr das Verhältnis zur Welt, wie er es sich vorstellt.

Von der Eschatologie sind wir frei gekommen. Wir haben uns aber auf eine Zukunftsreligion zurückgezogen, die der Rationalismus aufgestellt hat und die noch besteht, wenn auch verfeinert:[6] die des ewigen Lebens. Die Frage, von der das religiöse Leben abhängt, ist, ob nun die Annahme einer zukünftigen geistigen persönlichen Existenz steht und fällt mit Religiosität überhaupt, ob nicht jemand religiös sein kann und die Annahme in dieser Gestalt nicht mehr kennt. Das sind keine zufällig aufgegriffenen Fragen, sondern es handelt sich darum, daß die Metaphysik, die man bisher in der Religion noch mitführte, weil man glaubte, sie würde durch die Autorität Jesu gedeckt,[7] uns zum Problem wird und jetzt das Problem unserer Zeit ist. Das religiöse Problem, das uns bewegt, betrifft das Verhältnis von Geist und Welt, von uns als Geist und uns als Erscheinung der äußeren Welt. Gerade diese Probleme nun, die nicht mehr in die Diskussion der Fragen, die Jesus bewegten, hineingestellt werden [können], werden beiseite geschoben, weil sie mit den Evangelien, wie man sie Jesus in den Mund legte, nicht mehr vereinigt werden konnten. So ist die Theologie leblos geworden. Der Begriff der evangelischen Verkündigung hat das verständige Denken absorbiert. Wenn unsere Massen irreligiös sind, so liegt das nicht daran, daß sie[8] sich verschlechtert haben. Die Zeit ist so ernst, daß auch die Massen ernst sind. Es liegt daran, daß man ihrem geistigen Denken nichts bieten konnte, weil wir das bisher nicht auszusprechen wagten, *was nicht durch Jesu Autorität gedeckt ist.* Gerade der Ausgang der Leben-Jesu-Forschung,

6 [Vorlage: Strichpunkt.]
7 [In der Vorlage hier wiederholt:] daß diese Metaphysik uns...
8 [Vorlage wiederholt:] unsere Massen.

wo auch das Recht fortfällt,[9] Jesus als Garantie des gesamten äußerlichen Bestandes einzuführen, bedeutet einen Schritt vorwärts. Die Dogmatiker, nicht die Historiker, haben sich damit auseinanderzusetzen. Diese erleben die Schwierigkeit des Problems. Was daraus wird, weiß ich nicht; wenn aber etwas geschieht, und der Geist ist frei, muß etwas daraus werden, das uns zum Fortschritt führt. Ist damit die *ganze* Autorität [Jesu] zerstört? Nein, denn zu beachten ist, daß er wieder selber redet. Die bisherige Forschung drängt sich zwischen Jesus und die andern, sie wirkte katholisierend, indem sie sagte: du verstehst ihn nicht ohne mich. Man hat seine Worte vertreten gegen Reichtum, Besitz, Wissen usw. und alles eben nur, damit er zu uns rede.[10] Nun ist dies zerstört. *Jesus selber redet wieder.*[11] Es war gut, daß es so gekommen ist, daß der Wissensstolz unserer Theologie gebrochen ist. Sie war zu eingebildet geworden, wenn sie einen Jesus historisch ausgearbeitet hatte, nur um damit eine Regeneration der Theologie hervorzurufen. Sie zwang immer dazu, den *Umweg über den «historischen Jesus» zu machen. Die Leben-Jesu waren an [die] Stelle der Evangelien getreten.* Man arbeitete sogar Konfirmandenunterrichte aus in Form eines Lebens Jesu. Mir hat ein Pfarrer dies längere Zeit vorgehalten und konnte die Absurdität nicht einsehen. Das Leben Jesu hat keine Wichtigkeit; nicht der Verlauf seines Lebens [hat eine solche], sondern nur seine Worte, und diese wirken für sich. Da tritt neben dem Fremdartigen das Großartige in Erscheinung. Ich habe es an mir selbst erlebt, wie die Worte Jesu, die ich erst in der modernen Umhüllung geboten bekam, wuchsen und wuchsen ins Gigantische, als ich sie sah, wie sie sind. Die Geschichte des reichen Jünglings ist wieder die Geschichte vom reichen Jüngling, wie er sie sich dachte. *Das Unbedingte einer Forderung tritt wieder in Kraft.*

Und nun die Ethik Jesu. *Ist seine Ethik rein eschatologisch bestimmt, oder besteht sie durch sich selbst?*

Eschatologisch bedingt darin ist die Idee des Lohnes. Vergebens sträuben wir Theologen uns dagegen, daß die Eschatologie von selbst gegeben ist. Wir Menschen des 20. Jahrhunderts können eine Ethik mit Lohnverheißungen nicht mehr denken, weil wir nach Kant geboren sind, der seine Auffassung der Ethik aufgestellt hat. Wir sind nicht mehr naiv in diesem Sinne. Fällt damit die Ethik Jesu an und für sich hin? Nein. Man kann sagen: *Der Eschatologie verdankt die Ethik Jesu ihre Größe.* Alles was wir dazu denken mögen, sie zu erklären, sinkt hin, aber damit auch nur das Historische der Worte, und die Worte selbst bleiben in ihrer ganzen Größe.

Wer ist unter uns, dem das Gleichnis vom verlorenen Sohn weniger

---

9 [Vorlage:] besteht [«fortfällt» ist vom 1. Abschreiber in () mit Fragezeichen beigefügt.]
10 [D. h. in einer historisch-biographisch angepaßten Form.]
11 [Hier nun in nicht mehr angepaßter Form, sondern einfach dem Wortlaut nach.]

lebendig wäre, wenn wir nicht mehr in der Eschatologie stehen, – auf den die ganzen Vorstellungen von Jesus nicht mehr diesen Eindruck machten, weil er jetzt weiß, sie sind eschatologisch bedingt? *Jesus hat die unbedingte Ethik aufgestellt, weil er durch die Eschatologie aus der Weltvoraussetzung herausgeht.* Jede Ethik unserer Art hat etwas Bedingtes: die sokratische, stoische, unsere Philosophie haben etwas zeitlich Bedingtes, weil sie ausgehen von einem Gedanken, der in jedem Volk, in jeder Epoche realisiert werden muß, *während Jesu Ethik unbedingt ist. Sie hat kein Ziel, keinen Zweck in dieser Welt. Der Mensch an sich ist das Subjekt der Ethik Jesu, und ihr Gedanke ist die letzte und tiefste Läuterung des menschlichen Wesens* für das Höchste. So ist die Ethik für ihn Selbstzweck in diesem Sinne. Jesus verlangt in seiner Ethik die letzte und tiefste Läuterung für den Eingang in das ewige Reich. Streichen wir den zweiten Gedanken, dann bleibt der erste. Jesus hat die Ethik aufgestellt; ob wir sie mit einem zweiten Zweck verbinden,[12] ändert nichts daran. *Die Ethik Jesu kann mit jeder Weltanschauung verbunden werden*, so, wie keine Ethik auf der Welt. Alle modernen Ethiken gehen auf einen Zweck aus: Für die theologische ist es die Vollendung des Reiches Gottes auf der Welt, mit Benützung der irdischen, als Güter erkannten Dinge, Staat, Gesellschaft, Kirche usw., und für die philosophische: die Vollendung der Menschheit mit Benützung der als ethisch erkannten Güter. Die Ethik der Weltbejahung im modernen Sinne, die philosophische und die religiöse Ethik in unserer Zeit, stehen gegenüber der Ethik der Zwecklosigkeit, der Ethik der Weltverneinung. Wer die Ethik Jesu schaut, wie sie ist, und nicht mitmacht, was man bisher machte, die Ethik der Weltbejahung hineinzwängen[13] in die Ethik der Weltverneinung, der hat neben der Ethik der Weltbejahung im modernen Sinne noch die der Weltverneinung. *Den Widerstreit dieser beiden Ethiken hat jeder Mensch in sich.* So empfindet jeder von uns in einem doppelten Sinne alles Ethische. Diesen Widerstreit erlebt er in jedem Augenblick seines Daseins. Wer tief denkt, den Dingen in die Augen zu sehen wagt, macht diese Naivität der Ethik der Weltbejahung, wie sie modern gebracht wird, nicht mehr mit, sondern er weiß, daß, wer stark sein will, zur Ethik der Weltbejahung hindurchgegangen sein muß durch die Ethik der Weltverneinung. Er muß diesen Widerstreit immer fort und fort erleben. Das ist das Große an Tolstoi: Während alle Theologie die Worte Jesu dadurch entkräftet, daß sie ihre Gedanken hineinlegt, hat er es gewagt, sie zu sehen, wie sie waren und [hat] gewaltiger gepredigt als wir, und hat schreiben können, was er in der «Auferstehung» geschrieben hat. So isoliert Jesus den Menschen. *Wer einmal den Worten Jesu ins Auge schaut, der wird niemals ruhig sein ganzes*

---

12 [Zu ergänzen: oder nicht.]
13 [Vorlage:] hineinzwängte.

Leben lang. Er wird immer hineingeworfen in den Kampf mit dem absoluten Leben. Die moderne Ethik hat die absoluten Maßstäbe verloren. Die Größe Jesu ist die: Er ist Autorität geworden für den Einzelnen in seiner wahrhaften Menschlichkeit. Das ist das Überwältigende an ihm, daß er in dem[14] eschatologischen Traum Mensch wurde und Mensch blieb, daß er gesprochen hat das Wort über das Scherflein der Witwe, über das verlorene Schaf, diese merkwürdigen Paradoxien, *die jeden Augenblick den Menschen aus der modernen Ethik herauswerfen.* Der Mensch, der überwunden wurde von dem kanaanäischen Weibe, der die Umgebung anfleht, sie möchte nicht irre werden an ihm, daß er sie retten könne, der die Jünger bittet, sie möchten nicht schlafen bei seiner Seelennot, diese gewaltigen menschlichen Paradoxien, [das alles] hält ihn uns aus der modernen Ethik heraus. Da ist nichts weiter als die Verneinung des Gleichnisses vom verlorenen Schaf: Bei [Friedrich] Naumann z. B. und bei andern wird der Einzelne der Gesellschaft geopfert, bei Jesus ist der Einzelne der ganz Gleichwertige, mehrwertig als die Gesellschaft. Er ließ die 99 in der Wüste unbekümmert und ging dem Einzelnen nach. *So liegt die Ethik Jesu in der großen Menschlichkeit.* Was uns unruhig macht, wenn wir von der Ethik Jesu erfaßt sind, ist das, daß wir immer wieder von ihr erfaßt werden. Das ist das Große und Gewaltige an ihr. Wir brauchen die Ethik Jesu. Wir wurden roh[15] und klein mit der Ethik der Weltbejahung, *weil wir ethisch nicht mehr existierten.* Das können wir an den Menschen sehen, die im öffentlichen Leben stehen, sehen, wie sie im Kampf ums [Ethische im][16] Leben erlahmt sind; unsere ganze Zeit macht dies durch; zu keiner Zeit hat Jesus so viel zu sagen gehabt wie zu uns. In seiner Ethik liegt das Große, das Heroische. Mit aller modernen Ethik ist das Große aus unserer Kultur gefallen.[17] Die Menschlichkeitsideale sind dahingeschwunden. *Wir haben die Welt erobert und haben uns nicht gefragt, was aus den Menschen wird.* Für unsere Ethiker waren sie nur Stoff für die Expansion unserer Natur.[18] Nun kommt Jesus und führt uns Menschen des 20. Jahrhunderts auf den Menschlichkeitsweg zurück.[19]

---

14 [Vorlage:] den.

15 [Vorlage, zweifellos irrtümlich:] froh.

16 [Diese Ergänzung scheint sinngemäß notwendig, entspricht vielleicht einer irrtümlichen Weglassung durch den 1. Abschreiber. (Die Logik: Ohne Ethiker lahmt der «Kampf ums Leben» nicht, sondern wird nur um so rücksichtsloser geführt.) Vgl. den nachfolgenden Satz: «Die Menschlichkeitsideale sind dahingeschwunden.»]

17 [Der Satz ist undeutlich. Ist auch die moderne Ethik aus unserer Kultur gefallen? Gemeint ist wohl eher: Die moderne Ethik hat alles Große aus unserer Kultur verdrängt.]

18 [Deutlicher wäre das Wort «Macht».]

19 [Hier folgt noch der Satz:] Weil Naumann wohl der größte unserer Ethiker ist, weil er keine Ethik geschrieben hat, kann man an ihm am besten sehen, was Ethik ist. [Der Satz widerspricht der obigen Kritik an Naumann. Oder liegt ein Abschreibirrtum vor:

Nun die Größe Jesu in seiner Menschlichkeit und in seinem Selbstbewußtsein. Uns interessiert absolut nicht, ob Christus erst das messianische oder das menschliche Selbstbewußtsein hatte, uns interessiert nur, daß ein Mensch den Gedanken denken konnte, er sei der Messias. Man hätte Angst [...];[20] wenn Jesus rein der eschatologische irdische Messias ist, ist es für uns klein, diesem Traumbild nachzuhängen. Der irdische Messias war eine Erscheinung der Zeit, und nun kommt ein Mensch und wagt den Gedanken zu denken, daß er identisch sei mit dem Messias der Zukunft. Wie groß muß dieser Mensch gewesen sein! Was er für uns ist: Der Herrscher auf dem geistigen Gebiet in seiner reinen Größe. In seiner reinen Größe erfaßt er sich als den Herrscher... solidarisch mit ihm zu sein, das ist ein Recht... er [ist] der Herr, der geistige Herr der kommenden Welt.

Die kommende Welt ist gekommen; unsere Welt kam. Wer Jesus kennt, der weiß, er ist es [er ist Herrscher] gerade in seiner menschlichen Größe und durch die Reinheit seines Selbstbewußtseins.

Wir empfinden die Größe Jesu, und je tiefer ich forsche, desto mehr geht mir die Größe Jesu auf. Es mag sein mit dem Resultat, wie es will; *die Größe dieses Menschen kann nur dadurch erkannt werden, daß wir ihn sehen in seiner Zeit.* Nun stehen wir in einer Zeit, wo die Religion das, was sie an zukünftigen geistigen Gütern hatte, aufgeben muß, *wo sie zurückgeworfen wird auf diese Existenz.* Da wird unsere Religion Diener Jesu werden, und in diesem Dienen werden die, die durch seine Ethik erfaßt sind, vertieft und aus der Welt herausgehoben und nun erst brauchbar für die Welt. In diesem Dienen wird unsere Religion sich vertiefen, sie wird frei kommen von den unwirklichen Gedanken, die sie jetzt beherrschen, frei von der Phrase, von dem Suchen der Einheit im Wortlaut, aber fortschreiten im Leben. Nicht der historische Mensch Jesus, sondern der Geist, der von seinem Wort ausgeht, der in jeder neuen Zeit und in jedem Menschen neu kräftig gestaltet wird, der wird die Welt überwinden, und daran ändert keine historische Forschung etwas. Sie hat das Resultat gehabt – es mag noch verworren sein, es wird offenbar werden –, daß wir durch die Leben-Jesu-Forschung hindurchgedrungen sind zu der Religion des Geistes. *Der Geist Jesu in uns ist als der Schaffende in die Welt getreten,* und damit hat die Wahrheit wieder bewiesen, daß sie doch zuletzt das höchste Gut ist und die Menschen vorwärts bringen kann.

Ist *Jesus* gemeint? Aber dieser ist nicht «wohl» der größte «unserer» Ethiker, er *ist* der größte Ethiker. Da wir den problematischen Satz an keinem Original nachprüfen können, stellen wir ihn als Fußnote in die Anmerkungen.]

20 [Vielleicht ist hier ein Satz ausgefallen, der diesem Kurzsatz von der Angst einen Sinn gegeben hat, etwa eine Erklärung über Unterschied und Identität von irdischem und zukünftigem Messias.]

9. Stück aus der «Erforschung des Paulinismus» (1909)[1]

... Die drei Stellen gehören zu den Schwierigkeiten, die den paulinischen Brief [kennzeichnen?]. Ihr Sinn läßt sich aus einer reinen Übersetzung der Worte nicht gewinnen.[2] Es handelt sich darum, Ordnung und Logik in die enggedrängten Behauptungen zu bringen und sie mit andern Stellen und der Gesamtauffassung der paulinischen Idee von Tod und Auferstehung in Beziehung zu setzen.

[Otto] Pfleiderer sieht in diesen Aussprüchen einen Gegensatz zur pharisäischen Zukunftshoffnung, in der sich der Apostel für gewöhnlich bewegt. Dieser zufolge bleibt der Mensch nach dem Ableben im Grabe, bis er am Auferstehungstag zu einer neuen Leiblichkeit erweckt wird. Von dieser primitiven Anschauung wendet Paulus sich also in einer späteren Epoche seines Lebens ab, um sich einem spiritualistischen Sehnen nach dem Daheimsein der Seelen bei Christo hinzugeben. Er erwartet also jetzt, sogleich nach seinem Tode – auf das Erleben der Parusie soll er verzichtet haben –, mit dem Herrn vereinigt zu werden. Damit schafft er eine hellenistische Eschatologie, die für das Heidenchristentum von größter Bedeutung wird, da sie ihm gestattet, sich mit der Verzögerung der Parusie abzufinden. Der[3] Alexandriner Apollos soll ihn den Weg zu der platonisch-alexandrinischen Unsterblichkeitslehre gewiesen haben, auf dem er sich dann immer weiter vom gewöhnlichen jüdisch-eschatologischen Auferstehungsglauben entfernte.

Die Entwicklung innerhalb der Zukunftserwartung verläuft, nach Pfleiderer, derart, daß Paulus im 1. Brief an die Thessalonicher noch unbefangen in der jüdisch-urchristlichen Eschatologie lebt, in den Ausführungen über die Auferstehung in I Kor. 15 schon den Einfluß der griechischen Ideen erkennen läßt und im 2. Schreiben an die Korinther sich klar zu einer hellenistischen Anschauung bekennt.

---

1 [Das folgende Fragment (Seiten L–W) gehört wahrscheinlich zum Komplex der «Geschichte der Paulinischen Forschung» (wozu schon Skizzen aus dem Jahre 1906 vorliegen, Sac 21). Eventuell handelt es sich um ein Stück aus der Vorlesung «Die wissenschaftliche Erforschung des Paulinismus von Semler bis auf die Gegenwart», Wintersemester 1910/1911.

Die Seiten A–K fehlen, mit ihnen fehlt auch der Titel. Der Text enthält zudem viele gestrichene Abschnitte. Handelt es sich um eine verworfene Fassung? Schweitzer notiert am Manuskriptrand: 1909.]

2 [R] Sondern aus Gesamtauffassung zu erklären.

3 [Ursprüngl. Satzbeginn:] Pfleiderer vermutet, daß ...

Zu erwarten wäre nun, daß die neue Anschauung von dem «mit dem Abscheiden anfangenden Daheimsein beim Herrn» die alte [Anschauung], die eine Auferweckung des ganzen Menschen aus dem Schlafzustand des Todes annimmt, verdrängte. Das ist aber nicht der Fall. Die «Entwicklung» hat nur die Folge, daß die paulinische Eschatologie einen «zwischen pharisäischer Diesseitigkeit und hellenistischer Jenseitigkeit schwebenden Charakter» annimmt. Auch in seinem letzten Schreiben redet Paulus noch von der in der Zukunft erwarteten leiblichen Auferstehung, ohne zu bedenken, daß er sie durch die neue, vergeistigte Anschauung tatsächlich negiert, insofern als einer, der nach dem Tode alsbald in die Gemeinschaft des verklärten Herrn einging, nicht aus dem Grabe erweckt werden kann.

Daß eine derartige Inkonsequenz eine Monstrosität ist, die ein Verstehen des Apostels überhaupt unmöglich macht, ficht Pfleiderer nicht an. Er fragt sich nicht, ob der unfaßbare Widerspruch nicht etwa ein Kunstprodukt der Auslegung ist, sondern konstatiert ihn kaltblütig. «Es bleibt», so schreibt er, «nichts übrig, als zuzugestehen, daß Paulus die zweierlei Vorstellungen in seinem Bewußtsein unvermittelt nebeneinander hatte[4] und von der einen zur andern übersprang, ohne den Widerspruch zu fühlen.» ⟨Er[5] hat sich eben von vornherein mit der Tatsache abgefunden, daß die pharisäische und die hellenistische Denkweise «die beiden Ströme bilden, welche sich im Paulinismus in einem Bette vereinigen, ohne jedoch innerlich zusammenzugehen». Ist dieses einmal vorausgesetzt, so kommt es auf eine Antinomie mehr oder weniger nicht an. Im Gegenteil. Je mehr davon aufgezeigt werden, desto weiter ist die Erkenntnis gediehen. Die Annahme, daß Paulus zugleich griechisch und jüdisch-eschatologisch dachte und daß er und die, an welche er schreibt, nicht das geringste Empfinden für die daraus resultierenden Widersprüche hatten,⟩ ist das Credo quia absurdum, auf welches hin erst die richtige Einsicht erfolgen kann. So brachte die in ihrer Art großartige und tief empfundene Darstellung Pfleiderers die nachbaursche Forschung auf Abwege. ⟨Seine Annahme von der hellenistischen Durchsetzung der paulinischen Eschatologie wird mehr oder weniger Gemeingut aller Darstellungen⟩.

Als einer der typischen Vertreter der Zweinaturenlehre des Paulinismus sei [C. F. Georg] Heinrici genannt.[6] Er unternimmt die eingehende Kommentierung der Korintherbriefe [1880, 1887], um im einzelnen nachzuweisen, daß der Apostel die Kraft und die Einsicht besaß, «die

4 [R] Gegensatz. Talmi-Hellenismus!

5 [Von hier an sind einige Zeilen gestrichen. Wir machen alle gestrichenen Textteile durch Spitz-Klammern kenntlich. Die gestrichenen Textteile sind allerdings von den nicht gestrichenen nicht immer deutlich abgegrenzt.]

6 [R] Dies unter allgemein: was sie zu erklären glauben.

sittlichen Mächte der antiken Kultur zum Aufbau der christlichen Weltanschauung zu verwerten».[7] Die große Geistestat Pauli ist nicht zuletzt für die weitere Entwicklung des Christentums fruchtbar geworden. Der Kommentar soll dies im einzelnen belegen. Wäre der Erweis nicht zu liefern, so sieht Heinrici, nach seinem Bekenntnis, nicht, wie es möglich ist, den Paulus der vier Hauptbriefe als historische Persönlichkeit und seine Gemeinden unter den Heiden als historische Größen zu begreifen. Postulat des historischen Verständnisses!

Er sucht den Apostel als eine Synthese von alttestamentlichem Judentum und Griechentum zu begreifen. Als griechisch werden angesprochen: der Dualismus von Fleisch und Geist, die Ethik und die Todessehnsucht.[8] Vom Spätjudentum hat er nur die Endhoffnungen übernommen, die aber von der aus hellenischen Prämissen zu erklärenden Erwartung der Verklärung von innen heraus umgebildet wird.

Die Entrüstung war nicht gering, als [Richard] Kabisch die beinahe zum wissenschaftlichen Glaubensartikel erhobene Annahme der fortschreitenden Hellenisierung der paulinischen Zukunftserwartung wenn auch noch so vorsichtig in Frage zu stellen wagte.[9] In eingehenden exegetischen Untersuchungen weist er nach, daß die eschatologische Erwartung von Anfang bis zu Ende im Grunde dieselbe bleibt.[10] Vielleicht, führt er aus, hat die Lehre vom Geist als dem wirkenden Prinzip bei der Auferstehung die einfach-jüdische Vorstellung bereichert; vielleicht hat sie dem Apostel auch Schwierigkeiten geschaffen, insofern schwer zu erklären war, wieso der Geist als schon gegenwärtiges Prinzip des überweltlichen Lebens den Aufenthalt des Leibes im Grabe oder der Scheol teilen kann. Aber sicher ist, daß bei diesen Auseinandersetzungen innerhalb der Eschatologie kein artfremdes griechisches Element den Anstoß gab. Die Idee von der Verklärung und Umschaffung des Fleischesleibes zur Unvergänglichkeit ist jüdisch und in der Vorstellung von der Auferstehung, mag sie auch noch so elementar sein, implicite enthalten. Paulus scheint – nach I Kor. 15 – angenommen zu haben, daß der Geist während der Zeit des Todesschlafes bei dem in der Erde ruhenden Leib weilt. Die Auferstehung ist die Entfaltung des in die Erde gesenkten Leibes, der aus der irdischen Existenz her als mit dem Geist verbunden schon das Prinzip einer Neuschaffung in die himmlische Lichtmaterie in sich trägt. Der Apostel hat die primitive Vorstellung der Auferstehung aus I Thess. 4 also eigentlich nicht umgeschaffen, sondern nur entwickelt und begründet.

---

7 [R] Hier sittliche Mächte der antiken Kultur. Bei [Richard] Reitzenstein nicht mehr.

8 [R] encore compar[er?] Heinrici.

9 [*Die Eschatologie des Paulus in ihren Zusammenhängen mit dem Gesamtbegriff des Paulinismus*, Göttingen 1893.]

10 [R] Kampf setzt an [der] Eschatologie an.

Auffällig bleibt, daß Kabisch hier in den Einzelbeobachtungen stehen bleibt und das Problem, das zwischen ihm und Pfleiderer zur Diskussion steht, nicht auf seinen einfachsten Ausdruck bringt.[11] Die Kompliziertheit, die sich ergibt, wenn die Aussagen über die Endzukunft des Individuums nebeneinander gestellt [werden], geht darauf zurück, daß Pauli System auf die Lehre [von] der Verwandlung aus dem Leibesleben in die Herrlichkeit bei der Parusie und nicht auf Sterben und Auferstehen zugeschnitten ist. ⟨Durch die Macht der Tatsachen wird der Apostel aber immer wieder gezwungen, auch das letztere in Erwägung zu ziehen, obwohl es für ihn eigentlich widersinnig ist, und seine Geistlehre, die eigentlich die Möglichkeit der erwarteten Verklärung bei lebendigem Leib begründet, in die alte eschatologische Vorstellung von der Auferstehung einzubauen, die auf solche Voraussetzungen in keiner Weise angelegt ist. Das mystisch-reale verborgene Sterben und Auferstehen in der Gemeinschaft mit dem Herrn soll die gewöhnlichen und natürlichen, auch in ihrer äußerlichen Wesenheit eintretenden Akte des Sterbens und Auferstehens ersetzen.[12] Der Mensch, der mit Christo gestorben und mit ihm im Geiste auferstanden ist, befindet sich in der Bereitschaft der Verwandlung.⟩ Die letztere bedeutet für ihn nichts weiter, als daß der Verklärungszustand, in dem er sich tatsächlich als ein «Gestorbener» und «Auferstandener» schon befindet,[13] auch äußerlich an ihm offenbar wird.

⟨Aber Paulus muß mit der Möglichkeit rechnen, daß die äußere Existenz des Individuums nicht bis zur Parusie verlängert wird und sich, so gut es geht, mit der Absurdität abfinden, daß der schon «Gestorbene» noch einmal stirbt und der schon «Auferstandene» ins Grab gelegt wird, um nochmals aufzuerstehen. Überdies muß er die Unmöglichkeit in Kauf nehmen, daß der zum Lebensprinzip des Leibes gewordene Geist mit diesem Grab und eventuell Scheol teilt.⟩

⟨«Eine Spannung zwischen den Konsequenzen der Mystik vom Geiste und der spätjüdischen Auferstehungs-Eschatologie ist also tatsächlich vorhanden. Es ist auch wahr, daß die Vorstellung von der «Verklärung» mit der Lehre von der Erweckung aus dem Grabe in Kontrast steht und sie von innen her auflöst, ohne sie jedoch aufheben zu können. Aber das alles hat mit einem Gegensatz von jüdisch und hellenisch und einer Doppelheit in der Religiosität des Paulus nichts zu tun, sondern geht auf die brutale Tatsache zurück, daß er hinsichtlich der jetzt lebenden Gläubigen nur über das «neue Leben» und die «Verklärung» spekuliert und von Tod und Auferstehen reden muß.[14]⟩

---

11 [R] Kabisch [hat] nicht klar [das] Problem zur Diskussion gestellt.
12 [R] Für positive Darstellung.
13 [«befindet» ist gestrichen, darüber:] stand [dann ist aber «sich» zu streichen.]
14 [Beigefügte Notiz:] (Die andern ohne Geist: gestorben und auferstanden.) [Darüber:]

Den inneren Grund der Verschiebungen in den persönlichen Zukunftserwartungen hat Kabisch also nicht aufgedeckt. ⟨Die Hauptpositionen aber, um welche der Kampf wogte – I Kor. 5,1 ff. –, hat er den Anhängern der Hellenisierungstheorie entrissen. Er weist nach, daß sie an sich gar nicht von dem Verbleib der Seele oder dem sonstigen[15] Geschick des Menschen unmittelbar nach dem Tode handelt. Sie gibt der Gewißheit Ausdruck, daß auf die Auflösung dieser Leiblichkeit gewiß die Verleihung einer andern folgen wird. Der Prozeß spielt sich ja schon jetzt ab, insofern der «Außenmensch» in Leiden und Trübsal – die das tägliche «Sterben» darstellen – aufgezehrt wird, während der Innenmensch von Tag zu Tag neu wird.[16] Das gänzliche Aufgezehrtwerden dieser Leibeshütte und der Ersatz durch die überirdische [Leiblichkeit] stellen nur den Endakt des Prozesses dar und müssen also in der Richtung desselben verlaufen. Darum geht das Sehnen darauf, die «Überkleidung», d. h. die Verwandlung bei der im Fleischesleibe erreichten Parusie, zu erleben – [II. Kor 5, 1–9]. Diejenigen aber, die vor der Parusie vom Tode ereilt werden, werden zuerst «entkleidet»; sie verlieren die irdische lebendige Leiblichkeit und müssen im Grabe warten, bis die Stunde kommt, wo sie mit der himmlischen angetan werden. Vor diesem Schicksal graut dem Apostel. Er möchte lieber «überkleidet» statt zur «Nacktheit» des Todeszustandes «entkleidet» zu werden.⟩ Diejenigen, die im Prozeß des Sterbens des Außenmenschen und der fort und fort voranschreitenden Erneuerung des Innenmenschen noch lebenden Leibes die Parusie und damit die Verwandlung erleben, entgehen dem Nacktsein. Sie ziehen ein neues Kleid an, während das alte verzehrt von ihnen abfällt. An ihnen erfüllt sich wirklich, «daß das Sterbliche verschlungen wird vom Leben» [II Kor. 5,4].

Die Stelle redet also gar nicht von dem Glauben an eine alsbaldige Vereinigung mit Christo nach dem «Tod», sondern nur von dem Sehnen, statt durch Tod, Warten und Auferstehung hindurchzumüssen, mit dem Erleben der Parusie und der alsbaldigen Verwandlung begnadet zu werden.

Auffällig bleibt, daß Kabisch, nachdem er klar entwickelt hat, daß es sich in I Kor. 5,1 ff. nur um Sterben oder Erleben der Parusie handelt, in einem Epilog Konzessionen macht. Er will es zuletzt – besonders in Rücksicht auf die dunklen Stellen des Philipperbriefes – dennoch irgendwie für möglich halten, daß Paulus, für den Fall seines Ablebens, die Erwartung hegt, «auch schon vor der Parusie mit dem Herrn in nähere Berührung zu kommen». Diese Annahme soll aber nicht besagen, daß Paulus seine allgemeine Vorstellung von Tod und Auferstehung aufgibt;

---

offenbar was[?]

15 [Ms.:] über den Verbleib ... und das sonstige Geschick [«über» ist ersetzt durch:] vom.

16 [Zuerst:] sich von Tag zu Tag erneuert [«erneuert» ist gestrichen.]

in jedem Fall kann es sich nur um ein Vorrecht handeln, das er für sich persönlich, auf Grund seiner besonderen Gemeinschaft mit dem Gestorbenen und Auferstandenen, in Anspruch zu nehmen wagt.

Mit dieser Konzession war den Anhängern der Theorie der Hellenisierung der Eschatologie nicht gedient, da sie ihre Hauptforderungen unerfüllt ließ. Als ihr Anwalt trat Ernst Teichmann auf den Plan.[17]

Der Apostel, so führt er aus,[18] war von frühester Zeit an mit jüdischen und hellenistischen Vorstellungen erfüllt worden. So bedurfte es bei ihm nur gewisser Anstöße, um die verschiedensten und widersprechendsten Vorstellungen ans Licht treten zu lassen. In den älteren Briefen kommen noch mehr die eigentlichen jüdischen Anschauungen zur Geltung; diese werden jedoch je länger, je mehr durch die weniger massiven hellenischen Ideen in den Hintergrund gedrängt. Auf ihrem Boden hat dann der Apostel das aufgebaut, was den Untergang und die Beseitigung der Apokalyptik herbeiführte, nämlich die großartige mystische Anschauung von der Vereinigung des Gläubigen mit Christus und durch ihn mit Gott.

Die Arbeit verfolgt einen doppelten Zweck. Es sollen die jüdischen Parallelen, die von Kabisch «stets in den Dienst seiner Tendenz gestellt» [S. 5] und daher einseitig ausgewählt wurden, vollständig beigebracht werden; zugleich setzt sich der Versuch zum Ziel, die sich in der Eschatologie des Paulus findenden Antinomien bis ins Einzelne aufzudecken [vgl. S. 6].

Teichmann geht von der Voraussetzung aus,[19] daß die Auferstehung im Prinzip etwas anderes sei als die Verwandlung. In I Thess. [4,]14 soll es sich um den reinen Begriff der Auferstehung handeln; das 15. Kapitel des 1. Korintherbriefes jedoch führt den Begriff der Verwandlung ein. Dazu nötigte den Apostel die Ausbildung der Lehre von Fleisch und Geist. Von diesem Gegensatz soll in I Thess. noch keine Spur zu entdekken sein.[20]

In der Hast, zum Pirschgang auf Antinomien aufzubrechen, überlegt Teichmann nicht, daß Auferstehung und Verwandlung bei Paulus auf demselben Vorgang beruhen und daß dieser sich die Auferstehung nicht ohne Verwandlung denken kann, im 1. Thessalonicherbrief so wenig als in einem der späteren Schreiben. ⟨Daß Fleisch und Blut das Reich Gottes nicht ererben können [I Kor. 15,50], war ihm so selbstverständ-

17 Ernst Teichmann, *Die paulinischen Vorstellungen von Auferstehung und Gericht und ihre Beziehung zur jüdischen Apokalyptik*, Freiburg i. Br. 1896, 125 S.
[R] Polos im Gorgias. [Vgl. A. Schweitzer, *Geschichte der paulinischen Forschung*, Tübingen 1911, S. 59: «In seinem zuversichtlichen Eifer spielt er die Rolle des Polos aus Platos Gorgias.»]

18 [R] Verlangt kurzerhand Abschwörung der eschatologischen Ketzereien.

19 [R] Nur [der] Leser, der weiterdringt, die wissenschaftliche Leistung Teichmanns...

20 [Beigefügte Notiz:] Im Spätjudentum viel von Fleisch und Geist... [...]

lich wie dem Spätjudentum. Aus der irdischen Leiblichkeit muß der Mensch in die himmlische verwandelt werden.[21] Ob dies mit dem lebendigen Leib geschieht, wenn er bis zur Parusie am Leben bleibt, oder mit dem aus dem Grabe erstandenen, wenn er vorher starb, ist an sich, was den Vorgang und das Resultat anlangt, absolut gleichgültig. Beidemale handelt es sich um ein und dasselbe Geschehen,[22] nur daß es sich einmal am wachen Leibe, das andere Mal an dem, der schon im Grabe gelegen hat, vollzieht. Vor dem Zustand zwischen den beiden Existenzweisen hat Paulus ein Grauen. Daher möchte er mit der Verwandlung aus dem Leibesleben heraus begnadet werden, d. h. die Parusie erleben! Das Verhältnis der Verwandlungslehre und der Mystik vom gegenwärtigen Sterben und Auferstehen in der Gemeinschaft mit Christo liegt also ganz einfach. Es verhält sich nicht so, daß Paulus durch die Konsequenzen seiner Mystik und der Anschauungen vom umschaffenden Wirken des Geistes dazu gezwungen wurde, den Glauben an die Auferstehung mit dem anders gearteten [an die] Verwandlung zu vertauschen. Das Umgekehrte ist der Fall. Weil er die Verwandlung aus dem Leibesleben in den Herrlichkeitszustand bei der Parusie voraussetzt, bildet er seine Spekulation über das schon gegenwärtige verborgene und doch reale Erleben des Todes und der Auferstehung aus und nimmt an, daß die Umschaffung der Existenzform schon jetzt, durch das Wirken des Geistes, einsetzt. Auf diese Weise wird ihm erklärlich, wie Menschen aus lebendigem Leibe in den Auferstehungszustand eingehen können, ohne zuerst, wie die andern, ins Grab gesunken und aus diesem erstanden zu sein. Sterben und Auferstehen sind für sie nicht ausgefallen, sie traten ein, wirkten sich aber unsichtbar aus, insofern, als die Hülle des Leibeslebens bis zur Parusie äußerlich noch erhalten bleibt. Darum sind diese Vorgänge aber nicht minder real[23].⟩

Diese elementaren Überlegungen müssen aber unterdrückt werden, damit die Wissenschaft auf die Zahl der Antinomien und Gegensätze kommt, die ihr für eine religiöse Natur angebracht erscheinen. ⟨Paulus soll die amphibienhafte Natur bewahren, die man ihm nun einmal angedichtet hat. Man will sehen, wie er vom Gestade der jüdischen Eschatologie in das Meer hellenischer Ideen steigt und dieses wieder verläßt, um sich auf festem Boden zu ergehen; man will beobachten, daß er am Anfang seiner Entwicklung das eine, am Ende das andere Element vorzieht. So verlangt es die Affenliebe für alte Vorurteile, die das Hauptkapitel der Zoologie jeglicher Wissenschaft, nicht nur der Theologie, ausmacht.⟩ «Die komplizierte Auferstehungsvorstellung», wie sie der Apostel in I Kor. 15 vorträgt, ist nach Teichmann ein Kompromiß

21 [R] hat [dem Paulus] amphibienhafte Natur angedichtet.
22 [R] Amphibium. *Brackwasser.*
23 [D. h. nicht minder real gedacht.]

[S. 53]. Die vollen Konsequenzen der Pneumalehre sind noch keineswegs gezogen; das geschieht erst später.

Die großen Nöte, durch die der Apostel hindurchgeht, lassen ihm, führt er aus, je länger, je öfter den Zweifel[24] aufsteigen, ob er bei der Parusie noch am Leben sein werde, oder ob er nicht schließlich doch einmal den Tod erleiden müsse, dem er so oft nur mit knapper Not entronnen war. Aber dieser Zweifel, der nach und nach zur Gewißheit geworden sein mag, kann seinen Glauben nicht stürzen. Er macht sich für diese Eventualität eine Theorie zurecht, nach welcher ihm der Tod kein Tod mehr ist, sondern ihm alsbald als Eingang zum neuen Leben dient. Sie bietet die reinen Konsequenzen aus der unter hellenistischen[25] Einflüssen zustande gekommenen Lehre vom Geist. Das Ergebnis ist die Beseitigung des Begriffs der Totenauferstehung.

Nach der neuen Anschauung – sie wird aus II Kor. 4,16–5,10 entwikkelt – wird der Mensch gleich im Momente des Sterbens mit dem himmlischen Leibe überkleidet, so daß das Leben in der neuen Daseinsweise in demselben Augenblicke beginnt, in welchem das irdische Dasein aufhört. Die Verbindung der Auferstehung mit der Parusie ist gelöst.

In der Konsequenz der neuen Anschauung liegt es, daß die Idee des Gerichts für die Gläubigen aufgehoben wird. Wer vorher schon zum Leben mit dem Herrn einging, kann nachher, bei der Parusie, nicht mehr gerichtet werden.

Die Lehre vom Pneuma hat aber noch weitere Folgen. «Da alle Menschen», führt Teichmann aus, «in Christus eingeschlossen waren, als er auferstand, so muß auch allen Menschen der Geist zuteil werden, sie müssen alle lebendig gemacht werden» [S. 107].[26] Diejenigen, die zu ihren Lebzeiten dem Christus nicht angehört haben, konnten den Geist noch nicht empfangen. Da aber das ewige Leben an seinen Besitz gebunden ist, so muß angenommen werden, daß sie in der Zeit zwischen Parusie und der Herrschaftsübergabe an Gott zum Glauben an Christus gelangen, infolge dessen ihnen der Geist geschenkt wird.

Im Zusammenhang dieser Gedanken hat Paulus für eine Auferstehung zur ewigen Verdammnis keinen Raum mehr. «Wir sehen hier den Apostel seine jüdische Vergangenheit überwinden, indem er den christlichen Gedanken der Vaterliebe Gottes . . . bis in die letzten Konsequenzen verfolgt. Er erhebt sich gleichsam über sich selbst, freilich nicht ohne sich mit sich selbst in Widerspruch zu setzen. Aber sein Geist war groß und weit genug, um auch das Widerspruchsvolle in sich zu fassen» [S. 110].

---

24 [Ms.:] den Zweifel am Leben.
25 [R] Oft so unklar[:] «hellenistisch»[,] «hellenisch».
26 [R] Grei[. . .] hebt die Eschatologie auf.

Über dem Hymnus auf das wunderbarliche Vermögen der Widersprüche des Paulus und der berechtigten Freude, es, wie es im Anfang der Untersuchung versprochen worden war, bis in seine letzten Einzelheiten verfolgt zu haben, vergißt Teichmann, sich zu fragen, was denn aus der Prädestination wird? Auferstehung und Verwandlung gibt es, wenn man die Briefe ruhig durchliest, nur für die, welche von Anbeginn der Welt dafür ersehen sind. Nur für sie ist Christus gestorben und auferstanden; nur für diese Gesamtheit ist er der Garant des neuen Lebens. Daß in Christo nach I Kor. 15,22 «alle» lebendig gemacht werden sollen, gilt für Paulus nur unter der selbstverständlichen Beschränkung auf die Erwählung. Aus diesem Satz auf eine Aufhebung der Verdammnis zur ewigen Vernichtung zu schließen, geht nicht an.

Wie bei Kabisch, so zeigt sich auch bei Teichmann, daß die Feststellung der Endereignisse äußerst schwierig ist.[27] Bei der Parusie sollen nach letzterem die «Christen» erstehen [S. 21f., 106]; in dem Augenblick, da Christus Gott die Herrschaft übergibt, geht die Auferstehung aller übrigen vor sich. Da er die elementaren Fragen nicht liebt, stellt er keine Erwägungen darüber an, was, nach Paulus, aus den Menschen wurde, die die Parusie als Ungläubige erlebten. Verwandelt konnten sie nicht werden, denn sie hatten das Pneuma nicht. Starben sie, um nachher wieder aufzuerstehen?

Das aus den spätjüdischen Quellen beigebrachte Material ist äußerst wertvoll.[28] Merkwürdig berührt die Annahme, daß in diesen Zukunftserwartungen schon eine Hellenisierung angedeutet sei. Demnach hätte Paulus nicht einen absolut neuen Weg betreten, sondern nur ein Werk, dessen Anfänge in dem Wirken des Zeitgeistes schon offenbar werden, zur raschen und herrlichen Vollendung geführt.

Bei der Verteidigung der Position Pfleiderers war Teichmann dazu gekommen, erheblich über die von jenem aufgestellten Behauptungen hinauszugehen. Der Verfasser des «*Paulinismus*» und des «*Urchristentums*»[29] [hatte behauptet], daß sich beim Apostel eine hellenische Eschatologie neben der jüdischen ausgebildet habe, dabei aber konstatiert, daß die alte Anschauung sich ungebrochen neben der neuen erhielt. Teichmann hält dieses unbegreifliche Simultaneum nicht aufrecht, sondern läßt die jüdische Eschatologie durch die griechischen Ideen umgebildet werden. Pfleiderers Anschauung beruht auf der Annahme, die sein ganzer Paulinismus voraussetzt, daß der Apostel in den beiden Welten lebte, ohne ein Bewußtsein ihres Widerstreites zu haben

27 [R] Die Darstellung der Endereignisse schwierig. Gerichts- u. Auferstehungsakte.

28 [Zuerst:] lehrreich. [Dann folgt ein eingeschobener Satz:] Daß sie weniger tendenziös sind als bei Kabisch, [ist] nicht zu [...]

29 [Otto Pfleiderer, *Der Paulinismus*, Berlin 1873, 2. Aufl., Leipzig 1890; *Das Urchristentum*, Berlin 1887.]

und ohne die eine sich mit der andern auseinandersetzen zu lassen. Die Möglichkeit dieser Annahme konnte in Abrede gestellt werden; positiv zu widerlegen war sie aber nicht, da es auf dem Gebiete der Psychologie – und besonders der sogenannten historischen – keine logisch zwingenden Argumente gibt. Der Apologet hingegen überschritt die Grenzen der fein ausgedachten Gleichgewichtstheorie und sucht darzutun, daß die hellenische Weltanschauung in die jüdische Eschatologie eindrang und sie in der Konsequenz der Lehre vom Geiste umbildet. ⟨Diese Behauptung ist auf Grund der Texte kontrollierbar und erweist sich als falsch. Aus Paulus ist keine Aufhebung des Gerichts zur Verdammnis zugunsten der Idee der Seligkeit aller herauszulesen. Die Annahme, daß denjenigen, die zu Lebzeiten nicht in der Lage waren, in die Gemeinschaft mit Christo zu treten und aus ihr den Geist zu empfangen, die Aneignung später ermöglicht werden sollte, bleibt vollends eine haltlose Hypothese, die geeignet ist, die Konsequenzmacherei des Autors ins rechte Licht zu setzen. Er setzt als selbstverständlich voraus, daß für den einmal hellenistischen Paulus der Eingang zum ewigen Leben für jedes Individuum und in allen Fällen an den vorherigen Besitz des Geistes gebunden war. Dabei übersieht er, daß diese Ausführungen nur für die Generation gelten, die in der Ausnahmezeit lebt, wo der Geist in der Welt ist und wirkt. Die Geschlechter der Vergangenheit erstehen aus ihren Gräbern zum Leben, auf Grund ihrer Erwählung – und nur in dem Maße, als diese Voraussetzung für sie zutrifft. Bemerkt sei überdies, daß auch die, die zwischen Christi Tod und der Endzeit leben, nicht deswegen auferstehen, weil sie den Geist empfangen haben.⟩ Die Logik ist gerade umgekehrt. Sie werden seiner teilhaftig, weil sie zur Auferstehung prädestiniert sind. Der Geist ist das Angeld und die Zusicherung der ihnen bereiteten Herrlichkeit.

Auf andere Widersprüche zwischen der Eschatologie, wie sie Teichmann dem Apostel vordemonstriert, und derjenigen, zu der sich dieser in seinen Schreiben bekennt, sei nicht eingegangen. Durch seinen gewagten Ausfall hat der Apologet die von Pfleiderer so kläglich befestigte Verteidigungslinie mehr gefährdet als gesichert.

Der hier geschilderte Kampf dreht sich nur um die Spezialfrage, inwieweit der Hellenismus Pauli auf seine Vorstellung von dem Schicksal des Menschen nach dem Tode gewirkt hat. Pfleiderer will annehmen, daß er die Annahme des Zwischenzustandes im Grab oder in der Scheol, was Paulus und seine Zeitgenossen betrifft, aufgehoben habe, um sie durch die einer alsbaldigen Verklärung und Vereinigung mit Christo zu ersetzen. Nach Teichmann ändert der Apostel seine Ansicht hinsichtlich des Schicksals aller Toten und kommt überhaupt zu einer neuen Vorstellung des Inhalts und des Ablaufs der Endereignisse, insofern, als er das Gericht zur Verdammnis aufgibt.

⟨Bei diesen Auseinandersetzungen wird als selbstverständlich angenommen, daß die Annahme hellenischer Elemente bei Paulus als solche gesichert sei. Das wird nicht nur von Pfleiderer und Teichmann vorausgesetzt; auch für solche, die nicht so weit gehen, an eine «griechische Eschatologie» des Paulus [zu] glauben, steht fest, daß eine Reihe von Grundgedanken seiner Theologie hellenischer Provenienz ist.

Der Unbefangene mußte daraus schließen, daß der Beweis für den Hellenismus Pauli in absolut zwingender Weise geführt worden war, so daß diese Frage ein für allemale als erledigt gelten durfte. Hätte aber ein «Skeptiker des Selbstverständlichen», deren die Wissenschaft nie entraten kann, Einsicht in die Akten gefordert, wie hätten sie sich ausgenommen? War der Nachweis wirklich erbracht? Hatte die Wissenschaft die Identität zwischen den Ideen Pauli, die sie als hellenisch ansprach, und solchen, die die griechische Gedankenwelt bot, tatsächlich dargetan?

Als [Hermann] Lüdemann das System der durch den Gegensatz von Fleisch und Geist bedingten Gedanken entwickelte, erklärte er es zugleich als griechisch.[30] Einen Beweis trat er nicht an. Die populär unspekulativen Vorstellungen über Fleisch, Sünde und Zurechnung der Gerechtigkeit erklärt er als jüdisch. Diejenigen hingegen, nach welchen die Sünde und [der] Tod aus dem Fleische als solchem stammen und durch die Mitteilung des Geistes, der reale Gerechtigkeit und Unvergänglichkeit wirkt, aufgehoben werden, gehören einer anderen Welt an. Also sind sie griechisch.⟩

---

30 [Hermann Lüdemann, *Die Anthropologie des Apostels Paulus*, Kiel 1872.]

10. Mystik des Apostels Paulus
Eine dogmengeschichtliche Studie
(1909. Als Vorlesung gehalten im Sommersemester 1911)

Inhaltsverzeichnis

Mystik des Apostels Paulus[1]
Ausarbeitung[2]

a)[3] *I + IV (VI):*[4] *Die paulinische Lehre nach dem ersten Brief an die Thessalonicher*

In den Arbeiten über den Paulinismus herrscht eine merkwürdige Zerfahrenheit hinsichtlich der Wahl des Ausgangspunktes und der Einteilung der Darstellung. Der eine stellt die Anthropologie, der andere die Lehre von der Sünde, ein anderer die Christologie an den Anfang. Die Einteilungen, so sehr sie unter einander[?] [...][5] haben das eine gemeinsam, daß sie [...] das Erlösungswerk an Engel[?] [...] [...] Paulus, abspielen soll [...] als Plan zu Grunde legen. [S]ie behalten also noch immer etwas von der Betrachtung[s]weise bei, mit der die Reforma[tor]en an die Lehre des Heide[n]apostels herantraten. Dabei erleben sie es dann, daß im Paulinism[us] manches Allgemeine enthalten ist, das im [...] Schema überhaupt nicht [zur Dar]stellung gelangen kann und in Anhangskapitel[n] unter «Eth[ik»,] «Mysteriöses», «Kirchliches», [...] «Eschatologisches» [oder] wie man sie sonst noch [zu be]schreiben vermag, unte[rgebracht] werden muß.

[...] [be]weist, daß das [...] Darstellungsschema [...] nicht gerecht wird. Daß dabei das [...] was er mit dem Urchristentum Gemeinsa[mes] [...] sichtbar wird, ist weiter nicht verwund[erlich.]

Das einzig Natürliche ist, mit [...] [zu] beginnen. Das Allgemeine ist [...] daß die Darstellung des Paulinism[us] [...] [...]

Daß das erste, was als allge[mein] [...] [Pau]linismus in Betracht [kommt] [...] Hoffnung sei, hatte schon [Albrecht] Ritschl den Tübingern zu bedenken gegeben. Nur wußte er sich unter der Eschatologie nichts Vernünftiges zu denken. Er wollte; daß sie ideal-real sei und den Paulus und das Urchristentum zur gemeinsamen Abwehr gegen den groben Chiliasmus verbinde. Die wirkliche Eschatologie ist aber nur

---

1 [Datumangabe:] 1909. [Als Vorlesung ist der Text nirgends bezeichnet, sondern es handelt sich um Kapitel eines Buches. Aber es ist anzunehmen, daß diese den Inhalt der gleichnamigen, sonst nicht vorhandenen Vorlesung vom Sommer 1911 widerspiegeln.]

2 [Da das Ms.-Bündel auch die Skizzen enthält, lautet die originale Titelbeifügung:] Skizzen und Ausarbeitung.

3 [Ms.-S. 1–29 fehlen, vielleicht ein eigenes Kapitel.]

4 [Zu den Kapitelzahlen siehe Vorwort S. 14.]

5 [Die erste Seite weist mehrere kleinere und größere Rißlücken auf. Die entsprechenden Textergänzungen sind an einigen Stellen selbstverständlich, meist aber unmöglich.]

real und streift bedenklich an das, was Ritschl als groben Chiliasmus bezeichnen würde.

Die Aufgabe, den Paulinismus als eine Erscheinung des Urchristentums zu begreifen, wird nicht nur dadurch erschwert, daß man mit falschen Voraussetzungen an die Lehre des Heidenapostels herantritt, sondern auch dadurch, daß man sich das Urchristentum noch immer als eine Gemeinschaft vorstellt, die sich auf dem gründet, was wir Modernen als «Lehre Jesu» ansehen.[6] Während wir das Ethische daran isolieren, erschien ihnen[7] die Predigt des Herrn als eschatologische Verkündigung, die vom Gericht, der Parusie des Menschensohnes und der kommenden Welt handelte. Die damit einhergehende ethisch-religiöse Belehrung fiel unter den Begriff der Buße. Aber das Christentum der ersten Gemeinde war nicht einzig Glaube an die eschatologische Predigt Jesu; es kamen noch Tod und Auferstehung des Herrn hinzu,[8] welche beweisende Tatsachen nicht nur für die Erhebung Jesu zur messianischen Würde, sondern auch Garantien für das Eintreten der eschatologischen Zukunft abgaben.

Das sind apriorische Erwägungen. Wir besitzen – wenn man von der Apostelgeschichte absieht – keine Dokumente über die Lehre des Urchristentums,[9] sondern sind dafür auf die paulinischen Briefe angewiesen. In zweiter Linie kommen die katholischen Briefe, die Apokalypse Johannis und die apostolischen Väter in Betracht, die dasjenige bieten, was sich an einfachen Grundanschauungen aus der ersten in die folgenden Generationen erhalten hat.

Man hat es immer bedauert, daß von Paulus keine Rede erhalten ist, wie er sie als urchristlicher Wanderprediger vor solchen hielt, die er mit dem Christentum bekannt machen wollte. Was uns die Apostelgeschichte von solchen Ansprachen berichtet, könnte allenfalls in die urchristliche Zeit gehören. Aber einerseits ist es zu inhaltslos, andererseits fehlt ihm der Stempel des Original-Paulinischen.

Über dem Bedauern, daß uns nichts von der Missionspredigt Pauli erhalten ist, vergißt man, daß wir etwas besitzen, das uns das Verlorene fast ersetzt: den ersten Brief an die Thessalonicher.

Dieses Schreiben ist an eine Gemeinde gerichtet, die kaum einige Wochen alt ist. Paulus mußte sie verlassen, ehe er sie in das Christentum richtig eingeführt hatte, und schreibt ihnen zur Belehrung und Stärkung. Der Inhalt des Briefes wird sich also von dem der einfachen Missionspredigt nicht allzuweit entfernen.

Dieses Schreiben bietet einen paulinischen «Lehrbegriff», wie man

6 [R] [2 Ausrufezeichen.]
7 [«ihnen»: den Zeitgenossen Jesu.]
8 [R] [2 Ausrufezeichen.]
9 [R] od[er] unzuverlässig[e].

ihn einfacher nicht denken kann. Das Evangelium des Heidenapostels besteht in der Predigt von der Parusie und dem Gericht. Jede Mitteilung und jede Ausführung schließt mit einem Ausblick auf das Kommende.

Am Ende des ersten Kapitels redet er von der Bekehrung der Thessalonicher und faßt das Wesen des neuen Zustandes dahin zusammen, daß sie sich von den Götzen abgewandt haben, dem lebendigen Gott zu dienen und seines Sohnes aus dem Himmel herab zu harren, den er von den Toten erweckt hat, Jesum, der sie und den Apostel vom kommenden Zorngericht erretten soll (I Thess. 1,9 und 10). Bei der Parusie wird die Gemeinde, der er jetzt in Sehnsucht und Angst schreibt, der Ruhmeskranz sein, mit dem er vor Jesum, den Herren, tritt (I Thess. 2,19 und 20). Möge der Herr ihre Herzen in gegenseitiger Liebe reich werden lassen, daß sie seien ohne Tadel vor Gott dem Vater, wenn Christus erscheint mit allen seinen Heiligen (I Thess. 3,12 und 13). Mit dem Wunsch, daß der Gott des Friedens sie durch und durch heilige und daß ihnen Geist, Seele und Leib rein bewahrt werden auf die Ankunft des Herrn Jesu Christi, schließt der Brief (I Thess. 5,23 und 24).

Den Tag des Herren hat ihnen der Apostel[10] als so nahe bevorstehend gepredigt, daß die Möglichkeit des Abscheidens vor jenem Ereignis nicht mehr in Betracht zu kommen schien. Darum sind sie durch inzwischen eingetretene Todesfälle von Gläubigen so verwirrt, daß er sie beruhigen muß. Er schildert ihnen den Vorgang bei der Parusie und der im Anschluß daran stattfindenden Auferstehung, woraus sie ersehen sollen,[11] daß die, welche «im Herren», d. h. als Christen entschlafen sind, in keiner Weise benachteiligt sind. Es wird ihnen eine Auferstehung vor den andern zuteil, damit sie mit denen, die die Parusie lebend ereilt, dem Herrn in die Lüfte entgegen entrückt und nimmer von ihm getrennt werden. Mit diesen Hoffnungen sollen sie sich gegenseitig trösten und der Ankunft des Herrn harren. Niemand kennt ihre Zeit und Stunde. Der Tag des Herrn wird kommen wie der Dieb in der Nacht. Wenn die Menschen am sichersten ruhen, wird das Verderben über sie kommen wie die Wehen die Gebärende überfallen. Die Nacht schwindet; der Tag zieht schon herauf. Die als Wissende harren, geben sich nicht mehr dem Schlafe hin wie die andern, sondern sind nüchtern und wachen... die Kinder des Lichts (I Thess. 4,13–5,8). Ihr Leben ist hinfort «Heiligung» (ἁγιασμός, I Thess. 4,3). Dieses Wort beherrscht alle sittlichen Ermahnungen.[12]

In der eschatologischen Erwartung ist der Gedanke der Prädestination

10 [Zuerst:] hat er ihnen... [wir lassen die Korrektur stehen, obwohl sie wieder gestrichen ist.]

11 [Darüber unvollständige neue Fassung:] und läßt sie [wissen]...

12 [R] [Das] ganze Leben Heiligung. Heil als «Errettung», nicht Rechtfertigung.

eingeschlossen. Wenn sie[13] ohne Angst dem Gericht entgegensehen, so ist es, weil sie die Gewißheit haben, zu den «Erwählten» zu gehören. Sie können dies daran erkennen, daß die Predigt[14] nicht nur im äußerlichen Wort, sondern in Kraft und heiligem Geist an sie ergehen konnte (I Thess. 1,4 und 5). Indem sie Paulus wie ein Vater ermahnt, darf er ihnen immer wieder in Erinnerung rufen, daß sie von Gott zu seinem Reiche und seiner Herrlichkeit berufen sind und ihren Wandel danach einzurichten haben (I Thess. 2,12). Ohne Unterlaß dürfen sie sich dessen getrösten, daß sie von Gott nicht zum Zorn, sondern zum Erlangen der Errettung «gesetzt sind» (I Thess. 5,9).

Die Hoffnung der Zukunft beruht auf Tatsachen. Davon gehört die eine der Gegenwart an. Sie[15] sind des[16] Geistes teilhaftig geworden (I Thess. 4,8). Diesen gilt es als heiliges Gut zu wahren. Man muß ihn frei walten lassen und den Prophezeiungen, die von ihm ausgehen, ehrfürchtigen Glauben entgegenbringen (I Thess. 5,18 und 19 [19 und 20]).[17]

Weiter beruht die Gewißheit des Glaubens an das Kommende auf dem Tode und der Auferstehung des Herrn. Durch ihn werden sie der «Errettung» teilhaftig. Er ist gestorben und auferstanden, daß die Seinen das Leben mit ihm teilen, ob sie zu denen gehören, die auf das Ende hin wachen, oder zu denen, die entschlafen sind (I Thess. 5,9 und 10). Einer weiteren Erklärung der Bedeutung des Todes und der Auferstehung bedarf es nicht.

Aber eine Belehrung tut not: die Belehrung über den Charakter der Drangsale, denen sie jetzt ausgesetzt sind. Sie müssen in dieser Zeit über die Erwählten kommen. Paulus hat es ihnen prophezeit, als er bei ihnen war, und ihnen gesagt, daß sie *dazu «bestimmt» sind.* Ihre Erwählung schließt es in sich. Sie sehen es an den Gemeinden von Judäa, die schwere Verfolgung von ihren Volksgenossen auszustehen haben. Dasselbe ist ihnen beschieden. Sie sollen nicht vergessen, daß die Propheten und Jesus durch den Zorn des Volkes fielen, das nicht nur in Wut entbrennt gegen die Gläubigen aus seiner Mitte, sondern auch, als solche, die Gott zuwider sind, verhindern wollen, daß den Heiden die «Errettung» gepredigt werde. Das ist nicht rein menschliche Verfolgung, sondern das Werk des «Versuchers» (πειράζων), dem sie preisgegeben sind. Es ist der Satan, der auch den Apostel verhindert, zu der Gemeinde zu kommen, um sie zu stärken (I Thess. 2,14–3,5). Erst als Paulus durch Timotheus erfährt, daß sie noch aufrecht stehen im Herrn, lebt er wieder auf (I Thess. 3,8); vorher verging er vor Angst, sie könnten dem Versucher erliegen.

13 [Die Gläubigen.]
14 [Gestrichen:] des Paulus.
15 [Die Thessalonicher.]
16 [Gestrichener Einschub:] heiligen.
17 [R] Den Geist dämpfet nicht [V.19.].

Es handelt sich also um die Enddrangsal, die mit der Nähe der Parusie gegeben ist und diese beweist. Die Wirren, die ihn aus Mazedonien vertrieben haben, sieht der Apostel als den Anfang dessen an, das kommen muß.

Das ist die Unterweisung und Vermahnung Pauli an eine eben gegründete Gemeinde[18]. Wenn F. Chr. Baur gegen die Authentie des ersten Briefes an die Thessalonicher geltend machte, er enthalte zu wenig Theologie, so hatte er von seinem Standpunkt aus nicht so unrecht. Von «Gerechtigkeit» und «Gottes-Gerechtigkeit», vom Gesetz und der Abrahamskindschaft ist darin keine Rede; der Tod Jesu wird nur mit einer allgemeinen Wendung gestreift. Und trotzdem enthält der in Aufregung und Angst hingeworfene Brief eine geschlossene «Theologie», nur daß sie so ganz anders aussieht, als was man sich gewöhnlich unter paulinischer Theologie vorstellt. Sie handelt von «Errettung», Heilung, Reich Gottes, Drangsal, Auferstehung und Parusie. Das deckt sich alles mit dem, was wir uns unter einfacher urchristlicher Predigt vorzustellen haben.

Der Brief ist geschrieben, ehe es zwischen Paulus und dem Judenchristentum zum Bruche kam, wie aus der Art der Erwähnung der Gemeinden von Judäa (I Thess. 2,14) zur Genüge klar wird. Wenn die folgenden Episteln so und so viel Eigentümliches in der Lehre aufweisen, das über die Gedanken dieses Schreibens hinausgeht, so ist dies durch den Kampf um das Gesetz veranlaßt. Es frägt sich aber, ob die paulinische Spekulation als solche dieser Diskussion ihr Dasein verdankt. Ist sie nur aus der Polemik geboren oder sind nicht gewisse Grundgedanken schon vor dem Kampf vorhanden gewesen, um dann während der Diskussion eine scharfe apologetische Ausprägung zu erfahren?

Die Entscheidung dieser Frage ist durch den Mangel an Material sehr unsicher gemacht, da wir nur diesen kleinen Brief aus der Zeit vor dem Kampf besitzen. Enthält er Stellen, die irgendwie auf den ausgebildeten Paulinismus hinweisen?

Es sind deren zwei. In der Ausführung über die Auferstehung unterscheidet er[19] die *«Toten in Christo» (I Thess. 4,16)* als eine besondere Gruppe von Entschlafenen. Er meint damit diejenigen, die nach Bekehrung und Taufe gestorben sind und nimmt an, daß sie einer Auferstehung teilhaftig werden, die vor der allgemeinen Totenerweckung der zum Reich des Messias Berufenen stattfindet, so daß sie mit den noch Lebenden das Gefolge des Herrn bilden werden. Gleich darauf (I Thess. 5,10) findet er eine Bedeutung des Todes Jesu Christi darin, daß alle seine Gläubigen, die Entschlafenen und die noch Lebenden, «zugleich

18 [R] Bern. Mal de tête.
19 [Paulus.]

mit ihm leben».[20] Der Satz ist so fragmentarisch gehalten, daß die Begründung des Gedankens nicht klar wird.

In beiden Fällen handelt es sich um dieselbe Idee. Der Unterschied zwischen den Toten und Lebenden unter den Gläubigen soll als aufgehoben dargetan werden.[21] Das ist etwas Eigenartiges. Es folgt nicht ohne weiteres aus der eschatologischen Erwartung, so lebendig man sie sich auch vorstellen mag. Paulus begründet es durch die Annahme einer Gemeinschaft mit Christo, in der der Unterschied von tot[22] und lebendig für die Gegenwart und die Zukunft aufgehoben ist. Mit der eschatologischen Hoffnung ist eine Gemeinschaft mit Christo in der Zukunft, *beim Anbrechen des Reiches*, gegeben. Daß aber Paulus diese Gemeinschaft auch schon für jetzt annimmt und behauptet, sie bestehe für die Toten nicht anders als für die Lebenden, ist eine Tat. Auf welchem Wege er zu diesem Gedanken kam, ist aus diesen Stellen nicht zu ersehen; sie enthalten ihn schon als etwas Fertiges. Aber das Wesen desselben ist klar. Er beruht auf einer eigenartigen Verbindung der eschatologischen Hoffnung *mit der Tatsache des Todes Jesu, wodurch die zukünftige Gemeinschaft mit Christo als eine schon bestehende offenbar wird.*[23]

Bedenkt man, welche Bedeutung der Idee der Gemeinschaft mit Christo in den großen Briefen zukommt, so erhebt sich die Frage, ob sie nicht die Keimzelle der paulinischen Spekulation überhaupt darstellt. In diesem Falle bestünde die besondere Lehre des Heidenapostels in der spekulativen Verbindung der eschatologischen Erwartung mit der zurückliegenden Tatsache des von der Auferstehung gefolgten Todes Jesu Christi.

Welches ist die eschatologische Erwartung, die uns in den großen Briefen entgegentritt, und wie verbindet sie sich mit der Vorstellung vom Tode Jesu?[24]

b) II:
Jüdisch oder griechisch?[25]

Für die Darstellung des Paulinismus kommen die Briefe an die Römer, Galater, Korinther, Philipper und der erste an die Thessalonicher in Betracht. Damit ist nicht gesagt, daß sie als paulinisch im historischen Sinn anzusehen sind. Es wird nur konstatiert, daß sie die Gedankenwelt

---

20 [R] (inwieweit dies etwas mit Auferstehung des Gerechten zu tun hat?)
21 [R] [2 Ausrufezeichen.]
22 [Ms.:] Tod [aber T ist in t korrigiert.]
23 [R] [3 Ausrufezeichen.]
24 [Vgl. das mit VII/I numerierte Kapitel.]
25 [Datumangabe:] 1909.

gemeinsam haben. Baur wollte den Brief an die Philipper und den ersten an die Thessalonicher nicht in die Reihe der vier großen stellen. Am ersten Thessalonicherbrief hat er den Mangel an dogmatischem Inhalt auszusetzen; im Philipperbrief findet er eine Christologie, die ihm weiter vorangeschritten erscheint als die der vier großen Schreiben. Diese Anstellungen[26] – wenn man sie für zutreffend ansehen will – bieten keinen Grund, die beiden Briefe mit den andern nicht auf gleiche Stufe zu stellen. Die allgemeine Übereinstimmung ist so stark, daß das Besondere dahinter zurücktritt.

Anders liegt der Fall bei den Schreiben an die Kolosser und Epheser. Auch sie weisen die Grundzüge der Gedankenwelt der sechs andern auf. Aber sie haben sie nach manchen Seiten in so eigenartiger Weise ausgeführt, daß es ratsam scheinen muß, ihre Lehre nicht mit der der andern zu verschmelzen, sondern sie gesondert darzustellen. Dabei kann die Frage offen bleiben, ob die Besonderheit der Auffassung die Annahme, daß sie derselben Feder entsprungen sind wie die übrigen, möglich oder unmöglich macht.

Für die Erkenntnis der Grundanschauung des Paulinismus ist es ohne Belang, ob man die zwei Briefe mit in den Bereich der Untersuchung hineinzieht oder nicht. Sie vermögen an dem aus den andern [Briefen] gewonnenen Resultat nichts zu ändern, sondern nur noch besondere Züge derselben einzuzeichnen, die gegebenenfalls anhangsweise anzuführen sind.

Ob man den zweiten Brief an die Thessalonicher als «gerettet» oder «verloren» ansieht, ist für die Auffassung des Paulinismus ohne großen Wert.

Daß die Briefe an Timotheus und Titus eine Welt für sich bilden, sagt der gesunde Menschenverstand.

Über den Gesamteindruck, den die Lektüre der Briefe hinterläßt, kann es keine Meinungsverschiedenheit geben. Man wird von einem aufregenden Erstaunen über die Fremdartigkeit der entwickelten Gedanken ergriffen, das bei immer wiederholtem Lesen sich nicht mindert, sondern verstärkt. Der Paulinismus ist eine persönliche Schöpfung.

Aber die damit ausgesprochene Originalität geht weit über das hinaus, was aus Analogien in der Literaturgeschichte zu belegen wäre. Bei den übrigen[27] persönlichen Schöpfungen gelingt es zuletzt doch immer, die Welt, der sie angehören, zu bestimmen und den Ursprung ihrer Voraussetzungen einigermaßen aufzuzeigen. Bei Paulus haben die Versuche in dieser Hinsicht bisher keine auch nur einigermaßen befriedigenden Resultate gegeben,[28] so daß man sich zuletzt damit abfinden

26 [Aussetzungen (im Sinn von Beanstandungen)?]
27 [nicht-paulinischen.]
28 [R] Keine Einigung, die Differenz [...]

wollte, ihn als eine Welt für sich anzuerkennen. Man setzte die Sentenz in Umlauf: Niemand hat den Paulus je verstanden, und der einzige, der ihn verstand – Marcion – hat ihn mißverstanden.[29]

Sicher ist, daß seine Lehre sich einsam ausnimmt.[30] Es scheint fast unmöglich, die historischen Verbindungslinien nach vor- und rückwärts auszuziehen. Ein Verhältnis der Kontinuität mit der Lehre Jesu besteht nicht. Der Paulinismus ist eine uns unbegreifliche Neuschöpfung des «Christentums», in welcher Zeitnähe mit dem Auftreten Jesu man ihn auch ansetzen mag.

Andererseits läuft er auch nicht in die griechische Theologie aus. Die folgende Zeit hat so gut wie kein Verständnis für ihn. Phrasen, die man als paulinisch deuten kann, finden sich bei den christlichen Schriftstellern bis zu Irenäus und Tertullian, wenn auch selten, so doch hie und da. Aber keiner knüpft an ihn an, um seine Gedanken und Argumente fortzuführen. Das größte System aus der Werdezeit des Christentums existiert für die nachfolgende Zeit nicht mehr, obwohl sie die Briefe kennt.

Dies und jenes an dieser Tatsache ließe sich irgendwie erklären. Man vergesse nicht, daß die Gesetzesfrage, die den Verfasser der Schreiben zur Enthüllung spekulativer Gedankengänge zwang – wenn die gewöhnliche Geschichtsauffassung im Rechte ist –, ein für allemal gelöst war und eine Notwendigkeit, auf seine Logik zurückzugreifen, also nicht mehr bestand.

Es sei ferner daran erinnert, daß von Paulus bis Origenes das Christentum – wenn man etwa von dem Justin der Apologie absehen will[31] – nur von mittelmäßigen Geistern angeführt wurde, von denen kaum einer in der Lage war, eine großzügige Spekulation zu der seinen zu machen.

Man kann auch geltend machen, daß Paulus im Traditionsprinzip, wie es sich die nachapostolische Zeit schuf, keinen Platz hatte. Er gehörte nicht zu den Zwölfen, die die Verbindung zwischen Jesus und der kirchlichen Lehrautorität herstellten.[32] Dieser Umstand ist nicht gering anzuschlagen. In den Kanon ist er nicht als «Apostel» gekommen – die Definition des Apostolischen in der kanonbildenden Zeit paßte nicht auf ihn –, sondern weil sich seine Briefe faute de mieux in der kirchlichen Vorlesung behauptet hatten und der Bestand der Sammlung an «apostolischen Schriften» sich ohne sie doch zu mager ausgenommen hätte.

Aber diese Erwägungen können die Tatsache der Ignorierung des Paulinismus zuletzt doch nicht erklären. In keinem Falle können sie

---

29 [Im vorliegenden Band öfter zitierter Satz. Vgl. A. Schweitzer, *Die Mystik des Apostels Paulus,* Tübingen 1930/1954, S. 39, Anm. 1.]

30 [R] [Man] psychologisierte, als das Psychologisieren noch unbefragt [unbesorgt?] betrieben wurde.

31 [R] Bach!

32 [R] [Der Paulinismus hat] auf die unmittelbar [folgende] Zeit nicht gewirkt.

begreiflich machen, warum er so plötzlich außer Beachtung kommt und für die Nachwelt mit seinem Schöpfer begraben wird.

Die dem Heidenapostel zugeschriebene Lehre und die der zwei kommenden Generationen müssen sich also in einer ganz unbegreiflichen Weise innerlich fremd sein. Sie können nicht einmal die allgemeinsten Ideen und Voraussetzungen, durch die die Menschen aufeinanderfolgender Zeiten gewöhnlich miteinander verbunden sind, gemeinsam haben. Das kann nur daran liegen, daß der Paulinismus aus einer ganz besonderen Materie gearbeitet ist. Wie ist es aber denkbar, daß den andern keine Spur davon in die Hände kam? Paulus muß sie doch auch aus dem Boden der allgemeinen Ideen der Zeit gewonnen haben!

Eine persönliche Schöpfung im absoluten Sinne des Wortes gibt es nicht. Wer es behaupten wollte, würde die Geschichtswissenschaft mit groben Wundern ausstatten. Jeder, auch der am meisten schöpferische Geist, arbeitet mit dem Stoff, den ihm seine Zeit bietet.

Die Geschichte der Kunst Johann Sebastian Bachs bietet eine nicht uninteressante Parallele zur paulinischen Frage. Auch die Werke des Thomaskantors – so gewaltig sie waren – haben auf die nachfolgende Zeit nicht gewirkt. Sein Name wurde mit Bewunderung genannt, aber das, was er für die Kunst erworben hatte, war vergessen und verloren, weil keine Ideengemeinschaft zwischen ihm und den Tonsetzern des neuen Geschlechts bestand. Schon seine Söhne schrieben, als wären sie nie durch seine Schule gegangen. Daraufhin sprach man seine Kunst als eine durch und durch persönliche Schöpfung an[33] und wollte annehmen, daß sie mit den vorhergehenden und zeitgenössischen Werken wenig gemeinsam hätte... Und als man das 17. und beginnende 18. Jahrhundert genauer kennen lernte, ergab sich, daß Bach mit allen Fasern seines Schaffens in seiner Zeit wurzelte und der auf ihn folgenden Generation zum Rätsel wurde, gerade weil er seine Werke so ganz in den Instinkten und Formen einer versunkenen Zeit erdacht hatte.

Dieses Beispiel mahnt zur Vorsicht.

Überdies birgt die oben angeführte Sentenz, wie jeder geistreiche Spruch, einen Fehler. Sie müßte lauten: «Niemand – das Urchristentum ausgenommen – hat den Paulus je verstanden.»[34] Nur mit dieser Klausel ist sie zutreffend. Das Urchristentum muß den Heidenapostel verstanden haben. Andernfalls hätte er keine Gemeinden gründen können. Auch seine Gegner aus den Judenchristen begriffen ihn, denn sie beugten sich seinen Argumenten. Er siegte in der Frage des Gesetzes. Das Merkwürdige ist nur, daß wir, nach unserer Auffassung der paulinischen Lehre, nicht verstehen, wieso das Urchristentum sie verstehen konnte. Aber dies ändert an der Tatsache nichts.

---

33 [R]... die niemand als der Meister selber verstand.

34 [R] [Ausrufezeichen.]

Hat ihn das Urchristentum aber irgendwie begriffen, so ist damit gesagt, daß Paulus nicht mit Voraussetzungen und Ideen operiert haben kann, die ihm fremd waren. Zum mindesten die Basis seines Systems muß mit anerkannten Anschauungen aufgeführt sein ... auch wenn es uns zunächst nicht so scheinen mag.

Das Eigentümliche und Persönliche kann also nur in der Logik liegen, mit der der Verfasser der Briefe die Glaubenssätze und Anschauungen seiner Generation bearbeitet und in ihren letzten, den andern vielleicht verborgen gebliebenen Konsequenzen ausführt. Und auch dies muß seine Grenzen gehabt haben. Hätte sich sein Urteilen und Schließen nicht in der Richtung der allgemeinen religiösen Logik seiner Zeit bewegt, so hätte er nicht auf sie wirken können. Er redet in Paradoxien, in welchen sie etwas Vernünftiges finden sollte und fand.[35]

Es geht also nicht an, wie es die Forschung nach Baur versuchte, den Paulinismus aus der Einzigartigkeit der Christusvision auf dem Wege nach Damaskus zu erklären. Damit füllt man Wasser aus einem Faß in das andere.[36] Wäre die Lehre des Heidenapostels[37] nur die Konsequenz eines ganz persönlichen Erlebnisses gewesen, so hätte sie den Zeitgenossen unbegreiflich bleiben müssen.

Diese Erklärung widerspricht überdies den Texten. Der Schreiber der Briefe erwähnt die Erscheinung des Herrn als den Augenblick und den Grund seiner Bekehrung. Aber nirgends begründet er daraus die Eigenart seiner Lehre. Er schreibt ihr auch keine Besonderheit zu, sondern stellt sie in die Reihe der Erscheinungen, die den andern zuteil wurden (I Kor. 15,5–8).

Inwiefern soll sich seine Vision von den andern unterscheiden, so daß er eine besondere Auffassung der Erlösung davontrug? Er sah den Herrn; die andern auch. Er empfing damit die Gewißheit, daß der gekreuzigte Jesus von Nazareth auferstanden und zur Rechten Gottes erhöht sei und man seiner Ankunft zum Ende jeder Stunde gewärtig sein müsse; dasselbe, nicht mehr und nicht weniger, hatten Petrus und die andern daraus erschlossen. Vielleicht wurde ihm schon in jenem Augenblick offenbar, daß er bestimmt sei,[38] die Kunde vom Auferstandenen und Erhöhten über die Erde zu tragen; eine besondere Vorstellung von der Erlösung ist damit nicht gegeben.

Die Anschauung, die einer ganzen Reihe von Abhandlungen über Paulus zu Grunde liegt, ist also in keiner Weise begründet. Sie beruht auf dem Werten und Auskaufen des religiösen Erlebnisses,[39] wie es in der

35 [R] [Ausrufezeichen.]
36 [R] [2 Ausrufezeichen.]
37 [R] Persönliche Schöpfung.
38 [R] Die Vordatierung des neuen Zustandes.
39 [R] Nicht als Erlebnis, sondern als fortlaufende Offenbarungen.

modernen Glaubenslehre zum Fundament der Religion erhoben worden ist. Paulus aber gehört dem Urchristentum an; das will heißen, daß er besser daran ist. Er leitet seine Lehre aus der fortlaufenden, ihm je nach Bedürfnis zuteil werdenden Offenbarung ab. Christus ist für ihn nicht nur der, der ihm auf dem Wege erschienen [ist], sondern der, der ihm seither durch den Geist das wahre Evangelium kundtut.

Muß die Erklärung des Paulinismus aus der Einzigartigkeit der Christusvision abgelehnt werden, so tritt alsbald die Frage nach seinen Voraussetzungen mit allen ihren Schwierigkeiten auf den Plan.

Ist sie aus griechischen oder spätjüdischen Vorstellungen geboren?

Früher glaubte man, ein Nebeneinander der Einflüsse der beiden Ideenwelten annehmen zu können. Was am einfachsten auf jüdische Gedanken zurückzuführen schien, wurde als jüdisch angesprochen; was sich daraus nicht herleiten ließ, sollte als griechisch gelten.[40]

Diese Lösung hat sich aber als unhaltbar erwiesen. Sie konnte nur solange befriedigen, als man nicht darauf ausging, den Paulinismus auf einen alle Vorstellungen zusammenhaltenden Grundgedanken zurückzuführen. Die Forschung aber – wollte sie überhaupt etwas erklären – sah sich gezwungen, diesen Weg zu beschreiten. Dabei zeigte sich, daß die Lehre des Heidenapostels als Ganzes auf der Idee der generellen Bedeutung des Todes und der Auferstehung Jesu Christi und der wirksamen mystischen Gemeinschaft mit ihm beruht. Die Erlösung soll in einer durch das Teilhaben an Tod und Auferstehung Jesu Christi gesetzten naturhaften Veränderung des Gläubigen bestehen. Diese Vorstellung gilt es, ihrer Bedeutung nach zu ergründen. Sie kann nicht jüdisch und griechisch zugleich sein,[41] sondern erklärt sich aus der einen oder der anderen Gedankenwelt.

Es versteht sich von selbst, daß «Jüdisch» und «Griechisch» hier in ihrem allerallgemeinsten Sinne zu verstehen sind, so, daß im ersteren das Urchristliche, im letzteren das Hellenistische, Synkretistische, Gnostische und Mysterienhafte miteinbegriffen ist. «Jüdisch» bedeutet also: jüdisch-urchristlich; «griechisch»: griechisch-orientalisch.

Was die Entscheidung des Entweder-Oder betrifft, so ist nicht zu leugnen, daß die Erklärung der Grundidee des Paulinismus aus griechischen Gedanken zunächst [als] die bei weitem aussichtsreichste erscheint. Das Naturhaft-Mystische, das in seiner Erlösungslehre vorausgesetzt wird, ist dem Judentum vollständig fremd. Hingegen steht es in auffälliger Analogie zu den Vorstellungen des griechisch-orientalischen Synkretismus, jener großen Bewegung, die Vorstellungen und Kulte miteinander verschmelzt, um daraus eine große allgemeine Erlösungsreligion zu schaffen.

---

40 [R] Möglichkeiten: griechisch oder jüdisch (wobei das Urchristentum = jüdisch). Früher beides nebeneinander. Vorstellung der Erlösung!

41 [R] Mit einem lecken Schiff in See stechen.

Über diesem unmittelbaren Eindruck darf man aber die in Frage kommenden Erwägungen nicht vergessen. Es wäre möglich, daß die paulinische Erlösungslehre[42] in der allgemeinsten Fassung ihrer Grundidee einen griechischen Eindruck machte, die Bestimmtheit aber, die sie durch das Detail erhält, zu einer andern Erklärung zwänge. Welchen Charakter weist das Weltbild, in welchem die Erlösungslehre erscheint, auf? Wäre es nicht denkbar, daß das Naturhaft-Mystische sich aus Vorstellungen entwickelt haben könnte, die nichts Griechisches an sich tragen, und es sich demnach um eine reine, durch keine Abhängigkeit bedingte Analogie handelte? Ist nicht mit der Möglichkeit zu rechnen, daß eine jüdisch-eschatologische Religiosität unter besonderen Bedingungen eine mystisch-naturhafte Erlösungslehre hervorgebracht haben könnte?

Bei diesen allgemeinen Erwägungen nimmt das Problem eine ganz eigentümliche Gestalt an. Es muß sich mit den zwei widerstreitenden Tatsachen befassen, daß das Weltbild, in welchem sich die Lehre Pauli bewegt, unbestreitbar jüdisch-eschatologischen Charakter trägt, während die Erlösungslehre, die im Zentrum steht, eher griechischen Eindruck erweckt. Aber das Detail zeigt, daß für Paulus die Erlösungslehre nicht in das Weltbild hineingestellt ist, sondern im engsten Zusammenhang damit gedacht ist. Die Annahme, daß hier eine griechische Vorstellung in jüdischem Rahmen erscheine, so verlockend sie sich auf den ersten Blick ausnimmt, erklärt nichts. Die Einheit[43] ist eine derartige, daß die Erlösungslehre aus dem Weltbild oder das Weltbild aus der Erlösungslehre begriffen werden muß. Den Paulinismus historisch verstehen will heißen, ihn so erfassen, wie er sich im Geiste seines Schöpfers darstellte. Für diesen aber – jede Seite seiner Briefe bezeugt es – bildeten Weltbild und Erlösungslehre, weil aus einem einzigen Vorstellungsvermögen entsprungen, eine unlösliche Einheit.

Von hier aus betrachtet ist die Erklärung aus der jüdisch-eschatologischen Gedankenwelt in einem gewissen Vorteil. Es läßt sich eher denken, daß eine eschatologische Weltanschauung sich zu einer mystischen Erlösungslehre vertieft und verfeinert, als daß ein griechischer Gedankenkomplex sich mit einer Weltanschauung umgeben habe, die die unverfälschten Züge der jüdischen Zukunftserwartungen an sich trägt.

Was ergibt sich aus dem Abwägen des Für und Wider der beiden möglichen Versuche?

Paulus ist in Tarsus geboren und vom Hellenentum umgeben aufgewachsen. Er kennt die griechische Sprache hinreichend, um sein System darin auszudrücken. In den Zitaten seiner Briefe benutzt er sozusagen ausschließlich die griechische Übersetzung der Schrift. Zuweilen argu-

42 [R] (Persönlichkeit – Mensch).
43 [Darüber:] Beziehung.

mentiert er sogar mit dem Sinn, den die angezogenen Stellen erst durch die neue Sprache erhalten haben.

Aus dieser Tatsache dürfen keine weitgehenden Schlüsse über den griechischen Charakter seiner Lehre gezogen werden. Da er auf Griechisch schreibt, wäre es geradezu unverständlich, wenn er nicht in dem Wortlaut einer anerkannten und verbreiteten Übersetzung zitierte, sondern jedesmal eine eigene lieferte.[44]

Nicht unbemerkt bleibe, daß bei der Würdigung der paulinischen Sprache der Einfluß der Propheten – und besonders der spätprophetischen Stücke – nicht genügend in Rechnung gezogen wird. Manches in seinen Ausdrücken und seiner Phraseologie, das mit griechischen Parallelen gequält wird, erscheint selbstverständlich, wenn man bedenkt, aus welcher Welt ihm Erinnerungen und Anregungen für die Umkleidung religiöser Gedanken zugekommen [sind].[45]

Natürlich kennt der in Tarsus aufgewachsene Israelit die nichtjüdischen Kreise aus eigener Anschauung insoweit, daß er sie im Guten und Schlechten würdigen kann.

Die Aussage von den Heiden, die sich selber Gesetz sind (Röm. 2,14 und 15), trägt sogar etwas Griechisch-Rationalistisches an sich, wobei man sich allerdings vergegenwärtigen muß, daß diese für einen Juden erstaunlich positive Wertung des Gewissens als gesetzgebende Größe durch die Dialektik, die den ersten Teil des Römerbriefes beherrscht, gefordert wird. Paulus braucht dort ein Analogon zum jüdischen Gesetz, um seine[46] Theorie, daß kein Gesetz das Sündenverderben aufhalten könne, für die ganze Menschheit durchzuführen. Die dialektische Notwendigkeit ist für das Zustandekommen der Aussage also immerhin von einiger Bedeutung. Damit stimmt, daß der Heidenapostel sich sonst ganz negativ über Heiden und Heidentum ausläßt, wie jemand, der sich in einer gegensätzlichen Stellung zu der betreffenden Größe weiß. Das spricht nicht dafür, daß die Einflüsse der umgebenden Welt auf ihn eingewirkt haben sollen.

---

44 Man trage doch einmal analoge Fälle theologischer Zweisprachigkeit aus der Geschichte zusammen. Sie werden ergeben, daß heilige Schrift nie persönliche Übersetzung erfährt, sondern immer in einer bestehenden Version angeführt wird.

Der Verfasser hat diese Beobachtung an elsässischen Theologen und an sich selber gemacht. Niemals, weder in der Predigt noch im religiösen Privatgespräch, wird derjenige, dem deutsch und französisch wie Muttersprachen geläufig sind, biblische Stellen in eigener Übersetzung produzieren, sondern wird sich ausnahmslos an die gebräuchliche Form des Textes und der betreffenden Sprache halten und sogar aus der Eigenart des Übersetzungswortlautes, wo er seinen Gedanken entgegenkommt, argumentieren, vielleicht gegen den ursprünglichen Sinn, den er kennen sollte ... genau wie es Paulus tat.

45 Wer könnte die Sprache Heinrich Heines philologisch erkären, ohne immer und immer wieder auf den Einfluß der Luther'schen Bibelübersetzung zurückzukommen, der sich auch da dokumentiert, wo man es zunächst gar nicht vermuten würde!

46 [«seine» ist ohne Ersatz gestrichen.]

Wie weit die Exklusivität der jüdischen Gesellschaft von Tarsus ging, ist schwer zu ermessen. Gering wird sie nicht gewesen sein, wenn sie «Eiferer um die Überlieferung[47] der Väter» (Gal. 1,13 und 14) hervorbringen konnte. Die moderne Zeit zeigt hinlänglich, wie religiöse Genossenschaften, die sich viel näher stehen, als es für die griechischen und jüdischen Kultgemeinden des damaligen Kleinasiens der Fall war, nebeneinander leben können, indem sie auch nicht das Geringste von einander annehmen und in geradezu erstaunlicher Unwissenheit über die Vorstellungen und Kulte der andern verharren. Man frage Evangelische über die katholische Messe oder Katholiken über die Anschauungen des Protestantismus oder beide über jüdischen Gottesdienst! Diese Analogien geben zu denken.

Wenn die Forschung zutage fördert, daß Tarsus nicht nur ein Herd griechisch-römischer Bildung, sondern auch ein Zentrum der Mysterienkulte war, so darf man daraus noch nicht den Schluß ziehen, daß Paulus notwendig einen Einblick in diese Welt genommen habe. Es ist möglich, daß er von dem Wesen der fremden religiösen Bewegung um ihn wenig wußte oder daß das, was er etwa vom Hörensagen kenne, von keinem Einfluß auf seine religiösen Vorstellungen war. Entscheidend ist allein, was sich aus seinen Schriften ergibt.

Zunächst dürfte man erwarten, bei ihm etwas von dem zu finden, was als Synthese von Judentum und Griechentum damals schon bestand. Paulus wuchs auf zur Zeit, als die alexandrinische Schule sich machtvoll entfaltete; er ist ein jüngerer Zeitgenosse Philos. Es ist für uns undenkbar, daß ihm diese Bewegung nicht bekannt gewesen sein sollte. Aus den Briefen aber läßt sich ersehen, daß sie in keiner Weie auf ihn eingewirkt hat. Er zeigt Bekanntschaft mit der Septuaginta und hie und da auch wohl mit der Weisheitsliteratur. Das ist alles. Von den Ideen und Tendenzen der alexandrinischen Theologie findet sich bei ihm nichts. Die Daten besagen, daß die hellenistisch-jüdische Theologie und der Paulinismus derselben Zeit angehören. Auf Grund der literarischen Erzeugnisse des Heidenapostels würde man auf diese Vermutung nicht kommen.

Auch die Auslegungskunst des Paulus zeigt nichts spezifisch Alexandrinisches. Sie ist geistreich, gewalttätig und geschmacklos wie jene; aber sie wandelt nicht in ihren Regeln einher. Das Suchen nach dem dreifachen Schriftsinn ist ihr fremd. Sie hat etwas Größeres und Genialeres an sich als die der Hellenisten und zeigt eine Tendenz, die diesen fremd ist. Sie geht von der Voraussetzung aus, daß alle wichtigen Stellen der Schrift einen Sinn bergen, der es mit der Geschichte der Erlösung, wie sie sich in der Endzeit abspielen wird, zu tun hat. Ob es sich um den

47 [Gestrichen:] um das Gesetz.

Durchzug durch das rote Meer, das Sterben in der Wüste, das Mannah, das Felsenwasser handelt (I Kor. 10), ob das Gebot über die Herabnahme des Gehängten[48] (Gal. 3,13) oder das über die Behandlung der dreschenden Ochsen (I Kor. 9, 9 und 10) erwähnt wird, ob von Abraham, Sarah, Isaak, Hagar, Ismael, vom Sinai, von Jerusalem (Gal. 4,21–31; Röm. 4,1–25) die Rede ist: alles geht auf die Endzeit und ist seiner wahren Bedeutung nach ein Typus für das, was sich einmal abspielen wird. Darum muß auch das Gesetz in seinen Hauptbestimmungen aussagen, daß eine Zeit kommen soll, wo ihm keine Geltung mehr zukommt. Eine solche Orientierung der Auslegung ist der alexandrinischen Theologie unbekannt.

Von griechisch-römischer Popularphilosophie und Religionsphilosophie finden sich keine sichtbaren Spuren in den Briefen. Daß seine «Psychologie» die Abhängigkeit vom griechischen Denken beweise, wird man im Ernst nicht behaupten dürfen. Was er von Leib, Geist, Seele und Vernunft des Menschen sagt, ist ganz elementar beobachtet und gedacht und weicht nicht von dem ab, was das Alte Testament voraussetzt.

Man will Berührungspunkte zwischen den Gedanken Pauli und denen Senecas, Epiktets und Marc Aurels – dessen Selbstbetrachtungen etwa hundert Jahre nach dem Tod des Heidenapostels geschrieben sind – entdeckt haben. Was sich zusammentragen ließ, nimmt sich armselig aus. Es beschränkt sich in der Hauptsache auf ziemlich allgemein gehaltene Aussprüche pessimistischer Weltanschauung und Bemerkungen über das Verhältnis «Seele und Leib».

Dabei übersieht man, daß es sich beidemale um einen ganz verschieden bedingten Pessimismus handelt. Der paulinische ist eschatologisch begründet; er gibt diese Welt auf, weil er auf eine kommende, gute hofft. Senecas Pessimismus ist aus der reinen Reflexion erwachsen.

Der Paulinismus und die Stoa konnten überhaupt nichts miteinander gemein haben. Ihre Prinzipien negieren sich. Die Weltanschauung des Apostels ist, wie das Urchristentum überhaupt, enthusiastisch; die Stoa hat die Religion der großen Resignation geschaffen. In den Gedanken Pauli herrscht Furcht vor dem Tode und der Vergänglichkeit und brennendes Sehnen nach Fortexistenz in verklärter Leiblichkeit; dem Stoizismus sind solche Gedanken unfaßbar, da er es mit dem gegenwärtigen Leben als dem einzigen, das es gibt, zu tun hat. Eine Versöhnung von stoischer und christlicher Weltauffassung war für die alte Zeit unmöglich. Dieses tragische Faktum liegt der ganzen Kirchengeschichte zu Grunde. Wenn in der zweiten christlichen Generation, als die Eschatologie verblaßte, ein Geist erstanden wäre, der es vermocht hätte, das Tiefe des Stoizismus mit den ewigen ethischen und religiösen Ideen Jesu

48 [Ms.:] Gehengten.

zusammenzudenken und zusammenzuzwingen, so wäre das Christentum nicht der Verderber, sondern der Erretter der alten Welt geworden[49] und hätte sich nicht so entwickelt, daß es sich von allem vernünftigen Denken abschloß.

Die Ansicht, daß der Paulinismus in der alexandrinischen oder der populären griechisch-römischen Religionsphilosophie wurzelt, wird heutzutage nicht mehr sehr leidenschaftlich und auch nicht mehr sehr zuversichtlich verfochten. Sie gehört einer vergangenen Forschung an, die meinte, das «Vergeistigte» und «Freie», das sie so sympathisch berührte, darauf zurückführen zu können, daß der Schöpfer der Lehre vom großen griechischen Denken erfaßt und aus der Enge jüdischer Anschauungen herausgeführt worden sei. Als in steigendem Maße erkannt wurde, daß der Heidenapostel in seinem Kampf gegen das Gesetz in keiner Weise von den Voraussetzungen einer allgemeinen rationalen Religionsphilosophie ausgegangen ist,[50] war die Vorstellung eines das Evangelium Jesu mit dem griechischen Geiste erfassenden Paulus nicht mehr haltbar.

Unterdessen aber war durch die Forschung einer Reihe religionsgeschichtlich arbeitender Philologen[51] eine neue, bisher kaum bekannte griechische Welt erschlossen worden. Man hatte die Ausdehnung und Bedeutung einer mit den Begriffen der Erlösung und des Mysteriums operierenden Religiosität schätzen gelernt und wußte die Rolle zu würdigen, die Kleinasien in dieser Bewegung zukam.

Daraufhin lebte die Idee der griechischen Bedingtheit der Lehre Pauli in neuer Form auf.

Daß sich in der Gedankenwelt der antiken Mysterienreligionen manches findet, was als Parallele zu paulinischen Sätzen bestechen kann, darf nicht in Abrede gestellt werden. Das Sehnen nach Unvergänglichkeit, der Prozeß, aus dem das «Leben» kommt, und das Verhältnis zu einer neuen, außerhalb der natürlichen liegenden Welt, werden mit nicht unähnlich lautenden Ausdrücken beschrieben. Die sprachliche Berührung ist in einzelnen Fällen überraschend. Manches Detail in der Formulierung der paulinischen Gedanken scheint erst in dem Zusammenhang mit der von den Mysterienreligionen geprägten Ausdrucksweise seine wahre Bedeutung zu offenbaren.

Die vom rein sprachlichen Standpunkt aus nicht übel befestigte Position ist nach andern Seiten jedoch weniger leicht zu halten.

Zunächst muß Bedenken erregen, daß die Quellen für die Sprache der Mysterienreligionen bedeutend jünger sind als die paulinischen

---

49 [R] Erst die Renaissance.

50 [Ms.:] sei.

51 [R] [Hier zu nennende] Namen. [Vgl. Kap. VII der *Geschichte der Paulinischen Forschung*, Tübingen 1911, und Kap. II der *Mystik des Apostels Paulus*, Tübingen 1930/1954.]

Briefe[52] und dementsprechend Vorsicht geboten ist, wo es sich darum handelt, die von ihnen gebotene Ausdrucksweise für die Mitte des 1. Jahrhunderts als schon bestehend und ausgebildet vorauszusetzen.

Auch die prinzipielle Vorfrage, ob die aufgezeigten Parallelen eine Beziehung zwischen Paulus und den Mysterienreligionen beweisen oder ob es sich nicht um reine Analogien handeln könne, wird nicht immer hinreichend erwogen.

Man überschätzt auch, was sich philologisch aus der Ausdrucksweise Pauli erschließen läßt. Es soll nicht als möglich zugegeben werden, daß er gewisse Worte und Wendungen aus sich heraus geschaffen habe,[53] wie man bisher annahm; sie müssen einer vorgefundenen religiösen Sprache entnommen sein. Dabei muß man aber einen möglichen Fall in Betracht ziehen. Niemand kann berechnen, wie das Griechisch eines schöpferischen Geistes aus dem Judentum ausfallen mußte, wenn er es unternahm, eine neue Gedankenwelt darin abzubilden. Vergleichende Untersuchungen würden vielleicht ergeben, daß Menschen in ähnlichen Fällen der Sprache, in die sie ihre auf anderem Boden erwachsenen Gedanken übersetzen mußten, eine originelle und grandiose Prägung gegeben haben. Gesetzt der Fall, Paulus habe sich in der jüdisch-eschatologischen Gedankenwelt bewegt. Bis auf ihn hatte man sie nur beschreibend dargestellt. So verfuhren die Bilderreden des Buches Henoch; so verfuhr Jesus. In seiner Darlegung an die Sadduzäer, die mit Argumenten gegen die Totenauferstehung an ihn herankommen, definiert er den zukünftigen Daseinszustand durch ein Bild und sagt, daß die Menschen sein werden wie die Engel (Mt. 22,30). Wollte Paulus die Eschatologie in ein spekulatives System bringen, so war er gezwungen, die reine Beschreibung zu verlassen und dafür eine begriffliche Entgegensetzung des Gegenwärtigen und des Zukünftigen – aber im Himmel schon vorhandenen – und der damit gegebenen Wesenheit zu liefern. Mit dieser Tat wurde noch eine andere gefordert: Er mußte die auf Begriffe gebrachte eschatologische Weltanschauung in die griechische Sprache übertragen. Diese aber bot keine adäquaten Ausdrücke für die auf fremdem Boden erwachsenen Werte. Paulus kam in die Lage, sich mit den brauchbarsten Analogien [zu] behelfen, und [er] nahm, was er in der religiösen Sprache des Griechentums fand. So sind die Worte griechisch, aber die dahinter stehenden Vorstellungen ihrem Wesen nach jüdisch.

Träfe der eben angenommene Fall zu, so wären die sprachlichen Berührungen zwischen den Mysterienreligionen und dem Paulinismus be-

52 [R] Jakoby [vermutlich gemeint: Adolf Jacoby.]

53 [Angedeutete neue Fassung:] daß er auf gewisse Worte und Wendungen in der [...] von selbst gekommen sei.

friedigend erklärt, ohne daß angenommen werden müßte, der Apostel habe mit der Frömmigkeit, deren Ausdrücke er gebraucht, in Ideengemeinschaft gelebt.

Jedenfalls sind die verschiedenen Möglichkeiten, die aufgezeigte Berührung im Ausdruck zu erklären, mehr als bisher in Betracht zu ziehen, wobei immer zu bedenken sein wird, daß es sich auch um einfache Analogien handeln könne. Es läßt sich nicht gut ausdenken, wie Paulus seine Gedanken in Griechisch hätte anders ausdrücken sollen.

Verläßt man das Gebiet rein sprachlicher Überlegungen, um die besondere Bestimmtheit der Gedanken in Rechnung zu ziehen, so ist es, als ob die beiden religiösen Welten auseinanderknickten.[54] Schwerwiegende Differenzen werden sichtbar.

Die Mysterienreligionen beschreiben den neuen Zustand als «Wiedergeburt». Paulus – worauf in diesem Zusammenhang noch nicht hingewiesen wurde – gebraucht den Ausdruck nie, sondern will die Erneuerung als eine vordatierte Auferstehung begreiflich machen. Die bei Justin und auch im vierten Evangelium zum Wort gelangende Theologie stellt den Begriff der Wiedergeburt in das Zentrum der christlichen Lehre.[55] Diese Auffassung von der Erlösung ist nachweisbar unter griechischem Einfluß entstanden. Es ist also nicht verwunderlich, daß sie die Grundanschauung der Mysterienreligionen in das Christentum übernimmt. Erstaunlich aber wäre es, wenn Paulus auch in den Ideen der griechischen Frömmigkeit gedacht hätte und dabei an dem zentralen Begriff derselben achtlos vorübergegangen wäre, um mit dem viel schwereren und unnatürlichen Begriff der schon gegenwärtigen Auferstehung zu operieren. Das Fehlen des einen Wortes «Wiedergeburt» wiegt schwerer als alle sprachlichen Berührungen, die man zwischen den Mysterienreligionen und dem Paulinismus aufzeigen kann.[56]

Merkwürdig ist, daß auch das Sakramentale, das uns in der Lehre der Briefe entgegentritt, durch das Licht, das von den griechischen Mysterien ausgeht, nicht sonderlich erleuchtet wird. Die beigebrachten Parallelen gehen auf die allgemeine mystische Wertung heiliger Handlungen, bei welchen Waschungen und Mahlzeiten in erster Linie in Betracht kommen. Aber das Charakteristische der Taufe und des Abendmahls, wie sie sich bei Paulus finden, bleibt dabei im Dunkeln. Es wird nicht klar, wieso er die Benetzung mit Wasser in der Taufe zu einem Sterben und Auferstehen werden läßt (Röm. 6,1–14) und dem Essen und Trinken im Abendmahl die Bedeutung einer Verkündigung des Todes des Herrn in Erwartung seiner Parusie geben kann (I Kor. 11,23–26). Daß er durch die heilige Mahlzeit eine Gemeinschaft mit dem Herrn herge-

---

54 [Undeutliches Wort.]
55 [Gestrichen:] und läßt sie dementsprechend durch die Taufe bewirkt werden.
56 [R] [2 Ausrufezeichen.]

stellt werden läßt, die er mit derjenigen in Parallele bringt, die zwischen dem Opfernden und den Dämonen zustande kommt (I Kor. 10,14–22), beweist noch nicht, daß er für seine Auffassung von griechischen Gedanken ausgegangen ist. Über die Taufe für die Toten (I Kor. 15,29) haben die Zeugnisse aus den Mysterienreligionen nichts zur Erklärung beibringen können. Die Parallelen bekunden, daß dem Griechentum der Gedanke der Sühne für Tote, den das Judentum auch kennt, nicht fremd war. Aber die paulinische Taufe ist etwas ganz anderes als eine Sühneleistung.[57]

Es ist auch in Betracht zu ziehen, daß der Geist, in welchem Paulus von Taufe und Abendmahl spricht, nicht derselbe ist wie der, der aus den griechischen Mysterien redet. Die hellenistische Frömmigkeit leitet die Bedeutung der heiligen Handlung aus der wirkungskräftigen Symbolik derselben her. Es wird angenommen, daß sich das Geschehnis irgendwie aus der Welt des Gleichnisses in[58] die der Wirkung ausdehne. Paulus kennt den Begriff der wirkungskräftigen Symbolik nicht. Er verbindet die äußere Tatsache mit der religiösen Wirkung, ohne das Bedürfnis zu fühlen, den Zusammenhang aus dem Bedeutungsvollen der Handlung an sich zu erklären.

Gemeinsam ist der Lehre Pauli und den Mysterienreligionen also nur dies eine, daß sie eine mystische Wertung äußerer Geschehnisse[59] kennen. Ob der Schluß, daß der Heidenapostel aus der griechischen Ideenwelt geschöpft habe, dadurch gerechtfertigt ist, muß dahingestellt bleiben.[60] Das Detail spricht nicht dafür. Auch hier ist die Möglichkeit offen zu halten, daß es sich um reine Analogie handelt.[61] Jedenfalls ist die Sakramentslehre des Paulus durch die vorgeblichen Parallelen kaum verständlicher geworden. Nach wie vor hängt sie aus dem System wie ein schlecht unterbauter Erker heraus.

Zu wenig beachtet wird ferner, daß das Lebenselement der Mysterienreligion der Mythus ist. Paulus aber operiert mit der grell beleuchteten, kaum vergangenen, für ihn historischen Tatsache des Todes und der Auferstehung Jesu Christi. Die extremen Vertreter der griechischen Deutung des Paulinismus haben ein Gefühl für diese Schwierigkeit. Sie wollen deswegen annehmen, daß die ganze Christologie Pauli aus einem – zur Zeit natürlich unauffindbaren – Mythus vom Sterben und Auferstehen eines Gottessohnes erwachsen sei.

Geht man vom Zentrum der paulinischen Lehre an die Peripherie, so

---

57 Stellen aus [Georg] Hollmann, [Daniel] Völter etc. [Vgl. *Geschichte der Paulinischen Forschung*, 1911, S. 119, 92, 113].

58 [Ms.:] und [statt «in», offensichtlich verschrieben.]

59 [Gestrichen:] Handlungen.

60 [R] Aber die Logik [ist] ganz verschieden.

61 [Oder:] handle. [Gestrichen:] handeln könne.

– Pauli Gedanken sind fern den Mysterien- religionen & nicht griechisch

wird es immer schwieriger, den griechischen Charakter der Aussagen festzuhalten. Die Zukunftserwartungen für den einzelnen und die Welt können nicht mehr mit auch nur einigermaßen befriedigenden Parallelen belegt werden. Wohl lassen sich Stellen, in denen von Totengericht die Rede ist, beibringen; aber sie sind viel zu unbestimmt gehalten, als daß sie mit den konkreten und bestimmt gezeichneten Vorstellungen Pauli in Beziehung gesetzt werden könnten. Hier, [bei Paulus, bricht][62] das Jüdisch-Eschatologische allzu elementar hervor.

Auch rein formelle geschichtliche Erwägungen sprechen gegen den griechischen Ursprung des Paulinismus.[63] Die Urapostel und ihr Kreis hätten Gedanken, die auf dem Boden heidnischer Mysterienreligionen erwachsen wären, sicherlich als fremd empfunden und als solche bekämpft. Aus den Akten, wie sie in den Briefen vorliegen, ergibt sich aber mit Sicherheit, daß man dem Paulus nur seine Stellung zum Gesetz vorwarf und seine Lehre sonst in keinem Punkte zu beanstanden wußte. Das jerusalemitische Urchristentum hat an den Gedanken des Heidenapostels nichts Griechisches entdeckt.

Dasselbe läßt sich für die griechische Theologie des 2. Jahrhunderts erweisen.[64] Sie greift in keiner Weise auf Paulus zurück. Es ist, als ob er für sie nicht existierte. Sie ringt mit dem Problem der kirchlichen Hellenisierung des Christentums und will die wahre Mysterienreligion schaffen. Daß diese Arbeit schon einmal in Angriff genommen worden [war], scheint ihr nicht bewußt zu sein. Sie empfindet nicht das geringste Bedürfnis, auf Paulus, den sie als ihren Vorläufer betrachten müßte, zurückzugreifen und die Lösung, die er anbahnt, weiter auszuführen. Sie findet bei ihm keine Fäden, die sie weiterspinnen kann. Daß die Theologie eines Ignatius und eines Justin mit der Lehre des Heidenapostels nichts anzufangen weiß, bedeutet, daß sie von griechischen Instinkten bei ihm nichts entdecken kann. Er ist ihr fern und fremd. Das wäre unbegreiflich, wenn er wirklich in den Gedanken der Mysterienreligion lebte. Die Tatsache, daß die primitive griechische Theologie achtlos an ihm vorübergeht, beweist, daß er nach ihrem Ermessen ihren Geist – den Geist der Mysterienreligionen – nicht hat, sondern einer andern Welt angehört. Welche Zeit aber sollte ein sichereres Gefühl für griechisches Christentum besitzen als das beginnende 2. Jahrhundert!

So bietet[65] das Verhalten der griechischen Theologie zu den Gedanken

---

62 [Statt «bricht» (sicher irrtümlich) im Ms.:] die.

63 [R] Zwei geschichtliche Überlegungen: 1) Urapostel, 2) Anknüpfung (eben nichts Griechisches[?]) Gnostisches.

64 [R] Paulus und [die] griech. Theologie [des] 2. Jhdts.

65 [Gestrichener erster Satz des Abschnitts:] Die Theologie bis Athanasius und über ihn hinaus zehrt von den Gedanken der ersten Generation der griechischen Theologie, weil sie ein klares Bewußtsein davon hat, daß es nur eine Auffassung des Christentums als der Mysterienreligion geben kann.

des Heidenapostel fast unüberwindliche Bedenken gegen die Annahme der griechischen Essenz seiner Lehre.

Bei der Bestimmung des jüdischen Charakters des Paulinismus darf man ihn nicht, wie Ritschl verfuhr, rein aus dem Alten Testament erklären wollen. Man kann im Gegenteil sagen, daß der Heidenapostel weit davon entfernt ist, die Schrift auszuschöpfen. Wir nehmen an, daß das Urchristentum die möglichen Zeugnisse für die Messianität Jesu aus Gesetz und Propheten vollständig zusammengetragen habe. Bei Paulus findet sich nichts davon.[66] Das Allermerkwürdigste ist, daß er die Stellen vom leidenden Gottesknecht – Jes. 53 –, in denen das Urchristentum das Schicksal dessen, den es als Menschensohn erwartete, beschrieben fand, überhaupt nie anführt. Diese Tatsache stellt eines der merkwürdigsten Probleme des Paulinismus dar.

Im großen und ganzen hat man den Eindruck, daß der Heidenapostel seine Gedanken nicht aus dem Alten Testament geschöpft hat, sondern daß er es mehr als Beweisquelle für diejenigen [Gedanken], die ihm von anderswoher feststanden, benutzte. Die Welt, in der er lebt, ist die der spätjüdischen Theologie, wie sie uns im Buch Henoch – entstanden zwischen [160 und 76] vor Christus – und den Apokalypsen Baruch und Esra – aus den letzten Jahrzehnten des 1. Jahrhunderts unserer Zeitrechnung – entgegentritt.

Eine rein jüdische Welt ist es allerdings nicht. In der Eschatologie, die vorausgesetzt wird, und in den Gedanken, die sich darum herum bewegen, steht ein gut Stück des orientalischen Synkretismus. Die Geschichte der jüdischen Zukunftserwartungen ist in den Einzelheiten noch nicht aufgeklärt. Es darf aber schon jetzt als feststehend angenommen werden, daß sie aus zwei Elementen besteht. Das eine wird durch die im großen und ganzen natürlichen und diesseitigen Charakter aufweisenden Hoffnungen der vorexilischen Zeit dargestellt. Zu diesen treten im Laufe der Zeit gnostisch-synkretistische Vorstellungen von Gott, Welt, Weltmächten, überirdischer Weltgeschichte, Weltende, Welt- und Menschheitserlösung. Der alte einfache Gedanke des Gerichtstages, in welchem Gott seinem Volke Recht verschafft, wird in diese dramatische Vorstellung der übernatürlichen Weltgeschichte hineingestellt. Die Transzendierung der Zukunftserwartungen, die mit dem Aufhören des nationalen jüdischen Staates und dem Untergang des Hauses Davids von selbst gegeben war – da die vorher vorausgesetzte Kontinuität zwischen Jetzt und Dann nicht mehr bestand –, vollzieht sich unter Aufnahme synkretistischer Gedanken. So gehört die jüdische Eschatologie eigentlich dem orientalischen Gnostizismus im allgemeinsten Sinne an.

---

66 [R] [2 Ausrufezeichen.]

Das ist aber nur bis zu einem gewissen Grade der Fall. In Wirklichkeit stellt sie eine besondere Entwicklung innerhalb dieser großen Bewegung dar. Nachdem die synkretistischen Ideen eine gewisse Vereinigung mit den jüdischen eingegangen sind, schließt sich [das] dabei entstandene Gebilde als etwas Selbständiges nach außen ab und entwickelt sich nach immanenten Prinzipien als eine speziell auf das Judentum zugeschnittene Gnosis,[67] in welcher das Fremde alsbald [als][68] rein jüdisch empfunden wird. Einzelne mystische und phantastische Vorstellungen mögen noch einwandern. Im großen und ganzen aber steht die jüdische Eschatologie außerhalb der Bewegung, in der sie in den spätprophetischen Stücken, in Daniel und Henoch, miteinhertrieb, wobei sie aber das festhält, was sie damals aufgenommen hat. Sie kapselt sich ab. Der Sättigungsgrad ist erreicht; «freie Bindungen», um chemisch zu reden, sind nicht mehr vorhanden.[69]

Einfache große Linien und Vorstellungen bilden sich aus, die der Eschatologie des Täufers, Jesu, Pauli und der Verfasser der Apokalypsen, Baruch und Esra, gemeinsam sind. Die spezifisch jüdische Frömmigkeit gibt dem Ganzen die Färbung; die Ideen und Probleme israelitischer Frömmigkeit werden darin verwoben.

Wie viel oder wie wenig von den in der Eschatologie legitimierten mythischen Elementen im einzelnen zur Darstellung herangezogen werden, ist dabei fast gleichgültig. Vorausgesetzt wird vieles, was nicht ausdrücklich angeführt wird. Die Eschatologie Jesu macht uns einen einfachen Eindruck. Aber einzelne, oft nebensächliche Worte lassen plötzlich eine ganze Welt phantasievoller Vorstellungen sichtbar werden und lehren uns, daß er sie voraussetzt. Auch wenn er in seiner Predigt für gewöhnlich nicht darauf zu sprechen kommt.

Paulus mit seinen spekulativen Tendenzen kommt viel mehr in die Lage, auf den ganzen Reichtum der in der Eschatologie legitimierten mythischen Vorstellungen zurückzugreifen. Das Weltdrama ist bei ihm viel ausgeführter als in der Apokalypse Esra. Das rührt zum großen Teil daher, daß er das Gesetz als in dem jetzigen Weltzustand unkräftig dartun und die Bedeutung des Sterbens und Auferstehens Jesu in der übernatürlichen Weltgeschichte ausführen muß. Alles, was von mythischen Elementen ihm in dieser Hinsicht dienstbar sein kann, wird ins Treffen geführt.

Und auch hier erfahren wir manches in mehr gelegentlichen Worten. Hätten die Korinther nicht eine Anfrage über Totenauferstehung an ihn gerichtet, so wüßten wir nicht, daß er sich das messianische Reich als Kampf denkt, den der Herr der Parusie in Gemeinschaft mit den aufer-

---

67 [R] [Das?] Intellektuelle, aus dem die christliche Gnosis hervorging. Naiv.

68 [Ms., statt «als» (sicher irrtümlich):] ein.

69 [R] [Fragezeichen.]

standenen und verwandelten Heiligen gegen die Engelmächte führt, bis daß er den Tod als die letzte dieser Gewalten überwunden hat, worauf das messianische Reich in dem Gottesreich aufgeht [I Kor. 15,23–28]. Manches gehört wohl auch noch zur Eschatologie Pauli, was er in den uns erhaltenen Briefen zu erwähnen nicht in die Lage kam.

Aber das, was er von der übernatürlichen Weltgeschichte in den Kreis seiner Erörterungen zieht, ist reich und so entwickelt, daß man geradezu von paulinischem Gnostizismus reden kann. Zwischen Gott und den die Welt regierenden Engelwesen besteht Zwiespalt. Das Gesetz entstammt nicht der höchsten Gewalt, sondern ist von den unteren Instanzen ausgegangen (Gal. 3,19). Sie wollten dadurch das auserwählte Volk in ihren Dienst ziehen und den Erlösungsplan Gottes, der ihrer Herrschaft ein Ende setzen soll, durchkreuzen. In ihrer Unwissenheit kreuzigen sie den von Gott gesandten Jesus und bringen sich damit um ihre Macht (I Kor. 2,6–8). Das tritt darin zutage, daß der Tod keine Macht über diese Persönlichkeit hat.[70] Sie ersteht aus dem Grabe und wird zur Rechten Gottes erhöht und empfängt die Gewalt, der Engelherrschaft ein Ende zu machen.[71]

Die elementaren Züge der großen christlichen Gnosis, welche von [der] Kirche des 2. Jahrhunderts bekämpft und überwunden wurde, treten also schon bei Paulus zutage. Trotzdem steht er in keiner direkten Abhängigkeit von der gnostisch-synkretistischen Bewegung, die dann christliche Elemente aufnimmt und sich in großartigen Systemen auslebt. Der Paulinismus ist eine verfrühte Parallelerscheinung dazu. Seine Voraussetzungen liegen in dem Mythisch-Eschatologischen, das das Spätjudentum bot.

Bezeichnend in dieser Hinsicht ist die Vorstellung vom Herren der Endzeit. Er hat sie nicht geschaffen, sondern fertig übernommen. Sie deckt sich mit der, welche die Bilderreden des Henoch, Jesus und die Apokalypse Esra voraussetzen. Auch die Vorstellung vom zukünftigen Dasein ist eschatologisch-gnostisch, insofern es sich um die Erlangung einer neuen Leiblichkeit handelt.

Der spätere Gnostizismus wandelt eine andere Bahn. Er stellt nicht den gekreuzigten und auferstandenen, sondern den historischen Jesus in den Mittelpunkt des Systems. Dieser ist der Überwinder der Engelmächte. Er geht also, genau wie die griechische Theologie, von der Voraussetzung aus, daß der historische Jesus Messias war und als solcher wirkte. Das war aber erst möglich, nachdem die eschatologischen Voraussetzungen aus dem benutzten «Mythischen»[72] geschwunden waren. Für Paulus ist es undenkbar. Für ihn ist Jesus erst «Herr» auf Grund der

---

70 [R] die Fesseln des Todes gesprengt.

71 [R] Das Unerwartete tritt ein – versuchen alles, das Ende aufzuhalten.

72 [R] *Das Mythische und das Nichtmythische. Für Paulus ist Jesus ja kein Gottwesen.*

Erhebung in den übernatürlichen Weltzustand bei der Auferstehung. Diese Voraussetzung wird mit aller Schärfe festgehalten und widerlegt alle Hypothesen, nach welchen Paulus seine Christologie aus dem allgemeinen Synkretismus gewonnen haben soll.

Auch die Scheidung zwischen Geist und Materie, von welcher die allgemeine Gnosis ausgeht, kennt er nicht. Für ihn ist das Ende nicht die Rückführung des Geistigen in seinen Ursprung. Nicht die «Seele» wird erlöst, sondern die dazu bestimmten Persönlichkeiten werden in der Neuschaffung der Welt aus dem Natürlichen in das Übernatürliche verwandelt. Der «geistige Leib» (I Kor. 15,44) ist mit dem Maße des Gnostizismus gemessen eine materialistische Vorstellung.

Auch das Intellektualistische der ganzen Gnosis ist dem Heidenapostel fremd. Eine aufklärende Tätigkeit Jesu[73] kommt für ihn bei der Erlösung nicht in Betracht. Er ist nicht der Bringer der Weisheit, der den Trug, mit dem die Engelmächte die Menschheit gefangen halten, zerreißt und sie frei macht. «Weisheit» gibt es für Paulus erst durch den Geist; dieser aber kommt über die Menschheit nach und auf Grund der Auferstehung Christi, als ein Zeichen der Endzeit und eine Wirkung der beginnenden Welterneuerung.

Paulus ist also Gnostiker, insofern er mit den mythisch-gnostischen Elementen, die die spätjüdische Eschatologie bot, operiert.

Er ist aber noch mehr: er ist auch spätjüdischer Theologe. Die wichtigste Schrift zur Erkenntnis des Paulinismus ist die Apokalypse Esra. Sie bietet die eigenartige Mischung von Theologie und Eschatologie, die für die Briefe des Heidenapostels charakteristisch ist.

Wir sind geneigt, die theologischen Probleme über Sünde, Verderben, Tod, Gesetz, Erwählung und Erlösung, die den Heidenapostel beschäftigen, als rein «christlich» zu betrachten. Man stellt sich den Paulus vor der Bekehrung als einen Eiferer um das Gesetz vor, für dessen engherzigen Fanatismus es religiöse Fragen überhaupt nicht gab, und nimmt an, daß diese für ihn erst auftauchten, als [er] dem Evangelium von Christo glaubte.

Die Apokalypse Esra beschäftigt sich aber mit denselben Fragen und Problemen. Sie berührt sich mit den paulinischen Briefen nicht nur in allgemeinen Gedanken, sondern auch in der charakteristischen Fassung und Einkleidung des Fragens und Sinnens. Der Verfasser grübelt über Sünde und Schuld, über die Bedeutung des Falles Adams, über die Verheißungen an das Haus Israel, über das Unvermögen des Gesetzes, die Menschen, die mit ihm begnadet [sind,] zu retten, trotzdem es von oben stammt. Er reflektiert über die Langmut Gottes und forscht, wie die Verdammnis der Menschen sich mit der Barmherzigkeit des Herrn

73 [R] [Ausrufezeichen.]

vereinigen läßt. Die Fragen, die sein Herz bewegen, spricht er aus, um in Visionen offenbarende Antwort zu empfangen. Ein Zug der Bangigkeit und des Schmerzes geht durch das ganze Buch. Es nimmt sich aus wie eine Ausführung der Frage aus dem Römerbrief: «Ich elender Mensch! Wer wird mich erlösen von diesem Leibe des Todes?» (Röm. 7,24)

Aus diesem Pessimismus müht sich der Verfasser der Apokalypse[74] durch den Glauben an eine Erlösung zu retten. Er nimmt an, daß das Ende bald komme. Ein seliger Zustand soll durch den von Gott zu offenbarenden Welterlöser heraufgeführt werden, wenn Drangsal und Kämpfe, die sein Erscheinen begleiten, vorüber sind. Das himmlische Jerusalem wird die Erfüllung aller Verheißungen bringen. An diesen Gütern haben aber nur die Erwählten teil. Der Glaube an die Erlösung schließt also für den einzelnen den an die persönliche Erwählung in sich ein. Das Prädestinatianische beherrscht den Gedankengang, genau wie bei Paulus. «Viele sind geschaffen, aber wenige errettet», heißt es in der Apokalypse Esra.[75] Dem Verfasser graut vor dieser Annahme. Er möchte sich dagegen auflehnen und vermag es nicht. Zuletzt gibt er sich damit zufrieden, daß er zu den Erwählten gehöre und vieles in den Ratschlüssen Gottes den Menschen unbegreiflich bleiben müsse.

Er macht sich auch Gedanken darüber, ob es besser sei, als ein Toter oder ein im Leibesleben Überbleibender das Weltende zu erreichen, und kennt die Frage, die den Glauben und das Hoffen des Paulus so beschäftigte. Seine Antwort geht dahin, daß die Überlebenden zwar mehr Drangsal haben werden, weil sie die letzten Kämpfe mitmachen müssen, aber dennoch bei weitem seliger sind als die Gestorbenen, die erst in der Auferstehung den Erlöser zu schauen bekommen.[76]

Das sind nicht Beziehungen und Berührungen zwischen persönlichen Anschauungen zweier dem Judentum angehörender Schriftsteller, von denen der eine um die Mitte, der andere gegen Ende des 1. Jahrhunderts unserer Zeitrechnung schrieb, ohne in irgend einer Weise den ersten vorauszusetzen. Was sie gemeinsam haben, ist in der Hauptsache als jüdische Theologie auszusetzen.

Der Paulinismus und die Apokalypse Esra[77] geben uns Kunde von einer jüdischen Theologie, die in der Traditionsüberlieferung sozusagen keine Spur hinterlassen hat. Wir erfahren durch sie, daß bestimmte Kreise des Schriftgelehrtentums ein Ringen mit den elementaren religiö-

74 [R] IV Esra.
75 [IV Esra 8,3.]
76 [IV Esra 13,16–24.]
77 Die Apokalypse Baruch ist innerlich mit der Esras verwandt. Sie kennt dieselben Fragen und Probleme; aber das Theologische tritt in ihr hinter der apokalyptischen Beschreibung stark zurück.

sen Problemen und ein Suchen nach Klarheit und Frieden kannten und nicht in öder Gesetzesdeutung aufgingen.

Man darf die jüdische Theologie zu Anfang unserer Zeitrechnung nicht nach dem beurteilen, was die Reden Jesu über sie zutage fördern oder was sich in der Überlieferung davon erhalten hat. Vielleicht steckt in der «Religion Jesu» selber mehr jüdische Theologie als wir vermuten.

Leider fühlte diese gesetzesgelehrte Frömmigkeit keinen Drang zur[78] schriftlichen Aussprache. Sie begnügte sich mit mündlicher Auseinandersetzung und Überlieferung. Nur außerordentliche Ereignisse rangen der genuinen spätjüdischen Theologie – die Weisheitsliteratur und der Alexandrinismus bilden Bewegungen für sich – Werke ab, die nicht einfach Schriftparaphrasen bieten, sondern die Gedanken der Zeit enthüllen.[79] Darum besitzen wir zwischen dem Psalter Salomos, der den Einzug des Pompejus in Jerusalem besingt, und den Apokalypsen Baruch und Esra eigentlich nichts von ihr. Sie ist uns nur durch Gelegenheitswerke bekannt. Die beiden Apokalypsen wurden verfaßt, um das Ärgernis des Falles Jerusalems zu überwinden; Paulus schrieb seine Briefe, weil er sich wegen seiner Stellung zum Gesetz verteidigen mußte. Ohne diese «Zufälle» wäre uns nichts von spätjüdischer Frömmigkeit überkommen.

Über ihre Verbreitung wissen wir nichts. War sie bis zu einem gewissen Grade Gemeingut der Schriftgelehrsamkeit überhaupt, oder blieb sie auf engere Kreise innerhalb derselben beschränkt? Vieles, was wir als paulinisch-christlich ansehen, ist also spätjüdische Theologie. Das Lehrsystem des Heidenapostels ist mit Gedanken aufgeführt, die er nicht erst zu schaffen brauchte, sondern fertig vorfand.[80] Worin besteht aber dann die Leistung des Paulus? In der spekulativen Verarbeitung des Materials.

Das jüdische Denken war unspekulativ. Es hat das Vermögen des einheitlichen und großen Gestaltens nicht besessen. Das tritt schon an den Propheten zutage. Sie vermochten nicht, ein Weltbild zu schaffen, sondern bleiben bei einer primitiven Geschichtsphilosophie stehen. Als das Judentum mit dem orientalischen Synkretismus in Berührung trat, entnahm es ihm in der Hauptsache nur das Mythische. Für das Spekulative, das an dieses Mythische ansetzte, war es nicht empfänglich. Es suchte Stoff zur Ausmalung der Endgeschichte und fand ihn.

Wie gebunden das jüdische Denken war, erkennt man bei Philo. Er will die Elemente der griechischen Religionsphilosophie in den jüdischen Glauben aufnehmen. Den großen Plan führt er klein aus.[81] Er

78 [Ms.:] der.
79 [R] Spätjüdische Theologie.
80 [R] Aber eines [hat er] nicht aus der jüdischen Theologie mitgekommen [mitbekommen?].
81 [R] Das unspekulative jüdische Denken.

schneidet sich die griechische Religionsphilosophie so zurecht, daß er sie in Traktaten über alttestamentliche Stellen so vortragen kann, als wäre sie aus der Exegese gewonnen.

Jesus entwickelt nur die ethische Seite der eschatologischen Weltanschauung; die Apokalypse Baruch verliert sich in Schilderung. Auch der Verfasser der Apokalypse Esra ist kein Denker. Er grübelt. Den inneren Zusammenhang der sich ihm aufdrängenden Fragen vermag er nicht zu erfassen. Die Offenbarung soll ihm eine Lösung für jede einzelne [Frage] bieten. Das Buch, das zu dem Tiefsten gehört, was das alte Judentum hervorgebracht hat, läßt zugleich erkennen, wie unschöpferisch und unsystematisch das Denken war, aus dem es hervorging.

Paulus aber ist ein spekulativer Geist . . . vielleicht der einzige, den das alte Judentum hervorgebracht hat.

In dem inneren Zusammenhang, in welchem die «geschichtlichen» Ereignisse des Todes und der Auferstehung Jesu zur Erwartung der himmlischen Welt standen, waren Stoff und Logik einer großen Spekulation gegeben, wenn anders das Wesen dieser darin besteht, sinnliches und übersinnliches Sein und Geschehen in ihrer Verbindung und Einheit zu begreifen.

Daß hier ein Material zu einem großen Bau bereit lag, das man nur zusammenzutragen und zusammenzufügen brauchte, wurde dem Urchristentum nicht bewußt. Es war so unspekulativ wie das Judentum. Darum wäre es achtlos weitergegangen und hätte es zu keiner anderen Formulierung des Glaubens gebracht als der, daß Jesus am Kreuze gelitten habe und gestorben sei zur Sühne von Sünde, dann in der Auferstehung zur Rechten Gottes erhöht worden, weswegen man der Parusie, des Gerichtes, der Totenauferstehung und des Reiches hoffnungsvoll gewärtig sein dürfe.

Aber einer war da, dem eine Erleuchtung kam, daß Tod und Auferstehung Jesu Christi, als Ereignisse der Endzeit mit der eschatologischen Zukunft zusammengedacht, viel mehr besagen wollten, als daß man das auf die kommende Zeit Verheißene als gewiß und bald sich verwirklichend annehmen dürfe. Paulus begreift, daß sie schon etwas für den gegenwärtigen Weltzustand alles, was[82] damit irgendwie zusammenhängt, bedeuten. Auf Grund des Todes und der Auferstehung Jesu Christi ist die Jetzt-Welt nicht mehr rein natürlich, sondern in Veränderung und Umwandlung zur kommenden begriffen.[83]

Das erste christliche Lehrsystem war damit gegeben, daß auf der Straße nach Damaskus einer bekehrt wurde,[84] der für die Tragweite der

82 [«was» ist ersatzlos gestrichen.]

83 [R] Durch Tod und Auferstehung und das kommende Reich bin ich erlöst. Erlösung ist begründet . . .

84 [R] [Ausrufezeichen.]

Sätze, die den wahren christlichen Glauben ausmachten, Erkenntnis und Sinn besaß. Die Eigenart des Paulinismus besteht in nichts anderem als in dem Spekulativen an sich, nicht in dem Material.[85] Seine Elemente und Voraussetzungen sind jüdisch und urchristlich.

So konnte er etwas Besonderes sein und von den gläubigen Zeitgenossen dennoch als reines Urchristentum empfunden werden, insofern als seine Voraussetzungen allen geläufig und selbstverständlich waren. Den Schlüssen, die der spekulative Geist entwickelte, konnte niemand widerstehen; sie mußten sie anerkennen und sich darunter beugen.

In dem Augenblick aber, wo die spezifisch urchristlichen Voraussetzungen dem christlichen Glauben abhanden kamen, mußte die paulinische Spekulation unverständlich werden. Die griechische Theologie des beginnenden 2. Jahrhunderts vermochte sie nicht mehr zu begreifen. Sie ließ sie unbenutzt abseits liegen. Der Paulinismus konnte auf die spätere Zeit nicht wirken, weil er zu ausschließlich urchristlich war.

c) II, III:[86] *Paulinismus und Lehre Jesu*

Die eschatologische Begründung der Freiheit von der Lehrautorität Jesu und [von] dem Gesetz.[87]

Der Paulinismus ist ein Rätsel. Wir nehmen an, das Urchristentum sei aus der Lehre Jesu hervorgegangen. Die ersten Lehrzeugnisse der neuen Bewegung – die Briefe des Heidenapostels – berufen sich aber gar nicht auf die Worte des Herrn. Sie führen kein einziges Gleichnis an; von den Seligpreisungen reden sie nicht; die christliche Ethik wird entwickelt, als ob nie eine Bergpredigt gehalten worden wäre.[88]

Wenn Paulus in I Kor. 7, wo er über Ehe, Ehelosigkeit und Scheidung redet, die Autorität des Herrn anruft, um zu gebieten, daß das Weib sich von ihrem Gatten nicht trenne [V. 10]: «Den Verheirateten gebiete ich, vielmehr nicht ich, sondern der Herr ...», sind wir geneigt, darin eine Bezugnahme auf das Verbot der Ehescheidung durch den historischen Jesus (Mk. 10,9) zu erblicken. Für ihn aber handelt es sich um Weisungen, die vom verklärten Christus ausgehen, im Unterschied zu den Meinungen, die er als persönliche äußert. Die einen sind Gesetz, die

85 [«nicht in dem Material» steht am Rand und ist durch Zeichen irrtümlich schon nach «nichts anderem» eingeschoben.]

86 [Ms.-S. 1–10 fehlen. Der Text enthält auch z. T. umgearbeitete Abschnitte aus Nr. 7, S. 504ff., sowie aus dem vorangehenden Kap. II, S. 551 (vgl. Anm. 119).]

87 [R] [Weitere Untertitel:] Stellung zur Autorität Jesu und des Gesetzes. *Die Rätsel der Lehre Pauli.*

88 [Einige Zeilen von Schweitzers Ms. sind hier weggelassen, weil sie im übernächsten Abschnitt nochmals und ausführlicher erscheinen.]

andern Ratschlag auf Grund seiner christlichen Einsicht. So gesteht er in Betreff des Weiterbestehens der Ehen, in welchen der eine Teil noch heidnisch ist, und in der Frage der Verheiratung Unverheirateter, I Kor. 7,12: «das sage ich, nicht der Herr»; I Kor. 7,25 [gesteht er]: «ein Gebot des Herrn habe ich keines», keine bindenden Entscheidungen vom Herrn aus zu geben. Wohl aber beruft er sich darauf I Kor. 9,14: «der Herr hat verordnet», um das Recht der Verkündiger des Evangeliums auf Unterhalt durch die Gläubigen darzutun.

Daß «Wort des Herrn» für Paulus nicht Ausspruch des historischen Jesus bedeutet, ergibt sich aus I Thess. 4,15ff. Hier verkündet er «in einem Worte des Herrn»,[89] daß die «Toten in Christo» bei der Parusie hinter den Lebenden nicht zurückstehen werden, weil sie einer besonderen, mit der Erscheinung [des] Herrn zusammenfallenden Auferstehung teilhaftig werden, um mit den noch Lebenden ihm in die Wolken entgegen entrückt zu werden. Hier kann Paulus keinen historischen Spruch – auch keinen uns nicht erhaltenen – meinen, da es einen solchen unmöglich gab. Die zu schlichtende Streitfrage ist erst im Urchristentum aufgetaucht. Man denke sich Jesus über die «Toten in Christo» und ihre Gleichberechtigung mit den von der Parusie im Leibesleben Betroffenen redend!

Auch das «Gesetz Christi» – «Einer trage des andern Last» (Gal. 6,2) – geht nicht auf einen Spruch des lehrenden Meisters zurück.

Allerdings lassen sich Sätze und Ausdrücke anführen, in denen ein Anklang an Worte Jesu naheliegend oder nicht ausgeschlossen scheint. Gal. 5,14 redet Paulus davon, daß das ganze Gesetz in dem einen Worte «Liebe deinen Nächsten als dich selbst» [Mt. 19,19; 22,39] erfüllt sei; Röm. 13,8–10 findet sich derselbe Gedanke etwas ausführlicher entwikkelt; Röm. 12,14 – «Segnet, die euch verfolgen» – erinnert an das Wort aus Lk. 6,28: «Segnet, die euch fluchen»; Röm. 12,17 – «Vergeltet niemandem Böses mit Bösem» – könnte als eine Variante von Mt. 5,39 – «Widerstreitet nicht dem Bösen» – angesehen werden; Röm. 14,14 – «Nichts ist an sich selber unrein» – ist auf denselben Ton gestimmt wie Mt. 15,11: «Nicht das, was in den Mund eingeht, verunreinigt den Menschen»; das Wort vom «ja» und «nein» aus II Kor. 1,17 läßt vermuten, daß der Schreiber den Spruch Mt. 5,37 «Eure Rede sei ja ja, nein nein» im Gedächtnis hat.

Angenommen, daß es mit den manchmal recht allgemeinen Beziehungen dieser Stellen zu Sprüchen Jesu seine Richtigkeit habe, so wird die Frage dadurch nur um so komplizierter. Warum gibt Paulus den Spruch nicht in seiner originalen Prägung wieder? Warum deutet er mit nichts an, daß es sich um ein Herrenwort handle? Warum läßt er hundert

89 [R] beide aus derselben Autorität.

Gelegenheiten vorübergehen, wo er sich auf die Autorität eines Wortes Jesu stützen könnte?

Zuweilen meint man, er könne jetzt nicht anders, als einen Herrenspruch, der den Sinn seiner Darlegung zusammenfaßte, anzuführen, und er tut es nicht. Er begründet die Nächstenliebe als das höchste Gebot direkt aus der Schrift, als gäbe es keine Lehre des Herrn.

Wie man sich zu den in Frage kommenden Einzelheiten auch stellen mag:[90] sicher ist, daß Paulus von der Lehrautorität des Meisters von Nazareth keinen Gebrauch macht. Hätten wir nur seine Briefe, so wüßten wir von der Predigt Jesus nichts ... nicht einmal, daß er gepredigt hat.

Das Auffällige der Tatsache wird noch dadurch gesteigert, daß die Unterweisung Jesu unbenützt gelassen wird von einem Mann, der dem jüdischen Volke angehört und durch die rabbinische Schule hindurch gegangen ist, was besagt, daß er in der höchsten Ehrfurcht für Lehrautorität und Lehrüberlieferung erzogen wurde und in einer Gesellschaft lebt, die von denselben Anschauungen erfüllt ist.

Man darf das Phänomen, das um so unbegreiflicher wird, je länger man darüber nachdenkt, nicht damit erklären, daß Paulus kein Schüler Jesu war und die Kenntnis seiner Aussprüche bei ihm also nicht vorausgesetzt werden dürfe. Die Evangelien beweisen, daß eine Überlieferung über die Unterweisung des Herrn bestand und getreulich gehütet wurde. Das Elementarste daran kann Paulus nicht fremd geblieben sein. Warum hat er auch nicht den geringsten Gebrauch davon gemacht?

In seiner Ignorierung der Lehrüberlieferung Jesu liegt Absicht und System. Er will ihr nichts verdanken ... nicht einmal die Kenntnis der historischen Abendmahlsworte. Die Einleitung des Berichts über das letzte Mahl – I Kor. 11,23: «Ich habe es vom Herrn übernommen, was ich euch auch überliefert habe: Unser Herr Jesus, in der Nacht, da er verraten ward ...» – bietet den Auslegern so viele Schwierigkeiten, weil aus dem Wortlaut nicht klar wird,[91] ob der Schreiber sich das «übernommen vom Herrn» als durch mündliche Überlieferung vermittelt denkt oder damit den Anspruch erhebt, die historischen Worte auf dem Wege der Offenbarung empfangen zu haben. Die Ausdrucksweise ist jedenfalls bedenklich doppelsinnig gewählt. Hätte er einfach sagen wollen, die Überlieferung berichte über Jesu Worte beim letzten Mahle folgendermaßen, so müßte er es anders und einfacher ausgedrückt haben.

Die Vorstellung, daß er sich für ein historisches Wort Jesu auf eine Offenbarung des Verklärten beruft, erscheint uns so ungeheuerlich, daß wir uns dann zuletzt immer wieder dabei beruhigen, er habe nur einen etwas gezierten Ausdruck gebraucht, um sich auf die Tradition zu berufen. Aber warum dann die feierliche Einleitung?

---

90 [Ms.:] möge.
91 [R] beides auf Eselstützen. Das eine klar!

Gal. 1,11 und 12 erklärt er ausdrücklich, daß seine ganze evangelische Verkündigung nicht auf Menschenüberlieferung und Menschenlehre, sondern auf direkte Offenbarung des Verklärten zurückgehe. Wer das Offenbarungsprinzip so schroff formulieren kann, schreckt sicher nicht vor[92] dem Gedanken zurück, die Fassung der Abendmahlsworte Jesu in Offenbarung zu erfahren. Und was wissen wir von den Offenbarungen, die dem Paulus zuteil wurden?... [93]

Tatsache bleibt, daß er in dem einzigen Fall, wo [er] sich gezwungen sieht, ein «historisches Wort» Jesu anzuführen, alles tut, um es nicht einfach als solches wiederzugeben.[94]

Man könnte annehmen, er habe nicht mit der Lehre Jesu operiert, weil er dann gezwungen gewesen wäre, sich auf die Apostel als Überlieferungsautorität zu berufen. Das hätte ihn diesen gegenüber in ein Abhängigkeitsverhältnis gebracht, das er zu vermeiden suchte. Dieses polemische Motiv reicht nicht aus, um das ganz Unnatürliche, das in der Ausschaltung der Lehre Jesu liegt, zu erklären. Es läßt sich nur einfach konstatieren, daß Paulus aus Prinzip die Offenbarung über die Überlieferung stellt und darin so weit geht, daß er die letztere in der ersteren aufhebt und für seine Verkündigung als nicht existierend betrachtet. Christus nach dem Geist, das verklärte himmlische Wesen, setzt als Träger der durch den Geist[95] kommenden Offenbarung alles, was man auf die Autorität des historischen Jesus bauen könnte, außer Kraft, so daß der Jesus von Nazareth nach dem Fleisch zuletzt eine indifferente Persönlichkeit wird, deren Autorität gegen die Kundgebungen des Verklärten niemals ins Feld geführt werden darf. Paulus geht so weit, die historische Persönlichkeit außer Kurs zu setzen, wenn er schreibt: «Haben wir auch Christum nach dem Fleisch gekannt, so kennen wir ihn aber jetzt nicht mehr» (II Kor. 5,16).

Die Emanzipation des paulinischen Christentums von dem, was wir als die historische Stiftung Jesu bezeichnen würden, ist eine Gewalttat ohnegleichen. Man vermag es kaum zu fassen, daß zwanzig Jahre nach dem Tode des Herrn ein religiöses Gebilde entsteht, in dessen Mittelpunkt er thront, und das doch so ganz verschieden ist von der Religion, die auf Grund seiner Lehre zu erwarten wäre. Enthielten die Briefe Pauli keine so bestimmten Umstands- und Zeitangaben, die auffordern,[96] sie so nahe an die Wirksamkeit Jesu heranzurücken, so würde niemand auf

92 [Ms.:] von.

93 [R] Ob für die Urchristen das Christentum so sehr Religion Jesu war, wie wir es uns vorstellen [...]?

94 [Mit Bleistift beigefügt:] (Ein Arbeiter seines Sohnes, weil gegen Aussendungsrede)[?] [R] Nicht mehr Kontinuität als zwischen dem historischen und dem verklärten [Jesus]!

95 [R] Daß in Anerkennung der Geistautorität das Gemeinsame [liegt]. Aus Weltlage.

96 [Ms.:] aufforderten.

573

diesen Gedanken kommen. Einmütig nähme man mindestens zwei oder drei Generationen in Anspruch, um das gänzliche Verblassen der Lehre Jesu entwicklungsgemäß zu begreifen.

Es liegt also gleich zu Anfang eine Art Kontinuitätstrennung im Christentum vor. Die zahlreichen Bücher über «Jesus und Paulus», «Paulus und Jesus», «Jesus oder Paulus» und «Paulus oder Jesus» haben es mit diesem Faktum zu tun. Sie variieren nur darin, ob sie es anerkennen oder mit Worten zudecken und insoweit praktische Konsequenzen für unsere Auffassung der Religion daraus ziehen. Sicher läßt sich nur sagen, daß zwischen dem «Christentum» der Lehre Jesu und dem des Paulinismus dieselbe Gemeinschaft und dieselbe Verschiedenheit besteht wie zwischen historischem Jesus und dem verklärten Christus. Der Paulinismus will nichts anderes sein als die Predigt des Verklärten durch den Mund des Heidenapostels. Auf Grund dessen darf Paulus sich auch zu den Aposteln rechnen; er ist es aus Offenbarung. Und wie die Offenbarung Christi höher steht als die Lehre Jesu, so sollte auch der Apostel aus Offenbarung höher stehen als die [Lehre] aus der Berufung des historischen Jesus. Paulus hatte ein klares Gefühl von dieser Überlegenheit. Es ist für ihn ausgemacht, daß sein Evangelium alle andere Verkündigung überrage[97] und über alle Meinung triumphieren müsse. Kämen sogar die Engel des Himmels, um zu predigen, so bliebe die Autorität seiner Lehre davon unberührt (Gal. 1,8). Über die Offenbarung des Verklärten hinaus gibt es keine Wahrheit.

Was dem Ursprung nach Offenbarung des Verklärten ist, stellt sich seinem Inhalt nach als Spekulation über Tod und Auferstehung Jesu Christi dar. Der verherrlichte Christus läßt den Paulus, seinen Knecht, wissen, was der Tod des historischen Jesus und seine Auferstehung in dem Weltgeschehen bedeuten, und weist ihn an, die religiösen und ethischen Konsequenzen daraus zu ziehen. Mit Tod und Auferstehung Christi ist eine neue Tatsache im Hoffen, Glauben und Erkennen gegeben. Alles ist dadurch auf eine neue Basis gestellt. Die Lehre Jesu stellt dieses Geschehen in Aussicht; die Offenbarung des Verklärten bietet ein adäquates Begreifen derselben. Also steht die letztere über der ersteren. Es kann ja möglich sein, daß, was für die Lehre Jesu – die den Weltzustand vor seinem Tod und seiner Auferstehung voraussetzt – Geltung hat, diese nachher, wo die Situation eine andere geworden ist, verliere. Die Möglichkeit wird Wirklichkeit. In einem entscheidenden Punkte – der Stellung zum Gesetz – widersprechen die Ergebnisse der offenbarten Spekulation dem, was Jesus gelehrt und beobachtet hat. Und da es sich um eine Frage von praktischer Wichtigkeit handelt, muß der Kampf zwischen Offenbarung und Überlieferung durchgefochten werden.

97 [R] Tat = Geist mit Christus verbunden. So seine Offenbarung.

In[98] einer früheren Periode der theologischen Forschung meinte man, den schroffen Gegensatz umgehen zu können. Es wurde angenommen, Jesus habe die Aufhebung des Gesetzes zum mindesten vorbereitet, so daß die Leistung Pauli nur darin bestand, den Gedanken des Meisters zur rechten Zeit in Tat umgesetzt zu haben. Damit wurde zugleich begreiflich gemacht, wieso der Heidenapostel mit der Gesetzesabrogation bei den Uraposteln durchgedrungen sein konnte. Die Überzeugung von der Verbindlichkeit des Gesetzes sollte bei ihnen durch freigerichtete Äußerungen des Herrn schon ins Wanken gekommen sein; das Vorgehen Pauli gab ihr den letzten Stoß.

Es hat sich aber herausgestellt, daß die Geltung des Gesetzes für Jesus nie in Frage stand,[99] so weit er auch in der Kritik des Pharisäismus und des äußerlichen Vorschriftenwesens gehen mochte. Die Ethik der Buße und der Gerechtigkeit zum Eintritt in das Reich Gottes – was man fälschlich als die Ethik des Reiches Gottes auffaßte – trat als etwas Höheres, das durch die Einzigartigkeit der Zeit gefordert wurde, ergänzend zum Gesetz hinzu. Erst mit dem Aufhören des natürlichen Menschentums – und damit der Legalität und Moralität – beim Anbrechen des Reiches Gottes war das Ende des Gesetzes gegeben.[100]

Die Jünger waren also durch nichts auf die Forderung des Heidenapostels vorbereitet. Sie konnten sich gegen die Neuerung auf Jesus berufen. Paulus mußte gegen die Lehrautorität Jesu ohne jegliche Deckung anlaufen ... und siegte. (Dialektik)[101]

In Hinsicht auf die von Paulus beobachtete Dialektik verdient bemerkt zu werden, daß er mit keinem Wort auf die Stellung des historischen Jesus zu sprechen kommt, obwohl sie ihm gegenüber sicher in einem fort geltend gemacht wurde. Er widerlegt das Argument nicht, sondern verschweigt es. Eine Diskussion über den historischen Jesus gibt es für ihn nicht.

Um den Kampf zu verstehen, muß man sich genau klar machen, um was es sich handelte. Mit modernen Empfindungen gehen wir hier leicht irre. Wir hören, daß das Wort Freiheit im Streite eine Rolle spielte und meinen, Paulus sei dafür eingetreten, daß das Gesetz als Adiaphoron erklärt würde, so daß es für die, welche sich zu Christo bekennen, nicht mehr bindend wäre. Seine Forderung ist aber positiver und zugleich enger. Das Aufnötigen des Gesetzes an die Bekehrten ist in seinen Augen ein Aufheben und Außer-Kraft-Setzen des Erlösungswerkes Christi an den Menschen. Der ganze Galaterbrief ist nur eine fortlau-

98 [R] Dialektik: die Stellung Jesu niemals diskutiert; ihm sicher vorgehalten[?]
99 [Ms.:] kam [irrtümlich, widerspricht dem Satzsinn, vgl. die Parallelstelle S. 508.]
100 [R] Daß Gesetzesabrogation [mit dem Anbruch des] Reiches Gottes [gegeben sei] – das [war] auch für [die] Urapostel selbstverständlich.
101 [«Dialektik» ist mit Bleistift beigefügt.]

fende Variierung des Gedankens, der am Schlusse in den Worten ausgesprochen wird: «Siehe, ich, Paulus, sage euch, daß, wenn ihr euch unter das Gesetz begebt, Christus euch nichts helfen kann» (Gal. 5,2).

In dieser schroffen Behauptung tut sich – für unsere Art zu urteilen[102] – eine große Inkonsequenz auf. Paulus bekämpft nicht das Gesetz als solches, sondern nur die Beobachtung desselben durch solche, die vor ihrer Bekehrung nicht danach lebten. Wer aber unter dem Gesetz geboren ist oder vor der Taufe darunter stand, der soll auch in der Folge dadurch gebunden sein. Er setzt als ganz selbstverständlich voraus, daß die Apostel und die Christen aus dem Judentum gesetzestreu leben; und weil er selbst zu den letzteren gehört, lebt er als Diener des Gesetzes ... er, der die Gesetzesbeobachtung der Getauften aus nichtjüdischen Kreisen als ein Hohn auf das Kreuz Christi erklärt. Als Zerstörer des Gesetzes gehaßt und verfolgt, unternimmt er Festreisen, tut Gelübde und lebt in allem als Jude. Die Ironie des Geschehens will es, daß er bei der Lösung im Tempel seinen Hassern aus den Juden in die Hände fällt.

Nur in einem handelt er gegen das «jüdisch leben». Er hält beim Mahl – gemeint ist wohl die Feier des Herrenmahles – Tischgemeinschaft mit den Heiden und verlangt dies auch von den andern.[103] Um diese Konzession handelt es sich bei dem Auftritt zwischen ihm und Petrus in Antiochien (Gal. 2,11 ff.). An dem allgemeinen Grundsatz, daß, wer jüdisch aufgewachsen, nach dem Gesetz leben solle, wer aber[104] aus nichtjüdischen Kreisen stamme, es unter keinen Umständen annehmen dürfe, wird hierdurch nichts geändert.

Die Widersprüche in der Stellung der den Namen Pauli tragenden Briefe zum Gesetz sind von [Daniel] Völter stark herausgearbeitet worden. Er benutzt sie als Kriterium für die Scheidung des Gedankenkreises des Urapostels von dem des Überarbeiters. Die praktische Beurteilung, wonach die Beobachtung der Gebote sich für die Judenchristen von selbst verstehe, für die Heidenchristen nicht zu fordern sei, soll dem ersteren, die theoretische Verwerfung dem letzteren zugeschrieben werden.

In Wirklichkeit aber handelt es sich nicht um zwei verschiedene Standpunkte, sondern um eine Inkonsequenz zwischen theoretischem Urteil und praktischer Stellungnahme. Daß das Gesetz für die Erlösung aller Gläubigen nur absolut negativ zu bewerten sei, steht fest. Von diesem Satze geht der Verfasser in keiner Weise ab. Wer auf Christus und das Gesetz zugleich vertraut, redet irre. Über die Periode des Gesetzes vor Tod und Auferstehung kann Paulus sich bald mehr negativ – wie im Galaterbrief –, bald mehr positiv – wie im Römerbrief – ausdrücken,

102 [Darüber mit Bleistift:] – wie es uns scheinen muß –
103 [R] Ob Gesetz Tischgemeinschaft verbietet? Nöldecke [Theodor Nöldeke?]
104 [«aber» ist (wohl irrtümlicherweise) gestrichen.]

wie es gerade in seine Polemik oder Apologetik hineinpaßt. Sein Urteil, daß es in der göttlichen Veranstaltung, die mit dem Tode und der Auferstehung Jesu Christi ihren Anfang nimmt, als wirksame Größe nicht in Betracht kommen dürfe, wird dadurch nicht berührt. Gerade weil ihm dieses feststeht, kann er sich über das Gesetz als «geschichtliche Größe» so unverbindlich aussprechen, wie ihm gerade der Sinn steht. Ob es zum Guten oder zum Schlechten gegeben worden sein soll, hat keine Bedeutung, weil an sich feststeht, daß es jetzt, wie die die Erlösung bedingenden Ereignisse liegen, nichts oder nur Böses wirken kann.

Die theoretische Beurteilung über das Gesetz, wie es für die in Frage stehende Diskussion in Betracht kommt, schwankt also in keiner Weise. Dasselbe gilt für die praktische. Von dem Satz, daß, wer bisher unter dem Gesetz stand, es weiter beobachten soll, [und wer] es nicht kannte, es nicht auf sich nehmen dürfe, weicht der Verfasser der Briefe niemals ab. Für uns ist dieses Nebeneinander von Theorie und Praxis widerspruchsvoll und unbegreiflich. Das will aber nicht heißen, daß es es für Paulus auch war.

Um zu verstehen, welche Überlegungen ihm seine Stellung diktierte, darf man die Gesetzesfrage nicht isolieren, sondern muß sie in den Zusammenhang anderer Urteile und Forderungen hineinstellen.

Es handelt sich hier um ein fundamentales Prinzip der Anschauung Pauli.[105] Im 7. Kapitel des 1. Briefes an die Korinther spricht er es dreimal nacheinander mit denselben Worten aus, als könnte er es nicht eindringlich genug hervorheben (I Kor. 7,17.20.24). Die positive Fassung lautet, daß in Christo weder Mann noch Weib, Jude oder Hellene, Knecht oder Freier und kein Unterschied überhaupt gelte (Gal. 3,28). Wir modernen Menschen würden meinen, daß diese Unterschiede, weil sie durch das Sein in Christo ihrem Wesen nach aufgehoben sind, überhaupt keine Beachtung verdienen und es jeder damit halten könne, wie es ihm gefalle. Die paulinische Logik schließt gerade umgekehrt. Sie sagt: Weil diese äußeren Zustände, wenn man in Christo ist, nichts mehr bedeuten, darf man von dem Augenblick an, wo man gläubig wird, nicht mehr aus dem einen in den andern treten und überhaupt nicht das Geringste daran ändern. Der Status quo bei der Bekehrung ist für die Folge bindend.

In der Frage Ehe oder Ehelosigkeit (I Kor. 7) wurde es Paulus schwer, seinen Grundsatz durchzuführen. Das Axiom, daß die Ehen, die bei der Bekehrung schon bestanden, durch Forderungen der «Heiligkeit» nicht betroffen werden und in keiner Weise aufzuheben oder zu stören sind, kann er ohne Einschränkung aufstellen. Die Betreffenden sind Christen geworden, als sie über sich nicht mehr allein zu verfügen hatten; das

105 [R] in Rabbinische Logik urchristliche Spekulation.

Christsein gibt ihnen die Freiheit eines dem andern gegenüber nicht zurück (I Kor. 7, 1–4). Selbstverständlich müssen Andacht und Gebetsübung über den Forderungen des ehelichen Lebens stehen und dürfen durch nichts beeinträchtigt werden (I Kor. 7,5 und 6). Auf der andern Seite ist zu verlangen, daß niemand nach der Bekehrung aus dem Stande der Ehelosigkeit in den der Ehe tritt. Paulus sieht sich aber zu dem Zugeständnis genötigt, daß die Verheiratung und auch die Wiederverheiratung zuletzt keine Sünde sei, wenn dadurch das größere Übel der Unsittlichkeit vermieden wird. Er salviert sich, indem er zwischen Gebot und Meinung unterscheidet (I Kor. 7,8–40) und denen, die nicht anders können, als den natürlichen Gedanken nachzugeben, für diesen Fall besondere Prüfung und Trübsal im Fleisch in Aussicht stellt (I Kor. 7,28).

Daß Paulus seine Anordnungen über Ehe und Ehelosigkeit aus der Theorie des Status quo ableitet, beweist, welche Bedeutung diesem Prinzip bei ihm zukommt. Von sich aus hätte er viel radikaler geurteilt. Er hätte erklärt, daß jede geschlechtliche Gemeinschaft mit der besonderen Zeit und ihren Forderungen nicht in Einklang zu bringen sei, weil sie den Sinn von dem einzig Notwendigen auf das Weltliche ablenke und Zerstreuung bringe. Diese radikale Ansicht kommt am Schlusse seiner Ausführungen zu Wort,[106] wenn er sagt, daß nur der Unverheiratete [sich] darum sorgt, wie er dem Herrn gefalle, der Verheiratete aber sich um Dinge der Welt und [darum,] wie er seiner Frau gefalle, bekümmern müsse und darum «geteilt sei» (I Kor. 7,33 u. 34 [32–34]). Aber das Prinzip des Status quo ist stärker als die elementare eschatologische Anschauung. Das Gequälte und Widerspruchsvolle der Gebote und Anordnungen von 1 Kor. 7 erklärt sich, wenn man beachtet, wie neben der Theorie vom Bleiben im Zustande, in welchem man berufen wurde, die Forderung der Konzession um des Fleisches Schwäche willen einerseits und die eschatologisch begründete radikale Verwerfung der geschlechtlichen Gemeinschaft an sich andererseits zu Worte kommen, ohne die Autorität des Prinzips des Status quo erschüttern zu können.

In der Frage Sklave oder Freier gibt es keine Einschränkung. Sogar wenn einer die Möglichkeit hat, frei zu werden, so soll er doch keinen Gebrauch davon machen, sondern nur desto lieber dabei bleiben (I Kor. 7,21). Man darf nicht sagen, daß bei Paulus die Gedanken an soziale Reform nicht aufkommen, weil die Nähe des kommenden Neuen den Reformen in der Gegenwart jeden Wert benimmt. Das oben wiedergegebene Verbot zeigt, daß es sich um die Durchführung des Prinzips des Status quo handelt. Darum fühlt er sich auch nicht berechtigt,[107] den entlaufenen und dann bekehrten Sklaven Onesimus als Bruder bei

106 [R] Paulus nicht alexandrinisch: nicht Logos, sondern die Schrift aus Zitaten redet.
107 [Ms., statt «berechtigt»:] das Recht.

sich zu behalten, sondern schickt ihn seinem Herrn zurück, daß er ihm diene, wenn er auch unterdessen sein Bruder in Christo geworden ist, was ihm Verzeihung zusichert (Brief an Philemon).

Indem er Anfragen über Ehe und Freiheit beantwortet, kommt Paulus in I Kor. 7,18 und 19 auf die Frage des Gesetzes zu reden, obwohl sie für Korinth, wie sich aus dem Brief zur Genüge ergibt, in keiner Weise aktuell ist. Er tut es nur, weil es zur vollständigen Darlegung des Prinzips des Status quo gehört. Darum ist die Stelle so wichtig. Sie bietet den Schlüssel zum Verständnis der Frage. Die Basis der Stellung wird sichtbar. Vom Augenblick an, wo der Mensch bekehrt wird, steht es mit seinem Leib und allen irdischen Zuständen wie mit einem Haus, das auf Abbruch verkauft ist, um einem Neubau Platz zu machen. Alle baulichen Veränderungen sind sinnlos und können nur dem Gedanken des Neubaus Eintrag tun.

Es ist also ganz falsch, wenn man von einer Gesetzesabrogation durch Paulus redet.[108] Daß der Kampf um die spezielle Frage, ob man den Christen aus den Heiden das Gesetz auferlegen solle, entbrannte, ist an sich ganz zufällig. Paulus tritt nicht für eine Einzelforderung, sondern für die Theorie des Status quo ein. Wäre irgendwo verlangt worden, die christlichen Sklaven müßten von ihren christlichen Herren freigegeben werden oder die freien[109] sollten sich ihrer Freiheit und Stellung begeben, um sich im Dienen zu erniedrigen und von der Welt los zu werden, oder die Ehe sollte nicht mehr gelten oder es sollte anstandslos gestattet sein, daß bisher Unverheiratete jetzt noch Ehen eingingen, so hätte er bei jeder dieser Forderungen den Kampf um den Status quo mit derselben Vehemenz aufnehmen müssen, wie er es bei der Gesetzesfrage tat. Hätten die Heidenchristen das Ansinnen gestellt, die Brüder aus dem Judentum sollten ihnen gleich werden und das Gesetz als indifferent beiseite lassen, so hätte der Vorkämpfer für die Freiheit vom Gesetz ihnen entgegentreten und die äußere Verbindlichkeit des Gesetzes für jene dartun müssen. Und er hätte für die Affirmation dieselben Argumente benutzt, mit denen er die Negation durchkämpfte. Er wäre von den beiden Sätzen «In Christo gilt weder Jude noch Grieche» und «Jeder bleibe in dem Stande, in welchem er berufen ist» [Gal. 3,28 und I Kor. 7,20] ausgegangen und hätte sie in ihren Konsequenzen spielen lassen. Er hat es mit der falschen Wichtigkeit zu tun, die man dem Fleisch und dem, was damit zusammenhängt, zuerkennt.[110] Der verderbliche Schein, als hätte das Äußere noch irgend eine Beziehung zum Zustande, der durch das Eins-Sein mit Christo geschaffen ist, muß zerstört wer-

108 [R] [Ausrufezeichen.]
109 [freigewordenen.]
110 [R] eine Wichtigkeit, die man dem Fleisch zuerkennt und die einer Leugnung des in-Christo-Seins gleichkommt.

den, denn sonst wird die Erlösung in Frage gestellt. Das alles ist seinem Wesen nach falsches «Rühmen» – falsch, weil es sich irgendwie auf die natürliche Existenz und das Fleisch bezieht – welches neben dem einzig wahren «Rühmen im Kreuz Christi»,[111] das auf den sich vorbereitenden neuen Weltzustand geht, nicht aufkommen darf.

Welches Verständnis brachte das Urchristentum dem Paulus und seinen Anschauungen entgegen?[112]

Als [für] die theologische Forschung die Lehre des[113] Heidenapostels im Laufe der fortgesetzten Untersuchungen immer komplizierter und uneinheitlicher wurde, setzte man die Sentenz in Umlauf, niemand habe den Paulus je verstanden, und der einzige, der ihn verstand – Marcion –, habe ihn mißverstanden. Das Wort trifft zu, jedoch mit der kleinen Einschränkung: «Niemand – außer den Zeitgenossen – hat den Paulus jemals verstanden ...»[114]

Paulus hat gesiegt;[115] das setzt voraus, daß seine Anschauungen und Argumente gewirkt haben; das war aber nur möglich, wenn sie verstanden wurden. Die Leute des Urchristentums müssen die vom Heidenapostel entwickelte Lehre mit andern Augen betrachtet haben als wir. Die Gedanken, die sich für unsern Blick durcheinander und übereinander legen, mußten sich für sie in eine Ordnung fügen. Sie betrachteten sie nicht von außen, sondern von innen heraus. Dabei mußten sie ihnen irgendwie als natürliche Verlängerung von Anschauungen erscheinen, die zum Bestand ihres Glaubens gehörten, so daß in der Lehre Pauli eine Logik war, die sie überwand. Sucht die wissenschaftliche Forschung den Standpunkt, der in der rückwärtigen Verlängerung des Strahlenbündels des paulinischen Lehrsystems liegen muß, zu finden und betrachtet sie den Paulinismus von da aus, so muß er ihr ebenfalls als das Einfache und Einheitliche erscheinen, das er für das Urchristentum war. Das ganze Problem besteht darin, die Gedankengänge des Heidenapostels vom Boden des Urchristentums aus zu Gesicht zu bekommen.

Daß die Zeit, die auf das Urchristentum folgt, für Paulus kein Verständnis mehr hat, ist eigentlich nicht auffällig. Durch dieses Phänomen kann nur der verwirrt werden, der an die Geschichte des Christentums mit der Annahme herantritt, daß man von der Lehre Jesu[116] geradewegs

111 [Gestrichene Stellenangabe:] Gal. 6,13 und 14.

112 [R] Also [die] Stellung zu Jesus eschatolog[isch.] Alle Argumente [sind] nur Ausbau des Status quo.

113 [Ms.:] Als die theolog. Forschung, daß die Lehre ...

114 [Vgl. S. 551 oben und 552 unten.]

115 [R] Ob Paulus gesiegt? Nein? Das Problem so nur in der gesteigerten eschatologischen Erwartung, wo alles andere dahingestellt bleiben kann und indifferent ist. So wie mehr Gewicht auf [Ms.: auch] die Gegenwart fällt und diese eine Eigenbedeutung erhält[, verändert sich das Problem, wird der paulinische Standpunkt unmöglich.]

116 [R] Unterscheiden: Lehre und Glaube Jesu.

in den Paulinismus und von diesem ebenso in die altkatholische Kirche gelange, während man es in Wirklichkeit mit drei Höhenzügen zu tun hat, die durch tief einschneidende Täler von einander getrennt sind.

Daß eine Reihe von Umständen für das Zurücktreten des Paulinismus mitbedingend waren, darf nicht übersehen werden.[117] Die Gesetzesfrage, die den Paulus zur Enthüllung spekulativer Gedankengänge zwang, war ein für allemal gelöst; eine Notwendigkeit, auf die paulinische Logik zurückzugreifen, bestand nicht mehr.

Man halte sich ferner vor, daß von Paulus bis Origenes eigentlich nur mittelmäßige Geister das Christentum anführen.[118] Von diesen ist keiner in der Lage, eine großzügige Spekulation, wie sie der Heidenapostel entwickelt, zu der seinen zu machen.

Im Traditionsprinzip, das sich gleich die nachapostolische Zeit zu schaffen begann, hatte Paulus keinen Platz, da er nicht zu den Zwölfen gehörte, die die Verbindung zwischen kirchlicher Lehrautorität und Jesus darstellten. Die Wirkung dieses Umstandes ist für das Zurücktreten des Paulinismus sicherlich nicht gering anzuschlagen. In den Kanon ist er nicht als «Apostel» gekommen – die Definition der Apostelwürde in der kanonbildenden Zeit paßte nicht auf ihn –, sondern weil seine Briefe «faute de mieux» sich in der kirchlichen Vorlesung behauptet hatten und ohne diese der Bestand an «apostolischen Schriften» sich doch zu beschämend mager ausgenommen hätte.

Alle diese Erwägungen können aber nur das Nebensächliche betreffen, weil sie das Auffälligste am Zurücktreten des Paulinismus, das Plötzliche, nicht erklären. Dieses muß darin begründet sein, daß gleich der folgenden Generation die charakteristischen Voraussetzungen der paulinischen Spekulation fremd werden.[119] Sein System fällt für sie auseinander. Es bleibt ihnen nichts anderes übrig, als – was sie auch wirklich getan haben – die Größe des Apostels Paulus im Munde zu führen und aus dem Chaos des Zusammenbruchs einige Phrasen aufzulesen.

Das Charakteristische, das ihnen plötzlich fremd wurde, muß aber das eigentlich Urchristliche am Paulinismus gewesen sein. Worin bestand es?[120]

117 [R] [2 Ausrufezeichen.]
118 [R] [Ausrufezeichen.]
119 [Bis hier figuriert der Abschnitt sowie die beiden vorangehenden Abschnitte z. T. in gleicher Fassung auch in Kap. II, Schluß von Ms.-S. 2 und Ms.-S. 3 (siehe o. S. 551).]
120 [Notiz unten an der Seite:] Paulus aber [bedeutet ein] Fortführen der Gedanken Jesu. Damals geben die Ereignisse dem Glauben seine Prägung.

d) V:
Die eschatologische mystische Spekulation[121]

Der[122] Tod und die Auferstehung dessen, der als Menschensohn erscheinen sollte, waren in der Eschatologie nicht vorgesehen gewesen; sie kamen erst durch die Geschichte[123] des Selbstbewußtseins Jesu hinein. Die urchristliche Theologie fand sich damit ab, so gut es gehen wollte. Der Tod Jesu war für sie Sühnetod und seine Auferstehung eine Garantie der Auferstehung für die Erwählten und zugleich ein Anzeichen, daß die Zeit, wo solches geschehen sollte, nicht mehr weit sein könne.[124] Man hatte die Gewißheit, in der Zeit, die dem Ende unmittelbar vorherging, zu stehen, was noch durch die erfolgte Geistesausgießung und die Verfolgungen bestätigt wurde.

Das gewöhnliche Denken konnte sich mit dieser so klar scheinenden Zurechtlegung der Zeit und der Dinge zufrieden geben. Die tiefere Betrachtung aber konnte[125] nicht dabei stehen bleiben, sondern mußte sich immer und immer wieder gezwungen fühlen, über die eigentümliche Signatur nachzudenken, die die Zeit[126] dadurch empfing, daß in der Auferstehung Jesu schon ein Akt der Totenauferstehung als solcher abgelaufen war.[127] Damit war die ganze Vorstellung [von][128] der Zeit vor dem Ende gestört. Mit der Totenauferstehung brach ja das Ende[129] selber an; und weil das urchristliche Bewußtsein die Auferstehung Jesu nicht, wie die spätere Theologie es tat, als singuläre Tatsache, sondern nur als Ereignis in der allgemeinen Totenauferstehung begreifen[130] konnte, so mußte man eigentlich annehmen, daß man nicht in der Zeit vor dem Ende, sondern in der Auferstehungsperiode[131] selber lebte. Dem widersprachen die Geistesausgießung und die Drangsal, welche in die Periode vor dem Ende gehörten.

Das Besondere der Zeit bestand also darin, daß in ihr die Phänomene der Zeit vor dem Ende und der Auferstehungsperiode zusammen auftraten;[132] aus der Zeit vor dem Ende war eine Zwischenzeit zwischen

---

121 [Datumaufschrift:] Août à Saar-Union. Oct. 1909.
122 [R] Man muß durch die Eschatologie hindurch zur Mystik des Paulus durchdringen – sie durchwandern, bis man den Gang findet, der in die Mystik hinunterführt.
123 [Gestrichen:] durch eine Tat.
124 [Darüber:] im Anbrechen war.
125 [Darüber:] durfte.
126 [«Zeit» ist darüber ersetzt durch:] Endperiode.
127 [R] Die Ereignisse merkwürdig durcheinander geworfen.
128 [Gemeint ist sicher: die Vorstellung, die die damalige Zeit von der Endzeit hatte.]
129 [«das Ende» ist ersatzlos gestrichen.]
130 [Gestrichen:] auffassen.
131 [Zuerst:] Auferstehungsperiode der Endzeit.
132 [R] [2 Ausrufezeichen.]

einem schon erfolgten und einem unmittelbar bevorstehenden Auferstehungsakt geworden, auf die keine eschatologische Anschauung mehr passen wollte. Deutete man sie nach den Zeichen der Zeit vor dem Ende, so kam die Tatsache, daß schon ein Akt der Totenauferstehung abgelaufen war, nicht zur wirklichen Geltung;[133] faßte man sie wirklich als «Zwischenzeit» zwischen der Auferstehung Jesu und der der «Heiligen» auf, so gab man ihren Charakter als Zeit vor dem Ende auf und mußte zu Folgerungen gelangen, die sich der gewöhnlichen Anschauung gegenüber ganz paradox verhielten.

Paulus hat keine Angst vor der Paradoxie. Er hat die Überzeugung, daß es eine tiefere und adäquatere Erkenntnis der Zeit und der Zusammenhänge der sie bedingenden Tatsachen gibt als die, welche die natürlichste zu sein scheint und der gewöhnlichen Anschauung entspricht. Über dem einfachen Evangelium steht die wissende Erkenntnis, die Gnosis. Sie stammt aus demselben Geist, der in der Prophetie die Dinge der Endzeit beschreibt. Die Theorie der Gnosis wird im 2. und 3. Kapitel des 1. Korintherbriefes entwickelt. Paulus unterscheidet zwischen der Lehre, die er ihnen als fleischlichen und in Christo noch unmündigen Wesen mitteilte, und der, welche er ihnen[134] als geistgelehrten Pneumatikern enthüllen kann. Er hat sie mit Milch gespeist und weiß nicht, ob sie die Kost, zu der er jetzt übergehen möchte, vertragen können; alle Anzeichen deuten darauf hin, daß sie, trotzdem sie gläubig geworden, in ihrem Begriffsvermögen noch «fleischlich» geblieben sind (I Kor. 3,1 ff.) und wohl die Tatsachen erfassen und logisch verbinden können, ihre tiefere Bedeutung aber nicht zu ergründen vermögen. Denen, welche als Gläubige noch in der Vernunft denken, erscheint die Gnosis so unverständlich[135] wie den Ungläubigen. Sie ist eine Weisheit, die dem Geist offenbar wird, weil er in den Geist Gottes Einblick hat. Er erforscht alles, auch die Tiefen der Gottheit, wie der menschliche Geist das Wesen des Menschen ergründet (II Kor. 2,6–11). Die Erwählten haben den Geist empfangen, damit sie durch denselben Wissende werden, um das, «was ihnen von Gott geschenkt ist» (I Kor. 2,12), voll zu kennen.[136] Dieses Wissen im Geheimnis hat Gott von Ewigkeit her als Herrlichkeitsgabe für dieses Geschlecht bestimmt (I Kor. 2,7), den Engelwesen ist es verschlossen geblieben (I Kor. 2,8). Auf den, der nicht in der Erkenntnis des Geistes denkt, wirkt dieses Wissen als Torheit; es widerspricht der gewöhnlichen Beobachtung; wer es besitzt, muß sich

133 [R] War nicht unterzubringen.

134 [Darüber:] den Gläubigen [«ihnen» ist undeutlich gestrichen.]

135 [Zuerst (gestrichen):] unsinnig.

136 [«kennen» ist ganz undeutlich. Gestrichene Fassung des Satzes:] So haben die Erwählten den Geist empfangen, damit sie durch denselben Wissende sind in Bezug auf das, «was ihnen von Gott geschenkt ist».

damit abfinden, als unsinnig zu gelten[137] (I Kor. 3,18 u. 19); wer sie verkündigt, muß gegen die gewöhnliche Logik streiten (II Kor. 10,5), denn er hat die Vernunft Christi (I Kor. 2,16). Da Christus ein verklärtes Wesen ist, will dies heißen, daß der Gnostiker im Leibesdasein das Erkenntnis- und Denkvermögen, das erst den Verklärten zukommt, schon besitzt. So ist die Gnosis das «werde Licht» der Schöpfung der neuen Welt, ein Stück der «Herrlichkeit» (δόξα), welche das Wesen des Neuen, das kommen soll, ausmacht (II Kor. 4,6).

Die Tatsache, mit welcher sich die Welt der «Herrlichkeit» in der noch natürlichen Weltzeit dokumentiert, ist die Auferstehung Jesu. Die Gnosis hat es mit der Feststellung zu tun, wie viel von «der Herrlichkeit» durch jenen Akt in der gegenwärtigen Welt verwirklicht ist. Sie ist die Lehre von den in der Zwischenzeit wirkenden Auferstehungskräften. Ist Christus[138] auferstanden, so ist damit gegeben, daß von jenem Moment an die Auferstehungskräfte in der Welt tätig sind. Daß das leibliche Auge davon nichts wahrnimmt und an der Welt keine äußere Veränderung entdeckt, hat nichts zu bedeuten. Die Auferstehungskraft wirkt doch, und zwar an denen, die für den zweiten Auferstehungsakt, der bei der Parusie abläuft, in Betracht kommen. Diese Annahme wird schon durch die einfache Überlegung gefordert. Soweit sie nicht inzwischen gestorben sind, sollen sie bei der Parusie, während der Auferstehung derer, die in Christo entschlafen sind, plötzlich im Verklärungsleib dem Herrn in die Wolken entgegen entrückt werden (I Thess. 4,17, I Kor. 15,51–53). In den Zustand der Verklärung gelangt man aber nur durch Tod und Auferstehung hindurch.[139] Diese beiden Geschehnisse können an ihnen nicht ausfallen; die Verklärung muß[140] für sie das sein, was sie für Jesus Christus auch war:[141] das Offenbarwerden des Auferstehungszustandes. Also bleibt nur die Annahme übrig, daß sich die Geschehnisse des Todes und der Auferstehung an ihnen zwar auswirken, aber nicht in der gewöhnlichen Art als Einzelakte kenntlich werden, sondern sich in einem Prozeß vollziehen, dessen Resultat die Parusie durch die Verklärung offenbar machen wird.[142] Nur an wem Tod und Auferstehung vorher irgendwie real geworden sind,[143] kann bei der Ankunft des Herrn verwandelt werden. Der direkte Übergang[144] aus dem natürlichen Menschenleib in den Verklärungszustand ist nur schein-

137 [«gelten» ist ersetzt durch:] werden [was aber nicht in den Satz paßt.]
138 [«Christus» ist hier sehr undeutlich geschriebener Ersatz für «er».]
139 [R] Durch Tod Jesu die Idee: alles Eingehen zur Herrlichkeit auf [dem] Wege des Todes.
140 [Zuerst (gestrichen):] kann ... nur.
141 [Gestrichen:] ist.
142 [Gestrichen:] macht.
143 [Zuerst:] ... sich Tod u. Auferstehung vorher irgendwie ausgewirkt haben ...
144 [Zuerst:] Die direkte Verwandlung.

bar; in Wirklichkeit handelt es sich um ein gestorbenes und auferstandenes Wesen, bei dem, auf Grund der Eigenart der Verhältnisse der Zwischenzeit, Sterben und Auferstehen durch das Fortbestehen der äußeren leiblichen Erscheinung verdeckt geblieben war. Die Gnosis besteht darin, daß man sich klar wird, wie die im Tod und [in] der Auferstehung Jesu gegebenen Kräfte während der Zwischenzeit an denen, [die] «in Christo sind» und bei der Parusie als Verklärte ihm bei der Totenauferstehung zur Seite stehen, kräftig sind. So formuliert es Paulus in den gewaltigen Sätzen über die Gnosis im 3. Kapitel des Philipperbriefes. Die Weisheit, mit der verglichen er alles für Schaden erachtet, besteht darin, «daß er Christum erkennt und die Kraft seiner Auferstehung und die Gemeinschaft seiner Leiden, seinem Tode gleichgestaltet werdend, ob er ‹begegnen› möchte zur Totenauferstehung» (Phil. 3,10.11).[145]

Sollen sich der Tod und die Kraft der Auferstehung Jesu Christi an den Erwählten auswirken, so muß angenommen werden, daß sie mit ihm in einem einzigartigen Verhältnis der Gemeinschaft (κοινωνία) stehen. Nach der eschatologischen Vorstellung sind die Erwählten vom Gericht an mit dem Herrscher der Endzeit unzertrennlich verbunden. Ihre Seligkeit besteht darin, daß sie mit dem Menschensohn essen, sich niederlegen und erheben bis in alle Ewigkeit und mit dem Kleide der Herrlichkeit angetan sind (Henoch 62[,14]).

Diese Vorstellung erleidet in der auf die Predigt, den Tod und die Auferstehung Jesu folgenden[146] eschatologischen Bewegung insofern eine Erweiterung, als die Erwählten dadurch, daß sie wissen, wer der Menschensohn sein wird, und sich im Glauben zu ihm bekennen, schon vor dem Gericht in eine besondere Beziehung zu ihm treten. Bei denen, die sich um Jesus von Nazareth scharten, tritt die Gemeinschaft in Kraft, ohne daß sie darum wissen, es ist ihnen ja verborgen, daß er derjenige ist, der als Menschensohn offenbart werden soll. Sie besteht aber deswegen nicht minder zu Recht. Darum ist das Bekenntnis zu ihm, wie er es selber sagt, eine Rettung auf das Gericht hin; wer sich seiner in der Drangsal schämt, den muß der Menschensohn bei der Parusie verleugnen (Mk. 8,38). Eine ganz unbegreifliche Handlung, die Austeilung von Brot an das Volk, das ihm am Strande des galiläischen Meeres nachgeeilt ist [Mk. 6,33 ff.], wird nur verständlich, wenn man bedenkt, daß sie in

145 Phil. 3,11 «εἴ πως καταντήσω εἰς τὴν ἐξανάστασιν τὴν ἐκ νεκρῶν» kann nicht heißen «ob ich gelangen möchte zur Auferstehung der Toten» in dem Sinn, daß er gewiß ist, an der Auferstehung teilzuhaben; letzteres bildet für Paulus keine Frage. Sein Sehnen geht darauf hin, daß er zu denen gehört, die bei der Totenauferstehung als Verklärte dem Herrn entgegengerückt werden und das Ereignis in seiner Umgebung erleben. Das ist aber nur möglich, wenn sich vorher die Gemeinschaft des Leidens und die Kraft der Auferstehung Christi an ihm auswirkt. Aus I Thess. 4 zu erklären.

146 [Zuerst:] von Jesus ausgehenden.

dem Denken Jesu eine Dokumentierung und Garantierung der Gemeinschaft zwischen ihm, dem kommenden Menschensohn, und den Gläubigen bedeutet. Wer das Brot vom Menschensohn, der in der Niedrigkeit noch unkenntlich ist, empfängt, erhält damit, ohne daß er es weiß, die Zusicherung, daß er zu denen gehört, die mit ihm im kommenden Reich das Mahl teilen werden.[147]

In dem urchristlichen Begriff des Glaubens an Jesum Christum war also der durch die eschatologische Anschauung von der Errettung und Seligkeit bedingte Gedanke einer Gemeinschaft mit ihm enthalten. Durch die Tatsache, daß sich Jesus Christus im Verklärungszustande befand, komplizierte sich der Gedanke in ungeahnter Weise. Diese Möglichkeit war weder in der überlieferten Eschatologie noch bei Jesus vorgesehen. Aber in der «Zwischenzeit» war sie eben Wirklichkeit geworden. Es bestand Gemeinschaft zwischen einem verklärten Wesen und Menschen, die sich noch im natürlichen Zustand befanden. Die Schranken zwischen Auferstandenen und Nichtauferstandenen waren für eine erwählte Schar durchbrochen. Wie sollte man sich das vorstellen?

Die Tragweite dieser Frage mochte den andern nicht ganz klar sein; dem Heidenapostel aber kam sie voll zu Bewußtsein, weil bei ihm die Vorstellung von der Gemeinschaft mit Christo im Vordergrund der Gedanken steht und ganz naturhaft gehalten ist. Alles kommt darauf an, daß man in Christo erfunden wird (Phil. 3,9) und von ihm ergriffen ist (Phil. 3,12).[148] Errettung und Verderben liegen darin, ob man durch Gemeinschaft den Dämonen oder ihm angehört. Sie ist so naturhaft gedacht, daß sie durch äußere Handlung in Kraft tritt. Wer an den Opfermahlzeiten teilnimmt, geht eine Verbindung mit den Dämonen ein; wer das Herrenmahl feiert, erweist sich als Tischgenosse des Herrn, mit allen Konsequenzen, die sich für die Zukunft daraus ergeben (I Kor. 10,14–22).

Die Zugehörigkeit zum Herrn steht in Analogie zu der, welche durch den Verkehr[149] zwischen Mann und Weib hergestellt wird. Paulus schreckt nicht davor zurück, dasselbe Wort – κολλᾶσται (anhängen) – für die Gemeinschaft mit der Buhlerin und [mit] Christo zu gebrauchen. Für beide Fälle gilt, was in der Schrift (Gen. 2,24) gesagt ist, daß zwei ein Fleisch werden. Der Verkehr mit der Buhlerin ist also die verderbliche Sünde, die Sünde an sich, weil dadurch eine Gemeinschaft in Kraft tritt, die die mit Christo notwendig aufhebt, da es undenkbar ist, daß

147 A. Schweitzer, *Von Reimarus zu Wrede,* [Tübingen 1906], S. [373.]

148 [R] Hier [einzuschieben?] Röm. 9,3: Verdammt [und fern] sein ἀπὸ τοῦ Χριστοῦ. [«weg von Christus». Darüber, am oberen Seitenrand:] Verdammt sein will heißen, «von ihm weggerissen».

149 [Darüber:] geschlechtliche Gemeinschaft.

man mit zwei Wesen ein Fleisch ist. Darum muß man die Unzucht fliehen. Jede andere Sünde ist «außerhalb» des Leibes; diese aber ist ein Vergehen gegen den eigenen Leib (I Kor. 6,12–18). Was es bedeutet, ermißt man nur, wenn man bedenkt, daß unser Leib dem Herrn und er unserm Leib angehört (I Kor. 6,13).

Es ist also kein Bild, sondern mystische Wirklichkeit, wenn Paulus so und so oft sagt, daß die Gläubigen der Leib Christi sind (Röm. 12,1ff.[,5]; I Kor. 6,15; I Kor. 12,12ff. etc.).[150]

Daß die Gemeinschaft für Paulus eine leibliche sein muß, ergibt sich schon aus seiner Vorstellung über die Auferstehung. Jesus Christus und die «Seinigen» gehen in den Auferstehungsstand ein, während der Tod im übrigen noch herrscht. Sie müssen also untereinander *durch eine ganz besondere Bestimmtheit der Leiblichkeit verbunden sein*, die sie – und sie allein – vor der Zeit der Gewalt des Todes enthebt.

Ist aber die Gemeinschaft dieser Art, so ist damit gegeben, daß alles, was sich an Jesu Christo vollzogen hat, seiner Wirkung nach auch am Leibe derer, die ihm auf die Gemeinschaft der besonderen Auferstehung hin angehören, stattfinden muß, auch wenn es nicht auf die erwartete Weise sichtbar in Erscheinung tritt. Von dem Augenblick, wo sie durch den Glauben in diese Gemeinschaft eintreten, bis zur Parusie wirkt sich das Sterben und Auferstehen Christi an ihnen aus.[151] Die Schwierigkeit der Annahme, daß Zusammengehörigkeit zwischen einem Auferstandenen und [einem] natürlichen Menschen bestehen soll, ist für den, der den Dingen auf den Grund geht, behoben. Es handelt sich gar nicht um natürliche Menschen, sondern um solche, welche, nach der Eigenart der «Zwischenzeit», Tod und Auferstehung nicht als Akte, sondern als Prozesse an sich erleben, die nach außen keine Erscheinung machen, aber deswegen um nichts weniger real sind.

Die Annahme,[152] daß sich Tod und Auferstehung an den Gläubigen auswirken und daß diese, durch den Tod hindurchgegangen, jetzt im Zustande der proleptischen[153] Auferstehung leben, wird durch alle eschatologischen Vorstellungen Pauli, ob sie Gegenwart oder Zukunft betreffen, gefordert. Seine eigentümliche Lehre besteht in nichts anderem, als daß er in jeder Frage die Konsequenzen dieser Annahme geltend macht. Alles wird von hier aus betrachtet verständlich.

Was den Tod Jesu betrifft, so gehört die Vorstellung vom Sühneleiden zu der gewöhnlichen Lehre; die Gnosis allein aber kann begreiflich ma-

---

150 [R] Vorstellung der Auferstehung! Wie die beiden Akte.

151 [R] Alles auf [den] Gedanken der Prädestination...

152 [R] In dieser Vorstellung [sind?] alle Gedanken eschatologisch. Mit der Vorstellung [ist] alles gegeben. Der Rest [ist] nur Aufzählung der Konsequenzen. Woher sie [die Vorstellung?] stammt.

153 [Darüber übersetzt:] vorweggenommenen.

chen, inwiefern jener Tod die Gläubigen von Sünde erlöst. Daß Jesus «für» die Erwählten starb, will für dieses tiefere Wissen nicht heißen, daß er stellvertretend den Tod für sie erduldete, sondern daß er starb, um sie kraft der Gemeinschaft, die zwischen ihm und ihnen besteht, in den Sterbensprozeß hineinzuziehen, der den Fleischesleib und damit die Sünde in ihnen aufhebt. «Christus ist für alle gestorben; also sind sie alle gestorben» (II Kor. 5,15[14]). Nicht anders als Adam![154] Durch diese Todesgemeinschaft sind sie der Sünde abgestorben (Röm. 6,2), denn wer gestorben ist, der ist gerechtfertigt von der Sünde (Röm. 6,7). Die, welche mit Christo verbunden sind, haben in Wirklichkeit ihr Fleisch gekreuzigt samt den Leidenschaften und Begierden (Gal. 5,24). Darum will sich Paulus des Kreuzes Christi rühmen, durch welches die Welt ihm und er der Welt gekreuzigt wurde (Gal. 6,14).

Von Sünde und ihrem Fluch erlöst sind die Gläubigen dadurch, daß sie durch den Tod Christi das Sterben real an sich erleben.

Die Stellen, wo Paulus von einer Rechtfertigung durch den Tod Christi redet (Röm. 3,25 u. 26; Röm. 5,6; I Kor. 15,3), beschreiben den Erfolg des Todes in den Kategorien des jüdischen und urchristlichen Denkens; wo er aber die logische Begründung der Tatsache geben will, muß er immer auf die Realität des Mitgestorbenseins zurückgehen. Alles andere bleibt ein Reden über den Tod Christi in populären Anschauungen, Analogien und Gleichnissen.

Was von diesem Sterben offenbar wird, ist Verfolgung, Drangsal und Schwäche; das ist für die Gläubigen das Anzeichen, daß sein Leben ein tägliches Sterben ist (I Kor. 15,31), daß sie immerdar an den Tod gegeben werden um Jesu willen (II Kor. 4,11), daß der Tod in ihnen wirkt (II Kor. 4,12). Sie tragen das Sterben Jesu in ihrem Leib herum (II Kor. 4,10) und wissen, daß ihr äußerer Mensch, in dem Maße, als der innerliche sich von Tag zu Tag «erneuert», der Vergänglichkeit verfällt. Die sichtbare Leidensgemeinschaft mit Christo ist ihrem unsichtbaren Wesen nach Todesgemeinschaft.

Was daraus resultiert, kann man als Sündenvergebung und Rechtfertigung beschreiben; in Wirklichkeit handelt es sich aber um Aufhebung der Sünde, die mit der Aufzehrung des Fleisches gegeben ist. Dem Umfang nach deckt sich die Vorstellung vollständig mit der urchristlichen. Vergeben werden die Sünden, die «vorher» geschehen sind (Röm. 3,24). Eine von Fall zu Fall fortlaufende Vergebung im Sinne der Erlösungslehre der Reformatoren kennt Paulus ebensowenig als seine Zeitgenossen und die nachfolgenden Generationen. Auch für ihn hebt der Moment, wo man mit Christo in Gemeinschaft tritt – die Taufe – die bis dahin bestehende Sündenschuld auf. Auf ein Sündigen nach der

154 [Dieser Nachsatz ist nachträglich eingeschoben.]

Taufe wird vorerst nicht reflektiert. Als das Christentum durch die Tatsachen dazu gezwungen wurde, kam der Kampf um die zweite Buße auf. Im Hebräerbrief wird die Forderung abgeschlagen, mit der Begründung, daß Christus nur einmal gekreuzigt wurde und mithin nur die Möglichkeit einer einmaligen Sündenvergebung beschaffte; eine zweite Buße statuieren hieße, eine Wiederholung der Kreuzigung postulieren (Hebr. 6,1–7[1–6]). «Buße» ist für diese Zeit nicht einfach eine Leistung des Menschen, sondern eine von Gott für eine bestimmte Zeit geschaffene Möglichkeit, der Sündenvergebung teilhaftig zu werden. In diesem Sinne ist schon die Predigt des Täufers zu verstehen. Dieselbe Anschauung hat der Verfasser der Apostelgeschichte, wenn er den Petrus dem Hohenpriester verkünden läßt, daß Gott auf Grund des Todes und der Erhöhung Jesu Christi seinem Volke Buße und Sündenvergebung schenke (Acta 5,31). Man versteht den Kampf um die zweite Buße nur, wenn man sich klar wird, daß die Buße eine Beschaffung der Sündenvergebung voraussetzt und daß die Wirkung der durch den Tod Jesu erworbenen Vergebung nur auf das geht, was der Mensch im Zustande vor der Buße[155] begangen hat.

Das Problem der Sünde nach der Buße, das die ersten Generationen nicht minder stark beschäftigte als das der Parusieverzögerung und das für die Gestaltung des katholischen Kirchenbegriffs von entscheidender Bedeutung geworden ist, geht auf die eschatologische Auffassung der Buße zurück. Die Gnadenzeit der Buße wurde als dem Ende unmittelbar vorausgehend gedacht; ein Sündigen nach der Buße kam nicht in Frage. Das Ende wird die Gläubigen im Zustande der Buße und Heiligung finden. Diese Vorstellung liegt der Predigt des Täufers und Jesu zu Grunde. Paulus muß schon mit einer Zwischenzeit rechnen. Das Problem der Sünde im Zustande der Bekehrung wird für ihn schon sichtbar. Er rechnet mit der Möglichkeit, daß diejenigen, die in Leichtsinn sündigen, der Berufung verlustig gehen wie das Volk, das in der Wüste umkam. Hierbei handelt es sich aber um eine ganz besondere Art von Vergehen, die darauf hinausläuft, durch Buhlerei und Beteiligung an götzendienerischen Veranstaltungen die Gemeinschaft mit Christo aufzuheben (I Kor. 10).

Wie er in der populären Vorstellungsweise über die Vergebung der im Zustande der Bekehrung begangenen Sünde denkt, wird aus den Briefen nicht ersichtlich. Im allgemeinen wird er wohl angenommen haben, daß diese im Leiden gesühnt wird. Solange die christliche Theologie mit dem Leiden der Gläubigen als einer gegebenen Größe rechnen konnte, stellte sich das Problem der Vergebung der auf die Taufe folgenden Sünde nicht in seiner ganzen Schroffheit. Man hatte immer wieder die

155 [Gestrichen:] vor seiner Bekehrung und Taufe.

Hilfsvorstellung zur Hand, daß Gott sie für das, was sie begangen, mit Trübsal heimsuchen könne, um ihnen so Gelegenheit zur Rehabilitierung zu geben. Daß des Paulus[156] Gedanken sich irgendwie auf dieser Bahn bewegen, ergibt sich aus den Schlußworten über die leichtsinnige Feier des Herrenmahls. Er nimmt an, daß unter den Korinthern die Krankheiten und Todesfälle in der Gemeinde zu Korinth eine Strafe Gottes sind. Der Herr züchtigt sie jetzt und läßt sein Gericht schon jetzt über sie ergehen, damit sie beim kommenden Gericht nicht mit der Welt fallen (I Kor. 11,29–32).[157]

Das sind aber nur Gelegenheitserklärungen. Paulus braucht sich mit dem Problem nicht zu beschäftigen, denn die Gnosis sagt ihm, daß es im Zustande der Gemeinschaft mit Christo überhaupt keine Sünde mehr gibt. Wer mit Christo gestorben ist, dessen Sündenleib ist vernichtet (Röm. 6,6); er hat dafür zu halten, daß er für die Sünde tot ist (Röm. 6,1[2] und 11).

Ein eigentliches Sündigen kann es für die Gläubigen auch darum nicht mehr geben, weil die Vergehen, die mit der Schwäche des Fleisches gegeben sind, erst durch das Gesetz zur Sünde werden. Bis zum Gesetz war keine Sünde in der Welt, trotz des Fleisches (Röm. 4,13[15?]). Also gibt es auch keine Sünde mehr für die, welche durch die Gemeinschaft mit Christo aus der tatsächlichen Untertänigkeit unter das Gesetz herausgetreten sind und nicht mehr unter dem Fluch desselben stehen. Sie sind nicht mehr unter dem Gesetz, sondern unter der Gnade (Röm. 6,14). Das Gesetz hat nur so lange Gewalt über einen Menschen, als er lebt (Röm. 7,1). Wenn er stirbt, hört es für ihn auf. Wer in Christo ist, ist gestorben und also frei (Röm. 7,2–6).

Nimmt [man] noch hinzu, daß nach dem Tode Jesu Christi die Engel, die die Erwählten vor Gottes Antlitz verklagen, nicht mehr Recht bekommen, weil ein Fürsprecher da ist, so ermißt man die Tragweite des Wortes, daß es für die, die in Christo Jesu sind, keine Verdammlichkeit mehr gibt, weil sie vom Gesetz der Sünde und des Todes frei sind (Röm. 8,1 u. 2). Auch für sie gilt, daß der Tod der Sünde Sold ist (Röm. 6,23); das hat sich an ihnen aber schon vollzogen; ihr Leib – dadurch, daß Christus in ihnen ist – ist tot um der Sünde willen (Röm. 8,10); in der Gemeinschaft Jesu, in der sie starben, haben sie bereits die Gnadengabe des ewigen Lebens empfangen (Röm. 6,23). Daß ihnen, die der Verklärung warten, kein Tod mehr bevorsteht, beweist, daß es für sie auch keine Sünde mehr geben kann. Wo Sünde ist, muß ja auch Tod als ihre natürliche Folge angenommen werden.[158]

---

156 [Ms.:] seine.
157 [Mit Bleistift beigefügt:] (Der Blutschänder [I Kor. 5,5].)
158 [Ms.:] würde.

Hier tritt die Paradoxie[159] der eschatologischen Mystik in beängstigender Weise zutage. Paulus muß annehmen, daß Menschen,[160] deren Schwächen und Vergehen offenbar sind, [dennoch] im Zustande des Nicht-Sündigens leben und daß das, was äußerlich betrachtet, unter den Begriff der Sünde fällt und es für andere auch ist, für sie nicht mehr als solche in Betracht kommt, weil das, wodurch diese Handlungen als Sünde konstituiert und erwiesen werden würden[161] – Realität des Fleischesleibes, Geltung des Gesetzes, Gewißheit des Todes – für sie nicht vorausgesetzt werden darf. Durch Sterben haben sie der Sünde genug getan, durch die Auferstehung sind sie ihr enthoben. Was also von sündiger Handlung an ihnen sichtbar wird, ist nur äußere Erscheinung, der das Wesen der Sünde fehlt, wie auch ihre Existenz im Fleischesleib nur der Erscheinung, nicht mehr dem Wesen nach besteht.

Diese in der Bauflucht des Systems liegenden Gedanken hat Paulus nicht bis zu Ende entwickelt. Sie werden bei ihm nur soweit sichtbar, als sie den Satz, daß die Gläubigen nicht mehr unter dem Fluch des Gesetzes stehen,[162] tragen helfen und sie zur sittlichen Ermahnung dienen können. Was die Gegner an Konsequenzen erfaßten, genügte sowieso schon, um den Heidenapostel in die schwierigste Situation zu bringen. Man wirft ihm vor, er behaupte, daß das Gesetz Sünde sei (Röm. 7,7) und daß er ein Verharren in der Sünde predige (Röm. 6,1), und er muß in den Briefen an die Römer und die Galater den ganzen ihm zur Verfügung stehenden rabbinischen Scharfsinn samt guten und schlechten Sophismen aufwenden, um die für die gewöhnliche Auffassung gefährlichen Konsequenzen seiner Gedanken zu verhüllen... und zu widerlegen.

Die Größe der eschatologischen Mystik liegt auf dem sittlichen Gebiete.[163] Sie hat die erste und großartigste christliche Ethik hervorgebracht. Die Sittlichkeit, die Jesus predigt, fällt unter den Begriff der Buße. Es handelt sich für ihn um eine zum Gesetz hinzutretende Interimsethik, welche die Gerechtigkeit verleiht, die besser ist als die der Pharisäer und Schriftgelehrten und beim Gerichte zum Eingehen in das Reich berechtigt. Das Urchristentum kam über diesen Begriff der Erwartungsethik nicht hinaus. Paulus aber findet in den Tatsachen der Zwischenzeit die Begründung einer positiven Ethik, die darum christlich – nicht nur eschatologisch – ist, weil sie wirkende[164] Kräfte voraussetzt, die von dem verklärten Christus ausgehen. Sie beruht auf den

159 [Darüber:] etwas Majestätisches.
160 [Bekehrte Menschen, Gläubige.]
161 [«würden» ist irrtümlicherweise in «würde» korrigiert.]
162 [Röm. 7,6; Gal. 3,13.]
[R] Röm. 8,10.
163 [R] Mystik und Ethik.
164 [Zuerst:] die wirkenden.

untereinander verbundenen Gedanken der proleptischen Auferstehung und des Besitzes des Geistes und erwächst aus dem Satze: «Ist jemand in Christo, so ist er eine neue Kreatur» (II Kor. 5,17). Das Neue besteht darin, daß er als mit Christo Gestorbener und Begrabener im Auferstehungsdasein lebt[165] und in seiner Existenz nicht mehr unter der Bedingtheit von Fleisch, Sünde und Gesetz steht, sondern Gott lebt und sich und seine Glieder ihm zu Dienste darbietet (Röm. 6,1–14). Das konstituierende Prinzip der neuen Persönlichkeit ist der Geist Christi.

Die Bedeutung der Geistesausgießung erfährt in der eschatologischen Mystik eine Erweiterung, die sich von selbst versteht, sobald man die Berechtigung anerkennt, sie mit der vorhergehenden Auferstehung und Erhöhung Jesu Christi in einen inneren Zusammenhang zu bringen. Nach der Apostelgeschichte hat schon das Urchristentum aus der zeitlichen eine ursächliche Folge gemacht; in der Pfingstrede läßt Petrus die Ausgießung des Geistes vom erhöhten Christus ausgehen (Acta 2,33). Der heilige Geist ist also hier zum Geist Christi geworden, insofern dieser ihn in die Welt entsendet. Bei Paulus ist er es in viel höherem Grade. Der Zusammenhang ist ein innerlicher. Christus und der Geist gehören von innen her zusammen;[166] die «pneumatische» Speise und der «pneumatische» Trank des Volkes in der Wüste gingen von Christo aus (I Kor. 10,1–15). Seine Auferstehung war, äußerlich betrachtet, eine Tat Gottes; ihrer inneren Notwendigkeit nach beruht sie aber darauf, daß die Persönlichkeit gekreuzigt wurde, den Geist in sich trug und deswegen aus dem Tode erstehen und in den Herrlichkeitszustand eingehen mußte. Der Geist, der nun von ihm ausgeht und sich den Gläubigen mitteilt, ist nicht nur Offenbarungsgeist, sondern eine Erscheinungsweise der zukünftigen Herrlichkeit und wirksame Kraft der Auferstehung. Der Herr ist Geist (II Kor. 3,17); als Auferstandener wurde er für die Seinen der andere Adam, der nicht wie der erste ein natürliches Lebewesen ist, sondern sich an der Menschheit, die mit ihm zusammengehört, als lebendig machender Geist erweist (I Kor. 15,45). Indem die Gläubigen diesen Auferstehungsgeist, der seinem Wesen nach Geist Gottes ist, mit ihm gemein haben, sind sie gewiß, daß sich die Herrlichkeit Gottes an ihnen in derselben Weise offenbaren wird (Röm. 8,11). So gründet sich bei Paulus der Auferstehungsglaube auf den Geistbesitz.[167]

Die Leidensgemeinschaft mit Christo wirkt den Tod; die Gemeinschaft des Geistes läßt seine Auferstehung an ihnen kräftig werden. Im

---

165 [R] [Aus gestrichenen Randnotizen:] Ethik = wirkende Auferstehungskräfte... werden sein wie die Engel. [Vgl. Mk. 12,25.]

166 [R] Die κοινωνία. Aus dem ethischen ins mystische.

167 [Mit Bleistift beigefügt:] Durch [die] Auferstehung Jesu [ist eine] neue Funktion der Endzeit eingetreten: die Erwählten aus dem Tod zu befreien. Für die andern keine Bedeutung.

Geistbesitz spiegeln sich die Erwählten in der Herrlichkeit des Erhöhten und werden in fortschreitendem Maße von Herrlichkeit zu Herrlichkeit in dasselbe Bild verwandelt als von dem Herrn des Geistes aus (II Kor. 3,18).

Sie leben im Geiste. Darum sollen sie im Geiste wandeln (Gal. 5,25).[168] Die Ethik [des] Paulus ist nur eine Ausführung dieses Gedankens. Der Zustand, der durch die Gemeinschaft des Todes und der Auferstehung Jesu Christi und den Besitz seines Geistes real vorhanden ist, soll durch die Tat offenbar werden.[169] Seine wunderbarsten Sprüche sind alle Einkleidungen dieser Anschauung, die er im Zusammenhang in Röm. 8 und Gal. 5 entwickelt.

Wo er von der Erlösung spricht, erscheint das Sterben und Auferstehen mit Christo mehr als ein vollzogener Akt. In den ethischen Ausführungen, wo er den empirischen Verhältnissen mehr Rechnung trägt, kommt die Anschauung, daß es sich mehr um einen Prozeß[170] handelt, naturgemäß mehr zur Geltung. Die durch das Prinzip des Fleisches dargestellte natürliche Welt und die im Geist gegebene Auferstehungswelt stoßen in dem Menschenwesen zusammen, die eine zum Unterliegen, die andere zum Siegen bestimmt. Das konstituierende Prinzip der Existenz ist aber bereits der Geist. Darum darf man nie vergessen, daß man nicht «Schuldner» ist dem Fleisch, nach diesem zu leben (Röm. 8,12), und daß, wer auf das Fleisch sät, von ihm das Verderben ernten wird (Gal. 6,8).

Die Verbindung, die der Geist mit dem Menschenwesen eingeht, wird nicht näher beschrieben. Zuweilen scheint es, als ob er als eine ganz selbständige Persönlichkeit neben dem «Menschen» fortbestände; so, wenn er aus ihnen zu Gott als dem Vater ruft (Gal. 4,6) oder sich ihrer Schwachheit erbarmt und im Gebet mit unaussprechlichem Seufzen für sie eintritt (Röm. 8,26).[171] Der eigentliche Gedanke [des] Paulus war aber der, daß er mit dem Menschen [...][172] eine organische Verbindung eingeht. Nach Röm. 7,7–25 besitzt der Mensch an sich schon eine Erkenntnis und ein Vermögen des Guten (νοῦς [Vernunft]) [Röm. 7,23]), das ihn über die Gedanken des Fleisches erhebt und mit sich selbst in Zwiespalt setzt;[173] das Gesetz, das sich diesem Vermögen als gleichgestimmt erwies und sich mit ihm verband, war nicht mächtig genug, mit ihm eine die Fleischestriebe[174] beherrschende Persönlichkeit

168 [Aus gestrichenen Randnotizen:] Überraschend Ethik, bald Mystik. Sprünge.
169 [R] Erlösung = Ethik.
170 [R] ein werdender Zustand.
171 [Darüber:] Hier Glossolalie.
172 [Undeutliches Wort:] je[? Der Satz ist mit Bleistift eingeschoben.]
173 [R] Negativ zum Gesetz.
174 [Über der Zeile:] Wie dumm, daß man immer mit Psychologie beginnt!
[R] Supranaturalist[ische] Ethik.

zu konstituieren. In Analogie [zu] dieser negativen Ausführung kann man als wahrscheinlich annehmen, daß in der Vorstellung Pauli sich der Geist mit diesem Vermögen verband,[175] die neue Persönlichkeit schuf und so das leistete, was das Gesetz nicht vermocht hatte. Dafür spricht, daß er I Kor. 2,16 die Behauptung wagt, die Gläubigen hätten die «Vernunft» (νοῦς) Christi.[176]

Aber die Art der Vorstellung ist für ihn nebensächlich. Auf die, die in Christo sind, läßt sich eigentlich keine vom natürlichen Menschen entnommene Psychologie anwenden. Sie sind ja im Übergangszustand begriffen. Auf das, was sie durch den Geist werden, kommt es allein an. Darauf antwortet Paulus: Tempel Gottes (I Kor. 3,16; 6,19; II Kor. 6,16).

Dadurch, daß Paulus die Mystik des Gestorben- und Auferstandenseins mit Christo mit Vorliebe in Hinsicht auf ihre ethischen Konsequenzen entwickelt, konnte es den Anschein erwecken, als handelte es sich bei jener Theorie um ein auf ethischer Grundlage erwachsenes Bild. Diese Annahme konnte seiner Lehre aber nicht gerecht werden, kann das Detail in der Logik und Formulierung der Gedanken[177] nicht erklären und besonders nicht begreiflich machen, wie die Vorstellung von [dem] Gestorben- und Auferstandensein mit Christo auch für sich, unabhängig von der Ethik, entwickelt wird. In Wirklichkeit aber ist die Theorie von der proleptischen Auferstehung eine in sich feststehende eschatologische Anschauung, aus der Paulus die Ethik der Zwischenzeit begründet.[178] Die letztere ruht auf einer naturhaften Basis. Sobald man dies erkannt hat, kommt eine Größe und Ruhe und Natürlichkeit in die paulinischen Gedankengänge. Die Unvermitteltheit, mit der sich die Ausführungen und Behauptungen ablösen – man lese Röm. 8! – erweckt nicht mehr den Eindruck des Chaotischen und Verwirrenden. Alles ist durch einen einfachen[179] großen Gedanken zusammengehalten. Immer handelt es sich nur um die verschiedenen Facetten ein- und derselben Vorstellung. Es handelt sich um eine einzigartige[180] Einheit von Weltanschauung, Erlösungslehre und Ethik.[181] Die Grundvorstellung, in welcher alle Gedanken zusammenlaufen, läßt sich nicht in den Begriffen und Worten unserer Zeit denken und aussprechen. Das Naturhafte an ihr ist für uns zu mystisch und das Mystische zu naturhaft.[182] Dieses unterschiedslose Ineinander von Naturhaftem und Mystischem ist in der

175 [Darüber z. T. wieder gestrichene Variante:] sich an dieses Vermögen anlehnte ...
176 [Mit Bleistift beigefügt:] = Einsicht.
177 [R] *κοινωνία*. Sakramente.
178 [R] Gleichstellung der Frau, Theoretisch. Praktisch nicht.
179 [R] Einfachheit.
180 [Darüber neue Version:] Es liegt eine einzigartige ... vor.
181 [R] Darum [ist Paulus] ein Denker.
182 [R] [2 Ausrufezeichen.]

Einzigartigkeit des Weltzustandes, den die paulinische Spekulation voraussetzt, gegeben. In der «Zwischenzeit» ist für die, welche mit Christo verbunden sind, die Auferstehungszeit schon in Wirksamkeit, während sie noch in der natürlichen Welt leben.

Einer der Hauptbegriffe[183] der paulinischen Ethik ist der der Freiheit. Wo der Geist Christi ist, da ist Freiheit (II Kor. 3,17; Gal. 5,1). Die, welche durch den Geist in der neuen Welt stehen, sind aus der Abhängigkeit der natürlichen gegenüber herausgetreten. Das Einzigartige an ihrer Berufung ist, daß sie die Erwählten sind, die in der Zeit leben, wo es schon Freiheit gibt. Sie sind im Zustand der Freiheit berufen (Gal. 5,13).[184] Die Lehre von der Freiheit besagt, daß alle für den natürlichen Menschen in Frage kommenden Größen und Verhältnisse für ihn[185] nur noch der Erscheinung, nicht ihrem Wesen nach bestehen. Das will aber nicht heißen, daß darin etwas geändert werden darf. Im Gegenteil. Sie gehören zur im Vergehen begriffenen Gestalt der Welt (I Kor. 7,32[31]) und haben es mit der für die in Christo Seienden nicht mehr existierenden fleischlichen Leiblichkeit zu tun. Man rühre nicht daran, sondern lasse sie so, wie sie sind, bestehen. Die Theorie vom Status quo, welche Pauli Stellung zum Gesetz, zur Ehe, zur Sklaverei und zum Besitz bestimmt (I Kor. 7), beruht auf der eschatologischen Mystik und erklärt sich in ihrer Eigenart nur aus dieser. Sie bildet nur ein besonderes Kapitel seiner Lehre von der Freiheit.

Beschränkt wird die Lehre von der Freiheit durch die der Gemeinschaft.[186] Sobald der Gläubige eine Handlung vollzieht, die eine auf ihn bezogene Anerkennung der Größen und Verhältnisse in sich schließt, denen er enthoben ist, tritt er aus dem Zustand der Freiheit heraus und gehört der Welt an, *für welche das Alte noch fort gilt.* Er hebt die Gemeinschaft mit Christo, die ihm den neuen Zustand und damit die Freiheit gewährleistet, auf. Das geschieht, wenn er sich an Götzenopfermahlen beteiligt (I Kor. 10,14–22) und wenn er, vorher nicht unter dem Gesetz, sich darunter begibt. Für den, der in das Gesetz hineingeboren wurde, gehört es zum natürlichen, indifferenten Fleischeszustand, an dem nichts geändert zu werden braucht.

---

183 [R] *Einzelne Begriffe*: Freiheit-Gewissen-Liebe.

184 Es ist nicht richtig, wenn man in dieser Stelle die Worte ἐπ' ἐλευθερίᾳ ἐκλήθητε mit «ihr seid zur Freiheit berufen» übersetzt. Das entspricht weder der Eigentümlichkeit des Ausdrucks noch dem Gedanken Pauli. «Zur Freiheit», sofern sie mit dem Vollendungszustand gegeben ist, sind alle Erwählten berufen. Aber nur diejenigen der Endzeit treten noch vor Ablauf der natürlichen Welt in den Zustand der Freiheit, so daß sie sich zugleich als Berufene und als Freie erfassen. Niemand wird ἐπ' ἐλπίδι (I Kor. 9,10 und Röm. 5,2) mit «zur Hoffnung» wiedergeben; in derselben Weise ist für ἐπ' ἐλευθερίᾳ auch nur die wort- und sinngemäße Übersetzung «auf Grund der Freiheit» zulässig.

185 [Den Berufenen, in Christo Seienden.]

186 [R] Idee der Gemeinschaft.

Als nähere Auslegung tritt die wunderbare, schlichte und große paulinische [Lehre] vom Gewissen zu der der Freiheit hinzu. Nur wer sich seiner Unabhängigkeit bewußt ist, ist frei und darf als solcher handeln. An sich ist es erlaubt, Fleisch, das auf dem Markte gekauft ist, zu essen, wenn es auch von Opfern stammt, es sei zu Hause oder als Gast bei heidnischen Bekannten. Es kommt nur als Nahrungsmittel in Betracht; der kultische Akt, durch welchen das Essen Gemeinschaft mit den Dämonen, denen das Opfer gilt, schaffen würde, ist weggefallen. Wenn aber jemand befangen ist und meint, daß mit der Herkunft des Fleisches dennoch irgend welche schädliche Gemeinschaft hergestellt werde, soll nicht davon essen. Wo es einem dieser Schwachen zum Anstoß gereichen würde, sollen die andern in diesem Punkte, wie überhaupt in allem, was Speise und nebensächliche Dinge betrifft, von ihrer Freiheit keinen Gebrauch machen. Das ist wirkliche Gnosis (I Kor. 8; 10,14–33; Röm. 14). Sie pocht nicht auf ihre Freiheit, sondern weiß, welche Verheerung das «Ärgernis», welches das Gewissen des andern erlebt, in ihm anrichtet. So kommt der Apostel, der die Lehre der Freiheit verkündigt, zur Forderung, daß die Christen seiner Gemeinden niemandem Anstoß geben sollen, wie auch er [allen] zu Gefallen [zu sein] sucht (I Kor. 10,32 u. 33). Für den Gnostiker selber aber hört die Freiheit auf, sobald es die andern darauf absehen, seine Unbefangenheit in Versuchung zu bringen und in Frage zu stellen. Weist ihn ein Heide bei einem Mahle darauf hin, daß er Fleisch vor sich hat, das vom Altar stammt, so soll er keines mehr davon essen (I Kor. 10,28).

In der Lehre vom Gewissen ist das Prinzip der Freiheit mit dem der Liebe verbunden. Er stellt sie über Glaube, Geisterweisungen, Hoffnung und Gnosis (I Kor. 13). In den herrlichen Sprüchen und Ausführungen, die er ihr widmet, ist man geneigt, einen Paulus reden zu hören, der ganz unmittelbar, ohne Rückbeziehung auf sein System, aus den Tiefen seines Gemütes schöpft. In Wirklichkeit aber ist die Liebe, die er predigt, von den Voraussetzungen seiner Theologie abhängig. Sie ist erst auf Grund des Besitzes des Geistes möglich und nicht als eine natürliche Funktion des Menschengemüts zu betrachten. Ihrem Wesen nach ist sie die höchste der durch den Geist gewirkten Gaben (χάρισμα) (I Kor. 12,31) und also nur denen erreichbar, die sich im Auferstehungszustand befinden. Es ist die Liebe Gottes und die Liebe Christi, die am Ende der Zeiten offenbar geworden ist in der Fleischwerdung und im Tode des Herrn. Sie geht nicht aus der Reflexion und entsprechenden Nachahmung[187] des Handelns Jesu hervor, sondern ist in den Menschen auf Grund des Sterbens- und Auferstehungsprozesses, in den er sie hineingezogen hat, vorhanden. Wird der Zustand der fleischlichen Leib-

187 [R] Nicht imitatio Christi! Für uns!

lichkeit aufgehoben, so ist damit zugleich das Prinzip, auf [dessen] Grund er[188] «sich selbst lebte», außer Kraft gesetzt. Die Liebe Christi kommt über ihn und hält ihn gefangen, weil er in Gemeinschaft mit ihm steht und eine neue Kreatur ist. Sie[189] ist eine Funktion des schon überirdischen Zustandes. Nur so erklärt sich, daß II Kor. 5,14[13] von der Liebe Christi als von einem «von Sinnen Kommen» die Rede ist, und zwar in einem Zusammenhang, in dem die Existenz des historischen Jesus durch die des Verklärten außer Kraft gesetzt und der Satz von der neuen Kreatur aufgestellt wird (II Kor. 5,11–17). Diese sprunghaften Ausführungen werden durch die Einheit der Gedanken, die mit der eschatologischen Mystik gegeben sind, innerlich zusammengehalten.

Mit[190] den Voraussetzungen der paulinischen Ethik ist gegeben, daß das handelnde Wesen, an das sie sich wendet, gut ist. Es befindet sich nicht mehr im Zustande der Sündhaftigkeit und des Unvermögens zum Guten. Was Paulus über die Menschennatur und ihre Schwäche sagt, gilt nicht für die, die in Christo sind, weil es von der fleischlichen Leiblichkeit gemeint ist. In dem neuen Zustand aber wirkt Gott in ihnen Wollen und Vollbringen (Phil. 2,13); als seine Kinder leuchten sie wie die Sterne in der Welt (Phil. 2,15).

Dieser optimistisch-übernatürliche Grundzug der Ethik bildet eine der Hauptvoraussetzungen des Selbstbewußtseins Pauli. Dieses gründet sich nicht nur darauf, daß er von Christus zum Apostel berufen ist und von ihm eine besondere Vollmacht empfangen hat (II Kor. 10,3;[191] 13,3; Röm. 15,15ff.; Gal. 1,12ff.), sondern auch darauf, daß er sich bewußt ist, es durch eine sittliche Leistung zu erweisen. Man ist erstaunt, daß er Jesum nicht als Vorbild anführt und sich eines der einfachsten ethischen Motive entgehen läßt.[192] Die historische Persönlichkeit [Jesu] hat keinen Platz im System der eschatologischen Mystik, indem alles auf den Verklärten zurückgeführt wird. *Die «Nachfolge Christi» besteht hier darin, daß das Handeln durch den Geist, der vom Erhöhten ausgeht, möglichst vollkommen bestimmt ist.*[193] In diesem Sinne wagt Paulus, sich selber seinen Gemeinden als sittliches Beispiel vorzuhalten. «Werdet meine Nachahmer, wie ich Christi [Beispiel nachahme]» (I Kor. 11,1). «Tretet in meine Nachfolge, Brüder» (Phil. 3,17). «Was ihr bei mir gelernt und empfangen und an mir gehört und gesehen, das tut, und der Gott des Friedens wird mit

---

188 [«er»: der Mensch.]

189 [«Sie»: die Liebe.]

190 [R] Le jour du départ pour Barcelone, 13.X.09.

191 [10,3 besagt etwas anderes. Vielleicht ist eine andere Stelle gemeint, etwa 10,13 («... das uns Gott zugemessen hat»)?]

192 [R] Paulus: wie das Sterben und Auferstehen Christi in ihm am stärksten, so auch die Ethik, die durch[?] gewirkt. Gar nicht menschliches Selbstbewußtsein.

193 [R] Die Bescheidenheit! Alle spielen mit Dämpfung.

euch sein» (Phil. 4,9).[194] Von seinen Genossen und sich wagt er zu sagen, daß sie sich in allem als die Diener Gottes bewiesen und niemandem Anstoß gegeben haben (II Kor. 6,3 u. 4).[195] Das ist ein «Rühmen», das unbescheiden und unnatürlich sein würde, wenn es sich um natürliche ethische Vorstellungen handelte. Bei Paulus aber liegt es in derselben Linie wie wenn er sagt, daß Christus aus ihm redet (II Kor. 13,3). Es geht auf den Satz zurück, daß er alles vermag durch den, der ihn stark macht, Christus (Phil. 4,13).

Freilich scheint es, als ob ihm solches Rühmen als menschliche Überhebung ausgelegt worden sei. Er sieht sich daraufhin genötigt, die Vollkommenheit, die er für sich in Anspruch nimmt, als etwas zu bestimmen, das er sich immer vollendeter erringen muß, um das in Handlungen zu verwirklichen, was dem Wesen und der Kraft [nach] durch die Tatsache gegeben ist, daß er von Christus ergriffen ist (Phil. 3,12–14).

Die Ethik Pauli ist nichts anderes als seine Mystik, vom Standpunkt des Willens aus betrachtet.[196] Der gestorbene und auferstandene Mensch empfängt Impuls und Kraft aus dem Geiste des Verklärten und damit aus Gott selber. So vollendet sich diese Ethik in dem Begriff des Friedens. Die Vorstellung ist auch hier eine andere als die moderne.[197] Es ist nicht [so], daß ein Menschenwille in Gott Ruhe findet, sondern das Wollen des Herrn tritt in den leeren Platz des Menschenwillens, der in dem Sterben und Auferstehen mit der Wesenheit des Fleisches aufgezehrt wurde[198] und bewahret Herz und Sinne, daß sie in Christo Jesu bleiben (Phil. 4,7).

Neben der ethischen Ausprägung der eschatologischen Mystik steht die sakramentale.

Solange[199] man bei Paulus eine symbolisch-geistige Auffassung von Taufe und Abendmahl fand, war es nicht schwer, seine Ansicht von den heiligen Handlungen in seinem Lehrbegriff, wie man ihn gewöhnlich verstand, unterzubringen. Mit der Zeit sah man aber ein, daß der Wortlaut der Texte es nicht erlaubte, den Heidenapostel unter die Symboliker zu zählen. Man mußte sich dazu bequemen, bei ihm eine realistisch-sakramentale Wertung der heiligen Handlungen zu finden.[200] Da man aber fortfuhr, den Paulinismus als solchen modern-geistig zu deuten, mußte seine Auffassung von Taufe und Abendmahl notwendig aus der Bauflucht der übrigen Gedanken herausfallen. Die Tatsache wurde kon-

---

194 [R] I Kor. 4,16 (μιμηταί μου γίνεσθε [«werdet meine Nachahmer»]).
195 [R] I Kor. 15,10: Durch Gottes Gnade bin ich, was ich bin.
196 [R] Das Furchtbare, daß Paulus die menschliche Persönlichkeit auflöst. Wie viel gesagt! das uns so gef[...]
197 [Bleistiftnotiz über dem Abschnitt:] Über die modernen Ethiker.
198 [R] Jetzt: Eschatologisch bedingt.
199 [R] Ecrit à Freiburg, Semaine après Noël 09. *Taufe bei Paulus.*
200 [Wilhelm] Heitmüller, *Taufe und Abendmahl bei Paulus*, [Göttingen] 1903.

statiert, aber nicht in ihrer ganzen Schwere empfunden, weil man auf die naheliegende Erklärung griff, daß es sich hier um Einwirkung der Gedankenwelt griechischen Mysteriendienstes handle. Darüber vergaß man, sich zu fragen, ob das Sakramentale, wie es bei Paulus zutage tritt, wirklich griechisch sei.

Die grundlegende Stelle für die paulinische Auffassung der Taufe findet sich [in] Röm. 6. Nach diesen Ausführungen bedeutet die heilige Handlung, daß die Gläubigen mit Christo gekreuzigt, gestorben, begraben und mit ihm zur Herrlichkeit berufen sind, weshalb sie sich schon jetzt als aus dem Tode zum Leben Erstandene (ὡσεὶ ἐκ νεκρῶν ζῶντας) betrachten sollen, über die Sünde und Gesetz keine Gewalt mehr haben (Röm. 6,13 u. 14). Die gute alte Erklärung, als ob Paulus hier das Untertauchen und Auftauchen bei der Taufe symbolisch auf Sterben und Auferstehen deute, hat abgewirtschaftet. Es ist fast unbegreiflich, daß man dem Heidenapostel so lange solche Geistlosigkeit und Geschmacklosigkeit zutraute. Die Frage, ob im Text auch nur eine Silbe steht, die die Annahme erlaubt, daß hier das Äußerliche des Taufaktes der Darstellung seiner Bedeutung zugrunde gelegt sei, wurde nicht gestellt.[201] Es war eben die einzige noch irgendwie mögliche Erklärung; der Selbsterhaltungstrieb verbot der Auslegungskunst, Erwägungen anzustellen, die sie auch nur im Geringsten hätten erschüttern können. Ist die eschatologische Mystik aus dem Grundgedanken des paulinischen Systems erkannt, so hat das, was hier über die Taufe ausgesagt wird, nichts Absonderliches mehr. Es ist nichts anderes als die Theorie von der realen Todes- und Auferstehungsgemeinschaft mit Christo samt den Folgerungen, die sich daraus für Gegenwart und Zukunft ergeben.

Wie kommt aber Paulus dazu, diese Mystik mit dem Akte der Taufe zusammenzulegen[202] und zu behaupten, daß der neue Zustand in jenem Augenblick zur Tatsache wird? Mit einem äußerlichen verbindet er ein übersinnlich-mystisches Geschehen. Lag dies in der Gedankenrichtung der urchristlichen Auffassung der Taufe?[203]

Die Anfänge der christlichen Taufe liegen für uns im Dunkel. Wir besitzen keine Texte, aus denen wir die Entwicklung der Johannestaufe zur christlichen Taufe rekonstruieren können, sondern sind auf Rückschlüsse angewiesen. Wir wissen nur,[204] daß die zweite irgendwie aus der ersten entstanden und daraus – soweit wir es beurteilen können – ohne eine diesbezügliche Verordnung Jesu hervorgegangen ist. Dies geschah schon gleich in der ersten Gemeinde. Das Urchristentum hat also

201 [Ausrufezeichen.] [Vgl. oben S. 94.]

202 [R] Wie kommt Paulus dazu, dies alles in den Taufakt zu verlegen?

203 [R] Die einzig adäquate Darstellung des Paulinismus von [der] Todes- und Auferstehungsgemeinschaft aus.

204 [«Wir wissen nur» ist gestrichen und durch ein unleserliches Wort ersetzt.]

spontan aus der Johannestaufe die christliche Taufe geschaffen, ohne daß wir wissen, welchen Gesetzen es bei dieser Handlung gehorcht hat.

Es fragt sich, ob die Taufe der ersten Gemeinde symbolisch oder sakramental war. Im ersten Fall hat Paulus eine ganz neue Wertung dessen aufgebracht, was die andern irgendwie[205] als Gemeinschaftszeichen betrachteten; im letzteren hat er nur das Sakramentale, das das Urchristentum damit verband, mit den Gedanken seiner Mystik beschrieben.

Bisher wurde fast einzig die erste Annahme in Betracht gezogen. Man überlegte nicht, daß Paulus, wenn er mit einer neuen Lehre von der Taufe hervorgetreten wäre, die schwersten Konflikte mit der Urgemeinde heraufbeschworen hätte und daß also, weil in dieser Frage kein Streit entbrannte, die größte Wahrscheinlichkeit dafür besteht, seine Grundauffassung [von] der Taufe habe sich mit der gewöhnlichen gedeckt. Diese elementare Erwägung legt es sehr nahe, eine sakramentale Wertung der Taufe schon für das Urchristentum als solches anzunehmen. Sie kam nicht zur Geltung, weil die Theorie vom Fall des Heidenapostels ins Griechisch-Mysterienhafte sich gar verlockend ausmalen ließ und zudem der Dogmengeschichte für das schwere Problem der Hellenisierung des Christentums geradezu unschätzbare Hilfe leistete, insofern, als sich hier eine Einfallspforte für griechische Gedanken aufzeigen ließ, die das Christentum fast von Anfang an der Invasion des Mysterienhaften auslieferte. Damit schien vorzüglich zu stimmen, daß das Judentum, von welchem das Christentum ausging, sakramentale Handlungen, mit denen des Menschen Seligkeit verbunden war, nicht kennt, sondern eine mysterienlose Religion darstellte. Das ist richtig. Im nachexilischen Judentum ist sogar das Sakramentale, das mit dem Begriff der religiösen Schlachtung verbunden war, verloren gegangen; es betrachtete das Opfer nur mehr unter dem Gesichtspunkt einer Leistung.

Der Schluß, daß die sakramentale Auffassung heiliger Handlungen bei Paulus aus dem Griechentum übernommen sein müsse, weil sie nicht aus dem Judentum geflossen sein könne, schien also nicht übel plausibel. Nur hatte man vergessen zu fragen, ob es mit der Alternative, auf welcher er sich erbaut, auch wirklich stimme. Das Sakramentale soll nur aus dem Judentum oder [dem] Griechentum stammen können. Wäre es nicht möglich, daß es genuin eschatologisch-christlich wäre? Ist es nicht denkbar, daß die eschatologische Religiosität von sich aus eine sakramentale Wertung bestimmter Handlungen aufgebracht haben kann, die eine unabhängige Analogie zu derjenigen darstellt, die wir in griechischen Mysterien finden?

Sakramental im allgemeinen Sinn bedeutet, *daß in einem Äußerlichen*

---

205 [«irgendwie» ist eingeschoben, aber (wohl irrtümlicherweise) nach «als».]

ein Innerliches und in einem Gegenwärtigen ein Zukünftiges gegeben ist.[206] In einer Handlung wirkt sich das *Geschehen zweier Welten* aus.

Die sakramentale Anschauung wird also da in Tätigkeit gerufen werden, wo das Bedürfnis empfunden wird, zwei Welten miteinander zu verbinden. Ist das religiöse Denken einmal dahin gekommen, diese Notwendigkeit zu fühlen, so geht es notwendig dazu über, sich Sakramente zu schaffen. Mit welchen Handlungen es eine höhere Wirklichkeit verbindet, ist dabei zuletzt fast gleichgültig. Das Aufkommen der besonderen Wertung des betreffenden äußeren Geschehens bleibt für die Geschichte gewöhnlich in Dunkel gehüllt. Sie kann nur den Moment konstatieren, wo sie aus dem Dunkel in die Öffentlichkeit tritt.[207]

Die[208] griechische Religiosität hatte mit dem Gegensatz der geistigen, ewigen und der materiellen, zeitlich beschränkten Welt zu tun. Sie wird auf die sakramentale Bahn gedrängt, weil sie für das Individuum eine greifbare Verbindung beider schaffen muß, welche ihm im irdischen Geschehen die Gegenwart und Wirkung der geistigen Kräfte garantiert.

Für die eschatologische Bewegung, welche mit dem Täufer und [mit] Jesus einsetzt, handelt es sich um die Verbindung der gegenwärtigen mit der zukünftigen Welt.[209] In den vorhergehenden Perioden der von Erwartungen der Endzeit bewegten jüdischen Religiosität war die Notwendigkeit, beide Welten miteinander in Beziehung zu setzen, so nicht gegeben gewesen, weil das Ende dabei nie in dieser unmittelbaren Nähe gedacht wurde.[210] In dem Jetzt aber wird vorausgesetzt, daß die Menschheit, an die die eschatologische Predigt ergeht, die Generation ist, welche das Ende erleben soll. Damit ist nicht nur gegeben, daß sie sich durch Buße darauf bereiten soll, sondern auch eine Sehnsucht

---

206 [R] [Ausrufezeichen.]

207 [Hier folgen zwei gestrichene Abschnitte:] Man hüte sich, eschatologische Religiosität und Judentum zu identifizieren. Die Eschatologie war eine temporäre Erscheinung innerhalb der nachexilischen Religiosität. Sie vereinigt die disparatesten Elemente in sich. Die Erwartungen, mit denen sie operiert, stellen sich als durch die späteren Zustände notwendig gewordenen Modifikationen altprophetischer Hoffnungen dar.* In dem allgemeinen Weltbild finden sich orientalisch-mystische Vorstellungen in Menge; auch das Hellenentum ist auf die Gestaltung der Eschatologie nicht ohne Einfluß geblieben.

Die eschatologische Erwartung konnte sich mit der jüdischen Religiosität verbinden. Inwieweit sie dies in den verschiedenen Perioden des nachexilischen Judentums tat und nicht tat, entzieht sich im allgemeinen unserer genaueren Kenntnis. Was die eschatologische Bewegung, aus der das Christentum hervorging, angeht, so ist sicher, daß sie nicht in umfassendem Sinne volkstümlich war.

* [R] [Taufe].

208 [R] Politisches – Religiöses. Verhältnisse. Bis zu welchem Grade fremd. Fremd: Enkratie! bei allem Zusammenhang! Mit Steigerung.

209 [R] [Ausrufezeichen.]

210 [Bleistiftbeifügung:] Aber doch schon Vergewisserung. [Unter d. Zeile:] Hier die Zeichnung!! (Versiegelung)

nach Gewißheit, daß die Zukunft, die sowohl Vernichtung als Seligkeit bringen kann,[211] heilvoll sein wird. Der Einzelne sucht nach einer Garantie, daß er beim Gericht zu denen gehören wird, die bestehen. Er will schon in diesem Äon auf den kommenden gezeichnet sein. In der hochgespannten Erwartung ist ein Bedürfnis nach Heilsgewißheit gegeben, das eine irgendwie greifbare Befriedigung verlangt. Wer mit flammender Predigt von bevorstehendem Gericht und Reich vor die Menschen trat, mußte in seiner Verkündigung zugleich etwas aufzeigen, durch das sich der Gläubige der Zukunft versicherte[212] und die Gewißheit erhielt, daß er zu den Erwählten gehörte. Die Notwendigkeit des eschatologischen Sakraments war gegeben.

Das sind nicht ins Blaue strebende[213] apriorische Erwägungen. Sie sind zum geschichtlichen Verständnis der Johannestaufe absolut erforderlich. Sonst läßt man sich verleiten, die «Bußtaufe» Johannis als eine Taufe zur Buße, d. h. [als] einen die Buße symbolisierenden Akt aufzufassen. Sie war mehr. Hätte sie nur die Buße versiegelt, so hätte sie den Empfängern wenig geboten. In Wirklichkeit erfolgte sie auf Grund der Buße und garantierte die Teilnahme an der Geistesausgießung beim Erscheinen des Kommen-Sollenden und damit zugleich Bewahrung beim Gericht. Nur so ist es zu verstehen, daß Johannes unwillig wird, daß Pharisäer und Sadduzäer zur Taufe kommen und damit den Weg zur Errettung vor dem kommenden Zorn betreten, der ihnen verschlossen bleiben sollte (Mt. 3,7).

Ganz klar wird die übernatürliche Bedeutung der Johannestaufe durch Jesus bezeugt. Als er in den jerusalemitischen Tagen auf den toten Propheten zu sprechen kommt, redet er nicht von seiner Predigt zur Buße, sondern wirft die Frage auf, ob seine Taufe vom Himmel oder von den Menschen war (Mk. 11,30). Aus der Art, wie er fragt, ergibt sich, daß er sie für eine himmlische Veranstaltung ansieht.

Die Johannestaufe war also ein durch die Offenbarung des Propheten angezeigtes Sakrament zur gegenwärtigen Vergewisserung der zukünftigen Errettung. Sie war zur Seligkeit notwendig.

Sie mußte den Reichsgläubigen irgendwie sakramental etwas bieten. Nur so erklärt es sich, daß sie gleich in der ersten christgläubigen Gemeinde ohne Geheiß Jesu in Aufnahme kam und als eine notwendige Weihe für alle zu der Gemeinschaft Hinzukommenden angesehen wurde. Der Meister hatte sie als vom Himmel seiend anerkannt;[214] damit war gesagt, daß sie weiter geübt werden mußte.

Gesteht man der urchristlichen Taufe nur die Bedeutung eines Sym-

---

211 [R] [Ausrufezeichen.]
212 [D. h.: versichern konnte.]
213 [Gestrichen:] geschossene.
214 [R] *Taufe – Abendmahl – Ethik.*

bols oder Gemeinschaftszeichens zu, so ist ihr Aufkommen viel schwerer zu erklären, da in diesem Falle ihre innere Notwendigkeit nicht dargetan werden kann.

Für die Apostelgeschichte ist die Taufe jedenfalls mehr als ein Symbol. Sie erfolgt auf Grund der Buße und sichert Sündenvergebung zu (Acta 2,38). Insoweit deckt sie sich vollkommen mit der johanneischen. Auch die Beziehung auf die Geistesausgießung hat sie behalten. Nur daß diese gemäß der veränderten Zeitlage schon angebrochen ist. Im Momente der Wassertaufe tritt der Gläubige also gleich in den Besitz des Geistes.[215] Das bewiesen zudem die beobachteten ekstatischen Phänomene. Daß man sich bei der Taufe nach dem Tode Jesu zur Messianität des Gekreuzigten bekannte, war selbstverständlich.[216]

Die urchristliche Taufe ist also nicht etwas von der Johannestaufe Verschiedenes oder eine Weiterbildung derselben, wie man gewöhnlich annimmt, sondern sie ist mit ihr identisch. Sie ist die Johannestaufe, wie sie in der Zeit nach dem Tode Jesu, wo die Geistesausgießung gegenwärtiges Gut geworden, geübt wird. Nach wie vor tritt man durch diese Handlung in den Zustand der Errettung, nach wie vor ist sie das eschatologische Sakrament.[217]

Wenn Paulus annimmt, daß mit dem Taufakt ein übernatürliches Geschehen verbunden sei, so bringt er nichts Neues auf, sondern vertritt nur die gewöhnliche urchristliche Meinung.[218] Er denkt nicht weniger und nicht mehr sakramental als die Christen zu Jerusalem. Auch für ihn wird der Mensch in der Taufe auf die Zukunft, die in Bälde geoffenbart werden soll, errettet.

Nach der eschatologischen Mystik besteht aber die Errettung darin, daß das Sterben und Auferstehen Jesu sich an dem Menschen, der bei der Parusie verklärt werden soll, auswirkt und ihn schon jetzt in den latenten Auferstehungszustand versetzt. Folgerichtig muß Paulus diesen Prozeß in der Taufe beginnen lassen. Das ist der Sinn der Ausführungen von Röm. 6.[219]

Als Ausgangspunkt wählt er die Konstatation, daß die Taufe auf den Namen eines Toten geschieht und die Gemeinschaft, die daraus resultiert, die Gemeinschaft mit einem Toten ist.

---

215 [R] [Ausrufezeichen.]

216 [R] Am Schluß: der modern geistig gedeutete Plan kann ohne Sakramente existieren. – Zur Annahme des griechisch Sakramentalen gar keine Notwendigkeit. Beschreibung nach jüd. Typen. Alles von Endzeit ... Zuerst I Kor. 10.

217 [Beigefügt:] Die Johannestaufe und was sie auf Grund des Todes und der Auferstehung [Jesu] und der Geistesausgießung als Gewißheit der Errettung gilt.

218 [R] Wenn Paulus Röm. 6 ausführt, daß man durch die Taufe eine neue Wesenheit bekommt, so geht er [in] nichts über die Auffassung der Urgemeinde hinaus.

219 [R] Schluß: Begriff der Offenbarung! durch Zerstörung des Überlieferungshaften darin!

Daß die heilige Handlung Sündenvergebung wirkt, bleibt bestehen. Während aber die gewöhnliche Anschauung nur die Behauptung aufstellt,[220] das Warum und Wie jedoch nicht zu erklären vermag, ist der Gnosis die Deutung möglich. Sündenvergebung bringt die Taufe durch den Sterbensakt, der sich in ihr abspielt, und die Vernichtung der Leiblichkeit, welche die Sünde bedingt (Röm. 6,6). «Wer gestorben ist, der ist gerechtfertigt von der Sünde» (Röm. 6,7).

Als von Sünde Gerechtfertigter hat der Getaufte die Gewißheit, beim Gericht zu bestehen und zum Leben einzugehen: als mit Christo Auferstandener hat er schon jetzt am Verklärungsdasein teil.

Daß der Getaufte die Früchte der Buße bringen muß, steht auch für Paulus fest. Aber auch hier ist die Gnosis imstande, das sonst nur Behauptete als notwendiges Geschehen bis in seine letzten Tiefen zu begreifen. Was für die äußere Betrachtung Früchte der Buße sind, das stellt sich für die eschatologische Gnosis als «Leben für Gott in Christo Jesu» (Röm. 6,11) dar, in welchem die Glieder als «Waffen der Gerechtigkeit» dem Höchsten dienen (Röm. 6,13).

So werden in Röm. 6 die Begriffe, die der urchristliche Glaube mit der Taufe verband, ins Mystische vertieft, ohne in ihrer äußeren Bedeutung aufgehoben zu werden. Die nebeneinanderstehenden Behauptungen erscheinen dabei innerlich verbunden und erweisen sich als Ausfluß einer einzigen Tatsache.

Dabei ergibt sich, daß die eschatologische Mystik keine Unterscheidung zwischen Ethischem und Sakramentalem kennt. Sie sind beide in ihrem Inhalt identisch. Nur so ist die Durchflechtung[221] von ethischen und sakramentalen Aussagen in Röm. 6 begreiflich. Wo in der Logik der Darstellung [ein] Unterordnungsverhältnis zutage tritt, erscheint nicht das Ethische, sondern das Sakramentale als das Dominierende. Paulus will beweisen, daß die Behauptung[222] der Freiheit vom Gesetz nicht ein Verfallen in Gesetzlosigkeit und Verharren in Sünde zur vollen Ausnutzung der Gnade nach sich ziehe, sondern sündlos leben[223] bedeute.

Um es darzutun, muß er von der mystischen Ausdeutung der Taufe, die zur Sündenvergebung auf den Namen des Gekreuzigten vollzogen wird, [ausgehen]. Eine direkte ethische Ausführung steht ihm nicht zu Gebote.

Inwiefern das Sterben und Auferstehen mit Christo logisch[224] in der Berührung mit dem Wasser verbunden ist,[225] danach fragt Paulus

---

220 [Ms.:] aufstellen.
221 [Darüber:] das Durcheinanderfluten.
222 [Ms.:] [«Behauptung» ist gestrichen, aber wieder eingesetzt.]
223 [Zuerst:] sündloses Leben.
224 [Dazu notiert:] sachlich.
225 [R] Berührung mit dem Wasser ... Die Symbolik des Reinigens, die beim Taufen das Geschehen trug, fällt weg. Ohne Symbolik nach Effekt[?]

nicht.[226] Bei dem Täufer hatte die Symbolik der Reinigung das übernatürliche Geschehen der Garantie der Sündenvergebung auf das kommende Gericht abgebildet und eine gewisse Logik in der Würdigung der Handlung begründet. Das fällt weg in dem Momente, wo Paulus das Geschehen bei der Taufe tiefer erfaßt und es als Sterben und Auferstehen mit Christo ausspricht.[227] Ein logischer Zusammenhang zwischen dem äußeren und inneren Geschehen besteht hier nicht mehr. Die reine Tatsache, daß beide sich miteinander vollziehen, genügt.

Das moderne Bewußtsein hat Mühe, in diese Mentalität hineinzufinden. Darum wird es so schwer, die altkirchliche Auffassung der Sakramente zu verstehen. Wir gehen von der Handlung an sich aus und wollen den Effekt, der damit verbunden sein soll, irgendwie aus der Symbolik des äußeren Geschehens logisch deduzieren und begreifen.[228] Wir meinen, das Sakrament zu verstehen, wenn wir die «Stiftung» gedeutet haben. Damit kommt man in der altchristlichen Sakramentslehre auch nicht einen Schritt voran. Hier waltet gerade die entgegengesetzte Logik. Fest steht der Effekt; von hier aus schließt man auf den Vorgang.[229] Die Errettung, deren man sich getröstet, besteht in dem und dem; man bekommt daran teil in der Taufe; also muß das, was die Errettung ausmacht, sich im Taufakt abspielen.[230] Ob die äußere Handlung Anhaltspunkte für das angenommene innerliche Geschehen bietet, ist gleichgültig. Die Aussagen beruhen auf einem Postulat.[231]

Dadurch erhalten die altchristlichen Sakramente eine Biegsamkeit und Dehnbarkeit, die ihnen erlaubt, alle Wandlungen der Theologie mitzumachen.[232] Die Vorstellung von der Erlösung mag variieren, wie sie will: immer wird man die Geschehnisse, die sie voraussetzt, in den Sakramenten wiederfinden, ohne die geringste Rücksicht auf die der Handlung immanente Logik nehmen zu müssen. Die altchristliche Theologie verfährt mit den Sakramenten wie mit dem Geschehnis des Todes Jesu. Sie findet in beiden alle Fakta, die ihren Glauben an eine Erlösung bedingen. Dabei verfährt sie mit derselben Unbefangenheit wie das Auge, das die von einer Linse divergent gebrochenen Strahlen in einem virtuellen Bild vereinigt und es dem reellen gleichsetzt.

Paulus ist der erste, bei dem diese Logik sowohl für die Ausdeutung des Todes und der Auferstehung Jesu als [auch] für die Sakramente bemerkbar wird. Er deutet beides nach der eschatologischen Mystik, die sich ihrerseits aus der Reflexion über die Eigenart der Zwischenzeit

---

226 [Ms.:] kommt für Paulus nicht in Frage.
227 [R] Das und das macht die Errettung aus, also muß es in der Taufe gegeben sein.
228 [R] Logik.
229 [R] [Ausrufezeichen.]
230 [Vgl. Anm. 227.]
231 [R] Paulus. Biegsamkeit. Von [dem] eschatologischen zum griechischen Sakrament.
232 [R] [3 Ausrufezeichen.]

zwischen der Auferstehung Christi und der Auferstehung und Verwandlung bei der Parusie gestaltet hat. Alles, was er über die Taufe aussagen kann, ist in dem kurzen Wort aus Gal. 3,27 beschlossen: «So viele eurer auf Christum getauft sind, die haben Christum angezogen.» Da bei ihm die Erlösung auf der realmystischen Gemeinschaft mit dem Gestorbenen und Auferstandenen beruht, muß die Bedeutung von Taufe und Abendmahl, auf ihren wahrsten und innerlichsten Ausdruck gebracht, darin beruhen, daß sie diese Gemeinschaft wirken.

Das hindert nicht, daß er auch in der populär-christlichen Sprache von den Sakramenten spricht und das als Effekt äußerlich in die Augen Fallende namhaft macht. In diesem Zusammenhang ist die Taufe dann vor allem die Versiegelung zur Errettung auf die Zukunft und die Handlung, an welche die Begabung mit dem Geist gebunden ist (II Kor. 1,21 u. 22; 5,5). Eine Verleihung des Geistes außerhalb der Taufe kennt er nicht. Alle Stellen, wo von Salbung, Versiegelung und Tränkung[233] mit dem Geiste die Rede ist oder wo er als das Unterpfand der Seligkeit dargestellt wird, gehen insofern auf die Taufe zurück, als die Begabung mit dem Geiste als in jenem Augenblick erfolgend gedacht ist (als sie die Voraussetzung zur Begabung mit dem Geiste schafft).

Nicht unbemerkt bleibe, daß die Vielheit der Bilder, in denen der Vorgang der Geistverleihung beschrieben wird, dartut, wie bedeutungslos die Logik der eigentlichen äußeren Taufhandlung für Paulus ist.[234] Dem modernen Bewußtsein ist es fast unmöglich, sich die Taufe, die ihrem Wesen nach eine Waschung ist, zugleich als eine Tränkung, Salbung, Versiegelung und Pfandverleihung vorzustellen. Dem Apostel bereitet es gar keine Schwierigkeit.

Bei dieser ganzen populären Ausdrucksweise ist aber immer vorausgesetzt, daß die Geistbegabung in der Taufe nur auf Grund der Tatsache, die dahinter liegt und der Gnosis allein verständlich ist, zustande kommen kann. Der Täufling empfängt die himmlische Gabe als einer, der in jenem Augenblick in der Gemeinschaft mit Christo Tod und Auferstehung erlebt. Bliebe er natürlicher Mensch, so könnte er des Geistes, des Prinzips der himmlischen und kommenden Welt, nicht teilhaftig werden.

Auch[235] in der Auffassung vom Abendmahl liegen die populäre und die mystische Auffassung so zueinander, daß die letztere von der ersteren umschlossen wird und das Zentrum darstellt, in welchem alle mit der Feier sich verbindenden Gedanken sich treffen. Die mehr populäre Ansicht wird I Kor. 11,20–34 entwickelt; die andere tritt klarer [in] I Kor. 10,14–22 zutage.

---

233 [R] Tränken!
234 [R] [Ausrufezeichen.]
235 [R] Abendmahl.

Nach der Auffassung, die Paulus den Worten Jesu beim letzten Mahle gibt, besagen sie, daß die kultische Danksagungsmahlzeit, die sie nach seinem Tode feiern würden, ein Gedächtnis des Gestorbenen mit Erwartung seiner Parusie bedeuten soll. So oft sie dieses Brot essen und den Kelch trinken, verkünden sie des Herrn Tod, bis daß er komme (I Kor. 11,26).

Von einem «Wiederholungsbefehl» im gewöhnlichen Sinne kann nach Paulus auch dann keine Rede sein, wenn man imperativisch übersetzt und den Herrn zu den Jüngern sagen läßt: «Solches tut – so oft ihr trinket[236] – zu meinem Gedächtnis» (I Kor. 11,24–25).[237] Einen eigentlichen «Wiederholungsbefehl» würden diese Worte nur dann enthalten, wenn Paulus voraussetzte, daß die ganze historische Feier im Abendmahl des Urchristentums entsprechend reproduziert wurde. Dazu würden auch die Gleichnisworte Jesu gehören. Wenn aber in der Entwicklung des urchristlichen Abendmahls, soweit unsere schlechten Nachrichten reichen, etwas sicher steht, so ist es dies, daß die «Einsetzungsworte» dabei nicht wiederholt wurden und die Feier in keiner Weise konstituierten.[238] Dafür zeugt schon Paulus. Wären die historischen Worte Jesu bei jeder Abendmahlsfeier zu Korinth wiederholt worden, so könnte er sie ihnen nicht als etwas ganz Neues feierlich, unter Berufung auf Offenbarung, anführen. Die urchristliche Gemeindefeier geht auf das letzte Mahl zurück, aber ohne daß der Zusammenhang durch das jedesmalige Auftreten der Worte über Leib und Blut hergestellt zu werden braucht. Die Größe, die beiden Feiern gemeinsam ist und sie zusammenhält, ist das Danksagungsmahl, dessen eschatologischer Charakter durch das dabei stattfindende Danken und Beten zum Ausdruck kam, bei dem letzten Mahle Jesu sowohl als auch bei den Feiern der Jünger und der ersten Christen. Der Ausblick auf das kommende Reich und die Parusie konstituierte den Charakter der historischen Feier und des Gemeindemahls.[239] Der enthusiastisch-freudige Charakter des Mahles war so ausgesprochen, daß es bei den Korinthern zu Unordnung im Essen (I Kor. 11,17ff.) und der den Geistbegabten zufallenden Danksagung (I Kor. 14) kam. Paulus hat keine Reform des Mahles vorgenommen. Er trat hier so wenig als Neuerer auf wie bei der Taufe. Es kam ihm nur auf Abstellung der Mißstände und Vertiefung der Anschauung über das Wesen der Feier an.

---

236 [«So oft ihr trinket» ist nachträglich eingeschoben, gehört aber nur zu V. 25.]

237 [R] Schon bei Paulus die historische Feier eigentlich sinnlos! Dies immer der Fall, wenn das, was die Gemeindefeier bedeutet, in ihr nicht vorausgesetzt werden kann.

238 [R] Eine Wiederholung der Feier, ohne daß die Feier historisch reproduziert wird!!

239 [Ms.:] beim Gemeindemahl [Diese Variante stammt aus der nur zum Teil gestrichenen 1. Fassung des Satzes:] Das Konstituierende bei der historischen Feier und beim Gemeindemahl war der Ausblick auf das kommende Reich und die Parusie.

Die Rückbeziehung auf die historische Feier ist nach ihm folgende.[240] Jesus hat die Jünger damals angewiesen, weiter Mahlzeiten zu feiern, bei welchen Brot und Wein mit Danksagung auf das Kommen des Reiches [hin] – womit das messianische Mahl zugleich gegeben war – genossen würden, wie sie es mit ihm jetzt zum letzten Mal gefeiert haben. Mit dem Charakter dieses Mahles ist zugleich gegeben, daß es eine Erinnerung an ihn ist. Man gedenkt seiner Parusie, da sie mit dem Kommen des Reiches zugleich gegeben ist. Zu dem vorausblickenden Gedenken kommt das auf den Gekreuzigten rückschauende. Das letztere war in der korinthischen Gemeindefeier wohl stark hinter dem ersteren zurückgetreten. Darum erinnert Paulus an die Worte vom Leib und Blut, die Jesus bei der letzten Feier zu seinen Jüngern geredet hat. Eine historische Deutung derselben gibt er nicht. Er führt sie nur an, insofern als sie das Mahl zu einem Gedächtnismahl des Todes Jesu weihen und den Satz erklären, daß man bei der Gemeindefeier den Tod des Herrn verkündet, bis er komme.

Etwas Neues hat er damit nicht ausgesprochen. Mit dem Christus der Parusie war ja der Gekreuzigte immer zugleich gegeben. Es war unmöglich, den Namen des einen auszusprechen, ohne den andern gegenwärtig zu haben.

Ob Pauli Auffassung vom letzten Mahle Jesu «historisch»[241] ist oder nicht, hat nichts zu besagen. Er hat die Aufgabe, zwei ausgeprägte Größen, die Gemeindefeier und das Abendmahl Jesu mit den Jüngern, in logische Beziehung zueinander zu bringen, und [er] löst sie, so gut er kann. Daß er dabei unbewußt von der Gemeindefeier, wie er sie vorfindet, ausgeht und das historische Mahl danach zu begreifen sucht, ist selbstverständlich. Die «Abendmahlswissenschaft» hat am allerwenigsten das Recht, ihm einen Vorwurf daraus zu machen, denn sie handelt genau ebenso. Was tut sie anderes, als immer wieder den Versuch zu erneuern, das letzte Mahl Jesu nach Analogie der symbolischen Austeilungsfeier des aufgeklärten Protestantismus zu deuten?

Das Erinnerungsmahl, das Paulus in der urchristlichen Gemeindefeier findet, darf mit modernen Abendmahlsdeutungen und Abendmahlsfeiern, auf welche diese Bezeichnung passen würde, nicht verwechselt werden. Es hat eine viel reichere und umfassendere Bedeutung. Das rührt daher, daß das Gedenken, welches in ihm zum Ausdruck kommt, nicht nur nach rückwärts – wie bei der modernen Auffassung – sondern auch nach vorwärts, auf die Parusie des Herrn, orientiert ist. Das setzt mehr als nur ein bloßes «Erinnern» voraus. Dem Bekenntnis zu dem auf die Zukunft erwarteten Gut liegt die Gewißheit zu Grunde, daß man in

240 [R] [Vorfassung oder Variante dieser Einleitung:] Die Rückbesinnung auf die historische Feier findet folgendermaßen statt: Paulus nimmt an, daß der Herr ... Ob dies richtig ist?
241 [D. h. historisch richtig.]

demselben teil hat. In der Abendmahlsfeier liegt also etwas wie eine Garantie für die Feiernden, daß sie zu denen gehören, die für jene Zukunft berufen sind. Mit andern Worten: Eine eschatologische «Erinnerungsfeier» hat notwendig sakramentalen Charakter.

Dieser ist schon in dem letzten Mahle Jesu gegeben. Am Schlusse desselben verheißt der Meister seinen Jüngern, daß sie, die mit ihm dies irdische Mahl genossen haben, beim Anbrechen des Reiches Gottes seine Tischgenossen sein werden, wenn er als Messias mit den Seinen[242] zu Tische liegt (Mk. 14,25). Dieses Verheißungswort kann für die Gemeindefeier nicht zu Boden gefallen sein, sondern muß dort von den Jüngern auf die Gläubigen überhaupt übertragen worden sein und die Zuversicht begründet haben, daß die Genossen dieses Herrenmahles darin die Gewähr der Teilnahme an der kommenden Herrlichkeit haben, zu der auch das messianische Mahl gehört, das der Herr bei der Parusie als Messias mit den Seinen feiern sollte.[243]

Daß diese aus dem eschatologischen Schlußwort des historischen Abendmahls gewonnene Vermutung richtig ist, ergibt sich aus dem, was Paulus als Strafe des leichtsinnigen Feierns dartut. Sie besteht darin, daß in der Gemeinde, die sich so vergeht, eine beträchtliche Zahl schon dem Tode verfallen ist und viele schwach und krank darniederliegen (I Kor. 11,30). Mit dieser Züchtigung sucht der Herr die Gemeinde heim, damit sie in sich gehe und nicht beim Endgericht mit der Welt dem Untergang verfalle (I Kor. 11,32).

Die Todesfälle und das Siechtum sind eine charakteristische Strafe für den Abendmahlsmißbrauch. Dabei kommen nicht Tod und Krankheit als an sich traurige Ereignisse in Betracht. Ihre Tragweite ist viel größer: Die Gemeinde wird damit gestraft, daß viele des Vorzugs, die Parusie noch im Leibe wallend zu erleben, schon verlustig gegangen sind[244] und andere für dasselbe Schicksal bestimmt scheinen. Um die Bedeutung der Stelle zu verstehen, muß man sich gegenwärtig halten, mit welchem Schmerze Paulus für sich die Möglichkeit erwägt, daß er etwa vor der Parusie sterben könnte (II Kor. 5,2–4) und welche Bestürzung einige Todesfälle in der jungen Gemeinde zu Thessalonich hervorgerufen hatten (I Thess. 4,13–18). Sterben bedeutete für jene Menschen, zwanzigfach mit dem Tode gestraft zu werden, denn es beraubte sie des einzigartigen Vorrechts der Erwählten der letzten Menschheitsgeneration, die Parusie in der Leiblichkeit zu erleben und verwandelt zu werden!

---

242 [Mit den Seinen, mit euch: Mt. 26,29.] [Fragmentarische Anmerkung:] Über den sakramentalen Charakter der Feier am See [siehe A. S., *Geschichte der Leben-Jesu-Forschung*, Kap. XXI (1. Aufl., *Von Reimarus zu Wrede*, Kap. XIX, S. 373) über Mk. 6,30–43, *Werke* Bd. 3, S. 604/605.] Das wohl der Sinn der Veranstaltung Jesu.

243 [Erste (gestrichene) Fassung des Satzes:] ... die Gewähr der Teilnahme am kommenden großen Mahl haben, das der Herr ...

244 [R] [2 Ausrufezeichen.]

Dieses Privileg muß irgendwie in der Abendmahlsfeier garantiert gewesen sein, da sonst die Logik der Strafe, die Paulus voraussetzt, nicht zutrifft. Jedenfalls tritt hier eine ungebrochen naturhafte Auffassung des Herrenmahls zutage. Was liegt nicht für ein Realismus schon in dem Ausdruck, daß der unwürdig Feiernde sich beim Essen und Trinken «das Gericht[245] isset und trinket» (I Kor. 11,29)... statt der Seligkeit.

Mit dieser fast materialistischen Auffassung sind die Gedanken der eschatologischen Mystik verwoben.[246] Der unwürdige Genuß ist eine Versündigung «am Leib und Blut des Herrn» (I Kor. 11,27 u. 29). Der Unbefangene ist geneigt, darunter ein Vergehen gegen Leib und Blut des leidenden Jesus [zu verstehen], wie sie in den Elementen versinnbildlicht oder irgendwie gegenwärtig sein sollen.[247] Wenn Paulus aber vom «Leib des Herrn» (τὸ σῶμα τοῦ κυρίου) spricht, meint er damit immer nur die Leiblichkeit des Verklärten. Mit dem Christus nach dem Fleische will er überhaupt nichts zu tun haben. Er existiert für ihn nicht mehr [II Kor. 5,16]. Darum ist es ganz unmöglich, daß Brot und Wein im Abendmahl für ihn Leib und Blut bedeuten, mit denen der Christus nach [dem] Fleisch am Kreuze litt. Der Leib, mit dem die Abendmahlsspeise in Beziehung steht, ist der des Verklärten.

Daß Paulus in diesem Zusammenhang von Leib und Blut sprechen muß und also in die Lage kam, den Ausdruck «Blut» von der Wesenheit des Verklärten zu gebrauchen, wird ihm selber nicht gelegen gewesen sein. Er mußte sich zu einem Sprachgebrauch zwingen, in welchem er die eine Hälfte des Satzes, daß «Fleisch und Blut das Reich Gottes nicht ererben können» (I Kor. 15,50), vergewaltigt. Aber da die Abendmahlsworte Jesu von Leib und Blut reden, sieht er sich zu dieser inkonsequenten Ausdrucksweise gezwungen. Sie ging ihm wider die Natur. I Kor. 11,27 redet er von der Verschuldung gegen Leib und Blut des Herrn; im Fortgang der Ausführung – V. 29 – verzichtet er auf den Parallelismus und macht nur den Leib namhaft. Die Gefahr, daß er von den Lesern mißverstanden werden könnte, bestand für ihn nicht. Sie waren zu sehr an seine strenge Unterscheidung von «Leib» und «Fleisch» gewohnt, um ihn hier dahin mißzuverstehen, als redete er von der Leiblichkeit des Christus nach dem Fleisch; andererseits zeigt die Verbindung des Wortes «Blut» mit «Herr», dem Ausdruck für den verklärten Christus, daß es hier in uneigentlichem Sinn in Parallelismus zu «Leib» gebraucht sei.

Für das Verständnis jeglicher Abendmahlsauffassung – sie sei alt oder modern – ist es von der größten Wichtigkeit, daß man sogleich darüber ins Klare zu kommen sucht, ob die Elemente in ihr Leib und Blut des

---

245 [R] Gericht, nicht Verdammnis. Eine realistische Bedeutung der Feier. Diese [kann] nur in der Garantie des besonderen Erlebens der Parusie [bestehen?].

246 [R] Mystik nur angedeutet.

247 [R] Sterben nicht nur Unglück, sondern Bruch[?] der eschatologischen Mystik.

Gekreuzigten oder des Verklärten bedeuten. Nur so ist es möglich, sich ein zutreffendes Bild über die verschiedenen Ansichten zu machen und sie miteinander zu vergleichen. Die ganze Abendmahlsforschung krankt daran, daß man diesem grundlegenden Unterschied nicht nachgeht.

Bei Paulus können Speise und Trank also nur mit der Leiblichkeit des Verklärten in Verbindung stehen;[248] andernfalls würde er die Fundamente seiner eigenen Lehre sprengen. Der Heidenapostel hat also die Einsetzungsworte so unhistorisch gedeutet, als es nur möglich ist; er muß sie als von dem historischen Jesus-Christus nach dem Fleisch – in Hinsicht auf die Leiblichkeit des Verklärten geredet – auffassen.[249]

Über die Art der Beziehung des Leibes und Blutes des Herrn zu Speise und Trank im Abendmahl spricht er sich nicht näher aus. Sicher aber ist, daß sie für ihn nicht im reinen Symbol besteht, sondern irgendwie eine Realität ist. Weiter steht fest, daß nicht irgend eine Weihung der Elemente mit den historischen «Einsetzungsworten» ihnen den Charakter von Leib und Blut Christi verleiht. Eine Anführung der Einsetzungsworte fand in der urchristlichen Feier überhaupt nicht statt. Die Theorie[250] der griechischen Theologie, daß der heilige Geist sich mit den Elementen vereine und sie so zu Fleisch und Blut Christi mache, kennt er noch nicht. Eine Gegenwart des Verklärten in der Speise ist für ihn ausgeschlossen, da seinem verklärten Herrn als Persönlichkeit noch keine Ubiquität zukommt.[251] Es bleibt also nur die Annahme, daß die Speise für Paulus mit der Leiblichkeit des Verklärten in Beziehung steht durch das, was sie darstellt und was sich in ihnen erfüllt.[252]

Was ist dies? Darauf antwortet Paulus: die Gemeinschaft mit dem Verklärten (I Kor. 10,14–22). Das Brot und der Kelch der Danksagung stellen das Teilhaben an der Leiblichkeit des Verklärten real und wirklich dar. Sie sind κοινωνία τοῦ αἵματος τοῦ Χριστοῦ [«Gemeinschaft des Blutes Christi»] und κοινωνία τοῦ σώματος τοῦ Χριστοῦ [«Gemeinschaft des Leibes Christi», V. 16]. In seinen Worten vom Leib und Blut hat Jesus nach Paulus diese Bedeutung der Danksagungsspeise[253] angezeigt und insofern Brot und Wein als seinen Leib und [sein] Blut bezeichnet. Das Geheimnis, das er in diese Worte eingeschlossen hat, wird erst der Gnosis offenbar, die den Begriff der Gemeinschaft mit dem Verklärten bis in seiner ganzen Tiefe erfaßt hat.

---

248 [R] Christus nach dem Fleische kennt[?] er auch nicht im Abendmahl.

249 [R] [Ausrufezeichen.]

250 [R] [Einsetzende neue, aber nicht ganz deutliche Fassung der Stelle, ohne Streichung der 1. Fassung:] Die Theorie des heiligen Geistes, [der] sich mit den Elementen vereinigt und sie [sich] zu Brot und Wein macht (griechische Theologie, sich ihre Abendmahlslogik schuf), ihm unbekannt.

251 [R] ... der so wenig Ubiquität zukommt, daß sie [erst?] mit der Parusie sichtbar in [...]

252 [Beigefügte Notiz:] Auch hier die Konstruktion von [dem] Effekt aus. [Vgl. S. 606.]

253 [Darüber:] Speise der Danksagung.

Im Abendmahl geht Paulus den Weg vom Glauben zur Gnosis, den er für alle Tatsachen und Aussagen des Christentums beschreitet. Es ist für ihn wie für die andern die Feier der Parusieerwartung, in welcher der einzelne irgendwie eine Gewähr der Teilnahme an der kommenden Herrlichkeit findet. Die[254] Notwendigkeit, die Mystik, welche die adäquate Erkenntnis dieses Glaubens darstellt, zu enthüllen, wird durch das Verhalten der Korinther gegeben. Sie laufen Gefahr, sich aus Unwissenheit zu versündigen. Nur die Gnosis über das Abendmahl kann ihnen das Wesen ihres Verfehlens enthüllen und ihnen begreiflich machen, daß[255] sie die Gemeinschaft mit dem Verklärten, auf der ihr Christsein ruht, schädigen.

Sie tun es in zweifacher Weise: Die Danksagungsmahlzeit wird von ihnen zu einem Gelage entweiht;[256] neben dem Abendmahl nehmen sie an heidnischen Opfermahlzeiten teil. Wer weiß, daß dieses Essen und Trinken es mit der Gemeinschaft der Leiblichkeit des Verklärten zu tun hat, kommt nicht mehr in die Lage, sich durch Leichtfertigkeit an Leib und Blut Christi zu versündigen. Er erkennt dann aber auch, daß sich Abendmahl und Götzenopfermahlzeit gegenseitig ausschließen.[257] Wie die Speise der Danksagung mit dem Verklärten Gemeinschaft schafft, so tritt man durch die Speise, die vom Götzenaltar kommt, mit dem Dämonen in Verbindung. Damit ist das Furchtbare gegeben, das auch bei der leiblichen Gemeinschaft mit der Buhlerin eintritt: die κοινωνία [Gemeinschaft] mit Christo ist durch eine andere aufgehoben. Der Zustand der Gnade und Erwählung ist vernichtet, da er auf der naturhaften Vereinigung mit Christo beruht, die neben einer andern Gemeinschaft nicht bestehen kann.

Es handelt sich bei Paulus also nicht um ein Vergehen gegen die Elemente im Abendmahl – das wäre katholisch, protestantisch oder modern gedacht –, sondern gegen die Gemeinschaft mit Christo, die sich in der Feier auswirkt.

Aus der Tatsache, daß Paulus heidnisches Opfermahl und Abendmahl in Parallele setzt (I Kor. 10,14–22), hat man einen der zwingendsten Beweise finden wollen, daß seine Auffassung der heiligen Handlung von der Vorstellungswelt der griechischen Mysterien beeinflußt sei.[258] Diese Annahme wurde noch dadurch verstärkt, daß der Gedanke der Gemeinschaft mit Christo durch eine äußere Handlung, wie er hier entwickelt wird, in den sonstigen Gedanken Pauli nicht begründet

254 [Darüber undeutlich:] Aber[?]
255 [Zuerst neuer Satz:] Es besteht darin, daß ...
256 [Zuerst:] indem sie die D. zu einem Gelage entweihen.
257 [R] Zuerst suchen: Was war [das] Abendmahl der Urgemeinde? Was war [das] Abendmahl der Jünger?
258 [R] Den Verteidigern zu bedenken geben. [Wohl zum nächsten Abschnitt gehörend.]

schien, während er sich mit den Erwartungen,[259] die mit den griechischen Mysterien verbunden waren, in gute Analogie bringen ließ.

Wo steht aber hier etwas von griechischen Mysterien? Paulus redet vom ganz gemeinen Opfermahl. Das waren keine Mysterien, weder für die heidnischen noch [für] die christlichen Korinther. Sie sahen darin nur willkommene Einladungen zu Schmausereien mit dem, was vom Altar kam. Paulus stellt diese Opfermahlzeiten auf gleiche Stufe mit dem Essen, das beim jüdischen Opfern stattfindet. Letzteres hatte aber sicher nichts Mysterienhaftes.

Er geht also nicht von griechischen Mysterien aus. Gerade das Gegenteil ist der Fall. Er trägt in das jüdische und griechische Opfermahl mysterienhafte Gedanken ein, die ihm von seiner Gnosis über das Abendmahl feststehen.[260] In diesem tritt man durch das Essen mit dem Verklärten in Beziehung. Dementsprechend, schließt Paulus, geht derjenige, der etwas ißt, das vom jüdischen oder griechischen Altar kommt, ob er es weiß oder nicht, ob er es will oder nicht, Gemeinschaft ein mit den Mächten,[261] denen der Altar geweiht ist. Für die jüdischen Opfer sind es die Engelwesen, die hinter dem Gesetz stehen;[262] für die heidnischen [sind es] die Dämonen.

Das sind Anschauungen, die sich Paulus auf Grund seiner Gnosis geschaffen hat. Diese sagt ihm, daß es in der Zeit vor dem Ende vor allem darauf ankomme, ob der Mensch mit den Mächten der Weltperiode, die schon dem Untergang verfallen ist, oder mit dem Herrn der kommenden Herrlichkeit in Gemeinschaft tritt. Damit entscheidet sich, ob er ins Verderben gezogen oder mit zum Leben gerettet wird. Immer und immer, ob es sich um Beobachtung des Gesetzes, um Halten von Feiertagen, um Teilnahme am Opfermahl handelt, hat der Mensch die kapitale Frage aufzuwerfen, mit welchen Mächten ein solches Tun und Beobachten in Beziehung setzt, und das innere Geschehnis, das hinter dem sich harmlos gebenden Äußeren steht, in Erwägung zu ziehen. Wer weiß, um was es sich in dieser Zeit handelt, sieht in das Wesen der Dinge.[263] Als ein solcher und nicht als einer, der das, was er von griechischen Mysterien erfahren hat, in der christlichen Theologie verwertet, redet Paulus den Korinthern über jüdisches und heidnisches Opfermahl und setzt diese Feiern vom Standpunkt seiner Gnosis aus mit dem Abendmahl in Parallele, wobei ihm die Angst, daß jene in ihrer Unwissenheit von Dämonen gefangen genommen werden könnten, die Feder führt, wie er im Galaterbrief darum bebt, daß Leute, die er bekehrt hat,

---

259 [Gestrichen:] Vorstellungen.
260 [R] [Ausrufezeichen.]
261 [R] Dämonengemeinschaft.
262 [R] [Ausrufezeichen.]
263 [R] [Ausrufezeichen.]

sich das Gesetz auferlegen lassen, ohne zu ahnen, daß sie damit den Engelmächten, von denen es ausgeht, verfallen.

Die Parallele, die Paulus hier also zwischen christlichen und heidnischen Mahlfeiern zieht, spricht nicht dafür, daß er von den Gedanken des griechischen Mysterienwesens berührt ist, sondern dagegen.

Die Idee der Gemeinschaft mit Christo, die Paulus hier mit dem Mahle verbindet, mutet nur solange griechisch an, als man ihre Provenienz aus der eschatologischen Mystik übersieht und keinen Versuch macht, sie aus dem Ganzen der paulinischen Gedanken zu verstehen.[264] In Wirklichkeit ist sie aus einem elementar eschatologischen Gedanken erwachsen und stellt sich als der adäquate Ausdruck des Glaubens an die Solidarität der Erwählten mit dem im Himmel thronenden und zur Parusie erscheinenden Christus dar.[265]

Wieviel der jüdische Rabbiner etwa wirklich über griechische Mysterien gewußt hat, bleibt dabei unentschieden. Tatsache ist, daß er in seinen Ausführungen über Abendmahl und Taufe keinen Gebrauch davon gemacht hat.

Entscheidend ist, daß er die Typen der christlichen Sakramente in der Geschichte des jüdischen Volkes, und nur in dieser findet.[266] Genau betrachtet handelt es sich nicht um ein Finden, sondern um ein Schaffen. Aus dem Durchgang durchs Meer und dem Wandern unter der Wolke macht er eine «Taufe des Moses»; die wunderbare Speisung und Tränkung in der Wüste werden zum Essen und Trinken im Abendmahl in lebendige Analogie gesetzt (I Kor. 10,1–13). Für uns steht das Gewalttätige und Geschmacklose an diesen Behauptungen im Vordergrund. Darüber darf man sich aber nicht zur Annahme verleiten lassen, daß es sich hier um Kuriosa handle. Nirgends liegt das Wesen der paulinischen Sakramentsauffassung so klar und elementar zutage als in diesen typologischen Erörterungen.[267] Sie bieten das Populäre und Elementare, das sonst nicht so deutlich hervortritt.

Welche Ähnlichkeit besteht zwischen dem aus Ägypten wandernden Volk und der letzten Generation dieses Äons, zu der Paulus redet? Sie[268] sind bestimmt, die Zukunft zu erleben, in der sich die Verheißungen Gottes an die vorhergehenden Generationen erfüllen![269]

Daß sie Erben jener Zukunft sind, wird ihnen nicht nur verkündet, sondern auch garantiert. Wenn Gott die Israeliten durchs Meer hindurch rettet, sie unter der Wolke wandern läßt, sie in der Wüste durch Wunder

---

264 [R] [Ausrufezeichen.]
265 [R] [Ausrufezeichen.]
266 [R] Hier den Felsen = Christus erklären, in Anmerkung πνευματικος [πνευματικῶς?].
267 [R] [2 Ausrufezeichen.]
268 [Sie: die Vertreter der letzten Generation.]
269 [R] [2 Ausrufezeichen.]

speist und tränkt, so sichert er ihnen dadurch zu, daß er sie durch alle Fährnisse der Zeit, die noch vor der Erfüllung der Verheißung verstreichen wird, lebendig auf das Ende erretten will. Die Generation der Endzeit erhält die entsprechende Garantie in Taufe und Abendmahl auf die ihnen bestimmte Zukunft.

Daß es sich damals und jetzt[270] um Berührung mit Wasser, [um] Essen und Trinken handelte, ist nicht zufällig, sondern hat einen von Gott gewollten tiefen Sinn. Die Generation der Endzeit soll darauf gestoßen werden, daß sie in dem Wüstenvolk sich selbst erkenne und in jenen Sakramenten die ihrigen wiederfinde. Es muß in diesen Spiegel schauen, wenn es in der Versuchung bestehen will, die dem Wüstenvolk den Untergang brachte.[271]

Jene Israeliten waren durch den Durchzug durchs Meer und die wunderbare Speisung und Tränkung von Gott bestimmt, das gelobte Land zu sehen. Sie durften fest darauf zählen. Nur waren sie sich nicht klar darüber, daß das alles illusorisch würde, wenn sie in der Versuchung zur Unzucht und zur Teilnahme an Götzenopfermahlzeiten erlägen. Sie ließen sich darin gehen und starben in der Zwischenzeit, trotz Verheißung und Sakrament.[272]

Die Versuchung ist für das Geschlecht, das die Endzeit erleben soll, dieselbe geblieben.[273] Die Menschen, auf die das Ende der Zeiten zukommt (I Kor. 10,11), müssen wissen, daß Unzucht und Schmausen am Götzenaltar Verheißung und Sakrament aufheben. Es handelt sich nicht nur um die Folgen der Mißachtung eines diesbezüglichen Verbotes. Die furchtbare Konsequenz liegt im Wesen dieser Vergehen begründet, weil sie eine Gemeinschaft mit dem Kreatürlichen und den Herrschern des Kreatürlichen wirken, neben der die Gemeinschaft mit Christo, welche durch die Erwählung und die Sakramente hergestellt wird, nicht bestehen kann. So begreift die Gnosis, was das Alte Testament die Kinder der letzten Tage lehrt.

Darum möge, wer steht, zusehen, daß er nicht falle (I Kor. 10,12). Wer solcher Versuchung erliegt, teilt das Schicksal derer, die zum heiligen Lande zogen. Er muß sterben, bevor die verheißene Zukunft Wirklichkeit wird.

Ob Paulus hier den zeitlichen oder den ewigen Tod meint, wird durch die Ausführung nicht näher bestimmt.[274] Jedoch ist das erstere das Wahrscheinlichere. Er will sagen, daß sie der Verheißung in der besonderen Form, in der sie ihrem Geschlechte galt, verlustig gehen, indem sie

270 [Gestrichener Einschub:] bei der Zusicherung der Errettung auf die Zukunft.
271 [R] zeitlich oder ewig.
272 [R] [Ausrufezeichen.]
273 [R] [Ausrufezeichen.]
274 [R] [Ausrufezeichen.]

durch einen vorher eintretenden Tod aus der in besonderer Weise begnadeten Generation ausscheiden.[275] Über die endgültige Erlangung der Verheißung entscheidet der natürliche Tod nichts.[276] Das geschieht bei der Auferstehung, die der ganzen Menschheit bereitet ist. Das Wüstenvolk ging durch den Tod der ihm von Gott zugedachten Prärogative des Einzugs in das gelobte Land verlustig; ob es an den Verheißungen, die sich am Ende dieses Weltlaufs erfüllen und von denen die Ererbung des Landes der Väter nur ein Bild war, teil hat, entscheidet sich bei dem Gericht nach der Totenauferstehung und ist durch die Erwählung bestimmt.[277]

Die Leute der letzten Menschheitsgeneration verlieren, wenn sie in der Versuchung dem Tode verfallen, den Vorzug, bei der Parusie dem Herrn entgegen in die Wolken entrückt[278] und aus dem Leibesdasein direkt in die Verklärung verwandelt zu werden [I Thess. 4,17]. Sie sind dadurch aber nicht dem ewigen Verderben preisgegeben, sondern teilen das Los der vergangenen Generationen Erwählter, erst durch die Auferstehung zur Herrlichkeit eingehen zu können, wobei fraglich bleibt, ob sie bei der Parusie oder erst in der allgemeinen Totenauferweckung zum Leben erstehen. Man versteht diese Ausführungen Pauli nur dann in ihrem wirklichen Sinn, wenn man sich darüber klar wird, daß die Erwählung von Ewigkeit her durch nichts aufgehoben werden kann, während die einzigartigen Vorzüge der Seligkeit, die das Geschlecht der Endzeit erleben soll, denen, die sich derselben nicht würdig erweisen, entzogen werden können. Paulus gehört eben zu den wenigen Dogmatikern, die einigermaßen vernünftig und konsequent zu denken imstande sind.

Wüstenvolk und Menschheit der Endzeit verlieren durch den Tod die besonderen Verheißungen, die ihnen durch die Sakramente zugesichert wurden. Damit stimmt, daß Paulus Tod und Krankheit, die die Lebenskraft untergräbt, den Korinthern als eine Strafe für leichtsinnige Abendmahlsfeier hinstellt und dabei ausdrücklich bemerkt, daß Gott zu dieser Maßregel greife, um die Gemeinde zur Einkehr zu bringen und sie nicht beim Weltgericht verwerfen zu müssen (I Kor. 11,28–34). Hier ist ausgeschlossen, daß die Gestorbenen mit der Welt dem Verderben verfallen. Sie sind nicht schuldiger als die andern; auch begingen sie keine Sünde, die die Gemeinschaft mit dem Verklärten notwendig aufheben muß, wie Unzucht und Teilnahme am Götzenopfermahl. Sie mußten

---

275 [R] Zwischenzeitstheologie.

276 [«nichts» ist gestrichen, aber doch wohl irrtümlich. Eine angefangene 1. Fassung lautet:] Auf der endgültigen Erlangung der Verheißung kann [dann: hat] der Tod nichts ...

277 [R] [Ausrufezeichen.]

278 [R] [Ausrufezeichen.]

nur sterben und der Vorrechte ihrer Generation beraubt werden, damit die anderen sähen, was sie auf das Spiel setzen.

Hier wird erst recht klar, daß das Erleben der Parusie im leiblichen Dasein zu den Glaubenssätzen der Zwischenzeitstheologie und damit [zu] der eschatologischen Mystik gehört.[279] Der eintretende Todesfall ist nicht ein natürliches Ereignis, sondern bedeutet, daß einer der besonderen Gnade, die diesem Geschlecht bestimmt ist, verlustig geht. Das Sterben in der einzigartigen Gnadenzeit der Zwischenzeit zwischen dem Tode Jesu und der Parusie ist im Gegenteil das unnatürlichste und unbegreiflichste Geschehen, welches man sich vorstellen kann. Es bringt den ganzen Glauben ins Wanken, und das nicht nur bei unerfahrenen Christen, wie es die Thessalonicher sind, sondern auch bei Paulus.[280] Es handelt sich bei ihm nicht nur um die glühende Sehnsucht, bei der Parusie noch zu den Lebenden zu gehören; das vorzeitige Sterben als solches bot der Zwischenzeitstheologie überhaupt und der eschatologischen Mystik insbesondere ein Problem, mit dem schlechterdings logisch nicht fertig zu werden war. Die eschatologische Mystik erklärte die Tatsache, daß die Erwählten der Zwischenzeit, ohne Tod und Auferstehung durchzumachen, in das Leben durch Verwandlung bei der Parusie eingehen würden, durch die Annahme, daß von [dem] Augenblick ihrer Taufe an Tod und Auferstehung Christi sich an ihnen in Wirklichkeit, wenn auch äußerlich nicht sichtbar, auswirkten. Die Möglichkeit des natürlichen Todes ist hier nicht vorgesehen, sondern durch die Theorie vom mystischen Sterben geradezu negiert. Das Ableben eines Getauften vor der Zeit ist also eine absurde, aber unbestreitbare Tatsache, mit der man sich durch mancherlei Erklärungen abzufinden versuchen muß, um nicht gestehen zu müssen ... daß sie die ganze eschatologische Mystik über den Haufen wirft.

Darum wehrt sich Paulus fast mit Verzweiflung, das Sterben der Gläubigen in sein Glaubensprogramm aufzunehmen. Noch im Philipperbrief sagt er in seinem und seiner Zeitgenossen Namen, daß sie vom Himmel der Ankunft des Herrn warten, der nach seiner Kraft ihren Leib der Niedrigkeit verwandeln und dem Leibe seiner Herrlichkeit gleichgestalten wird (Phil. 3,20 u. 21). Von Sterben und Auferstehen ist nicht die Rede. Im Credo dieser Menschen hieß es nicht «Auferstehung des Fleisches», sondern «Verwandlung des Fleisches».

Aus der Tatsache, daß die urchristliche und paulinische Sakramentslehre mit dem Verwandlungsglauben in Beziehung stand, ergeben sich

---

279 [R] [Ausrufezeichen.] [Notiz:] 1) Bedeutung des Todes vor End[...]. 2) Paulus und die Dogmatiker. 3) Eschatologische Grundanschauung der Sakramente I Kor. 10. 4) Hellenistisches [überdeckt durch unleserl. Wort]. 5) I Kor. 15,29. 6) Gleichordnungen.

280 [R] Von diesem Paulus viel bei apostolischen Vätern und in [der] alten Theologie erhalten: was Gemeinglaube war.

ganz ungeahnte Folgerungen, die den Dogmatikern aller Observanz die größten Schwierigkeiten bereiten, wenn sie lege artis ihre Anschauung aus den betreffenden Stellen der Episteln entwickeln wollen. Auf die Frage, ob denn die Sakramente zur Seligkeit als solcher notwendig oder förderlich sind, antwortet der richtig verstandene Paulus mit einem klaren Nein. Von denen, die die Seligkeit ererben sollen, empfängt nur ein ganz verschwindend kleiner Teil die Sakramente. Es sind die Erwählten der letzten Menschheitsgeneration. Die der vorhergehenden Geschlechter gehen leer aus und werden dennoch selig, weil sie eben erwählt sind.

Auch die Gläubigen der Zwischenzeit werden auf Grund der Erwählung, nicht etwa auf Grund des Sakramentsempfangs selig.[281] Taufe und Abendmahl sichern ihnen nur die besondere Gnade zu, deren die Erwählten der letzten Generation teilhaftig werden können, indem sie im Leibesleben mit dem gestorbenen und auferstandenen Christus in Gemeinschaft treten, in das mystische Sterben und Auferstehen mit hineingezogen und dadurch zur Verwandlung bei der Parusie bereitet werden.[282]

Das Problem des Verhältnisses von Prädestination und Sakramentswirkung, das die Kirchenväter und die Reformatoren beschäftigte und das die modernen Dogmatiker, die in diesen Glaubensartikeln nicht für ganz unpositiv gelten möchten,[283] klug zu vermeiden suchen, existiert für Paulus nicht. Einen Konflikt zwischen Sakrament und Prädestination kann es bei ihm nicht geben. Der Erwählte ist an sich zur Seligkeit berufen, der Verworfene an sich verworfen. Das Sakrament kommt als Zusatz hinzu und bietet dem Erwählten der letzten Generation die besondere Gnade, die diesem Geschlecht bereitet ist.

Stirbt er in der «Zwischenzeit», so bedeutet dies, daß die Wirkung der Sakramente aufgehoben ist, wie es ja Paulus in I Kor. 10,1–12 klärlich entwickelt. Er nimmt eine Schuld zur Erklärung[284] an. Was wird aber aus den Sakramenten, wenn man in der urchristlichen und paulinischen Theologie das Sterben der Gläubigen als Regel und Tatsache einsetzen muß? Dann sind Taufe und Abendmahl überflüssig und sinnlos.[285] In dem Augenblick, wo die Christenheit durch das Hinsterben der ersten Generation und die lange Parusieverzögerung den Glauben an die Verwandlung mit dem an die Auferstehung vertauschte, hörten die Sakramente tatsächlich zu existieren auf. Ihr Leben erlosch mit dem Bankrott des Glaubens an die Verwandlung, mit dem sie unzertrennlich verbunden waren.

---

281 [R] Von Anfang nur Eschatologie, daß sie es erleben.
282 [R] Später Bereitung zur Auferstehung.
283 [R] [2 Ausrufezeichen.]
284 [Gestrichen:] der Tatsache.
285 [R] [2 Ausrufezeichen.]

Das Christentum[286] hat diese Konsequenz nicht gezogen. Es überwand in der Sakramentslehre wie in allem andern die Krise, die das Ausscheiden der Parusieerwartung heraufführte, und überstand die Verwundung, an der es sich hätte verbluten können. Die geübte Handlung erhielt sich[287] und wurde mit dem verbunden, was von der ältesten eschatologischen Hoffnung in den christlichen Glauben überging. Der Glaube an die leibliche Auferstehung löste den an die Verwandlung ab. So wird das Abendmahl zur Medizin der Unsterblichkeit (φάρμακον ἀθανασίας, Ignatius *Ad. Eph.* 20). Es garantiert die Auferstehung.

Geht man von der Feier aus, die wir modernen Menschen in dem letzten Mahle Jesu als Stiftung finden würden, so bleibt unbegreiflich, wie die Kirche des beginnenden 2. Jahrhunderts das Abendmahl mit dem Auferstehungsgedanken zusammenbringen kann, der durch die «Stiftung» in keiner Weise mit der Handlung in Beziehung steht. Nicht minder bleibt dunkel, wieso das Leiden und Sterben des Herrn, von dem die «Einsetzungsworte» handeln, für diese altkirchliche Feier überhaupt nicht zu existieren scheinen. Das Unerklärliche erscheint[288] aber als [das] Natürliche und Notwendige, sobald man sich darüber klar ist, daß das urchristliche Abendmahl es mit dem Glauben an das Erleben der Parusie zu tun hatte. Nach dem Hinsterben der ersten Generation gab es ein Erleben der Parusie nur mehr auf Grund der Auferstehung. Also garantiert das Abendmahl jetzt die leibliche Auferstehung zum Leben am Ende der Dinge.

Die Sakramente sind in das neue Christentum mit hineingerettet worden. Aber sie haben es jetzt nicht mehr mit der Besonderheit der Seligkeit einer bevorzugten Generation zu tun, sondern müssen allgemein auf die Erlösung als solche bezogen werden. Damit sind dann eine Reihe von Problemen gegeben, die keine Dogmatik je zu lösen verstand.[289] Eines derselben taucht schon bei Hermas auf: Warum bedürfen die letztgekommenen Geschlechter der Erwählten der Taufe zur Seligkeit, die vor dem Erscheinen Christi Gestorbenen aber nicht? Die Antwort, die er in Offenbarung empfängt, lautet, daß alle Erwählten der Berührung mit Wasser bedürfen, um gerettet zu werden. Diejenigen, die starben, ehe es eine Taufe gab, werden das Sakrament nach der Auferstehung empfangen.[290]

---

286 [Zuerst (gestrichen):] Die Kirche.

287 [R] Die Sakramente bleiben, umgebildet, umgedeutet auf Auferstehung (Ignatius). Aber sie leben nicht mehr, fügen sich nicht mehr grandios in das Ganze ein, sondern sind Pfeiler, die aus einem zusammengefügten Bau in das neu aufgeführte Gebäude übernommen[?] werden. Sie stehen und fallen mit [der] Zwischenzeitstheologie.

288 [Andeutung einer neuen Fassung:] stellt sich aber als das ... [heraus].

289 [R] [Ausrufezeichen.]

290 [Im Ms. statt Punkt ein Fragezeichen, wohl irrtümlich. Beigefügt ist noch (mit Bleistift):] (Herrn!)

Für Paulus existieren solche Fragen noch nicht. Die Sakramente sind für ihn eine Gnadengabe für das letzte Menschengeschlecht. In ihnen vollzieht sich die mystische Vereinigung mit dem Herren der Parusie, wie sie nur dieser Generation möglich ist. Seine Wertung der Handlungen ist eine außerordentlich hohe. Er hält sie, wie Jesus die Johannestaufe, für himmlische Veranstaltungen.

Merkwürdig berührt dabei die Geringschätzung, mit der er von der Spendung der Taufe spricht. Er rühmt sich den Korinthern gegenüber, daß er nur den Krispus und Gajus und das Haus des Stephanas getauft habe (I Kor. 1,14 u. 16).[291] Zur Not ließe sich dies aus der Situation, in der er sich befindet, erklären. Er will dartun, daß es ihm niemals eingefallen sei, eine Partei, die auf seinen Namen schwört, in Korinth zu gründen. Dabei kommt es ihm zustatten, daß er auf die geringe Zahl von Taufen hinweisen kann, die er dort persönlich vollzogen hat. In Wirklichkeit handelt es sich aber um viel mehr als um eine gut aufgegriffene Entgegnung. Paulus hat die korinthische Gemeinde gestiftet. Wie kommt es, daß er die von ihm Bekehrten nicht selber taufte, sondern es andern – seinen Begleitern und später den Getauften unter den Korinthern – überließ? Das beweist, daß er nicht den geringsten Wert darauf legte, die heilige Handlung selbst zu vollziehen. Er hatte sogar eine gewisse Abneigung dagegen; wo es das Natürliche und Gebotene war, daß er es selber tat, läßt er sich durch andere vertreten[292] und rechtfertigt sich damit, daß ihn Christus nicht gesandt habe, zu taufen, sondern das Evangelium zu predigen (I Kor. 1,13–17).

Wir können diese eigentümliche Auffassung nur registrieren, nicht begreifen. Eine solche Trennung zwischen Evangelisieren und Taufen ist gerade für das Urchristentum zum mindesten überraschend. Die bisherige Erklärung, Paulus taufe ungern, weil er diese Handlung im Vergleich zur geistigen Vereinigung mit Christo mehr als etwas Nebensächliches betrachte, hält nicht stand. Er nimmt ja an, daß die Gemeinschaft mit dem Verstorbenen und Verklärten in dem Taufakt zustande komme.

Für die Entscheidung, ob Paulus in seiner Auffassung der Sakramente von hellenistischen Gedanken beeinflußt sei, sind diese Bemerkungen an die Korinther von großer Wichtigkeit. Ein Mensch, der auch nur ein wenig vom Geiste griechischer Mysterien berührt wurde, ist einer solchen Indifferenz nicht mehr fähig. Das Weihevolle und Bedeutsame des Aktes steht bei dem Griechen im Vordergrund; er weiß das Pathos der Handlung zu werten. Bei der Erteilung der Weihen mittätig zu sein und einem Menschen die neue Welt aufzuschließen, ist die erhabenste Aufgabe, die er sich denken kann.

---

291 [Das Ms. nennt die Verse 10 u. 17.]
292 [Erste (nicht gestrichene) Fassung:] schob er es andern zu.

Paulus hingegen empfindet hierin so befremdlich und erschreckend nüchtern, daß er sogar uns modernen Menschen ein Rätsel wird. Seine Stellung zu den heiligen Sakramenten[293] des Christentums ist die der jüdisch-pharisäischen Stimmungslosigkeit. Sie sind für ihn keine Mysterien, sondern zu absolvierende heilige Handlungen. Wie bei dem nachexilischen Opfer kommt es nur auf die Vollziehung als solche an.

Damit stimmt, daß Paulus niemals den Effekt des Sakramentes aus dem Bedeutungsvollen der Handlung als solcher entwickelt,[294] sondern das Äußerliche und Innerliche, das Materielle und Geistige einfach als roh kausal verbunden voraussetzt. Die Taufe ist ein mit Christo Begrabenwerden und Auferstehen; das Essen und Trinken beim Abendmahl ist ein Verkündigen des Todes und der Parusie des Herrn. Das ist jüdisch-barbarisch empfunden, aber nicht griechisch. Im hellenistischen Mysterium ist der innere Zusammenhang der Handlung und des Effekts ein und alles; es beruht auf wirkungskräftiger Symbolik und ist ohne diese nicht denkbar.

In der paulinischen Auffassung von Taufe und Abendmahl ist also nichts Hellenistisches aufzuzeigen.[295] Es zeigt sich im Gegenteil, daß die Sakramente für [Paulus] wie für das Urchristentum ausschließlich der Welt der Parusiehoffnung angehören und aus jenen Erwartungen Bedeutung und Sinn empfangen. Erst in dem Momente, wo das Elementar-Eschatologische daraus verschwindet und die Sakramente eine Beziehung auf die Seligkeit allgemein bekommen, treten sie in Analogie mit griechischen Mysterien. Der hellenistische Geist will die Bedeutung der Handlung und das Zustandekommen der Wirkung in der Logik des Mysteriums begreifen. Er muß darüber spekulieren, inwiefern die Taufe eine Neuheit des Zustandes im Menschen hervorruft und das Abendmahl seinen Leib zur Auferstehung bereitet, und schafft sich die in Einfachheit so großartige altchristliche Theorie von der Wirkung des Geistes auf Wasser und Abendmahlsspeise. Bei Ignatius und Justin erscheint sie in ihren Umrissen; der vierte Evangelist bildet sie aus und läßt sie den Menschensohn in Worten aussprechen, die den Zuhörern dunkel bleiben müssen, weil sie sich auf die Zukunft beziehen, wo nach der Verklärung des irdischen Logosträgers Jesus der Logos als Geist in die Welt kommt und in den Sakramenten den Erwählten Unsterblichkeit spendet und den Nichterwählten nichts zu geben vermag, so daß sie dem Tode verfallen, wodurch sich schon hier das Gericht, die «Krisis», vollzieht.

In dieser Auffassung stehen Taufe und Abendmahl in gleicher Linie mit griechischen Mysterien, sowohl in dem, was sie bieten, als in der

293 [Zuerst:] heilige Handlungen.
294 [R] [Ausrufezeichen.]
295 [R] Warum griechisch? Neue Logik. Roh.

Art, in der sie es tun. Wie weit sind sie aber von der urchristlichen [Auffassung] entfernt, die uns bei Paulus sichtbar wird! Bei ihm tritt der Gläubige durch die Taufe in den latenten Auferstehungszustand; nach der griechisch-christlichen Anschauung erlebt er darin die Wiedergeburt. In dem Abendmahl spricht er, nach Paulus, seinen Glauben an das Erleben der Parusie aus; nach der griechischen Lehre wird er im Abendmahl zur Auferstehung nach dem Tode bereitet. Das einemal handelt es sich um eschatologische Mystik,[296] das anderemal um die reine griechische Mystik vom Geist, der sich mit [den] Menschen verbindet und das Auferstehungswesen in ihnen schafft. Gemeinsam ist beiden nur die Voraussetzung der Erwählung als Vorbedingung der Wirkung der Sakramente geblieben.

Die Sakramente, wie sie Paulus darstellt, sind vom Urchristentum übernommen und in ihrer Wirkung nach den Gedanken der eschatologischen Mystik beschrieben. Dabei kommt noch eine Konsequenz der Spekulation über die Gemeinschaft mit dem toten und auferstandenen Christus zutage, die zwar mit dem System selber gegeben ist, aber sonst mehr zurücktritt. Wo er die eschatologische Mystik an sich entwickelt, redet Paulus in erster Linie von der neuen Wesenheit, in die das Einzelindividuum durch die auf es wirkenden Todes- und Auferstehungskräfte eintritt, und entwickelt, daß es [aus den][297] Besonderheiten, die durch die Fleischlichkeit gegeben sind, heraustritt. Es hört auf, Mann oder Weib, Grieche oder Jude, Sklave oder Freier zu sein, und wird neue Kreatur in Christo [II Kor. 5,17]. Indem aber jeder einzelne alle diese Besonderheiten für sich aufgibt, entstehen Persönlichkeiten, die in einer viel engeren Gemeinschaft stehen als die anderen Menschenwesen. Sie haben alle teil an der Auferstehungsleiblichkeit Christi und sind wie Teilerscheinungen derselben. Unter sich sind sie ein Leib; dieser ist der Leib Christi, weil die Gläubigen die Lebenskraft des Verklärten in sich tragen. Wer weiß, was mit ihm vorgegangen, bewertet sich nicht mehr als Einzelpersönlichkeit, sondern als ein Glied des Leibes Christi.

Die Einpflanzung in diesen mystischen Leib geschieht in der Taufe. Durch einen Geist werden sie alle zu einem Leibe getauft (I Kor. 12,12[13]). Was hier geschehen ist, kommt im Abendmahl zur Darstellung[298] und wirkt sich darin aus. Das Brot der Danksagung, das sie brechen, wirkt Gemeinschaft mit dem Leibe Christi [I Kor. 10,16]. Sie essen alle davon. Das will heißen, daß die Genießenden zusammen ein besonderer Leib sind, wie das Genossene zusammen ein besonderes Brot – Brot der Danksagung – ist. Man darf die Logik des Paulus hier

296 [R] Leib Christi.
297 [Ms. statt «aus den»:] die [aus gestrichener Fassung des Satzes stehengeblieben.]
298 [R] ! Leib Christi.

nicht mißkennen. Er setzt nicht voraus, daß nur ein einziges Brot unter die Feiernden ausgeteilt wird, um daraus zu schließen, daß sie dadurch besonders vereint sind. Sondern er argumentiert rückläufig von der Wirkung auf die Tatsache. Das Brot der Danksagung schafft die Gemeinschaft mit Christo.[299] Also ist es ein Brot eigener Art. Wo immer Brot bei der Eucharistie gebrochen wird: es ist unterschiedslos ein und dasselbe. Diejenigen, die davon essen, sind in derselben Art ein Leib, ein und dasselbe, Auferstehungsleib Christi. Nicht von der Gemeinschaft, die ein Herrenmahl unter den betreffenden Teilnehmern schafft, ist die Rede, sondern von der Einheit, die diese allenthalben geübte Feier unter allen Gläubigen zur Folge hat. Das «wir», das Paulus in den Ausführungen I Kor. 10,16–17 gebraucht – der Kelch, welchen wir trinken; das Brot, welches wir brechen und an welchem wir teilhaben – geht auf die ganze Christenheit. Nicht die Feiernden bei einem Herrenmahl, sondern die «vielen» (οἱ πολλοί), alle (οἱ πάντες) sind ein Leib.

Zum Wesen der Gemeinschaft, wie sie in der eschatologischen Mystik vorausgesetzt wird, gehört, daß das, was das eine erleidet, sich im andern als Geschehen und zugleich in seinen Folgen auswirken könne. Das gilt für Christus und die Gläubigen. Die Sühne, die er im Tode geleistet hat, wird dadurch ihr Besitz. Umgekehrt fällt es ihnen zu, während Christus schon zur Herrlichkeit erhöht ist, noch sein Leiden an sich zu erleben und zu vervollständigen. Das Leiden für Christus wird zum Leiden Christi und bildet die Fortsetzung und Ergänzung dessen, was am Kreuz geschah.

Dieselbe naturhafte Gemeinschaft besteht aber auch für die Gläubigen untereinander. Also muß auch zwischen ihnen solche Übertragung stattfinden können. Paulus zieht diese Konsequenz. Er ist des Glaubens, daß das Leiden, das er erduldet, das Todesleiden Christi ist, das sich in ihm auswirkt, damit das Leben, das aus solchem Sterben hervorgeht, an denen offenbar werde, denen seine Sorge gilt. In diesem Sinne schreibt er den Korinthern: «Wir tragen allezeit das Sterben Jesu[300] in unserm Leibe herum, damit auch das Leben Jesu an unserm Leibe offenbar werde. Immerfort werden wir, die da leben, in den Tod gegeben um Jesu willen, damit auch das Leben Jesu offenbar werde in unserm sterblichen Fleische. So wirket der Tod sich in uns aus, das Leben aber in euch» (II Kor. 4,10–12).[301] Der letzte Satz ist ohne die Logik, die aus dem Begriff der mystischen Gemeinschaft der Gläubigen unter sich fließt, vollständig unbegreiflich. Man versteht nicht, warum Paulus vorher immer von Tod und Leben, das sich an einer Mehrzahl zugleich auswir-

299 [R] [Ausrufezeichen.]
300 [R] Paulus unterscheidet nicht genau zwischen Jesus und Christus.
301 Dieser Gedanke wird auch in II Kor. 13,9 vorausgesetzt.

ken soll, redet,[302] um[303] dann plötzlich zu trennen, sich als Objekt des Todes, die andern als Objekt des Lebens zu bezeichnen. So aber wird alles einfach und klar. Die Gnosis, die die letzten Konsequenzen [aus der] eschatologischen Mystik zieht, offenbart dem Apostel, warum er das Leiden und die andern das Rühmen haben, und lehrt ihn verstehen, daß er für die andern dem täglichen Sterben preisgegeben wird und damit Auferstehungsleben schafft. Welch' erhabene und stolze Gedanken! Von hier muß man ausgehen, um das Selbstbewußtsein des Menschen zu verstehen, der sich einzig und allein seiner Schwachheit und des Kreuzes Christi rühmen wollte.

Die Gemeinschaft, welche in der eschatologischen Mystik als wirksam angenommen wird, steht mit den natürlichen Banden, welche Menschen miteinander vereinen, sowohl in positiver als negativer Art in Beziehung. Sie ist eben auch naturhaft gedacht. Die Herstellung einer unsittlichen fleischlichen Gemeinschaft hebt die Leidens- und Auferstehungsgemeinschaft mit Christo auf. Darum ist der, der sich an die Buhlerin hängt, verloren. Die natürlichen Gemeinschaften sittlicher Art beeinflussen die mystische Gemeinschaft förderlich und stellen sie auch da her, wo sie von den Betreffenden weder bewußt noch gewollt ist. Derart wirkt die Ehe. Der Mann, der eine heidnische Frau[304] hat, darf sich nicht von ihr trennen, solange sie selber die leibliche Gemeinschaft nicht aufhebt. Sie ist, weil sie *nach der Schrift ein Fleisch* sind,[305] in ihrem Manne geheiligt. Dasselbe gilt für den Fall, daß ein gläubiges Weib an einen heidnischen Mann gebunden ist. Erst wenn der ungläubige Teil die ehelichen Bande löst, so ist der Gläubige frei. Von einem moralischen Einfluß auf die eventuelle Bekehrung des andern ist hier nicht die Rede. Der Apostel denkt rein naturhaft. Die eheliche Gemeinschaft ist die Verlängerung der mystisch-eschatologischen.

Die eschatologische Mystik kennt aber nicht nur eine Gemeinschaft zwischen Lebenden, sondern auch eine solche zwischen Toten. Ihr Wesen besteht ja darin, daß sie die Unterschiede zwischen dem Tod, dem natürlichen Dasein und der verklärten Existenz aufhebt. Dadurch, daß die im Fleischesleibe wallenden Gläubigen mit dem Gestorbenen und Auferstandenen in Beziehung stehen, tragen sie ja alle drei Daseinsformen durcheinandergemischt an sich.

Der Unterschied zwischen tot[306] und lebendig ist bis zu einem gewissen Grade aufgehoben. Das geht schon aus der Tatsache hervor, daß

302 [R] Leib Christi.

303 [Ms.:] nun.

304 [R] [Ms.:] ein heidnisches Weib [Die weiblichen Pronomina in der Textfortsetzung beziehen sich jedoch auf «Frau».]

305 [R] [In Klammer: Fragezeichen. Auf welchen Satz sich dieses bezieht, ist jedoch nicht ganz eindeutig, vielleicht auf die hervorgehobenen Worte.]

306 [Ms.:] Tod.

diejenigen, die im Zustande der Gemeinschaft mit Christo gestorben sind, bei der Parusie, ehe die Herrschaft des Todes gebrochen ist, eine besondere Auferstehung erleben, um mit den aus dem Leibesleben Verwandelten um den Herrn versammelt zu werden (I Thess. 4,13–18). Die getauft Gestorbenen – denn nur diese sind in Christo gestorben – wurden[307] durch eine besondere Auferstehung, so weit es anging, wieder Teilhaber der Vorzüge der Erwählten der letzten Tage, die sie durch den Tod ganz verloren zu haben schienen.

Die ungeheure Bedeutung, die man dem Privileg der Genossenschaft des Herrn bei der Parusie beilegte, kann man nicht hoch genug einschätzen. Nur die, welche ihn an jenem Tage umgaben, waren seine Genossen im messianischen Reich. Die andern Erwählten hatten daran keinen Teil, sondern mußten auf die Überwindung des Todes und das Eintreten der großen Schlußauferstehung warten. Diese fand erst am Ende des Herrschens Christi statt. Vorher hatte er sein Königtum schon Gott zurückgegeben (I Kor. 15,23–26[28]). Sie erlebten das «Reich Gottes», aber nicht mehr das messianische Reich. Dieses blieb den in Christo Lebenden und Gestorbenen vorbehalten.

Ganz natürlich tauchte die Frage auf, ob es nicht eine Möglichkeit gäbe, Menschen der letzten Generation,[308] die gestorben waren, ehe die Taufe an sie herangebracht werden konnte, der Vorzüge teilhaftig werden zu lassen, für die sie – ihre Erwählung vorausgesetzt – nach der Zeit, in die [sie] hineingeboren wurden, bestimmt waren, um sie [trotzdem], durch den dazwischen tretenden[309] Tod, zu verlieren. Aus diesen Gedanken erwuchs die Taufe für die Toten (I Kor. 15,29). Ob die Menschen sich bei ihrer eigenen Taufe zugleich für ihre Toten die Handlung zu vollziehen bekannten oder ob sie eine besondere Taufe für sie empfingen,[310] wird aus den kurzen Worten, mit denen Paulus die Sache streift, nicht klar. Klar ist nur so viel, daß es sich um einen Brauch handelte, der im Schwange war und gegen den er nicht das Geringste einzuwenden hat. Die natürlichste Annahme ist die, daß die Taufe für die betreffenden Toten von denjenigen übernommen wurde, die mit ihnen durch die Bande des Blutes oder der ehelichen Gemeinschaft verbunden waren. Sie benutzten die natürliche Gemeinschaft, die, nach ihrem und des Apostels Glauben, die Gemeinschaft des Leidens und Sterbens Christi, welche in der Taufe zustandekommt, in irgend einer Weise wie von Lebenden zu Lebenden also auch von Lebenden zu Toten zu leiten bestimmt schien.

---

307 [Die Vergangenheitsformen der Verben hier und im folgenden Abschnitt sind verwirrlich: es handelt sich um Beschreibung aus der Schau über die in der Vorstellung schon geschehene Zukunft.]

308 [R] [2 Ausrufezeichen.]

309 [Ms.:] zwischen eintretenden.

310 [R] Warum [die] Taufe für Tote nicht aufkam? Weil rein eschatologisch.

Diese durch naturhafte Leitung wirkungskräftige Taufe weihte die Toten also nicht zur Seligkeit und Auferstehung überhaupt. Der Glaube, daß sie hierzu erwählt seien, bildete die Voraussetzung des ganzen Handelns. Man unternahm nur den nach den Prämissen des Glaubens nicht unlogisch erscheinenden Versuch, sie in die Reihe derer zu ziehen, die gleich bei der Parusie der Gewalt des noch herrschenden Todes entrissen würden, um mit denen, die als Getaufte aus dem Grabe erstanden oder die Verwandlung aus dem Leibesleben an sich erfuhren, an dem Kämpfen und Herrschen Christi teil zu haben.

Nur bei dieser Annahme [ist] der paulinische Text verständlich. Er sagt [I Kor. 15,29b]: «Wenn die Toten *überhaupt* nicht auferstehen,[311] was läßt man sich denn auch für sie taufen?» (εἰ ὅλως νεκροὶ οὐκ ἐγείρονται, τί καὶ βαπτίζονται ὑπὲρ αὐτῶν;) Mit dem «überhaupt» wissen Übersetzer und Erklärer nichts anzufangen. Sie können nicht verstehen, was Paulus hier zwischen einer Auferstehung überhaupt und einer andern unterscheiden wolle. Darauf beruht aber gerade das Charakteristische des Argumentierens.[312] Man versteht es erst, wenn man weiß, daß die Taufe die Kraft zur Auferstehung bei der Parusie verleiht. Die[313] Widerlegung gegen die Auferstehungsleugner lautet also: «Wenn es überhaupt keine Auferstehung gäbe, wie käme man dann dazu, sich gar noch für Tote taufen zu lassen, daß sie an einer besonderen Auferstehung teilhaben, um zu denen zu gehören, die [Genossen] Christi sind bei seiner Parusie!» Man muß I Kor. 15,23 in I Kor. 15,29 voraussetzen, um den Gedanken des Apostels zu erfassen.

Vielleicht waren die Diskussionen über die Auferstehung[314] im Anschluß an die auffällige Zahl von Todesfällen in der korinthischen Gemeinde entstanden. Dieses Sterben beschäftigte die Gemeinde. Paulus suchte eine Erklärung dafür und fand sie darin, daß die Gemeindeglieder an Götzenopfermahlzeiten teilnahmen (I Kor. 10) und das Herrenmahl zum Gelage ausarten ließen (I Kor. 11,17–34). Die Gestorbenen sollen den andern zur Warnung dienen. Von der Seligkeit sind sie aber nicht ausgeschlossen. Sie werden der Auferstehung teilhaftig werden.

Das war Pauli Meinung. Andere aber bezweifelten, daß es für diese Gestorbenen noch überhaupt eine Auferstehung gäbe und werden dann vom Apostel belehrt, daß die Auferstehung Christi die Auferstehung alles dessen, was je dazu erwählt wurde, notwendig nach sich ziehe.

---

311 [R] Gemeint die Auferstehung zum messianischen Reich.

312 [R] Argumentiert aus [der] Tatsache der Totentaufe auf [die] Auferstehung. Nicht Auferstehung [. . .,] sondern Verwandlung.

313 [Der Rest des Abschnitts ist von hier an mit Rotstift überschrieben:] falsch.

314 [R] Die Diskussion über die Auferstehung sollte eigentlich gar nicht aufkommen . . . wenn die Parusie gleich eingetreten wäre.

Die bekämpften Gegner wären demnach also keine Auferstehungsleugner im gewöhnlichen Sinn! Wie kämen denn diese in die christliche Gemeinde? Als Gemeindemitglieder werden sie aber von Paulus vorausgesetzt und widerlegt (ἐν ὑμῖν τινες, I Kor. 15,12). Es kann sich also nur um eine besondere Meinung in der Zukunftshoffnung handeln, bei welcher der Glaube an die Verwandlung der Lebenden bei der Parusie aufrecht erhalten[315], die Auferstehung der Gestorbenen aber als unmöglich nicht angenommen wurde. Das Problem des Todes vor der Parusie war für das Urchristentum ein so gewaltiges, daß es Erwägungen hervorrief, die uns bizarr erscheinen, für jene Zeit aber nur eine Erklärung neben andern bedeuteten. Die Fragen der Auslegung von I Kor. 15 laufen in der einen zusammen, daß Paulus zu Menschen redet, die er als Christen ansieht, obwohl sie nicht an die Auferstehung glauben. Die Annahme, daß diese noch die Hoffnung auf Verwandlung und Teilnahme an der Parusie mit den andern teilten[316] und dadurch Christen blieben, würde das Rätsel erklären und auf manches Detail im Text ein klares Licht fallen lassen.

Wie dem auch sei: die Taufe für die Toten steht ihrem Sinn nach fest. Sie sollte die Kraft zur Auferstehung bei der Parusie geben und entsprang der Wertung der natürlichen Bande für die Herstellung der mystischen Gemeinschaft der Gläubigen unter einander und mit dem aus dem Grabe zur Herrlichkeit erstandenen Herrn.

Das Eschatologische in der sakramentalen Auffassung des Paulus tritt hier mit Gewalt zutage. Die Taufe für die Toten liegt in der Konsequenz von urchristlichen Gedanken und Anschauungen, die sich auch sonst bei Paulus finden. Der Brauch, der an sich fast unfaßlich ist, wird aus dem Ganzen der urchristlichen Anschauung und dem System der eschatologischen Mystik verständlich.

Die Ironie hat es gewollt, daß gerade diese Stelle zu der Behauptung herhalten mußte, Paulus habe sich den Korinthern zuliebe heidnischen Mysteriengebräuchen akkomodiert[317] und Dinge geduldet, die er nicht hätte hingehen lassen dürfen. Jahrzehntelang hat man die griechische Literatur mit wenig Erfolg nach Beispielen der stellvertretenden Vollziehung der Mysterien für Tote abgesucht, statt dem Texte zu folgen und zu versuchen, den vom Apostel anerkannten Brauch aus seinen Gedanken über Auferstehung und Taufe zu begreifen.

---

315 [R] [Ausrufezeichen.]
316 [R] [Ausrufezeichen.]
317 [R] [Ausrufezeichen.]

e) VI:
Gesetz und Rechtfertigung aus Glauben

Das[318] System des Paulus ist schlicht und groß, sobald es von den Grundbegriffen der urchristlichen Eschatologie aus dargestellt wird. Es erscheint dann in seiner natürlichen Perspektive. Die Frage der Beobachtung oder Nichtbeobachtung des Gesetzes ist bei dieser Betrachtungsweise ein Problem neben andern und wird durch dieselben Überlegungen wie diese entschieden.

Durch die Umstände wurde Paulus gezwungen, seine Gedanken in steter Rücksichtnahme auf die Gesetzesfrage zu entwickeln. Dadurch kommt eine ganz falsche Perspektive in das System. Man meint, das Problem der Geltung oder Aufhebung des Gesetzes gehöre zu denen, die für die Eigenart des paulinischen Denkens bestimmend waren und nimmt an, er sei in seiner Auffassung des Christentums davon ausgegangen. Die Rolle, die es in den Briefen an die Galater und Römer spielt, wird zum Maßstab für eine Bedeutung im System selbst genommen.

Die tendenziöse und polemische Darstellung, die Paulus seinem System zu geben genötigt war, darf nicht als adäquater Ausdruck seiner Gedanken angesehen werden. Der Apostel ist in der durch die Polemik gebotenen Formulierung seiner Anschauungen bis an die äußersten Grenzen des Möglichen[319] gegangen. Er hat es unternommen, die Erlösung, wie sie in der Gemeinschaft mit dem Gekreuzigten und Verklärten gegeben ist, in strenger Analogie zu einer angenommenen Rechtfertigung durch das Gesetz zu beschreiben, weil er meinte, durch solche Dialektik den Gegner zu überwinden. So kommt er dazu, eine Lehre aufzustellen, die durch die Antithesen von Gesetzesgerechtigkeit und Gottesgerechtigkeit, Gesetzesgehorsam und Glaubensgehorsam, Rechtfertigung durch Glauben und Rechtfertigung durch Werke, wahre und falsche Abrahamskindschaft, alter und neuer Bund beherrscht wird. Diese Darstellung wird in den Briefen an die Römer und Galater breit in den Vordergrund gerückt. Für die Dogmatik, die es mit dem Problem der Werkheiligkeit oder Glaubensheiligkeit zu tun hatte, war dies die paulinische Lehre. Die wissenschaftliche Exegese urteilte nicht anders. Sie glaubte, von jenen Grundbegriffen ausgehen zu müssen, um den Heidenapostel zu begreifen und überlegte nicht, daß es sich um eine Front handelte, die den eigentlichen Bau verdeckte.

In der Lehre vom Glaubensgehorsam und [von] der Glaubensgerechtigkeit trägt Paulus Erkenntnisse vor, die nicht der Dialektik entstam-

---

318 [R] 1909.
319 [Zuerst:] des Erlaubten.

men, in der sie entwickelt werden.[320] Die Tatsachen, die vorausgesetzt werden, stehen an sich fest. Sie gründen sich auf die[321] Einsicht in die Bedeutung und Eigenart der Zwischenzeit zwischen dem Tode und der Auferstehung Jesu und der Parusie mit der Auferstehung und Verwandlung derer, die in Christo sind. Was aus der eschatologischen Gnosis feststeht, wird nun so formuliert, daß es als Antityp zur Rechtfertigung durch das Gesetz erscheint und sich als die wahre Erfüllung der alttestamentlichen Weissagung über Abrahamskindschaft und Gottgefälligkeit ausnimmt. Es handelt sich um eine geniale Künstelei. Ob die dabei gebrauchten Erwägungen und Beweise die Behauptungen tragen und begründen, kommt gar nicht in Frage. Die zu Grunde liegenden Tatsachen stehen ja von anderswoher fest. Nur müssen sie so ausgesprochen werden, als ob sie sich von selbst aus der richtig verstandenen Schrift ergäben. Das ist für Paulus und nicht minder für seine Gegner ein Postulat. Begründet ist seine Stellung zum Gesetz in der Wertung der Zwischenzeit und der Gemeinschaft mit Christo; als richtig erwiesen wird sie aus dem Gesetz selber. Daß es sich im letzten Grunde um eine durch die eschatologische Erwartung bedingte Anschauung handelt, tritt bei dieser künstlichen Darstellung ganz zurück. Man steht ratlos inmitten des Reichtums von Beweisen, die von dem Wesen des Gedankens nichts enthalten.[322]

Daß der Paulinismus in der modern-wissenschaftlichen [Theologie][323] als etwas so Kompliziertes erscheint, liegt also mit daran, daß man bei der Darstellung von den «klassischen» Stellen der Briefe an die Römer und Galater ausging und die schiefe polemische und apologetische Ausführung für den vollendeten Ausdruck seiner Gedanken ansah. Um bei der Beurteilung richtig zu gehen, muß man sich genau vergegenwärtigen, wie die Fassade auf dem Fundament ruht.[324]

Die Stellung zum Gesetz ist nicht von Paulus ausgeklügelt, sondern ist mit den Grundvoraussetzungen seiner Gedanken gegeben. Sie fließt aus der Theorie vom Status quo, die in I Kor. 7 für die verschiedensten Verhältnisse des Lebens entwickelt wird.

Die Zeit ist «zusammengezogen» (ὁ καιρὸς συνεσταλμένος ἐστίν· I Kor. 7,29); die Welt ist in einem Wechsel der Erscheinung begriffen (παράγει γὰρ τὸ σχῆμα τοῦ κόσμου τούτου [«denn das Wesen dieser Welt vergeht»], I Kor. 7,31). Darum wird alles, was zur äußeren Wesenheit der Welt der Materie und des Fleisches gehört, indifferent in dem

320 [R] Muß sich mit Geschichte auseinandersetzen.

321 [Ms.:] der.

322 [Gestrichene Fassung des Satzes:] ... von Beweisen und begreift nicht, was für Paulus der eigentliche Grund [war], sich auf eine Anschauung zu kaprizieren, die ihm solche Feindschaft eintrug.

323 [Oder: Forschung, Exegese ...]

324 [R] Gesetz auf Theorie vom Status quo.

Sinne, daß man nichts mehr daran ändern soll, sondern die wahre Wesenheit in dem suchen, was zur Erscheinung der kommenden Welt gehört. Äußerlich verharrt man in der Daseinsweise, die man im Augenblick, da man sich der Berufung bewußt wurde, besaß. Man bleibt Mann oder Weib, Knecht oder Freier, ledig oder verheiratet, Jude oder Grieche und weiß, daß das alles nichts zu besagen hat.[325] Die Persönlichkeit hängt nicht hiervon ab, sondern wird von der neuen Kreatürlichkeit bestimmt, die der Getaufte vorläufig noch unsichtbar an sich trägt. Für die, die in Christo Jesu sind, ist es gleichgültig, ob Beschneidung oder ihr Gegenteil; das auf die Zukunft Wirksame geht von der Einheit mit dem Gestorbenen und Verklärten aus (Gal. 5,6 und 6,15).[326]

Das ist die Stellung Pauli zum Gesetz in ihrer elementaren Form. Sie ist kosmisch bedingt. Er kann weder sagen, daß das Gesetz gilt, noch daß es nicht gilt; nur daß es mit allem andern, das mit dem natürlichen Weltzustand zusammenhängt, im Vergehen begriffen ist, steht fest und muß von jedermann begriffen und anerkannt werden. Es verhält sich damit genau so wie mit der Herrschaft der Engel. Auch diese ist aufgehoben, insofern ihr Ende mit dem Tode Jesu schon begonnen hat, besteht aber noch insofern, als der Tag der Überwindung der oberen Gewalten noch nicht da ist.

Die Theorie, daß das Gesetz im Vergehen begriffen sei, barg an sich nichts, was einen Kampf heraufbeschwören konnte, sobald man sie im Sinne der richtig verstandenen Indifferenz auslegte. Die Juden bleiben unter dem Gesetz genau wie vorher; die Heiden waren ohne Gesetz, genau wie vorher.[327] Beide warteten miteinander der Zeit, wo sie die irdische Leiblichkeit ablegen und dadurch in die jenseits von Gesetz und Nicht-Gesetz liegende Welt aufgenommen würden. Daß das Gesetz mit der Parusie aufhören würde, war auch den Judenchristen selbstverständlich. Ein messianisches Reich, in welchem das Gesetz noch gilt, ist in der jüdischen Eschatologie nicht zu finden. Immer wird vorausgesetzt, daß das Gesetz nur bis an die zeitlichen Grenzen der natürlichen Welt reicht.

Paulus wirkte von Anfang an nach den durch die Theorie des Status quo gebotenen Grundsätzen. An die anderthalb Jahrzehnte wurde er unbehelligt gelassen. Das setzt voraus, daß den Uraposteln die Anschauung ebenso geläufig war wie ihm. Sie trieben nicht mit der christlichen zugleich jüdische Propaganda. Als eine gesetzeseifernde Richtung in der jerusalemitischen Gemeinde aufkam und dem Paulus bei Gelegenheit einer Anwesenheit in Jerusalem Schwierigkeiten schaffen wollte,

---

325 [R] Ein Resultat neben andern! Gebietet ihm [die] Heidenpredigt.

326 [R] Harnack: praktisch! Hier beweisen, wieso ein praktischer Unterschied auf derselben Grundlage.

327 [R] Eph[eser] nicht paulinisch, wenn die Aufhebung des Unterschieds schon für [die] Jetztzeit.

sanktionierten sie durch Handschlag, den sie mit dem Heidenapostel austauschten, die bisherige Übung, wobei sie dem Paulus auferlegten, sich ausschließlich auf Mission unter Heiden zu beschränken, wie sie sich anheischig machten, das Evangelium nur den Juden zu verkünden (Gal. 2,1–10).

Diese scharfe Scheidung der Wirkungsgebiete bedeutete wohl eine Neuerung.[328] Man fürchtete die Unzufriedenheiten, die aus einem Nebeneinander entstehen könnten.

Wie lange der Friedenszustand, der durch dieses Abkommen geschaffen war, dauerte, wissen wir nicht. Der Kampf brach zwischen Paulus und Petrus aus, als sie sich zusammen in Antiochia befanden.[329] Vieles spricht dafür, daß dies nach der sogenannten zweiten Missionsreise des Heidenapostels geschah. Zwischen Gal. 2,10 und 2,11 ist also ein größerer Zeitraum anzunehmen.

Der Konflikt mußte kommen. Das Abkommen, daß die Christen aus den Juden das Gesetz weiter beobachten, die Heiden aber davon frei sein würden, bot keine Schwierigkeiten, solange es sich um räumlich getrennte Gemeinden handelte. Wohnten aber Heiden- und Judenchristen untereinander, so kamen die letzteren in die Lage, in einem wichtigen Punkte sich über das Jüdisch-Sein hinauszusetzen. Sie mußten beim Herrenmahl mit Heiden Tischgemeinschaft eingehen. Als die Eiferer aus Jerusalem diese Konzession beanstandeten und den Petrus und Barnabas mit ihren Bedenken ansteckten, war der Bruch fertig (Gal. 2,11–14).

Das Prinzip des Status quo war in [der] Theorie richtig und von beiden Seiten anerkannt, aber in [der] Praxis nicht durchführbar. Es stellte die Gesetzesfrage im Zustand des labilen Gleichgewichts dar. Die geringste Einwirkung mußte es stören.

In der Auseinandersetzung mit Petrus, wie er sie selber erzählt, läßt sich Paulus zu Aussagen über das Gesetz hinreißen, die die Ansicht, daß es im Vergehen begriffen sei, in ihrem negativsten Sinn auslegt. Er bekennt, daß er für sich das Gesetz als aufgehoben ansehe und dafür halte, daß es für die Erlangung der «Gerechtigkeit» in keiner Weise als mitwirkend in Frage kommen könne (Gal. 2,14–21). Diese Ansicht läßt sich noch in der Theorie, daß das Gesetz im Vergehen begriffen sei, unterbringen. Sie geht im Wortlaut nicht darüber hinaus. Petrus aber und die Eiferer der Urgemeinde mußten den Ausfall als einen Angriff auf das Gesetz auffassen. Die von Paulus geforderte Tischgemeinschaft war für sie eine Ungeheuerlichkeit. So wurden sie zu einem Entweder-Oder gedrängt. Entweder gaben sie jede Gemeinschaft mit den Heidenchristen auf oder sie brachten [es] dahin, alle Schwierigkeiten dadurch zu beheben, daß sie selber das Gesetz auf sich nähmen.

---

328 [R] Das einzig Richtige für [die] Theorie des Status quo.

329 [R] Daß Paulus sich im Kampf nicht zur Abschaffung des Gesetzes hinreißen läßt.

Die Richtung der Eiferer bekommt freie Hand und geht daran, die paulinischen Gemeinden in Kleinasien zu judaisieren. Wie weit ihr dies allgemein gelang, ist unbekannt. Bei den Galatern hatte sie jedenfalls Erfolge. Sie [die Eiferer] hatten den Vorteil, daß sie sich auf die Autorität Jesu berufen konnten.

Um den Kampf richtig zu verstehen, muß man sich vergegenwärtigen, daß die Eiferer nicht so weit gingen, das Gesetz als zur Seligkeit notwendig hinzustellen. Als eschatologisch denkend stehen sie auch auf dem Standpunkt, daß es mit der gegenwärtigen Welt im Vergehen begriffen sei. Sie verlangen nur, daß die Heidenchristen den Brüdern aus den Juden durch die Gesetzesbeobachtung gleich werden. Paulus aber kommt nun in die Lage, den Gläubigen, die man so umgarnt, darlegen zu müssen, daß das Annehmen des Gesetzes nicht so harmlos sei, wie es ihnen dargestellt wird, sondern die Negierung der Gemeinschaft mit Christo bedeute.[330] Indem sie etwas, das der kreatürlichen und vergänglichen Welt angehört, als in irgendeiner Weise für sie bedeutungsvoll akzeptieren,[331] stellen sie den Zustand der neuen Kreatürlichkeit, in welchem sie sich durch die mit Christo erlebte Auferstehung befinden, in Frage. Für die aus dem Judentum besteht die Losung «Gesetz und Christus» zu Recht. Allen andern aber wird sie zum Verderben; sie haben ihre besondere Losung, die lautet: «Christus oder das Gesetz». Man muß wissen, daß die Beschneidung eine Gemeinschaft mit der Wesenheit der vergänglichen Welt und den sie beherrschenden Mächten schafft, welche die Einheit mit dem Gestorbenen und Auferstandenen aufhebt. «Siehe, ich, Paulus, sage euch, daß, wenn ihr euch beschneiden laßt, Christus euch nichts helfen wird... Wenn ihr euch durch das Gesetz wollt rechtfertigen lassen, seid ihr abgetan von Christo, weg [von Christo] und aus der Gnade gefallen» (Gal. 5,2 u. 4). Wie man durch den in Christo erlebten Sterbensakt dem Zustande der Leiblichkeit und Sündhaftigkeit abgestorben ist, so auch dem Gesetz. Mit dem neuen Menschen, der aus jenem Sterben und Auferstehen hervorging, hat es weder im Guten noch [im] Bösen irgend etwas zu tun. Sein Fluch und Segen gilt für diese Kreaturen nicht mehr.

---

330 [Hier folgen einige gestrichene Sätze:] Was den andern nicht Verderben ist, ist es für sie! Er bleibt in der Theorie des Status quo, führt sie aber nach der negativen Seite aus, indem er immer nur auf den Fall exemplifiziert, daß einer, der nicht unter dem Gesetz war, sich unter dasselbe beugt und das anerkennt, was für ihn aufgehoben sein müßte. Läßt er [Paulus] in seinen Ausführungen die Besonderheiten des Falles, für den sie gelten, etwas im Hintergrund stehen, so nehmen sie sich aus, als gingen sie auf die Aufhebung des Gesetzes allgemein.

[R] Stellung nichts weniger als klar. Klar nur der Ausgangspunkt. Theorie des Status quo, von hier aus bis in radikale... Aber alles [zeigt] zuletzt, [wie] die Grundtheorie durchschimmert.

331 [R] [Pfeilverweis auf diese Satzstelle:] Orientierung. Nie verlassen. In Worten ja. Über [...] Differenz von Gal. u. Römer! [...] Theorie des Status quo schimmert kaum noch durch [...]

Diese Vorstellung, daß der Gläubige sich vom Gesetz freigestorben hat, beherrscht die Partien der Briefe an die Galater und Römer, in welchen Paulus seine Stellung aus dem Wesen des allen gemeinsamen Glaubens begründet und nicht Schriftstellen, sondern die einfache Überlegung anruft. Sie sind nur ein besonderer Ausdruck für die Erkenntnis, daß, wer gestorben ist, sich von der Sünde freistarb; als solcher steht er nicht mehr unter dem Gesetz, sondern unter der Gnade. Wo keine Sünde mehr ist, ist auch kein Gesetz mehr. Man muß diese beiden Gedankenreihen immer ineinander denken, um die elementare Begründung der paulinischen Freiheit vom Gesetz zu verstehen (Gal. 2,19–21; 3,27–28; Röm. 6,1–14; 7,1–6).

Diese Begründung geht auf den allgemeinen Satz zurück, daß die Wesenheit dieser Welt im Vergehen begriffen sei, um einer neuen Platz zu machen. Sie stellt nur die Anwendung desselben auf die Einzelindividuen dar, in welchen durch die mystische Einheit mit dem Gestorbenen und Verklärten die neue Welt schon gegenwärtig ist.

Nur für diese gilt, daß sie schon jetzt zum Gesetz in keinem Verhältnis mehr stehen. Die andern – die, welche mit Christo keine Beziehung eingegangen sind – stehen noch unter dem Gesetz, genau so wie unter Fleisch, Sünde und Tod, obwohl alle diese Mächte in dem Tod und der Auferstehung Jesu den Beginn des Endes ihrer Herrschaft erlebt haben, womit die neue Zeit angebrochen ist.[332] Ihre Macht wird aber erst bei der Parusie endgültig vernichtet. Bis dahin besteht sie und wirkt sich an denen aus, die noch im alten Weltzustand stehen. So kann Paulus sagen, daß das Gesetz seine Kraft verloren habe und in demselben Atemzug behaupten, daß es denen, die als Getaufte die Beschneidung annehmen, Fluch und Tod bringe.

Die Juden, die nicht getauft sind, stehen unter der Herrschaft des Gesetzes nach wie vor. Diejenigen aus der Beschneidung, die sich jedoch bekehrt haben, traten in jenem Augenblick aus dem innerlichen, naturhaften Verhältnis zum Gesetz in das des noch bestehenden äußeren Scheines. Es hat ebensowenig Macht über sie wie über die Christen aus den Heiden. Nur beobachten sie es weiter als etwas, das zur Wesenheit ihrer fleischlichen Erscheinung gehört.

In dem Augenblick aber, wo es für sie mehr wird als eine einfache Bestimmtheit ihrer noch als Schein bestehenden Leiblichkeit, bringt es ihnen dasselbe Verderben wie den getauften Heiden. Indem sie ihm eine Bedeutung für ihre Seligkeit zuschreiben, negieren sie ihren Auferstehungszustand und bekennen sich als noch im natürlichen Fleische lebend und den Gewalten dieser Welt untertan.[333] Damit heben sie die Gemeinschaft mit dem Gestorbenen und Verklärten auf.

---

332 [Dieser letzte Satzteil steht im Ms. nach «Jesu».]
333 [R] Paulus genau wie Jesus!

Das ist die Theorie von der in Veränderung begriffenen Wesenheit der Welt in ihrer Bedeutung auf das Gesetz und den einzelnen durchgeführt. Sie läßt sich noch in einer andern Fassung ansprechen. Überall, wo die neue Welt aus der alten schon auftaucht, wird sie in ihrem Lebensprinzip, dem Geist, kenntlich. Geist und Gesetz schließen sich also aus wie Tod und Leben. Der Buchstabe – d. h. das Gesetz – als der alten Welt angehörig, wirkt den Tod, der Geist als das Prinzip der neuen das Leben (II Kor. 3,6). Man kann nicht beiden angehören, sondern muß entscheiden, in welcher man leben will. In diesem Gedanken hängt die zweite elementare Begründung der Freiheit vom Gesetz, die in den Briefen an die Galater und die Römer entwickelt wird. Sie ist mit der ersten identisch. Nur diejenigen, die mit Christo gestorben und auferstanden sind, besitzen den Geist. Da sie aber nicht mit der angenommenen mystischen Tatsache, sondern [mit] dem sinnenfälligen Phänomen des Geistbesitzes operiert, ist sie viel faßbarer und packender. Darum sucht Paulus in ihr die Entscheidung herbeizuführen. Nachdem das andere abgetan[334] ist, taucht in dem Brief an die Galater wie [in] dem an die Römer die gewaltige Antithese Welt des Geistes – Welt des Gesetzes auf und bildet ragende Ufer, zwischen denen sich der Gedankenstrom in Ruhe und Majestät dahinwälzt. Dabei werden auch die Wunder und Krafterweisungen, als Wirkungen des Geistes gefaßt, zum Nachweis angeführt, daß es Sphären gibt, wo die neue Welt in der alten schon gegenwärtig ist (Gal. 3,1–4; 4,21–31; 5,16–25; 6,7–10; Röm. 8,1–12). Wer vom Geist getrieben wird, ist nicht unter dem Gesetz (Gal. 5,18). Nimmt er das Gesetz dennoch an, so sät er auf das Fleisch, von welchem er den Tod ernten wird, statt auf den Geist, der in ihm das Leben wirken wird.

Das Bekenntnis zum Gesetz ist gleichbedeutend [wie] das Sündigen mit Wissen und Wollen. Durch das eine wie durch das andere verflicht sich der schon in den Verklärungszustand erhobene Mensch wieder mit der natürlichen Welt und dient dem Fleische. Der Effekt ist beidemale derselbe. Das betreffende Wesen gehört wieder der Fleischeswelt an und ist ihren Mächten, darunter dem Tod, wieder verfallen. Die Gemeinschaft mit Christo, die ihn bei der Parusie aus dem Grabe oder dem Leibesleben in die Verklärung erhebt, ist nicht mehr wirksam. Also untersteht der dem Tod, bis dieser am Ende des messianischen Reiches vernichtet ist, und kann erst durch die allgemeine Auferstehung zum Leben eingehen. Er hat sich selber um die messianische Seligkeit gebracht und ist geworden wie die Erwählten der früheren Generationen, denen diese besondere Gnade nicht angeboten wurde. Bei allen Ausführungen Pauli muß man sich immer wieder erinnern, daß die von ihm für die Unterwerfung unter das Gesetz in Aussicht gestellte Strafe nicht der

---

334 [D. h. abgehandelt.]

ewige Tod ist.[335] Auch da, wo er von Tod und Verderben allgemein redet, meint er nur den Tod und den Verlust der Herrlichkeit, wie sie aus dem Aufhören der Gemeinschaft mit dem Gestorbenen und Auferstandenen resultieren. Die Erwählung als solche wird dadurch nicht berührt. Durch das Gesetz werden diejenigen Güter in Frage gestellt, auf die man durch die Taufe Anwartschaft erhält. Die Beschneidung ist das Negative der Sakramente. Sie schafft Zugehörigkeit nicht zur Welt der Verklärung, sondern zu der des Fleisches, der Sünde und des Todes.

Diese elementaren Erwägungen über den Widersinn in der Annahme, als könnte das Gesetz in der gleichen Richtung wirken wie die Taufe, mußten jedem, der in den Anschauungen des Urchristentums stand, einleuchten. Sie enthielten an sich auch nichts, was das jüdische Gewissen verletzen konnte. Paulus sagt ja nicht, daß das Gesetz nicht mehr gelte und nicht mehr beobachtet werden dürfe, sondern nur, daß es da, wo in der Gegenwart die zukünftige Welt schon verwirklicht sei, nicht mehr als wirksam in Betracht kommen könne, ohne daß dadurch seine Beobachtung durch solche, die ihm bisher unterstanden, berührt und in Frage gestellt würde.[336] Daß es für die Getauften, welche es noch als in Kraft bestehend auf sich nehmen würden, Fluch wirken müsse, war ein hartes Wort, gegen dessen Logik aber nichts einzuwenden war.

Wer klar sah, mußte eingestehen, daß Paulus die Autorität des Herrn auf seiner Seite habe. Christus hatte dem Gesetz den Todesstoß gegeben, indem er durch Tod und Auferstehung die neue Welt heraufführte, in der es weder Fleisch, noch Sünde, noch Gesetz, noch Tod mehr gibt.

Die Würdigung des Gesetzes, die Paulus vortrug, entstammte also der reinen christlichen Logik, nicht einer Mißachtung derselben. Das konnte aber nicht über die Tatsache hinwegtäuschen, daß er über das Gesetz nur Negatives zu sagen wußte.

Die Situation komplizierte sich dadurch, daß Paulus auf die allgemeinen Fragen gestoßen wurde, die mit dem diskutierten Problem zusammenhängen.[337] Er sollte sich darüber äußern, was das Gesetz überhaupt als göttliche Veranstaltung[338] bedeute und welcher Wert der Abrahamskindschaft zukomme. Damit wurde das Problem auf das Gebiet der allgemeinen Geschichtsphilosophie getragen. Solange es sich um die Bedeutung des Gesetzes in den Tagen, mit denen schon die Endzeit angebrochen sei, handelte, war die negative Wertung nur eine bedingte; man beurteilte es nur in Ansehung der beginnenden Verklärungszeit, in

335 [R] Nicht Seligkeit als solche, nur Negation des christl. Sakraments.

336 [Dieser Nachsatz («ohne daß . . .») ist verwirrlich, denn nach der Theorie des Status quo sollen ja diejenigen, die dem Gesetz bisher unterstanden (Judenchristen), unter ihm bleiben, nur daß sie ihm keine rechtfertigende Wirkung mehr zuschreiben dürfen.]

337 [R] Die historische Schwierigkeit.

338 [R] Das Gesetz nicht von Gott, sondern [von] Engeln.

welcher es, wie man gemeinsam annahm, gegenstandslos werden würde. In der geschichtsphilosophischen Betrachtung trat die Bedingtheit des angelegten Maßstabes ganz zurück. Es handelte sich um die nackte Tatsache, ob Paulus das Gesetz als eine Veranstaltung Gottes zum Heile seines Volkes anerkenne oder nicht.

Im Brief an die Galater antwortet er darauf mit einem glatten Nein; in dem an die Römer sucht er das Nein zu umgehen. Die beiden Schreiben legen sich nicht aus, sondern heben sich in einzelnen Punkten auf. Aus einem Zusammenarbeiten der beiden Darstellungen kann nur Verwirrung resultieren.

Das Gesetz geht nur indirekt auf Gott zurück, sagt der Galaterbrief. Es stammt von den Engeln. Als Moses auf den Sinai stieg, vermittelte er nicht zwischen Gott und den Menschen. Gott, als Einzelpersönlichkeit, hätte keines Vermittlers bedurft, um mit seinem Volk zu verhandeln.[339] Erst wenn zwei Mehrheiten miteinander zu tun haben, wird das Mittleramt erforderlich (Gal. 3,19–21). Unter dem Gesetz sein heißt also, den Engeln und Elementargeistern dienen, die die Weltherrschaft an sich gerissen haben (Gal. 4,1–11).

Das Gesetz, wird in Gal. 3 ausgeführt, hat mit den Verheißungen und ihrer Erfüllung nichts zu tun. Sie wurden zu Abraham geredet. Als das Wort Gottes über den Segen, der auf seine Nachkommenschaft kommen sollte, an ihn erging, war er noch im reinen Zustand des «Glaubens» (Gen. 15). Ein Glück für Paulus, daß erst Gen. 17 vom Auftrag der Beschneidung an den Erzvater berichtet.

Das Gesetz hat sich also zwischen die Verheißung und ihre Erfüllung in der Endzeit eingeschoben [Gal. 3,19]. Es kann sie in keiner Weise berühren.

Dadurch, daß es alles unter die Sünde beschloß, wurde es zum Fluch (Gal. 3,10). Keiner konnte es in allen Geboten erfüllen. Auch Christus verfiel dem Spruch des Gesetzes. Er starb am Kreuz[340]. Das Gesetz aber – wie es Paulus reden läßt – spricht einen Fluch aus über [jeden,] der[341] am Holze hängend verschied. Damit hob es sich aber selber auf. Sein Fluch erfüllte sich nicht. Es hatte den Heiligen Gottes treffen wollen, der unter das Gesetz getan war (Gal. 4,4), daß es, durch den unerfüllten Fluch, den es über ihn brachte, vernichtet würde. Daß es sich einmal als ohnmächtig erwies, will heißen, daß seine Macht von jenem Augenblick an zu Ende ist (Gal. 3,13).

In derselben Weise haben sich die Engelwesen um ihre Herrschaft gebracht. Sie ließen den Herrn ans Kreuz schlagen und wußten nicht,

---

339 [R] Gesetz: Episode.

340 [R] Am Kreuz. Jetzt gebrochen, denn die Verheißung Abrahams, wie sie gemeint, könne sich an allem Volke erfüllen.

341 [Ms.:] was.

daß sie keine Macht über ihn hatten. Der Kreuzestod war eine Veranstaltung Gottes, um das Ende ihrer Herrschaft heraufzuführen. Ist diese in einem einzigen Fall zurückgeworfen, so will das heißen, daß sie im Vergehen ist (II [I], Kor. 2,6–8). Das wird in Gal. 4,8–11 vorausgesetzt.

Am Kreuz hat Christus den Fluch des Gesetzes und die Gewalt der Engelmächte erfahren müssen, damit beide vernichtet würden. Es handelt sich beidemale um ein und dieselbe Tatsache. Mit dem Gesetz werden die Engel getroffen; umgekehrt bedeutet das Ende ihrer Herrschaft zugleich auch das Ende des von ihnen in die Welt gebrachten Gesetzes.

Es ist also ganz gleich, ob man sagt, daß Christus die Engelmächte um ihre Macht brachte oder daß er uns vom Fluch des Gesetzes frei machte (Gal. 3,13). Der Tod am Kreuz war eine Leistung an Gesetz und Engel, durch welche Christus sie um das brachte, was sie von[342] der Menschenheit zu fordern hatten.

Nun ist die Bahn frei für die Erfüllung der Verheißungen. Es ist wieder ein gesetzloser Weltzustand geschaffen, wie zur Zeit, als Abraham die Versprechungen erhielt. Dadurch wird angezeigt, daß unter der Menschheit, die den Tod Jesu miterlebt hat, die Nachkommenschaft Abrahams zu suchen ist, welche in ihm gesegnet werden soll.[343] Die Verheißung bezieht sich ausdrücklich auf «alle Völker» (Gal. 3,8). Solange das Gesetz Fluch wirkte und Schranken zwischen den Nationen aufrichtete, war es unmöglich, daß eine auf die Menschheit allgemein gehende Verheißung zur Tatsache wurde. Das Gesetz hielt die Erfüllung also auf. Es mußte fallen. So kam durch den Kreuzestod [Jesu] der Segen Abrahams zu den Völkern (Gal. 3,14).

Von[344] dieser in ihrer Art großartigen Geschichtsphilosophie über das Gesetz findet sich im Römerbrief keine Spur. Nirgends bringt dieses Schreiben Engelherrschaft und Gesetz in Verbindung; nirgends bezeichnet es den Fluch als Wirkung des Gesetzes und den Tod Jesu als einen Akt des Loskaufens aus dem Fluch; nirgends wird der Gedanke entwikkelt, daß es sich mitten zwischen Verheißung und Erfüllung schob und es vernichtet werden müßte, damit der in Aussicht gestellte Segen sich verwirklichen könne. Diese kosmische Betrachtungsweise wird verlassen.[345] Sie ist zwar die wahre und unmittelbare. Ganz natürlich erwächst sie aus der allgemeinen Weltanschauung der urchristlichen Eschatologie und Pauli, daß mit dem Tode und der Auferstehung Jesu Christi die Wiederaufrichtung der reinen Gottesherrschaft in der Welt eingeleitet[346]

342 [Zuerst:] von der Menschheit zu erwarten ... [In der neuen Fassung «von» irrtümlich in «an» geändert.]

343 [R] Kosmischer Grundcharakter, nicht eschatologisch.

344 [R] Paulus versucht immer neue dialektische Vorstöße in [der] Gesetzesfrage.

345 [R] [...] Die Entstehungsgeschichte des Römerbriefes.

346 [Ms.:] wieder eingeleitet.

werde. Zur Aufklärung der Galater, die in Gefahr standen, durch das Gesetz ohne es zu wissen wieder in Engeldienst zu fallen, war sie vorzüglich geeignet. Es wohnte ihr etwas inne, das Angst vor dem Gesetz schuf. Aber es ließen sich damit keine positiven Aussagen verbinden.

Was haben[347] die Gegner des Heidenapostels aus den Gedanken, die er in seiner Angst um die Galater preisgab, wohl für Kapital geschlagen!

Die Peripetien des Kampfes sind uns unbekannt. Wir wissen nur eines: daß eine Zeit kam, wo Paulus das Bedürfnis empfand, eine Erklärung in der Gesetzesfrage abzugeben, die die Brüder aus den Juden befriedigte. Wurde es ihm von den Uraposteln in Jerusalem nahegelegt? Bahnte sich die Versöhnung an, die er seinerseits fördern wollte,[348] indem er Aussagen tat, mit denen man die radikalen Anschauungen aus dem Galaterbrief – der sicher nicht nur in Galatien gelesen worden war – abschwächen und auslöschen konnte?

Wie er dazu kam, läßt sich nicht mehr ausmachen. Daß er es tat, steht fest. Ein diesbezügliches Dokument ist uns im Römerbrief erhalten. Die Geschichte seines Entstehens ist in Dunkel gehüllt. Wir werden nie erfahren, wie Paulus dazu kam, einer ihm unbekannten Gemeinde ein solches Programm seiner Lehre vorzulegen. Aber die Tendenz des Schreibens ist klar. Der Verfasser will sich rehabilitieren. Er ist bestrebt, zu zeigen, daß auch für ihn das Gesetz «heilig, gerecht und gut» sei, daß er es für «pneumatisch» und von Gott stammend halte und bekenne, daß es ursprünglich gegeben sei, um «Leben zu wirken» (Röm. 7,10–12.14.22).

Seine Anschauung, daß das Gesetz ein «Gesetz der Sünde und des Todes» sei [Röm. 8,2], kann er aber nicht aufgeben. Er versöhnt das Widersprechende, indem er zwischen dem Gesetz *nach seiner Bestimmung und nach seiner Wirkung* unterscheidet. Diese getrennte Beurteilungsweise erlaubt ihm, sich sowohl positiv wie auch negativ auszudrücken. Für die Diskrepanz zwischen Zweck und Wirkung wird die Natur des Wesens, mit dem es das Gesetz zu tun hat, verantwortlich gemacht. Die kosmische Betrachtungsweise wird durch eine psychologische ersetzt.

Das heilige, gerechte, gute, pneumatische, von Gott stammende Gesetz soll dem Menschen das Leben verleihen. Er ist aber von Natur aus fleischlich. Seinem inwendigen Menschen nach stimmt er dem Gesetze zu.[349] In dem Fleische aber wohnt die Sinnlichkeit. Das Gesetz erweist sich als unvermögend, das Prinzip, welches mit der Fleischlichkeit gegeben ist, zu überwinden. Es kann es nur in seinem Wesen offenbar machen und es zu dem stempeln, was es in Wirklichkeit ist: Sünde. So

347 [Zuerst:] Was mögen [die Gegner ... geschlagen haben!]
348 [Ms.:] sollte.
349 [R] Sittengesetz.

macht das Gesetz die vorher tote latente Sünde zu wirklicher und lebendiger Sünde. Es ist eine Kraft, die zum Überwinden zu schwach ist, aber ausreicht, um die gegensätzlichen Kräfte ins Spiel treten zu lassen. Durch das Gebot lebt die Sünde auf. Mit der Sünde ist aber der Tod gegeben. So wird das Gesetz, das Leben verleihen soll, zu einem [Gesetz], das den Tod wirkt. Nur das ist erreicht, daß der Mensch weiß, daß er in einem Todesleib wohnt und sich nach Erlösung von dieser Wesenheit sehnt (Röm. 7,7–25).

Das Gesetz ist also ein in der Unvollkommenheit stecken gebliebener Versuch Gottes zur Erlösung der Menschheit. Auf diesen hin entschloß er sich, die Kraft, die das Gesetz ohnmächtig gemacht hatte, selber zu treffen. Im Tode Jesu und der Auferstehung vernichtete er die fleischliche Kreatürlichkeit und sandte den Geist in die Welt, daß er eine auserwählte Menschheit durch alle Trübsale und Fährnisse der Zeit vor dem Ende zum Leben leite und bewahre und in Gemeinschaft mit dem Herrn der Parusie erhalte (Röm. 8).

Die bedingt positive Wertung des Gesetzes, die in Röm. 7 vorgetragen wird, liegt allen andern auf diese Frage bezüglichen Stellen zu Grunde.[350] Sogar in dem Kenntlichmachen und Hervorrufen der Sünde soll eine positive Wirkung des Gesetzes erkannt werden. «Wo die Sünde völlig wurde, ist die Gnade überreich geworden» (Röm. 5,20).

Inwieweit Paulus die Theorie über das Gesetz im Römerbrief mit der des Galaterbriefs auszugleichen vermochte, vermögen wir nicht mehr nachzuempfinden. Eigentlich haben sie nichts miteinander zu tun. Die Anschauung des Galaterbriefes ist einfach und groß. Sie führt das Gesetz auf die Engelwesen und die Erlösung auf Gott zurück. Alles andere ist damit gegeben. Dieser Dualismus muß im Römerbrief fallen. Das Gesetz muß ebenfalls von Gott sein und als eine Erscheinung in der Geschichte der Erlösung gewertet werden. Daraus kann nur Künstelei resultieren. Man nimmt sie in Kauf um der positiven Aussagen über das Gesetz [willen], welche sie ermöglicht.

Auch in der Exemplifizierung auf Abraham wird der Radikalismus ängstlich vermieden. Der Nerv der Argumentation des Galaterbriefes lief auf den Gedanken hinaus, daß Abraham die Verheißungen als Unbeschnittener, etliche Jahrhunderte ehe es das Gesetz gab, empfangen habe [Gal. 3,17]. Also, wurde geschlossen, haben Verheißung und Gesetz nichts miteinander zu tun.

Im Römerbrief wird darauf Bezug genommen, daß Abraham beschnitten wurde, nachdem er als Unbeschnittener auf Grund seines Glaubens die Verheißung empfangen hatte. Die Beschneidung war für ihn das Siegel der Gerechtigkeit des Glaubens, den er unbeschnitten[351]

350 [R] frischer Luftzug.
351 [D. h. als Unbeschnittener.]

gehabt hatte. Es wurde damit erreicht, daß er sowohl denen, die unter dem Gesetze stehen, als den andern gleichgestellt wird, womit angezeigt ist, daß das kommende Glaubensvolk aus Juden und Heiden bestehen wird (Röm. 4,9–12).

Die Grundvoraussetzung des Galaterbriefes, daß die Verheißung nicht dem Gesetzesvolk als solchem gelte, wird im Römerbrief zwar festgehalten, aber mit aller Schonung und allen Konzessionen durchgeführt. Eine Prärogative des Volkes soll nicht in Abrede gestellt werden. Mit welcher Behutsamkeit wird in Röm. 1–3 der Satz entwickelt, daß Juden und Griechen unter der Sünde stehen!

Eine Formel, die zur Zeit und Unzeit in die Rede eingestreut wird, setzt den Vorrang des Juden zum Griechen, sobald beide miteinander genannt werden, ins Licht.[352] Am Anfang des 3. Kapitels macht sich Paulus sogar anheischig, das, was der Jude voraus hat und was die Beschneidung für Nutzen schafft, namhaft zu machen. Er meint, es sei immerhin viel. Die erwartete Aufzählung unterbleibt aber.

Später kommt er in einer langen Ausführung – Röm. 9–11 – auf die Frage zurück. Er leitet sie dadurch ein, daß er die «Kindschaft» und «Herrlichkeit», die «Bündnisse», die «Gesetzgebung», den «Gottesdienst», die «Verheißung», die «Väter» und «Christum nach dem Fleisch» als Vorzüge des Gesetzesvolkes anführt (Röm. 9,1–5). Alsbald sieht er sich aber genötigt zu bemerken, daß der Begriff des auserwählten Volkes durch die Idee der persönlichen Erwählung aufzuheben [sei]. «Nicht alle, die aus Israel sind, sind Israel» (Röm. 9,6), sondern nur die, welche als Kinder der Verheißung geboren wurden. Solche gibt es aber nicht nur unter den Juden, sondern auch unter den Heiden (Röm. 9,7–29).

Die Heiden sind den Juden sogar zuvorgekommen. Sie sind nicht dem falschen Ideal der Gerechtigkeit nachgeirrt, das jene neben der dargebotenen Erlösung vorübergehen läßt (Röm. 9,30–33). Aus der Wirrnis der Gedanken, die dadurch entstehen, daß die Idee der persönlichen Erwählung den Begriff des auserlesenen Volkes immer wieder auseinanderfallen läßt, rettet sich Paulus in eine auf die Zukunft ausblikkende Geschichtsphilosophie. Die Verstockung Israels kann nur zeitweilig sein. Wenn die Fülle der Heiden eingegangen ist (εἰσέλθῃ, Röm. 11,25), kommt die Zeit der Errettung für das ganze Israel (Röm. 10 und 11).[353]

An diesen widerspruchsvollen Ausführungen über die Prärogative des Gesetzesvolkes ist das Gemüt Pauli sicher nicht unbeteiligt. Dafür

---

352 «Ἰουδαίῳ τε πρῶτον καὶ Ἕλληνι», [«dem Juden zuerst, aber auch dem Griechen»], Röm. 1,16; 2,9 u. 10.

353 [R] Daß Paulus die Konsequenzen des Eschat[olo]gisch[en?] des Christentums gezogen hat [...]

sprechen schon die schmerzlichen Worte, mit denen er[354] Röm. 9 einsetzt. Im letzten Grunde aber ist es das Bestreben, sich auch in diesem Punkte befriedigend positiv aussprechen zu können, welches ihm die Feder führt. Seine wirkliche Ansicht lautet anders und läßt von einer Prärogative auch nicht das Geringste bestehen. Zu scheiden ist nicht zwischen Volk der Verheißung und Völkern allgemein, sondern zwischen Erwählten und Nichterwählten. Die Abstammung ist hierin von keiner Bedeutung. Für die Menschen der letzten Generation ist entscheidend, welcher Welt sie angehören, ob der des Fleisches oder der des Geistes, ob dem irdischen oder dem himmlischen Jerusalem. Wer sich zu dem auf [dem] Sinai gegebenen Gesetz bekennt, bekundet damit, daß er ein Kind des irdischen Jerusalems und ein Knecht ist wie der Sohn, den die Magd von Abraham empfing. Wer aber die Freiheit bekennt, hat das obere Jerusalem zur Mutter und ist ein Kind der Verheißung nach der Art Isaaks. Er ist nicht auf natürliche Weise gezeugt, sondern verdankt sein Leben einer Wunderwirkung Gottes, wie der Sohn Saras. Er ist nicht nach dem Fleisch, sondern nach dem Geist gezeugt. Die Verfolgungen, die er von den Kindern des irdischen Jerusalems erfährt, offenbaren seine Abstammung von der himmlischen Stadt. Auch Ismael verfolgte den Isaak[355] (Gal. 4,21–31).

Diese Typologie mag uns im Detail abstrus vorkommen. Ihrem Inhalt nach ist sie es nicht, sondern bietet in radikaler Formulierung die Anschauung Pauli über Gesetzesvolk und Menschheit der Erwählten, wie sie sich aus dem Zusammenhang ergibt.

Sie deckt sich mit der in demselben Brief entwickelten Anschauung, wonach die wahre Abrahamskindschaft nicht in der leiblichen Abstammung vom Erzvater begründet,[356] sondern in der Zugehörigkeit zu Christo gegeben sei. Dem Abraham und seinem Samen wurden die Verheißungen gegeben. Derjenige, in welchem vom Erzvater aus alle gesegnet werden sollen, kann nur ein einziger sein, nicht eine Vielheit. Also geht die Verheißung auf Christum als Abrahamssproß. Wer getauft ist, hat Christum angezogen. Ist er aber Christi, so ist er Abrahams Same, Erbe der Verheißung (Gal. 3,16–29). Also gehen die Versprechungen an den Erzvater nicht auf seine leibliche Nachkommenschaft als solche, sondern auf diejenigen aus dem Geschlechte der Endzeit, die mit Christo in Gemeinschaft treten und damit Abrahamskinder und zugleich Gotteskinder (Gal. 3,26) werden.[357]

---

354 [Ms.:] erst.

355 Der Text weiß freilich von einer Verfolgung nichts [...]

356 [R] Verkleidung.

357 [R] So sehr [die] Briefe verschieden, [in der] Negation stimmen sie in einem überein: Darstellung nach Analogie der Rechtfertigung durch Gesetz. Elementar: Soteria. (Gal.[,] losgekauft [?].)

Diesen klaren und in der eschatologischen Mystik wohlbegründeten Gedanken muß Paulus im Römerbrief verdunkeln und verbauen, um Worte fallen zu lassen, die ihrem äußeren Klang nach eine Prärogative des Gesetzesvolkes nicht in Frage stellen.[358]

Das Problem, das ihm so viel Schwierigkeiten bereitet, war nicht erst mit dem Christentum, sondern mit der spätjüdischen Eschatologie an sich gegeben.[359] Es taucht in dem Augenblick auf, wo die Zukunftshoffnung nicht mehr auf das Volk als Gesamtheit geht und wo zugleich der kausale Zusammenhang zwischen Gesetzeserfüllung und Realwerden der Zukunft sich zu lockern beginnt. Die ersten nachexilischen Generationen werden noch durch den Glauben aufrecht erhalten, daß die Treue gegen das Gesetz die Herrlichkeit Gottes über das Volk und die Stadt heraufführen müssen. Bei der Danielischen Eschatologie ist dies nicht mehr der Fall. Der Gedanke der Erwählung hat die alte Vorstellung schon innerlich aufgezehrt. Zur Seligkeit geht nicht das Volk als solches ein, sondern diejenigen aus ihm, die im Buche aufgeschrieben sind. Aus den verschiedenen Geschlechtern werden sie am Ende durch die Auferstehung der ihnen bestimmten Herrlichkeit teilhaftig werden. Die Zukunft steht nicht mehr in direktem Zusammenhang mit der Erfüllung des Gesetzes. Sie ist als eine zum voraus bestimmte Reihe von Ereignissen gedacht, die von Gott zu der von ihm ersehenen Zeit in Gang gebracht werden. Der Generation der Erwählten, welche die Endzeit erlebt, ist eine besondere Leistung beschieden, an welche die Verwirklichung der Herrlichkeit für sie gebunden ist. Sie müssen in Leiden und Drangsal erniedrigt werden und sich darin als Erwählte bewähren.

In der eschatologischen Bewegung, die vom Täufer ausgeht, ist die Buße die Leistung, die für das kommende Reich aufgebracht werden muß. Jesus übernimmt diesen Gedanken und bezeichnet die Buße, die mit dem Täufer einsetzt, als ein gewalttätiges Herbeiziehen des Reichs (Mt. 11,11–13). Er läßt die Gesetzesbeobachtung bestehen, schaltet sie aber aus dem Zusammenhang mit der Hoffnung der Zukunft aus,[360] indem er darüber hinaus eine innerlich-sittliche Gerechtigkeit fordert, ohne die man nicht zum Reich eingehen könne. Daneben kommt noch die Solidarität mit ihm und die Bewährung im Leiden mit ihm als für das Erlangen des Reiches bestimmte Leistung in Betracht. Das Volk als solches ist nicht Erbe der Verheißungen. Es zerfällt in Erwählte und Verworfene. Zugleich wird angenommen, daß es in den Heiden aller Generationen Menschen gab, die zur Seligkeit bestimmt sind und durch die Auferstehung des Reiches teilhaftig werden.

358 [R] Vordergrundstheologie.

359 [R] *Schematismus – Exemplifikation.* Das Äußere[?] des Gedankens stehen geblieben! Viele Probleme: spätjüdisch.

360 [R] Jesus [hat] sie schon aufgehoben.

Paulus spricht also nicht etwas spezifisch Christliches oder gar «Paulinisches» aus, wenn er das Volk, an dem sich die Verheißungen erfüllen sollen, nicht mit dem jüdischen identifiziert, sondern es aus den Erwählten der Juden wie der Heiden bestehen läßt und keinen kausalen Zusammenhang zwischen der Gesetzesbeobachtung und der Realisierung der Zukunftshoffnungen anerkennt.[361] Was er darüber sagt, ist alles mit der spätjüdischen Eschatologie gegeben und ist dem Verfasser der Apokalypse Esra nicht fremder als ihm.

Neu ist nur, daß er in die Lage kam, es auszusprechen, und die Form, in der er es tat.

Solange die Frage der Beobachtung des Gesetzes nicht aufgerollt wurde, wurden die Konsequenzen der Gedanken der spätjüdischen Eschatologie nicht sichtbar. Sie ruhten hinter der anerkannten Verbindlichkeit des Gesetzes wie hinter einem Vorhang. Dieser zerriß in dem Augenblick, wo die Frage auftauchte, ob es Erwählte geben könne, die sich nicht äußerlich der Beschneidung und den Geboten des Gesetzes anbequemten.[362] Wurde die Möglichkeit bejaht, so war die Entwertung des Gesetzes offenbar, wurde sie verneint, so war damit ein kausaler Zusammenhang zwischen Gesetzesbeobachtung und Realisierung der Zukunftshoffnung statuiert, der in der Eschatologie logisch nicht begründet war. Es war die Entwertung des Gesetzes mit der spätjüdischen Eschatologie als solcher gegeben und durch den Gedanken der Erwählung bedingt. Aber erst Paulus – und er erst gegen die Mitte seiner Wirksamkeit – kam in die Lage, es ausdrücklich konstatieren zu müssen.

Überraschend war die Form, in der Paulus die Konstatation aussprach. Mit gewollter Einseitigkeit bezeichnet er die Erwählten unter dem Geschlechte der Endzeit nach dem Äußerlichen der Leistung,[363] die sie für ihre Teilnahme an der Herrlichkeit aufzubringen haben. Es ist der Glaube an Christum. Jesus hatte von denen, die Genossen des Reiches werden sollten, eine neue Sittlichkeit, Bewährung im Leiden und Zusammenhalten mit ihm für den Fall seiner Erniedrigung gefordert. Die beiden ersten Leistungen werden von Paulus nicht minder vorausgesetzt. Die besondere Sittlichkeit ist das «Wandeln im Geist» auf Grund des «Lebens im Geist» (Gal. 5,25). Das heiligende Leiden ist das Leiden Christi, das sich an ihnen auswirkt. Aus dem Ausharren bei Jesus ist der Glaube an den Gekreuzigten und Auferstandenen geworden.[364]

Diese Leistung wird mit der, die das Gesetzesvolk aufbringt, in Parallelismus gesetzt und zur Charakterisierung der Erwählten der letzten Generation und Begründung der von ihnen erlangten Erlösung benutzt.

---

361 [R] [Ausrufezeichen.]
362 [Zuerst:] die nicht unter der Beschneidung und den Geboten des Gesetzes standen.
363 [R] Das Neue an der Konstatation: die Leistung, die er in den Vordergrund schiebt.
364 [R] direkt verbinden [?]

In diesem Punkte stimmen die Briefe an die Galater und Römer miteinander überein. Sie stellen der nicht wirklichen Rechtfertigung durch das Gesetz die wirkliche, die man durch die *Leistung des Glaubens* erlangt, gegenüber. Angenommen wird, daß sich diese Rechtfertigung beim Gericht abspielen wird. Damit griff Paulus auf eine primitive Vorstellung von der Erlösung,[365] die die Eschatologie bot, zurück. Im Gericht sollte sich offenbaren, wer gerecht und wer nicht gerecht wäre. Er benutzte sie, weil sie dem gesetzlichen Denken ebenso geläufig ist wie dem eschatologischen.

Entscheidend für ihn waren aber die übrigen Vorzüge, die diese Darstellung bot. Sie erlaubte, einen genauen Parallelismus zwischen der Erlösung durch das Gesetz und der durch den Glauben durchzuführen, und das, was in der Schrift über die Erlangung der Gerechtigkeit gesagt war, auf die Erlösung durch Christum zu beziehen.

Voraussetzung hierfür war, daß sich eine Schriftstelle finde, in der die Gerechtigkeit als durch die Leistung des Glaubens bestimmt definiert wurde.[366] Sie fand sich in einem Worte aus Habakuk (Hab. 2,4), das – nach Paulus übersetzt, interpretiert und korrigiert – lautet: «Der aus Glauben Gerechte wird leben». Mehr noch. Die Schrift hat noch ein Exempel auf das Wort, und zwar das hervorragendste, das sich denken ließ: Abraham. Sie sagt[367] von ihm: «Abraham glaubte Gott, und es wurde ihm zur Gerechtigkeit zugerechnet» (Gen. 15,6). Das Wort geht an einen, der nicht unter dem Gesetz steht; also ist eine außerhalb des Gesetzes, rein durch Glauben zustande kommende Gerechtigkeit gemeint.[368] Von dieser wird bezeugt, daß sie vor Gott gilt. Überdies ist Abraham der Träger der Verheißungen, sie sich nach der geltenden Exegese auf die Endzeit beziehen müssen, da ihre Erfüllung vorher nie konstatiert wurde. Das bedeutet, daß das Geschlecht, welches für die Erfüllung der Verheißung ersehen ist, ebenfalls durch Ausweisung einer durch den Glauben erlangten Gerechtigkeit ausgezeichnet sein wird.

So ist die Beschreibung der Erlösung als Rechtfertigung durch den Glauben von der Schrift aus geboten. Sie wird in dieser Form gefordert, sobald das Zeugnis des Gesetzes und der Propheten mit der in ihm niedergelegten höchsten Beweiskraft angerufen werden soll.

Die Ausführung, die Paulus dem Gedanken gab, ist an sich selbstverständlich. Sie zieht nur die Konsequenz daraus, daß der geleistete Glaube auf den am Kreuz Gestorbenen geht. Im Tode des Herrn schafft Gott eine Sühne; er offenbart eine von ihm dargebotene Gerechtig-

---

365 [R] Primitive Glaubensformel. – [Weitere R] Verbunden[e] Behauptung[?]
366 [R] Röm. 2,29: ἐν τῷ κρυπτῷ Ἰουδαῖος [«im Verborgenen Jude»].
367 [Ms.:] sagte.
368 [R] Logik schlagen mit Schriftbeweis, auf ihn zugeschnitten.

keit,[369] welche die an sich unmögliche und durch die Schrift in Hab. 2,4[370] negierte Gesetzesgerechtigkeit ersetzt. Der Glaube ist die Tat, in welcher man ihrer teilhaftig wird (Röm. 3,21–25). Die Möglichkeit einer solchen Rechtfertigung existiert erst für das Geschlecht, das die Endzeit erwartet (Röm. 3,26: πρὸς τὴν ἔνδειξιν τῆς δικαιοσύνης αὐτοῦ ἐν τῷ νῦν καιρῷ [«zum Erweis seiner Gerechtigkeit in der Jetztzeit»]).[371]

Die Gerechtigkeit ist eine Gabe Gottes, welche die Anwartschaft auf das Leben und Herrschen mit Christo verleiht (Röm. 5,17).

Die Durchführung des Parallelismus zwischen Rechtfertigung durch Gesetz und Rechtfertigung durch den Glauben hat die Prägung von besonderen Ausdrücken zur Folge. Paulus redet vom «Gesetz des Glaubens» (Röm. 3,27), von einem «Gesetz des Geistes des Lebens in Christo Jesu» im Gegensatz zum «Gesetz der Sünde und des Todes» (Röm. 8,3[2]), von einem «Jüdisch-Sein im Verborgenen» und einer «Beschneidung des Herzens im Geist», welche das verleiht, was man fälschlich von der im Fleisch erwartet (Röm. 2,28 u. 29), von einem alten Bund des Gesetzesbuchstabens und einem neuen, in welchem der Geist wirkt (II Kor. 3,6).

Das ist die Lehre von der Erlösung nach ihrer Beweisbarkeit aus der Schrift, zur Reputation der Rechtfertigung aus dem Gesetz dargestellt. Eine logische Verbindung der Tatsachen darf man darin nicht suchen. Sie sind nicht in ihrer Beziehung aufeinander, sondern in ihrer Rückbeziehung auf das Gesetz ausgesprochen. Wieso wird durch den Glaubensakt die Sühne, die Christus geschaffen, auf das Einzelindividuum übertragen? Wieso sind die Gläubigen die wahren Erben der an Abraham gerichteten Verheißung?

Auf diese Fragen bieten die Texte keine Antwort; sie bringen nur die Konstatierung der Tatsache. Welcher Unterschied zu den Ausführungen über Erlösung und Gesetz, die im Gedankengang der eschatologischen Mystik verlaufen! In ihnen baut sich alles aus zwingenden Schlüssen auf; wer die angenommene Grundanschauung über den Weltzustand zwischen Auferstehung Jesu und Parusie teilt, kann nicht anders als alles Gesagte als selbstverständlich anerkennen.

Paulus hätte die Lehre von der Rechtfertigung aus dem Glauben so nicht entwickeln können, wenn er sich nicht bewußt gewesen wäre, daß die Tatsachen als solche aus der Logik der eschatologischen Mystik feststanden.[372] Man versteht ihn erst, wenn man beachtet, daß für ihn

---

369 [R] Elementar Röm. 5,9.

370 [Hier ein undeutlicher Einschub:] durch Schweig[en?]

371 [R] Nicht nach ihrer Wirklichkeit, sondern Beweisbarkeit von Schrift [...] [Siehe den übernächsten Abschnitt: «Das ist die Lehre...»]

372 [R] [......] der wahre Paulus [ist] derjenige der eschatologischen Mystik. Dieser hat gesiegt, dieser hat Ewiges ausgesprochen.

«Glaube» gleichbedeutend ist mit «Gemeinschaft mit Christo» und er in jedem Augenblick dem äußerlichen Begriff den, der das innere Wesen anzeigt, substituieren kann. Jede Behauptung setzt die mystisch-naturhafte Gemeinschaft mit Christo voraus. Auf diese muß immer zurückgegriffen werden. Wird sie nicht namhaft gemacht, so handelt es sich um eine abgekürzte Ausdrucksweise. Gewonnen wird eine Erkenntnis auf dem Weg über die Vorstellung der Gemeinschaft mit Christo, auch wenn man es der abgekürzten Fassung gar nicht mehr ansieht. Ein klassisches Beispiel hierfür ist die verschiedene Definition der wahren Abrahamskindschaft im Briefe an die Galater und in dem an die Römer. Nach Gal. 3 sind die Gläubigen Kinder Abrahams und Erben der Verheißung als mit Christo, dem Abrahamssproß, in welchem die Welt gesegnet werden soll, in Wesensgemeinschaft stehend; nach Röm. 4 sind sie es, weil Abraham, der Glaubensmann, als der Vater aller kommenden wahrhaft Glaubenden angesehen werden muß. Für uns ist die Formulierung im Römerbrief die einfache und natürliche; die im Galaterbrief, die den Umweg über Christus wählt, erscheint uns unnötig gekünstelt.[373] Für Paulus ist es anders; wirklich begründet ist nur die des Galaterbriefs, da sie die Vorstellung der Abrahamskindschaft auf die Grundtatsache der Erlösung, die Gemeinschaft mit Christus, zurückführt.

Ebenso steht es mit der Rechtfertigung durch den Glauben. Nicht durch irgend einen Glaubensakt tritt der Christ in Besitz der von Christus am Kreuz beschaffenen Sühne; sie wird sein Eigentum durch die Tatsache der Gemeinschaft mit ihm.

Das Wort «Glaube» ist bei Paulus eigentlich nichts weiter als ein oberflächlicher und irreführender Ausdruck für Gemeinschaft mit Christo. Die Gedankengänge, die von ihm beherrscht werden, sind kein adäquater Ausdruck der wirklichen Paulinischen Lehre. Diese wird durch die eschatologische Mystik dargestellt. Paulus fühlt sich nicht imstande, die Rechtfertigung aus dem Glauben ohne stete Rückbeziehung auf die Tatsache der Erlösung und Freiheit vom Gesetz, wie sie aus der eschatologischen Mystik feststeht, zu entwickeln.[374] Dadurch bekommen die Briefe an die Galater und Römer etwas so Zerrissenes und Verworrenes, wobei sich der erstere verhältnismäßig einfacher ausnimmt als der letztere, weil [in] ihm die Theorie der Rechtfertigung aus dem Glauben viel mehr hinter den elementaren Erwägungen der eschatologischen Mystik verschwindet als in dem andern. Man versteht die beiden Schreiben erst, wenn man bemerkt, daß in ihnen zwei Systeme, ein trockenes und armes und ein lebendiges und reiches, nebeneinander

373 [R] [Ausrufezeichen.]

374 [R] Aber nicht [ist] aus [dem] Begriff Glaube der der Gemeinschaft hervorgewachsen.

entwickelt werden. In der Statuierung einer juridischen und einer ethischen Gedankenreihe bei Paulus lag eine unvollkommene Erkenntnis dieser Tatsache. Von den Gedanken, die aus der juridischen Theorie herausfielen, ließ sich nur ein kleiner Teil als «ethisch» aussprechen; den Rest wußte man nicht unterzubringen. Ersetzt man das Ethische durch das Naturhafte, wie es im Begriff der eschatologischen Mystik gegeben ist, so erschließen sich alle Gedanken, die aus der Theorie der Rechtfertigung durch den Glauben herausfallen, zu einem großartigen und einfachen System zusammen, und man bemerkt mit Staunen, daß die Lehre [von] der Rechtfertigung durch den Glauben nur der Mond zu[375] dieser Sonne ist.[376]

f) VII, I: Die Eschatologie der großen Briefe und ihr Verhalten zur jüdischen Eschatologie[377]

Man darf die Bedeutung der Eschatologie in der paulinischen Lehre nicht nach dem Platz bemessen, den sie in den großen Briefen einnimmt. Danach beurteilt würde sie in den Hintergrund treten. Es handelt sich aber nur [um] einen Effekt der besonderen Darstellung seiner Lehre. Er muß sich in der Gesetzesfrage verantworten. In dieser Apologie spielt die Schilderung der Zukunft keine Rolle.[378] Nur mehr gelegentlich und zufällig kommt die Rede darauf. Damit ist aber nicht gesagt, daß die Eschatologie ihre Bedeutung verloren hat. Sie wird als das Grundlehrstück, über das volle Übereinstimmung besteht, vorausgesetzt. Aus dem Charakter der Bemerkungen über die Zukunft, die im Text da und dort auftauchen, kann man ersehen, welche Tragweite ihr

---

375 [«Zu» ist im Ms. gestrichen.]

376 [Die untere Hälfte der letzten Ms.-S. dieses Kapitels enthält folgende (z. T. undeutliche) Notizen:]

[. . .]

Schlußkapitel. Warum Paulus Rechtfertigungslehre. Ja, was er gesagt. (Konsequenz der Eschatologie.) Was [ist] das Ewige! Die Folge der historischen Erkenntnis der eschatolog. Mystik [ist] ein Fremdwerden. Sätze können [wir] nicht so in unsere Zeit herübernehmen. Die Größe der Tat. Die Folge für das Christentum [besteht?] in der Loslösung vom Judentum!

Wird Kuriosität? Angst der Theologie [. . .]

Bezeugen überall[?] Eschatologie und Sakrament, mit dem sie nichts anzufangen weiß.

377 [Titelerweiterung (Bleistift):] *und ihr Verhältnis zur Eschatologie Jesu und der jüdischen.*

[R] 1909.

378 [R] Bild [:] langsam in's Gebirge einfahren!

zukommt. Es ist dann, als ob man wie durch einen Riß in den Nebelschleiern der Dialektik über Gesetz, Gerechtigkeit und Abrahamskindschaft hindurch für einen Augenblick eine Welt von gigantischen und phantastischen Gedanken zu schauen bekäme, deren Dasein man nicht vermutet hätte. Wer würde annehmen, daß nach Paulus die Christen als Richter über die Welt und die Engelwesen berufen sind?[379] Daß wir davon etwas erfahren, verdanken wir der Prozeßsucht einiger Korinther, denen er das Niedrige ihres Handelns klar macht, indem er sie an das, was ihnen am Ende der Tage[380] bevorsteht, erinnert (I Kor. 6,1–6).

Die Briefe an die Römer und Galater enthalten am wenigsten Zukunftsschilderungen, weil hier die Gesetzesfrage im Vordergrund steht. In den Korintherbriefen, wo diese zurücktritt, finden sich ganze eschatologische Kapitel über Auferstehung, Reich Christi und Verwandlung (I Kor. 15, II Kor. 4 und 5). Bei der Abfassung des Briefes an die Philipper fühlt sich Paulus aus dem Kampf entrückt. Er hat sich damit abgefunden, daß man einen andern Christus predigt als den, den er verkündigt, und dies, um ihm Schmerz und Demütigung zu bereiten. Der Gedanke «wenn nur Christus gepredigt wird, auf welche Weise es auch immer geschehe», hebt ihn über alles hinaus (Phil. 1,12–18). Der Brief, den er in dieser Stimmung schreibt, verzichtet auf alle Verteidigung und Belehrung. Er ist halb Selbstbekenntnis, halb Dankes- und Trostschreiben, und in seinem Wesen fast so untheologisch, wie der 1. Brief an die Thessalonicher. Und in dem Maße, als er sich wie in jenem ersten Schreiben auf die «einfache Lehre» beschränkt, tritt die Eschatologie hervor. Die Ähnlichkeit zwischen beiden ist auffällig.[381] Die Parusie steht im Mittelpunkt der Gedanken. Paulus ist der Zuversicht, daß der, der das gute Werk in den Philippern angefangen hat, es durchführen und vollenden wird bis zum Tage Jesu Christi (Phil. 1,6) und fleht zu Gott, daß sie auf jenen Tag rein und unanstößig dastehen mögen (Phil. 1,10). Sie sollen am Worte des Lebens [fest]halten, damit sie sein Ruhm seien an dem Tag Christi und bezeugen, daß er nicht vergeblich gelaufen [sei] und gearbeitet [habe] (Phil. 2,16). Er sieht an ihnen den Kranz, mit dem er erscheint[382] (Phil. 4,1) und versichert sie, daß der Herr «nahe» ist (Phil. 4,5). Er wird vom Himmel kommen als ihr Erretter. Sie warten sein und wissen, daß die Heimat, die ihnen zuteil werden soll, dort bei ihm ist. Er wird ihren Leib verklären und ihn dem Leibe seiner Herrlichkeit gleichgestalten, nach der Kraft, mit der er alles sich auch untertan

---

379 [Zuerst:] berufen werden sollen.

380 [Nicht gestrichene 1. Fassung:] in Zukunft.

381 [Gestrichener Satz:] Auch im Philipperbrief endet fast jeder größere Abschnitt mit einem Ausblick auf die Parusie.

382 [«mit dem er erscheint»: gemeint ist wohl: bei der Wiederkunft des Herrn (vgl. I Thess. 2,19).]

machen kann[383] (Phil. 3,20 u. 21). Ein Name ist ihm gegeben, der über alle Namen ist, auf daß sich im Namen Jesu beugen sollen alle Knie, die der himmlischen, der irdischen und der unterirdischen Wesen (Phil. 2,10 u. 11).[384]

So nimmt die Eschatologie in dem aus der Gefangenschaft verfaßten Briefe genau dieselbe Stelle ein wie in dem, den er auf der zweiten Missionsreise schrieb. Hat im Paulinismus eine Evolution stattgefunden, so darf sie nicht, wie man annehmen wollte, irgendwie mit einem Zurücktreten der eschatologischen Gedanken in Verbindung gebracht werden.

Den Plan der Endereignisse entwickelt Paulus im Anschluß an die Ausführungen über die Totenauferweckung I Kor. 15,22–28. Bei der Parusie werden die, die Christo angehören, auferstehen. Dann wird er herrschen, bis er alle seine Feinde unterworfen hat. Mit den Feinden sind die Gott feindlichen Engelwesen gemeint. Als letzter wird der Tod überwunden.

Aus diesem Aufriß geht hervor, daß Paulus sich das messianische Reich als etwas zeitlich Begrenztes und Vorübergehendes denkt. Dasselbe wird in der Apokalypse Esra vorausgesetzt. Bei der Parusie wird der Gesalbte mit dem feurigen Strom, der aus seinem Munde geht, dieWidersacher vernichten, die Völker strafen und dann 400 Jahre lang herrschen. Danach wird er sterben samt allen, die Menschenodem haben. Die Welt wandelt sich auf Tage zum Schweigen der Urzeit zurück. Darauf wird der Äon, der jetzt schläft, erwachen; die Vergänglichkeit selber wird vergehen und die Auferstehung aller Toten stattfinden. Gott erscheint auf dem Richterthron. Es kommt das Ende. Die Guten gehen zum Paradies ein; der Schlechten wartet die Gehenna.

In der Offenbarung Johannis dauert das Herrschen des Messias 1000 Jahre.

Bei Paulus wird für das messianische Reich keine Zeitdauer angegeben. Eigentümlich ist, daß er es sich nicht als Friedens-, sondern als Kampfeszeit denkt. Diese Vorstellung geht wohl auf Erwägungen zurück, die, wie die zeitliche Begrenzung des messianischen Reichs, aus dem Schriftenstudium stammen. Ezechiel läßt, nachdem das Reich des gesalbten Königs aufgerichtet ist, trotzdem dieses vom Standpunkt der damaligen Eschatologie aus als Herrschaft ohne Ende gedacht wird und einen Endzustand darstellt, die Mächte des Nordens gegen Jerusalem losbrechen und auf den Bergen Israels vernichtet werden (Ez. 38 und 39). Diese Unterbrechung des messianischen Friedenszustandes ist sinnlos. Sie stammt aus Jesaja. Nach diesem soll Gott seine Heiligkeit da-

---

383 [D. h.: auch alle Dinge sich untertan machen kann.]

384 [Beigefügte Notiz:] Freude. Mahnung zur Freude. (Nur vorweltliche Existenz etc.) [R] Evolution. Keine Entwicklung [? Vgl. nächsten Abschnitt.]

durch erweisen, daß er seine Feinde bis zum heiligen Berg gelangen läßt und ihnen dort den Untergang bereitet. Ezechiel, der schon schriftgelehrter Prophet ist, fügt diesen Zug in sein Zukunftsbild ein,[385] weil er es bei seinem Vorgänger findet. Er frägt nicht, ob es in die neuen Anschauungen, die nicht das alte, sondern ein aus der Zerstörung von Gott herrlich und machtvoll errichtetes Jerusalem und eine Rückführung des Volkes voraussetzt, auch wirklich hineinpaßt.

Die Apokalyptik Daniels[386] erbaut sich auf ganz neuer Grundlage und ist von der Zukunftsvorstellung der früheren Zeiten vollständig unabhängig. Sie übernimmt die Ezechielische Unterbrechung des Zukunftsreiches also nicht. Wohl aber müssen sich die späteren Apokalyptiker damit abfinden, da sie von Daniel und den vorexilischen, exilischen und nachexilischen Propheten in gleicher Weise abhängig sind und es unternehmen, die alten Zukunftsvorstellungen in das Danielische Schema einzubauen.[387] Nach den Bilderreden Henoch[388] reizen die Strafengel, nachdem die Totenauferstehung und das Gericht schon stattgefunden [haben] und der Menschensohn schon zur Herrschaft gelangt ist, die Meder und Parther an, daß sie gegen die heilige Stadt ziehen, wo die Scheol ihrer warte, wobei nicht klar wird, wieso nach dem Gerichte noch freie, widergöttliche Mächte und Völker bestehen können.

In der Apokalypse Johannis ist die Unterbrechung des Endes in der Art ausgebildet, daß der Satan beim Anbrechen des messianischen Reiches zunächst nur überwältigt und gebunden wird; nach 1000 Jahren soll er bestimmungsgemäß wieder auf einige Zeit frei werden. Das messianische Reich dauert nur, solange er gebunden ist; es haben daran teil die Gerechten, die in der «ersten» Auferstehung zum Leben erweckt wurden. Wenn die Zeit um ist, reizt der Satan «Gog und Magog» auf; sie steigen auf die Fläche der Erde und werden dann miteinander vor der heiligen Stadt überwunden und zur ewigen Pein in den Schwefelpfuhl geworfen. Die allgemeine Totenauferstehung findet erst nach dem messianischen Reich statt; auf sie folgt der «zweite» Tod, in welchem die nicht Erwählten der ewigen Qual und Vernichtung[389] übergeben werden (Apk. 20).

Paulus[390] greift das durch Ezechiel geschaffene Problem auf. Aber die Lösung, die er ihm gibt, steht hoch über der, die es bei Henoch und in der Apokalypse Johannis erfährt. Er ist nicht ein Schilderer, sondern ein

---

385 [R] Ezechiel beginnt mit [der] Gründung von Jerusalem.

386 [R] Daniel 175[?]

387 [R] Später alles in [das] Danielische Schema hineingebaut.

388 [R] Henoch 2. Jhdt. Lauter Anachronismen.

389 [Sie werden «in den Feuersee geworfen», Apk. 20,15; ob zur ewigen Qual oder zur Vernichtung, wird nicht gesagt.]

390 [R] Das Problem, wie Paulus sich zur überlieferten Eschatologie verhält, [wird] oft unnötig kompliziert aufgefaßt.

Denker. Die Vorstellung von der unmotivierten Unterbrechung ist für ihn unvollziehbar. Er läßt den feindlichen Engeln ihre Macht sogleich von der Parusie an und wagt es, sich das Reich als den siegreichen Kampf vorzustellen,[391] den der Herr mit seinen Engeln und Heiligen gegen die zum Untergang bestimmten Mächte führt. Das ist eine Tat von großer Tragweite. Paulus verwischt den Unterschied zwischen der Gegenwart und [der] messianischen Ära. Er ist nur mehr ein relativer. Der Kampf um die göttliche Weltherrschaft, der die Gegenwart erfüllt, setzt sich in die neue Zeit hinein fort. Nur die Bedingungen sind verändert. Der Sieg ist durch die Parusie verbürgt, und die Heiligen stehen den Engelmächten nicht mehr als leibliche, sondern als verklärte Wesen gegenüber.

Mit der Annahme, daß das messianische Reich nicht mit dem Endzustand zusammenfällt, sondern nur die Periode desselben ist, auf welche das eigentliche Ende erst folgt, ist zugleich gegeben, daß für Paulus die allgemeine Totenauferstehung, wie bei Esra, erst auf das Reich folgt.[392] Sie kann erst eintreten, wenn dem «Tode» – dem Engelwesen, das diese Macht ausübt – die Gewalt genommen ist,[393] und es ist bestimmt, daß der Tod erst überwunden ist, nachdem die andern Mächte unterworfen sind.[394]

Die Auferstehung Jesu ist nach Paulus nicht der Beweis, daß der Tod vernichtet[395] ist, so geneigt man auch sein könnte, dies nach einigen Aussprüchen anzunehmen. Sie[396] bedeutet nur den Anfang seiner Überwindung. Das Charakteristische ist eben, daß ihm die Gewalt über die Menschheit stückweise entrissen wird. Zuerst erweist sich seine Ohnmacht an dem gekreuzigten und begrabenen Christus; er kann ihn nicht halten. Bei der Parusie wird ihm eine bestimmte Gruppe der Menschheit entrissen; das sind die, «die in Christo sind». Durch ihre Einheit mit dem Herrn empfangen sie die Kraft der Auferstehung, wenn die Drommete ertönt; diejenigen aber, die Christi sind und jenen Augenblick noch im leiblichen Dasein erleben, sind dem Tode ebenfalls entrückt, insofern, als sie alsbald zur Verklärtheit verwandelt werden (I Kor. 15,22–27. 50–53). Für sie ist dann der Tod verschlungen in den Sieg, aber eben nur für sie, denen Gott diesen Triumph in Christo Jesu ver-

391 [R] Souveränität der Eschatologie der Tatsachen.

392 [R] Messianisches Reich und allgemeine Totenauferstehung. Die «in Christo» sind die, die einer besonderen Totenauferstehung teilhaftig werden.

393 [R] Die Tötung des Todes.

394 [Am oberen Seitenrand:] Zuletzt alle paulinischen Antinomien 1) apologetisch (Gesetz), 2) daß [das] Gegenwärtige wieder eschatologisch zukünftig, . . .
[R] Mystik sagt nur, was die Eschatologie für den einzelnen bedeutet.

395 [R] Vernichtung des Todes. (Das größte Problem: einmal überwunden, das andere Mal nicht; das [ist?] natürliche Antinomie, alles andere ist gekünstelt.)

396 [Ms.:] Es.

leiht (I Kor. 15,54–58).[397] Die übrige Menschheit ist ihm noch unterworfen bis zum Moment, wo Christus den Tod als letzten Feind überwältigt hat. Dann erst kann die allgemeine Totenauferstehung statthaben.

Die Auferstehung vollzieht sich also in drei Akten. Es werden zum Leben erweckt zuerst Christus, dann die Seinen, und zuletzt die Menschheit überhaupt. Das Bedeutungsvolle[398] ist, daß Christus und die Seinen zum Leben eingehen, während im übrigen der Tod noch herrscht. Bei der Parusie erstehen die Toten, die zu den Seinen gehören; diejenigen, die von diesem Ereignis im Leibesleben betroffen werden, erleben die Verwandlung; aber die übrige Menschheit der Parusie verfällt noch dem Tode,[399] bis zur allgemeinen Auferstehung.

In I Kor. 15,23–28, wo er auf die Reihenfolge der verschiedenen Auferstehungen zu sprechen kommt, erwähnt Paulus nur[400] die Erweckung Christi und der Seinen. Die allgemeine Auferstehung zählt er nicht auf. Sie war für die Leser als Ergänzung der vorhergegangenen und als Folge der endlichen Überwindung des Todes als selbstverständlich gegeben.[401]

Wird die Menschheit in zwei Gruppen aus dem Tode erweckt, so ergibt sich daraus, daß auch das Gericht in zwei Akte zerfallen muß.[402] Das Gericht bei der Parusie kann nicht das Endgericht sein. Es sind dabei ja nur die in Christo Auferstandenen und die Menschheit, die von jenem Tage ereilt wird, zugegen. So kann dabei auch nur entschieden werden, wer von diesen zum Reich gehört und wer dem Tode verfällt. Im übrigen wird es die Entscheidung über alle Fragen bringen, die zwischen den Heiligen schweben (I Kor. 4,5), und für die, welche viele Arbeit im Evangelium geleistet und viele Anfechtung erduldet haben, eine Gelegenheit des Rühmens sein (II Kor. 1,12–14 und 11,2).

Wo Paulus von Gericht redet, meint er, mit Ausnahme einer Stelle, das Gericht am Tage der Parusie. Nur dieses kommt für die, welche «in Christo sind», und für die Menschheit, zu der er predigt, in Frage. An diesem wird Gott vergelten einem jeglichen nach seinen Werken (Röm. 2,5–7). Nach andern Stellen übt Christus selber das Richteramt aus (II Kor. 5,10). Beim Endgericht erfolgt das Urteil über alles, was in der großen Auferstehung zum Leben erweckt wird, und über die Engelwesen, da diese doch erst nach ihrer Überwindung gerichtet werden können. Das ist das Gericht über die «Welt» (κόσμος). Es wird von den «Heiligen», die mit Christo gekämpft und geherrscht haben, abgehalten; an jenem Tage werden sie die Engel richten (I Kor. 6,1–3).

397 [R] Tod als Gewalt eines Engelwesens ganz ungriechisch! Dort [bei Paulus] etwas Natürliches.

398 [Zuerst:] Das Charakteristische.

399 [R] Die Drangsal.

400 [«nur» ist mit Bleistift gestrichen.]

401 [Dazu notiert:] Aber die Ausleger hat sie verwirrt.

402 [R] Doppelheit des Gerichts.

Alle Schwierigkeiten, die in der gewöhnlichen Auslegung dieser Stelle auftauchen, rühren daher, daß man dieses Gericht mit dem, welches Gott und der Menschensohn bei der Parusie abhalten, gleichsetzt, wobei dann unerklärlich bleibt, wie diejenigen, die vor dem Richterstuhle erscheinen, zugleich als Richter gedacht sind und dazu noch denjenigen Wesen das Urteil sprechen sollen, die nach einer Stelle desselben Briefes erst noch überwunden werden müssen.[403] Daß sich aber Paulus die Ereignisse der Endzeit bald so, bald anders gedacht habe, ist in keiner Weise anzunehmen.

Die Würde der Genossen Christi wird also in's Unermeßliche gesteigert. Dabei darf man aber nicht vergessen, daß die Anfänge dieses Prozesses schon bei Jesus sichtbar werden. Er erwählt zwölf Männer zu seinen Genossen und stellt ihnen in Aussicht, daß sie bei der Parusie des Menschensohnes auf zwölf Stühlen sitzen und die zwölf Stämme richten werden (Mt. 19,28). Diese Steigerung der Menschenhoheit liegt in der Richtlinie der nachdanielischen Apokalyptik überhaupt. Die Engellehre war in die jüdische Welt- und Zukunftsvorstellung eingedrungen. Für Daniel ist der Herrscher der Endzeit ein Engelwesen; in der Folgezeit aber verbindet sich der Begriff dieses Herrschers mit dem des messianischen Königs. Die Vorstellung vom[404] «Messias-Menschensohn» kommt auf. Man wagt, den Gedanken zu denken, daß es zuletzt ein ins Überirdische verklärtes Menschenwesen[405] ist, das über alle Engelgewalt erhoben wird. Wie weit die jüdische Theologie den Gedanken der Vermenschlichung des Herrschers der Endzeit, der eigentlich die treibende Kraft, die tiefe Idee der Apokalyptik ist, klar erfaßt hat, ist nicht ersichtlich, weil wir[406] fast nichts über sie wissen. In Jesu Selbstbewußtsein wird sie zur Tat; für Paulus aber strahlt diese Vollmacht, die einem Menschen in der Endzeit gegeben werden soll, auf die ganze Menschheit, die ihm angehört, aus. Diese kämpft und triumphiert mit dem Messias und wird zur Richterin über Welt und Engel.

Die spätere christliche Eschatologie hat noch etwas von diesen stolzen Gedanken festgehalten. In der Apokalypse Johannis richten die Genossen des Messias über die Verworfenen (Apk. 20,4). Der Gnostizismus macht dieser Idee ein Ende, wie er die Eschatologie überhaupt auflöst. Die Menschheit ist nur noch ein Objekt zur Erlösung, welche die Geisterwelt für sie veranstaltet; daß sie in irgend einem ihrer Vertreter sich über diese erheben kann, ist undenkbar.

Wer sind aber [die,] die «in Christo Jesu sind», nach der Anschauung Pauli? Meint er damit die Erwählten aus allen Geschlechtern seit Anbe-

---

403 [I Kor. 15,24.25?]
404 [«Vorstellung vom» ist einzuschieben, aber das Verweiszeichen im Text fehlt.]
405 [R] Siehe über «Menschen» [Wilhelm] Bousset. Der Mensch.
406 [Ms.:] uns [1. Fassung d. Satzes:] weil uns fast nichts von ihr erhalten [ist].

ginn der Welt oder nur die unter ihnen, die mit Christo durch den Glauben verbunden sind und als solche die Parusie im Grabe oder im Leibe erleben? Die Art, wie er sich im allgemeinen ausdrückt, und besonders die Stellen über die Auferstehung I Thess. 4,16 und I Kor. 15,23 lassen erkennen, daß er als Genosse des kämpfenden und herrschenden Messias nur diejenigen ansieht, die mit Jesus Christus in Beziehung getreten sind. Von diesen allein spricht er. Das Geschlecht, das die «Vollendung der Zeit» erlebt, die durch die Geburt Jesu Christi eingeleitet wird (Gal. 4,4), hat ein Privileg vor den übrigen Generationen der Erwählten. Es sieht nicht nur die Herrlichkeit der Endzeit, nach der die andern sich aus der Ferne der Zeit sehnten, offenbar werden und ererbt das ewige Leben am Ende der Dinge, sondern es ist überdies noch zur Teilnahme am messianischen Reich bestimmt. Dieser Gedanke erscheint uns auffällig. Aber für das Urchristentum war es etwas ganz Selbstverständliches, daß die Generation, die die Zeit Jesu Christi erlebte, einen Vorzug vor allen andern haben müsse.[407] Das stand schon aus der eschatologischen Dogmatik fest; dem letzten Menschengeschlechte war bestimmt, die Predigt des Elias zu vernehmen und die Geistesausgießung zu erleben. Für Jesus besteht der Vorzug desselben[408] darin, daß ihm durch Zeichen und Wunder das Ende beglaubigt und die Buße in ganz einzigartiger Weise nahegelegt wird. Wenn Paulus aus dieser Menschheit allein die Genossen des Reiches genommen sein läßt, so berührt er sich hierin mit der Apokalypse Esra. Hier herrscht der Messias, wenn er mit seinen Gefährten, den Engeln, erscheint, 400 Jahre lang mit denen, die in der Enddrangsal übrig geblieben sind, und dann erst, wenn die Reichsgenossen und ihr Herr gestorben sind, erfolgt die Auferstehung (IV Esra 7,26–32). Bei Paulus ist ein Sterben Christi und der Seinen undenkbar, weil Christus und sie [durch] Tod und Auferstehung oder durch die Verklärung hindurchgegangen sind.

Die übrigen Erwählten ruhen während des Kämpfens und Herrschens Christi im Grabe und werden erst an der Endseligkeit, die nach der allgemeinen Auferstehung und nach dem Endgericht statt hat, teilnehmen. Auch in der Apokalypse Johannes haben nicht alle Erwählten am messianischen Reich teil, sondern nur die, welche an Christum geglaubt und um seinetwegen gelitten haben.

Die Eschatologie Jesu war einfacher gewesen, vorausgesetzt, daß er in seiner uns erhaltenen öffentlichen Predigt seine Anschauungen über das Ende vollständig vorgetragen hat. Das ist eben das Charakteristische der eschatologischen Bewegung, die vom Täufer ausgeht und sich nachher in das Urchristentum fortsetzt, daß sie, weil das Ende so nahe gedacht wird, kein Bedürfnis nach Schilderung aller kommenden Ereignisse

---

407 [R] Privileg der letzten Generation.
408 [R] (Tyrus und Sidon, Kapernaum.)

empfindet,[409] sondern es sich zur Aufgabe setzt, die Menschheit auf das Allernächste, was eintreten wird, vorzubereiten. Durch dieses wird das, was dahinterliegt, verdeckt. Der Täufer predigt vom Kommen-Sollenden, unter dem die Geistesausgießung stattfinden soll, und vom Gericht. Jesus verkündet die Nähe des Reiches und der Parusie des Menschensohnes. Wahrscheinlich erwartet er, daß die Totenauferstehung der ganzen Menschheit und das Gericht beim Erscheinen des Menschensohnes vor sich gehen werden, wobei die einen zum ewigen Leben, die andern zur Verdammnis bestimmt sind. Zugleich wird eine Verdammung der gottfeindlichen Engelmächte stattfinden, denn das ewige Feuer, welches der verlorenen Menschheit wartet, ist auch für den Teufel und seine Engel bestimmt (Mt. 25,41–46); die treu gebliebenen Engel begleiten den Menschensohn bei der Parusie (Mt. 25,31). Ob Paulus, indem er durch Statuierung verschiedener «Ordnungen» in der Auferstehung über diese einfache Eschatologie hinausgeht, eine allgemeine Anschauung des Urchristentums wiedergibt, entzieht sich unserem Urteil, da wir keine Dokumente der ersten Zeit besitzen, die einen Vergleich erlauben. Sehr beachtenswert ist jedenfalls, daß die Grundzüge der paulinischen Vorstellung des Endes – soweit sie mit der Teilung der Auferstehung und der Annahme eines zeitlich begrenzten messianischen Reichs zusammenhängen – sich in Apk. 20 in ganz selbständiger Fassung wiederfinden. Daß der Aufriß der Endereignisse, wie ihn [die] Apokalypse Esra bietet, sich mit dem paulinischen nahe berührt, beweist zum mindesten, daß es sich nicht um eine rein persönliche Vorstellung handelt. Einen Anstoß an den eschatologischen Angaben des Heidenapostels hat das Urchristentum, auch wenn es darin Eigenartiges fand, nicht nehmen können, weil es eine Prophetie in seiner Mitte anerkannte, der es verliehen war, Offenbarungen über die Endereignisse zu empfangen. Als etwas Kompliziertes und Fremdartiges konnte die paulinische Eschatologie jedenfalls nicht empfunden werden. Die Gruppierung und der Zusammenschluß der Ereignisse sind durch die Tatsachen, auf welchen sich das Christentum erbaut, bedingt. Daß mit der Auferstehung Christi die Auferstehungszeit eingeleitet sei, war selbstverständlich; daß diejenigen, die durch den Glauben mit ihm in Gemeinschaft traten, bei der Parusie mit ihm verklärt würden, war nicht minder einleuchtend; daß die allgemeine Totenauferstehung erst stattfinden könne, wenn der Tod überwunden sei, war klar. Damit ist gegeben, daß sich aus den Endereignissen eine erste besondere Gruppe loslöst,[410] welche es mit Christo und den Seinen zu tun hat. Dieser Akt beginnt mit der Auferstehung Jesu und schließt mit der Überwindung des Todes am Ende der messianischen Herrschaft, wobei nicht ersichtlich wird, wie lange dieses

409 [R] Perspektive.
410 [R] Perspektive.

dauern soll. Innerhalb dieser Periode gibt es relative Unterschiede.[411] Das Neue ist mit der Auferstehung Christi in die Erscheinung getreten. Von diesem Augenblick an lebt man in der Endzeit und in der Auferstehungswelt; von diesem Augenblick an gibt es eine Menschheit, die mit Christo durch den Glauben verbunden ist; von diesem Augenblick an gibt es einen Herren, der zum Siegen und Kämpfen über die Engelwelt bestimmt ist. Bei der Parusie ändert sich nur dieses, daß an der mit Christo in Gemeinschaft stehenden Menschheit der Zustand der verklärten Leiblichkeit offenbar wird, wobei sie aber schon vorher, durch diese Gemeinschaft mit einem verklärten Wesen, mit[412] der Welt der Verklärung in Beziehung stand und dadurch tatsächlich schon aus der Abhängigkeit von der Erscheinungswelt herausgehoben war.

Für den Herrscher der Zukunft gebraucht Paulus nur die Ausdrücke «Jesus Christus», «Herr» und «Sohn Gottes»; die Bezeichnung «Menschensohn» kommt bei ihm nicht vor. Diese Tatsache erklärt sich wohl daher, daß der Heidenapostel von dieser Persönlichkeit gewöhnlich im Zusammenhang mit ihrem Tod und ihrer Auferstehung redet; das Wort «Menschensohn» bezeichnet sie aber, nach dem Sprachgebrauch der Apokalyptik, nur als den zum Gericht Erscheinenden.[413]

Die paulinische Vorstellung vom Herrscher der Endzeit weicht von der urchristlichen, wie sie sich aus der jüdischen entwickeln mußte, in keiner Weise ab. Jesus von Nazareth, aus Davids Geschlecht, ist durch Tod und Auferstehung zur messianischen Würde erhoben[414] und sitzet zur Rechten Gottes, bis er zur Parusie erscheint (Röm. 1,1–3;[415] Phil. 3,20). Ob für Paulus die davidische Abstammung Jesu durch dessen Selbstzeugnis oder durch Stammbaumangaben feststand oder ob er dies rein auf Grund des «Dogmas» annahm, entzieht sich unserer Kenntnis.

Ganz in der Linie der jüdischen Apokalyptik liegt es, wenn der Herrscher der Endzeit bei Paulus als praeexistentes Wesen gedacht wird.[416] Als der Messias durch die Zusammenlegung mit dem «Menschensohn» und seine Erhebung über die Engelwesen eine transzendente Persönlichkeit wurde, mußte ihm die jüdische Theologie, wie allen transzendierten Größen der eschatologischen Zukunft, Praeexistenz beilegen.[417] Schon der Verfasser der Bilderreden Henoch, der aus dem danielischen «wie ein Menschensohn» den «Menschensohn» macht und ihn nicht mehr als Engelwesen, sondern irgendwie als übernatürliche Menschen-

---

411 [R] *Die relativen Unterschiede.*

412 [Ms.:] schon mit ... [Zum folg. Satzschluß: Die Prädikate «stand» und «war» stehen im Ms. im Plural, beziehen sich aber auf «Menschheit».]

413 [R] Er hat die historische Bezeichnung Jesu Christi für Menschensohn!

414 [R] Person des Messias.

415 [1,1–4?]

416 [R] *Praeexistenter Christus.*

417 [R] Aber Jesus aktiv! historisch geworden!

persönlichkeit ansieht, muß annehmen, daß er vor den Sternen und der Sonne geschaffen sei und bis zum Ende verborgen gehalten werde. In der Apokalypse Esra, wo die Zusammenlegung von Messias und Menschensohn Tatsache ist, wird vorausgesetzt, daß der praeexistente Menschensohn mit seinen Gefährten unsichtbar bleibt, bis er zu seiner Stunde aus dem Meere aufsteigt.[418]

In Jesu Selbstbewußtsein hatte das Problem des transzendenten Herrschers der Zukunft eine einfachere Lösung erfahren, insofern er annahm, daß er, ein natürlicher Mensch, durch Leiden und Tod zur himmlischen Herrlichkeit einzugehen bestimmt sei und dann zur Menschensohnwürde erhoben werde. Diese Lösung macht die Annahme einer Praeexistenz eigentlich überflüssig. Damit ist aber nicht gesagt, daß der Gedanke nicht dennoch im Hintergrunde des Selbstbewußtseins Jesu gestanden haben kann, so unfaßbar es uns auch erscheinen mag.

Bei Paulus handelt es sich um eine ganz ausgebildete Vorstellung der Praeexistenz des Messias. Er denkt sich ihn irgendwie [als] bei der Weltschöpfung beteiligt, wenn er I Kor. 8,6 sagt, daß wir glauben «einen Gott, den Vater, *aus dem* alle Dinge sind und wir auf ihn hin, und an einen Herrn Jesum Christum, *durch welchen* alle Dinge sind und wir durch ihn».[419] Christus erscheint auch in der Geschichte des heiligen Volkes; er war der pneumatische Fels, der ihnen in der Wüste zu trinken spendet (I Kor. 10,4). Nach Gal. 4,4 entsendet Gott nach Vollendung der Zeit seinen Sohn und läßt ihn vom Weibe geboren werden und unter das Gesetz getan sein. Daß er dabei seine himmlische Würde aufgibt und arm wird, um zu dienen, sollen wir als ein Vorbild der Demut und Liebe begreifen (II Kor. 8,9; Phil. 2,6–11).

Trotzdem kommt dem Gedanken der Praeexistenz Christi bei Paulus nur eine nebensächliche Bedeutung zu. Sein System ist ganz anders orientiert. Es geht von dem Selbstbewußtsein Jesu aus, wobei dann Tod und Auferstehung eine so zentrale Bedeutung für die Konstituierung der Persönlichkeit des Herrschers der Endzeit bekommen, daß die Idee der Menschwerdung des göttlichen Wesens dahinter ganz verschwindet. In Tod und Auferstehung nimmt Jesus Christus seinen Platz in der oberen Welt ein. Ob er vorher schon dazu gehörte oder ob er dazu nur bestimmt war, ist ganz gleichgültig. Die Idee der Praedestination Jesu zur messianischen Würde würde Paulus dieselben Dienste leisten wie die der Praeexistenz und ihm dabei die Schwierigkeit ersparen, sich vorstellen zu müssen, daß das göttliche Wesen Mensch geworden und auf Grund des Todes und der Auferstehung eine noch höhere Würde erlangt hat, als es sie vorher besaß. Wo er von der vorweltlichen Gottessohnschaft

---

418 [R] 1) Thessalonicher, 2) Philipper, 3) Aufriß der großen Briefe, 4) Christologie.

419 Wieso [Karl] Weizsäcker dazu kommt, zu übersetzen: «einen Herrn Jesus Christus, den Mittler aller Dinge, der auch unser Mittler ist», bleibt unerklärlich.

Christi und seiner Erhebung zur Herrscherwürde durch die Auferstehung in einem Satze spricht, bemüht er sich, das letztere immer als eine Art Offenbarmachung und Inthronisation darzustellen (Röm. 1,2–4; Phil. 2,6–11). In der Vorstellung der Menschwerdung denkt er ganz primitiv. Er ahnt gar nicht, welche Schwierigkeiten die Annahme in sich birgt,[420] daß der Gottessohn vom Weibe geboren wird und aus Abrahams Geschlecht stammt; er stellt die beiden Tatsachen einfach nebeneinander. Eine spekulative Bedeutung kommt der Menschwerdung an sich nicht zu. Wenn Paulus Röm. 8,3 u. 4 ausführt, daß Gott Sünde und Fleisch zugleich aufhob, indem er seinen Sohn in der Gleichgestalt des Sündenfleisches – oder wie man das in diesem Zusammenhang unübersetzbare Wort ὁμοίωμα sonst wiedergeben mag – erscheinen ließ,[421] so erfolgt diese Verurteilung und Vernichtung des Fleisches und der damit gegebenen Größen von Sünde und Gesetz doch erst im Tode und der Auferstehung. Erst in der griechischen Spekulation bedeutet die Menschwerdung Christi an sich etwas; dafür werden dann Tod und Auferstehung entwertet und zu rein konsekutiven Akten herabgedrückt. Bei Paulus aber sind sie die Pfeiler, auf welchen die Spekulation ruht. Der erstgeborene unter vielen Brüdern ist Jesus Christus nicht vom urweltlichen Augenblick an,[422] da er als Gottessohn existiert, sondern er wird es erst im Augenblick der Auferstehung, da diese[423] ihm in diesem Zustand gleichgestaltig werden (Röm. 8,29). Seine Bedeutung liegt darin, daß er der Erstling unter denen ist, die aus dem Tode zur Verklärung erstehen (I Kor. 15,20). Die Praeexistenz hat höchstens die Bedeutung einer Praedisposition zur Auferstehung. Daß aber der himmlische Mensch Christus eigentlich erst in der Auferstehung geboren wird, ergibt sich aus der Stelle, wo Paulus den natürlichen, psychischen, sterblichen Adam als den ersten [Adam] und den lebensbringenden himmlischen [Adam] als den zweiten [Adam] bezeichnet (I Kor. 15,44–49).[424] Hier wird die Vorstellung von der Praeexistenz tatsächlich außer Kraft gesetzt; sonst müßte Christus als der erste und der Ahnherr aus Gen. 1 als der zweite Adam gelten.

Paulus[425] kennt also nur die schemenhafte jüdische Vorstellung von der Praeexistenz und läßt sie neben seiner Spekulation einhergehen. Die griechische Idee von dem in die Erscheinung tretenden ewigen Wesen, welches dazu dient, die Verbindung zwischen Zeitlosigkeit und Zeit, geistiger und natürlicher Welt für das Denken herzustellen, ist ihm

420 [R] Ob für Paulus Erweckung des Jünglings zu Nain [Lk. 7,11 ff.] möglich war?
421 [R] Warum der Tod keine Macht hat über Christus: weil Praeexistenz.
422 [R] [Ausrufezeichen.]
423 [Die Gott zum voraus ersehen hat.]
424 [R] Oder schildert sie nach der Reihenfolge, in der sie auftreten.
425 [R] Buch des Lebens, Philipper 4,2 [3]. [Vgl. S. 661.]

fremd. Daß dies eine für ihn verschlossene Welt ist, ersieht man aus der Stelle, wo er Christus bei der Schöpfung beteiligt sein läßt (I Kor. 8,6). Das ist eine für die jüdische Theologie extreme Behauptung, die ihn geradezu nötigen müßte, dieses ewige Geistwesen in Zusammenhang mit dem Logos zu bringen. Er tut es nicht. Wäre er nur einigermaßen hellenistisch berührt, so müßte er die Synthese vollziehen oder zum mindestens andeuten.

Den Gedanken der Praedestination, der ebenfalls zum Bestande der jüdischen Apokalyptik gehört, übernimmt er unbefangen und ungeschwächt. Die Korinther bekommen es im Eingang des an sie gerichteten Briefes dreimal hintereinander zu hören, daß sie eine Auswahl Gottes unter der Menschheit sind (I Kor. 1,24.26 u. 27); auch den Römern ruft er es gleich zu Anfang ins Gedächtnis, daß sie «berufene» Heilige sind. Daß denen, die Gott lieben, alle Dinge zum besten dienen müssen, gilt nur für den Fall, daß sie wirklich nach dem Vorsatz berufen sind (Röm. 8,28). Alles kommt darauf an, von Gott «vorher ersehen» zu sein; daraus ergibt sich das andere mit Notwendigkeit (Röm. 8,29 u. 30). Die andern sind von Haus aus verworfen; eine Rettung gibt es nicht für sie. Sie hören das Evangelium; aber es bleibt für sie verhüllt. Das Licht, das über die Welt strahlt, leuchtet nicht für sie (II Kor. 4,3 u. 4). Es gibt Menschen, die nur als Gefäße des göttlichen Zornes geschaffen sind. Das wird mit Schriftbeweis und aller Anstößigkeit Röm. 9–11 vorgetragen ... freilich nur, damit in verworrener und gequälter Darstellung zugleich bewiesen werde, daß die Ablehnung des Evangeliums durch die Juden ein Beweis für die Verwerfung des ganzen Volkes sei.[426] So apologetisch dachte Paulus freilich noch nicht, als er den 1. Brief an die Thessalonicher verfaßte. Dort sind die Juden durch ihre feindliche Haltung als verworfen gezeichnet. Der Zorn Gottes ist über sie gekommen zum Ende (I Thess. 2,14–16).

Die Konsequenzen, die die Gläubigen aus der Erwählung für die Sicherheit der Errettung zogen, zwangen ihn zu einer Zusatzerklärung. Es kann jemand durch Leichtsinn der Berufung verlustig gehen, auch wenn er alles empfangen hat, das die Realität seiner Erwählung dartut. Das beweist die Schrift, indem sie Juden, die unter der Wolke getauft, durchs rote Meer hindurchgerettet, in der Wüste wunderbar gespeist und getränkt wurden, zuletzt dennoch zugrunde gehen läßt, ohne daß sie das Land ererben.[427] Darum gilt: Wer da steht, mag wohl zusehen, daß er nicht falle (I Kor. 10,1–12).

Im übrigen zieht Paulus nicht alle Konsequenzen der Praedestination. Es würde bei ihm, wie bei jedem andern, den Tod des religiösen Fühlens

426 [R] Universalismus.

427 [R] Das Belegen durch Stellen altmodisch. Aber gediegen, jedenfalls nicht zum Schaden der Wissenschaft.

und Wollens zur Folge haben, weshalb die energischsten Vertreter dieser Lehre ja immer mit der genialsten Inkonsequenz begabt sind. Im allgemeinen ist sein Gedanke dahin beschränkt, daß diejenigen, die das Evangelium aufnehmen, sich eben damit als Erwählte erweisen. Die Folterwerkzeuge, mit denen Augustin und die unter seinem Bann stehenden Reformatoren der Lehre von der Praedestination die unsinnigsten Aussagen über «Heilsgewißheit» und «Heilsungewißheit» entreißen, kennt er noch nicht. Ebenso fremd sind ihm die Listen der modernen Dogmatiker, die es fertig bringen, nur das «religiös Wertvolle» aus jener Anschauung beizubehalten. Für ihn ist der Gedanke der «Erwählung» etwas Einfaches und Unmittelbares, wie für den Verfasser der Bilderreden Henoch, Jesum und den Propheten, der die Apokalypse Esra schrieb.[428] Den Kampf, den der letztere im Namen der Theodizee und der sittlichen Religiosität mit der Lehre führt, kennt er freilich nicht. Er muß sich nicht fragen wie dieser, wie es sich mit Gottes Güte vereinbaren lasse, daß viele geschaffen, wenige aber auserwählt seien[429] und wie sich die Geretteten ihrer Seligkeit freuen können, wenn sie an das Schicksal der Verworfenen gedenken.

Daß ihm die mit der Praedestination verbundene und sich ebenfalls in der jüdischen und christlichen Apokalyptik – Daniel, Bilderreden Henoch, Apokalypse Johannis – findende Vorstellung vom «Buch des Lebens» geläufig ist, zeigt Paulus im Philipperbrief, wo er dem Clemens und andern versichert, daß ihre Namen dort aufgezeichnet sind (Phil. 4,3).

Für sich nimmt er eine besondere Art der Erwählung an. Er ist berufen und von Mutterleib an ersehen, daß Gott seinen Sohn in ihm offenbare, damit er ihn den Heiden predige (Gal. 1,16).

Wie die Praedestination, so ist auch der Universalismus[430] durch die Eschatologie unmittelbar gegeben. Wenn Paulus annimmt, daß die Berufenen sich unter Juden und Hellenen befinden (I Kor. 1,24), so spricht er damit etwas aus, was für die Eschatologie selbstverständlich war und von keiner Seite beanstandet werden konnte. In der exilischen und nachexilischen Zukunftserwartung besteht der Universalismus zunächst darin, daß die Heiden dem neuen Jerusalem dienen werden (Jes. 60). Als solche, die an der Herrlichkeit teil haben, erscheinen sie in der Apokalypse Jes. 24–27;[431] das Mahl, das Gott in der Endzeit auf dem Berge herrichtet, ist für alle Völker bestimmt. In [der] danielischen und nachdanielischen Apokalyptik tritt der Universalismus zurück, was sich von selbst erklärt, wenn man das Milieu und die Zeit ihrer Abfassung in

428 [R] IV Esra viel weiter gedacht.
429 [Vgl. Mt. 22,14.]
430 [R] *Universalismus.* Gemeinde Gottes Jerusalem!
431 [R] Drangsal, Engelherrschaft. Jes. 24–27.

Betracht zieht.[432] Der Psalter Salomos, das Buch der kämpfenden Pharisäer, ist in seinen Anschauungen von der Endzukunft sogar ausgesprochen antiuniversalistisch. Aber der Universalismus stand aus den Büchern der Propheten so fest, daß er nicht erschüttert werden konnte. Das Schriftstudium für die Vorstellung vom Ende und das Aufgeben des Gedankens, daß das Volk als Ganzes zum Reich berufen sei, brachten es mit sich, daß der Begriff des «Gerechten» eine weitere Fassung bekam. Erleichtert wurde die universalistische Anschauung dadurch, daß seit Daniel die Teilnehmer an der Endherrlichkeit aus der Totenauferstehung hervorgingen. Es mußten also zum mindesten die Frommen aus der Heidenwelt, von denen die Schrift berichtete – die Königin von Mittag und die Niniviten, die Buße getan hatten (Mt. 12,41 u. 42)[433] – als zur Herrlichkeit bestimmt aus dem Gericht hervorgehen. Darum denken Johannes und Jesus – darin sicherlich nicht im Gegensatz zur zeitgenössischen Eschatologie – universalistisch. Jesus sieht sie von Morgen und Abend kommen und im Himmelreich mit Abraham, Isaak und Jakob zu Tische sitzen (Mt. 8,11 u. 12). In dem Geschichtsbild, das er Mt. 25 entwirft, sind alle Völker vor dem Menschensohn versammelt, und er scheidet nicht nach nationalen Praerogativen, sondern lediglich nach gutem und bösem Tun. Die Drohung der Verwerfung des Volkes setzt in der Form, wie sie von Johannes [dem] Täufer und Jesus ausgesprochen wird, den Universalismus voraus. Johannes droht, daß Gott aus Steinen dem Abraham Kinder erwecken könne (Mt. 3,9), und Jesus sieht die Erwählten aus allen Himmelsrichtungen beim messianischen Mahle sitzen und die «Kinder des Reichs» in die Finsternis hinausgestoßen (Mt. 8,11 u. 12). Charakteristisch aber ist, daß der Universalismus erst vom Gericht an gilt. Eine Konsequenz für die Verkündigung des Evangeliums wird daraus nicht gezogen. Für seine Predigt hält Jesus streng an der Praerogative des erwählten Volkes fest, wie sich aus dem Auftritt mit dem kanaanäischen Weibe [Mt. 15,21 ff.] ergibt.[434]

So stand also für Paulus wie für seine Gegner der Universalismus aus der Eschatologie fest. Aber die Predigt an die Heiden war damit in keiner Weise gegeben. Dafür mußte er sich auf einen besonderen Auftrag des Verklärten berufen. Mit der Gesetzesfrage[435] stand es ähnlich. Daß im Reich Gottes das Gesetz nicht mehr gelte, ergab sich von selbst aus der Eschatologie. Wenn vor dem Reich die Ablehnung der Leiblichkeit in der Auferstehung und Verwandlung voranging, so wurde Legali-

432 [R] [(Zum ganzen Satz:) Fragezeichen.]

433 [R] Wenn Paulus auch nicht die Autorität der Verkündigung Jesu anerkennt, so liegen seine Gedanken doch in der Fortsetzung der Gedanken Jesu, durch die Eschatologie.

434 [R] Universalismus und Predigt. [Unstimmigkeit im Text, denn wenn der Universalismus erst vom Gericht an gilt, ist Jesu Verhalten eben gerade konsequent, und Mt. 15,28 ist eine Ausnahme.]

435 [R] Gesetzesfrage. Intensität.

tät und Moralität aufgehoben. Aber bis zum Gericht galt das Gesetz, und damit bestanden alle Unterschiede, die es schuf, zu Recht. Paulus mußte also nicht nur sein Recht, Heiden zu predigen, sondern sie auch von der Beobachtung des Gesetzes zu entbinden, begründen.

Entscheidend ist, daß seine Heidenpredigt auf dem Gedanken der Erwählung beruht. Die Überzeugung, daß es unter den Völkern der jetzigen Generation viele Praedestinierte gebe, zwingt ihn, die Kunde des Evangeliums hinauszutragen. Diesen praedestinatianischen Grundcharakter des paulinischen Universalismus übersieht man gewöhnlich.

In seiner Eschatologie[436] hat auch die Vorstellung von dem himmlischen Jerusalem ihren Platz. Wir erfahren es zufällig, weil Paulus[437] die Antithese der oberen und der irdischen Stadt in einem Beweis von der wahren Abrahamskindschaft in einer exegetisch nichts weniger als unanfechtbaren Weise verwertet (Gal. 4,21–31). Durch Ezechiel war der Begriff des neuen Jerusalems als einer von Gottes Hand bereiteten Stadt in die Zukunftserwartung eingeführt worden. In der danielischen Eschatologie fand das Motiv, das die [Eschatologie] der exilischen und nachexilischen Prophetie so beschäftigt hatte, ebensowenig Verwendung wie das des messianischen Königs. Mit der Einführung der Totenauferstehung als Überleitung von der Gegenwart zur Zukunft bekommt letztere etwas ganz Übernatürliches. Die Vorstellungen, die diese Transzendierung nicht mitmachen können, fallen weg. Das Bedeutungsvolle an der Eschatologie Daniels ist eben, daß sie von dem Schema der vorexilischen und nachexilischen Propheten vollständig frei ist. Erst nach und nach werden die alten Begriffe in das danielsche Zukunftsbild hineingezeichnet.[438] Die Vorstellung vom neuen Jerusalem hatte eine gewisse Mühe, wieder in die Eschatologie hineinzukommen, trotzdem sie in den Büchern der Propheten so gut vertreten war. Es erforderte dies die Transzendierung des Begriffes einer Stadt, was sogar für die Apokalyptik eine nicht leicht vollziehbare Operation war. Im Buch Henoch werden die Wohnungen der Gerechten als im Himmel praeexistent beschrieben, aber nirgends dafür der Begriff des himmlischen Jerusalems eingeführt. Im Psalter Salomos ist gar nur davon die Rede, daß der messianische Herrscher Jerusalem von fremden Königen und den Heiden befreien wird. Die Transzendierung des Begriffs des neuen Jerusalems in den der im Himmel praeexistenten Gottesstadt muß sich also erst später vollzogen haben. Sie war in der Eschatologie wohl vorhan-

436 [Zuerst:] In der Eschatologie Pauli.

437 [Ms.:] er [das setzt die 1. Fassung des Satzbeginns (Nennung Pauli) voraus.]

438 [Gestrichener Satz:] Die Apokalytik der folgenden Zeit tut nichts anderes, als die Vorstellungen, die sie bei den Propheten findet, so gut es geht, mit dem Grundschema des Buches Daniel zu verbinden.

den,[439] rückte aber erst ins Zentrum, als die Zerstörung Jerusalems das Denken über die Zukunft beschäftigte. In den Apokalypsen Baruch und Esra, die die Situation fingieren, als wären sie auf den Trümmern des vorexilischen Jerusalems geschrieben,[440] wird der Gedanke durchgeführt, daß alle Weissagungen über Jerusalem niemals einer irdischen Stadt gegolten haben, sondern sich immer auf das wahre Jerusalem bezogen, das im Himmel beim Herrn bereitet ist, seit der Zeit, wo er den Entschluß faßte, das Paradies zu schaffen. Adam hat es gesehen, bevor er sündigte, und nach ihm Abraham und Moses. Am Ende, bei der Parusie des Menschensohnes, wird die verborgene Stadt offenbar werden.

In der Eschatologie des Hebräerbriefes (Hebr. 11,10 u. 16; 12,22; 13,14) spielt das praeexistente himmlische Jerusalem[441] eine große Rolle; die Sehnsucht der Patriarchen war schon darauf gerichtet. Die Apokalypse Johannis (Kap. 21) schildert es in Anlehnung an Ezechiel. Vielleicht geht auch das Wort Jesu vom Tempel, den er in Kürze neu erstehen lassen will (Mt. 26,61), auf die Vorstellung von dem Realwerden des himmlischen Jerusalems zurück.

Inwieweit Paulus die Schilderung Ezechiels auf seinen Begriff des praeexistenten himmlischen Jerusalems angewandt hat, ist für uns nicht ersichtlich. In der Stelle, wo er mit der Vorstellung operiert (Gal. 4[,26]), sieht er von dem Malerischen und Phantasievollen, das ihr anhaftet, vollständig ab und verwendet sie in ihrer einfachen transzendenten Bedeutung: das himmlische Jerusalem ist die Heimat, die Mutter der erwählten Heiligen. Es ist das unfruchtbare[442] Weib, das nach Jes. 54,1 in einem gegebenen Zeitpunkt an Kindern reich gesegnet wird. Diese Zeit ist jetzt gekommen, da in der Welt allenthalben Heilige als die Kinder des himmlischen freien Jerusalems offenbar werden und die Verfolgung des irdischen Jerusalems über sich ergehen lassen müssen, was in der Geschichte von Ismael und Isaak – nach dem Phantasietext, den Paulus sich zurechtmacht – vorgebildet sein soll.[443] Interessant ist, daß auch in der Apokalypse Esra das obere Jerusalem als Weib gedacht wird.

Das himmlische Jerusalem ist in dieser spekulativen Fassung die Gemeinschaft der Heiligen und berührt sich darin mit dem Begriff der «Kirche».[444] Man irrt, wenn man meint, daß Paulus, wo er von «Gemeinde» (ἐκκλησία) spricht, damit nur die empirische Einzelgemeinde meinen könnte, und wo er von der «Kirche» oder «Kirche Gottes»

---

439 [R] Gemeinde der Gerechten.

440 [R] [Fragezeichen.]

441 [R] ἐκκλησία, Hebr. 12,23.

442 [Einzuschieben (das Einschubzeichen ist jedoch wieder gestrichen):] einsame.

443 [R] *Gemeinschaft der Erwählten.*

444 [Darüber:] Gemeinde [«Kirche» ist mit Bleistift gestrichen.]

allgemein rede, damit die Urgemeinde zu Jerusalem bezeichnen wolle.[445] Die «Gemeinde Gottes», die er verfolgte (Gal. 1,13, I Kor. 15,9, Phil. 3,6), in welcher der Herr Apostel, Propheten, Lehrer und alle Krafterweise geistesbegabter Menschen vorgesehen hat (I Kor. 12,28), der die korinthische Gemeinde ebensowenig zum Anstoß gereichen darf als die Juden und Griechen, ist eine allgemeine und an sich überempirische Größe. Die Einzelgemeinden sind Teilerscheinungen derselben. Der korrekte Ausdruck lautet: «die Kirche Gottes, die da ist zu Korinth» (I Kor. 1,2; II Kor. 1,1). Die Einzelgemeinden sind das, was von der von Gott bestimmten Gemeinde der Heiligen jetzt kurz vor der Endzeit an verschiedenen Orten sichtbar wird.[446] Die «Gemeinde» ist nicht die einfache Summation der Einzelgemeinden; sie umfaßt die Erwählten aller Generationen und wird offenbar, wenn die ganze Menschheit auferstanden ist; daß die Gemeinde Gottes jetzt in diesem Äon unter der Menschheit sichtbar wird, indem die Erwählten durch den Glauben an das Evangelium offenkundig werden und sich in Gemeinschaft zusammenfinden, gehört zu den Besonderheiten der Zeit, die dem Ende unmittelbar vorangeht. Die Gläubigen stellen nur das Kontingent dar, das die letzte Menschengeneration[447] liefert.[448] Das Evangelium, dessen Predigt erst nach dem Tode Jesu möglich ist, ist das Reagens, welches erkennen läßt, was unter der lebenden Menschheit zur «Gemeinde Gottes» bestimmt ist. Die vorhergehenden Zeiten, da es keine Predigt des Evangeliums gab, besaßen kein solches Reagens; die Kirche Gottes war in den Erwählten vertreten, blieb aber unsichtbar.[449]

Paulus hat den Begriff der «Gemeinde Gottes» in seiner Spekulation nicht weiter verwandt.[450] Er fand in der von ihm geschaffenen Vorstellung vom Leib Christi ein Aequivalent, das ihm viel besser dienen konnte, weil es den Tod und die Auferstehung Jesu Christi, die Grundtatsachen, mit denen er operierte, in sich einschloß.

Es ist aber für die Dogmengeschichte von großer Bedeutung, zu konstatieren, daß das Urchristentum, wie es uns im Heidenapostel entgegentritt, nicht von dem Begriff einer Mehrheit empirischer Einzelgemeinden, die sich zu einer Einheit zusammentun, ausgegangen ist, sondern von Anfang an einen Idealbegriff der Einheit besaß, welcher zum Dogma gehörte. Setzt man für die älteste Zeit diesen Begriff nicht voraus, so ist unerklärlich, wie er plötzlich in der Spekulation auftaucht. Im

---

445 [R] Paulus [hat die] Spekulation nicht ausgebaut, aber [sie] ist da. [Vgl. den Anfang des nächsten Abschnitts.]

446 [R] [Neben gestrichenen Stellenangaben eine nicht gestrichene:] Röm. 16,1: ἐκκλησία ἡ ἐν Κεγχρεαῖς.

447 [Darüber (hier einzufügen?):] zur «Gemeinde».

448 [R] Daß jetzt sich als vom himmlischen Jerusalem wissen[?]

449 [R] Herr: weil darin Erhöhung!

450 [Vgl. o. Anm. 445.]

Epheserbrief werden Christus und die Kirche als [wie] in dem Verhältnis von Mann und Weib zueinander stehend[451] geschildert. Er ist das Haupt und hat sich in Liebe für sie dahingegeben, daß er sie reinigte und heiligte, um sie am Ende untadelhaft darzustellen. Der Spruch, daß Mann und Weib ein Fleisch sind, ist ein großes Mysterium und ist von Christus und der Kirche zu verstehen (Eph. 5,20–32). In ausgebildeter Gestalt erscheint diese Spekulation am Anfang des 2. Clemensbriefes. Hier ist die Kirche eine pneumatische Größe, die vor Sonne und Mond geschaffen war. Die Erschaffung des Mannes und des Weibes in Gen. 1 geht auf Christus und die Kirche. Durch Christus wurde die Kirche fruchtbar. Als er im Fleisch erschien, da wurde auch, am Ende der Tage, die Kirche im Fleische sichtbar; während sie vorher nur als geistige Größe existiert hatte, hat sie jetzt Gestalt gewonnen und zählt Menschen als ihre Angehörige. Vorher war sie unfruchtbar; jetzt aber sind ihre Kinder plötzlich viele, so daß sich das Wort aus Jes. 54,1 – dasselbe, das Paulus [in] Gal. 4,27 auf sie anwendet – an ihr erfüllt hat. Das sind keine Kuriositäten, sondern einfache urchristliche Gedanken in primitiv-griechischer Spekulation von der Fleischwerdung der Kirche dargestellt. Im Hebräerbrief wird die praeexistente Kirche zugleich mit dem himmlischen Jerusalem erwähnt (Hebr. 12,22 u. 23).

Nur wenn man sich vergegenwärtigt, daß das Christentum schon von der ersten Generation an einen idealen Begriff der Gemeinschaft kannte, der in die Wirklichkeit hineinreichte und die Einzelgemeinden unter sich und zugleich mit einer überempirischen Größe verband, kann man die Entstehung und das Wesen des katholischen Kirchenbegriffs verstehen. Setzt man nur eine Mehrheit von sich zusammenschließenden Einzelgemeinden voraus und versucht man, ihn daraus empirisch-historisch entstehen zu lassen, so bleibt alles unerklärt. Man steht dann vor dem Rätsel, daß man kein «Werden» des Kirchenbegriffs nachweisen kann und einfach konstatieren muß, daß er bei Ignatius sich wie aus der Kanone geschossen präsentiert. Die ideale Größe, aus der er sich materialisiert hat, ist mit der Eschatologie gegeben und figuriert in der Gedankenwelt Pauli, nur daß dieser sie dem Leib Christi gleichsetzt (I Kor. 12,12–31) und in dieser Form in seiner Spekulation verwendet. Ohne die Vorstellung von der «Gemeinde» im allgemeinen Sinn hätte er den Begriff des Leibes Christi aber nicht so denken und formulieren können. Wahrscheinlich ist die Vorstellung von der «Gemeinde» schon von Jesus aus der Eschatologie übernommen worden. Mt. 16,18 bestellt er Petrum zum Hort seiner «Gemeinde» und vertraut, daß die Pforten der Hölle sie nicht überwältigen werden. An dem Wort kann nicht alles unhistorisch sein, so schwer es auch zu erklären ist. Vielleicht erwartet

451 [«zueinander stehend» ist im Ms. gestrichen.]

er einen Ansturm der Höllenmächte wider sie, zu der Zeit, wo er von ihnen entrückt ist. Was wissen wir, wie er sich die Zukunft der Erwählten unmittelbar nach seinem Tod gedacht hat![452] Das Wort Mt. 18,17, in welchem er die «Gemeinde» als die letzte Instanz für den Streit zwischen den Brüdern statuiert und den, der sich nicht fügt, für[453] einen Heiden und Zöllner geachtet, d. h. verloren gegeben haben will, bietet Anlaß zur Beanstandung als späteren Eintrag auch nur, wenn man sich unter der Gemeinde die empirische Einzelgemeinde vorstellt. Bei dieser ist nicht erklärlich, wie sie zu dieser Vollmacht kommen soll. Ist damit aber die Gemeinde im eschatologischen Sinn, der in der Welt sichtbar werdende Teil der Idealgröße aller Erwählten, gemeint, so gewinnt das rätselhafte Wort einen andern Sinn, besonders da der Herr im Anschluß daran ausführt, daß alles Richten und Erlassen, das hienieden innerhalb der Gemeinde ausgeübt wird,[454] eo ipso auch für den Himmel Geltung hat, daß, wenn zwei in einer Bitte übereinstimmen, der Vater im Himmel es ihnen gewähren muß, und wenn zwei oder drei in seinem Namen versammelt sind, er dort mitten unter ihnen sein wird (Mt. 18,18–20). Das alles zeigt, daß die Größe, um die es sich handelt, Himmel und Erde miteinander umspannt. Es kann sich also nur um die in die Erscheinung tretende Gemeinde der Heiligen handeln. Hier wie in Mt. 16,18 liegt eine Rede über die «Gemeinde» vor; Jesus spricht von ihrer Machtvollkommenheit und ihrem organischen Zusammenhang mit der himmlischen Welt. Dasselbe meint Paulus mit dem Ausdruck «Gemeinde Gottes».[455]

Das Reich Gottes[456] gehörte für Jesus zu den praeexistierenden Gütern; beim Gericht wird der Menschensohn die Gerechten auffordern, als die Gesegneten seines Vaters herbeizutreten und das Reich in Besitz zu nehmen, das ihnen von Anbeginn der Welt bereitet ist (Mt. 25,34). Bei Paulus wird der praeexistente Charakter des Reiches nie erwähnt, aber doch wohl vorausgesetzt, da es sich mit dem als urzeitlich gedachten himmlischen Jerusalem teilweise deckt. Es ist weiter als die Begriffe, die es mit der Gemeinde der Erwählten zu tun haben, denn er[457] involviert noch die gleichzeitige Verklärung der natürlichen Welt. Wenn die ganze Schöpfung aus dem Zustand der Vergänglichkeit in den von ihr erseufzten [Zustand] der Unvergänglichkeit versetzt wird (Röm. 8,19–22),

---

452 [R] Liebe als Analogie die Sachen[?] selber!

453 [«für» ersetzt das gestrichene Wort «als» (welches wohl richtiger wäre).]

454 [R] Eschatol. I Kor. 11,26.

455 [R] Natur verklagen[?]. Röm. 8,18 [14] υἱοὶ τοῦ θεοῦ [«Söhne Gottes»; 8,16: τέκνα «Kinder»].

456 [R] Reich Gottes, βασιλεία I Kor. 15,24. Röm. 14,17: denn nicht ist das Reich Gottes [Essen und Trinken,] sondern ... I Kor. 4,20: [nicht] in Worten [beruht das Reich Gottes ...]

457 [Ms. (undeutlich):] er [Ist damit nicht das «himmlische Jerusalem» gemeint? Dazu würde passen der gestrichene Satzschluß:] damit das Reich Gottes.

dann ist das Reich Gottes da. Für Paulus wie für Jesus ist es an sich eine zukünftige Größe. Es existiert erst nach dem Gericht und der Totenauferstehung. Im Zustand des natürlichen Fleisches und Blutes kann man es nicht ererben (I Kor. 15,50), und die, welche als Schlechte beim Gericht nicht bestehen, können nicht hineinkommen (I Kor. 6,9 u. 10; Gal. 5,21).

Auffälligerweise setzt aber Paulus diese Vorstellung von der Zukünftigkeit in zwei Sprüchen bis zu einem gewissen Grade außer Kraft. Wenn er sagt, daß das Reich Gottes[458] nicht in Worten, sondern in Kraft stehe (I Kor. 4,20) und daß es nicht Essen und Trinken, sondern Gerechtigkeit, Friede und Freude am heiligen Geist sei (Röm. 14,17),[459] so denkt er es sich irgendwie gegenwärtig. Darin geht er über Jesus hinaus; er vermag einer Größe, die ihrem Wesen nach zukünftig ist, eine Färbung zu geben, die sie als gegenwärtig erscheinen läßt.[460]

Daß er den Ausdruck, der die Predigt Jesu beherrscht, verhältnismäßig so selten anwendet, erklärt sich von selbst. In seiner Spekulation und Apologie hat er es immer mit dem Zustand der Gläubigen in der Gegenwart zu tun und kommt also nicht in die Lage, mit dem Begriff des Reiches Gottes, dessen Grundwesen für ihn trotz der Inkonsequenzen zukünftig bleibt, zu operieren. Nicht uninteressant ist, daß für ihn die Anwendung des Ausdrucks in dem gewöhnlichen zukünftigen Sinn nicht ohne gewisse sprachliche Schwierigkeiten ist. Für Jesus beginnt das Reich Gottes nach der Parusie des Menschensohnes und deckt sich mit dem messianischen Reich; für Paulus existiert das Reich Gottes im eigentlichen Sinn erst vom Augenblick an, wo Christus nach Überwindung der Engelmächte seine Herrschaft in Gottes Hände zurückgibt; was vorhergeht, ist Reich Christi (I Kor. 15,24). So hat durch die Verschiebungen in der Vorstellung [von] der Zukunft der Begriff «Reiche Gottes» einen Riß bekommen.

Auch die Gottessohnschaft ist von Haus aus futurisch gedacht. Die Gläubigen erwarten die Kindschaft, die Erlösung vom irdischen Leibe; mit ihnen sehnt sich die ganze Natur nach der Erscheinung (ἀποκάλυψις) der Gottessöhne (Röm. 8,18–23). Gottsöhne gibt es also eigentlich erst nach der Verklärung der Welt, wenn das Reich gekommen ist. Da aber schon in dem jetzigen Äon die Erwählten als solche erkennbar werden, spricht Paulus von der Gottessohnschaft, als ob sie schon gegenwärtig sei, während sie tatsächlich erst der Bestimmung nach existiert. In demselben proleptischen Gebrauch des Wortes hatte auch Jesus von Menschen im natürlichen Zustand als von Kindern Gottes gesprochen. Man muß sich aber vergegenwärtigen, daß er dies nur auf Grund

458 [R] Warum Reich Gottes so selten bei Paulus? [Vgl. den nächsten Abschnitt.]
459 [R] [Zu den beiden vorgenannten Stellen: Fragezeichen.]
460 [R] Für griech. koine [?]: schwer zu entscheiden, was wirklich Bedeutung hatte.

der Praedestination tun kann. Nicht der Mensch schlechthin ist für ihn Gottessohn, sondern der Berufene, der als solcher im Reich offenbar werden wird. Es ist ganz selbstverständlich, daß unsere Religiosität den Gedanken an sich festhält und sich um die praedestinatianische und eschatologische Beschränkung, in welcher er zuerst auftrat, nicht kümmert. Das ist das Recht des Geistes. Der Gedanke der Gotteskindschaft mußte sich von selbst zur Allgemeinheit entwickeln, kraft deren jedes Menschenwesen in dieser Beziehung zum unendlichen Geist steht, was freilich das Aufgeben der praedestinatianischen Vorstellung, die die Religion so lange in ihrer Entwicklung aufgehalten hat, einschließt. Der Historiker darf aber nicht übersehen, daß die Idee aus der praedestinatianisch-eschatologischen Weltanschauung geboren ist. Diese Beschränkung war vielleicht notwendig, damit der Geist sie in der Unmittelbarkeit, wie sie uns bei Jesus entgegentritt, überhaupt zu denken wagte.

Paulus ist, im Unterschied zu Jesus, für die Annahme der Gegenwärtigkeit der Gottessohnschaft nicht nur auf die Praedestination beschränkt. Es stehen zwei Tatsachen zur Verfügung. Der Geist, den Gott den Gläubigen auf Grund ihrer Erwählung zur Gottessohnschaft geschickt hat, bezeugt es ihnen, indem er für sie zu Gott als zum Vater ruft (Gal. 4,6–7; Röm. 8,15). Ferner ist sie als gegenwärtig gegeben durch die Gemeinschaft mit Christo, die irgendwie [als] schon in dem jetzigen Zustand wirksam gedacht ist (Gal. 3,26 u. 27). Aber in Wahrheit wirklich wird sie dennoch erst bei der Auferstehung und Verwandlung, wenn sich die ewige Bestimmung an ihnen erfüllt, daß sie dem Bilde des Sohnes Gottes, des Erstgeborenen unter vielen Brüdern, gleichgestaltig werden (Röm. 8,29).

Mit dem Bestreben, das Zukünftige des Erlösungszustandes immer als ein schon bis zu einem gewissen Grade Gegenwärtiges darzutun, hängt es zusammen, daß das Wort «Errettung» (σωτηρία),[461] welches den Grundbegriff der eschatologischen Erlösungslehre darstellt, in den großen Briefen nicht häufig auftritt. Daß diese Vorstellung auch für Paulus die ursprüngliche ist, ersieht man aus den Stellen, wo sie begegnet (Röm. 10,9; Phil. 1,28;[462] Röm. 13,11). Der Ausdruck ruft aber so sehr die Vorstellung vom künftigen Gerichtsakt ins Gedächtnis,[463] daß er Modulationen in das Gegenwärtige nicht leicht erlaubt. Er rückt daher an die Peripherie.[464] Einmal wagt Paulus, in Auslegung einer alttestamentlichen Stelle, die Paradoxie, die ganze gegenwärtige Zeit als «Tag der Errettung» auszugeben (II Kor. 6,2/[Jes. 49,8]).

---

461 [R] δόξα [Herrlichkeit] zukünftig, Röm. 5,2.

462 [R] σωτηρία zukünftig, Phil. 1,28.

463 [Zweite, nicht ganz vollständige Fassung:] Der Ausdruck ist aber so sehr [mit der] Vorstellung vom künftigen Gerichtsakt verbunden, ...

464 [R] δικαιοσύνη [Gerechtigkeit] zukünftig, Gal. 5,5. δικαιοσύνη [δικαιωθέντες] νῦν ἐν τῷ αἵματι [αὐτοῦ] [«die jetzt durch sein Blut Gerechtfertigten», Zitat undeutlich,] Röm. 5,9.

Nicht alle Motive, die die Eschatologie bot, sind von Paulus ausgenützt worden. Manche, denen nach ihrer sonstigen Bezeugung eine große Bedeutung zukam, sind bei ihm nur schwach oder gar nicht verwendet.

Im Psalter Salomos (15[,8]) findet sich die Idee der Zeichnung für die Errettung (Ezech. 9,1 ff.) ausgeführt; es wird angenommen, daß die Frommen Gottes Zeichen an sich tragen und so vom Zorn Gottes verschont bleiben, wenn die Feuersflammen ausgehen, um die Sünder zu vernichten. Das Motiv gewann dann in der johanneischen Apokalypse eine große Bedeutung. Sie nimmt geradezu zwei Menschheiten an: die eine ist von Gott, die andere vom Bösen gezeichnet (Apk. 2,17; 3,12; 7,2; 9,4; 13,11 ff.; 20,45 ff.). Bei Paulus wird der Gedanke mehr nur gestreift, wenn er davon redet, daß die Gläubigen durch den Geist von Gott aus versiegelt werden und darin ein Unterpfand haben (II Kor. 1,22 und 5,5). Die Idee hat für ihn untergeordnete Bedeutung, weil er als Gewähr der Zukunft Tatsachen hat und in der Zeit lebt, wo die Erwählten durch ihre Zugehörigkeit zur Gemeinde Gottes auf Erden schon vor dem Gerichte kenntlich sind.[465] Für die apostolischen Väter ist die Taufe das Siegel, das unverletzt bewahrt werden muß.

Vom messianischen Mahl redet er nicht, obwohl es in der nachexilischen Eschatologie und in den Reden Jesu eine große Rolle spielt. Das Lebenswasser und die Lebensquelle erwähnt er ebenfalls nicht. Und doch handelt es sich auch hier um eine Vorstellung, die sicherlich zum Gemeingut der Eschatologie gehörte. Sie stammt aus Ez. 47,1 ff., Tritojesaja (49,10; 55,1) und Deuterosacharja (14,8). In der Apokalypse Johannis (7,17; 21[22], 1.2.17)[466] findet sie eine hervorragende Verwendung und gewinnt in der Theologie des 4. Evangeliums spekulative Bedeutung (Joh. 3,5; 4,13 ff.; 7,37 ff.), indem sie mit den Begriffen Taufe, Geistbesitz und Wiedergeburt kombiniert wird.

Auch das Paradies (Apk. Baruch [4,6], Apk. [Joh.] 2,7), der Lebensbaum (Ez. 47,12,[467] Henoch 24 u. 25,[468] Apk. 2,7; 22,14[469]) und das Manna der Endzeit (Apk. Baruch 29[,8], Apk. 2,17, Ev. Joh. 6,31–58) werden in den paulinischen Briefen nicht erwähnt. Damit ist nicht gesagt, daß sie in seiner Eschatologie nicht ihren Platz hatten, gerade so wie das himmlische Jerusalem. Aber da sein Interesse nicht auf die Schilderung der Zukunft geht, sondern der Spekulation über Geistbesitz und Tod und Auferstehung Jesu gehört, wird uns von eschatolo-

465 [R]! Ich trage das Zeichen Christi an mir [Gal. 6,17]!
466 [22,1.17; in 21,6.]
467 [Bäume (Mehrzahl).]
468 [Das Ms. nennt 24,1–11; 24 u. 25 ist darüber geschrieben mit Fragezeichen. Die letztere Angabe jedoch ist zutreffend (Kap. 24 hat nur 6, nicht 11 Nummern).]
469 [22,14: Bäume (Mehrzahl).]

gischen Vorstellungen nur das sichtbar, was damit eine Verbindung eingeht.

Die Intensität der Erwartung des Endes macht sich in allen Briefen elementar bemerkbar. Der Gedanke, daß die Wachenden schon das Morgengrauen des Tages, der die neue Welt heraufführt, erschauen, wo die andern noch wähnen, es sei Nacht und Schlafenszeit, beherrscht sein Denken, während er den Römerbrief schreibt, nicht minder, als zur Zeit, da er den 1. [Brief] an die Thessalonicher verfaßte (I Thess. 5,1–8). Die Nacht ist vorgerückt und der Tag nahe gekommen (Röm. 13,12); das Warten ist so kurz bemessen, daß die Römer durch die Zeit[, die] seit ihrer Bekehrung ablief, der Errettung bedeutend näher gekommen sind (Röm. 12[13],11). Mit der Möglichkeit, daß er vor der Parusie sterben könne, will sich der Apostel nicht abfinden. Die Lebhaftigkeit der Erwartung gehört zum Urchristlichen der paulinischen Eschatologie. Sie ist aber nicht das entscheidende Merkmal. In der Apokalypse Esra, im 2. Petrusbrief, bei einzelnen apostolischen Vätern begegnet man Ausdrücken und Wendungen, die ebenfalls auf eine glühende Gewißheit des nahen Endes schließen lassen. Das Bezeichnende ist die Art, wie sich die eschatologische Erwartung bei Paulus mit den Tatsachen des Todes und der Auferstehung Jesu Christi, des Geistbesitzes und der Bedrängnis, der die Gläubigen ausgesetzt sind, verbindet.[470]

g) VIII:
Tod und Auferstehung Jesu. Leidensgemeinschaft und Todesgemeinschaft. Heiliger Geist[471]

Die[472] Bedeutung, die Jesus seinem Tod gegeben hatte, war sein Geheimnis geblieben. Nur soviel war den Jüngern aus den wenigen Worten, die er darüber fallen ließ, klar geworden, daß seine Ankunft als Menschensohn an den vorhergehenden Tod geknüpft sei und daß die-

---

470 [Anschließende Notizen (untere Seitenhälfte):]

Äußere[?]	Jesus	
Tod	– Engelherrschaft	Zwei Tatsachen
Auferstehung	– Garantie	Weltveränderung!
Gemeinschaft.		

Nicht mehr in Erwartung! Gegenwart. Überspannung! Verklärungszeit schon angefangen. Sterben und Auferstehen wirkt sich aus. Chaotischer Zustand!
Sam[?] nur durch Vernichtung zum Leben! *Gemeinschaft*!
Daraus den mystischen Sinn alles Geschehens!
Alles schon gegenwärtig.
[R] Die Vergegenwärtigung nicht eine Entwicklung, sondern Überspannung der Eschatologie.

471 [R] 1909.

472 [R] Tatsachen, auf die die eschatologische Gewißheit zurückgeht.

sem Tod zugleich eine sühnende Bedeutung «für viele», d. h. für die, die zum Reich berufen waren, zukomme [Mk. 10,45]. Ganz allgemein stand für sie wohl fest, daß das Kommen des Reiches für die Erwählten an das Leiden und den Tod Jesu gebunden war und daß diese Verbindung irgendwie darauf beruhe, daß durch das, was er auf sich nahm, die Schuld gesühnt wurde, die auf der Welt lastete und die Verwirklichung der verheißenen Herrlichkeit noch aufhielt. Es handelte sich also nicht um eine persönliche Sündenvergebung. Der Tod Jesu war ein eschatologisches Ereignis.

Dies muß man sich vorhalten, wenn man sich klar machen will, was das Urchristentum über den Tod Jesu dachte. Es war nicht einzig auf die Andeutungen Jesu und auf die alttestamentlichen Stellen, in denen man Anspielungen auf das Leiden des Herrschers der Zukunft entdecken konnte, angewiesen, sondern es betrachtete den Tod des Herrn im Rahmen der Eschatologie und erschloß seine Bedeutung, indem es sich vergegenwärtigte, inwieweit die Ereignisse der Endzeit dadurch in Gang gerückt und vorangekommen waren. Diese Erwägungen bildeten seine Lehre vom Tode Jesu. Sie war nicht etwas ganz allgemein Gehaltenes, in dem sich persönliche Ansichten, aus dem Gemüt und dem «religiösen Erlebnis» entsprungen, im Zustande der Unbestimmtheit frei bewegten. Es handelte sich um eine festgefügte Lehre, in der nur das galt – aber dieses immer –, was durch Tatsachen der Eschatologie gegeben war.[473]

Der Tod Jesu war also für den «Urchristen» Paulus ein «Weltereignis». Von dieser allgemeinsten Bedeutung muß man ausgehen, wenn man die Gesamtheit seiner Aussagen verstehen will. Alle gehen sie irgendwie auf die allgemeine kosmische Bedeutung des Todes [Jesu] zurück.

Was ist durch den Tod Jesu in der Welt anders geworden? Er wurde von der Auferstehung gefolgt. Wie der Glaube der Jünger und der Urgemeinde, daß Jesus aus dem Grabe erstanden sei, historisch und psychologisch zu erklären ist, kommt hier nicht in Frage. Es stand für sie als Tatsache fest.

Die Auferstehung Jesu war nicht ein Ereignis, das ihn allein persönlich betraf. Zunächst war damit gegeben, daß eine Auferstehung überhaupt bestand. Durch das, was an ihm geschehen ist, wird den Erwählten ihre Auferstehung garantiert. Der den Herrn Jesum Christum auferweckt hat, wird seine Macht auch an ihnen erweisen (I Kor. 15,12ff.; II Kor. 4,14). Dies muß aber in Bälde geschehen. Wenn eine Auferstehung schon stattgefunden hat, ist es ein Zeichen, daß man in die auf die Endzeit verheißene Auferstehungszeit eingetreten ist. Für die ersten Christen war die Auferstehung Jesu ein Ereignis in der allgemei-

473 [R] Jesu Tod und Auferstehung als kosmisches Ereignis.

nen Totenauferstehung. Sie dachten beide nicht getrennt, sondern in einem Akt. Eine kurze Spanne Zeit hatte sich zwischen beide eingeschoben, ohne daß man eigentlich wußte, warum. Man suchte sich auf eine Weise mit dieser «Zwischenzeit»[474] abzufinden, indem man annahm, daß sie als Gnadenfrist zur Buße und zur Verbreitung des Evangeliums von Gott zugegeben sei.[475] Aber an der Tatsache, daß die Auferstehung Jesu und die, welche den Erwählten verheißen war, organisch zusammengehörten und einen Akt bildeten, konnte die zeitliche Verschiebung nichts ändern; sie war ja übrigens so kurz bemessen, daß die Parusie mit der Totenauferstehung jeden Augenblick eintreten konnte.[476] In dem Augenblick, wo Jesus als Erstling unter den Entschlafenen (I Kor. 15,20) ersteht, beginnen die Geburtswehen, in welchen die Welt die Toten, die sie in sich trägt, dem Leben geben muß.[477]

Aus der Totenauferstehung ist der Herrscher der Endzeit hervorgegangen. Auch damit ist die Nähe des Endes angezeigt. Man lebt in der Weltzeit, in der diese Persönlichkeit schon mit ihrer Macht ausgerüstet ist und jeden Augenblick das Zeichen empfangen kann, ihres Amtes zu walten.

Es ist also durch Tatsachen bewiesen, daß man auf Grund des Todes Jesu in eine neue Weltzeit eingetreten ist. Seine Auferstehung und Erhöhung gehören mit dem Tode zusammen. Für Paulus gibt es keine Lehre vom Tode Jesu allein. Tod, Auferstehung und Erhöhung bilden eine einzige Tatsache.[478] In jedem Ereignis sind die andern [Ereignisse] zugleich immer mitgedacht und geben ihm erst seine Bedeutung. Darum ist der Tod allein bei ihm fast nie erwähnt; er spricht immer von Tod und Auferstehung, wobei die Auferstehung die Erhöhung einschließt.[479] Die reformatorische Betrachtung, die in der modernen wissenschaftlichen Forschung noch immer etwas nachwirkt, fand bei ihm eine Lehre vom Tode Jesu und eine Lehre von seiner Auferstehung; damit war das historische Verständnis von vornherein unmöglich gemacht.[480]

Auch für Jesus[481] bildeten Tod, Auferstehung und Erhöhung zur Parusie eine Kette untrennbarer und rasch aufeinander folgender Ereig-

---

474 [R] Zwischenzeitstheologie.

475 [Darüber fragmentar. Notiz:] Aber nicht mehr wie Henoch, [die] Zahl der Gerechten [müsse] voll werden.

476 [R] Über die sühnende Bedeutung nie...

477 IV Esra 4,41 f.: Die Wohnungen der Seelen im Hades sind dem Mutterschosse gleich; denn wie ein gebärendes Weib der Schmerzen der Geburt möglichst bald sich zu entledigen strebt, so streben auch sie danach, möglichst bald das zurückzugeben, was ihnen im Anfang vertraut ist.

478 [R] Lehre vom Tode = Bereitung des Reiches.

479 [R] Nichts von Himmelfahrt.

480 [R] Zugleich unerklärlich, wenn man von Psychologie ausgeht und was jetzt am einzelnen Menschen verändert...

481 [Darüber:] in Jesu Erwartung.

nisse.[482] Tod und Auferstehung waren nur der Auftakt zu seiner Erscheinung in Herrlichkeit, wobei er wohl kaum mit einer langen Frist zwischen Auferstehung und Parusie gerechnet hat.[483] Die Gedanken der Jünger beschäftigen sich, wie ihre Streitigkeiten erkennen lassen, ausschließlich mit der Parusie; den Richtern verheißt Jesus, daß sie ihn als Menschensohn auf den Wolken des Himmels kommend sehen werden [Mk. 14,62].

Die Anschauungen Pauli decken sich also, was die Verbindung von Tod, Auferstehung und Parusie betrifft, mit denen Jesu.

Ist die neue Weltzeit aber irgendwie angebrochen,[484] so will das heißen, daß die Herrschaft, die bisher die Macht in Händen hatte, durch den Tod und die Auferstehung Jesu vernichtet ist.[485] Schon die danielische Weltanschauung beruht auf dem Gedanken, daß die Welt unter der Herrschaft von Engelwesen steht, die zu Gott nur in einem bedingten Abhängigkeitsverhältnis stehen. Die damit gegebenen Ansätze zu einer dualistischen Betrachtung der Dinge werden in der späteren Apokalyptik so weit entwickelt, daß gerade noch die Suprematie Gottes gewahrt bleibt. Man nimmt an, daß die bösen Geistwesen die Herrschaft über die Welt zum großen Teil an sich gerissen haben. Die Bedeutung der Endereignisse liegt darin, daß sie ihrer Herrschaft beraubt werden.

Dies war auch die Ansicht Jesu. Die Zeichen und Wunder, die durch ihn geschehen, sind ihm ein Beweis, daß Gott im Begriff ist, seiner Allmacht in der Welt wieder Geltung zu verschaffen, und daß das Reich Gottes schon im Anzug ist.[486] Wäre der Satan nicht schon gebunden, so könnte man nicht in sein Haus einbrechen und ihn berauben [Mt. 12,22–30).[487]

Paulus nimmt nicht nur allgemein an, daß die Menschheit den Engelwesen ausgeliefert ist. Er zeigt noch auf, daß Dinge, die an sich nicht bös, sondern nur unvollkommen sind, auf sie zurückgehen. Die jüdische Gesetzgebung ist ihr Unternehmen. Nicht zwischen Gott und dem Volk, sondern dem Volk und der Engelwelt hat Moses den Vermittler gespielt (Gal. 3,19). Gott ließ die Menschheit der Macht der Elementargeister verfallen, damit sie bis zum Ende der Zeit im Zustande der Unfreiheit erhalten würden (Gal. 4,1–4); die Feste, die gefeiert werden, bedeuten in Wahrheit eine Unterwerfung unter die Engel (Gal. 4,8–10).

482 [R] Tod. Ein Ereignis in der Drangsal; Auferstehung Auftakt zu...

483 [Gestrichene Fortsetzung:] wenn er überhaupt... Vielleicht auch dachte er sich seine Erhöhung als eine Verwandlung aus der Leiblichkeit in den Zustand der Verklärung, die am Ende seines Leidens eintreten sollte.

484 [R] [durch Pfeilverweis als hierher gehörig gekennzeichnet:] Engelherrschaft durch Tod Jesu gebrochen.

485 [R] Die Möglichkeit des Anbrechens der neuen Welt gegeben.

486 [R] Wie der eschatologische Jesus mit [zu] Paulus in Beziehung steht.

487 [Beigefügte Bemerkung:] Also nicht Zeichen der Allmacht schlechthin.

Inwieweit Paulus diese mit den heidnischen Göttern in Verbindung bringt, läßt sich aus den in Frage kommenden Stellen nicht ersehen.

Zu den Engelwesen, die die Weltherrschaft an sich gerissen haben, gehört auch der Tod.[488] Die Menschheit ist ihm in ihrem ersten Vertreter ausgeliefert. Es war durch Gott bestimmt, daß am Ende der Zeit sein Sohn dieser Macht ein Ende bereiten würde (Gal. 4,[4 u.]5)[489] und die Menschheit, soweit sie erwählt ist, aus ihrer Knechtschaft loskaufte (Gal. 4,5). Den Engelwesen war dies verborgen. Sie besaßen die obere Weisheit nicht (I Kor. 2,6–7[8]). In ihrer Unwissenheit taten sie, was ihre Herrschaft stürzen sollte.[490] Sie kreuzigten Jesum, der zum Herrn der Herrlichkeit bestimmt war (I Kor. 2,8). Damit verlor der Gewaltigste unter ihnen, der Tod, seine Macht, denn es zeigte sich, daß der Gekreuzigte aus seiner Gewalt zum Leben erstand. Zugleich verfiel das Gesetz, das Werk, mit dem die Menschheit in Knechtschaft erhalten werden sollte, der Auflösung. Es behauptete, daß jeder am Holz Hängende verflucht sei; Jesus Christus war aber nicht verflucht, wie sich aus der Auferstehung ergab (Gal. 3,13).[491]

Ob sich Paulus diese Vernichtung der Engelmächte mehr gnostisch als eine Überlistung denkt, oder ob er annimmt, daß die zeitweise Auslieferung Jesu in ihre Macht eine Leistung an sich darstellt, durch welche gewissermaßen das Lösegeld für die Menschheit aufgebracht wird, ist nicht ganz klar. Vielleicht kombiniert er beide Vorstellungen. Im Grunde war ja die Begründung auch gleichgültig. Die Tatsache, daß der künftige Herrscher aus Toten auferstanden war, bewies, daß die neue Zeit angebrochen war und die bisherigen Machthaber das Spiel verloren hatten.

Das will nicht heißen, daß sie schon ganz vernichtet sind. Sie sind im Begriff, es zu werden (I Kor. 2,6); ihre Armut und Schwachheit ist dem, der in die Geheimnisse Gottes blickt, nicht verborgen (Gal. 4,9). Aber sie geben sich noch nicht verloren; noch bei der Parusie werden sie Widerstand leisten, um im Kampfe mit Jesus Christus, seinen Engeln und den Heiligen überwunden zu werden, worauf sie vor dem Gericht der Gläubigen erscheinen müssen (I Kor. 15,24–27; 6,2 u. 3; Phil. 2,10).

In der Zeit aber von der Auferstehung Jesu bis zur Parusie suchen sie ihre Herrschaft mit allen Mitteln aufrecht zu erhalten. Der «Gott dieser Welt» verdunkelt den Sinn der Ungläubigen, daß ihnen der Glanz des

---

488 [Darüber die Notiz:] Ausführen, was Tod ist.

489 [Zu nennen wären wohl noch Stellen wie Röm. 8,2; I Kor. 15,26.54; II Kor. 1,10.]

490 [R] Gesetz vernichtet, soweit Engel vernichtet: daraus der schwierige Standpunkt Pauli. Immer[?] auf Engel zurückgehen! Was er da nicht klar ausdrücken kann, auch sonst [. . .]

491 [In V. 13 zieht Paulus nur den Schluß, daß «Christus uns vom Fluch des Gesetzes losgekauft hat, indem er für uns zum Fluch geworden ist». – «Wie sich aus der Auferstehung ergab»: I Kor. 15,21.22; Röm. 8,11.]

Evangeliums verborgen bleibt (II Kor. 4,4). In den Gläubigen erkennen die Engelwesen die Menschheit, die sich von ihnen frei machen will. Darum suchen sie, wie sie sie vernichten könnten.[492] Ihre Hauptwaffe ist die List. Paulus ist überzeugt, daß sie die Anstifter der Uneinigkeit zwischen ihm und den von ihm gegründeten Gemeinden sind (II Kor. 2,11). Der Widerstand, den falsche Apostel seinem Evangelium leisten, erklärt sich daraus, daß es dem Satan verliehen ist, sich in einen Engel des Lichts zu verwandeln und diejenigen, die in seinem Dienste stehen, als christliche Lehrer auftreten zu lassen (II Kor. 11,13–15). Wer die wahre Lehre vom Kreuz Christi predigt,[493] verfällt der Verfolgung der[494] Engelwesen, denn er verkündet ja, daß ihre Herrschaft den Todesstoß erlitten hat. Darum weiß sich Paulus als das Ziel ihres Hasses. Die Verfolgungen, die über ihn hereinbrechen, gehen von ihnen aus. Das ist der Beweis, daß seine Predigt vom Kreuze die richtige ist. Er brauchte sie nur aus seiner Verkündigung wegzulassen, so würde er nicht mehr auszustehen haben als die andern, die sich Apostel nennen.[495] So ist es zu verstehen, wenn er Gal. 5,11 in Antwort darauf, daß er nur den Galatern die Vorteile der Beschneidung vorenthalten, sich aber bei andern Gelegenheiten nicht dagegen ausgesprochen habe, ausruft: «Brüder, wenn ich die Beschneidung noch predige, was würde ich noch verfolgt? Das Ärgernis vom Kreuz ist ja dann zunichte gemacht.» Wenn die andern Apostel das ganze Geheimnis vom Kreuzestod nicht auszusprechen wagen und darum die Beobachtung des Gesetzes von solchen erzwingen wollen, die nie darunter standen, so ist es nur, weil sie Angst haben, durch das Kreuz Christi der Verfolgung preisgegeben zu werden (Gal. 6,1[12]).[496] Der Kampf um das Gesetz ist von den Engelwesen in das Christentum hineingetragen worden. Sie sind es, die den Sinn der Gegner des Paulus betört haben. Durch diesen Trug wollen sie ihre Herrschaft wiederherstellen. Das Kreuz soll das Ende des Gesetzes einleiten. Sie aber bringen es dazu, daß seine Geltung aufs neue anerkannt und noch erweitert wird durch die, die an den Gekreuzigten glauben, und stellen so das Werk Christi in Frage. «Wenn ein Engel vom Himmel käme und euch ein anderes Evangelium verkündigte als ich predige, so sei er verflucht»,[497] heißt es am Anfang des Galaterbriefes (Gal. 1,8). Das

---

492 [R] Röm. 8[38f.?]. Vorstellung Gesetzeskampf. Paulus ihnen ausgeliefert.

493 [Darüber (als neue Fassung?):] vorträgt.

494 [D. h.: durch die.]

495 [R] Schlange. Wegen Engeln [soll das] Weib bedeckt [sein,] I Kor. 11,10. [Auch die Zahl 25 ist genannt: Bedeutung?]

Schlange kann ihn hindern, sie [die Korinther] als reine Jungfrau [Christus zuzuführen], II Kor. 11,2 [u. 3].

496 [R] Gesetz insofern vernichtet, als Herrschaft der Engel erschüttert. Messias. Kirche Apk. 12.

497 [R] Die Bedeutung der Verfluchung der Engel.

ist im Munde des Paulus keine Phrase. Für ihn handelt es sich wirklich um einen Kampf mit den Engeln. Darum ist der Galaterbrief mit solcher Angst und Leidenschaft geschrieben. Die andern [Apostel] verkünden das durch Engeltrug entstellte Evangelium und wissen nicht, was sie damit anrichten. Ihr Hochmut, die von Jesus eingesetzten Apostel zu sein, wird ihnen zum Fall. Wird durch Verwirrung, die sie unter den Gläubigen anrichten, der Erfolg des Kreuzes wirklich in Frage gestellt und gelingt es ihnen, die, welche sie Paulus abspenstig machen, unter die Engelherrschaft zurückzuführen, dann müssen sie ihre Strafe tragen (Gal. 5,10).

Daß die Erwählten durch die um ihre Herrschaft kämpfenden Engelmächte versucht und gequält werden, ist im Plan der Endereignisse vorgesehen. Paulus nimmt sogar an, daß unter diesen Wesen solche sind, die Zutritt im Himmel haben, um die Heiligen zu verklagen, damit sie ihnen verfallen.[498] Er teilt also die Vorstellung, die sich in Sacharja 3, im Buch Hiob [1,6 und 2,1], in Henoch 40,7 und in der Apk. [Joh.] 12,7–12 findet, wobei dann immer vorausgesetzt ist, daß die guten Engelwesen für die Erwählten eintreten. Bei Henoch wehrt einer der vier Angesichtsengel den Satanen und läßt nicht zu, daß sie mit ihren Anklagen vor den Herrn der Geister treten; Jesus nimmt an, daß die Engel der «Kleinen», die an ihn glauben, das Vorrecht haben, jederzeit, wenn ihnen durch «Ärgernis» Gefahr droht, für sie vor Gott erscheinen dürfen (Mt. 18,6 u. 10). In der Apokalypse ist als eines der Ereignisse, die die Endzeit einleiten, vorgesehen, daß der Erzengel Michael[499] den Satan und seinen Anhang, der die Auserwählten Christi Tag und Nacht vor Gott verklagt, aus dem Himmel vertrieb [12,7–11]. Von diesem Augenblick an datiert die «Errettung», das Reich Gottes und die Gewalt Christi.

Für Paulus liegt die Sache einfacher. Mögen die Kläger immerhin noch vor Gottes Thron treten: die Lage ist doch [durch] den Tod und die Auferstehung Jesu vollständig geändert. Denn Christus selber, zur Rechten Gottes erhöht, tritt für die Seinen ein (Röm. 8,34ff.). Und zudem ist ja die Liebe Gottes für die Erwählten offenbar geworden. Er hat durch den Tod und die Auferstehung des Herrn das Ende anbrechen lassen und damit angezeigt, daß er die Herrlichkeit für die Erwählten bereit hält. Gott ist für sie; wer mag wider sie sein (Röm. 8,31)! Von seiner Liebe kann sie kein Engel und keine Gewalt mehr scheiden (Röm. 8,39). Darum braucht man nicht zu verzagen ob dessen, was man von jenen Mächten mit Gottes Zulassung in der kurzen Zeit zwischen der Auferstehung des Herrn und seiner Parusie noch zu erdulden hat. Damit ist ja die Gewißheit der Zugehörigkeit zu den Erwählten gege-

498 [Vgl. Röm. 8,38 u. 39.]
499 [R] In Apokalypse ein Engel.

ben. Paulus ist einem Engel des Satans zur Peinigung ausgeliefert; daher rühren seine Schmerzen. Das ist nur, damit er sich nicht überhebe ob der Offenbarungen, die ihm zuteil geworden (II Kor. 12,1–10).[500] Siechen Leibes, verfolgt, verhöhnt, gemartert, unter den Gläubigen selber verachtet und gehaßt, erscheint er als zum Tode bestimmt und ist ein Schauspiel für Welt, Engel und Menschen geworden. Aber das ist der Beweis, daß er wirklicher Apostel ist (I Kor. 4,9).[501] Führer unter den Erwählten werden kenntlich durch die Wogen der Verfolgung, die sie umbranden.

Nur ist die Gefahr, daß die Gläubigen sich betören lassen, an seiner Erniedrigung Anstoß nehmen und meinen, er sei dadurch als einer, der vor Gott nichts gilt, gekennzeichnet. Bei den Galatern war es nicht der Fall. Sie erlagen der «Versuchung» nicht, die durch den trostlosen körperlichen Zustand des Mannes, der ihnen das Evangelium brachte, gegeben war, sondern [sie] nahmen ihn auf wie einen Engel des Himmels (Gal. 4,13 u. 14). Die Korinther aber werden fast irre. Darum muß er sich vor ihnen rühmen und es ihnen mit Stolz vorhalten, daß all' dies Elend eine Krone ist, die ihm keiner streitig machen kann, und daß der, der wie Kehricht auf der Welt gilt,[502] der größte der Apostel ist (II Kor. 11,21–31). Die Schwachheit, die an ihm offenbar wird, ist ein Zeichen, daß die Kraft Christi auf ihm ruht (II Kor. 12,10).

In derselben Weise hatte Jesus sich und die Erwählten als das Ziel einer Verfolgung durch die widergöttlichen Mächte zum voraus kenntlich gemacht. Er hatte Seligpreisungen über die, die geschmäht würden, geredet und ihnen gesagt, daß sie in jenem Augenblick frohlocken sollten (Mt. 5,11 u. 12). Als er die Jünger aussandte, entließ er sie, indem er ihnen den Aufruhr, der losbrechen sollte, schilderte (Mt. 10[,17ff.]).[503] Für sich sieht er Schmach und Erniedrigung voraus und beschwört die Menschen, daß sie dann nicht an ihm irre werden und von ihm lassen (Mk. 8,38).

Jesus und Paulus leben also in der Vorstellung von der großen Enddrangsal, die zum Bestand der danielischen Apokalyptik gehört und in ihren Wurzeln noch höher hinaufreicht.[504] Von der einen Seite betrachtet erscheint sie als eine Auflehnung alles widergöttlichen Willens in der Geister- und Menschenwelt wider den Herrn, die sich in einer Verfolgung seiner Erwählten kundgibt; andererseits ist sie von Gott bestimmt zur Bewährung der Heiligen und stellt die «Versuchung» dar, um deren Abwendung Jesus die Seinen im Gebet, das er sie lehrt, bitten läßt [Mt. 6,9ff.].

---

500 [R] Was bedeutet dann das, was sie erdulden! Nur[?] daß sie zur Herrlichkeit gehören.
501 [R] IV Esra.
502 [R] Leiden.
503 [R] Jesu Tod: Erscheinung der eschatologischen Drangsal.
504 [D. h.: noch weiter zurückreicht.]

Unter diesen Begriff fällt, was die Erwählten hienieden in der Endzeit an Anfechtung und Bedrängnis erfahren. Auch Leiden und Tod Jesu gehen darin auf. Wie sich aus den Worten des Herrn in Gethsemane ergibt, erblickte er in dem, was ihm bevorstand, das, was er zur Bewährung zu leisten hatte;[505] daß der Gedanke dem Paulus nicht fremd ist, ergibt sich aus Phil. 2,8 u. 9, wo er das Ende des Herrn als eine Tat der Selbsterniedrigung und des Gehorsams, durch die er zur Herrschaft einging, darstellt.[506]

Weil nun das Leiden und Sterben Christi und die Drangsale der Gläubigen in dem allgemeinen Begriff der «Versuchung» zusammenfließen, so kann man, was sie erdulden, als eine Fortsetzung des Leidens und Sterbens Christi ansehen. Dem Wesen und der Bestimmung nach ist es damit identisch.[507] Diejenigen, welche bestimmt sind, mit Christo die Herrlichkeit zu ererben, erkennen es daran, daß sie jetzt gewürdigt werden, mit ihm zu leiden (Röm. 8,17). So schwer die Bedrängnis dieser Zeit sein mag, sie bedeutet nichts im Vergleich zur Herrlichkeit, welche sich an denen offenbaren wird, die jetzt Trübsal haben (Röm. 8,18). Die Not der Gläubigen ist die natürliche Ergänzung des Leidens Christi; es wird damit voll gemacht, was von der «Versuchung» noch ablaufen muß, ehe die Parusie anbrechen kann. Die Philipper sollen sich in ihrer Trübsal damit getrösten, daß ihnen die Gnade zuteil wurde, nicht nur an Christum zu glauben, sondern auch für ihn (ὑπὲρ [αὐτοῦ]) zu leiden[508] [Phil. 1,29], wobei sie sich sagen dürfen, daß die Widersacher ein Zeichen für die Nähe des Endes sind;[509] das bedeutet für diese «Verderben», für die Verfolgten aber «Errettung» [Phil. 1,28].

Der Verfasser des Kolosserbriefes bringt den Gedanken auf seine präziseste Form. Paulus freut sich, daß er das, was an Trübsal Christi noch aussteht, an sich voll macht und bezeichnet es dann als Leiden für die Gläubigen (Kol. 1,24).[510]

Im Philipperbrief geht er in Worten nicht so weit. Er weist die Gemeinde darauf hin, daß sie in der Trübsal gewürdigt werden, denselben «Kampf» zu erleben, den sie an ihm sehen, und freut sich, daß seine Fesseln offenbar werden als «Bande in Christo» (Phil. 1,13).

Das sind keine paulinischen, sondern urchristliche Ideen, die ihre

---

505 [R] Subsumption des Todes Jesu in [die] Enddrangsal.

506 [R] Wo keine Zitate, da die wahre Lehre Pauli. Auf Eschatologie keine Zitate.

507 [R] Wunder und Zeichen [spielen eine] geringe Rolle! πνεῦμα [Geist] und Weltaufruhr. Ob damit die Zwischenzeit erschöpft? Gnosis [...]

508 [R] Das Neue: Gemeinschaft mit Christus. 2) Auferstehung! Gewirr von Balken[?]! Ideen greifen ineinander. Ein Satz: Es ist alles schon da! Weltchaotischer Zustand! Zuerst physische Erlösungslehre! Andere sind schlechtes G[...]!

509 [Vgl. Phil. 4,4.]

510 [In ( ) beigefügt: Fragezeichen (in bezug auf Pauli Verfasserschaft? Vgl. A. S. zur Stelle in *Die Mystik des Apostels Paulus,* 1930, S. 127).]

Wurzeln in der eschatologischen Vorstellung von der «Versuchung» haben und schon bei Jesus anklingen. Der erste Petrusbrief ist nur eine fortlaufende Variation dieses Gedankens (I Petr. 1,6; 2,19–21;[511] 4,1ff.; 4,12ff.). Man darf ihn nicht mit der modern gedachten Vorstellung der Leidensnachfolge Christi gleichsetzen.[512] Bei dieser wird die Leidensgemeinschaft rein durch Willen und Überlegung hergestellt; für das Urchristentum war sie objektiv durch die Tatsache der «Versuchung» der Endzeit, von der das Leiden Christi und die Drangsal der Gläubigen nur verschiedene Erscheinungen sind, gegeben. Sie bestand zu Recht, auch wenn der Leidende sich nicht darüber klar würde. Im letzten Grunde steht [die] Drangsal, die die Erwählten aller Zeiten auf dieser Erde erduldeten, mit dem Leiden Christi in Zusammenhang; ob sie zeitlich darauf folgt oder ihm vorangeht, ist eigentlich gleichgültig. Als Moses den Königspalast verließ und sich zu seinem armen Volke hielt, zeigte er, daß ihm die «Schmach Christi» einen größeren Reichtum bedeutete als der Glanz des Hofes (Hebr. 11,26).

Die Vorstellung von der objektiven Leidensgemeinschaft mit Christo ist für das Urchristentum von der größten Bedeutung. Sie bildet das Korrelat zur Vorstellung vom Sühnetod. Alle spätere Dogmatik kann auf die Frage, wieso das, was Jesus im Leiden erworben hat, auf andere übertragen werde, keine logisch befriedigende Antwort geben; denn es muß hierzu eine besondere Gemeinschaft vorausgesetzt werden. Der späteren Dogmatik stehen hierfür nur Begriffe wie Kirche und Glaube zur Verfügung. Das Urchristentum aber kennt eine ganz elementare, sichtbar in die Erscheinung tretende Gemeinschaft mit dem Erlöser, in welchem die Vorstellung vom Leiden doppelt vorhanden ist; das Leiden, das bei Christo Sühne und Erlösung schafft, stellt von Seiten derer, die diese Güter erlangen wollen, die Gemeinschaft mit dem her, der sie beschafft hat. Was durch Leiden erworben ist, wird durch Leiden übertragen, was es nun auch sei, Sündenvergebung oder Anwartschaft auf [die] Herrlichkeit. So kann der Verfasser des 1. Petrusbriefes das Wort prägen, daß, wer im Fleische leidet, von Sünden los ist (I Petr. 4,1). Er meint damit nicht das Leiden allgemein, sondern [das Leiden] in der Bestimmtheit [, die es] durch das Leiden Christi erhält. Wir haben es mit einer fast physisch bedingten Erlösungslehre zu tun. «Die aus Trübsal gekommen[, haben] ihre Kleider gewaschen im Blute des Lammes» (Apokalypse [7,14]).[513]

Wenn Paulus so und so oft davon redet, daß man durch den Glauben an den gestorbenen Christus gerechtfertigt wird, so darf man sich dadurch nicht zur Annahme verleiten lassen, als ob er die Übertragung

511 [Ms.:] 2,21–25.
512 [R] [Ausrufezeichen.]
513 [R] Leidensgemeinschaft Apokalypse.

dessen, was am Kreuz beschafft wurde, sich nun rein auf diese Art vermittelt denkt. Er wird zu dieser Formulierung gedrängt, weil er für seine Dialektik eine Parallele zu der Rechtfertigung durch das Gesetz finden muß. Die Rechtfertigung durch den Glauben ist für ihn ein brauchbares Schlagwort. Man beachte aber, daß es nur da vorkommt, wo er seine Vorstellung von der Erlösung – soweit sie in Rechtfertigung besteht – in Antithese zur Gesetzesgerechtigkeit entwickelt, wie er es im Römer- und Galaterbrief tut. Wo er, wie in den Korintherbriefen, seine Anschauung rein an sich entwickelt, ist die ganze Sprache verändert; die Ausdrücke, die zur Rechtfertigungslehre gehören, treten vollständig zurück. Es zeigt sich dann, daß seine Lehre von der Erlösung im Grunde naturhaft gedacht ist. Sie läuft auf den Satz hinaus, *daß, wer mit Christo leidet, dadurch die Gewißheit der Anwartschaft auf die Auferstehungsherrlichkeit erhält*, die jener schon inne hat. Alles andere sind nur abgeleitete Aussagen und besondere Formulierungen derselben Tatsache, die an sich nicht begründet zu werden brauchen, weil sie mit dem Grundfaktum, das auf die Leidensgemeinschaft mit Christo zurückgeht, gegeben sind. Wer zur Auferstehung bei der Parusie bestimmt ist, trägt damit die Gewißheit der Rechtfertigung und Sündenvergebung ohne weiteres in sich. Indem Gott Jesum Christum sterben und auferstehen läßt, zeigt er an, daß die Sündenschuld, die auf der Welt und den Gläubigen lastet, abgetan ist.[514]

Die Art, wie diese Tilgung am Kreuz zustande kommt, tritt hinter der Tatsache selbst ganz zurück. Das Urchristentum erklärte es durch die Idee der sühnenden Kraft des Leidens des von Gott ersehenen Gerechten, die es in Jes. 53 fand. Der 1. Petrusbrief bewegt sich ganz in diesen Bahnen. Hier geht der Gedanke des Todes in dem des Leidens auf; das Wirksame ist das Leiden und Todesleiden. Darum redet der Verfasser dieses Briefes durchweg vom Leiden des Herrn. Nur einmal – I Petr. 3,18 – erwähnt er das Sterben.

Bei Paulus ist die urchristliche Sühnelehre sicherlich vorausgesetzt. Sie wird aber nicht entwickelt.[515] Vom Leiden Christi wird sozusagen nicht geredet; die diesbezüglichen Ausdrücke fehlen fast ganz und gar. Sie finden sich nur da, wo das Leiden der Gläubigen als eine Fortsetzung des Leidens Christi erklärt wird (II Kor. 1,5; Phil. 3,10).

Aber im übrigen handelt es sich bei Paulus nur um die Tatsache des Todes Christi als solche. Diese an sich ist für die Erlösung bestimmend; Leiden und Todesleiden kommen dabei gar nicht in Betracht. Das Wirksame ist die Vernichtung der fleischlichen Leiblichkeit, die Jesus in jenem Augenblicke erlebt.

---

514 [R] Begriffsunterschiebung.

515 [Dazu notiert:] (weil Realität der Eschatologie.)
[R] ϑάνατος[? (letzte Silbe undeutlich).] Phil. 3,10.

Man hat viel vom Unterschied zwischen petrinischer und paulinischer Lehre geredet. Wenn es einen gibt, so besteht er darin, daß Petrus als Vertreter des unspekulativen Urchristentums vom Leiden und Todesleiden Christi, Paulus aber ausschließlich vom Tode des Herrn predigte. Ob der Urapostel und sein Gegner sich über den Unterschied klar geworden sind und die Tragweite desselben erkannt haben, ist eine Frage für sich. Es handelte sich ja nur darum, was jeder besonders im Sinne hatte, wenn er vom Gekreuzigten sprach.

Die Konstatierung der Tatsache, daß in der paulinischen Lehre nur vom Tode, nicht vom Leiden Jesu die Rede ist, hat auch eine literarische Bedeutung. Man hat den 1. Petrusbrief als Deuteropaulinismus ansprechen wollen. Was soll aber das Paulinische daran sein, wenn er ausschließlich vom «Leiden Christi» redet? Gerade dieses Schreiben beweist, daß nicht alles, was in der alten Literatur als deuteropaulinisch erklärt wird, es auch wirklich ist. Es hat tatsächlich gar keine Berührung mit den Gedankengängen des Heidenapostels und kann gerade so gut vorher, gleichzeitig oder nachher entstanden sein. Ein Grund, es wegen Berührungen mit dem Paulinismus aus dem Urchristentum zu verbannen, liegt nicht vor.

Warum substituierte Paulus der Vorstellung vom Todesleiden die vom Sterben?[516] Er zieht die Konsequenz daraus, daß die Auferstehung mit in Betracht kommt. Diese ist das Korrelat nicht des Todesleidens, sondern des Todes als des Endes der fleischlichen Leiblichkeit. Weil er den Tod immer mit der Auferstehung als seinem siegreichen Ende[517] zusammenschaut, treten die in der Vorstellung des Todes mitenthaltenen Gedanken,[518] soweit sie irgendwie selbständige Bedeutung hatten und nicht nach der Auferstehung orientiert waren, zurück; nur der enge Begriff des «Sterbens» wird in der Spekulation mitgeführt.

Die Erlösung ist also damit[519] bestimmt, daß Jesus Christus gestorben und auferstanden ist. Indem Paulus in der Vorstellung vom Tode das ethisch Bedingte des Sühneleidens zurücktreten läßt und nur das Physische des Sterbensaktes beibehält, zeigt er an, wie naturhaft er die entsprechende Erlösung denkt. Sie kann nur darin bestehen, daß mit dem, was sich am Herrn ereignet hat, für die Erlösten ein analoges Sterben und Auferstehen irgendwie gegeben ist.

Für[520] die Gemeinschaft mit dem Erlöser ist aber nur die Idee des Leidens gegeben. Was sich jetzt an den Gläubigen vollzieht, ist Trübsal und Bedrängnis. Konsequent müßte Paulus aber alles auf eine Todesge-

---

516 [R] Leiden = Sterben.
517 [Das Ende des Todes? (Röm. 8,2; I Kor. 15,54–57).]
518 [R]... Alle Ideen modulativ aus der christlichen Idee der Leidensgemeinschaft.
519 [dadurch?]
520 [R] Die Wendung ins Mystische.

meinschaft gründen. Er wagt es, diese Folgerung zu ziehen.[521] Nur an wenigen Stellen redet er von der Gemeinschaft des Leidens mit Christo, *II Kor. 1,5;* in den übrigen gebraucht er Ausdrücke, in denen das Wort «leiden» durch «sterben» ersetzt ist. Phil. 3,10 redet er von der «Gemeinschaft der Leiden», fügt aber alsbald hinzu, daß man damit dem Tode des Herrn «gleichgestaltet» wird. Die Ausführungen zu Röm. 8,17, daß wir mit Christo leiden, um mit ihm verklärt zu werden, faßt er am Schluß in dem Zitat aus Psalm 44,23, «um deinetwillen werden wir den ganzen Tag in den Tod gegeben» (Röm. 8,36), zusammen. II Kor. 4,10ff.[522] äußert er, daß er das Sterben Jesu immer an sich herumtrage und immerfort in den Tod gegeben werde; II Kor. 1,9ff. schildert er seine Befreiung aus den Mühsalen als eine Errettung vom Tode und sagt, daß er als ein Gestorbener nur auf den Gott, der die Toten erweckt, gehofft habe; Gal. 6,14ff. behauptet er, in allem, was er erduldet, mit Jesu der Welt gekreuzigt zu sein und die Wundmale dieses Todes an sich herumzutragen, welche ihn als einen erweisen, der nicht mehr in die Reihe derer gehört, die im natürlichen Dasein stehen, und mit dem man daher nicht verfahren dürfe wie mit einem gewöhnlichen Menschen. I Kor. 15[,31]: «Ich sterbe täglich.»

Es handelt sich hier nicht um einen oder den andern gewagten Ausdruck, sondern um ein zielbewußtes Steigern und Überspannen der Idee von der Leidensgemeinschaft mit Christo in die der Todesgemeinschaft.[523] Der Grund dazu kann nicht in reiner Konsequenzmacherei gegeben sein, so daß Paulus sich genötigt sähe, von Todesgemeinschaft zu sprechen, weil er auch mehr vom Tode als vom Leiden Jesu redet. Er legt es darauf an, daß die Leiden der Heiligen in der Zeit zwischen dem von der Auferstehung gefolgten Tode Jesu und seiner Parusie irgendwie als ein Sterben mit ihm gewertet werden. Es handelt sich nicht um einen bildlichen Ausdruck, sondern um etwas, das als Realität angesehen werden soll. Die treibende Vorstellung ist so stark, daß Paulus das an sich Unsinnige wagt,[524] von Sterben zu reden, wo er vernünftigerweise nur von Leiden sprechen könnte.

Wir befinden uns auf einem Wege, der in die Heerstraße mündet, auf der sich die charakteristischen Vorstellungen des Heidenapostels bewegen. Das Eigenartige an seiner Lehre ist ja, daß sie fort und fort, und gerade an den entscheidenden Punkten, mit der ganz unvollziehbar erscheinenden Vorstellung, daß die Gläubigen mit Christo gestorben sind, operiert. Das ist für ihn kein Gleichnis und kein Bild, sondern Realität, aus der er alle Konsequenzen zieht. Als Gestorbene sind sie freigespro-

---

521 [R] [Ausrufezeichen.]
522 [R] Einseitigkeit.
523 [R] Leiden in Tod überspannt.
524 [R] [Ausrufezeichen.]

chen von Sünde (Röm. 6,7), frei vom Gesetz (Röm. 7,4; Gal. 2,19), unterstehen nicht mehr allen Bedingtheiten der fleischlichen Leiblichkeit, und was dergleichen Behauptungen mehr sind. Der ganze Paulinismus liegt in dem Satze, daß die Gläubigen mit Christo gestorben sind.

An sich, in dieser Allgemeinheit ausgesprochen, steht die Behauptung in der Luft und bleibt unbegreiflich. Sie wird erst verständlich, wenn man den Weg verfolgt, auf dem sie geworden ist und sich darüber klar wird, daß sie auf die eschatologische Idee der Enddrangsal zur Bewährung, in welcher die Erwählten samt dem Herrscher der Endzeit den Engelmächten auf eine gewisse Zeit ausgeliefert sind, zurückgeht. Das Todesleiden Christi und die Drangsal, welche die Gläubigen zu erdulden hatten, fielen beide unter diesen gemeinsamen Begriff der «Versuchung». Daraus erwuchs die Vorstellung der Leidensgemeinschaft, in welcher der Erfolg des Todesleidens Christi auf die Seinen übergeht und welche ihr Leiden zum «Leiden Christi» macht. Paulus tut nichts weiter, als den Begriff des Leidens in den des Sterbens zu steigern und die Forderung aufzustellen und dann für die von hier aus gewonnene Erkenntnis, daß sich in dem Leiden das Sterben Christi an ihm und den Gläubigen vollzieht, ganz allgemein Geltung zu verlangen.[525] Er wagt die Paradoxie,[526] daß sich die Heiligen als mit Christo Gestorbene betrachten sollen. Die Entwicklung des Gedankens erscheint kompliziert, wenn man sie in Worten und Sätzen wiedergibt. An sich aber ist sie einfach. Es handelt sich um eine Modulation aus der Tonart, die durch das Wort «Leiden» gegeben ist, in die, welche dem Wort «Sterben» entspricht.

Nicht unerwähnt darf bleiben, daß Paulus neben der von Gott zugelassenen «Versuchung» noch eine kennt, welche rein menschlicher Art ist und daher rührt, daß sich die Gläubigen durch Leichtfertigkeit selber in Gefahr bringen. Das traf zu bei den Korinthern, die sich vermaßen, an den heidnischen Opfermahlen teilzunehmen. Er ruft ihnen zu, daß, wer da steht, wohl zusehe, daß er nicht falle, und weist sie darauf hin, daß dies nur menschliche Versuchung war und daß Gott für die wirkliche Versuchung, die ihnen bestimmt sei, in Gnaden mit ihnen verfahren und ihnen nicht mehr auferlegen werde, als sie zu tragen vermögen (I Kor. 10,11–13).

In der Würdigung der Tatsache des Wunders[527] steht Paulus ganz auf urchristlichem Standpunkt. Die Zeichen, die geschehen [sind,] sind für

525 [Der Satz ist vielleicht anders zu konstruieren: ... die Forderung aufzustellen, daß sich in dem Leiden das Sterben Christi an ihm und den Gläubigen vollzieht, und dann für die von hier aus gewonnene (oder: für diese neu gewonnene) Erkenntnis ganz allgemein Geltung zu verlangen.]

526 [Gestrichen]: auszusprechen.

527 [R] Dämonen: Justin.

ihn, was sie schon für Jesus waren, ein Beweis, daß die göttliche Weltherrschaft nicht mehr fern sein kann. Für die Würde, die er für sich in Anspruch nimmt, macht er die «Zeichen und Wunder», die durch ihn geschehen sind, geltend (Röm. 15,19; II Kor. 12,12).[528]

Aber alle Einzelwunder treten hinter dem großen allgemeinen Wunder der Geistesausgießung zurück; sie werden fast nur nebensächlich erwähnt, als ob sie in diesem einen [Wunder] schon enthalten wären (Gal. 3,1–4).[529]

Joel hatte prophezeit, daß am Ende, in der Zeit der Drangsal, die Geistesausgießung stattfinden würde.[530] Die nachdanielische Eschatologie, die sich mit der Schilderung beschäftigte, wußte mit der Geistesausgießung nicht viel anzufangen. Mit Johannes dem Täufer setzt eine eschatologische Predigt ein, die es mit der Vorbereitung auf das Kommende zu tun hat. Für diese werden nur die nächsten Ereignisse sichtbar;[531] die Ausmalung des Endes spielt gar keine Rolle. So rückt die erwartete Geistesausgießung in den Mittelpunkt der Gedanken des Bußpredigers. Er nimmt an, daß sie irgendwie mit der Erscheinung des «Kommen-Sollenden» – womit er nicht den Messias, sondern den vorher auftretenden Elias meint – zusammenhänge, und sieht demnach seine eigene Aufgabe – die Bestimmung des Vorläufers des Vorläufers – darin, durch die Buße eine auserwählte Schar zu bereiten, die auf die Geistesausgießung gerüstet ist.[532] Diejenigen, die er mit Wasser tauft, sind bestimmt, den Geist zu empfangen. Der Kommen-Sollende wird sie damit taufen. Die Geistgetauften[533] sind natürlich als zu Errettende für das Gericht gezeichnet. So kommt schon der Wassertaufe eine erlösende Kraft zu.

Jesus weiß [für] sich eine ganz andere Mission;[534] darum spielt die Geistesausgießung keine besondere Rolle in seiner Predigt. Er setzt sie

---

528 [R] Röm. 15,[18 u.]19: Wunder durch Christus.

529 [Diese zwei Sätze ersetzen den folg. gestrichenen Abschnitt:] Trotzdem redet er nicht viel von Wundern. Die Einzeltatsachen interessiert [interessieren] ihn nicht, sie gehen ja auf das Urwunder zurück, welches darin besteht, daß die Erwählten den verheißenen Geist empfangen haben. Wie Paulus über die Naturwunder dachte, mit denen die Apokalyptik die dem Ende unmittelbar vorangehende Drangsalszeit ausstattete, ist aus den Briefen nicht ersichtlich. Seine Aufmerksamkeit gilt dem, was an Wundern real geworden ist; das aber geht alles auf den Geist zurück. In diesem hat Gott angefangen, von der Herrschaft über die Welt und Menschheit wieder Besitz zu ergreifen. – Diese Zurückführung der Wunder auf den Geist bedeutet wohl schon eine Steigerung und spekulative Systematisierung der urchristlichen Anschauung. An sich hatte die Geistesausgießung mit der Verleihung von Wunderkräften nichts zu tun.

530 [Gestrichener Satzschluß:] und Wunder – er zählt nur Naturwunder auf – im Himmel und auf Erden geschehen sollten.

531 [R] Einfache perspektivische Wirkung.

532 Siehe A. Schweitzer, *Von Reimarus zu Wrede* [1906], S. [371].

533 [«Die Geistgetauften» ist mit Bleistift ersetzt durch:] Als solche [sind sie . . .]

534 [R] Tod Christi im Programm vorgesehen.

aber als Ereignis der kommenden Drangsal voraus und verheißt sie den Jüngern, als er sie zur Reisepredigt fortsendet, bei der sie von der Drangsal und der Parusie des Menschensohnes überrascht werden sollten (Mt. 10,19 u. 20). Wenn sie sich vor Fürsten und Königen verantworten müssen, werden sie selber nicht mehr zu sprechen haben, sondern der Geist Gottes wird aus ihnen reden. Mit dem Pfingstfest, das auf den Tod Jesu folgte, traten die Erscheinungen der Ekstase und [der] Glossolalie unter den Gläubigen auf und bestanden zur Zeit Pauli in allen Gemeinden ungeschmälert fort.

In der Hochschätzung des Geistes stimmt Paulus mit dem Urchristentum vollkommen überein.[535] Bis zum letzten Atemzug hat er an dem Grundsatz, daß man ihn nicht dämpfen dürfe – er sprach ihn im 1. Brief an die Thessalonicher aus (I. Thess. 5,19) – ohne jegliche Einschränkung festgehalten. Was in der Ekstase gesprochen wird, ist für ihn Offenbarung, gleichviel, aus welchem Munde es kommt. Eine Beurteilung steht niemandem zu. Die im 1. Korintherbrief als besondere Gabe erwähnte Unterscheidung der Geister (I Kor. 12,10) kann es nicht mit der Erkennung, ob etwas im wahren oder falschen Geiste geredet ist, zu tun haben, sondern muß irgendwie im Dienste der Deutung der ekstatischen Phänomene stehen (I Kor. 14,29). Kritisches Verhalten gegen das, was sich als Geistesoffenbarung gibt, kommt erst später auf, als man im Kampfe gegen die doketische Gnosis anfing, die Christologie zum Maßstab der Wahrheit zu nehmen. Im 1. Johannesbrief wird diese Prüfung der Geister ausdrücklich gefordert; den göttlichen [Geist] soll man daran erkennen, daß er von einer wirklichen Fleischwerdung Christi redet. Welcher Geist nicht also spricht, ist vom Antichrist (I Joh. 4,1 ff.).[536]

Eine derartige «Beurteilung» wäre für Paulus Sünde wider den heiligen Geist gewesen. Er vertritt den unbefangenen Standpunkt, daß jeder Geist, der Christum als den Herrn bekennt, wirklich heiliger Geist ist. Wie keiner im Geiste Gottes sprechen kann, «verflucht sei Jesus», so kann keiner sagen, «Jesus ist der Herr», es sei denn im heiligen Geist (I Kor. 12,3).

Die Unmittelbarkeit und Unbeschränktheit des Glaubens an die Autorität der Erscheinungen und Offenbarungen des Geistes ist das untrügliche Zeichen der Zugehörigkeit des Paulinismus zum Urchristentum. Alle Versuche, ihn als die Schöpfung einer späteren Generation zu erweisen, begegnen hier einer unüberwindlichen Schwierigkeit. Zunächst war ihr die Annahme der Allgemeinheit und Kontinuität der Geistesoffenbarung in dem urchristlichen Maße nicht mehr erschwinglich. Sie glaubt noch an Offenbarung; aber sie sieht sie als etwas ganz

---

535 [R] [...] Paulus alles durch Geist = von Christus! braucht Pneuma gegen Lehrautorität.

536 [Beigefügte Notiz:] Didache!

Besonderes an. Für Paulus hingegen findet jede Angelegenheit, ob sie sich auf Lehre oder Disziplin erstreckt, ihre Entscheidung durch den Geist. Er erwartet, daß die Geistbegabten in der Gemeinde zu Korinth die Verordnungen, die er in seinem Briefe über Gottesdienst gibt (I Kor. 14), als vom Herren stammend erkennen (I Kor. 14,37).[537] Seine Äußerungen über Ehe (I Kor. 7) beschließt [er] mit dem Hinweis, daß er sich bewußt sei, Geistesträger zu sein (I Kor. 7,40). In den Ausführungen des Römerbriefes, die seine Stellung zum Judentum darlegen sollen, beruft er sich darauf, daß sein Gewissen ihm im heiligen Geiste die Wahrheit seiner Aussage bezeuge (Röm. 9,1). Das sind kleine, aber bedeutungsvolle Züge. Welch ein Weg von hier zu Ignatius! Auch dieser glaubt, daß er den Gemeinden Offenbarung mitteilen könne. Aber er weiß nichts, das ihm jederzeit zur Verfügung stehen würde, das immer gegenwärtig ist.[538] Er stellt den Ephesern eine Abhandlung über die Grundwahrheiten des Christentums in Aussicht, besonders für den Fall, «daß ihm der Herr etwas offenbart» (Ad Ephesos 20,1).

Vollends unerschwinglich war aber den späteren Generationen das unkritische Verhalten, das das Urchristentum den Manifestationen, die vom Geist ausgehen sollen, gegenüber einnimmt. Sie stehen mitten im Kampf um die richtige Offenbarung. Die Auseinandersetzung über die Lehre verläuft in der Auseinandersetzung über die Offenbarung[539] durch den Geist. So mußten sie als selbstverständlich annehmen, daß es im Urchristentum ebenso war. Aber das ist eben das Charakteristische der ersten christlichen Periode, daß der Kampf um das Gesetz die Allgemeingültigkeit und Autorität der Offenbarung an sich noch unangetastet läßt und keine Norm der Offenbarung schafft.

Für Paulus bedeutete die Berufung auf den Geist zugleich eine Stärkung und eine Schwächung der Position, die er einnahm. Sie erlaubte ihm, sich gegen die Autorität der Jünger Jesu zu behaupten; andererseits machte sie es ihm aber fast unmöglich, seine Apostelwürde den Gemeinden gegenüber zur Geltung zu bringen. Was nützte es ihm, daß er sich auf den Verklärten, der ihn auf dem Wege von Damaskus zum Apostel bestellt hatte, berief, wenn jeder Geistbegabte seinen Anordnungen eine Offenbarung, die er[540] als solche anerkennen mußte, entgegensetzen konnte? Was mag er unter dem «Geist» gelitten haben! Wenn man die Briefe durchliest und bemerkt, mit welcher Ängstlichkeit er die Aufgeblasenheit, die sich mit Geistbesitz brüstet, anfaßt, so hat man den

537 [Gestrichener Satzschluß:] Mit dieser Autorität werden sie dann zum Gesetz.

538 [Zuerst:] Aber sie ist für ihn nichts mehr, das immer da ist, wenn man es braucht.

539 [Darüber (nicht ganz deutlich):] wahre und falsche [wobei nur die wahre (d. h. die gewünschte) als durch den Geist kommende gelten konnte.]

540 [er: Paulus.]

Eindruck, daß er von dem Elend und der Marter, die später ein Irving[541] durch die Geistbegabten seiner Gemeinde erfuhr, manches zu kosten bekommen habe. Welche Bitternis liegt allein in dem letzten Worte des 7. Kapitels aus dem 1. Briefe an die Korinther: «Ich halte dafür, daß auch ich den Geist Gottes besitze!» Und welche Ironie in der Bemerkung an die Galater, daß sie sich auch durch die Sanftmut als Pneumatiker, die sie sein wollen, beweisen sollen (Gal. 6,1). Hinsichtlich der einzelnen Tätigkeiten des Geistes wagt er es, verschiedene Wertung auszusprechen. Er[542] stellt die «Propheten» höher als die Glossolalie; je «vernünftiger» eine Betätigung des Geistes ist, um so größer ist die Erbauung und der Nutzen, den sie schafft.[543] Darum soll das «Zungenreden» im Gottesdienst sich nicht zu üppig gebärden; neben dem Gebet und der «Danksagung» – gemeint ist wohl die Danksagung beim Herrenmahl – der Zungenredner soll auch das vernünftige und allgemein verständliche Beten zu seinem Rechte kommen (I Kor. 14,1–19.26–28). Damit man diese Herabsetzung der Zungenrede nicht falsch deute, fügt er ausdrücklich hinzu, daß er selber «Gott sei Dank» die Gabe in höherem Maße besitzt als alle Korinther, aber es um der Erbauung willen vorzieht, in der Versammlung der Gemeinde keinen Gebrauch davon zu machen und lieber fünf Worte in der Vernunft als zehntausend «in der Zunge» zu reden (I Kor. 14,18 u. 19). Mit diesen Worten will er der Verdächtigung begegnen, als ob er das Zungenreden herabsetzt, weil es ihm selber nicht verliehen sei.

Propheten sollen im Gottesdienst zwei oder drei auftreten; wenn einer von dem Geiste erfaßt wird, so ist dies für den eben Prophezeienden das Zeichen, zu schweigen und ihm Platz zu machen (I Kor. 14,30–32).

Daß auch Paulus das glossolalische Beten hochzuschätzen weiß, erhellt aus dem Römerbrief. Er nimmt an, daß in solchem Bitten der Geist für die in ihrer Schwachheit leidenden Heiligen mit unaussprechlichem Seufzen, das Gott versteht, eintrete (Röm. 8,26 u. 27).

Die größte Bedeutung hat aber der offenbarende Geist nach seiner Ansicht durch die Erkenntnis und Gewißheit, welche er mitteilt. Durch ihn ist die Liebe, die Gott für die Erwählten hat, in ihre Herzen ausgegossen (Röm. 5,3[5]); durch ihn werden sie in der Hoffnung erhalten (Röm. 15,13); durch ihn, der zu Gott als dem lieben Vater ruft, wird ihnen die Gotteskindschaft als schon jetzt zu Recht bestehend bezeugt (Gal. 4,6; Röm. 8,15);[544] in ihm hält man schon die Verheißung in Hän-

541 [Ms.:] Irwing. [Es handelt sich wohl um Edward Irving, der 1831 in London nach urchristlichem Vorbild die schwärmerische Sekte der Irvingianer gründete.]

542 [Am oberen Seitenrand:] Daß das Schlechte [oder: schlecht] Demokratische im Urchristentum neu aufgelegt [wird] bei [Albrecht?] Ritschl.

543 [R] Text für [das] liberale Fest.

544 [R] Stephanus: Gesetz durch Engel, Acta 7,53.

den (Gal. 3,14); in ihm ist man auf die Zukunft versiegelt und besitzt man das Pfand, das die Erlangung der Güter, die noch ausstehen, gewährleistet (II Kor. 1,21 u. 22).

Alle diese Sätze enthalten, tief und innerlich ausgedrückt, was das Urchristentum in der erfolgten Geistesausgießung zu besitzen sich bewußt war. Sie werden von der elementaren Anschauung getragen, daß ein verheißenes Ereignis der Endzeit eingetreten ist und die andern [Ereignisse] nach sich zieht.

Auffällig ist aber die Erweiterung der Funktionen des Geistes, wie sie aus der Aufzählung I Kor. 12,4–11 zutage tritt. Hier werden nicht nur Weisheit, Erkenntnis, Glaube, Prophetie, Zungenreden und Auslegung der Glossolalie, sondern auch die Gaben, Heilungen und Wunder zu verrichten, auf den Geist zurückgeführt. Das ist etwas Neues. Bei Joel waren die Geistesausgießung und die Wunder – er [macht] eine Reihe von Naturwundern im Himmel und auf Erden namhaft – nebeneinander als Erscheinungen der Enddrangsal aufgezählt. Von einer Zurückführung der Wunder auf den Geist ist auch bei Jesus nicht die Rede; sie beruhen für ihn auf einer besonderen Vollmacht, die er den Jüngern erteilt, ehe er die Geistbegabung für sie erwartet (Mt. 10,8). Die Herleitung der Zeichen aus dem Geist bedeutet, daß hier ein Systematisieren und Spekulieren einsetzt, für welches der Geist nicht mehr allein Offenbarungs- und Erkenntnisvermögen ist, sondern irgendwie als die in der Welt wirkende göttliche Kraft gedacht wird. Aus dem Fundament der urchristlichen Anschauung über den Geist steigt der tragende Pfeiler des paulinischen Lehrgebäudes auf. Der Gedanke des Geistes als wirkende Kraft wird bis zu Ende durchgedacht. Die Naturwunder, mit denen die Apokalyptik die letzte Zeit ausstattete, treten in den Hintergrund. Es bleibt nur das große, alle andern Wunder in sich fassende Wunder, daß der Geist Gottes in der Welt ist. Dieses steht im Mittelpunkt der paulinischen Theologie. Alle wichtigen Aussagen werden durch die Lehre vom Geist begründet, welche ihrerseits auf einer merkwürdig erweiterten Auffassung vom Geist und seinen Wirkungen beruht. Sie läuft darauf hinaus, daß durch die Gegenwart des Geistes die natürliche Welt mit allen ihren Zuständigkeiten eigentlich aufgehoben sei. Wo Geist ist, sind Fleisch, Sünde, Tod und Gesetz nicht mehr; sie bestehen nur noch für das Auge zu Recht; in Wirklichkeit ist aber die Welt der Verklärung an den Erwählten schon real geworden. Wenn der Geist Gottes in ihnen wohnt, sind sie nicht mehr im Fleisch, sondern im Geist, durch den Geist gehören sie Christo an, denn es ist sein Geist, den sie besitzen (Röm. 8,9).[545] Ist Christus in ihnen, so ist der Leib [tot] um der Sünde willen, der Geist aber ist «Leben» um der Gerechtigkeit willen

545 [R] *Daß Paulus den Geist zum Geist Christi gemacht hat.*

(Röm. 8,10). Wohnt aber der Geist dessen, der Jesum Christum von den Toten auferweckt hat, in ihnen, so wird der, der Christum aus den Toten erweckt hat durch seinen Geist, der in ihnen wohnt, auch ihre sterblichen Leiber lebendig machen (Röm. 8.11). Aus dem Geiste der Weissagung und Offenbarung ist also der Geist des auferstandenen Christus geworden, der als die Kraft der Auferstehungswelt in ihnen wohnt und sie irgendwie zu schon Gestorbenen und Auferstandenen macht. Von diesem Gedanken aus unternimmt Paulus den Kampf um die Bedeutung des Gesetzes und führt ihn siegreich zu Ende.

Das Resultat der Untersuchung über die paulinische Wertung der eschatologischen Tatsachen, die mit dem Tode, der Auferstehung und der Erhöhung Jesu, der Gegenwart der Drangsal und Versuchung und des Geistbesitzes gegeben sind, ist folgendes. Der Heidenapostel erschließt aus diesen Geschehnissen, was sich auf Grund der in der Eschatologie allgemein gegebenen Anschauungen und Erwartungen für die urchristliche Anschauung daraus ergeben mußte und was demgemäß Gemeingut des Glaubens der ersten Gemeinde gewesen sein wird. Ihm selber aber erwächst aus diesen elementaren Anschauungen noch eine besondere Spekulation. Er verfolgt die eschatologische Geltung der Tatsachen bis in die letzten Konsequenzen und zieht die Linien des urchristlichen Glaubens aus, weil er ein Bewußtsein davon hat, daß sie zwei Strahlenbündeln angehören, die durch die Worte «Tod Christi» und «Auferstehung Christi» gegeben sind.

Die Spekulation setzt an zwei Punkten an. Paulus steigert den Begriff der Leidensgemeinschaft mit Christo in den der Todesgemeinschaft und will den Zustand, in dem sich die Gläubigen befinden, als einen Sterbeprozeß angesehen haben. Im Geist erkennt er nicht nur das verheißene Erkenntnis- und Offenbarungsprinzip, sondern er faßt ihn als wirkende Kraft, durch welche die Welt des Fleisches von der des «Lebens» abgelöst wird,[546] welche in der Auferstehung Jesu offenbar geworden ist und der Gläubigen bei der Parusie wartet. Die ganze Spekulation gipfelt in dem Satz, daß die Gläubigen mit Christo gestorben und auferstanden sind und durch den Geist den Auferstehungszustand schon an sich tragen, während sie dem äußeren Scheine nach noch der Sinnes- und Fleischeswelt angehören.

Es handelt sich hier nicht nur um die Überspannung zweier urchristlicher Gedanken, sondern um eine auf den ersten Anblick widersinnig scheinende Steigerung der eschatologischen Erwartung als solcher, auf Grund deren die Zukunft mit ihren Gütern schon als gegenwärtig angenommen wird. Man hat gemeint, daß Paulus vom Gestorbensein mit Christo, vom Auferstehungsdasein, das man mit ihm teilt, vom Leben,

---

546 [Zuerst:] schon im Begriffe ist... abgelöst [zu werden] [«schon» blieb in der neuen Fassung stehen.]

das man mit ihm besitzt, samt allen Konsequenzen, die sich daraus ergeben, als von gegenwärtigen Dingen reden kann, weil er sich dies alles vergeistigt vorstellt. Das trifft nicht zu. Er versteht darunter Qualitäten im eigentlichen Sinne des Wortes. Sie sind für ihn gegenwärtige Wirklichkeit durch eine eigentümliche Überspannung der eschatologischen Erwartung auf Grund mystischer Konsequenzen, die er aus dem Tod und der Auferstehung Jesu und der erfolgten Geistesausgießung zieht. Der Paulinismus ist eschatologische Mystik.

11. «Die Ergebnisse der historisch-kritischen Theologie und der Naturwissenschaft für die Wertung der Religion»[1] (Die vier letzten Vorlesungen, Wintersemester 1911/12)

Schluß der Vorlesung vom 13. Februar 1912:

. . . .

... das Problem der Probleme: wie ist aus der Einheit die Vielheit entstanden, speziell: aus der Einheit der einfachen Zelle die ungeheure Mannigfaltigkeit der Lebensformen?

LAMARCKISMUS . . . .

DARWINISMUS . . . .

Mag Darwins Theorie in vielen wesentlichen Punkten lückenhaft oder irrtümlich sein – tatsächlich bewirkt der Kampf ums Dasein nur eine dezimierende Auslese –, mag das «wie?» der Entstehung der Arten noch immer der Aufklärung harren, an der Richtigkeit der Deszendenzlehre überhaupt kann längst nicht mehr gezweifelt werden, und es ist kein einwandfreies Verfahren der Apologetik, wenn man den Leuten schlechthin vorredet, der Darwinismus sei «überwunden». Mindestens ist es ein elender Notbehelf der Apologeten, die Naturwissenschaft da aufhören zu lassen, wo der Mensch beginnt. Es gibt freilich Naturforscher, die als Beobachter bedeutend, aber als Denker recht minderwertig sind. Diese Leute werden dann dem Publikum mit Vorliebe als «Versöhner von Naturwissenschaft und Glauben» vorgeführt. Aber es ist bloß eine apologetische Phrase, daß die recht verstandene Naturwissenschaft mit dem Glauben im Einklang stehe, daß beide sich nicht stören: – Tatsächlich stört nichts mehr und kann sich nichts mehr stören, als historischer Glaube und Wissenschaft! Das entscheidende Wort hat die Naturphilosophie zu sagen. Eine Versöhnung der beiden kann nur durch ein Zurückgehen auf das innerste Leben gefunden werden.

Man darf nicht leugnen, daß von dem ersten wirklichen Menschen,

---

1 [Das handschriftliche Titelblatt lautet: «Albert Schweitzer, Letzte Vorlesungen 1911, à garder. Stenogramm der vier letzten Vorlesungen meines letzten Collegs an der Universität Straßburg, Winter 1911/1912. ‹Ergebnisse der historisch-kritischen Theologie und der Naturwissenschaft für die Wertung der Religion›. Von einem Hörer mir geschenkt. Albert Schweitzer». Dem folgenden Text liegt eine maschinengeschriebene Abschrift zugrunde, die vermutlich vom erwähnten, aber sonst unbekannten Hörer stammt. Einige wenige grammatikalische Fehler sowie die Interpunktion wurden v. d. Herausgebern stillschweigend korrigiert. Die Wiedergabe einiger Namen u. Begriffe in Großbuchstaben entspricht der Vorlage.]

dessen Reste man in der Erde gefunden hat, bis zum heutigen Menschen ein gewaltiger Weg ist. Und doch ist der Abstand des Geisteslebens des Urmenschen (soweit wir dasselbe kennen) von dem der geistig höchst entwickelten Tiere ein enormer und es bleibt rätselhaft, daß andere Tierformen in der geistigen Entwicklung uns nicht näher gekommen sind.

Die Einheit der Lebensformen präsentiert sich uns eben wie ein Strom, den man von einem nicht allzu hohen Aussichtspunkt sieht: er zeigt sich da immer nur stückweise. – Die Erweiterung unseres Horizonts ist eine viel bedeutendere geworden als die Zunahme der Klarheit der Dinge, die in ihm liegen.

Je näher das Leben – das wir immer nur aus seinen Äußerungen erschließen[2] – dem unsrigen steht, desto besser begreifen wir es – von uns aus. Auch das Leben der unorganischen Welt verstehen wir nur von uns aus. Wir begreifen die Natur, wie das Evangelium, nur im Gleichnis: die Begriffe Kraft, Gesetz, Anziehung, Abstoßung, Reiz, Freiheit und Gebundenheit etc. sind nur Gleichnisse, die wir unserem bewußten Innern entnehmen, nur Analogien mit dem uns unmittelbar Gegebenen. Sind doch selbst die letzten Grundlagen der Logik nur Analogieschlüsse!

Schließlich bedürfen wir zur Überzeugung von der Einheit alles Lebens der Naturwissenschaft nicht. Das indische «das bist du» ist älter als diese!

Was Leben ist, ist uns nicht nur ein Rätsel, sondern ein Geheimnis – wir kennen es nur durch Intuition und sind unendlich weit davon entfernt, es etwa mit den von uns beherrschten Naturkräften herstellen zu können. Daher die *Ehrfurcht vor dem Leben*, von der auch der überzeugteste Materialist beseelt ist, wenn er es vermeidet, den Wurm auf der Straße zu zertreten oder Blumen zwecklos abzupflücken. Und diese Ehrfurcht ist der Grundton aller Kultur – in ihr liegt die Größe der indischen Kultur. Dem zwischen Steinwänden aufgewachsenen Städter ist es sehr erschwert, zur wahren Humanität zu gelangen: er hat nie mit der Natur gelebt, deren Einheit nie in sich empfunden, er weiß nichts vom Seufzen der Kreatur! Nur im Umgang mit der lebendigen Natur fundiert sich der Gedanke von der Unersetzbarkeit alles Lebendigen, das existiert, und das Verantwortlichkeitsgefühl gegenüber allem Leben und seiner Entfaltung, und endlich auch die Einsicht, daß sich der Zweck des lebendigen Daseins in den höher entwickelten Lebensformen – und in erster Linie natürlich im Menschen – vollkommener darstellt als in den andern. Hier hat die indische Philosophie versagt, sie steht ratlos vor dem Kampf der Lebewesen untereinander, von denen ein Teil für seine Existenz so oftmals auf die Vernichtung des anderen angewiesen ist! Wir

---

2 [Vorlage:] entschließen.

aber dürfen sagen: ethisch beginnt das Recht der Vernichtung da, wo die Erhaltung des höheren Wesens in Frage kommt. Auch hier besteht eine Spannung, ein Dualismus: auf der einen Seite das Gefühl von der Heiligkeit alles Lebendigen – auf der andern die Notwendigkeit, die Verantwortung auf uns zu nehmen, daß wir als höhere Wesen gegebenenfalls über andere Wesen hinweg schreiten; das höhere Leben erweist sich darin als höher, daß es über den blinden Drang der Selbsterhaltung hinauskommt und Leben nur zerstört mit dem Gefühl der Verantwortung gegen das Ganze.

Vorlesung vom 22. Februar 1912 (Stenogramm)

Das letztemal hatte ich die wissenschaftliche Erkenntnis vom Leben zu Ende gebracht und Ihnen dargelegt, wie merkwürdig zerrissen das Wissen vom Leben und wie merkwürdig widerspruchsvoll es ist, daß zwar die allgemeinen Gedanken feststehen, daß aus der niedrigsten Energieform sich das niedrigste Elementarleben entwickelt und daß aus der Zelle die Reihe der höheren Lebewesen hervorgestiegen ist; daß es uns aber nicht möglich ist, zu erkennen, wie aus der niedrigsten Energie die schon wollende, bewußte Zelle – also lebendes Eiweiß – hervorgeht. Und wie aus der Zelle die ganze Reihe der Lebewesen hervorgeht und nach welchen Prinzipien, auch das bleibt im Dunklen. Aber wenn auch das Erkennen in einzelnen Etappen nichts nachweisen konnte, so ist für das Wissen vom Leben nichts sicherer, als daß die Reihe des Lebens sich irgendwie aus niedrigsten zu den höchsten Formen entwickelt hat; daß ferner es uns niemals gelingt, das Leben erkenntnismäßig zu ergründen, sondern daß, sobald wir in das Wesen der Dinge einzudringen versuchen, wir schon mit Analogiebegriffen arbeiten, d. h. in Gleichnissen reden; daß die ganze tiefere Naturgeschichte nur ein Reden in Analogien und Gleichnissen ist und daß die wahre Erkenntnis des Lebens zuletzt durch Analogie aus uns selbst heraus erschlossen wird. Also neben die Erkenntnis von außen tritt, sie überholend und vertiefend, die subjektive Erkenntnis von innen. – Was Leben ist, wissen wir nur aus uns selbst und übertragen es auf die Wesen, in denen wir ein Leben gleich dem unsrigen vermuten. Und hier setzt nun das weitere Sinnen über das Leben ein.

Das große Problem liegt darin, daß in einer gewissen Entwicklungsstufe das *höhere Leben* einsetzt, das ganz unverhältnismäßig entwickelter ist als das der nächsttieferen Stufe. Worin besteht nun diese höhere Entwicklung (Mensch), von der wir annehmen, daß sie nicht aufhört, sondern noch höher und weiter schreitet, ohne daß sie chemisch oder physikalisch erkennbar ist? Und dann fragt es sich: führt in diesem Sinnen über das Leben, über *unser* Leben, eine aufsteigende Anschauung zu Vorstellungen und Annahmen, die sich irgendwie berühren mit denen, die in den historischen Religionen auftreten? Diese Vorstellungen und Annahmen, die über dem einfachen Sinnen über das Leben in dem Einzelwesen entstehen, nenne ich *Elementarreligion* und bin mir bewußt, daß ich auf diesem Wege unhistorisch verfahre. Ich deduziere nicht aus den gegebenen Religionen, sondern ich gehe vom Boden aus, vom Elementarbegriff des Lebens. Die Elementarreligion des Lebens ist lediglich rational. Das Furchtbare in unserm modernen Leben besteht darin, daß eben dies elementare rational-religiöse Denken durch die historisch überlieferten Religionen niedergedrückt wird, ehe es sich ausbilden kann, und daß man versucht, die historische Religion auf den einzelnen wie mit einer Frescomalerei auf die Wand zu malen, und daß die Malerei deshalb abfällt, weil von innen keine Religion dieser äußeren Religion entgegenkommt. Man kann sagen, dies ist subjektiv, denn niemand kann etwas anderes vom Leben schildern, als was er selbst erlebt hat. Aber wo das tiefere Begreifen des Lebens in Frage kommt, ist alles Schluß aus Analogie; und daß ein Wesen die Gedanken über das Leben eines andern versteht, beruht auf Analogie mit dem, was er selber erdacht und erlebt hat. Also der Begriff der absoluten Religion, d. h. daß etwas Zwingendes von dem Verhältnis des Einzelwesens zur Gesamtheit ausgesagt werden könnte, ist nicht denkbar, sondern alles, was irgendwie religiös sich aus dem Denken über das Leben ergibt, ist subjektiv und hat objektive Bedeutung nur, insofern es von andern durch Analogieschluß auf unser Leben erkannt wird.

Ehe ich zeige, worin der Fortschritt im Leben besteht, muß ich erst noch einige *Beschränkungen und Hemmungen in der Betrachtung des Begriffes Leben* erwähnen. Wir sahen früher, daß der Zweck des Seins in dem höhern Leben liege; aber schon das *Leben überhaupt* ist bedroht

1. durch das Schicksal unseres Erdballs, durch Verhältnisse oder Katastrophen, die die Bedingungen des Lebens überhaupt auf ihm vernichten. Findet sich dafür, so fragen wir, ein Leben auf den andern Weltkörpern, das das unsere ersetzen oder ergänzen könnte? Wir wissen darüber gar nichts. Der Schauplatz *des* Lebens, das wir nach Analogie unseres Innern erschließen können, beschränkt sich für uns auf die Erde, und mit dieser *Verengerung* müssen wir uns abfinden;

2. durch die Möglichkeit, daß das Leben irgendwie erstirbt mit Erschöpfung des Lichts und der Wärme der Sonne;

3. durch die Eventualität, mit der der Physiologe rechnet, daß der Kohlenstoff der Luft einmal alle wird. Die Pflanzen gebrauchen Kohlenstoff aus der Luft, (die Steinkohlenlager sind solcher Kohlenstoff); wird er immer mehr verbraucht, so nimmt er ab, und wie steht es dann um das Leben?

4. Eine Hemmung des Denkens über das Leben liegt auch in der *Gefährdung des Einzellebens* durch materielle Schädigung; in jedem Fort-

schritt liegt zugleich eine Gefährdung (durch Maschinen etc.); wenn man dem Gedanken Auge in Auge gegenüber steht, daß ein Platzen einer Arterie in Folge einer Infektionskrankheit u. s. w. aus einem wirklich lebenden höheren Wesen ein vegetierendes machen kann, daß irgend eine Vererbung, irgend ein Vorgang dasselbe zur Folge haben kann, wenn man die Mauern der Irrenhäuser betrachtet, dann steht man vor etwas Ungeheuerem; denn das Denken über das Leben geht nicht in der Allgemeinheit auf, sondern gibt jedem Leben in dem Maße, als es höher entwickelt ist, eine universelle kosmische Bedeutung an sich. Das Individuum als solches interessiert und wird zum Problem, und die Betrachtung der gesamten Masse des Lebens hilft nicht darüber hinaus. –

Das sind die großen Anstöße in der Betrachtung des Lebens. Sie wissen, daß die Religion sich mit diesen Anstößen abgefunden hat, indem sie eine jenseitige Welt annahm, in der alles Übel und Schlechte gut gemacht wird, indem sie mit der Vergänglichkeit dieser Welt rechnete und dafür eine unvergängliche setzte, für alles Unbegreifliche Versenkung in den unerforschlichen Willen Gottes proklamierte auf die Gefahr hin, daß sie mit all' dem den Begriff «Gott» als ethische Größe gefährdete.

Sie sehen, daß sich die Religion über diese Hemmnisse in dem Spekulieren über das Leben hinwegsetzte, indem sie durch den Glauben eine *künstliche Erkenntniswelt* schuf. Die Religion verlangt Harmonie von Erkenntnis und höherem Willen zum Leben; sie muß immer den Ausgleich finden, und die große Gefahr für die Religion besteht darin, daß sie im Bestreben, Trostreligion zu werden, diese künstliche Erkenntniswelt, wo alles, was hier Problem ist, gelöst ist, unbekümmert um jedes Erkennen rationaler Art aufbaut und sich selber in diesem Irrgarten verliert.

Daraus entstehen zwei ernste Gefahren:

1. Der Wille zum Leben, d. h. das Leben, welches höheres Leben in Erkennen und Wollen werden will, steht in Gefahr, daß er sich über die Hemmung des Lebens, die unleugbar vorliegt, nicht hinwegsetzen kann und dadurch gelähmt wird;

2. daß sich dieser Wille zum höheren Leben verrennt in der Religion, d. h. in einer Welt der Erkenntnis, welche er künstlich geschaffen hat, um sich aus der Welt der natürlichen Erkenntnis in diese andere Welt hinein zu retten.

Interessant ist nun, daß im Grunde das Tragende des Glaubens der *Wille* ist; *Glaube ist durch Wille erschaffene Erkenntnis.*

Die Hauptsache ist der *Wille*, aber der Wille muß bei dem tieferen Denken, das auf eine künstliche Schaffung von Erkenntnis verzichtet, den Mut haben, *rein aus sich selbst heraus weiter zu gehen* und ohne Lösung dieser Probleme, er *muß sich über die Erkenntnis erheben* durch die Energie, die in ihm ist. Wie ein Flugfahrzeug, wenn die Schraube eine gewisse Umdrehungszahl erreicht, sich in die Lüfte erhebt durch die Gesetze der Schwere, durch seine Kraft und Stellung, so ist es mit dem Willen: Wille ist höher als Erkenntnis; der wahre Wille zum Leben läßt die Erkenntnis hinter sich und wird frei von ihr dadurch, daß er sich als *Wille zum Leben* erfaßt. Der Wille zum Leben geht seinen Weg an Abgründen entlang, schaut hinein, findet aber seinen Weg weiter in die Höhe, wo die Vegetation des Wissens und Erkennens nicht mehr hinreicht. Das ist der Unterschied zwischen historischer und Elementarreligion, daß in jener der Wille Angst hat, allein zu sein und sich in ein Chaos geschaffener Erkenntnisse verliert, aber in der Elementarreligion es wagt, ohne die Erkenntnis allein zu sein und sich über die Erkenntnis zu erheben. Es ist also ganz falsch, wenn die Leute von Unversöhnlichkeit zwischen Glauben und Wissen fabeln, das hat nichts auf sich. Sobald man erkannt hat, daß die wirksame Komponente der Wille ist, denkt man nur an jene Versöhnung von Willen und Wissen, die dadurch gegeben ist, *daß der Wille weiter geht als das Wissen und in seinem Weg nicht aufzuhören braucht, wo das Wissen aufhört.* Das ist das Wesen jeder tiefen Religion. Vgl. I Kor. 13, 8–10.

Für mich war diese Freiheit vom Wissen eine der ersten Erkenntnisse. Ich erinnere mich, wie ich als Student den Ausführungen über Dogmatik zuhörte und mich fragte, warum dieses Gekünstelte? Warum den Willen in Scheinerkenntnisse fesseln, die, wenn man den Willen herausnimmt, in sich zusammen fallen? Warum sagt man nicht: Gehe Deinen Weg vor Dich hin?! Damit hängt zusammen, daß die radikalen Geister nach einem merkwürdigen «Les extrêmes se touchent» sich immer mehr der starren Orthodoxie verwandt fühlen als einem zwischen Wissen und Glauben vermittelndem Liberalismus, weil in diesem starren Glauben der Wille stärker lebt als in den Vermittlungen, wo der Wille mit den Erkenntnissen, die aus überlieferten historischen Begriffen stammen, sich zu verbinden und sich mit ihnen auszugleichen trachtet. Also in jedem höheren Leben ist das *Äquivalent des Glaubens gegeben im Willen*; denn ohne dieses Äquivalent ist kein höheres Leben möglich, sonst geht der wahre Wille zum Leben in den Hemmungen der Erkenntnis unter. –

Worin besteht nun die Entwicklung zum höheren Leben? Worin das, was wir Fortschritt nennen? Worin die Einheit der Kultur, der Ethik, der Religion, der sozialen Errungenschaften?

Gehen wir davon aus, daß der Fortschritt auch des niederen Lebens beruht auf dem Wegfall oder der Überwindung von Hemmungen seiner spontanen Entfaltung – was allgemein sich ausdrücken läßt als *Freiheit* (Freiheit der Bewegung, der Erhaltung des Lebens etc.) –, so ist die nächste Frage, wenn man harmonisch denkt: ob denn nicht dasselbe auch für diese weitere Entwicklung auf der höchsten Stufe, die wir nunmehr qualitativ, nicht quantitativ erfassen können, in Betracht komme? Die Harmonie existiert allerdings. Alles was wir Kultur, Ethik u. s. w. nennen, läßt sich aufs Formale gebracht im letzten Grunde in dem Worte «Freiheit» zusammenfassen. Und nun erschrecken Sie nicht, wenn ich in folgendem Kultur, Ethik und was zum Fortschritt gehört in Formeln bringe, wo es kalt klingt; denn wissenschaftliches Denken ist nur möglich, wenn der Gedanke von allem Materiellen gereinigt in seiner größten Einfachheit dasteht und sich mit allem andern in der größten Einfachheit verbindet.

Der Fortschritt des höheren Lebens in der Kultur ist Freiheit von der Natur. Wenn ich ein sehr moderner Mensch wäre, würde ich ausführen, wie jeder Fortschritt z. B. der Bekleidung und der Behausung einfach unter den Begriff der Freiheit fällt, ebenso wie alle höheren Fortschritte bestehen in der Beherrschung der Naturkräfte, in der Möglichkeit der Bewegung in den verschiedenen Elementen – auch in der Luft –, in der Überwindung von Raum und Zeit, in der Verteidigung gegen das niedere Leben, in der Organisierung der Gesamtheit. Sie denken sich das noch weiter aus. Also Kultur heißt, daß der Mensch den Umständen nicht mehr passiv unterworfen ist und andererseits, daß er aktiv wirken kann auch auf das Universum. Kultur heißt, von der Materie frei werden. – *Nichts anderes sucht die Religion.* Wenn Sie religiöse Schriften lesen, so werden Sie finden, daß das *Wesen des religiösen Suchens immer gipfelt in dem Freiwerden von der Welt,* aber daß die Religion auch hier durch künstliche Irrgärten der Erkenntnis diese Freiheit nur festhält und ins Vollendete schafft, indem sie eine kommende Welt annimmt und überhaupt aus der Bedingtheit dieses Daseins in ein unbedingtes sich hinüber rettet. –

Aber alles, was die Kultur als Freiheit an Fortschritt bringt, ist nur relativ gegenüber dem bleibenden Unterworfensein des Einzelnen und der Gesamtheit unter kosmische Ereignisse, vor allem in 2 Punkten:

1. *im Tod:* der Tod ist das größte Rätsel!

Warum werden alle Verbindungen in dem Maße, wie sie sich dem belebten Eiweiß äußern, unbeständig? Warum ist alles Leben nicht bestehend, sondern immer abbauend-aufbauend, zerstörend und regenerierend? Wir leben, indem die Zellen in uns immer wieder erneuert werden, von keiner können wir die Lebensdauer bestimmen, und die Frage ist offen, ob Zellen in uns existieren von Anfang bis zu Ende des Lebens; – vielleicht im Gehirn, denn sonst wäre der Gedächtnisprozeß nicht zu begründen. Unser Leben ist fortgesetztes Sterben und Erneuertwerden von Zellen, nur daß die Gesamtheit in diesem Prozesse aufrecht erhalten bleibt, und der Tod ist damit gegeben, daß die Zellerneuerung aus Zellenteilung ihre Grenzen hat, daß die Zellen nur auf so und so viel Teilungen angelegt sind, und, wenn diese erschöpft sind, keine neuen Zellen mehr entstehen und dann das Alter und das Vergehen kommt. Der Tod kommt aus innerer Notwendigkeit, wenn dies auch gewöhnlich nicht klar wird, weil er oft aus zufälligen Ursachen vorher eintritt. Den Anfang des Todes kann man physiologisch in das 30. Jahr setzen, indem hier die elastischen Fasern der Lungen, deren Elastizität von hoher vitaler Bedeutung ist, anfangen, weniger elastisch zu werden (Prof. Chiari). Also ist der Tod eine innere Notwendigkeit, indem in der Zelle die weitere Teilungskraft aufhört. –

Für die *historischen Religionen* ist der Tod ein Problem des Glaubens. Sie *erklären ihn aus dem Sündenfall*, sie suchen ihn zu überwinden durch Annahme einer Auferstehung unseres Wesens, einer Verklärung, durch Annahme eines rein geistigen Wesens, das die Fortsetzung von uns ist, damit der Wille zum Leben den Anstoß des Todes überwindet, während in den *Naturreligionen* der Anstoß des Todes tödlich wird: in den indischen Religionen ist das ganze Sehnen jedes Wesens nur die Erlangung des wirklichen endlichen Todes.

Das Unterworfensein zeigt sich

2. darin, daß wir von den *Ereignissen der Natur betroffen* werden, *auch wenn unser Leben nicht vernichtet* wird, daß unsere Gesundheit, unsere äußeren Verhältnisse und das, was zu unserm Glücke gehört in der Macht der Materie steht, und daß das an Andern uns oft ein grausiges Schauspiel bietet. Wenn man eine tuberkulöse Lunge durchschneidet, wie ist es erschütternd zu sehen, daß hier gemeines Leben, um sich zu entwickeln, sinnlos in einem materiellen Körper wütet, und dieses Leben, das für die Welt vielleicht von ungeheurer Wichtigkeit ist, einfach vernichtet; daß also hier das Niedere über das Höhere triumphiert. Keiner kann über das Leben sinnen, über sein eigenes und über fremdes, ohne den Eindruck zu haben, am Strande eines Meeres zu wandeln, während auf der andern Seite steile Abhänge sich erheben, die mit Felsblöcken übersät sind; jeden Augenblick kann ein Felsblock niederfallen und ihn zerschmettern, sinnlos durch irgend einen Zufall; jeden Augenblick kann die Flut emporsteigen und ihn davonschwemmen. Jedes Betrachten des Lebens gipfelt darin, daß wir fühlen, wie wir dem Chaos, dem sinnlosen, ausgeliefert sind, wie auch das höhere Leben von allen möglichen Zufälligkeiten bedroht ist und durch alles gehemmt werden kann, nicht nur äußerlich, sondern auch innerlich.

Die *Religion* sucht aus dieser Erkenntnis herauszukommen, indem sie diesen ganzen Weltzustand *auf eine Schuld schiebt*, die die Menschheit auf sich geladen hat; indem sie das Böse durch Dualismus erklärt, d. h. durch die Annahme widergöttlicher Kräfte, die, mit der Welt erschaffen, den Menschen besiegt und unterworfen haben, und dann nach Freiheit davon sucht in der Annahme von *Wundern*. Hier muß man die katholische Kirche insofern loben, als sie konsequent bleibt und Wunder auch in unserer Zeit annimmt, während die aufgeklärteren christlichen Genossenschaften die Wunder nur auf die historische Vergangenheit beschränken wollen. Vor allem sucht die Religion herauszukommen aus diesem Chaos durch das Wunder des *Gebets*; indem sie statt des Chaos eine leitende Kraft annimmt und glaubt, daß durch Zwiesprache mit ihr eine Umstimmung und andere Verhältnisse erreicht werden können; und dann zuletzt durch *Annahme einer neuen Welt*, die diese Welt ablösen wird in der Eschatologie. Je größer der Wille zum Leben ist, um so gewaltiger das Hoffen auf die Nähe dieser Welt. Alles das sind Versuche zur Erhaltung des Begriffes Freiheit, wieder durch die Schaffung einer Erkenntniswelt des Glaubens.

Es fragt sich nun: wird auch hier der reine Wille seinen Weg suchen können, ohne sich mit dem Nebel künstlicher Erkenntnis zu umgeben, und wird er, wie er sich über die Anstöße und Hemmnisse erhoben hat, so sich erheben über das Chaos der Ereignisse, in dem er lebt?

Sie erinnern sich, daß ich einmal sagte, alle Naturreligionen, philosophische und konfessionelle, beginnen mit der *Resignation*. Die Stoa ist die größte von allen Resignationen, die die Welt gekannt hat, und jedes Denken über das Leben wird stoisch dadurch, daß es erkennt, daß das Denken über das Leben in Resignation gipfelt: es gibt keinen Willen zum Leben, der nicht durch die Resignation durchgeht und nicht immer wieder in der Resignation weiter geht, d. h. wir sollen unsern Weg am Strande weiter gehen, wissend, was alles sich uns in den Weg legt, und doch getrieben vom Willen zum Leben, ihn getreu suchen über alle Hindernisse hinweg, bis zuletzt die Flut uns davonschwemmt.

Aber die *Gefahr, die in der Resignation liegt*, ist die, daß der Wille vermindert wird. In der *Stoa* haben wir die gewaltige Lehre vom Übel, wo wieder durch eine Art künstlicher Erkenntnis alles, was als Übel imponiert, dargestellt wird als «nicht-Übel» seiend. Aber das Resultat davon, daß sich hier künstliche Erkenntnis in den Willen mischt, ist *Apathie*. Die Stoa hatte den Willen zum wirklichen Weiterleben, zum Wirken auf die Welt verloren. Und ebenso steht es mit der *epikuräischen Philosophie*. Sie zieht sich von allem im Leben zurück und sucht das Glück dadurch, daß sie die Möglichkeiten, wo wir im Leben verwundet werden können, so viel als möglich umgeht und verhindert. Es gibt eben eine Resignation, wo der Wille zum Leben gehindert wird, wo die Tatbeziehung des Einzelnen auf die Welt Hemmungen erleidet dadurch, *daß sich das Subjekt aus der Welt auf sich selbst zurückzieht*, und das ist der Anfang des Endes. Stoa und Epikuräismus sind so der Anfang der antiken Weltentartung.

Die ethischen Religionen haben die Stoa instinktiv gehaßt, weil sie in dem Enthusiasmus des Glaubens ein Äquivalent fanden, das sie weiter führte; und das ist das Große in dem Haß des Christentums gegen die Stoa, daß es eben in diesem Enthusiasmus nicht untätig wurde, sondern in Beziehung der Welt die Aktivität behielt.

Also die *gewöhnliche Resignation ist nur passive Freiheit*, in welcher der Wille sich den Ereignissen entwindet; aber das, was wirklich lebenspendend ist, liegt höher: daß uns nämlich *gerade aus dem Unterworfensein unter den Ereignissen die Freiheit komme*; und daß wir dies täglich neu und tiefer erfassen, das heißt reif werden. Wie die Eisschollen, die sich um ein Polarschiff legen, dieses nicht erdrücken, sondern es herausheben, so daß es sich über sie legt, durch den Druck, der es vernichten sollte, so ist es mit dem wahren Willen zum Leben und den Ereignissen. Erst durch den Druck der Ereignisse, durch alle Hemmungen, die es erlebt, wird der Mensch frei. Und ohne hemmende Ereignisse gibt es keine Freiheit, ohne hemmende Ereignisse wird die höhere Stufe des Lebens nicht erreicht. Jeder hat an sich erfahren, daß in den großen Katastrophen des Lebens nicht nur etwas Niederdrückendes, sondern auch etwas Befreiendes liegt, daß wir dann unsern Weg weiter gehen wie in einem innern Lächeln, wenn auch äußerlich traurig und niedergeschlagen, wissend, daß Ereignisse, die uns äußerlich zu zermalmen schienen, doch uns innerlich nichts anhaben konnten; und wenn wir so aus der Angst hindurchgedrungen sind zur Freiheit, so liegt in der Hemmung eine Läuterung. Wir werden aus dem Leben losgelöst und doch nicht entwurzelt. Ohne Leiden keine Freiheit. Es liegt eine unendliche Zweckmäßigkeit in der Tatsache verborgen, daß die höhere Lebensstufe der Kultur nicht ohne Hemmungen erreicht wird. Wie der Wille die hemmenden Erkenntnisse hinter sich läßt, so erhebt er sich auch über die Ereignisse.

Und *dasselbe sucht die Religion.* Zuletzt sind Wunder, Hoffnungen auf eine zukünftige neue Welt, Bittgebet, in dem die Freiheit gesucht wird, nur Erlösungsphilosophie der Religion; und wenn Sie die großen Geister im Selbstgespräch belauschen, wie es bei Paulus, Luther und anderen möglich ist, so werden Sie sehen, daß zuletzt die wahre Freiheit für sie aus dem kommt, was sie denken im stillen Wirken in Gott, wobei Gott gesetzt wird als Urgrund des Seins; daß das Einzelsein sich innerlich frei fühlt von allem, was es betroffen hat und was es betreffen konnte und weiß, daß es in all diesem über das natürliche Leben hinausgekommen und im Leben stark geworden ist. «Denen, die Gott lieben, müssen alle Dinge zum besten dienen» [Röm. 8,28]; «stille werden in Gott», heißt es bei Paulus [vgl. I Thess. 4,11], der sich dem körperlichen Schmerz und den Hemmungen entwindet und dem der Herr sagt: «Laß Dir an meiner Gnade genug sein» [II Kor. 12,9].

Wie der religiöse Geist sich aus dem Nebel der künstlichen Erkenntnisse, mit denen er die Freiheit der Welt zu überwinden glaubte, durcharbeitet zur reinen Freiheit, die über dem Nebel ist, so tut es der reine Wille. Er weiß, daß die Freiheit reine Tat des sich erfassenden, höheren Willens zum Leben ist. Die rückschauende Betrachtungsweise zeigt ihm, *daß in all dem Chaotischen und Grausigen, das hinter ihm stehen bleibt und den Weg seines Lebens bedeckt, zuletzt, wie durch ein Wunder, dennoch Förderung liegt.* Und es gibt keinen tiefer denkenden Menschen, dem nicht sein Leben als das größte Wunder, das er kennt, erscheint; indem er sieht, wie aus einer innern Betrachtungsweise alle Ereignisse eine gewisse *Zweckmäßigkeit* hatten *zum Siegesgang seines Wesens* aus der Vernichtung; wie Paulus sagt: «Wenn auch unser äußerer Mensch vergeht, so wird doch unser innerer von Tag zu Tag erneuert» [II Kor. 4,16].

Wo aber das nur in der Erkenntnis arbeitende religiöse Gefühl im Menschen vorherrscht, da ist er von außen gebunden. Wo dies aber nicht der Fall ist, da *erscheint dem reinen Willen zum Leben (in der Elementarreligion) die Zweckmäßigkeit als seine eigene Tat.* Jedem tieferen Willen zum Leben erscheint das, was er durchgemacht hat, als überwunden und als eine Förderung und Stählung zum Leben, als eine Freiheit zum Sein, weil er als Wille zum höheren Leben die Ereignisse überwunden hat. Das ist in tieferem Sinne «die Kultur als Freiheit» betrachtet. Es gibt *kein elementares Denken über das Leben, das nicht zugleich Religion ist.*

Vorlesung vom 27. Februar 1912

Wir stehen an der Analyse des Begriffes des höheren Lebens. Da, wo chemisch-physikalisch nicht mehr irgend eine Veränderung im Ablauf der Lebensprozesse der höchsten Stufe des Lebens festzustellen ist, sehen wir am Erleben in uns eine Tendenz der Entwicklung, und es handelt sich darum, darüber klar zu werden, worauf diese Entwicklung beruht. Ich sagte Ihnen, daß zuletzt alles Reden darüber auf Analogie beruht, indem nämlich alles, was man darüber sagt, rein geschöpft ist aus dem Begriff «Leben», wie man ihn in sich selber erfährt, und der daher nur subjektiv sein kann und auf den andern wirkt,[3] sofern der andere dasselbe, oder ungefähr dasselbe, in sich wahrzunehmen glaubt. Der gewöhnliche Begriff der Erhaltung des Daseins, des Willens zur Existenz, das, was man Selbsterhaltungstrieb nennt, wird auf der höhern Stufe etwas anderes. Zu dem Begriff der reinen Selbsterhaltung tritt etwas hinzu, und ich sagte Ihnen, daß zuletzt unser inneres Erleben, auf Formeln gebracht, in dem Begriff der *Freiheit* gipfelt, daß wir an uns selber bemerken, wie der Wille zum Leben nicht nur Selbsterhaltungstrieb ist, indem er im blinden Drang diese Existenz zu verlängern sucht auf Kosten alles Entgegenstehenden, sondern wie er Wille zur *Freiheit* wird, und wie das Elementarleben in uns hinausstrebt über alles Hemmende, was in unserer individuellen Existenz und in ihrer Bezogenheit auf das Universum uns entgegen steht. Und zuerst, sagte ich Ihnen, entdecken wir die Anstöße in der Erkenntnis, daß alles Leben im Universum der Vernichtung ausgesetzt sein kann, und wie zugleich der Wille, wenn er wirklich Wille ist, sich über diese Anstöße hinaussetzt. Und dann entdeckten wir die Anstöße in der Hemmung unserer eigenen Existenz;

3 [«auf den andern»: auf den andern Menschen.]

alles das Unklare, daß wir dem Chaos der Ereignisse ausgeliefert sind, was in uns das Gefühl der Unfreiheit der Welt gegenüber erwecken sollte, wird im wirklichen Erleben Freiheit. Gerade dadurch, daß der Wille über alles Hemmende triumphiert (ich erinnere Sie dabei an das Bild vom Polarschiff, das durch den Druck des Eises nicht vernichtet, sondern emporgehoben wird), sehen wir, wie das Bewußtsein der Freiheit in uns zustande kommt – in allen denen, die wirkliches Erleben haben. Und so ist alles, was man Kultur nennen kann, *aller Fortschritt* zuletzt nur seinem wirklichen Wesen nach *Freiheit*.

Der Wille, sagte ich Ihnen, hat zwei Möglichkeiten, entweder er bleibt in dem Suchen nach Erkenntnis stecken und verliert durch alle Probleme, in welchen er die Harmonie zwischen Wollen und Erkennen herstellen will, seine elementare Energie, oder er schafft sich eine künstliche Welt der Erkenntnis neben der natürlichen Welt der Erfahrung und sucht mit dieser künstlichen Welt, der Welt des gewöhnlichen religiösen Glaubens, alle Hemmungen und Anstöße zu überwinden. Und ich zeigte, wie in dem, was man religiösen Glauben nennt, das Tragende und Schaffende der höhere Wille zum Leben ist, dieser sich aber mit einem Nebel von Erkenntnissen umgibt, weil er nicht wagt, auf diese Harmonie von Wollen und Erkennen zu verzichten und als wollender Wille zum Höheren allein zu sein; zugleich aber, wie jeder Wille zum Höheren zu Elementaranschauungen kommt, die sich im Innersten mit denen der ethischen Religionen berühren, und wie die ethischen Religionen, wenn sie nun regressiv den Weg betreten von der äußeren geschaffenen Vorstellung, in der sich der Wille, der Glaube verloren, in die Vergeistigung [und][4] zu der wahren, tieferen, inneren Vorstellung der Religion gelangen; wie sich da die ethischen Religionen rückwärtsbewegen zur reineren Erkenntnis, wo die Vorstellungswelt, die sich der Wille geschaffen hat, noch durchsichtiger wird, auch wenn sie noch nicht ganz überwunden ist. Darauf kam es mir an, Ihnen zu zeigen, wie mit jedem lebendigen Reflektieren über das Leben und sein Ziel elementare Religiosität entsteht, die irgendwie in Analogie steht mit der ethischen Religion.

Nun aber zum Begriff der Ethik selbst. Wir haben gelernt: das höhere Leben ist Freiheit, indem der Wille sich über die Anstöße der Erkenntnis hinaushebt; Freiheit, indem er sich über die Hemmungen und Anstöße seiner eigenen Existenz erhebt und so zur Befreiung von diesen gelangt.

Was ist nun Ethik?

Das ethische Problem ist das Problem par excellence, der Grund aller Philosophie. Aber wenn man empirisch von dem ausgeht, was in der Gesellschaft und in den philosophischen Systemen gut und böse genannt wird, kommt man nicht weiter; sondern es handelt sich darum, das Wesen der Ethik aus dem Begriffe des Lebens zu erfassen.

4 [Vorlage:] in der Vergeistigung zu ...

Die drei großen ethischen Meister sind SOKRATES, KANT und NIETZSCHE; grob ausgedrückt: SOKRATES hat die Ethik auf sich selbst gestellt und sich von der Überlieferung frei gemacht, KANT hat ihre Absolutheit bewiesen gegenüber allen Anschauungen, die sie auf soziale und Nützlichkeitsvorstellungen reduzieren wollten, und NIETZSCHE – vielleicht der größte Ethiker, jedenfalls der am meisten zu sagen hat denen, die ihm frei gegenüberstehen und nicht in seinen Worten gefangen sind –, er hat eigentlich proklamiert, daß der ganze lebendige Mensch Gegenstand der Ethik ist.

Gegenüber diesen philosophischen Versuchen hat die Naturwissenschaft mit einem gewissen Stolz, der ihr da reüssierte, wo sie sich auf ihrem eigenen Gebiet bewegte, den Versuch gemacht, den Weg zur Ethik aufzuzeigen, wie alles Tun vom Egoistischen zum Unegoistischen wird, was wir ja im allgemeinen als das Ethische ansehen. Die große Frage ist die: *wie kommt der Mensch aus dem egoistischen Trieb, dem Selbsterhaltungstrieb heraus?* Man kann nicht sagen, daß die Naturwissenschaft in diesen philosophischen Versuchen besonderes Glück gehabt hat, denn das Armselige, was sie hier zu bieten vermag, tritt in nackter Weise zutage. Typisch ist Jacques LOEB aus Amerika, der sich viel mit physiologischen Vorstellungen über das Leben abgab und in seinen Experimenten Hervorragendes geleistet hat; aber bei seinem Reflektieren hört die Vernunft da auf, wo das Experiment aufhört. 1911 setzte er über das Weltmeer. Damals war der erste Monistenkongress und er hielt einen Vortrag über das Leben. In den zwei letzten Kapiteln des Vortrags sprach er über den Inhalt des Lebens und die Ethik, und hier offenbarte sich die ganze Naivität des Naturforschers in hohem Grade: «Wenn wir selber chemische Mechanismen sind, wie kann es da eine Ethik geben? Antwort: Unsere Instinkte sind die Wurzel unserer Ethik, und die Instinkte sind erblich, wie die Formbestandteile unseres Körpers. Wir erfreuen uns der Gesellschaft, weil wir durch erbliche Bedingungen dazu gezwungen werden, wir kämpfen für Gerechtigkeit und Wahrheit, weil wir instinktiv unsere Mitmenschen glücklich zu sehen wünschen. Daß wir eine Ethik besitzen, verdanken wir lediglich dem Instinkt, welcher festgelegt ist durch die Form unseres Körpers». – Was versteht er aber darunter, daß wir für Gerechtigkeit und Wahrheit kämpfen, «weil wir instinktiv unsere Mitmenschen glücklich zu sehen wünschen»? Woher kommt denn plötzlich dieser Instinkt? Die Zelle hat ihn nicht, der Zellenkomplex hat ihn ebensowenig; sondern es existiert nur der Instinkt der Selbsterhaltung des Daseins. Aber woher kommt dem Einzelnen das Interesse für das Gesamtdasein, so daß er sein eigenes Dasein zurücksetzt, also negiert, was das Leben ausmacht? Das hat er nicht erklärt und auch kein anderer. –

Man kann auch nicht sagen: gut ist, was der Gesamtheit nützt, schlecht, was ihr schadet – das ist keine Ethik, das ist *Legalität*; aber

Moralität will heißen, daß der Einzelne sich freiwillig unterwirft dem, was der Gesamtheit nützlich ist, freiwillig läßt von dem, was ihr schädlich sein kann; also daß auch hier im Ethischen als Konstituens der Begriff der *Freiheit* liegt; alles wird erst gut dadurch, daß das einzelne Subjekt, das die Tathandlung begeht, das Gute freiwillig als gut anerkennt. Ethisch wird ein Subjekt nicht dadurch, daß es in einer ethischen Gesellschaft geboren oder erzogen wird, sondern *ethisch wird es erst in dem Maße, als es selber in seiner Einzelexistenz bereit ist, in der Gesamtexistenz aufzugehen*. Ethik ist also die Tat der Freiheit, wo das Einzelsubjekt aus seiner Einzelexistenz heraustritt in die Gesamtexistenz hinein. Symbolisch ist Ethik immer ein Sterben, wie alle tiefen Ethiker dies erkannt haben, an sich ist das Ethische logisch *nicht zu erklären*, auch nicht *durch Begriffe von Glück und Befriedigung, sondern einfach und allein aus dem Triebe des höheren Lebens; es ist die höchste Stufe der Freiheit!* – Das Subjekt, in dem höheren Leben, wird frei zuerst von der Erkenntnis, dann 2. frei von den Hemmungen des Chaos des Geschehens, dem sein Leben unterworfen ist, 3. frei von der Kette von Ereignissen, die von ihm ausgehen, indem es diese Kette nicht auf sich bezieht, sondern auf das Unpersönliche, auf die Gesamtheit, mit der es durch seine Tat sich solidarisch verbunden fühlt. *Ethik besteht also darin, daß das Subjekt seinem Leben gegenüber frei wird* und dieses Leben nur noch begreifen kann und nur insofern wertvoll findet, als es in diesem ein Kapital sieht, mit dem es in der Welt für das höhere Leben, für die Realisierung desselben in der Gesamtheit etwas erwirbt.

Es ist klar, daß der Begriff der Ethik als Freiheit nur im Extrem erreicht wird – in der Geschichte und im Einzelindividuum. Das Extrem der Geschichte ist die Freiheit als Weltverneinung; frei ist *der Asket*, der von der Welt nichts begehrt. Das geht durch die Geschichte der Religion und durch die Geschichte der Ethik in der Philosophie. Und doch – die großen Geister fühlten alle, daß dies keine Freiheit sei. BUDDHA tritt auf, gezwungen den Weg der Erlösung zu suchen außerhalb der Askese; und in Jesus liegt etwas Weltheiteres, das ihn in Gegensatz setzt zu der Askese, die aus seiner Weltanschauung kommt, daß die Welt böse und ihr Ende herbeigekommen sei. Er sagt «Arme habt ihr allezeit bei Euch, mich aber habt ihr nicht allezeit» ([Mt. 26,11,] ein Recht auf das Kostbare im Leben); seine Gegner schelten ihn Weinsäufer. Und bei Paulus ist es ähnlich; man bemerkt bei ihm, wie er von der Askese angelockt wird und doch aus innerem Instinkte sich ihr widersetzt. Er sagt: Daß die, die haben, ärmer seien, als die, die nicht haben [vgl. II Kor. 8,15]; es ist ihm aber nicht erlaubt, zu sagen, daß die Menschen sich in der Weise von der Welt frei erweisen müssen, daß sie sie radikal von sich werfen. Die Geschichte der religiösen Ethik ist schwer zu erkennen, weil das Asketische, Weltverneinende immer durchsetzt ist mit der Idee des Weltendes und der an sich vorausgesetzten Schlechtigkeit der natürlichen

Verhältnisse der Welt, so daß in der Religion das Problem, ob Askese und Weltverneinung Freiheit ist von der Welt, nicht klar hervortritt. Aber jedenfalls sehen wir in NIETZSCHE die Reaktion gegen diesen falschen Begriff der Freiheit, in dem[5] nicht der natürliche Mensch frei wird von der Welt, sondern irgend ein gequälter, ein verminderter, in dem die Lebensinstinkte nicht mehr sind. Und doch ist das das Problem der Freiheit, daß gerade der ganze Mensch mit seinen Lebensinstinkten, ohne daß sie vermindert werden, frei wird von der Welt. Man kann nur sagen: *Freiheit von der Welt ist ein geheimnisvolles Durchsetztsein von Weltbejahung und Weltverneinung in dem Einzelindividuum*; es gibt keine wahre Weltbejahung, die nicht durch Weltverneinung hindurchgegangen ist, und es gibt keine wahre Weltverneinung, die groß und ethisch bleibt, wenn ihr nicht irgendwie Weltbejahung zur Seite tritt. Man kann das so formulieren: daß jede Weltverneinung, die den Menschen von dem Wirken auf die Welt abhält, trotz der Kraftsteigerung des Willens, die durch die Askese bewirkt wird, untüchtig ist, so daß sie schon unter das Ethische sinkt; und jede Weltbejahung, die nicht zur vollen Kraft kommt, weil sie nicht in Weltverneinung sich gehärtet hat, *auch* unterhalb des Ethischen liegt. Aber zuletzt ist Freiheit von der Welt: *sich selber in der Totalität der Lebensfunktionen erhalten und sie doch nicht besitzen, sondern sie der Welt geben*; das ist das Geheimnis der Einzelexistenz! Auch hier, weil es sich um den tiefsten Vorgang des Lebens handelt, bleibt alles Schauen von draußen nur etwas Unvollkommenes.

Man kann also sagen, *Ethik ist tätige Freiheit*, und alles, was man als Liebe, Sanftmut, Friedfertigkeit, Barmherzigkeit bezeichnet, das alles fließt zusammen und ist enthalten in der «ethischen Freiheit von der Welt», wo der Einzelne von der Welt nichts behält, sondern nur sich geben kann, und in diesem Geben größer und stärker wird. Alles, was in der Ethik als Tugend und Eigenschaft beschrieben wird, ist nur weißes Licht, das in seine Farben zerlegt wird in dem Prisma der Erkenntnis; an sich aber, als weißes Licht, das alle Farben in sich schließt und leuchtet, ist Ethik *Freiheit*, und darum, weil in der Ethik das Subjekt aus sich heraustritt in das Universum hinein, selber wachsend, sich an das Universum verliert, ist *jede wahre Ethik Religion und jede wahre Religion Ethik und Mystik zugleich*. Ich sagte Ihnen, Religion ist das Beziehen des Individuums auf das Universum, in welchem das Individuum selber sich als wirkend auf das Universum erfaßt und das Universum in sich erkennend begreift, und Mystik ist dasselbe, denn sie bedeutet nur, daß der Einzelne sich verliert, ohne sich zu verlieren, in dem All. –

Jede wahre Ethik als bewußte Tat der Freiheit ist also Aufgehen im Absoluten. Es kommt für jeden der Augenblick, wo er allem, was ihm

5 [Vorlage:] der Freiheit, da nicht der ...

als Ethik beschrieben und anerzogen ist und was er bisher als Ethik geübt hat, fremd gegenüber steht, bis er es innen ergriffen und als seine Freiheitstat nun ausübt, bis ihm alles dieses zur Einheit wird; und in *dieser Tat erlebt er dann den allgemeinen Frieden des Geistes.* Der individuelle Geist, das individuelle Leben geht in den Gesamtgeist, in das Gesamtleben ein, verliert sich, um sich dort höher wiederzufinden, wie Jesus selber es ausdrückt: «Wer sein Leben verliert, der wird es finden» [Lk. 17,33; Mt. 10,39 u. a.]. Und erst in diesem Wiederfinden des Lebens aus der individuellen Existenz heraus in der Gesamtexistenz, dem Gesamtgeist und -wollen, kommt er zur Ruhe, und diesen Gesamtgeist kann man, wenn man religiös redet, nennen – «heiliger Geist» oder «Gott». Ich will sagen, in uns allen wohnt eine natürliche Mystik; wir leben in dem All als ein Tropfen desselben und fühlen uns eins mit dem Leben des Universums und sehen uns vor dem Moment, wo wir selber in dieses All als Staub zurückfallen werden, wo das Leben in uns aufhört, aber doch weiter gehen wird, weil nur das Individuelle aufhören wird, das Leben aber selber seinen Weg fortsetzt und keiner *lebt*, der nicht dieses naturhafte Sein im All in Erbeben, in Erschrecken und in Wollust in sich fühlt und genießt. Aber damit es aus diesem naturhaft Mystischen zum religiös Mystischen werde, muß hinzutreten, daß nun auch der höhere Wille zum Leben – das Ethische – sich verliert in dem, was uns in der Erscheinungswelt – nach Analogie von dem, was in uns ist, zu urteilen – entgegentritt als höherer Wille zum Leben; und das ist die *ethische Mystik*, die erst dadurch religiös wird, daß zu diesem naturhaften Erleben, sich Selbsterleben und -verlieren im All, nun dieses *Tätige* kommt, das sich verliert in dem Gesamtwillen zum höheren Leben. Eins werden mit dem höheren Willen, der weiß und blendend gegen die Materie brandet, Tropfen sein in dieser Brandung, die aufspritzt und sich gegen die Felsen wirft, mit dem unendlichen Sein eins, wo es Wille zum höheren Leben ist und uns als solcher entgegen tritt!

Und wer diesen tiefen innern Zusammenhang zwischen naturhafter Mystik und ethischer Mystik gefaßt hat, der steht dem Problem, das in unsern Tagen zur Diskussion gestellt wird, «persönlicher oder unpersönlicher Gott», in dem sich Naturwissenschaft und Theologie bekämpfen, völlig gleichgültig gegenüber. Alles Lebende ist persönlich; die rohe Weltkraft ist für uns noch nicht Persönlichkeit, es ist ein sich Verlieren in dem Chaos des Geschehens, das Leben gebiert und Leben verschlingt. Aber aus diesem Chaos des Geschehens wächst hervor ein Wille zum Höheren, ein gesamtpersönlicher Lebenswille, und das ist in Analogie zu den ethischen Religionen für uns: «Heiliger Geist» oder, wenn Sie es so verstehen wollen: «Persönlicher Gott». Es wächst heraus, wie ein Leib, der aus einem gewaltigen Felsblock gemeißelt wird, aus dem sich nur (da und dort) ein Stück dieses Leibes erhebt, während dieser sonst noch unausgemeißelt in ihm steckt; und die Frage ist gar nicht die: «persönlicher oder unpersönlicher Gott», denn wer kann in den rohen Naturereignissen einen persönlichen Gott erkennen, ohne in die unsinnigen Probleme gezogen zu werden, in denen sich die Denker früherer Zeiten abmühten? Die Frage für uns ist vielmehr die, *daß Gott nicht ist gestaltende Weltkraft, Herrscher über alle Ereignisse, sondern daß Gott für uns ist Weltwille, der aus dem Chaos des Seins und des Lebens heraufsteigt und schaffen will höheres Leben*, wie wir selber aus dem Chaos des Lebens heraufgestiegen sind durch *dieses Urwunder, daß das Leben sich nach oben entwickelt*. Und wer dieses für sich durchdacht hat, dem ist die ganze Gottesmystik von BOEHME oder den christlichen Pietisten nichts Fremdes; er wird mit den Worten sich nicht zurechtfinden, aber das, was hier nach Gestaltung ringt, wird er als Gedanken verstehen und in sich selber erfassen. Denn das ist das Große des Geheimnisses des individuellen Lebens, wodurch es erst fähig wird, alles, was geistig in der Geschichte ist, zu verstehen, daß der individuelle Wille sich bewußt wird, nur ein Stück eines Gesamtwillens zu sein, mag es auch immer unerklärlich bleiben, wie wir aus diesem Gesamtwillen kommen und wie wir einst in ihn zurückkehren. Und in diesem Gesamtwillen kommt der Mensch aus der Unruhe der Welt zur Ruhe und arbeitet an dem Siege dieses Willens, daß er sich in seinen höchsten Erscheinungen vollkommen darstellt als ein Stück dieses Gesamtwillens selber.

Damit wird der Wille, der so zur Freiheit durchgedrungen ist, auch frei von allen naiven Vorstellungen und *Forderungen einer persönlichen Fortexistenz*. Ich meine, wer einmal durch die Nebel der Erkenntnisse, die der wollende Wille zum Höheren als Glaube sich geschaffen hat, hindurchschaut und zur Erkenntnis gekommen ist, empfindet, wie vermessen es ist, daß wir in unserer Kleinheit Ewigkeit für unsere individuelle Existenz verlangen, d. h. ewig, zeitlos sein wollen ohne Anfang und ohne Ende; wer solches verlangt, ist nicht zur wahren religiösen Tiefe durchgedrungen, sondern irrt noch immer im Irrgarten der Erkenntnis umher, da sich der Wille den Glauben geschaffen hat, um nicht in der Welt unterzugehen, weil er nicht wagt, reiner Wille zu sein. Ewig ist das Leben nur insofern, als Leben von Leben ausgeht – uns unbegreiflich –, indem jede Existenz wieder Zelle ist, aus der eine analoge Existenz wieder hervorgeht. Das ist die *natürliche Ewigkeit*; und dazu kommt, wie zu dem natürlichen Gottesbegriff, die höhere, *die ethische Ewigkeit*: Leben geht von Geist zu Geist. Der Geist, der Freiheit geworden ist, teilt sich dem andern Geiste wie durch Induktion mit. Es ist, als ob eine für uns unerklärliche Wirkung des Willens auf den Willen und des Geistes auf den Geist stattfände. Wer von uns kann versuchen, sich selbst in seinem Sein zu analysieren, ohne in sich den Willen von Menschen fortlebend zu spüren, die auf ihn gewirkt haben, als ob jeder Geist nur Materie wäre für einen andern Geist, daß er in ihr Gestalt gewinne, Materie für den höheren Geist, der in ihr zum Leben werden will;

nichts, was wirklich Wille zum höheren Leben, Wille zur Freiheit heißt und sich als solcher erweist, ist verloren, sondern er lebt als persönliche Energie in anderen weiter, wie wir selber in uns die persönliche Energie des Lebens, der Menschen, die auf uns gewirkt haben, lebend weiter führen. Und wie gewaltig dieses ist, das erkennt der, der das neue Testament aufschlägt; da sind die gedruckten Buchstaben geworden wie zu einem neuen Leib für die fortdauernde Existenz Jesu! Und in jedem dieser Worte lebt das ganze Individuum und wirkt auf anderen Willen! Also ewiges Leben ist in uns je nach Maßgabe, wie das höhere freie Leben in uns ist. Ewiges Leben ist in uns in dem Momente, wo wir aus der Beschränktheit unserer Einzelexistenz hinzutreten in die Freiheit, als träten wir damit aus der vergänglichen Materie, an die das individuelle Leben geknüpft ist, heraus. Mystisch gesprochen: der Wille, der frei ist, ist auch frei von der Vergänglichkeit, ewig in jedem Augenblick und darum erhaben über alles Fragen und Sehnen nach persönlicher Fortexistenz.

Das Verhältnis dieser Ethik zu der Ethik von Jesus und anderen religiösen Geistern ist einfach; man braucht nur das, was dort durch Vorstellung von einer jenseitigen Welt ausgedrückt ist, zu eliminieren und die betreffenden Korrekturen anzubringen; an der Ethik selbst wird nichts geändert. Was würde an der Ethik Jesu geändert werden, wenn wir eine positive Wertung der Arbeit des Erwerbens hineintragen würden? An sich bleibt sie dasselbe: *die Evangelien zeigen uns, wie der gewaltigste ethische Geist der Menschheit den Weg zur Freiheit fand und ihn andern lehrte.* Nur das eine ist von Bedeutung, daß kein Wille zum Leben in der Freiheit bestehen kann ohne die *Tat.*

Was ist *Kampf um die Weltanschauung?* Es ist nur scheinbar und nach außen hin der Kampf um die Harmonie der Erkenntnis und des Willens; denn *der wahre Kampf um die Weltanschauung ist der Kampf um den Erweis der Energie des Willens durch die Tat.* Das Problem des Kampfes um die Weltanschauung wird erst für diejenigen akut, in welchen der Wille zur Freiheit dadurch erschlaffte, daß er sich nicht in der *Tat* lebendig erhielt. Und die Elementarreligion, die in jedem Erleben des Lebens liegt, ist vielen verloren gegangen, weil sie nur besteht, wenn der Wille wirklich tatkräftiger Wille zum höheren Leben ist. Einssein in der Tat mit dem absoluten Willen, wie auch Jesus dies erkannt hat, indem er immer die Tat als das Entscheidende hinstellt, was vor aller Erkenntnis kommt und aus dem die Erkenntnis selber entsteht.

Nun haben wir noch die *Hemmnisse des höheren Lebens!* – Auf jeder Stufe des Lebens zur Freiheit stehen Hemmnisse; auf der untersten die Anstöße der Erkenntnis, auf der andern, wo der Wille die Hemmungen seiner persönlichen Existenz überwindet, die Anstöße, die in ihnen liegen, und auf der höchsten Stufe, wo der Wille in der Ethik frei wird zur tätigen Wirkung auf die Welt, treten ebenfalls Hemmnisse auf: die *An-*

stöße des höheren Willens! – Ich rede nicht vom philosophischen Problem der Willensfreiheit, sondern ich meine als *ersten* Anstoß das physiologische Problem, das in der Bedeutung der *Vererbung* liegt, insofern durch die Produktion des Lebens Existenzen entstehen, die von vorn herein von der Entwicklung zum höheren Leben ausgeschlossen sind, und eine verlorene Masse bilden, weil sie keine normalen Instinkte haben und keine normale Erkenntnis, um den Weg des Willens zum höheren Leben zu finden.

Dazu kommt der *zweite* Anstoß, den ich als *Dezimierung der Kulturmenschheit* bezeichnen möchte. Es liegt etwas eigentümlich Paradoxes in der Kultur, daß sie auf der höheren Stufe an Leben verliert, d. h. daß die Produktion der einzelnen Existenzen abnimmt und so der Bestand des höheren Lebens in Frage gestellt wird. Die Gründe sind sozialer Art durch Erschwerung der Existenzbedingungen, wachsende Steuern, Wohnungsfrage, Jugenderziehung; zugleich aber auch ethischer Art, denn die Verminderung der Existenzen fließt nicht nur aus der Brutalität der Tatsachen, sondern aus einer Verzagtheit zum Leben. Und es liegt eine eigentümliche Ironie darin, daß gerade in den Jahrzehnten, wo das Leben in seiner ganzen Fülle von den niedrigsten Formen bis zu den höchsten von uns beschrieben worden ist, daß gerade in diesen Jahrzehnten die furchtbare Krise eintritt, daß, da wir philosophieren und Leben beschreiben, zugleich das höhere Leben an Zahl eingeschränkt wird in einer Art, die die ganze höhere Kultur in Frage stellt und den höheren Willen zum Leben hemmt. Und man kann sagen, die größte ethische Tat unserer Zeit und unserer Kultur wird darin bestehen, den Willen zum Leben auch zu *vermehren*, nicht nur zu erhöhen. Erst dann ist unsere Kultur wieder ethisch, wenn sie diese furchtbare Gefahr durch ethisches Wollen überwunden hat, die sie jetzt in ihrer höheren Daseinsform bedroht.

Dazu kommt als *dritter* Anstoß die *Verminderung der Freiheit in unserer Kultur* und in unseren sozialen Verhältnissen. Es ist normal, daß die Kultur ihrem inneren Wesen nach Freiheit von den Existenzbedingungen bedeutet. Nun aber bringen es die Verhältnisse durch die Sklavenschaft der Arbeit, durch die sozialen Zustände, durch den Kampf um die Existenz, durch die Wohnungsfrage dahin, daß ein großer Bruchteil der höheren ethischen Existenzen notgedrungen das Gefühl der Freiheit verliert, das zur wahren Kultur gehört. Paradox klingt die Behauptung, daß die wirkliche Ethik da unmöglich zu werden anfängt, wo das Wohnen zur Miete beginnt, d. h. wo irgendwie Verhältnisse geschaffen sind, in denen das Individuum fort und fort das Gefühl der Unfreiheit hat, und es ist grausam, daß gerade in dem Moment, wo von Jahr zu Jahr notgedrungen der geknechtete Geist in den größten Schichten der Bevölkerung durch die Unfreiheit, in der sie leben, vergrößert wird, der Geist der Demokratie zunimmt, und nun dieses furchtbare Problem der

Geschichte zutage tritt, daß wir überall hinter den Ereignissen konstatieren, wie die Unfreien durch die Verhältnisse in die Lage derer befördert werden, die als Freie wirken sollten. Sieg des Demos in dem Augenblicke, wo der Demos immer unfreier wird und immer weniger den Verhältnissen entspricht, die die wirklich ideale Demokratie voraussetzen muß! Auch das ist ein ungeheures Problem des Lebens!

Dazu kommt als *vierter* Anstoß, daß die großen Körperschaften, in denen der Gesamtwille sich darstellt, stehen geblieben sind. Sie haben nur ein Daseinsrecht, wenn sie die ethischen Endzwecke, denen sie dienen sollen, *Staat und Kirche*, im Auge behalten, d. h. die ethischen Endzwecke, die auf die Vollendung des höheren Willens in der Gattung hinzielen. Nachdem wir schon so oft erlebt haben, daß Staat und Kirche versagten, erleben wir es noch einmal und noch eindringlicher, daß der moderne *Staat* stecken bleibt in seinen nationalen Aufgaben, so daß für den modernen Menschen Patriotismus nicht mehr das tief Ethische ist, wie für Fichte und Schleiermacher u. s. w., und er nicht mehr weiß, daß sein Vaterland im Kampf um die sittlichen Endzwecke der Menschheit steht, sondern daß Patriotismus nur ein Wollen im Rahmen der betreffenden Volksgemeinschaften ist, ein Wille zur Macht und äußerem Ansehen, aber nicht mehr geheiligt und geläutert als ein Wollen des großen ethischen Zieles: was dieses Volk in der sittlichen Welt bedeuten soll! Es ist traurig, daß[6] das Bewußtsein entschwunden ist (der Masse, nicht dem Denkenden), daß nur das von der Geschichte eines Volkes ethische Bedeutung hat, was mit höheren Weltzwecken in Verbindung steht.

Und dasselbe ist's mit der Religion. Die *Kirchen* haben nur einen Sinn als Genossenschaften zur Erreichung der religiösen Endzwecke der Menschen: aber gerade in unserer Zeit werden die Kirchen mit wenigen Ausnahmen Selbstzwecke, und sie verkapseln sich in den Erkenntnissen, mit denen sie ihren Willen stützen und retten; und dadurch werden sie untüchtig, an den Weltzwecken zu arbeiten, daß viel Gutes in ihnen gebunden ist und nicht frei werden kann. Überhaupt ist das eines der furchtbarsten Probleme, daß die Kultur in gewissen Augenblicken still steht nach Gesetzen, die wir nicht erkennen. Nun, in dem Augenblick, wo aus der Renaissance und dem Rationalismus und der Periode unserer klassischen Idealphilosophie sich ein gewaltiger Aufschwung im Geistesleben anzubahnen schien, in dem Augenblick, wo der große Schritt nach vorwärts gehen sollte, tritt plötzlich ein Zögern ein, ein Stillstehen, so daß die ganze Kultur keine Marschparole mehr hat und sich verliert in dem, was sie nur ausschmücken sollte: ein Sich-Hineinfühlen in historische Erinnerungen; daß sie aber der großen, breiten ethischen Kräfte, die sie erst zur Kultur machen, vollständig entbehrt. Nur das ist Geschichte, was mit höheren Weltzwecken in Beziehung steht!

---

6 [Vorlage:] wo.

Als *letzter* Anstoß der: ob *alle Wesen und Rassen* der höheren Geschöpfe, d. h. der *Menschheit, der höheren Entwicklung fähig* sind? Die sogenannten Realpolitiker in Kolonialzeitungen und anderen Zeitschriften behaupten, daß dies nicht der Fall sei; aber bewiesen ist da nichts, sondern es hat sich immer gezeigt: wo wahrer Wille ist, der diesen Niederstehenden induziert wird, und natürliche Verhältnisse, da gibt es auch höhere Kultur, und zwar oft gewaltig voraneilend. –

Das sind die Hemmnisse des freien Willens. Aber während früher freier Wille sich über die Hemmnisse hinwegsetzen mußte, weil er nichts wirken konnte in ihnen, ist er jetzt vielfach zu schwach geworden. Und doch: es ist keines unter diesen Hemmnissen, welches nicht überwunden werden kann, wenn der ethische Wille in dem Individuum und in der Menschheit die nötige Intensität erreicht hat; denn alle diese sozialen und sonstigen Schäden sind zuletzt *überwindbar*. Mystisch ausgedrückt: es gibt nichts in der Welt im Bereiche des Geistes, was dem reinen Willen und dem reinen Geiste widerstehen könnte; und niemals wird der wahre Wille zum Leben durch diese Hemmnisse gehindert und entspannt werden, sondern im Gegenteil immer neuen Anlauf nehmen, in der Erkenntnis, daß jede Stärkung des Willens eine Verminderung dieser Hemmnisse bedeutet, und in dem tiefen innern Glauben, *daß dem starken und reinen höhern Willen alle diese Hemmnisse weichen müssen*. Dieser Glaube kommt aus dem Willen zum Leben; er ist durch nichts zu beweisen, durch nichts zu widerlegen; er ist aber überall da, wo ungebrochener Wille zum höheren Leben ist, und wenn Sie wollen, nennen Sie ihn: *Glauben an das Reich Gottes*. –

Nun stellen sich alle diese Erkenntnisse rein dar in der Elementarreligion; Sie haben aber gemerkt, wie die geläuterten Religionen dasselbe wollen – nur in symbolischer Darstellung; und da fragt es sich, wie weit kann die Elementarreligion, die aus reiner Betrachtung des Lebens entsteht, sich in die Symbole der ethischen Religionen hineinfinden, und in welches Verhältnis tritt sie in den Menschen, in denen sie tätig sich bewußt wird, zu den Menschen, welche diese *Symbole* zu den ihrigen gemacht haben?

Vorlesung vom 29. Februar 1912

Ich weiß nicht, ob es mir das letzte Mal gelungen ist, Ihnen das Wesen des Ethischen, wie ich es verstehe und wie es, wenn Sie den Ausdruck gestatten, in mein System paßt, weil es daraus erwächst, klar zu machen. Im allgemeinen würde kein Zweifel sein, daß Ethik in ihrem Wesen Freiheit ist, in welcher der Einzelne gewissermaßen aus seinem Dasein heraustritt und nun imstande ist, sich auf das Universum zu beziehen; denn wenn Sie alles, was ethisch genannt wird, und was Sie als ethisch empfinden, überdenken und auf eine Formel zu bringen suchen, so werden Sie sehen, daß hier nur ein Begriff möglich ist: Freiheit. Aus diesem allgemeinen Begriff können wir alle ethischen Eigenschaften ableiten wie Sanftmut, Demut u. s. w. Verzeihen, so sagten wir uns, kann nur, der frei von sich selbst ist! – Schwieriger ist es zu zeigen, wie diese Begriffe der ethischen Freiheit nicht in der reinen Weltverneinung erreicht werden, sondern wie alle Freiheit ethischer Art auf einer Spannung von Weltverneinung und Weltbejahung beruht, die das Subjekt innerlich in sich vollzieht und in jedem entscheidenden Augenblick seines Lebens aufs neue in sich erlebt. Ich kann es nur nachträglich an einem Beispiel verdeutlichen. Weltverneinung ist *Demut*, wie Jesus das gepredigt hat, demütig sich unter alles unterwerfen; aber der reflektierende Geist wird sehen, daß bei Jesus diese Predigt nur verständlich ist, wenn die ganze Welt schlecht und im Vergehen ist, denn sonst *findet* sie *ihre Begrenzung in dem Begriff der Würde,* und einer der gewaltigsten Nachfolger Jesu hat das am eigenen Leibe erlebt, daß man durch Überschreiten der Demut in einem Augenblick seine Würde verlieren kann; denn das Tragische im Leben des Apostels Paulus ist nichts anderes, als daß er da und dort in der Hingebung an seine Gemeinde seine Würde preis gab und dadurch in ihre Gewalt kam und über sie die Autorität nicht behielt, die er behalten mußte. So ist es mit der wirtschaftlichen Selbständigkeit, die der moderne Geist von uns verlangt; sie kann nicht existieren, wenn nicht eine gewisse Würde sich ihr zugesellt.

Es gibt nichts Unmöglicheres, als Ethik in unserm Sinne zu beschreiben,[7] denn Ethik ist zuletzt Leben und läßt sich ebenso wenig beschreiben wie dieses. Ich wollte Sie über jene falsche Fragestellung, nämlich über die Sozialethik, hinausführen und Ihnen zeigen, daß jede Ethik Religion und jede Religion Ethik ist, die man nicht ausgleichen kann – ebenso wie Glauben und Wissen nicht ausgeglichen werden können –, wenn man unter Ethik versteht, was der gewöhnliche Mensch denkt: «Tue recht, scheue niemand.» Sondern Ethik ist immer Beziehung des einzelnen auf das Universum und des Universums auf den einzelnen. *Ethik beginnt in dem Augenblick, wo der einzelne das Universum erlebt, wo ihn die furchtbare Melancholie dessen überkommt, was schlecht ist und dessen, was besser werden soll*; wo er das wird, was im Parzival so schön dargestellt ist, daß wir Welterlöser werden! Erst dann, wenn dieses ungeheure Gefühl der Verantwortlichkeit vorhanden ist und uns überkommt, dann beginnt die Ethik, denn dann ist die Beziehung von Universum und Ich hergestellt, im Leidenden zuerst und dann im Tätigen; und so haben Sie auch hier wieder die Spannung: *Ethik ist Optimismus, Glaube, daß der Geist alles überwinden kann;* aber Optimismus nicht gleicher Art wie der

---

7 [Vorlage:] schreiben.

des Rationalismus und der Renaissance, sondern einer, der durch diese tiefe Melancholie hindurchgegangen ist und sich in ihr gestählt hat.

Und *in dieser Ethik, die Religion ist, erscheint der höhere Gottesbegriff.* Man kann sagen, wenn man nicht Angst hat, verlacht zu werden, daß nichts selbstverständlicher ist, als das Dasein Gottes, wenn man sich nur die Erlaubnis sichert, sich auf Spinoza zurückzuziehen: es gibt nichts Klareres als die reale Einheit des Alls, dessen Teile wir sind, und nichts Elementareres, als Gottesmystik! Denn nur der lebt wahrhaft, der den gewaltigen Rhythmus der Natur in sich verspürt, wie die Woge gehoben und gesenkt wird von der Bewegung des Ozeans, und es ist vielleicht etwas Demoralisierendes in unserer Kultur, daß sie schließlich den Menschen aus der Natur herauszieht, aus jenem innern Erleben, in dem er jedes Jahr das ganze Wesen der Natur neu in sich erfaßt und sich fühlt als ein Staub im All. Und zu diesem naturhaften Begriff der Kraft, den man «Gott» nennen kann, kommt dann in der Ethik der höhere, indem aus diesem Begriff heraus der höhere des ethischen Wollens, ohne daß wir es erklären können, heraufsteigt, d. h. indem der Begriff des höheren Lebens aus dem der Energie der Materie in uns selbst herausgeboren wird. So stehen wir jenseits der Frage: «persönlicher oder unpersönlicher Gott»; «persönlich» ist ein armes Symbol, und auf den Begriff Gottes übertragen verliert er an Wert. Aber richtig ist soviel daran, daß mit dem Begriff der Kraft in der Religion nichts getan ist, sondern daß der höhere Begriff des ethischen Willens die nähere Bestimmung der Gottesvorstellung gibt und so zur naturhaften Mystik die erst wirklich befreiende lebendige Mystik hinzutritt. Die ganze Frage ist nicht: «persönlicher oder unpersönlicher Gott»?, sondern ob Gott der allmächtige Weltwille ethischer Art ist. Wenn Sie alle Probleme in dieser Beziehung zusammen nehmen, so werden Sie finden, daß sie aus der *Spannung* entstehen, *in welcher der Begriff des ethischen Gottes mit der naturhaft wirkenden Allkraft sich befindet. Aber eine Identifizierung beider gibt es nicht. Er ist nicht Allmacht, sondern der wollende Wille in der Welt;* damit entfallen für unser Bewußtsein die ganzen Probleme der Theodizee. Der höhere Wille ist auch hier frei von der Erkenntnis, die Theodizeeprobleme sind nur ein Gebundensein des Willens in der Erkenntnis. Für uns ist *Gott der Gesamtwille zum höheren Leben, der aus dem Inbegriff der Energie herausstrebt,* wie wir herausstreben aus der Reihe der Wesen, die diese Energie verkörpern. Und es gibt für uns keinen Gott, der nicht in Materie in Erscheinung tritt und wirkt. So kann man sagen, daß *in jedem Gottesbewußtsein zugleich etwas Pantheistisches und zugleich etwas Ethisches* ist; aber das Dominierende ist die ethische Mystik, das Bewußtsein: wir sind ein Stück von diesem Gesamtwillen, und *wir leben erst, wenn wir in diesem Streben des Gesamtwillens zum höheren Leben stehen.* Der symbolische Ausdruck dafür lautet: Für Jesus ist Gott der «Vater», und wir sind die «Kinder Gottes». «Ihr sollt vollkommen sein, wie Euer Vater im Himmel vollkommen ist» [Mt. 5,48]. Gott ist nur soweit Macht, soweit er Wille ist, und nur ethische Kraft, soweit er es wird in uns.

Dasselbe ist der Fall mit der *Vorstellung des ewigen Lebens*. Die Vorstellung eines solchen ist technisch für uns unvollziehbar und für uns religiös nicht wertvoll, sondern die ethische Vorstellung ist die, daß nichts, was reiner persönlicher Wille zum Leben geworden ist, mit ihm untergeht, sondern daß er in allen denen weiter lebt, die von ihm berührt worden sind und da weiter wirkt. *Das ist das ewige Leben, daß es ein Wirken ist.* Und darin zeigt sich der Gegensatz zum Buddhismus. Die Naturreligion Indiens sucht den Tod, sie hat Angst vor der Seelenwanderung, die das Wesen immer wieder in das Dasein zurückschleudert, während der ethische Mensch die Seelenwanderung sucht; er hat Angst vor dem ethischen Tod, daß er einfach Materie wird, die nicht zum höheren Leben durchgedrungen ist, wo sie auf andere Geister wirkt, wie andere Geister in uns Gestalt gewonnen haben. So ist unsterbliches Leben in einem Wesen, das reiner Wille zum Leben geworden ist.

Nun sagte ich Ihnen, daß eine Reihe von Anstößen auch in dieser Stufe der Freiheit auftauchen: 1. das Abnehmen der Zahl der höheren Wesen, 2. das Problem der Willensfreiheit in ethisch-physiologischem Sinn, insofern eine ganze Reihe von Existenzen durch Vererbung und schlechte Einflüsse, durch das Grausige in unsern Zuständen wie von vorn herein geopfert scheinen, 3. daß die Kultur, die in ihrem Wesen Freiheit sein sollte, gerade wieder durch die Zustände, die daraus erwachsen, daß die Menschen eng aufeinander wohnen, in das Gegenteil umschlägt. Es gibt keinen unfreieren Geist als der Wiener oder Pariser etc., schon weil er das Gefühl der Abhängigkeit gegen seinen Hauswirt hat. Auch das werden Sie bemerken, wie unsere Großstadtbewohner durch dieses Gefühl der Unfreiheit an ihrer Ethik und in ihrer Kultur ruiniert werden. Man redet von der französischen Höflichkeit, aber sie ist ruiniert durch Paris, durch die Menschen, die unfrei und inhuman geworden sind im Kampf um die Existenz und um das schnelle Fortkommen. Man könnte sich länger darüber verbreiten, daß die Unfreiheit die Menschen von der Kultur abgeschnitten hat, sie in Stellungen bringt, wo es unmöglich ist, in ihrer Abhängigkeit zu jenem innern Gefühl der Freiheit durchzudringen. Und damit ist es klar, wie unsere Kultur es steigend unmöglich macht, daß die führenden Geister wirklich führend sind. Lassen Sie heute in Preußen einen Friedrich d.Gr. auftreten; er ist unmöglich, gerade in diesem Moment, da die Demokratisierung unserer ganzen Kultur einsetzt, wo der große Durchschnitt der Individuen durch unsere Kultur unfrei wird und Verhältnisse geschaffen werden, wo sich diese Unfreiheit groß macht; dadurch aber wird es unmöglich, daß die großen Geister auf die Massen wirken. – Dann noch 4. daß die Menschen selber in den Bedürfnissen unserer Kultur unfrei werden. Ihr ganzes Leben ist im Dasein gefangen, sie verlieren die ganze

Vorstellung wahrer Kultur, sie wird ein Gebräu aus Ästhetik und Kunstgeschichte. – Kurz habe ich nur die Frage berührt, ob alle Menschheitsstufen zu höherer Kultur befähigt erscheinen. Physiologisch ist die Frage dunkel, aber man kann sagen, es nützt nichts, darüber Artikel zu schreiben und Ansichten von sich zu geben, denn festgestellt ist das doppelte: 1. daß ein Fortschritt stattgefunden hat und 2. daß durch Alkohol und anderes jene Menschheitsstufen degradiert worden sind, statt daß wir sie in die Höhe zu heben versuchten. Und so ist das erste, was zu tun ist, zu versuchen, dieses zu realisieren.

Ich breche hier die Besprechung der Hemmnisse des höheren Lebens ab, um hinzuzufügen, daß das Wesen dieser Hemmnisse ganz anders ist als in der unteren und mittleren Stufe der Erkenntnis, denn auf dem Gebiet des höheren Lebens sind wir nicht Wehrlose, sondern wir wissen, daß, wenn nur die richtige Spannung in dem Geist da ist, dies alles überwindbar ist, und daß Verhältnisse geschaffen werden können, in denen der Fortschritt nicht gehemmt ist. Nehmen wir z. B. einen Lokomotivkessel mit warmem Wasser: sobald das Wasser die nötige Hitze hat, wird es zur treibenden Kraft, die den ganzen Zug fortbewegt; und wenn die Kraft groß genug ist, so kommt eine ungeheure Schnelligkeit der Bewegung. Wenn nun die nötige Energie und die richtige Spannung in dem wirkenden Geiste vorhanden ist, so ist sie eine treibende Kraft, die Masse unserer Mitmenschen mächtig empor zu heben; und das ist symbolisch ausgedrückt: «Reich Gottes». Das Wesen des ethischen Geistes ist, sich nicht in Reflexion verlieren, ob und wie das einmal möglich ist und wie die Massen einmal organisiert werden müssen, denn das ist ein Befangensein in der Erkenntnis auf der höchsten Stufe, wodurch der Wille gedämpft wird; sondern *der wirklich ethische Geist wird nicht verzagen, sondern wissen, daß das einzige, was von ihm verlangt wird, ist: tätiger Wille zu sein.* Es kommt für jeden Menschen, der ethisch ist und sich in seiner ethischen Tiefe erfaßt, der Augenblick, *wo alles Reflektieren aufhört und er gewissermaßen wieder Naturkraft wird, die überall angreift, wo um sich herum etwas sichtbar wird, das sie anzugreifen hat.* Was wir als *Kinder* naiv besaßen, *diese Unbefangenheit, müssen wir wieder finden,* wenn wir durch die Reflexion hindurch gedrungen sind und wieder Elementarnaturkraft ethischer Art geworden sind; *dann ist das Ziel des höheren Lebens erfüllt.* Jesus sagt: «Werdet wieder wie die Kindlein!» und: «Es sei denn, ihr werdet wie die Kindlein, so werdet ihr nicht in das Himmelreich kommen» [Mt. 18,3]. Es ist das Kind, worin er das Höchste darstellt. Ohne dieses Wiederfinden der Naivität und Unbefangenheit auf der höchsten Stufe ist keine wirkliche Kraft möglich. –

Nun habe ich noch die beiden letzten Einwände aufgehoben, weil sie uns in dieser letzten Stunde besonders beschäftigen sollten. Es handelt sich um die beiden Genossenschaften, die irgendwie zu höheren Entwicklungen führen sollen und nur einen Sinn haben, sofern sie auf diesem Wege beharren, nämlich: *Staat und Kirche, in denen ein Stück Gesamtwille*, nennen Sie es ein *Stück «Gott»*, wenn Sie wollen, *zur Darstellung kommt*.

Sie sehen, daß ich den *ethisch-religiösen Begriff des Staates* voraussetze; es ist mir im ganzen politischen Leben nichts unsympathischer, als wenn dieser ethisch-religiöse Begriff angegriffen wird, denn ohne ihn gibts keinen Fortschritt. Im Staat als bloßer menschlicher Genossenschaft, im merkantilen Staat, liegt keine ethische Kraft. Und ich sagte, daß das Verhängnisvolle ist, daß diese beiden Genossenschaften statt in Bewegung zu bleiben und diese Spannung auf das Höhere sichtbar werden zu lassen, Selbstzweck geworden sind, indem der moderne Staat nur die Kraft der betreffenden Menschheitsgruppe für die äußeren Interessen, für Ruhm und dergleichen, repräsentieren will und der Patriotismus der Ausdruck dieser Staatsvorstellung ist. Und so hat der Staat die ethischen Kräfte, die in der früheren Vorstellung lagen, in unserer Zeit verloren. Das ganze Äußerliche wird darin offenbar, daß die Staaten, statt nach sittlicher Herrschaft zu streben, sich gegenseitig beargwöhnen und zerfleischen. Das ist eine Satire, die wir in diesen Tagen überall schauen, und da helfen keine Friedensbestrebungen, keine Journalistenzusammenkünfte, keine gegenseitigen Einladungen der Stadtväter zum Diner! Alles dieses ist nur wie ein kleines Fiebermittelchen zum Herabdrücken der Temperatur, während der ganze Organismus krank ist. Neu kann alles nur werden, wenn die sittliche Vorstellung vom Staat und seinen Aufgaben, wie sie in der großen deutschen Philosophie und im Rationalismus lebendig war, uns wieder zum Bewußtsein kommt und noch weiter sich entwickelt; denn sonst wird die Farce immer grausiger, weil durch das Bedürfnis nach Geld zur Herstellung der Macht ein unmoralischer Zustand geschaffen ist, der dann zu Dingen führt, die der moderne Staat nicht verantworten kann (Staatslotterien, die die andern Staaten überwuchern; die modernen Staaten haben das Überhandnehmen der Schankkonzessionen nicht hindern können, immer nur um des Bedürfnisses nach Geld willen!). Wie deprimierend ist es, daß der neue Reichstag nur an der einen Frage festhält: welcher Art muß die neue Deckung sein? – Wie muß man es bedauern, daß durch die moderne Demokratisierung die Reform durch führende Geister unmöglich ist, so daß das Fieber, das den Körper durchzittert, kaum zu dämpfen sein wird. Man ist Ketzer und riskiert womöglich die Bekanntschaft mit dem Staatsanwalt, wenn man als Ethiker dies rein und klar auszusprechen wagt, wobei man nur anführen kann, daß die Staaten früher höher standen und der Patriotismus tiefer erfaßt wurde.

Auch die Kirche, die ein Mittel zum Zweck sein soll, ist Selbstzweck geworden, ein Organismus, der im Laufe zum Höheren versagt, und zwar weil er die ganze künstliche Erkenntniswelt vergangener Perioden in Versteinerung erhält, sie als sakrosankt proklamiert und die ganze Willensenergie zum höheren Leben nur duldet und nur fördert, soweit sie immer wieder bereit ist, sich mit dieser Erkenntniswelt zu verbinden. Und dies ist das grausam Sinnlose, daß etwas Gutes, Vorwärtsstrebendes gebunden ist an etwas, was nicht realisierbar ist, was bei einiger Erkenntnis einfach irgendwie zur Unwahrhaftigkeit führen muß, wie das offenbar wird in der Art und Weise der Apologetik, mit der die Religionsgenossenschaften das Denken und Beobachten und den gesunden Menschenverstand einzuschläfern suchen und meinen, sie könnten auf die Dauer die Wahrheit des Weltgeschehens übertönen. Das Furchtbare ist, daß das Gute gebunden ist und nun, statt als vorwärtstreibende, als destruierende Kraft wirkt. Prinzip der Kirchen, die auf diesem Grunde stehen, ist: «pereat mundus, wenn nur die Kirche bleibt». So sind die Kirchen Vampire geworden, die alles Ethische an sich ziehen, und Kanäle, die alles entwässern, indem sie tiefer liegen als das umliegende Gelände und so Unfruchtbarkeit herbeiführen, während sie proklamieren: «Seht, wie alles trocken ist, während wir mit Wasser angefüllt sind!» Und der Historiker muß sagen: das hat sich erwiesen in der Geschichte des Christentums: es hat die antike Welt ruiniert, hat das Mittelalter geschaffen, hat die Renaissance vernichtet und zerstört die modernen Staaten und die moderne Kultur und wird unsere Wissenschaft in den Zustand der Unrichtigkeit bringen. Es ruiniert aber auch die Religion, es verhindert, daß die Elementarreligion, die in jedem Menschen emporsteigen würde, wenn er auf sich selber angewiesen wäre, zur Herrschaft und zur Klarheit kommt, und überdeckt sie mit historischen Erkenntnissen und Anschauungen, die es als einzige Religion proklamiert. Und dadurch ruiniert es auch die Ethik, indem es behauptet: sie ist nur möglich im Verband mit diesen überholten Anschauungen, und der Welt einen verkleinerten Begriff der Ethik überläßt, in dem nicht mehr klar ist, daß jede wahre Ethik zugleich Religion ist. – Die antike Kultur stand höher als die unsrige, weil sie sich nicht mit einer Kirche auseinander zu setzen hatte. Es entwickelten sich die beiden gewaltigen Religionen des Stoizismus und des Epikureismus, die die Einheit der Religion mit der Ethik dartaten und viele Jahre lang hohe, gewaltige Geisteskräfte produziert haben, bis sie von den orientalischen Religionen zur Dekadenz gebracht wurden.

Wer das sieht, *kann darauf, daß die Kirche Selbstzweck geworden ist, nur mit Haß blicken*. Keiner liebt das Christentum, der nicht diesen Haß erlebt hat; aber er liebt es zugleich mit wissendem Haß, da ihm klar ist, daß das Gute, das dort gebunden ist und fast als negative Gewalt wirkt, nicht frei wird dadurch, daß die Zertrümmerung mit blinder Gewalt geschieht, sondern daß es in seiner Gebundenheit nur überwunden werden kann, wenn dieselbe Energie zum höheren Leben, die dort gebunden ist, frei produziert wird. Das Böse überwinden mit Gutem! Darum ist es ganz lächerlich, in irgend einer Bekämpfung der kirchlichen Genossenschaften ein Heil zu erwarten. Ich war in Frankreich, als die Trennung von Kirche und Staat proklamiert worden war, und mußte immer sehen, wie diese Menschen meinten, wenn sie nur die paar Millionen gestrichen hätten – wobei [es] noch ein Rechtsbruch war –, dann würden die Kirchen überwunden und das Vaterland frei. Aber es hat sich gezeigt, daß die Kirche durch diese Verfolgung gewonnen hat; die französische Kirche steht heute ethisch viel gewaltiger da als vor der Trennung von Kirche und Staat. Man muß sich also klar werden: überwunden können die Kirchen nur dadurch[8] werden, daß das, was sie in gebundener Weise leisten, in freier Weise geleistet wird, in Konkurrenz mit ihnen außerhalb. Die Kirche wird in Frankreich erst dann überwunden, wenn ihre Werke vom Staate in höherem Geiste geleistet werden. Und solange das nicht geschieht, ist der französische Staat durch die Trennung verloren!

Hassend muß man wissen, daß nur der religiöse Geist hassen darf, weil er nicht das Religiöse an sich haßt, sondern nur die Gebundenheit, in der es dort hemmend wirkt. Es ist falsch, daß, wer irgendwie für Religion wider die Kirchen kämpft, nun die ganze Horde der Irreligion zum Kampf gegen dieselben aufruft. Nein, die Kraft besteht darin, daß der Kampf rein auf religiösem Gebiete ohne schädliche Hilfskräfte geführt wird. – Also *nur wer wissend und innerlich ruhig haßt, nur wer religiös haßt, nur wer mit Ehrfurcht haßt – mit Ehrfurcht für die historische Erscheinung –, der haßt recht und wohltuend für den Fortschritt.* In den Kirchen leben die Meister der Vergangenheit, wenn auch gebunden; die Kirchen haben das Kapital von allem, was sie kulturell zu ihrer Zeit geschaffen haben und ethisch und erzieherisch auch heute noch leisten. Dieses Kapital wird nicht durch einen Federstrich weggeworfen, sondern es ist da!

Ehrfurcht muß auch deshalb jeder vor der Kirche haben, weil sie Gemeinschaft stiftet. Das eben ist das Gefährliche und die Schwäche des freien religiösen Geistes, daß er es zu keiner religiösen Gemeinschaft bringt. Die Monisten veranstalten Kongresse, aber ein Monistenbund ist noch keine Kirche, sondern das ist eine weichliche Masse, und dort ist etwas Lebendiges. Mit tausend Wunden und Schwären ist sie bedeckt, mit krankem Herzen behaftet, aber sie ist etwas Lebendiges, und hier ist unlebendiges Eiweiß – eine Gallerte! Das ist das Tragische, aber auch das Wohltuende, weil es in der Natur der Dinge begründet ist, daß diese freien Religionen sind wie in freiem Felde gepflanzte Waldbäume, die von der Sonne verbrannt werden, ehe sie groß werden; es ist mit den freien Religionen, wie wenn man Wald pflanzen will, wo er nicht existiert – das ist das Schwerste, was es geben kann. Deshalb muß jeder religiöse Geist mit Ehrfurcht auf die Kirchen blicken, weil sie Gemein-

8 [Vorlage:] dann.

schaft bilden, weil sie etwas dem religiösen Geist geben, was die Freiheit bisher nicht schaffen konnte: dieses Weihevolle des Bewußtseins der Gemeinschaft zum Leiden und zur Tat unter den Menschen! Und es drückt sich schon in den Gotteshäusern aus, in den Gemeinden: ein Gottesdienst ist schon ein Bekenntnis, da diese Menschen sich zusammenfinden in dem unausgesprochenen Bekenntnis, daß sie über dem gewöhnlichen Leben stehen und sich so fühlen. Und dieses Weihevolle ist von keiner andern Gemeinschaft erreicht worden.

Und nun ist die große Frage: *sind die Kirchen reformierbar?* Man kann darauf «ja» sagen, weil sie eine Tendenz zur Reform haben; für die protestantische versteht sich das ihrem Wesen nach von selbst; für die katholische kann man das freilich nicht recht bejahen in dem Augenblick, wo sie sich so konstituiert, daß sie alle modernen Kräfte ausscheidet. Der Historiker wird aber die Möglichkeit der Reform darin erkennen, daß sie undemokratisch ist, so daß die großen Geister in ihr noch Manches umschaffen können. Was Pius [X., 1835–1914] begonnen hat, eröffnet zuletzt wieder eine Möglichkeit der Reform, weil ein oder zwei große führende Geister die Kirche in eine ganz andere Bahn bringen können. Man muß sagen, daß seit der Reformation die ethische Intensität der katholischen Kirche gewaltig ist. Es ist eine Freiheit von der Welt, irgendwie etwas Ethisches in dem absoluten Bewußtsein der Unabhängigkeit von der öffentlichen Meinung, von ihrem Schreien über das, was sie tut! Und das ist das Erhebende auch in der Unterwerfung der Modernisten. Die Modernisten stellen sich darauf: wir haben die öffentliche Meinung für uns, und sie glauben daher, schwach sein zu dürfen; und obwohl der Sturm bevorstand, wagte die Kirche, sie zu Boden zu schmettern, weil sie frei war von der Welt und der öffentlichen Meinung. – Und dieses Ethische liegt auch in der preußischen Landeskirche, die im Falle JATHO[9] sich frei erwies von der öffentlichen Meinung und wagte, irgendwie sich von diesem Manne los zu trennen. – Für mich kommt es nur auf das Formale, auf die Intensität des tatkräftigen Willens an; diese bewirkt auch hier die Inferiorität der freien Tendenz der Religion gegenüber. Nehmen Sie die ganze Bewegung des Liberalismus und des Modernismus: überall ein Suchen und Forschen nach der öffentlichen Meinung, überall Berechnung und Ängstlichkeit. HOLTZMANN[10] sprach einst über die katholischen Modernisten und hat uns diese Bewegung als etwas Bedeutsames anempfohlen. Ich sagte zu ihm: «Und wenns nun zum Klappen kommt, was erwarten Sie?» Er zuckte die Achseln und sagte: «Ich glaube, sie werden im Feuer nicht bestehen.» Sie sehen also, wie irgendwie in der freien Religion dadurch, daß sie nicht Gemeinschaften

9 [Pfr. Karl Jatho, Köln (1851–1913), abgesetzt wegen subjektiv-mystischem Wirken.]
10 [Heinrich Julius Holtzmann (Prof. in Straßburg 1874–1904).]

bildet und gemeinschaftlich wirkt, etwas Schwaches liegt den Kirchen gegenüber, etwas fast Unethisches. *Das Große in der Kirche ist die Freiheit und Kraft des Wollens!*

Die Kirchen sind also für uns als reformabel anzusehen, die protestantische, weil sie diese Tendenz hat, die katholische, weil große Männer darin wirken können. – Eine Reform könnte auch geschehen dadurch, daß die historische Lehre so erweicht und zersetzt wird, daß sie uns annehmbar ist. Das ist der bisher beschrittene Weg. Er hat seine großen Vorzüge, aber zuletzt läuft alles auf ein Diskutieren um Erkenntnisse hinaus, das die freie Idee schwächt. Man kann sagen, daß die Schwäche der Reformationen in der Kirche darin bestand, daß das Eigentliche, was die Religion ausmacht, gar nicht zur Sprache kam, sondern daß irgendwie nur mit Worten, Ausdrücken, Anpassungen und Anschauungen gestritten wurde. – Der andere Weg, den ich Ihnen vortrage, besteht darin, daß man von diesen ganzen historischen Auseinandersetzungen absieht und aus der reinen Reflexion, aus dem Geiste heraus die Elementarreligion entstehen läßt, wo das Erkenntnismäßige Nebensache ist und das, was die Religion ausmacht, der Wille und die Tat, in ihrer ganzen Energie dasteht, und man auf den Ausgleich der Erkenntnisformen gar nicht ausgeht, weil alle Erkenntnisformen indifferent sind, die nur einen Nebel darstellen, den sich der Wille geschaffen hat. Aber auch auf diesem Standpunkt ist der Kampf gegen die Erkenntnisanschauungen bei weitem nicht so klein; dies kann man bei jeder Diskussion bemerken, denn hier steht nicht Religion gegen Religion, sondern bei den historischen Auseinandersetzungen ist es ein kleinliches Streiten; und *zuletzt wird die Elementarreligion sich darüber klar, daß sie sich in Symbolen ausdrükken kann, daß aber all dieses Symbolische nebensächlich ist;* sie kann dann in diesem Symbolischen dem Willen, der dem ihren gleicht, weit entgegen kommen und von dem Andern dasselbe verlangen. Denn in jeder Religion ist zugleich etwas Ästhetisches. Nur mit einem gewissen Unbehagen habe ich Ihnen die Elementarreligion auf Formeln gebracht, wissend, daß diese Formeln notwendig sind, bewußt, daß sie, lebendig ausgesprochen, irgendwie ein ästhetisches Gewand tragen müssen. Darum kam ich auf Aussprüche von Jesus und Paulus, die dieselben Gedanken lebendiger, weil ästhetisch aussprachen. Man muß sich klar werden, daß zwischen Religion und Ästhetik ein Zusammenhang besteht, indem gerade die Kunst nichts anderes ist, als das Schaffen einer Welt durch den Willen mit dem Darstellungsmaterial der betreffenden Kunstart, und daß die Frage der Realität zuletzt ganz zurücktritt hinter der Frage des Willens, der dahinter steht. Niemand fragt sich bei Beethoven: wo ist die Realität? Sondern die Welt steht da, weil sie in dieses Anschauungsmaterial sich hineingebaut hat. Und so lebt in jedem religiösen Geiste das ästhetische Bedürfnis, das ihn immer wieder darauf hinweist, daß alle Erkenntnis sich in Gleichnissen darstellt und daß es zuletzt nicht darauf ankommt, ob diese Gleichnisse so oder so sind, sondern daß er allem Gleichartigen irgend ein Entgegenkommen zeigen kann. –

Damit habe ich meine persönliche Stellung ausgedrückt; ich stand vor der Frage: willst Du im Dienst Deiner Kirche bleiben oder allein gehen? Es waren merkwürdige Gedanken, die mich immer bewogen, mich in den Dienst der Kirche zu stellen; und ich habe es nie bereut. Ich habe gefunden, daß es eine Möglichkeit gibt, sich in den Symbolen der historischen Religionen bis zu einem gewissen Grade zu bewegen und sich hinein zu fühlen, wenn man sich nur klar ist, daß es Symbole sind, und darüber zwischen sich und andern keinen Zweifel läßt. Also jeder religiöse Geist kann aus dieser Ehrfurcht heraus und aus der Erkenntnis, welche gewaltige Kraft in der historischen Gemeinschaft und in der Lebendigkeit des Symbols steckt, versuchen, wenn er religiös ist, in der kirchlichen Gemeinschaft, besonders in einer von denen, welche das Symbolische anerkennen, sich zu bewegen und dort zu wirken. Und er wird darin Befriedigung finden, und die Kirchen werden bereichert werden; denn die Schwäche der Kirchen besteht nicht zum mindesten darin, daß so viel ethisches Wollen sich von ihnen zurückgezogen hat und sie auf den Sand gesetzt sind. Wenn irgendwie das gesamte ethische Wollen in unserer Kultur als Strom sich ergösse zu den Kirchen, dann würden sie wieder flott werden in diesem Sinne. Die Kirchen sind arm an Menschen, und darum stehen alle Reformen nur auf dem Papier; was ihnen not tut, sind Menschen. Und ich meine, es ist die Pflicht eines jeden Geistes, zu versuchen, in den kirchlichen Verhältnissen religiöser Mensch zu sein. Aber er muß sich darüber klar werden, daß hier eine große Gefahr für die Wahrhaftigkeit liegt. Hegelisch ist es: alles Religiöse kann nur symbolisch rein ausgedrückt werden; deshalb gibt HEGEL STRAUSS den Rat: «Drücke Dich symbolisch aus»! – Wie lange darf man in Symbolen reden? Die Frage muß von jedem nach seinem Wesen entschieden werden; ich selbst habe sehr darunter gelitten. Ebenso steht es mit dem Gebet. Auch darf nicht Unklarheit darüber herrschen, was Symbol und reale Wirklichkeit ist; das muß man ruhig und unpolemisch sagen, und man muß immer auf die Identität der Gedanken hinweisen.

Zuletzt muß das Verhältnis auf Freiheit beruhen, wie alle ethischen Verhältnisse; *nur wer als Gast in der Kirche steht, kann etwas in ihr finden und ihr geben*. Anderenfalls muß das Verhältnis gelöst werden und ehrlicher Kampf eintreten. Die Modernisten scheuten ihn, auch JATHO bei uns. Die Frage ist, wird dieser Mann weiter in der Religion wirken? Man könnte sie vielleicht bejahen, wenn er, statt sich den Richtern seiner Kirche zu stellen, mit den Seinen eine neue Gemeinschaft neben ihr gegründet hätte. Was die freien Geister jetzt tun müssen, ist nicht, sich im Kampf um ihre Existenz in den Kirchen selber zu schwächen.

LUTHER hatte den Mut und die Kraft, sein religiöses Wollen auf sich selbst zu stellen und es in Freiheit sich entfalten zu lassen, und das kam nicht nur der neuen Gemeinschaft, sondern auch der Gegen-Kirche zu gute...

Im Anfang war die Tat![11] Der freie religiöse Geist muß sich auf die Tat werfen und dort etwas schaffen, was ihm Autorität verleiht. Er muß persönliche Produkte schaffen, die das Ethische unserer Willensreligion an sich tragen...

Nicht Worte siegen, sondern die Tat!

---

11 [Goethe, Faust I (Studierzimmer-Szene, Z. 1237).]

Register

Seitenzahlen mit * beziehen sich auf Anmerkungen.

1. Bibelstellen. Von Beate Alenfelder

b) Apokryphen und Pseudepigraphen

2. *Verfasser und Quellen. Von Olaf Waßmuth*

3. Namen und Sachen. Von Olaf Waßmuth

Werke Albert Schweitzers bei C. H. Beck (Auswahl)

Albert Schweitzer
Reich Gottes und Christentum
Herausgegeben von Ulrich Luz,
Ulrich Neuenschwander und Johann Zürcher
1995. 508 Seiten. Leinen
Werke aus dem Nachlaß im Verlag C. H. Beck

Albert Schweitzer
Kultur und Ethik
Nachdruck als Sonderausgabe.
77. Tausend des ersten bzw. 67. Tausend des zweiten Teils
der Gesamtauflage. 1990. 372 Seiten. Leinen
Beck'sche Sonderausgabe

Albert Schweitzer
Selbstzeugnisse
Aus meiner Kindheit und Jugendzeit.
Zwischen Wasser und Urwald.
Briefe aus Lambarene
8. Auflage. 1988. 397 Seiten. Leinen
Beck'sche Sonderausgabe

Rhena Schweitzer Miller/Gustav Woytt (Hrsg.)
Albert Schweitzer – Helene Bresslau
Die Jahre vor Lambarene. Briefe 1902–1912
1992. 406 Seiten mit 19 Abbildungen. Leinen

Albert Schweitzer
Zwischen Wasser und Urwald
Erlebnisse und Beobachtungen eines Arztes
im Urwalde Äquatorialafrikas
1995. 151 Seiten mit 16 Abbildungen. Broschiert
Beck'sche Reihe Band 1098

Albert Schweitzer
Lesebuch
Herausgegeben von Harald Steffahn
3., unveränderte Auflage. 1995. 409 Seiten. Paperback
Beck'sche Reihe Band 1133

Verlag C. H. Beck München